GESTÃO DA PRODUÇÃO E OPERAÇÕES

O GEN | Grupo Editorial Nacional – maior plataforma editorial brasileira no segmento científico, técnico e profissional – publica conteúdos nas áreas de ciências sociais aplicadas, exatas, humanas, jurídicas e da saúde, além de prover serviços direcionados à educação continuada e à preparação para concursos.

As editoras que integram o GEN, das mais respeitadas no mercado editorial, construíram catálogos inigualáveis, com obras decisivas para a formação acadêmica e o aperfeiçoamento de várias gerações de profissionais e estudantes, tendo se tornado sinônimo de qualidade e seriedade.

A missão do GEN e dos núcleos de conteúdo que o compõem é prover a melhor informação científica e distribuí-la de maneira flexível e conveniente, a preços justos, gerando benefícios e servindo a autores, docentes, livreiros, funcionários, colaboradores e acionistas.

Nosso comportamento ético incondicional e nossa responsabilidade social e ambiental são reforçados pela natureza educacional de nossa atividade e dão sustentabilidade ao crescimento contínuo e à rentabilidade do grupo.

MÁRIO OTÁVIO BATALHA
(Coord.)

AUTORES

Alceu Gomes Alves Filho | Alessandra Rachid | Ana Paula Iannoni | Ana Valéria Carneiro Dias | Andrea Lago da Silva | Andrei Aparecido de Albuquerque | Edemilson Nogueira | Fabiane Letícia Lizarelli | Fábio Molina da Silva | Fernando Cezar Leandro Scramim | Gilberto Miller Devós Ganga | Herick Fernando Moralles | Ivete Delai | José Carlos de Toledo | José Flávio Diniz Nantes | Juliana Keiko Sagawa | Julio Cesar Donadone | Luciano Campanini | Manoel Fernando Martins | Mário Otávio Batalha | Mário Sacomano Neto | Moacir Godinho Filho | Muris Lage Junior | Pedro Carlos Oprime | Reinaldo Morabito | Roberto Antonio Martins | Roberto Fernandes Tavares Neto | Rosane Chicarelli Alcantara | Silvio Eduardo Alvarez Candido

GESTÃO DA PRODUÇÃO E OPERAÇÕES
Abordagem Integrada

→ **Exemplos**
→ **Casos**
→ **Exercícios propostos**

Os autores e a editora empenharam-se para citar adequadamente e dar o devido crédito a todos os detentores dos direitos autorais de qualquer material utilizado neste livro, dispondo-se a possíveis acertos caso, inadvertidamente, a identificação de algum deles tenha sido omitida.

Não é responsabilidade da editora nem dos autores a ocorrência de eventuais perdas ou danos a pessoas ou bens que tenham origem no uso desta publicação.

Apesar dos melhores esforços dos autores, do editor e dos revisores, é inevitável que surjam erros no texto. Assim, são bem-vindas as comunicações de usuários sobre correções ou sugestões referentes ao conteúdo ou ao nível pedagógico que auxiliem o aprimoramento de edições futuras. Os comentários dos leitores podem ser encaminhados à **Editora Atlas Ltda.** pelo e-mail faleconosco@grupogen.com.br.

Direitos exclusivos para a língua portuguesa
Copyright © 2019 by
Editora Atlas Ltda.
Uma editora integrante do GEN | Grupo Editorial Nacional

Reservados todos os direitos. É proibida a duplicação ou reprodução deste volume, no todo ou em parte, sob quaisquer formas ou por quaisquer meios (eletrônico, mecânico, gravação, fotocópia, distribuição na internet ou outros), sem permissão expressa da editora.

Rua Conselheiro Nébias, 1384
Campos Elísios, São Paulo, SP — CEP 01203-904
Tels.: 21-3543-0770/11-5080-0770
faleconosco@grupogen.com.br
www.grupogen.com.br

Designer de capa: OFÁ Design :: Manu
Imagem de capa: chatchaisurakram | iStockphoto
Editoração eletrônica: Caio Cardoso

CIP-BRASIL. CATALOGAÇÃO NA PUBLICAÇÃO
SINDICATO NACIONAL DOS EDITORES DE LIVROS, RJ

G333

Gestão da produção e operações : abordagem integrada / Alceu Gomes Alves Filho ... [et al.] ; coordenação Mário Otávio Batalha. – São Paulo : Atlas, 2019.

Inclui bibliografia
ISBN 978-85-97-02096-0

1. Administração da produção. I. Alves Filho, Alceu Gomes. II. Batalha, Mário Otávio.

19-55228

CDD: 658.5
CDU: 658.5

Meri Gleice Rodrigues de Souza – Bibliotecária CRB-7/6439

NOTA SOBRE OS AUTORES

Prof. Dr. Mário Otávio Batalha (coordenador)

Professor titular do Departamento de Engenharia de Produção da Universidade Federal de São Carlos (DEP-UFSCar). Possui graduação em Engenharia Química e mestrado em Engenharia de Produção pela Universidade Federal de Santa Catarina. É doutor em Génie des Systèmes Industriels pelo Institut National Polytechnique de Lorraine (França). Foi professor convidado da Université Laval (Canadá). Coordenou o Núcleo Editorial da Associação Brasileira de Engenharia de Produção (ABEPRO). Membro da diretoria da Associação Nacional de Programas de Pós-Graduação e Pesquisa em Engenharia de Produção (ANPEPRO). Ex-coordenador do Programa de Pós-Graduação em Engenharia de Produção e do curso de graduação em Engenharia de Produção Agroindustrial da UFSCar. Ex-coordenador de extensão do DEP-UFSCar. É coordenador do Grupo de Estudos e Pesquisas Agroindustriais (GEPAI) da UFSCar. Tem experiência na área de Engenharia de Produção, atuando principalmente nos seguintes temas: marketing estratégico, internacionalização de empresas, economia e gestão de sistemas agroindustriais e análises econômicas e financeiras.

Prof. Dr. Alceu Gomes Alves Filho

Professor titular da Universidade Federal de São Carlos. Possui graduação em Engenharia de Produção pela Universidade de São Paulo (1977), mestrado em Engenharia (Engenharia de Produção) pela Universidade de São Paulo (1983) e doutorado em Engenharia (Engenharia de Produção) pela Universidade de São Paulo (1991). Tem experiência na área de Engenharia de Produção, com ênfase em Planejamento, Projeto e Controle de Sistemas de Produção, atuando principalmente nos seguintes temas: planejamento estratégico, estratégia de produção, estratégia tecnológica, organização da produção e gestão da cadeia de suprimentos.

Profa. Dra. Alessandra Rachid

Professora-associada da Universidade Federal de São Carlos. Possui graduação em Engenharia de Produção pela Escola de Engenharia de São Carlos da Universidade de São Paulo (1987), mestrado em Política Científica e Tecnológica pela Universidade Estadual de Campinas (1994) e doutorado em Engenharia Mecânica pela Universidade Estadual de Campinas (2000). Atua na área Engenharia de Produção, com pesquisas nas áreas de organização do trabalho, teoria das organizações, flexibilidade do trabalho e gestão da produção e do trabalho.

Profa. Dra. Ana Paula Iannoni

É engenheira de Produção Agroindustrial pela Universidade Federal de São Carlos, onde também fez mestrado e doutorado em Engenharia de Produção. Fez parte do seu doutorado no Belk College of

Business na Universidade da Carolina do Norte. Realizou um pós-doutorado no laboratório de Génie Industriel da École Centrale de Paris. Suas áreas de interesse de pesquisa são teoria de filas, simulação e problemas de localização probabilísticos aplicados a sistemas de serviço de emergência e pesquisa operacional aplicada à logística e sistemas de transporte.

Profa. Dra. Ana Valéria Carneiro Dias

Professora-associada do Departamento de Engenharia de Produção da Escola de Engenharia da Universidade Federal de Minas Gerais. Possui graduação em Engenharia de Produção pela Universidade de São Paulo (1995), mestrado em Engenharia de Produção pela Universidade de São Paulo (1998) e doutorado em Engenharia Produção pela Universidade de São Paulo (2003). Tem experiência na área de Engenharia de Produção, com ênfase em organização do trabalho, atuando principalmente nos seguintes temas: organização do trabalho, gestão da inovação, gestão de operações de serviços privados e públicos e financeirização da produção.

Profa. Dra. Andrea Lago da Silva

Professora titular do Departamento de Engenharia de Produção e professora do quadro permanente do Programa de Pós-Graduação em Engenharia de Produção da Universidade Federal de São Carlos, no qual orienta alunos de iniciação científica, mestrado e doutorado. Possui pós-doutorado pela Universidade do Tennessee – Departamento de Marketing e Supply Chain Management (2009-2010), doutorado em Administração pela FEA/USP (1999), mestrado em Engenharia de Produção pela Universidade Federal de Santa Catarina (1993) e graduação em Administração pela mesma universidade (1990). Tem experiência em ensino, pesquisa e extensão em gestão da cadeia de suprimentos, resiliência e integração interfuncional. Acumula experiência na execução e coordenação de projetos de pesquisa e assessoria.

Prof. Dr. Andrei Aparecido de Albuquerque

Professor do Departamento de Engenharia de Produção da Universidade Federal de São Carlos. Docente vinculado ao Programa de Pós-graduação em Gestão de Organizações e Sistemas Públicos da UFSCar. Doutor em Administração das Organizações, mestre em Controladoria e Contabilidade, possui MBA em Controladoria e Finanças e é bacharel em Ciências Contábeis, todos os títulos pela Universidade de São Paulo (USP). Foi *visiting scholar* na University of Illinois at Urbana-Champaign. Atua nas áreas de administração financeira, mercado financeiro, engenharia econômica, custos e controladoria gerencial. Os principais temas de interesse em ensino, pesquisa e extensão são: custo de capital, estrutura de capital, desempenho financeiro e gestão baseada em valor.

Prof. Dr. Edemilson Nogueira

Professor-associado da Universidade Federal de São Carlos. Possui graduação em Engenharia de Produção de Materiais – Departamento de Engenharia da Produção (1984), mestrado em Administração de Empresas pela Fundação Getulio Vargas – SP (1994) e doutorado em Administração de Empresas pela Fundação Getulio Vargas – SP (2002). Tem experiência na área de Engenharia de Produção, acumulada a partir de atuação profissional na universidade e em empresas privadas. Desenvolve atividades de ensino e pesquisa nos seguintes temas: estratégia de operações, gestão da cadeia de suprimento e viabilidade econômica de projetos.

Profa. Dra. Fabiane Letícia Lizarelli

Professora da área de Gestão da Qualidade no Departamento de Engenharia de Produção da Universidade Federal de São Carlos. Possui graduação em Engenharia de Produção pela Universidade Federal de São Carlos (2005), mestrado (2008) e doutorado (2013) em Engenharia de Produção pela mesma instituição. Atualmente, os projetos e temas de pesquisa estão relacionados com programas de melhoria contínua, como Seis Sigma, *Lean* e *Lean-Sigma* e inovação de produtos e processos.

Prof. Dr. Fábio Molina da Silva

Professor da Universidade Federal de São Carlos. Possui graduação em Análise de Sistemas pela Faculdade de Tecnologia de Birigui (1999) e mestrado (2002) e doutorado (2014) em Engenharia de Produção pela Universidade Federal de São Carlos. Tem experiência na área de Ciência da Computação, com ênfase em Sistemas de Informação, atuando principalmente nos seguintes temas: sistema de apoio à decisão, sistema de informação, planejamento e controle da produção e indústria de calçados.

Prof. Dr. Fernando Cezar Leandro Scramim

Professor Adjunto I do Centro Universitário da FEI no campus de São Bernardo do Campo/SP, professor convidado do Instituto Mauá da Tecnologia em São Caetano do Sul/SP e professor doutor do Centro Universitário Fundação Santo André/SP. Possui graduação em Engenharia de Produção Mecânica pela Universidade Federal de Santa Catarina (1994). É mestre em Engenharia de Produção pela Universidade Federal de São Carlos (1999). Em 2003 obteve o título de doutor em Engenharia de Produção pela Universidade Federal de São Carlos, com o desenvolvimento de parte do projeto do doutorado no Georgia Institute of Technology (Georgia Tech), Atlanta/EUA (2001-2002). Tem experiência na área de Engenharia de Produção plena, atuando principalmente nos seguintes temas: gestão de operações industriais, sistemas para gestão estratégica de custos e precificação de produtos e serviços, métodos de engenharia econômica e avaliação de projetos, indicadores de desempenho de operações empresariais em manufatura e serviços.

Prof. Dr. Gilberto Miller Devós Ganga

Professor-associado no Departamento de Engenharia de Produção da Universidade Federal de São Carlos (UFSCar). Possui mestrado e doutorado em Engenharia de Produção pela Escola de Engenharia de São Carlos (EESC) da Universidade de São Paulo (USP). Tem publicado artigos em periódicos com seletiva política editorial como International Journal of Production Economics, International Journal Production Research, Journal of Cleaner Production e Quality and Reliability Engineering International. É membro do SC4.0, uma rede internacional de pesquisa em Supply Chain 4.0 no contexto da Indústria 4.0. Seus interesses gerais de ensino, pesquisa e extensão estão voltados para as áreas de gestão de operações, logística e gestão da cadeia de suprimentos. Atualmente desenvolve pesquisas em logística e gestão da cadeia de suprimentos sustentável e tecnologias emergentes, como a manufatura aditiva (impressão 3D), a internet das coisas, veículos autônomos, realidade aumentada, no contexto da SC4.0.

Prof. Dr. Herick Fernando Moralles

Possui graduação em Ciências Econômicas pela Universidade Estadual Paulista Júlio de Mesquita Filho (2007) e doutorado em Engenharia de Produção pela Universidade de São Paulo (2012). Tem experiência na área de economia, com ênfase em métodos e modelos matemáticos, econométricos e estatísticos, atuando principalmente nos seguintes temas: econometria, econometria espacial, economia regional e desenvolvimento socioeconômico, inovação e gestão de risco financeiro via modelo VaR (Value-at-Risk).

Profa. Dra. Ivete Delai

Professora da Universidade Federal de São Carlos. Possui doutorado e mestrado em Administração de Organizações pela Universidade de São Paulo e pós-graduação em Negócios Sustentáveis pela Universidade de Cambridge/Inglaterra. Tem experiência na área de Administração, com ênfase principalmente em: melhoria e mensuração do desempenho organizacional, gestão de projetos, gestão da qualidade e gestão da sustentabilidade e inovação sustentável.

Prof. Dr. José Carlos de Toledo

Professor titular do Departamento de Engenharia de Produção e do PPGEP da Universidade Federal de São Carlos. Possui graduação em Engenharia de Produção pela Universidade de São Paulo (1979), mestrado em Engenharia de Produção pela COPPE – Universidade Federal do Rio de Janeiro (1985), doutorado em Engenharia (Engenharia de Produção) pela Universidade de São Paulo (1993) e especialização em TQM pela AOTS/JUSE, Japão (1990). Tem experiência na área de Engenharia de Produção, com ênfase em Gestão da Qualidade e Gestão do Desenvolvimento de Produto, atuando principalmente nos seguintes temas: sistemas de gestão da qualidade, gestão do processo de desenvolvimento de produto, controle e melhoria de processos, gestão da qualidade na agroindústria, sistemas de gestão da qualidade para unidades de produção rural, ferramentas para melhoria contínua da qualidade, gestão da qualidade e acreditação em serviços de saúde.

Prof. Dr. José Flávio Diniz Nantes

Professor titular do Departamento de Engenharia de Produção da Universidade Federal de São Carlos. Possui graduação em Agronomia pela Universidade de São Paulo, mestrado em Agronomia pela Universidade de São Paulo e doutorado em Agronomia (Produção Vegetal) pela Universidade Estadual Paulista Júlio de Mesquita Filho. Tem experiência na área de Engenharia de Produção, com ênfase nos seguintes temas: sistemas agroindustriais, projeto e desenvolvimento de produtos, projeto do trabalho e ergonomia. Nessas áreas, atua no ensino de graduação e pós-graduação. Também desenvolve atividades de ensino e extensão em Gestão das Organizações Públicas, na modalidade de ensino a distância (EaD).

Profa. Dra. Juliana Keiko Sagawa

Professora do Departamento de Engenharia de Produção da Universidade Federal de São Carlos, atuando na área de Gerência da Produção, subáreas Planejamento e Controle da Produção e Pesquisa Operacional. Possui doutorado em Engenharia de Produção, mestrado em Engenharia Mecânica e graduação em Engenharia de Produção Mecânica, todos pela Escola de Engenharia de São Carlos da Universidade de São Paulo. Atualmente realiza pesquisas na área de planejamento e controle da produção, com ênfase em modelagem de sistemas dinâmicos e teoria de controle aplicados a sistemas de manufatura.

Prof. Dr. Julio Cesar Donadone

Professor-associado da Universidade Federal de São Carlos. Foi pesquisador visitante no Department of Sociology – University of California – EUA (1999). Possui pós-doutorado pela École des Hautes Études en Sciences Sociales – França (2005), foi coordenador do núcleo de sociologia econômica e das finanças – NESEFI – UFSCar. Tem experiência na área de Sociologia, com ênfase em Sociologia Econômica, atuando principalmente nos seguintes temas: concepção de empresas, dinâmica dos campos organizacionais, consultoria e conceitos gerenciais.

Prof. Dr. Luciano Campanini

Professor-adjunto da Universidade Federal de São Carlos, revisor de periódico da Anais – SIMPEP e revisor de periódico da Gestão & Produção (UFSCar). Possui graduação em Engenharia de Produção – Agroindustrial pela Universidade Federal de São Carlos (2000), mestrado em Engenharia de Produção pela Universidade Federal de São Carlos (2008) e doutorado em Engenharia de Produção pela Universidade Federal de São Carlos (2013). Tem experiência na área de Engenharia de Produção, com ênfase em Gerência de Produção, atuando principalmente nos seguintes temas: corrente crítica, CPM e gerenciamento de projeto.

Prof. Dr. Manoel Fernando Martins

Professor-associado da Universidade Federal de São Carlos. Possui graduação em Engenharia de Produção Química pela Universidade Federal de São Carlos (1982), mestrado em Administração de Empresas pela Fundação Getulio Vargas – SP (1993) e doutorado em Engenharia Mecânica São Carlos pela Universidade de São Paulo (1999). Tem experiência na área de Engenharia de Produção, com ênfase em gerência de produção. Atuando principalmente nos seguintes temas: gestão de suprimentos, cadeia de suprimentos, relacionamento cliente fornecedor, linha branca, estratégia de manufatura.

Prof. Dr. Mário Sacomano Neto

Professor de Organizações do Programa de Pós-graduação em Gestão de Organizações e Sistemas Públicos e do Departamento de Engenharia de Produção da UFSCar. Possui graduação em Administração de Empresas pela Pontifícia Universidade Católica (PUC), mestrado em Engenharia de Produção pela Universidade de São Paulo (USP) e doutorado em Engenharia de Produção pela Universidade Federal de São Carlos (UFSCar). Foi *visiting scholar* no núcleo de Ciência Política da Universidade de Chicago/EUA com orientação de John Padget e Garry Herrigel. Possui pós-doutorado em Operações junto ao Instituto Fábrica do Milênio (IFM-MCT-CNPQ). Atua como consultor ad hoc da Fundação de Apoio à Pesquisa do Estado de São Paulo (FAPESP), Capes e CNPq. É pesquisador da Sociedade Brasileira de Estudos Organizacionais e do Núcleo de Sociologia Econômica e das Finanças (NESEFI/UFSCar) e líder do Núcleo de Estudos Organizacionais (NEO/UFSCar) no CNPq. É também Editor Científico da Revista de Administração de Empresas (RAE/FGV) e da Brazilian Administrative Review (BAR). Atua também como avaliador das revistas: RAC, Organizações e Sociedade, Gestão e Produção, JOSCM, BAR, RAI, RECAM, Perspectivas Contemporâneas, BASE, Revista Produção, Production Operations e International Journal of Automotive Technology Management. Recebeu menção honrosa nos anos de 2009, 2011 e 2012 pelo melhor artigo da área no SIMPOI organizado pela Fundação Getulio Vargas. Recebeu prêmio de melhor artigo na área de operações do ENANPAD 2014. Recebeu indicação de melhor artigo no Strategic Management Society em 2010 e indicação do livro Redes e Sociologia Econômica ao Prêmio Jabuti de literatura na área de Ciências Sociais. Os temas de interesse no ensino, pesquisa e extensão envolvem: teoria das organizações, análise das redes, campos, coordenação e governança, instituições, sociologia econômica e metodologia de pesquisa.

Prof. Dr. Moacir Godinho Filho

Professor-associado 2 da Universidade Federal de São Carlos, pesquisador nível 1C do CNPQ e editor adjunto do periódico Gestão & Produção. Possui graduação em Engenharia de Produção – Materiais pela Universidade Federal de São Carlos (1998), MBA na Fundação Getulio Vargas – FGV (2000), mestrado em Engenharia de Produção pela Universidade Federal de São Carlos (2001), doutorado em Engenharia de Produção pela Universidade Federal de São Carlos (2004), pós-doutorado em Quick Response Manufacturing (QRM) – Manufatura Responsiva na University of Wisconsin at Madison, EUA (2007) e pós-doutorado em aplicação de System Dynamics e Factory Physics à gestão de sistemas de produção na North Carolina State University, EUA (2008). Tem experiência na área de Engenharia de Produção, com ênfase em Gerência de Produção, atuando principalmente nos seguintes temas: gerência da produção, planejamento e controle da produção (PCP), estratégia de manufatura, *quick response manufacturing*, manufatura enxuta, análise de sistemas de manufatura, logística, pesquisa operacional aplicada ao PCP e à logística, simulação aplicada ao PCP e à logística, *factory physics*, *scheduling* e *system dynamics* aplicado à gestão de sistemas de produção.

Prof. Dr. Muris Lage Junior

Professor adjunto – nível 1 da Universidade Federal de São Carlos. Possui graduação em Engenharia de Produção Química pela Universidade Federal de São Carlos (2004), mestrado em Engenharia de Produção pela Universidade Federal de São Carlos (2007) e doutorado em Engenharia de Produção pela Universidade Federal de São Carlos (2012). Tem experiência na área de Engenharia de Produção, com ênfase em planejamento, projeto e controle de sistemas de produção.

Prof. Dr. Pedro Carlos Oprime

Professor-associado II da Universidade Federal de São Carlos. Possui graduação em Engenharia de Produção pela Universidade Federal de São Carlos (1989), mestrado em Engenharia de Produção também pela Universidade Federal de São Carlos (1995) e doutorado em Ciências da informação e comunicação – Université Paul Cézanne Aix Marseille III (2001). Fez estágio de pós-doutorado no Culverhouse College of Commerce, University of Alabama, e no Instituto de Tecnologia da Université de Nantes, França. Em 1993 foi Certified Quality Engineer, CQE, pela American Society for Quality (ASQ/USA), e em 1997 recebeu treinamento em planejamento estratégico pelo INNESTEC, México. Trabalhou nas empresas Freios Varga (depois TRW) e Hudson-Sharpe, nesta última como Gerente Industrial. Tem experiência na área de Engenharia de Produção, com ênfase em Garantia de Controle de Qualidade, atuando principalmente nos seguintes temas: melhoria contínua, controle estatístico da qualidade, sistema da qualidade e arranjos produtivos locais.

Prof. Dr. Reinaldo Morabito

Professor titular da Universidade Federal de São Carlos e pesquisador CNPq nível 1A em Engenharia de Produção e Transportes. Tem graduação em Engenharia Civil pela Universidade Estadual de Campinas (1984), mestrado em Ciências da Computação e Matemática Computacional pela Universidade de São Paulo (1989), doutorado em Engenharia de Transportes pela Universidade de São Paulo (1992) e livre-docência em Engenharia Mecânica pela Universidade de São Paulo (1998). Desenvolveu projeto de pós-doutorado na Sloan School of Management do Massachusetts Institute of Technology (1994). Tem experiência na área de Engenharia de Produção com ênfase na aplicação de modelos e métodos de pesquisa operacional em sistemas de produção e logística.

Prof. Dr. Roberto Antonio Martins

Professor titular da Universidade Federal de São Carlos. Possui graduação em Engenharia de Produção Mecânica pela Universidade de São Paulo (1990), mestrado em Engenharia de Produção pela Universidade de São Paulo (1993) e doutorado em Engenharia de Produção pela Universidade de São Paulo (1999). Tem experiência na área de Engenharia de Produção, com ênfase em Gestão da Qualidade, atuando principalmente nos seguintes temas: sistemas de medição de desempenho, gestão da qualidade, indicadores de desempenho, melhoria contínua, Seis Sigma e controle estatístico de processos.

Prof. Dr. Roberto Fernandes Tavares Neto

Professor adjunto da Universidade Federal de São Carlos. Possui graduação em Engenharia Elétrica pela Universidade Federal do Paraná (2001), mestrado em Engenharia de Produção e Sistemas pela Pontifícia Universidade Católica do Paraná (2005), doutorado em Engenharia de Produção pela Universidade Federal de São Carlos (2010) e pós-doutorado na Karl-Franzens-Universitaet Graz (no tema integração produção-distribuição) e Université Libre de Bruxelles (no tema algoritmos para scheduling). Possui experiência em técnicas de otimização aplicadas a problemas de engenharia de produção, atuando nas seguintes áreas: desenvolvimento de heurísticas e meta-heurísticas, análises quantitativas e otimização de sistemas produtivos, incluindo problemas de *scheduling*, *lot-sizing*, logística e integração entre *scheduling* e roteirização e *lot-sizing* e roteirização.

Profa. Dra. Rosane Lúcia Chicarelli Alcantara

Professora titular do Departamento de Engenharia de Produção na Universidade Federal de São Carlos (UFSCar), credenciada junto ao Programa de Pós-graduação em Engenharia de Produção, atuando nos cursos de graduação e pós-graduação, nos quais ministra disciplinas e orienta alunos na graduação, iniciação científica, especialização, mestrado e doutorado. Possui graduação em Engenharia de Produção pela Universidade Federal de São Carlos (1985), mestrado (1992) e doutorado em Administração de Empresas pela Fundação Getulio Vargas – SP (1997). Realizou parte do seu mestrado na Universidade Luigi Bocconi em Milão / Itália e foi Pesquisador Visitante junto a Michigan State University, EUA, durante seu doutorado. Realizou seu estágio de pós-doutorado junto ao Departamento de Supply Chain Management da Michigan State University, EUA, durante o ano de 2008. Suas áreas de atuação/interesse são: gestão da cadeia de suprimento, gestão logística, gestão estratégica de mercados e gestão do agronegócio. Acumula experiência na execução e coordenação de projetos de pesquisa, financiados pela FAPESP e CNPQ, e atividades de consultoria em conjunto com GEPAI, IPARDES/PR, SEBRAE/SP, IICA/MAPA.

Prof. Dr. Silvio Eduardo Alvarez Candido

Professor adjunto do Departamento de Engenharia de Produção e do Programa de Pós-graduação em Administração de Organizações e Sistemas Públicos da Universidade Federal de São Carlos (UFSCar). Doutor em Engenharia de Produção pela UFSCar, com período no Departamento de Estratégia e Organizações da University of Alberta, no Canadá. Atua nas áreas de Estudos Organizacionais e do Trabalho, enfocando suas pesquisas na inter-relação entre de aspectos históricos, políticos e culturais envolvidos na construção das dinâmicas dos mercados, das organizações e do trabalho. Entre seus temas de interesse, incluem-se a influência de movimentos e críticas socioambientais nas dinâmicas econômicas, os processos de financeirização da economia e das organizações e seus impactos na gestão e no trabalho, a influência da regulação antitruste nos modelos de gestão e nas estratégias de crescimento de grandes empresas, a configuração de novos modelos organizacionais e de negócio (por exemplo, capitalismo de plataforma, economia do compartilhamento, empresas sociais etc.) e a análise das relações culturais e políticas nas organizações.

APRESENTAÇÃO

O livro que neste momento tenho o prazer de apresentar é um esforço coletivo de professores do Departamento de Engenharia de Produção da Universidade Federal de São Carlos (DEP-UFSCar). O curso de Engenharia de Produção da UFSCar iniciou as suas atividades em 1976, situando-se desde então entre os mais renomados cursos desta área no Brasil. Ao longo dos seus 43 anos de história o DEP-UFSCar soube ir adaptando e moldando a estrutura dos seus cursos de forma a mantê-los sempre atuais e em linha com as mudanças aceleradas que o rápido avanço do conhecimento em Engenharia de Produção e, mais especificamente, na área de gestão da produção e de operações, vem experimentando. O programa de pós-graduação em Engenharia de Produção (PPGEP), umbilicalmente ligado ao Departamento de Engenharia de Produção da UFSCar, já formou cerca de 850 mestres e doutores, os quais hoje exercem suas atividades em organizações públicas e privadas no Brasil e no exterior, incluindo neste quadro universidades importantes no cenário acadêmico nacional e internacional. As centenas de artigos e livros escritos por professores e pesquisadores do DEP-UFSCar e publicados por editoras e periódicos científicos no Brasil e no exterior atestam a qualidade das pesquisas realizadas por esses profissionais. É importante destacar que o DEP-UFSCar já formou mais de mil profissionais em seus cursos de pós-graduação *lato sensu* nas áreas de Gestão da Produção, Gestão de Pessoas e Gestão do Agronegócio. Esses pós-graduados encontraram nos cursos do DEP-UFSCar a oportunidade de se atualizarem e adquirirem novos conhecimentos que permitiram, para uma grande maioria, um reposicionamento positivo da carreira profissional. A formação de executivos pelos seus cursos de pós-graduação *lato sensu* insere o DEP-UFSCar na realidade das empresas. A proximidade Universidade-Empresa é vital em um processo de geração e transmissão de conhecimentos que está alicerçado em uma sólida base teórica combinada com a visão pragmática da realidade empresarial. Um importante resultado desta longa e exitosa trajetória do curso de Engenharia de Produção da UFSCar está agora condensado e concretizado na obra que está em suas mãos.

O sucesso de uma obra acadêmica é reflexo da pertinência e atualidade dos temas nela abordados, da forma como estes temas dialogam com o público-alvo do trabalho e da competência e experiência da equipe responsável pela elaboração de textos, casos e exercícios. Este livro combina de forma virtuosa todos estes aspectos.

A equipe de autores (na sua quase totalidade, professores do DEP-UFSCar) possui uma vasta experiência em suas áreas de atuação. Todos os autores possuem doutorado, sendo a maioria deles com experiência acadêmica no exterior e com trabalhos de assessoria e consultoria prestados em diversas organizações públicas e privadas. Ao longo dos anos de docência, pesquisa e consultoria, os autores reuniram um volumoso e importante conjunto de conhecimentos que se encontra agora reunido nesta obra. A visão crítica e a adaptação de conhecimentos à realidade das empresas brasileiras são fatores que somente podem ser encontrados em uma equipe experiente como a dos autores deste livro.

Este livro reúne conteúdos para serem utilizados em cursos de graduação e pós-graduação nas áreas de Engenharia de Produção e Administração. Além disso, trata-se de leitura essencial para todo empresário e gestor que queira incrementar a competitividade do seu negócio pelo aumento da produtividade da sua produção. De fato, os capítulos foram cuidadosamente selecionados para cobrirem os assuntos essenciais para profissionais da área de gestão de produção e operações.

Os Capítulos 1 e 2 têm como tema, respectivamente, sistemas de produção e planejamento e controle da produção. O capítulo de sistemas de produção apresenta uma evolução histórica dos sistemas de produção, as principais tipologias para esses sistemas, além de discorrer sobre estratégias de produção e operações. Os conceitos de *lean manufacturing* e *quick response manufacturing* são debatidos neste capítulo. Trata-se, portanto, de introduzir o leitor no mundo dos sistemas de produção e suas características operacionais e estratégicas. O capítulo de planejamento e controle da produção apropria-se dos conceitos desenvolvidos no capítulo anterior para apresentar alguns dos principais métodos de planejamento e controle da produção. Ao estudar esses dois capítulos o leitor deverá ser capaz de solucionar problemas de planejamento da produção, previsão de demanda, utilizar sistemas de coordenação de ordens de produção (MRP, Kanban etc.), equacionar problemas de estoques e, sobretudo, resolver problemas de programação de operações.

Gerir uma empresa significa administrar um conjunto de projetos implementados ao longo do tempo. Desenvolver e lançar um novo produto, implantar um novo sistema de gestão da qualidade, desenvolver um departamento de pesquisa e desenvolvimento, avaliar a viabilidade econômica de um novo equipamento etc., podem ser vistos como projetos a serem gerenciados pelos gestores. O terceiro capítulo deste livro se ocupa justamente dos principais conceitos e atividades de gerenciamento de projetos. Trata-se, portanto, de conhecer e aplicar os principais métodos de gestão de projetos.

O quarto capítulo apresenta ao leitor os principais conceitos de logística empresarial e destaca como ela pode impactar as vantagens competitivas das organizações. Assim, a leitura deste capítulo permite ao gestor se familiarizar com a área da logística e, principalmente, fornecer ao tomador de decisão os elementos necessários ao desenho de projetos de sistemas logísticos voltados às necessidades de seus clientes.

Um modelo de referência voltado ao projeto e desenvolvimento de produtos é apresentado no Capítulo 5. O ponto de partida deste modelo são as mudanças que vêm ocorrendo nos hábitos e preferências dos consumidores. Sob este ponto de vista, este capítulo aproxima-se das preocupações do Capítulo 14 deste livro, uma abordagem de marketing para a engenharia de produção. O modelo apresentado, testado em várias situações reais, considera desde etapas de pré-desenvolvimento até etapas de pós-desenvolvimento do projeto. Os leitores desse capítulo saberão identificar as principais etapas de um projeto de produto e planificá-las de modo que o novo produto obtenha o sucesso almejado.

A organização do trabalho (Capítulo 6) e a teoria das organizações (Capítulo 7) são temas importantes na gerência de produção e de operações. O capítulo sobre organização do trabalho apresenta as escolas clássicas da organização do trabalho bem como os modelos alternativos que surgiram como críticas à essas visões. O texto aponta como as concepções foram evoluindo ao longo do tempo e discute os desafios contemporâneos para essa área de conhecimento. Uma visão evolucionista das formas predominantes de organização ao longo do tempo também se constitui no fio condutor do capítulo de teoria das organizações. Tal capítulo discute os modelos de organização tradicionais, racionalizados e em rede, situando-os nos contextos históricos que permitiram que eles emergissem e se consolidassem.

Os capítulos de engenharia econômica e de análise e gestão de custos fornecem ao leitor imprescindíveis ferramentas econômico-financeiras de avaliação e controle de investimentos. Esses dois corpos de conhecimento fornecem elementos centrais de tomada de decisão para o gestor que quer aumentar a competitividade dos seus processos produtivos. O capítulo de engenharia econômica utiliza os conceitos básicos de matemática financeira para desenvolver e aplicar os principais métodos de avaliação de investimentos. Acadêmicos e profissionais serão capazes, a partir da teoria e dos exemplos apresentados, de verificar a viabilidade financeira de um determinado investimento. Esses métodos permitem que os impactos financeiros da escolha de um determinado sistema de produção sejam avaliados de forma a que a melhor opção seja a escolhida. Os conhecimentos do Capítulo 9 – Análise e gestão de custos – complementam e reforçam o conteúdo do capítulo de engenharia econômica. De fato, somente uma apuração de custos acurada e condizente com o sistema de produção em análise pode fornecer as informações necessárias a uma boa avaliação financeira. Conhecer os custos de produtos e serviços é fundamental para a gestão eficaz e eficiente de qualquer sistema de produção. Sem medo de errar, pode-se dizer que a grande maioria das empresas brasileiras não conhece os verdadeiros custos dos seus produtos e serviços. Os conhecimentos desse capítulo auxiliam na resolução desse problema. Por seu intermédio os leitores conhecerão os principais métodos de apuração de custos e serão capazes de calcular custos de produção e distribuição de produtos e serviços. O capítulo se preocupa ainda em apontar ao leitor como essas informações de custos podem ser utilizadas na tomada de decisão.

O bloco dos capítulos de métodos estatísticos aplicados à gestão da produção, planejamento e gestão da qualidade, controle da qualidade e métodos para análise e melhoria da qualidade é voltado para a problemática da gestão da qualidade nos sistemas de produção. O capítulo sobre métodos estatísticos disponibiliza ao leitor abordagens quantitativas para determinar processos de amostragem, comprovação de hipóteses e correlação entre variáveis. Esses conhecimentos são importantes para uma melhor compreensão e aplicação de métodos e técnicas para o controle da qualidade apresentados no Capítulo 12 (Controle de qualidade). Esse capítulo permite ao leitor a construção de gráficos de controle, planos de amostragem de aceitação, planejamento de experimentos e análises de sistemas de medição de desempenho. O Capítulo 11 – Planejamento e gestão da qualidade: sistema, modelos de excelência em gestão e melhoria contínua – apresenta o conceito de gestão da qualidade como um conjunto de ações planejadas e executadas em todo o ciclo de produção para que um determinado nível de qualidade desejado seja atingido. O leitor conhecerá conceitos, técnicas e ferramentas centrais para a gestão da qualidade de sistemas produtivos. Fazem parte desse capítulo a apresentação dos sistemas de gestão da qualidade ISO:9001, modelos de excelência em Gestão (MEG) e de práticas de melhoria contínua das empresas tais como *Total Quality Management* (TQM), *Lean Manufacturing*, Seis Sigma e *Lean-Sigma*. Métodos para análise e melhoria da qualidade são retomados no Capítulo 13. É neste capítulo que são apresentados os métodos de gerenciamento de processos, de análise e solução de problemas (MASP), de análise de modos e efeitos de falhas (FMEA) e de diagrama de causa e efeito com adição de cartões (CEDAC). Os quatro capítulos citados neste parágrafo fornecem ao leitor os principais conceitos, modelos e técnicas que permitem que as instituições planejem, implantem e avaliem sistemas de gestão da qualidade condizentes com estratégias de negócios de sucesso.

A dinâmica de funcionamento dos sistemas de produção afeta e é afetada pela evolução dos mercados. Identificar e avaliar segmentos de mercado e, sobretudo, analisar as necessidades dos consumidores agrupados nesses segmentos, é fundamental para o planejamento e operação de sistemas de produção. Reconhecendo essa importância, o capítulo de marketing (Capítulo 14) apresenta os elementos do composto mercadológico e discute o papel do marketing nas demais áreas da Engenharia de Produção.

O último capítulo do livro é dedicado a fornecer ao leitor um conteúdo de metodologia científica especialmente voltada à área de Gestão da Produção e Operações. A resolução de um determinado problema na área de Gestão da produção pode envolver um trabalho de pesquisa que teria como função alicerçar a tomada de decisão. É neste contexto que este capítulo resgata toda sua importância. Ele orientará o leitor na elaboração de um projeto de pesquisa, uma monografia ou mesmo um relatório técnico. Sua leitura permite identificar qual o método de pesquisa é mais adequado ao estudo de um determinado problema e a desenvolver a aplicação desse método.

Convém destacar que ao final de todos os capítulos o leitor encontrará uma lista de exercícios e casos que servirão para consolidar e discutir os conceitos e técnicas apresentadas. Além dos exercícios, os capítulos contam com casos ilustrativos e exemplos, disponibilizados na forma de boxes, que auxiliam o leitor a contextualizar o conteúdo teórico abordado na realidade brasileira. Este é um diferencial positivo deste livro. Trata-se de uma equipe de pesquisadores brasileiros que apresentam e discutem casos brasileiros. Grande parte dos livros desta área no Brasil são traduções de livros estrangeiros que pecam em discutirem exemplos muitas vezes distantes do público nacional.

Toda a equipe de pesquisadores responsáveis por esta obra deseja que ela seja útil a estudantes e profissionais da área de Gerência de Produção e Operações. Nós temos certeza que os conhecimentos que estão agora em suas mãos, reunidos e consolidados ao longo de anos de ensino, pesquisa e consultorias, servirão para melhorar a capacidade profissional do leitor e para incrementar a competitividade das instituições onde ele atua ou venha a atuar. De fato, o essencial do conhecimento que o Departamento de Engenharia de Produção da UFSCar repassou e vem repassando aos milhares de profissionais que já formou está agora acessível neste livro.

Boa leitura!

Prof. Dr. Mário Otávio Batalha
Professor Titular DEP-UFSCar
Coordenador do Grupo de Estudos e Pesquisas Agroindustriais

PREFÁCIO

O desenvolvimento de uma nação contemporânea depende significativamente de sua capacidade de criar valor em empreendimentos industriais ou de serviços e, ainda, da qualidade de sua gestão pública. O sucesso das indústrias exige eficiência na transformação de materiais básicos em produtos de qualidade, sintonizados com as demandas da sociedade global. Os produtos contemporâneos são também base de uma nova economia, onde indústria e serviços deixam de ser duas áreas tão distintas e fundem-se nos sistemas produto-serviço, criando sustentabilidade, receitas recorrentes e consequente competitividade.

Hoje a competitividade das empresas brasileiras, industriais ou de serviços, deve ser comparável a padrões globais, com margens seguras de resultados, de modo a resistir às grandes variações cambiais e de valor dos materiais básicos. No Brasil tudo isso é muito mais crítico, tendo em vista que temos uma moeda bastante instável e estamos inseridos em uma economia altamente dependente do valor global das commodities.

Tão importante quanto a competitividade das empresas é a eficiência da gestão pública, base para criação de boa infraestrutura e agilidade nos serviços, fatores essenciais para um ambiente competitivo de negócios.

Empreender industrialmente no Brasil tem sido tarefa árdua e desafiante, cujo sucesso depende de projetos muito bem formulados, com altos níveis de eficiência nos processos, e com produtos de qualidade que atendam aos melhores padrões mundiais.

Além disso, a capacidade e a eficiência industrial da China tornou-se ameaça às indústrias tradicionais americanas, europeias e japonesas e, claro, a nossa. Os sobreviventes nessa batalha industrial global só conseguem manter suas posições graças a dois principais aspectos: as vantagens comparativas regionais e a eficiência e qualidade de suas operações.

Por conta de suas riquezas minerais, recursos naturais e uma agricultura pujante, o Brasil tem grandes vantagens comparativas que poderiam alavancar seus setores industrias. Para isso, a estratégia mais lógica seria a de avançar nas cadeias de valor dos materiais básicos que exportamos, capturando cada vez mais os resultados do valor agregado aos produtos oriundos de nossas riquezas.

Nesse sentido, o desempenho das operações industriais e de serviços, ou o desempenho da criação de valor, devem ser superiores aos concorrentes internacionais com apenas o alívio das eventuais vantagens logísticas e de proteção tributária, no mercado interno, ou sem vantagem alguma, no mercado global.

Claro que, como citado, o desempenho dessas operações vai depender muito de boa infraestrutura logística e eficientes serviços públicos, essenciais para o bom ambiente de negócios.

Todos esses desafios de desempenho na gestão pública e da produção só podem ser vencidos com a ação de excelentes profissionais, capazes de atuar na gestão de serviços ou de operações industriais, desenvolvendo projetos, processos e gerindo a qualidade, elementos alavancadores da competitividade.

Os engenheiros de produção fazem parte desse grupo de profissionais, pois combinam todos os elementos para atuar nessas áreas, tanto nos setores públicos ou privados, industriais ou de serviços.

É, portanto, essencial para o Brasil poder contar com instituições capazes de formar profissionais de Engenharia de Produção com forte base conceitual, visão realista e competências para atuar nos desafios industriais e de gestão do nosso País.

Entre as importantes iniciativas capazes de formar esses profissionais, destaca-se aqui o relevante papel cumprido pelo grupo de professores do Departamento de Engenharia de Produção da UFSCar (DEP-UFSCar). Sua equipe atua na pesquisa e na docência de forma altamente conectada com aplicações empresariais e no sentido de promover a formação básica ou contínua de engenheiros dedicados à gestão de sistemas de produção.

A atuação do DEP-UFSCar tem sido também destacada na Pós-Graduação, onde o trabalho em equipe sintonizado com o mercado alcança contínuos resultados positivos na avaliação da CAPES. Para manter esse desempenho é preciso sustentar um intenso trabalho de formação de pesquisadores associado à produção de conhecimentos bem avaliados pelos melhores periódicos internacionais da área.

Os programas de especialização *latu sensu* do DEP-UFSCar criam ainda duas outras oportunidades para a Engenharia de Produção brasileira: a formação contínua de seus profissionais e uma maior conexão dos docentes do DEP com os problemas enfrentados por tais profissionais em plena atuação. Cria-se, assim, uma perspectiva virtuosa de desenvolvimento profissional: a formação de competências baseada, de forma realista, nas reais necessidades dos sistemas de produção.

Não é surpresa que agora o mesmo competente grupo de professores do DEP-UFSCar publique o presente livro, cujo conteúdo cobre grande parte do campo de conhecimentos da Engenharia de Produção. O texto que segue tem o valor de um manual de Engenharia, tanto para profissionais que atuam no ramo como para estudantes de graduação, extensão ou pós-graduação.

Trata-se de um oásis de conhecimento no deserto da literatura especializada em engenharia voltada para os desafios da produção, que temos em nosso país.

O conteúdo do presente livro adiciona mais um elemento formal e explícito à vasta contribuição desse grupo à Engenharia. Nele os engenheiros e estudantes de Engenharia de Produção encontrarão os raciocínios, critérios, métodos e caminhos para otimizar processos, projetos, produtos e a qualidade, elementos essenciais para a eficiência pública e para a competitividade industrial brasileira.

Parabéns aos docentes autores desta obra pela contribuição que ela dará à formação de profissionais tão importantes para o urgente e necessário desenvolvimento do Brasil, base fundamental para termos uma sociedade mais justa e menos desigual.

São Carlos, 22 de outubro de 2018

João Fernando Gomes de Oliveira
Professor Titular da EESC–USP
Vice-Presidente da Academia Brasileira de Ciências

Material Suplementar

Este livro conta com o seguinte material suplementar:

- *Respostas dos Exercícios – Manual do Professor* (restrito a docentes).

O acesso ao material suplementar é gratuito. Basta que o leitor se cadastre em nosso *site* (www.grupogen.com.br), faça seu *login* e clique em GEN-IO, no menu superior do lado direito.

É rápido e fácil. Caso haja dificuldade de acesso, entre em contato conosco (gendigital@grupogen.com.br).

GEN-IO (GEN | Informação Online) é o repositório de materiais suplementares e de serviços relacionados com livros publicados pelo GEN | Grupo Editorial Nacional, maior conglomerado brasileiro de editoras do ramo científico-técnico-profissional, composto por Guanabara Koogan, Santos, Roca, AC Farmacêutica, Forense, Método, Atlas, LTC, E.P.U. e Forense Universitária. Os materiais suplementares ficam disponíveis para acesso durante a vigência das edições atuais dos livros a que eles correspondem.

SUMÁRIO

1. **Sistemas de produção, 1**

    1.1 Evolução histórica dos sistemas de produção, 2

    1.2 Representação dos sistemas de produção e tipologias, 9

    1.3 Estratégia de produção e operações, 11

        1.3.1 Prioridades competitivas da produção, 14

        1.3.2 Priorização e melhoria na estratégia de produção, 17

        1.3.3 Áreas de decisão: estruturais e infraestruturais, 19

    1.4 Os principais paradigmas de administração da produção, 24

        1.4.1 *Lean Manufacturing*, 24

        1.4.2 *Quick Response Manufacturing*, 31

        1.4.3 Indústria 4.0, 35

    Exercícios, 37

    Notas, 38

2. **Planejamento e controle da produção, 41**

    2.1 Definições fundamentais, 42

    2.2 Previsão de demanda, 42

        2.2.1 Abordagem qualitativa, 44

        2.2.2 Abordagem causal, 45

        2.2.3 Abordagem baseada em séries temporais, 45

    2.3 Planejamento Agregado, 48

        2.3.1 Estratégia de acompanhamento da demanda, 49

        2.3.2 Estratégia de nivelamento da força de trabalho, 50

        2.3.3 Estratégia mista, 51

    2.4 Planejamento da capacidade, 53

    2.5 Programa mestre de produção, 55

    2.6 Os principais sistemas de coordenação de ordens, 56

        2.6.1 Sistema MRP, 57

        2.6.2 Sistema Kanban, 64

    2.7 Controle de estoques para itens de demanda independente, 68

        2.7.1 Classificação ABC, 68

        2.7.2 Giro e cobertura de estoque, 69

2.7.3 Lote econômico de compra, 70

2.7.4 Lote econômico de produção, 72

2.7.5 Revisão contínua, 72

2.7.6 Revisão periódica, 74

2.8 Programação de operações (*scheduling*), 76

2.8.1 Terminologia, variáveis e métodos da programação da produção, 77

2.8.2 Problemas em ambiente de máquina única, 79

2.8.3 Problemas em ambiente *flow shop*, 82

Exercícios, 84

Notas, 86

3. Gerenciamento de projetos, 87

3.1 Conceitos fundamentais, 88

3.1.1 Projetos, 88

3.2 Gerenciamento do projeto, 96

3.2.1 O modelo de gestão de projetos do Project Management Institute (PMI), 97

3.3 Processo de iniciação, 100

3.3.1 Elaborar o *Project Charter*, 100

3.3.2 Identificar os *stakeholders*, 101

3.4 Planejamento do projeto: gestão do escopo, 102

3.4.1 Planejar a gestão do escopo, 102

3.4.2 Coletar requisitos, 102

3.4.3 Definir escopo – declaração do escopo, 103

3.4.4 Criar a estrutura analítica do projeto (EAP), 103

3.5 Planejamento do projeto: gestão do tempo, 105

3.5.1 Planejamento do gerenciamento do cronograma, 105

3.5.2 Definição, sequenciamento e programação das atividades do cronograma, 106

3.6 Planejamento do projeto: gestão do custo, 113

3.6.1 Processo de desenvolvimento do plano de gerenciamento dos custos, 114

3.6.2 Processo de estimativa dos custos, 115

3.6.3 Processo de elaboração do orçamento, 116

3.7 Técnicas de melhoria do cronograma e do orçamento, 117

3.7.1 *Fast tracking* e *crashing*, 117

3.7.2 O método da Corrente Crítica, 118

3.8 *Softwares* para gerenciamento de projeto, 121

Exercícios, 121

Bibliografia complementar, 123

Notas, 124

4. Logística empresarial, 125

4.1 Evolução e definição de logística, 126

4.2 Importância da logística e suas atividades constituintes, 128

4.3 Estratégia logística, 131

4.4 Serviço ao cliente, 134

4.5 O produto logístico, 138

4.6 Processamento de pedidos e sistemas de informações logísticas, 140
    4.6.1 Processamento de pedidos, 141
    4.6.2 Sistemas de informações logísticas, 142

4.7 Transportes, 144
    4.7.1 Escopo do sistema de transportes, 146
    4.7.2 Relações entre os modais de transporte, 148
    4.7.3 Custos e tarifas de transporte, 151

4.8 Conceitos de gestão de estoques e armazenagem, 153
    4.8.1 Tipos de estoque e funções do sistema de estocagem, 154
    4.8.2 Custos de manutenção de estoques, 155
    4.8.3 Manuseio de materiais, 156

Exercícios, 158

Notas, 158

5. Projeto e desenvolvimento de produtos, 161

5.1 Introdução, 162

5.2 Conceitos e tendências do PDP, 162
    5.2.1 Os novos produtos, 163
    5.2.2 Sustentabilidade ambiental, 164
    5.2.3 Sistema produto-serviço (PSS), 164

5.3 Modelos de referência, 165
    5.3.1 Principais abordagens, 165
    5.3.2 Atividades de projeto, 167

5.4 Projeto informacional, 170
    5.4.1 Requisitos de projeto, 170
    5.4.2 Tecnologia e legislação, 175
    5.4.3 Validação dos requisitos, 176

5.5 Projeto conceitual, 177
    5.5.1 Utilidade do produto, 178
    5.5.2 Processo criativo, 178
    5.5.3 Matriz de decisão, 179

5.6 Projeto detalhado, 180
    5.6.1 Modelagem do produto, 180
    5.6.2 Teste do modelo físico, 181

5.7 Preparação para manufatura, 183
    5.7.1 Integração funcional, 183
    5.7.2 Desenvolvimento de fornecedores, 184
    5.7.3 Propriedade industrial, 185

5.8 Avaliação de desempenho do PDP, 186

5.9 Considerações finais, 187

Exercícios, 189

Bibliografia complementar, 189

Notas, 190

6. Organização do trabalho, 191

6.1 Introdução, 192

6.2 A evolução dos modos de produção, 192
- 6.2.1 Artesanato, 192
- 6.2.2 Cooperação simples e manufatura, 193
- 6.2.3 Maquinaria e automação, 193

6.3 O modelo taylorista fordista, 195
- 6.3.1 Taylor e o estudo de tempos e métodos, 195
- 6.3.2 Ford e a linha de montagem, 196
- 6.3.3 Difusão do modelo, 197

6.4 A escola de relações humanas e os grupos informais, 197
- 6.4.1 A proposta de enriquecimento de cargos, 198

6.5 Discussão sobre modelos alternativos, 199
- 6.5.1 Modelo italiano, 200
- 6.5.2 Modelo alemão, 201

6.6 Produção enxuta, 201
- 6.6.1 Contexto histórico, 201
- 6.6.2 As práticas de gestão, 202
- 6.6.3 Condições de trabalho no Japão, 204

6.7 Sociotécnica, 206
- 6.7.1 Princípios da sociotécnica, 207
- 6.7.2 O trabalho em grupos semiautônomos, 208

6.8 Novos desafios para a organização do trabalho, 210

Exercícios, 212

Bibliografia complementar, 213

Notas, 214

7. Teoria das organizações, 217

7.1 Introdução, 218

7.2 A concepção tradicional de organização, 219
- 7.2.1 Cultura feudal e as organizações tradicionais, 219
- 7.2.2 As corporações de ofício, o *putting-out system* e as primeiras empresas capitalistas, 220

7.3 As organizações profissionalizadas e a administração como atividade técnica, 223
- 7.3.1 Surgimento e características das organizações racionalizadas, 223
- 7.3.2 Administração científica, produção em massa e estruturas organizacionais funcionais, 226
- 7.3.3 As organizações como sistemas abertos, 230

7.4 O modelo das organizações em rede e seus possíveis desenvolvimentos, 236
- 7.4.1 Surgimento e características das organizações em rede, 236
- 7.4.2 Desconstruindo as fronteiras com o ambiente: financeirização e a organização como um nexo de contratos e projetos, 238
- 7.4.3 Liderança, trabalho em grupo e as estruturas organizacionais por projeto, 239

7.5 Considerações finais, 241

Exercícios, 242

Bibliografia complementar, 243

Notas, 243

8. Engenharia econômica, 245

8.1 Introdução, 246
8.2 Conceitos básicos, 246
    8.2.1 A diferença entre juros e taxa de juros, 246
    8.2.2 O valor do dinheiro no tempo e os regimes de capitalização, 247
    8.2.3 Juros simples, 248
    8.2.4 Juros compostos, 249
    8.2.5 Taxas proporcionais, equivalentes, nominais e efetivas, 251
    8.2.6 Diagrama de fluxo de caixa, 253
    8.2.7 Inflação, 254
Exercícios, 255
8.3 Equivalência de capitais, 255
Exercícios, 260
8.4 Métodos de avaliação de oportunidades de investimentos, 261
    8.4.1 A taxa mínima atrativa de retorno, 262
    8.4.2 Método do valor presente líquido, 262
    8.4.3 Método do valor anual equivalente uniforme, 265
    8.4.4 Método da taxa interna de retorno, 267
    8.4.5 O método do *payback*, 272
Exercícios, 275
8.5 Depreciação, 276
Exercício, 278
8.6 O efeito do imposto de renda na comparação de alternativas de investimento, 278
Exercícios, 281
8.7 Sistemas de amortização de empréstimos e financiamentos, 282
    8.7.1 Sistema de Amortização Francês (SAF), 282
    8.7.2 Sistema de Amortização Constante (SAC), 284
    8.7.3 Sistema de Amortização Misto (SAM), 285
    8.7.4 Sistema de Amortização Americano (SAA), 286
Exercício, 287
Bibliografia complementar, 288
Notas, 288

9. Análise e gestão de custos, 289

9.1 Termos clássicos em contabilidade, 290
9.2 Custo e objeto de custeio, 291
9.3 Classificações de custos, 292
    9.3.1 Custos diretos e indiretos, 292
    9.3.2 Custos fixos e variáveis, 292
9.4 Custo de materiais e da mão de obra direta, 293
    9.4.1 Custos de materiais diretos, 293
    9.4.2 Custo da mão de obra direta de fabricação, 298
9.5 Métodos de apuração de custos mais usuais, 298
    9.5.1 Método do custeio por absorção, 298

9.6 Método de custeio direto ou variável, 301

9.7 Método do custeio por atividade ou ABC, 303
    9.7.1 O surgimento do ABC, 304
    9.7.2 O que é o custeio ABC?, 304
    9.7.3 Etapas da implantação do ABC, 306
    9.7.4 Benefícios e restrições do ABC, 306
    9.7.5 Exemplo de aplicação: um estudo de caso, 307

Exercícios, 318

9.8 Método do custo-padrão, 321

9.9 Análise do custo/volume/lucro ou ponto de equilíbrio, 323
    9.9.1 Ponto de equilíbrio, 323

9.10 Alavancagem operacional, 325

Exercícios, 328

Bibliografia complementar, 332

Notas, 332

10. Métodos estatísticos aplicados à gestão da produção, 333

10.1 Introdução, 334

10.2 Estatística descritiva, 334
    10.2.1 Tipos de variáveis, 334
    10.2.2 Distribuição de frequências, 335
    10.2.3 Características numéricas de uma distribuição de frequências, 340

10.3 Amostragem e distribuições amostrais, 343
    10.3.1 Amostragem aleatória, 343
    10.3.2 Distribuições amostrais, 344

10.4 Estatística indutiva, 345
    10.4.1 Estimação de parâmetros, 345
    10.4.2 Testes de hipóteses, 352

10.5 Correlação, 361
    10.5.1 Correlação linear, 361

10.6 Análise de regressão, 364
    10.6.1 Regressão linear simples, 364
    10.6.2 Métodos dos Mínimos Quadrados, 364
    10.6.3 Análise da regressão, 365
    10.6.4 Análise do coeficiente de determinação, 366

Exercícios, 368

Bibliografia complementar, 371

Notas, 371

11. Planejamento e gestão da qualidade, 373

11.1 Introdução, 374

11.2 Conceitos básicos de qualidade do produto, 374
    11.2.1 Enfoques da qualidade, 374
    11.2.2 Etapas do ciclo de produção e a qualidade, 375
    11.2.3 Parâmetros e dimensões da qualidade total do produto, 376

11.3 Conceitos da gestão da qualidade, 380
    11.3.1 Conceitos básicos de gestão da qualidade, 380
    11.3.2 Enfoques dos principais autores, 381

11.4 Sistema de gestão da qualidade – ISO:9000, 387
    11.4.1 Itens e requisitos da norma ISO 9001, 389
    11.4.2 Certificação, 391

11.5 Prêmios da qualidade e modelos de excelência de gestão, 391
    11.5.1 Prêmio Deming, 391
    11.5.2 Prêmio Malcolm Baldrige, 393
    11.5.3 Prêmio nacional da qualidade, 394

11.6 Melhoria contínua da qualidade, 397
    11.6.1 Tipos de melhoria contínua, 398
    11.6.2 Práticas e níveis de maturidade, 399
    11.6.3 Programas de apoio à melhoria contínua, 402

Exercícios, 404

Bibliografia complementar, 405

Notas, 406

12. Controle de qualidade, 407

12.1 Inspeção por amostragem para aceitação de atributos, 408
    12.1.1 Conceitos e definições, 408
    12.1.2 Riscos e desempenho do plano de amostragem, 410
    12.1.3 Tipos de amostragem, 413
    12.1.4 Planos de amostragem para aceitação por atributos, 416
    12.1.5 Inspeção retificadora, 418

12.2 Controle estatístico de processo (CEP), 420
    12.2.1 Subgrupos racionais, 422
    12.2.2 Gráficos de controle, 423

12.3 Capabilidade de processos, 441

Exercícios, 443

Bibliografia complementar, 445

Anexo A, 446

13. Métodos para análise e melhoria da qualidade, 447

13.1 Introdução, 448
    13.1.1 Os principais métodos orientados para a melhoria da qualidade de processos, 449
    13.1.2 Os principais métodos orientados para a melhoria da qualidade do produto, 450
    13.1.3 Observações importantes sobre o uso dos métodos, 450

13.2 Gerência por e de processos, 451
    13.2.1 Introdução, 451
    13.2.2 Método operacional para gerenciamento de processos, 453

13.3 MASP – Método para Análise e Solução de Problemas, 456
    13.3.1 Introdução, 456
    13.3.2 Etapas ou passos do MASP, 457

13.4 FMEA, 458
    13.4.1 Introdução, 458
    13.4.2 Tipos de FMEA, 459
    13.4.3 Aplicação do FMEA, 459
    13.4.4 Formulário FMEA, 459
    13.4.5 Funcionamento básico, 460
    13.4.6 Importância, 460
    13.4.7 Etapas para a aplicação, 461

13.5 *Benchmarking*, 466
    13.5.1 Introdução, 466
    13.5.2 Os quatro tipos de *benchmarking*, 466
    13.5.3 Fundamentos básicos, 467
    13.5.4 Com quem comparar?, 467
    13.5.5 Passos ou processo de *benchmarking*, 467

13.6 Introdução à gestão à vista ou gestão visual, 468

13.7 CEDAC (*Cause and Effect Diagram with Addition of Cards*) – Diagrama de Causa e Efeito com Adição de Cartões, 469
    13.7.1 Definição, 469
    13.7.2 Características do CEDAC, 470
    13.7.3 Como construir e usar o diagrama CEDAC?, 471

Exercícios, 473

Bibliografia complementar, 474

Notas, 474

14. Marketing: uma abordagem para engenharia de produção, 475

14.1 Introdução ao marketing, 476
    14.1.1 Marketing: principais tarefas e papel nas organizações, 476
    14.1.2 Ambiente, concorrência e mercado, 477

14.2 Entendendo os elementos de mercado, 480
    14.2.1 A segmentação de mercado, 480
    14.2.2 Comportamento do consumidor, 483
    14.2.3 Comportamento de compra organizacional, 485

14.3 Gerenciamento e planejamento de marketing, 487
    14.3.1 O composto de marketing e aplicações, 487
    14.3.2 O planejamento e as estratégias de marketing, 495
    14.3.3 A pesquisa de mercado, 498

14.4 Desafios do marketing nos dias atuais, 500
    14.4.1 Novas realidades para excelência em marketing, 500
    14.4.2 Construindo capacidades além do marketing, 501

Exercícios, 502

Bibliografia complementar, 505

Notas, 505

15. Metodologia científica em engenharia de produção e gestão de operações, 507

15.1 Projeto de pesquisa, 508

15.2 Escolha do método de pesquisa, 510

15.3 Estudo de caso, 512

    15.3.1 Definição e planejamento do estudo de caso, 513

    15.3.2 Preparação, coleta e análise, 515

    15.3.3 Análise e conclusão, 521

15.4 Pesquisa-ação, 523

    15.4.1 Pré-etapa: compreensão do contexto e do propósito, 523

    15.4.2 Etapas principais, 524

15.5 Pesquisa de levantamento ou *survey*, 527

    15.5.1 Vínculo com o nível teórico, 528

    15.5.2 O projeto, 531

    15.5.3 Teste-piloto, 535

    15.5.4 Coleta de dados, 536

    15.5.5 Análise dos dados, 536

    15.5.6 Geração do relatório, 537

15.6 Modelagem e simulação, 539

Exercícios, 543

Notas, 544

SISTEMAS DE PRODUÇÃO

Gilberto Miller Devós Ganga, Juliana Keiko Sagawa, Ivete Delai, Moacir Godinho Filho e Alceu Gomes Alves Filho

Este capítulo abordará a evolução histórica dos sistemas de produção, a representação e as tipologias desses sistemas, bem como os conceitos e *insights* sobre a formulação de estratégias de produção e operações. O capítulo destaca três principais paradigmas de produção: o *Lean Manufacturing*, o *Quick Response Manufacturing* (QRM) e a Indústria 4.0.

> **OBJETIVOS DE APRENDIZAGEM**
>
> Ao final deste capítulo, o leitor deverá ser capaz de compreender:
> - As fases evolutivas dos sistemas de produção.
> - As características desses sistemas de produção e tipologias.
> - Os objetivos estratégicos da função produção bem como as decisões estruturais e infraestruturais relevantes na análise e posicionamento de uma estratégia de produção e operações.
> - Os princípios e ferramentas dos sistemas de produção enxuta e QRM.
> - Os conceitos gerais sobre Indústria 4.0.

1.1 EVOLUÇÃO HISTÓRICA DOS SISTEMAS DE PRODUÇÃO

O entendimento do conceito de sistema de produção constitui a base fundamental para o projeto e melhoria do desempenho de uma organização, seja ela pública ou privada, formal ou informal, entre outras denominações.

Num sentido mais amplo, um sistema de produção é "algo que produz alguma coisa".[1] Essa definição permite enquadrar qualquer esforço humano de transformar a realidade em que se vive ou atua para atingir um determinado fim. Imagine, por exemplo, o homem da Antiguidade alicerçado num sistema de subsistência, cuja maior necessidade fosse garantir abrigo contra intempéries e predadores, além da preocupação em caçar, pescar e coletar frutos e raízes para sanar a fome de sua família ou tribo. Provavelmente ele "produziu abrigo e alimento para sobreviver".

Avançando na linha do tempo, existem outros exemplos de sistemas de produção antigos, como o utilizado pelos egípcios (4000 a.C.) na construção das grandes pirâmides, com a utilização de conhecimentos de diversos métodos, técnicas, tecnologias e ferramentas. Há o caso também da utilização da cheia do Nilo, que carregava detritos ricos em matéria orgânica, aproveitados posteriormente para aumentar a fertilidade do solo e a produtividade agrícola. Outras grandes obras da Antiguidade (Muralha da China, Templos gregos e romanos etc.) também resultaram de sistemas de produção. Esses projetos necessitaram de grande esforço e coordenação para que os objetivos fossem atingidos.[2]

Mais adiante, num período medieval, pode-se enquadrar também como um sistema de produção o feudalismo. Tal sistema caracterizava-se por apresentar uma estrutura de poder altamente hierarquizada, em que se destacava a figura do rei, outorgado pela Igreja, como um representante divino na terra. Tal prerrogativa permitia que o monarca dispusesse de poderes absolutos, por exemplo, a posse da terra, o principal fator de produção. Os nobres, classe subsequente na hierarquia feudal, recebiam ou conquistavam glebas de terras em troca de lealdade ao governante supremo. Estes, por sua vez, poderiam delegar terras e autoridade para senhores menores, homens livres e servos. O sistema de produção nessa época pode ser caracterizado como doméstico.[3] Nesse sistema a família era ao mesmo tempo a proprietária da terra e a força de trabalho que regia o equilíbrio do sistema.

Inúmeros fatores contribuíram para a decadência do feudalismo. Talvez um dos mais representativos, no tocante à compreensão da evolução dos sistemas de produção, seja o surgimento das primeiras comunidades urbanas europeias. O aumento do contingente populacional nesses centros urbanos demandava produtos e serviços especializados, como alfaiates, sapateiros e ferreiros, o que impulsionou a atividade de comércio dessas mercadorias, potencializado pelo uso da moeda. Esse período é denominado Revolução Comercial, caracterizado por produção em pequena escala, para mercados limitados, e uso intensivo de mão de obra em vez de capital.[4]

O sistema de produção artesanal intensificou-se nesse período devido a uma demanda pronunciada por produtos e serviços altamente customizados. O artífice ou artesão era a figura central desse sistema. Suas habilidades técnicas eram extremas, e ele fabricava um produto do início ao fim. O alto grau de customização do produto era um ponto positivo. Em contrapartida havia a falta de padronização dos produtos e métodos de trabalho, resultando em baixa produtividade.

O desequilíbrio de mercado, devido a uma demanda cada vez maior do que a oferta, requeria um aumento da capacidade de produção. Isso passou a ser realizado por meio da contratação de ajudantes, compras de máquinas, desenvolvimento de fornecedores, administração de recursos financeiros e controle de custos.[5]

Uma ampliação intensa da capacidade de produção passou a ser alcançada pela inovação no sistema de arrefecimento da máquina a vapor realizado por James Watt. A máquina de Watt consumia 75% menos carvão do que a máquina a vapor de Newcomen.[6] Esse episódio marca o início do período denominado Revolução Industrial, que num primeiro momento ocorria de forma mais intensa nas fábricas europeias, principalmente as inglesas, daí ser considerado como um sistema de produção europeu.[7]

Foi nesse período, mais especificamente em 1776, que Adam Smith publicou a célebre obra *A riqueza das nações*, tratando do conceito de divisão e especialização do trabalho, em que defendia a ideia de que era mais produtivo dividir as etapas de produção de um produto a vários operadores não especializados do que atribuir todas as etapas a um único trabalhador (que dominava todo o processo).[8]

O sistema de produção desse período passou a operar em grandes volumes, com maior uso de bens de capital (máquinas e equipamentos). Embora a escala de produção fosse alta, a engenharia não era particularmente complexa. No entanto, as operações de produção eram severas, extenuantes. A sua gestão era conduzida, sobretudo, pela gerência superior com foco primário de duramente controlar os trabalhadores.[9]

No entanto, o aumento da capacidade de produção das fábricas europeias (principalmente as inglesas), pela máquina a vapor de Watt, não garantia elevados níveis de produtividade, em função desse sistema de produção estar ainda arraigado em muitas características ao sistema de produção artesanal.[10]

A solução para esse impasse era o desenvolvimento de um sistema de produção que alcançasse elevados níveis de produtividade e ao mesmo tempo fosse competitivo. A saída para esse dilema não surgiu abruptamente, mas sim a partir de inúmeras experiências que ocorriam nos Estados Unidos. No entanto, antes de entrar no mérito exclusivo das características do sistema de produção norte-americano (do inglês, *American System Manufacturing* – ASM), é importante ressaltar o alicerce desse sistema, ou seja, a infraestrutura da indústria de base norte-americana, caracterizada pelo desenvolvimento das ferrovias, da indústria siderúrgica, da indústria petrolífera, da energia elétrica e a organização do sistema financeiro do país. Destacam-se, nesse contexto, célebres empreendedores, como Vanderbilt, John D. Rockefeller, Andrew Carnegie e John Pierpont Morgan.[11]

Consonante ao estabelecimento da infraestrutura da indústria de base, destaca-se outro fator relevante no desenvolvimento do ASM: a identidade cultural norte-americana ante o emprego do método científico. O iluminismo norte-americano popularizou-se a partir da experiência de Franklin (eletricidade), Bell (telefone), Edison (lâmpada elétrica), entre outros, cuja base ideológica preconizava a abordagem racional, reducionista e analítica da ciência.[12] Esses princípios foram internalizados por um dos personagens mais célebres do ASM, Eli Whitney, que propôs o uso de peças intercambiáveis, gabaritos e acessórios que orientassem a sua montagem e fixação, resultando em aumento de produtividade.

Outra contribuição foi a administração científica, considerada o primeiro subsistema de produção genuinamente norte-americano, cuja "paternidade" foi atribuída a Frederick Taylor. O princípio base da administração científica consistia na busca pela eficiência total por meio da decomposição do trabalho em tarefas específicas e da melhoria da eficiência em cada tarefa.[13]

> [...] até o surgimento de Taylor, ninguém tinha sido capaz de gerar um interesse sustentado e um quadro de referência sistemático e robusto o suficiente para que, de forma plausível, se pudesse reivindicar para a gestão o *status* de uma disciplina ou área do conhecimento.[14]

As ideias de Whitney e Taylor passaram a ser utilizadas e aperfeiçoadas por uma legião de seguidores. O Quadro 1.1 ilustra alguns desses seguidores e suas respectivas contribuições.

Paulatinamente as empresas de variados setores incorporaram as ideias de Whitney, Taylor e seus seguidores. Porém um setor configurou-se como o berço dos sistemas de manufatura modernos: a indústria automotiva. As ideias inovadoras de Henry Ford germinaram, floresceram e frutificaram nessa indústria.

Para entender o conceito central do sistema de produção fordista, é necessário contextualizar as mudanças que ocorriam na indústria norte-americana naquele período.

Quadro 1.1 Seguidores da Administração científica e suas contribuições[15]

Ator	Contribuições
F. B. Gilbreth	Estudo dos movimentos, métodos, *therbligs*, contratos de construção, consultoria
L. M. Gilbreth	Estudo da fadiga, ergonomia, seleção e treinamento de empregados
H. L. Gantt	Gráfico de Gantt, sistemas de pagamentos por incentivo, treinamento
A. Carnegie	Aumento das escalas de produção via integração vertical entre minas de carvão e minério
D. C. McCallun	Princípios de administração e um organograma formal para definir linhas autoridade, divisão do trabalho e de comunicações nas empresas ferroviárias
J. E. Thomson & A. Fink	Técnicas básicas de contabilidade moderna (HOPP; SPEARMAN)
O. Doering	Desenvolveu um sistema para processar o grande volume de pedidos da Sears, o qual exigia equipamentos para transportar a documentação e os produtos do armazém. O grande mérito foi a proposição de um sistema rígido e complexo de programação, que dava a cada departamento apenas 15 min para entregar os itens de um determinado pedido
C. G. Barth	Análise matemática, régua de cálculo, estudo de suprimentos e velocidade, consultoria para indústria automotiva
H. Emerson	Princípios da eficiência, economia de milhões de dólares em ferrovias, métodos de controle
M. L. Cooke	Aplicação da Administração científica à educação e ao governo

Personalidades da indústria de base norte-americana, como John D. Rockfeller, Andrew Carnegie, entre outros, estavam sendo julgados pela corte suprema americana, pelo exercício de práticas monopolistas nos mercados em que atuavam. Esse comportamento monopolista impedia que novas empresas concorressem com empresas como a Carnegie Steel Company (siderúrgica), Standard Oil Company (produção, refinamento e transporte de petróleo) etc. De forma similar, as grandes empresas automotivas, apoiadas pela AFAL (Associação dos Fabricantes de Automóveis Licenciados), monopolizavam a produção de automóveis pela propriedade da patente de produção de veículos automotores.

Os primeiros automóveis produzidos nos EUA traziam consigo uma herança das carruagens utilizadas pela alta sociedade: as pessoas não dirigiam seus veículos, considerados itens de luxo e representação de poder e ostentação. Ford era contrário a essa visão. Para ele, o automóvel deveria tornar-se um bem utilitário, de uso diário, que promovesse o transporte de pessoas e mercadorias. Esse veículo deveria estar ao alcance não apenas de uma elite, mas de pessoas comuns.[16] Ele dizia:

> [...] construirei um carro para as grandes massas, feito com os melhores materiais, pelos melhores homens que puderem ser contratados e seguindo os projetos mais simples que a moderna engenharia puder conceber [...] de preço tão baixo que qualquer homem que ganhe um bom salário seja capaz de possuir, e de desfrutar com a família [...][17]

Ford passou anos tentando desenvolver suas ideias acerca desse projeto. Aos 33 anos produziu seu primeiro modelo, um quadriciclo, mas que era caro e de baixa confiabilidade. Ele conseguiu superar os desafios iniciais e fabricou um produto a um custo mais acessível e confiável: o modelo A.[18]

No entanto, era necessária uma permissão da AFAL para começar a produção desse veículo. A autorização foi negada, e Ford, pautado pelo ideal de vida norte-americano, de que o direito de produzir automóveis não poderia pertencer a uma elite de indústrias, começou a fabricar seus automóveis sem o licenciamento imposto pela AFAL. Imediatamente a associação protocolou na suprema corte de Detroit um processo contra Ford, por violar os direitos de uso exclusivo da patente. Em resposta, Ford procurou defender-se na referida corte. Ele sabia que, se perdesse a causa, teria que pagar *royalties* para a AFAL, o que aumentaria o custo de seu carro, e por conseguinte inviabilizaria a compra de seu carro pelo consumidor comum.[19]

Paralelamente ao andamento do processo na Corte de Detroit, Ford usou de uma estratégia sagaz: desafiou o maior produtor de automóveis do país para uma corrida. Ele venceu a corrida e mostrou para a sociedade que seu projeto era viável. Ele intensificou a promoção e divulgação de seu automóvel pelo país por meio dessas corridas e conseguiu, com isso, angariar recursos e investidores para a criação de sua fábrica. De forma surpreendente, a corte decidiu a favor de Ford, o que possibilitou a criação da Ford Motor Company, em Dearborn, Michigan, em 1903.[20]

A ideia de Ford era criar um empreendimento que tornasse possível desenvolver um sistema de produção competitivo, que não incorresse nas características monopolistas das grandes indústrias da época. Ele passou a incorporar os princípios da intercambialidade e da administração científica numa escala de produção jamais vista anteriormente. Introduziu o conceito inovador da linha de montagem, o que resultou em altos índices de produtividade.

Ford dizia que "a forma de fazer automóveis, é fazê-los todos iguais, fazê-los sair da fábrica exatamente iguais, da mesma maneira que um alfinete é um alfinete". A padronização era um conceito-chave para o sistema de produção projetado por Ford. "Ford não inventou a Produção em massa, mas a aperfeiçoou."[21]

Outro importante componente do sistema de produção desenvolvido por Ford foi a remuneração dos seus operários, que passaram a ganhar cinco dólares por dia (mais do que o dobro do salário pago pela maioria das fábricas nos EUA). A Ford Motor Company atraiu milhares de pessoas para trabalharem em sua fábrica. Ford passou a ser visto como um herói nacional, por possibilitar a pessoas comuns a compra de um automóvel, algo alcançado antes apenas pela elite da sociedade. O modelo T custava US$ 825 dólares em 1908.

> [...] Essa premissa em poder produzir cada vez mais e com menos, a partir da implantação das linhas de montagem, fez com que o preço do modelo T ficasse mais acessível à população alcançando mais de 50% do mercado de carros americanos[...][22]

No entanto, a história da indústria automotiva norte-americana narra também um lado negativo e obscuro de Ford. Além de disseminar pensamentos antissemitas, Ford utilizava de métodos coercitivos e brutais tanto fora como dentro de suas fábricas.

> [...] Ford conduziu arduamente suas ideias de produção em massa com requintes de excentricidade e ousadia, gerando muita polêmica e controvérsia entre os trabalhadores. Muitos não conseguiam se adaptar ao sistema opressor e dilacerante que as linhas de produção causavam e a desistência era enorme [...] A rotatividade nas fábricas chegava a mais de 380% ao ano, mesmo impulsionados pelo alto salário ofertado por Ford e a perspectiva de um conforto melhor para a família, os americanos não aguentavam e iam embora. Ford então começou a desenvolver um novo sistema de relações humanas de forma que pudesse fazer com que as pessoas ficassem em seus lugares e suportassem as condições severas de seu sistema de produção. Ele acreditava que o segredo para o sucesso na concentração e na determinação e permanência no posto de trabalho estava intimamente ligado ao sucesso da vida pessoal. [...] havia um controle ainda maior sobre os trabalhadores que viviam nas cidades criadas pela Ford, construídas na região do meio-oeste dos Estados Unidos para extração de madeira das grandes e remotas florestas de sua propriedade. Ele tinha interesse particular nessas cidades, ditando o que os trabalhadores deveriam plantar na fachada de suas casas e definindo, por exemplo, quais passos de dança os filhos deles deveriam aprender na escola [...][23]

> [...] o Departamento Sociológico da *Ford Motor Company* visitava a casa dos funcionários para verificar como dormiam, gastavam o dinheiro recebido, o que comiam, se possuíam

contas bancárias e investimentos, chegando a questionamentos relacionados à vida afetiva e sexual do casal.[24]

Na Fordlândia, iniciativa da Ford Motor Company ocorrida no Brasil para garantir a autossuficiência da borracha para os carros que produzia, também houve um programa de regulação social. Ford, por princípios puritanos, era contrário ao consumo de bebidas alcoólicas, e adotou a Lei Seca na Amazônia, mesmo que essa proibição não existisse legalmente no Brasil. Ele procurou ainda controlar a dieta dos trabalhadores brasileiros. Obcecado por alimentação saudável, Ford forçava seus operários a comer arroz e pão integral, aveia e pêssegos enlatados de Michigan. Ele também tentou regular o tempo de lazer dos trabalhadores brasileiros.[25]

Apesar dessa reputação negativa quanto aos coercitivos métodos de controle de seus operários, Ford influenciou e inspirou uma geração de grandes empreendedores norte-americanos. Fazem parte dessa lista, por exemplo, empresas como a Harley & Davidson (motocicletas), a William Wrigley Jr. Company (goma de mascar), a Max Factor & Company (cosméticos), cuja visão era a produção de produtos voltados às pessoas comuns.[26]

A ascensão da classe média norte-americana e o consequente aumento do poder aquisitivo demandavam cada vez mais produtos de qualidade e baixo custo, que atendessem aos mais variados desejos e necessidades desses consumidores. A General Motors (GM), liderada por Pierre Du Pont e Alfred Sloan, soube aproveitar essa oportunidade de mercado ao reestruturar sua política de segmentação de mercado em 1920. *Sloan* baseou-se no princípio de que diferentes segmentos de mercado estariam dispostos a pagar preços diferenciados por produtos diversificados. O mercado respondeu favoravelmente a essa política da GM, punindo a política Fordista de um produto padronizado e universal, no caso o modelo T.[27]

A Ford Motor Company percebeu que aquela dinâmica de mercado se tonaria ainda mais severa, e uma decisão deveria ser tomada. Para a flexibilização de seu parque industrial para produzir o novo "Modelo A", a sua fábrica permaneceu fechada aproximadamente seis meses em 1927. Essa "demora" foi responsável por reposicionar a Ford como a segunda montadora dos EUA, posição jamais revertida até hoje.[28]

Retomando a discussão sobre a evolução dos sistemas de produção, merece destaque a incorporação do elemento humano como componente central dos sistemas de manufatura. É importante ressaltar que a administração científica atuou como um catalisador da abordagem comportamental por meio do questionamento sistemático sobre a autoridade, a motivação e o treinamento. Alguns seguidores de Taylor, como Lilian Gilbreth (esposa de Frank Gilbreth), dedicaram esforços consideráveis acerca da humanização do processo de gestão.[29]

O episódio de maior destaque na busca pela compreensão do lado humano na indústria foi a série de estudos conduzidos na Western Eletric (localizada no bairro de Hawthorne, em Chicago, entre 1924 e 1932). Foram conduzidos experimentos para avaliar o efeito da iluminação sobre a produtividade dos operários. As evidências obtidas indicavam que a iluminação afetava positivamente a produtividade, ou seja, ambientes bem iluminados contribuíam para o aumento de produtividade dos operários. No entanto, em alguns experimentos aconteceu justamente o contrário: mesmo diminuindo-se a iluminação, a produtividade crescia. Os pesquisadores, sem conseguir explicar tais resultados, ficaram intrigados. George Elton Mayo, Pesquisador de Harvard, foi trazido para analisar o fenômeno descrito. A explicação, segundo Mayo, é que o trabalho é essencialmente uma atividade coletiva e que, em seus empregos, os trabalhadores se esforçam para conquistar um senso de propriedade, e não pelo simples ganho financeiro. A ênfase da gestão por eficiência técnica, o foco do taylorismo, mudava para uma orientação mais rica e complexa, a das relações humanas.[30]

A ascensão da classe média americana impulsionou o desenvolvimento e crescimento de empresas para atender aos seus desejos. No entanto, houve um período de crise na indústria norte-americana, iniciado em 1929 com a grande depressão.[31]

Em períodos como esse, o cliente passa a ser cada vez mais valorizado. Em função da diminuição do poder de compra do consumidor, a aquisição de um produto passa a ser uma atividade criteriosa. Empresas que não ofertarem produtos de qualidade e baixo custo podem perder grande parcela de clientes. Iniciam-se nesse sentido, esforços das empresas para reduzirem os custos e aumentarem os padrões de qualidades de seus produtos. É desse período, por exemplo, o desenvolvimento da técnica de Controle Estatístico de Processo (CEP).[32]

O período de crise estende-se até 1940, época da Segunda Guerra Mundial. No entanto, destaca-se positivamente o desenvolvimento das técnicas quantitativas de Pesquisa Operacional (PO), que seriam incorporadas maciçamente pelas empresas após o término do conflito.[33]

Finda a Segunda Guerra Mundial em 1945, os EUA, detentores do parque industrial mais forte do mundo, emergiam para atender uma demanda nacional (*baby boom*) e mundial por produtos manufaturados. Com seu enorme mercado doméstico, disponibilidade de capital e uma força de trabalho bem treinada e produtiva, os norte-americanos poderiam produzir e distribuir produtos em um ritmo e escala inimagináveis. Houve uma revalorização dos sistemas de produção em massa.[34] O desenvolvimento e aprimoramento dos sistemas de manufatura permaneceu estacionado nesse período.[35] Estatísticas econômicas dessa época versam sobre um aumento notável da renda *per capita* dos americanos, da porcentagem do valor mundial agregado à produção e do percentual de ativos de produção das empresas.[36]

Nesse ambiente, em que a oferta era menor que a demanda (os parques industriais japonês e europeu estavam arruinados), houve um "relaxamento" das empresas norte-americanas com relação à qualidade e ao custo dos produtos. Produtos de qualidade inferior eram aceitos no mercado em função da falta de disponibilidade de produtos substitutos.[37] Esse efeito não seria sentido no curto prazo, mas somente a partir do restabelecimento da capacidade produtiva mundial em 1960. Por meio de programas de reestruturação das economias, países industriais dizimados pela guerra, como Inglaterra, Alemanha e Japão, ressurgiram como potenciais competidores da indústria norte-americana.[38]

O período subsequente à década de 1960 é marcado pela crise da indústria norte-americana. A crise do petróleo em 1973 intensifica ainda mais esse cenário. Os grandes e pesados carros norte-americanos, e altas taxas de consumo de combustível, foram preteridos. Naquele momento, o mercado valorizou os veículos japoneses, mais baratos, de maior qualidade e extremamente eficientes no consumo de combustíveis.[39]

O renascimento da indústria japonesa ocorreu pela "reinvenção" de um sistema de manufatura alinhado às condições do país no período pós-guerra. Dizimado pelo conflito, com recursos altamente escassos, o Japão precisava projetar um sistema de produção que fosse altamente eficiente, que gerasse o menor desperdício possível. Adotar os princípios do sistema americano de manufatura, baseado predominantemente em previsões (sujeitas a erro), poderia resultar no consumo desnecessário de recursos que não agregassem valor diretamente aos clientes. A ideia do sistema de produção pensado pelos japoneses era justamente combater o efeito negativo do sistema de produção americano (baseado em previsões), e pautar-se em uma lógica baseada na eliminação de desperdícios. Esse era o princípio fundamental do Sistema Toyota de Produção (STP). Esse modelo de produção incorporava não apenas aspectos técnicos. Tratava-se de uma filosofia de trabalho, envolvendo questões relativas a cultura organizacional, relacionamentos com clientes e fornecedores, entre outras. A ascensão das indústrias japonesas chamou a atenção do Ocidente, principalmente dos EUA. Projetos de pesquisa para a melhor compreensão do STP foram conduzidos por pesquisadores de várias universidades, que o denominaram posteriormente Sistemas de Produção Enxuta, ou simplesmente Manufatura Enxuta.[40] Maior detalhamento dos princípios e técnicas desse sistema será realizado posteriormente, na Seção 1.4.3.

Outra iniciativa, acadêmica, conduzida por Wickhan Skinner, professor e pesquisador de Harvard, foi realizada para averiguar as causas da falta de competitividade da indústria norte-americana ante as pujantes indústrias japonesas. Conforme mencionado, entre 1945 e 1960, a economia americana cresceu vertiginosamente, as indústrias produziram como nunca antes visto, porém a evolução dos sistemas de produção não ocorreu na mesma proporção. A competitividade das indústrias americanas permaneceu estática no tempo, enquanto o Japão e demais países europeus industrializados promoviam melhorias em seus sistemas de produção. É importante ressaltar nesse período contribuições efetivas na área da computação, que impulsionou, por exemplo, o MRP (*Materials Requirements Planning*).[41]

Skinner[42] apurou que uma das causas para a falta de competitividade das empresas era a pouca importância atribuída à manufatura. Ela era considerada como reativa e operacional. Essa visão passiva da manufatura era um grave problema. Ela deveria ser tratada de forma estratégica, devido a fatores como: (a) a manufatura reúne os maiores investimentos em recursos das organizações; (b) as decisões que são tomadas por essa área são consideradas como de grande inércia, ou seja, são difíceis de reverter, e uma vez tomadas, exercem efeito duradouro. Além desses fatores, Skinner concluiu que não existia uma forma única de se gerenciar a manufatura. Era preciso quebrar o paradigma Taylorista e Fordista. A melhor forma de se projetar e gerenciar a produção dependerá da decisão de como ela irá competir no mercado futuro.[43]

Nas décadas seguintes (1970 a 1990) esse tema foi foco tanto de acadêmicos quanto de profissionais de mercado. A manufatura passou a ser encarada como uma área estratégica para as indústrias. Seu objetivo era garantir que as funções de gerência dos processos de produção e de entrega de valor ao cliente estivessem totalmente alinhadas com a intenção estratégica da empresa quanto aos mercados que pretendesse atingir.[44] Um maior detalhamento sobre estratégia de manufatura será realizado, na Seção 1.3.

Até o momento, discutiu-se basicamente a evolução dos sistemas de produção/manufatura de bens que ocorriam no ambiente industrial. Porém, muitos conceitos, técnicas e ferramentas, outrora restritos às indústrias, foram incorporados por empresas de serviços.[45] Isto devido à importância do setor de serviços na economia moderna.[46]

Enxergar a operação de entrega de um serviço analogamente a um processo de transformação de um bem constituiu uma oportunidade formidável de aplicar os conhecimentos da "Gestão Industrial" à melhoria do desempenho desses sistemas.[47] Para tanto, a Gestão da Produção ou Manufatura passou a ser denominada Gestão da Produção e Operações, ou simplesmente Gestão de Operações. A incorporação da perspectiva dos serviços foi responsável por essa mudança.[48]

No entanto, existem algumas características de serviços que os diferem da produção exclusiva de um bem. O Quadro 1.2 ilustra algumas dessas diferenças.

Quadro 1.2 Processos de Manufatura e serviços[49]

Bens	Serviços
Tangível	Intangível
Pode ser estocado	Não pode ser estocado
A produção precede o consumo	A produção e o consumo são simultâneos
Baixo nível de contato com o consumidor	Alto nível de contato com o consumidor
Pode ser transportado	Não pode ser transportado
A qualidade é evidente	É difícil de julgar a qualidade

Uma refinaria de petróleo, uma fundição de alumínio ou uma fábrica de equipamentos pesados constituem exemplos de sistemas de produção de bens puros. Por outro lado, a entrega de serviços puros pode ser realizada, por exemplo, em clínicas de psicoterapia, de consultoria, entre outras. Em algumas situações, pode-se ter operações com entrega simultânea de bens e serviços. Nesse caso, a produção de bens ocorre em uma área denominada "retaguarda", e a entrega de serviço, numa área denominada "linha de frente", com alto grau de contato com o consumidor. Exemplos dessas operações simultâneas ocorrem em restaurantes, aeroportos, supermercados etc.[50]

Outra quebra de paradigma na gestão de operações ocorreu em relação à delimitação das fronteiras da cadeia de valor intrínseca aos sistemas de produção. Num primeiro momento, a cadeia de valor e os respectivos processos de negócio que a constituíam estavam restritos ao ambiente interno das empresas. O desafio, nesta perspectiva de análise, é maximizar os relacionamentos interfuncionais a fim de criar ou desenvolver um ambiente de sinergia que resulte no alcance dos objetivos (estratégicos) da empresa como um todo. Suplantada a fase anterior, de integração interna, a gestão de operações expande seu escopo para além das fronteiras físicas da empresa. O desafio, neste momento, passa a ser a integração externa na cadeia de suprimentos. O desafio desta nova perspectiva de análise, similar à visão anterior, é gerir os processos de negócio que ocorrem entre a empresa, seus fornecedores e seus clientes, sejam diretos ou indiretos, a fim de se criar ou desenvolver um ambiente de sinergia que resulte no atingimento dos objetivos (estratégicos) da empresa ou da cadeia como um todo.[51]

Essa perspectiva (expandida) de análise da gestão de operações recebeu várias denominações, dentre as quais Gestão da Cadeia de Suprimentos, e passou a ser uma das áreas de pesquisa mais destacadas da Gestão de Operações ou da Engenharia de Produção.

1.2 REPRESENTAÇÃO DOS SISTEMAS DE PRODUÇÃO E TIPOLOGIAS

Um sistema de produção pode ser entendido como um processo de transformação. Nesse processo, recursos de entrada (*input*) são convertidos em saídas (*outputs*), bens e serviços, que agreguem valor aos consumidores finais. As entradas podem ser tanto recursos que terão sua natureza modificada, como materiais, informações e até mesmo consumidores, quanto recursos que alteram o estado das entradas anteriores, como máquinas, equipamentos, instalações, pessoal, tecnologia etc.[52] A Figura 1.1 ilustra um diagrama esquemático que representa um sistema de produção.

Figura 1.1 Representação de um sistema de produção: diagrama entrada, transformação, saída.[53]

Qualquer sistema de produção (universidades, hospital, fábrica de blocos de cimento, profissional liberal, órgão público, fábrica de automóveis etc.) pode ser representado por meio desse diagrama esquemático. A grande vantagem desse mapeamento é a visualização macro das atividades agregadas que compõem os sistemas de produção. No entanto, é possível, ainda, desdobrar os processos de transformação em níveis (hierarquias) inferiores: subprocesso, atividade e tarefa.[54] Esse desdobramento possibilita identificar, no tocante à cadeia de valor, atividades desnecessárias ou que não agreguem valor diretamente aos clientes. Essas atividades, classificadas como desperdícios, consomem a maior parte dos recursos das empresas. Eliminá-las ou atenuar seus efeitos constituem a base do Sistema Toyota de Produção.[55]

Os sistemas de produção podem ser classificados por meio de vários critérios. Entender as características desses sistemas e suas classificações permite melhor análise e melhor posicionamento das decisões acerca da estratégia da produção e operações a ser definida. A literatura explora inúmeras tipologias. Neste texto, classifica-se os sistemas de produção em função de três critérios: (a) quantidade fabricada e repetitividade; (b) fluxo das operações e (c) orientação ao mercado.[56]

Em relação à quantidade fabricada e à repetitividade, a produção pode ser unitária, em pequenas, médias e grandes séries. Na produção unitária, o produto final e único é desenvolvido geralmente por encomenda e requer altos *lead times*. O *lead time* pode ser definido como o tempo decorrido desde o pedido feito pelo cliente até a entrega do produto. Exemplos dessa tipologia são grandes obras de construção civil, equipamentos pesados, como caldeiras, turbinas eólicas, navios etc. A produção em pequenas e médias séries é realizada, em volumes médios, por meio de lotes de produção, que variam de produto a produto. O *lead time* da produção desses lotes ou pedidos é potencialmente inferior aos tempos da produção unitária. Indústrias de máquinas e ferramentas, motores, redutores e equipamentos agrícolas são exemplos de produção em pequenas e médias séries. Por fim, a produção em grandes séries é realizada em grandes volumes, com *lead times* individuais muito baixos. Há pouca diversificação de produtos e alta repetitividade de produção. Indústrias de alimentos, química e derivados de petróleo são exemplos de produção em grandes séries.

O fluxo de produção pode ser contínuo ou discreto. No fluxo de produção contínuo os produtos não podem ser identificados individualmente e apresentam alta uniformidade na produção. Outra característica do processo de produção contínuo é que os produtos e processos são interdependentes. Esse atributo favorece a automação, com pouca ou nenhuma flexibilidade. Cervejarias, refinarias de petróleo e derivados são exemplos de processos contínuos. No processo de produção discreto, os produtos são passíveis de serem isolados em lotes ou unidades. O processo de produção discreto subdivide-se em processo por projeto, processo repetitivo em lotes e processo repetitivo em massa. O processo por projeto possui muitas das características da produção unitária, como a estreita ligação com o cliente. Em função disso, os recursos produtivos devem ter alta flexibilidade. Técnicas como o PERT/CPM (abordadas no Capítulo 3 – Gerenciamento de Projetos) são utilizadas nesse tipo de tipologia produtiva para o planejamento e controle de projetos. A antítese da produção por projeto é a produção por processos repetitivos em massa. É altamente empregada em situações com altos volumes de produção e produtos altamente padronizados. Geralmente os recursos de produção são dedicados, o que resulta em baixa flexibilidade do sistema produtivo. Um abatedouro de aves é um exemplo típico dessa tipologia produtiva.

Com características medianas entre a produção por projetos e a produção em massa, encontra-se a produção repetitiva em lotes. Nesse tipo de sistema há a possibilidade de se produzir uma ampla variedade de produtos não padronizados e potencialmente customizáveis. Devido a essa característica, a sequência de operações necessárias à fabricação varia de produto para produto e geralmente a produção é feita em grandes lotes, a fim de atenuar os custos com tempos de preparação das máquinas. Para tanto, a alta flexibilidade demandada nesse sistema é conseguida por meio de equipamentos universais e mão de obra polivalente, visando atender diferentes quantidades de produtos para clientes diversos, e com datas de entregas variadas. Além das características anteriormente citadas, e também devido a variabilidades intrínsecas aos sistemas produtivos, como quebra de máquinas, falta de estoque para processar, desbalanceamento de carga de trabalho etc., o fluxo de produção torna-se intermitente ou descontínuo. Isso dificulta o controle, o que acaba gerando altos níveis de estoque em processo. A Pesquisa Operacional dedica-se à resolução de problemas de programação da produção, também conhecidos como decisões de *scheduling*. Há ainda uma subdivisão da produção em lotes, podendo ser do tipo *job shop* ou *flow shop*.

Nos sistemas *job shop*, o *layout* utilizado é o funcional. A variedade de produtos é grande e o volume de produção é de médio para baixo. O fluxo de produção é intermitente, irregular, o que resulta em altos *lead times*. A produção *flow shop* assume algumas das características da produção contínua em massa, apesar de ser um processo discreto. Nesse subsistema, o *layout* usado é em linha e, por conseguinte, o fluxo é linear. Os produtos não são muito diversificados e geralmente são agrupados em famílias, devido ao fato de possuírem operações de produção similares. O volume de produção é alto, com respectivo *lead time* unitário pequeno. A maior parte dos Sistemas de Administração da Produção foi projetada para subsidiar as decisões da produção em lotes repetitivos.

Em relação à orientação ao mercado, um sistema de produção pode ser classificado em Produção para Estoque (*Make to Stock* – MTS), Produção contra Pedido (*Make to Order* – MTO), Montagem sob Encomenda (*Assembly to Order* – ATO) e Engenharia sob Encomenda (*Engineering to Order* – ETO). Na tipologia MTS os produtos são padronizados e a produção antecede as vendas. Sistemas como esse são classificados como empurrados, dado que os níveis de estoques de produtos finais são uma função da previsão de vendas realizada. Nos sistemas MTS a interação com clientes é mínima, e o tempo de resposta é dado pelo *lead time* de processamento do pedido e distribuição física. Na tipologia MTO, por sua vez, os produtos são personalizados para cada cliente. Em função dessa característica a empresa só produz o pedido do cliente após a sua confirmação, ou seja, as vendas antecedem a produção. Nesse sentido, o tempo de resposta é maior que no sistema MTS, sendo composto pelo *lead time* de fabricação e distribuição física. Em alguns casos mais extremos, há ainda a incorporação do *lead time* de ressuprimento de matéria-prima, tornando ainda menos responsiva essa tipologia. Em função do maior grau de customização do produto/pedido, os clientes desse tipo de sistema produtivo toleram um maior tempo de resposta. Como cada ordem de produção é atrelada a um lote exclusivo, os custos com estoques de produtos finais são baixos, se comparados aos sistemas MTS.

A tipologia ATO configura-se como um sistema híbrido MTS/MTO. Produz-se subcomponentes por meio da tipologia MTS e adia-se a montagem do produto final até a confirmação do pedido do cliente, configurando a abordagem MTO. Os estoques existentes nesse sistema são de subconjuntos que aguardam a montagem ou reconfiguração final. Essa estratégia é conhecida na literatura por *postponement*, e pode ocorrer tanto no nível da fábrica (produção) como ao longo da cadeia de suprimentos.[57] Como pontos positivos destaca-se a alta customização de produtos e um tempo de resposta intermediário. Essa estratégia é utilizada com sucesso por empresas como a Dell, a Benetton, a HP etc. A tipologia ETO possui as mesmas características da produção unitária e por projeto, ou seja, a execução do projeto espera a venda, e os produtos (projetos) são altamente customizáveis pelo cliente. Há baixa padronização de produtos e processos, resultando em altíssimos tempo de resposta ao cliente.

1.3 ESTRATÉGIA DE PRODUÇÃO E OPERAÇÕES

Toda empresa ou organização tem uma função produção (ou uma função operações). A função produção é responsável pela realização das atividades necessárias à produção de produtos ou serviços. Em qualquer que seja o setor da economia ou o segmento de atuação da empresa, sua função produção tem a missão de oferecer produtos ou serviços, produzindo valor para "clientes" e para proprietários ou acionistas, ou ainda para os gestores. Os clientes precisam perceber que o produto ou serviço adquirido satisfaz alguma necessidade, e os acionistas, proprietários e gestores, que traz algum benefício. Assim, por exemplo, em uma grande montadora de automóveis, a função produção é responsável por uma série de operações (ou atividades), desde a aquisição de matérias-primas e componentes, passando pela fabricação dos automóveis, até por sua distribuição e venda aos clientes e pelos serviços de manutenção pós-venda. Pode eventualmente ser responsável também, posteriormente, pelo descarte, reciclagem e reutilização dos materiais ao final da vida útil dos automóveis. Do mesmo modo, um banco é responsável por um conjunto diversificado de atividades – que fazem parte da função produção de um banco, mas sem receber tal denominação – que abrange a captação de recursos financeiros, o oferecimento de crédito, a aplicação de recursos financeiros etc. As operações nesses dois tipos de empresas são bastante diferentes, requerem recursos específicos, são realizadas por trabalhadores com formações distintas e são indispensáveis para a produção de tais produtos e serviços.

A função produção, dentre as funções da empresa como vendas, marketing, finanças, contabilidade etc., abrange a maior parte dos recursos físicos e financeiros alocados à empresa e, na grande maioria dos casos, todos os trabalhadores dedicados à produção direta de produtos ou serviços e também aqueles envolvidos na administração dessas atividades de produção. Em uma empresa de pequeno porte, subdividida, por exemplo, nas funções marketing/vendas, finanças/contabilidade e produção, esta última é a que terá sob sua responsabilidade a maior parte dos recursos e do pessoal alocado.

Decorre daí que a função produção deve ser responsável por parte também significativa dos resultados alcançados pela organização, gerados pelo emprego de recursos físicos e financeiros e de pessoal, e realizados com a oferta dos produtos e serviços. Seja uma empresa com fins lucrativos, uma organização governamental ou não governamental, além dos resultados diretos decorrentes da oferta de produtos e serviços, a empresa impacta econômica, social e ambientalmente a região em que está instalada, e novamente grande parte de tais impactos é proveniente das atividades de produção realizadas no domínio da função produção.

Envolvendo a maior parte dos recursos e dos trabalhadores em uma organização, e sendo responsável por parte significativa dos resultados diretos e indiretos do emprego de tais recursos, tal função precisa ser bem projetada e administrada. Precisa ser administrada estrategicamente. Este é o foco da Estratégia de Produção ou da Administração Estratégica da Produção.

De modo abrangente, como a função produção de uma empresa pode ser administrada estrategicamente?

É necessário se ter em mente, de início, que a função produção tem papel estratégico. Não apenas porque envolve a maior parte dos recursos e do pessoal empregado na empresa, mas porque escolhas importantes (estratégicas) têm que ser feitas para sua configuração (projeto ou reprojeto), seu funcionamento e sua administração. Como recursos físicos e competências acumuladas pelos trabalhadores não são totalmente flexíveis, dada uma determinada estratégia competitiva da empresa – que define como a organização irá satisfazer necessidades no mercado procurando alcançar vantagens competitivas em relação a seus concorrentes –, os recursos e competências na função produção precisam ser projetados/planejados, adquiridos, configurados, desenvolvidos e mantidos para apoiar/sustentar tal estratégia competitiva. E uma configuração adequada para sustentar determinada estratégia competitiva muito provavelmente não será adequada para apoiar outra estratégia competitiva.

Esse conjunto de escolhas e o conjunto de planos de ação para configurar e desenvolver os recursos e competências na função produção é denominado Estratégia de Produção. E para apoiar a estratégia competitiva e contribuir efetivamente para a melhoria de desempenho da função produção e da empresa, tal conjunto de mudanças deve produzir resultados que podem ser avaliados em termos de algumas dimensões ou prioridades competitivas de produção, tais como custos, entrega, qualidade, flexibilidade e serviços.[58] E, ainda, as mudanças na função produção podem alterar uma ou mais das áreas de decisão, classificadas em áreas estruturais (capacidade, instalações, tecnologia, integração vertical) e áreas infraestruturais (organização, força de trabalho, planejamento e controle de produção, gestão da qualidade).[59]

De forma relativamente semelhante, alguns autores[60] consideram as áreas de decisão de capacidade, cadeia de suprimentos, tecnologia de processo e desenvolvimento e organização. Tais áreas envolvem decisões tanto estruturais quanto infraestruturais, todavia a primeira relaciona-se predominantemente a elementos estruturais, e a última está ligada a decisões muito mais infraestruturais.

Para facilitar o entendimento dessa classificação das áreas de decisão, faz-se uma analogia da organização com um computador. As áreas estruturais correspondem ao *hardware* do computador, enquanto as infraestruturais, aos softwares. Relativamente, em geral, as modificações nas áreas estruturais exigem maiores investimentos e prazos para serem implementadas e causam maiores impactos.

Cada empresa, em função de uma série de fatores como o segmento econômico em que atua, o seu porte, a sua própria estratégia competitiva, a sua organização interna etc., deve estabelecer o seu próprio conjunto de prioridades competitivas de produção e definir suas próprias áreas de decisão.

Assim, a estratégia de produção ficará caracterizada pelo conjunto de programas e planos de ações formulados e implementados nas diversas áreas de decisão, tendo-se por finalidade melhorar o desempenho da função produção em termos das prioridades competitivas[61] de produção e apoiar (e muitas vezes sustentar) a estratégia competitiva da empresa. Estes conceitos estão reunidos na Figura 1.2.

Figura 1.2 Estratégia competitiva, prioridades competitivas e áreas de decisão.[62]

Dois tipos de questões relacionadas com a administração estratégica de produção devem ser destacadas. No processo de administração, diretores e gestores nas empresas defrontam-se com o que se convencionou denominar "processo" estratégico, relacionado com as atividades para formular, implementar e avaliar a estratégia de produção. Ou seja: como as pessoas na organização chegarão à definição de uma estratégia de produção? Que passos ou etapas seguirão para implementar a estratégia formulada? Como avaliarão a estratégia implementada (e como irão aperfeiçoá-la)? Defrontam-se também com o "conteúdo" da estratégia de produção, relacionado com as escolhas específicas sobre as prioridades competitivas e sobre as mudanças nas áreas de decisão. A Figura 1.2 representa assim o conteúdo da estratégia de produção que neste capítulo, em função de restrições de espaço, será o único aspecto abordado.

Dois outros conceitos são essenciais para a definição do conteúdo da estratégia de produção. A saber: foco e alinhamento. Estes também estão estreitamente inter-relacionados e condicionam o conteúdo central da estratégia de produção, composto pelas dimensões competitivas a serem priorizadas e pelas mudanças nas áreas de decisão para atingi-las. O foco diz respeito a como a função produção irá realizar a missão de produzir produtos ou serviços, atendendo e apoiando a estratégia competitiva da empresa. Recursos e competências serão alocados, configurados e desenvolvidos para esse foco. Por exemplo, uma fábrica de calçados masculinos de couro pode alocar e administrar recursos para a produção de calçados de baixo custo em grandes lotes, enquanto outra, atendendo a outra estratégia competitiva, pode configurar seus recursos para a produção de uma grande variedade de modelos de calçados, produzidos em pequenos lotes. Quais serão as prioridades competitivas de produção e as características principais de cada área de decisão em cada uma dessas empresas? A produção em cada um dos casos deve estar preparada para realizar uma tarefa específica. São diversos os possíveis critérios[63] para se estabelecer o foco da função produção ou de uma planta: linha de produto, estágios de processos de produção, áreas geográficas, segmentos de mercado ou grupos de fornecedores etc.

O alinhamento diz respeito à adequação da estratégia de produção à estratégia competitiva, à adequação da estratégia de produção às demais estratégias funcionais e à adequação das mudanças nas áreas de decisão às prioridades competitivas de produção. O foco propicia os meios para se prover alinhamento e também a disciplina para mantê-lo.[64] No exemplo das fábricas de calçados, a configuração de recursos escolhida para a fábrica que produz uma pequena variedade de calçados em altos volumes não estará alinhada às prioridades competitivas de produção e à estratégia competitiva da fábrica que produz grande variedade de calçados em volumes menores.

Outra condição muito importante e inerente à função produção (e à empresa) é constituir um sistema complexo, aberto e dinâmico. Ou seja, o funcionamento da função produção e o seu desempenho dependem de como a função produção se configura a partir da combinação de seus diversos componentes, dos fatores internos e externos (à organização) que a afetam e, além disso, das mudanças que ocorrem ao longo do tempo – previsíveis e imprevisíveis – nesses componentes e fatores.

O que deverá ser priorizado poderá variar ao longo do tempo em função dos fatores condicionantes e das características da função produção desenvolvidas. Como ilustração, se um concorrente produzir calçados em igualdade de condições com uma das fábricas já mencionadas, mas com uma qualidade de conformação superior, a fábrica do exemplo anterior terá essa pressão para investir na melhoria de sua qualidade de conformação, o que implica avaliar como tal dimensão da produção foi desenvolvida até o momento dessa decisão e, em decorrência, como pode ser aperfeiçoada. Lembrando ainda que os problemas na produção são complexos, demandando investimento e tempo para serem resolvidos.

Em síntese, a administração estratégica da função produção em uma organização envolve a realização de estudos e análises para se definir em determinado período ou horizonte que programas ou planos de ações devem ser implementados nas diversas áreas de decisão de modo que a função produção venha a atingir os patamares almejados das dimensões competitivas, garantindo-se foco e alinhamento da estratégia de produção com a estratégia competitiva da empresa.

1.3.1 Prioridades competitivas da produção

Como mencionado no início desta seção, a estratégia de produção deve gerar resultados que podem ser avaliados em termos de prioridades competitivas da produção:

- **Custo:** reduzir os custos associados à produção e entrega de bens e serviços é um objetivo essencial para empresas que têm a estratégia competitiva direcionada a preços baixos ou para empresas que competem em mercados em que as margens de lucro são tipicamente estreitas. Deve-se lembrar que o custo é um fator interno e relativamente controlável, associado às operações da empresa, enquanto o preço é influenciado em maior ou menor grau pela estrutura do mercado e, portanto, menos controlável. O alcance de uma posição de liderança em custos requer, em geral, investimentos significativos em tecnologias de processo, produção em volumes relativamente altos (para obter economias de escala), modularização de produtos (para obter economias de escopo), projeto de produtos que facilite a fabricação etc.[65] Ainda que a empresa não busque liderar em custo e busque, por exemplo, diferenciar seus produtos com base em qualidade superior e imagem, busca-se manter os custos de produção sob controle em um nível aceitável.

- **Entrega:** esta prioridade está associada a pelo menos dois fatores, a confiabilidade e a velocidade de entrega (alguns autores incluem também a facilidade de pedido).[66] A confiabilidade, do ponto de vista da Estratégia de Produção, é a habilidade de cumprir as datas de entrega prometidas, entregando o produto ou o serviço certo no momento certo. Essa dimensão está associada ao nível de serviço ao cliente, e é medida por indicadores como o OTIF (*on time in full*). A velocidade de entrega depende de um atravessamento rápido dos produtos no sistema de produção, de investimentos em transportes e logística, de uma localização adequada de plantas e centros de distribuição, entre outros. Assim, uma empresa pode ter como estratégia competitiva a diferenciação de seu produto ou serviço com base em uma entrega rápida e confiável, e a função produção deve ser capaz de apoiar tal estratégia.

- **Qualidade:** no contexto histórico do sistema americano de produção, mencionado no início do capítulo, a qualidade estava diretamente relacionada com a conformidade, ou ao grau em que o projeto do produto ou suas características de operação atendem às especificações. Tal conceito foi sendo gradualmente ampliado, de forma a incluir também elementos mais abstratos. Uma abordagem bem difundida, proposta no final dos anos 1980, considera oito dimensões para a qualidade do produto:[67] desempenho, características, confiabilidade (nesse caso, está relacionada com a probabilidade de um produto apresentar mal funcionamento ou falhar, e não deve ser confundida com a prioridade competitiva de confiabilidade de entrega descrita anteriormente), conformidade, durabilidade, atendimento, estética e qualidade percebida. Para a estratégia de produção, entretanto, é importante considerar, além desse conceito de qualidade do produto/serviço, a qualidade das operações internas. Processos internos que apresentam baixas taxas de refugo e retrabalho, sejam eles de produção (física) ou de processamento de informações, resultam em uma operação estável e confiável, eliminando custos desnecessários. Em outras palavras, os clientes internos são atendidos com confiabilidade (sem atrasos) e os custos são mantidos em níveis planejados.

- **Flexibilidade:** essa prioridade é multidimensional e necessária para atender diferentes necessidades dos consumidores. Uma empresa de cosméticos e produtos de higiene pode, por exemplo, adotar a estratégia competitiva de atender ao mercado com uma ampla gama de linhas de produto. Uma das vantagens dessa estratégia é que as diferentes linhas se utilizam da mesma estrutura de marketing e distribuição já estabelecida, ou seja, obtém-se sinergia. Para suportar tal estratégia competitiva, a função produção deve apresentar flexibilidade em termos de tecnologia de processos, para produzir diversos tipos de produtos. Deve também apresentar flexibilidade de volume e flexibilidade de *mix* de produtos, ou seja, capacidade de ajustar rapidamente o nível de produção e o tipo de produto a ser fabricado, para acompanhar variações na demanda. Para a flexibilidade de *mix*, por exemplo, é importante que consiga organizar os recursos produtivos e definir a tecnologia de processo de forma que os tempos de preparação (ou *set up*) das máquinas sejam baixos. Ainda nesse mercado de cosméticos, os clientes podem estar interessados em novidades, ou seja, há espaço para renovação de produtos e novos lançamentos. Com isso, a função produção deve apresentar flexibilidade de introduzir novos produtos ou modificar os existentes em curtos intervalos de tempo. Em resumo, a flexibilidade pode estar associada à introdução de novos produtos/serviços, ao *mix* de produtos e serviços, às mudanças de volume e de datas de entrega, entre outras.

- **Serviços:** esta prioridade pode ser desagregada em quatro dimensões:[68] serviço ao cliente, serviço de vendas, solução de problemas e informação. O serviço ao cliente consiste na habilidade de prover reposição rápida de partes defeituosas ou de estoques para evitar rupturas, ou seja, perda de vendas. Já o serviço de vendas está relacionado com a habilidade de aumentar as vendas e o marketing por meio da exibição do produto, tecnologia ou equipamento que está sendo vendido, em tempo real. A habilidade de solucionar problemas e prestar assistência a clientes internos e externos é uma terceira dimensão dos serviços. Por fim, a dimensão de informação refere-se à capacidade de fornecer dados críticos sobre o desempenho do produto, parâmetros de processo e custo aos clientes internos e externos, que podem utilizar os dados para melhorar suas próprias operações ou produtos. A capacidade da função produção de oferecer serviços agregados aos produtos pode ser um importante fator de diferenciação, principalmente quando os concorrentes também já apresentam altos níveis de qualidade ou entrega rápida. Por exemplo, algumas empresas de fertilizantes e insumos agrícolas mantêm engenheiros agrônomos em seu quadro de pessoal, e oferecem treinamentos e consultorias a produtores rurais sobre quais produtos utilizar e como utilizar, dependendo das características de solo e clima dos clientes. Como outro exemplo, uma empresa fabricante de locomotivas se tornou também fornecedora de serviços ferroviários. Juntamente com a venda de um número significativo de locomotivas a um cliente importante, foi assinado um contrato de longo prazo no qual a empresa se comprometeu a acompanhar o desempenho das locomotivas e realizar a manutenção preventiva e preditiva. Em ambos os casos, os serviços foram definidos como uma prioridade competitiva importante da função produção.

Como já mencionado, a função produção desempenha um papel importante no desempenho geral da unidade de negócios, medido pela parcela de mercado, crescimento e lucro.[69] Assim, ela deve estar preparada para atender aos requisitos e oportunidades de mercado. O Quadro 1.3 mostra essa correspondência entre esses requisitos e as prioridades competitivas da produção até então discutidas.

Quadro 1.3 Ligação entre a perspectiva do mercado e a produção[70]

Fatores competitivos requeridos pelo mercado	Prioridades competitivas da produção
Baixas taxas de falha/defeito	Qualidade
Confiabilidade de entrega	Entrega (confiabilidade)
Produtos de alto desempenho	Qualidade (de produto)
Entrega rápida	Entrega (velocidade)
Produtos personalizados às necessidades dos clientes	Flexibilidade
Preço baixo	Custo
Rápida introdução de novos produtos	Flexibilidade (inovação)
Linha de produtos ampla	Flexibilidade
Mudanças rápidas de volume	Flexibilidade
Mudanças rápida de *mix* de produtos	Flexibilidade
Disponibilidade de produtos, alto nível de serviço	Entrega (velocidade e confiabilidade)
Mudanças rápidas de projeto/design	Flexibilidade
Oferta de serviços adicionais, qualidade de atendimento	Serviços

Diante desse contexto, é natural que os objetivos de desempenho apresentem prioridades distintas entre negócios, linhas de produto e estágio do ciclo de vida do produto.[71] Empresas que competem em diferentes bases devem apresentar prioridades distintas. Enquanto para as empresas que competem com base em preço o objetivo de desempenho custo é fundamental, para as que competem com base em diferenciação pela oferta de ampla gama de produtos e quantidades, a flexibilidade é objetivo crítico.

Essa lógica também se aplica a diferentes linhas de produto ou serviço. Pode ocorrer de uma mesma empresa atender a segmentos distintos de clientes com variações do mesmo produto/serviço. Um exemplo é o das companhias aéreas tradicionais que ofertam dois tipos de serviços para dois segmentos de clientes com requisitos diferentes: primeira classe/executiva e classe econômica.[72] Cada grupo de clientes apresenta diferentes necessidades, enquanto o primeiro valoriza a personalização, conforto e conveniência, o segundo busca preço baixo para um nível aceitável de serviço. As operações para o atendimento do primeiro grupo devem priorizar os objetivos de flexibilidade e velocidade, enquanto para o segundo, o custo.

1.3.2 Priorização e melhoria na estratégia de produção

Se cada objetivo de desempenho apresenta um conjunto de benefícios internos e externos, como saber qual deve ser o foco das operações de uma organização?

A definição das prioridades precisa avaliar, simultaneamente, dois elementos competitivos centrais: as necessidades dos clientes e o desempenho dos concorrentes. Primeiramente faz-se necessário entender e classificar as necessidades dos clientes do produto/serviço em um segmento/mercado, ou seja, os critérios que estes levam em consideração em seu processo de compra. Uma forma é classificá-los em função do seu impacto na probabilidade de compra do cliente em três grupos: ganhadores de pedido, qualificadores e menos importante:[73]

- **Qualificadores:** são os fatores considerados pelos clientes como relacionados com o desempenho mínimo esperado para que a oferta de determinada empresa seja considerada em seu processo de compra. Por serem considerados como habilitadores, normalmente não são verbalizados pelos clientes e seu não cumprimento não gera satisfação ou aumento da probabilidade de ganhar pedidos, somente habilita a organização a ser considerada no processo de seleção do cliente. Nesse sentido, obter um desempenho muito superior nesses critérios não incrementa a vantagem competitiva da empresa. Por isso, um desempenho igual aos dos concorrentes parece ser o mais adequado. Um exemplo clássico seria o processo de licitação que normalmente considera dois grupos de critérios: requisitos mínimos e os classificatórios. Os qualificadores seriam justamente os requisitos mínimos.
- **Ganhadores de pedido:** são os critérios-chave que o cliente considera no momento de decidir a compra e, portanto, aumentam significativamente a probabilidade de fechamento do pedido. Quanto melhor for o desempenho de uma empresa nesses fatores valorizados pelos clientes em relação aos seus concorrentes, maior será sua vantagem competitiva. No caso da licitação citado anteriormente, seriam os critérios classificatórios: quanto melhor for o desempenho de uma empresa nesses critérios, maior será a probabilidade de a empresa vencer a licitação.
- **Menos importante:** são fatores que pouco influenciam a decisão de compra atual do cliente em relação ao produto ou serviço, mas que precisam ser monitorados pois podem vir a se tornar ganhadores ou qualificadores no futuro.

Uma vez se tendo entendimento das prioridades sob o ponto de vista do cliente, faz-se necessário entender e comparar o desempenho atual da organização nesses aspectos em relação à concorrência. Essa comparação é auxiliada pela matriz de importância e desempenho apresentada na Figura 1.3. Nela ocorre o cruzamento da importância dada pelo cliente (eixo horizontal) com o desempenho comparado à concorrência (eixo vertical). Este último avaliado via três classificações distintas: melhor que a concorrência, igual a concorrência ou pior que a concorrência.

	Menos importante	Qualificador	Ganhador de pedidos
Melhor que (1-3)	Excesso (urgente?)	Excesso (útil?)	Adequado – vantagem competitiva (manutenção)
Igual a (4-6)	Adequado 1	Adequado 2	Melhorar 2
Pior que (7-9)	Melhorar 1	Urgência máxima	Urgência

Eixo Y: Desempenho comparado à concorrência (1-9)
Eixo X: Importância dada pelo cliente (9-1)

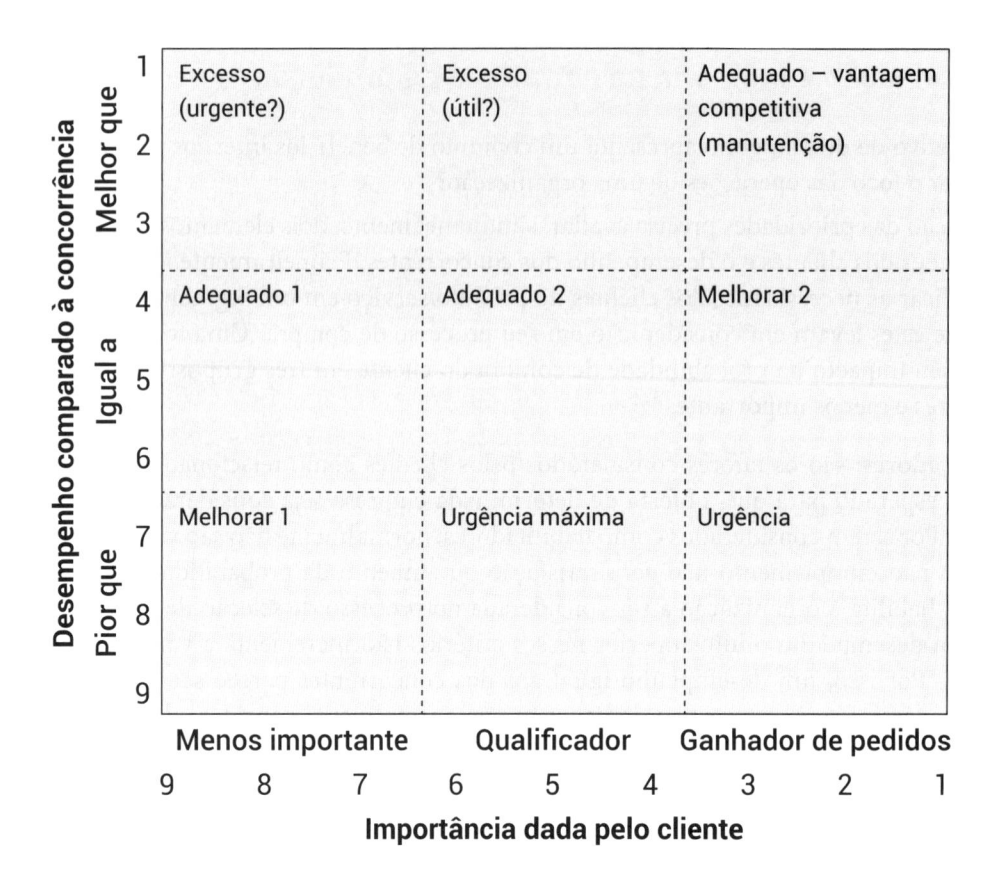

Figura 1.3 Matriz de importância e desempenho.[74]

Os dois eixos usam escala de classificação de importância de nove pontos, conforme descrito a seguir:[75]

- Ganhadores de pedido:
  1. Proporciona vantagem crucial junto aos clientes.
  2. Proporciona importante vantagem junto aos clientes e sempre considerado.
  3. Proporciona vantagem útil junto aos clientes e normalmente considerado.

- Qualificadores:
  4. Precisa estar pelo menos marginalmente acima da média do setor.
  5. Precisa estar em torno da média do setor.
  6. Precisa estar a pouca distância da média do setor.

- Menos importantes:
  7. Normalmente não considerado, mas pode tornar-se mais importante no futuro.
  8. Muito raramente é considerado pelos clientes.
  9. Nunca é considerado pelos clientes e provavelmente nunca será.

O cruzamento dos dois eixos gera quatro zonas de prioridades distintas de atuação. Estas podem ser assim sumarizadas:

- **Zona "Urgência":** engloba os quadrantes "urgência máxima" e "urgência" e constitui o primeiro grupo de prioridades de melhoria pois representa os ganhadores de pedido e qualificadores nos quais a empresa possui desempenho inferior à concorrência. A prioridade máxima de melhoria é o desempenho dos critérios qualificadores para habilitar a empresa a ser considerada no processo de seleção inicial dos clientes, do qual está excluída em função de seu desempenho abaixo do mínimo esperado por eles. Na sequência, a prioridade é a melhoria dos ganhadores de pedido com desempenho inferior aos concorrentes a fim de aumentar a probabilidade de fechamento de pedidos com a empresa. Assim, as melhorias provocadas por esta zona são fundamentais para equiparar o desempenho da empresa ao de suas concorrentes, ou seja, para alcançar o desempenho do mercado.

- **Zona "Melhorar":** esta zona apresenta o segundo grupo de prioridades de melhoria e que inclui os quadrantes "Melhorar 1" e "Melhorar 2". Primeiramente, a prioridade de melhoria é superar o desempenho dos concorrentes nos ganhadores de pedido que estão na zona "Melhorar 2", tornando-os fontes de diferenciação e vantagem competitiva. Posteriormente, a prioridade seria igualar o desempenho da empresa com os concorrentes nos critérios menos importantes ("Melhorar 1"), isso porque estes podem se transformar em futuros ganhadores de pedido e qualificadores.

- **Zona "Adequado":** esta zona engloba fatores considerados satisfatórios e que não necessitam de melhorias, pelo menos a curto prazo. Ela é composta pelos quadrantes "adequado", "adequado 1" e "adequado 2". Os fatores posicionados na parte "adequado" são aqueles que fornecem a vantagem competitiva da empresa no momento, e por isso, não precisam de melhoria, a curto prazo, mas precisam ser continuamente monitorados. Estes são representados pelos ganhadores de pedido nos quais a empresa apresenta desempenho superior ao dos concorrentes. Os fatores posicionados nos quadrantes "adequado 1 e 2" também não são prioritários para melhoria pois apresentam desempenho igual ao da concorrência, mas precisam ser monitorados continuamente, sobretudo os posicionados no "adequado 2", pois relacionam-se com o desempenho mínimo esperado pelos clientes.

- **Zona "Excesso":** refere-se a critérios qualificadores e menos importantes nos quais a empresa apresenta melhor desempenho que os concorrentes (quadrantes "excesso (urgente)" e "excesso (útil)"). É considerada zona de excesso de desempenho ou de desperdício de recursos, pois seria suficiente para a organização, em termos competitivos, possuir desempenho igual ao dos concorrentes nestes aspectos, podendo, assim, redirecionar seus esforços para outros critérios mais relevantes.

1.3.3 Áreas de decisão: estruturais e infraestruturais

O delineamento da estratégia de produção da empresa compreende a definição das prioridades competitivas, discutidas anteriormente, bem como a definição dos projetos e planos de ações que serão desenvolvidos nas áreas de decisão estruturais e infraestruturais previamente mencionadas. Nos tópicos seguintes, discutem-se algumas decisões envolvidas nessas áreas.[76]

1.3.3.1 Capacidade

A estratégia de operações deve se ocupar de decisões de longo prazo e alta inércia relativas à capacidade, e que geralmente envolvem investimentos significativos. Tais decisões estratégicas referem-se a: (1) construção de novas plantas, expansão ou redução das existentes, (2) quantidade e distribuição das unidades de capacidade; (3) localização; (4) alocação de funções/atividades a cada planta e (5) momento no qual a capacidade deve ser ampliada ou reduzida. Assim, os gestores devem decidir se irão investir em novas oportunidades, desinvestir e vender unidades ou ativos, ou ajustar os níveis de capacidade instalada em função de mudanças significativas na demanda.

A decisão do nível de capacidade, ou seja, relacionada ao item (1), depende tanto dos recursos internos da empresa quanto dos requisitos externos do mercado.[77] Do ponto de vista do mercado, tal decisão depende, principalmente, da possibilidade de expansão ou redução da demanda futura, e da comparação entre a receita total projetada ao se atender uma demanda maior e os custos totais de expansão. Além disso, deve-se considerar as incertezas envolvidas (por exemplo, se o aumento esperado na demanda irá se manter por tempo suficiente para recuperar os investimentos e custos). Do ponto de vista dos recursos, a decisão é limitada pela quantidade de capital disponível e pela possibilidade de se obter economias de escala, ou seja, a redução dos custos unitários à medida em que o volume produzido aumenta, devido à diluição dos custos fixos.

Outra decisão relevante se refere ao número, tamanho e distribuição das unidades (item 2). Operações centralizadas, ou seja, poucas unidades de tamanho maior tendem a ter custos de operação mais baixos, pois os custos fixos são diluídos para uma grande quantidade de produtos ou operações. Por outro lado, se a demanda é distribuída geograficamente, então os custos de transporte e custos de manter um bom nível de serviço ao consumidor, nesse caso, tendem a ser altos. O oposto também é geralmente válido, ou seja, várias unidades menores e distribuídas conseguem prover um melhor nível de serviço ao cliente, com custos de transporte menores. Por outro lado, os custos fixos de se manter várias unidades tendem a ser mais altos.

A localização das plantas pode ser determinada por uma combinação de fatores, tais como:

- nível de serviço requerido, ou necessidade/vantagem de estar próximo à demanda;
- adequação e imagem da localização (por exemplo, para serviços ou lojas de varejo, a escolha do ponto e a visibilidade são muito relevantes);
- disponibilidade de matérias-primas e recursos (incluindo, por exemplo, mão de obra, energia, recursos hídricos etc.);
- custo das matérias-primas e recursos;
- incentivos fiscais ou relacionados com terreno;
- fatores relacionados com comunidade e fatores culturais.

O momento de se realizar a mudança de capacidade também é relevante, pois tais decisões apresentam certa inércia, ou seja, exigem um tempo considerável para serem implementadas, para que os resultados sejam obtidos. Há um risco considerável em se iniciar a expansão antes que o crescimento da demanda futura esteja concretizado. Por outro lado, postergar a decisão ou deixar de decidir também é uma decisão em si, e que também envolve riscos. Caso a decisão seja tardia, a demanda adicional será atendida por um concorrente que se adiantou ou será perdida, pela impossibilidade de se implementar a expansão em tempo hábil.

1.3.3.2 Cadeia de suprimentos

A cadeia de suprimentos é o conjunto de todas as organizações envolvidas, direta ou indiretamente, na produção e na entrega de um bem ou serviço ao cliente final. Assim envolve, por um lado os fornecedores diretos, os fornecedores dos fornecedores e outros níveis de fornecedores até chegar à matéria-prima extraída do meio ambiente, e, por outro, os clientes, os clientes dos clientes até chegar ao cliente final, que faz uso do produto ou serviço em questão. Nesse sentido, a cadeia de suprimentos compreende uma quantidade grande de organizações que participam de alguma forma em algum momento da produção, movimentação e entrega das matérias-primas ou dos produtos finais, ou serviços, ao seu usuário final. Por esse motivo, as cadeias são mais bem representadas como redes de suprimentos.[78]

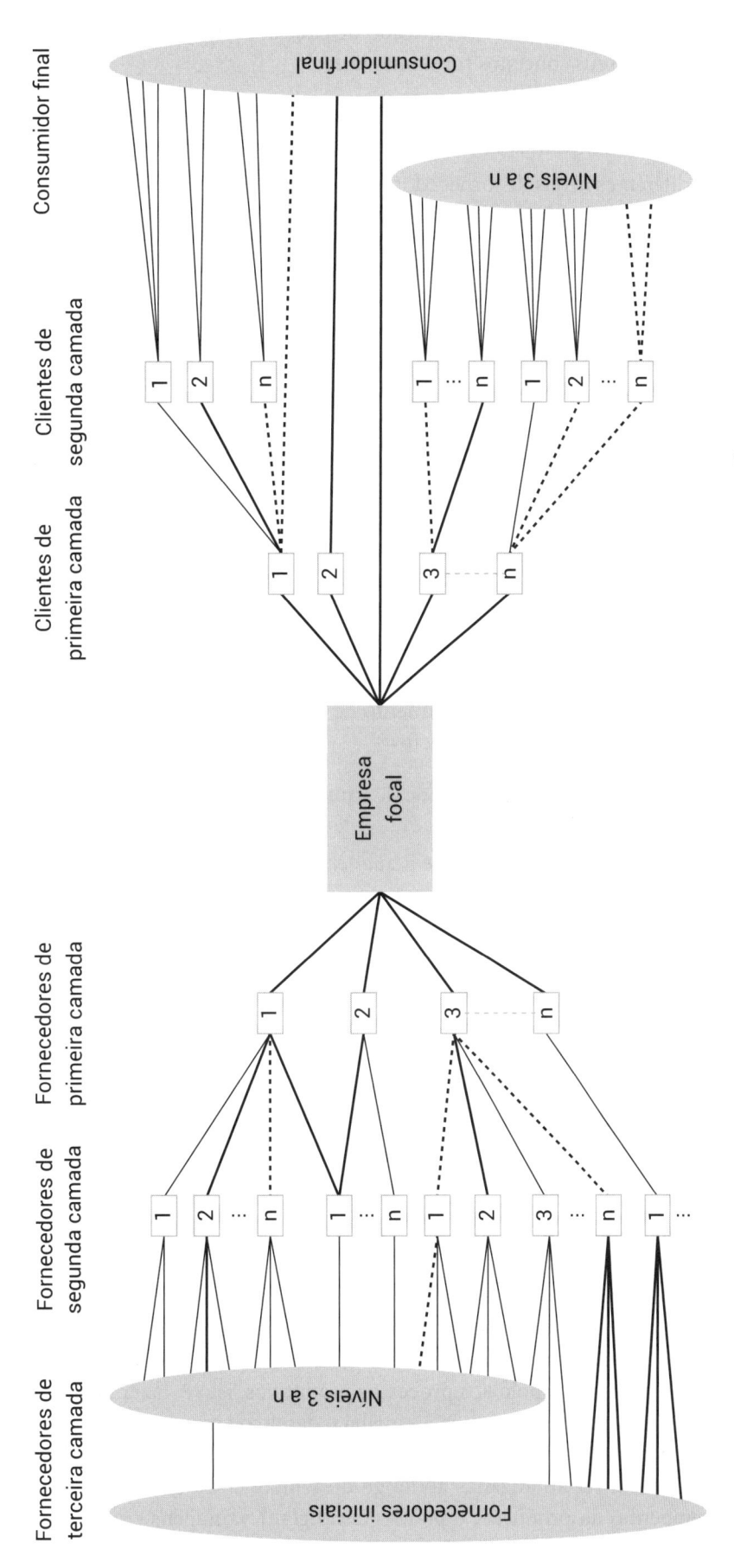

Figura 1.4 Esquema simplificado de uma cadeia de suprimentos.[79]

A Figura 1.4 apresenta um esquema simplificado de cadeia de suprimentos a partir do qual podem ser identificados alguns de seus conceitos fundamentais:

- **Empresa focal:** o entendimento das cadeias ocorre sob o ponto de vista de uma organização (a empresa focal) que pode estar localizada em qualquer nível, ou camada, da cadeia de suprimentos.
- **Camada:** são os diferentes níveis de fornecedores ou clientes de produtos ou serviços que ocorrem na cadeia de suprimentos, desde o fornecedor do fornecedor até chegar à extração de recursos da natureza.
- **Cadeia de suprimento ou fornecimento:** parte da cadeia que envolve todos os níveis de fornecedores, ou seja, todas as empresas envolvidas de alguma forma na produção dos bens ou serviços em questão.
- **Cadeia de distribuição:** parte da cadeia que envolve todos os níveis de clientes, ou seja, todos os canais pelos quais o produto ou serviço passa até chegar ao seu usuário final.
- **Cadeia imediata:** são os clientes e fornecedores diretos ou de primeira camada da empresa focal.
- **Cadeia total:** é sinônimo de cadeia, todas as empresas envolvidas direta ou indiretamente na produção e entrega do produto ou serviço ao consumidor final.

No contexto atual em que as cadeias se tornam progressivamente maiores e globais, as decisões relacionadas a elas tornaram-se fatores estratégicos importantes. Compreender o posicionamento da organização nessa extensa rede, seu papel atual, como as forças dinâmicas desse sistema operam, quais seus impactos e reflexos e qual o seu papel futuro, passa a ser primordial.

O conjunto dessas decisões pode ser sumarizado como a forma pela qual a organização vai se relacionar, a longo prazo, com as empresas envolvidas na cadeia dos seus produtos ou serviços. Identifica o que as funções de operações, distribuição e atendimento de cada elo da cadeia deve fazer particularmente bem.[80] Engloba a definição dos seguintes aspectos:[81]

- a estratégia de cadeia e estrutura (quantidade de camadas) mais adequada para apoiar ou alavancar a estratégia competitiva da empresa;
- a definição do que será feito internamente e o que será terceirizado;
- os tipos de relacionamento a serem desenvolvidos com os membros de cada camada e como os gerenciar;
- as formas de prevenir, reduzir e enfrentar as flutuações e instabilidades da cadeia de suprimentos.

A determinação dessas questões precisa ser feita considerando-se fatores internos e externos à organização e à sua cadeia. É necessário entender os requisitos do mercado e o desempenho da empresa em relação a eles (posicionamento de mercado, riscos e estrutura de mercado e comportamento do consumidor), e aos recursos internos (economias de escala, custos transacionais, potencial de aprendizagem e nível de deficiência dos recursos internos) da organização e das empresas mais relevantes da cadeia.[82]

1.3.3.3 Tecnologia de processo

Todos os meios que auxiliam, direta ou indiretamente, a transformar materiais, informações e consumidores no sistema de produção ou serviços podem ser denominados tecnologias de processo. As tecnologias diretas são aquelas que de fato estão envolvidas no processo de transformação, enquanto as indiretas executam funções de apoio aos processos produtivos, isto é, fazem parte da infraestrutura. As decisões envolvidas nessa área referem-se à escolha e desenvolvimento dessas tecnologias. Para tal, deve-se considerar que tipos de tecnologia de processo devem ser utilizados, como devem ser utilizados, como as tecnologias devem ser atualizadas ao longo do tempo, entre outros. Tais decisões impactam diretamente o desempenho da produção, e podem tanto gerar vantagens competitivas quanto impor limitações às operações produtivas.

Para a escolha de tecnologias de processo, deve-se observar três dimensões: conexão, automação e escala.[83] A primeira define, em um extremo, se a tecnologia será do tipo rígida e totalmente integrada (como uma linha de produção automatizada e totalmente dedicada à fabricação de bolas de tênis, por exemplo), ou se haverá unidades separadas e universais, com mais graus de liberdade e flexibilidade. O nível de automação é a segunda dimensão relevante; quanto maior é esse nível, menor acuidade é requerida do operador e menos decisões são dependentes de seu julgamento. O inverso também se aplica. Por fim, nas decisões relativas à escala, deve-se ponderar se serão implantadas poucas unidades de tecnologia de tamanho maior ou várias unidades menores. Tecnologias de processo mais rígidas, automatizadas e de grande escala são mais adequadas para produzir volumes altos de produtos com baixo custo. Quando o mercado requer mais flexibilidade, maior variedade ou personalização, unidades separadas, universais e de menor tamanho são necessárias. Essas considerações para a escolha de tecnologias de processo são mostradas na Figura 1.5.

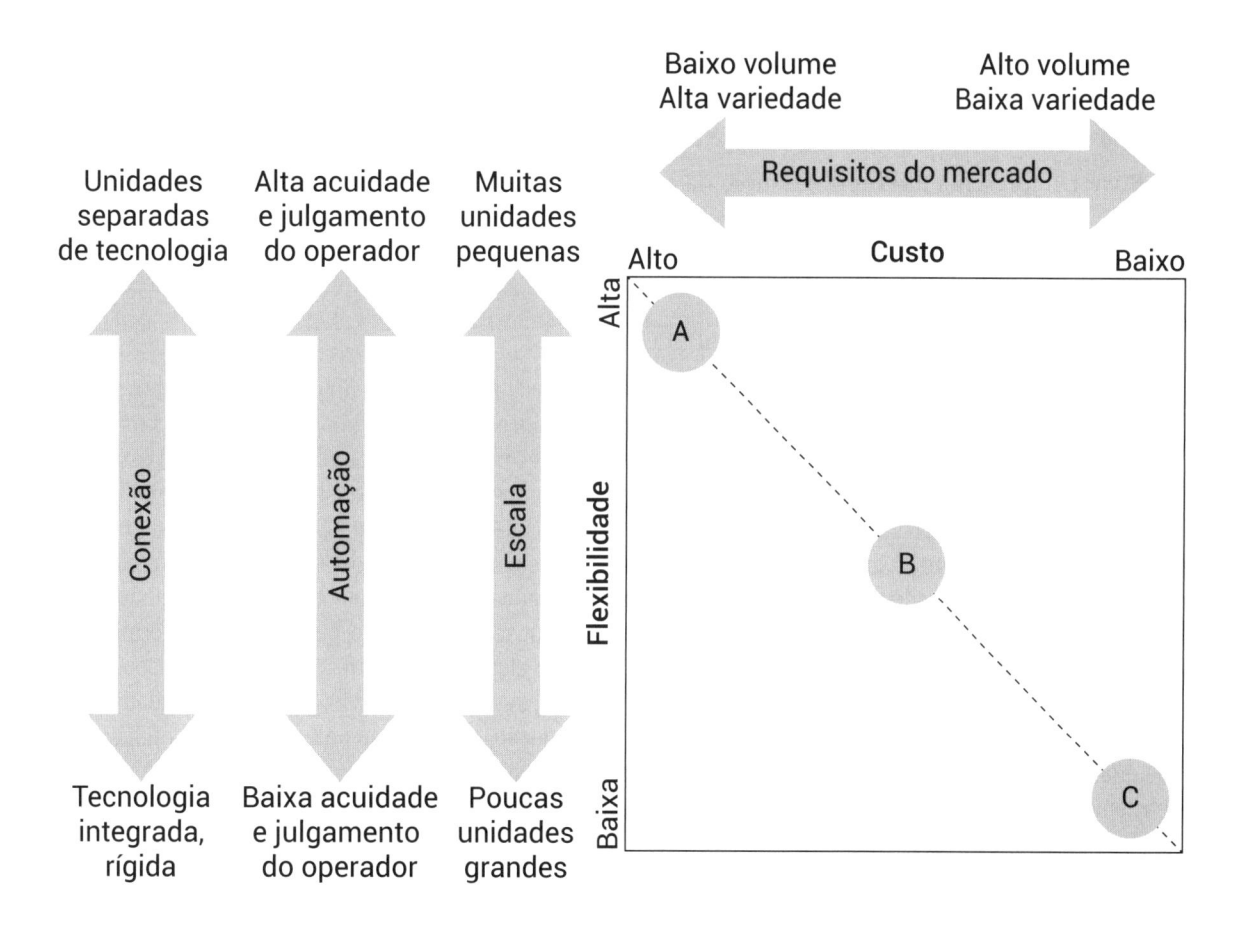

Figura 1.5 Matriz para escolha de tecnologias de processo.[84]

1.3.3.4 Desenvolvimento e organização

A estratégia da produção está ligada a um contexto temporal e é dinâmica. A forma como a organização se desenvolve ao longo do tempo e realiza a melhoria de seus processos são pontos de discussão da área de desenvolvimento e organização. Assim, as decisões envolvidas referem-se: ao tipo de mudança, incremental ou radical; aos indicadores a serem utilizados para avaliação do desempenho e direcionamento do processo de melhoria; os critérios de priorização das melhorias necessárias, entre outros.

Outra questão estratégica refere-se à estrutura organizacional da empresa, ou seja, a forma como as funções e cargos são definidos, as relações de hierarquia e a forma segundo a qual as atividades são divididas, organizadas e coordenadas. De maneira sucinta, tipos comuns de estruturas são as funcionais, divisionais, matriciais e, mais recentemente, estruturas em rede, em que há a formação de redes livres internamente, entre os grupos de recursos, e externamente, com outras organizações.[85] O intuito aqui não é discutir com detalhes as diversas estruturas organizacionais existentes. Entretanto, a forma como a empresa organiza seus recursos é o principal gerador de vantagem competitiva e, dado que as pessoas são um recurso importante, a forma como tais pessoas são organizadas e se desenvolvem é um fator que concorre significativamente para a vantagem competitiva. Os recursos humanos impactam várias áreas de interesse da gestão de operações, como a inovação, a melhoria da qualidade e o desenvolvimento de processos, dado que tais áreas estão diretamente ligadas ao conhecimento e à inventividade das pessoas.[86]

A área de desenvolvimento e organização também está relacionada com a forma como a empresa desenvolve seus produtos ao longo do tempo e como gerencia esse processo de desenvolvimento de produtos. Além disso, fatores como a definição do sistema de Planejamento e Controle da Produção (PCP) e do sistema de Gestão da Qualidade também podem ser incluídos nessa área de decisão. A importância estratégica dessas decisões é destacada por autores como Hayes e Wheelwright[87] (1984) e Hill[88] (2000), conforme mencionado no início da seção de Estratégia da Produção.

O Boxe 1.1 apresenta um breve exemplo da aplicação do conteúdo da estratégia de produção de fornecedores imediatos das montadoras de automóveis.

BOXE 1.1 CONTEÚDO DA ESTRATÉGIA DE PRODUÇÃO

Subsidiárias de multinacionais instaladas na primeira camada de fornecedores da indústria automotiva enfrentam forte concorrência e devem atender a critérios rigorosos estabelecidos por suas clientes, as montadoras de veículos. Suas estratégias de produção devem, ao mesmo tempo, estar alinhadas as suas estratégias competitivas e sustentar níveis elevados de desempenho operacional em custos, qualidade, entrega e flexibilidade. Tais empresas implementam práticas sofisticadas de gestão e operação que devem ser continuamente desenvolvidas (mantidas e renovadas), em estruturas produtivas que periodicamente sofrem ajustes. Nos processos decisórios de tais empresas, buscam-se frequentemente melhorias em subconjuntos de objetivos de desempenho (ou prioridades competitivas de produção), por exemplo, qualidade de conformação e flexibilidade de *mix* de produção. Esses objetivos podem ser alcançados aperfeiçoando-se processos em diversas áreas de decisão, tais como tecnologia de processos, *set up* de produção, gestão da qualidade, relacionamento com fornecedores, *layout*, programação da produção, organização do trabalho. A identificação de quais objetivos de desempenho devem ser priorizados e de que mudanças promover, de modo eficaz e eficiente, nas áreas de decisão é chave para o sucesso da estratégia de produção.

1.4 OS PRINCIPAIS PARADIGMAS DE ADMINISTRAÇÃO DA PRODUÇÃO

Muitos são os modelos de gestão que se propõem a auxiliar os sistemas de produção. São apresentados três modelos atuais: o *Lean Manufacturing*, o *Quick Response Manufacturing* e a Indústria 4.0.

1.4.1 *Lean Manufacturing*

O Sistema Toyota de Produção (STP), chamado no ocidente de Manufatura Enxuta, surgiu por volta de 1950, no Japão, na empresa Toyota.[89] A Manufatura Enxuta pode ser definida como uma estratégia na qual existe uma forma melhor de organizar e gerenciar os relacionamentos de uma empresa com os clientes, cadeia de fornecedores, desenvolvimento de produtos e operações de produção.[90] Ela é enxuta porque é uma forma de fazer cada vez mais com cada vez menos (menos esforço, equipamentos, máquinas, espaço etc.). A Manufatura Enxuta pode ser definida como um sistema que visa à eliminação total das perdas obtendo redução de custos.[91] O principal objetivo do STP foi aumentar a variedade de produtos, produzindo muitos modelos em pequenas quantidades.[92]

O *Lean Manufacturing* surgiu devido à necessidade de se descobrir um novo método de produção que eliminasse o desperdício e ajudasse a alcançar a produtividade das empresas norte-americanas. A necessidade de um novo método de produção se devia ao fato de que o fordismo não conseguia mais lidar com as necessidades impostas pelo mercado. A essência do Sistema Toyota de Produção consistiu em conceber um sistema de produção alternativo ao fordismo que fosse capaz de produzir competitivamente uma série restrita de produtos diferenciados e variados.[93]

Entretanto, após a Segunda Guerra Mundial, o Japão estava devastado e enfrentando uma série de problemas, como:[94]

- O mercado doméstico era limitado e requeria uma variedade grande de veículos.
- A força de trabalho nativa do Japão não aceitava mais ser tratada como custo variável ou peça intercambiável. Além disso, não existiam os trabalhadores imigrantes nesse país, os quais constituíam o grosso da força de trabalho no ocidente.
- A economia do país estava devastada pela guerra.
- Havia a ameaça de entrada de grandes produtores mundiais no Japão.

Diante de tais dificuldades e da necessidade de alcançar os Estados Unidos, Taichi Ohno, então administrador da empresa Toyota, começou a construir o que ficaria conhecido por Sistema Toyota de Produção, e mais tarde foi popularizado pelo termo Manufatura Enxuta.[95]

Para Ohno, o principal criador do TPS, são possíveis de se identificar 7 tipos de MUDA (palavra japonesa que significa desperdício):[96]

- **Excesso de produção:** representado por toda produção realizada antecipadamente à demanda, para o caso de os produtos serem requisitados no futuro.
- **Espera:** refere-se ao material que espera para ser processado (*work-in-process* – WIP), formando filas que, muitas vezes, visam garantir altas taxas de utilização de equipamentos.
- **Transporte:** a atividade de transporte e movimentação de material não agrega valor ao produto produzido e somente é necessária devido a restrições do processo e das instalações.
- **Excesso de processamento:** representado pela realização de operações desnecessárias no processo produtivo ou além da necessidade do cliente, que não agregam nenhum valor e podem ser eliminadas.
- **Movimento:** representado pelo excesso ou inconsistência dos movimentos nas mais variadas operações que se executam na fábrica.
- **Produtos defeituosos:** problemas de qualidade geram os maiores desperdícios do processo, pois significa desperdiçar materiais, mão de obra, disponibilidade de equipamentos, movimentação de materiais defeituosos, inspeção e armazenagem destes, entre outros.
- **Estoques:** todo e qualquer estoque de material que for superior à demanda, seja de matéria-prima, produtos em processo, produtos acabados e/ou material auxiliar e de manutenção, pois os estoques, além de ocultarem outros tipos de desperdício, representam desperdício de recursos e espaço.

1.4.1.1 Os princípios do Lean

O pensamento enxuto pode ser descrito em função de cinco princípios, a saber:[97]

- **Especificar o valor:** o valor é o ponto de partida do pensamento enxuto. Ele deve primeiramente definir precisamente o que é valor em termos de produtos específicos feitos para clientes específicos com necessidades específicas a preços específicos. Ele só pode ser definido pelo cliente final. Especificar o valor com precisão é o primeiro passo essencial no pensamento enxuto.
- **Identificar a cadeia de valor:** a cadeia de valor é o conjunto de todas as ações específicas necessárias para se levar um produto específico a passar por todas as tarefas gerenciais críticas de um negócio. A identificação da cadeia de valor quase sempre expõe quantidades enormes de muda, mostrando que existem três tipos de ação ao longo da mesma: (i) etapas que certamente criam valor; (ii) muitas outras etapas não criam valor, mas são necessárias devido as atuais tecnologias e ativos de produção; (iii) etapas adicionais que não criam valor e devem ser eliminadas.
- **Fluxo:** neste passo é necessário fazer com que as etapas restantes, que criam valor, fluam. Isso requer uma mudança da mentalidade, passando do trabalho organizado em departamentos e em lotes para equipes de produção com o pensamento de fazer o valor fluir.
- **Produção puxada:** após ter implantado os princípios anteriores, a empresa possuirá a capacidade de projetar, programar e fabricar exatamente o que o cliente quer e quando ele quer. É possível então "jogar fora" a previsão de vendas e deixar simplesmente que o cliente puxe o produto, em vez de empurrar para ele um produto muitas vezes indesejado.
- **Perfeição:** após ter implantado os quatro princípios anteriores, a perfeição deve ser buscada de duas maneiras: melhorias contínuas (*Kaizen*) e melhorias radicais (*Kaikaku*).

A base do STP está alicerçada em 14 princípios que constituem a cultura do STP, e não apenas em ferramentas e elementos do STP.[98] Os 14 princípios deste autor são mais abrangentes e expandem os cinco princípios do pensamento enxuto.[99] Os 14 princípios são divididos em quatro categorias amplas descritas a seguir:

I. Filosofia de longo prazo:

Princípio 1: Basear as decisões administrativas em uma filosofia de longo prazo, mesmo em detrimento de metas financeiras de curto prazo.

II. O processo certo produzirá os resultados corretos:

Princípio 2: Criar um fluxo de processo contínuo para trazer os problemas à tona;

Princípio 3: Usar sistemas puxados para evitar a superprodução;

Princípio 4: Nivelar a carga de trabalho (*Heijunka*);

Princípio 5: Construir uma cultura de parar e resolver os problemas, obtendo a qualidade na primeira tentativa;

Princípio 6: Tarefas padronizadas é a base para a melhoria contínua e a capacitação dos funcionários;

Princípio 7: Usar controle visual para que nenhum problema fique oculto;

Princípio 8: Usar somente tecnologia confiável e completamente testada que atenda aos funcionários e processos.

III. Valorização da organização por meio do desenvolvimento de seus funcionários e parceiros:

Princípio 9: Desenvolver líderes que compreendam completamente o trabalho, que vivam a filosofia e a ensinem aos outros;

Princípio 10: Desenvolver pessoas e equipes excepcionais que sigam a filosofia da empresa;

Princípio 11: Respeitar sua rede de parceiros e de fornecedores desafiando-os e ajudando-os a melhorar.

IV. A solução contínua de problemas na origem estimula a aprendizagem organizacional:

Princípio 12: Ver por si mesmo para compreender completamente a situação;

Princípio 13: Tomar decisões lentamente por consenso, considerando completamente todas as opções; implementá-las com rapidez;

Princípio 14: Tornar-se uma organização de aprendizagem por meio de reflexão incansável e da melhoria contínua.

1.4.1.2 As ferramentas do *Lean*

As principais práticas ou ferramentas do *Lean* estão evidenciadas nesta seção na forma de caracterização e na essência de absorção dos princípios que regem o STP. Na verdade, existe uma série de ferramentas/elementos[100] associados ao *Lean Manufacturing*. No Quadro 1.4 pode-se visualizar uma lista de tais elementos.[101]

Quadro 1.4 Os elementos/ferramentas do *Lean Manufacturing*[102]

Item	Nome do elemento (conceito/prática/técnica/ferramenta)
01	Mapeamento do fluxo de valor
02	Redução de tempos de *set up*
03	*Kaizen*
04	Kanban
05	Produção puxada
06	Redução do tamanho dos lotes de produção
07	Compras JIT/Entrega de fornecedores JIT
08	Eliminação de desperdícios
09	Envolvimento de fornecedores
10	Controle estatístico do processo
11	*Housekeeping*/5S
12	Padronização do trabalho
13	Sistema de informação flexível
14	Produção JIT (*Just in Time*)
15	*Takt time*
16	Fluxo contínuo
17	Comprometimento/envolvimento dos empregados
18	Empregados multifuncionais/*Cross training*
19	Relacionamento de longo prazo com cliente e fornecedores
20	Comprometimento da alta administração
21	Manutenção Produtiva Total (TPM)
22	Envolvimento do cliente
23	Carga de trabalho uniforme/Produção nivelada
24	Gestão visual da fábrica
25	*Layout* celular/Manufatura celular
26	Trabalho em equipe
27	Autonomação (Jidoka)
28	*Feedback* das métricas de desempenho (qualidade, produtividade)

(continua)

(continuação)

Item	Nome do elemento (conceito/prática/técnica/ferramenta)
29	Autonomia da força de trabalho (*empowerment*)
30	Técnicas de solução de problemas baseada na análise de causas (hipóteses)
31	Engenharia simultânea
32	Reconhecimento e recompensa para a força de trabalho
33	Projeto para manufatura/DFMA
34	Qualidade na fonte
35	Gestão da Qualidade Total (TQM)

Nesta seção são apresentadas resumidamente as ferramentas mais conhecidas:

1. **Mapeamento do fluxo de valor:**[103] com o desenvolvimento da filosofia *Lean*, foi criado um mapa padronizado com o objetivo de encontrar os desperdícios e determinar o valor agregado do cliente. Esse mapa é considerado como a ferramenta de identificação de problemas chamada "Mapa de Fluxo de Valor" (MFV, *Value Stream Mapping* – VSM). O VSM objetiva visualizar o fluxo de produção para facilitar a identificação dos desperdícios e suas causas. O mapa consegue unificar o fluxo de informação com o fluxo de materiais para descrever a família de produtos, considerando desde a entrada com fornecedores até a entrega com o cliente. O VSM não precisa de cálculos completamente exatos, desde que representem o fluxo e o valor agregado. Como vantagem, os autores estabelecem uma série de figuras padronizadas para representar elementos de processos produtivos, com o objetivo de manter uma comunicação simples do processo. O uso do VSM é considerado como uma ferramenta fundamental para enxergar desperdícios no *Lean*.

2. **Gestão focada na eliminação de desperdícios:**[104] é possível identificar sete tipos de desperdícios que devem ser eliminados: superprodução, tempo de espera, transporte, estoque, movimento e produtos defeituosos. O primeiro passo para eliminação desses desperdícios é determinar o valor para o cliente. O valor é criado pelo produtor e definido, somente, pelo cliente final.[105] Dessa forma, o valor só se torna significativo quando expresso em termos de um produto específico que atenda às necessidades dos clientes a um preço específico em um momento específico.

3. **Estabelecimento fluxo contínuo:**[106] a importância do fluxo contínuo se justifica pela total visibilidade do processo, que permite rápida visualização de problemas e necessidade emergente de sua solução imediata. O fluxo está no centro da mensagem enxuta, a qual estabelece que a redução do intervalo de tempo entre a matéria-prima e os produtos específicos leva a uma maior qualidade, a um menor custo e a um menor preço. A ideia de fluxo contínuo é realizada pela produção em fluxo unitário (*one piece flow*) e/ou do método Kanban para conexão das operações de produção.[107] Nesse ponto é importante destacar o *takt time* que sincroniza o ritmo de produção com a velocidade das vendas, que também deve ser implementado em um ambiente da Manufatura Enxuta (ME).

4. **Alteração na gestão de recursos humanos:** a ME defende a utilização de uma série de métodos/ferramentas a fim de alterar a forma de gestão dos funcionários da empresa. A delegação de responsabilidades (*empowerment*) e o trabalho em equipe (*times*) possibilitam que as decisões sejam tomadas por pessoas que estão mais próximas do problema, de forma a solucionar problemas mais rapidamente e/ou melhorar os processos e descentralizar a gestão de controle.[108] Isso oferece autoridade suficiente para que o operador pare o processo produtivo e identifique algo que não esteja previsto. Tais atividades estão relacionadas com a capacidade multifuncional dos trabalhadores (*cross-trained*), desenvolvida pela mentalidade enxuta, que permite a intercambialidade do trabalhador em diferentes funções, utilizando sua capacidade plena.

5. **Utilização de métodos para atingir o zero defeito (Seis Sigma e *poka-yoke*):** o foco na qualidade é uma das características da ME. Isso pode ser visto nas inúmeras ferramentas utilizadas para a redução do número máximo de defeitos (zero defeito), tais como Seis Sigma e *poka-yoke*. O *seis sigma*

refere-se a um conjunto de filosofias e métodos que as empresas utilizam para atingir o zero defeito em seus processos e produtos, tendo como base a análise estatística, que auxilia a descrição de um processo em termos de sua variabilidade.[109] Um processo que esteja sobre o controle do Seis Sigma produzirá não mais do que quatro defeitos por milhão de unidades. Neste ponto, observa-se a importância do conceito *poka-yoke* (*mistake proofing*, à prova de erros), onde os produtos e processos são projetados de forma a eliminar qualquer possibilidade prevista de defeitos.[110]

6. **Redução do tamanho de lote:** na ME o ideal é produzir lotes de uma unidade (*one piece flow*), o que muitas vezes na prática, é inviável economicamente. Diante disso, busca-se reduzir ao máximo o tamanho dos lotes, objetivando aumentar a qualidade, a flexibilidade e reduzir estoques.[111]

7. **Manutenção produtiva total (TPM):** a interrupção do processo produtivo em decorrência da quebra de um equipamento inviabiliza o conceito de fluxo contínuo. Nesse contexto, destaca-se a TPM que visa reduzir ou até mesmo eliminar as quebras de máquinas. Para alcançar este objetivo a TPM vai além de uma forma de se fazer manutenção; é muito mais uma filosofia gerencial apoiada em três princípios: melhoria das pessoas; melhoria dos equipamentos e qualidade total.[112]

8. **Redução do *set up*:** tempos improdutivos que não agregam valor ao produto, tais como os tempos de preparação (*set up*), geram perdas de produtividade e, de acordo com a ME, devem ser eliminados. Baixos tempos de preparação resultam em menores estoques e menores tempos de ciclos; dessa forma a redução do tempo de preparação é um dos pontos-chave da ME.[113] Com tempos de preparação mais curtos e um menor número de peças em processo, o sistema se torna mais flexível às mudanças na demanda do produto final.

9. **Utilização da manufatura celular (MC) e da tecnologia de grupo (TG):** a célula produtiva especializa-se em produzir famílias de peças, de forma a operacionalizar o conceito de Manufatura Celular (MC) e auxiliar a aplicabilidade do fluxo contínuo. A Tecnologia de Grupo (TG) é uma filosofia da manufatura em que peças similares são identificadas e agrupadas, em famílias de peças, onde cada produto da família possui projetos e/ou características de manufatura similares.[114]

10. **Utilização da produção puxada e *just-in-time* (JIT):** a ideia da produção puxada (*pull*) é que um processo inicial não deve produzir um bem ou serviço sem que o cliente o solicite.[115] Puxar significa o estado ideal de fabricação *just-in-time* (JIT), que oferece ao cliente (que pode ser caracterizado pelo processo seguinte) o que ele quer, quando o quer e na quantidade que deseja.[116] A forma mais pura de um sistema puxado é o fluxo unitário, porém isso nem sempre é possível, ocasionando a formação de estoques intermediários. Nesses casos a ME defende a utilização do sistema Kanban para controlar a produção e evitar a superprodução e viabilizar a produção puxada.

11. **Busca pela perfeição:** todas as empresas que buscam a perfeição, ou seja, melhorar cada vez mais suas atividades precisam utilizar os dois tipos de melhoria: radical e contínua. A melhoria radical, conhecida como revolucionária, é uma estratégia de mudança drástica e de rápidos resultados, que possibilita o reprojeto fundamental do processo, por meio da reengenharia do processo (*Business Process Re-engenieering* – BPR).[117] Em contrapartida, a melhoria contínua (*Continuous Improvement* – CI), conhecida como *Kaizen*, é menos drástica e mais lenta, de forma a trabalhar conceitos culturais, prezando não só por resultados momentâneos, mas também pela manutenção da melhoria implantada e o momento de mudança.

12. **Gerenciamento visual:** a fábrica enxuta é uma fábrica visual, em que gráficos e quadros são usados para manter os trabalhadores informados sobre seus indicadores de desempenho, refugo, qualidade, entre outros, além de oferecer instruções de operações e procedimentos nos locais onde as atividades são executadas. O controle visual auxilia os trabalhadores que desejam fazer um bom trabalho a ver imediatamente como o estão executando.[118] Dessa forma, o gerenciamento visual garante a rápida execução e o acompanhamento de operações e processos.

O Boxe 1.2 ilustra a aplicação da mentalidade enxuta num ambiente hospitalar.

BOXE 1.2 APLICAÇÃO DO *LEAN MANUFACTURING* EM HOSPITAIS (*LEAN HEALTH CARE*)

O *Lean Manufacturing* vem também sendo utilizado [119]em outros setores que não somente a manufatura. Um exemplo é a área hospitalar. Este boxe ilustra a aplicação de conceitos e ferramentas do *Lean* em dois hospitais brasileiros. O hospital intitulado como Caso A é um hospital particular, fundado em 1945, localizado no interior do Estado de São Paulo, com uma estrutura de 140 leitos de internação, 30 leitos de terapia intensiva e corpo clínico formado por mais de 300 médicos de diferentes especialidades. A implementação da abordagem *Lean* ocorreu entre abril de 2012 e março de 2014 na Central de Material Esterilizado (CME) e na farmácia. O hospital intitulado Caso B é uma instituição filantrópica sem fins lucrativos, fundado em 1920, localizado em São Paulo, com uma estrutura de 77 leitos de internação, 7 leitos de terapia intensiva e corpo clínico formado por mais de 100 médicos de diferentes especialidades. A implementação da abordagem *Lean* ocorreu entre abril de 2013 e março de 2014 nos setores de quimioterapia, centro cirúrgico e radioterapia. O quadro a seguir destaca as ferramentas implementadas e os principais resultados alcançados.

Casos	Ferramentas do *Lean*	Resultados
Caso A	<ul><li>Mapeamento do fluxo de valor</li><li>Evento *Kaizen*</li><li>5S</li><li>Padronização do trabalho</li><li>Redesenho físico</li><li>Sistema puxado/Kanban</li><li>Gestão visual</li><li>DMAIC (Seis Sigma)</li><li>Balanceamento da carga de trabalho</li><li>SMED</li><li>Fluxo contínuo</li><li>*Layout* celular</li><li>*Gemba walk/meeting*</li></ul>	<ul><li>Aumento de 64% na capacidade das autoclaves</li><li>Redução de 78% nos custos (com máquinas de ciclo curto na esterilização)</li><li>Redução de 94% no número de cirurgias atrasadas (por falta de material)</li><li>Redução no índice de infecção</li><li>Redução de 88% no tempo de troca entre os ciclos das autoclaves</li><li>Redução de 25% no tempo de ciclo da autoclave</li><li>Redução de 20% no saldo em estoque da farmácia (média mensal)</li></ul>
Caso B	<ul><li>Mapeamento do fluxo de valor</li><li>Nivelamento da produção/trabalho</li><li>DMAIC (Seis Sigma)</li><li>Evento *Kaizen*</li><li>Padronização/Balanceamento de atividades</li><li>Padronização do trabalho</li><li>Fluxo contínuo</li><li>Redesenho do processo</li><li>5S</li><li>Diagrama de espaguete</li></ul>	<ul><li>Aumento (18-33%) no faturamento</li><li>Aumento de 23% na produtividade (aplicações de quimioterapia/mês)</li><li>Redução de 42% no *lead time* médio do paciente de quimioterapia</li><li>Redução de 47% no tempo de carregamento das poltronas-quimioterapia</li><li>Aumento de 26% nas internações cirúrgicas/mês</li><li>Aumento de 8% no número de cirurgias/mês</li><li>Aumento estimado de 12% na produtividade (campos de radioterapia/mês)</li></ul>

1.4.2 Quick Response Manufacturing

Rajan Suri propôs, em 1998, uma abordagem denominada *Quick Response Manufacturing* (QRM) para alcançar a redução de *lead time* em empresas de manufatura. O trabalho de Suri[120] ganhou destaque ao longo dos anos e, em 2010, ele entrou para o Hall da Fama da Manufatura pela criação dessa técnica.

O QRM pode ser definido como uma estratégia de melhoria com foco na contínua redução do *lead time* ao longo de toda a empresa, abordando todos os aspectos operacionais da empresa, tanto externos quanto internos.[121]

Como salientado anteriormente, o grande objetivo do QRM é a redução do *lead time*. Porém aqui se faz necessário uma distinção: redução de *lead time* pode também ser conseguida via acúmulo de estoque, principalmente em sistemas de produção que trabalham com baixa variedade de itens. Não é essa a redução de *lead time* que o QRM se propõe a realizar, mas sim a redução do *lead time* em um ambiente de alta variedade de produtos. Ou seja, o principal objetivo do QRM é alcançar ao mesmo tempo redução de *lead time* em um ambiente de alta variedade de produtos.[122]

O QRM adota o *lead time*, por meio do entendimento e definição do termo MCT[123] (*manufacturing critical-path time*, em português, tempo do caminho crítico para a manufatura), o qual é definido por estes autores como "o típico tempo, medido em dias corridos (contando fins de semana e feriados), desde a criação de uma ordem, passando pelo caminho crítico, até o momento em que pelo menos uma peça da ordem é entregue ao cliente". Dessa forma, o estoque contribui para aumentar o MCT e não diminuir, uma vez que grandes quantidades de estoques fazem com que o tempo típico do caminho crítico fique maior, mesmo que para uma ordem específica haja estoque disponível e o *lead time* seja relativamente baixo. Portanto, *lead time* para o QRM é entendido exatamente como esta definição de MCT.[124]

Para se entender as bases do QRM deve-se ter em mente os seus quatro conceitos-chave, bem como seus dez princípios gerais.[125] Esses conceitos-chave são:

1. **Entender e explorar o poder do tempo:** no QRM o *lead time* (MCT) deve direcionar tudo, as estratégias e decisões adotadas pela empresa, as medidas de performance, entre outras questões. O foco deve ser na redução substancial do MCT.
2. **Alterar a estrutura organizacional para conseguir redução do *lead time*:** este conceito-chave está relacionado com as mudanças em quatro áreas da estrutura organizacional (*layout*, gestão, trabalhadores e mentalidade) para se conseguir substanciais reduções no MCT. Basicamente, o *layout* deve ser mudado de funcional para o celular; a gestão deve mudar de controle centralizado para controle descentralizado por times de trabalho, com as pessoas sendo "proprietárias do processo" (*ownership*); os trabalhadores devem ser capacitados em um número maior de tarefas (*cross-trained*) em vez de especializados; e, finalmente, a mentalidade da alta gerência deve passar de uma mentalidade focada na eficiência para uma mentalidade voltada à redução do *lead time*. Estas alterações na empresa devem ser feitas de forma gradual. Portanto, um passo de extrema importância antes dessas mudanças é a determinação do chamado FTMS (*Focused Target Market Segment*). O FTMS representa o segmento do mercado a ser focado pelas mudanças; este segmento é aquela parte do mercado para a qual a redução de *lead time* mais trará benefícios. Após a alteração do *layout*, a empresa deverá necessariamente ter um *layout* celular, controlado por meio do sistema POLCA.[126]

O funcionamento básico do sistema POLCA é o seguinte: geram-se autorizações de produção por meio de um sistema denominado *high-level material requirements planning system* (HL/MRP), que é muito parecido com os tradicionais MRPs. O cartão POLCA representa um *quantum* de capacidade disponível e acompanha o material em todas as etapas do processo, autorizando seu início. Nesses cartões são identificadas as células onde o processo vai ser iniciado, o processo e a próxima célula para onde se deve encaminhar o material relativo à próxima etapa. Para cada duas células são confeccionados cartões POLCA. O operador de uma máquina só inicia a produção se três condições forem atendidas: a produção foi autorizada pelo HL/MRP, existe matéria-prima e existe um cartão POLCA. A Figura 1.6 ilustra o funcionamento dos *loops* de cartões POLCA entre as células.[127]

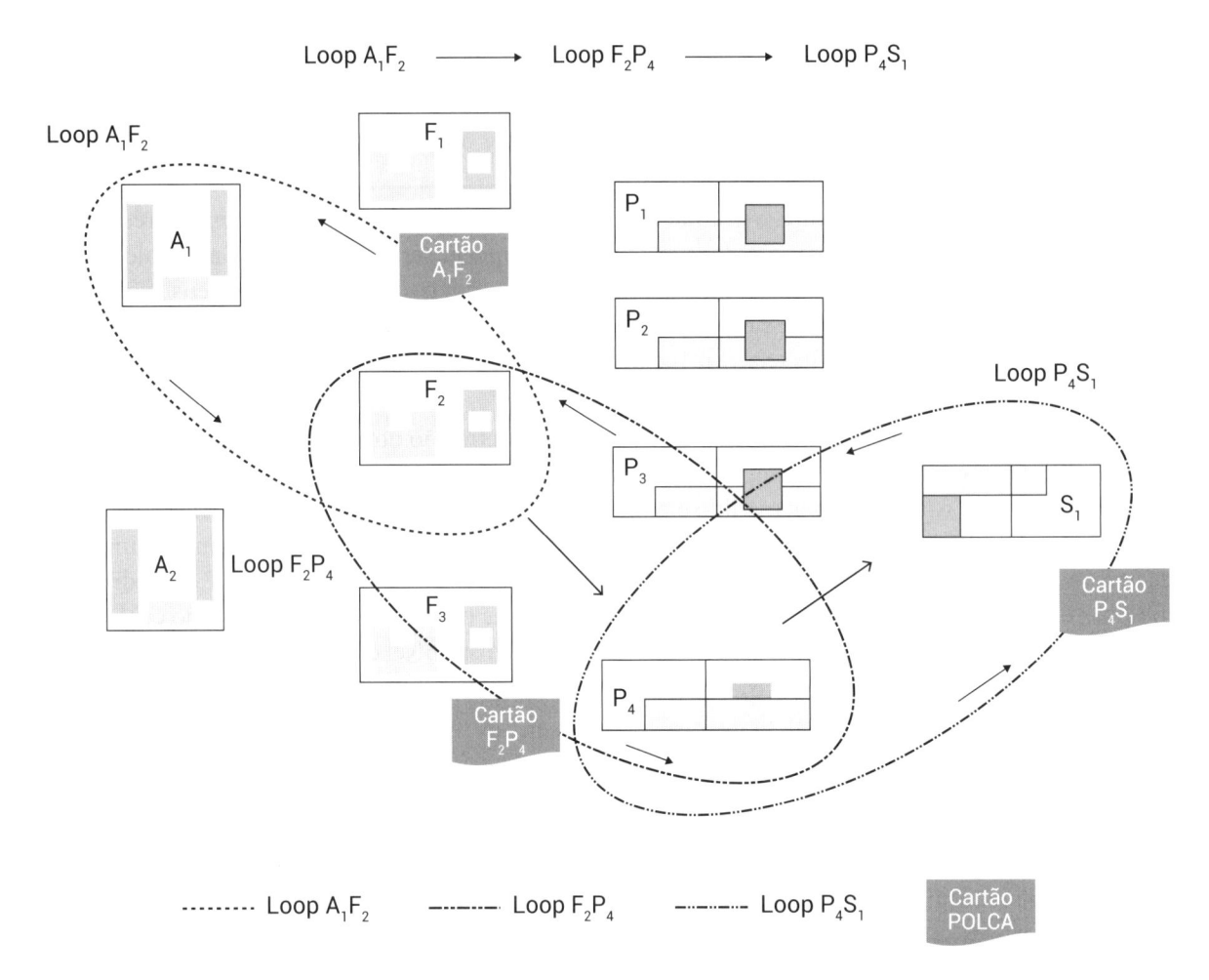

Figura 1.6 Ilustração do *loop* do cartão POLCA.

3. **Entender e explorar a dinâmica do sistema (*system dynamics*):** este conceito está relacionado com entender que o *lead time* é resultado da dinâmica e das interações entre os recursos, produtos e tarefas. Esse entendimento deve ser usado para a redução do *lead time*. Este princípio segue a lógica da dinâmica de sistemas.[128] O QRM salienta a importância de se desenvolver e utilizar abordagem científica[129] para se gerenciar o chão de fábrica. A ferramenta para se realizar esta gestão científica do chão de fábrica é se trabalhar com os resultados da chamada teoria de filas.[130] No caso específico do QRM, a ferramenta básica para entender e explorar *system dynamics* é a utilização de um *software* denominado MPX, uma ferramenta desenvolvida dentro do escopo da chamada Tecnologia de Modelagem Rápida (*Rapid Modeling Technology* – RMT), a qual se baseia em modelos de teorias de filas e é capaz de relacionar variáveis importantes do chão de fábrica tais como tamanho de lote, *lead time*, tempo de *set up*, utilização, variabilidade dos tempos, entre outras.

Ainda dentro desse princípio, vale a pena destacar alguns comportamentos fundamentais dos sistemas de manufatura que advêm da dinâmica desses sistemas e que devem formar uma base intuitiva que todo gerente deve conhecer. Esses comportamentos são: o efeito da utilização no *lead time*; o efeito combinado da utilização e da variabilidade no *lead time*; o efeito do tamanho de lote no *lead time* e a influência que a redução de *set up* tem nesse relacionamento. A seguir, na Figura 1.7 (a, b, c, d) respectivamente, são apresentadas curvas que ilustram esses cinco comportamentos.[131]

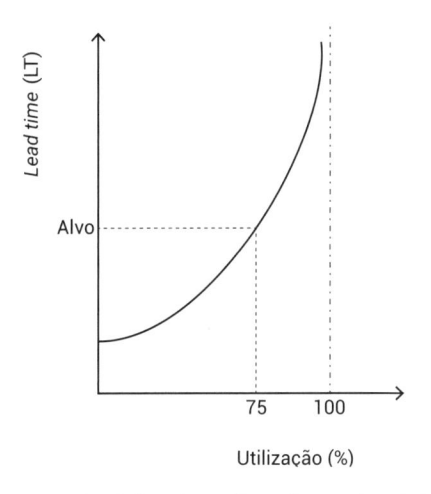

Figura 1.7a O efeito da utilização no *lead time*.[132]

Figura 1.7b O efeito combinado da utilização e da variabilidade no *lead time*.[133]

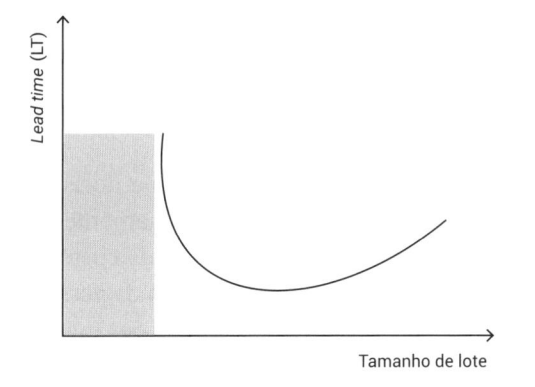

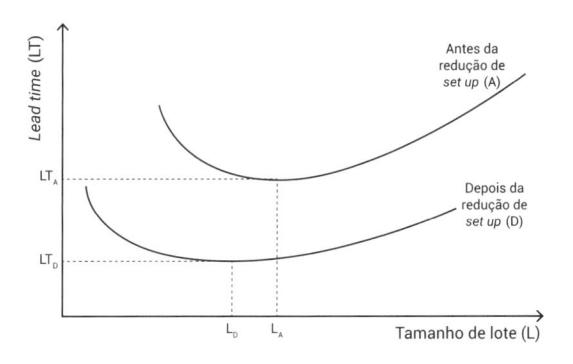

Figura 1.7c O efeito do tamanho de lote no *lead time*.[134]

Figura 1.7d A influência que a redução de *set up* tem no efeito do tamanho de lote sobre o *lead time*.[135]

Na Figura 1.7 (a, b, c, d) são verificados alguns *insights* importantes que devem direcionar as decisões no chão de fábrica:

i. Alta utilização é inimiga de baixo *lead time*, por isso os recursos devem ser programados para trabalhar com 70% a 80% de capacidade (2º princípio geral do QRM).

ii. A variabilidade (nos tempos de serviço, tempos entre chegadas, nível de qualidade, entre outros) faz com que o *lead time* se torne maior. Nesse contexto uma explicação se faz necessária. Para o QRM existem dois tipos de variabilidade, uma delas é a variabilidade ocasionada pela má gestão de recursos, como quebra de máquinas, problemas de qualidade, entre tantas outras. De acordo com o QRM esta variabilidade deve ser eliminada. Outra variabilidade, chamada pelo QRM de variabilidade estratégica, está relacionada com fornecer real variedade para os clientes. Essa variabilidade é necessária e muitas vezes é a principal fonte de vantagem competitiva da empresa. O QRM reconhece isso e traz ferramentas que conseguem tratar essa variabilidade. Esta é uma das principais diferenças entre QRM e *Lean Manufacturing*, a qual objetiva eliminar todos os tipos de variabilidade.[136]

iii. Existe um tamanho de lote ótimo que leva à minimização do *lead time*. Esse tamanho de lote pode ser encontrado por meio de uma ferramenta de RMT como o MPX ou mesmo por meio de simulação.

iv. Programas de redução de *set up* fazem com que a curva de tamanho de lote *versus lead time* se desloque para a esquerda, ou seja, faz com que se consiga reduzir ainda mais o tamanho do lote e consequentemente também o *lead time*.

A partir dessas constatações algumas políticas no chão de fábrica são de extrema importância para o QRM. São elas: (i) redução da utilização das máquinas; (ii) implantação de programas de redução de *set up*; (iii) produção em pequenos lotes; (iv) programas de redução da variabilidade "ruim", por meio, por exemplo, de programas de manutenção produtiva total, entre outros programas de melhoria de qualidade.

4. **Focar a redução do *lead time* na empresa como um todo:** apesar de ter suas raízes no chão de fábrica, o QRM visa conseguir reduções de *lead time* por meio de melhorias não somente no chão de fábrica, mas em outras áreas da empresa, tais como o escritório, a cadeia de suprimentos e o desenvolvimento de novos produtos.

Com relação à cadeia de suprimentos, pode-se dividir os princípios e ferramentas do QRM em dois grandes grupos: estratégias voltadas aos fornecedores e estratégias voltadas aos clientes.

As principais estratégias do QRM voltadas aos fornecedores formam a chamada Gestão de Fornecedores Baseada no Tempo (*Time-Based Supply Management*) desenvolvida e utilizada com muito sucesso na John Deere. Essas estratégias são:

a) **Entender e calcular o verdadeiro custo de um fornecedor com longo MCT:** na decisão sobre a escolha de um fornecedor geralmente as empresas levam em consideração somente o preço cotado. De acordo com este princípio, fornecedores com longo MCT criam mais custos para a empresa cliente do que na realidade somente o preço cotado; por exemplo: tempo de pessoal para contato durante longo MCT, altos custos de estoques para a prevenção de alterações inesperadas na demanda, custos de fretes para entregas rápidas quando o estoque acaba inesperadamente, perda de receita de venda, entre outros custos. Portanto no momento de decidir sobre um fornecedor, todos os custos devem ser levados em consideração.

b) **Utilizar o MCT como primeira medida de desempenho do fornecedor:** o MCT é uma medida da capacidade do fornecedor, portanto deve ser utilizado como principal medida de avaliação; qualidade, custo e pontualidade de entrega devem ser utilizadas como medidas secundárias.

c) **Repensar a utilização de fornecedores distantes e utilizar "*dual sourcing*":** basicamente a ideia é a seguinte: (i) para itens de alto volume e demanda previsível, considere a utilização de fornecedores distantes (porém sempre levando em consideração o custo total e não somente o custo cotado); (ii) para itens de alto volume e demanda variável, utilize *dual sourcing* (dois fornecedores), ou seja, para a porção previsível da demanda use fornecedores distantes e para a porção mais variável da demanda utilize fornecedores locais com MCT pequeno; (iii) para itens de baixo volume e customizados também questione a utilização de fornecedores distantes (o custo total pode ser menor se for utilizado um fornecedor próximo com MCT pequeno).

d) **Educar seu fornecedor com relação ao seu programa QRM:** seus novos objetivos devem ser passados aos seus fornecedores; ele pode inclusive ser levado a também implementar um programa QRM.

e) **Fornecer treinamento ao seu pessoal de vendas sobre o QRM:** o pessoal de vendas deve começar a trabalhar de acordo com o QRM; novas medidas de performance para avaliar o pessoal de vendas serão necessárias.

f) **Tirar proveito da tecnologia de informação:** ferramentas que agilizam o contato com o fornecedor e reduzem o MCT devem ser adotadas, como *electronic data interchange* (EDI), (*computer-aided design* (CAD), entre outros.

g) **Sempre que possível faça seus fornecedores ficarem responsáveis por manter os estoques no ponto de uso:** esta prática, também denominada *vendor managed inventory* (VMI) simplifica o planejamento e ajuda a reduzir o MCT.

h) **Compartilhar sua previsão e seu planejamento na cadeia:** isso também simplifica o planejamento e auxilia na redução do MCT; o *Collaborative Planning, Forecasting and Replenishment* (CPFR) é uma técnica que auxilia a atingir este objetivo.

As principais estratégias do QRM voltadas aos clientes são:

a) **Forme parcerias com seus clientes:** a empresa fornecedora deve procurar formar parcerias com seus clientes visando produção e entrega de pequenos lotes.

b) **Forneça descontos que não prejudiquem seu programa QRM:** no caso de fornecer descontos para grandes quantidades, isso deve ser feito com base na quantidade pedida no ano todo e não baseado nas ordens individuais.

c) **Mesmo que seu fornecedor peça em grandes quantidades, continue produzindo em pequenos lotes:** além das razões já mostradas na Figura 1.5, grandes lotes no chão de fábrica vão bloquear a produção destinada aos outros clientes da empresa.

O QRM também foca bastante seus esforços para a redução do *lead time* no escritório. O escritório é uma das áreas da empresa que mais apresenta oportunidade para a redução do *lead time*. Aqui, atividades no escritório são definidas como todas as atividades necessárias para o processamento de um pedido, mas que não ocorrem especificamente no chão de fábrica. Dessa forma, exemplos de atividades no escritório são: processamento de cotações, processamento dos pedidos, atividades de engenharia, atividades de desenvolvimento de novos produtos, planejamento e programação da produção, contratação de funcionários, entre outras.

Estudos mostram que as atividades realizadas no escritório podem ser responsáveis por mais da metade do *lead time* total em uma empresa. Apesar desta importância, o escritório é uma atividade que não tem a atenção que deveria ter. A grande maioria das abordagens de gestão da produção considera o escritório uma atividade secundária, não trazendo ferramentas para esta importante área do negócio. Apesar de seu foco no chão de fábrica, o QRM também apresenta princípios e ferramentas para a redução de *lead time* nas atividades de escritório.

Os princípios e ferramentas do QRM voltados ao escritório são divididos em três grandes grupos:[137] princípios organizacionais, princípios para manuseio e gestão da informação, e princípios de *system dynamics*.

1.4.3 Indústria 4.0

Historicamente, a evolução da manufatura é dividida em quatro fases conhecidas como Indústria 1.0 até a Indústria 4.0.[138] Cada uma das fases é marcada por uma mudança principal no paradigma de produção. Na primeira Revolução Industrial ocorreu a introdução da manufatura mecânica através da energia da água e do vapor. Na segunda, a divisão do trabalho e a produção em massa foram introduzidas com a ajuda da energia elétrica. Na terceira Revolução Industrial tem-se o uso de sistemas eletrônicos e de Tecnologia da Informação (TI) que automatizam ainda mais a produção. Por fim, a quarta Revolução, também conhecida como Indústria 4.0, é representada principalmente por Sistemas Cyberfísicos (*Cyber-physical Systems* – CPS), Internet das Coisas (*Internet of Things* – IoT) e computação em nuvem (*cloud computing*).[139]

A Indústria 4.0 compreende muitos componentes complexos e tem amplas aplicações em vários setores industriais.[140] Os elementos-chave da Indústria 4.0 são:[141,142,143]

- **Sistemas Cyber-Físicos (CPS):** esses sistemas podem ser definidos como a integração da computação com processos físicos. Nesses sistemas, computadores e redes controlam os processos físicos. No contexto da manufatura isso significa que as informações reais do chão de fábrica e as informações computacionais estão altamente sincronizadas. O CPS requer duas redes paralelas de controle: (i) uma rede física de componentes interconectados, e, (ii) uma rede cibernética formada por um conjunto de controladores inteligentes e os links de comunicação entre eles. A integração entre essas duas redes é feita por meio de múltiplos sensores, atuadores, unidades de controle de processamento e dispositivos de comunicação.

- **Internet das coisas**[144] **(IoT):** é uma estrutura conceitual que aproveita a disponibilidade de dispositivos heterogêneos e soluções de interconexão, bem como objetos físicos aumentados que fornecem uma base de informações compartilhada em escala global, para apoiar o design de aplicativos envolvendo no mesmo nível virtual pessoas e representação de objetos. Já no contexto da manufatura e cadeia de suprimentos,[145] a IoT pode ser definida como uma rede de objetos físicos que estão digitalmente conectados para detectar, monitorar e interagir dentro de uma empresa e entre a empresa e sua cadeia de fornecimento, permitindo agilidade, visibilidade, rastreamento e compartilhamento de informações para facilitar o planejamento, controle e coordenação na cadeia de suprimentos. Para tanto as tecnologias facilitadoras da IoT são[146] *tags*, RFID, redes de sensores, sistemas de posicionamento e *middleware*. A evolução da internet é um facilitador desta tecnologia.[147] O RFID e o *Wireless Sensor Networks* (WSN) são pontos-chave que possibilitam a rede de IoT.[148] Os códigos de barras, *smartphones*, computação em nuvem, *location-based service* (LBS), *near field communication service-oriented architecture* (SOA) e redes sociais são outras tecnologias relevantes.

- **Internet dos serviços (IoS):** pode ser definida como uma transação comercial na qual uma parte fornece temporariamente acesso aos recursos de outra parte a fim deste realizar uma determinada função e ter o consequente benefício disso. A ideia básica da IoS é que os serviços possam se tornar facilmente disponíveis por meio de tecnologias de rede que permitam às empresas e clientes combinar, criar e oferecer novos tipos de serviços que agregam valor.

- **Fábrica inteligente:** a ideia da fábrica inteligente é baseada no conceito de sistema de produção descentralizado. Nesse tipo de sistema de produção, seres humanos, máquinas e recursos se comunicam entre si de forma tão natural quanto uma rede social. Espera-se que tal comunicação mude a lógica de produção existente. Na fábrica inteligente, os produtos devem encontrar seu caminho de forma independente por meio do processo produtivo e devem ser facilmente identificados e rastreados a qualquer momento.

- *Cloud computing*: essa tecnologia permite a comunicação remota de produtos, dispositivos e máquinas e permite que dados gerados em múltiplos locais sejam transferidos para depósitos de dados centralizados para subsequente acesso, agregação e análise.

- *Big data*: o processamento e análise de grandes bases de dados pode fornecer oportunidades valiosas em termos de previsão, manutenção, automação, entre outros. Isso pode levar a um aumento significativo no desempenho das empresas.

EXERCÍCIOS

1. Construa um quadro que ilustre as principais características das fases evolutivas dos sistemas de produção. Dica: use palavras-chave do próprio texto para tal descrição.
2. Escolha uma empresa real e caracterize a tipologia (a partir dos critérios estudados) do respectivo sistema de produção.
3. A partir da empresa escolhida na atividade anterior, realize um mapeamento *input*-transformação-*output* dessa empresa. Escolha um dos processos-macro e desdobre-o nos seguintes níveis: processo-macro → processo → subprocesso → atividade. Procure descrever o(s) fornecedor(es) (interno/externo), o(s) cliente(s) (interno/externo), e possíveis indicadores de desempenho desses processos.
4. Ainda a partir da empresa escolhida na atividade anterior, identifique seis critérios valorizados pelo mercado foco da empresa e relacione-os com os objetivos de desempenho; e priorize e mapeie as oportunidades de melhoria na estratégia de produção utilizando os critérios do exercício anterior.
5. Ainda a partir da empresa escolhida na atividade anterior (ou considerando outra empresa que você tenha contato), investigue duas decisões estratégicas que sejam relevantes para a empresa, relacionadas com alguma das áreas de decisão discutidas no texto do capítulo (capacidade, cadeia de suprimentos, tecnologia de processo, desenvolvimento e organização). Comente sobre essas decisões e explique sua relevância, associando-as aos objetivos de desempenho mais importantes para a empresa.
6. Um empresário (Emp) acaba de adquirir uma fábrica (uma unidade de produção) de um fornecedor mundial (*contract manufacturer*) de *notebooks* para empresas de marca e comanda uma reunião com sua equipe recém-contratada de diretores: Diretor de Marketing (DM), Diretor de Operações (DO), Diretor de Desenvolvimento de Produtos (DDP), Diretor de Gestão de Pessoas (DP) e Diretor de Suprimentos (DS). Observe o diálogo entre eles:

    Emp: Preciso de uma estratégia para transformar esta fábrica (e este negócio) de uma fábrica focada em um único tipo de *notebook* (de desempenho médio), em grande volume, destinado a um único cliente (uma grande empresa que dava a marca), para uma que produza diversas linhas de *notebooks* e *desktops*, em volumes muito menores, com a nossa própria marca. Os produtos serão destinados a clientes finais no mercado interno, com vendas exclusivamente pela internet!

    DM: Bom, no Marketing, vamos partir do zero. Temos que desenhar nossa primeira campanha de marketing e o nosso site. Nosso segmento de mercado inicial será o de jovens de alta renda. Depois vamos ampliar a linha de produtos para atingir outros segmentos!

    DDP: Eu já tenho os projetos dos nossos primeiros *notebooks* e *desktops*. E os componentes todos já estão contratados e comprados!

    DS: É... por enquanto vêm predominantemente de fornecedores chineses que forneciam para o antigo dono. Estou tentando contratar novos fornecedores na América Latina para reduzir estoques e custos...

    DO: E eu estou mudando aos poucos *layout*, equipamentos e processos de produção para poder ampliar o *mix* de produção eficientemente. Espero também conseguir manter um alto padrão de qualidade de conformação!

    DP: Estou tendo alguns problemas na contratação e capacitação de pessoal. A mudança de um processo de produção de poucos produtos, em alto volume, para um diversificado, em pequenos lotes, exige um novo perfil de mão de obra. Vou precisar de alguns meses para chegar ao novo perfil; e a capacitação terá que ser contínua!

Emp: Bom, preciso de um plano de curto e médio prazos. Com relação à tecnologia, vamos inicialmente nos concentrar na tecnologia de fabricação/montagem. Depois teremos que investir na aquisição de tecnologias de produto.

Após refletir sobre a situação da empresa, elabore uma matriz importância-desempenho, considerando os dados destacados no quadro a seguir. As escalas consideradas vão de 1 (muito importante para o cliente, ou desempenho muito melhor do que o concorrente) a 7 (sem importância para o cliente, ou desempenho muito pior do que o concorrente).

Objetivo de desempenho	Importância para o cliente	Desempenho em relação a concorrentes
Custos de Produção (CP)	1	6
Flexibilidade de *Mix* de Produção (FMP)	5	2
Pontualidade (P)	4	3
Qualidade de Conformação (QC)	3	5
Qualidade dos Produtos (QP)	2	4

7. Visite uma empresa e verifique quais elementos/ferramentas do *Lean Manufacturing* são adotados ou implantados pela empresa. Procure avaliar se houve melhoria do desempenho com a utilização dessas ferramentas. Utilize o Quadro 1.4 como referência.

8. A partir dos conceitos e princípios do QRM, explique a relação existente entre o *lead time* e a taxa de utilização, relativa a capacidade do sistema de produção.

NOTAS

1. SIPPER, D.; BULFIN JR., R. L. *Production*: planning, control and integration. New York: McGraw-Hill, 1997.
2. CORRÊA, H. L. *Teoria geral da administração*: abordagem histórica da gestão de produção e operações. São Paulo: Atlas, 2003.
3. Sipper; Bulfin Jr. (1997).
4. HOPP, W. J.; SPEARMAN, M. L. *Factory physics*. 2. ed. New York: McGraw-Hill Irwin, 2000.
5. Corrêa (2003).
6. MOSLEY, M.; LYNCH, J. *Uma história da ciência*: experiência, poder e paixão. Tradução Ivan Weisz Kuck. Rio de Janeiro: Zahar, 2011.
7. Sipper; Bulfin Jr. (1997).
8. Sipper; Bulfin Jr. (1997).
9. NAHMIAS, S. *Production and operations analysis*. 5. ed. New York: McGraw-Hill Irwin, 2005.
10. Corrêa (2003).
11. GIGANTES da indústria. Produção de Stephen David, apresentado no canal *History Channel*.
12. Hopp; Spearman (2000).
13. Hopp; Spearman (2000).
14. CORRÊA (2003).
15. Baseado em Corrêa (2003) e Hopp; Spearman (2000).
16. Gigantes da indústria.
17. Corrêa (2003).
18. Gigantes da indústria.
19. Gigantes da indústria.
20. Gigantes da indústria.
21. Gigantes da indústria.
22. "Henry Ford" *In*: *Fordlândia*. Disponível em: http://www.fordlandia.com.br. Acesso em: 28 set. 2016.
23. BELL, T. W. Fordlândia: a distopia amazônica de Henry Ford. Disponível em: http://www.libertarianismo.org/index.php/artigos/fordlandia-distopia-amazonica-henry-ford/. Acesso em: 28 set. 2016.
24. DUARTE JR., A. M. Fordlândia e Belterra: as cidades de Henry Ford na Amazônia. *Revista Brasileira de Casos em Administração*, v. 5, n. 1, jan./jul. 2015.
25. GRANDIN, G. *Fordlândia*: ascensão e queda da cidade esquecida de Henry Ford na selva. Tradução Nivaldo Montingelli Jr. Rio de Janeiro: Rocco, 2010.
26. Gigantes da indústria.
27. Hopp; Spearman (2000).
28. Corrêa (2003).
29. Hopp; Spearman (2000).
30. Hopp; Spearman (2000).
31. Hopp; Spearman (2000).
32. Corrêa (2003).

33 Hopp; Spearman (2000).
34 Hopp; Spearman (2000).
35 Corrêa (2003).
36 Hopp; Spearman (2000).
37 Baseado em Corrêa (2003) e Hopp; Spearman (2000).
38 Baseado em Corrêa (2003).
39 Baseado em Corrêa (2003).
40 WOMACK, J. P.; JONES, D.T.; ROOS, D. *A máquina que mudou o mundo*. 2. ed. Rio de Janeiro: Campus, 2004.
41 Baseado em Corrêa (2003) e Hopp; Spearman (2000).
42 SKINNER, W. Manufacturing: missing link in corporate strategy. *Harvard Business Review*, p. 5-14, maio/jun. 1969.
43 Baseado em Corrêa (2003).
44 Baseado em Corrêa (2003).
45 SCHMENNER, R. W. *Administração de operações em serviços*. São Paulo: Futura, 1999.
46 SERVIÇOS. Brasil em síntese. Disponível em: http://brasilemsintese.ibge.gov.br/servicos.html. Acesso em: 4 out. 2016.
47 Schmenner (1999).
48 Corrêa (2003).
49 SLACK, N. et al. *Administração da produção*: edição compacta. São Paulo: Atlas, 2011.
50 CORRÊA, H. L.; CAON, M. *Gestão de serviços*. São Paulo: Atlas, 2002.
51 MENTZER, J.T. et al. What is supply chain management. *In*: MENTZER, J.T. (Ed.). *Supply Chain Management*. Sage, Thousand Oaks, California: Sage, 2001.
52 Slack *et al.* (2011).
53 Slack *et al.* (2011).
54 Slack *et al.* (2011).
55 LIKER, J. K. *O modelo Toyota*: 14 princípios de gestão do maior fabricante do mundo. Porto Alegre: Bookman, 2005.
56 FERNANDES, F. C. F.; GODINHO FILHO, M. *Planejamento e controle da produção*: dos fundamentos ao essencial. São Paulo: Atlas, 2010.
57 BALLOU, R. H. *Logística empresarial*: transportes, administração de materiais e distribuição física. São Paulo: Atlas, 1993.
58 GARVIN, D. A. Manufacturing strategy planning. *California Management Review*, v. 35, n. 4, p. 85-106, 1993.
59 HAYES, R.; WHEELWRIGHT, S. *Restoring our competitive edge*: competing through manufacturing. New York: John Wiley & Sons, 1984.
60 SLACK, N.; LEWIS, M. *Estratégia de operações*. 2. ed. Porto Alegre: Bookman, 2009.
61 Baseado em Garvin (1993) e Hayes; Wheelwright (1984).
62 HÖRTE, S. A.; LINDBERG, P.; TUNÄLV, C. Manufacturing strategic in Sweden. *International Journal of Production Research*, v. 25, n. 11, p. 1573-1586, 1987.
63 HAYES, R. et al. *Operations, strategy, and technology*: pursuing the competitive edge. New York: John Wiley & Sons, 2005.
64 Hayes (2005).
65 PORTER, M. E. *Competitive advantage*: creating and sustaining superior performance. New York: The Free Press, 1985.
66 Garvin (1993).
67 GARVIN, D. A. Competing on the eight dimensions of quality. *Harvard Business Review*, v. 65, n. 6, 1987.
68 Garvin (1993).
69 BROWN, S.; BESSANT, J.; LAMMING, R. *Strategic operations management*. 3. ed. New York: Routledge, 2013.
70 BROWN, S. *Strategic Manufacturing for competitive advantage*. Hemel Hempstead: Prentice Hall, 1996.
71 Slack; Lewis (2009).
72 Slack; Lewis (2009).
73 CORRÊA, H. L.; CORRÊA, C. A. *Administração de produção e operações*: manufatura e serviços: uma abordagem estratégica. São Paulo: Atlas, 2004.
74 Corrêa; Corrêa (2004).
75 Corrêa; Corrêa (2004).
76 Slack; Lewis (2009).
77 Slack; Lewis (2009).
78 Slack; Lewis (2009).
79 LAMBERT, D. M. *Supply chain management*: processes, partnerships, performance. 3. ed. Sarasota: Supply Chain Management Institute, 2008.
80 CHOPRA, S.; MEINDL, P. *Gerenciamento da cadeia de suprimentos*: estratégia, planejamento e operação. São Paulo: Pearson, 2013.
81 Baseado em Slack; Lewis (2009) e Chopra; Meindl (2013).
82 Baseado em Slack; Lewis (2009) e Chopra; Meindl (2013).
83 Slack; Lewis (2009).
84 Slack; Lewis (2009).
85 Slack; Lewis (2009).
86 Brown; Bessant; Lamming (2013).
87 Hayes; Wheelwright (1984).
88 HILL, T. *Manufacturing strategy*. Basingstoke: Macmillan, 2000.
89 Liker (2005).
90 WOMACK, J. P.; JONES, D. T. *A mentalidade enxuta nas empresas*. 5. ed. Rio de Janeiro: Campus, 1998.
91 SHINGO, S. *A study of the Toyota production system*. Productivity Press, 1989.
92 OHNO, T. *O sistema Toyota de produção*: além da produção em larga escala. Porto Alegre: Bookman, 1997.
93 Ohno (1997).
94 Womack; Jones; Roos (2004).
95 Liker (2005).
96 Ohno (1997).
97 Womack; Jones (1998).
98 Liker (2005).
99 Womack; Jones (1998).
100 JASTI, N. V. K.; KODALI, R. Lean production: literature review and trends. *International Journal of Production Research*, v. 53, n. 3, p. 867-85, 2015.
101 MARODIN, G. A.; SAURIN, T. A. Implementing lean production systems: research areas and opportunities

for future studies. *International Journal of Production Research*, v. 51, n. 22, p. 6663-80, 2013.

102 Baseado em Jasti e Kodali (2015) e Marodin e Saurin (2013).

103 ROTHER, M.; SHOOK J. *Aprendendo a enxergar*. São Paulo: Lean Institute Brasil, 1998.

104 CHASE, R. B.; JACOBS, F. R.; AQUILANO, N. J. *Administração da produção para a vantagem competitiva*. 10. ed. Porto Alegre: Bookman, 2006.

105 Womack; Jones (1998).

106 Liker (2005).

107 Rother; Shook (1998).

108 HENDERSON, B. A.; LARCO, J. L. *Lean transformation*. The Oaklea Press: Richmond: Virginia, 2000.

109 CHASE, R. B.; JACOBS, F. R.; AQUILANO, N. J. *Administração da produção para a vantagem competitiva*. 10. ed. Porto Alegre: Bookman, 2006.

110 Henderson; Larco (2000).

111 Liker (2005).

112 MARTINS, P. G.; LAUGENI, F. P. *Administração da produção*. São Paulo: Saraiva, 2006.

113 Martins; Laugeni (2006).

114 GROOVER, M. P. *Automation, production systems and computer integrated manufacturing*. 2 ed. Prentice Hall, 2001.

115 Womack; Jones (1998).

116 Liker (2005).

117 SLACK, N.; CHAMBERS, S.; ROBERT, J. *Administração da produção*. São Paulo: Atlas, 2002.

118 Liker (2005).

119 COSTA, L. B. M. et al. Lean healthcare in developing countries: evidence from Brazilian hospitals. *International Journal of Health Planning and Management*, 32 (1): e99-e120.

120 SURI, R. *Quick response manufacturing*: a companywide approach to reducing lead times. Portland, OR: Productivity Press, 1998.

121 GODINHO FILHO, M.; SAES, E. V. From time-based competition (TBC) to quick response manufacturing (QRM): the evolution of research aimed at lead time reduction. *The International Journal of Advanced Manufacturing Technology*, v. 64, n. 5-8, p. 1177-91, 2013.

122 Godinho Filho; Saes (2013).

123 ERICKSEN, P. D.; SURI, R. Managing the extended enterprise. *Purchasing Today*, v. 12, n. 2, p. 58-63, 2001.

124 SURI, R. *It's about time*: the competitive advantage of quick response manufacturing. Portland: Productivity Press, 2010.

125 Suri (2010).

126 Suri (2010).

127 Suri (1998; 2010).

128 Hopp; Spearman (2000).

129 Hopp; Spearman (2000).

130 Hopp; Spearman (2000) e Suri (1998; 2010).

131 Hopp; Spearman (2000) e Suri (1998).

132 Suri (1998).

133 Suri (1998).

134 Suri (1998).

135 Suri (1998).

136 Suri (1998).

137 Suri (1998; 2010).

138 GTAI (Germany Trade & Invest). *Industries 4.0-smart manufacturing for the future*. Berlin: GTAI, 2014.

139 MOEUF, A. et al. The industrial management of SMEs in the era of Industry 4.0. *International Journal of Production Research*, 2017.

140 XU, L. D.; XU, E. L.; LI, L. Industry 4.0: state of the art and future trends. *International Journal of Production Research*, 2018.

141 Xu; Xu; Li (2018).

142 FATORACHIAN, H.; KAZEMI, H. A critical investigation of industry 4.0 in manufacturing: theoretical operationalization framework. *Production Planning and Control*. 2018.

143 HOFMANN, E.; RUSCH, M. Industry 4.0 and the current status as well as future prospects on logistics. *Computers in Industry*, 89, 23-34, 2017.

144 ATZORI, L.; IERA, A.; MORABITO, G. Understanding the internet of things: definition, potentials, and societal role of a fast evolving paradigm. *Ad Hoc Networks*, v. 56, p. 122-140, 2017.

145 BEN-DAYA, M.; HASSINI, E.; BAHROUN, Z. Internet of things and supply chain management: a literature review. *International Journal of Production Research*, 2017.

146 SMITH, I. G. *The internet of things*: new horizons. Halifax, UK: Platinum, 2012.

147 TAO, F. et al. Internet of things in product lifecycle energy management. *Journal of Industrial Information Integration*, v. 1, p. 26-39, 2016.

148 Xu; Xu; Li (2018).

PLANEJAMENTO E CONTROLE DA PRODUÇÃO

2

Fábio Molina da Silva, Juliana Keiko Sagawa, Luciano Campanini, Moacir Godinho Filho e Muris Lage Junior

Neste capítulo são apresentados alguns dos principais conceitos e métodos relacionados com Planejamento e Controle da Produção. Na Seção 2.1 são apresentadas definições fundamentais. Na Seção 2.2, os métodos de previsão da demanda segundo as abordagens qualitativa, causal e por séries temporais. Na Seção 2.3, a elaboração do plano agregado de produção é detalhada. Na Seção 2.4, é apresentado o planejamento da capacidade com vistas ao plano agregado. Na Seção 2.5 é apresentado o programa mestre de produção e alguns métodos para sua elaboração. Na Seção 2.6, o sistema MRP (*Material Requirements Planning*) e o sistema Kanban são detalhados em suas dinâmicas de funcionamento. A Seção 2.7 aborda diversos temas a respeito do controle de estoques, como curva ABC, giro e cobertura, modelo do lote econômico e sistemas de revisão contínua e periódica. Por fim, a Seção 2.8 apresenta a atividade de programação de operações ensinando sobre os principais indicadores e seus problemas e algoritmos clássicos.

OBJETIVOS DE APRENDIZAGEM

Ao final deste capítulo, o leitor deverá ser capaz de:

- Definir os conceitos principais relacionados com Planejamento e Controle da Produção.
- Conhecer as principais abordagens de previsão da demanda, em especial, a de séries temporais.
- Entender o processo de elaboração do plano agregado de produção.
- Entender a importância do programa mestre de produção e seu processo clássico de programação.
- Conhecer a dinâmica e limitações dos sistemas de coordenação de ordens: MRP, Kanban, revisão contínua e revisão periódica.
- Classificar itens de estoque utilizando a curva ABC.
- Calcular giro e cobertura de estoque.
- Calcular lote econômico de compra e de produção.
- Compreender os principais conceitos e resolver os problemas clássicos de programação de operações.

2.1 DEFINIÇÕES FUNDAMENTAIS

A Gestão da Produção objetiva o gerenciamento dos sistemas de produção. Muitos aspectos dos sistemas de produção podem ser gerenciados: aspectos organizacionais, estratégicos, tecnológicos, de qualidade, de custos, de planejamento e controle da produção (PCP), entre outros.

Entende-se, neste capítulo, que as atividades de planejamento e controle da produção envolvem uma série de decisões com o objetivo de definir o que, quanto e quando produzir, comprar e entregar, além de quem e/ou onde e/ou como produzir.

As decisões do PCP estão distribuídas hierarquicamente no horizonte de longo, médio e curto prazos procurando responder as seguintes questões: (i) o que produzir, comprar e entregar; (ii) quanto produzir, comprar e entregar; (iii) quando produzir, comprar e entregar; (iv) quem e/ou onde e/ou como produzir comprar e entregar. As respostas dessas questões subsidiam decisões do sistema de produção com inércia de longo, médio e curto prazos que afetam a conciliação da demanda e da oferta. Isso pode ser exemplificado pela: construção de uma nova fábrica (longo prazo); criação de um novo turno de trabalho (médio prazo); e horas extras (curto prazo).

As principais atividades do PCP são:

1. Planejamento Agregado da Produção e Análise de Capacidade de longo prazo (*Resource Requirements Planning* – RRP).
2. Programação Mestre de Produção (*Master Production Scheduling* – MPS) e Análise de Capacidade de médio prazo (*Rough Cut Capacity Planning* – RCCP).
3. Programação e Controle da Produção e Análise de Capacidade de curto prazo (*Capacity Resource Planning* – CRP).
4. Controle de estoques.
5. Programação de operações (*scheduling*).

As atividades 1, 2, 3 e 4 se baseiam em informações sobre a demanda. Por isso, apesar da gestão da demanda geralmente ser de responsabilidade da área comercial, o PCP precisa ter habilidade para prever a demanda conforme a necessidade de suas decisões relacionadas com o nível hierárquico do PCP (longo, médio e curto prazos).

2.2 PREVISÃO DE DEMANDA

Previsão é a arte de especificar informações significantes sobre o futuro.[1] A esta definição deve-se acrescentar que a previsão está relacionada com um conjunto de métodos, em vez de simples adivinhação.

As previsões dentro do PCP costumam ser classificadas de acordo com o horizonte de planejamento (longo, médio e curto prazos) a que se destina. No longo prazo as previsões são importantes para o planejamento de novas instalações, de novos produtos, gastos de capital, entre outros. No médio prazo as previsões servem como base para o planejamento mestre da produção e análises de capacidade para suportá-lo. Já no curto prazo as previsões auxiliam na programação da força de trabalho, na programação de compras, nas análises de capacidade de curto prazo, entre outras.

Fernandes e Godinho Filho[2] propõem dez fundamentos que devem ser conhecidos por todo gestor de operações que estão, de alguma forma, relacionados com o processo de previsão de demanda:

1. Os métodos de previsão geralmente pressupõem que o comportamento causal que existiu no passado continuará a existir no futuro: a principal consequência desse fundamento é que o gestor de operações deve estar sempre atento a mudanças nas suposições originais da previsão (as quais se baseavam

em relações do passado); o modelo deve ser alterado caso as suposições originais não forem mais verdadeiras.

2. Os erros das previsões não devem desestimular a utilização das previsões, uma vez que o grau de acuracidade das previsões deve ser medido em função dos concorrentes da empresa: erros de duas naturezas afetam as previsões. O primeiro deles, o chamado ruído, é referente à própria aleatoriedade do mercado; já o segundo ocorre devido a erros do método de previsão utilizado ou escolha de parâmetros referentes a este método. O primeiro tipo de erro é inevitável e todas as empresas (incluindo os concorrentes) estão sujeitas; portanto, não deve ser fonte de preocupação. Já o segundo tipo é o que deve ser minimizado, uma vez que está relacionado com a qualidade do método de previsão empregado e dos parâmetros da previsão. Portanto, como todas as empresas concorrentes de um setor estarão sujeitas ao erro proveniente da aleatoriedade da demanda o que vai diferenciar as previsões são os métodos a serem utilizados e uma boa previsão é aquela que é melhor que a dos concorrentes.

3. Previsões agregadas são mais precisas do que as previsões elaboradas para itens individuais: esta lei advém de um importante teorema estatístico denominado teorema do limite central, pelo qual a variância de uma variável aleatória (no caso a demanda agregada) que é formada pelo conjunto de diversas variáveis aleatórias (cada demanda individual) é a soma das variâncias das diversas variáveis aleatórias individuais. Isso faz com que o desvio-padrão da variável aleatória agregada seja menor que a soma dos desvios individuais.

4. A exatidão das previsões diminui com o aumento do horizonte de planejamento: previsões de longo prazo são mais incertas que as de médio prazo, as quais são mais incertas que as de curto prazo. Uma consequência desta lei é que as organizações mais flexíveis, por responderem mais rapidamente às mudanças no mercado, requerendo um menor horizonte de planejamento de previsões, se beneficiam de previsões mais exatas. Outra consequência é que se a previsão for de médio prazo, ela deve ser feita preferencialmente para itens agregados em famílias. No curto prazo ela pode ser feita para itens individualizados.

5. Um bom sistema de previsão é aquele que reage a variações verdadeiras e ignora variações aleatórias: o sistema de previsão deve distinguir verdadeiras alterações nos padrões de demanda de alterações aleatórias.

6. A previsão deve ser coerente (em relação ao horizonte de tempo considerado) com as decisões que pretende apoiar: de acordo com este fundamento, o horizonte de planejamento da previsão deve ser no mínimo igual ao tempo necessário à implementação das mudanças sugeridas pela previsão.

7. A confiabilidade do sistema de previsão é fundamental: é muito importante que os usuários do sistema de previsão confiem nas previsões e isto se dá por meio de um sistema de previsão que funcione consistentemente.

8. A previsão precisa ser expressa em unidades significativas: a escolha destas unidades depende das necessidades do usuário.

9. Os métodos de previsão devem ser fáceis de compreender e simples de usar: métodos simples facilitam o uso e entendimento e dessa forma a popularidade desses métodos entre os usuários; nos casos em que métodos mais sofisticados necessitam realmente ser utilizados a lógica e as razões da utilização desses métodos devem ser esclarecidos.

10. O processo de previsão de vendas é de responsabilidade conjunta das funções de marketing/vendas e produção.

Os métodos de previsão de demanda podem ser qualitativos ou quantitativos, *grosso modo*, o primeiro fundamenta-se no julgamento de pessoas com *expertise* na área e, o segundo, em métodos estatísticos. Dessa forma, pode-se estratificar os métodos de previsão de demanda nas seguintes abordagens:

- **Abordagem qualitativa:** nessa abordagem os métodos de previsões são baseados em informações qualitativas coletadas com pessoas possuidoras de *expertise* na área do objeto de previsão e, posteriormente, processadas para compor a previsão desejada.
- **Abordagem causal:** os métodos dessa abordagem pressupõem que a demanda futura é dependente dos valores que uma ou mais variáveis independentes assumiram no passado. A abordagem causal gera uma equação matemática que representa o comportamento da demanda futura (previsão) a partir dos valores das variáveis independentes.
- **Abordagem de séries temporais:** tais métodos utilizam-se de dados históricos e pressupõem que o comportamento desses dados se repetirá no futuro. Os métodos utilizados são restritos ao processo de demanda (comportamento da demanda).

Os métodos de previsão mais conhecidos, vinculados às suas respectivas abordagens, são apresentados no Quadro 2.1.

Quadro 2.1 Métodos e abordagens de previsão de demanda

Abordagem qualitativa	Consenso do comitê executivo Analogia histórica Pesquisa de mercado Pesquisa de clientes Pesquisa de equipe de vendas Delphi Análise de cenários
Abordagem causal	Análise de regressão Sistemas simultâneos Simulação Redes neurais
Abordagem baseada em séries temporais	Média Média móvel Média móvel ponderada Suavização exponencial Modelos com tendência Modelos com sazonalidade

2.2.1 Abordagem qualitativa

A abordagem qualitativa de previsão tem um caráter subjetivo e se baseia no julgamento do tomador de decisões (considerando fatores como intuição, emoção, experiência pessoal e valores) para a realização da previsão. Esta abordagem de previsão é utilizada principalmente quando não existem dados históricos disponíveis ou quando estes são de caráter qualitativo. Os métodos de previsão baseados na abordagem qualitativa podem envolver diversos níveis de sofisticação. De acordo com Fernandes e Godinho Filho,[3] os principais métodos de previsão qualitativos apresentados na literatura são:

a) **Método do consenso do comitê executivo:** executivos dos vários departamentos da empresa (marketing, operações, finanças etc.) formam um comitê para realizar a previsão em conjunto.

b) **Método Delphi:** é uma variação formal do método anterior. Este método obtém uma previsão baseada na opinião de um conjunto composto por especialistas de áreas distintas, mas correlacionadas ao problema de forma a considerar vários fatores na decisão. A técnica em si é desenvolvida da seguinte forma: os especialistas respondem questões a respeito de previsões, fornecendo as razões para essas respostas. Os resultados são analisados e novas perguntas são feitas refletindo os resultados do turno anterior. Isso é repetido até que se chegue a um relativo consenso. Sipper e Bulfin[4] citam que geralmente são necessárias entre três e quatro rodadas para que se chegue a um consenso.

c) **Método da analogia histórica:** neste método a previsão é baseada no histórico de um produto similar. Este método é particularmente útil na elaboração da previsão para novos produtos.

d) **Método da pesquisa de mercado:** neste método hipóteses sobre o mercado são testadas por meio de entrevistas a uma amostra do mercado da empresa. Essas entrevistas podem ser feitas de diversas formas, por exemplo, correspondência, telefone, entre outras. Tal método envolve técnicas estatísticas na análise dos resultados. É normalmente utilizado para previsões de longo prazo e para novos produtos.

e) **Método da pesquisa de clientes:** é uma particularidade do método acima, no qual a previsão é baseada nas informações individuais de todos os clientes atuais e potenciais da empresa. Este método é adequado quando a empresa tem um número relativamente pequeno de clientes.

f) **Método da pesquisa da equipe de vendas:** também apresenta um grau de semelhança com relação aos dois métodos anteriores, porém este método de previsão é adequado para empresas que vendem diretamente ao cliente e têm um bom sistema de comunicação, uma vez que se baseia nas estimativas dos vendedores individuais.

2.2.2 Abordagem causal

A abordagem causal identifica uma ou mais variáveis (ditas independentes) que possam ajudar a prever a demanda futura para o produto em questão (variável dependente). Por exemplo, o número de refrigeradores (variável dependente) pode estar relacionado com variáveis independentes tais quais, o número de casamentos, o preço do refrigerador, renda *per capita* e número de habite-se. No caso da abordagem causal é gerada uma equação matemática que permite que seja previsto o valor da variável dependente a partir dos valores dados de uma ou mais variáveis independentes.

De acordo com Fernandes e Godinho Filho,[5] os métodos de previsão mais utilizados dentro da abordagem causal são os métodos de regressão. O objetivo dos métodos de regressão é obter uma equação que ao mesmo tempo represente os dados considerados e minimize a soma dos quadrados dos desvios entre os pontos de dados e a curva ou reta considerada (método dos mínimos quadrados).

Existem diversos métodos de regressão, cada um deles utilizado em função do número de variáveis independentes e do comportamento dos dados (linear ou não linear). Os principais métodos de regressão são a regressão linear simples (uma variável independente e comportamento linear), a regressão curvilínea (comportamento não linear) e a regressão múltipla (duas ou mais variáveis independentes). Para mais detalhes a respeito da abordagem causal, ver Fernandes e Godinho Filho.[6]

2.2.3 Abordagem baseada em séries temporais

Série temporal é um conjunto de observações ordenadas no tempo. A diferença com relação à regressão é que no eixo X tem-se o tempo. O pressuposto da previsão utilizando séries temporais é que o futuro pode ser previsto com base no histórico de dados passados; em outras palavras, na utilização de séries temporais acredita-se que os fatores que influenciarão o futuro são os mesmos que influenciaram o passado. De acordo com diversos autores, entre eles Sipper e Bulfin,[7] Davis *et al.* (2001),[8] entre outros, as séries temporais são preferíveis para previsões de curto prazo.

A abordagem de séries temporais requer que inicialmente seja reconhecido o padrão de comportamento da série temporal, para que dessa forma os métodos de previsão dentro dessa abordagem (média, padrão com tendência, sazonalidades) possam ser escolhidos. Isso pode ser feito simplesmente plotando-se os dados da série temporal em um gráfico de dispersão (da mesma forma que nos modelos de regressão). Vários padrões podem ocorrer: o processo pode ser constante, ter sazonalidade, tendência e tendência e sazonalidade. A seguir são descritos métodos para previsão de demanda para cada um desses padrões de comportamento dos dados.

2.2.3.1 Métodos para processo constante

a) **Método da média móvel:** no cálculo da média são levados em consideração somente os N períodos mais recentes. Este método reage mais prontamente a variações na demanda. Se o período atual é o período T, a média móvel levando-se em conta N períodos passados é dada matematicamente por:

$$M_T = \frac{1}{N} \sum_{t=(T-N)+1}^{T} d_t$$

onde:

M_T = média móvel para o período T

A previsão para k períodos à frente é dado por:

$$P_{T+k} = M_T$$

b) **Método da média móvel ponderada:** neste método, além de se levar em consideração somente os N períodos passados mais recentes (como na média móvel), também são dados pesos maiores para alguns períodos (geralmente os mais recentes). Matematicamente a média móvel ponderada para o período T é dada por:

$$MP_T = \sum_{t=(T-N)+1}^{T} w_t d_t$$

onde:

MP_T = média móvel ponderada para o período T

w_t = pesos atribuídos aos dados reais de demanda

É importante salientar que:

$$\sum_{t=(T-N)+1}^{T} w_t = 1$$

A previsão para k períodos à frente para a média móvel ponderada é dada por:

$$P_{T+k} = MP_T$$

c) **Método da suavização exponencial:** o método da suavização exponencial simples é um método similar ao método da média móvel ponderada, com a diferença de que os pesos decrescem exponencialmente do tempo presente em direção ao passado. Matematicamente isso pode ser escrito como:

$$S_T = S_{T-1} + \alpha(d_T - S_{T-1}) \quad \text{a qual também pode ser escrita como} \quad S_T = \alpha d_T + (1-\alpha)S_{T-1}$$

sendo que

$$P_{T+k} = S_T \qquad \text{isto leva a} \qquad S_{T-1} = P_T$$

onde:

S_T = previsão suavizada para o período T (período atual)

S_{t-1} = previsão suavizada para o período T–1 o qual é igual a PT

α = constante de suavização (limitado ao intervalo entre 0 e 1)

d_T = demanda real no período T

P_{T+k} = previsão para o período T + k

A escolha do valor da constante de suavização é de extrema importância no método da suavização exponencial. Valores mais altos de α indicam que se deseja dar um maior peso ao erro (e consequentemente à demanda) ocorrido no último período. Já valores baixos de α indicam que se deseja fornecer um maior peso ao passado e não ao último dado de demanda.

2.2.3.2 Métodos para processo com tendência

De acordo com Fernandes e Godinho Filho,[9] o método da suavização exponencial simples é adequado para processos constantes. O chamado método da suavização exponencial dupla serve para processos com tendência. Matematicamente para esse método temos:

$$P_{T+k} = S_T + kT_T$$

onde:

S_T = previsão suavizada exponencialmente para o período T

T_T = estimativa de tendência para o período T

k = número de período futuros a serem previstos

$$S_T = \alpha d_T + (1-\alpha)(S_{T-1} + T_{T-1}) \qquad \text{lembrando que} \quad S_{T-1} = P_T$$
$$T_T = \beta(S_T - S_{T-1}) + (1-\beta)(T_{T-1}) \qquad \text{com } \beta \text{ entre 0 e 1}$$

onde d_T é o real para o período T

2.2.3.3 Métodos para processo com sazonalidade

Processo com sazonalidade é aquele no qual os dados sofrem variações para cima e para baixo que se repetem com regularidade. Matematicamente a previsão para um período t é dada por:

$$P_t = S_t \times F_t$$

onde:

F_t = fator de sazonalidade no período t

S_t = previsão suavizada exponencialmente para o período t

Devemos salientar que:

$$F_t = \frac{d_t}{\text{demanda média no ciclo de sazonalidade}}$$

onde:

d_t = demanda real no período t

2.2.3.4 Métodos para processo com tendência e sazonalidade

Quando um processo exibe um comportamento com sazonalidade e tendência, um método adequado, de acordo com Fernandes e Godinho Filho,[10] é o chamado método de Winters.

2.3 PLANEJAMENTO AGREGADO

O Planejamento Agregado visa planejar a produção, com a finalidade de "casar" taxa de produção e taxa de demanda (Sipper e Bulfin[11]). De acordo com Fernandes e Godinho Filho,[12] o planejamento agregado envolve alcançar um plano de produção para cada família de produtos da empresa de forma que a demanda prevista seja atendida e que os custos envolvidos sejam minimizados. Os principais custos envolvidos são:

a) **Custos básicos de produção:** são os custos fixos e variáveis incorridos em produzir um produto.
b) **Custos de estoque:** são os custos de se ter uma quantidade de produtos em estoque. Basicamente este custo é composto pelo: custo do capital empatado (custo de oportunidade), mais o custo de possuir estoques (seguro, risco de obsolescência etc.) e mais o custo de armazenagem.
c) **Custo de falta no caso *make to stock*:** são os custos ocorridos quando da falta de um produto, por exemplo, perda de receita de venda e confiança.
d) **Custos de contratação:** são os custos envolvidos com a contratação de funcionários, por exemplo, exames médicos, treinamento, aprendizagem, burocracia.
e) **Custos de demissão:** são os custos envolvidos com a demissão de funcionários, por exemplo: perda de produtividade, custos legais, possibilidade de queda da moral dos funcionários.
f) **Custo de horas extras:** refere-se ao valor e número de horas excedentes a serem contratadas.
g) **Custo de subcontratação:** refere-se à quantidade de produtos a serem produzidos em terceiros; estes custos são maiores conforme o prazo em relação à data atual.

O planejamento agregado pode ser feito por meio de métodos quantitativos otimizantes ou métodos de planilha. Nas subseções seguintes são apresentadas algumas estratégias de planejamento agregado utilizando métodos de planilha. A elaboração das planilhas utiliza os dados da Tabela 2.1.

Tabela 2.1 Parâmetros utilizados nos métodos de planilha

Produção	4,00	unidades/trabalhador/dia
Custos		
Custo de contratação	R$ 450,00	trabalhador
Custo de armazenagem	R$ 5,00	unidades/mês
Custo de subcontratação	R$ 80,00	unidade
Salários e benefícios	R$ 120,00	trabalhador/dia
Custo de demissão	R$ 600,00	trabalhador
Custo por falta	R$ 15,00	unidades/mês
Custo de hora extra	R$ 30,00	hora
Estoque		
Janeiro	0	
Junho	0	
Dados Relevantes		
Turno de trabalho	8	horas
Número inicial de trabalhadores	33	
Quantidade de peças por hora	0,5	
Custo de peça por hora extra	R$ 60,00	

2.3.1 Estratégia de acompanhamento da demanda

Nesta estratégia não há formação de estoques e em cada mês é produzida exatamente a quantidade demandada. Os principais métodos utilizados para permitir flexibilidade da produção são: contratações, demissões, horas extras, banco de horas, entre outros. Na Tabela 2.2 mostramos um exemplo deste método utilizando contratações e demissões.

Tabela 2.2 Exemplo de estratégia de acompanhamento da demanda

Mês	Jan	Fev	Mar	Abr	Maio	Jun	Total
Dias	21	20	23	21	22	22	129
Demanda	2.760	3.320	3.970	3.540	3.180	2.900	19.670
Mão de obra							
Unidades produzidas por homem/mês	84	80	92	84	88	88	516
Trabalhadores necessários	33	42	44	43	37	33	
Trabalhadores disponíveis	35	33	42	44	43	37	
Contratação	-	9	2	-	-	-	11
Demissão	2	-	-	1	6	4	13
Trabalhadores utilizados	33	42	44	43	37	33	
Custo contratação	-	R$ 4.050,00	R$ 900,00	-	-	-	R$ 4.950,00
Custo demissão	R$ 1.200,00	-	-	R$ 600,00	R$ 3.600,00	R$ 2.400,00	R$ 7.800,00
Custo benefícios e encargos	R$ 83.160,00	R$ 100.800,00	R$ 121.440,00	R$ 108.360,00	R$ 97.680,00	R$ 87.120,00	R$ 598.560,00
Produção							
Capacidade produtiva	2.772	3.360	4.048	3.612	3.256	2.904	19.952
Unidades produzidas normal	2.760	3.320	3.970	3.540	3.180	2.900	19.670
Eficiência necessária	99,57%	98,81%	98,07%	98,01%	97,67%	99,86%	
Unidades produzidas horas extras							
Custo produção hora extra							
Estoque							
Falta							
Custo de armazenagem							
Custo por falta							
Resultado							
Custo total	R$ 84.360,00	R$ 104.850,00	R$ 122.340,00	R$ 108.960,00	R$ 101.280,00	R$ 89.520,00	**R$ 611.310,00**
Custo unitário médio	R$ 30,57	R$ 31,58	R$ 30,82	R$ 30,78	R$ 31,85	R$ 30,87	

2.3.2 Estratégia de nivelamento da força de trabalho

Nesta estratégia a força de trabalho é mantida constante ao longo do tempo. Estoques são armazenados e utilizados em períodos nos quais a demanda é maior que a capacidade produtiva. Faltas (representadas por estoque negativo) são permitidas. Na Tabela 2.3 é apresentado um exemplo dessa estratégia. O número de trabalhadores necessários é encontrado pela razão da demanda total no horizonte de planejamento (19.670) pelo total de unidades produzidas por um trabalho no horizonte de planejamento (516) que é igual 38,12 trabalhadores, nesse caso, o número de trabalhadores deverá ser arredondado para cima (39).

Tabela 2.3 Exemplo de estratégia de nivelamento da força de trabalho

Mês	Jan	Fev	Mar	Abr	Maio	Jun	Total
Dias	21	20	23	21	22	22	129
Demanda	2.760	3.320	3.970	3.540	3.180	2.900	19.670
Mão de obra							
Unidades produzidas por homem/mês	84	80	92	84	88	88	516
Trabalhadores necessários	39	39	39	39	39	39	
Trabalhadores disponíveis	35	39	39	39	39	39	
Contratação	4	-	-	-	-	-	4
Demissão	-	-	-	-	-	-	-
Trabalhadores utilizados	39	39	39	39	39	39	
Custo contratação	R$ 1.800,00						R$ 1.800,00
Custo demissão							-
Custo benefícios e encargos	R$ 98.280,00	R$ 93.600,00	R$ 107.640,00	R$ 98.280,00	R$ 102.960,00	R$ 102.960,00	R$ 603.720,00
Produção							
Capacidade produtiva	3.276	3.120	3.588	3.276	3.432	3.432	20.124
Unidades produzidas normal	3.276	3.120	3.588	3.276	3.432	2.978	19.670
Eficiência necessária	100%	100%	100%	100%	100%	86,77%	
Unidades produzidas horas extras							
Custo produção hora extra							
Estoque	516	316					
Falta			66	330	78		
Custo de armazenagem	R$ 2.580,00	R$ 1.580,00					
Custo por falta			R$ 990,00	R$ 4.950,00	R$ 1.170,00		
Resultado							
Custo total	R$ 102.660,00	R$ 95.180,00	R$ 108.630,00	R$ 103.230,00	R$ 104.130,00	R$ 102.960,00	**R$ 616.790,00**
Custo unitário médio	R$ 31,34	R$ 30,51	R$ 30,28	R$ 34,51	R$ 30,34	R$ 34,57	

2.3.3 Estratégia mista

A estratégia mista é a mais utilizada na prática. Ela consiste da combinação inteligente das estratégias puras, aproveitando suas vantagens e descartando desvantagens intrínsecas. Na Tabela 2.4 é mostrado um exemplo de uma possibilidade de estratégia mista para os mesmos dados das subseções anteriores.

Tabela 2.4 Exemplo de estratégia mista

Mês	Jan	Fev	Mar	Abr	Maio	Jun	Total
Dias	21	20	23	21	22	22	129
Demanda	2.760	3.320	3.970	3.540	3.180	2.900	19.670
Mão de obra							
Unidades produzidas por homem/mês	84	80	92	84	88	88	516
Trabalhadores necessários	38	38	42	42	35	35	
Trabalhadores disponíveis	35	38	38	42	42	35	
Contratação	3	-	4	-	-	-	7
Demissão	-	-	-	-	7	-	7
Trabalhadores utilizados	38	38	42	42	35	35	
Custo contratação	R$ 1.350,00		R$ 1.800,00				R$ 3.150,00
Custo demissão					R$ 4.200,00		R$ 4.200,00
Custo benefícios e encargos	R$ 95.760,00	R$ 91.200,00	R$ 115.920,00	R$ 105.840,00	R$ 92.400,00	R$ 92.400,00	R$ 593.520,00
Produção							
Capacidade produtiva	3.192	3.040	3.864	3.528	3.080	3.080	19.784
Unidades produzidas normal	3.192	3.040	3.864	3.528	3.080	2.966	19.670
Eficiência necessária	100%	100%	100%	100%	100%	96,30%	
Unidades produzidas horas extras							
Custo produção hora extra							
Estoque	516	316					
Falta			66	330	78		
Custo de armazenagem	R$ 2.160,00	R$ 760,00	R$ 230,00	R$ 170,00			
Custo por falta					R$ 990,00		
Resultado							
Custo total	R$ 99.270,00	R$ 91.960,00	R$ 117.950,00	R$ 106.010,00	R$ 97.590,00	R$ 92.400,00	**R$ 605.180,00**
Custo unitário médio	R$ 31,10	R$ 30,25	R$ 30,53	R$ 30,05	R$ 31,69	R$ 31,15	

Em vez de demitir dois e contratar nove trabalhadores em janeiro (acompanhamento de demanda), três trabalhadores são contratados. Como na política de força de trabalho constante, o estoque satisfaz a demanda em meses posteriores. Em março, mais quatro trabalhadores são contratados para satisfazer a demanda nos meses de março e abril (picos de demanda). Em maio, sete trabalhadores são demitidos devido à redução de demanda em maio e junho.

2.4 PLANEJAMENTO DA CAPACIDADE

O planejamento da capacidade é uma atividade fundamental e deve ser desenvolvida paralelamente a outras atividades do PCP em sua estrutura hierárquica. Esta seção apresenta um exemplo do cálculo de capacidade no nível do Planejamento Agregado.

Exemplo disponível em Fernandes e Godinho Filho:[13] suponha uma empresa que disponha de três famílias de produtos: I, II e III. O plano agregado de produção (em mil peças) para cada uma dessas famílias é mostrado na Tabela 2.5.

Tabela 2.5 Plano agregado de produção para famílias I, II e III

	Jan.	Fev.	Mar.	Abr.	Maio	Jun.	Jul.	Ago.	Set.	Out.	Nov.	Dez.
Produção Família I	160	180	180	170	170	170	190	210	210	180	180	180
Produção Família II	140	150	150	160	180	180	190	200	200	200	160	160
Produção Família III	160	160	150	160	150	150	160	170	170	150	160	160

Cada uma das famílias é composta de três produtos (a, b e c). Esses nove produtos utilizam cinco centros de trabalho (T, U, V, X e Z). O regime de trabalho é de dois turnos (16 horas por dia e 320 horas no mês), com 85% de eficiência, ou seja, 272 horas trabalhadas.

Os fatores globais de utilização são definidos como quantas horas são necessárias para a produção de um item de determinada família. Portanto precisa-se do tempo unitário por família e não por item. Para se calcular os fatores globais de utilização de recursos para cada família pode-se então realizar uma média dos tempos unitários de processamento de cada elemento da família devidamente ponderado pelo peso que cada item tem em sua família com relação ao volume de produção. Uma análise do histórico de produção para as famílias do presente exemplo indicou que para a família I, aproximadamente 20% da produção vem do item Ia, 40% do item Ib e 40% do item Ic. Para a família II, 15% vem do item IIa, 30% do item IIb e 55% do item IIc. Já para a família III temos que 25% vem do item IIIa, 40% do item IIIb e 35% do item IIIc.

A Tabela 2.6 mostra os cálculos dos fatores globais de utilização de recursos para cada centro de trabalho para a família I. Os tempos estão em horas por mil peças. Por exemplo, o valor 0,43h para a família I no centro de trabalho T foi obtido da seguinte forma:

$$(0,3 \times 20\%) + (0,4 \times 40\%) + (0,52 \times 40\%) = 0,06 + 0,16 + 0,208 \cong 0,43h$$

Tabela 2.6 Cálculo dos fatores globais de utilização de recursos para a família I

	Produto Ia (h)	Produto Ib (h)	Produto Ic (h)	Volume Ia (%)	Volume Ib (%)	Volume Ic (%)	Fator para família I
Centro T	0,3	0,4	0,52	20	40	40	0,43
Centro U	0,37	0,2	0,38	20	40	40	0,31
Centro V	0,8	0,69	0,63	20	40	40	0,69
Centro X	0,38	0,46	0,42	20	40	40	0,43
Centro Z	0,91	0,55	0,76	20	40	40	0,71

O mesmo cálculo deve ser feito para as famílias II e III. Após serem calculados os fatores globais de utilização de recursos para cada família, deve-se calcular o número de horas necessárias em cada centro de trabalho. Isso é feito multiplicando-se o volume de produção de cada família (dado pelo plano agregado) pelo fator global de cada família. Isto é mostrado na Tabela 2.7. Por exemplo 187 horas no centro de trabalho T em janeiro foi calculado da seguinte forma:

$$(160 \times 0,43) + (140 \times 0,44) + (160 \times 0,35) \cong 186,6$$

Tabela 2.7 Cálculo do número de horas necessárias em cada departamento

Centros de trabalho	Horas necessárias											
	Jan.	Fev.	Mar.	Abr.	Maio	Jun.	Jul.	Ago.	Set.	Out.	Nov.	Dez.
T	186,6	199,6	196,1	199,8	205,2	205,2	221,7	238,2	238,2	218,3	204,1	204,1
U	244,3	255,0	246,8	256,5	257,4	257,4	276,3	295,2	295,2	269,6	259,6	259,6
V	235,3	253,5	249,6	251,1	256,2	256,2	278,3	300,5	300,5	272,0	258,0	258,0
X	190,2	202,5	198,2	202,0	205,4	205,4	222,0	238,6	238,6	217,2	206,3	206,3
Z	299,9	320,8	315,0	320,5	328,3	328,3	354,9	381,6	381,6	348,9	327,6	327,6

Para se calcular a utilização de cada centro de trabalho basta dividir o número de horas necessárias pelo número de horas disponíveis em cada departamento (272). A Tabela 2.8 mostra a utilização de cada centro de trabalho.

Tabela 2.8 Cálculo da utilização em cada centro de trabalho

Centros de trabalho	Percentual de utilização											
	Jan.	Fev.	Mar.	Abr.	Maio	Jun.	Jul.	Ago.	Set.	Out.	Nov.	Dez.
T	69	73	72	73	75	75	82	88	88	80	75	75
U	90	94	91	94	95	95	102	109	109	99	95	95
V	87	93	92	92	94	94	102	110	110	100	95	95
X	70	74	73	74	76	76	82	88	88	80	76	76
Z	110	118	116	118	121	121	130	140	140	128	120	120

Na Tabela 2.8 as células destacadas mostram utilização maior que 100%. Algumas alternativas para tratar este estouro de capacidade são:

- Transferir a produção dos períodos que houve estouro da capacidade para outros períodos (isso pode ser feito, por exemplo, para os centros de trabalho U e V).
- Utilizar horas extras ou subcontratações (isso pode ser feito no nosso exemplo para o centro de trabalho Z).
- Aumentar o número de turnos (não seria o caso do exemplo, uma vez que o estouro deve ser bastante alto para justificar a abertura de outro turno).
- Melhorias na produção de forma a aumentar a eficiência da produção.

2.5 PROGRAMA MESTRE DE PRODUÇÃO

O Programa Mestre de Produção (*Master Production Schedule* – MPS) é a primeira das atividades do Controle da Produção e tem por objetivo estabelecer quando e quanto produzir de cada produto final, ou módulos para o caso de ambiente do tipo *assembly-to-order*. O MPS pode ser gerado a partir da desagregação do plano agregado, da estimativa de demanda para os itens finais ou a partir da carteira de pedidos. A Figura 2.1 mostra o registro básico do MPS.

Item: XXXXXXXXXXX	Períodos								
	0	1	2	3	4	5	6	7	8
Previsão de demanda									
Pedidos em carteira									
Demanda									
Estoque projetado disponível	I_0								
Disponível para promessa (ATP)									
Programa Mestre de Produção									

Figura 2.1 Registro básico do MPS.

- Previsão de demanda (F_t): previsões para o período t.
- Pedidos em carteira (O_t): ordens já vendidas e que devem ser despachadas no período t.
- Demanda (D_t): é o máximo entre as previsões e pedidos em carteira de um determinado período t.
- (I_0): estoque real no momento atual (final do período 0).
- Estoque projetado disponível no final do período t (It): é calculado como: $I_t = I_{t-1} + Q_t - D_t$, para t = 1, 2, ..., hp, em que hp é o horizonte de programação.
- ATP (*Available To Promise* = Disponível para promessa): serve para suportar processo de promessa de datas e quantidades para clientes.
- MPS (Q_t): são as quantidades produzidas de determinado produto ou componente na semana t.

De acordo com Correa *et al.* (2001)[14] as quantidades a serem produzidas aparecem de três tipos: ordens planejadas (criada pelo sistema pela fria lógica de cálculo); ordens planejadas firmes (já confirmadas pelo programador mestre); ordens liberadas (disparam processos produtivos).

A lógica básica do MPS é ilustrada na Tabela 2.9: veja que a demanda total é o máximo entre previsões e pedidos em carteira. Também nessa tabela não desejamos ter estoque ao longo dos períodos. A linha MPS representa as quantidades a serem produzidas do item em questão ao longo das semanas (por exemplo, na semana 1 devemos produzir 295 unidades do produto). Veja também que o tamanho de lote no MPS é igual à quantidade necessária para atender a demanda.

Tabela 2.9 Exemplo da lógica do MPS

Item: XXXXXXXXXXX	Atraso	1	2	3	4	5	6	7	8
Previsão de demanda independente		1000	1000	1000	1000	2000	2000	2000	2000
Pedidos em carteira		1200	800	300	200	100	0	0	0
Demanda total		1200	1000	1000	1000	2000	2000	2000	2000
Estoque projetado disponível	1600	400	0	0	0	0	0	0	0
Disponível para promessa (ATP)		400	0	700	800	1900	2000	2000	2000
Programa Mestre de Produção			600	1000	1000	2000	2000	2000	2000

Os principais parâmetros que influenciam na lógica do MPS são: tamanho de lote, estoque de segurança e *time fence*.

2.6 OS PRINCIPAIS SISTEMAS DE COORDENAÇÃO DE ORDENS

Os Sistemas de Coordenação de Ordens (SCOs) destacam-se como processo de transformação das decisões estabelecidas no âmbito do MPS em ordens de produção de componentes e ordens de compras de matéria-prima.

É importante destacar que entre as atividades do PCP, os SCOs exercem papel principal, inclusive, muitas vezes, os SCOs são chamados de sistemas de controle da produção.

Os SCOs são responsáveis por ao menos uma das seguintes funções:

- Programar ou organizar/explodir as necessidades do MPS em termos de componentes e de materiais.
- Coordenar a emissão/liberação das ordens de produção e de compra.
- Programar/sequenciar as tarefas nas máquinas.
- Controlar a produção por regras de controle.

Os trabalhos de Fernandes e Godinho Filho[15] e Lage Junior e Godinho Filho[16] enfatizam a existência de vários SCOs. Fernandes e Godinho Filho[17] realizaram uma revisão bibliográfica e identificaram 17 SCOs distintos. Entretanto, esse número cresce vertiginosamente quando se consideram as adaptações feitas sobre esses sistemas. Como exemplo desse fenômeno, pode-se citar o trabalho Lage Junior e Godinho Filho[18] que identificou 28 variações do sistema Kanban clássico.

Como supracitado, existem inúmeros sistemas de coordenação de ordens, como os sistemas: *Material Requirements Planning* (MRP), Kanban, *Constant Work in Process* (CONWip), *Period Batch Control* (PBC), *Descentralized Work in Process* (DEWIP), *Paired-cell Overlapping Loops of Cards with Authorization* (POLCA), *Load Oriented Order Release* (LOOR), *Drum Buffer Rope* (DBR), Sistema de Revisão Contínua, Sistema de Revisão Periódica etc.

Certamente, em ambientes empresariais, os sistemas de Revisão Contínua e de Revisão Periódica são os SCOs mais conhecidos por serem os mais antigos e de fácil operacionalização. Outros dois SCOs bem conhecidos são, o sistema MRP e o sistema Kanban. O MRP teve sua popularização impulsionada pela onda da informatização industrial e o Kanban por ser considerado como uma das ferramentas essenciais para implementação da Manufatura Enxuta. Por isso, esses foram os SCOs escolhidos para apresentarmos em mais detalhes neste capítulo. Os sistemas de Revisão Contínua e de Revisão Periódica são tratados em detalhes na seção de Gestão de Estoques para itens de demanda independente. Os sistemas MRP e Kanban são apresentados a seguir.

2.6.1 Sistema MRP

Na década de 1960, motivados pelas limitações dos sistemas baseados em métodos estatísticos de reposição de estoques em obter bons desempenhos com demanda variável e pelo avanço computacional, Joseph Orlicky, George W. Plossl e Oliver W. Wight desenvolveram e difundiram o sistema MRP (*Material Requirements Planning*). Inicialmente, o sistema computacional realizava o cálculo (explosão) dos materiais necessários para a produção de produtos estabelecidos pelo MPS. Devido aos avanços tecnológicos e aos resultados alcançados, além da lista de materiais, os cálculos avançaram integrando informações referentes aos níveis de estoques e aos tempos de suprimento e produção (*lead time* de compra e produção). Laurindo e Mesquita[19] apresentam em detalhes a evolução do sistema MRP até os modernos sistemas denominados ERP (*Enterprise Resources Planning*).

O elevado número de informações integradas e a quantidade de cálculos repetitivos tornam obrigatório que o sistema MRP seja implementado por vias computacionais. Atualmente, o mercado voltado aos sistemas de informações gerenciais oferece diversas opções para o sistema MRP. Entretanto, o cálculo fundamental é igual para todos os sistemas MRP.

O cálculo do MRP inicia-se pelos itens de nível mais alto da estrutura do produto (produto acabado) para os níveis mais baixos de sua estrutura (componentes ou matérias-primas). Dessa forma, o cálculo do MRP segue a lógica de programação para trás, ou seja, inicia-se a produção e a compra dos itens no momento mais justo para sua utilização.

O MRP necessita dos seguintes dados:

- programa mestre de produção;
- estrutura dos produtos;
- níveis de estoques;
- *lead times* de produção e de compras dos componentes.

Para exemplificar os cálculos do sistema MRP, neste capítulo adotou-se a ideia de uma cozinha especializada na produção de sushis para festas e eventos. Essa cozinha produz basicamente 3 tipos de sushis:

- Sushi 01 – Recheio de salmão;
- Sushi 02 – Recheio de salmão com requeijão e cebolinha;
- Sushi 03 – Recheio de kani com requeijão e cebolinha.

A seguir, apresentamos na Tabela 2.10 a estrutura genérica do produto sushi:

Tabela 2.10 Estrutura genérica de um sushi

Código	Nível	Descrição	Quantidade	Comprado/Produzido
100	0	Sushi	1	Produzido
100.1	1	Alga Nori	1 folha	Comprado
100.2, 101, 102	1	**Recheio**	1	Produzido
100.3	1	Arroz japonês cozido	300 gramas	Produzido
100.3.1	2	Arroz para sushi	100 gramas	Comprado
100.3.2	2	Vinagre de arroz	15 ml	Comprado
100.3.3	2	Açúcar	7,5 gramas	Comprado
100.3.4	2	Sal	3 gramas	Comprado
100.3.5	2	Saquê	7,5 ml	Comprado

A diferença entre os três produtos está no componente Recheio. A seguir, apresentamos nas Tabelas 2.11, 2.12 e 2.13 o detalhamento desse componente para cada um dos tipos de sushi.

Tabela 2.11 Recheio do sushi 01

Código	Nível	Descrição	Quantidade	Comprado/Produzido
100.2	1	Recheio 01 – Tira de salmão	1	Produzido
100.2.1	2	Salmão	30 gramas	Comprado

Tabela 2.12 Recheio do sushi 02

Código	Nível	Descrição	Quantidade	Comprado/Produzido
101.1	1	Recheio 02 – Tira de salmão com requeijão e cebolinha	1	Produzido
100.2	2	Tira de salmão	1	Produzido
100.2.1	3	Salmão	30 gramas	Comprado
101.1	2	Requeijão	20 gramas	Comprado
101.2	2	Cebolinha picada	5 gramas	Produzido

Tabela 2.13 Recheio do sushi 03

Código	Nível	Descrição	Quantidade	Comprado/Produzido
102.1	1	Recheio 03 – Tira de kani com requeijão e cebolinha	1	Produzido
102.1.1	2	Tira de kani	1	Produzido
102.1.1.1	3	Kani	30 gramas	Comprado
101.1	2	Requeijão	20 gramas	Comprado
101.2	2	Cebolinha picada	5 gramas	Produzido

Para o cálculo do MRP é necessário determinar os parâmetros para cada um dos itens: *lead time* de suprimento ou de produção; política de dimensionamento de lotes; estoque de segurança; *lead time* de segurança e estoque disponível.

A estimativa do *lead time* deve considerar todos os tempos envolvidos para a produção ou aquisição dos itens. Por exemplo, para um item produzido é necessário considerar os seguintes tempos: emissão física da ordem; tramitação da ordem até o responsável pelo chão de fábrica; separação dos materiais necessários para produção no almoxarifado; transporte de materiais no chão de fábrica; espera em filas; preparação dos equipamentos ou setores de processamento; processamento e inspeções de qualidade.

Um erro muito frequente ao determinar o *lead time* de produção é considerar somente o tempo de processamento. Para itens comprados é necessário considerar os seguintes tempos: emissão física da ordem de compra; transformação da ordem de compra em pedido; envio do pedido até o fornecedor; entrega do fornecedor; transporte caso não seja considerado no item anterior; recebimento; inspeções de qualidade; liberação e armazenagem. Em alguns casos, soma-se também um tempo de segurança para lidar com possíveis imprevistos e variações, esse tempo é denominado *lead time* de segurança.

Geralmente, por questões econômicas e tecnológicas, não é possível liberar ordens de compra ou de produção contendo estritamente as quantidades necessárias dos itens sem a formação de estoques residuais. Dessa forma, temos as políticas de dimensionamento de lotes de produção ou de compra. As políticas mais usadas são:

- **Política de lote a lote:** o tamanho dos lotes é exatamente igual a quantidade de produto necessária em cada período.
- **Lotes múltiplos:** o tamanho dos lotes é múltiplo de algum valor inteiro.
- **Lotes mínimos:** o tamanho dos lotes é igual ou superior a uma quantidade mínima.
- **Lotes máximos:** o tamanho máximo do lote é limitado.
- **Períodos fixos:** toda vez que houver a emissão de uma ordem, o tamanho do lote deve ser suficiente para suprir a demanda durante *n* períodos fixo à frente.

O estoque de segurança é outro motivo para produzir um número de itens acima da quantidade estritamente necessária. O estoque de segurança existe para suavizar as consequências de possíveis variações na demanda e oferta dos itens. Na Seção 2.7, sobre controle de estoques, são apresentados os cálculos baseados em técnicas estatísticas para determinar o nível do estoque de segurança garantindo níveis de serviço. A Tabela 2.14 mostra os parâmetros dos componentes do exemplo.

Tabela 2.14 Parâmetros dos componentes

Código item	Estoque disponível	Lead time	Política de lote	Estoque de segurança
100, 101, 102	0	4 horas (1 período)	Lote a lote	0
100.1	10	4 horas	Múltiplo de 10	10
100.2	0	4 horas	Lote a lote	0
100.3	0	-	Lote a lote	0
100.3.1	5 kg	4 horas	Múltiplo de 1 kg	2 kg
100.3.2	750 ml	4 horas	Múltiplo de 750 ml	750 ml
100.3.3	1 kg	4 horas	Múltiplo 1 kg	2 kg
100.3.4	0,5 kg	4 horas	Múltiplo 0,5 kg	0,5 kg
100.3.5	740 ml	4 horas	Múltiplo 740 ml	740 ml
100.2.1	2 kg	4 horas	Lote mínimo de 0,5 kg	2 kg
101.1	0	4 horas	Lote a lote	0
101.1	1,0 kg	4 horas	0,5 kg	1 kg
101.2	100 gramas	4 horas	Múltiplo de 200 gramas	100 gramas
102.1	0	4 horas	Lote a lote	0
102.2	0	4 horas	Lote a lote	0
102.2.1	0,50 kg	4 horas	Múltiplo de 0,25 kg	0,5 kg

O cálculo do MRP pode ser dividido nos seguintes processos:

- explosão ou cálculo das necessidades brutas;
- cálculo da necessidade líquida;
- processo de dimensionamento dos lotes;
- liberação das ordens.

O processo de explosão calcula a quantidade de itens que são consumidos do estoque para atender a produção de um item ou para atender a demanda em um determinado período. Como não é possível prever exatamente o momento que haverá o consumo dos itens em estoque durante o período, é assumido que seu consumo ocorre no início do período. O cálculo das necessidades brutas depende do comportamento da demanda:

- Quando a demanda do item tem comportamento independente, sua necessidade bruta é calculada a partir do MPS.
- Quando a demanda do item tem comportamento dependente, sua demanda é calculada a partir da conversão da produção dos itens dependentes em necessidades brutas.

O processo de cálculo da necessidade líquida subtrai da necessidade bruta do item a quantidade disponível em estoque.

O processo de dimensionamento dos lotes transforma a necessidade líquida em quantidades adequadas conforme a política de lote.

O processo de liberação de ordens determina o momento que a ordem de compra ou de produção, com as quantidades dimensionadas, deverá ser liberada para compra ou produção, de modo que ela esteja disponível no estoque no momento exato de sua necessidade.

Para auxiliar no cálculo desse processo foi elaborado um registro denominado registro MRP, como apresentado na Figura 2.2

	0	1	2	3	4	5	6	7	8	9
Demanda independente										
Demanda dependente										
Necessidade bruta										
Recebimento programado										
Estoque planejado										
Recebimento planejado										
Liberação de ordens										

Figura 2.2 Registro do MRP.

O registro é composto por:

- **Demanda independente:** quantidade de itens necessários para atender ao MPS.
- **Demanda dependente:** quantidade de itens necessários para atender a fabricação de componentes que utilizam esse produto em sua composição.
- **Necessidade bruta:** quantidade de itens necessários para atender as demandas dependente e independente que serão consumidas do estoque no início do período.
- **Recebimento programado:** o recebimento programado refere-se à quantidade de produtos que tiveram suas ordens liberadas em períodos anteriores ao atual (o período atual é sempre o 1) e por isso, espera-se receber essa quantidade de produto no início do período.
- **Estoque planejado:** quantidade que ficará armazenada no estoque ao final do período. No período "0", o valor será o correspondente ao estoque disponível.
- **Recebimento planejado:** o recebimento planejado refere-se à quantidade do produto que espera-se receber no início do período. A diferença entre o Recebimento programado e o Recebimento planejado é que as ordens no planejado ainda não foram liberadas para produção ou compra.
- **Liberação de ordens:** a liberação de ordens determina o momento adequado da liberação para atender ao recebimento planejamento.

Como mencionado acima, o MRP inicia-se a partir da declaração do MPS. Para exemplificar definiremos o Programa Mestre de Produção para os três produtos (Tabela 2.15).

Tabela 2.15 MPS para três tipos de sushis

	Manhã	Tarde	Noite	Manhã	Tarde	Noite	Manhã	Tarde	Noite
	1	2	3	4	5	6	7	8	9
Sushi 01			50			50		50	50
Sushi 02			30			30		30	30
Sushi 03			25			25		25	25

Nesse caso, o tamanho de cada período no MPS é de 4 horas, o estoque inicial de produto acabado é zero. Os produtos acabados serão "rolos" de sushis pois não há o corte deles neste momento gerando as unidades de sushis.

Conforme apresentado na Tabela 2.14, Sushi 01, Sushi 02 e Sushi 03 são os itens de nível 0 e por isso, esses produtos devem ser os primeiros a serem programados. Todos esses itens de nível zero possuem os seguintes parâmetros: estoque de segurança igual a 0; *lead time* igual a 1 período; política de lote a lote, estoque disponível igual a zero e não possuem recebimento programado. A seguir, são apresentadas as Tabelas 2.16, 2.17 e 2.18 para a programação dos produtos acabados.

Tabela 2.16 Programação da produção da montagem do sushi 01

Sushi 01	0	1	2	3	4	5	6	7	8	9
Demanda independente				50			50		50	50
Demanda dependente										
Necessidade bruta				50			50		50	50
Recebimento programado										
Estoque planejado	0	0	0	0	0	0	0	0	0	0
Recebimento planejado				50			50		50	50
Liberação de ordens			50			50		50	50	

Tabela 2.17 Programação da produção da montagem do sushi 02

Sushi 02	0	1	2	3	4	5	6	7	8	9
Demanda independente				30			30		30	30
Demanda dependente										
Necessidade bruta				30			30		30	30
Recebimento programado										
Estoque planejado	0	0	0	0	0	0	0	0	0	0
Recebimento planejado				30			30		30	30
Liberação de ordens			30			30		30	30	

Tabela 2.18 Programação da produção da montagem do sushi 03

Sushi 03	0	1	2	3	4	5	6	7	8	9
Demanda independente				25		25		25	25	
Demanda dependente										
Necessidade bruta				25		25		25	25	
Recebimento programado										
Estoque planejado	0	0	0	0	0	0	0	0	0	0
Recebimento planejado				25		25		25	25	
Liberação de ordens			25		25		25	25		

A Figura 2.3 exemplifica a dinâmica do cálculo do MRP para o item Sushi 01. O período 3 do programa mestre de produção tem demanda de 50 unidades de sushis. Essa demanda do Programa Mestre de Produção é considerada na programação da produção do Sushi 01 como demanda dependente. Na Figura 2.3 esse cálculo é representado pela seta (a). O item Sushi 01 corresponde ao produto acabado e por isso, não há itens que dependem do sushi. A demanda independente então é considerada como necessidade bruta, ou seja, haverá consumo de 50 unidades de sushis no início do período 3 (processo de explosão, seta (b)). O estoque de Sushis 01 no período anterior é zero, portanto, a necessidade bruta é igual a necessidade líquida (representado pela seta (c)). O Sushi 01 tem *lead time* de produção igual a 1 período. Para que o recebimento planejado de 50 unidades de sushis ocorra no período 3 é necessário liberar a sua ordem de produção com defasagem igual ao *lead time*, ou seja, a ordem deve ser liberada no período 2.

	Manhã	Tarde	Noite	Manhã	Tarde	Noite	Manhã	Tarde	Noite
	1	2	3	4	5	6	7	8	9
Sushi 01			50			50		50	50

Sushi 01	0	1	2	3	4	5	6	7	8	9
Demanda independente				50			50		50	50
Demanda dependente										
Necessidade bruta				50			50		50	50
Recebimento programado										
Estoque planejado	0	0	0	0	0	0	0	0	0	0
Recebimento planejado				50			50		50	50
Liberação de ordens			50			50		50	50	

Figura 2.3 Dinâmica do MRP para o item sushi 01.

O próximo passo do MRP é programar os itens de nível 1. Para exemplificar o cálculo, utiliza-se o componente 100.1 (Alga Nori). Esse componente é utilizado nos três tipos de Sushis e cada sushi produzido necessita de uma folha de Alga Nori. Portanto, pode-se calcular a necessidade de folhas Alga Nori somando a liberação das ordens de produção de sushis realizada na Tabela 2.19.

Tabela 2.19 Quantidade necessária de sushis produzidos por período

	0	1	2	3	4	5	6	7	8	9
Liberação de ordens (Sushi 01)			50			50		50	50	
Liberação de ordens (Sushi 02)			30			30		30	30	
Liberação de ordens (Sushi 03)			25			25		25	25	
Total	0	0	105	0	0	105	0	105	105	0

O item 100.1 tem *lead time* de compra igual a 1 período, há no momento 10 folhas de Alga Nori em estoque, o estoque de segurança está parametrizado para 10 folhas e a política de dimensionamento dos lotes de compra é a política de lotes múltiplos de 10. A Figura 2.4 ilustra a programação para o item 100.1. No período 2 há início da montagem de 105 sushis (50 Sushis 01, 30 Sushis 02 e 25 Sushis 03), como cada sushi utiliza uma folha de Alga Nori a necessidade bruta do item (saque no estoque) no período 02 será de 105 folhas. Diante dessa informação pode-se calcular a necessidade líquida desse item que é dada pela seguinte equação:

NL_t = Máximo (0, (Necessidade Bruta$_t$ + Estoque de Segurança) – (Recebimento Programado$_t$ + Estoque Planejado$_{t-1}$))

A seguir, utilizamos a fórmula para calcular a necessidade líquida desse item no período 2.

NL_2 = Máximo (0, (105 + 10) – (0 + 10))

NL_2 = Máximo (0, 105)

NL_2 = 105

Conclui-se que é necessário receber no mínimo 105 unidades de folhas de Alga Nori no início do período 2. Contudo, os pacotes de folhas de Alga Nori são vendidos em pacotes com 10 unidades, o que nos obriga a planejar o recebimento no próximo menor múltiplo de 10 da necessidade líquida calculada. Nesse caso, a quantidade corresponde a 110 unidades de folha de Alga Nori. Para receber essa quantidade de folhas de Alga Nori no início do período 2 é necessário liberar a ordem de compra em um período atrás (*lead time*). Note na Figura 2.4 que a quantidade excedente a 105 ficará armazenada no estoque planejado para utilização no próximo período.

Para itens que estão em diferentes níveis no produto final, por exemplo, item de código 100.2 que no produto 100 pertence ao nível 1 e no produto 101 esse item pertence ao nível 2, o cálculo deverá ser feito somente após o cálculo de todos os seus itens pais, ou seja, de todos os itens que utilizam esse componente.

	0	1	2	3	4	5	6	7	8	9
Liberação de ordens (Sushi 01)			50			50		50	50	
Liberação de ordens (Sushi 02)			30			30		30	30	
Liberação de ordens (Sushi 03)			25			25		25	25	
Total	0	0	105	0	0	105	0	105	105	0

100.1 (Alga Nori)	0	1	2	3	4	5	6	7	8	9
Demanda independente										
Demanda dependente	0	0	105	0	0	105	0	105	105	0
Necessidade bruta	0	0	105	0	0	105	0	105	105	0
Recebimento programado										
Estoque planejado	10	10	15	15	15	10	10	15	10	10
Recebimento planejado			110			100		110	100	
Liberação de ordens			110			100		110	100	

Figura 2.4 Dinâmica do cálculo MRP item de nível 1.

BOXE 2.1 USO DO MRP EM PROJETOS ESPECÍFICOS

Uma indústria de Bens de Capital divide seus produtos em cinco linhas de negócio: Hidrogeração (turbinas e geradores); Hidromecânicos (comportas e dutos); Movimentação de Materiais (pontes rolantes, guindastes e extratoras de minério); Equipamentos de Processo (vasos de pressão, torres para indústrias químicas e tanques de armazenamento) e Metroferroviários (reformas de trens e metrôs).

Todos os pedidos são fabricados sob encomenda. São equipamentos específicos, projetados e fabricados para atender as necessidades dos clientes. Toda vez que um novo pedido entra na empresa é necessário criar uma nova estrutura de produto que caracterize o equipamento a ser fabricado.

A maior parte dos itens usados (comprados e fabricados) na composição de um equipamento não pode ser utilizada para fabricar outros equipamentos. Sendo assim, todos os materiais são comprados para atender um projeto específico e para isso o MRP é utilizado para determinar o que, quanto e quando produzir para cada projeto separadamente, com base na lista técnica estabelecida para cada equipamento.

2.6.2 Sistema Kanban

2.6.2.1 Introdução

O sistema de coordenação de ordens Kanban surgiu no início da década de 1960 como ferramenta de suporte à estratégia de produção da Toyota Motor Company, a qual deu origem a estratégia denominada Manufatura Enxuta.

Inspirados na forma de abastecimento das gôndolas nos supermercados americanos, os engenheiros Shingeo Shingo, Eiji Toyoda e, especialmente, Taiichi Ohno desenvolveram o sistema Kanban. O sistema Kanban surge com a premissa de ser um sistema simples de controle integrado da produção com a finalidade de reduzir os estoques em processo e o *lead time* de produção.

O nome do sistema Kanban tem origem na palavra japonesa Kanban que significa cartão ou sinalização. Cada cartão Kanban significa a autorização de produção ou transporte de um lote de materiais no chão de fábrica. Por isso, a quantidade de cartões Kanban limita e controla o estoque em processo. A utilização de Kanbans permitiu a implementação de um sistema simples, visual e eficiente para controle da produção.

No sistema clássico Kanban há dois tipos de cartões: cartões Kanban de transporte ou movimentação e cartões de produção. O cartão de transporte apresenta informações sobre o código e a descrição do item, a localização de origem (estação predecessora), a localização de seu destino (estação sucessora). O cartão de produção contém informações correspondentes a uma ordem de produção, código, descrição do item e sua quantidade de produção. Atualmente, existem variantes na representação do Kanban, como o próprio contenedor de material, registros computacionais, sinais por iluminação, entre outros.

As regras de funcionamento do sistema Kanban garantem que os níveis de estoque sejam controlados, mesmo diante de imprevistos na produção. O controle descentralizado da produção, no qual o consumo de materiais das estações sucessoras demanda a produção das estações predecessoras (sistema puxado), controla os excessos de estoques em processos ocasionados por falhas nas estações de trabalho e cadencia o fluxo de matérias no chão de fábrica de acordo com operação gargalo.

2.6.2.2 Sistema Kanban com dois cartões

O sistema Kanban com dois cartões é o sistema clássico utilizado pela Toyota. Nessa abordagem as estações de trabalho a montante (estação i-1) abastecem as estações de trabalho a jusante (estação i). Todo centro de trabalho possui os seguintes itens:

- **Estoque de Entrada (EE):** estoque de itens utilizados para estação de trabalho.
- **Estoque de Saída (ES):** estoque de itens processados pela estação de trabalho.
- **Cartões de Produção (P):** cartões que autorizam a produção de um determinado item.
- **Cartões de Transporte (T):** cartões que autorizam o transporte de uma quantidade determinada da estação a montante para a estação a jusante.
- **Quadros de cartões Kanbans de produção:** quadro onde são fixadas as ordens de produção (cartões Kanbans) que estão liberados para produção.
- **Quadro de cartões Kanbans de transporte:** quadro onde são fixadas as ordens de transporte de materiais que estão liberados para transporte.

A Figura 2.5 representa um esquema dos componentes de um sistema Kanban com duas estações de trabalho. Nos estoques de entradas (EE) há contenedores com componentes que são utilizados no processo de transformação da estação. Nos estoques de saídas (ES) estão armazenados nos contenedores, os produtos acabados de sua estação correspondente. Nesse estágio inicial representado pela Figura 2.5, cada contenedor contém seus itens com seu cartão, sendo, cartão de produção para os contenedores que estão no ES e cartão de transporte para aqueles que estão no EE.

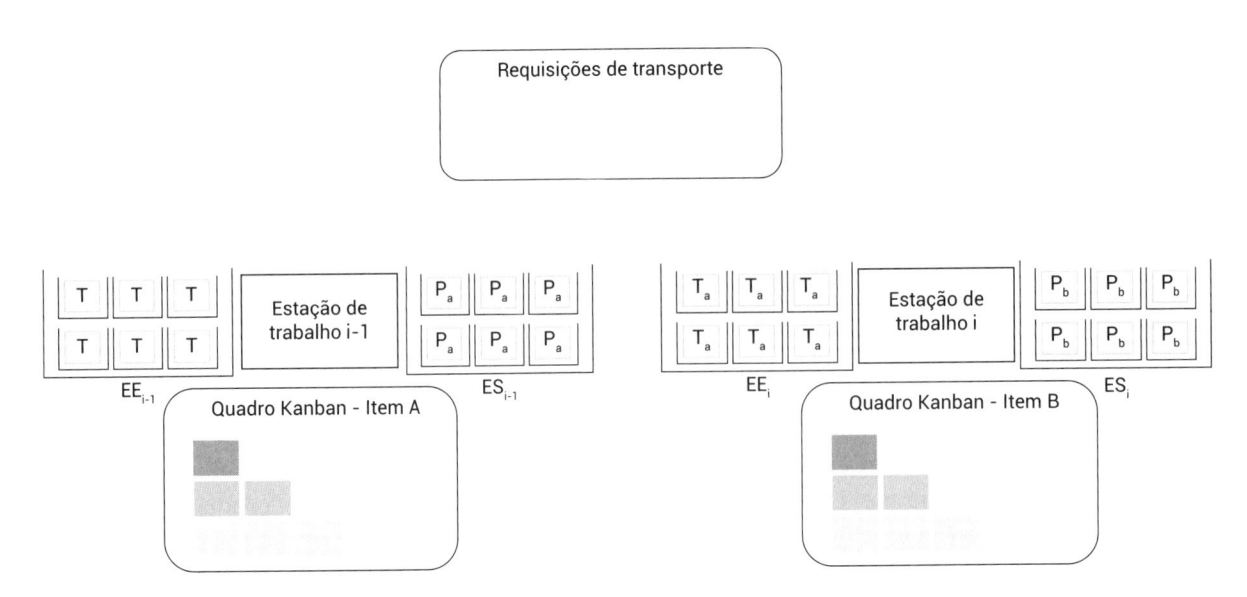

Figura 2.5 Componentes do sistema Kanban.

Existem implementações do sistema Kanban que iniciam as atividades de produção a partir de uma programação de montagem ou estágio final. Contudo, o sistema Kanban clássico inicia-se quando há um consumo do ES da última estação de trabalho. Após consumir todo o material do contenedor o cartão de produção é enviado ao quadro Kanban da estação de trabalho correspondente a produção do item. Os cartões são colocados no quadro Kanban de baixo para cima e retirados do quadro para produção de cima para baixo. A Figura 2.6 ilustra o consumo de 4 contenedores da ESi (representado pela elipse "a" na figura) e o deslocamento dos cartões de produção ao quadro Kanban (representado pela elipse "b" na figura).

Os cartões de produção no "quadro Kanban – Item B" autoriza os operadores da "Estação de trabalho i" a iniciarem a produção dos itens. Para isso, o operador retira do quadro Kanban o cartão de produção (representado pela elipse "c" na Figura 2.7) e vai até o estoque de entrada (EEi) da estação de trabalho retirar o material necessário para a produção dos itens (representado pela elipse "d" na Figura 2.7). Na retirada do material, o operador retira o contenedor com os insumos necessários para a produção colocando o cartão de transporte no quadro de "Requisições de transporte" (representado pela elipse "e" na figura) e coloca no contenedor o cartão de produção para iniciar a produção na estação de trabalho (representado pela elipse "f" em Figura 2.7).

Após a finalização desse cartão pela estação i, os itens acabados junto com o seu cartão Kanban correspondente seguem ao seu ES (representado pela elipse "g" na Figura 2.7). Quando o material processado chegar no ES de sua estação o sistema terá concluído, o que chamamos de ciclo do cartão de produção (representado pelo conjunto de elipses "a", "b", "c", "d", "e", "f" e "g" apresentado nas Figuras 2.6 e 2.7) e, dessa forma, a estação de trabalho estará pronta para iniciar um novo ciclo de produção caso haja cartões de produção no quadro.

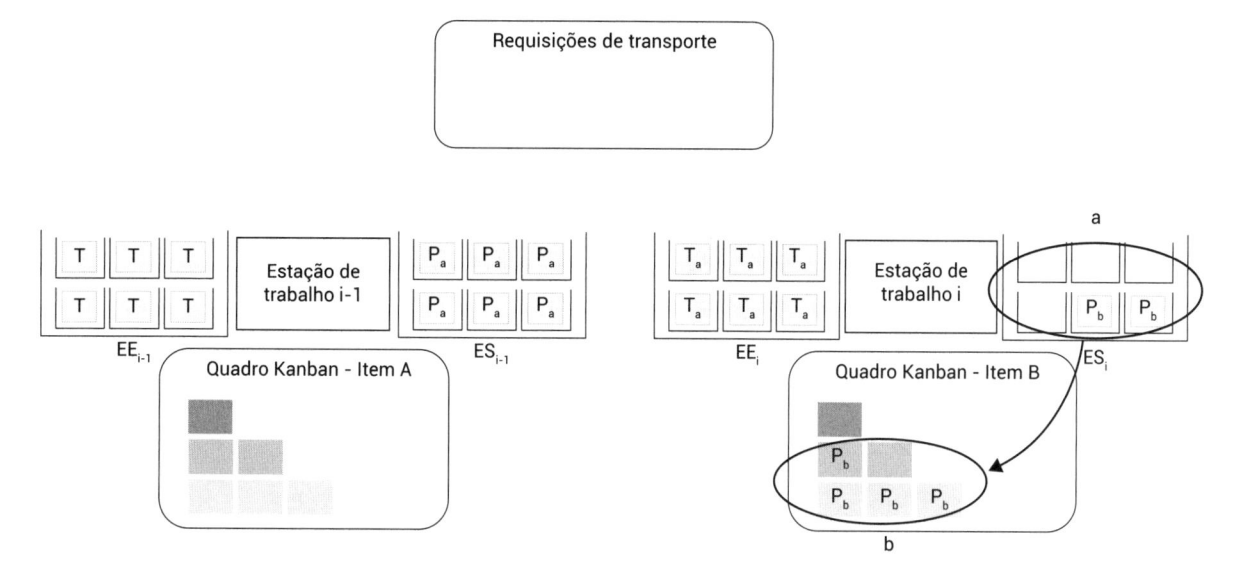

Figura 2.6 Dinâmica do sistema Kanban – fase 01.

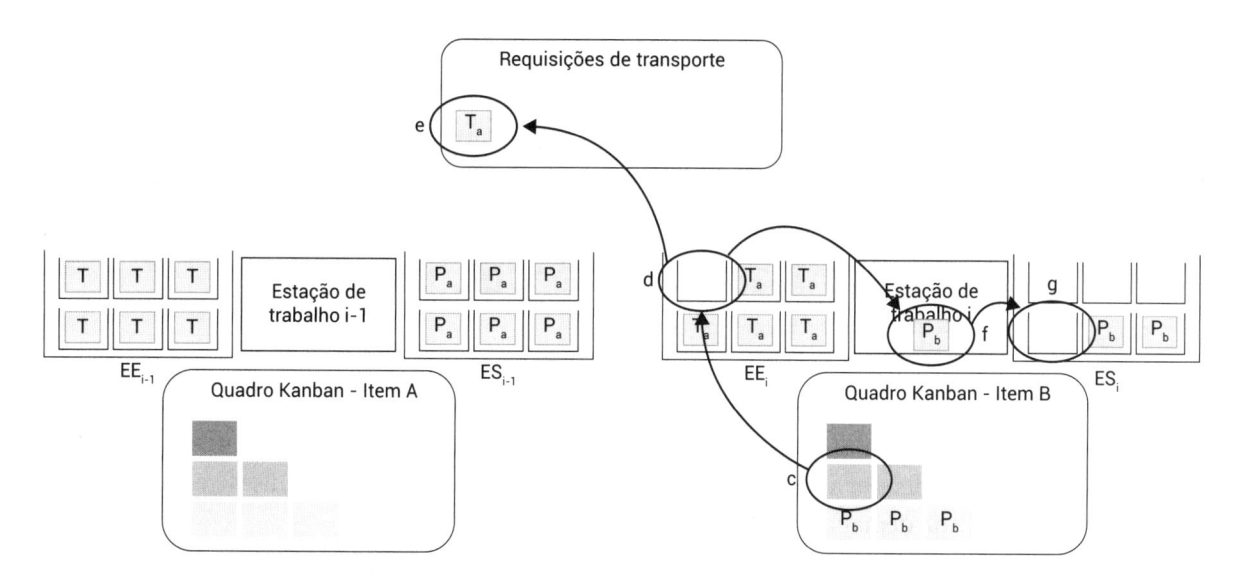

Figura 2.7 Dinâmica do sistema Kanban – fase 02.

Os cartões de transporte fixados no quadro "Requisições de transporte" autorizam o transportador a retirar o material do ES de uma estação de trabalho e entregá-lo no estoque de EE de outra estação de trabalho conforme determinado no cartão de transporte. Nesse processo, o operador retira do quadro de transporte o cartão de transporte (representado pela elipse "h", na Figura 2.8) e, no ES da estação de trabalho determinada, o operador retira o cartão de produção (representado pela elipse "i") e coloca no quadro de sua estação de trabalho (representado pelo conjunto de elipse "j") e o material que estava naquele contenedor e armazenado no EE da estação de trabalho destino junto com seu respectivo cartão de transporte (representado pela de elipse "k").

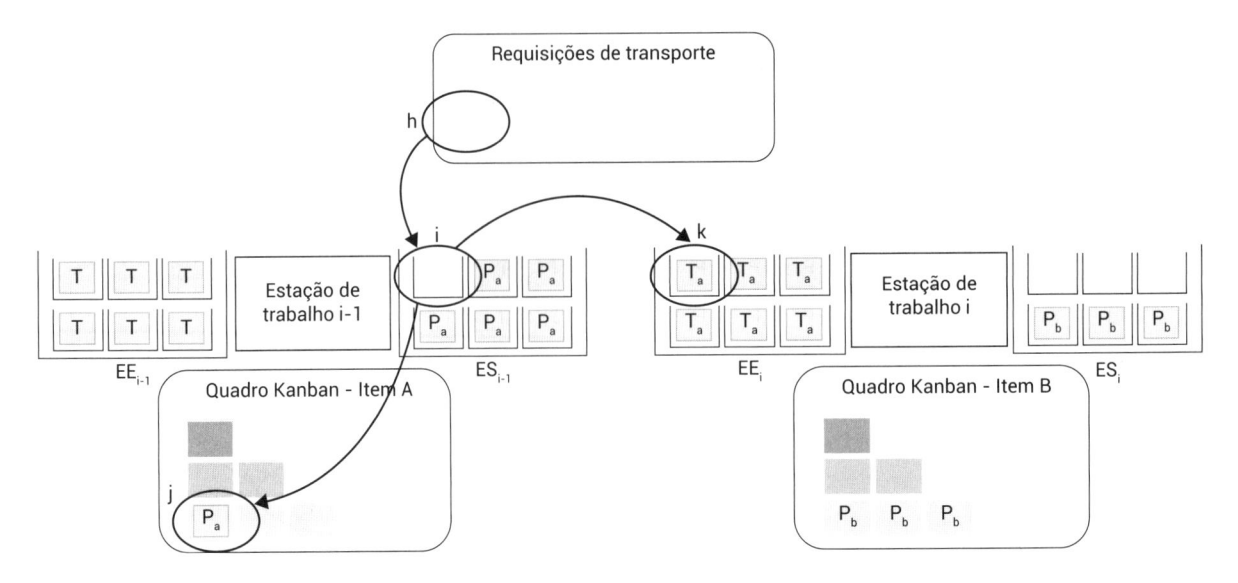

Figura 2.8 Dinâmica do sistema Kanban – fase 03.

O ciclo representado pelas elipses "d", "e", "h", "i" e "k" correspondem ao ciclo do cartão de transporte. O cartão de produção disponível no "Quadro Kanban – Item A" autoriza o início da produção do ciclo daquele cartão que ocorrerá naquela estação de trabalho.

O sistema de Kanban com dois cartões pode ser simplificado utilizando somente um dos dois cartões dependendo das características do sistema produtivo em questão.

2.7 CONTROLE DE ESTOQUES PARA ITENS DE DEMANDA INDEPENDENTE

Como já citado anteriormente, item de demanda independente é aquele cuja demanda não depende de nenhum outro item. Já o item de demanda dependente é aquele cuja demanda depende da demanda de outro item. Por exemplo, um automóvel tem demanda independente, já o volante do automóvel tem demanda que depende da demanda do automóvel.

O controle de estoques dos itens de demanda dependente pode ser realizado por sistemas do tipo MRP. Para controlar os estoques dos itens de demanda independente os sistemas mais utilizados são o sistema de revisão contínua e o sistema de revisão periódica. Além desses sistemas, nesta seção são tratadas a classificação ABC, o cálculo de giro e cobertura dos estoques, o cálculo do lote econômico de compra, o cálculo do lote econômico de produção e o cálculo de estoques de segurança.

2.7.1 Classificação ABC

Controlar estoques requer tempo e investimento. Como esses recursos (tempo e dinheiro) são limitados, a providência lógica é concentrar-se no controle dos itens mais importantes.

No século XIX, Vilfredo Pareto, durante um estudo sobre a distribuição de riquezas em Milão, descobriu que cerca de 20% das pessoas controlavam aproximadamente 80% da riqueza. Posteriormente, percebeu-se que, de maneira geral, os itens em estoques também têm essa relação. Ou seja, apenas uma pequena parcela dos itens estocados representam a maior parte do investimento feito em estoque. Essa lógica de poucos com maior importância e muitos com pouca importância é chamada de princípio de Pareto. Outros nomes comuns para este princípio são: curva ABC, diagrama de Pareto e regra 80-20.

O critério para medir a importância dos itens varia muito, mas os mais usuais são: volume de vendas, lucro e movimentação de valor (taxa de uso × valor). Independentemente do critério, cerca de 20% dos itens representarão 80% do valor medido (itens classe A); 30% dos itens representarão 10% do valor medido (itens classe B); e os restantes 50% dos itens representarão os restantes 10% do valor medido (itens classe C).

A grande vantagem de se diferenciar os itens nessas três classes é poder controlar mais rigorosamente os itens classe A e menos rigorosamente os demais. Isso porque, mesmo sendo oneroso controlar itens rigorosamente, como os itens classe A são a menor parcela, esse custo não será representativo no total. Além disso, por representarem maior parcela do valor medido, tal rigor no controle trará ganhos consideráveis no total.

Para preparar uma curva ABC deve-se:

a) Calcular o valor do desempenho de cada item em termos da medida escolhida.
b) Calcular o valor total dessa medida de desempenho.
c) Calcular a porcentagem de cada item em relação a esse total.
d) Colocar os itens em ordem decrescente em relação ao percentual individual.
e) Calcular a porcentagem acumulativa desses valores.

Os itens classe A serão os itens que corresponderem a cerca de 80% do valor acumulado, os itens classe B serão os itens restantes que representarem cerca de 10% do acumulado restante e os demais itens serão os itens classe C.

2.7.2 Giro e cobertura de estoque

O giro e a cobertura de um item em estoque são calculados como medidas de desempenho. Ambos podem ser altos ou baixos.

O giro mede a frequência do consumido e o reabastecimento do item em estoque. Ou seja, um alto giro significa que o estoque é consumido e reabastecido muitas vezes ao longo do tempo. A cobertura mede o tempo necessário para esgotar o item em estoque. Ou seja, uma cobertura alta significa que o estoque levaria bastante tempo para ser "zerado".

Portanto, giro e cobertura são medidas inversas. Em outras palavras, se a cobertura de um determinado item em estoque for alta, então o giro desse mesmo item será baixo, e vice-versa. Como um alto giro (e, consequentemente, uma baixa cobertura) significa que o dinheiro investido pela empresa está tendo um retorno rápido, esse indicador deve ser alto ao ponto de não afetar o nível de serviço oferecido pelo item em estoque. O ideal, para saber se a empresa está com um bom desempenho nessas duas medidas, é compará-las com as dos concorrentes.

Para calcular a cobertura pode-se utilizar uma base mensal e medidas monetárias, da seguinte maneira:

$$Cobertura\ (meses\ de\ suprimento) = \frac{investimento\ total\ em\ estoque\ (R\$)}{demanda\ média\ prevista\ (R\$/mês)}$$

Para calcular o giro pode-se utilizar também uma base anual e medidas monetárias, da seguinte maneira:

$$\text{Giro anual do estoque} = \frac{12 \times \text{demanda média prevista } (R\$/\text{mês})}{\text{investimento total em estoques } (R\$)}$$

Ou

$$\text{Giro anual do estoque} = \frac{12}{\text{Cobertura (meses de suprimento)}}$$

BOXE 2.2 ESTOQUE DE IMÓVEIS

É interessante notar que em alguns setores, como o da construção civil, embora notadamente não seja típica a produção para estoque, isso vem ocorrendo no Brasil. A construção antecipada visa a consumidores que não querem esperar para se mudarem para a tão sonhada casa própria.

Em 2016, segundo a Abrainc (Associação Brasileira de Incorporadoras Imobiliárias), até final de fevereiro de 2017 o estoque de imóveis no Brasil chegou ao patamar de 111.331 unidades.

Considerando a demanda da época, esse estoque apresentava uma cobertura de aproximadamente dezessete meses.

Fonte: Abrainc-Fipe, abril de 2016. Disponível em: http://abrainc.org.br/wp-content/uploads/2015/09/indicadores.pdf. Acesso em: 30 maio 2017.

2.7.3 Lote econômico de compra

Toda a vez que é necessário comprar itens para a produção é preciso determinar o quanto será comprado por meio de um pedido, ou seja, qual será o tamanho do lote de compra. Se muitos itens forem comprados em cada pedido, então haverá um custo alto para manter os estoques comprados. Por outro lado, poucos pedidos deverão ser realizados ao longo do tempo. O contrário também é verdadeiro: se poucos itens forem comprados a cada pedido, então o custo para manter os itens em estoque será baixo, porém serão necessários vários pedidos ao longo do tempo para atender à demanda. O gráfico da Figura 2.9 mostra a diferença entre os níveis de estoque ao longo do tempo se forem feitos pedidos de tamanho diferentes.

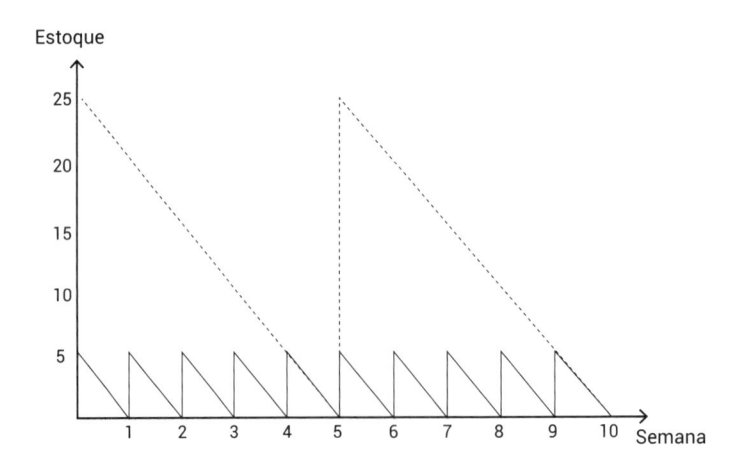

Figura 2.9 Níveis de estoque em função do tamanho do lote de compra.

Fonte: Adaptado de Vollmann et al.[20]

Considerando uma demanda constante de cinco itens por semana, vê-se que pedidos de cinco itens devem ser realizados toda semana, enquanto pedidos de vinte e cinco itens devem ser feitos a cada cinco semanas. Por outro lado, o estoque médio no período é maior no caso de pedidos de vinte e cinco itens em relação ao caso de apenas cinco itens. Dessa forma, tomando como base de análise estes dois custos (de pedido e de manutenção dos estoques), ao se determinar o quanto comprar o objetivo deve ser de equilibrá-los para que o custo total seja mínimo.

Uma das formas mais utilizadas para se encontrar o tamanho do lote que minimiza o custo total é o modelo do Lote Econômico de Compra (LEC) ou *Economic Order Quantity* (EOQ).

As considerações do modelo são:

a) Há um único item.
b) A demanda é determinística e uniforme.
c) A falta de itens não é permitida.
d) O lote é entregue imediatamente após o pedido ser colocado.
e) Todo o lote é entregue de uma vez.

E os parâmetros são:

c = custo unitário (R$/unidade);

i = custo de armazenagem anual (% por ano);

$h = ic$ = custo de armazenagem anual (R$ por unidade por ano);

A = custo de pedido (R$/pedido);

D = demanda por unidade de tempo;

T = tamanho do ciclo, tempo entre a colocação de pedidos.

Dados esses parâmetros, o custo total anual médio em função de Q, o $K(Q)$, é dado por:

$$K(Q) = cD + A\frac{D}{Q} + h\frac{Q}{2}$$

Para encontrar o valor de Q que minimiza $K(Q)$ deve-se derivar $K(Q)$ em relação a Q:

$$K'(Q) = \frac{dK(Q)}{dQ} = -\frac{AD}{Q^2} + \frac{h}{2} = 0$$

Como a segunda derivada de $K(Q)$ é positiva, $K(Q)$ é uma função convexa que atinge o mínimo em um ponto onde a derivada é zero. Resolvendo a equação, encontra-se:

$$Q^* = \sqrt{\frac{2AD}{h}}$$

Portanto, Q^* é o tamanho do lote de compra que minimiza o custo total, devendo ser a quantidade a ser ordenada a cada compra.

O gráfico da Figura 2.10 ilustra o que ocorre com $K(Q)$.

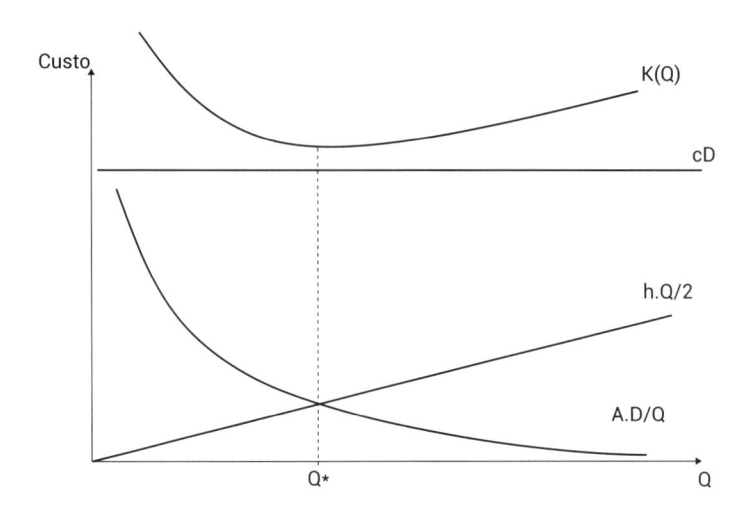

Figura 2.10 Custos em função do tamanho do lote.

2.7.4 Lote econômico de produção

Todo um lote de itens comprados pode ser entregue de uma vez. Já um lote de itens sendo produzidos internamente à empresa será obtido aos poucos, segundo uma taxa de produção p. A compra de itens incorre em um custo de pedido. Já produção de itens incorre em um custo de preparação da máquina para a produção do lote, ou seja, o custo de *set up*. Essas são as principais diferenças entre os modelos do lote econômico de compra e o do Lote Econômico de Produção (LEP) ou *Economic Production Quantity* (EPQ).

Dessa forma, para o desenvolvimento desse modelo os parâmetros são:

c = custo unitário (R$/unidade);

i = custo de armazenagem anual (% por ano);

$h = ic$ = custo de armazenagem anual (R$ por unidade por ano);

A = custo de *set up* (R$/*set up*);

D = demanda por unidade de tempo;

p = taxa de produção.

A partir desses parâmetros obtém-se a equação de cálculo do lote econômico de produção:

$$Q = \sqrt{\frac{2AD}{h\left(1-\dfrac{D}{p}\right)}}$$

O valor de Q é o valor que minimiza o custo total em função dos custos de *set up* e de armazenagem.

2.7.5 Revisão contínua

Uma das decisões que mais influencia os níveis de estoque e serviço em uma operação é a de quando emitir uma ordem de produção ou compra. Se as ordens forem emitidas muito cedo, o nível de estoque tenderá a ser alto ao mesmo tempo em que o nível de serviço também será alto. Se as ordens forem emitidas muito tarde, o nível de estoque tenderá a ser baixo, mas poderá haver falta de estoque.

Uma das formas mais utilizadas para sistematizar a decisão do momento de ressuprimento de um item de demanda independente é a revisão contínua. Também conhecido como (Q,R) *System*, nesse sistema o nível de estoque é continuamente monitorado. Quando o nível de estoque atinge o ponto de pedido R, uma quantidade fixa Q é ordenada.

Como existem um *lead time* L para que o fornecedor faça a entrega e uma demanda D pelo item em estoque, se se quiser que o lote Q chegue somente quando todo o estoque tenha sido consumido, então determina-se o ponto de reposição R como igual a *DL*. Ou seja, a ordem deve ser colocada sempre que o nível de estoque for menor ou igual a demanda vezes o *lead time*. A Figura 2.11 a seguir, ilustra o perfil do estoque seguindo essa regra.

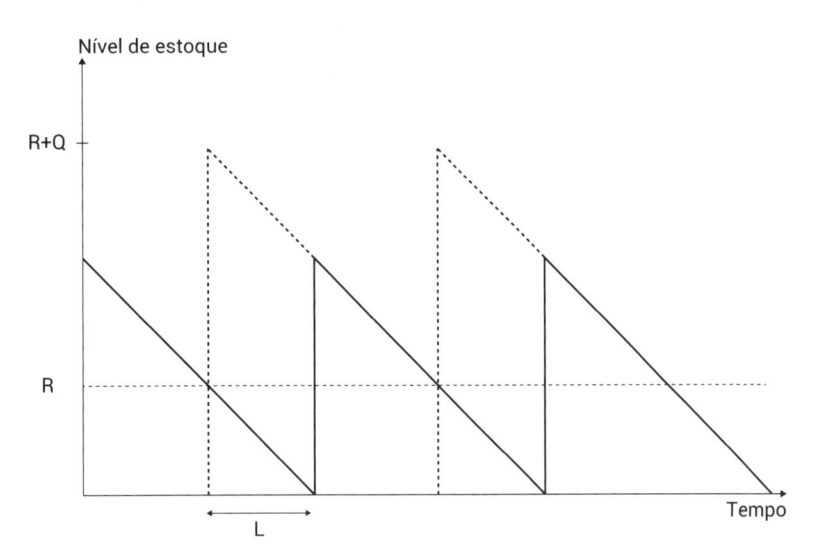

Figura 2.11 Sistema de revisão contínua.

O problema é que tanto a demanda como o *lead time* não são determinísticos. Dessa forma, para evitar a falta de itens em situações em que a demanda durante o *lead time*, ou o próprio *lead time*, forem maiores do que a média observada, deve-se acrescentar ao ponto de pedido uma quantidade de segurança. Essa quantidade é chamada de estoque de segurança e designada por *s*. Com isso, tem-se que:

$$R = \overline{DL} + s$$

Naturalmente, quanto maiores forem as incertezas com relação à demanda e ao *lead time*, maiores tenderão a ser os estoques de segurança para se obter um mesmo nível de serviço. A variabilidade de uma variável aleatória é medida pelo desvio-padrão (σ). Assim, o estoque de segurança é medido em unidades do desvio-padrão:

$$s = k\sigma\sqrt{\frac{L}{p}}$$

em que *p* é a periodicidade a que se refere o desvio-padrão. O valor de *k* é chamado de fator de segurança para determinar o nível de serviço ao consumidor. Se a demanda durante o *lead time* for uma variável aleatória com distribuição normal, então *k* é o número de desvios-padrão da média. Assim:

$$R = \overline{D}L + k\sigma\sqrt{\frac{L}{p}}$$

Dessa forma, determinar o ponto R significa determinar a probabilidade de não haver falta durante o período do *lead time* de ressuprimento. Por exemplo, para se ter um nível de serviço igual a 97% deve-se utilizar como k o valor 1,88 (pela tabela da normal reduzida).

2.7.6 Revisão periódica

No sistema de revisão periódica, também conhecido como (S,T) System, o nível do estoque I é verificado em intervalos regulares de tempo T e, se o nível estiver abaixo do ponto de reposição R, uma ordem na quantidade Q é emitida para que o estoque volte a um nível predeterminado S. Comumente o ponto de reposição R é determinado como igual a S (R = S), assim em praticamente todos os períodos de revisão serão feitos pedidos. A Figura 2.12 mostra o perfil do estoque seguindo esta sistemática. L é o *lead time* de entrega.

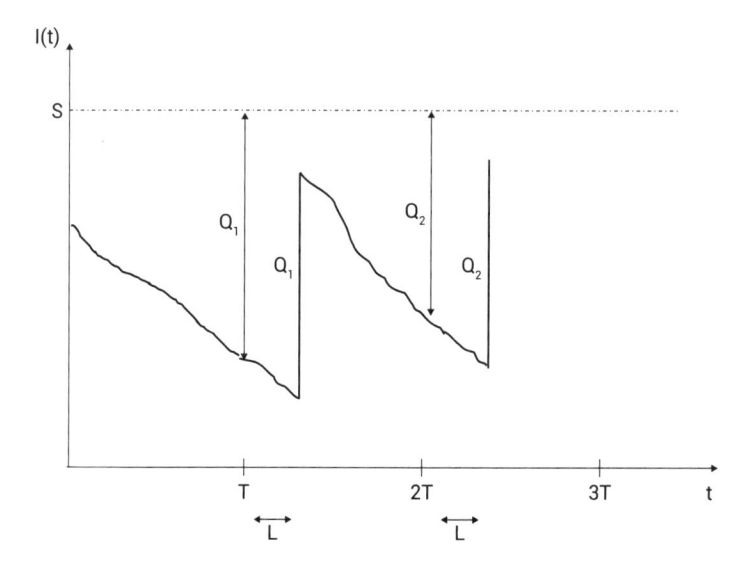

Figura 2.12 Sistema de revisão periódica.

Muitas operações utilizam como período de revisão intervalos convenientes, como todo último dia de cada mês ou toda sexta-feira. Outra maneira de se determinar o intervalo é por meio da cobertura do lote econômico, da seguinte maneira:

$$T = \frac{Q^*}{D} = \sqrt{\frac{2A}{h\overline{\overline{D}}}}$$

O estoque máximo S deve absorver a demanda durante o período de revisão T mais o *lead time* L. Ou seja, S deve ser no mínimo igual a demanda esperada durante o intervalo T + L. Assim como no caso da revisão contínua, para evitar faltas, deve-se incluir um estoque de segurança s ao valor de S. Dessa forma, tem-se que:

$$S = \overline{D}(T+L) + s$$

Se a demanda durante o *lead time* for normalmente distribuída, então:

$$s = k\sigma\sqrt{\frac{T+L}{p}}$$

$$S = \overline{D}(T+L) + k\sigma\sqrt{\frac{T+L}{p}}$$

Em que σ é o desvio-padrão da demanda durante (T + L) e p a sua periodicidade. O valor de k depende do nível de serviço desejado, assim como no caso da revisão contínua.

Exemplo: considere dois itens classe C de demanda independente 1 e 2. A Tabela 2.20 resume as informações sobre a sistemática de controle dos estoques desses itens.

Tabela 2.20 Informações para controle de estoques

Item	Demanda diária	Custo de pedido	Custo de aquisição	Lead time
1	56	32	2,4	2
2	35	-	-	4

Defina os parâmetros para controlar o item 1 segundo o sistema de revisão contínua e o item 2 segundo o sistema de revisão periódica. O desvio-padrão da demanda é igual a 5 para o item 1 e igual a 10 para o item 2. O nível de serviço desejado, para ambos, é de 98,50%. O período de revisão do item 2 é de 7 dias. O custo de armazenagem para o item 1 é de 18% do custo de aquisição por ano.

Solução

Como o item 1 é controlado pelo sistema de revisão contínua, seus parâmetros são Q e R. O valor de Q pode ser calculado pelo modelo do lote econômico de compra, da seguinte maneira:

$$Q = \sqrt{\frac{2AD}{h}} = \sqrt{\frac{2 \times 32 \times 56 \times 365}{0,18 \times 2,4}} \cong 1740$$

Pela tabela da distribuição normal reduzida, o valor de k para um nível de serviço igual a 98,50% é de 2,17. Com isso, o valor de R, ponto de reposição, é calculado da seguinte maneira:

$$R = \overline{D}L + k\sigma\sqrt{\frac{L}{p}} = 56 \times 2 + 2,17 \times 5 \times \sqrt{\frac{2}{1}} \cong 127$$

Como o item 2 é controlado pelo sistema de revisão periódica, seus parâmetros são S e T. O valor de T é dado e igual a 7. Com isso, o valor de S é calculado da seguinte maneira:

$$S = \overline{D}(T+L) + k\sigma\sqrt{\frac{T+L}{p}} = 35 \times (7+4) + 2,17 \times 10 \times \sqrt{\frac{7+4}{1}} \cong 457$$

2.8 PROGRAMAÇÃO DE OPERAÇÕES (SCHEDULING)

Considere os horários de voos internacionais e conexões locais em um aeroporto ou os critérios de atendimento e priorização em uma unidade de atendimento médico de urgência. Ainda que não sejamos gestores da produção, a atividade de programação de operações – ou o resultado dessa atividade – afeta nosso cotidiano de consumidores de serviços.

No ambiente de manufatura, é fácil perceber que a programação de operações é importante tanto para o desempenho operacional da empresa – e o alcance de objetivos econômicos, quanto para a obtenção de objetivos estratégicos – como a manutenção de um certo nível de serviço ao consumidor. Em tal ambiente, essa atividade corresponde à alocação e sequenciamento de tarefas aos centros de trabalho, ou seja, a programação da execução de cada operação que compõe a fabricação de um dado componente ou produto. Um centro de trabalho pode ser uma máquina, um conjunto de máquinas ou uma área onde uma determinada operação é realizada.

Um programa da produção indica, para cada ordem de fabricação, a data de início e término das operações em cada centro de trabalho requerido para o processamento; esse programa é comumente visualizado em termos de um gráfico de Gantt. Na estrutura de planejamento hierárquico da produção, tal atividade situa-se abaixo do nível de liberação de ordens, estando relacionada com o horizonte de curto ou curtíssimo prazo.

Funções típicas da programação e controle da produção incluem:[21]

1. Alocação de ordens, equipamento e pessoal aos centros de trabalho, incluindo ajustes de capacidade de curtíssimo prazo.
2. Determinação da sequência de produção (sequenciamento) e definição de prioridades de execução.
3. Realização do despacho das ordens propriamente dito, determinando o início da execução.
4. Realização do controle do chão de fábrica.

As decisões do programador devem ser baseadas nos roteiros de processo das ordens, nos tempos de *set up* das máquinas, tempos de processamento etc. Para que tais informações sejam acuradas, é importante que exista uma boa interface entre o PCP e a Engenharia de Processos. Outras informações relevantes são o *status* das ordens existentes em um dado centro de trabalho, as filas/carga já existentes, a disponibilidade de material e ferramentas, o cronograma de manutenção das máquinas, informações sobre pedidos ou clientes prioritários, entre outras. Muitas vezes, o programador também deve verificar a viabilidade da programação proposta com o supervisor do setor envolvido, devido a gargalos temporários e questões de curto prazo relacionadas com a força de trabalho (férias, licenças, faltas etc.).

A programação da produção pode ser realizada considerando-se carga infinita ou carga finita (também denominadas capacidade infinita ou finita). Quando se considera carga infinita, determina-se primeiramente uma programação observando-se, por exemplo, as datas de entrega e quantidades requeridas. Em seguida, verifica-se se tal programação é viável com base em uma análise de capacidade. Caso a carga requerida exceda a capacidade de algum dos recursos, ajustes são realizados. Esse processo é repetido de forma iterativa e interativa até que uma programação viável seja obtida. Essa é a lógica utilizada nos sistemas MRP. Em geral, utilizam-se valores predefinidos (e fixos) de *lead time* como variáveis de entrada para programação.

Nos sistemas de carga finita, segundo Corrêa et al.,[22] as restrições de capacidade são consideradas *a priori* para a obtenção da solução, ou seja, são restrições do problema matemático de programação, e é obtida uma solução viável que já leva em conta tais restrições. Outras características tecnológicas também podem ser consideradas no problema, como a disponibilidade de ferramentas; a existência de roteiros alternativos; tempos de *set up* dependente da sequência; máquinas com diferentes disponibilidades, taxas de quebra, produtividade; especificidades do processo de produção, entre outros. Para

Stadtler et al.,[23] os Sistemas Avançados de Planejamento (APS) trabalham geralmente com essa condição de capacidade finita e características tecnológicas do processo. Nesse caso, os *lead times* resultam da programação, ou seja, são variáveis de saída. Esses sistemas requerem uma significativa capacidade computacional, uma vez que precisam resolver problemas de grandes dimensões e com grande quantidade de restrições.

A programação de operações pode ainda ser para a frente ou para trás. No primeiro caso, parte-se da data atual ou de uma data inicial e programa-se as operações de uma ordem de produção para a frente no tempo. Com isso, pode-se obter a data mais cedo em que determinada ordem pode ser completada. Na programação para trás, parte-se de uma data futura, como a data de entrega da ordem, e programam-se as operações em sentido inverso. A programação para trás determina quando uma ordem deve ser iniciada para que esteja concluída em uma data específica.

Nessa classificação dos tipos de programação, deve-se definir também quais são os recursos críticos que serão considerados na programação. Os processos podem, por exemplo ser limitados por máquinas ou por pessoas.

Nas seções seguintes, apresentam-se a terminologia e variáveis utilizadas na programação de operações, bem como alguns métodos para a solução de problemas simples de programação. Antes disso, deve-se fazer uma importante ressalva: tais definições e métodos valem para o contexto de sistemas de PCP em que a programação é empurrada, ou seja, é centralizada e feita de acordo com um plano. Os sistemas puxados têm métodos próprios de programação e sequenciamento, como o sistema Kanban, e outros. Em sistemas de manufatura celular, essa programação também segue outra lógica: em geral, datas de entrega de mais alto nível (para produtos ou módulos) são definidas de forma centralizada e a programação detalhada é decidida dentro da própria célula, pelos operadores.

2.8.1 Terminologia, variáveis e métodos da programação da produção

Em geral, os objetivos da programação podem ser, maximizar a utilização dos recursos (máquinas ou pessoas), minimizar tempo ou custo de *set up*, atender as datas de entrega, minimizar o *lead time* ou minimizar o estoque em processo. Há funções-objetivo específicas para cada um desses objetivos, apresentadas como expressões matemáticas, tais como a soma dos atrasos de todas as tarefas ou a soma dos tempos de atravessamento (*flow times*).

A minimização do tempo de fluxo ou a minimização do *makespan* são algumas funções-objetivo usuais para o problema de programação de operações, às quais estão relacionadas com a minimização do *lead time* e maximização da utilização das máquinas. Já a minimização dos atrasos (*tardiness* e *lateness*) estão diretamente relacionadas com o atendimento das datas de entrega, obviamente. Tais indicadores são definidos a seguir:

1. **Tempo de fluxo (*flow time*):** para uma dada tarefa i, é o tempo que decorre entre sua liberação para início na primeira máquina e seu término na última máquina, ou seja, é o tempo total que a tarefa i permanece no sistema. O tempo total de fluxo é simplesmente a soma dos tempos de fluxo de todas as tarefas. Outra medida comum é o tempo médio de fluxo, ou seja, a média aritmética para as n tarefas.
2. ***Makespan*:** é o tempo total necessário para a finalização de todas as n tarefas, ou seja, é o tempo de fluxo da tarefa que é completada por último, a partir do momento inicial em que a primeira tarefa é liberada para o chão de fábrica. O *makespan* é frequentemente adotado como objetivo em problemas de programação com múltiplas máquinas, por exemplo, problemas em ambiente *flow shop*.
3. ***Lateness* e *tardiness*:** são medidas de atraso. O atraso do tipo *lateness* é dado pela diferença entre a data de término da tarefa e sua data de entrega. Assim, para cada tarefa, essa medida pode ser positiva, se a tarefa é finalizada com atraso, nula ou negativa, se é finalizada antes de sua data de entrega.

Já a medida de *tardiness* considera apenas as tarefas atrasadas, ou seja: $T_j = \max(0, L_j)$, em que T_j é a medida de *tardiness* e L_j é a medida de *lateness* de uma dada tarefa *j*.

Na programação de operações consideram-se vários ambientes de produção, como:

1. **Máquina única:** todos as tarefas são processadas em uma única máquina ou centro de trabalho.
2. **Máquinas paralelas:** há máquinas ou centros de trabalho com a mesma função, podendo ser idênticas ou não.
3. *Flow shop*: todas as tarefas possuem o mesmo roteiro de produção, ou seja, devem ser processadas nos mesmos centros de trabalho, na mesma ordem.
4. *Job shop*: as tarefas possuem roteiros de produção distintos, ou seja, não são processadas nos mesmos centros e não seguem a mesma ordem.
5. *Open shop*: não há um padrão de fluxo ou roteiro especificado para as tarefas, ou seja, o sistema é flexível.

Os diferentes centros de produção dos ambientes *flow shop*, *job shop* e *open shop* também podem ser compostos de máquinas paralelas. Na área de Pesquisa Operacional, MacCarthy e Liu[24] apresentam uma classificação detalhada dos problemas de programação de operações que, além de considerar os ambientes de produção, leva em conta as funções-objetivo e diversas restrições relativas aos problemas.

Duas tarefas básicas da programação de operações consistem em: (1) atribuir as tarefas aos centros de trabalho, por exemplo, considerando custos, capacidade ociosa ou outros, e (2) sequenciar as tarefas, ou seja, determinar a ordem das tarefas nas máquinas. Existem diversas formas de se determinar essa sequência. Uma das mais simples é a utilização de regras de despacho. O Quadro 2.2 apresenta algumas das regras mais comumente empregadas.

Quadro 2.2 Regras de despacho

FCFS (*first-come, first-served*)* – primeiro a chegar, primeiro a ser servido	As tarefas são sequenciadas na ordem em que chegam ao centro de trabalho.
SPT (*shortest processing time*) – menor tempo de processamento	As tarefas são sequenciadas em ordem crescente de seus tempos de processamento, ou seja, deve-se priorizar aquelas que têm o tempo de processamento mais curto.
EDD (*earliest due date*) – data de entrega mais cedo	As tarefas são sequenciadas na ordem crescente de suas datas de entrega, isto é, primeiro executa-se a tarefa com a data de entrega mais próxima.
STR (*slack time remaining*) – folga restante	STR = tempo restante até a data de entrega – o tempo de processamento restante. As tarefas com o menor valor de STR devem ser executadas primeiro.
STR/OP (*slack time remaining per operation*) – folga restante por operação	STR/OP = STR/número de operações restante. As tarefas com menor valor de STR/OP devem ser executadas primeiro.
CR (*critical ratio*) – razão crítica	CR = (data de entrega da tarefa – data atual)/tempo de processamento, conforme Nahmias.[25] Ordens com uma menor razão crítica devem ser executadas primeiro.
LCFS** (*last-come, first-served*) – último a chegar, primeiro a ser servido	As tarefas são sequenciadas na ordem inversa de sua chegada ao centro de trabalho.

* Essa regra também é por vezes denominada FIFO (*first-in, first-out*).

** De forma análoga, esta regra também é por vezes denominada LIFO (*last-in, first-out*).

A seguir são apresentados alguns problemas tradicionais de programação de operações para máquina única e ambiente *flow shop*.

2.8.2 Problemas em ambiente de máquina única

Antes de se iniciar os exemplos, coloca-se ao leitor as seguintes questões: (1) qual regra de despacho deve ser usada quando se deseja minimizar o tempo médio de fluxo? e (2) quando se deseja minimizar o atraso do tipo *tardiness*? Verifique suas respostas observando os resultados a seguir.

Considere as tarefas mostradas na Tabela 2.21, que devem ser processadas em um centro de usinagem.

Tabela 2.21 Dados sobre máquina única

No. da tarefa	Tempo de processamento (p_j)	Data de entrega
1	7	11
2	3	22
3	10	40
4	8	32
5	24	33

Os resultados da programação segundo as regras FCFS, SPT, EDD e CR são apresentados na sequência. Como medidas de desempenho, ou seja, funções-objetivo para o problema, foram considerados o tempo médio de fluxo, o atraso médio (*tardiness*), o atraso máximo e a quantidade de tarefas atrasadas.

Regra FCFS

Sequência	Tempo de processamento	Data de término	Data de entrega	Atraso (*tardiness*)
1	7	7	22	0
2	3	10	11	0
3	10	20	40	0
4	24	44	32	12
5	8	52	33	19

Tempo total de fluxo 133 Atraso médio (*tardiness*) 6,2
Tempo médio de fluxo 26,6 Atraso máximo 19
                            Qtde. tarefas atrasadas 2

Observe que o tempo total de fluxo equivale à soma das datas de término das tarefas, considerando que todas foram liberadas para o chão de fábrica na data inicial, $t = 0$.

Regra SPT

Sequência	Tempo de processamento	Data de término	Data de entrega	Atraso (tardiness)
2	3	3	11	0
1	7	10	22	0
5	8	18	33	0
3	10	28	40	0
4	24	52	32	20

Tempo total de fluxo total 111 Atraso médio (tardiness) 4
Tempo médio de fluxo 22,2 Atraso máximo 20
　　　　　　　　　　　　　　　Qtde. tarefas atrasadas 1

Regra EDD

Sequência	Tempo de processamento	Data de término	Data de entrega	Atraso (tardiness)
2	3	3	11	0
1	7	10	22	0
4	24	34	32	2
5	8	42	33	9
3	10	52	40	12

Tempo total de fluxo total 141 Atraso médio (tardiness) 4,6
Tempo médio de fluxo 28,2 Atraso máximo 12
　　　　　　　　　　　　　　　Qtde. tarefas atrasadas 3

Regra CR

Para aplicar tal regra deve-se calcular a razão mostrada no Quadro 2.1 depois de cada tarefa sequenciada, atualizando-se a variável "data atual". Essa regra busca combinar os efeitos da regra SPT, que considera somente os tempos de processamento, e a regra EDD, que considera apenas as datas de entrega. As razões diminuem conforme a data atual se aproxima das datas de entrega, e mais prioridade é dada às tarefas com tempos de processamento mais longos. Razões negativas significam que as tarefas estão atrasadas, e prioridade deve continuar sendo dada à menor razão crítica, ou seja, ao número mais negativo.

Data atual: t = 0

Tarefa	Tempo de processsamento	Data de entrega – Data atual	Razão crítica
1	7	22	3,14
2	3	11	3,67
3	10	40	4,00
4	24	32	1,33
5	8	33	4,13

Data atual: t = 24

Tarefa	Tempo de processsamento	Data de entrega - Data atual	Razão crítica
1	7	-2	-0,29
2	3	-13	-4,33
3	10	16	1,60
5	8	9	1,13

Data atual: t = 27

Tarefa	Tempo de processsamento	Data de entrega – Data atual	Razão crítica
1	7	-5	-0,71
3	10	13	1,86
5	8	6	0,86

Data atual: t = 37

Tarefa	Tempo de processsamento	Data de entrega – Data atual	Razão crítica
3	10	6	0,86
5	8	-1	-0,14

Sequência resultante	Tempo de processamento	Data de término	Data de entrega	Atraso (*tardiness*)
4	24	24	32	0
2	3	27	11	16
1	7	34	22	12
5	8	42	33	9
3	10	52	40	12

Tempo total de fluxo total 179
Tempo médio de fluxo 35,8
Atraso médio (*tardiness*) 9,8
Atraso máximo 16
Qtde. tarefas atrasadas 5

Os resultados obtidos permitem que se façam algumas observações interessantes. A regra SPT forneceu o menor tempo médio de fluxo; a regra EDD não resultou no menor valor de atraso médio, mas, por outro lado, apresentou o menor valor para o atraso máximo. Com a regra CR obteve-se um desempenho intermediário em termos de atraso máximo, entretanto, valores altos para o tempo médio de fluxo e atraso médio.

Mas atenção: nem todos esses resultados são generalizáveis. Para ambientes de máquina única, pode-se afirmar que a regra SPT minimiza o tempo médio de fluxo e que a regra EDD minimiza o atraso máximo (mas não o atraso médio). Esses dois resultados foram provados matematicamente. Mais detalhes, ver Nahmias[26] e Pinedo.[27]

2.8.3 Problemas em ambiente *flow shop*

Conforme já mencionado, nos problemas em ambiente *flow shop*, todas as tarefas devem possuir o mesmo roteiro de produção, ou seja, devem ser processadas nas mesmas máquinas e seguindo a mesma sequência de produção. Considerando um ambiente *flow shop*, e o objetivo de se minimizar o *makespan*, como se pode resolver uma extensão do problema apresentado acima, em que se considera n tarefas e 2 máquinas? Existe uma solução para esse problema específico utilizando uma regra tradicional denominada regra de Johnson, a qual pode ser aplicada da seguinte forma:

Liste as tarefas a serem programadas, colocando, na primeira e na segunda coluna, os tempos de processamento das tarefas na primeira máquina e na segunda máquina, respectivamente.

Selecione a tarefa com menor tempo de processamento, dentre as restantes. Caso o valor esteja na primeira coluna, programe essa tarefa como próxima da sequência, o mais próximo possível do início. Caso esteja na segunda coluna, insira essa tarefa no final da sequência, tanto quanto possível, respeitando as tarefas já programadas no final. Os empates, caso ocorram, podem ser resolvidos arbitrariamente.

Elimine a tarefa já programada da lista e repita o passo 2 com cada tarefa restante, sequenciando as tarefas em direção ao centro da sequência.

Como exemplo, considere os dados a seguir:

Tarefas	Tempos de processamento	
	Máquina A	Máquina B
1	4	11
2	15	3
3	4	5
4	13	7
5	2	8

A sequência resultante da aplicação da regra de Johnson é: 5 3 1 4 2, escolhendo-se a tarefa 3 primeiro, quando ocorre o empate entre a tarefa 3 e a tarefa 1. Caso a tarefa 1 seja escolhida no momento do empate, a sequência resultante é: 5 1 3 4 2. Será que o *makespan*, ou seja, o tempo necessário para a conclusão de todas as tarefas dessas duas sequências é equivalente? Para verificar, pode-se analisar os gráficos de Gantt para ambas as sequências.

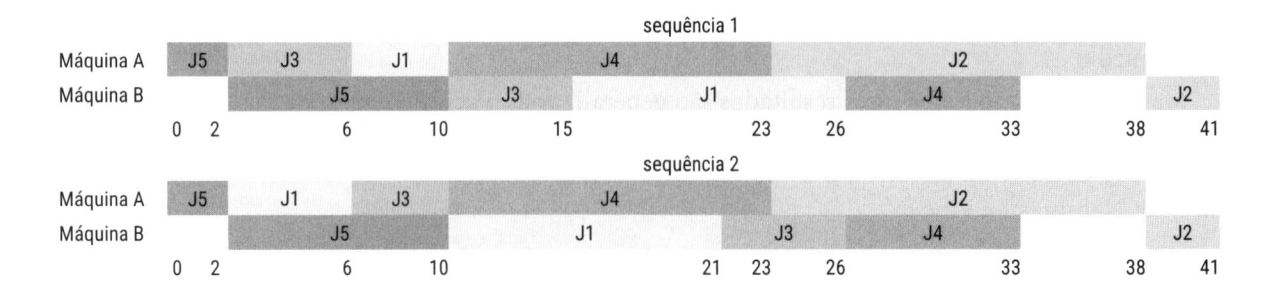

A regra de Johnson fornece a solução ótima para este problema específico de *flow shop* com 2 máquinas e *n* tarefas, quando o objetivo é a minimização do *makespan*. Deve-se ressaltar que, quando se muda a função objetivo (por exemplo, quando se considera o tempo médio de fluxo), o algoritmo já não mais fornece a solução ótima, necessariamente. Uma característica da solução ótima mostrada, nesse caso, é que não há tempo ocioso na máquina A.

Convida-se o leitor a testar outras sequências e representá-las no gráfico de Gantt, para verificar que os valores resultantes de *makespan* serão sempre maiores do que o valor ótimo encontrado. Uma adaptação da regra de Johnson pode ser utilizada para 3 máquinas (A, B e C), mas somente para uma condição muito específica, em que os tempos de processamento nas máquinas obedecem à seguinte relação: min $Ai \geq$ max Bi ou min $Ci \geq$ max Bi.

Problemas de programação em ambiente *flow shop* com várias máquinas e em ambiente *job shop* são problemas combinatoriais nos quais obter soluções ótimas exatas não é possível ou é inviável, devido ao elevado tempo computacional requerido. Considere que há *n* tarefas para serem processadas em *m* máquinas. Para cada máquina, pode-se enumerar *n*! sequências distintas de tarefas a serem processadas. Se as tarefas podem ser processadas em qualquer ordem, haveria um total de $(n!)m$ possibilidades. Se $m = 5$ e $n = 5$, por exemplo, essa conta resulta em $24,883 \times 10^{10}$ possibilidades, ou seja, cerca de 25 bilhões.[28]

Na prática, faz-se uso de regras de despacho, de programação dos gargalos ou de heurísticas e meta-heurísticas. Estas últimas são algoritmos que usam determinadas regras relativamente simples de construção de sequências e de permutação de tarefas, até se obter um desempenho satisfatório. Os Sistemas Avançados de Planejamento (APS) apresentam boas soluções, mas também não determinam a solução ótima, no sentido matemático, ou seja, não fornecem uma solução analítica que minimiza a função objetivo. Tais problemas de programação com diversas condições e restrições são objeto de estudo de uma área específica da Pesquisa Operacional, que tem se desenvolvido extensivamente nos últimos 50 anos. A Tecnologia de Grupo e a Manufatura Celular são outras opções exploradas para reestruturar sistemas do tipo *job shop* e, assim, tornar a programação de operações mais fácil.

BOXE 2.3 PROGRAMAÇÃO DE OPERAÇÕES EM SERVIÇOS

Uma companhia aérea teve muitos voos cancelados. De acordo com a Infraero (estatal que administra o setor), 242 das 459 viagens agendadas pela companhia em uma determinada semana, não cumpriram os horários planejados. Isso representa 52,7% dos voos com problemas de agenda.

Tais atrasos provocaram protestos de passageiros em alguns aeroportos do país. Segundo a companhia, esses problemas foram ocasionados pelo fato de algumas tripulações terem atingido o limite de horas em jornadas de trabalho, o que é previsto na regulamentação da profissão e foram impedidas de seguir viagem. Além de ser um período de retorno de férias escolares.

A programação de operações pode ser utilizada pela companhia para otimizar o uso dos recursos disponíveis na empresa (tripulação e aeronaves) e, consequentemente, minimizar os possíveis atrasos.

EXERCÍCIOS

1. Explique e exemplifique os conceitos de Planejamento Agregado, Programa Mestre de Produção, Sistemas de Coordenação de Ordens e Programação de Operações.

2. Modifique o Planejamento Agregado apresentado na Seção 2.3.2 para uma estratégia nivelamento da força de trabalho sem faltas, ou seja, na qual não são permitidas entregas atrasadas.

3. Considere as estruturas de produtos e os parâmetros dos componentes apresentadas na Seção 2.6.1, especificamente da Tabela 2.10 até a 2.14.

	Manhã	Tarde	Noite	Manhã	Tarde	Noite	Manhã	Tarde	Noite
	1	2	3	4	5	6	7	8	9
Previsão									
Sushi 01			50		25	50		50	50
Sushi 02			30		25	30		30	30
Sushi 03			25		10	25		25	25
Pedidos em carteira									
Sushi 01			60		30	30		0	0
Sushi 02			35		30	20		0	0
Sushi 03			25		10	10		0	0

a) Elabore o programa mestre de produção para cada um dos produtos acima utilizando o registro do MPS.

b) Determine o Disponível para Promessa para cada período.

c) Com base nos MPS encontrados no item (a) do exercício, determine as ordens de compra utilizando os registros do MRP necessários para os seguintes itens: 100.3.1 e 100.2.1

4. Considere um item de demanda independente com demanda diária de 120 unidades. O custo de transporte desse item, independentemente da quantidade, é de R$ 40,00, sendo entregue após dois dias da confirmação do pedido. Cada unidade desse item é adquirida de um fornecedor exclusivo ao preço de R$ 5,00. Defina os parâmetros para controlar este item segundo o sistema de revisão contínua, sabendo-se que o desvio-padrão da demanda é igual a 12 e o nível de serviço desejado é de 96%. O custo de armazenagem do item é de 15% do custo de aquisição por ano (365 dias).

5. A tabela a seguir mostra os estoques de três itens de uma mesma família de produtos ao final de cada um dos últimos doze meses. O item 1 tem um custo de R$ 2,50, o item 2 de R$ 3,00, e o item 3 de R$ 4,40. Com base nos custos, calcule a cobertura (meses de suprimento) e o giro anual dessa família. Demandas mensais: item 1 = 1.000; item 2 = 800; item 3 = 500.

Item	Mês											
	1	2	3	4	5	6	7	8	9	10	11	12
1	410	620	700	800	650	700	600	600	820	700	600	400
2	250	400	550	200	400	250	150	200	350	140	450	250
3	150	280	200	80	80	80	100	100	100	90	90	90

6. A tabela a seguir apresenta a demanda da empresa Produtos Indeterminados para seu insumo principal Y relativo ao ano passado. Seus diretores sugerem que não haverá crescimento nas vendas em relação ao ano passado. A empresa deseja trabalhar com um estoque de segurança que garanta um nível de serviço de 98% ($n = 2{,}053$).

Mês	Vendas
Janeiro	309
Fevereiro	299
Março	203
Abril	320
Maio	305
Junho	314
Julho	365
Agosto	344
Setembro	231
Outubro	332
Novembro	283
Dezembro	295
Total da demanda anual	3600
Desvio-padrão mensal	43,18

O custo de realizar cada pedido é de R$ 90,00. O custo unitário do insumo Y é R$ 7,00 e o custo de manutenção de estoque é de 25%. O *lead time* de suprimentos desse produto é de 1 mês.

a) Determine todos os parâmetros necessários para o sistema de revisão contínua.

b) Determine todos os parâmetros necessários para o sistema de revisão periódica.

c) Faça uma análise comparativa entre as duas soluções.

7. Considere 6 tarefas que devem ser processadas em um ambiente de *flow shop* com duas máquinas:

Tarefa i	1	2	3	4	5	6
Máquina 1 (p(i,1))	8	1	5	6	5	0
Máquina 2 (p(i,2))	6	2	3	9	2	4
Data devida (d(i))	20	8	20	23	25	5

a) Ache a sequência que forneça o menor *makespan*.

b) Desenhe o gráfico de Gantt da programação sugerida.

c) Para tal sequência determine: (i) *makespan*, (ii) tempo de fluxo médio, (iii) tempo total de atraso e (iv) número de *jobs* com atraso.

8. Na tabela a seguir, são apresentadas algumas tarefas com suas respectivas importâncias.

Tarefa	1	2	3	4	5	6
Tempo de processamento (P_i)	13	9	8	7	5	11
Importância (W_i)	7	6	10	1	4	6

a) Apresente a regra de sequenciamento que minimiza o tempo total de fluxo.

b) Determine a sequência de tarefas que minimiza o tempo total de fluxo.

9. A tabela a seguir apresenta as quantidades vendidas dos cinco carros SUVs mais comercializados no Brasil em 2017, conforme dados da FENABRAVE (Federação Nacional da Distribuição de Veículos Automotores).

2017	Jan.	Fev.	Mar.	Abr.	Maio	Jun.	Jul.	Ago.	Set.	Out.	Nov.	Dez.	Total
Jeep Compass	3.093	2.719	3.985	3.940	4.450	3.820	4.151	4.195	4.177	4.963	4.582	5.121	49.196
Honda HRV	3.268	3.594	4.317	3.576	4.408	4.058	3.511	4.419	3.780	4.488	4.095	4.267	47.781
Hyundai Creta	1.182	2.331	3.487	3.056	3.751	3.518	3.169	4.379	3.466	4.027	4.164	5.099	41.629
Jeep Renegade	2.731	2.951	3.509	2.745	2.869	2.993	3.176	4.576	3.009	3.017	3.423	3.345	38.344
Nissan Kicks	1.973	2.086	3.501	1.578	1.651	2.007	2.473	3.469	3.448	3.556	4.041	3.713	33.496

Ao plotar esses valores, é possível notar uma tendência de crescimento nas vendas desses cinco modelos ao longo de 2017. É possível observar ainda que o Hyundai Creta foi o modelo que apresentou o maior aumento de vendas em 2017.

Calcule a previsão de demanda desse modelo de SUV para os três primeiros meses de 2018, sabendo que as vendas realizadas em janeiro, fevereiro e março de 2018 foram respectivamente: 2.875, 3.070 e 3.671 unidades.

10. Com base nas demandas previstas no exercício anterior e as vendas realizadas nos três primeiros meses de 2018, referente ao Hyundai Creta, relacione os possíveis fatores que possam ter influenciado nas variações entre a demanda prevista e a realizada.

NOTAS

1 NARASIMHAN, S.; MCLEAVEY, D. W.; BILLINGTON, P. *Production planning and inventory control*. 2. ed. New Jersey: Prentice Hall, 1995.
2 FERNANDES, F. C. F.; GODINHO FILHO, M. *Planejamento e controle da produção*: dos fundamentos ao essencial. São Paulo: Atlas, 2010.
3 Fernandes; Godinho Filho (2010).
4 SIPPER, D.; BULFIN JR., R. L. *Production*: planning, control and integration. New York: McGraw-Hill, 1997.
5 Fernandes; Godinho Filho (2010).
6 Fernandes; Godinho Filho (2010).
7 Sipper; Bulfin Jr. (1997).
8 DAVIS, M. M.; AQUILANO, N. J.; CHASE, R. B. *Fundamentos da administração da produção*. 3. ed. Porto Alegre: Bookman, 2001.
9 Fernandes; Godinho Filho (2010).
10 Fernandes; Godinho Filho (2010).
11 Sipper; Bulfin Jr. (1997).
12 Fernandes; Godinho Filho (2010).
13 Fernandes; Godinho Filho (2010).
14 CORRÊA, H. L.; GIANESI, I. G. N.; CAON, M. *Planejamento, programação e controle da produção – MRP II/ERP*: conceitos, uso e implantação. 4. ed. São Paulo: Atlas, 2001.
15 FERNANDES, F. C. F.; GODINHO FILHO, M. Sistemas de coordenação de ordens: classificação, funcionamento e aplicabilidade. *Gestão & Produção*, v. 14, n. 2, p. 337-352, 2007.
16 LAGE JR., M.; GODINHO FILHO, M. Adaptações ao sistema KANBAN: revisão, classificação, análise e avaliação. *Gestão & Produção*, v. 15, n. 1, 2008.
17 Fernandes; Godinho Filho (2007).
18 Lage Jr.; Godinho Filho (2008).
19 LAURINDO, F. J. B.; MESQUITA, M. A. Material requeriment planning: 25 anos de história – uma revisão do passado e prospecção do futuro. *Revista Gestão & Produção*, v. 7, n. 3, p. 320-337, dez. 2000.
20 VOLLMANN, T. E. et al. *Sistemas de planejamento & controle da produção para o gerenciamento da cadeia de suprimentos*. Porto Alegre: Bookman, 2006.
21 JACOBS, F. R.; CHASE, R. B.; AQUILANO, N. J. *Operations and supply chain management*. 12. ed. New York: McGraw-Hill/Irwin, 2009.
22 Corrêa; Gianesi; Caon (2001).
23 Stadtler, H.; Kilger, C.; Meyr, H. (Eds.). *Supply chain management and advanced planning*. 5. ed. Berlin: Springer, 2014.
24 MACCARTHY, B. L.; LIU, J. Addressing the gap in scheduling research: a review of optimization and heuristic methods in production scheduling. *International Journal Production Research*, v. 31, p. 59-79, 1993.
25 Nahmias, S. *Production and operations analysis*. 6. ed. New York: McGraw-Hill, 2009.
26 Nahmias (2009).
27 PINEDO, M. *Scheduling theory, Algorithms, and Systems*. 3a. ed. New York: Springer, 2008.
28 Nahmias (2009).

GERENCIAMENTO DE PROJETOS

3

Ivete Delai, Fábio Molina da Silva, Roberto Fernandes Tavares Neto e Luciano Campanini

Neste capítulo, serão discutidos os principais conceitos e aspectos das atividades de gerenciamento de projeto, em especial, aqueles presentes na fase de Planejamento de Projeto. O capítulo não se limita às áreas do guia do PMBoK *Guide*, mas é, fundamentalmente, baseado em suas áreas de conhecimento.

> **OBJETIVOS DE APRENDIZAGEM**
> Ao final deste capítulo o leitor deverá ser capaz de compreender:
> - O conceito de projeto, suas características e estágios de seu ciclo de vida.
> - Os diferentes tipos de projetos e seus desafios.
> - Os principais aspectos contextuais que influem em sua gestão.
> - Os principais processos e áreas de conhecimento da gestão de projetos.
> - Desenvolver os principais elementos do processo de iniciação do projeto.
> - Estabelecer o planejamento do escopo do projeto.
> - Os principais métodos de programação de projetos
> - Algumas estratégias para estimativa de custos.
> - As principais estratégias para aceleração de projetos.
> - A forma de selecionar um *software* de gerenciamento de projetos.

3.1 CONCEITOS FUNDAMENTAIS

3.1.1 Projetos

Os projetos fazem parte do cotidiano da vida corporativa e pessoal. Desenvolver um novo produto ou um novo processo, implantar uma nova forma de relacionamento com os clientes ou fornecedores, abrir uma nova unidade ou centro de distribuição, implantar um sistema de certificação, entre vários outros. No contexto pessoal, o planejamento de um casamento ou festa de aniversário, a construção ou reforma de uma casa, o planejamento de uma viagem, de um curso de pós-graduação, a escrita de um artigo, de uma dissertação ou tese ou de um livro. Todos são exemplos de projetos.

Mas afinal, como pode ser conceituado um projeto e quais as suas características? O que todos estes projetos têm em comum? A literatura especializada oferece um conjunto de definições de projeto conforme mostra a Figura 3.1.

• É um conjunto de atividades interligadas na busca de um objetivo comum, dentro de um intervalo limitado de tempo.[1]
• É um esforço temporário feito para criar um produto, serviço ou resultado único.[2]
• Um processo único, consistindo em um grupo de atividades coordenadas e controladas com datas para início e término, empreendido para alcance de um objetivo conforme requisitos específicos, incluindo limitações de tempo, custo e recursos.[3]
• É uma organização designada para cumprir um objetivo e dissolvida após sua conclusão. Caracteriza-se por ser temporária, ter início e fim bem definidos e obedecer a um plano.[4]

Figura 3.1 Definições de projetos.

Analisando-se essas definições e os exemplos citados anteriormente, pode-se identificar um conjunto de elementos comuns que caracteriza e define um projeto (Figura 3.2). Um projeto é um conjunto de atividades coordenadas, interdependentes e formalmente organizadas desenvolvidas durante um período determinado de tempo com o objetivo de criar um determinado resultado que é único. Essas características aparecem em todos os tipos de projetos. Analise-se o projeto de construção de uma casa. O seu resultado é único e diferente dos demais, cada casa é um projeto específico e customizado para as necessidades do seu cliente, portanto, diferente dos demais. A sua construção demora um determinado período de tempo, com início e fim definidos. E para a sua construção, faz-se necessário desenvolver um conjunto de atividades que precisam ser coordenadas e que são interdependentes. O reboco depende da construção da parede, e esta da fundação. Várias partes do acabamento podem ser feitas ao mesmo tempo, mas precisam de coordenação para que o tempo seja otimizado. E essas atividades apresentam algum grau de formalização representado pelas plantas e memoriais de obra e pelo planejamento de execução.

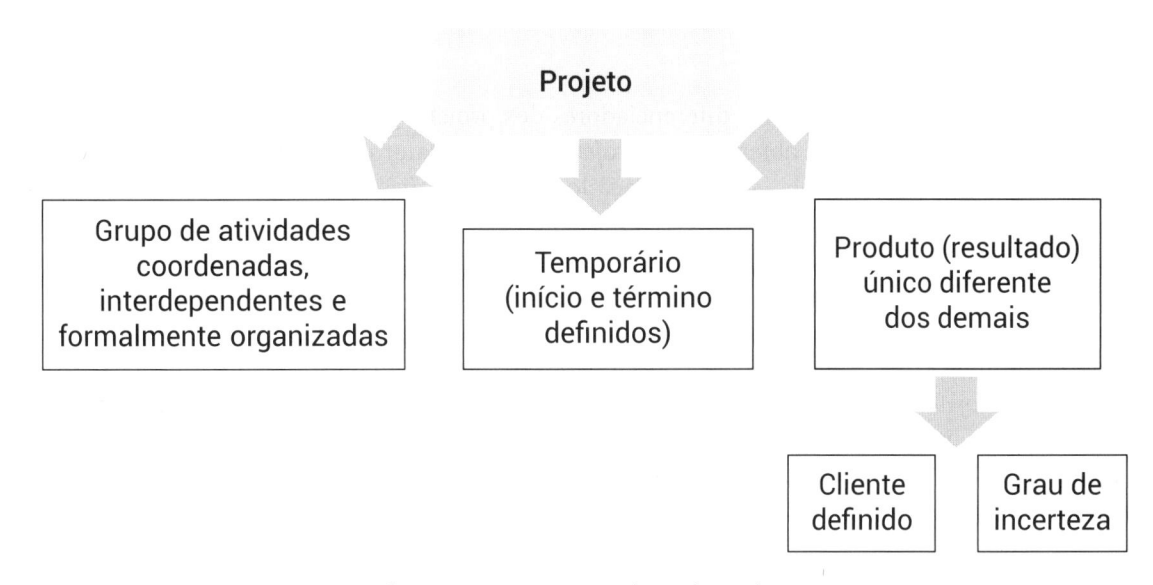

Figura 3.2 Características do projeto.

O fato de um projeto gerar um resultado único diferente dos demais implica mais duas características: ele tem cliente definido e apresenta certo grau de incerteza. Um projeto é desenvolvido para gerar um produto por solicitação ou pedido de alguém que é o seu cliente. Este pode ser uma entidade, uma pessoa, uma organização ou um grupo de pessoas ou organizações, que fornece os recursos financeiros necessários para a sua realização.[5] No exemplo da construção da casa, o cliente é quem solicitou a construção e fornecerá os recursos para tal.

Outra característica dos projetos é a incerteza. Como os projetos visam gerar resultados singulares e únicos, ou inovadores, cujas atividades e forma de desenvolvimento são diferentes das atividades cotidianas, tem-se certo grau de incerteza em relação ao que precisa ser feito e ao seu resultado final. Quanto maior o grau de novidade ou desconhecimento em relação ao produto final ou ao processo de criação do produto do projeto para a sua equipe de desenvolvimento, maior será o seu grau de incerteza. Por exemplo, a construção de um foguete apresenta um grau de novidade, e incerteza, muito maior que o planejamento de um casamento. O nível de incerteza vai sendo reduzido à medida que o projeto é executado e conhecimentos sobre o seu resultado e suas atividades vão sendo adquiridos. O nível de incerteza é uma das variáveis diferenciadoras dos projetos sendo comumente utilizado para a sua classificação e diferenciação, conforme mostrado na próxima subseção.

Por fim, cabe salientar a diferença entre os projetos e as atividades rotineiras. Estas são atividades que, como o próprio termo afirma, fazem parte da rotina diária das organizações ou da vida cotidiana de um indivíduo: atividades para a produção de um produto, ou para a sua entrega ao cliente, atividades diárias de prospecção e venda do produto etc. Caracterizam-se por serem repetitivas, padronizadas, realizadas em um ambiente estável e conhecido,[6] cujo conhecimento necessário para sua execução já foi desenvolvido e está cristalizado na prática e cujos resultados são previsíveis. Características opostas às dos projetos apresentadas anteriormente. Uma parte das mudanças nas atividades rotineiras advém do desenvolvimento de projetos. Por exemplo, a implantação de uma certificação pode alterar os processos atuais e criar um conjunto de novas rotinas. Da mesma forma, uma nova casa cria um conjunto diferente de mudanças na rotina de seus moradores como a mudança de rota para a escola, por exemplo.

3.1.1.1 Classificação dos projetos

A incerteza é um dos grandes fatores diferenciadores dos projetos e decorre do grau de novidade do produto e/ou processo (para sua obtenção) do projeto. Quanto maior o grau de novidade, menor o conhecimento da equipe em relação a como alcançá-lo, e maior o nível de incerteza e o risco associado. Seu entendimento é fundamental para a determinação da abordagem de gestão mais adequada. O grau de incerteza do projeto juntamente com a sua complexidade são dois elementos comuns utilizados na maioria dos modelos de classificação de projetos. Como é o caso do modelo proposto por Maximiano,[7] segundo o qual os projetos podem ser classificados em quatro categorias conforme os seus graus de incerteza e de complexidade. A incerteza está relacionada com a falta de conhecimento sobre o conteúdo e o resultado do projeto no seu início; enquanto a complexidade relaciona-se com a multidisciplinaridade de conhecimentos necessária para o seu desenvolvimento; com a diversidade e o volume de informações a serem processadas; o envolvimento de pessoas de muitas localizações diferentes e o número de organizações envolvidas.[8] A Figura 3.3 mostra os quatro tipos de classificações.

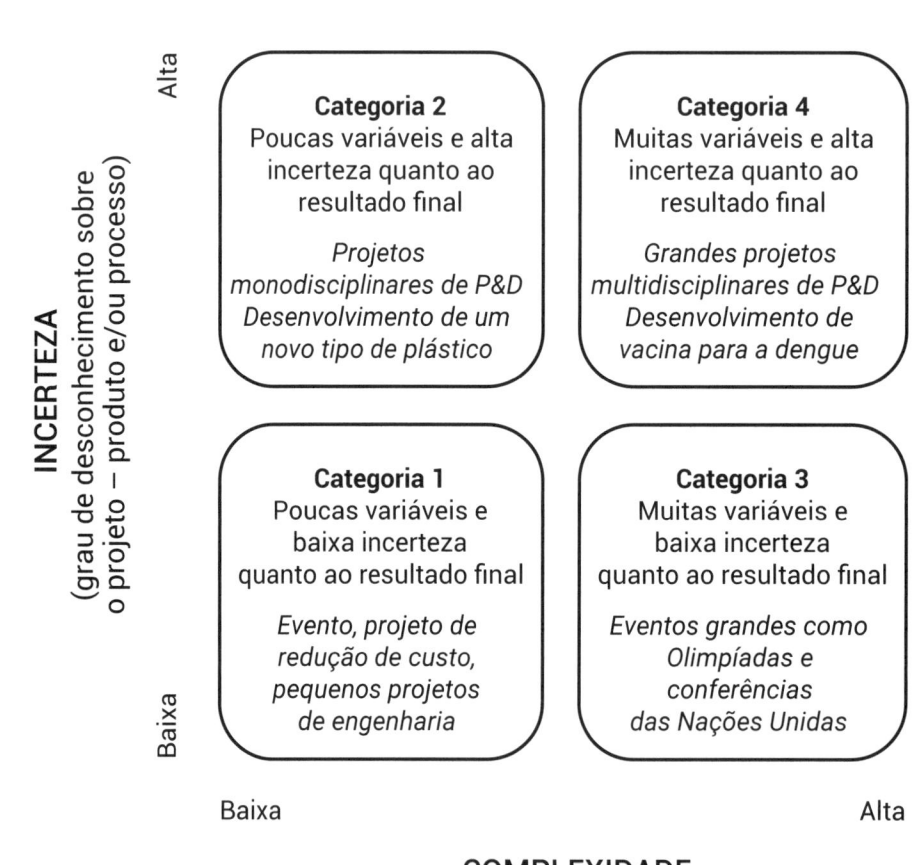

INCERTEZA (grau de desconhecimento sobre o projeto – produto e/ou processo)

Alta / Baixa

Categoria 2
Poucas variáveis e alta incerteza quanto ao resultado final
*Projetos monodisciplinares de P&D
Desenvolvimento de um novo tipo de plástico*

Categoria 4
Muitas variáveis e alta incerteza quanto ao resultado final
*Grandes projetos multidisciplinares de P&D
Desenvolvimento de vacina para a dengue*

Categoria 1
Poucas variáveis e baixa incerteza quanto ao resultado final
Evento, projeto de redução de custo, pequenos projetos de engenharia

Categoria 3
Muitas variáveis e baixa incerteza quanto ao resultado final
Eventos grandes como Olimpíadas e conferências das Nações Unidas

COMPLEXIDADE
(multidisciplinaridade, diversidade e volume de informações, distância geográfica, número de organizações envolvidas)

Figura 3.3 Classificação dos projetos.

Fonte: Adaptado de Maximiano.[9]

Na categoria 1 tem-se os projetos de baixa complexidade e incerteza. São exemplos a organização de uma festa de aniversário ou casamento ou mesmo um projeto de redução do desperdício do processo produtivo. Nesses casos tem-se um conhecimento relativamente alto tanto sobre o produto final quanto sobre o processo que o gera. Consegue-se no início do projeto caracterizar claramente qual o resultado do projeto: uma festa de casamento para uma quantidade "x" de convidados, em um local "y", com determinados itens de entretenimento etc. Sabe-se também qual o conjunto de atividades para seu alcance tornando sua incerteza baixa. Também a sua complexidade é baixa pois apresenta número médio de organizações envolvidas.

No outro extremo, tem-se os projetos de categoria 4, com altas incerteza e complexidade. São exemplos os projetos de pesquisas médicas para desenvolvimento de um novo medicamento. Esse tipo de projeto é caracterizado pela alta incerteza, pois não se tem conhecimento ou domínio, no seu início, dos conhecimentos necessários para sua execução. E mais ainda, novos conhecimentos, em relação ao que já existe, precisam ser criados pelo projeto para alcançar o seu resultado. Diferentemente da categoria 1 em que os conhecimentos existem em algum lugar e só precisam ser aplicados. Muitas vezes nem as características do resultado final são conhecidas no início do projeto. Ademais, no caso do desenvolvimento de um novo medicamento, o projeto necessita do envolvimento de conhecimentos de várias áreas, que podem estar espalhados em várias organizações (universidades, institutos de pesquisa) e localizações que geram alto volume de troca de informações.

Por fim, os projetos das categorias 2 e 3 representam posições intermediárias entre os extremos explicados acima. Na categoria 2, tem-se projetos com alta incerteza e baixa complexidade, enquanto na 3 baixa incerteza e alta complexidade. São exemplos o desenvolvimento de um novo motor por uma empresa do ramo automotivo ou a organização de grandes eventos, como as olimpíadas ou a copa do mundo, respectivamente.

3.1.1.2 Ciclo de vida do projeto

Se um projeto é um esforço temporário, ele apresenta uma vida com início e fim determinados. O ciclo de vida retrata as várias etapas que um projeto passa neste ínterim. Cada etapa apresenta um conjunto de atividades e resultados esperados que utiliza uma quantidade diferenciada de recursos e tempo do projeto. Existem várias nomenclaturas distintas em relação às suas fases, mas segundo o Project Management Institute[10] as principais fases genéricas do ciclo de vida de um projeto, seus principais resultados e atividades são os mostrados na Figura 3.4.

A vida de um projeto começa com a fase de concepção quando surge a necessidade de seu desenvolvimento e a disposição de investir recursos para atendê-la,[11] e se encerra com o *Project Charter*, que é o documento que formaliza o início do projeto. Os contornos do projeto nesta fase ainda são bastante nebulosos, mas busca-se analisar a sua viabilidade de desenvolvimento e formalizar o seu início. O *Project Charter* sumariza o conhecimento desta fase. Detalhes sobre este documento serão apresentados nas próximas seções.

Uma vez formalizado o início do projeto, ele passa para a fase de desenvolvimento que significa a elaboração de um plano detalhado para sua execução. Compreende o planejamento de todas as etapas e partes do projeto especificando o que será feito, em que sequência, quando será feito, quem realizará as atividades, quais os custos esperados do desenvolvimento, quais os resultados esperados e níveis de qualidade. Os elementos desse plano serão explicados na próxima seção.

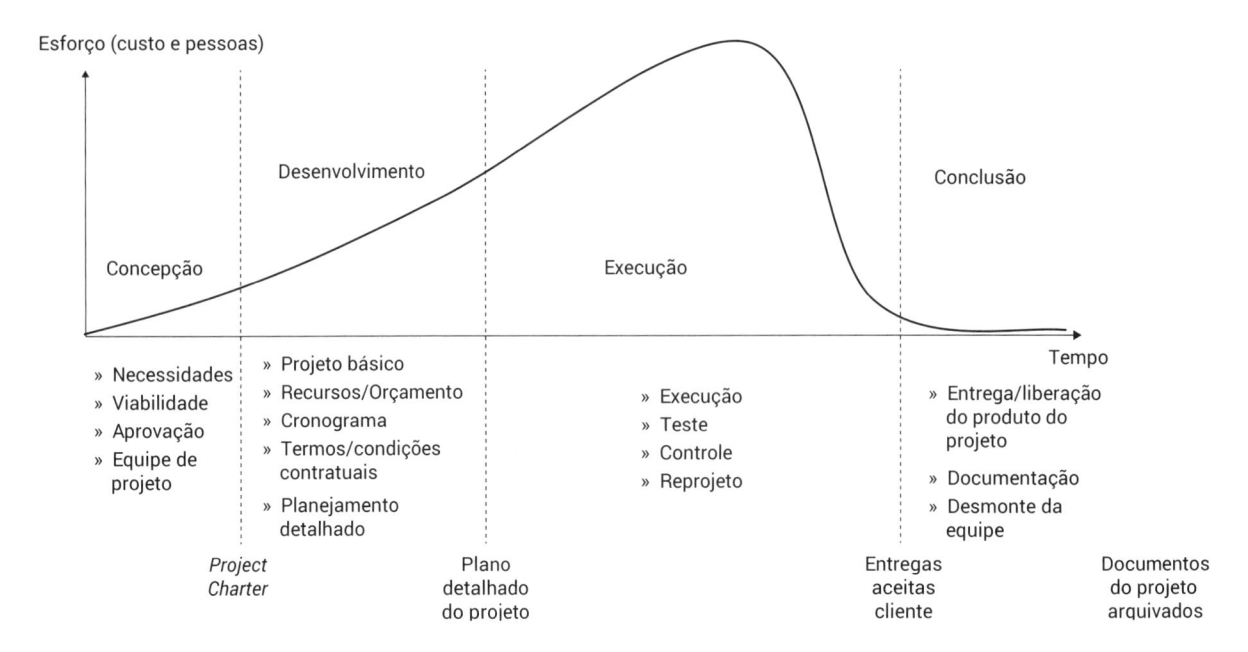

Figura 3.4 Fases de vida do projeto, esforço e resultados.

Fonte: Adaptado de Project Management Institute.[12]

Finalizado o planejamento, parte-se para a execução. Nessa fase o resultado esperado é criado, por isso é a fase que demanda maior tempo e nível de investimento. Encerra-se somente quando o resultado do projeto é aceito pelo cliente.

Por fim, tem-se a fase de encerramento que engloba os processos de fechamento do projeto. Como as documentações do projeto, as lições aprendidas, encerramento dos contratos, pagamento das faturas e liberação da equipe de projetos.

O ciclo de vida retrata fases genéricas cujo tempo envolvido em cada uma varia entre projetos. Em alguns casos pode-se falar em dias, como no caso do planejamento de uma viagem, em outros casos semanas, como na implantação de uma certificação. Independentemente desse fato, entender essas fases auxilia no gerenciamento do projeto pois apresenta os principais resultados intermediários a serem alcançados assim como as atividades a serem desenvolvidas para tal.

Por fim, cabe salientar algumas características importantes do ciclo de vida:

- Os custos são baixos no início do projeto, crescem até alcançar seu máximo na fase de execução e caem rapidamente ao chegar na fase final.[13,14]
- Nem todos os projetos apresentam essa curva de consumo de recursos. Alguns podem requerer um investimento significativo no início do seu ciclo de vida ou um conjunto maior de pessoas no início.[15]
- O nível de incerteza e de seu risco associado é maior no início do projeto e reduz significativamente na fase de execução do projeto em função do aprendizado adquirido. Por outro lado, o custo de efetuar mudanças no projeto ocorre de forma inversa: aumenta significativamente a partir da fase de execução, uma vez que um volume grande de recursos já foi consumido até essa fase.[16]

3.1.1.3 O contexto do projeto

Outro elemento importante sobre os projetos que precisa ser compreendido pois influencia em seu gerenciamento é o seu contexto. Segundo o Project Management Institute,[17] três elementos contextuais precisam ser identificados, entendidos e avaliados quando do início de um projeto: os fatores organizacionais, as partes interessadas ou *stakeholders* e a equipe de projeto. A seguir explica-se cada um desses elementos.

Fatores organizacionais

Algumas características da organização onde o projeto será desenvolvido influenciam ou impactam na forma e no conteúdo do seu desenvolvimento e gerenciamento. E elas são chamadas de fatores organizacionais. O primeiro deles é a cultura organizacional. Faz-se necessário entender quais as normas culturais da empresa, valores, crenças e expectativas; quais são os procedimentos e normas formais; quem são os tomadores de decisão; qual o estilo de relacionamento, formal ou informal; como as questões éticas, de conduta e carga de trabalho são tratadas etc. O gerenciamento do projeto deve estar alinhado a estes fatores organizacionais sob pena de enfrentar dificuldades em seu desenvolvimento. Por exemplo, se a empresa na qual o projeto está sendo desenvolvido apresenta uma cultura que valoriza a formalidade e a obediência à estrutura hierárquica, as solicitações de informações do projeto para as outras áreas, por exemplo, devem ser direcionadas ao superior hierárquico responsável.

O segundo fator organizacional a ser compreendido é o **sistema de comunicação** da organização. Entender a estrutura e o sistema atual de comunicação entre os membros da empresa e entre a organização e seus *stakeholders* externos. Compreender também a forma e o estilo dessa comunicação – formal ou informal. Por exemplo, se a empresa na qual o projeto está sendo desenvolvido valoriza a formalidade de comunicação entre as pessoas, as comunicações do projeto devem ser realizadas via os meios formais utilizado rotineiramente pela organização.

Um terceiro elemento importante a ser entendido é a **estrutura organizacional**. Entendê-la é importante pois afeta diretamente o nível de autoridade do gerente de projetos sobre os recursos do projeto, a disponibilidade de recursos e os papéis do gerente e da equipe de apoio administrativo do projeto. Existem cinco tipologias principais de estruturas organizacionais: a funcional, a matricial (fraca, balanceada e forte) e a projetizada.[18] Cada uma delas apresenta um impacto diferente nas características acima mencionadas. O Quadro 3.1 mostra esse relacionamento.

Quadro 3.1 Estruturas organizacionais e seu impacto nas características do projeto

Características projeto	Estrutura				
	Funcional	Matricial fraca	Matricial balanceada	Matricial forte	Projetizada
Autoridade do gerente de projeto	Pouca ou nenhuma	Baixa	Baixa – moderada	Moderada – Forte	Forte a total
Disponibilidade de recursos	Pouca ou nenhuma	Baixa	Baixa – moderada	Moderada – Forte	Forte a total
Autoridade sobre recursos	Gerente funcional	Gerente funcional	Conjunta (funcional e projeto)	Gerente de projeto	Gerente de projeto
Dedicação do gerente de projeto	Tempo parcial	Tempo parcial	Tempo integral	Tempo integral	Tempo integral
Dedicação da equipe de apoio administrativo	Tempo parcial	Tempo parcial	Tempo parcial	Tempo integral	Tempo integral

Fonte: Adaptado de PMI.[19]

A estrutura funcional é aquela em que os membros da organização são alocados por áreas que definem as funções. Nesse contexto, o projeto é dividido em partes que são alocadas às áreas funcionais que determinam quais de seus membros serão responsáveis por sua execução. Não existe uma função de gerente de projeto e o seu papel é realizado de forma compartilhada entre os gerentes das áreas funcionais envolvidas. O gerenciamento de projeto envolve somente a coordenação de atividades a serem desenvolvidas em cada área. Assim, a autoridade do gerente de projetos é nula pois inexiste esta função. A disponibilidade de recursos exclusivos do projeto é nenhuma pois todo recurso a ser investido no projeto é retirado do orçamento geral de cada área envolvida, cujos gerentes fazem a gestão da parcela do orçamento das atividades sob sua responsabilidade. O papel de gerente de projetos é desenvolvido de forma parcial e compartilhada entre os gerentes funcionais, assim como o da equipe de apoio administrativo. Esse tipo de estrutura apresenta como vantagem a otimização do uso dos recursos humanos e a alocação de especialistas. Porém, ela desfavorece a visão do cliente e cria conflitos entre as atividades rotineiras da área e as do projeto.

No outro extremo da estrutura funcional, tem-se a projetizada. Nessa estrutura, todos os membros da organização estão alocados em projetos, ou seja, é a sua forma de operar. Nesse caso, o gerente de projetos tem autoridade formal sobre os recursos do projeto, sobre sua disponibilidade, tem responsabilidade total quanto à gestão do orçamento, está alocado em tempo integral para o projeto assim como uma equipe de apoio administrativo. Essa estrutura provê uma forte visão e rápida resposta ao cliente e eficiência de gerenciamento. Por outro lado, aumenta a complexidade do gerenciamento de vários projetos ao mesmo tempo e a ociosidade e ineficiência, uma vez que os especialistas são alocados em função de sua disponibilidade e nem sempre pela sua necessidade.

Por fim, a estrutura matricial representa uma situação intermediária entre as duas anteriores. Nela os membros da organização estão alocados funcionalmente e são deslocados para o projeto durante um período definido. Nesse contexto, existem três formas diferentes de operacionalização dos projetos: fraca, balanceada e forte. Na fraca, os membros das áreas são alocados para o projeto, mas não existe a função de gerente de projeto. O seu papel é realizado pelos próprios membros de forma compartilhada. Assim, permanecem as mesmas características da funcional, e a única diferença é que a coordenação do projeto é realizada pelos membros e não mais pelos gerentes funcionais.

A matricial balanceada, por sua vez, diferencia-se da fraca por possuir a função gerente de projeto desempenhada por um membro da equipe em tempo integral, assim como por possuir uma equipe administrativa de projeto. Com isso, a autoridade e a disponibilidade de recursos para o gerente aumentam, embora ainda seja baixa, e o orçamento do projeto é gerenciado de forma conjunta com os gerentes de área funcional. Por fim, a matricial forte, apresenta características próximas à projetizada diferenciando-se pelo fato de os membros da equipe retornarem às suas áreas funcionais após a finalização do projeto. Esta estrutura apresenta as vantagens da projetizada, mas elimina a ociosidade e ineficiência devido ao retorno dos membros às suas áreas após o projeto. Por outro lado, apresenta como desvantagem justamente o fato de cada membro ter dois chefes durante a execução do projeto – o funcional e o gerente de projetos – e a possibilidade de conflito entre os dois.

Enfim, cada estrutura apresenta um conjunto de características, vantagens e desvantagens que precisa ser entendido pelo gerente e adequado à realidade do seu projeto. Para projetos mais simples como os da categoria 1, uma estrutura funcional pode ser viável, no entanto para projetos complexos e incertos como os da categoria 4, uma estrutura matricial forte ou projetizada pode ser mais adequada.

Stakeholders

Um segundo grupo de elementos que influi nas características do projeto e na sua gestão são os seus *stakeholders* ou partes interessadas. Uma parte interessada é um indivíduo, grupo ou organização que pode afetar ou ser afetada ou ter a percepção que será afetada por uma decisão, atividade ou resultado de um projeto.[20] Eles podem estar ou não envolvidos diretamente com o projeto e, muitas vezes, nem saber da sua existência. A parte interessada pode ser afetada ou afetar uma decisão ou atividade durante o processo de desenvolvimento do projeto. Por exemplo, uma parte interessada que é afetada durante a construção de uma casa são os vizinhos adjacentes. Eles não estão envolvidos no projeto, mas são afetados pelo processo de desenvolvimento do projeto. Outros podem ser afetados somente pelo resultado do projeto, por exemplo, os vizinhos de uma nova fábrica serão afetados pelos seus níveis de ruídos, odor ou emissões atmosféricas.

Nesse sentido, o conjunto de partes interessadas é amplo. No entanto, pode-se sumarizá-los nas seguintes categorias:[21]

- **Patrocinador:** é a pessoa ou grupo de pessoas que provê os recursos e apoio estratégico ao projeto e que pode ser interno ou externo ao projeto.
- **Cliente ou usuário:** é a pessoa ou empresa que aprovará e utilizará o produto, serviço ou resultado do projeto, que pode ser interna ou externa à organização.
- **Fornecedores e parceiros:** são organizações externas que provêm componentes ou serviços para o projeto.
- **Gerentes das áreas de apoio:** são os gerentes das áreas de apoio da empresa que fornecem serviços, recursos ou informações de apoio ao projeto. Por exemplo: recursos humanos, compras, finanças, contabilidade, jurídico etc.
- **Grupos organizacionais:** são as mais diversas áreas da organização em que ocorre o projeto que são afetadas por qualquer uma de suas atividades.
- **Comunidade do entorno:** é uma pessoa ou grupo de pessoas ou organização vizinha ao processo de desenvolvimento ou produto do projeto.
- **Outras entidades externas:** é qualquer tipo de organização que é afetada ou afeta o desenvolvimento ou resultado do projeto, que não esteja classificada nas categorias acima. São exemplo, organizações não governamentais, sindicatos, instituições de fomento, bancos, entidades religiosas, entidades regulatórias, governo municipal, governo federal etc. No caso da construção de uma usina hidrelétrica, por exemplo, entidades regulatórias e organizações não governamentais são grupos que afetam fortemente as características do processo e do produto do projeto.
- **Equipe de projeto:** inclui o gerente e todas as pessoas que desenvolvem alguma atividade ou papel para alcançar os objetivos do projeto. Estes papéis podem ser: apoio à gestão do projeto; de desenvolvimento das atividades do projeto; de apoio especializado e específico; representantes do usuário ou cliente; fornecedores e parceiros.

Cada um desses grupos de *stakeholders* apresenta um conjunto de necessidades e requisitos e posturas em relação ao projeto, que muitas vezes podem ser conflitantes. Identificar quais são esses grupos, seus interesses e posturas em relação ao projeto é fundamental para evitar problemas futuros em relação à execução do projeto assim como ao uso ou aplicação de seu produto final. O Boxe 3.1 mostra um exemplo do conflito de interesses que pode ocorrer entre grupos envolvidos em um projeto e retrata a importância de seu gerenciamento adequado. Mais detalhes sobre esse processo serão apresentados nas próximas seções.

> **BOXE 3.1** A IMPORTÂNCIA DA GESTÃO DOS *STAKEHOLDERS* DO PROJETO
>
> Os diversos interesses envolvidos de vários *stakeholders* são claros no desenrolar de grandes projetos. Um exemplo foi visto em uma notícia veiculada na mídia[22] em junho de 2017 referente à administração do legado dos jogos olímpicos de 2016 no Brasil. De acordo com a notícia, houve um mal-estar entre várias entidades envolvidas durante o processo de gestão dos espaços após o evento. Isso porque dois grupos de *stakeholders*-chave do projeto não foram envolvidos nas discussões e na criação do "Plano do Legado Olímpico" para transformar um parque olímpico em um centro de treinamento.
>
> Embora esse conflito entre *stakeholders* tenha atingido a grande mídia, grandes projetos não são as únicas fontes desse tipo de problema. Esses conflitos de interesse são muitas vezes considerados riscos de projeto, podendo atrasar, paralisar ou até mesmo cancelar o projeto.

3.2 GERENCIAMENTO DO PROJETO

O gerenciamento pode ser entendido como o planejamento, a execução e o controle de um projeto, em todo o seu ciclo de vida, para garantir o alcance do seu objetivo no prazo, custo, escopo e qualidade por meio da mobilização de recursos técnicos e humanos.[23,24] De forma mais simples, é a aplicação de conhecimentos, habilidades, ferramentas e técnicas às atividades do projeto para atender às necessidades dos seus *stakeholders*.[25] A Figura 3.5 retrata essas definições.

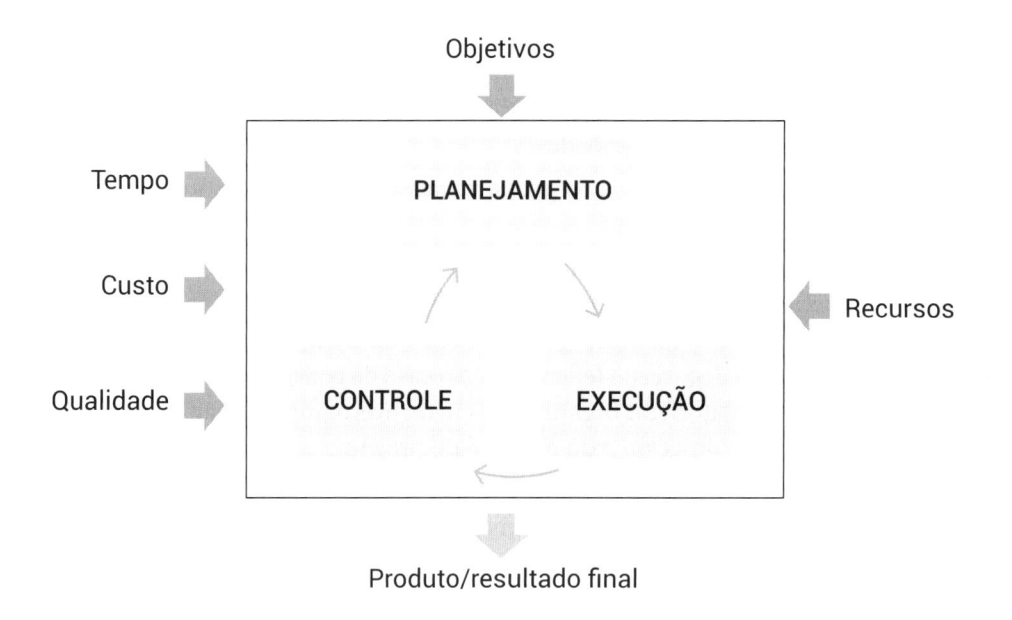

Figura 3.5 Processos do gerenciamento de projetos.

Fonte: Adaptado de Roldão.[26]

O objetivo central do gerenciamento de projetos é melhorar a probabilidade de sucesso de um projeto. Nesse sentido, é importante compreender o significado de sucesso no contexto de um projeto. De forma resumida, ele pode ser definido como entregar o produto do projeto conforme esperado pelo cliente e *stakeholders* dentro do custo, escopo e prazo planejados. O sucesso do projeto envolve o sucesso do produto do projeto (atender às necessidades dos clientes e *stakeholders*) e do processo de gerenciamento do projeto (custo, escopo e prazo planejados).

3.2.1 O modelo de gestão de projetos do Project Management Institute (PMI)

Um dos modelos de gestão bastante utilizado globalmente e no Brasil é o modelo desenvolvido pela entidade americana de gerenciamento de projetos, o Project Management Institute (PMI). O PMI foi criado em 1974 para estudar e disseminar as melhores práticas em gerenciamento de projetos, as quais foram condensadas na primeira versão do Project Management Body of Knowledge Guide (PMBoK Guide) apresentada em 1987. O PMI continua muito ativo, sua última versão (quinta) foi lançada em 2013 e é bastante utilizada no Brasil. O PMI, além do PMBoK, provê outras formas de divulgação e disseminação do conhecimento em gerenciamento de projetos e certificações.

Segundo o PMI, gestão do projeto envolve cinco processos de gestão que são aplicados a dez áreas de conhecimento. Um processo é entendido neste contexto como um conjunto de ações inter-relacionadas realizadas para criar um produto, serviço ou resultado determinado. Cada um desses grupos de processos e áreas de conhecimento é apresentado de forma detalhada no PMBoK Guide, incluindo as entradas necessárias para seu desenvolvimento, as técnicas que podem ser utilizadas para seu desenvolvimento bem como as saídas geradas. O Quadro 3.2 apresenta os processos de cada grupo que são desenvolvidos em cada área de conhecimento. A numeração que aparece no Quadro refere-se à original do PMBoK Guide.

Quadro 3.2 Interseção entre áreas de conhecimento e grupos de processo de gestão de projetos do PMI

Áreas de conhecimento	Grupos de processos da Gestão de Projetos				
	Processos de iniciação	Processos de planejamento	Processos de execução	Processos de monitoramento e controle	Processos de fechamento
4. Gestão da Integração	4.1 Desenvolver o *Project Charter*	4.2 Desenvolver o Plano de Gestão do Projeto	4.3 Dirigir e gerenciar o trabalho do projeto	4.4 Monitorar e controlar o trabalho do projeto 4.5 Realizar o controle integrado das mudanças	4.6 Encerrar o projeto/fase
5. Gestão do Escopo		5.1 Planejar a gestão do escopo 5.2 Coletar requisitos 5.3 Definir o escopo 5.4 Criar a EAP		5.5 Validar o escopo 5.6 Controlar o escopo	
6. Gestão do Tempo/Prazo		6.1 Planejar a Gestão do Tempo 6.2 Definir as atividades 6.3 Sequenciar as atividades 6.4 Estimar recursos 6.5 Estimar duração das atividades 6.6 Desenvolver o cronograma		6.7 Controlar o cronograma	

(continua)

(continua)

Áreas de conhecimento	Grupos de processos da Gestão de Projetos				
	Processos de iniciação	Processos de planejamento	Processos de execução	Processos de monitoramento e controle	Processos de fechamento
7. Gestão dos Custos		7.1 Planejar a gestão dos custos 7.2 Estimar os custos 7.3 Definir o orçamento		7.4 Controlar os custos	
8. Gestão da Qualidade		8.1 Planejar a qualidade	8.2 Garantir a qualidade	8.3 Controlar a qualidade	
9. Gestão de Recursos Humanos		9.1 Planejar a gestão de RH	9.2 Recrutamento da equipe 9.3 Desenvolvimento da equipe 9.4 Gestão da equipe		
10. Gestão da Comunicação		10.1 Planejar gestão da comunicação	10.2 Gerenciar as comunicações	10.3 Controlar comunicações	
11. Gestão de Riscos		11.1 Planejar a gestão de riscos 11.2 Identificar riscos 11.3 Desenvolver análise qualitativa 11.4 Desenvolver análise quantitativa de riscos 11.5 Planejar as respostas aos riscos		11.6 Controlar riscos	
12. Gestão Aquisições		12.1 Planejar a gestão de aquisições	12.2 Conduzir as aquisições	12.3 Controlar aquisições	12.4 Encerrar aquisições
13. Gestão *Stakeholders*	13.1 Identificar *stakeholders*	13.2 Planejar a gestão dos *stakeholders*	13.3 Gerenciar o engajamento dos *stakeholders*	13.4 Controlar o engajamento dos *stakeholders*	

Fonte: Adaptado de Project Management Institute.[27]

Os grupos de processos são cinco e podem ser assim resumidos:[28]

- **Iniciação:** visa alinhar as expectativas dos *stakeholders* com os objetivos do projeto fornecendo visibilidade do escopo e dos objetivos e mostrando como a participação dos *stakeholders* no projeto pode garantir o alcance de suas expectativas. Apresenta como resultados finais o termo de abertura do projeto (*Project Charter*), que é o documento que oficializa o seu início, e a lista de *stakeholders* do projeto. Envolve todos os processos necessários para identificar uma necessidade, definir o novo projeto ou fase e iniciá-lo por meio da obtenção da autorização de seu início.

- **Planejamento:** visa definir o escopo do projeto, definir e redefinir os objetivos e desenvolver o plano de ação necessário para alcançá-los. Apresenta como resultado final o plano detalhado do projeto incluindo todas as áreas. Envolve todos os processos para definir o escopo do projeto, seus objetivos e o plano necessário para alcançá-los.
- **Execução:** apresenta como resultado final o produto do projeto finalizado. Envolve todos os processos de coordenação de pessoas e recursos, do gerenciamento das expectativas dos *stakeholders* e da execução do plano conforme definido no planejamento para atender às especificações do projeto.
- **Monitoramento e controle:** tem como objetivo garantir que o projeto alcance os resultados esperados. Por isso, envolve todos os processos de acompanhamento, revisão e coordenação do progresso e do desempenho (planejado *versus* executado) do projeto e propor ajustes e replanejamentos quando necessário.
- **Encerramento:** tem como objetivo finalizar todas as atividades do projeto e garantir que o conhecimento gerado no projeto seja disponibilizado para uso futuro da organização. Assim, envolve todos os processos que encerram formalmente o projeto, preocupando-se com as questões de encerramento das compras, liberação dos recursos humanos envolvidos, entrega das documentações de projeto e aceite final do cliente. Além da geração das lições aprendidas e arquivamento dos documentos do projeto.

Já as dez áreas de conhecimento do gerenciamento de projetos podem ser assim resumidas:[29]

- **Gestão da integração:** o objetivo desta área é garantir a coordenação das demais áreas de conhecimento do projeto para que todas sejam desenvolvidas de forma integrada e sistêmica. Inclui todas as atividades para identificar, definir, combinar, unificar e coordenar os vários processos e atividades de gestão de projetos dentro de cada grupo de processo de gestão.
- **Gestão do escopo:** busca definir e controlar o que está e o que não está incluso no escopo do projeto de acordo com as necessidades dos clientes e *stakeholders*. Inclui atividades para definir os limites do projeto, suas restrições e premissas, mostrando o produto final desejado a ser obtido pelo projeto.
- **Gestão do tempo:** objetiva garantir o término do projeto na data prevista. Inclui atividades para definir os tempos de execução para as atividades, as formas de controle desses tempos e os ajustes necessários.
- **Gestão do custo:** objetiva garantir o término do projeto dentro do orçamento previsto. Inclui atividades para definir e controlar os custos das atividades do projeto, os valores e datas de desembolso e o controle financeiro.
- **Gestão da qualidade:** envolve o estabelecimento de políticas, procedimentos e controles para garantir que os objetivos e as especificações dos clientes sejam atendidos pelo projeto dentro do prazo e do custo definidos.
- **Gestão de recursos humanos:** objetiva gerir a equipe de projeto definindo a quantidade, as habilidades e as capacidades dos profissionais para às necessidades do projeto.
- **Gestão das comunicações:** visa criar um sistema de informação que colete, trate, analise e armazene toda e qualquer informação do projeto disponibilizando-as para todos os envolvidos, de forma rápida e precisa.
- **Gestão de riscos:** objetiva identificar e quantificar a probabilidade de ocorrência de fatos indesejáveis durante o desenvolvimento do projeto, seu custo e a identificação de formas de evitá-los ou mitigá-los ou elaboração de planos de contingência.
- **Gestão das aquisições:** foca a gestão das compras e aquisições de todos os produtos necessários para o desenvolvimento do projeto, sejam eles bens ou serviços.

- **Gestão dos *stakeholders*:** busca identificar pessoas e organizações que influenciam ou são influenciadas pelo projeto, ou são interessadas nos seus resultados, suas expectativas e necessidades e definir formas de os engajar.

Neste capítulo são abordados somente os processos de iniciação e do planejamento do escopo, de tempo e de custos.

3.3 PROCESSO DE INICIAÇÃO

Consiste nos processos para definir o novo projeto ou fase por meio da obtenção autorização de seu início.[30] Para tanto, dois elementos centrais são desenvolvidos nesta etapa: o *Project Charter* e a identificação dos *stakeholders*.

3.3.1 Elaborar o *Project Charter*

O *Project Charter* é o documento que autoriza formalmente a abertura ou início do projeto. Apresenta como grandes benefícios, a formalização do início e a definição de limites do projeto.[31]

Esse documento pode apresentar diferentes denominações e conteúdos em diferentes contextos organizacionais. Pode ser denominado termo de abertura do projeto, termo de referência do projeto, contrato do projeto, proposta do projeto etc. Pode variar no formato, conteúdo e detalhamento dependendo da natureza do projeto e das informações disponíveis.

De modo geral, o *Project Charter* compõe-se dos seguintes elementos:

- **Objetivo do projeto:** identifica claramente o resultado final a ser alcançado pelo projeto. Por exemplo, um projeto de construção de uma casa terá como objetivo construir uma casa térrea com "x" quartos em "y" meses com um orçamento de "z" mil reais. A casa construída é o produto final ou resultado do projeto.
- **Benefícios do projeto:** identificar os motivos pelos quais se está desenvolvendo o projeto. Nesse caso busca-se também ser o mais tangível possível, por exemplo, aumentar o faturamento em 5%, ou reduzir os custos em 10%. Dentro de um contexto de gestão de programas e portfólio, é nesta parte do *Project Charter* que se apresenta o relacionamento com esses elementos estratégicos.
- **Prazo:** é o prazo estimado para a finalização do projeto. Pode ser uma data final ou quantidade de meses/semanas.
- **Custo:** é o orçamento máximo a ser investido no projeto.
- **Escopo macro:** envolve as principais entregas (resultados intermediários) a serem desenvolvidas pelo projeto para o alcance do resultado final. Essa parte deve deixar claro o conteúdo do projeto. No exemplo da casa, a sua construção (entrega final) pode ser desmembrada em um conjunto de entregas intermediárias como: canteiro de obras, fundação, alvenaria, acabamento, jardinagem, documentação etc. Pode ser também entendido como o conteúdo do projeto.

- **Premissa:** é um fator externo ao projeto que a equipe não tem controle e não tem certeza sobre, mas que impacta diretamente no projeto, e que por isso é considerada como verdade no momento do planejamento do projeto. Cada premissa gera uma incerteza e um risco para o projeto. Por exemplo, no caso do projeto de construção de uma casa, pode ser que os proprietários não possuam os recursos necessários para a sua execução e que necessitem de um financiamento externo para tal. Nesse caso, um pressuposto ou premissa do planejamento do projeto será "obter a liberação dos recursos do financiamento". Sem este o projeto pode não começar ou não ser finalizado conforme o planejado.
- **Restrição:** é um fator que a equipe tem certeza sobre o projeto, uma verdade, um fato, que limita ou restringe o projeto. Por exemplo, um prazo fixo, um orçamento limitado, o tamanho disponível, a quantidade de pessoas disponíveis etc. No caso da casa, citado anteriormente, uma restrição poderia ser o volume financeiro do financiamento aprovado e liberado. Caso o seu valor seja integralmente aprovado e liberado, os proprietários poderão implementar todo o seu planejamento. No entanto, se somente uma parcela for liberada, uma readequação do escopo terá que ser feita, por exemplo, redução no tamanho total da casa ou mesmo na qualidade dos acabamentos. Em outras palavras, o volume do financiamento restringiu ou limitou o escopo do projeto.
- **Estrutura básica da equipe:** designa os componentes da equipe – gerente do projeto e sua equipe.

3.3.2 Identificar os *stakeholders*

O objetivo desta etapa é identificar as necessidades e requisitos a serem internalizados no projeto, assim como potenciais conflitos de interesse entre os seus interesses e riscos ao projeto. O conjunto de grupos de interesse normalmente é amplo e, muitas vezes, apresenta conflito entre eles. Por isso, faz parte desta atividade de identificação dos grupos, sua classificação para priorização e direcionamento de ações.

A identificação envolve as seguintes atividades segundo o Project Management Institute:[32]

- **Listar os grupos de *stakeholders*:** o objetivo é criar uma lista com todos os grupos incluindo seu nome, posição organizacional e informação de contato. Nesse momento é importante fazer uma lista exaustiva de todos os grupos que são afetados ou podem ser afetados, direta ou indiretamente, pelo processo de desenvolvimento do projeto (durante a execução) ou pelo seu produto final.
- **Identificar seu nível de engajamento:** diz respeito ao tipo de envolvimento do grupo no projeto que pode ser classificado como: desconhece o projeto; resistente e atua contra o projeto; neutro ou indiferente; apoiador ou favorável ao projeto; ativamente engajado, favorável e atuante junto ao projeto.
- **Classificar e priorizar:** uma das formas de identificar os grupos de interesse mais importantes para o projeto é por meio da análise de seu grau de poder sobre o projeto, ou sua autoridade formal ou poder de influenciar as decisões do projeto, e seu interesse no resultado do projeto. Uma vez realizada essa classificação, uma estratégia diferenciada de relacionamento para cada grupo pode ser tomada. A estratégia aplicável a grupos com interesse e poder baixos é o monitoramento da sua ação e da evolução de seus interesses. No caso de grupos com interesse alto e baixo poder de influência, é indicado mantê-los informados sobre a execução e o resultado do projeto. Para grupos com baixo interesse e alto poder, a estratégia adequada é mantê-los satisfeitos por meio do atendimento de suas necessidades. E para os grupos com alto interesse e poder, um alto nível de envolvimento no projeto é desejável com um gerenciamento próximo. A Figura 3.6 mostra essa matriz de classificação. Com ela é possível visualizar, claramente, quais são os grupos mais importantes para o projeto e que precisam ser envolvidos de forma mais ativa e próxima.

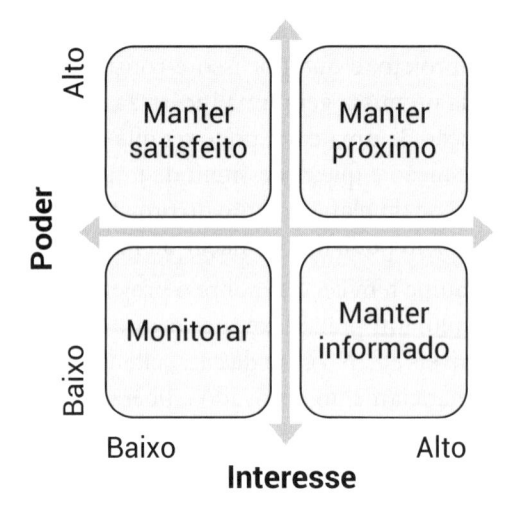

Figura 3.6 Estratégias de relacionamento com os *stakeholders*.

Fonte: Adaptado de Project Management Institute.[33]

3.4 PLANEJAMENTO DO PROJETO: GESTÃO DO ESCOPO

Após a finalização dos processos de iniciação, os processos de planejamento iniciam-se com o planejamento do escopo. A área de conhecimento de gerenciamento do escopo é responsável por definir e controlar o que está e o que não está incluso no escopo do projeto de acordo com as necessidades dos clientes e *stakeholders*. O plano do escopo envolve a definição clara dos limites do projeto, determinando o que está ou não incluso no projeto. O escopo precisa incluir todo trabalho necessário, e somente o trabalho necessário, para atender aos objetivos do projeto.[34]

Existem dois tipos de escopo a serem definidos e gerenciados neste processo: o escopo do produto e o escopo do projeto. O escopo do produto diz respeito aos aspectos e funções que caracterizam o produto/serviço que serão desenvolvidos dentro do projeto. O escopo do projeto, por sua vez, diz respeito ao conjunto do trabalho que deve ser feito para fornecer o produto/serviço conforme definido do escopo do produto.

O planejamento do escopo envolve quatro atividades principais[35] que são apresentadas na sequência.

3.4.1 Planejar a gestão do escopo

É processo que cria um plano para a definição do escopo que estabelece como este será definido, validado e controlado junto aos *stakeholders*.

3.4.2 Coletar requisitos

É o processo que define e documenta as funções, características e funcionalidades do produto e as especificações, necessidades e requisitos das partes interessadas em relação ao produto e ao projeto. Nesse processo, os dados identificados no processo de inicialização são complementados com a identificação das necessidades e requisitos. Os requisitos são características e peculiaridades que as partes interessadas desejam no produto e no projeto. Os requisitos do produto dizem respeito aos seus atributos (por exemplo, dimensões, cor, peso, marca etc.), desempenho ou funcionalidades. Já os requisitos do projeto estão relacionados com o modo de execução do trabalho para obtenção do produto.

Como resultado final tem-se a lista de *stakeholders* com seus respectivos requisitos em termos de produto e de processo do projeto. Essa lista envolverá, sobretudo, os grupos que foram classificados como mais importantes na matriz de poder e interesse explicada na seção anterior.

3.4.3 Definir escopo – declaração do escopo

A declaração do escopo é uma definição detalhada do escopo do produto e do processo de desenvolvimento do projeto. Visa esclarecer o que está ou não incluso no escopo do projeto em desenvolvimento. Ela é fundamental para o sucesso do projeto, pois desdobra os requisitos dos *stakeholders* identificados anteriormente. Porém, como nem todos os requisitos coletados podem ser considerados no escopo do projeto, definir claramente o que será considerado é fundamental.

A ideia é uma declaração mais detalhada possível. No entanto, dependendo da complexidade e incerteza do projeto pode-se definir uma macrovisão do escopo de todo o projeto que será, posteriormente, mais bem detalhada ao longo da execução.

Inexiste um único formato de declaração do escopo, mas seus principais elementos podem ser assim detalhados:

- **Objetivo do projeto:** idem ao *Project Charter*.
- **Entregas do projeto:** esta parte apresenta as entregas intermediárias do projeto necessárias à finalização do produto final e define o que vai ser feito pelo projeto.
- **Exclusões do projeto:** esta parte visa apresentar o que não vai ser feito pelo projeto.
- **Premissas do projeto:** detalhamento e ampliação das premissas do *Project Charter*.
- **Restrições do projeto:** detalhamento e ampliação das restrições do *Project Charter*.
- **Critérios de aceitação do projeto:** são as condições requeridas pelas partes interessadas para aceitar as entregas do projeto.

3.4.4 Criar a estrutura analítica do projeto (EAP)

A partir da declaração do escopo, elabora-se a estrutura analítica do projeto. A EAP é uma árvore hierárquica que desdobra ou subdivide as entregas e o trabalho do projeto, definidos na declaração do escopo, em componentes menores (pacotes de trabalho) para facilitar o planejamento e o gerenciamento do projeto. A EAP representa resultados finais e não atividades. Cada nível inferior representa mais detalhes das entregas e de seus componentes. Ela é considerada um elemento básico do planejamento do escopo e é a base para o desenvolvimento do cronograma dentro do planejamento do tempo. A Figura 3.7 apresenta um exemplo simplificado de EAP.

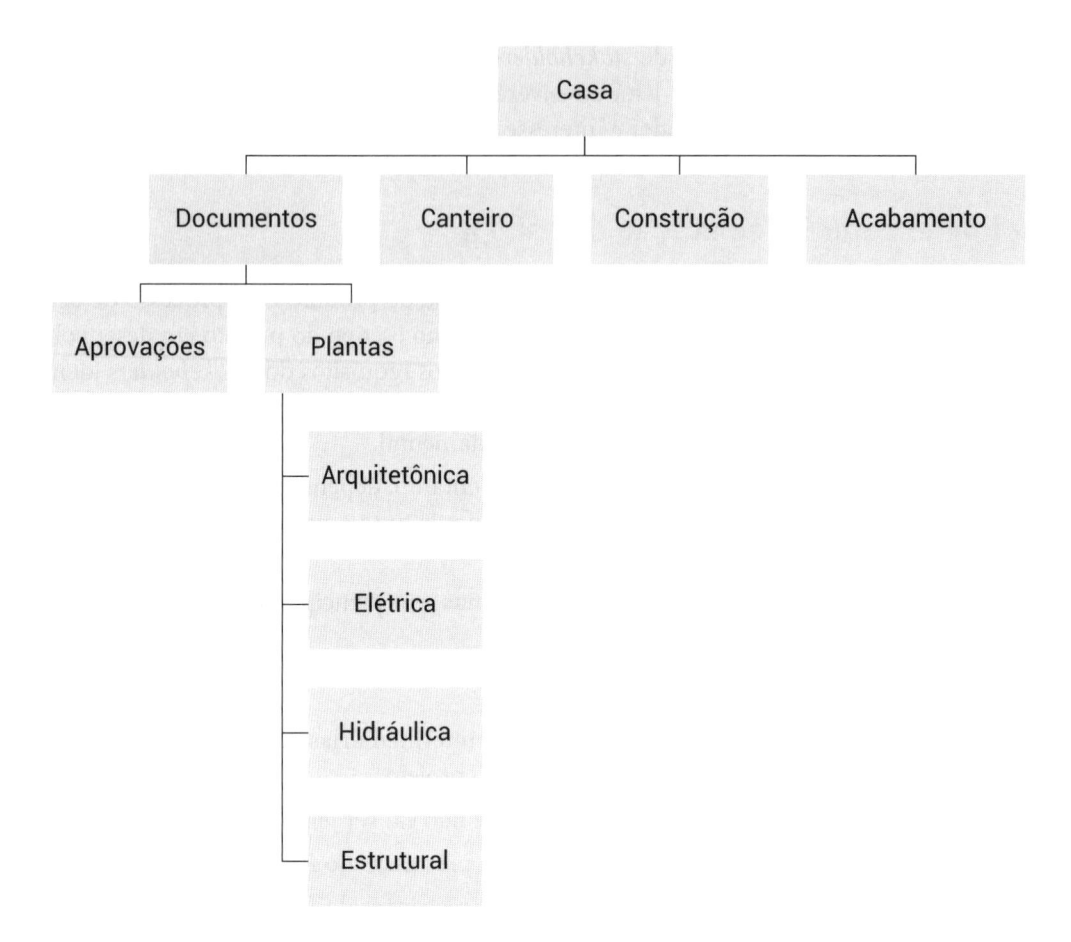

Figura 3.7 EAP simplificada da construção de uma casa.

A elaboração da EAP envolve os seguintes passos:

- **Identificar as entregas de primeiro nível do projeto:** essas entregas são as que foram definidas na declaração do escopo.
- **Desdobrar as entregas de primeiro nível em subcomponentes:** as entregas precisam ser detalhadas em seus subcomponentes para melhor entendimento do conteúdo. No exemplo da Figura 3.7 verifica-se que a entrega "Plantas" é composta por quatro subentregas diferentes: planta arquitetônica; planta elétrica; planta hidráulica e planta estrutural. Se a EAP finalizasse no nível um, esse entendimento não ficaria claro e poderia gerar conflitos posteriormente. O último nível da EAP é chamado de pacote de trabalho e será utilizado como base para o processo de construção do cronograma. É aconselhável incluir o gerenciamento do projeto como uma entrega, sobretudo quando houver equipe dedicada ao projeto. É importante também verificar se a decomposição está correta, ou seja, se os pacotes de trabalho definidos são os necessários e suficientes para a conclusão das entregas de seu nível superior.
- **Elaborar o dicionário da EAP:** é o documento que descreve os pacotes de trabalho. Pode ser é composto pelos seguintes elementos: código identificador do pacote, descrição do trabalho do pacote e responsável pela execução; requisitos de qualidade; critérios de aceitação; premissas e restrições e referências técnicas e informações contratuais.

3.5 PLANEJAMENTO DO PROJETO: GESTÃO DO TEMPO

Em síntese, a área de conhecimento de gerenciamento do tempo é responsável por realizar as estimativas de tempo necessário para cada atividade, a programação das atividades e o controle do tempo, consequentemente, responsável com a pontualidade do término do projeto. O Project Management Institute[36] estratifica o gerenciamento do tempo em sete processos:

- **Planejamento do gerenciamento do tempo:** esse processo estabelece as políticas, os procedimentos e a documentação exigida para satisfazer o planejamento, execução e controle do cronograma.
- **Definição das atividades:** o processo de identificar as atividades necessárias para contemplar as entregas do projeto.
- **Sequenciamento das atividades:** esse processo identifica e documenta as relações de dependência entre as atividades.
- **Estimar os recursos das atividades:** esse processo faz a seleção e estimativa dos tipos e quantidades de recursos que são necessários para realizar as atividades.
- **Estimar as durações das atividades:** após a escolha dos recursos que serão utilizados nas atividades, esse processo estima a quantidade de tempo de trabalho necessária para completar cada atividade.
- **Desenvolver o cronograma:** esse processo analisa as sequências das atividades, as durações das atividades, os recursos necessários e as restrições de cronograma para desenvolver o cronograma do projeto.
- **Controlar o cronograma:** nesse processo há o monitoramento e ações de controle quando mudanças ocorrerem em relação a *baseline* do cronograma do projeto.

Embora o PMOBok Guide apresente os processos do gerenciamento de projetos de forma separada é importante ressaltar que esses processos são desenvolvidos de forma interativa e integrada, inclusive, em alguns projetos, os processos de definir atividades, sequenciar as atividades, estimar os recursos das atividades e desenvolver o cronograma são realizados como um único processo, apesar de terem técnicas e ferramentas diferentes a cada um.

3.5.1 Planejamento do gerenciamento do cronograma

O plano de gerenciamento do cronograma estabelece as políticas, os procedimentos e os documentos utilizados no planejamento, execução e controle do cronograma do projeto. O plano de gerenciamento do cronograma depende estritamente das características intrínsecas do projeto, por exemplo, para projetos com produtos com alta complexidade e elevado tempo de execução um plano de gerenciamento de cronograma formal e detalhado é necessário, enquanto projetos mais simples necessitam talvez de um plano de gerenciamento informal e superficial.

O plano de gerenciamento do cronograma é parte do plano de gerenciamento de projeto e sua elaboração necessita de informações do próprio plano de gerenciamento de projeto para que haja integração com os demais planos, como a *baseline* do escopo do projeto, fatores ambientais da empresa como estrutura organizacional, recursos disponíveis e seus ativos de processos organizacionais, as ferramentas de controle do cronograma, informações históricas, modelos e diretrizes.

3.5.2 Definição, sequenciamento e programação das atividades do cronograma

A definição das atividades necessárias para produzir as saídas esperadas (entregas intermediárias) é derivada da definição do escopo do projeto, mais especificamente, da decomposição dos pacotes de trabalho em atividades. O resultado desse processo é denominado lista de atividades. A lista de atividades é uma lista envolvendo todas as atividades que serão programadas no cronograma.

As atividades possuem as seguintes características: código, duração, descrição, relações de dependência com outras atividades, restrições de datas e calendário, recursos e premissas.

Para documentar o relacionamento entre as atividades e, consequentemente, sequenciá-las pode-se utilizar o método do diagrama de precedência. O diagrama de precedência é uma representação das atividades de projeto e seus relacionamentos por meio de um diagrama de grafos no qual as atividades são os vértices e os relacionamentos as arestas. A Figura 3.8 apresenta um diagrama de precedência de 8 atividades. Os *softwares* de apoio ao gerenciamento de projetos geralmente possuem implementações para demonstrar a programação das atividades no diagrama de precedência.

8 atividades e 13 dependências

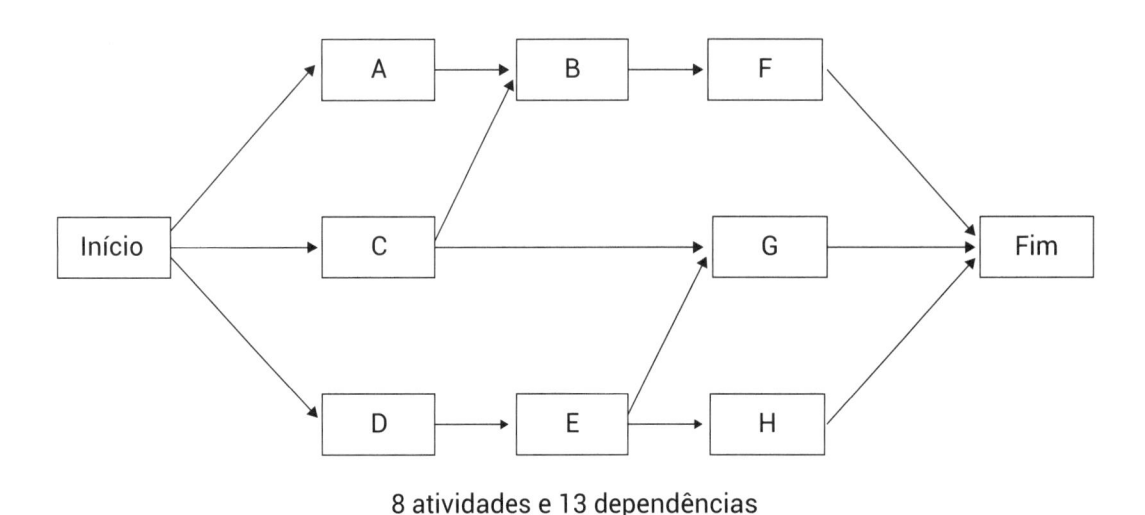

Figura 3.8 Exemplo de diagrama de precedência.

Os principais relacionamentos de dependência entre as atividades são:

- **Término para início:** nesse tipo de relacionamento a atividade sucessora (B) não pode começar até que sua atividade predecessora (A) tenha terminado, ou seja, a predecessora termina para a sucessora começar. Por exemplo, a atividade "Contratar o novo funcionário (B)" só pode começar depois da atividade "Realizar entrevista (A)" tiver finalizado.
- **Término para término:** nesse tipo relacionamento a atividade sucessora (B) não pode terminar até que a atividade predecessora (A) tenha terminado, ou seja, a predecessora termina para que a sucessora termine, note que neste caso há um paralelismo durante a execução das atividades. Por exemplo, a atividade "Finalizar a edição do documento" (B) só pode ser finalizada após a atividade "Escrever o documento" (A) ter sido finalizada.
- **Início para início:** em alguns casos, o início de uma atividade sucessora (B) depende do início de outra atividade predecessora (A), é caso de sincronização entre atividades. Por exemplo, a atividade "Adubar o terreno" (B) só pode começar quando a atividade "Lançar sementes" (A) tiver sido iniciada.

- **Início para término:** nesse tipo de relacionamento uma atividade predecessora (A) só poderá terminar quando sua atividade sucessora (B) começar. Por exemplo, a atividade "Desativar sistema antigo" (B) só poderá terminar quando a atividade "Migrar e iniciar o novo sistema" (A) tiver iniciado.

A relação de dependência entre as atividades que têm origem em restrições legais, tecnológicas ou físicas são chamadas de relações de dependência obrigatórias (*hard dependencies*), nas quais há evidente risco ou elevado custo para superar esse tipo de restrição. Entretanto, em alguns casos, é necessário criar uma dependência entre as atividades para melhorar critérios de custo, prazo, qualidade e riscos, nesse caso, a relação de dependência é arbitrária (*soft dependencies*). Como exemplo, pode-se citar a atividade de pintura de uma casa tendo como precedências as atividades de instalações elétricas e instalações hidráulicas, assim poderia evitar o risco de retrabalhos ocasionados por "acidentes" durante a execução dessas atividades. A equipe de gerenciamento de projetos deve identificar as restrições obrigatórias e as restrições arbitrárias para elaboração do cronograma.

Estimar a quantidade de recursos necessários para cada atividade é um dos processos mais importantes na área de gerenciamento do tempo, principalmente se esses recursos forem escassos e concorridos simultaneamente por várias atividades, como é o caso de ambientes multiprojetos. O processo de estimativa dos recursos deve determinar o tipo de recurso e a quantidade que será disponibilizada à atividade. A alocação de recursos às atividades impacta diretamente nos critérios de qualidade, custo e prazo do projeto. A exatidão da quantidade recursos requeridos por atividades é dependente das características do ambiente.

Uma vez estimado os recursos das atividades, é possível estimar sua duração. As estimativas podem ser realizadas por meio de análises históricas, análogas, opiniões de especialistas, métodos específicos às características do projeto e estimativas de três pontos (estimativa utilizada no *Program Evaluation & Review Technique* – PERT).

A programação das atividades, ou definição do cronograma, depende estritamente da sequência das atividades e da disponibilidade dos recursos. Existem diversas ferramentas que auxiliam na elaboração de um cronograma, talvez a mais conhecida e utilizada seja o gráfico de Gantt que por meio de barras horizontais indica a programação das atividades e o andamento do projeto. A Figura 3.9 apresenta um exemplo simplificado de gráfico Gantt para a construção de uma casa.

A Figura 3.9 apresenta diversos pontos importantes. O projeto da casa (representado pela atividade 1 no cronograma) está divido em duas fases (fase 1 e fase 2). A fase 2 está dividida em outras duas subfases (construção e acabamento). Essas divisões são representadas pelas barras no diagrama de Gantt ( ) e servem para facilitar o planejamento e controle das atividades.

Todas as atividades nesse diagrama são representadas por barras, às vezes com o preenchimento de uma barra mais escura (,). A barra mais escura dentro da atividade significa que a atividade já foi contemplada na proporção do preenchimento horizontal dessa barra. As atividades da fase 1 (aquisição do terreno, terraplanagem e fundações) são executadas sequencialmente por existir restrições de precedência entre elas. A subfase Acabamento possui três atividades que podem ser executadas paralelamente. Os esquemas de cores e modos de representação do andamento das atividades podem variar dependendo de quem elabora o gráfico ou do *software* utilizado, mas a ideia principal sempre será a mesma. Determinando a duração de cada atividade é possível determinar a data prevista de término do projeto.

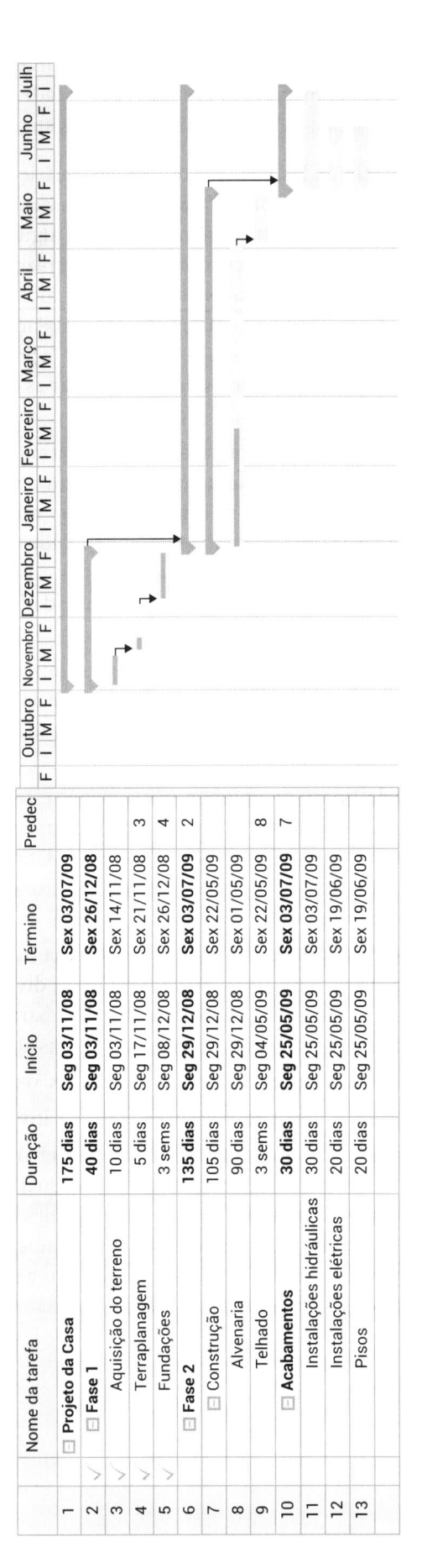

	Nome da tarefa	Duração	Início	Término	Predec
1	☐ **Projeto da Casa**	**175 dias**	**Seg 03/11/08**	**Sex 03/07/09**	
2	☐ **Fase 1**	**40 dias**	**Seg 03/11/08**	**Sex 26/12/08**	
3	Aquisição do terreno	10 dias	Seg 03/11/08	Sex 14/11/08	
4	Terraplanagem	5 dias	Seg 17/11/08	Sex 21/11/08	3
5	Fundações	3 sems	Seg 08/12/08	Sex 26/12/08	4
6	☐ **Fase 2**	**135 dias**	**Seg 29/12/08**	**Sex 03/07/09**	2
7	☐ Construção	105 dias	Seg 29/12/08	Sex 22/05/09	
8	Alvenaria	90 dias	Seg 29/12/08	Sex 01/05/09	
9	Telhado	3 sems	Seg 04/05/09	Sex 22/05/09	8
10	☐ **Acabamentos**	**30 dias**	**Seg 25/05/09**	**Sex 03/07/09**	7
11	Instalações hidráulicas	30 dias	Seg 25/05/09	Sex 03/07/09	
12	Instalações elétricas	20 dias	Seg 25/05/09	Sex 19/06/09	
13	Pisos	20 dias	Seg 25/05/09	Sex 19/06/09	

Figura 3.9 Exemplo de gráfico de Gantt.

O método do caminho crítico – *Critical Path Method* (CPM) – é uma das ferramentas mais utilizadas para a programação das atividades, pois além determinar o tempo de início e término de cada atividade, a técnica auxilia na identificação de quais são as atividades que devem receber mais atenção pela equipe de projeto. Considerando ainda o exemplo da construção, onde se tem a lista de atividades apresentada na Tabela 3.1, pode-se desenhar o diagrama de precedência apresentado na Figura 3.10.

Tabela 3.1 Lista de atividades

Número	Atividade	Duração (dias)	Precedência
1	Aquisição do terreno	10	–
2	Terraplanagem	5	1
3	Fundações	21	2
4	Alvenaria	90	3
5	Telhado	21	4
6	Instalações hidráulicas	30	5
7	Instalações elétricas	20	5
8	Pisos	20	5

Começa-se o desenho da rede de atividades pelas atividades que não possuem restrições de precedência com nenhuma outra atividade, nesse caso, só temos a atividade 1 (Aquisição do terreno) sem atividades precedentes, depois desenha-se as atividades que possuem restrição de precedência com atividades já desenhadas.

Esse modelo permite calcular alguns tempos, como o tempo de início mais cedo, tempo de término mais cedo, tempo de início mais tarde, tempo de término mais tarde. Os tempos de início mais cedo e de término mais cedo referem-se à programação das atividades denominada para a frente, onde assim que possível, é liberada a atividade para execução. Com esses cálculos é possível determinar o tempo de término mais cedo possível do projeto sem intervenções positivas ou negativas.

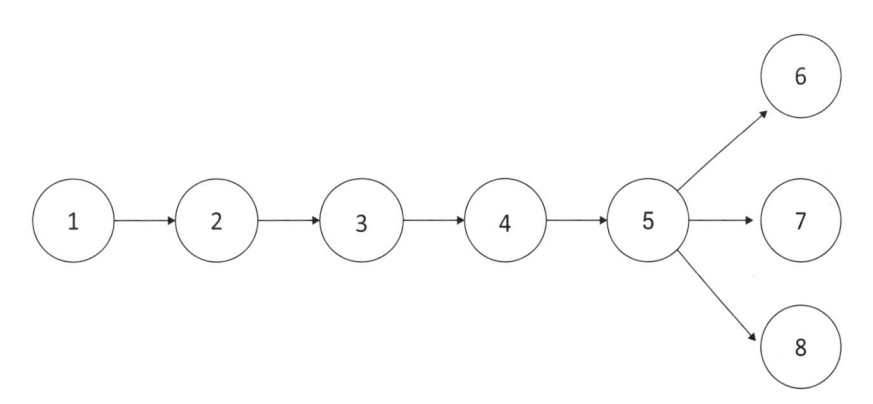

Figura 3.10 Diagrama de precedência.

O cálculo começa com as atividades que não possuem restrições de precedência, por isso, sua execução pode começar o mais cedo possível, ou seja, no instante zero. Para nosso exemplo, só temos a atividade 1 (Aquisição do terreno) sem restrições de precedência. Essa atividade pode iniciar no tempo 0 e terminará após sua duração de 10 dias. Transferindo-se tais tempos para um calendário, pode-se determinar as datas reais de início e término mais cedo possível dessa atividade.

A próxima atividade a ser programada seria a atividade 2 (Terraplanagem), pois ela possui somente a atividade 1 como restrição de precedência que por sua vez, já foi programada. Uma vez que a atividade 2 só poderá iniciar após o término da atividade 1, o tempo de início mais cedo possível para a atividade 2 será igual ao tempo de término mais cedo de sua atividade predecessora (atividade 1). Caso a atividade tenha mais de uma tarefa predecessora, o tempo de seu início mais cedo será o maior tempo de término mais cedo entre suas tarefas predecessoras, ou seja, será necessário que todas as tarefas predecessoras estejam terminadas para a sucessora finalizar. A Tabela 3.2 apresenta a programação dos tempos de início mais cedo de todas as atividades para construção da casa. O maior tempo de término mais cedo é a data de conclusão do projeto. No caso do exemplo da Tabela, 177 dias.

Tabela 3.2 Programação para a frente

Número	Atividade	Duração (dias)	Precedência	Tempo de início mais cedo	Tempo de término mais cedo
1	Aquisição do terreno	10	-	0	10
2	Terraplanagem	5	1	10	15
3	Fundações	21	2	15	36
4	Alvenaria	90	3	36	126
5	Telhado	21	4	126	147
6	Instalações hidráulicas	30	5	147	177
7	Instalações elétricas	20	5	147	167
8	Pisos	20	5	147	167

Ademais à programação para a frente, o método do caminho crítico envolve a programação para trás. Esta envolve a definição do tempo de início mais tarde e do tempo de término mais tarde. O primeiro refere-se ao momento mais tarde possível que uma tarefa pode começar de modo que não afete a data de entrega final do projeto. Enquanto o tempo de término mais tarde é o momento mais tarde possível que uma tarefa pode terminar de modo que não afete a data de entrega do projeto. A programação das atividades utilizando os tempos de início e término mais tarde é denominada programação para trás, pois os cálculos começam no momento da entrega do projeto e somente depois é calculado o tempo das demais tarefas indo do final para o começo do projeto.

Para o exemplo anterior, tem-se que a data mais cedo possível de término do projeto é o dia 177. Começa-se escolhendo as atividades que não possuem atividades sucessoras (atividades que não são restrições de precedência de outras). Para nosso exemplo, têm-se três atividades – 6, 7 e 8. Para que o projeto termine no prazo desejado, qual a data de término mais tarde para essas tarefas, uma vez que o projeto termina no dia 177? A resposta seria 177. A data mais tarde possível de término dessas tarefas que não possuem sucessoras é a própria data de entrega do projeto.

Para determinar a data de início mais tarde que uma atividade pode começar, desconte de seu tempo de término mais tarde a sua duração ou tempo de processamento. Por exemplo, o tempo de término da tarefa 7 é 177 e ela possui duração de 20 dias, portanto, o tempo de início mais tarde que essa tarefa pode começar de modo que não atrase todo o projeto é o dia 157. Para as tarefas que possuem sucessoras, o tempo de término mais tarde será igual ao menor tempo de início mais tarde de suas sucessoras. Seguindo o exemplo, tem-se como sucessoras da tarefa 5 as atividades 6, 7 e 8, respectivamente com os seguintes tempos de início mais tarde 147, 157 e 157. Portanto, o tempo de término mais tarde possível da tarefa 5 será 147. Abaixo apresentam-se as datas de início e término mais tarde de todas as atividades do exemplo apresentado na tabela anterior.

Tabela 3.3 Programação para trás

Número	Atividade	Duração (dias)	Precedência	Tempo de início mais tarde	Tempo de término mais tarde
1	Aquisição do terreno	10	-	0	10
2	Terraplanagem	5	1	10	15
3	Fundações	21	2	15	36
4	Alvenaria	90	3	36	126
5	Telhado	21	4	126	147
6	Instalações hidráulicas	30	5	147	177
7	Instalações elétricas	20	5	157	177
8	Pisos	20	5	157	177

Calculados os tempos mais cedo e mais tarde de todas as atividades, pode-se determinar quais atividades deverão ser gerenciadas com maior atenção para que não haja atraso no projeto. Em outras palavras, pode-se identificar o caminho crítico. O cálculo da diferença entre os tempos de início mais tarde e mais cedo ou a diferença entre os tempos de término mais tarde e mais cedo, tem como resultado o número de períodos de tempo que determinada atividade poderá atrasar, caso uma programação para a frente seja adotada, sem prejudicar a data final do projeto. Esse número de períodos, no caso a escala é dias, é conhecido como folga total.

Tabela 3.4 Tempos de folga total

Número	Atividade	Tempo de início mais tarde	Tempo de início mais cedo	Folga
1	Aquisição do terreno	0	0	0
2	Terraplanagem	10	10	0
3	Fundações	15	15	0
4	Alvenaria	36	36	0
5	Telhado	126	126	0
6	Instalações hidráulicas	147	147	0
7	Instalações elétricas	157	147	10
8	Pisos	157	147	10

As tarefas que não possuem folga total são denominadas atividades críticas, pois caso sofram algum atraso, mesmo programando-as para a frente, a data de término final do projeto será afetada. O conjunto de atividades críticas que são adjacentes da primeira atividade sem restrição de precedência (atividade 1) até a atividade com a maior data de término (atividade 6) é conhecido com caminho crítico, pois qualquer atividade que atrase, atrasará o projeto.

Surgido no final da década de 1950, o método denominado *Program Evaluation & Review Technique* (PERT) é outro método clássico que pode ser utilizado na etapa de planejamento do cronograma. A diferença entre CPM e PERT é que o CPM trabalha com estimativas de tempo das atividades ou pacotes de atividades de forma determinística enquanto o PERT trabalha com estimativas de forma estocástica.

As estimativas de projeto nessa técnica pressupõem que o tempo de duração das atividades é independente, ou seja, o tempo de execução de uma atividade não interfere no tempo de execução de outras. No método PERT são realizadas três estimativas de tempo para cada atividade ou pacote de atividades do projeto, são elas:

- **Mais provável (MP):** estimativa do tempo de duração das atividades ou pacotes de atividades baseada no cenário mais provável que ocorra.
- **Otimista (O):** estimativa do tempo de duração das atividades ou pacotes de atividades baseada no cenário mais positivo.
- **Pessimista (P):** duração baseada no cenário mais negativo.

O método PERT utiliza a distribuição estatística conhecida com distribuição Beta. A Figura 3.11 ilustra essa distribuição e sua correlação com as três estimativas (MP, O e P). Note que a estimativa mais provável é o valor de x de maior valor da função de probabilidade (f(x)). Note também que a área à esquerda da estimativa mais provável (MP) é menor que a área à direita da estimativa MP. A estimativa esperada (E) é o valor de x no qual as probabilidades acumuladas à direita e à esquerda são idênticas. O comportamento à direita da distribuição Beta pode ser aproximado à conhecida distribuição normal para facilitar o cálculo das estimativas.

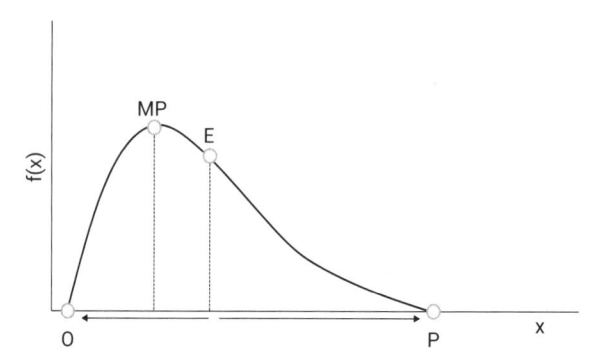

Figura 3.11 Função da distribuição Beta.

Estatisticamente, o tempo de duração esperado (E) é calculado por meio da Equação 3.1:

$$E = \frac{O + 4.MP + P}{6} \tag{3.1}$$

A variância do tempo de duração da atividade é dada pela Equação 3.2:

$$\sigma^2 = \left(\frac{P-O}{6}\right)^2 \tag{3.2}$$

Dessa forma, a estimativa esperada de duração do projeto (TP) é obtida pela soma das durações de todas as atividades do caminho crítico, e a variância do projeto é obtida pela soma das variâncias das atividades do caminho crítico.

Conhecendo o tempo de término (TP) e a variância do projeto pode-se calcular a probabilidade de término do projeto em um determinado período (T), utilizando-se a Equação 3.3 para calcular o valor de z de uma distribuição normal.

$$z = \frac{T - TP}{\sigma} \tag{3.3}$$

Para exemplificar o cálculo da probabilidade de um projeto considere os seguintes valores: TP = 50 d, σ^2 = 25 d e T = 60 d. Neste exemplo, o tempo de conclusão do projeto esperado é 50 dias com uma variância de 25 dias. Diante do exposto, pode-se responder qual é a probabilidade de o projeto terminar antes de 60 dias. O valor do desvio-padrão do projeto (σ) é a raiz quadrada da variância do projeto ($\sqrt{\sigma^2}$).

Portanto, σ = 5 dias. Aplicando a fórmula Equação 3.3 tem-se: $z = \dfrac{60-50}{5} = 2$.

Consultando-se na tabela de distribuição normal (Tabela 3.5) o valor de z igual a 2 tem-se a probabilidade de o projeto terminar até o 60º período, que é de aproximadamente 97,72%.

Tabela 3.5 Distribuição normal 0 e 1

z	0	0,01	0,02	0,03	0,04	0,05	0,06	0,07	0,08	0,09
0	50,00%	50,40%	50,80%	51,20%	51,60%	51,99%	52,39%	52,79%	53,19%	53,59%
0,1	53,98%	54,38%	54,78%	55,17%	55,57%	55,96%	56,36%	56,75%	57,14%	57,53%
0,2	57,93%	58,32%	58,71%	59,10%	59,48%	59,87%	60,26%	60,64%	61,03%	61,41%
0,3	61,79%	62,17%	62,55%	62,93%	63,31%	63,68%	64,06%	64,43%	64,80%	65,17%
0,4	65,54%	65,91%	66,28%	66,64%	67,00%	67,36%	67,72%	68,08%	68,44%	68,79%
0,5	69,15%	69,50%	69,85%	70,19%	70,54%	70,88%	71,23%	71,57%	71,90%	72,24%
0,6	72,57%	72,91%	73,24%	73,57%	73,89%	74,22%	74,54%	74,86%	75,17%	75,49%
0,7	75,80%	76,11%	76,42%	76,73%	77,04%	77,34%	77,64%	77,94%	78,23%	78,52%
0,8	78,81%	79,10%	79,39%	79,67%	79,95%	80,23%	80,51%	80,78%	81,06%	81,33%
0,9	81,59%	81,86%	82,12%	82,38%	82,64%	82,89%	83,15%	83,40%	83,65%	83,89%
1,0	84,13%	84,38%	84,61%	84,85%	85,08%	85,31%	85,54%	85,77%	85,99%	86,21%
1,1	86,43%	86,65%	86,86%	87,08%	87,29%	87,49%	87,70%	87,90%	88,10%	88,30%
1,2	88,49%	88,69%	88,88%	89,07%	89,25%	89,44%	89,62%	89,80%	89,97%	90,15%
1,3	90,32%	90,49%	90,66%	90,82%	90,99%	91,15%	91,31%	91,47%	91,62%	91,77%
1,4	91,92%	92,07%	92,22%	92,36%	92,51%	92,65%	92,79%	92,92%	93,06%	93,19%
1,5	93,32%	93,45%	93,57%	93,70%	93,82%	93,94%	94,06%	94,18%	94,29%	94,41%
1,6	94,52%	94,63%	94,74%	94,84%	94,95%	95,05%	95,15%	95,25%	95,35%	95,45%
1,7	95,54%	95,64%	95,73%	95,82%	95,91%	95,99%	96,08%	96,16%	96,25%	96,33%
1,8	96,41%	96,49%	96,56%	96,64%	96,71%	96,78%	96,86%	96,93%	96,99%	97,06%
1,9	97,13%	97,19%	97,26%	97,32%	97,38%	97,44%	97,50%	97,56%	97,61%	97,67%
2,0	**97,72%**	97,78%	97,83%	97,88%	97,93%	97,98%	98,03%	98,08%	98,12%	98,17%
2,1	98,21%	98,26%	98,30%	98,34%	98,38%	98,42%	98,46%	98,50%	98,54%	98,57%
2,2	98,61%	98,64%	98,68%	98,71%	98,75%	98,78%	98,81%	98,84%	98,87%	98,90%

3.6 PLANEJAMENTO DO PROJETO: GESTÃO DO CUSTO

Não são raros os momentos em que nos deparamos com estouro do orçamento em projetos. Podemos citar várias situações, por exemplo, em uma viagem de turismo, na reforma da casa, festa de casamento, obras públicas e até mesmo nos relatórios de desempenho dos projetos da empresa. Por mais que existam dados históricos de atividades e de projetos similares, trabalha-se sempre com analogias e, portanto, o planejamento está sujeito a imprecisões. Por isso, a qualidade dos métodos utilizados nas estimativas é tão importante quanto o processo de controle do orçamento, verificando os desvios, recalculando as estimativas e fazendo as alterações necessárias sempre de forma preventiva.

Os custos dos projetos podem ser classificados em diretos, indiretos ou casuais. Os custos diretos são aqueles que variam segundo suas utilizações efetivas, tais como mão de obra, materiais e gastos diretos. Os custos indiretos são aqueles que não variam segundo suas utilizações efetivas e são rateados utilizando-se o sistema de contas da EAP, tais como materiais indiretos, mão de obra indireta (pessoal de auditorias da qualidade, *overhead* das equipes de apoio ao projeto, entre outros). Incluem também os gastos indiretos (aluguel, seguros e depreciação dos equipamentos, entre outros), que são geralmente apurados período a período. Finalmente, os custos casuais são esporádicos, tais como as multas por atraso na execução e finalização das entregas do projeto.

Para um gerenciamento dos custos de projeto que planeje e execute o projeto dentro de seu custo esperado e que garanta fluxo de caixa positivo, o Project Management Institute[37] apresenta os seguintes processos:

- **Planejar o gerenciamento de custos:** processo no qual as políticas, os procedimentos e a documentação para o planejamento, gestão, despesas e controle dos custos do projeto são estabelecidos.
- **Estimativa dos custos:** processo responsável por realizar as estimativas dos custos referentes aos recursos necessários para executar todas as atividades do projeto.
- **Determinar o orçamento:** valor agregado de todas as estimativas de custos, somando as estimativas de cada atividade ou pacotes de trabalho, para estabelecer a linha-base (*baseline*) de custo do projeto para fim de orçamento.
- **Controlar os custos:** influenciar os fatores geradores de custos adicionais e controlar as mudanças no orçamento ao longo da evolução do projeto.

Para uma boa gestão de custo, é necessário o desenvolvimento da integração com as demais áreas de conhecimento da gestão de projeto, em especial, com aquelas que fazem parte do triângulo dos objetivos primários – escopo, prazo e custo. Pois, durante o decorrer do projeto as diferentes partes interessadas do projeto terão percepções diferentes sobre os custos do projeto. O custo de um item pode sofrer alterações entre o momento da decisão e a própria execução da decisão. Portanto, ter em mente que os objetivos primários estão fortemente relacionados é imprescindível para uma boa gestão. O Boxe 3.2 apresenta o impacto do atraso de uma obra nos custos do projeto.

BOXE 3.2 REFLEXOS DO ATRASO NO PROJETO DE TRANSPOSIÇÃO DO RIO SÃO FRANCISCO[38]

Na construção civil, é comum imprevistos que impedem que a obra seja finalizada no momento previsto, gerando atrasos e custos adicionais. Um dos grandes expoentes dessa afirmação está no nordeste brasileiro: a obra de transposição do rio São Francisco. A obra, que consiste em dividir a água do rio entre várias áreas do nordeste brasileiro, inicialmente estava prevista para ser entregue em 2010, com um custo de R$ 4,5 bilhões.

Vários problemas ocorreram, entre eles uma mudança de equipe de execução do projeto. Isso gerou um atraso no projeto (cuja primeira etapa tinha previsão de entrega para 2017) e um custo correspondente (o orçamento ultrapassou a casa do R$ 10 bilhões).

Um projeto como esse possui muitos riscos – viabilidade política, socioambiental e até mesmo técnica (afinal, não é um projeto convencional). E é um ótimo exemplo de como tempo de execução e custo de projeto estão relacionados.

3.6.1 Processo de desenvolvimento do plano de gerenciamento dos custos

O planejamento do gerenciamento dos custos é o processo no qual as políticas, os procedimentos e a documentação para o planejamento, gestão, despesas e controle dos custos do projeto são estabelecidos. O principal objetivo desse processo é fornecer orientações e instruções às decisões sobre o gerenciamento dos custos durante o projeto. Esse processo requer informações oriundas do plano de gerenciamento do projeto, termo de abertura, fatores ambientes da empresa e ativos de processos organizacionais.

O plano de gerenciamento do projeto contém informações que serão utilizadas no desenvolvimento do plano de gerenciamento dos custos como gerenciamento do escopo e detalhamento da EAP, linha base do cronograma do projeto e outras decisões que envolvem os custos, como o gerenciamento dos riscos. O termo de abertura fornece o orçamento preliminar do projeto e requisitos de aprovação do projeto. Entre os fatores ambientais da empresa que influenciam no gerenciamento dos custos estão a estrutura e a cultura organizacional, taxas cambiais, condições de mercado e informações comerciais e o sistema de informações de gerenciamento de projetos. Dos ativos de processos organizacionais, os procedimentos de controle financeiro, aprendizagens e informações de projetos passados e políticas, de estimativas de custos influenciam no plano de gerenciamento de custos.

O plano de gerenciamento de custos descreve como os custos do projeto serão planejados, estruturados e controlados. Dessa forma, o plano de gerenciamento de custos pode estabelecer as unidades de medida utilizadas no projeto, o nível de precisão das estimativas, a taxa de variação e seus limites aceitáveis nos custos das atividades ou pacotes sem a necessidade de ações contingenciais, associações do projeto com os procedimentos organizacionais, como o controle de contas da contabilidade e os itens de projeto e quais são os indicares de custos empregados para medir o desempenho do projeto e outras informações relevantes.

3.6.2 Processo de estimativa dos custos

O gerenciamento de custos de projeto começa com a realização de boas estimativas. As estimativas são um prognóstico sobre as informações conhecidas em um determinado momento do projeto. Por isso, durante o desenvolvimento do projeto é necessário realizar ajustes nas estimativas conforme o surgimento de novas informações que influenciam os custos do projeto.

De forma geral, as estimativas de custos devem considerar alternativas de recursos e de sua utilização e o impacto sobre os custos. Como exemplo, o impacto de utilizar recursos dedicados *versus* recursos compartilhados sobre os indicadores de qualidade, custo e prazo do projeto.

O processo de estimar os custos do projeto, conforme o Project Management Institute,[39] considera informações de vários componentes, entre eles: plano de gerenciamento de custos, plano de gerenciamento de recursos humanos, linha base de escopo, cronograma do projeto, registro dos riscos, fatores ambientais e ativos da empresa.

Uma maneira de realizar a estimativa de custo é identificar os recursos necessários para completar todas as atividades do projeto. Entre as técnicas e ferramentas utilizadas nesse processo estão:

- **Opinião de especialistas:** os especialistas realizam julgamentos sobre as necessidades do projeto e baseados no conhecimento de projetos anteriores fazem as estimativas.
- **Estimativa análoga:** essa técnica utiliza informações reais de projetos análogos para realizar as estimativas.
- **Estimativa paramétrica:** a estimativa paramétrica fundamenta-se em métodos estatísticos baseados nas características do projeto.
- **Estimativas de três pontos:** a estimativa de um projeto pode ser melhorada considerando incertezas e riscos. Dependendo de três estimativas, ótima, mais provável e pessimista, é possível determinar o custo esperado da atividade ou pacote usando as distribuições beta e triangular:
  - distribuição triangular: (Estimativa otimista + Estimativa mais provável + estimativa pessimista) / 3;
  - distribuição beta: (Estimativa otimista + 4* Estimativa mais provável + estimativa pessimista) / 6.

A utilização dessa técnica possibilita que os envolvidos no projeto meçam os níveis de risco da variação nos custos do projeto, dessa forma, uma estimativa do orçamento destinado às atividades contingenciais é mais bem fundamentada.

Em geral, no início do ciclo de vida do projeto, as estimativas são feitas utilizando uma abordagem *top-down* e, ao longo do curso do projeto, e de seu detalhamento, as estimativas são mais precisas utilizando uma abordagem *bottom-up*.

3.6.3 Processo de elaboração do orçamento

O processo de elaboração do orçamento realiza a agregação dos custos estimados das atividades e pacotes de trabalho para determinar uma estimativa mestre de custo do projeto. Essa estimativa é chamada de base de custos ou *baseline* de custos. A *baseline* dos custos é fundamental para a gestão dos custos, pois através dela é medido o desempenho do projeto e estabelecidas eventuais ações contingenciais, caso o projeto tenha se desviado do planejado. A *baseline* pode ser estabelecida tanto com base na programação das atividades utilizando as datas mais tarde ou mais cedo. A informação contida na curva de *baseline* do projeto, também conhecida como curva S, fornece o orçamento em uma base temporal. Um exemplo de curva S está apresentado na Figura 3.12.

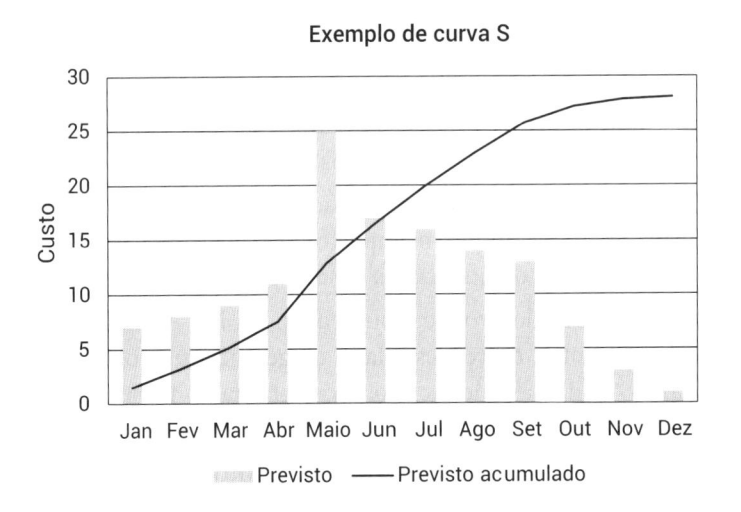

Figura 3.12 Exemplo de Curva S.

Finalizada a construção da curva S, todo o orçamento e o fluxo de caixa estimado estarão representados de forma que o gerente tenha condições de monitorá-los adequadamente. Os requisitos de caixa do projeto total ou por período são derivados da *baseline* de custo e devem exceder a linha de base de custo. Em geral, o comportamento das receitas do projeto ocorre de forma incremental (de escada), uma vez que os recebimentos, sobretudo em projetos contratados, estão associados a marcos temporais, nos quais algumas entregas são realizadas ao cliente em contrapartida de um pagamento.

O gerente de projeto deve assegurar os requisitos mínimos de fundos do projeto, ou seja, os custos aprovados na *baseline* mais um valor de reserva de segurança estimado para mitigar riscos ou alterações do projeto. Para usar a reserva de segurança é necessária uma autorização especial e o valor dessa reserva de segurança não deve ser considerado como parte da curva de custos do projeto. É importante ressaltar que as informações da *baseline* de custo e do orçamento como um todo fazem parte do plano do projeto e devem ser comunicadas para a área de Gestão da Integração que é a guardiã do plano do projeto.

Além de representar os custos do projeto na curva S, é possível também representá-los utilizando a EAP. Partindo-se dos níveis mais baixos da estrutura analítica do projeto, que são os pacotes de trabalho, percorre-se a EAP seguindo a hierarquia e as ligações entre os pacotes de trabalho e seus níveis superiores, agregando-os.

Pode-se admitir que uma atividade esteja envolvida diretamente com a quantidade ou escolha de recursos que são alocados para execução da tarefa. Uma forma de acelerar a execução das atividades do projeto é por meio do investimento em mais recursos ou recursos que viabilizem a redução do tempo de projeto por meio de eliminação de outras tarefas.

3.7 TÉCNICAS DE MELHORIA DO CRONOGRAMA E DO ORÇAMENTO

Algumas técnicas podem ser utilizadas para a melhoria da programação temporal e de custos inicial do projeto, ou mesmo para ajustes durante a execução do projeto. Nesta seção são abordadas três delas: *fast tracking*, *crashing* e corrente crítica.

3.7.1 *Fast tracking* e *crashing*

Os ajustes da programação do projeto podem ser feitos de várias formas, das quais se destacam o nivelamento de recursos, a compressão da duração, também conhecida como *crashing* e o paralelismo, também conhecido como *fast tracking*. Destes ajustes de programação, o que tem menor impacto nos custos é o paralelismo (*fast tracking*) em que se alteram algumas sequências conservadoras de precedência tornando o desenvolvimento das atividades em paralelo.

Já o *crashing* pressupõe a necessidade de investimentos em recursos para acelerar o projeto pois há a premissa de que cada unidade de tempo reduzida de uma atividade apresenta um custo relacionado (CM). Conceitualmente, admite-se que a duração normal de um projeto ou de um pacote de atividades leva à execução da atividade ao menor **custo direto**, e que a duração acelerada leva ao maior custo direto. É importante notar que a duração acelerada representa o menor tempo possível para executar determinada atividade, ou seja, não adiantaria alocar mais recursos, pois seria inviável tecnicamente acelerar ainda mais a duração da atividade.

Diante do exposto, pode-se definir que o Custo Marginal (CM) de uma atividade representa o custo necessário para acelerá-la por uma unidade de tempo. Para este caso, admite-se que o custo para acelerar a atividade é uma função linear dependente do tempo (Custo Total Direto = Custo com duração normal + Custo marginal * (Tempo normal – Tempo acelerado)). Essa pressuposição nem sempre é verdadeira. Entretanto, a técnica para acelerar projetos que será apresentada a seguir pode ser adaptada facilmente para incorporar projetos ou atividades que não se enquadram nesse pressuposto.

As Equações 3.4, 3.5 e 3.6 definem Variação de Custo (VC), Variação de Duração (VD) e Custo Marginal (CM), respectivamente. A VC é a diferença entre o Custo direto da atividade acelerada (CDA) e o Custo direto da atividade não acelerada (normal ou no menor custo) (CDN). A VD é a diferença entre o tempo da Duração Normal (DN) da atividade e a Duração Acelerada (DA) da atividade. O CM representa o quanto custa uma unidade de tempo acelerada da atividade.

$$VC = CDA - CDN \tag{3.4}$$

$$VD = DN - DA \tag{3.5}$$

$$CM = \frac{VC}{VD} \tag{3.6}$$

O custo direto de um projeto é a soma dos custos diretos de todas as atividades. Já o custo indireto do projeto, conforme já comentado, é rateado período a período, configurando-se como custo fixo, portanto, ele varia conforme a duração total do projeto. Quando ocorrem modificações na *baseline* de custo do projeto e/ou necessidades de reprogramação dos prazos, o gerente defronta-se com a necessidade de escolher a alternativa de replanejamento que cause menor impacto negativo nos objetivos do projeto. Em geral, quando precisamos alterar prazo ou custo no projeto, estas duas variáveis podem apresentar *trade-offs*, em outras palavras, reduzir os custos e aumentar o prazo ou reduzir o prazo e aumentar os custos.

Tanto a estratégia de *fast tracking* ou de *cashing* devem ser aplicadas entre as atividades que realmente afetarão o desempenho do projeto em questão de prazo e custo, em outras palavras, as que fazem parte do caminho crítico.

3.7.2 O método da Corrente Crítica

Na rede de atividades de um projeto não existe folga no caminho crítico, portanto, qualquer atraso em uma das atividades que o compõe, representará uma postergação da data de término, ou seja, a conclusão do projeto se atrasará. Para a Corrente Crítica, é considerada a maior sequência de atividades dependentes entre si, pertencentes a um mesmo caminho, e atividades realizadas por um mesmo recurso.[40]

A disputa por um mesmo recurso dentro de uma sequência de atividades em um determinado projeto é um diferencial do método da Corrente Crítica.[41] Quando se considera a dependência por recursos, a verdadeira sequência mais longa de atividades pode conter também atividades não pertencentes ao caminho crítico, ou seja, a Corrente Crítica pode ser formada por atividades do caminho crítico e de caminhos não críticos. Desse modo, é possível melhorar a estimativa para conclusão de um projeto.

Existem três mecanismos de proteção que são utilizados pelos envolvidos para embutir proteção nas estimativas de duração das atividades.[43] O primeiro se relaciona com o desejo de que uma atividade tenha grande probabilidade de terminar no prazo preestabelecido. Para isso o tempo de uma atividade é estimado com uma determinada segurança, ou seja, um tempo maior do que o necessário para realizá-la.

O segundo mecanismo é considerado quando uma determinada sequência de atividades passa por diferentes departamentos e níveis hierárquicos. Nesse caso, as estimativas de tempo para cada atividade ficam mais vulneráveis à inserção de tempos de segurança, pois cada um quer garantir seu cumprimento de prazo. Quanto maior o número de níveis gerenciais, maior o tempo total das estimativas.

O terceiro mecanismo é o fato da alta direção da organização cortar cerca de 20% o tempo considerado para a entrega de um projeto. Tendo isso em vista, as próprias pessoas que definem as atividades acabam considerando este tempo, que será posteriormente cortado pela diretoria da empresa, e o embutirão previamente como proteção.

Mesmo com todas essas proteções de tempo incluídas nas estimativas das durações das atividades, ainda decorrem atrasos na entrega de projetos, pois as pessoas continuam a desperdiçar a segurança disponível.[42] Nesse contexto, os mecanismos de desperdícios são três.[43] O primeiro está relacionado com a falta de estímulo que as pessoas envolvidas na realização das atividades têm em comunicar seus superiores sobre o término antecipado de atividades. O receio dessas pessoas é que, se for comunicada a realização de uma atividade antes do prazo previsto, elas serão pressionadas futuramente para reduzirem seus tempos. Além do que, os departamentos envolvidos nas atividades seguintes não irão gostar, pois mesmo que a pessoa responsável seja avisada da antecipação da conclusão da atividade que o antecede, toda sua programação feita para aquele determinado período deverá ser totalmente replanejada. Isso pode ser explicado pela "Lei de Parkinson", em que a realização de uma atividade tende a preencher todo o tempo estimado.

A "Síndrome do estudante" é o segundo mecanismo de desperdício. Um estudante, quando tem uma atividade a ser realizada, primeiramente vai brigar para conseguir mais tempo. Ao ter seu prazo aumentado, deixará para realizá-la no último momento. E isso faz com que o atraso fique praticamente garantido, pois a maioria dos problemas só aparece ou é descoberta quando se inicia o trabalho propriamente dito.

A "Multitarefa" é o terceiro mecanismo. O fenômeno da multitarefa ocorre quando uma determinada área ou departamento está sendo pressionado por outros para concluir várias atividades de vários projetos nos prazos acordados. Sendo assim, na necessidade de satisfazer todos os seus clientes internos, as pessoas iniciam todas as atividades e não concluem nenhuma. Com muitas atividades começadas, o avanço continuará à medida que os clientes internos vão exigindo e pressionando para que terminem. A multitarefa é comum em ambientes de múltiplos projetos, pois existem recursos concorrentes que trabalham para atividades distintas em períodos de tempo particulares. Quando um recurso para de realizar uma atividade para iniciar outra, o tempo individual estimado dessas atividades fica comprometido.[43]

Todos esses mecanismos de desperdício resultam em atrasos de projeto. Embora pareçam simples e óbvios, foram constatados em muitas situações reais. Ou seja, todos os mecanismos de proteção usados para aumentar o tempo das atividades acabam sendo completamente desperdiçados.[43]

3.7.2.1 O procedimento

O método da Corrente Crítica procura minimizar as consequências da "Lei de Parkinson" por meio da redução da duração estimada das atividades em 50% do nível de confiança, por eliminar datas de conclusão ou marcos (*milestones*) das atividades e por acabar com a multitarefa.

A meta para o método da Corrente Crítica, é garantir que a conclusão de um projeto seja rápida e bem-sucedida. Com o tempo de segurança eliminado de cada atividade pela Corrente Crítica, a tendência é que essas atividades terminem o mais rápido possível.[44] Esses tempos de segurança que são subtraídos com a aplicação do método da Corrente Crítica são convertidos em pulmões de tempo e, depois que as atividades têm seus tempos reduzidos, suas durações ficam mais reais e desafiadoras.

A administração da execução do projeto é realizada por meio do gerenciamento dos pulmões de tempo. À medida que as atividades vão sendo concluídas, os gerentes de projeto são capazes de saber quanto tempo dos pulmões foram consumidos. Os tempos de segurança removidos das atividades devem concentrar-se no final da Corrente Crítica, com o objetivo de proteger a data de conclusão do projeto. Esse pulmão de tempo localizado no final da Corrente Crítica é chamado de Pulmão de Projeto. Quando os tempos de segurança forem removidos de atividades não pertencentes à Corrente Crítica, estes devem estar concentrados no final dessas atividades em um pulmão de tempo chamado Pulmão de Convergência. Este pulmão protege a Corrente Crítica de qualquer atraso que venha acontecer nas atividades não críticas do projeto.

Como exemplo para aplicação do procedimento da Corrente Crítica, foi usada uma rede de atividades, representada na Figura 3.13. Cada atividade é representada por uma letra (recurso) e um número (tempo).

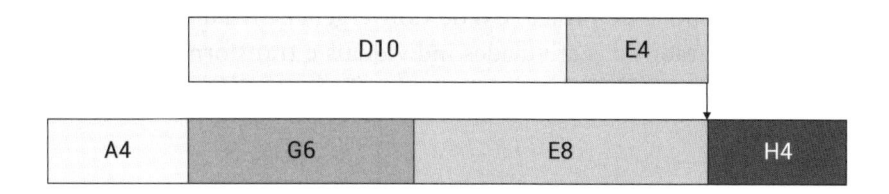

Figura 3.13 Planejamento inicial do projeto.

O comprimento horizontal dos retângulos é proporcional à duração esperada de cada atividade. A sequência dos retângulos apresentada na figura deve ser seguida, pois o início de uma atividade depende do término da anterior. A seta entre E4 e H4 também representa uma dependência. Isso significa que ambos, E4 e E8 devem terminar antes que a última tarefa H4 possa iniciar.

Os tempos dessa rede de atividades foram estimados e estão com os tempos de segurança embutidos em cada uma das atividades. Quando se aplica o método da Corrente Crítica, os tempos de cada uma das atividades devem ser reduzidos pela metade.[43] O tempo subtraído de cada atividade será a base para a formação dos pulmões de tempo do projeto, responsáveis por absorver os possíveis atrasos das atividades do projeto. A Figura 3.14 mostra as atividades com seus tempos reduzidos em 50%.

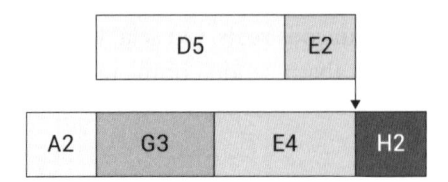

Figura 3.14 Redução nas durações das atividades.

Ao analisar a programação da Figura 3.14, o gerente de projetos deverá notar um conflito nas atividades realizadas pelo recurso "E". Este conflito é resolvido criando-se uma dependência entre suas atividades. A Figura 3.15 mostra a solução para o conflito dessas atividades, ou seja, uma defasagem no tempo para que elas fiquem sequenciadas.

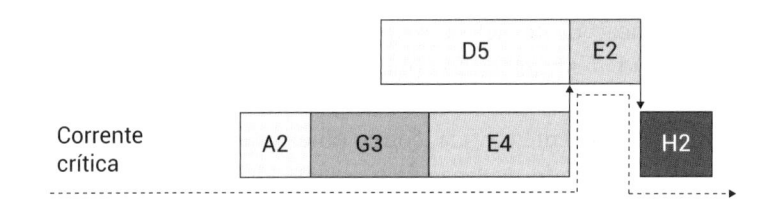

Figura 3.15 Resolução do conflito entre as atividades.

Os tempos subtraídos das atividades formarão os pulmões de tempo que protegerão o projeto dos eventuais atrasos. São quatro tipos de pulmões de tempo que fazem parte do método da Corrente Crítica, Pulmão de Projeto (*Project Buffer*), Pulmão de Convergência (*Feeding Buffer*), Pulmão de Recurso (*Resource Buffer*) e Pulmão de Capacidade (*Capacity Buffer*).

Para o exemplo de uma rede de atividades mostrada nas figuras anteriores, somente serão utilizados dois tipos de pulmões de tempo, o de Projeto e o de Convergência. A Figura 3.16 exibe a transferência dos tempos de segurança retirados das atividades individuais e transformados em Pulmão de Projeto (PP) e Pulmão de Convergência (PC), assim como suas localizações.

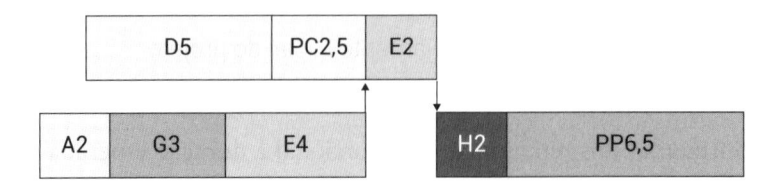

Figura 3.16 Programação do Projeto considerando os pulmões de tempo.

Como pode ser visto na Figura 3.16, o Pulmão de Convergência está protegendo as atividades E2 e H2 de qualquer atraso que venha ocorrer na atividade D5, a qual não faz parte da Corrente Crítica. Já o Pulmão de Projeto está localizado no final da rede de atividades, sendo derivado das atividades da Corrente Crítica, A2 – G3 – E4 – E2 – H2.

O Pulmão de Convergência terá sua duração calculada com base na única atividade não pertencente à Corrente Crítica. Portanto, seu valor será 50% do tempo subtraído dessa atividade. Como o tempo retirado foi de 5 semanas, o pulmão de convergência tem um tempo reserva de 2,5 semanas.

Já, o pulmão de projeto terá seu tempo calculado a partir da soma de todos os tempos subtraídos das atividades da Corrente Crítica. Como o tempo total retirado das atividades da Corrente Crítica, somam 13 semanas, o pulmão de projeto terá um tempo acumulado de 6,5 semanas, ou seja, 50% da soma dos tempos subtraídos.

3.8 SOFTWARES PARA GERENCIAMENTO DE PROJETO

Existe uma infinidade de *softwares* para auxiliar a gestão de projetos. Três modelos de uso se destacam: os *softwares desktop*, *softwares* web instalados em um servidor próprio e *softwares* em ambientes "de nuvem". Os *softwares desktop* podem ou não se conectar a uma base de dados da empresa para atualização automática de dados de projetos.

Um dos *softwares* do tipo *desktop* de gerenciamento de projetos mais conhecido é o Microsoft Project. Esse é um *software* pago, com características interessantes como representação de marcos de projeto, gestão de recursos (como pessoas, equipamentos etc.). Esse *software* recentemente recebeu uma versão *on-line*.

Outro *software* de destaque é o Primavera, também pago, que permite obter informações de bases de dados externas. Além disso, esse *software* implementa um algoritmo de CPM para realizar a programação do projeto, usando regras de prioridade definidas pelo usuário. Ele possui outras características, como ajudar na identificação e gestão de riscos de projeto e custos.

Algumas empresas disponibilizam *softwares* de gestão de projetos no modelo *Software as a Service*. Entre eles temos o *Basecamp* (https://basecamp.com/), que tem uma interface focada na gestão de múltiplos projetos e times, além de oferecer serviços como listas de atividades, armazenamento de arquivos e aplicativo de conversa. Ao contrário dos *softwares desktop* com licença paga por instalação, o *Basecamp* cobra uma mensalidade que dá acesso às funcionalidades do sistema.

Por fim, tem-se *softwares* livres de gestão de projetos, tanto para *desktop* quanto para instalação em servidor *Web*. Dois *softwares* dessa categoria merecem destaque: o dotProject (http://dotproject.net/) e o ProjectLibre (http://www.projectlibre.com/). Esses *softwares* possuem um conjunto básico de funcionalidades como criação de gráficos de Gantt, listas de tarefas, entre outras, e podem ser instalados gratuitamente.

Caso o leitor deseje mais informações, o artigo de Sajad e Sadic[44] faz uma comparação de alguns *softwares* de gestão de projetos. Uma forma estruturada de seleção de *software* de gestão de projetos mais adequado para uma organização, usando o método AHP, foi feito por Kutlu *et al.*[45]

EXERCÍCIOS

1. Identifique três projetos em seu contexto de trabalho e três em sua vida pessoal.

2. Classifique os projetos identificados no exercício anterior de acordo com a sua complexidade e grau de incerteza. Justifique sua resposta.

3. Explique a importância de se classificar os projetos conforme o exercício anterior.

4. Identifique quais são os resultados de cada fase do ciclo de vida do projeto.

5. Explique brevemente os fatores contextuais que influenciam um projeto e sua gestão.

6. Com base em um dos projetos identificados no Exercício 1, elabore os principais elementos do *Project Charter* e liste os principais *stakeholders* do projeto.

7. A partir do exercício anterior, elabore a Estrutura Analítica do Projeto.

8. Considerando a lista de atividades abaixo:
   a) Monte a rede de atividades.
   b) Calcule os tempos "mais cedo" de início e término de cada atividade.
   c) Identifique o tempo "mais cedo" de término do projeto.
   d) Calcule os tempos "mais tarde" de início e término de cada atividade.
   e) Quais atividades compõem o caminho crítico da rede desenhada no item a?
   f) Qual o atraso na finalização do projeto se a atividade J atrasasse 10 dias?

Atividades	Duração (dias)	Precedência
A	10	-
B	15	A
C	5	A
D	10	B
E	5	B
F	10	C
G	10	C
H	10	D
I	12	E, F
J	5	G
L	5	H, I
M	6	I, J
N	10	L, M

9. Uma loja de departamentos decidiu reformar suas instalações. No entanto, precisa ficar fechada durante a reforma. O conselho de diretores estima que a empresa não pode suportar mais de 15 semanas fechada. Todas as atividades envolvidas nesse projeto, suas precedências, seus tempos estimados e variâncias estão descritas na tabela a seguir. Utilizando-se da técnica PERT/CPM pede-se:
   a) Qual é a rede de eventos desse projeto?
   b) Quais são as datas mais cedo e mais tarde de cada evento do projeto?
   c) Qual o caminho crítico?
   d) Qual a probabilidade de o projeto finalizar no prazo limite de 16 semanas, ou antes?
   e) No final do projeto, houve um problema no acabamento (atividade F), o que levou a um atraso de três semanas. Qual o impacto desse atraso na duração do projeto?

Atividade	Precedência	Otimista	Provável	Esperado
A	-	1	2	3
B	-	2	3	4
C	A	1	2	3
D	B	2	4	6
E	C	1	4	7
F	C	1	2	9
G	D, E	3	4	11
H	F, G	1	2	3

10. Para o projeto a seguir, representado na tabela, determine os seguintes pontos:
    a) Qual a data de término estimada para o projeto considerando o tempo normal das atividades?
    b) Qual o custo total do projeto considerando um custo indireto de 8 reais por dia?
    c) O cliente ofereceu um adicional ao pagamento do projeto de 50 reais para terminar o projeto no prazo de 60 dias. Em quais atividades você pretende investir para acelerar o projeto (*crashing*) e quanto?
    d) Qual o custo total do projeto considerando o custo indireto apresentado no item b e as atividades que foram aceleradas no item c?

Atividades	Precedência	Duração		Custo	
		Acelerada	Normal	Acelerada	Normal
A	-	6	11	40	30
B	-	5	12	63	42
C	-	11	19	31	23
D	A	7	12	71	51
E	B, C	5	11	159	105
F	C	9	13	210	170
G	D, E	13	33	135	90
H	E, F	7	12	135	100
I	G, H	9	14	135	130

BIBLIOGRAFIA COMPLEMENTAR

MEREDITH, J. R.; MANTEL, S. J. *Project management*. New York: Wiley, 1995.

PRADO, D. *Planejamento e controle de projetos*. Belo Horizonte: DG, 2001.

TRENTIN, M. H. *Manual do MS-Project 2010*: e melhores práticas do PMI. São Paulo: Atlas, 2012.

TRENTIN, M. H. *Gerenciamento de projetos*: guia para as certificações CAPM e PMP. São Paulo: Atlas, 2012.

NOTAS

1. SHTUB, A.; BARD, J. F.; GLOBERSON, S. *Project management*. Englewood Cliffs: Prentice Hall, 1994.
2. PROJECT MANAGEMENT INSTITUTE. *A guide to the project management body of knowledge (PMBoK guide)*. 3. ed. Newton Square: Project Management Institute, 2008.
3. INTERNATIONAL ORGANIZATION FOR STANDARDIZATION. *ISO 10006*: quality management systems; guidelines for quality management in projects. 2003.
4. ROLDÃO, V. S. *Gestão de projetos*. São Carlos: EdUFSCar, 2004.
5. GIDO, J.; CLEMENTS, J. P. *Gestão de projetos*. São Paulo: Cengage Learning, 2013.
6. CARVALHO, M. M.; RABECHINI JR., R. *Construindo competências para gerenciar projetos*. São Paulo: Atlas, 2006.
7. MAXIMIANO, A. C. A. *Administração de projetos*: como transformar ideias em resultados. São Paulo: Atlas, 2009.
8. Maximiano (2009).
9. Maximiano (2009).
10. PROJECT MANAGEMENT INSTITUTE. *A guide to the project management body of knowledge (PMBoK guide)*. 5. ed. Newton Square: Project Management Institute, 2013.
11. Gido; Clements (2013).
12. Project Management Institute (2013).
13. Gido; Clements (2013).
14. Project Management Institute (2013).
15. Project Management Institute (2013).
16. Project Management Institute (2013).
17. Project Management Institute (2013).
18. Project Management Institute (2013).
19. Project Management Institute (2013).
20. Project Management Institute (2013).
21. Project Management Institute (2013).
22. VECCHIOLI, D. Com projeto ignorado, COB e Rio-2016 são excluídos de debate sobre legado. *Blog Olhar Olímpico*. Disponível em: https://olharolimpico.blogosfera.uol.com.br/2017/06/20/com-projeto-ignorado-cob-e-rio-2016-sao-excluidos-de-debate-sobrelegado/.
23. Roldão (2004).
24. International Organization for Standardization (2003).
25. Project Management Institute (2013).
26. Roldão (2004).
27. Project Management Institute (2013).
28. Project Management Institute (2013).
29. Project Management Institute (2013).
30. Project Management Institute (2013).
31. Project Management Institute (2013).
32. Project Management Institute (2013).
33. Project Management Institute (2013).
34. Project Management Institute (2013).
35. Project Management Institute (2013).
36. Project Management Institute (2013).
37. Project Management Institute (2013).
38. ATRASOS quase dobram custo da obra de transposição do Rio São Francisco. *G1*. Disponível em: http://g1.globo.com/jornal-nacional/noticia/2012/11/obra-que-poderia-aliviar-efeitos-da-seca-no-ne-esta-atrasada-e-mais-cara.html.
39. Project Management Institute (2013).
40. GOLDRATT, E. M. *Corrente crítica*. São Paulo: Nobel, 1998.
41. UMBLE, M.; UMBLE, E. Manage your projects for success: an application of the theory of constraints. *Production and Inventory Management Journal*, v. 41, n. 2, p. 27-32, 2000.
42. STEYN, H. An investigation into the fundamentals of critical chain project scheduling. *International Journal of Project Management*, n. 19, p. 363-369, 2000.
43. HERROELEN, W.; LEUS, R. On the merits and pitfalls of critical chain scheduling. *Journal of Operations Management*, n. 19, p. 559-577, 2001.
44. SAJAD, M.; SADIQ, M. Software project management: tools assessment, comparison and suggestions for future development. *IJCSNS International Journal of Computer Science and Network Security*. v. 16 (1), p. 31-42, 2016.
45. KUTLU, B. *et al*. Project management software selection using analytic hierarchy process method. *International Journal of Applied Science and Technology*. v. 4 (6), p.113-119, 2014.

LOGÍSTICA EMPRESARIAL

4

Reinaldo Morabito, Gilberto Miller Devós Ganga, Ivete Delai e Ana Paula Iannoni

O objetivo deste capítulo é apresentar ao leitor conceitos fundamentais sobre a logística empresarial e as decisões relativas ao projeto do sistema logístico que afetam o serviço ao cliente.

OBJETIVOS DE APRENDIZAGEM

Ao final deste capítulo, o leitor deverá ser capaz de compreender:

- As fases evolutivas da logística.
- A importância da logística e as atividades que a constituem.
- O papel estratégico da logística no estabelecimento de vantagens competitivas.
- Os principais elementos do serviço ao cliente e indicadores relacionados.
- As características dos produtos ao longo do sistema logístico.
- As etapas do processamento de pedidos.
- As características dos modais de transportes e decisões correlatas.
- Conceitos introdutórios de gestão de estoques e armazenagem.

4.1 EVOLUÇÃO E DEFINIÇÃO DE LOGÍSTICA

Uma das possíveis origens etimológicas do termo *logística* advém da influência das operações militares. Essa interpretação ocorre por meio de expressões que foram utilizadas no passado pelo exército francês. O primeiro termo está relacionado com o verbo *loger*,[1] que tem como significado "alojar", referindo-se propriamente à tarefa de alojar as tropas, planejamento, armazenagem e controle de suprimentos bélicos e insumos para os soldados e equipes de apoio. O segundo termo, *logistique*,[2] refere-se à patente responsável por tais funções. Importante se faz ressaltar que a logística, enquanto função ou processo organizacional, não adquiriu, desde o início, esta denominação nas empresas. Vários termos foram e continuam a ser utilizados para referir-se às operações logísticas. Dentre estes, podem ser citados, administração de materiais, distribuição física, logística industrial, logística empresarial, logística integrada, gestão da cadeia de suprimentos, entre outros.

Para entender melhor a contribuição das definições de logística é conveniente descrever o processo evolutivo da logística.[3,4,5] O encadeamento cronológico é realizado a partir de uma perspectiva norte-americana, dado que nesse país a evolução da logística se manifestou antes da ocorrida no Brasil. Os estágios evolutivos descritos podem ser adaptados perfeitamente para a realidade brasileira.

Na primeira fase, anterior à 1960, a logística caracterizou-se por uma atuação mais fragmentada, interna, denominada *administração de materiais*, cujas principais atividades estavam relacionadas com a previsão de demanda, gestão de estoques, compras, movimentação e armazenagem de materiais, administração patrimonial, embalagem, entre outras. A estrutura organizacional predominante nas empresas nesta fase era a funcional (também conhecida por silos funcionais). Tal configuração caracterizava-se por baixa integração entre outras funções da empresa (marketing, produção etc.), o que significava que cada área, inclusive a "logística", procurava atuar de forma independente, isolada em relação às demais. Como alternativa para minimizar a falta de coordenação entre as áreas funcionais e tentar "otimizar" o fluxo de materiais, a empresa investia em altos níveis de estoques. Como está evidenciado na sequência deste capítulo, reduzir custos com estoques é uma das oportunidades de atuação da logística.[6]

A segunda fase, situada entre 1960 e 1970 e denominada *distribuição física*,[7] caracterizou-se pela preocupação na otimização do sistema de transporte *outbound* (com fluxo direcionado ao atendimento dos pedidos dos clientes, ou sentido jusante na cadeia). A valorização da logística *outbound* ocorreu, provavelmente, pelo aumento crescente do preço do petróleo, que afetava diretamente os custos de transporte dos produtos (estes representavam na época quase 2/3 dos custos logísticos). É importante ressaltar também o transporte *inbound*, ou seja, o fluxo físico direcionado aos fornecedores, ou sentido montante da cadeia). No entanto, uma maior atenção à logística *inbound* ocorreria futuramente com o advento da globalização dos mercados, uma vez que a gestão da base de suprimentos passaria de local para global (fenômeno conhecido como *global sourcing*).

As empresas e os gerentes de logística começariam a reconhecer os benefícios de uma maior integração de decisões dentro da logística (decisões entre estoques e transportes, por exemplo) e entre a logística e outras funções (marketing, produção etc.). Esse reconhecimento foi tratado como uma terceira fase, denominada *logística integrada interna*,[8] situada aproximadamente entre 1970 e 1990.

A *logística integrada interna*, correlacionada por movimentos como a gestão pela qualidade total e reengenharia, foi caracterizada pela adoção da visão de processos de negócios. Tal configuração organizacional foi caracterizada por uma maior coordenação entre as funções da empresa. Nesta fase, as relações entre logística, marketing e produção foram fortalecidas. O foco muda da otimização funcional para a otimização do processo como um todo. Decorre desta visão que, em muitas situações, uma ou outra área "perca" para que o processo como um todo "ganhe". Essa mudança de atitude foi fundamental no estágio evolutivo da *gestão da cadeia de suprimentos*, conforme abordado adiante. Como exemplo de integração entre a logística e a produção, pode ser citado o dimensionamento do tamanho dos lotes de ressuprimento de matéria-prima, o chamado lote econômico de compra. Tal abordagem preconiza o balanceamento entre os custos de estoques e armazenagem em contrapartida aos custos de processamento de pedidos e transportes para o dimensionamento do lote ótimo de compra, determinado pelo custo mínimo total. A abordagem do *custo total logístico* configura-se como um dos princípios fundamentais da logística.[9]

Ressalta-se também a forte orientação da logística ao marketing.[10,11] Como parte do esforço de marketing, a logística desempenha um papel-chave na satisfação dos clientes e na lucratividade da empresa como um todo. A capacidade da logística em proporcionar serviço ao cliente (disponibilizar o produto certo, na quantidade certa, na data certa, livre de avarias, por exemplo), conjuntamente à capacidade de marketing em gerar e completar o ciclo de vendas, cria um nível aceitável de satisfação do cliente, que possa levar a uma vantagem competitiva no mercado. Um esforço integrado exige que a empresa coordene suas atividades de marketing (produto, preço, praça e promoção) para atingir resultados sinérgicos. A chave da verdadeira integração é novamente o conceito do "custo total logístico", que examina as compensações de custos que decorrem entre e dentro das atividades de logística e marketing.[12,13,14]

A evolução descrita tratou da integração da logística com outras áreas funcionais, principalmente marketing e produção. A logística amplia suas atividades de modo a conectar-se com as funções citadas. Além disso, a *distribuição física* se intensifica, enfatizando além da atividade de transporte, o serviço ao cliente, o processamento de pedidos, entre outros. Estas atividades estão diretamente ligadas a outros agentes ao longo da *cadeia de suprimentos*. A integração ultrapassa as fronteiras da empresa e se amplia junto a fornecedores, clientes e demais agentes (prestadores de serviço logístico, por exemplo). Esse novo patamar de integração, recebe o nome de *logística integrada externa*,[15] a quarta fase da logística.

Conforme mencionado, a integração externa da logística ocorre no nível da cadeia de suprimentos, abrangendo dessa forma todas as atividades relacionadas com o fluxo e a transformação de mercadorias desde o estágio de matéria-prima (extração) até o usuário final, bem como os respectivos fluxos de informação. A Figura 4.1 ilustra uma cadeia de suprimentos simplificada.

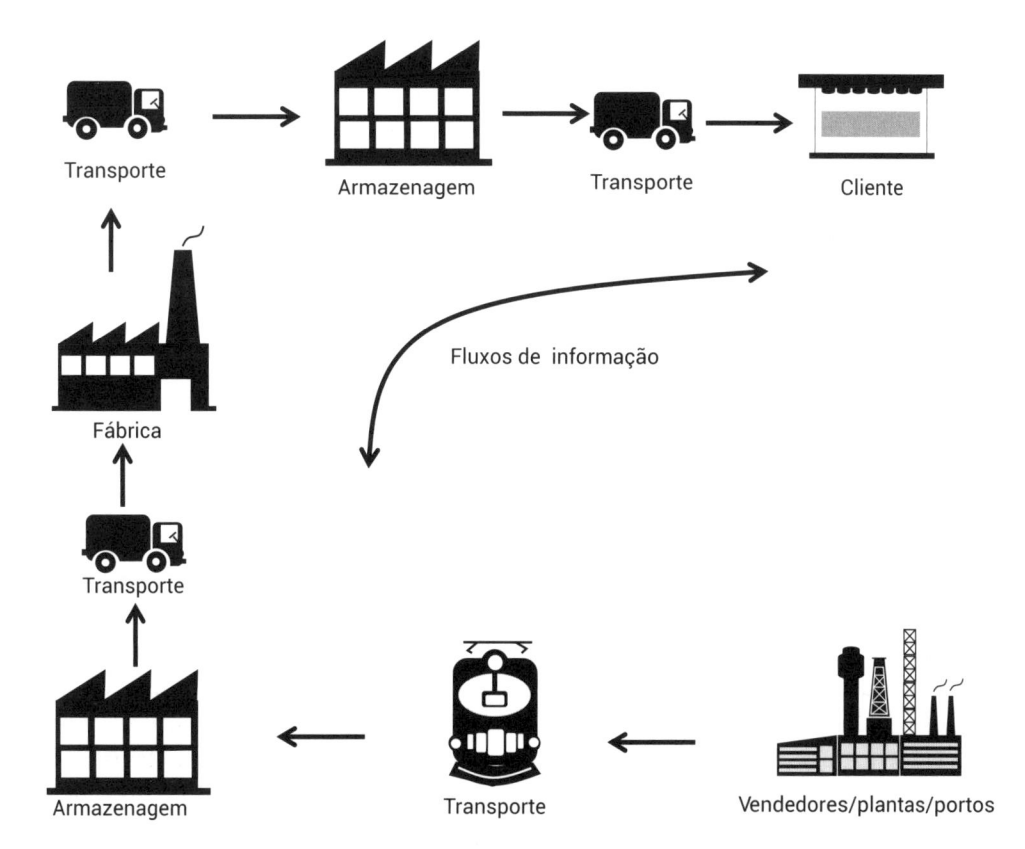

Figura 4.1 Cadeia de suprimentos imediata para uma empresa individual.[16]

Na cadeia de suprimentos, há um conjunto de três ou mais entidades (organizações ou indivíduos) diretamente envolvidos nos fluxos para a frente e para trás de produtos, serviços, financeiro, e ou de informações de uma origem para um cliente.[17] As operações da cadeia de suprimentos exigem processos de negócios que percorram as áreas funcionais dentro de cada empresa e conectem fornecedores, parceiros comerciais e clientes por meio das fronteiras organizacionais.[18] Diversos autores posicionam a *logística integrada externa* como sinônimo de *gestão da cadeia de suprimentos* e tratam esta como a última etapa da evolução da logística. A distinção não é trivial, e não há um consenso na literatura e no mercado profissional. A gestão ou gerenciamento da cadeia de suprimentos é um termo surgido recentemente e que capta a essência da *logística integrada externa*, e inclusive a ultrapassa [...].[19]

Oportunidades para a melhoria dos custos ou serviços aos consumidores são concretizados mediante a coordenação e a colaboração entre os integrantes desse canal nos pontos em que alguns processos essenciais da cadeia de suprimentos podem não estar sob o controle direto dos especialistas em logística.

Neste texto é adotado o posicionamento do Council of Supply Chain Management Professionals (CSCMP),[20] que trata a logística como um dos processos da gestão da cadeia de suprimentos. Dessa forma, a logística pode ser definida como a parte da gestão da cadeia de suprimentos que planeja, implementa e controla, de forma eficiente e eficaz, um fluxo (para a frente e reverso) de produtos acabados, serviços e informações correlatas, desde um ponto de origem até um ponto de consumo, no sentido de alinhar-se as necessidades dos clientes.

A gestão da cadeia de suprimentos, de forma ampla, congrega, além dos processos logísticos, processos como gestão do relacionamento com o consumidor, gestão dos serviços ao consumidor, gestão da demanda, gestão do fluxo de manufatura, gestão do relacionamento com fornecedores, desenvolvimento e comercialização dos produtos e gestão dos retornos.[21]

4.2 IMPORTÂNCIA DA LOGÍSTICA E SUAS ATIVIDADES CONSTITUINTES

Os sistemas logísticos eficientes formam a base para o comércio e a manutenção do padrão de vida das pessoas. Os territórios (um país, um estado ou uma cidade, por exemplo), assim como as populações que os ocupam, não são igualmente produtivos. Uma determinada localidade detém uma vantagem sobre as demais no que diz respeito a alguma especialidade produtiva. Um sistema logístico eficiente e eficaz permitirá que uma determinada região explore suas vantagens inerentes pela especialização dos seus esforços produtivos naqueles produtos e serviços que ela tem vantagem e pela entrega desses produtos às outras regiões. O sistema logístico permite então que o custo de uma determinada localidade (custos logísticos e de produção) e a qualidade desse produto sejam competitivos com aqueles de qualquer outra região.[22,23]

Desta forma, os custos logísticos são um fator chave para estimular o comércio entre diferentes regiões, uma vez que diferenças nos custos de produção podem mais que compensar os custos logísticos necessários para o transporte entre as regiões.[24] Um exemplo típico dessa política compensatória entre custos de produção e de logística é o efeito China na economia global. Para tanto, a competitividade do mercado (em maior ou menor grau, o interno ou o externo) de um país, depende do nível de sofisticação e da infraestrutura logística existente. O Brasil apresenta um grande déficit de infraestrutura logística, o que compromete o desenvolvimento econômico do país.

Em 2014, por exemplo, os custos logísticos no Brasil corresponderam a 11,5% do Produto Interno Bruto (PIB). Comparativamente, os EUA apresentaram um índice de 8,7%. Essa diferença corresponde ao chamado Custo Brasil, decorrente da ineficiência da infraestrutura logística nacional, e pode ser explicado, de certa forma, pelo desbalanceamento do principal direcionador do custo logístico brasileiro: o transporte, perfazendo mais que 60% do custo logístico do país.[25] A maior parte (67% dos produtos transportados no Brasil) usa o meio rodoviário. Em seguida aparece o transporte ferroviário, com 18% da movimentação, e os modais hidroviário (11%), cabotagem (3%) e aeroviário (0,04%).[26]

No Brasil, há uma predominância do uso do modal rodoviário. Isso ocorre por questões históricas e também pelo desempenho mediano deste nos critérios de escolha de uma modalidade de transporte (custo operacional, custo em trânsito, flexibilidade, capacidade, velocidade, entre outras). Tais fatores são mais bem explorados na Seção 4.7 relativa a transporte.

No âmbito das empresas brasileiras, sabe-se que os gastos com logística em 2014 representaram em média 7,6% da receita líquida, considerando custos com transporte (3,8%), estoque (2%) e armazenagem (1,8%). Os custos com transporte de distribuição (logística *outbound*) equivaleram, em média, a 49% do custo total de transporte das empresas. Os custos com transporte *inbound* e transporte de transferência equivaleram a 27% e 24% respectivamente.[27]

Em função do alto impacto do custo com transporte de distribuição, as empresas tomam decisões como aumentar o tempo de consolidação do pedido, terceirizar ou não a frota, aumentar a quantidade de centros de distribuição.[28] Estas decisões são abordadas quando da discussão sobre estratégia logística e das decisões relativas à transporte, serviço ao cliente, processamento de pedidos, armazenagem etc., na sequência deste capítulo.

Além do impacto dos custos na receita das empresas, a logística agrega valor por meio do serviço ao cliente, ao constituir o elo com a *praça* (um dos componentes do *mix* de marketing). O serviço ao cliente é o resultado do projeto do sistema logístico que visa combinar de forma compensatória os custos com processamento de pedidos, custos com estoques, custos com armazenagem, custos com transporte, custos com planejamento e programação da produção, entre outros custos logísticos.[29,30]

Conforme mencionado, o serviço ao cliente é o resultado do esforço logístico na execução combinada de suas atividades, que podem ser classificadas em atividades-chave e de apoio. Essas atividades são separadas porque algumas delas ocorrerão em todo o canal logístico, enquanto outras ocorrerão em alguns tipos de empresas em particular. As atividades-chave têm maior contribuição no custo logístico total e são essenciais ao gerenciamento eficaz e à conclusão das tarefas logísticas. Elas estão relacionadas com o ciclo crítico (estoque, transporte, consumidor),[31,32] conforme ilustrado na Figura 4.2.

As seções seguintes deste capítulo procuram aprofundar conceitos logísticos relacionados principalmente com as atividades-chave. As atividades de suporte contribuem para a missão da logística, mas não estão necessariamente presentes em todas as empresas.

Figura 4.2 O ciclo crítico do serviço ao cliente.

Fonte: Proposto pelos autores a partir de Ballou.[33]

Os Quadros 4.1 e 4.2 detalham respectivamente algumas decisões das atividades-chave e de apoio da logística.

Quadro 4.1 Atividades-chave e decisões

Atividade	Decisões relacionadas
Padrões de serviço ao cliente	Determinação das necessidades e desejos dos clientes em serviços logísticos
	Determinação da reação dos clientes ao serviço logístico
	Estabelecimento do nível de serviço logístico a clientes
Transportes	Seleção do modal e do serviço de transporte
	Consolidação de fretes
	Determinação de roteiros do transporte
	Programação de veículos
	Seleção de equipamentos
	Processamento de reclamações
	Auditoria de tarifas
Fluxo de informações e processamento do pedido	Procedimentos de interface entre pedidos de compra e estoques
	Métodos de transmissão de informações de pedidos
	Rastreabilidade dos pedidos
	Regras de priorização de pedidos e função das categorias dos clientes
Estoques	Políticas de estocagem de matérias-primas e produtos acabados
	Previsão de vendas a curto prazo
	Variedade de produtos nos pontos de estocagem
	Determinação do número, tamanho e localização das instalações na cadeia
	Estratégias centralizar ou descentralizar os estoques na cadeia de suprimentos

Fonte: Adaptado pelos autores a partir de Ballou.[34]

Quadro 4.2 Atividades suporte e decisões

Atividade	Decisões relacionadas
Armazenagem	Determinação do espaço do armazém
	Layout do estoque e projeto das docas de carregamento e descarregamento
	Configuração do armazém
	Localização dos estoques
	Determinação do tipo de estrutura de armazenagem, nível de automação etc.
Manuseio de materiais	Seleção de equipamentos
	Normas de substituição de equipamentos
	Procedimentos para separação de pedidos
Compras	Seleção, avaliação e alocação de fornecedores
	Gestão do relacionamento com fornecedores
	Determinação de quantidade e momento da compra
	Apoio na gestão do processo de retorno de materiais aos fornecedores
Embalagem protetora	Manuseio e movimentação interna
	Armazenagem
	Proteção contra perdas e danos
	Carregamento, descarregamento e transporte externo
Manutenção da informação	Coleta, arquivamento e manipulação de informação
	Análise de dados
	Procedimentos de controle

(continua)

(continuação)

Atividade	Decisões relacionadas
Cooperação com operações	Compartilhamento de planos agregados de produção e distribuição
	Compartilhamento de programação da produção a fim de compatibilizar restrições de entrega que envolvem decisões logísticas (consolidação de cargas, empacotamento da carga, roteirização entre outras)

Fonte: Adaptado pelos autores a partir de Ballou.[35]

A classificação proposta anteriormente não é rígida; outras classificações são encontradas na literatura sem, no entanto, diferir muito da realizada.

4.3 ESTRATÉGIA LOGÍSTICA

As decisões de logística afetam diretamente os principais direcionadores de valor das organizações – os custos de produção e entrega de um produto ou serviço (como discutido na seção anterior e detalhado na Seção 4.4); e volume das vendas. Nesse sentido, entender como a logística pode auxiliar a manter, melhorar ou criar vantagem competitiva para a organização é fundamental. Essa compreensão envolve a sua gestão estratégica alinhada à estratégia competitiva, como mostrado na Figura 4.3.

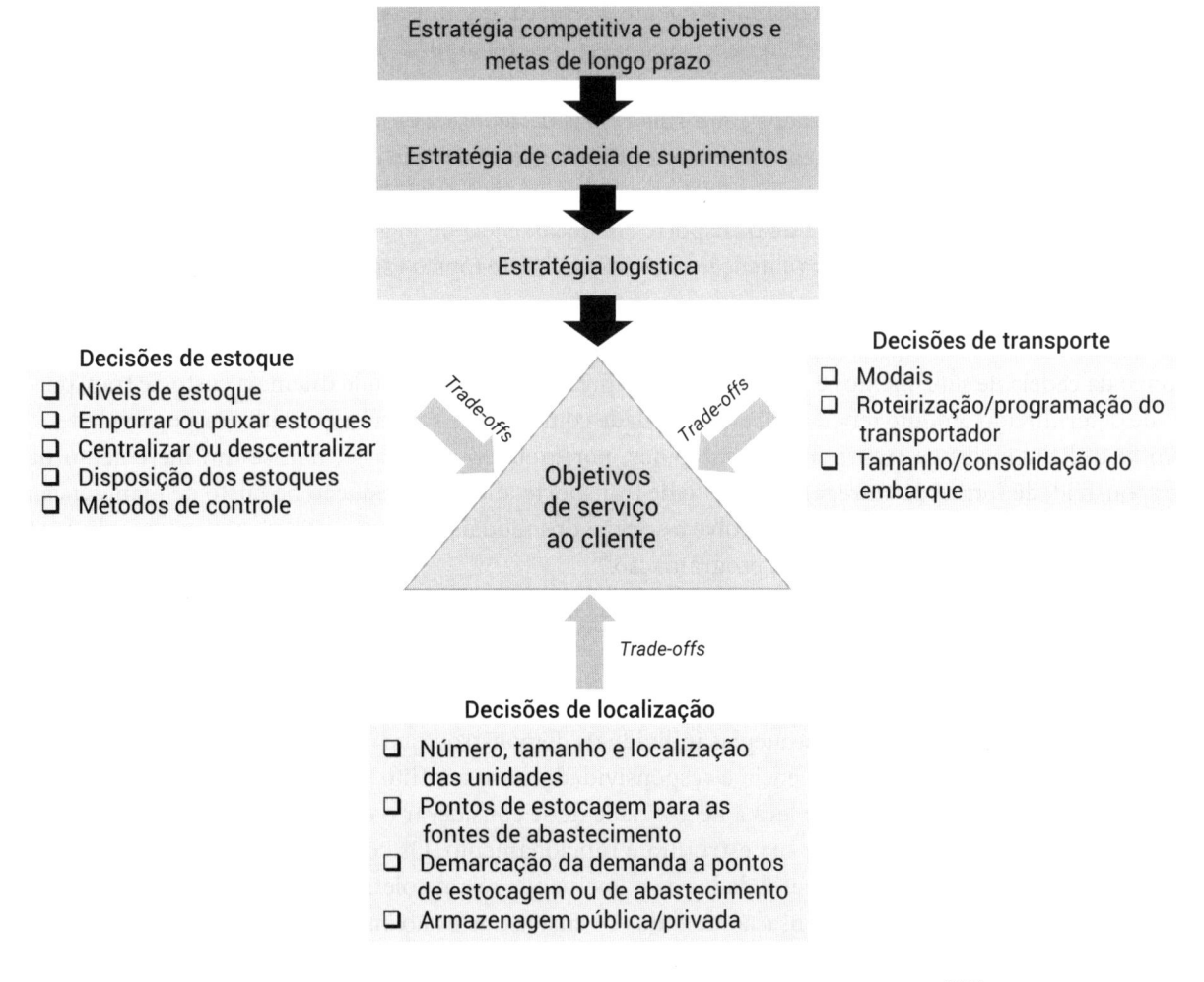

Figura 4.3 Elementos do planejamento estratégico da logística.[36,37]

A estratégia logística envolve a definição, de forma conjunta e integrada, dos quatro elementos apresentados na parte inferior da Figura 4.3. Essa definição precisa considerar e estar alinhada à estratégia de cadeia de suprimentos. O primeiro deles é o **nível de serviço** a ser oferecido ao cliente. O nível de serviço, resumidamente, é o resultado final das atividades logísticas ou o desempenho oferecido ao cliente no atendimento de seus pedidos.[38] Ele está relacionado com a missão da logística: entregar o produto certo, na quantidade certa, no lugar certo, no momento certo e ao menor custo possível. O nível de serviço a ser oferecido ao cliente afeta diretamente a estrutura do sistema logístico e seu custo. Níveis mais elevados de serviço apresentam custos maiores que níveis mais baixos.[39] Este tópico é mais bem detalhado na próxima seção deste capítulo.

Outra área a ser definida é a estratégia de **localização**. Esta envolve a definição da localização das instalações produtivas e de estoques da empresa (pouco centralizadas *versus* muito descentralizadas), do papel dessas instalações (flexíveis ou dedicadas), assim como de sua capacidade[40,41] (com muita ou com pouca capacidade em excesso). O grande dilema presente nas decisões de localização reside no conflito entre o custo do número, local, capacidade e tipo de instalação (eficiência) e o nível de responsividade que estas proporcionam ao cliente.[42] Um grande número de instalações de produção e estoque descentralizadas aumenta os custos de instalação e de estoques, mas aumenta a responsividade (tempo de entrega e disponibilidade) por estarem mais próximas aos clientes. Instalações flexíveis possibilitam maior responsividade (variedade de produtos e rapidez), mas aumentam o custo unitário.

A terceira área é a **estratégia de estoque**. O estoque apresenta dois papéis principais na cadeia de suprimentos: aumentar a quantidade de demanda que pode ser atendida por se ter uma quantidade maior de produto disponível para venda quando o cliente deseja; e reduzir os custos de produção e distribuição por meio de economias de escala.[43] As decisões nessa área referem-se à forma como os estoques serão gerenciados: definição dos níveis de estoques, da forma como serão alocados na cadeia (empurrados para os pontos de vendas ou puxados conforme regras de reposição específicas) e os seus métodos de controle.[44] Essas definições apresentam como conflito central a relação entre a eficiência e a responsividade por eles providos. Aumentar o nível de estoque torna a cadeia mais responsiva ao cliente, facilita a redução dos custos de produção e de transporte em decorrência de melhores economias de escala. Por outro lado, aumenta o custo de manutenção do estoque.[45] Este tópico está mais bem detalhado na seção final deste capítulo.

E a última é a **estratégia de transporte**. O transporte tem como papel movimentar os produtos ao longo da cadeia de suprimentos e as suas decisões apresentam como grande dilema o custo de transporte de determinado produto (eficiência) e a velocidade com que este será transportado (responsividade).[46] Ao se utilizar meios de transporte mais rápidos, por exemplo aeroviário, tem-se um incremento na responsividade (prazo de entrega) e no custo de transporte, mas uma redução no custo de manutenção dos estoques. Assim, esta estratégia envolve a seleção dos modais a serem utilizados, o volume de cada embarque, as rotas de entrega e a sua programação.[47]

A definição dessas estratégias de forma otimizada e integrada com o auxílio da consideração de um conjunto geral de diretrizes, como: (i) o custo total; (ii) a distribuição diferenciada; (iii) a estratégia mista de armazenagem, e (iv) o adiamento.

i. **Custo total:** a discussão das estratégias individuais demonstrou que nas suas definições sempre está presente um dilema entre eficiência e responsividade. Esse conflito e impacto cruzado é chamado de compensação ou *trade-off* e leva à necessidade de se considerar o custo total do sistema logístico para a definição de como será sua estrutura e funcionamento. Os conflitos devem ser gerenciados mediante o equilíbrio entre as atividades de maneira que sejam coletivamente otimizadas. Assim, o custo total logístico é a compensação de todos os custos que estão em conflito mútuo e que podem afetar o resultado de uma determinada decisão logística.[48] A Figura 4.4 apresenta algumas destas compensações.

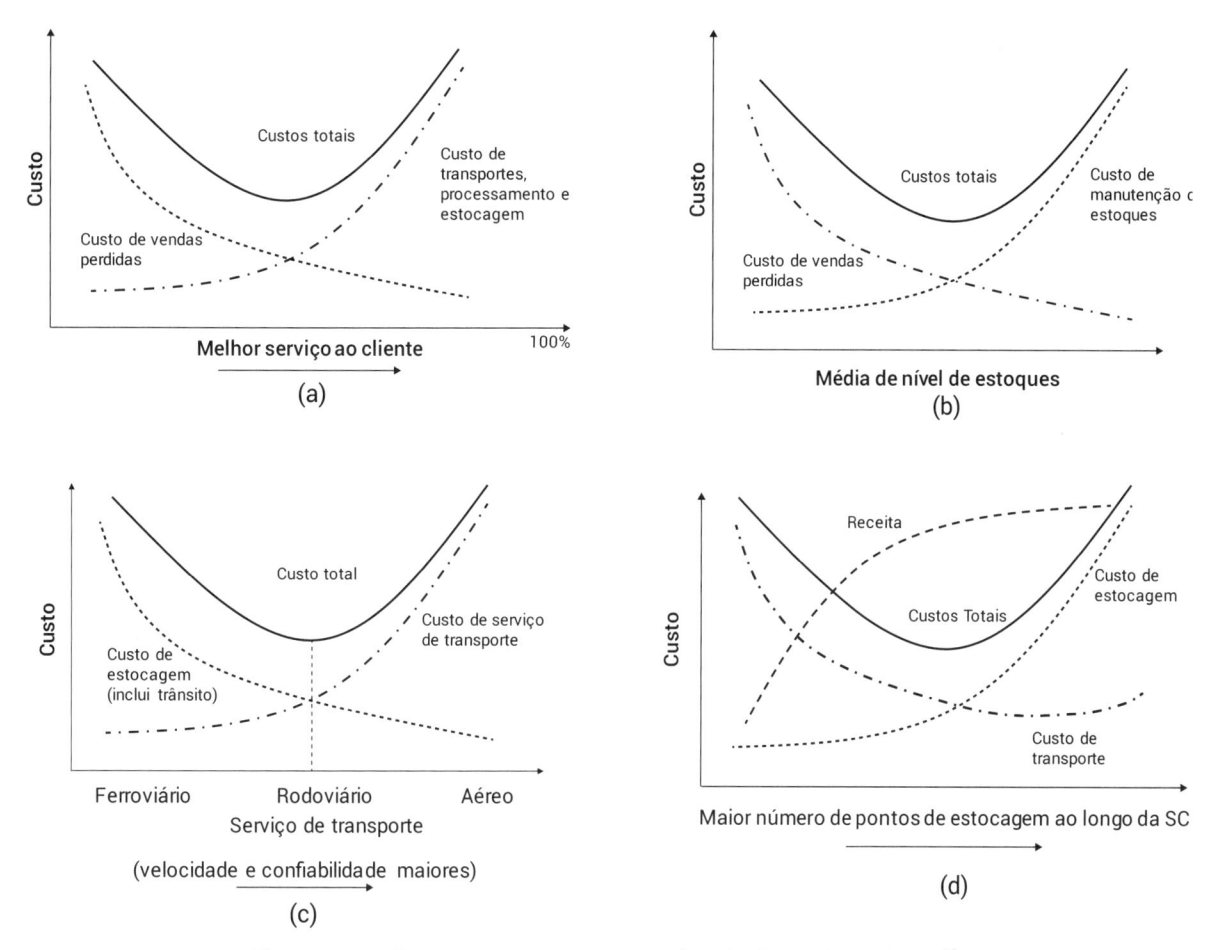

Figura 4.4 Algumas compensações das decisões logísticas.[49]

A Figura 4.4(a) mostra o conflito entre os custos logísticos e o nível de serviço oferecido. Maiores níveis de serviço prestados aos clientes refletem-se em menores custos de vendas perdidas (ou clientes perdidos) por falta de estoque, entrega lenta ou atendimento inadequado. Por outro lado, aumentar o nível de serviço por meio da manutenção de nível maior de estoque e/ou o uso de serviços de entrega rápida e/ou atendimento diferenciado, aumenta os custos de transportes, processamento e/ou estocagem. Já a Figura 4.4(b) mostra o conflito entre o nível médio de estoque e os custos de manutenção deste estoque e de vendas perdidas. Níveis mais elevados de estoque reduzem o custo de vendas perdidas, em função do aumento da disponibilidade do produto ao cliente, mas aumentam o custo de manutenção dos estoques. Na Figura 4.4(c) tem-se a relação entre os custos de transporte e de estocagem com o modal utilizado no sistema. O uso de modais mais baratos (individualmente ou em combinações de modais) reduz o custo de transporte, mas aumenta o custo de estoque em função da maior quantidade de produto em trânsito, uma vez que modais mais baratos são também mais lentos. Por fim, a Figura 4.4(d) apresenta a relação entre o número de pontos de estocagem e os custos de transporte e estocagem e o nível de serviço. A manutenção de estoques centralizados em poucos armazéns centrais implica um custo menor de estoque médio e de segurança, uma vez que estes não são replicados em vários locais. Por outro lado, aumentam os custos de transporte devido às necessidades de movimentação a partir e para os armazéns centrais. Quando os estoques se descentralizam em vários armazéns, ocorre o oposto: os custos de estoque aumentam, pois estes (incluindo estoque de segurança) são replicados nos vários locais. Além disso, há o aumento dos custos de armazenagem em função de perda de economias de escala. Por outro lado, essa configuração elimina a necessidade de movimentação a partir e para os armazéns centrais, reduzindo, assim, os custos de transporte. A existência de estoques mais próximos aos clientes eleva o nível de serviço, por reduzir o tempo de reposição/entrega e aumentar a sua disponibilidade.

ii. **Distribuição diferenciada:** esta diretriz propõe que nem todos os produtos precisam ter o mesmo nível de serviço ao cliente. Clientes com níveis de exigência diferentes, produtos com características e volumes de vendas diferentes podem ter formas de distribuição diferenciadas, melhorando os custos de distribuição. Por exemplo, podem-se classificar os clientes por volume – alto, médio e baixo – e definir uma estratégia para cada grupo. Para os clientes de alto volume, efetuar a entrega diretamente ao cliente a partir da fábrica e para os de médio e baixo, a partir de armazéns mais próximos a eles. Pode-se aplicar a mesma lógica aos produtos estocados nos armazéns: produtos com alto giro podem ficar estocados em todos os pontos de armazenagem da rede, já os de médio giro em uma quantidade menor de pontos, enquanto os de baixo giro somente na fábrica.[50]

iii. **Estratégia mista de armazenagem:** esta diretriz propõe que para organizações com linhas de produtos que variam significativamente em termos de volume, peso, tamanho do pedido, volume de vendas e nível de serviço do cliente, os usos de estratégias mistas de armazenagem são menos custosos. Uma estratégia mista significa, por exemplo, utilizar armazéns próprios e terceirizados. O ganho gerado por essa estratégia reside na flexibilidade de localização e tamanhos proporcionados, o que possibilita uma estratégia diferenciada e otimizada para cada grupo de produtos.[51]

iv. **Adiamento ou postergação:** o adiamento é uma estratégia em que se adia a diferenciação (configuração final) do produto para após o pedido do cliente, ou após se ter melhor conhecimento da demanda.[52,53] A ideia central é que se evite o envio ou a finalização do produto antes da confirmação da demanda.[54] Quatro são os tipos de adiamento:[55] (i) adiamento logístico: consiste no adiamento da expedição dos estoques (que ficam centralizados) para os pontos de distribuição mais próximos ao cliente somente após o recebimento dos pedidos; (ii) adiamento de embalagem ou etiquetagem: consiste em embalar e/ou etiquetar o produto somente após o recebimento do pedido do cliente; (iii) adiamento de montagem: é o adiamento da maior parte da agregação de valor do produto (parte da fabricação ou da montagem) para após o recebimento do pedido do cliente; (iv) adiamento de fabricação: similar ao de montagem, com a diferença de que parte do processo produtivo é adiada para após a confirmação do pedido do cliente.

4.4 SERVIÇO AO CLIENTE

O cliente é o foco para o estabelecimento de uma estratégia de serviço logístico. Como discutido nas seções anteriores, o primeiro passo para um gerenciamento logístico adequado é verificar qual a estratégia da empresa com relação ao nível de comprometimento com o cliente. Num ambiente competitivo, a estratégia logística deve ser compatível com a estratégia de marketing da empresa, e essas estratégias combinadas resultam no desempenho de serviço ao cliente.[56] O serviço logístico colabora em competências relacionadas com as exigências de lugar e tempo, tais como disponibilidade de produto em estoque e entrega rápida do pedido. Assim, é importante para o desempenho do gerenciamento logístico que se conheça o cliente e quais atributos do serviço logístico ele prioriza.

O desempenho logístico é fundamental para atrair clientes interessados em atributos que agregam valor de lugar e tempo aos produtos. No entanto, mesmo quando os clientes estão mais interessados em atributos como preço, promoção e propaganda (esforços de marketing e vendas que agregam valor de posse), o desempenho logístico é um componente importante de todas as estratégias, pois nenhuma transferência de posse pode ocorrer sem a atuação das atividades que atendam às necessidades de tempo e lugar. Para algumas empresas, a logística é uma competência central e diferencial do negócio, pois seus gerentes utilizam a diferenciação e segmentação das atividades logísticas como forma de satisfazer as necessidades específicas de seus clientes, ou seja, encaram as atividades logísticas como vantagem competitiva, e não como um mal necessário.[57,58]

Quando uma empresa procura diferenciar-se com base no serviço logístico, esta deve oferecer um serviço competitivo ao menor custo possível, englobando esforços logísticos com foco na velocidade, flexibilidade e disponibilidade do produto onde e quando o cliente desejar. Os clientes selecionam seus fornecedores baseados principalmente nas características de: preço, qualidade e serviço ao cliente. Os serviços logísticos são refletidos nesses três componentes, principalmente no serviço ao cliente, mas também no preço (por exemplo, custos de estoque e transporte) e qualidade (transporte e estocagem influem na qualidade, em particular no caso de produtos perecíveis como flores, carnes, leite, frutas e vegetais). A definição do serviço logístico considera os *trade-offs* entre custo, qualidade e serviço ao cliente (em particular, tempo) (conforme descrito na Seção 4.3).

O serviço ao cliente inclui muitos elementos inseridos desde o processo de recepção do pedido ou compra, até a assistência pós-venda. Os elementos do serviço ao cliente podem ser divididos em: elementos de pré-transação, elementos de transação e elementos de pós-transação.[59,60] Os elementos de pré-transação[61] ocorrem antes de uma transação (venda). São exemplos de elementos de pré-transação: a política de atendimento ao cliente, a acessibilidade e obtenção de informações, e a flexibilidade do sistema em acomodar as necessidades especiais dos clientes.

Os elementos de transação[62] compreendem os componentes de distribuição física do atendimento ao cliente. São todos os aspectos necessários e diretamente envolvidos na colocação do produto certo, na hora certa. Alguns exemplos de elementos de transação são: *tempo de ciclo dos pedidos*, que corresponde ao intervalo de tempo desde o recebimento de um pedido até a sua entrega – a variação entre os tempos de ciclo de pedidos mais curto, médio e mais longo também é um fator importante; *disponibilidade de estoque dos itens do pedido*; *taxa de atendimento de pedidos*, que corresponde à porcentagem de pedidos plenamente atendidos dentro do tempo de investida do pedido.

Depois de uma transação, os clientes normalmente precisam de outros serviços do fornecedor. Esses outros serviços são necessários para superar os problemas encontrados e funcionam como um suporte contínuo durante o uso do produto. Alguns desses serviços são oportunidades de aumentar a receita proveniente do cliente e de fornecer uma parte essencial da renda de uma empresa. Alguns exemplos de elementos de pós-transação[63] são: *rapidez em atender a chamadas de reparo* – corresponde aos serviços de atendimento de reclamações de defeito de fabricação ou entrega e/ou o conserto de um produto; *reclamações dos clientes* – são uma oportunidade para aprender com os clientes onde o sistema de logística está falhando; e *disponibilidade de peças de reposição ou sobressalentes*.

A qualidade de serviço está relacionada com a capacidade de se minimizar as discrepâncias entre as expectativas e percepções de clientes e seus fornecedores. Em geral, as metodologias de avaliação da qualidade de serviço disponíveis na literatura baseiam-se em um processo de avaliação no qual o consumidor compara o serviço percebido com o serviço esperado.[64,65] O Quadro 4.3 ilustra algumas dimensões relevantes de serviço ao cliente na distribuição de alimentos e os respectivos indicadores de desempenho.

Quadro 4.3 Dimensões relevantes de serviço ao cliente na distribuição de alimentos[66]

Dimensão	Variáveis ou indicadores relacionados
Disponibilidade do produto	Percentual da demanda satisfeito na tirada do pedido Percentual entregue do total do pedido Percentual dos pedidos que são entregues completos Tempo de espera para recebimento das pendências
Tempo de ciclo do pedido	Tempo de ciclo do pedido

(continua)

(continuação)

Dimensão	Variáveis ou indicadores relacionados
Frequência de entrega	Frequência de entrega (maior ou menor)
Consistência no prazo de entrega	Percentual de entregas atrasadas Atraso médio
Sistema de recuperação de falhas	Percentual dos pedidos que resultam em reclamação Percentual das reclamações resolvidas na primeira solicitação Tempo de demora entre a informação do problema e a recuperação da falha
Apoio na entrega física	Presteza Rapidez na descarga Cordialidade na entrega Pontualidade na entrega Apoio no *merchandising*
Flexibilidade na distribuição	Possibilidade de alterar um pedido (condições especiais) Entregas urgentes (condições especiais) Aviso-prévio de entrega (condições especiais) Embalagem especial para transporte (condições especiais) Horário especial de entrega (condições especiais) Adiamento da entrega (condições especiais) Local especial para descarga (condições especiais) Prazo de validade (condições regulares) Código de barra na embalagem (condições regulares) Entrega paletizada (condições regulares)
Sistema de informação de apoio	Cordialidade do atendente Presteza (preparo do pessoal) Agilidade na confirmação do pedido Credibilidade Facilidade de colocação do pedido Preferência por formato de colocação do pedido: visita do vendedor, *telemarketing* ou EDI
Serviço pós-entrega	Percentual de solicitações atendidas Tempo de espera para receber as solicitações

Alguns clientes valorizam em primeiro lugar o tempo de resposta do pedido. Atentas a essa prioridade do seu cliente, algumas empresas buscam utilizar o tempo como fator competitivo. Exemplos de sistemas logísticos com esse enfoque são restaurantes *fast-food* e pizzarias que oferecem descontos se o pedido não for entregue dentro de um tempo limite (por exemplo, se o intervalo de tempo entre o recebimento do pedido e a chegada da pizza foi maior que 30 minutos, o cliente tem direito a um desconto). Outras empresas oferecem um sistema de informação pelo qual o cliente pode acompanhar o *status* do seu pedido. Por exemplo, quando ao comprar um livro pela internet, o cliente pode usar um código para localizar o seu pedido, desde o momento da solicitação e confirmação via página da web, até sua entrega no local requerido.

Diversas empresas vêm percebendo que os seus clientes estão se tornando muito sensíveis aos serviços. Elas procuram se diferenciar de seus concorrentes por meio da disponibilidade do produto incrementada com serviços adicionais, que incluem desde serviços de entrega em domicílio, serviços pós-venda (por exemplo, informação sobre o *status* do pedido), entre outros serviços. Um exemplo de experiência bem-sucedida desse tipo de diferenciação é o sistema de distribuição de uma empresa de laticínios no interior de São Paulo. Com objetivo de oferecer serviços adicionais como forma de aumentar a percepção e satisfação do cliente com relação ao seu produto, a empresa passou a fazer a entrega do leite fresco diariamente e de forma regular, porta a porta. Ao perceber como esta conveniência foi bem recebida por seus clientes e como os custos de distribuição adicionais estavam sendo compensados, os responsáveis pela distribuição do leite resolveram incrementar ainda mais suas entregas oferecendo também a opção do leite fresco (produto principal) vir acompanhado de pão fresco, jornal do dia, entre outros. Dessa forma, a empresa apostou em explorar as oportunidades de adaptar os princípios e conceitos logísticos para produzir e distribuir cada vez mais "serviço".

Devido à dificuldade em medir como o serviço logístico afeta vendas, o profissional de logística tem tratado o nível de serviço como uma restrição: dado um nível de serviço, determinar os níveis das atividades logísticas que resultam no custo mínimo. Entretanto, o nível de serviço pode ser tão poderoso para influenciar clientes quanto liquidações, promoções, propaganda, contratação de vendedores. Um transporte eficaz, uma efetiva disponibilidade de estoque, um rápido processamento de pedidos, podem ter impactos muito positivos nos clientes. Empresas em diversos setores utilizam a logística como estratégia para conquistar a lealdade dos clientes. Há estudos que mostram que, para certas empresas, em média, é aproximadamente seis vezes mais caro desenvolver um novo cliente do que manter um cliente atual.[67] Assim, investir no serviço ao cliente pode produzir maiores retornos do que investir em promoções.

A logística pode afetar positivamente as vendas por meio de processamento mais rápido de pedido, maior flexibilidade nas datas e quantidades de entrega, maior disponibilidade de estoque, menor perda ou danos de transporte, transporte especial, entre outros serviços. Por outro lado, as vendas podem cair significantemente quando os serviços se deterioram, a menos que sejam compensados por outras medidas, como menor preço, melhor qualidade ou promoção. Além disso, alguns mercados como os de bens de consumo se tornam cada vez mais voláteis, onde os clientes não hesitam muito em trocar de marca caso algumas necessidades, tais como disponibilidade do produto e prazo de entrega, não sejam atendidas. A partir de resultados de pesquisas e estudos teóricos, é possível derivar uma curva que ilustra de forma genérica a relação entre vendas e nível de serviço ao cliente (Figura 4.5).

Note que a curva vendas-serviço tem três estágios: limiar, retornos decrescentes e declínio. Limiar é o nível mínimo de serviço considerado aceitável, em outras palavras, para um mesmo preço e qualidade, a empresa não consegue entrar no mercado até que seu nível de serviço se aproxime do serviço dos concorrentes. Retornos decrescentes é a região em que a maioria das empresas opera seus sistemas logísticos. No entanto, o impacto do serviço sobre as vendas pode diminuir com o aumento do nível de serviço a partir de certo ponto. No limite, o serviço pode até provocar um declínio nas vendas, devido, por exemplo, ao excesso de informações requeridas dos clientes sobre suas preferências e informações fornecidas sobre o andamento do pedido. Um exemplo é o excesso de telefonemas sobre promoções ou oferta de produtos na casa dos clientes, o que acaba trazendo aborrecimentos aos clientes.

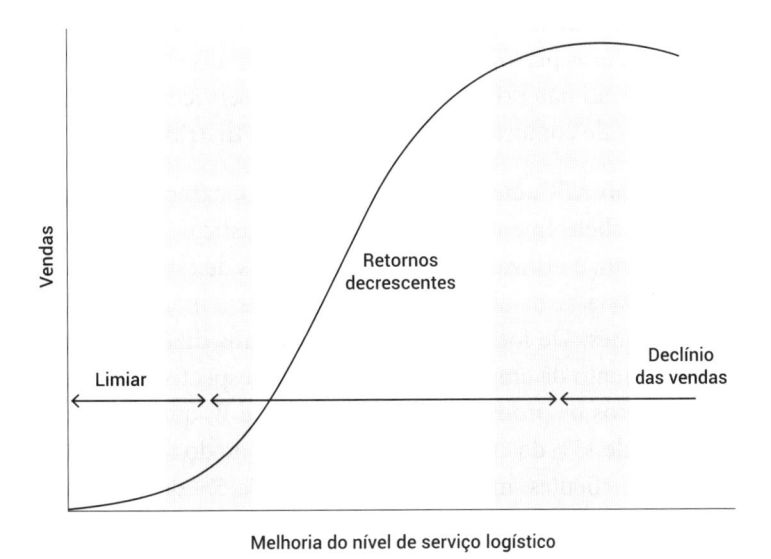

Figura 4.5 Relação entre vendas e nível de serviço ao cliente.[68]

Uma questão importante é estabelecer prioridades de serviços aos clientes. Uma vez que o objetivo de qualquer sistema logístico seja o fornecimento do nível exigido por todos os clientes, deve-se reconhecer que não existe orçamento ilimitado e haverá, inevitavelmente, a necessidade de priorizar o serviço. Nesse caso, a regra de Pareto, ou regra 80/20, pode fornecer uma referência para o desenvolvimento de uma estratégia de serviço mais econômica. Fundamentalmente, a questão do serviço parte da premissa que os clientes e produtos não são igualmente lucrativos. Portanto, o serviço de maior nível deveria ser fornecido para os clientes-chave e produtos-chave. Supondo que o capital gasto com serviço é um recurso escasso, então deve-se encarar a decisão sobre seu nível como um problema de alocação de recurso. Dessa forma, uma empresa poderia obter melhor lucro, segmentando o nível de serviço por classes de clientes e produtos.[69]

4.5 O PRODUTO LOGÍSTICO

O entendimento das características e especificidades de um produto ao longo do sistema logístico é essencial para um planejamento apropriado de uma estratégia de suprimentos e distribuição. Atributos físicos e mercadológicos desses produtos podem ser manipulados pelo profissional de logística para maximizar a receita da empresa.

Focando nos produtos destinados aos consumidores finais, esses bens de consumo podem ser classificados em três classes, conforme as preferências dos consumidores:[70]

i. **Bens de conveniência:** são aqueles adquiridos quotidianamente, com pouca pesquisa de compra, pois os consumidores estão mais interessados na conveniência de encontrar o produto de forma imediata (por exemplo, sabonete, cigarro, bebidas, combustível). Esses produtos, em geral, requerem vasta distribuição ao longo de muitos pontos de venda. Consequentemente, os custos de distribuição são tipicamente altos em relação às vendas.

ii. **Bens de compra:** são aqueles em que os consumidores estão dispostos a procurar em diversos lugares e comparar preço, qualidade, desempenho (por exemplo, utensílios domésticos, móveis, roupas). Como os consumidores estão dispostos a viajar mais para encontrar o que procuram em termos de menor preço, melhor qualidade e desempenho, o número de pontos de distribuição pode ser bem menor. Consequentemente, os custos de distribuição são menores do que os bens de conveniência.

iii. **Bens especiais:** são aqueles comprados raramente e que os consumidores estão dispostos a fazer grandes esforços em pesquisa de compra e esperar um período significativo para adquiri-los (por exemplo, artigos finos, produtos personalizados etc.). Devido aos consumidores insistirem em marcas particulares, a distribuição não precisa ser vasta nem o serviço ao cliente ser tão alto como nos bens de conveniência e bens de compra, e assim os custos de distribuição são mais baixos.

Conceitos como classificação ABC, ciclo de vida do produto, características do produto podem ser usados como diretrizes no estabelecimento de estratégicas logísticas.[71] A classificação ABC, também conhecida como curva de Pareto, é utilizada para priorizar itens de estoque, clientes e outros atributos. Seu princípio fundamental baseia-se na observação de que, *grosso modo*, 20% dos produtos equivalem a 80% do custo total de estoques. De forma similar, poderíamos dizer que 20% dos clientes são responsáveis por 80% do faturamento da empresa. Esses seriam, respectivamente, os produtos ou clientes classe A. Por conseguinte, temos os produtos ou clientes classe B, que representam 30% dos itens ou clientes e equivalem em torno de 15% do custo total de estoques ou do faturamento. Finalmente, a classe C representa 50% dos itens ou clientes, mas equivale somente a 5% do valor total dos estoques ou do faturamento.

Em relação ao ciclo de vida do produto, é importante ressaltar que os produtos não mantêm o mesmo nível de vendas indefinidamente desde a sua introdução, e estratégias logísticas diferentes podem ser adotadas em função do estágio de cada produto. O ciclo de vida de um produto é baseado no padrão de vendas ao longo do tempo e é composto de quatro estágios:

i. **Introdução:** esta fase ocorre logo após a introdução do produto no mercado. O planejamento da distribuição em geral é cauteloso, com estocagem restrita a poucos lugares. Se o produto é realmente novo, há poucos concorrentes do produto no mercado, e como o número de clientes é ainda relativamente baixo e suas necessidades provavelmente não são completamente entendidas, o projeto do produto pode ser submetido a mudanças frequentes.

ii. **Crescimento:** nesta fase as vendas podem começar a crescer rapidamente, caso o produto seja aceito no mercado. O planejamento da distribuição é particularmente difícil neste estágio e, em geral, não há um histórico de vendas para ajudar na escolha dos níveis de estoque e no número de pontos de estocagem. Além disso, diferentes grupos de consumidores começam a surgir e o projeto do produto pode começar a padronizar-se, e os concorrentes observando este crescimento começam a desenvolver alguma reação para proteger-se no mercado.

iii. **Maturidade:** este estágio inicia-se quando o crescimento de vendas se estabiliza em níveis altos. Neste estágio o produto requer uma vasta distribuição, consequentemente muitos pontos de estocagem são usados para controlar a disponibilidade do produto no mercado. A demanda começa a se estabilizar, alguns concorrentes iniciais podem ter deixado o mercado, e o setor pode ter se reduzido a poucas empresas, talvez com algumas empresas menores ocupando pequenos nichos de mercado.

iv. **Declínio:** esta fase inicia-se quando, eventualmente, as vendas declinam como resultado de mudança tecnológica, competição, obsolescência, perda de interesse do consumidor. A distribuição do produto fica limitada e os pontos de estocagem são reduzidos para os pontos de estocagem regionais e na fábrica. Um exemplo de item na fase de declínio são os aparelhos de GPS, dado que na maior parte dos smartphones atuais é possível utilizar aplicativos (pagos ou gratuitos) que proporcionam o mesmo protocolo de valor. Nas últimas décadas, o ciclo de vida dos produtos vem diminuindo. Atualmente, existem produtos com ciclos de vida medidos até mesmo em meses (por exemplo, a maior parte dos aparelhos e componentes eletrônicos). Este fato aumenta a incerteza para se estabelecer uma estratégia logística, pois se torna mais difícil adotar decisões tais como: estabelecer nível de serviço, escolher alternativas de transporte e adotar uma política de estoques. As empresas que conseguem superar esses obstáculos podem conseguir vantagem competitiva sobre seus concorrentes.

As características mais importantes do produto para o profissional de logística são: peso, volume, forma, valor, perecibilidade, inflamabilidade e substituibilidade. A combinação desses atributos em um dado produto influencia os sistemas de transporte, estocagem, manuseio e processamento do pedido. Esses atributos podem ser analisados em diversas categorias com base na forma como afetam os sistemas logísticos, por exemplo: (i) razão peso-volume (densidade), (ii) razão peso-valor, (iii) substituibilidade e (iv) características de risco (perecibilidade, inflamabilidade, roubo etc.).[72]

i. **Razão peso-volume:** as decisões sobre transporte e estocagem dependem diretamente da densidade do produto devido aos custos dessas atividades. Em geral, produtos densos, tais como minérios, grãos, madeira, açúcar e cargas líquidas, utilizam bem a capacidade dos equipamentos de transporte e das instalações de armazenagem. Os custos de transporte e estocagem tendem a ser baixos, comparados com os preços de venda. Produtos pouco densos, tais como material plástico, colchões, fraldas, batata frita, pães, algodão e flores, atingem os limites volumétricos dos equipamentos de transporte antes que os limites de peso sejam alcançados, e os custos de transporte são particularmente sensíveis à densidade do produto. Os custos logísticos tendem a ser altos, comparados com os preços. À medida que a densidade aumenta, os custos de transporte e estocagem tendem a diminuir. Algumas empresas tentam embalar seus produtos de uma forma mais compacta de forma a aumentar a densidade da carga transportada ou estocada, por exemplo, no caso de móveis em geral, bicicletas e equipamentos desmontados.

ii. **Razão valor-peso:** os custos de estoque e transporte são sensíveis também ao valor do produto. Produtos de baixo valor-peso, tais como cana-de-açúcar, carvão, areia, minério de ferro, grama e outros, em geral têm baixos custos de estocagem, porém altos custos de transporte com relação ao preço de venda (os custos de transporte de produtos baratos em geral correspondem a uma porcentagem alta do seu preço de venda). Produtos de alto valor-peso, tais como equipamentos eletrônicos, joias e instrumentos musicais, têm altos custos de estocagem e baixos custos de transporte em relação ao preço. Empresas com produtos de baixo valor-peso tentam negociar taxas de transporte mais favoráveis, enquanto empresas com produtos de alto valor-peso procuram minimizar os estoques mantidos. Por exemplo, produtos eletrônicos em geral utilizam um transporte rápido, por exemplo, via aérea.

iii. **Substituibilidade:** um produto pode ser considerado substituível se os consumidores encontram pouca ou nenhuma diferença entre o produto de uma empresa e o de seus concorrentes, ou seja, o consumidor está disposto a comprar um produto de outra marca se o produto que ele está acostumado a consumir não estiver disponível (por exemplo, grande parte dos produtos alimentícios, produtos de higiene e cosméticos). Nesse caso, os gerentes de distribuição tentam garantir a disponibilidade de produtos num nível tal que os consumidores não tenham que considerar um produto substituível. Como discutimos anteriormente, o impacto que o nível de serviço tem nas vendas de bens substituíveis é significativo, pois quanto melhor o nível de serviço, menor o número de vendas perdidas. Considerando o *trade-off* entre vendas perdidas e transporte, a empresa pode controlar a disponibilidade do produto aumentando a velocidade de entrega e reduzindo a incidência de perdas e danos, considerando um certo nível de estoque. No caso do *trade-off* entre vendas perdidas e estocagem, para uma dada escolha de transporte, a empresa pode controlar a disponibilidade do produto aumentando o nível médio de estoque. Considerando estes tipos de *trade-off* é possível minimizar o custo total logístico que inclui, por exemplo, custos de transporte, custos de estocagem, custos de vendas perdidas e custos por perda devido a danos, roubo ou perecibilidade.

iv. **Características de risco (perecibilidade, inflamabilidade e risco de roubo):** quando um produto oferece risco em um destes fatores, ocorrem restrições adicionais no sistema de distribuição e, consequentemente, maiores custos. Alguns exemplos são: produtos com alta perecibilidade como frutas, legumes frescos, leite e derivados, carnes, flores; produtos inflamáveis como gasolina e gás; produtos com alto risco de roubo como joias, dinheiro, cigarros. Em geral, à medida que estes fatores de risco aumentam, também se aumentam os custos de transporte e de estocagem para proteger os produtos e, consequentemente, o custo total logístico.

4.6 PROCESSAMENTO DE PEDIDOS E SISTEMAS DE INFORMAÇÕES LOGÍSTICAS

Os tipos de informações circuladas entre os membros da cadeia de suprimentos e a frequência de sua atualização têm uma forte influência na eficiência da cadeia. Esta poderá ser o primeiro componente integrado em toda a cadeia ou em parte dela.[73] No entanto, a informação imprecisa ou distorcida transmitida ao longo da cadeia, assume um comportamento tal qual um chicote em movimento (que corresponde à amplificação dos erros de transmissão da informação pelos demais elos da cadeia de suprimentos).[74] As principais causas do efeito chicote são:[75]

i. *Erros na previsão da demanda*, que ocorrem, por exemplo, quando há poucas trocas de informações de demanda entre os diferentes elos da cadeia. No final, dada a ligação entre estes elos, a produção e pedidos atenderão à reposição de estoques em cada nível da cadeia, mas não é possível garantir que esta reposição estará ligada à demanda final dos consumidores.

ii. *Agrupamento de pedidos*, que resulta em maior variabilidade no tempo e no tamanho dos pedidos.

iii. *Flutuações de preços*, que levam as empresas a comprarem produtos antes que precisem deles para aproveitar de promoções.

iv. *Racionamento de produtos e jogo com as quantidades*, que levam os clientes a exagerar/antecipar nos pedidos e distorcer as informações de demanda ao longo da cadeia.

Para contrabalançar o efeito chicote, pode-se tentar mudar a forma como a demanda é projetada (diminuindo o horizonte de previsão, por exemplo), ao mesmo tempo disponibilizando rapidamente a informação a todos os atores da cadeia de suprimentos. Além disso, pode-se eliminar o agrupamento de pedidos, para isso diminuindo antes o custo de colocar um pedido, por exemplo, por meio do uso de tecnologia de informação, com o auxílio do EDI para transmitir a informação[76] e também por meio dos programas de resposta rápida e colaboração na gestão da demanda, como o VMI, o ECR, o CPFR.[77]

O compartilhamento de informações de forma coordenada, integrada e sincronizada entre os elos da cadeia acaba minimizando essas variações. Um corolário logístico seria dizer que as informações substituem estoques ao longo de toda cadeia de suprimentos.[78]

O uso crescente e inteligente da informação, por meio de novas tecnologias, tem impulsionado o desenvolvimento da logística em todo o mundo. A velocidade, abrangência e qualidade dos fluxos de informações impactam diretamente o custo e a qualidade das operações logísticas. Fluxos de informações lentos e erráticos resultam, normalmente, em queda na qualidade dos serviços, aumento dos custos e perda de participação no mercado.[79]

4.6.1 Processamento de pedidos

A velocidade e precisão com que as informações sobre os pedidos dos clientes fluem podem representar fatores-chave no nível de serviço oferecido ao cliente, pois o tempo de resposta ao cliente é reduzido. O processamento de pedidos inclui as atividades necessárias para receber, processar e expedir os pedidos dos clientes. Elementos do processamento do pedido como preparação do pedido, sua transmissão, entrada e preenchimento podem representar de 50 a 70% do tempo total do ciclo do pedido. Por isso, uma boa gestão dessas operações é importante para o desempenho do conjunto das atividades logísticas (atividades-chave e de apoio).

O processamento de pedidos envolve várias etapas: (i) preparação e transmissão do pedido, (ii) entrada do pedido, (iii) preenchimento do pedido e (iv) informação sobre o estado do pedido. Em particular, no processo de preenchimento do pedido ocorre a alocação e designação do estoque disponível. Algumas das principais tarefas incluídas nesta etapa são: obtenção dos itens dos pedidos por meio da retirada do estoque, produção ou compra; embalagem/empacotamento do item para embarque ou venda; programação do embarque para entrega; preparação da documentação para embarque e entrega; atualização do estoque e liberação do pedido totalizado. Dois fatores que afetam o tempo de processamento de pedidos são o estabelecimento de prioridades e a consolidação dos pedidos.

Algumas regras que estabelecem prioridades para atendimento dos pedidos comumente utilizadas na prática são:

i. primeiro a entrar no sistema, primeiro a ser processado (regra FCFS – *First Come-First Server*);
ii. pedidos de maior valor ou de clientes mais importantes primeiro (regra com prioridade);
iii. pedidos com menor tempo de processamento primeiro (regra SPT – *Shortest Processing Time*);
iv. pedidos com data de entrega mais próxima ou pedidos atrasados primeiro (regra EDD – *Earliest Due Date*);
v. pedidos menores e menos complicados primeiro.

Também é comum o uso de combinações de regras, por exemplo, combinar as regras SPT e FCFS para reduzir os tempos médios de fluxo dos pedidos e, ao mesmo tempo, evitar que pedidos com grandes tempos de processamento tenham tempos de espera além de certos limites. A consolidação dos pedidos consiste em agrupar diversos pedidos para serem processados em lotes, para reduzir o custo de processamento. No entanto, essa decisão deve resultar num aumento do tempo médio de processamento dos pedidos, especialmente o tempo de processamento dos pedidos que foram recebidos primeiro no lote.

As informações sobre o estado do pedido melhoram o nível de serviço ao cliente, pois ele se torna ciente da rota do pedido ao longo de todo o seu ciclo, dos possíveis atrasos no processamento ou entrega do pedido. As operações necessárias são, por exemplo, rastrear e acompanhar o pedido e comunicação ao cliente (por exemplo, onde o pedido se encontra no seu ciclo e qual a data e horário previstos para ocorrer a entrega). Exemplos de sistemas eficientes que permitem aos clientes acompanhar o estado do pedido são os sistemas oferecidos por certas empresas de entrega rápida (por exemplo, Correios, Federal Express – Fedex, United Parcel Service – UPS). Empresas utilizam sistemas de informação baseados em códigos de barras, rastreamento por satélite dos veículos de entrega e outras tecnologias, para fornecer ao cliente informações sobre a localização do pedido e sobre a data e horário previstos para a entrega.

Note que o fluxo de informações sustenta todas as etapas e transações do processamento de pedidos. Dessa forma, o aperfeiçoamento dos sistemas de informações logísticas reduz o custo de processamento de pedidos e diminui as incertezas e erros nas suas diferentes etapas, conforme discutido a seguir.

4.6.2 Sistemas de informações logísticas

A informação é crucial para o desempenho da logística, pois corresponde a base na qual os gerentes de logística estruturam suas decisões. As tecnologias de informações logísticas consistem em ferramentas utilizadas para obter, transmitir e analisar informações, de forma a apoiar a tomada das melhores decisões para alcançar os objetivos estabelecidos. Por exemplo, para determinar a política de estoque, os gerentes necessitam de informações sobre os níveis atuais de estoque, a demanda dos clientes, a disponibilidade de fornecedores, regras de reposição de estoques, a programação da produção, custos (por exemplo, custos de aquisição e estocagem), validade dos produtos etc. Para escolher o serviço de transporte, os gerentes necessitam de informações sobre localização de clientes, depósitos e fontes de suprimentos, roteiros de veículos, custos, tempos de entrega e informações diversas sobre a carga transportada.

O sistema de informações logísticas (SIL) faz a conexão entre o ambiente, os clientes, fornecedores e o profissional de logística, fornecendo dados e apoio para a tomada de decisões logísticas. Em geral o SIL é parte do sistema de informações da empresa. Suas três principais funções são:

1. transformar dados numa forma mais utilizável, por meio de processamento de dados e aplicação de técnicas matemáticas e estatísticas (adicionando valor de "forma" ao dado);
2. transferir dados para os pontos da rede logística onde eles são necessários (adicionando valor de "lugar" ao dado);
3. armazenar dados até que eles sejam necessários (adicionando valor de "tempo" ao dado).

Uma maneira de projetar um SIL para uma empresa é identificar as decisões logísticas a serem tomadas e estruturar o SIL para apoiar pelo menos as decisões mais importantes. Em geral são priorizadas decisões tomadas com certa frequência, tais como: reposição de estoques, roteirização e programação de veículos, programação de ordem de armazenagem e consolidação de carga. Conforme mencionado, os SILs combinam usuários, equipamentos (por exemplo, computadores) e softwares (por exemplo, aplicativos para processamento de dados e análise de decisões). Eles são compostos basicamente por três conjuntos de atividades: entrada e transferência de dados, internas (processamento e análise de dados para apoio a decisão) e saída de dados.[80,81]

Em particular, a análise para apoio a decisão é feita pelo uso de abordagens e técnicas de pesquisa operacional, que avaliam diferentes alternativas de ação em busca da melhor alternativa. Essas abordagens são consideradas elementos do SIL porque fornecem informações (alternativas) para apoiar as decisões a serem tomadas. Esses métodos podem ser usados, por exemplo, para apoiar decisões em localização de instalações, dimensionamento de frotas, controle de estoques, roteirização e programação de veículos, carregamento de paletes e contêineres etc. Elas podem ser classificadas em: analíticas (algorítmicas) e experimentais (simulação). Exemplos de abordagens analíticas determinísticas são modelos de programação linear, programação não linear, programação inteira, programação dinâmica determinística, heurísticas e meta-heurísticas, além de métodos probabilísticos como modelos de programação estocástica e otimização robusta, modelos de programação dinâmica estocástica, modelos de teoria de filas, entre outros. Por exemplo, pode-se utilizar técnicas de otimização discreta e heurísticas para otimizar o arranjo físico de produtos sobre paletes ou dentro de contêineres e caminhões,[82,83] ou para otimizar a alocação dinâmica de veículos para o transporte de cargas entre terminais, conforme ilustrado no Boxe 4.1.

BOXE 4.1 PROBLEMA DE ALOCAÇÃO DINÂMICA DE VEÍCULOS

Em empresas de transporte rodoviário de carga aparece um importante problema de alocação dinâmica de veículos (PADV). O problema consiste em programar "movimentos" de uma frota de veículos (caminhões) que realiza viagens entre terminais dispersos geograficamente e que interagem entre si. Dadas as demandas de carga entre terminais de origem e destino da rede em um horizonte de planejamento com múltiplos períodos, esses movimentos da frota podem ser: (i) caminhões carregados com carga completa para satisfazer a demanda entre dois terminais num dado período, (ii) caminhões vazios para reposicionamento entre os terminais da rede, ou (iii) caminhões mantidos em um terminal de um período para o outro, como provisão para o atendimento de demandas futuras. As decisões de transporte na transferência de cargas completas entre terminais e as decisões de reposicionamento dos caminhões vazios na rede visam otimizar o uso dos recursos disponíveis ao menor custo possível. Modelos matemáticos de programação linear e programação inteira podem ser utilizados para representar apropriadamente esse problema em situações reais e apoiar na tomada de decisões de maneira a otimizar essas operações de transporte. Resultados mostram que essas abordagens podem ser efetivas na prática, atendendo as demandas origem-destino dentro dos prazos acordados e reduzindo as necessidades de movimentação de veículos vazios.[84]

As abordagens experimentais permitem simular o sistema logístico no computador, para diferentes configurações do sistema e condições de entrada, para se escolher a alternativa com melhor desempenho. Também podem ser utilizadas para apoiar as decisões mencionadas anteriormente. Por exemplo, pode-se utilizar simulação para analisar operações de colheita, carregamento, transporte e descarga de cana-de-açúcar ou laranja, desde as áreas de plantio até as unidades industriais de usinas de açúcar e álcool ou fábricas de suco de laranja.[85] Esses métodos são estudados em detalhe na área de Pesquisa Operacional.

Com base na análise de dados o SIL propõe relatórios de informação e relatórios de ação para que o profissional de logística tome uma decisão ou execute uma ação (por exemplo, relatório de roteirização e sequenciamento diário de caminhões, relatório de programação de retirada de produtos no armazém, relatório de pedido de reposição de estoque).

Nas últimas décadas, a documentação das informações em papel tem dado lugar ao uso tecnologia de informação para transferir, receber e gerenciar informações eletronicamente, de forma mais rápida e com maior precisão (menos propensa a erros). A tecnologia de informação evoluiu de forma surpreendente em termos de velocidade e capacidade de armazenamento de informações, resultando ao mesmo tempo em redução de custo e espaço físico. Durante essa evolução, surgem várias inovações que afetam as operações logísticas. Algumas das mais populares tecnologias de informação que apoiam as decisões logísticas são: computadores pessoais, EDI, código de barras e leitura óptica, radiofrequência, etiquetas eletrônicas, inteligência artificial e sistemas especialistas, comunicação sem fio, entre outros. O uso dessas tecnologias pode reduzir significativamente os custos de processamento de pedido, facilitando que pedidos em lotes menores possam ser realizados. Além de ser uma importante oportunidade de aumentar a competitividade da empresa, a informação é um dos poucos recursos cuja capacidade e facilidade de acesso evolui rapidamente e cujo custo está diminuindo.

E-commerce (comércio eletrônico): dentre todas as tecnologias citadas, a internet é a única que possibilita que informações de um dado fornecedor/vendedor estejam disponíveis a qualquer pessoa, não exigindo que haja uma conexão exclusiva entre fornecedor e cliente. O *e-commerce* (também chamado *e-business*) corresponde à comercialização de produtos via internet, que permite que a empresa ou cadeia de suprimento explore oportunidades de aumento da receita, como oferecer vendas diretas aos clientes, possibilitar acesso 24 horas de qualquer localidade, agregar informações de diversas fontes, proporcionar personalização e padronização de informações, oferecer mais agilidade ao mercado (lançamento de um produto com mais rapidez e com mais informações disponíveis), implementar flexibilidade de preços, permitir diferenciação de preços e serviços, facilitar uma transferência de recursos eficaz. Há dois tipos de transação: *business-to-consumer* (B2C) e *business-to-business* (B2B). O *business-to-customer* corresponde às transações entre uma empresa e o consumidor final, enquanto o *business-to-business* corresponde às transações comerciais entre duas empresas via internet. Exemplos de *business-to-customer* são as mercearias e hipermercados virtuais no setor de alimentos. Essas empresas procuram atrair clientes que preferem a conveniência de fazer os pedidos de comida ou qualquer tipo de alimento, em qualquer hora via internet e recebê-los em casa, evitando as viagens até os supermercados.[86] Esse tipo de comercialização requer nova estruturação dos sistemas logísticos de entrega. Por exemplo, as empresas de correios buscam a terceirização de seus serviços de entrega rápida, e a amplificação de pontos *relays* para se aproximar dos clientes, intensificar a rapidez na entrega e reduzir os custos.

A expansão do *busines-to-business* também tem contribuído para redução dos custos de pedidos. Por exemplo, indústrias automotivas exigem que todos os seus fornecedores sejam equipados para o recebimento de pedido pela web a fim de tornar essa operação mais eficaz. Além disso, alguns fornecedores são pagos de acordo com o número de carros fabricados, eliminando a necessidade de pedidos de compra individuais, e assim reduzindo o custo de processamento de pedido associado a cada pedido de ressuprimento.

4.7 TRANSPORTES

A principal função da atividade de transporte na logística é agregar valor de lugar ao produto, dado que comumente os produtos não são consumidos no mesmo local em que são produzidos. O sistema de transportes pode produzir grande impacto nos custos logísticos e no desempenho de outras atividades logísticas, tais como nível de serviço ao cliente e gestão de estoques, conforme destacado no início do capítulo. Um sistema de transportes eficiente contribui para gerar maior competição, economia de escala e redução de preços.

Maior competição porque, com um sistema de transportes eficiente, produtos distantes passam a ser competitivos num mesmo mercado. Por exemplo, algumas frutas e legumes e outros alimentos podem ser produzidos durante diferentes estações do ano em diferentes regiões (por exemplo, o leite produzido no estado de Indiana nos EUA é competitivo nas prateleiras dos supermercados na costa leste americana, bananas produzidas na América do Sul podem ser compradas no hemisfério norte em janeiro durante o inverno). Outro exemplo é o crescimento das exportações brasileiras de *commodities*, tais como suco de laranja e madeira, especialmente quando ocorrem desastres naturais (tornados, furacões, inverno rigoroso) nos EUA (por exemplo, a madeira é exportada para a reconstrução das casas destruídas).

Alcançando consumidores mais distantes, o mercado de um produto cresce, e maiores mercados permitem economias de escala na produção. O nível de utilização dos equipamentos cresce e a mão de obra fica mais especializada (por exemplo, automóveis produzidos no Japão e distribuídos no mundo). Com o aumento da competição e a economia de escala, os preços dos produtos caem. Além disso, o transporte eficiente permite que os produtos possam circular com maior rapidez e com menor índice de perdas e danos. Por exemplo, no caso de produtos perecíveis como carnes, vegetais e frutas, estes produtos podem chegar com mais rapidez, mais baratos e mais frescos (devido ao menor tempo de estoque, frutas e legumes chegam mais saborosos ao consumidor final).

Além da função de movimentação de produtos, materiais e produtos semiacabados ao longo do canal logístico, o transporte também exerce a função de estoque temporário durante o trânsito. Em alguns casos, quando o espaço físico para o estoque em uma instalação não se encontra disponível, os veículos de transporte são utilizados para estocar o produto em movimento (por exemplo, prolongando-se seu itinerário). Esse "estoque sobre rodas" resulta em uma forma bem mais cara de se estocar, mas os custos podem ser menores em termos da redução das necessidades de estoque e maior segurança da carga. Além disso, os veículos de transporte podem servir de estoque por curtos períodos de tempo, quando se encontram parados em uma instalação a espera de descarregamento. É o caso, por exemplo, dos caminhões de cana, laranja e madeira que esperam por uma ordem de despacho nas filas dos sistemas de descarga das agroindústrias. Para as usinas de açúcar e fábricas de suco de laranja, que processam matéria-prima perecível, o estoque sobre rodas reduz o manuseio desses produtos e consequentemente as perdas. Além disso, devido à perecibilidade, esses produtos podem ficar estocados apenas por um curto período de tempo, e o estoque nos veículos torna-se uma alternativa viável de estocagem para suprir rapidamente e de forma constante as moendas e processadores.[87] No caso das indústrias de madeira, o estoque nos veículos proporciona também melhor aproveitamento do espaço físico no pátio da indústria.

Os fatores condicionantes dos serviços de transporte, além de movimentar produtos, estão relacionados com manter a integridade da carga, impedindo que ela seja avariada, roubada ou extraviada, e garantir confiabilidade por meio do cumprimento dos prazos de entrega. São vários os atributos relacionados com a carga que devem ser considerados ao planejar o sistema de transporte. Os principais são:[88]

i. Peso e volume: estas características podem requerer equipamentos especiais e carregamento adequado de forma a garantir economia de espaço no veículo.

ii. Dimensões das unidades da carga (caixas, paletes, sacas).

iii. Perecibilidade: algumas mercadorias se deterioram ou tornam-se obsoletas em um curto período de tempo (por exemplo, cana-de-açúcar colhida, hortaliças, alguns tipos de frutas, peixes, frutos do mar, jornal do dia).

iv. Fragilidade: alguns produtos exigem embalagens e cuidados especiais ao serem transportados e manuseados devido a sua fragilidade (por exemplo, flores, alguns tipos de frutas, louças, cristais e equipamentos eletrônicos).

v. Periculosidade: vários produtos são considerados perigosos e podem trazer danos à saúde ou ao meio ambiente se derramados ou espalhados no solo ou em cursos d'água (por exemplo, petróleo e derivados, diversos produtos químicos).

O transporte também é um elemento chave para o crescimento do *e-commerce*, pois os produtos (livros, CDs, alimentos, equipamentos eletrônicos etc.) são vendidos na internet e entregues em domicílio em geral em pequenos pedidos, e assim o transporte representa o custo mais alto do sistema logístico nesses mercados.

4.7.1 Escopo do sistema de transportes

O transporte de carga tem cinco modais: ferroviário, hidroviário, rodoviário, aeroviário e dutoviário.

4.7.1.1 Ferroviário

As transportadoras ferroviárias cobram preços que incentivam o transporte de cargas maiores por longas distâncias (economia de escala de acordo com a quantidade transportada e distância percorrida). No entanto, o transporte ferroviário é lento, e os produtos transportados em geral têm prazos de entrega mais folgados, baixa razão valor-densidade e baixa razão valor-volume. Exemplos de produtos transportados são: carvão, minérios, grãos (soja, milho, farelo de soja), cimento, adubos e fertilizantes. Cargas menores que devem percorrer pequenas distâncias, ou que exigem entrega em curto período de tempo, são raramente transportadas pelo modal ferroviário. Uma das principais preocupações das transportadoras ferroviárias é assegurar uma boa utilização das locomotivas, operadores e equipamentos.[89,90] O tempo de viagem representa uma parte relativamente pequena do tempo total de entrega. O desempenho do modal ferroviário em termos do tempo de entrega é afetado pelo tempo nas operações de transição e composição do trem, pois um trem só parte com um número mínimo de vagões, o que implica grandes tempos de espera dos vagões. Essas operações de transição correspondem a mais de 80% do tempo em trânsito.[91]

4.7.1.2 Hidroviário

O modal hidroviário (fluvial e marítimo) corresponde ao principal modal para transportar carga em volumes substanciais, principalmente produtos com baixa razão valor-peso e não perecíveis, tal que os custos de estocagem não sejam excessivos (por exemplo, carvão, petróleo, cimento, areia, minério de ferro e grãos). No âmbito do comércio internacional, o modal hidroviário corresponde ao tipo mais utilizado para transporte da maior parte dos produtos, devido à economia de escala proporcionada por grandes volumes e longas distâncias. No âmbito de carga doméstica, sua utilização é limitada pela disponibilidade de hidrovias, como lagos, rios, canais e costa marítima. Em geral, é necessário um transporte suplementar por via férrea ou rodoviária, a menos que os pontos de origem e destino sejam adjacentes a uma via navegável. As vias marítimas e fluviais oferecem capacidade de transportar cargas pesadas com relativamente baixas taxas de frete, mas o transporte é lento com atrasos significativos nos portos e terminais. Além das restrições das vias navegáveis, os terminais de armazenagem de carga seca e carga a granel, bem como os dispositivos de carga-descarga, limitam a flexibilidade desse tipo de transporte. Em geral, cargas pequenas ou que percorrem menor distância não são transportadas por navio (exceções ocorrem em algumas partes da Europa e no Japão). Várias são as incertezas relacionadas com o embarque e desembarque no porto que afetam o tempo total de viagem, consequentemente a disponibilidade e a confiabilidade do modal hidroviário. Alguns dos principais fatores de atraso são: as condições adversas do tempo, cronograma de rotas não obedecido e o atraso de navios ou do transporte terrestre (por exemplo, falta de vagões e congestionamentos nas vias de acesso). Quando comparado com outros modais, o transporte hidroviário também se destaca pela baixa velocidade e o baixo consumo de combustível.

4.7.1.3 Rodoviário

O transporte rodoviário corresponde ao modal dominante para transporte de cargas no Brasil. Suas principais vantagens são: a conveniência no transporte porta a porta, pois nenhum outro transporte é necessário entre a origem e o destino como ocorre, por exemplo, nos modais ferroviário e hidroviário, e a frequência e disponibilidade dos serviços. O transporte rodoviário também oferece maior flexibilidade, pois proporciona a movimentação a curta distância de produtos de alto valor e pode operar em vários tipos de estradas. Diversos produtos podem ser transportados tanto via ferrovia quanto rodovia. No entanto, há várias distinções entre os modais ferroviário e rodoviário, tais como:[92] (i) aspectos legais de contrato; (ii) caminhões podem manipular menor variedade de cargas devido às restrições de segurança rodoviária com limite de tamanho e seguro, (iii) caminhões oferecem entrega mais rápida e confiável de cargas parceladas, pois o transportador precisa preencher apenas um veículo antes de despachar a carga, em vez de lotar um trem; assim, a rodovia é mais competitiva no mercado de pequenas cargas.

Os serviços rodoviários podem ser do tipo: carga completa (*truck-load* – TL) e carga incompleta (*less-than-truck-load* – LTL, também chamada carga parcial ou fracionada). No caso do tipo TL, o preço do transporte é cobrado pelo caminhão todo e não com base na quantidade transportada, e as tarifas variam de acordo com a distância percorrida. A preocupação das transportadoras que realizam transporte TL é minimizar o tempo ocioso dos caminhões e o tempo de viagem com caminhões vazios (por exemplo, com melhores rotas e programas de entregas). Os serviços com LTL são cobrados de acordo com a quantidade transportada e a distância percorrida, sendo mais utilizados para o transporte de pequenos lotes. Além disso, as entregas do tipo LTL são mais demoradas, pois há mais paradas para entrega de diversas cargas pequenas transportadas em um mesmo caminhão. Uma estratégia para a redução dos custos do transporte tipo LTL é o grau de consolidação das cargas. Em geral, as transportadoras que utilizam LTL possuem um centro de distribuição em que os caminhões trazem diversas cargas pequenas com origem em uma dada área geográfica e partem com diversas cargas pequenas, o que permite melhor utilização dos caminhões apesar do aumento do tempo de entrega. Dessa forma, as transportadoras de LTL enfrentam questões relacionadas com a localização dos centros de distribuição, e programa de designação e consolidação de cargas nos caminhões.[93,94]

4.7.1.4 Aeroviário

O modal aeroviário oferece transporte muito rápido, mas tarifas bem elevadas, comparado com os outros modais. No entanto, sua velocidade média não pode ser diretamente comparada com a dos demais modais se não incluir os tempos de manuseio, coleta e entrega de carga. Sua utilização tem sido limitada aos produtos com alta razão valor-peso (ou razão valor-volume), ou quando a velocidade de entrega é muito importante na distribuição (por exemplo, equipamentos elétricos e eletrônicos, joias, frutos do mar, flores, correio), principalmente quando longas distâncias devem ser percorridas. No caso de itens com período de comercialização muito curto ou com prazo de entrega urgente, o transporte aéreo passa a ser o único meio viável (por exemplo, medicamentos, flores, peixe fresco, alguns itens de Natal, entregas expressas de correio).

O transporte aéreo é o modal de transporte menos utilizado para transporte de cargas. Apesar de a quilometragem ser praticamente ilimitada, o transporte aéreo é responsável por menos de 1% do total de t-km intermunicipais nos EUA.[95] Em geral, as transportadoras aéreas movimentam cargas inferiores a 230 quilos. As restrições de espaço físico destinado às cargas, capacidade de decolagem e a disponibilidade das aeronaves limitam a utilização do transporte aeroviário. Por outro lado, normalmente os aeroportos não estão integrados com outros modais de transporte, com exceção das rodovias. Assim, a tendência é a construção de aeroportos exclusivamente de cargas com maior integração com os demais modais.

Em condições normais de operação, o transporte aéreo também oferece boa confiabilidade e disponibilidade de serviço. A variabilidade do tempo de entrega é pequena em termos absolutos. No entanto, o transporte aéreo é bastante sensível às condições meteorológicas, problemas mecânicos das aeronaves e equipamentos e congestionamento do tráfego aéreo. A variabilidade, quando comparada com os tempos médios de entrega, coloca o modal aéreo como um dos modais menos confiáveis.[8,9] Em geral, a porcentagem de perdas e danos é menor no transporte aéreo, quando comparado com os outros modais terrestres, dado que o manuseio terrestre não oferece exposição maior aos danos do que a fase em trânsito, e que os aeroportos são mais seguros com relação ao roubo de cargas.

4.7.1.5 Dutoviário

O modal dutoviário (tubulação) é muito eficiente para mover produtos em estado líquido ou gasoso através de grandes distâncias. Seus custos estão entre os mais baixos de todos os modais de transporte. Porém, é pouco flexível, pois poucos produtos podem ser escoados (por exemplo, petróleo, gás e alguns produtos no estado líquido, gasoso e semifluidos). Apesar de ser um transporte lento, os dutos podem operar continuamente durante 24 horas, 7 dias por semana, com paradas apenas para manutenção e troca do material transportado. Com relação ao tempo de trânsito, o transporte dutoviário é o mais confiável, pois há poucas chances de haver interrupções no transporte e o índice de perdas e danos é muito baixo. Por exemplo, as condições meteorológicas que exercem certa influência no tempo de entrega nos demais modais, são pouco significativas para o transporte dutoviário.

O Quadro 4.4 descreve alguns dos principais produtos transportados pelos diferentes modais de transporte.

Quadro 4.4 Modais de transporte e os principais produtos transportados[96]

Modal de transporte	Exemplos de principais produtos transportados
Ferroviário	*Commodities* agrícolas (por exemplo, grãos, café), matéria-prima de baixo valor-peso (carvão, madeira, minério, cimento e cal) e outros.
Hidroviário	*Commodities* agrícolas (por exemplo, grãos, açúcar), carros, produtos químicos e outros.
Rodoviário	Maior parte dos produtos agrícolas no Brasil (grãos, cana-de-açúcar, madeira etc.), produtos refrigerados e produtos a granel (leite, suco de laranja, petróleo), e outros produtos (alimentos, bebidas, roupas, produtos de limpeza etc.) de fábricas, atacadistas, depósitos para os varejistas.
Aeroviário	Produtos de alto valor-peso (produtos eletrônicos, joias) e produtos perecíveis e urgentes (documentos, flores, frutos do mar).
Dutoviário	Petróleo, gás natural, água e esgoto, materiais secos pulverizados a granel (cimento e farinha em suspensão aquosa).

4.7.2 Relações entre os modais de transporte

Uma medida utilizada para quantificar o nível de produção de um modal de transporte é o total de t-km (ou t-mi) realizado, pois o esforço necessário para movimentar a carga deve ser proporcional à distância percorrida e à quantidade transportada.

O usuário do sistema de transportes deve escolher o modal, ou uma combinação de modais, que forneça o melhor balanço entre o custo e a qualidade de serviço. Essa escolha pode ser vista em termos de características que são básicas em todos os modais: custo, tempo médio de entrega e variabilidade, perdas e danos, entre outros critérios.

4.7.2.1 Custo

Em geral, para a empresa que contrata o serviço de transporte, o custo corresponde à tarifa cobrada para o transporte de bens entre dois pontos, mais taxas adicionais (seguro, coleta no local de origem, entrega no local de destino, condições de uso dos equipamentos). No caso do transportador, o custo inclui itens como combustíveis, mão de obra, manutenção, depreciação de equipamentos e administração. Note na

Tabela 4.1 que nos EUA o transporte aéreo corresponde ao modal mais caro, enquanto o hidroviário é o mais barato. Além disso, note que o transporte rodoviário é cerca de onze vezes mais caro que o ferroviário, e este último é cerca de três vezes mais caro que o transporte hidroviário. Outras pesquisas indicam que na Europa o custo do transporte rodoviário é sete vezes maior que o do ferroviário, por sua vez quatro vezes maior que o do hidroviário.[97]

Tabela 4.1 Classificação dos modais de transporte em termos de custo (1 – menor)[98]

Modal de transporte	Custo médio (US$cents/t-mi) nos EUA	Classificação: menor custo (1 – menor)	Classificação: menor tempo	Classificação: menor variabilidade	Classificação: menor perda
Ferroviário	2,28[a]	3	3	3	5
Hidroviário	0,74[b]	1	5	4	2
Rodoviário	26,19[c]	4	2	2	4
Aeroviário	61,20[d]	5	1	5	3
Dutoviário	1,3	2	4	1	1

[a] Classe 1.
[b] Barcaça.
[c] Carga fracionada.
[d] Doméstico.

4.7.2.2 Tempo médio de entrega e variabilidade

O tempo médio de entrega corresponde ao tempo que a carga leva para sair do ponto de origem e chegar no ponto de destino (que inclui o tempo de viagem, o tempo de carregamento e descarregamento e manuseio da carga). A Tabela 4.1 compara os modais em termos de tempo médio de entrega; note que o transporte aeroviário é o mais rápido, enquanto o hidroviário é o mais lento.

A variabilidade do tempo de entrega é medida por meio do desvio-padrão ou do coeficiente de variação (i.e., razão do desvio-padrão sobre o tempo médio de entrega), para estimar as variações usuais do tempo de entrega devido a diversos fatores, tais como: quebras do veículo, congestionamentos devido ao mau tempo, acidentes ou obras nas estradas, tempo de parada em cada cliente, deficiências na programação e gestão de estoques, demora na recepção de mercadoria, deficiências nas operações no depósito devido à inadequação e falta de equipamentos e mão de obra e problemas no fluxo de informações. As incertezas no tempo de entrega aumentam no caso de produtos que são transportados por um sistema de consolidação de cargas menores em uma carga maior, pois, em geral, são mantidos em um depósito esperando por outras cargas com o mesmo destino, de forma que os veículos possam viajar com carga completa ou quase completa. A Tabela 4.1 apresenta a classificação dos modais em termos da variabilidade no tempo de entrega. Note que, como discutido anteriormente, o transporte via tubulação apresenta a menor variabilidade, dado que as interferências externas e interrupções no escoamento dos produtos são pouco significativas. Por outro lado, os transportes aeroviário e hidroviário apresentam as maiores variabilidades, principalmente devido às incertezas relacionadas com os embarques e desembarques nos aeroportos e portos.

4.7.2.3 Perdas e danos

Este atributo envolve a capacidade do sistema de transporte em transportar a carga protegendo-a contra perda, dano e roubo. Grande parte dos produtos agroindustriais transportados no Brasil requer cuidados especiais devido à perecibilidade, por exemplo: produtos agrícolas, produtos refrigerados ou congelados. A utilização de equipamentos adequados para as operações de carga e descarga evita os problemas de perdas e quebras da carga transportada. Certos produtos requerem equipamentos especiais nessas operações. Por exemplo, produtos a granel como cereais em grão (soja, milho, farelo) são normalmente carregados em moegas a partir de caminhões basculantes e transferidos por meio de esteiras para os armazéns ou processadoras.[99] Em certos casos, uma alternativa para reduzir os riscos de quebra e perda de produtos é a unitização da carga por meio da utilização de paletes e contêineres. A Tabela 4.1 apresenta a classificação dos modais de transporte em termos do índice de perdas. Note que o modal dutoviário apresenta o menor índice de perdas e danos, enquanto o ferroviário apresenta o maior.

Transporte multimodal: o transporte multimodal corresponde à integração dos serviços de diferentes modais de transporte para movimentar uma mesma unidade de carga. Combinar mais de um modal pode levar a um melhor *trade-off* entre o custo e o tempo de entrega, por exemplo, combinando modais com custos mais baixos (por exemplo, hidroviário e ferroviário) com outros modais mais rápidos (rodoviário e aeroviário). No caso dos modais ferroviário, hidroviário e aéreo, é necessário considerar as alternativas multimodais, pois estes modais não oferecem transporte entre o ponto de origem e destino final como o modal rodoviário. Um aspecto importante nos serviços multimodais consiste na troca de informações para viabilizar as transferências de cargas entre os diferentes modais, pois estas atividades podem trazer atrasos no prazo de entrega.

Transporte próprio ou contratado: uma das principais questões que os gerentes de transportes devem confrontar-se diz respeito à escolha entre operar com transporte próprio ou contratar serviços de terceiros. Nos casos em que o volume de carga é elevado, pode ser mais viável utilizar frota própria do que contratar serviços de terceiros. No entanto, o nível de serviço oferecido ao cliente às vezes implica requisitos que não podem ser oferecidos pelas transportadoras, pois implicam investimentos da empresa nos serviços de transporte próprio. Alguns desses requisitos são: entrega rápida com alta confiança; equipamentos especiais com pouca disponibilidade (por exemplo, caminhões com refrigeração); manuseio especial de carga (por exemplo, flores, dinheiro, produtos químicos perigosos); disponibilidade do serviço de transporte (por exemplo, transporte de produtos sazonais). No entanto, nem todos os modais permitem o transporte próprio de maneira viável (por exemplo, poucas empresas estão dispostas a alugar ou adquirir vagões, aviões ou navios), e assim o transporte próprio é predominante no modal rodoviário.[100]

Transporte internacional: o transporte internacional permite que as empresas possam adquirir produtos que não são capazes de produzir com eficiência e qualidade (por exemplo, petróleo, componentes eletrônicos, frutas e diversos produtos agrícolas, bebidas, medicamentos e outros) e materiais e componentes estrangeiros a baixo custo (por exemplo, materiais são mais econômicos em certos países devido à disponibilidade de matéria-prima e mão de obra mais barata). Por outro lado, as empresas podem expandir seus mercados de forma que seus produtos possam ser consumidos distante de suas fronteiras nacionais. Com relação ao uso dos modais, o transporte internacional é dominado pelos transportadores marítimos (99% do peso), que movem mais de 50% do volume total de negócios. Apenas 21% do volume de negócios são movidos por transportadores aéreos, mas que correspondem a uma parcela muito pequena do peso total transportado. Muitos dos países membros da Comunidade Europeia também utilizam os modais ferroviário, rodoviário e dutoviário para o transporte internacional.

O transporte internacional em geral é complexo devido aos problemas com os requisitos legais para atravessar fronteiras, e a menor confiabilidade nos transportadores (em relação à confiabilidade nos transportadores domésticos). As transações e embarques internacionais requerem uso de maior volume de documento do que os domésticos, e estão sujeitos à fiscalização e restrições legais para entrada e saída em diferentes países. Esta é uma das razões do crescimento do uso dos contêineres no transporte de carga internacional para facilitar a documentação e prover maior proteção à carga. Além disso, há muitas limitações de rotas, pontos de embarque, desembarque e alfandegários.

4.7.3 Custos e tarifas de transporte

Os preços que o profissional de logística paga para obter os serviços de transporte são diretamente relacionados com as características de custo de cada tipo de serviço. Um serviço de transporte incorre em custos que podem ser arbitrariamente divididos em: custos variáveis e custos fixos. Os custos variáveis variam com o tamanho do serviço (por exemplo, em termos de distância e volume da carga), e correspondem aos custos para movimentar a carga, como combustível e mão de obra, manutenção de equipamentos, manuseio, e coleta e entrega. Os custos fixos não variam com a distância ou quantidade de carga transportada. Do ponto de vista das transportadoras, os custos fixos incluem custos de aquisição e manutenção da via, terminais, equipamentos de transportes e administração. Em geral, os custos são parcialmente fixos e parcialmente variáveis, e a alocação dos elementos de custo em uma classe ou outra envolve certa arbitrariedade. O Quadro 4.5 descreve as características de custos de cada modal de transporte.

Quadro 4.5 Modais de transporte e características de custo fixos e variáveis[101]

Modal de transporte	Custos fixos	Custos variáveis
Ferroviário	Altos custos fixos que incluem: operações nos terminais de carga e descarga, depreciação da ferrovia e instalações do terminal, despesas com administração.	Relativamente baixos custos variáveis (em geral de 35 a 50% dos custos totais) que incluem: salários, combustível ou energia elétrica, manutenção.
Hidroviário	Altos custos fixos devido a: investimentos nos equipamentos de transporte (navios), tarifas portuárias e custos de carga e descarga nos terminais.	Baixos custos variáveis devido à operação do equipamento de transporte.
Rodoviário	Baixos custos fixos (15 a 25% dos custos totais), pois as rodovias não pertencem aos transportadores, que incluem: investimento em caminhões (que representa um investimento pequeno se comparado ao trem ou navio), operações nos terminais, como carga e descarga, coleta, manuseio e entrega.	Relativamente altos custos variáveis que incluem: combustíveis e outros custos associados à viagem do caminhão, pedágios, taxas do veículo e taxas sobre t-km.
Aeroviário	Altos custos fixos anuais devido a: os terminais (aeroportos) e a aerovia (espaço) em geral não pertencem ao transportador (Cia. aérea), mas a Cia. aérea possui seu próprio equipamento de transporte (aviões) que é depreciado sobre sua vida útil.	Altos custos variáveis que no curto prazo são influenciados mais pela distância do que pelo volume da carga, devido à ineficiência da aterrissagem e decolagem dos aviões.
Dutoviário	Altos custos fixos devido a: investimentos em vias (tubulação), equipamentos (tubos, bombas, tanques), terminais (instalações de bombeamento).	Baixos custos variáveis que incluem: energia para mover o produto (que depende da vazão e do diâmetro dos tubos), custos associados à operação das estações de bombeamento.

Note por exemplo, que no transporte rodoviário, os custos fixos são baixos se comparados aos demais modais, dado que os investimentos em terminais são relativamente pequenos e a construção e manutenção das rodovias são responsabilidade do governo ou das concessionárias de rodovia. Por outro lado, os custos variáveis tendem a ser mais altos, pois aos custos de construção e manutenção da rodovia são cobrados dos usuários na forma de tarifas nos combustíveis, pedágios, e outras taxas relacionadas com a distância percorrida e com o número de veículos em operação. E no transporte aéreo também os custos fixos são mais baixos que os modais ferroviário, hidroviário e dutoviário, pois, em geral, as vias aéreas e aeroportos são públicos, e os custos fixos estão relacionados com a compra de aeronaves, contêineres de carga e espaço físico. No entanto, os custos variáveis são relativamente altos, pois incluem combustível, mão de obra representada pela tripulação a bordo e operadores terrestres. O transporte dutoviário apresenta os maiores custos fixos entre os modais. Os custos fixos são altos devido à aquisição e construção do sistema de tubulação e bombeamento. Por outro lado, os custos variáveis são baixos, pois não há necessidade de mão de obra intensiva para sua operação.

Tarifas de transporte: Vários critérios são usados para determinar tarifas de transporte. Os mais comuns estão relacionados com: volume, distância e demanda. Outras variáveis que podem influenciar na determinação do preço do frete são:[102] possibilidade de carga de retorno (reduzir as distâncias em que o veículo viaja vazio); carga e descarga; sazonalidade da demanda por transporte (por exemplo, cargas agrícolas na safra e entressafra); especificidade da carga transportada (por exemplo, suco de laranja e leite exigem maiores formalidades contratuais que influenciam o preço do frete); perdas e avarias (por exemplo, devido a acidentes, exposição à umidade e descuidos nos processos de carga e descarga); vias utilizadas; pedágios e fiscalização; prazo de entrega (cargas não entregues no prazo podem implicar aumento dos custos devido à necessidade de armazenamento e vendas perdidas); valor da carga ou risco de roubo.

Convém salientar sobre a importância do profissional de logística conhecer bem a legislação de transportes nas regiões em que atua. Por exemplo, variações nas alíquotas de impostos, como o Imposto sobre Circulação de Mercadorias e Serviços (ICMS), podem interferir de forma efetiva nas decisões de transporte,[103] conforme ilustrado no Boxe 4.2.

BOXE 4.2 IMPACTO DO ICMS NO PLANEJAMENTO AGREGADO DE PRODUÇÃO E LOGÍSTICA

A produção de sementes de milho no Brasil envolve uma cadeia de produção agroindustrial complexa, cujos agentes devem primar por oferecer produtos de alta qualidade a baixos custos para poderem se manter competitivos no mercado. Empresas produtoras de sementes de milho em geral possuem vários campos de produção agrícola, diversas unidades industriais (Unidades de Beneficiamento de Sementes – UBS) e muitos pontos de demanda. Decisões de planejamento tático importantes envolvem a produção, estocagem e transporte de sementes de milho, de forma a minimizar custos de produção, logísticos e fiscais, atendendo às restrições de programação da colheita, capacidade das plantas e demanda dos clientes. Em particular, a consideração dos custos do ICMS pode interferir de forma efetiva nesse planejamento agregado de produção e logística, dependendo dos caminhos que os produtos percorrem na rede. Resultados mostram que existem grandes oportunidades em termos de redução de custos totais ao se considerar o impacto das variações nas alíquotas do ICMS nos planos de produção e logística das empresas, alternativamente à simples utilização de regras de menores distâncias dos campos as UBS e das UBS as regiões de demanda, comumente empregadas na prática dessas empresas.[104]

Conforme mencionado anteriormente, existem diversos modelos e métodos de solução quantitativos, baseados nas técnicas de pesquisa operacional, para apoiar as decisões em gestão de transportes. Exemplos desses métodos incluem: problemas de composição de frotas, problemas de atribuição de fluxo (tráfego) de carga e transbordo ao longo da rede, problemas de consolidação e despacho de carga, problemas de projeto e operação de terminais de carga, problemas de alocação de veículos e tripulação, problemas de roteirização e programação de veículos, em que se pode ter: frota homogênea ou heterogênea, único ou múltiplos depósitos, coletas e entregas na mesma rota, coletas e entregas com janelas de tempo, coletas e entregas com relações de precedência, entre outros.[105,106,107]

4.8 CONCEITOS DE GESTÃO DE ESTOQUES E ARMAZENAGEM

A estocagem, às vezes chamada de "transporte a zero km/h", ocorre nos nós da rede logística agregando valor de tempo ao produto. Há diversas razões para se manter estoques, principalmente porque a demanda em geral não pode ser conhecida com exatidão, e os produtos não podem ser fornecidos de forma instantânea para suprir a demanda. A manutenção de estoques pode representar mais de 1/3 do custo logístico total em uma indústria média.[108] Estoques têm sido usados para: (i) coordenar suprimento e demanda, (ii) reduzir custos de produção e transporte, (iii) apoiar a produção e (iv) apoiar marketing.

i. **Coordenar suprimento e demanda:** uma das principais funções do estoque é realizar a coordenação entre o suprimento e a demanda. A maioria dos produtos está sujeita as incertezas de demanda e incertezas no suprimento e produção. O estoque é usado para suprir a demanda quando essas incertezas ocorrem, pois, nesses casos, a demanda não pode ser suprida instantaneamente pela produção e transporte. Quando a produção/suprimento é sazonal e a demanda é relativamente constante ao longo do ano, carregar estoques torna-se mais importante para coordenar suprimento e demanda. Exemplos ocorrem em indústrias cujas matérias-primas são produzidas em períodos específicos do ano (safra), enquanto seus produtos são consumidos durante o ano inteiro (por exemplo, indústrias alimentícias de produtos enlatados e farináceos). Similarmente, quando a demanda é sazonal e a produção/suprimento é relativamente constante ao longo do ano, o acúmulo de estoques permite satisfazer a demanda durante os períodos de consumo. Exemplos ocorrem em fábricas de equipamentos de ar-condicionado, enfeites e brinquedos de Natal, ovos de Páscoa e bebidas, entre outros.

ii. **Reduzir custos de produção e transporte:** carregar estoques de um período para outro pode resultar em menores custos de produção, pois as empresas podem produzir seus produtos em grandes lotes e em sequências favoráveis do ponto de vista dos tempos de preparação dos equipamentos, proporcionando assim economias de escala. Ao dimensionar lotes maiores e mais econômicos (*economic lot-sizing*), podem-se reduzir os custos das flutuações na produção devido às incertezas de demanda. Os estoques também podem contribuir para redução dos custos de transporte, pois cargas maiores e mais econômicas podem ser transportadas em cada viagem. Por exemplo, atacadistas e transportadoras utilizam depósitos regionais de forma a armazenar produtos de diversos fornecedores transportados em grandes quantidades, para posteriormente montar cargas menores com pedidos de acordo com uma sequência de clientes que minimize os custos de transporte e atenda aos prazos de entrega. Esse sistema traz vantagens econômicas pelo transporte de cargas completas (TL) dos fornecedores para os depósitos, e cargas fracionadas (LTL) destes para os clientes, além de economias no manuseio e operações de carregamento e descarregamento.

Em alguns casos, o preço de aquisição de matérias-primas e produtos pode variar de acordo com o tamanho do lote de compra, onde são oferecidos descontos com base na quantidade ou volume comprados. Por exemplo, empresas atacadistas e varejistas podem comprar em grandes quantidades produtos alimentícios ou de limpeza com descontos de seus fornecedores, e repassar parte desses descontos a seus clientes para competir no mercado. Nesse caso, o papel dos estoques é essencial e os gerentes devem analisar se o lucro obtido por essa estratégia compensa o aumento dos custos de estoque. Uma das principais decisões é determinar o quanto estocar de forma a balancear os custos de compra, produção e transporte.

iii. **Apoiar a produção:** a produção de certos produtos, como vinho, queijo e licores, requer um período de maturação, durante o qual devem permanecer armazenados. A armazenagem também pode ser conveniente para prorrogar o pagamento de impostos sobre produtos recém-produzidos, enquanto eles ainda aguardam para serem vendidos. Outra forma de apoio à produção é a estocagem de produtos semiacabados que esperam pelo pedido do cliente para serem finalizados. Esta estratégia, conhecida como adiamento (abordada na seção relativa à estratégia logística), contribui para redução dos custos de estoque de produtos acabados e redução dos riscos, pois o produto só é finalizado e embalado após o pedido final do cliente.

iv. **Apoiar marketing:** a estocagem contribui para que os produtos possam estar mais próximos e disponíveis ao cliente, mesmo quando há incertezas de suprimento e demanda. Dessa forma, a estocagem auxilia a função de marketing que visa garantir disponibilidade do produto e entrega rápida dos pedidos.

4.8.1 Tipos de estoque e funções do sistema de estocagem

Alguns tipos de estoque são: (i) estoque cíclico, (ii) estoque de segurança, (iii) estoque em trânsito e (iv) estoque para especulação e sazonal.[109]

i. **Estoque cíclico (ou estoque regular):** corresponde ao estoque mantido para atender a demanda durante o tempo entre ressuprimentos sucessivos (reposição de estoque). A quantidade de estoque cíclico depende dos tamanhos dos lotes de produção e compra, das limitações de espaço físico de estocagem, das quantidades econômicas de transporte e principalmente da política de suprimento. O estoque cíclico permite explorar economias de escala e reduzir custos com descontos por quantidade na aquisição ou produção de lotes maiores.

ii. **Estoque de segurança:** corresponde a uma proteção para evitar falta durante o período de ressuprimento, devido à variabilidade da demanda e/ou do fornecimento (por exemplo, quando a demanda é mais alta que a esperada, ou quando há atrasos do fornecimento). Em geral, o estoque de segurança é determinado por meio de ferramentas estatísticas que possam tratar o comportamento aleatório da demanda e do processo de fornecimento. Os modelos de previsão de demanda representam importantes métodos para redução das incertezas e consequentemente, dos estoques de segurança.

iii. **Estoque em trânsito:** corresponde ao estoque em viagem ou parado nos veículos de transporte a espera de embarque ou descarregamento (por exemplo, navios carregados esperando no porto pelo embarque ou desembarque, caminhões carregados com matéria-prima esperando para serem descarregados no pátio das agroindústrias).

iv. **Estoque para especulação e sazonal:** corresponde ao estoque de produtos que espera por um preço melhor de venda, ou quando sua demanda é sazonal. Por exemplo, produtores de café, milho, suco concentrado congelado e outros produtos com menor grau de perecibilidade, podem esperar por um período em que os preços estão mais altos para colocar seus produtos a venda. Por outro lado, fábricas de artigos com demanda sazonal (por exemplo, artigos de natal, casacos e botas de neve etc.) trabalham o ano todo e estocam os produtos até a estação das vendas.

Sistemas de estocagem têm diversas funções: (i) manutenção de estoques, (ii) consolidação de carga, (iii) quebra de volume de carga, (iv) combinação de consolidação e quebra de volume de carga, (v) operações de manuseio de materiais.

i. **Manutenção de estoques:** durante o período de estocagem os produtos devem estar protegidos e organizados no armazém. O tempo em que os produtos são mantidos em estoque e as exigências específicas de conservação ditam a configuração das instalações de armazenagem. Essas instalações vão desde armazenagem especializada de longo prazo (por exemplo, adega de vinhos), armazenagem de produtos diversos (por exemplo, bens produzidos ou consumidos sazonalmente), até armazenagem de curto prazo e *crossdocking* (por exemplo, produtos esperando pelo embarque em terminal rodoviário).

ii. **Consolidação de carga:** ocorre quando bens vindo de diversas fontes chegam a um ponto da rede logística (por exemplo, armazém, terminal de carga) para consolidar pequenas cargas em cargas maiores, visando à redução dos custos de transporte, como discutido na seção anterior. Ao consolidar cargas de diversos fornecedores por médias e longas distâncias os custos são reduzidos. Nesse processo, no armazém ou terminal, as mercadorias de diversos fornecedores são combinadas com outras mercadorias, de acordo com as necessidades e pedidos de cada cliente.

iii. **Quebra de volume de carga:** as operações de quebra de volume correspondem ao oposto da consolidação de carga. Nesse sistema, as mercadorias de um dado fornecedor são transportadas e descarregadas no armazém, onde são separadas e enviadas a diversos clientes. As viagens de longa distância da fábrica para o armazém são feitas sempre com cargas maiores, o que resulta em redução dos custos de transporte e facilidade de rastreamento. Os armazéns de distribuição para quebra de volume tendem a ficar mais próximos dos clientes, enquanto os armazéns para consolidação tendem a ficar mais próximos dos fornecedores.

iv. **Combinação de consolidação e quebra de volume de carga:** corresponde a uma combinação dos sistemas de consolidação e quebra de volume de carga. Nesse caso, diversas fábricas separadas geograficamente enviam cargas completas de seus produtos ao armazém, com taxa de frete reduzida. No armazém de transbordo as mercadorias são combinadas com outras mercadorias, e os veículos partem com carga cheia para os clientes. Por exemplo, uma rede varejista que compra de diversos fornecedores para preencher parte de sua linha de produtos em cada loja pode estabelecer um armazém como um ponto de combinação (recebe e combina produtos dos diferentes fornecedores para entrega nas diversas lojas da rede), obtendo redução dos custos de transporte.

v. **Operações de manuseio de materiais:** as operações de manuseio de materiais incluem: (i) carga e descarga, (ii) movimentação e (iii) preenchimento de pedidos (*order filling*). A carga e a descarga são a primeira e a última atividade na cadeia de manuseio de materiais. Em geral, ao carregar os veículos, são necessários cuidados especiais para evitar danos à mercadoria. Para aproveitar o espaço dos veículos e facilitar o manuseio e a identificação, os produtos devem ser acondicionados em caixas, sacas, paletes, contêineres ou em outra forma de embalagem e, em geral, estes recebem etiquetas de identificação do destinatário. Entre os pontos de embarque, o local de armazenagem e os pontos de desembarque, os produtos podem ser movimentados diversas vezes pelos vários tipos de equipamentos disponíveis. A atividade de preenchimento de pedidos realiza a busca de bens nas áreas de armazenagem, conforme pedidos de venda.

4.8.2 Custos de manutenção de estoques

Os principais custos relacionados com a manutenção de estoques são: (i) custo de capital, (ii) custo de obsolescência, (iii) custo de armazenagem, (iv) custo de falta de estoque e (v) custos diversos.

i. **Custo de capital:** corresponde ao custo de oportunidade de capital, e pode representar mais do que 80% do custo total de estoque.[110]

ii. **Custo de obsolescência:** corresponde à perda de valor do produto estocado, devido ao menor valor de mercado ou a qualidade deteriorada do produto com o passar do tempo. Mesmo produtos não perecíveis como componentes eletrônicos têm alta taxa de obsolescência, pois novos produtos são lançados rapidamente no mercado. Por outro lado, derivados de petróleo e alguns produtos químicos têm taxa de obsolescência relativamente baixa, pois não se deterioram ou se tornam obsoletos facilmente.

iii. **Custo de armazenagem:** corresponde ao custo de permanência nas instalações de armazenagem, sem considerar o custo de manuseio dos produtos.

iv. **Custo de falta de estoque:** em geral, quando há falta do produto ou atraso em atender a demanda por deficiência na gestão de estoque, podem ocorrer penalidades para a empresa, como redução do preço original de venda do produto e até mesmo perda de clientes insatisfeitos, como discutido na seção sobre serviço ao cliente.

v. **Custos diversos:** outros custos estão também presentes no custo total de estoque, tais como impostos, seguro contra roubos e danos e outros. Os riscos que influem no custo de seguro dependem muito do tipo de produto estocado (por exemplo, joias, fumo, produtos perigosos).

4.8.3 Manuseio de materiais

Os principais objetivos no manuseio de materiais são reduzir tempos e custos de manuseio e melhorar a utilização do espaço. Algumas das principais alternativas para alcançar esses objetivos são: unitização de carga (paletes, contêineres), *layout* de espaço e escolha de equipamentos de estocagem e de movimentação. A eficiência dessas alternativas depende da natureza do produto (por exemplo, estado físico, grau de perecibilidade, grau de periculosidade, densidade, dimensão e outros) e das tecnologias de informação interna e externa ao armazém.

4.8.3.1 Unitização de carga

Ao unitizar carga é possível consolidar um maior número de itens numa única carga, o que reduz o número de itens a ser controlado e movimentado e o número de itens danificados ou roubados. A unitização da carga pode ser obtida com a utilização de embalagens para agrupamento e dispositivos de unitização de carga, como paletes e contêineres.

Paletização de carga

O palete é uma plataforma portátil, feita geralmente de madeira, metal ou papelão, no qual os bens são arranjados em camadas e empilhados para o transporte e a estocagem. A paletização permite o uso de equipamentos mecânicos para manusear a carga fracionada (por exemplo, empilhadeira), torna mais fácil o carregamento dos veículos e a transferência intermodal e aumenta o rendimento da mão de obra. O uso de paletes aumenta a utilização de espaço por meio de pilhas de produtos mais altas e estáveis, e reduz os tempos de carga e descarga dos equipamentos de transporte. Outra vantagem obtida com a paletização é a maior proteção da carga, resultando em redução de perdas e danos.

Conteinerização de carga

Os contêineres são caixas grandes (unidades rígidas) onde os itens são armazenados e transportados. Podem ser impermeáveis e lacrados por segurança, e assim o armazenamento pode ocorrer num pátio aberto. Além disso, os contêineres podem ser utilizados no transporte intermodal (por exemplo, entre os modais rodoviário, aéreo, ferroviário e hidroviário). Algumas das vantagens potenciais do uso do contêiner são:[111] (i) aumento da eficiência da movimentação de cargas; (ii) redução do número de produtos extraviados, danificados ou roubados durante o manuseio e transporte; (iii) redução dos requisitos de proteção proporcionados pelas embalagens; (iv) unidade de transporte reutilizável que reduz desperdícios e a necessidade de descarte.

4.8.3.2 *Layout* de espaço

O modo como os produtos estão dispostos no armazém afeta diretamente os custos da movimentação e manuseio de materiais. Ao projetar o *layout* de espaço do armazém, deve-se procurar um balanceamento entre o custo de manuseio de materiais e a utilização do espaço disponível. Tipos de *layout* para disposição de produtos são:

i. *Layout* para estocagem que é usado em armazéns em que o giro (*turnover* – vendas anuais sobre estoque médio) é baixo, e é preciso dispor o espaço disponível para estocagem, pois os produtos não são manuseados com muita frequência.

ii. *Layout* para separação de pedidos que são usados quando a frequência de saída de materiais é alta, e pode ser projetado de forma a facilitar a acessibilidade dos equipamentos de movimentação e separação de pedidos.[112] Por exemplo, um supermercado pode ser visto como um armazém com *layout* para separação de pedidos, pois possui espaço para movimentação dos equipamentos de separação (por exemplo, carrinho de compras), e os produtos são dispostos de tal forma a facilitar a separação, reposição e retirada.

4.8.3.3 Escolha de equipamentos de estocagem e de movimentação

Alguns aspectos importantes para a escolha dos equipamentos de manuseio e estocagem de materiais são[113,114] as escolhas de equipamentos de manuseio e armazenagem padronizados e os investimentos em equipamentos que proporcionem o fluxo contínuo no sistema armazém. Os equipamentos devem ser usados o mais intensamente possível, devem ter a menor relação possível entre peso e carga útil e, sempre que possível, a força da gravidade deve ser aproveitada em projetos de sistema de manuseio. Os equipamentos de manuseio podem ser classificados em: manuais, mecanizados, semiautomatizados e automatizados. O equipamento mecanizado mais utilizado é a empilhadeira, que pode movimentar as unidades de carga (por exemplo, caixas, paletes) horizontalmente e verticalmente. Um sistema de manuseio baseado em *racks* e empilhadeiras oferece grande flexibilidade e requer investimentos modestos. Os sistemas semiautomatizados e totalmente automatizados de manuseio oferecem baixos custos operacionais e rápidos preenchimentos de ordens de pedido, pois quase não requerem o uso de mão de obra. No entanto, os custos de investimento em equipamentos são relativamente altos e a viabilidade econômica depende da escala de estocagem e movimentação. A maioria desses sistemas é controlada, por exemplo, por computador, guias e leituras ópticas ou magnéticas. A tendência é de crescimento do uso de sistemas altamente automatizados, controlados por computadores e compostos por esteiras transportadoras integradas movidas por eletricidade ou gravidade.

Embalagens de produtos

A embalagem do produto afeta o desempenho das atividades logísticas. A eficiência dos serviços de transporte e armazenagem depende diretamente das características da embalagem, tais como: dimensões, volume, densidade, informações afixadas para identificação. O controle de estoque e as operações de manuseio dos produtos são afetados pela precisão e eficiência de identificação e facilidade de manuseio de embalagens (obtida, por exemplo, com a unitização).

Do ponto de vista da logística, as principais funções das embalagens são:

- facilitar o manuseio e armazenagem;
- melhorar a utilização do equipamento de transportes;
- proteger o produto; e
- alterar a densidade do produto.[115]

Em muitos casos, a embalagem passa a ser um foco do planejamento logístico, em função de sua forma, volume e peso. Por exemplo, a forma, tamanho e densidade da embalagem afetam o aproveitamento de espaço físico nos armazéns, equipamentos e veículos de transporte. Exemplos de esforços para redução do volume (em especial nos produtos com baixa razão valor-volume) ou densidade das embalagens são: alimentos concentrados, móveis desmontados e fraldas e travesseiros empacotados de forma compacta, para reduzir o espaço utilizado nos veículos de transporte, e bebidas transportadas e comercializadas em garrafas de plástico em vez de vidro, para redução do peso e aumento da quantidade transportada por veículo.

Conforme mencionado nas seções anteriores, existem diversos modelos e métodos de solução quantitativos, baseados nas técnicas de pesquisa operacional, para apoiar as decisões em gestão de estoques. Tais modelos podem ser classificados em: (i) modelos determinísticos, em que demandas, preços e *lead times* de reposição de produtos são admitidos conhecidos, e (ii) modelos estocásticos, onde se considera incerteza nesses parâmetros.[116, 117, 118, 119]

Previsão de demanda

O planejamento e o controle logísticos necessitam de estimativas precisas sobre o volume de produtos a ser manuseado no sistema logístico ao longo do tempo, particularmente nas decisões de estocagem de produtos. Essas estimativas são na forma de previsões de onde e quando a demanda ocorrerá. A localização espacial da demanda também é necessária, por exemplo, para planejar a localização de armazéns, balancear níveis de estoque ao longo da rede logística, e alocar geograficamente recursos de transporte. Alguns métodos de previsão de demanda são tratados no Capítulo 2 sobre planejamento e controle da produção.

EXERCÍCIOS

1. Escolha uma empresa e represente-a num diagrama como um elo de uma cadeia de suprimentos, incluindo desde as fontes de matéria-prima até os consumidores finais. Indique fornecedores, fábricas, centros de estocagem centrais e regionais (caso ocorram), pontos de varejo, clientes etc. e discuta os fluxos de materiais e informações entre eles.

2. Na cadeia de suprimentos do exercício anterior, identifique e discuta as atividades logísticas envolvidas entre os elos da cadeia. Cite exemplos de decisões estratégicas, táticas e operacionais para o planejamento e controle dessa rede logística. Discuta questões que precisam considerar uma análise de *trade-off* entre custos e o nível de serviço ao cliente.

3. Identifique e discuta atividades que estão na interface entre produção e logística, e na interface entre marketing e logística. Cite possíveis conflitos entre essas áreas.

4. Cite exemplos de empresas que adotaram a estratégia de postergação.

5. Discuta que indicadores poderiam ser utilizados para medir o desempenho do serviço logístico de varejos virtuais.

6. Discuta fontes de variabilidade que afetam negativamente o ciclo do pedido durante o seu processamento.

7. Liste e discuta quais as vantagens e desvantagens de cada modal de transporte. Tente identificar um produto brasileiro transportado por um modal que não seja o mais vantajoso. Discuta esta questão à margem dos principais produtos exportados pelo país.

8. Discuta a seguinte frase: "Informação substitui estoque na cadeia de suprimentos".

9. Proponha e discuta 5 práticas que procuram reduzir o custo logístico em uma empresa.

NOTAS

1 AVOLIO, J. C.; FAURY, M. L. *Dicionário Michaelis*: Francês-Português. São Paulo: Melhoramentos, 2016. Disponível em: http://michaelis.uol.com.br/busca?id=E4l8j.

2 *Larousse*. Disponível em: http://www.larousse.fr/dictionnaires/francais/brigade/11159/locution?q=logistique#160699.

3 LA LONDE, B. J. Evolution of the integrated logistics concept. In: ROBENSON, J. F.; COPACINO, W. (ed.). *The Logistics handbook*. New York: The Free Press, 1994.

4 BALLOU, R. H. The evolution and future of logistics and supply chain management. *Production*, v. 16, n. 3, p. 375--386, 2006. Disponível em: https://dx.doi.org/10.1590/S0103-65132006000300002.

5 COYLE, J. J.; BARDI, E.; LANGLEY JR., C. J. *The management of business logistics*. 6. ed. St. Paul, MN: West Publishing Company, 1996.

6 Baseado em La Londe (1994), Ballou (2006), e Coyle; Bardi; Langley Jr. (1996).

7 Baseado em La Londe (1994), ballou (2006), e Coyle; Bardi; Langley Jr. (1996)

8 La Londe (1994).

9. Baseado em La Londe (1994), Ballou (2006), e Coyle; Bardi; Langley Jr. (1996)
10. CHRISTOPHER, M. *Logística e gerenciamento da cadeia de suprimentos*: criando redes que agregam valor. 2. ed. São Paulo: Thomson Learning, 2007.
11. CHRISTOPHER, M. *O marketing da logística*: otimizando processos para aproximar fornecedores e clientes. São Paulo: Futura, 1999.
12. LAMBERT, D. M.; STOCK, J. R. *Strategic logistics management*. 3. ed. Boston, MA: Irwin, 1993.
13. COYLE; BARDI; LANGLEY JR., C. J. *The management of business logistics*. 6. ed. St. Paul, MN: West Publishing Company, 1996.
14. Christopher (2007).
15. La Londe (1994).
16. Proposto pelos autores a partir de BALLOU, R. H. *Logística e gerenciamento da cadeia de suprimentos*. Porto Alegre: Bookman, 2006.
17. MENTZER, J. T. *et al*. What is supply chain management. *In*: MENTZER, J. T. (Ed.). *Supply chain management*. Thousand Oaks, California: Sage, 2001.
18. BOWERSOX, D. J.; CLOSS, D. J.; COOPER, M. B. *Gestão logística de cadeia de suprimentos*. Porto Alegre: Bookman, 2007.
19. BALLOU (2006).
20. DEFINITIONS AND GLOSSARY. *Council of supply chain management professionals*. Disponível em: https://cscmp.org.
21. LAMBERT, D. M. *Supply chain management*: processes, partnerships, performance. 3. ed. Sarasota: Supply Chain Management Institute, 2008.
22. BALLOU, R. H. *Logística empresarial*: transportes, administração de materiais e distribuição física. São Paulo: Atlas, 1993.
23. MORABITO, R.; IANNONI, A. P. Logística agroindustrial. *In*: *Gestão agroindustrial*. São Paulo: Atlas, 2007.
24. Ballou (1993).
25. LIMA, M. Custos logísticos no Brasil. *In*: *ILOS*: Especialistas em Logística e Supply Chain. Rio de Janeiro, São Paulo, 10 nov. 2014. Disponível em: http://www.ilos.com.br/web/custos-logisticos-no-brasil/.
26. Lima (2014).
27. Lima (2014).
28. RESENDE, P. T. V. de; SOUSA, P. R. de; OLIVEIRA, P. (coord.) *Pesquisa custos logísticos no Brasil*: 2015. Fundação Dom Cabral. Núcleo de Logística, Supply Chain e Infraestrutura. Disponível em: http://acervo.ci.fdc.org.br/AcervoDigital/Relat%C3%B3rios%20de%20Pesquisa/Relat%C3%B3rios%20de%20Pesquisa%202016/Custos%20Log%C3%ADsticos%20no%20Brasil%202015.pdf.
29. Ballou (2006).
30. Bowersox; Closs; Cooper (2007).
31. Ballou (1993).
32. Ballou (2006).
33. Ballou (2006).
34. Ballou (2006).
35. Ballou (2006).
36. Ballou (2006).
37. CHOPRA, S.; MEINDL, P. *Gestão da cadeia de suprimentos*: estratégia, planejamento e operações. 4. ed. São Paulo: Pearson, 2013.
38. Ballou (2006).
39. Ballou (2006).
40. Ballou (2006).
41. Chopra; Meindl (2013).
42. Chopra; Meindl (2013).
43. Chopra; Meindl (2013).
44. BALLOU, R. H. *Logística e gerenciamento da cadeia de suprimentos*. Porto Alegre: Bookman, 2006.
45. Chopra; Meindl (2013).
46. Chopra; Meindl (2013).
47. Ballou (2006).
48. Ballou (2006).
49. Ballou (2006).
50. Ballou (2006).
51. Ballou (2006).
52. Ballou (2006).
53. YANG, B.; BURNS, N. D. Implications of postponement for the supply chain. *International Journal of Production Research*, v. 41, n. 9, p. 2975-2090, 2003.
54. Ballou (2006).
55. Yang; Burns (2003).
56. Note que a estratégia de serviço logístico está relacionada com os quatro P's de marketing (produto, preço, promoção e praça), particularmente com o último (distribuição e disponibilidade dos produtos).
57. Christopher (2007).
58. BOWERSOX, D. J.; CLOSS, D. J. *Logistical management*: the integrated supply chain process. New York: McGraw-Hill, 1996.
59. Christopher (2007).
60. HARRISON, A.; VAN HOEK, R. *Estratégia e gerenciamento de logística*. São Paulo: Futura, 2003.
61. Harrison; Van Hoek (2003).
62. Harrison; Van Hoek (2003).
63. Harrison; Van Hoek (2003).
64. Lambert; Stock (1993).
65. FLEURY, P. F.; SILVA, C. R. Avaliação do serviço de distribuição física: a relação entre a indústria de bens de consumo e o comércio atacadista e varejista. *Gestão & Produção*, v. 4, n. 2, p. 204-218, 1997.
66. FIGUEIREDO, K. *et al*. Dimensões relevantes de serviço ao cliente na distribuição de alimentos: um estudo entre atacadistas e varejistas no Brasil. 1999. *In*: FLEURY, P. R.; WANKE, P.; FIGUEIREDO, K. F. *Logística empresarial*: a perspectiva brasileira: São Paulo: Atlas, 2000. (Coleção Coppead de Administração.)
67. Ballou (2006).
68. BALLOU, R. H. *Logística empresarial*: transportes, administração de materiais e distribuição física. São Paulo: Atlas, 1993.
69. Christopher (2007).
70. Ballou (2006).
71. Ballou (2006).
72. Ballou (2006).

73 Lambert; Stock (1993)
74 MOREIRA, D. A. *Administração da produção e operações*. 2. ed. São Paulo: Cengage Learning, 2008.
75 Moreira (2008).
76 Moreira (2008).
77 WANKE, P. Uma revisão dos programas de resposta rápida: ECR, CRP, VMI, CPFR, JIT II. *Revista Tecnologística*, junho/2004, 103, p. 128-132.
78 Pires (2004).
79 FLEURY, P. C. O sistema de processamento de pedidos e a gestão do ciclo do pedido. (2003) *In:* FIGUEIREDO, K. F.; FLEURY, P. F.; WANKE, P. (Orgs.). *Logística e gerenciamento da cadeia de suprimentos*. São Paulo: Atlas, 2003.
80 Ballou (1993).
81 Ballou (2006).
82 MORABITO, R.; MORALES, S.; WIDMER, J. A. Loading optimization of palletized products on trucks. *Transportation Research*, Part E, 36, p. 285-296, 2000.
83 JUNQUEIRA, L.; MORABITO, R. Heuristic algorithms for a three-dimensional loading capacitated vehicle routing problem in a carrier. *Computers and Industrial Engineering*, 88, p. 110-130, 2015.
84 VASCO, R. A.; MORABITO, R. Dimensionamento e alocação dinâmica de veículos no transporte rodoviário de cargas completas entre terminais. *Produção* 26, 2, p. 430-444, 2016. VASCO, R. A.; MORABITO, R. The dynamic vehicle allocation problem with application in trucking companies in Brazil. *Computers & Operations Research*, 76, p. 118-133, 2016.
85 IANNONI, A.; MORABITO, R. A discrete simulation analysis of a logistics supply system. *Transportation Research*, Part E, 42, 3, p. 191-210, 2006.
86 Chopra; Meindl (2001).
87 Iannoni; Morabito (2006).
88 ALVARENGA, A.; NOVAES, A. G. *Logística aplicada*. 2. ed. São Paulo: Pioneira, 1997.
89 Bowersox; Closs (1996).
90 Chopra; Meindl (2001).
91 Ballou (2006).
92 Ballou (2006).
93 Bowersox; Closs (1996).
94 Chopra; Meindl (2001).
95 Bowersox; Closs (1996).
96 Morabito; Iannoni (2007).
97 GHIANI, G.; LAPORTE, G. MUSMANNO, R. *Introduction to logistics systems planning and control*. New York: John Wiley, 2004.
98 Ballou (2006).
99 ALVARENGA, A.; NOVAES, A. G. *Logística aplicada*. 2. ed. São Paulo: Pioneira, 1997.
100 Morabito; Iannoni (2007).
101 Morabito; Iannoni (2007).
102 Confederação Nacional do Transporte (CNT). Disponível em: http://www.cnt.org.br.
103 YOSHIZAKI, H. T. *Projeto de redes de distribuição física considerando a influência do imposto de circulação e serviços*. Tese (livre-docência), Escola Politécnica da Universidade de São Paulo, Departamento de Engenharia de Produção, 2002.
104 JUNQUEIRA, R. A.; MORABITO, R. Planejamento otimizado da produção e logística de empresas produtoras de sementes de milho: um estudo de caso. *Gestão & Produção*, 15, 2, p. 367-380, 2008. JUNQUEIRA, R. A.; MORABITO, R. Production and logistics planning considering circulation taxes in a multiplant seed corn company. *Computers and Electronics in Agriculture*, 84, p. 100-110, 2012.
105 Ghiani; Laporte; Musmanno (2004).
106 KOK, A.; GRAVES, S. Supply chain management: design, coordination and operation. *Handbooks in Operations Research and Management Science*, v. 11, Elsevier, 2003.
107 NOVAES, A. *Sistemas logísticos*: transporte, armazenagem e distribuição física de produtos. São Paulo: Edgar Blücher, 1989.
108 Bowersox; Closs (1996).
109 Baseado em Ballou (1993, 2006), Bowersox; Closs (1996) e Chopra; Meindl (2001).
110 Baseado em Ballou (1993, 2006.
111 Bowersox; Closs (1996).
112 Baseado em Ballou (1993, 2006).
113 Bowersox; Closs (1996).
114 ASSOCIAÇÃO BRASILEIRA DE MOVIMENTAÇÃO E LOGÍSTICA (ABML). Disponível em: http://www.abml.org.br.
115 Baseado em Ballou (1993, 2006).
116 Kok; Graves (2003). Shapiro (2001).
117 JOHNSON, L. A.; MONTGOMERY D. C. *Operations research in production planning scheduling and inventory control*. New York: John Wiley & Sons, 1974.
118 HAX, A. C.; CANDEA D. *Production and inventory management*. Englewood Cliffs: Prentice-Hall, 1984.
119 NAHMIAS, S. *Production and operations analysis*. Homewood: Irwin, 1995.

PROJETO E DESENVOLVIMENTO DE PRODUTOS

5

José Flávio Diniz Nantes

Neste capítulo será apresentada uma metodologia utilizada para projetar e desenvolver produtos industriais. O método é orientado para o mercado visando atender as transformações que estão ocorrendo nos hábitos e preferências dos consumidores. Após indicar os principais conceitos e tendências para o projeto e desenvolvimento de produtos, o capítulo apresenta um modelo de referência que tem como ponto de partida as atividades de pré-desenvolvimento, momento em que é definida a carteira de projetos. Na sequência, o capítulo apresenta as características das fases que constituem o Processo de Desenvolvimento de Produtos, desde a identificação do problema, até a construção e teste do modelo físico do novo produto. A última etapa do modelo de referência apresenta o pós-desenvolvimento, que compreende a retirada do produto do mercado e a avaliação do ciclo de vida do produto. A integração funcional do setor de projeto e desenvolvimento de produtos com as demais áreas da empresa, o desenvolvimento de fornecedores, os indicadores de desempenho do processo e os mecanismos de proteção do novo produto, também são discutidos no capítulo.

OBJETIVOS DE APRENDIZAGEM

Ao final deste capítulo, o leitor será capaz de:
- Avaliar a importância do processo de desenvolvimento de produtos para a competitividade das empresas.
- Identificar as principais atividades de projeto que compõem as fases da metodologia proposta para desenvolver produtos.
- Discutir a importância das etapas de pré-desenvolvimento e de pós-desenvolvimento para o sucesso do projeto.
- Identificar os principais requisitos funcionais e estéticos presentes no projeto e desenvolvimento de um produto.
- Elaborar uma matriz de decisão visando escolher a melhor alternativa de solução para os problemas identificados no projeto do produto.
- Verificar quais são os principais indicadores utilizados para avaliar o desempenho do processo de desenvolvimento de produtos.

5.1 INTRODUÇÃO

A definição mais frequentemente encontrada para o Processo de Desenvolvimento de Produtos (PDP) indica que essa é a maneira pela qual uma empresa converte oportunidades de mercado em informações para fabricação comercial de novos produtos. Desenvolver um produto significa fazer com que uma ideia interessante possa ser materializada na forma de um produto físico, pronto para ser testado, fabricado e comercializado.

O PDP tem a responsabilidade de responder às mudanças e necessidades do mercado. O desafio não se resume a identificar o que os consumidores desejam, é necessário garantir que o produto possa ser manufaturado, de modo a chegar no tempo combinado, no lugar certo e com a qualidade esperada pelo mercado. O suporte de manutenção ao usuário também precisa ser atendido.

Por essas razões, o projeto de um novo produto ou aprimoramento de um existente envolve praticamente todos os departamentos da empresa e engloba os fatores tecnológicos, econômicos, humanos e ambientais. O que varia de um projeto para o outro é a importância relativa desses fatores.

O PDP se constitui em uma das principais formas de aumentar a competitividade das empresas e é cada vez mais importante em razão das exigências dos consumidores aumentarem dia a dia, aceitando e rejeitando mais rapidamente os novos produtos. A tecnologia, ao mesmo tempo em que abre novas perspectivas de desenvolvimento, capacitando a empresa a atuar em mercados restritos e de alta concorrência, torna os produtos e serviços obsoletos com muita rapidez. A consequência é o lançamento de novos produtos em um ritmo cada vez mais intenso.

Essa realidade apresenta uma característica muito importante: as empresas são pressionadas a investir em tecnologia visando à evolução de sua linha de produtos e o atendimento das exigências do mercado. Como consequência, o ciclo de vida dos produtos torna-se significativamente reduzido, forçando as empresas a procurarem novas alternativas de produtos em um ritmo cada vez mais intenso.

Esse processo é conhecido como obsolescência planejada. As empresas reduzem o ciclo de vida de seus produtos, por meio do desenvolvimento próprio dos novos produtos para substituir os que estão sendo retirados do mercado. Essa situação tende a se intensificar, sobretudo para produtos mais sofisticados e com maior incorporação de tecnologia.

Reconhece-se que as mudanças tecnológicas têm transformado os produtos, sua manufatura e as relações com o mercado. A tecnologia representa um instrumento crítico para a competitividade das organizações, na medida em que condiciona o lançamento de novos produtos e promove o aprimoramento dos atuais, interferindo diretamente na competitividade da empresa.

O capítulo tem o objetivo de identificar as etapas envolvidas nos projetos de produtos considerando os diversos fatores envolvidos. Apresenta os fundamentos teóricos e as principais ferramentas técnicas e gerenciais utilizadas pelos projetistas de produtos.

5.2 CONCEITOS E TENDÊNCIAS DO PDP

Este tópico apresenta as diferenças conceituais entre os produtos considerados inovadores e aqueles desenvolvidos com pouca ou nenhuma inovação. Também são discutidas as preocupações com o meio ambiente, tendência cada vez mais presente no desenvolvimento de produtos e o Sistema Produto-Serviço (*Product Service System* – PSS), estratégia que pode no futuro reorientar os padrões atuais de produção e consumo.

5.2.1 Os novos produtos

Um novo produto é caracterizado com base no quanto ele se diferencia dos que já existem no mercado. Sob a óptica da empresa, um produto novo é aquele que não faz parte da sua linha tradicional, ou seja, o produto é novo para ela, independentemente de ele já estar sendo comercializado por outras empresas. O produto também pode ser novo para o mercado. Nesse caso, o produto é desconhecido pelo público, não estando disponível para consumo.

Os conceitos envolvendo novos produtos variam entre dois extremos. Um mais amplo que incorpora qualquer tipo de inovação, como alterações na embalagem, na composição do produto ou aperfeiçoamento no *design*. São comuns projetos que resultem em alterações incrementais ou simplesmente em reduções de custo. O outro extremo é mais restrito e específico e considera novo produto apenas aquele com características inéditas.

Nas empresas nacionais ainda predominam as inovações visando o aprimoramento dos produtos. Este processo é denominado projeto por evolução e se caracteriza por modificações relativamente lentas acompanhando as exigências do mercado. Com o aumento da competição entre as empresas, tem crescido a adoção do projeto por inovação utilizando soluções a partir de conceitos novos. Neste tipo de projeto, os riscos econômicos são maiores e a responsabilidade da equipe aumenta consideravelmente.

É muito mais difícil introduzir no mercado produtos com maior grau de inovação, pois os consumidores apresentam tendência conservadora e só estão dispostos a mudar de hábito se tiverem uma boa razão para isso. Como resultado, tais produtos têm mais chances de sucesso quando comparado àqueles com pouca diferenciação e um mínimo de valores adicionais.

Outra situação capaz de gerar novos produtos ocorre quando eles se destinam a atender a uma necessidade ainda não experimentada pelo mercado. A possibilidade de sucesso aumenta significativamente devido à maior diferenciação entre os produtos, mas os riscos e os custos do desenvolvimento são também elevados, já que é necessário despertar junto ao consumidor a necessidade do uso do produto. Em geral, essa situação ocorre em razão do desenvolvimento de uma nova tecnologia de produto ou de processo. São os produtos empurrados pela tecnologia (*technology push*). Criar uma demanda não é fácil, exige investimento e segurança no sucesso do produto, mas encontra um mercado sem concorrência e com amplas possibilidades de crescimento.

O desenvolvimento também pode ser orientado para satisfazer uma necessidade já existente. Enquadram-se nessa situação projetos de extensões de linha tradicional, que se encontram ultrapassados e atendendo mal às necessidades dos consumidores. Essa categoria de produto não requer mudanças nas linhas de produção ou compra de novos equipamentos. São os produtos puxados pela demanda (*demand pull*).

O produto aperfeiçoado pode trazer mudanças no material utilizado acarretando melhorias na durabilidade, na simplicidade de uso e nas informações do rótulo. Tais modificações podem vir acompanhadas de reduções no peso e no volume, facilitando a distribuição, o armazenamento nos pontos de venda e o transporte. Pode também incluir o reposicionamento do produto à procura de um novo perfil de consumidor ou uma utilização diferente da inicialmente adotada.

Os principais motivos que desencadeiam o desenvolvimento de novos produtos são as iniciativas de marketing da concorrência, a perda de mercado, as mudanças na legislação, as alterações nos hábitos de consumo e o desenvolvimento de novas tecnologias.

5.2.2 Sustentabilidade ambiental

Entre as tendências verificadas para o PDP, a questão ambiental se destaca como uma das mais importantes. As práticas sustentáveis devem ser direcionadas para a redução dos impactos do ciclo de vida, desde a extração da matéria-prima até a disposição final dos produtos. O objetivo é a economia de matéria-prima e energia, eliminação de materiais tóxicos, redução das quantidades e toxicidades dos resíduos e emissões de gases.[1] A terminologia geralmente empregada é *Design for Environmental* (DFE), que consiste na incorporação de práticas sustentáveis ao PDP da empresa. A equipe de DFE pode ser a mesma do PDP ou ser formada por integrantes que se dedicam exclusivamente a projetos que priorizam as demandas ambientais.

A responsabilidade em relação ao meio ambiente está deixando de ser uma opção, para se tornar uma questão de sobrevivência, sendo transformada em um instrumento de gestão, imprescindível para as novas exigências de mercados consumidores que buscam por produtos ambientalmente mais adequados. Essa postura pode ser aplicada em todas as interfaces com o meio ambiente, durante todo o ciclo de vida do produto. O objetivo é minimizar o desperdício e a geração de resíduos, alterando a forma como os produtos são projetados. As empresas que incluem as questões ambientais no PDP têm a oportunidade de reduzir custos, evitar multas ambientais, melhorar a utilização de matérias-primas e descobrir novas oportunidades de negócio.

5.2.3 Sistema produto-serviço (PSS)

O Sistema Produto-Serviço (*Product Service Systems* – PSS) representa uma estratégia capaz de reorientar os padrões atuais de produção e consumo. A necessidade de gerar valor e promover soluções mais adequadas aos consumidores têm motivado as empresas a desenvolver estratégias de comercialização baseadas na oferta conjunta de produtos e serviços.

O PSS, portanto, direciona o foco para o desenvolvimento de produtos e serviços que em conjunto podem atender melhor às necessidades dos clientes. O modelo de negócio PSS pode proporcionar novas oportunidades de mercado, melhorias no posicionamento estratégico de produtos e condições ambientalmente mais sustentáveis para o produto.

O PSS baseia-se no pressuposto de que as empresas tendem a oferecer soluções mais completas aos clientes. Essa mudança na composição do portfólio está relacionada com questões estratégicas, motivadas pela demanda e/ou tendências de redução de impactos ambientais.

Os elementos que constituem um PSS são o produto, o serviço, o conjunto de atores que participam do processo produção-consumo e a infraestrutura disponível encarregada de fazer o sistema funcionar. O produto consiste na parte tangível do sistema, enquanto o serviço representa a parte intangível, de modo que o PSS pode oferecer os benefícios dos produtos associados a uma prestação de serviços.

O PSS pode ser orientado ao produto ou ao uso do produto. Na primeira situação, o negócio se destina principalmente a venda do produto, mas com a adição de alguns serviços. No caso do PSS orientado ao uso, o produto também desempenha um papel importante no negócio, mas a venda é mais abrangente e diz respeito à disponibilização do produto, não se limitando a sua propriedade. Deve ser considerado que consumir produtos sem ter a propriedade deles representa uma mudança cultural muito grande. Apesar de o PSS apresentar vantagens significativas para o sistema produção-consumo, ainda se constitui em uma tendência a ser consolidada nos mercados nacionais.[2]

5.3 MODELOS DE REFERÊNCIA

Os modelos de referência utilizados no PDP apresentam uma descrição resumida das etapas do projeto e permitem a utilização de uma linguagem única por todos os participantes do projeto. Além dessas funções, o modelo de referência tem o objetivo de orientar as atividades e fornecer uma estrutura inicial para o projeto. A utilização do modelo de referência mostra claramente a necessidade de organizar equipes multidisciplinares de acordo com as características do produto em desenvolvimento. Em algumas situações é necessário buscar auxílio de profissionais fora da equipe para atender uma área específica do projeto, estabelecendo parcerias com clientes, fornecedores e instituições de pesquisa.[3]

Os modelos de referências utilizados para o desenvolvimento de novos produtos são construídos de acordo com as particularidades do produto, o mercado a ser atingido e as características da empresa. Eles apresentam as seguintes vantagens:

- cronograma: orienta as atividades do projeto em função do tempo;
- divisão de tarefas: permite alocar as tarefas aos integrantes da equipe;
- avaliação contínua: as etapas são avaliadas sistematicamente;
- registro das informações: funciona como uma memória do PDP.

Apesar de o modelo de referência indicar as fases de forma sequencial, é importante garantir uma superposição entre elas. A atividade de uma fase pode ser iniciada antes que a etapa anterior tenha sido finalizada, desde que as informações necessárias para o seu desenvolvimento já estejam disponíveis. Ao final de cada fase ou mesmo no transcorrer da fase, a equipe avalia se deve prosseguir ou interromper o projeto.

5.3.1 Principais abordagens

Funil de desenvolvimento

Apresenta uma estrutura composta por três estágios: geração da ideia e desenvolvimento do conceito, detalhamento e análise das ideias e desenvolvimento do projeto. A abordagem parte do pressuposto que de um conjunto de ideias sejam gerados possíveis projetos de produtos (Figura 5.1).

As atividades de projeto dessa abordagem são influenciadas por dois fatores principais: (i) estratégia de tecnologia, que diz respeito ao conhecimento que a empresa possui acerca da tecnologia necessária ao desenvolvimento do produto, do mercado em que o produto será lançado, das fontes de capacitação e da frequência de geração e adoção das inovações e (ii) estratégia de mercado, referente a frequência de introdução de novos produtos no mercado. O aprendizado organizacional gerado a partir das experiências com o novo projeto do produto também é importante.

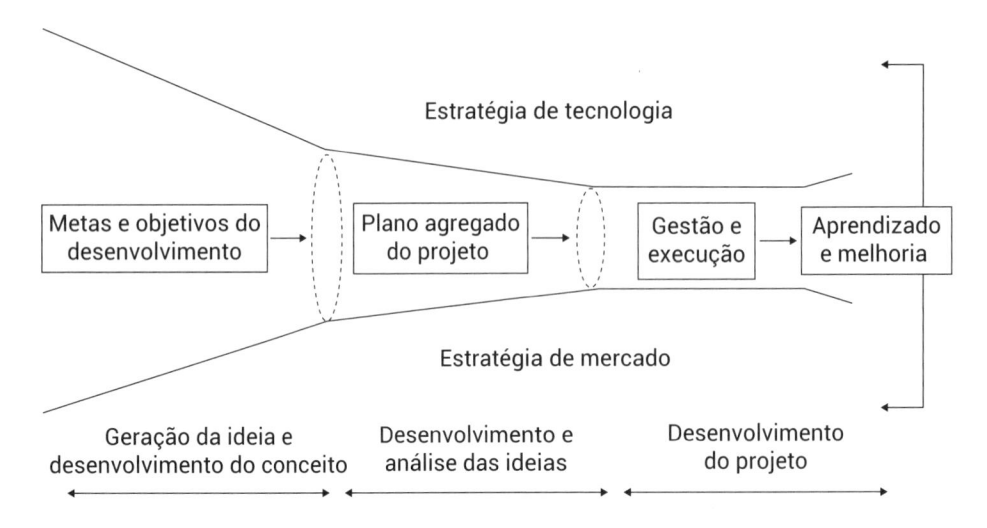

Figura 5.1 Abordagem funil de desenvolvimento.

Fonte: Clark e Wheelwright.[4]

Stage-gate

A abordagem identifica estágios (E) que são precedidos por *gates* (G) ou pontos de decisão que permitem o controle de qualidade naquele estágio, indicando a continuidade ou não do projeto e os ajustes necessários (Figura 5.2).

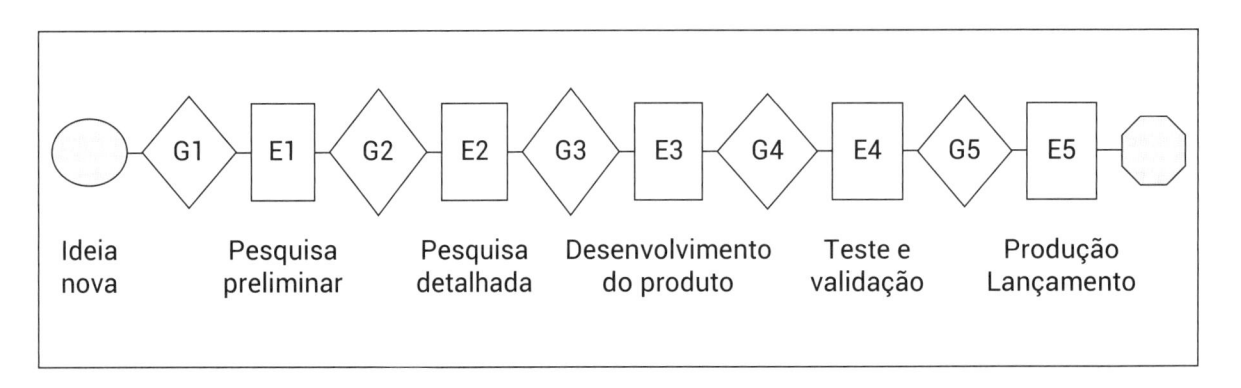

Figura 5.2 Abordagem *stage-gate*.

Fonte: Cooper.[5]

A abordagem *stage-gate* concentra-se em dois pontos nos quais a empresa pode obter ganhos no desenvolvimento de novos produtos: (i) definição acertada dos projetos que serão desenvolvidos e (ii) execução correta de tais projetos, com base no levantamento de informações do consumidor e utilização de equipe multidisciplinar, conhecedora das características do produto e do mercado.

Modelo unificado

O PDP caracteriza-se por uma alta incerteza na fase inicial, pois não existe segurança no grau de aceitação dos consumidores. Por isso, trabalha-se inicialmente com a etapa de pré-desenvolvimento, cujo objetivo é selecionar entre as alternativas de projeto, aquelas mais adequadas à empresa. Na etapa de desenvolvimento são enfatizados os aspectos tecnológicos e a forma de produção, incorporando ao novo produto os atributos funcionais e estéticos identificados junto ao mercado. O pós-desenvolvimento tem início com o lançamento do produto e termina com a sua retirada do mercado. Essa etapa está voltada ao acompanhamento do produto, por meio da avaliação da satisfação do cliente e do monitoramento do seu desempenho técnico.

A Figura 5.3 apresenta uma representação gráfica flexível que permite variações de acordo com o tipo de produto, com a característica da empresa e com o mercado desejado.

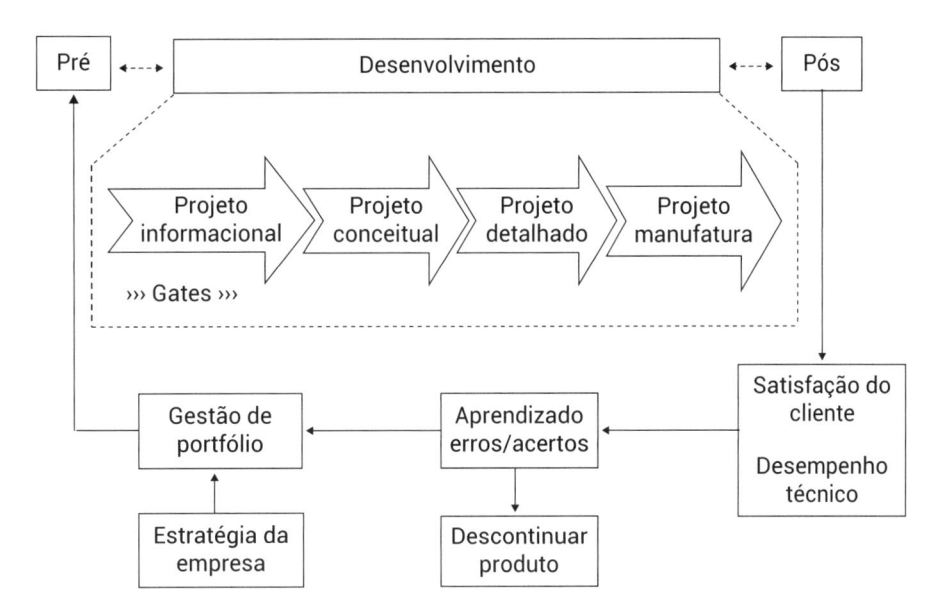

Figura 5.3 Modelo de referência para projetos de produtos.

Fonte: adaptado de Rozenfeld *et al.*[6]

5.3.2 Atividades de projeto

As atividades de projeto representam a reunião de informações de vários setores internos e externos à empresa. As atividades de projeto reúnem informações da fase de pré-desenvolvimento, desenvolvimento e pós-desenvolvimento do produto.

a) **Pré-desenvolvimento**

Essa fase envolve as atividades de definição dos projetos a serem desenvolvidos, a partir das estratégias competitivas da empresa, considerando as restrições financeiras e tecnologia. O pré-desenvolvimento possibilita o uso eficiente dos recursos e o início mais rápido e eficiente dos projetos. O final do pré-desenvolvimento é a lista dos projetos escolhidos.

São discutidos quais projetos deverão ser desenvolvidos e os motivos pelos quais determinados projetos devem abandonados ou adiados. Os argumentos utilizados pelos participantes devem ser sustentados por fatos, estatísticas e projeções. Decisões precipitadas nesse momento podem significar perdas de mercado difíceis de serem recuperadas.

O pré-desenvolvimento garante que o PDP cumpra o planejamento estratégico definido evitando que o projeto que não possua uma relação estreita com a estratégia organizacional corra o risco de ser descontinuado, antes mesmo do lançamento. Essas atividades são denominadas gestão de portfólio, definidas como um processo dinâmico de decisão, através do qual um conjunto de novos projetos de produtos é constantemente atualizado e revisado. Os novos projetos são avaliados, selecionados e recebem uma ordem de prioridade.

Trata-se de um processo estruturado de avaliação e decisão sobre a otimização da carteira de projetos, englobando vários processos de tomada de decisão. A gestão do portfólio deve buscar o balanceamento dos riscos, a maximização do valor dos projetos e o alinhamento desses projetos com os objetivos estratégicos da empresa. A gestão de portfólio inicia-se com um grande número de ideias, que geram um número menor de projetos, que por sua vez, originam um número ainda menor de produtos em desenvolvimento.

O Boxe 5.1 apresenta um estudo de caso realizado em uma empresa multinacional de grande porte, com aproximadamente 2.700 colaboradores. A unidade brasileira produz e comercializa itens que abastecem o mercado interno e são exportados para mais de 70 países. No mercado externo, um grande volume de produtos é vendido pela empresa em uma base regular anual para atender o mercado de países da América do Norte, América Latina e Europa. O estudo de caso foi desenvolvido no âmbito da Diretoria Industrial, com foco na área de engenharia de produto, responsável por gerenciar os projetos de desenvolvimento dos novos produtos da empresa.

BOXE 5.1 UTILIZAÇÃO DO MÉTODO AHP NO PRÉ-DESENVOLVIMENTO

Considerando o grande número de informações gerenciais e o retorno que cada opção de investimento oferece, as organizações necessitam ferramentas que suportem os executivos durante o processo de tomada de decisão. A análise multicritério, como o Processo de Análise Hierárquica (AHP) é uma ferramenta adequada para essa finalidade. Esse método permite classificar e comparar critérios, definindo uma base matemática para a tomada de decisão. A metodologia foi utilizada para mapear os critérios de seleção e priorização junto aos executivos envolvidos nos projetos desenvolvimento de produtos de uma empresa de bens de consumo.

Foram entrevistados quatorze executivos entre diretores, gerentes de divisão e gerentes de departamento das áreas de marketing, vendas, coordenação de projetos, produção, compras, planejamento, desenvolvimento de processos, desenvolvimento de produtos, finanças, custos e orçamentos. O processo de seleção e priorização de projetos é descentralizado e não estruturado, com as áreas técnicas ligadas a diretoria industrial. As áreas lideram de forma independente os projetos e priorizam sua execução de acordo com critérios próprios.

Um dos objetivos do trabalho era entender quais são os critérios que os executivos da organização consideram importantes para selecionar projetos. Assim, o primeiro entrevistado iniciou uma lista de critérios e atribuiu valores em sua comparação par a par. Nas entrevistas seguintes os executivos puderam observar a lista existente e acrescentar, caso desejassem, critérios adicionais, selecionando ao final entre cinco a dez critérios para sua comparação par a par. Em todos os casos, os valores dos critérios foram ajustados ao final da entrevista para obter uma taxa de inconsistência sempre menor que dez por cento.

Após a análise das matrizes geradas nas entrevistas foi possível selecionar um grupo de critérios com maior participação conjunta nas escolhas dos executivos. Em ordem decrescente de importância, os critérios selecionados foram: geração da contribuição marginal incremental; alinhamento estratégico; novos consumidores e novos mercados e retorno sobre o investimento realizado no desenvolvimento do produto. Os valores de prioridade foram próximos, mas com maior relevância para o critério "Geração de Contribuição Marginal Incremental", fato que não surpreende devido ao forte viés financeiro que sempre norteia as principais decisões do negócio. Tais critérios têm sinergia com as soluções para as principais metas da organização, ou seja, produtos de alta rentabilidade, alinhamento com a estratégia permanente de inovação e alcançar novos consumidores e novos mercados.

> A priorização dos projetos consiste em uma ordenação baseada na relação entre os custos e os benefícios de cada projeto. A referência aos custos e benefícios não deve ser baseada em critérios exclusivamente financeiros, mas no conceito mais amplo de esforços requeridos e ganhos obtidos na realização de cada projeto. Considerando a complexidade do ambiente em que as empresas estão inseridas, o desafio da priorização dos projetos reside exatamente em determinar o que é custo e o que é benefício para uma dada organização.

Fonte: Silva e Nantes.[7]

b) **Desenvolvimento**

O desenvolvimento do produto inicia-se com o projeto informacional, que é constituído por dois passos principais: a identificação dos requisitos a serem trabalhados no projeto e a validação desses requisitos, cujo objetivo é confirmar a importância desses requisitos para o atendimento das necessidades do mercado.

A análise do mercado tem o objetivo de resgatar as necessidades dos consumidores transformando-as em informações que orientarão as demais etapas. Tais informações também são utilizadas para evitar a geração de produtos excessivamente complexos e desperdícios de recursos.

A fase seguinte é chamada de projeto conceitual e trata da concepção do novo produto. A equipe de projeto traduz as informações obtidas nas fases anteriores, utilizando-as no processo criativo de busca de possíveis soluções para os problemas a serem resolvidos. Nessa etapa são geradas e selecionadas as melhores alternativas de concepção para o produto.

No projeto detalhado a concepção vira informação. As soluções são transferidas para um modelo gráfico, que orientará a construção de um modelo físico, transformando a ideia em expressão comunicável. O teste do modelo físico, a elaboração de documentos técnicos a serem encaminhados à manufatura e o depósito do pedido de patente, também são objetos desta fase do PDP.

O projeto para manufatura seleciona as melhores alternativas para a fabricação de cada componente do produto, buscando sempre a redução dos custos de fabricação e a qualidade do produto desenvolvido. Nessa fase, é indispensável a integração com a engenharia, setor que fabricará o produto.

O modelo propõe a utilização do procedimento conhecido como *stage-gates*, que consiste em estabelecer critérios para avaliação das atividades no início de cada fase do desenvolvimento. Durante e ao final do processo são realizadas avaliações, verificando se as atividades foram cumpridas. O resultado da avaliação define se o PDP avança para a fase seguinte ou é interrompido até que as exigências sejam totalmente atendidas. A decisão sobre a continuidade do PDP dependerá da importância das informações ainda não obtidas e do grau de dificuldade em obtê-las.

c) **Pós-desenvolvimento**

A fase de pós-desenvolvimento compreende a retirada do produto do mercado e uma avaliação de todo o ciclo de vida do produto, para que as experiências adquiridas sirvam de referência para desenvolvimentos futuros. O atendimento pós-venda também deve ser projetado nessa fase. O pós-desenvolvimento inicia-se com o lançamento do produto e termina por ocasião da retirada do produto do mercado.

Após o lançamento, a equipe de projeto deve continuar acompanhando o produto, com o objetivo de realizar as atualizações necessárias, propor melhorias e fornecer assistência técnica. A retirada do produto do mercado deve ser preparada e efetivamente realizada.

Com o crescimento das preocupações com o meio ambiente o pós-desenvolvimento tornou-se ainda mais importante. A definição do ciclo de vida dos produtos que ocorre nessa fase afeta diretamente o meio ambiente. Observa-se atualmente uma redução do ciclo de vida dos produtos, procedimento que atende ao marketing, mas caminha na direção oposta da sustentabilidade ambiental.

O atendimento pós-venda também é observado nessa fase. Esse serviço tem se tornado cada vez mais importante e a justificativa para isso deve-se ao fato de ser mais difícil conquistar um novo cliente, do que manter um cliente antigo. Além disso, um cliente insatisfeito comentará sua insatisfação com outros consumidores, disseminando o problema.

A fórmula para maximizar a satisfação do cliente consiste em fazer certo da primeira vez e acompanhar constantemente a manifestação do consumidor. Nas empresas estruturadas nesses padrões, toda a informação ou reclamação é investigada, identificando-se as origens da insatisfação. O consumidor crítico geralmente quer colaborar e manter-se fiel à marca. As reclamações e sugestões coletadas no SAC podem ser incorporadas ao projeto, funcionando como uma fonte externa de ideias para a melhoria dos produtos.

A duração das três fases do projeto do produto é variável. A fase de pós-desenvolvimento é bem mais longa que as anteriores. O pré-desenvolvimento é a fase mais curta do processo, podendo se constituir em apenas uma reunião.

5.4 PROJETO INFORMACIONAL

A informação se constitui na principal matéria-prima utilizada no processo de desenvolvimento de produtos. No Projeto Informacional os requisitos dos clientes são transformados em requisitos do projeto, identificando as especificações funcionais e estéticas requeridas pelo mercado, incorporando-as ao produto em desenvolvimento. É essencial identificar os principais atributos para o produto ser aceito, já que existe à disposição dos consumidores, grande quantidade de alternativas mais baratas em praticamente todas as categorias.

A validação dos requisitos busca confirmar que a oportunidade identificada deve ser explorada pela empresa. Os resultados da validação devem ser tratados com cuidado, pois o público consultado opinou sem ver o produto. A correta identificação do público alvo torna-se absolutamente necessária.

Os requisitos identificados e validados junto ao mercado, somente serão incluídos no projeto caso não existam restrições tecnológicas e de legislação que impeçam o seu desenvolvimento. Tecnologias de alto custo costumam inviabilizar o desenvolvimento. Em algumas situações é necessário um estudo mais criterioso acerca da viabilidade econômica de um determinado requisito.

5.4.1 Requisitos de projeto

Os requisitos de projeto asseguram a entrada das melhores soluções visando a seleção da concepção mais promissora nas etapas posteriores do projeto. Os principais requisitos são: embalagem, logística, meio ambiente, ergonomia, custos, manutenção, fabricação e os requisitos da demanda, que incluem os aspectos estéticos do produto. Além desses requisitos devem ser considerados também os requisitos de tecnologia e legislação.

5.4.1.1 Embalagem

Existem projetos em que o grau de dificuldade para o desenvolvimento da embalagem é superior ao do produto, constituindo-se no seu maior diferencial. Nesse caso, o projeto da embalagem deve ser desenvolvido paralelamente ao do produto, porém, quando a embalagem não representa um diferencial, o seu desenvolvimento ocorre de forma integrada ao projeto do produto.

A embalagem representa o elemento que posiciona o produto para enfrentar a concorrência, estabelece segmentos de consumidores e reforça a imagem da marca e da empresa. A embalagem simboliza o produto, luta por atenção na prateleira do supermercado, nas lojas e nos armários das casas. É o fator que faz a diferença entre os vários produtos da mesma categoria. Para alguns produtos, a embalagem pode ser quase tão importante quanto seu conteúdo, pois as embalagens acabam se tornando anúncios permanentes nas prateleiras. Os atributos estéticos são fundamentais, pois o objetivo é causar um impacto visual no consumidor.

As transformações que vêm ocorrendo nos mercados têm sido impulsionadas pelas cadeias de distribuição. Os supermercados preferem embalagens inovadoras, pois acreditam que elas têm forte influência nas vendas. Esta preocupação é decorrente do fato de grande parte das decisões de compra serem tomadas no ponto de venda.

O formato e as dimensões da embalagem devem ser planejados em função da sua exposição nas prateleiras e posterior acomodação nas sacolas de compra e armazenamento pelo consumidor. A embalagem deve ser sempre funcional, fácil de abrir, de fechar, de descartar e permitir o uso de porções adequadas. O encadeamento das diversas funções das embalagens representa atualmente a moderna visão empresarial, deixando de ser um custo e passando a ser um investimento, uma forma de diferenciar e agregar valor aos produtos.

A diferença real dos produtos está cada vez menor e em alguns casos até desaparece. Mesmo que a empresa inove rapidamente, o concorrente acabará copiando ou desenvolvendo uma nova tecnologia, de modo que a diferença entre os produtos será definida pela embalagem e pela marca. Isso ocorre à medida que o consumidor não consegue mais distinguir as qualidades reais.

A aparência da embalagem afeta a maneira pela qual é percebida a qualidade e o valor do produto. O emprego de uma linguagem clara e objetiva no rótulo ajudará o consumidor a tomar a decisão certa no momento da compra.

O Boxe 5.2 apresenta uma breve discussão sobre o desenvolvimento de embalagens de comercialização. O desenvolvimento desses produtos ocorre geralmente por meio de uma parceria entre três empresas: (i) empresa fabricante do produto, (ii) empresa convertedora e (iii) empresa de *design* de embalagens.

BOXE 5.2 DESENVOLVIMENTO DE EMBALAGENS EM UMA EMPRESA DE BEBIDAS

Observa-se atualmente o aumento na complexidade dos projetos de embalagens, seja para atender o mercado físico ou virtual, porém a atividade projetual implica o atendimento simultâneo de vários requisitos que influenciarão o desempenho do produto e sua relação com o usuário. Entre os requisitos importantes destacam-se os relacionados com a aparência do produto, elementos que impactam mais fortemente o consumidor no momento da compra.

Embora as características presentes em uma embalagem sejam definidas pelo fabricante do produto, a produção da embalagem física é realizada por empresas denominadas convertedoras, que transformam materiais de diferentes naturezas, como resinas plásticas, metal, papel, vidro, em um produto com as características solicitadas pelo fabricante. Tais empresas cumprem as determinações do fabricante, não sendo responsáveis pela definição dos elementos de *design*, como cores, informações no rótulo e apelos de marketing, os quais são desenvolvidos por agências especializadas em *design* de embalagens. Essas empresas buscam formas inovadoras, cores diferentes da utilizadas na identidade visual do produto, alteram a tipografia das informações encontradas nos rótulos, modificam os logotipos, enfim, revestem a embalagem de atributos que a tornam mais atraente aos consumidores. Por isso, a fabricação completa de uma embalagem é um processo complexo, que pode envolver três ou mais empresas diferentes, cada uma com sua especialidade. Essas empresas, embora tenham relação estreita são independentes, de modo que o sucesso da nova embalagem dependerá da gestão dessa parceria, procedimento realizado pela empresa fabricante do produto.

> O projeto é realizado sobre a planta aberta da embalagem, expondo as demarcações, as dobras, a área de impressão, a área de colagem e a tampa. A empresa de *design* trabalha sobre a área física da embalagem e insere o logotipo, o nome do produto, o código de barras, o ícone identificador do material para efeito de reciclagem. São esses elementos que comporão a identidade visual do novo produto e devem ser diagramados sobre um fundo a ser escolhido pela empresa fabricante do produto.
>
> A apresentação do produto final ocorre em dois momentos: um software gráfico de simulação permite colocar várias unidades do produto lado a lado nos espaços da gôndola, possibilitando visualizar o produto no ambiente de venda. Em seguida, a nova embalagem é prototipada e apresentada fisicamente à empresa fabricante, permitindo simulações reais em uma gôndola do ponto de venda. Após a apresentação, ocorre a avaliação do produto e três possibilidades podem ocorrer: (i) a aprovação da nova embalagem, (ii) a aprovação sujeita a alterações, que devem ser discutidas e (iii) reprovação do *design* da embalagem.

Fonte: Nantes.[8]

5.4.1.2 Ergonomia do produto

A ergonomia ou fatores humanos procura compreender as interfaces entre as pessoas e os produtos. As interfaces do produto com o trabalhador são percebidas em dois momentos: nas etapas de manufatura e nas operações de manutenção e reparo e durante o uso do produto.

A ergonomia do produto assume duas funções principais na sua relação com o usuário: a qualidade e a segurança do produto. Como atributo de qualidade, espera-se do produto o atendimento às especificações de funcionamento, sobretudo no que se refere a usabilidade. Na questão da segurança, a ergonomia contribui para o usuário se sentir seguro no uso do produto e que as suas propriedades se mantenham inalteradas após o uso.

Um produto ergonômico geralmente é mais bem aceito pelos consumidores. Formas anatômicas, por exemplo, dão um aspecto de eficiência e de avanço tecnológico. Os consumidores normalmente percebem a intenção do projetista, reconhecendo a maior eficiência deste produto em relação aos concorrentes.

A importância da ergonomia no projeto do produto é ainda mais acentuada nos casos de inadequação de produtos, que mal projetados podem provocar dores e ferimentos nos usuários, além de prejudicar o seu desempenho. Quando os produtos não são projetados de acordo com critérios ergonômicos e a atividade de trabalho é repetitiva, a saúde do trabalhador geralmente é comprometida.

Outra situação que deve ser considerada ocorre quando o produto é projetado para operadores masculinos e são também utilizados por mulheres, que geralmente apresentam características antropométricas inferiores às dos homens, além de menor força muscular. As diferenças antropométricas (medidas de membros dos indivíduos) são muito importantes nos produtos destinados à exportação. Devem ser consideradas as características de cada população, relativas aos aspectos antropométricos, econômicos, culturais e de legislação. Produtos adequados a um país, podem não ser em outros.

A Figura 5.4 apresenta um exemplo de produto desenvolvido de acordo com conceitos ergonômicos, mostrando a inadequação resolvida pelo *design* do novo produto.

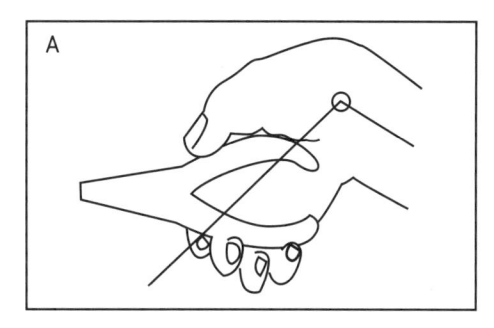

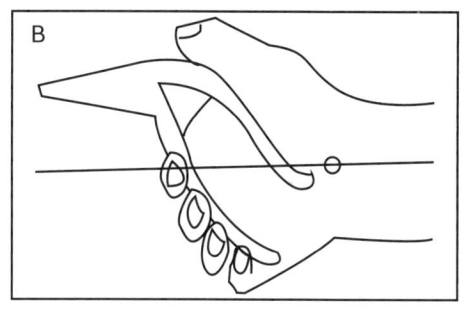

Figura 5.4 *Design* do produto tradicional (a) e do produto ergonômico (b).

Fonte: Kroemer e Grandjean.[9]

Observa-se que o alicate apresentado na Figura (b) está mais bem adaptado à anatomia da mão do usuário. Isso ocorre porque as ferramentas manuais devem trabalhar no mesmo eixo do antebraço, caso contrário, a pessoa necessitará realizar um esforço contínuo para manter o punho na posição de trabalho, ocasionando dores e lesões.

5.4.1.3 Meio ambiente

A preocupação ambiental representa um requisito muito importante. Produtos que atendam aos parâmetros ambientais podem se constituir em uma ferramenta mercadológica. No entanto, o consumidor brasileiro não desenvolveu o hábito de rejeitar produtos ambientalmente incorretos. O preço e a falta de informações impedem que uma consciência ambiental se instale mais rapidamente e se torne um fator decisivo na compra.

O PDP busca reduzir o consumo de água, de energia, utilização de matéria-prima e emissão de substâncias tóxicas durante o processo de fabricação e o uso do produto. O atendimento aos 3Rs (reciclagem, reaproveitamento e redução) devem ser priorizados.

5.4.1.4 Custos

Cabe à equipe encarregada do PDP encontrar formas para manter os custos do projeto dentro do estabelecido durante o planejamento. Esses custos referem-se aos do desenvolvimento e aos da fabricação. Essa é uma etapa bastante importante, pois geralmente as tentativas de redução de custos implicam redução da qualidade do produto em desenvolvimento.

Os custos e o preço de venda do produto relacionam-se diretamente com o público alvo escolhido pela empresa, de modo que os demais requisitos do projeto devem ser balizados por eles.

5.4.1.5 Requisitos da demanda

Os requisitos estéticos são fundamentais para determinados produtos que precisam transmitir sofisticação e beleza. Tais requisitos também são decisivos na compra por impulso, em que os consumidores escolhem o produto mais pela aparência do que pelas características funcionais.

Os requisitos estéticos trabalhados no PDP devem seguir o caminho da identidade própria, com a exploração de cores e elementos gráficos novos e atraentes. Outro elemento de *design* a ser trabalhado é a imagem principal exibida pelo produto. É importante definir que tipo de imagem deve ser associada ao produto, estabelecendo uma identidade visual que identificará o produto entre os concorrentes. A ideia é agregar "personalidade" ao produto.

Cores

O principal elemento de *design* é a cor. Combinar cores que se complementem é a forma mais eficiente de um produto chamar a atenção. As cores despertam uma série de sensações e podem trabalhar contra ou a favor da mensagem que o produto deseja transmitir.

A cor dos produtos é o estímulo que mais rapidamente chega ao cérebro, constituindo-se na primeira sensação percebida pelo consumidor. Existe uma relação já estabelecida entre os padrões de cores e o tipo de produto. Algumas famílias de produtos utilizam predominantemente determinadas cores ou combinações de cores, formando a identidade visual do produto. O público alvo também deve ser considerado na escolha das cores, uma vez que as diferentes faixas etárias e econômicas e o gênero apresentam preferências distintas.[10]

As cores frias, como o azul e o verde são utilizadas para produtos que pretendem transmitir a sensação de paz e tranquilidade. Outros produtos são identificados por cores quentes, como laranja, amarelo, vermelho, que são mais chamativas. As cores fazem parte do produto, identificando-o dentro da sua categoria. A identidade visual é fortemente influenciada pela cor do produto.

Forma

Produtos com formatos inovadores podem causar forte impacto no ponto de venda e serem decisivos na escolha do produto. No entanto, é fundamental que as inovações na forma atendam aos requisitos logísticos.

Reduzir o custo de armazenamento e do transporte pode ser mais importante que o mercado conquistado devido a forma inovadora do produto. Na medida do possível, o PDP deve buscar formas inovadoras e que também proporcionem reduções do custo logístico. Essa não é uma tarefa fácil, pois os *designers* encarregados de projetar a forma do novo produto, geralmente desconhecem as implicações dos formatos inovadores na logística de distribuição do produto.

Informações do rótulo

A necessidade de trabalhar os elementos visuais é fundamental. Frequentemente empresas congestionam os rótulos dos produtos com informações incorretas ou sem nenhuma importância para a marca e para a empresa. É importante fortalecer os elementos que atuam reforçando a imagem do produto e da empresa como as ilustrações e as informações. Do tempo que o consumidor examina o produto, cerca de dois terços são dedicados aos elementos gráficos existentes no rótulo.

Em alguns produtos quando se remove o envoltório toda a força de comunicação se perde. Um *design* diferenciado[11] pode ser o caminho para se conseguir o impulso desejado no mercado.

Os rótulos dos produtos devem priorizar as informações obrigatórias estabelecidas pelo Código de Defesa do Consumidor. As principais informações referem-se ao nome do produto (marca) e da empresa, prazo de validade, endereço completo, composição etc. Quando o produto contém alguma substância que pode ocasionar problemas à saúde do consumidor, ela deverá ser informada com destaque na embalagem.

Logotipo

O nome e/ou a marca precisam ser valorizados e merecem um logotipo bem desenhado. O primeiro passo para construir um logotipo é identificar os logos dos produtos concorrentes, inclusive os estrangeiros. A mensagem transmitida deve ser simples e clara e apresentar uma relação com o produto. Muitos logotipos, embora conhecidos do público, pouco ou nada se relacionam com o produto, dificultando o processo de identificação pelo consumidor.

A tipografia adotada é fundamental para a construção do logotipo. A escolha da fonte é importante, pois permite harmonizar os elementos do logotipo (figuras, letras, símbolos), facilitando a comunicação que se pretende realizar por meio do logo. Muitas fontes são livres e podem ser baixadas gratuitamente.

O logotipo deve ter uma presença visual predominante no rótulo, pois será o principal elemento de identificação do produto. Caso o produto não tenha um nome próprio, a ênfase deve ser dada para a marca do fabricante, que passará a ser o elemento principal.

5.4.2 Tecnologia e legislação

Os requisitos funcionais e estéticos são balizados pela tecnologia e pela legislação. A tecnologia pode ser entendida como um requisito de projeto, mas parece mais razoável assumir que os requisitos são trabalhados com a ajuda da tecnologia, ou seja, a tecnologia é um meio e não um fim no processo de atendimento as necessidades do mercado. A legislação (enquadramento nas normas e regulamentos) também deve ser entendida dessa forma.

a) **Tecnologia**

A competitividade de uma empresa está relacionada com a sua capacidade de inovar, em resposta às necessidades do mercado e ao posicionamento da concorrência. O domínio tecnológico é um dos fatores críticos neste processo.

No caso da indústria brasileira, sobretudo a voltada para o mercado interno, verifica-se que são as empresas líderes em seus respectivos segmentos que apresentam iniciativas inovadoras. As demais empresas modernizam seu leque de produtos por meio de alterações incrementais. Essa situação é particularmente frequente na indústria de alimentos.

É muito difícil introduzir no mercado produtos com elevado grau de inovação, pois além dos custos de desenvolvimento envolvidos, é preciso vencer as barreiras do mercado, pois geralmente, os consumidores apresentam tendência conservadora e só estão dispostos a mudar de produto se tiverem uma boa razão para isto. Esta é a principal justificativa para a baixa atividade inovativa.

A contrapartida é que os produtos mais inovadores têm maior chance de sucesso quando comparados àqueles que apresentam pouca diferenciação e um mínimo de valores adicionais.

Em determinados mercados, o ritmo de lançamento dos produtos é bastante acelerado. Nessas condições, o domínio da tecnologia é essencial para garantir que a empresa acompanhe o ritmo de lançamento da concorrência.

b) **Legislação**

O PDP deve assegurar antecipadamente que o produto em desenvolvimento se encontra dentro das normas descritas no código de defesa do consumidor. Os produtos devem ser oferecidos com informações claras e completas, em língua portuguesa, contendo suas características, atributos, quantidade, composição, preço, prazo de validade, nome do fabricante, endereço e os eventuais riscos que possam apresentar à saúde e à segurança dos consumidores.

As informações orientarão o consumidor no momento da compra. É comum os produtos não indicarem o registro, a data de fabricação, o endereço do fabricante e a tabela de composição de ingredientes, no caso de alimentos. Além do aspecto legal, existe outra situação que não depende da lei. Trata-se de aprofundar o nível de informação sobre os produtos oferecidos ao mercado, por meio de testes comparativos que realizam uma análise mais precisa desses produtos. O objetivo desse tipo de atividade é permitir ao consumidor bem informado ser um agente da qualidade, a partir do uso do seu poder de compra.

Esses testes não têm o mesmo significado das análises para certificação, tampouco podem ser comparados ao controle de qualidade dos fabricantes. Eles avaliam comparativamente os produtos de diferentes marcas, do ponto de vista de suas funções técnicas e econômicas. Quando uma grande quantidade de consumidores tem acesso às informações dessa natureza, traduzidos para uma linguagem bem acessível, ocorre um forte impacto sobre a escolha do consumidor, acarretando melhoria na qualidade dos produtos.

O amadurecimento das relações de consumo no Brasil passa por esse caminho, pois não há lei ou multa que supere essa força de mercado. Ser o produto escolhido pelo consumidor é, sem dúvida, o maior prêmio de qualidade que uma empresa ou produto pode receber.

5.4.3 Validação dos requisitos

A relevância dos requisitos escolhidos na etapa anterior necessita ser confirmada. O objetivo é determinar como os consumidores percebem uma necessidade ainda não atendida pelos produtos existentes. Para isso, é necessário reunir o maior número de informações possíveis, como as estimativas de vendas, as taxas de crescimento nos últimos anos e as tendências de crescimento para os próximos anos. Também são necessárias informações sobre o potencial do mercado, acompanhada de uma análise da concorrência.

As informações são obtidas em reportagens de jornais e revistas, pesquisa em universidades, centros de pesquisa, sindicatos e associações de produtores. Informações da equipe de vendas e dos serviços de atendimento aos consumidores também são úteis. As informações sobre custos são difíceis de serem obtidas. É importante considerar as formas de acesso, o tempo necessário, os custos para a obtenção e o grau de confiabilidade das informações.

Consultar o potencial consumidor é absolutamente necessário. A primeira etapa desse processo é chamada de especificações das oportunidades e consiste no primeiro teste real do problema a ser solucionado. A solução para o problema principal deve combinar a correta interpretação do que o consumidor deseja, com a melhor possibilidade de produção. E assim acontece também com os problemas secundários, que devem ser avaliados em relação às suas relevâncias e custos de soluções. Para isso podem ser utilizadas pesquisas de mercado, tanto as quantitativas como as qualitativas.[12]

Na pesquisa de mercado quantitativa as questões deverão ser simples e diretas. Se o conteúdo foi bem construído e devidamente testado, os entrevistados não terão dificuldades em responder e poucas orientações serão suficientes para instruí-los sobre o procedimento.

Esse método depende de o entrevistado se lembrar do dado solicitado e da sinceridade da sua resposta. Esse instrumento é muito útil na obtenção das informações, mas geralmente não explica os fatos em profundidade.

Essa dificuldade é resolvida na pesquisa de mercado qualitativa (pesquisa em profundidade), cujo objetivo principal é resgatar os motivos que levam os consumidores a escolherem determinado produto. O entrevistador precisa ser treinado e possuir habilidade para perceber sinais que não seriam notados por pessoas não capacitadas para realizar essa tarefa. A pesquisa qualitativa deve ser realizada em ambiente próximo àquele em que o produto será adquirido ou consumido. O entrevistador deverá criar um clima favorável permitindo ao entrevistado expressar suas opiniões de forma natural e espontânea.

As consultas ao consumidor devem identificar com clareza o público alvo a ser consultado. Ocorre que a sociedade está passando por importantes transformações que precisam ser consideradas para a elaboração da pesquisa de mercado. Entre as mudanças em curso, destacam-se: os produtos desenvolvidos de acordo com a ótica feminina e aqueles dirigidos ao público da terceira idade. Este último segmento teve sua importância significativamente aumentada devido às alterações que vêm ocorrendo na pirâmide etária brasileira.[13]

a) **Público feminino**

O PDP deve considerar a crescente participação da mulher nas decisões de compra. A mulher brasileira é responsável pela maior parte das decisões de compra de uma família, sobretudo nos produtos de limpeza, cuidados pessoais e alimentos.

As mulheres são mais fiéis às marcas e querem saber detalhes sobre os produtos, que muitas vezes passam despercebidos ao público masculino. Elas buscam nos produtos benefícios diferentes daqueles procurados pelos homens. As mulheres compram mais que os homens e por motivos diferentes. O público feminino passou a comprar produtos de categorias que antes eram de domínio exclusivo dos homens, escolhendo-os para os seus parceiros.

Portanto, muitos produtos terão que ser repensados pelas empresas, visando atender um novo comportamento de compra, de acordo com os interesses femininos. A equipe de projeto do produto deve estar atenta à visão feminina, valorizando os aspectos relacionados com desenhos, cores, informações, menor peso e incluir maiores variações de estilo no produto.

b) **Pirâmide etária**

O Brasil está passando por uma fase de transição demográfica. Perto de 50% da população está concentrada no grupo etário entre 25 e 64 anos, fato que tem gradativamente alterado o ambiente econômico de produção e consumo.[14]

A segmentação de mercado no Brasil com base nas faixas etárias apresenta dois segmentos particularmente importantes para o desenvolvimento de novos produtos: os consumidores jovens e os da terceira idade. O fenômeno da inversão da pirâmide etária[15] não é exclusivo do Brasil, mas encontra-se em forte crescimento no país. Estima-se que a população com mais de 60 anos, corresponderá nos próximos anos a mais de 25% do total, evidenciando a necessidade de produtos desenvolvidos especificamente para esse segmento.

5.5 PROJETO CONCEITUAL

A concepção dos produtos deve considerar as características de seus potenciais usuários, definidas no Projeto Informacional. Os consumidores demandam bens que supram suas carências funcionais por conforto, praticidade e sabor, além das carências afetivas, como status, prestígio, poder, beleza etc.

O primeiro passo na concepção é trabalhar a ideia que irá gerar o desenvolvimento do conceito do produto. Os consumidores compram um pacote de benefícios. No projeto do novo produto devem também ser projetados outros componentes denominados produtos de apoio. O conjunto expressa as necessidades do mercado e se constitui no conceito do produto.

As ideias precisam ser desenvolvidas dentro de conceitos mais completos. O conceito tem a função de elaborar a ideia e colocá-la de forma fácil para o entendimento do consumidor. Não pode haver dúvidas em relação à mensagem transmitida pelo produto. É no projeto conceitual que o novo conceito toma forma e tem início a diferenciação do produto.

O Projeto Conceitual tem a missão de gerar, selecionar e escolher a melhor alternativa de concepção dentro das especificações definidas nas etapas anteriores. A geração de alternativas deve incluir mais de uma proposta de solução. A escolha pode ser simples e direta ou combinar duas ou mais alternativas, gerando uma nova possibilidade. Ao final dessa etapa, a arquitetura do produto deve estar totalmente definida, incluindo os desenhos iniciais, que serão encaminhados para a etapa seguinte.

5.5.1 Utilidade do produto

Observa-se que um número expressivo de empresas refere-se a seus produtos como *commodities*, isto é, admitindo-se que não existe diferença entre o seu produto e o da concorrência. Portanto, se realmente não há diferença entre as ofertas, cabe ao cliente comprar aquela que tiver o melhor preço. Ocorre que vender preço não tem garantido resultado duradouro, nem para quem vende, nem para quem compra, além das inúmeras reclamações que acompanham a venda do produto. Por isso, deixar um produto virar *commodities* pode reduzir o seu ciclo de vida, além de ser uma forma de desestímulo a um projeto empreendedor.

Para atender as necessidades dos consumidores e torná-los permanentemente satisfeitos, as empresas não devem somente vender produtos, mas criar utilidades. Há muitas diferenças entre produtos e utilidades.

As utilidades são produtos de valor e, portanto, mais competitivos em seus mercados. As utilidades não valem apenas por seu preço, mas principalmente por sua qualidade, disponibilidade, garantias, atendimento pós-venda e, acima de tudo, pelo seu preço justo, que pode e até deve ser maior que o dos seus concorrentes que lidam somente com produtos.

O enfoque de utilidade tem relação direta com a construção do conceito do produto. À medida que o conceito do produto fica mais completo, pela ampliação dos seus princípios funcionais e de estilo, a empresa estará criando novas utilidades, tornando-se mais competitiva.

Para transformar produtos em utilidades, deve ser utilizado o maior número possível de fontes geradoras de ideias, tanto internas como externas à empresa. As fontes mais comuns são a opinião dos funcionários, resultados das pesquisas de mercado, sugestão de clientes e atitudes da concorrência.

A diferenciação dos produtos, como forma de aumento da competitividade, tem se tornado cada vez mais importante. O objetivo é introduzir diferenças que os consumidores consigam identificar, processo que requer o uso de técnicas de criatividade em todas as fases do projeto.

5.5.2 Processo criativo

As novas ideias são geralmente produzidas a partir de uma combinação de ideias preexistentes, de forma que ambientes ricos em ideias produzem reações em cadeia que favorecem o processo de inovação. Os mecanismos de inovação exigem antes de tudo uma massa crítica de ideias.

Um procedimento importante no Projeto Conceitual é obter o maior número possível de soluções. Para isso é preciso uma clara especificação do problema, que oriente a escolha da melhor alternativa. Existem diversos métodos que estimulam a geração de ideias, os mais utilizados são os seguintes:

a) ***Brainstorming***: consiste na reunião de um grupo de pessoas (5-8), que durante um período de tempo previamente estabelecido (5 a 10 minutos), apresentam ideias para resolver um determinado problema. Entre os participantes é escolhido um líder, responsável pela organização da reunião e por mediar a participação dos demais integrantes da reunião. A técnica exige que os participantes não critiquem as ideias dos demais integrantes e aproveitem as sugestões, complementando-as com uma nova aplicação. Por isso, toda ideia deve ser bem recebida. A intenção é que da quantidade apareça a qualidade.

b) **Método 635:** o método reúne seis participantes que elaboram três sugestões para a resolução do problema proposto, gerando, portanto, dezoito sugestões. Em seguida, cada participante recebe as sugestões dos demais participantes, analisando-as e complementando-as, se for o caso.

c) **Pensamento lateral:** deve-se provocar uma descontinuidade no processo habitual de pensamento, de modo a favorecer novos formatos de ideias. A intenção é procurar outras formas de pensamentos como olhar com mais atenção as atividades rotineiras, procurando observar fatos ainda não percebidos. Não devem ser descartadas ideias que aparentemente parecem ser absurdas, procurando extrair delas algo interessante. O objetivo do método é romper com a forma tradicional de conceber ideias, mostrar-se aberto a atitudes mais criativas.

Não é correto pensar que a parte criativa do problema termina com a geração de ideias e que a seleção delas é apenas uma consequência do processo. É preciso ser criativo também na seleção das ideias. Novos conceitos podem ser melhorados obtendo-se soluções ainda melhores. A seleção da melhor alternativa de concepção considera os seguintes passos: análise, valoração, comparação e decisão. O processo de decisão da melhor alternativa de concepção, muitas vezes torna-se difícil, pois é necessário compatibilizar a melhor concepção com os recursos disponíveis para viabilizá-la.

É condição necessária ao processo de desenvolvimento de produtos usar a criatividade em todas as etapas do processo, sobretudo no projeto conceitual, no entanto, ter boas ideias não é suficiente para garantir que o desenvolvimento seja bem-sucedido. É essencial que o processo esteja estruturado com atividades bem definidas e planejadas de acordo com a estratégia da empresa.

5.5.3 Matriz de decisão

No projeto conceitual é dada grande importância para a elaboração sistemática do problema, já que as alternativas de solução somente ocorrem após um intenso trabalho de armazenamento de informações necessárias para a solução do problema. O esforço faz parte do processo criativo.

Com o conceito do produto definido, a equipe de projeto dirige o foco do trabalho para a materialização dos conceitos, iniciando o detalhamento das alternativas de solução. Uma representação preliminar da ideia gerada, na forma de um esboço inicial é bastante desejável ao final dessa fase.

Uma ferramenta muito utilizada para escolher a alternativa mais adequada é a matriz de decisão. A matriz consiste em gerar alternativas para o problema identificado e escolher uma das alternativas como referência (R). A avaliação é realizada com base na nota atribuída à alternativa referência. Caso a alternativa seja considerada melhor que a referência, sua nota será +, se for pior, a nota atribuída será – e se a alternativa for considerada igual à referência, a nota será 0 (zero). No caso de a alternativa escolhida ser muito melhor que a alternativa referência, a nota atribuída será ++. A Tabela 5.1 apresenta de forma resumida o exemplo de uma matriz de decisão utilizada em um projeto de uma embalagem.

Tabela 5.1 Exemplo de matriz de decisão para a embalagem de um produto

Requisito	Alternativas de solução e avaliação						
	1	Nota	2 (R)	Nota	3	Nota	Opção escolhida
Corpo da embalagem							
Material	PVC	+ +	Vidro	0	PP	–	1
Forma	☐	–	⬡	0	◯	+	3
Volume	250 ml	+ +	300 ml	0	500 ml	–	1
Tampa da embalagem							
Material	PVC	+ +	PP	0	PE	+	1
Abertura	Rosca	+ +	Válvula	0	Pressão	– –	1
Cor	Azul	–	Verde	0	Branco	– –	2

Fonte: autor.

É necessário que os projetistas justifiquem a escolha da alternativa, reduzindo a subjetividade da avaliação. Os argumentos devem ser baseados nos dados secundários obtidos durante o Projeto Informacional. Caso as informações não sejam suficientes para justificar a escolha, devem ser buscadas novas fontes de informação, de modo que a justificativa seja convincente.

5.6 PROJETO DETALHADO

O nível de detalhamento é função da complexidade do produto e deve incluir o projeto gráfico iniciado na fase anterior, a construção e o teste do modelo físico e a geração de documentos técnicos que irão orientar o projeto para a fabricação. É muito importante a integração com o PCP visando incorporar os requisitos de manufatura no projeto. Além disso, o desenvolvimento dos fornecedores se constitui em um procedimento essencial para garantir o sucesso da fabricação do produto. A proteção do novo produto, por meio do pedido de patente, é realizada no final do projeto detalhado.

5.6.1 Modelagem do produto

A modelagem do produto geralmente inicia-se com a construção de um modelo virtual utilizando-se softwares gráficos. Em seguida, o produto dimensionado graficamente é transformado em um modelo físico, pronto para ser testado e enviado à manufatura.

a) **Modelagem virtual**

O projeto gráfico tem o objetivo de materializar as alternativas de soluções propostas nas etapas anteriores do projeto. O desenho do produto mostrando suas diferentes faces pode indicar que algumas alternativas consideradas interessantes anteriormente, tornam-se inviáveis e precisam ser redefinidas ou descartadas.

A utilização da prototipagem virtual tem se tornado essencial no projeto e representa uma área importante na automação de projetos. Essa técnica apresenta as vantagens de redução de tempo e de custos em relação aos processos convencionais, já que os protótipos virtuais podem reduzir a necessidade de construção de protótipos físicos, permitindo diminuição do tempo de desenvolvimento e da quantidade de ferramentas e materiais empregados na construção do modelo físico.

O processo de modelagem gráfica em 3D permite ao usuário uma visualização próxima da realidade. A redução dos custos do projeto proporcionada pela modelagem virtual é alcançada pela possibilidade de modificações mais rápidas, cópias sempre disponíveis na quantidade desejada e economia de espaço físico devido à eliminação de papéis. Permite também evitar os erros mais comuns de dimensionamento, uma vez que o software mostra os ajustes de forma espacial.

A contribuição dos softwares gráficos tem sido significativa. A partir deles, os projetos puderam ser alterados no início do desenvolvimento, sem a necessidade de refazer o desenho. É muito importante identificar erros e corrigi-los no início do desenvolvimento.

Modelagem física

Alcançada a solução gráfica para o novo produto, é necessário verificar se ela atende de fato aos objetivos traçados, sendo necessária a construção de um modelo físico, elaborado a partir do desenho gráfico.

O modelo físico colabora para a redução do tempo de entrada de novos produtos no mercado e se constitui em um excelente meio para apresentar o produto aos consumidores potenciais. Também permite à equipe de projeto desenvolver novas ideias, principalmente quando se tratam de produtos com complexidade tridimensional, com maior dificuldade de visualização.

Os modelos físicos do produto são construídos de acordo com os objetivos do projeto. Para se estudar a forma global do produto, o modelo pode ser elaborado em papelão, argila, gesso ou espuma. Os modelos construídos com material diferente do produto final e sem capacidade de funcionamento são chamados de maquetes ou *mock-ups*. O protótipo físico geralmente é construído com os mesmos materiais do produto final e tem os mecanismos necessários para fazê-lo funcionar.

Os protótipos diferem das maquetes ou *mock-ups* em três pontos: escala, material e funcionamento. Os *mock-ups* podem ser construídos em escala reduzida ou ampliada, enquanto os protótipos são elaborados em tamanho natural. Os materiais utilizados para a construção dos *mock-ups* variam muito, dependendo do produto em desenvolvimento. Os mais utilizados são papel, papelão, madeira, gesso e espuma. O protótipo é construído do mesmo material escolhido para o produto final. Os protótipos são dotados de todos os mecanismos de acionamento, podendo ser utilizados para a realização de testes do produto.[16]

Na indústria de alimentos o protótipo geralmente é muito semelhante ou idêntico ao produto final, apresenta um custo menor e maior facilidade de ser produzido e testado. Este é um dos motivos para esse tipo de indústria lançar um número maior de produtos no mercado.

Existem alguns fatores que devem ser considerados durante a escolha do método de prototipagem, destacando-se a quantidade de protótipos necessários, o tamanho da peça, a disponibilidade de tempo para fabricá-los, os recursos financeiros disponíveis, o nível de desenvolvimento em que se encontra o projeto e a exigência de semelhança entre o protótipo físico e a peça real.

Destaca-se atualmente como principal instrumento nesta área a prototipagem rápida, cujos processos e técnicas utilizados diminuem sensivelmente os custos de desenvolvimento dos produtos, por meio da adoção de tecnologias mais avançadas em relação às existentes no mercado. Isso acontece em virtude da redução de erros, evitando desperdício de recursos financeiros para correção do projeto.

A prototipagem rápida permite criar rapidamente protótipos, em vez de figuras bidimensionais. Os protótipos representam um excelente auxílio visual durante as discussões do projeto entre os colaboradores ou com os clientes.

Tem crescido a utilização da impressão tridimensional (3D), que consiste em um processo de fabricação de produtos diretamente de um modelo computacional. Esse processo não utiliza ferramental físico e reduz significativamente o tempo de construção do modelo. Também permite realizar testes preliminares no produto, antes de o projeto seguir para as fases finais, cujos custos seriam certamente mais elevados.

No Brasil esse tipo de tecnologia está em fase de expansão, e por esse motivo é restrito a um pequeno número de empresas, mas o país é considerado um grande nicho para a terceirização da prototipagem rápida. A dificuldade reside na reduzida taxa de disseminação de informações sobre esta tecnologia e dos benefícios por ela proporcionados.

5.6.2 Teste do modelo físico

Ao final do processo de desenvolvimento de produtos a empresa inicia a construção de um modelo físico que se assemelhe ao produto que se pretende lançar no mercado. O modelo físico precisa ser testado e aprovado, verificando se as soluções definidas para o produto atendem aos objetivos propostos. Sabe-se que um produto que não atende aos padrões corretos de aprovação pode apresentar elevados índices de insatisfação dos consumidores e ter os custos de reparo nas assistências técnicas significativamente aumentados. Dependendo da gravidade do problema, a sua retirada do mercado pode ser antecipada.

A construção do modelo físico apresenta diversas vantagens, como a redução do tempo de entrada do produto no mercado, se constitui em uma maneira eficiente de apresentar o produto para os futuros consumidores e permite a visualização de falhas antes do lançamento. Não se trata apenas de redução de custos de retrabalho ou de serviços de assistência técnica: um produto com problemas pode gerar desgastes na imagem da empresa e do próprio produto, que muitas vezes são difíceis de serem reparados. O teste de um modelo físico pode mostrar esses problemas ainda na fase de desenvolvimento, permitindo a sua correção.[17]

Para alguns tipos de produto, a principal vantagem da construção do modelo físico diz respeito à possibilidade de identificar a reação do público consumidor diante do novo produto. Quanto mais semelhante ao produto final for o modelo físico, mais real e confiável será a sua avaliação. Esse procedimento é muito importante, pois pode, em caso positivo, transmitir mais segurança no momento do lançamento e, em caso negativo, evitar um insucesso, que pode aumentar os custos financeiros envolvidos no lançamento e comprometer a imagem da empresa.

O Boxe 5.3 apresenta um estudo de caso realizado em uma empresa fabricante de produtos de linha branca. A empresa realiza os testes dos protótipos interna e externamente à empresa.

BOXE 5.3 TESTE DO MODELO FÍSICO: O CASO DE UMA EMPRESA DE PRODUTOS LINHA BRANCA

É fundamental que as empresas utilizem ferramentas gerenciais para homologação de seus produtos. O sistema de validação de produtos deve ser entendido como uma forma de detectar falhas e prevenir erros, que muitas vezes só serão identificados após o lançamento do produto. Nesse sentido, foi realizado um estudo de caso em uma empresa de médio porte, fabricante de produtos de linha branca, localizada no interior do estado de São Paulo. O produto escolhido para o estudo de caso foi o purificador de água.

Os resultados mostraram que os procedimentos para a avaliação do produto incluem testes na própria fábrica e em domicílio de pessoas previamente escolhidas pela empresa, incluindo funcionários dos diferentes setores. Em geral, as pessoas não conhecem o produto, suas interfaces e os conceitos utilizados no projeto.

Para os testes em domicílio, a pessoa escolhida deve instalar e utilizar o produto sob a orientação de um membro da equipe. O objetivo é verificar se o participante entendeu os procedimentos corretos para instalar e usar o produto. Nesse caso, o produto é bastante prático e pode ser instalado na mesa ou na parede da residência.

Após três semanas de utilização, o participante recebe um formulário contendo questões acerca dos principais objetivos do projeto do produto, como percepção sobre a qualidade, estética e desempenho do produto. O formulário também contém um espaço destinado a opiniões pessoais e sugestões para melhoria do produto.

As questões envolvendo a percepção da qualidade do produto são curtas, objetivas e geralmente fechadas. O participante deve optar por uma única alternativa, em uma escala de 1 a 5, onde 1 = péssimo, 2 = ruim, 3 = regular, 4 = bom e 5 = ótimo. Os resultados são tabulados em gráfico de barras, que também informa a pontuação média obtida para a respectiva avaliação.

Os comentários e sugestões recebem uma atenção especial. As observações são anotadas, avaliadas e cuidadosamente discutidas pela equipe de projeto. Após as análises, os resultados são encaminhados para a diretoria e agendadas reuniões para tomada de decisão sobre as próximas etapas. Três alternativas podem ocorrer: (i) o produto pode ser lançado imediatamente, (ii) ser submetido a ajustes recomendados pela avaliação ou (iii) ter o seu lançamento suspenso. Caso os resultados sejam favoráveis, a empresa decide se o produto deve ser lançado em um mercado teste ou em nível nacional.

Fonte: Nantes.[18]

5.7 PREPARAÇÃO PARA MANUFATURA

A equipe de projeto deve preparar e enviar para a manufatura as especificações necessárias para a fabricação do produto. As especificações devem incluir todas as informações geradas durante o projeto, as quais também são utilizadas para a solicitação da patente do produto, quando este procedimento for considerado estratégico para a empresa.

O entendimento mais moderno do Processo de Desenvolvimento de Produtos recomenda uma integração entre as áreas funcionais da empresa. Tal procedimento permite ao PDP fornecer informações mais consistentes à produção e atender as demandas geradas pelos demais setores da empresa, como marketing, PCP, qualidade, cadeia de suprimentos, entre outros. Apesar de as áreas funcionais possuírem visões muitas vezes diferentes sobre o produto em desenvolvimento, elas são complementares e buscam um objetivo comum.

5.7.1 Integração funcional

Embora sejam evidentes os efeitos positivos da integração entre as funções organizacionais, observa-se que as áreas funcionais não consideram as interdependências existentes entre elas, de modo que suas atividades são realizadas de forma independente e autônoma.

Uma integração muito importante ocorre entre PDP e PCP. O PDP indica a sequência de operações a serem cumpridas na fabricação, as especificações das máquinas e equipamentos e o tempo a ser utilizado em cada operação. Essas informações são utilizadas pelo PCP para programar a fabricação ou montagem dos componentes. O objetivo é descrever detalhadamente como uma operação deve ser realizada. O PCP fornece as informações para a gestão eficiente do fluxo de materiais, da alocação das pessoas e utilização dos equipamentos, além de coordenar as atividades internas com as dos fornecedores externos.

Dessa forma, a integração PDP e PCP está associada ao compartilhamento das informações entre os setores, possibilitando a reunião de conhecimentos e aumento da flexibilidade de produção, a partir dessa visão integrada.

Os motivos para a baixa integração estão relacionados com as atividades distintas desenvolvidas por essas áreas, que consomem grande parte do tempo. Em geral, a direção da empresa geralmente não cria mecanismos formais de aproximação e não incentiva uma comunicação mais efetiva entre o PDP e o PCP. A participação direta da empresa ocorre quando há necessidade de resolver problemas já instalados, como o atendimento de prazos apertados.[19]

O processo de desenvolvimento de novos produtos tem uma relação próxima com diversas áreas funcionais e a integração entre elas deve ser estimulada. Integração entre PDP e Marketing e PDP e logística, são exemplos dessa situação.

Dificuldades para integração interfuncional

Embora os benefícios da integração interfuncional sejam evidentes, as barreiras a serem ultrapassadas representam um grande desafio. As principais dificuldades são as seguintes:

- **Estrutura organizacional:** tem a função de indicar os relacionamentos formais e os níveis de hierarquia que devem existir entre os colaboradores. Raramente a estrutura de uma organização indica a necessidade de interação entre as áreas. Culturas organizacionais mais abertas podem superar mais facilmente essa dificuldade, em empresas tradicionais, a tendência é que as áreas permaneçam com pouca ou nenhuma comunicação.

- **Comunicação:** quando a comunicação entre as áreas não é eficaz, aumenta a dificuldade de integração entre elas. A tecnologia da informação representa uma importante ferramenta para compartilhamento de informações entre as áreas funcionais. A comunicação informal também pode auxiliar no processo de aproximação das áreas. As experiências trocadas nessa situação podem favorecer o espírito colaborativo e promover a integração.
- **Comprometimento da gerência:** é função dos gerentes buscar a integração entre as áreas.
- **Transferência de conhecimentos:** é importante que as funções transfiram o conhecimento adquirido para as demais áreas. Esse conhecimento, muitas vezes, se perde pelo fato de os profissionais se desvincularem da empresa (aposentadoria, demissão etc.).

O processo de integração, portanto, depende da estrutura organizacional e do perfil dos funcionários. O sucesso da sua implementação depende da participação efetiva da direção da empresa, no sentido de conscientizar os colaboradores da importância da integração.

5.7.2 Desenvolvimento de fornecedores

A escolha dos fornecedores tem início no pré-desenvolvimento, porém, o fechamento das parcerias ocorre no Projeto Detalhado. Caso a empresa mantenha uma cadeia de suprimentos bem estabelecida, os fornecedores podem ser definidos no Projeto Conceitual, sem prejuízos para o atendimento do cronograma do projeto. Existem duas formas de desenvolver fornecedores: a empresa indica a necessidade de determinado componente e abre a cotação para os fornecedores interessados ou consulta fornecedores atuais para estabelecer parcerias.

Muitas vezes é necessário fornecer informações para os fornecedores interessados na parceria, capacitando-os a realizar a cotação solicitada. Em casos de componentes complexos, é preciso que o fornecedor envie à empresa, amostras ou protótipos do componente a ser fornecido. O fechamento da parceria geralmente acontece com a aprovação das amostras, que devem, evidentemente, estar em conformidade com os padrões de qualidade previamente estabelecidos e combinados com o parceiro.

Entende-se que o sucesso desse tipo de parceria pode ser capaz de produzir benefícios potenciais, tanto para o cliente, como para seus fornecedores. Ganhos de competitividade podem se propagar por vários elos na cadeia de suprimentos e as vantagens serão proporcionais ao caráter inovativo do projeto.

A interação com fornecedores no âmbito do PDP, pode incluir assessoria, consultoria, comunicação aberta e troca de conhecimentos. Entretanto, a maximização do sucesso nos resultados requer, além dessa interação, a integração entre as funções internas e os processos externos à empresa, o que exige relacionamentos mais estreitos.

Além dos benefícios diretos sobre o desempenho do produto, a participação dos fornecedores no PDP poderá gerar uma série de benefícios indiretos, associados a melhorias nos fluxos de informação, nos custos de produção, nos atributos de qualidade dos produtos e na proximidade e longevidade dos relacionamentos.[20]

Grande parte das empresas concorda que a participação dos fornecedores em suas equipes de PDP gera benefícios. Todavia, algumas delas não estão conseguindo extrair, amplamente, os benefícios dessa participação. Um dos pontos críticos é a falta de definição clara das atividades do PDP e das estratégias de participação de cada fornecedor. Por esse motivo, o relacionamento entre as equipes organizacionais, em geral, não alcança plenamente seus objetivos.

Uma das questões mais preocupantes nos relacionamentos entre organizações é com relação aos fluxos das informações, muitas vezes estratégicas e sigilosas. O risco no repasse desse capital é evidente e não deve ser subestimado. Os gestores devem contrabalancear esse tipo de risco, com as vantagens competitivas a serem alcançadas pelo produto.

5.7.3 Propriedade industrial

A proteção do produto, embora esteja presente em todo o desenvolvimento, se materializa durante o projeto detalhado, com a solicitação da patente. A patente é um título de propriedade concedido pelo governo e expedido pelo Instituto Nacional de Propriedade Industrial (INPI) que, por força de lei, concede direitos exclusivos de exploração e utilização de um produto, dentro dos limites do território nacional, por um período limitado.[21]

A concessão dos direitos tem o objetivo de beneficiar o inovador e a sociedade em geral, por isso o detentor da patente tem a obrigação de tornar disponível seu conhecimento e propiciar a materialização do invento em benefício da sociedade, seja para consumo ou para gerar outras inovações.

As vantagens da proteção à propriedade são estimular a atividade científica, possibilitar a transferência de tecnologia, incentivar o intercâmbio de conhecimentos técnicos e científicos, estimular investimentos em P&D e atividades de produção, inibir o uso indevido da invenção e obter rendimentos financeiros. Sendo uma propriedade, a patente tem valor econômico e permite uma série de operações financeiras, como sua venda ou licenciamento a fim de manufaturar produtos ou fornecer serviços.

As opções estratégicas de um titular de patente incluem a exploração própria da patente, o seu uso para impedir a exploração por terceiros, a concessão de licença a terceiros mediante pagamento de *royalties* e outras compensações ou o uso como sua parte na constituição de uma nova empresa.

Para que um produto possa ser patenteado, ele deve atender aos seguintes requisitos: (a) ser uma novidade, (b) possuir atividade inventiva e (c) ter utilização industrial e não estar contida nas proibições legais de patentes.

O conceito de novidade está diretamente relacionado com o conhecimento das anterioridades e que foram publicados a época do depósito do pedido, ou seja, o invento não pode fazer parte do estado da técnica.[22] Por esse motivo, o inventor não deve divulgar seu invento antes de depositar o pedido de registro no INPI.

O produto também deve possuir atividade inventiva, de modo que para um técnico do assunto, a invenção não seja decorrência óbvia do estado da técnica. Atividade inventiva ocorre quando o invento resulta em redução de custos, simplificação na fabricação, redução do tamanho etc. A novidade e a atividade inventiva, embora necessárias, não bastam para obter uma patente, é preciso que o produto tenha utilização industrial, pois este é o grande objetivo da patente. O produto deve ser útil à sociedade e apresentar condições de ser industrializado.

Existem duas modalidades de patentes no Brasil, além do desenho industrial, que também é protegida pela legislação, porém não segue as diretrizes estabelecidas para o patenteamento de produtos.

- **Patente de invenção:** a invenção deve originar um produto inovador e que represente um avanço em relação ao estado de técnica. A inovação deve ultrapassar os limites da concepção puramente teórica e possibilitar sua materialização em uma aplicação industrial.
- **Modelo de utilidade:** enquadram-se nesta categoria objetos e processos já existentes, que ao serem modificados passam a desempenhar melhor a função a que se destinam.

O detentor de qualquer modalidade de patente assegurará o monopólio da sua produção e utilização por 20 anos para patente de invenção e 15 anos para modelo de utilidade. Terminados os prazos mencionados, a tecnologia cai em domínio público podendo ser utilizada livremente.

A partir do momento em que uma patente é concedida, sua validade restringe-se apenas aos limites geográficos do país no qual o depósito foi realizado. A patente pode também ser obtida em outros países, desde que o proprietário observe a legislação de cada um deles. O titular tem 12 meses, a partir da data do primeiro depósito para realizar o pedido de depósito em outros países. Esse prazo é chamado de período de prioridade e garante ao titular obter proteção ao seu pedido, devido ao direito de prioridade anterior a outro registro qualquer.

A existência do depósito não garante a obtenção da patente, mas permite evitar que produtos iguais ou similares sejam patenteados durante o processo. Se ocorrer exploração do objeto da patente no período entre o depósito do pedido e a concessão, o requerente poderá solicitar ação indenizatória e criminal.

A proteção deixará de ter vigência no caso de vencimento do prazo de proteção, renúncia do titular, não pagamento das retribuições anuais ou por caducidade, o que ocorre após dois anos de proteção, prazo limite para prevenir ou cessar o abuso ou desuso da patente.

A legislação estabelece três tipos de titularidade de patentes:

1. **Exclusiva do empregador:** ocorre como resultado da atividade na qual o inventor está contratado.
2. **Exclusiva do empregado:** acontece quando a invenção é realizada sem vínculo empregatício e sem utilização de recursos do empregador.
3. **Titularidade comum:** quando o empregado e o empregador se associam na contribuição de recursos.

O processamento do pedido de proteção é contado a partir da data do depósito do pedido e geralmente é solicitado pelo próprio autor da invenção. Na solicitação do pedido deverá ser preenchido um requerimento e anexado um relatório descritivo constando a área tecnológica, o estado da técnica, uma discussão do problema e a solução proposta. O relatório também deverá conter uma descrição detalhada do invento, a aplicação industrial, todos os desenhos e um resumo com no máximo 200 palavras. No ato do depósito do pedido de patente, o INPI realiza um exame preliminar verificando o cumprimento das exigências expostas no artigo 19 da Lei de Propriedade Industrial. Podem ser solicitadas correções do pedido em 30 dias.

Atendidas as condições, o pedido é publicado 18 meses após a data do depósito. A publicação pode ser antecipada a pedido do depositante, mas a antecipação não modifica o período de concessão. Passados 36 meses do depósito, o solicitante deve exigir o exame técnico. Não sendo exigido, o pedido é arquivado, cabendo recurso em 60 dias. O INPI pode exigir documentos e informações adicionais visando subsidiar o exame. Não havendo nenhuma exigência pendente e o pedido sendo deferido, será expedida a carta patente.

A concessão do privilégio será publicada na Revista de Propriedade Industrial (RPI). A partir dessa data o titular terá 60 dias para recolher a contribuição para a confecção e expedição da carta patente.

5.8 AVALIAÇÃO DE DESEMPENHO DO PDP

A avaliação do desempenho do PDP não pode ficar restrita apenas ao senso comum, é preciso utilizar um conjunto de medidas de desempenho para essa finalidade, com o objetivo de identificar e orientar ações de monitoramento e aperfeiçoamento do processo. No entanto, a medição do desempenho do PDP não é realizada com frequência, sobretudo nas empresas de menor porte que, em geral, não possuem um processo formal para avaliar o PDP, não registrando os resultados obtidos durante e após o lançamento do produto.

Os indicadores de desempenho podem avaliar o PDP de duas maneiras: fornecendo informações sobre o desempenho do produto no mercado (avaliação indireta do processo) ou avaliando diretamente cada etapa do PDP.

Para que os indicadores possam ser efetivos, é necessário compará-los com padrões, como dados históricos da empresa, desempenho da concorrência e dados de benchmarking. Os indicadores de desempenho expressam os resultados em uma linguagem prática e objetiva, alertando sobre a necessidade de ações corretivas quando forem identificados desvios em relação aos padrões adotados.

O Boxe 5.4 apresenta o caso de uma empresa do setor têxtil, com 100% do capital nacional. O objetivo do caso foi identificar quais indicadores de desempenho do PDP estão sendo utilizados e qual a importância de cada indicador para melhorar o processo.

BOXE 5.4 AVALIAÇÃO DE DESEMPENHO DO PDP EM UMA EMPRESA TÊXTIL

A empresa pesquisada não utiliza formalmente indicadores de desempenho para avaliar o seu PDP, as avaliações dos projetos são discutidas em reuniões com base em depoimentos da equipe de projeto, do setor de vendas e dos representantes. Esse procedimento impede a construção de uma memória sistematizada dos resultados anteriores. Conhecer o PDP permite realizar ações de melhoria que permitem aperfeiçoar a integração de conhecimentos entre os integrantes da equipe de projeto, desenvolver novas habilidades, orientar para a agregação de valor e agilizar as decisões e as ações necessárias.

Durante o estudo de caso foi apresentado ao responsável pelo setor de PDP uma lista de indicadores de desempenho, questionando-o sobre a utilização de tais indicadores pela empresa. As respostas obedeceram a uma escala de 3 pontos, em que N = nunca utiliza; AV = utiliza às vezes e S = utiliza sempre. Em seguida, o entrevistado deveria assinalar também o nível de importância de cada indicador, de acordo com a escala: MI = muito importante; I = importante e PI = pouco importante. As respostas necessitavam ser justificadas.

Os resultados mostraram que a empresa utiliza dois indicadores financeiros: o percentual de receita gerada pelos novos produtos e o crescimento dessa receita ao longo do tempo. A empresa disponibiliza relatórios mensais sobre a receita total indicando a participação de cada produto, inclusive informações sobre os lançamentos recentes. Esse valor é comparado com o projetado no início do ano, obtendo-se o *status* do novo produto em um dado momento. Com base nessas informações, ao final dos primeiros 12 meses o setor de marketing avalia o desempenho do produto e/ou da linha de produtos nesse período.

Entre os indicadores não financeiros merecem destaque o nível de satisfação pelos novos produtos, a vantagem competitiva proporcionada por esses produtos e o número de novos clientes com pedidos de novos produtos. Nas duas primeiras situações, a avaliação é indireta medida pelas vendas do produto. A empresa não realiza pesquisas de satisfação junto aos seus consumidores. A opinião da rede de representantes e da equipe de vendas que atua junto a esses representantes associada às vendas do produto fornecem o *feedback* que a empresa necessita.

O aumento do número de pedidos decorrentes de novos produtos é importante, mesmo para uma organização que não trabalha diretamente com o consumidor final, uma vez que os novos produtos podem permitir a entrada em novos mercados, que serão trabalhados por novos representantes de venda.

Os indicadores de desempenho representam uma importante ferramenta gerencial para avaliar o setor de desenvolvimento de produtos e indiretamente o desempenho da própria organização. Quando são identificados desvios significativos em relação ao padrão adotado, a empresa deve desenvolver ações corretivas para resolver os problemas.

Fonte: Nantes.[23]

5.9 CONSIDERAÇÕES FINAIS

O PDP representa uma das mais importantes estratégias para o enfrentamento da concorrência nos mercados atuais, permitindo explorar novos mercados ou desenvolver mais eficientemente os atuais. Observa-se que devido à intensa concorrência dos mercados, as empresas que falharem no desenvolvimento dos produtos estarão expostas a maiores riscos, uma vez que seus produtos ficarão mais vulneráveis às alterações provocadas pela tecnologia e pelas mudanças nas preferências e necessidades dos consumidores. O PDP permite que a empresa se movimente com rapidez neste cenário de negócios.

Por outro lado, o PDP exige organização e método para a sua correta execução. Os consumidores estão cada vez mais exigentes e suas preferências se alteram muito rapidamente. Todavia, é muito difícil introduzir novos produtos no mercado, sobretudo aqueles mais inovadores, pois os consumidores habitualmente apresentam tendência conservadora e só estão dispostos a mudar se tiverem uma boa razão para isso.

O projeto de um produto deve atender a três condições principais. A primeira é a identificação correta das necessidades dos consumidores. A equipe deve pensar com a mente do consumidor no momento de identificar os requisitos do mercado e incorporá-los ao PDP. Devem ser consideradas as alterações que vêm ocorrendo nas tendências do mercado, fato que deve se intensificar nos próximos anos revelando uma nova segmentação e um novo perfil do consumidor. As empresas precisam acompanhar de perto as necessidades dos clientes, identificando exatamente o que ele quer, como quer e quanto está disposto a pagar pelo produto. Está cada vez mais difícil trabalhar com preços elevados e oferecer ao mercado produtos sofisticados. O bom produto é sinônimo de simplicidade, conveniência e acima de tudo, bom preço.

A segunda condição diz respeito aos aspectos técnicos de engenharia ligados à atividade do projeto. A identificação das necessidades dos consumidores necessita ser materializada no produto, isto leva tempo, absorve tecnologia e demanda conhecimento e criatividade.

O terceiro ponto fundamenta-se nos recursos financeiros da empresa. A comercialização do produto deve ser capaz, dentro de um período de tempo previamente planejado, de gerar lucro suficiente para cobrir o investimento do projeto e as despesas com o lançamento do produto.

O capítulo teve a intenção de demonstrar que os benefícios decorrentes do desenvolvimento de novos produtos em geral se traduzem em maiores taxas de retorno financeiro e ampliação da participação nos mercados. Para alcançar tais benefícios, a empresa deve dominar o uso de determinadas tecnologias, incorporando-as aos seus produtos e processos.

Além dos aspectos tecnológicos, o fator humano assume um papel muito importante no PDP. A formação da equipe de projeto deve ser realizada considerando as especificidades do projeto e as características, habilidades e conhecimentos de cada integrante. Em geral, as equipes são formadas por profissionais de diferentes áreas do conhecimento. A equipe de trabalho deve ser bem gerenciada e integrada em torno do mesmo objetivo.

O processo de gestão deve priorizar a integração do PDP com as demais áreas da organização. Cada área deve contribuir ao seu modo, para um PDP mais eficiente e com maiores chances de sucesso para o produto em desenvolvimento. No Processo de Desenvolvimento de Produtos, integrar significa facilitar o acesso às informações, ao fluxo de materiais, à disponibilidade de tecnologias e isso somente é possível aperfeiçoando a comunicação e a cooperação dentro da empresa. Entre as diversas possibilidades de integração funcional, o capítulo destacou a importância da integração entre o PDP e o PCP.

Em resumo, o novo produto deverá ser funcional, de fácil utilização, apresentar uma estética atraente, ser compatível com as preocupações ambientais e seu desenvolvimento deve ser apoiado em tecnologias dominadas pela empresa e, sobretudo, dentro do planejamento estratégico definido.

Atender a todos esses requisitos não é uma tarefa fácil, mas esse caminho deve ser buscado continuamente para que o novo produto possa representar de fato, um fator de vantagem competitiva para a empresa.

EXERCÍCIOS

1. Como o desenvolvimento de novos produtos pode contribuir para aumentar a competitividade de uma empresa?

2. Quais as vantagens da utilização de um modelo de referência para o projeto e desenvolvimento de produtos?

3. O processo de desenvolvimento de produtos é baseado em fases e pontos para tomada de decisão (*stage-gates*). Explique como essa metodologia é estruturada e discuta a sua importância para o processo.

4. Quais os principais objetivos da gestão de portfólio? Explique a importância de sua realização.

5. Muitas metodologias de projeto e desenvolvimento de produtos utilizam a matriz de soluções durante o projeto conceitual. Explique qual a importância dessa ferramenta e como deve ser construída?

6. Quais as principais razões para uma empresa não solicitar a patente de um produto.

7. Quais os três tipos possíveis de titularidade de uma patente?

8. Cite três vantagens de se construir o protótipo de um produto.

BIBLIOGRAFIA COMPLEMENTAR

BACK, N. *Metodologia de produtos industriais*. Rio de Janeiro, Guanabara Dois, 1983, 389p.

CLARK, K. B.; WHEELWRIGHT, S. C. *Managing new product and process development*: text and cases. New York: Free Press, 1993.

CLAUSING, D. *Total quality development*. New York: The American Society of Mechanical Engineers, 1994.

COOPER, R. G. *Winning at new products*: accelerating the process from idea to launch. Reading, MA: Perseus Books, 2001.

FULLER, G. H. *New food product development*: from concepts to market place. Boca Raton, FL: CRC Press, 1994.

KAMINSK, P. C. *Desenvolvendo produtos com planejamento, criatividade e qualidade*. Rio de Janeiro: LTC, 2000.

KROEMER, K. H. E.; GRANDJEAN, E. *Manual de ergonomia*: adaptando o trabalho ao homem. 5. ed. Porto Alegre: Bookman, 2005.

MACHADO, M. C.; TOLEDO, N. N. *Gestão do processo de desenvolvimento de produtos*: uma abordagem baseada na criação de valor. São Paulo: Atlas, 2008.

NANTES, J. F. D. *Sistema de avaliação de produtos em uma empresa de linha branca*. *In*: Congresso Brasileiro de Gestão de Desenvolvimento de Produtos, 2013, Natal.

NANTES, J. F. D. *Indicadores de desempenho em projetos de desenvolvimento de produtos*: estudo de caso em uma empresa do setor têxtil. *In*: XXXV Encontro Nacional de Engenharia de Produção, 2015, Fortaleza.

NANTES, J. F. D. *Desenvolvimento de embalagens de comercialização*: estudos de caso em empresas fabricantes da embalagem física e de seus atributos de design. *In*: XXXVI Encontro Nacional de Engenharia de Produção, 2016, João Pessoa.

PUGH, S. *Creating innovative products using total design*. Reading: Addison-Wesley, 1996.

SILVA, A. R.; NANTES, J. F. D. *Aplicação do método AHP na definição de critérios para seleção e priorização de projetos de produtos*. 2016. Trabalho de Conclusão de Curso. Departamento de Engenharia de Produção, UFSCar, São Carlos.

NOTAS

1 LINO, J. R.; NANTES, J. F. D. *Desenvolvimento de produtos ambientalmente sustentáveis*: o caso de uma empresa fabricante de produtos linha branca. IX Congresso Brasileiro de Gestão de Desenvolvimento de Produtos, Natal, 2013.

2 PEREIRA, V. R. *Sistema Produto-Serviço – PSS*. Um estudo do relacionamento entre fatores motivadores e a estruturação da empresa na integração Produto-Serviço. Tese de Doutoramento. Escola Politécnica, Universidade de São Paulo, São Paulo, 2013.

3 ROZENFELD, H. et al. *Gestão de desenvolvimento de produtos*: uma referência para a melhoria do processo. São Paulo: Saraiva, 2006.

4 CLARK, K. B.; WHEELWRIGHT, S. C. *Managing new product and process development*: text and cases. New York: Free Press, 1993.

5 COOPER, R. G. *Winning at new products*: accelerating the process from idea to launch. Reading: Perseus Books, 2001.

6 Rozenfeld *et al* (2006).

7 SILVA, A. R.; NANTES, J. F. D. *Aplicação do método AHP na definição de critérios para seleção e priorização de projetos de produtos*. 2016. Trabalho de Conclusão de Curso. Departamento de Engenharia de Produção, UFSCar, São Carlos.

8 NANTES, J. F. D. *Desenvolvimento de embalagens de comercialização*: estudos de caso em empresas fabricantes da embalagem física e de seus atributos de design. *In*: XXXVI Encontro Nacional de Engenharia de Produção, 2016, João Pessoa.

9 KROEMER, K. H. E.; GRANDJEAN, E. *Manual de ergonomia*: adaptando o trabalho ao homem. 5. ed. Porto Alegre: Bookman, 2005.

10 FARINA, M.; PERES, C.; BASTOS, D. *Psicodinâmica das cores em comunicação*. 6. ed. São Paulo: Blucher, 2011.

11 O termo *design* é interpretado de várias formas. Neste trabalho considera-se que o *design* não está associado somente à aparência do produto final, mas ao conjunto de atividades do PDP.

12 MATTAR, F. N. *Pesquisa de marketing*. 7. ed. São Paulo: Campus/Elsevier, 2014.

13 INSTITUTO BRASILEIRO DE GEOGRAFIA E ESTATÍSTICA. *Pesquisa industrial de inovação tecnológica*. Brasília: IBGE, 2010.

14 Dados fornecidos pelo IBGE, 2014.

15 Definida como estreitamento na base, representada pelos jovens e alargamento do topo pelos idosos.

16 BAXTER, M. *Projeto do produto*: guia prático para o desenvolvimento de novos produtos. São Paulo: Blucher, 2011.

17 ROTONDARO, G. R.; MIGUEL, P. A. C.; GOMES, L. A. V. *Projeto do produto e do processo*. São Paulo: Atlas, 2010.

18 NANTES, J. F. D. *Sistema de avaliação de produtos em uma empresa de linha branca*. *In*: Congresso Brasileiro de Gestão de Desenvolvimento de Produtos, 2013, Natal.

19 ANDRADE, J. H.; FERNANDES, F. F.; NANTES, J. F. D. *Avaliação do nível de integração entre PDP e PCP em ambiente de projeto e fabricação sob encomenda*. XXX Encontro Nacional de Engenharia de Produção, São Carlos, 2010.

20 SANTOS, F. L.; MACHADO, J. H.; NANTES, J. F. D. *Gestão da parceria cliente-fornecedor no Processo de Desenvolvimento de Produtos*. XXX Encontro Nacional de Engenharia de Produção, São Carlos, 2010.

21 INSTITUTO NACIONAL DE PROPRIEDADE INDUSTRIAL (INPI). *Propriedade Industrial*. Rio de Janeiro, 2010. (Material de curso à distância.)

22 O estado da técnica compreende tudo aquilo tornado acessível ao público antes da data do depósito do pedido de patente, por descrição oral ou escrita, no Brasil ou no exterior (art. 11, Lei n. 9.279/1996).

23 NANTES, J. F. D. *Indicadores de desempenho em projetos de desenvolvimento de produtos*: estudo de caso em uma empresa do setor têxtil. *In*: XXXV Encontro Nacional de Engenharia de Produção, 2015, Fortaleza.

ORGANIZAÇÃO DO TRABALHO

6

Alessandra Rachid e Ana Valéria Carneiro Dias

Os modelos tradicionais de organização do trabalho foram, desde cedo, muito criticados, ao mesmo tempo em que surgiam novas abordagens, procurando dar respostas às limitações apontadas. Este capítulo apresenta essa evolução na forma de conceber a organização do trabalho. A Seção 6.2 apresenta a evolução dos modos de produção desde o artesanato até o surgimento das fábricas e da maquinaria, com a Revolução Industrial.

A seguir, apresentam-se características do modelo taylorista fordista, também chamado de Escola Clássica de organização do trabalho, que predominou na maior parte do Século XX, assim como sobre sua introdução no Brasil. A Seção 6.4 apresenta as experiências da Escola de Relações Humanas e o conceito de grupos informais, que contesta algumas premissas do modelo taylorista fordista, fazendo com que este incorpore novas preocupações relacionadas com os trabalhadores.

A Seção 6.5 se refere às discussões do final dos anos 1970 e início dos anos 1980, sobre o surgimento de modelos alternativos ao taylorismo e fordismo, apresentando brevemente os chamados modelos italiano e alemão. Em seguida, apresenta-se de forma mais detalhada o modelo de produção enxuta, derivado de práticas de gestão de empresas japonesas, especialmente da Toyota, que teve ampla difusão, assim como algumas considerações sobre as condições de trabalho no Japão.

Na Seção 6.6, são apresentados os pressupostos da Escola Sociotécnica, a partir dos quais ocorreu a implantação do trabalho em grupos semiautônomos. O capítulo se encerra com os desafios atuais para a organização do trabalho: a economia globalizada e financeirizada e os elementos de precarização do trabalho.

OBJETIVOS DE APRENDIZAGEM

Ao final deste capítulo, o leitor deverá ser capaz de conhecer:
- As principais escolas de Organização do Trabalho.
- As críticas aos modelos tradicionais.
- Como as concepções foram mudando ao longo do tempo.
- Os desafios contemporâneos na área.

6.1 INTRODUÇÃO

A Organização do Trabalho é uma área da Engenharia de Produção que trata da análise e projeto dos modos de divisão do trabalho e sua posterior coordenação, considerando as características do processo de trabalho e sua evolução, as inter-relações sociotécnicas no interior do sistema de produção, os aspectos políticos das organizações e as relações entre as organizações e seu ambiente sociotécnico-econômico. A disciplina reflete uma dupla preocupação com o trabalho, como um aspecto fundamental para a existência das organizações, mas também como um aspecto importante para a vida das pessoas.

Uma das questões centrais presentes nas pesquisas e publicações na área é a relação entre controle e autonomia. Por muito tempo, os modelos de organização do trabalho previam que as decisões sobre a forma de executar o trabalho seriam de responsabilidade exclusiva dos superiores hierárquicos. Da mesma forma, qualquer processo de mudança, tecnológica ou organizacional, seria decidido, elaborado e implantado por outros profissionais, sem a participação dos trabalhadores diretos, ligados ao núcleo operacional de diferentes atividades. Estes, no entanto, frequentemente eram os primeiros a sofrerem as consequências dessas decisões e desses processos de mudança e, por esse e outros motivos, apresentam resistência à sua introdução.

Essa forma tradicional de pensar a organização do trabalho recebeu muitas críticas e, ao longo do tempo, foram desenvolvidas outras concepções, apontando que os trabalhadores devem participar das decisões cotidianas e da elaboração e implantação dos processos de mudança. A existência de novas concepções sobre a organização do trabalho não garante que as empresas mudem suas práticas tradicionais, mas representa uma virada importante no receituário de práticas na área, como o leitor atento poderá observar adiante.

6.2 A EVOLUÇÃO DOS MODOS DE PRODUÇÃO

Esta seção apresenta a evolução da forma de produzir bens, desde o artesanato até a maquinaria, que surge a partir da Revolução Industrial e que, desde então, vem sendo usada para realizar cada vez mais atividades.

6.2.1 Artesanato

Antes do surgimento das fábricas, a principal forma de produzir bens, como tecidos, roupas, calçados, móveis, utensílios e instrumentos de trabalho, era o artesanato.[1] No artesanato, o artesão é responsável por toda a produção de um determinado bem, desde sua concepção inicial até sua conclusão, em muitos casos envolvendo também a produção da matéria-prima.

Em muitos casos, o próprio artesão vendia sua produção em feiras e mercados, principalmente para os mercadores, que levavam mercadorias para regiões diferentes daquelas onde eram produzidas, como podia ser observado na Inglaterra. Em alguns casos, o mercador também cuidava de algumas partes da produção, contratando trabalhadores para os quais entregava a matéria-prima, em um esquema de trabalho a domicílio.[2]

Tanto o artesão quanto este trabalhador a domicílio não conseguiam enriquecer e, muitas vezes, emprestavam dinheiro do mercador, colocando seus instrumentos de trabalho como garantia.[3] Como muitos não conseguiam pagar o empréstimo, os mercadores começaram a concentrar a posse dos instrumentos de trabalho, dando origem a novas formas de produzir bens, descritas a seguir.

6.2.2 Cooperação simples e manufatura

O mercador torna-se dono dos meios de produção (matéria-prima, equipamentos, instalações), dando origem ao empresário capitalista. Em suas instalações, os responsáveis pela produção de bens deixam de ser os artesões e passam a ser os trabalhadores assalariados, em muitos casos, ex-artesões que perderam seus instrumentos de trabalho para o mercador. Este modo de produção é chamado por Marx de "cooperação simples", forma inicial do capitalismo, que se caracteriza pela reunião, em um mesmo local, de muitos trabalhadores sob comando do capitalista, mas sem que haja alteração no método de trabalho.

Na cooperação simples, cada trabalhador realiza todas as etapas necessárias para a produção de um determinando bem, como o tecido, por exemplo. Apesar disso, ocorre um aumento da produtividade devido ao uso compartilhado dos meios de produção e da força coletiva de trabalho, que tem uma capacidade de produção maior do que a somatória das forças de trabalho individuais. O salário, no entanto, é individual.

Com o tempo, começa a haver a divisão do trabalho ou, como posto por Marx, a divisão manufatureira do trabalho, ou simplesmente "manufatura". Em vez de cada trabalhador realizar todas as etapas para a produção de um bem, cada um se especializa numa etapa do processo. Os trabalhadores tornam-se especializados em operações cada vez mais simples, perdendo a capacidade de produzir um produto por inteiro, tornando-se um "trabalhador parcial", que não utiliza todas suas habilidades no trabalho e, portanto, no qual não pode se realizar. Ocorre a alienação do trabalhador, ou seja, a perda de controle sobre o próprio trabalho e o distanciamento em relação ao produto final que resulta desse trabalho.[4]

Como o trabalhador realiza sempre a mesma operação, não há mais o tempo de troca de ferramenta, levando à uma intensificação do trabalho. Apesar disso, o trabalho continua sendo manual e o volume de produção ainda depende das habilidades dos trabalhadores, o que, segundo Marx, será superado com o surgimento da maquinaria, tema da próxima seção.

6.2.3 Maquinaria e automação

A maquinaria surge com a Revolução Industrial, ocorrida na Inglaterra, no século XVIII. A Revolução Industrial é mais associada à máquina a vapor, mas, para Marx, outra mudança importante foi o surgimento das máquinas de fiar e tecer, que, pela primeira vez, substituíram o ser humano no manuseio de ferramentas.

Surgem as grandes fábricas e há um enorme aumento do volume de produção. A introdução da maquinaria em um ramo vai impondo sua introdução em outros ramos, para tornar a escala de produção compatível. Assim, a mecanização da fiação tornou necessária a mecanização da tecelagem e ambas tornaram necessária a revolução mecânica e química no branqueamento, na estampagem e na tinturaria.[5]

O mesmo ocorreu na separação da fibra do algodão da semente. As mudanças na indústria de transformação e na agricultura levaram a mudanças nos meios de comunicação e transporte. Dessa forma, a maquinaria foi avançando para diferentes ramos, até que surgem as máquinas para produzir outras máquinas, consolidando a Revolução Industrial.

Um dos efeitos da maquinaria é a diminuição do número de trabalhadores necessários em cada atividade mecanizada. O próprio Marx[6] já antevia um mecanismo automático que precisaria cada vez menos da intervenção humana para funcionar. Na década 1980, falava-se da "fábrica escura", que não precisaria de iluminação, pois não seriam necessários que seres humanos estivessem presentes para sua operação. O grande exemplo era uma fábrica da Volkswagen, o Galpão 54 ou Hall 54, em Wolfsburg, Alemanha, inaugurada em 1983 para produzir um novo modelo do Golf. Enquanto os robôs daquela época realizavam apenas as operações de solda e pintura, nesta fábrica, eles realizavam a montagem das suspensões, motores, transmissão, para-choques, pneus e demais componentes e faziam a checagem eletrônica do funcionamento do veículo.[7]

Essa perspectiva da fábrica escura, no entanto, é considerada ultrapassada.[8] Ainda que diminua no número de trabalhadores necessários, a automação não acaba com a necessidade de intervenção humana. Em processos de produção automatizados, o trabalhador não interfere diretamente na transformação do produto, mas deve monitorar o funcionamento do equipamento, tendo que intervir quando os parâmetros de fabricação fogem das especificações.[9]

O ritmo de trabalho deixa de ser determinante para definir o volume de produção, mas há um aumento de responsabilidade dos trabalhadores, devido ao custo dos equipamentos, de uma quebra ou de uma interrupção não programada. Os trabalhadores precisam conhecer bem o funcionamento do processo para intervir de forma rápida e precisa quando necessário. Como já apontado por Herzberg, com a automação, eles passam a ter controle sobre o processo como um todo.[10]

Cabe ressaltar que o surgimento de um modo de produção não significa que o modo anterior deixa de existir, com exceção da cooperação simples, transitória. A produção artesanal foi perdendo espaço para outras formas de produção, mas nunca deixou de existir, como nos exemplos do Boxe 6.1. O mesmo se observa em relação ao trabalho a domicílio. Cada vez mais atividades têm sido e continuarão sendo automatizadas, mas muitos bens ainda têm etapas de sua produção realizadas manualmente e, portanto, de acordo com o conceito marxista de manufatura.

Ao longo do tempo, surgiram diversas iniciativas voltadas a aumentar a produtividade da manufatura. Entre as iniciativas que se destacaram neste sentido estão os métodos propostos por Taylor e Ford, apresentados a seguir.

BOXE 6.1 PRODUÇÃO ARTESANAL

Diversos bens continuam sendo produzidos de forma artesanal. Um exemplo são os instrumentos musicais produzidos por **luthiers**, como os famosos violinos Stradivarius, produzidos no século XVIII, na Itália, cuja sonoridade continua insuperável até hoje. No Brasil, um *luthier* bem conceituado é Shigemitsu Sugiyama, japonês radicado no Brasil desde 1973. O máximo que chegou a produzir foram seis violões por ano. Em 2015, ele produzia apenas dois por ano, vendidos por R$ 40 mil cada um. Para produção, ele usa madeiras de regiões frias, como jacarandá, cedro do Oregon e pinho alemão, e de regiões quentes, como mogno, ébano, pau-rosa indiano e pau-brasil. A madeira é mantida em estufa por até 30 anos antes de ser trabalhada.[11]

Outro exemplo é a cerveja, cuja produção de forma artesanal apresentou um crescimento nos últimos anos. Nos EUA, onde essa tendência é mais antiga, existiam mais de 3 mil cervejarias artesanais, que tinham conquistado 11% do mercado norte-americano em 2014. No Brasil, existiam quase 400 em 2016. Sua parcela de mercado é pequena, mas vinha crescendo e chamando a atenção dos grandes produtores.[12] A Canoinhense, localizada em Canoinhas (SC), é considerada a cervejaria artesanal mais antiga em funcionamento no país. Em 2016, produzia mensalmente cerca de três mil garrafas de quatro tipos cervejas de alta fermentação, vendidas apenas na fábrica.[13]

O Brasil tem uma grande quantidade de produtores artesanais de queijo. A produção é em pequena escala e muitos queijos têm receitas que vêm sendo passadas de geração em geração há bastante tempo, "com o objetivo de manter as características *terroir* do produto", ou seja, aquelas características decorrentes do clima, da pastagem e do tipo de bactérias de cada região. Para isso, o queijo é produzido a partir do leite cru, pois parte dessas características se perderiam caso o leite fosse pasteurizado, mas, devido a questões sanitárias, esses queijos só podiam vender seu produto localmente. Isso ocorria mesmo com queijos bem tradicionais e conhecidos fora de seu local de produção, como os queijos Serro e Canastra, mineiros; o Serrano, gaúcho; o Ilha de Marajó, paraense e queijo coalho, nordestino. Em 2011, o Ministério da Agricultura criou regras para a produção de queijo a partir do leite cru, o que permitiu sua comercialização em todo país.[14]

6.3 O MODELO TAYLORISTA FORDISTA

Desde o surgimento das fábricas, havia uma situação meio inédita: uma grande quantidade de trabalhadores assalariados reunidos para produzir bens. Administrar isso era (e continua sendo) difícil. Na época, não havia referências sobre como fazer isso, mas havia várias pessoas pensando em soluções para esta situação. Alguns se inspiravam em organizações tradicionais de então, como o Exército e a Igreja Católica.[15] Frederick Taylor era uma das pessoas que estavam pensando em como "tocar" uma fábrica, como apresentado a seguir.

6.3.1 Taylor e o estudo de tempos e métodos

Taylor trabalhou na Midvale Steel Works, na Filadélfia, no estado da Pensilvânia (EUA). Ele começou trabalhando como operário, depois se tornou chefe e depois, gerente. Ele acreditava que poderia aumentar a eficiência do trabalho por meio de um controle mais direto sobre sua realização.[16] Para isso, subdivide e simplifica ainda mais o trabalho com sua proposta de "Administração Científica", acabando com que restava do ofício do trabalho.[17]

A técnica proposta por Taylor para isso é o Estudo de Tempos e Métodos,[18] que envolve:

- a análise de cada atividade, a partir da observação detalhada do modo de execução de vários trabalhadores;
- aplicar a economia de movimentos, ou seja, a simplificação e a eliminação de movimentos desnecessários.[19]

Com isso, seria criado o "melhor método", que deveria ser seguido por todos que realizam aquela atividade, ou seja, a forma de trabalhar deve ser padronizada de acordo com esse método. Essa padronização envolve os movimentos, ferramentas, máquinas e equipamentos, matéria-prima e componentes e fica registrada numa "folha de métodos" ou "folha de processo".

Deve-se, então, medir o tempo de cada atividade. Para isso, deve ser escolhida uma pessoa treinada, com experiência e "trabalhando num ritmo normal" e cronometrar o tempo que ela leva para executar um ciclo de tarefas. A este tempo cronometrado, são acrescidas tolerâncias, como aquelas relacionadas a esperas, necessidades pessoais, fadiga,[20] entre outras, gerando um "tempo padrão" para execução daquela atividade. Taylor também recomendava pagar mais para quem produzisse mais, usando esse tempo padrão como referência.

O passo seguinte é a seleção de pessoas com habilidades e características físicas mais adequadas para trabalharem de acordo com esse método, o que Taylor chama de "seleção científica". Cada trabalhador deve ser treinado de acordo com esse método e não mais pela observação dos trabalhadores mais antigos.

Com o Estudo de Tempos e Métodos, Taylor acreditava que poderia resolver vários problemas, como:

- a falta de uniformidade nos métodos;
- a gerência não saber como o trabalho é realizado;
- a ociosidade,[21] principalmente o que ele chama de "ociosidade sistemática", que é a restrição do volume de produção a um determinado limite estabelecido entre os trabalhadores.
- o pagamento fixo por dia de trabalho, independentemente da quantidade produzida.

Taylor ressaltava que todo planejamento deveria ser de responsabilidade da gerência, que deve definir, por meio dessa "ciência", qual é método adequado para realizar cada atividade.[22] Essa é uma das críticas que se faz aos métodos tayloristas, de separar a concepção da execução, ou seja, o trabalho é concebido pela administração, cabendo aos trabalhadores apenas sua execução de acordo com o método prescrito.[23] Há que se ressaltar, no entanto, que o trabalho prescrito é diferente do "trabalho real" e, para conseguir realizá-lo, o trabalhador tem que criar soluções informais e tomar decisões que fogem à prescrição, os chamados quebra-galhos ou macetes, como é ressaltado por pesquisadores da área de Ergonomia.[24]

Outra pessoa que se dedicou ao aumento da eficiência nas fábricas foi Henry Ford, fundador da Ford, empresa produtora de automóveis, como apresentado a seguir.

6.3.2 Ford e a linha de montagem

A Ford Motor Company foi fundada em Detroit, no estado de Michigan (EUA), em 1903, quando a produção de veículos era artesanal, realizada por mecânicos muito qualificados.[25] Ford queria aumentar o volume de produção e, para isso, ele tornou o trabalho mais simples, com a criação da linha de montagem.[26]

A montagem do veículo foi dividida em inúmeras operações, e cada etapa era realizada por um trabalhador. Uma esteira transportadora levava o veículo que estava sendo montado até cada trabalhador, que inseria uma peça, numa operação manual, rápida e simples, e o veículo já passava para a operação seguinte.[27]

A linha de montagem incorpora vários objetivos de Taylor: uma tarefa padronizada e simplificada, com ritmo determinado externamente, com um mínimo de poros e limitando ainda mais a possibilidade de os trabalhadores tomarem decisões. Dessa forma, tornou-se possível empregar uma mão de obra sem experiência na produção de veículos ou mesmo na indústria de transformação.

Houve um enorme aumento na produção. Antes, o chassi era montado em 12 horas e passou a ser montado em 1,5 hora, em 45 operações diferentes. O motor era montado por uma pessoa e passou a ser montado por 84, o que só se tornou viável devido ao grande volume de produção. Em 1913, quando se iniciou a implantar a linha de montagem, a Ford produziu cerca de 250 mil por ano; em 1926, foram 2 milhões.[28]

As peças tinham que ser intercambiáveis, pois não dava tempo para fazer ajustes na hora de encaixar a peça no veículo que está passando. Essa padronização também permitia que as peças fabricadas em Detroit fossem montadas em diferentes localizações, para onde a Ford enviava as peças em CKD,[29] inclusive para o Brasil, onde havia a montagem de veículos da Ford desde 1921. Para ter maior controle sobre o preço dos insumos e também em função dessa necessidade de padronização, a Ford era muito integrada verticalmente, produzindo desde a matéria-prima até a comercialização dos veículos.

Como a escala aumentou muito, foi possível diminuir o preço do automóvel, possibilitando que este se tornasse um bem de consumo em massa. Por isso, o termo "fordismo" é utilizado para se referir a dois aspectos diferentes:

- uma forma de organização de produção, a produção em massa, de produtos padronizados;
- uma forma de organização da sociedade, em torno do consumo em massa, como ocorreu nos Estados Unidos, onde grande parte da população passou a ter acesso aos bens industrializados.

Entre os consumidores dos veículos estavam os próprios trabalhadores da empresa, como o próprio Ford fazia questão de ressaltar.[30] Estes recebiam um salário de 5 dólares por dia, o dobro do praticado na época. Há que se ressaltar, no entanto, que Ford decidiu pagar salários maiores devido à dificuldade em manter os trabalhadores na linha de montagem. Ele precisava contratar 100 mil para manter 20 mil.[31]

Alguns autores apontam que havia um acordo implícito no fordismo: os trabalhadores e o sindicato abriam mão de influenciar a organização do trabalho em troca do emprego mais ou menos seguro e de salários relativamente altos.[32]

6.3.3 Difusão do modelo

Houve muita resistência à introdução dos métodos propostos por Taylor e por Ford, a começar pelos próprios operários que tinham sido colegas do Taylor na Midvale Steel Works, que o acusavam de traidor e quebravam as máquinas como forma de mostrar que Taylor forçava o ritmo,[33] até a realização de greves contra a implantação desses métodos, a ponto de Taylor ter sido investigado pelo senado dos EUA.[34]

Outra crítica a este modelo é a visão simplista do ser humano, limitando a questão motivacional apenas à questão financeira e focada apenas nas características físicas do trabalhador, sem considerar a influência dos aspectos psicológicos e sociais.

Apesar de todas as críticas, as propostas de Taylor e Ford se configuraram como um modelo, o modelo taylorista fordista, também chamado de Escola Clássica de organização do trabalho. Este modelo prevaleceu por décadas como referência para diversas atividades econômicas,[35] não apenas na indústria de transformação, mas também nos serviços, e em toda região ou país minimamente industrializado, inclusive nos países comunistas.[36]

No Brasil, organizações como a FIESP (Federação das Indústrias do Estado de São Paulo) e o IDORT (Instituto de Organização Racional do Trabalho) promoviam palestras sobre os métodos desenvolvidos por Taylor desde os anos 1920 e 1930. Apesar disso, os métodos do modelo taylorista fordista só começam a ser implantados nas fábricas nos anos 1950, com a implantação da indústria automotiva promovida pelo governo de Juscelino Kubitschek.[37]

A hegemonia desse modelo durou por muitas décadas e só passa a ser ameaçada de forma mais sistemática no final dos anos 1970, como será apresentado adiante. Deve-se ressaltar, no entanto, que sempre há uma diferença entre o modelo de referência, conforme descrito nos manuais técnicos, e a forma como este é efetivamente implantado. Essa diferença decorre do que é produzido, da localização e seu contexto, das pessoas envolvidas, entre outras características específicas de cada empresa ou mesmo de suas diferentes unidades.

6.4 A ESCOLA DE RELAÇÕES HUMANAS E OS GRUPOS INFORMAIS

O que se conhece como Escola de Relações Humanas é um conjunto de conceitos e propostas na área de gestão decorrente das experiências realizadas por uma equipe de pesquisadores da Harvard Business School comandadas por Elton Mayo, um sociólogo. As experiências se iniciaram em 1924, por iniciativa do Conselho Nacional de Pesquisa dos EUA, em uma fábrica da empresa Western Electric Company,[38] produtora de telefones e componentes elétricos, localizado no bairro de Hawtorne, em Chicago.

Essas experiências tiveram várias fases e, em sua maior parte, a equipe de pesquisa separava grupos experimentais do resto da fábrica para realizar experimentos. As pessoas que compunham esses grupos eram instruídas a trabalhar normalmente para a pesquisa, mas, se o grupo produzisse mais, recebia um adicional financeiro.[39]

Numa primeira fase, o objetivo era verificar o efeito da iluminação sobre a produtividade.[40] Essa fase se iniciou em 1924 e terminou em 1927 e observou-se que havia um aumento da produtividade independente da iluminação aumentar ou diminuir.[41] Não foi possível, portanto, estabelecer uma relação clara entre iluminação e produtividade, mas os pesquisadores perceberam que o aspecto psicológico estava afetando a produtividade.[42]

Na fase seguinte, foi separado um grupo experimental com seis funcionárias da montagem de relés. Durante vários meses, foram introduzidos intervalos para descanso durante a jornada de trabalho e, depois, oferecido um lanche durante o intervalo. Os pesquisadores observaram um aumento da produtividade. Passado algum tempo, esses benefícios foram retirados. Ainda assim, o grupo aumentou sua produtividade. Os pesquisadores ficaram surpresos, mas já vinham observando outros aspectos que pareciam influenciar a produtividade de forma positiva. Não havia um supervisor na sala em que o grupo ficava, apenas o pessoal da equipe da pesquisa, o que deixava o ambiente mais amistoso. Apesar de terem sido instruídas para trabalharem normalmente, quando uma das funcionárias estava indisposta, as outras trabalhavam em um ritmo mais intenso para compensar e havia uma delas que estimulava as outras a produzirem mais.[43] Mesmo depois de terminada a experiência, as relações criadas entre os funcionários continuavam a existir e a influir na produção da empresa.

A partir dessas observações, os pesquisadores deixaram de lado o estudo das condições físicas e passaram a estudar as "relações humanas", primeiro por meio de entrevistas, que chegaram a envolver mais de 21 mil funcionários da Western Electric. Um dos principais resultados das entrevistas foi a constatação da existência de uma forma de organização informal entre os trabalhadores para se protegerem contra iniciativas da empresa que os prejudicassem.

Os pesquisadores resolveram, então, separar mais um grupo experimental para observar especificamente como se manifestava essa organização informal. Esse grupo contava com 20 funcionários da montagem de terminais elétricos e durou sete meses. Os pesquisadores observaram que, quando a produção chegava a determinado volume, os funcionários diminuíam o ritmo de trabalho, apesar do adicional financeiro que poderiam ganhar se produzissem mais. Caso produzissem além desse limite em um dia, eles só anotavam o excedente no dia seguinte. Além disso, o grupo pressionava os mais rápidos para diminuírem seu ritmo.

As experiências se encerraram em 1932, como consequência da crise de 1929. Embora não tenham atingidos seus objetivos iniciais, desenvolveram conceitos relevantes para a administração e a organização do trabalho. Algumas de suas principais conclusões foram:

- O grupo social influencia no comportamento individual.
- A produção resulta da integração social.
- Esses dois aspectos limitam a eficiência do incentivo financeiro oferecido pelas empresas.
- Toda organização formal é composta por grupos informais, que têm regras, líderes, valores, objetivos e formas de recompensa e punição próprios.[44] Os grupos informais não necessariamente são contrários aos objetivos da organização formal.

Enquanto Taylor considerava apenas o incentivo financeiro como meio para aumentar a produtividade individual, essas pesquisas mostram que existem outros fatores que interferem na produtividade, como a relação social com colegas e supervisores e a atuação dos grupos informais.

Entre os desdobramentos da Escola de Relações Humanas, estão as pesquisas realizadas por Herzberg, que o levaram a propor o enriquecimento de cargos em contraposição à divisão do trabalho do modelo taylorista fordista, como detalhado a seguir.

6.4.1 A proposta de enriquecimento de cargos

Herzberg realizou uma pesquisa sobre o que os trabalhadores avaliavam como bom e ruim no próprio trabalho, concluindo que os fatores que causam insatisfação no trabalho estão ligados ao ambiente de trabalho, sendo extrínsecos ao trabalho em si e ele os chama como "fatores de higiene". Por outro lado, os "fatores motivadores" são de outra natureza, sendo intrínsecos ao trabalho, ou seja, o conteúdo do trabalho em si, as tarefas executadas, o retorno sobre o sucesso na sua execução e a possibilidade de crescimento profissional. Estes são os fatores centrais para as pessoas sentirem-se realizadas no trabalho.[45]

A partir dessa conclusão, Herzberg propôs o enriquecimento de cargos, que deve levar à incorporação dos tais fatores motivadores, para que se crie a possibilidade de realização no trabalho. Para isso, deve haver menor controle, permitindo ao trabalhador ter autonomia em relação a seu trabalho, ao mesmo tempo em que ele assume responsabilidades sobre um conjunto maior de tarefas mais complexas, desafiadoras.[46]

Herzberg critica, no entanto, as tentativas de enriquecimento que apenas agregam tarefas igualmente inexpressivas, como ocorre, por exemplo, na rotação entre tarefas parceladas. Para o autor, isso não configura um enriquecimento, mas apenas o que ele chama de horizontal *job loading* (aumento horizontal da carga de trabalho) ou *job enlargement* (ampliação de tarefas). Para ele, o enriquecimento seria inviável numa linha de montagem, por exemplo. Apesar desses limites apontados pelo autor, ainda continuam raras as mudanças na organização do trabalho que fogem a simples ampliação de tarefas. As experiências que mais avançaram nesse sentido ocorreram a partir da sociotécnica, apresentada adiante.

O modelo taylorista fordista, apesar de questionado em vários aspectos por essas experiências, continuou por muito tempo como modelo de referência. A escola de relações humanas não o substitui como modelo, ainda que tenha levado à incorporação de alguns aspectos até então negligenciados. Este modelo só passou a ser confrontado com modelos alternativos a partir dos anos 1970, quando se intensificaram as discussões sobre sua substituição, o que é tema da próxima seção.

6.5 DISCUSSÃO SOBRE MODELOS ALTERNATIVOS

A partir de meados da década de 1970, se observavam algumas mudanças na organização da produção e do trabalho que as tornavam significativamente diferentes da forma de organização proposta pelo modelo taylorista fordista. Essas mudanças podiam ser observadas na produção de bens de capital na região central da Itália, na indústria automotiva no Japão e na Suécia, nesses dois setores na Alemanha, assim como na sua indústria química, e suscitaram discussões sobre a possibilidade do taylorismo fordismo estar sendo substituído por um novo modelo.

Um livro representativo das discussões dessa época foi escrito por dois pesquisadores norte-americanos,[47] segundo os quais haveria uma crise do sistema de produção em massa. Para eles, embora a produção em massa tivesse prevalecido como modelo dominante por um determinado período, a produção artesanal[48] nunca deixou de existir e estaria reemergindo, dando origem a uma nova forma de produção, a "especialização flexível".

As principais diferenças entre a produção em massa e a especialização flexível são sintetizadas no Quadro 6.1. Enquanto a produção em massa se caracteriza por produzir produtos homogêneos, competindo principalmente em função do preço, com o uso de máquinas dedicadas, especializadas e trabalhadores pouco qualificados, na especialização flexível, haveria a produção de produtos altamente diferenciados, voltados para nichos de mercado, com o uso de máquinas multipropósito, mais flexíveis, o que se tornou possível com a incorporação da microeletrônica, e trabalhadores mais qualificados.

Quadro 6.1 Diferenças entre a produção em massa e a especialização flexível

Aspectos do modelo	Produção em massa	Especialização flexível
Produtos	Padronizados	Diferenciados
Máquinas	Dedicadas	Multipropósito
Trabalhadores	Semiqualificados	Qualificados
Pequenas empresas	Dependentes das grandes	Distritos industriais

Fonte: Piore e Sabel.[49]

Outra mudança da especialização flexível seria no papel pequenas empresas, que deixariam de atuar apenas como fornecedores dependentes das grandes empresas e assumiriam um papel mais relevante na economia quando há uma concentração geográfica e elas se beneficiam da economia de aglomeração, em distritos industriais.[50] A principal referência para essa mudança é a produção de bens de capital sob encomenda na região central da Itália,[51] apresentada a seguir.

Esta seção ainda apresenta, brevemente, o caso da Alemanha, para depois apresentar, de forma mais detalhada, as práticas de gestão do modelo japonês e a sociotécnica, base para as mudanças na organização do trabalho na indústria automotiva na Suécia, por terem se tornado fortes referências para a área de Organização do Trabalho.

6.5.1 Modelo italiano

A partir do final dos anos 1960, a região centro-norte-oriental da Itália, que inclui as regiões da Emilia-Romagna, onde predomina a indústria mecânica, e da Toscana, onde predomina a indústria têxtil e de confecções, passou a apresentar um forte dinamismo econômico. Por isso, a região se diferencia do norte do país, mais industrializado e onde se concentram a maior parte das grandes empresas, e do sul, mais agrário, passando a ser conhecida como Terceira Itália.[52]

Muitas províncias dessa região concentram pequenas e médias empresas especializadas na produção de um determinado produto, como apresentado no Quadro 6.2. Observa-se, em alguns casos, que já havia experiência na produção de produtos tradicionais e foi desenvolvida a capacidade de produzir produtos relacionados e com maior conteúdo tecnológico, como equipamentos para processamento dos produtos tradicionais. A região ainda concentra empresas produtoras de carros esportivos, como a Ferrari e a Lamborghini, em Modena, e a Maserati, na Bologna.[53]

Quadro 6.2 Distritos industriais da Terceira Itália

Província ou cidade	Principais produtos
Bologna	Bicicletas, motos, calçados, máquinas automáticas e de empacotamento
Carpi (província de Modena)	Máquinas para marcenaria
Modena	Roupa de tricô, ferramentaria e moldes
Modena e Reggio Emilia	Confecção, cerâmica de revestimento, máquinas agrícolas, sistema hidráulico
Parma	Presunto, tomate enlatado, máquinas para processamento de alimentos
Piacenza	Botões, equipamentos para construção civil
Reggio Emilia	Suinocultura, mecânica agrícola, embalagens metálicas
Rimini	Máquinas para marcenaria

Fonte: Elaborado a partir de Brusco[54] e Ferreira *et al.*[55]

Essa concentração geográfica cria uma economia de aglomeração, que facilita o subfornecimento, a colaboração entre as empresas e a criação de condições externas positivas, que permitem as empresas atuarem em melhores condições do que se estivessem isoladas. Existem escolas técnicas formando mão de obra especializada e, por isso, os trabalhadores são qualificados, mesmo em casos de subcontratação ou trabalho a domicílio, que é comum na região.

O volume de produção é baixo, voltado principalmente para a exportação, mas a presença de empresas estrangeiras é pequena. As pequenas e médias empresas buscam manter uma autonomia em relação às grandes, possivelmente porque muitas das empresas foram fundadas por militantes sindicais que trabalhavam no norte do país.[56]

Algumas condições que favoreceram essa organização regional foram os movimentos cooperativos de reconstrução das cidades no pós-guerra e a influência do Partido Comunista Italiano, com forte atuação na região e que apoiava as pequenas empresas e as cooperativas.

Os sindicatos de trabalhadores são bastante ativos. O Sindicato dos Metalúrgicos da região desenvolve projetos de organização do trabalho para negociarem com as empresas. Apesar disso, os direitos trabalhistas são mais restritos nas empresas com menos de 16 empregados.

Muitos pesquisadores se dedicaram a estudar esse modelo, que se tornou referência, principalmente para governos locais, que buscam incentivar a formação desse tipo de organização em suas regiões. No Brasil, além de distrito industrial, esse tipo de organização tem sido chamado de "arranjo produtivo local".

6.5.2 Modelo alemão

A Alemanha abriu mão de setores disputados pelos EUA e pelo Japão, como a eletrônica e a informática, para se concentrar naqueles nos quais contava com vantagens competitivas históricas, como equipamentos, instrumentos de precisão e química fina. Ao mesmo tempo, existe um forte esquema, coordenado pelo Estado, para financiamento das empresas por meio dos bancos.[57]

Pesquisas nessas indústrias observaram a existência de uma forma de organização do trabalho em "ilhas de produção", grupos que ficam encarregados pela produção, manutenção e controle de qualidade e nos quais há uma reaglutinação de funções. Todos os trabalhadores devem realizar cada uma das diferentes atividades e eles também devem tomar decisões sobre alterações que ocorrem no seu trabalho. A participação ativa dos sindicatos tem levado à priorização desse tipo de organização do trabalho.

A próxima seção apresenta as práticas de gestão desenvolvidas no Japão, que deram origem ao modelo de produção enxuta.

6.6 PRODUÇÃO ENXUTA

A indústria japonesa tornou-se extremamente competitiva e, nos anos 1980, vinha conquistando parcelas crescentes do mercado norte-americano e também do europeu, atraindo a atenção de executivos e de pesquisadores ocidentais sobre as práticas de gestão empregadas por suas empresas, principalmente pela Toyota.

Os pesquisadores chamaram esse conjunto de práticas por diferentes nomes, como modelo japonês, toyotismo, entre outros, mas o mais conhecido talvez seja "produção enxuta", ou *lean manufacturing*, criado por pesquisadores do MIT (Massachusetts Institute of Technology) e que se difundiu muito por meio do livro *A máquina que mudou o mundo*.[58]

O desenvolvimento de algumas dessas práticas de gestão é apresentado a seguir, iniciando pelo contexto em que ocorreram.

6.6.1 Contexto histórico

Durante a Segunda Guerra Mundial, o Ministério do Comércio e Indústria do Japão havia proibido a maior parte da produção de carros para concentrar a produção em veículos militares. No pós-guerra, com a ocupação pelos aliados (1945-1952), principalmente norte-americanos, a indústria automotiva japonesa não podia mais fabricar para o exército japonês, que foi desativado. Havia escassez de recursos e inflação. Como parte das medidas impostas pelos EUA para democratizar a economia japonesa, os grandes grupos de empresas existentes no país, conhecidos como Zaibatsus, foram enfraquecidos por meio da criação de leis antitruste e de demissões de executivos desses grupos.[59] Ainda como parte dessas medidas de democratização da economia, os sindicatos estavam sendo incentivados, dificultando a diminuição de salários e as demissões, ao mesmo tempo em que muitos trabalhadores estavam retornando da guerra.[60]

Em 1949, os aliados também instituíram medidas de combate à inflação, causando recessão e mantendo baixa a demanda por automóveis. A indústria automotiva japonesa tinha, então, a produtividade muito baixa e enfrentava graves problemas de qualidade. Os materiais eram inferiores e os projetos apresentavam falhas, tanto os das montadoras quanto os de seus fornecedores, uma enorme quantidade de pequenas e médias empresas subcontratadas.

A recuperação da indústria automotiva japonesa só se tornou possível graças à combinação da demissão de milhares de trabalhadores, de encomendas realizadas pelo exército dos EUA durante a Guerra da Coreia (1950-53) e de pesados empréstimos, facilitados pelo fato da maioria das empresas estarem ligadas a bancos privados, ligações que, embora enfraquecidas, sobreviveram ao enfraquecimento dos Zaibatsus. O apoio dos aliados se deveu em grande parte à Guerra Fria, que se intensifica com a Guerra da Coreia, visando tornar o Japão um caso exemplar da economia capitalista.[61]

Além disso, o governo do Japão nunca abandonou a proteção direta ou indireta em relação à competição estrangeira, até que os produtos se tornassem internacionalmente competitivos, tanto em custo, quanto em qualidade. A capacitação da indústria automotiva japonesa para produção de carros pequenos levou muitos anos, durante os quais houve uma constante adaptação de tecnologias norte-americanas e europeias às condições de qualificações e de recursos limitados de suas empresas.[62]

A perspectiva de exportar estimulava a melhoria da qualidade e os fabricantes japoneses tinham que atender os rígidos padrões norte-americanos para veículos militares. Durante os anos 1950, as duas maiores montadoras, Toyota e Nissan, introduziram novos equipamentos e, nas décadas seguintes, conforme crescia a demanda, foram construindo várias plantas novas, mas as duas empresas adotaram diferentes estratégias de manufatura. A Toyota, tida como a mais eficiente, adotou técnicas de diversas empresas ocidentais, optando pela introdução seletiva de equipamentos automáticos e dando maior ênfase ao aperfeiçoamento da gestão da produção. Combinou experimentos independentes com análises cuidadosas das técnicas utilizadas por montadoras estrangeiras.

A Nissan concentrou-se na adoção de tecnologias de produto e processo diretamente dos EUA e da Europa e adotou o estilo norte-americano de automação, com altos investimentos em máquinas ferramentas dedicadas. A grande arrancada de produção começou quando as duas empresas passaram a combinar gradualmente suas técnicas e estas se difundiram a outras empresas.

6.6.2 As práticas de gestão

As empresas japonesas tiveram que adaptar a produção ao mercado local do pós-guerra, muito reduzido em comparação ao norte-americano e com um padrão de consumo diferenciado.[63] Por isso, a Toyota passou a produzir volumes relativamente pequenos e com maior diversidade de modelos.[64] A produção de peças foi organizada em células de manufatura, que são grupos de máquinas com diferentes funções, cada grupo executando todas as operações necessárias para a produção de uma família de peças.[65] Ohno, o executivo da Toyota responsável por conduzir as principais mudanças na gestão da produção da empresa, impôs, ainda, que cada célula contasse com o menor número possível de operadores, que deveriam operar as diferentes máquinas conforme a necessidade.

Em 1948, a Toyota iniciou a modificação da forma tradicional de programação da produção, que era realizada com antecedência, normalmente de um mês. A produção em uma etapa passa a ser determinada de acordo com a demanda das etapas seguintes, revertendo o fluxo tradicional da informação, que ia da primeira para a última etapa. Essa forma de programação foi sendo desenvolvida entre 1948 e 1965, e foi chamada de *just in time*, em inglês, pelo seu criador, Ohno. Também foi criado o Kanban, cartões que contêm informações sobre os lotes usados na produção de cada peça, para auxiliar o *just in time*. Por meio do Kanban, o grupo responsável pela produção de uma peça é informado das necessidades dos grupos que a utilizam em operações seguintes. Dessa forma, são os operários de cada célula que devem observar a demanda das diferentes peças que produzem para decidir qual delas produzir a cada momento.

Nenhum grupo deveria produzir mais do que os grupos seguintes necessitassem, para não formar estoques, o que praticamente tornava necessária a produção em pequenos lotes. Por esse motivo, os *set ups* longos tornaram-se um obstáculo. Em 1955, foi contratado um consultor, Shigeo Shingo, para desenvolver técnicas de troca rápida de ferramentas[66] e divulgá-las aos fornecedores da Toyota.

A produção tornou-se tão coordenada, que o atraso de uma célula interrompia a produção em toda a planta, pois não havia estoques para amortecer o efeito desses atrasos. Por isso, Ohno fez com que os operadores de máquinas realizassem tarefas básicas de manutenção, como limpeza e lubrificação.

A Toyota também criou um sistema de informação luminoso que fica ao longo das estações de trabalho, chamado de luz de Andon, que normalmente fica aceso na luz verde. Quando um operário não consegue acompanhar o ritmo da produção, ele pode apertar um botão para acionar a luz amarela, sinalizando que precisa da ajuda do supervisor. Este recurso, no entanto, é pouco utilizado, por ser considerado constrangedor pelos trabalhadores japoneses. Em último caso, pode-se acionar um botão que faz a linha de montagem parar e aciona a luz vermelha.[67]

Ao mesmo tempo, técnicas corretivas de controle da qualidade foram sendo substituídas por técnicas de caráter preventivo. As empresas impuseram-se limites de controle cada vez mais rigorosos, diferente do que ocorria nas empresas ocidentais, que trabalhavam com níveis aceitáveis de defeitos.[68]

O exército dos EUA teve um papel importante na introdução de técnicas estatísticas de controle da qualidade. Um especialista norte-americano em amostragem estatística, Deming, foi chamado para ensinar métodos estatísticos de controle da qualidade aos acadêmicos, engenheiros e gerentes japoneses, que passaram a adaptar os métodos existentes às suas necessidades.[69]

Uma organização central na promoção da qualidade industrial no Japão foi a Associação de Cientistas e Engenheiros Japoneses,[70] uma fundação privada criada em 1946, composta por cientistas e engenheiros das universidades, agentes do governo e de empresas, muitos dos quais provenientes de outra associação semelhante que fora dissolvida pelos aliados. Essa associação convidava especialistas norte-americanos, oferecia conferências, providenciava consultores japoneses para empresas privadas, publicava jornais e transmitia programas sobre qualidade pelo rádio e televisão.

Essa associação também criou prêmios, para serem oferecidos às empresas que se destacassem pela qualidade. O mais prestigiado era o prêmio Deming, cujos fundos eram obtidos dos direitos sobre a venda de textos do Deming publicados no Japão e doados pelo autor à associação. As empresas ganhadoras do prêmio recebiam uma ampla divulgação.

Com a participação da associação e de Ishikawa, seu diretor a partir de 1949, as empresas começaram a implantar programas de Qualidade Total, conforme proposto por outro norte-americano, Feigenbaun, cuja ideia é a satisfação das necessidades dos clientes, e os esforços nesse sentido devem envolver todos os departamentos e níveis hierárquicos. Esses programas são compostos por um pacote de técnicas estatísticas e para solução de problemas.

Os programas de qualidade começam a se tornar mais amplos, estendendo-se da inspeção ao controle do processo e depois ao projeto e à análise de mercado.[71] Por outro lado, as informações sobre qualidade começaram a ser repassadas a cada trabalhador, não ficando mais restritas aos especialistas e à alta gerência e havia uma ênfase em métodos estatísticos mais simples e relativamente fáceis para os trabalhadores aprenderem e usarem. Isso permitia transferir boa parte da responsabilidade pela qualidade durante a produção dos inspetores e especialistas para os trabalhadores do chão da fábrica.[72]

Em 1962, a Associação de Cientistas e Engenheiros criou os Círculos de Controle da Qualidade (CCQs), reuniões periódicas nas quais os trabalhadores discutem questões relacionadas com seu trabalho e propõem melhorias.[73]

Com a perspectiva do aumento nas exportações, as montadoras japonesas precisavam aumentar sua capacidade produtiva. Em vez de adotarem técnicas de produção em massa, as empresas construíram mais fábricas, com escalas mais fáceis de gerenciar, com relativamente menos trabalhadores e criaram redes de subcontratação. A Nissan e principalmente a Toyota desenvolveram extensas redes de fornecedores. A partir de 1954, a Toyota começou a integrar seus fornecedores ao *just in time*, exigindo entregas frequentes, em alguns casos, várias vezes ao dia.

As redes de fornecedores normalmente são compostas por fornecedores diretos de componentes, que por sua vez subcontratam uma série de outras empresas menores, alguns muito pequenos.[74] O fornecimento normalmente é exclusivo, ou seja, uma peça é encomendada para um fornecedor por toda a vida de um modelo.[75]

As montadoras têm uma grande influência na implantação de programas de qualidade nas empresas de autopeças e estas, nos seus fornecedores e, muitas vezes, o desenvolvimento de projetos é feito conjuntamente. As montadoras realizam auditorias em seus fornecedores e, quando são observados problemas, enviam grupos de engenheiros da qualidade para ajudar a atingir os padrões de qualidade desejados.

A partir do final dos anos 1970, a Toyota passou a investir em equipamentos de automação flexível para se adaptar a volumes crescentes de produção e às maiores possibilidades de combinações entre as diferentes características dos produtos.

Embora de forma desigual, a indústria japonesa reduziu custos, aumentou sua produtividade e a qualidade de seus produtos, liderada por empresas como a Nissan e a Toyota. Suas exportações aumentaram e a indústria automotiva japonesa tornou-se famosa em todo o mundo pela qualidade e preço de seus produtos. A crise do petróleo em 1973 deu um grande impulso, fazendo com que aumentasse a demanda por carros menores e mais econômicos, como os então produzidos pela indústria japonesa.

O mesmo fenômeno ocorreu com outros produtos intensivos em tecnologia, principalmente produtos eletrônicos. O mercado reduzido, que inicialmente era uma restrição, na medida em que o sistema produtivo foi se adaptando a variações nos produtos, tornou-se um fator competitivo.

Estas são algumas das práticas de gestão associadas ao modelo de produção enxuta, que se difundiu internacionalmente, substituindo o taylorismo fordismo como modelo de referência. Ainda que não haja um consenso se a produção enxuta rompe ou não com os princípios centrais do modelo anterior, sua organização do trabalho é diferente. Muitos métodos da produção enxuta pressupõem maior envolvimento dos operários, como o *just in time*, os círculos para controle da qualidade, o trabalho em grupo nas células, nas quais cada operário deve operar diferentes máquinas, as atividades básicas de manutenção e, principalmente, os métodos voltados para o controle da qualidade.

O modelo de produção enxuta se desenvolveu a partir da observação das práticas de gestão observadas nas empresas japonesas, mas não incorporou algumas condições de trabalho que são específicas do Japão e que são apresentadas a seguir.

6.6.3 Condições de trabalho no Japão

O ritmo de trabalho nas empresas japonesas é intenso.[76] Existem relatos de que, anualmente, mais de 10 mil trabalhadores têm morte súbita por excesso de trabalho, o que é chamada de "karoshi" em japonês.[77] As férias são de oito dias por ano, e muitos trabalhadores tiram apenas metade disso.[78]

Alguns fatores ajudam a explicar o forte envolvimento com o trabalho no país. Um deles foi a dificuldade de os japoneses aceitarem a derrota na Segunda Guerra. Naquele contexto, a população passou a ver o crescimento econômico como uma forma de compensação, refletida pelo lema: "se não vencemos na guerra, vamos vencer no trabalho".[79]

Também contribui para esse sistema de trabalho a forma como estão organizados os sindicatos de trabalhadores. Durante a Guerra, os sindicatos foram dissolvidos e militantes sindicais de esquerda, presos.

No pós-guerra, com a ocupação pelos aliados, iniciou-se a formação de sindicatos representantes de trabalhadores de diferentes setores econômicos. Em 1949, 56% dos trabalhadores eram sindicalizados.[80]

Em 1953, a indústria automotiva foi afetada pelo fim da Guerra da Coreia e houve uma greve convocada pelo sindicato da indústria automotiva, que se chamava Zenji, para negociação de salários e da qual participaram os trabalhadores das principais empresas, Nissan, Toyota e Isuzu. Os grevistas ficaram meses sem receber salário e o fundo de greve se esgotou. O sindicato se desgastou e foi se esvaziando, enquanto crescia um segundo sindicato, só de trabalhadores da Nissan, formado em 1953, com o incentivo de executivos da empresa. Para apoiar este sindicato, a gerência da empresa pagava 60% dos salários aos grevistas que se filiassem a ele. O sindicato da indústria automotiva, Zenji, saiu tão debilitado da greve que seus dirigentes resolveram dissolvê-lo.

Isso contribuiu para o fortalecimento de outra forma de organização sindical, por empresa, que se repetiu em outras empresas e em outros setores. Esses sindicatos são compostos por uma grande proporção de funcionários administrativos, se caracterizam por cooperarem com a gerência, seus membros têm mais acesso a promoções na empresa e praticamente não realizam greves. O lema do sindicato é "proteger nossa empresa para defender a vida".[81]

Devido à estrutura da indústria japonesa, com poucas empresas grandes e muitas empresas pequenas, o mercado de trabalho japonês é marcado por uma forte segmentação, com grandes diferenças salariais e de condições de trabalho. Nas grandes empresas, uma parte dos trabalhadores tem estabilidade praticamente garantida até a aposentadoria, são promovidos por tempo de serviço, recebem programas continuados de treinamento, além de outros benefícios. Essa forma de emprego, eventualmente chamada de "emprego vitalício", absorve apenas 30% dos trabalhadores.[82]

Grande parte dos outros trabalhadores é absorvida por pequenas empresas, que pagam salários menores.[83] Além de um corpo de trabalhadores estáveis, as grandes empresas contratam muito trabalhadores temporários, que depois podem ser efetivados ou não. Também não contam com as mesmas condições de trabalho os trabalhadores de tempo parcial, que absorve 80% das mulheres trabalhadoras.[84]

As mulheres têm uma inserção muito diferenciada no mercado de trabalho, ingressando quando tem por volta de 18 anos e saindo quando se casam. Elas ficam responsáveis por todas as tarefas domésticas e de educação dos filhos, para deixar o marido à disposição do seu trabalho. Depois de criar os filhos, elas voltam a trabalhar em empregos de tempo parcial. Nos dois períodos de trabalho, elas executam serviços considerados femininos e recebem salários menores.[85]

Não existem grandes diferenças de *status*, de salário e de benefícios oferecidos entre os operários diretos e os gerentes. No entanto, o superior imediato decide as promoções e os bônus semestrais, que podem chegar a um terço do salário anual, e os operários que não participam ativamente dos círculos de controle da qualidade ou de outras atividades podem ser penalizados.

A qualificação da mão de obra adequada às novas formas de organização foi resultado da forte base educacional precedente e do grande peso da formação dentro das grandes empresas. Mais de 95% da população japonesa frequenta o correspondente ao ensino médio e mais de 30%, o ensino superior.[86]

Os empregados estáveis das grandes empresas, inclusive os operários, fazem rotação entre diferentes cargos e mesmo entre diferentes estabelecimentos. Os operários, mais do que os níveis de comando, têm um número alto de horas de formação complementar, que segue a evolução da carreira profissional. Os conhecimentos técnicos obtidos têm equivalência a diplomas e as escolas das empresas são autorizadas pelo Ministério do Trabalho, oferecendo formação técnica, inclusive de ensino superior, como engenharia.[87]

Apesar do grande peso dado à formação nas empresas, há um forte vínculo entre estas e o sistema educacional formal. A única forma de entrar na carreira estável das grandes empresas é no início da carreira, ao se formar no ensino médio ou superior, quando há o recrutamento dos empregados estáveis diretamente nas melhores escolas.

Essas características ainda são predominantes no mercado de trabalho japonês, mas algumas mudanças vêm sendo observadas.[88] As novas gerações não sofreram com a guerra e não veem no crescimento econômico um objetivo comum. Os países estrangeiros vêm fazendo pressão para que se diminua o número de horas trabalhadas. Vem ocorrendo recrutamento no meio da carreira, aposentadoria antecipada forçada pela empresa, diminuição da promoção por tempo de serviço, entrada de trabalhadores estrangeiros, principalmente asiáticos, mas também brasileiros e peruanos, e contratação de mulheres com nível universitário para postos qualificados, sendo que algumas têm se mantido solteiras.

As entregas frequentes por parte dos fornecedores para atender ao *just in-time* das montadoras começaram a ser revistas, devido a problemas de trânsito, poluição e de terremotos, dos quais o Japão é vítima com frequência e que prejudicavam o abastecimento das fábricas. Uma fábrica da Toyota havia iniciado a implantação de estoques intermediários entre as estações de trabalho, inspirada nas experiências da sociotécnica na Suécia,[89] uma das quais é apresentada no Boxe 6.2, na próxima seção.

6.7 SOCIOTÉCNICA

A Escola Sociotécnica de organização do trabalho foi inicialmente sistematizada nos anos 1960 por pesquisadores do Tavistock Institute of Human Relations, em Londres. A partir de intervenções realizadas por esses pesquisadores na organização do trabalho de minas de carvão no país, notou-se que, para uma determinada nova tecnologia de extração de minério, os trabalhadores, quando organizados em grupos – isto é, quando se designava o trabalho não a um indivíduo, mas a um grupo que decidia formas de divisão e coordenação internas e era responsabilizado pelos resultados coletivos – obtinham rendimentos superiores, em termos de produtividade, em relação à organização do trabalho individual.[90] Tal conclusão impunha algumas considerações importantes em relação ao modelo de organização do trabalho canônico nas economias ocidentais à época, qual seja, o modelo clássico: outras formas de organização do trabalho eram não somente possíveis mas, eventualmente, preferíveis em termos de resultado econômico, sobretudo quando se consideravam diferentes tecnologias de processo. Essa implicação é consonante com a abordagem contingencialista na teoria das organizações, que considera que as formas organizacionais são escolhas realizadas pelos seus atores, considerando sua racionalidade limitada e as contingências que enfrentam em suas realidades – por exemplo, contingências ligadas à tecnologia, ao grau de dinamismo do ambiente ou às especificidades das funções organizacionais.

Os pressupostos da Escola Sociotécnica são, em grande medida, diversos, e até opostos, aos da Escola Clássica. Assim, a organização é vista como um sistema aberto: suas partes interagem entre si e com o ambiente, não sendo possível a otimização parcial e, tampouco, a desconsideração da dinamicidade do ambiente e da própria estrutura. Nesse sistema, o subsistema técnico (equipamentos, *hardwares* e *softwares*) não pode ser dissociado do subsistema social (indivíduos e suas aspirações e comportamentos, as relações sociais entre eles, a história e a cultura organizacional). As intervenções devem, portanto, considerar as interações entre ambos. Também, sob a influência de avanços no campo da psicologia, considerou-se que o comportamento dos indivíduos em relação ao trabalho depende da forma como o trabalho é organizado, ou seja, do conteúdo da tarefa, das responsabilidades do trabalhador e do coletivo do qual ele faz parte, mas também de aspectos individuais como suas estruturas psíquicas, advindas de sua trajetória pessoal.

Os princípios e as práticas sociotécnicas difundiram-se sobretudo após os anos 1960, incentivados por novas demandas sociais, políticas, econômicas, tecnológicas (difusão da microeletrônica, automação dos processos de produção alterando o trabalho) e ambientais nos países desenvolvidos. No Brasil, a difusão dá-se principalmente a partir dos anos 1990, por motivos similares.

Nessa mesma década, pesquisadores europeus realizaram uma revisão crítica de alguns princípios e práticas sociotécnicas, propondo modificações e acrescentando elementos que constituem uma espécie de "Sociotécnica Moderna" (STM). A Sociotécnica Moderna enfatiza a importância das características do sistema de produção para a organização do trabalho, propondo que sejam exploradas as relações entre a organização do trabalho e a gestão de operações, os sistemas logísticos, o planejamento da produção e o controle da produção entendido de forma ampla.[91] Assim, aspectos como o arranjo físico, o fluxo de materiais, os controles de processo, as possibilidades de sequenciamento da produção, as interfaces com os equipamentos, os sistemas de tecnologia da informação, entre outros, são considerados no momento do projeto organizacional.

6.7.1 Princípios da sociotécnica

Um modo interessante de compreender a sociotécnica é por meio de seus princípios, enunciados por Cherns em 1976 e revisados pelo mesmo autor em 1987.[92] Os princípios encerram elementos relacionados com a organização do trabalho, mas também com a organização geral da empresa e com a dinâmica organizacional, o que é coerente com a noção de organização como um sistema aberto, além de princípios relacionados com os pressupostos sociotécnicos que vê a organização como um sistema situado. O primeiro princípio, considerado por Cherns como o princípio basilar, é o princípio da compatibilidade, segundo o qual o projeto organizacional deve ser adequado aos pressupostos da organização a ser projetada; assim, uma vez que se pretende que a organização final seja participativa, o projeto deve ser participativo, envolvendo representantes de diversas áreas, níveis hierárquicos e interesses (inclusive especialistas externos, se for o caso), que, durante o processo, devem deixar claros seus pressupostos e chegar às decisões por consenso. Trata-se de um princípio basilar porque, dependendo da forma como esse princípio for adotado, ele determinará os demais aspectos norteadores da configuração final da organização.

Com relação à organização do trabalho, a Sociotécnica considera que os trabalhadores devam ser multifuncionais, realizando diversas atividades, tanto de produção estrito senso, quanto de preparação, apoio e controle, garantindo maior resposta a ambientes e processos dinâmicos. Além disso, as especificações para o trabalho devem ser restritas ao mínimo necessário, ou seja, deve haver uma mínima especificação crítica; a partir dessas prescrições, os trabalhadores terão a autonomia necessária para realizar suas atividades. Evidentemente, definir um "mínimo necessário" é tarefa que exige diversas análises e, frequentemente, é atingida via tentativa e erro. Ademais, é importante notar que o "mínimo necessário" pode se alterar ao longo do tempo, à medida que competências são desenvolvidas ou que os processos são modificados. Outro princípio é o de que o trabalho deve ser organizado de modo que o controle das variâncias inerentes aos processos de produção seja realizado o mais próximo possível da fonte de tais variâncias. Na prática, isso significa que o controle das variâncias deve ser feito, prioritariamente, pelos próprios trabalhadores ligados ao processo produtivo. Com tal configuração, obtém-se não somente maior rapidez na solução de problemas, mas também ciclos de aprendizagem presentes no cotidiano do trabalho. Também, o fluxo de informações deve ser projetado de modo a não somente proporcionar controle sobre os processos, mas para direcionar a ação dos trabalhadores; sendo assim, a informação deve ser disponível prioritariamente a eles. Com isso, projeta-se uma organização que assegura poder de ação e autoridade ao núcleo operacional.

Os princípios associados à organização geral da empresa, por sua vez, começam pelo princípio da locação de fronteiras, que prega que as fronteiras organizacionais (de um grupo de trabalhadores, mas também de um departamento, por exemplo) devem ser estabelecidas de forma a não impedir a troca de informações, conhecimento e aprendizagem. Em seguida, o princípio da congruência de apoio coloca em questão a relação entre o núcleo operacional e os setores de apoio (como planejamento, qualidade, manutenção, marketing, compras, desenvolvimento de produtos etc.) e a influência dos sistemas sociais de apoio, tais como sistemas de recompensa, treinamento, recrutamento e seleção. Segundo o princípio, o projeto de uma organização sociotécnica não pode se restringir ao núcleo operacional, devendo necessariamente levar em consideração como tais sistemas serão configurados de modo a suportar o sistema de produção primário. Por exemplo, pode-se estruturar a organização em "minifábricas", nas quais os setores de apoio trabalham em função de uma determinada parte do sistema de produção primário, sendo avaliados no contexto da minifábrica, o que conduz a uma maior proximidade e interação entre os setores de apoio e a operação. Outro exemplo são os sistemas de recompensa que remuneram a partir das competências ou saberes dos operadores e não a partir da tarefa realizada, o que está em consonância aos princípios da multifuncionalidade e da mínima especificação crítica.

Finalmente, com relação à dinâmica organizacional, o princípio da organização transicional lembra que, em especial nos casos de mudança organizacional em direção à sociotécnica, é necessário projetar a organização de transição, considerando as mudanças de valores e pressupostos e as alterações práticas que acontecerão (trabalho em grupos, multifuncionalidade, novas formas de remuneração, de seleção, novas formas de relação com setores de apoio etc.). É interessante notar que a organização transicional costuma ser não apenas diferente, mas também mais complexa do que a organização antiga ou a nova organização, daí a necessidade de projetá-la cuidadosamente. Por fim, o princípio do incompleto chama a atenção para o fato de que a organização projetada estará sujeita a um ambiente dinâmico e, como tal, necessariamente será reprojetada.

6.7.2 O trabalho em grupos semiautônomos

A unidade fundamental de trabalho, na perspectiva sociotécnica, é o trabalho em grupos semiautônomos (GSA) no núcleo operacional.[93] Ao grupo semiautônomo, e não ao indivíduo, são alocadas as tarefas e responsabilidades relativas à produção. Consequentemente, os resultados a serem avaliados são os resultados do grupo, e não do indivíduo.

Como discutido na Seção 6.6, Produção enxuta, uma das características desse modelo é também a organização do trabalho em grupos. Contudo, há diferenças significativas entre as duas abordagens, que dizem respeito principalmente ao grau de autonomia em cada um dos modelos de grupo, de tal forma que pode-se dizer que os grupos do modelo japonês seriam grupos cujo trabalho é enriquecido,[94] nos quais os trabalhadores realizam tarefas de preparação e apoio além das de produção, acrescidas de algum controle (tipicamente, controle de qualidade), via de regra em nível operacional. Os grupos semiautônomos, seguindo os princípios sociotécnicos, teriam a possibilidade de atuar em diversas dimensões de controle e de regulação, alcançando níveis decisórios táticos e mesmo estratégicos. Vale notar que um nível de autonomia superior conduz, normalmente, a uma redução dos níveis hierárquicos, o que costuma acontecer na organização sociotécnica, com a supressão dos níveis de supervisão direta.

Seguindo os princípios sociotécnicos, o projeto de um grupo semiautônomo deve considerar os aspectos de multifuncionalidade e controle de variâncias próximo à fonte. Com isso, preferencialmente os grupos semiautônomos devem ser responsáveis por um processo produtivo completo, ou, ao menos, por uma parte do processo que possua um conteúdo próprio com contribuição significativa e visível para o produto ou serviço final – por exemplo, a montagem de um subconjunto completo.[95] Outro modo de definir as fronteiras de um grupo é a partir dos imprevistos, ou eventos, enfrentados no seu cotidiano de trabalho e que, reconhecidos como importantes pelos atores, fazem com que o trabalho regular seja interrompido. Nessa perspectiva, os grupos deveriam ser estruturados de modo a encerrar o ciclo de tratamento de eventos (percepção do evento, análise, avaliação e implementação da ação corretiva) dentro de um único grupo semiautônomo, evitando assim exportar as variabilidades para além da fronteira de um grupo.[96] De todo modo, pode-se notar que, em um mesmo grupo, poderão conviver tecnologias diferentes e trabalhadores com níveis de competência distintos, o que implica também um maior cuidado ao se estabelecer planos de carreira. Além disso, a quantidade de pessoas em um grupo torna-se um critério secundário, embora não irrelevante, pois, enquanto grupos com número reduzido de trabalhadores podem significar processos muito fragmentados, um grupo com muitas pessoas pode tornar a autogestão mais complexa.

Ademais, uma consideração importante diz respeito à relação entre os grupos semiautônomos e as demais funções da organização, notadamente as funções de apoio à produção, tais como manutenção, qualidade, tecnologia da informação e recursos humanos. Ainda que os grupos semiautônomos possam realizar algumas atividades conexas a essas funções, tais como verificações de qualidade durante o processo produtivo, manutenções preventivas simples e outras (conforme o Boxe 6.2), as funções de apoio são necessárias sobretudo para as atividades de maior complexidade técnica, que necessitam conhecimentos especialistas. Para o bom desempenho dos grupos, é fundamental que exista apoio permanente dessas funções; nesse sentido, arquiteturas organizacionais delineadas de modo a garantir que essas funções atuem de forma transversal à produção, por exemplo, estruturas matriciais, ou minifábricas, são preferidas, em detrimento às estruturas funcionais, nas quais predomina a especialização funcional. Nesse caso, os especialistas podem permanecer alocados às funções, e, ao mesmo tempo, pertencer a um ou mais grupo semiautônomo ou minifábrica, de forma que o desempenho do especialista deva ser avaliado também em função do desempenho do grupo ou minifábrica naquele aspecto na qual a contribuição do especialista é necessária. Outra possibilidade é, por exemplo, a formação de grupos permanentes de solução de problemas transversais e multidisciplinares, envolvendo representantes dos grupos semiautônomos e das funções de apoio.

Uma vez estabelecido o princípio da mínima especificação crítica, e o pressuposto do trabalho em grupos com autonomia, o controle nos grupos semiautônomos – tanto o autocontrole quanto o controle externo – costuma ser realizado, sobretudo, por meio de indicadores de desempenho. Desse modo, faz parte do projeto organizacional de grupos semiautônomos o estabelecimento de um sistema de indicadores que reflitam e transmitam a estratégia da empresa e, ao mesmo tempo, sejam de fácil compreensão para o contexto ao qual se aplicam, com vistas a permitir, além do controle, o aprendizado por meio do feedback dos resultados alcançados. Pode-se dizer, então, que a organização com princípios sociotécnicos é uma organização na qual os trabalhadores desenvolvem suas competências no cotidiano do trabalho; é uma organização de aprendizado, uma organização qualificante.[97]

BOXE 6.2 GRUPOS SEMIAUTÔNOMOS

Nos anos 1980-1990, a empresa Volvo, na Suécia, decidiu adotar o trabalho em grupos semiautônomos como forma de responder à alta rotatividade dos trabalhadores em algumas de suas fábricas suecas. Na fábrica de automóveis em Udevalla, o arranjo físico foi modificado a fim de receber a chamada "produção em docas": nelas, os veículos eram montados, do início ao fim, por um mesmo grupo de trabalhadores. Em cada doca, uma parte da montagem era realizada e, após o término das operações naquela doca, o grupo seguia, com o veículo semiacabado, para a doca seguinte, sendo a anterior ocupada por outro grupo. Os grupos na Volvo seguiram diversos princípios da sociotécnica, sendo o projeto desenvolvido com o apoio de pesquisadores da Universidade de Estocolmo. Nos grupos semiautônomos, os cerca de 10 trabalhadores eram multifuncionais, recebiam metas semanais negociadas com a gerência, possuíam acesso aos sistemas de informação para verificarem a programação da produção e solicitarem materiais e elegiam um líder que realizava a gestão das fronteiras do grupo. Foram introduzidos estoques intermediários entre as estações de trabalho para permitir uma folga no ritmo de um grupo em relação ao outro. A remuneração era baseada em competências e no atingimento das metas. Na fábrica, havia somente quatro níveis hierárquicos (montadores, gerentes de produção, gerentes funcionais e gerente geral). Além dos grupos semiautônomos, outros aspectos foram introduzidos, tais como um sistema de abastecimento das docas por meio de veículos autoguiados. Em contrapartida, nas docas, os equipamentos de montagem eram sobretudo pouco automatizados e universais, de modo a dar espaço para diferentes modos operatórios.

No final dos anos 1990, a fábrica de Udevalla, que de alguma forma tornou-se um paradigma do trabalho em grupos semiautônomos, foi reformulada e uma linha de montagem foi reintroduzida. À época, extensas discussões emergiram a respeito de uma possível inadequação, ou mesmo inviabilidade, do modelo

> organiza cional em grupos para a produção discreta. Análises mais rigorosas, contudo, apontaram alguns problemas no projeto organizacional de Udevalla: o foco na mudança no chão de fábrica visando resolver o problema da rotatividade deixou de considerar aspectos da estratégia e da organização da empresa como um todo (sendo a Volvo, como corporação, uma organização burocrática, com dificuldades de lidar com uma planta flexível); o produto fabricado em Udevalla não tinha grandes exigências de flexibilidade, que poderia ser um diferencial dada a configuração da fábrica; e mesmo a dependência da fábrica de insumos importados, que aumentava as necessidades de estoque reduzindo seus indicadores financeiros.[98] Outras análises mostram que a mudança em Udevalla em direção à formas organizacionais mais tradicionais coincidiu com mudanças políticas na Suécia, que reduziram o estado de bem-estar social resolvendo, assim, o problema da rotatividade de outra forma: um grupo de pesquisadores da Universidade de Göteborg realizou uma simulação e demonstrou que a produção em docas era mais produtiva do que a produção em linhas, apontando que a mudança para linhas poderia ser mais bem justificada por motivos políticos . De todo modo, é importante ressaltar que os indicadores de produtividade e qualidade da fábrica de Udevalla foram sempre crescentes enquanto a produção era organizada em grupos semiautônomos.

Embora a organização do trabalho em grupos semiautônomos não seja predominante nas empresas brasileiras, é importante destacar que essa forma de organização do trabalho tem sido adotada com sucesso no Brasil, sobretudo em empresas cujo processo de produção é contínuo, nos quais as intervenções para prevenção e correção de mau funcionamento do sistema são vitais para a eficiência e também para a segurança. Empresas como a Rhodia Farma, de produtos farmacêuticos, a Natura, de cosméticos, a Petrobras e a Mercedes-Benz, na produção de caminhões, utilizam princípios sociotécnicos na organização do trabalho na produção.[99]

6.8 NOVOS DESAFIOS PARA A ORGANIZAÇÃO DO TRABALHO[100]

Neste capítulo, foram apresentados diferentes modelos de organização do trabalho cuja configuração só pode ser plenamente compreendida de forma contextual. Em outras palavras, os modelos de organização do trabalho apresentam características que se explicam plenamente quando se consideram os contextos sociais, econômicos, tecnológicos e culturais nos quais o modelo se originou. Portanto, uma questão pertinente que se coloca, à luz das mudanças sociais, culturais, econômicas e tecnológicas que o século XXI vislumbra, diz respeito à existência de novos desafios para a organização do trabalho em tal contexto – e quais seriam eles.

Alguns desses desafios são discutidos nesta seção. Particularmente, considera-se um contexto de economia globalizada e financeirizada. A economia globalizada significa um contexto no qual transações financeiras e produtivas podem ocorrer em nível mundial, incluindo-se aqui a dispersão das cadeias de produção, desde as atividades de concepção de produtos, sua produção propriamente dita e sua distribuição. Por sua vez, a financeirização da economia supõe que a lógica financeira de criação de valor sobrepõe-se à lógica produtiva, sendo o mundo da produção estruturado, organizado e gerenciado a partir da lógica financeira.[101]

Em tais condições, duas qualidades são frequentemente mencionadas como necessárias às organizações que desejam manter ou incrementar sua competitividade: a flexibilidade e a capacidade de inovação. A flexibilidade, aqui, é entendida como a capacidade de resposta rápida a mudanças externas, alterando-se, de forma dinâmica, um ou mais aspectos dos sistemas de produção, tais como os produtos, o *mix* de produtos, a capacidade produtiva; ou, ainda, a capacidade de resposta rápida a mudanças internas, como o mau funcionamento de elementos do sistema produtivo.[102] Por sua vez, a menção à inovação não diz respeito somente à introdução de novos produtos no mercado, mas também à introdução de novos processos, modelos de negócio ou mesmo novas práticas organizacionais. Também, entende-se inovação de modo amplo, de forma a contemplar as inovações do tipo "novo para o mundo" ou "novo para o mercado" e as inovações do tipo "novo para a empresa".

Muitas vezes as referências ao trabalho "flexível" denotam elementos de precarização, como demonstram estudos acerca do trabalho em tempo parcial ou temporário, de subcontratações ou de terceirizações,[103] ou ainda a possibilidade do "emprego-projeto",[104] ou seja, o emprego temporário visando à execução de um determinado projeto ou serviço. Essas alternativas tratam a flexibilidade como algo numérico e exterior à organização do trabalho, dado que a questão é variar a quantidade de trabalhadores. Ora, como visto, a flexibilidade possui outras dimensões, para as quais a variação na quantidade de trabalhadores não é elemento fundamental de geração de valor,[105] mas sim as mudanças na organização do trabalho. Assim, a adoção de princípios sociotécnicos, por exemplo, tende a ampliar a capacidade de reação das empresas, ou sua "dirigibilidade" ante eventos diversos, internos e externos à organização. O uso de sistemas de indicadores de desempenho como mecanismos de coordenação do trabalho, associado ou não a princípios e práticas sociotécnicas, também contribui para proporcionar flexibilidade, uma vez que o controle passa a ser sobre o resultado e não sobre o processo ou a atividade em si.

É interessante observar que o discurso da flexibilidade é bastante pertinente quando se considera um contexto de financeirização. Isso porque, na lógica financeira, a empresa é vista como um "nexo de contratos", que, idealmente, são desfeitos quando cessa o potencial de geração de valor. Ou seja, a empresa deve ser organizada de modo a garantir a liquidez máxima do capital nela investido. Assim, quanto mais flexível a organização, mais ela poderia, segundo a lógica financeira, desfazer-se dos ativos considerados "destruidores de valor" e incorporar ativos "geradores de valor". De fato, há evidências de que a retórica do "valor para o acionista" resulta em práticas organizacionais tais como uso de indicadores de desempenho, células de manufatura, trabalho em grupo, além da terceirização.[106]

De modo similar, as intenções de incrementar a capacidade de inovação por parte das empresas têm conduzido a formas de organização do trabalho que privilegiam a criatividade e o desenvolvimento de competências. Isso significa estruturas orgânicas, com instrumentos de interligação entre as diversas especialidades, na qual a promoção da comunicação é elemento estruturador para a solução de problemas de maneira *ad hoc*, garantindo um trabalho mais autônomo, mais flexibilidade e maior envolvimento dos trabalhadores.[107] Alguns elementos característicos de uma organização para a inovação seriam: existência de mecanismos de coordenação promotores da inovação; comprometimento da alta gerência; existência de promotores ou "líderes" da inovação; uso extensivo de equipes multifuncionais; comunicação extensiva; alto envolvimento dos trabalhadores, em todos os níveis, em atividades de melhoria contínua, entre outros.[108] Por exemplo, na Google, reconhecida como empresa inovadora, os horários de trabalho são flexíveis, não há métodos formais para o desenvolvimento de ideias ou de produtos, e os trabalhadores podem utilizar livremente 20% de seu tempo de trabalho para o desenvolvimento de suas próprias novas ideias (*pet ideas*) sem que tais ideias precisem ser aprovadas previamente pelos superiores.[109]

É preciso estar atento, porém, a algumas possíveis consequências negativas de tais formas organizacionais extremamente flexíveis para o trabalho e os trabalhadores. Assim, como visto, a mínima especificação crítica abre espaço para maior autonomia no trabalho, mas o controle continua presente tanto na forma de autocontrole quanto na forma tradicional de controle hierárquico, apoiado em indicadores de desempenho. A gestão por indicadores pode tornar-se problemática notadamente quando a avaliação do trabalho, e dos trabalhadores, é realizada somente com base no atingimento ou não das metas prescritas. A gerência pode, por exemplo, considerar que o não atingimento das metas significa necessariamente falta de competência do trabalhador, cabendo exclusivamente a ele lidar com o problema e resolvê-lo, a fim de garantir sua "empregabilidade", eximindo a organização de qualquer responsabilidade. Nesse caso nota-se que o trabalho gerenciado por indicadores pode tornar "opaca" a atividade do trabalhador; ou seja, a avaliação do trabalho simplesmente compara as metas com os resultados atingidos, não reconhecendo qualquer esforço realizado pelo trabalhador, ainda que a meta não tenha sido alcançada.[110]

A própria autogestão, em grupos ou individual, quando não apoiada devidamente, seja por falhas no projeto das interfaces com as funções de apoio, falhas no projeto de desenvolvimento de competências no trabalho, falhas nos sistemas de indicadores levando a metas contraditórias ou inatingíveis ou ainda falhas no projeto de sistemas de informação e comunicação aos quais os trabalhadores deveriam ter acesso para a realização de suas atividades, conduz costumeiramente a problemas como a culpabilização do outro ou de si próprio, gerando conflitos nos grupos e problemas de saúde nos indivíduos (distúrbios cardiovasculares, depressões, fobias, distúrbios de sono, doenças autoimunes e outros, muitas vezes, não visíveis ou não diretamente relacionáveis com a atividade de trabalho). Dessa forma, é extremamente importante que o projeto organizacional visando a flexibilidade e a inovação seja cuidadosamente realizado, levando em consideração tais aspectos.

EXERCÍCIOS

Sugere-se que os alunos conversem sobre cada questão em grupos pequenos, pensando em situações que tenham observado a partir da experiência própria ou de conhecidos. Ao final da discussão, cada grupo pode apresentar sua resposta para a classe.

1. Quais são as consequências da automação para os trabalhadores?

2. Que métodos do modelo taylorista-fordista são considerados ultrapassados? Que aspectos ainda são considerados atuais?

3. Dê exemplos de atividade/iniciativas realizadas por grupos informais em diferentes tipos de organização.

4. Aponte como os métodos de gestão do modelo de Produção Enxuta levam a mudanças no trabalho realizado pelos operários na produção.

5. Aponte como a atuação do sindicato de trabalhadores no Japão se diferencia dos sindicatos na Alemanha e na região central da Itália conhecida como 3ª Itália.

6. Que diferenças podem ser apontadas entre os modelos de trabalho em grupo na Produção Enxuta e na Sociotécnica (grupos semiautônomos)?

7. Que relações podem ser estabelecidas entre a evolução das Tecnologias de Informação e Comunicação (TICs) e as formas de controle presentes nos modelos de organização do trabalho mais flexíveis?

8. As tendências contemporâneas de trabalho em domicílio (teletrabalho) podem ser vistas como um retorno a modos de organização do trabalho pré-tayloristas?

9. Que pontos positivos e negativos podem advir da adoção do teletrabalho, tanto da perspectiva das organizações quanto da perspectiva do trabalhador?

10. Considerando as possíveis estratégias competitivas de custos e diferenciação (qualidade, flexibilidade, inovação), quais modelos de organização do trabalho se adequariam melhor a cada estratégia competitiva?

11. Novas formas de organização do trabalho costumam valorizar a questão do "autocontrole" e da "flexibilidade", e a autonomia e flexibilidade de horários são consideradas, por muitas pessoas, como diferenciais no momento de escolher um trabalho ou emprego. Problematize a questão da autonomia, discutindo sobre os limites da autonomia no trabalho em uma economia capitalista contemporânea.

BIBLIOGRAFIA COMPLEMENTAR

BURAWOY, M. *Manufacturing consent*. Chicago: University of Chicago Press, 1979.

DAVIS, G. F. What might replace the modern corporation: uberization and the web page enterprise. *Seattle UL Rev.*, v. 39, p. 501-515, 2015.

CORIAT, B. The abominable Ohno system: competences, monitoring and routines in japanese production systems. *In*: DOSI, G.; NELSON, R.; WINTER, S. *The nature and dynamics of organizational capabilities*. Oxford, Oxford University Press, 2000, p. 213-243.

HIRATA, H. Trabalho, gênero e dinâmicas internacionais. *Revista da ABET*, v. 15, n. 1, jan./jun. 2016, p. 9-21.

KNOWLES, C. Trajetórias de um chinelo: microcenas da globalização. *Revista de Sociologia da UFSCar*, v. 4, n. 2, p. 289-310, 2014.

LIMA, F. P. A. Medida e desmedida: padronização do trabalho ou livre organização do trabalho vivo? *In*: FIDALGO, F. (org.). *Gestão do trabalho e formação do trabalhador*. Belo Horizonte, 1996, p. 103-139.

MANTOUX, P. *A Revolução Industrial no século XVIII*, São Paulo: Hucitec/UNESP, s.d., 1988.

MATTOSO, J. Tecnologia e emprego: uma relação conflituosa. *São Paulo em perspectiva*, v. 14, n. 3, p. 115-123, 2000.

SALERNO, M. S. Da rotinização à flexibilização: ensaio sobre o pensamento crítico brasileiro de organização do trabalho. *Gestão & produção*, v. 11, n. 1, p. 21-32, 2004.

SILVA, V. P. G. O salário na obra de Frederick Winslow Taylor. *Economia e Sociedade*, v. 20, n. 2, p. 397-415, 2011.

SIMONETTI, P. E.; MARX, R. Estudo sobre implementação de trabalho em grupos com autonomia: pesquisa quantitativa numa amostra de empresas operando no Brasil. *Production*, v. 20, n. 3, p. 347-358, 2010.

SMITH, V. New forms of work organization. *Annual Review of Sociology*, v. 23, p. 315-339, 1997.

VAN DER ZWAN, N. Making sense of financialization. *Socio-economic review*, v. 12, n. 1, p. 99-129, 2014.

ZANCUL, E. de S.; MARX, R.; METZKER, A. Organização do trabalho no processo de desenvolvimento de produtos: a aplicação da engenharia simultânea em duas montadoras de veículos. *Gestão & Produção*, v. 13, n. 1, p. 15-29, 2006.

NOTAS

1. GOMES, C. *Antecedentes do capitalismo*. Edições Ecopy, 2009.
2. MARX, K. *O Capital*: crítica da economia política, São Paulo: Nova Cultural, 1996, v. I [1867].
3. Eles não podiam oferecer sua casa como garantia, pois não eram proprietários da terra onde a construíam. A Inglaterra tinha, até então, um sistema de uso coletivo da terra (MANTOUX, P. *A Revolução Industrial no século XVIII*. São Paulo: Hucitec/UNESP, s.d. [1957]).
4. OLIVEIRA, M. G. M.; QUINTANEIRO, T. Karl Marx. *In*: Quintaneiro, T.; BARBOSA, M. L. de O.; OLIVEIRA, M. G. M. *Um toque de clássicos*: Durkheim, Marx e Weber. Belo Horizonte: UFMG, 1996, p. 27-66.
5. Marx (1996).
6. Marx (1996).
7. COSTA FILHO, L. As maravilhas do futuro nos caminhos do galpão 54. *Folha de São Paulo*. 29 dez. 1985.
8. VASSALO, C. O futuro mora aqui. *Revista Exame*, fev. 2001, p. 36-54.
9. TOLEDO, J. C.; TRUZZI, O. M. S.; FERRO, J. R. Algumas características básicas da indústria de processo contínuo: conceituação, tecnologia, economia e mão de obra. *Cadernos DEP*, 1989, p. 4-31.
10. HERZBERG, F. I. One more time: how do you motivate employees? *Harvard Business Review*, v. 81, n. 1, Jan. 2003, p. 87-96. [1968].
11. ABDALLAH, A.; JESUS, T. O melhor luthier de violões do Brasil. *Revista Época*, 4 set. 2015; PADILHA, F. F. Interessante história do Sugiyama. Disponível em: www.samba-choro.com.br/s-c/tribuna/samba-choro.0208/0579.html.
12. BREWERS ASSOCIATION. Craft Brewer Volume Share of U.S. Beer Market Reaches Double Digits in 2014. Disponível em: www.brewersassociation.org/press-releases. Acesso em: 16 mar. 2015. TREVISAN, F. O que fazer com as cervejas "artesanais", Lemman? *Revista Exame*, 24 fev. 2017; VILARDAGA, V. Império versus empório. *Revista Exame*, 17 dez. 2014.
13. HUBAIDE, J. E. A. Documentário: Cervejaria Canoinhense, a mais antiga do Brasil em funcionamento. Correio de Uberlândia, 23 fev. 2016.
14. ROMANOTTO, T. C. Fabricação de queijos artesanais. *Revista Globo Rural*, 18 dez. 2013.
15. CHIAVENATO, I. *Introdução à teoria geral da administração*. São Paulo: McGraw Hill, 1983.
16. TAYLOR, F. W. *The principles of scientific management*. Projeto Gutenberg. Disponível em: www.gutenberg.org. 2004 [1911].
17. MOTTA, F. C. P. Administração e participação: reflexões para a educação. *In*: *Educação e Pesquisa*, v. 29, n. 2, jul./dez. 2003, p. 369-373.
18. Ou Estudo de Tempos e Movimentos (*Motion and Time Study*).
19. BARNES, R. M. *Estudo de movimentos e de tempos*: projetos e medida do trabalho. São Paulo: Edgard Blücher, 1977.
20. Taylor fez vários estudos para medir a fadiga no trabalho.
21. Por muito tempo, os termos *idleness*, *loafing* e *soldiering*, usados por Taylor (1911), foram traduzidos como "vadiagem".
22. FLEURY, A. C. C.; VARGAS, N. Aspectos conceituais. *In*: FLEURY, A. C. C.; VARGAS, N. (orgs.). *Organização do trabalho*. São Paulo: Atlas, 1983, p. 17-28.
23. BRAVERMAN, H. *Trabalho e capital monopolista*: a degradação do trabalho no século XX. Rio de Janeiro: Guanabara, 1987 [1974].
24. DANIELLOU, F. The French-speaking ergonomists' approach to work activity: cross-influences of field intervention and conceptual models. *In*: *Theoretical issues in ergonomics science*, v. 6, n. 5, Sept. 2005, p. 409-427; DEJOURS, C.; ABDOUCHELI, E.; JAYET, C. *Psicodinâmica do trabalho*: contribuições da escola dejouriana à análise da relação prazer, sofrimento e trabalho. São Paulo: Atlas, 1994.
25. WOMACK, J. P.; JONES, D. T.; ROOS, D. *A máquina que mudou o mundo*. Rio de Janeiro: Campus, 1992. FLEURY; VARGAS, (1983).
26. FORD, H.; CROWTHER, S. *My life and work*. Projeto Gutenberg. Disponível em: www.gutenberg.org. 2005 [1922].
27. Apesar do transporte do veículo durante a montagem ser automatizado, a tarefa de montagem em si continua sendo manual.
28. Fleury; Vargas (1983).
29. CKD é a abreviatura de *completely knocked down*, que é o envio de kits de peças desmontadas para a montagem final do produto em locais distantes de onde foram produzidas. As peças são encaixadas de forma a reduzir o volume transportado.
30. Ford; Crowther (1922).
31. FOSTER, J. B. The fetish of fordism. *Monthly Review*, v. 39, n. 10, p. 14-34, 1988. GOUNET, T. *Fordismo e toyotismo na civilização do automóvel*. São Paulo: Boitempo Editorial, 1999.
32. FERREIRA, C. G.; HIRATA, H.; MARX, R.; SALERNO, M. S. Alternativas sueca, italiana e japonesa ao paradigma fordista: elementos para uma discussão sobre o caso brasileiro. *Cadernos do CESIT*, n. 4, 1991.
33. Taylor (1911, p. 18).
34. Parte dos textos do Taylor são peças de defesa perante essa investigação no Senado.
35. Fleury; Vargas (1983).
36. RAGO, L. M.; MOREIRA, E. F. P. *O que é taylorismo*. São Paulo: Brasiliense, 1988.
37. VARGAS, N. Gênese e difusão do taylorismo no Brasil. *Ciências sociais hoje*, p. 155-189, 1985.
38. A Western Electric Company foi fundada em 1869, sendo incorporada pela AT&T (American Telephone and Telegraph Company) em 1899. Suas atividades foram encerradas em 1995 (BELL SYSTEM, Western Electric History, 2009. Disponível em: www.beatriceco.com/bti/porticus/bell/westernelectric_history.html.
39. Chiavenato (1983, p. 96-110).
40. O próprio Thomas Edison, inventor da lâmpada elétrica, se empenhou para a realização dos experimentos

dessa primeira fase. (LEVITT, S. D.; LIST, J. A. Was there really a Hawthorne effect at the Hawthorne plant? An analysis of the original illumination experiments. *American Economic Journal: Applied Economics*, v. 3, n. 1, p. 224-238, 2011.

41 ANTEBY, M.; KHURANA, R. The human relations movement - Harvard Business School and the Hawtorne experiments (1924-1933). *Harvard Business School – Historical Collections*, 2007. Disponível em: http://www.library.hbs.edu/hc/hawthorne/.

42 Isso não significa que a iluminação não interfira na produtividade. Foi a equipe de pesquisa que não conseguiu isolar o experimento da interferência de outras variáveis.

43 Análises posteriores concluíram que a própria presença dos pesquisadores influenciou o comportamento dos trabalhadores nos grupos. Hoje em dia, o "efeito Hawthorne" se refere a situações nas quais a introdução de condições experimentais alteram o comportamento que se quer observar, ou seja, as pessoas alteram seu comportamento quando sabem que estão sendo observadas. (BANNIGAN, A.; ZWERMAN, W. The real Hawthorne effect: Hawthorne studies of industrial relations. *Society*, v. 38, n. 2, 2001, p. 55-60.)

44 Chiavenato (1983).

45 HERZBERG, F.; MAUSNER, B.; SNYDERMAN, B. B. *The motivation to work*. New Brunswick: Transaction Publishers. 1993. [1959]

46 HERZBERG, F. I. One more time: how do you motivate employees? *Harvard Business Review*, v. 81, n. 1, Jan. p. 87-96, 2003. [1968]

47 PIORE, M. J.; SABEL, C. F. *The second industrial divide*. Basic Books, 1984.

48 *Craft system* em inglês.

49 Piore; Sabel (1984).

50 Outros termos utilizados para se referir a esse novo papel das pequenas empresas são *cluster* ou arranjo produtivo local, entre outros.

51 Outra referência importante é o Vale do Silício, na Califórnia (EUA).

52 Ferreira; Hirata; Marx; Salerno (1991).

53 WOLLEB, G. The difficult transformation of the Emilia Romagna economic system. 2015. Disponível em: economia.unipr.pt/DOCENT/WOLLEB/docs/files/Emilia Romagna region.docx.

54 BRUSCO, S. The Emilian model: productive decentralisation and social integration. *Cambridge Journal of Economics*, v. 1, n. 2, 1982, p. 167-184.

55 Ferreira; Hirata; Marx; Salerno (1991).

56 Ferreira; Hirata; Marx; Salerno (1991).

57 KERN, H.; SCHUMANN, M. Hacia una reprofisionalización del trabajo industrial. *Sociologia del Trabajo*, n. 2. Madrid: Siglo Veintiuno, 1988.

58 Womack; Jones; Roos (1992).

59 Depois da saída dos aliados, esses grupos voltaram a se reorganizar, mas com o nome de keiretsus. São seis grupos: Mitsubishi, Mitsui, Sumitomo, Fuyo, Dai-Ichi Kangyo e Sanwa, que dominam 20% da economia do país. MIWA, Y.; RAMSEYER, J. M. The fable of the keiretsu. *Journal of Economics & Management Strategy*, v. 11, n. 2, Summer 2002, p. 169-224.

60 CUSUMANO, M. A. *The Japanese automobile industry*: technology and management at Nissan and Toyota. 3. ed. Cambridge: Harvard, 1989.

61 HIRAOKA, L. S. Japanese automobile manufacturing in an American setting. *Technological Forecasting and Social Change*, v. 35, n. 1, mar. 1989.

62 Cusumano (1989).

63 HOFFMAN, K.; KAPLINSKY, R. *Driving force*: the global restructuring of technology, labour, and investment in the automobile and components industries. London, Westview, 1988.

64 Cusumano (1989).

65 O *layout* celular, ou arranjo físico celular, se baseia na Tecnologia de Grupo, técnica desenvolvida antes nos EUA e na Europa, mas a Toyota vai ser uma das primeiras empresas a aplicá-la de forma mais ampla.

66 Single Minute Exchange of Die (SMED) em inglês.

67 Hoffman; Kaplinsky (1988).

68 TOLEDO, J. C. *Qualidade industrial*: conceitos, sistemas e estratégias. São Paulo: Atlas, 1987.

69 Cusumano (1989).

70 JUSE, em inglês, Japanese Union of Scientists and Engineers.

71 Cusumano (1989).

72 Toledo (1987).

73 Cusumano (1989).

74 Hoffman; Kaplinsky (1988).

75 Womack; Jones; Roos (1992).

76 KAMATA, S. *Japan in the passing lane*: an insider's account of life in a Japanese factory. New York: Pantheon Books, 1982.

77 HITOMI, K. Present trends and issues in Japan manufacturing and management. *Technovation*, v. 12, n. 3, apr. 1992, p. 177-189; EFE. Japão reforça medidas contra mortes por excesso de trabalho. *Revista Exame*, 27 dez. 2016.

78 MARCHESAN, R. China tem só 5 dias de férias por ano; saiba como são as regras no mundo. UOL Economia, 25 nov. 2014.

79 CORIAT, B. *Pensar pelo avesso*. Rio de Janeiro: Revan, 1994.

80 Cusumano (1989).

81 Coriat (1994, p. 37).

82 HIRATA, H. Vida reprodutiva, e produção: família e empresa no Japão. *In*: KARTCHEVSKY-BULPORT, A. (ed.). *O sexo do trabalho*, Rio de Janeiro: Paz e Terra, 1986, p. 63-78.

83 SASAKI, N. *Management and industrial structure in Japan*. 2. ed. Oxford: Pergamon Press, 1990.

84 Hitomi (1992).

85 Hirata (1986).

86 Hitomi (1992).

87 HIRATA, H. Formação na empresa, educação escolar e socialização familiar: uma comparação França-Brasil-Japão. *Educação e Sociedade*, ano X, n. 31, dez. 1988.

88 KAMATA, S.; HIRATA, H.; PEIXOTO MASSI, F. Outro lado do modelo japonês. Entrevista de Satoshi Kamata e Helena Hirata. *Novos estudos-CEBRAP*, v. 29, p. 148-155, 1991.

89 SALERNO, M. S. A indústria automobilística na virada do século. *In*: ARBIX, G.; ZILBOVICIUS, M. (orgs.). De JK a FHC: a reinvenção dos carros. São Paulo: Scritta, 1997. p. 503-522.

90 BIAZZI JR., F. O trabalho e as organizações na perspectiva sociotécnica. *Revista de Administração de Empresas*, v. 34, n. 1, jan./fev. 1994, p. 30-37; VAN EIJNATTEN, F. M. *The paradigm that changed the work place*. Stockholm: Arbetlivscentrum, 1993.

91 VAN DER ZWAN, H. *Engineering the work organisation*. Assen: Van Gorcum, 1994.

92 CHERNS, A. Principles of sociotechnical design revisted. *Human Relations*, v. 40, n. 3, p. 153-162, 1987.

93 Rigorosamente, trabalho em grupos semiautônomos podem existir em quaisquer partes da organização. Neste capítulo, contudo, as discussões serão realizadas em torno da noção de GSA no nível operacional.

94 MARX, R. *Trabalho em grupos e autonomia como instrumentos de competição*. São Paulo: Atlas, 1998.

95 GERWIN, D.; KOLODNY, H. *Management of advanced manufacturing technology*: strategy, organization, and innovation. New York, Wiley-Interscience, 1992.

96 SALERNO, M. S. *Projeto de organizações integradas e flexíveis*: processos, grupos e gestão democrática via espaços de comunicação-negociação. São Paulo: Atlas, 1999.

97 ZARIFIAN, P. *Objetivo competência*. São Paulo: Atlas, 2001.

98 Marx (1998).

99 WOOD JR., T.; CURADO, I. B.; CAMPOS, H. M. Vencendo a crise: mudança organizacional na Rhodia Farma. *Revista de Administração de Empresas*, v. 34, n. 5, p. 62-79, 1994; FURTADO, O. H. P. *Grupos semiautônomos e times de produção*: novas formas de gestão do trabalho em duas montadoras de caminhões e ônibus (Mercedes Benz e Scania). Tese (Doutorado) – Instituto de Filosofia e Ciências Humanas, Unicamp, 2004; SALERNO, M. S., AULICINO, M. C. Engenharia, manutenção e operação em processos contínuos: elementos para o projeto de fronteiras organizacionais móveis e interpenetrantes. *Gestão & Produção*, v. 15, n. 2, p. 337-349, 2008.

100 Parte do texto desta seção foi publicado anteriormente em: DIAS, A. V. C.; LIMA, F. P. A. Work Organization and Occupational Health in Contemporary Capitalism. *In*: RIBEIRO, M. (ed.). *Frontiers in occupational health and safety – vol. 1*: changes in the world of work and impacts on occupational health and safety. Betham Science Publishers, 2014, p. 3-31.

101 DIAS, A. V. C.; ZILBOVICIUS, M. A produção face à financeirização: quais consequências para a organização da produção e do trabalho? Uma proposta de agenda de pesquisa para a Engenharia de Produção brasileira. XXVI Encontro Nacional de Engenharia de Produção. *Anais*. Fortaleza, 9 a 11 de outubro de 2006.

102 SALERNO, M. S. Mudança organizacional e trabalho direto em função de flexibilidade e perfomance da produção industrial. *Production*, v. 4, n. 1, 1994.

103 *Vide*, por exemplo: DAU, D. M.; RODRIGUES, I. J.; CONCEIÇÃO, J. J. Terceirização no Brasil: do discurso da inovação à precarização do trabalho (atualização do debate e perspectivas). *In*: Terceirização no Brasil: do discurso da inovação à precarização do trabalho (atualização do debate e perspectivas). São Paulo: Annablume, 2009.

104 DIMAGGIO, P. (ed.). *The twenty-first-century firm*: changing economic organization in international perspective. Princeton University Press, 2001.

105 Com a possível exceção da valorização das ações da empresa em bolsa; estudos mostram uma correspondência entre operações de *downsizing* ou reestruturações e o aumento do preço das ações. Vide PLIHON, D. *Le nouveau capitalisme*. Paris: La Découverte, 2003.

106 EZZAMEL, Mahmou; WILLMOTT, Hugh; WORTHINGTON, Frank. Manufacturing shareholder value: the role of accounting in organizational transformation. *Accounting, Organizations and Society*, 33, 2008, p. 107-140.

107 MARX, Roberto. *Organização do trabalho para a inovação: uma avaliação crítica dos projetos e da implantação de trabalho em grupos com autonomia*. São Paulo: Atlas, 2011. DOUGHERTY, Deborah. Bridging social constraint and social action to design organizations for innovation. *Organization Studies*, vol. 29, n. 3, 2008, p. 415-434.

108 TIDD, Joe; BESSANT, Joe. *Gestão da Inovação*. Porto Alegre: Bookman, 2015.

109 SAVOIA, Alberto; COPELAND, Patrick. Entrepreneurial innovation at Google. *Computer*, April, 44, 4, 2011, p. 56-61.

110 CLOT, Y.; ZARIFIAN, P. Evaluation des performances, pointaveugle.*LeMonde*,18dez.2009.Disponívelem:http://www.lemonde.fr/idees/article/2009/12/18/evaluation-des-performances-point-aveugle-par-yves-clot-et-philippe-zarifian_1282672_3232.html. Acesso em: 1 maio 2013.

TEORIA DAS ORGANIZAÇÕES

7

Silvio Eduardo Alvarez Candido, Mário Sacomano Neto e Julio Cesar Donadone

Este capítulo traça um panorama dos estudos organizacionais, uma das áreas mais abrangentes e diversas da Administração e da Engenharia de Produção. Para lidar com o desafio de elaborar uma apresentação que abarque tanto o conhecimento histórico quanto os modelos e ferramentas para a gestão das organizações, optou-se por uma análise das transformações das formas predominantes de organização ao longo do desenvolvimento capitalista recente.

> **OBJETIVOS DE APRENDIZAGEM**
>
> Ao final do capítulo, o leitor deverá ser capaz de compreender:
> - Os principais modelos de organização existentes (modelo tradicional de organização, modelos racionalizados de organização, modelo de organização em rede).
> - Os processos históricos que levaram ao predomínio de cada um deles em certos períodos.
> - As teorias organizacionais e técnicas administrativas associadas a esses modelos.

7.1 INTRODUÇÃO

Os Estudos Organizacionais consistem em uma das áreas mais abrangentes e multidisciplinares da Administração e da Engenharia de Produção, tomando como seu objeto as unidades, os processos e as dinâmicas sociais por meio dos quais as pessoas atuam coletivamente de forma relativamente durável e coordenada. Atualmente, os Estudos Organizacionais formam um campo intelectual de amplos conflitos históricos entre diversas corretes e perspectivas.[1]

O surgimento desse espaço acadêmico e profissional está associado ao triunfo dos processos de racionalização e de modernização que moldaram as sociedades ocidentais, sobretudo a partir do século XIX. Enquanto autores clássicos, fundadores do campo, como Taylor, Fayol e Ford, têm suas obras fortemente associadas a uma visão estritamente técnica das organizações, o desenvolvimento desse espaço ao longo do século XX deu origem a uma grande diversidade de abordagens enraizada em diferentes pressupostos e metáforas acerca dos fenômenos organizacionais.[2]

A imensa fragmentação e a cacofonia de interpretações acerca das organizações existentes no campo, que decorrem da elevada complexidade dos fenômenos estudados, impõem desafios para a apresentação geral e relativamente breve que este capítulo se propõe a realizar e conduz a certas escolhas. Uma primeira opção realizada, condizente com o que a maior parte da literatura faz implicitamente, é o foco adotado nas organizações pertencentes ao campo econômico, sobretudo as empresas. Essa escolha é fácil de ser justificada, dada a enorme influência desse tipo de organização nas sociedades contemporâneas e porque elas são referências inclusive para as formas de organização não econômicas.

Optou-se ainda pela adoção de uma abordagem histórica, apresentando as diferentes concepções de organizações que predominaram ao longo do período moderno e os processos de transformação envolvidos em suas constituições. Trata-se de uma abordagem inspirada em trabalhos como os de Chandler, Fligstein e Davis[3] e que, como no caso desses últimos, parte de uma perspectiva política-cultural. Assume-se, assim, que as formas de organização que foram hegemônicas em certos períodos não são resultado apenas da "evolução" de uma lógica intrinsicamente técnica, estando submetidas à influência dos contextos sociais, sobretudo das relações entre a economia e o Estado, tendo sua difusão condicionada aos resultados das disputas políticas entre os atores dominantes desses espaços. Muitas das teorias e das dinâmicas abordadas referem-se à realidade dos Estados Unidos, o que está associado à enorme influência desse país de moldar as teorias e práticas organizacionais no Brasil e em outras partes do globo.

A abordagem adotada envolve uma certa desmistificação do papel das teorias e dos modelos abstratos propostos por autores do mundo acadêmico e gerencial, tratados aqui como "mitos racionalizados".[4] Considera-se que o campo estudos organizacionais como um espaço muito diverso de produção de interpretações com pretensões de descrever e moldar as práticas de gestão. Nem todas as teorias são, entretanto, capazes de influenciar as práticas. Apenas teorias alinhadas com as estruturas de poder existentes nos jogos econômicos e organizacionais reais é que acabam se difundindo, tornando-se capazes de influenciá-las. Foca-se na apresentação justamente das abordagens dos estudos organizacionais com maior capacidade de influenciar o "mundo real", buscando também desvelar algumas das condições que propiciaram essa difusão.

O capítulo é desenvolvido em três partes principais. Na primeira, tratamos da concepção de organização que foi predominante quando o processo de modernização e de transição para o capitalismo ainda estava em curso denominada organização tradicional. Discute-se como esse modelo de organização foi influenciado pela cultura de períodos históricos anteriores, abordando dois formatos organizacionais principais: o das corporações de ofício e o conhecido como cooperação simples. Em seguida, trata-se da concepção racionalizada de organização, que se tornou predominante na primeira metade do século XX. Aponta-se que ela envolveu dois modelos. No primeiro, havia um predomínio da lógica fechada de busca de eficiência nas operações das empresas, sendo esse o momento de maior protuberância das obras dos autores da administração científica. Na segunda etapa, a organização passa a ser vista como um sistema aberto e os modelos teóricos buscam conferir racionalidade a atividades orientadas ao ambiente organizacional, havendo uma ascensão de áreas como o marketing e a estratégia na administração. Enfim, a concepção das empresas em rede, emergente a partir do último quartel do século XX, é discutida analisando-se algumas das transformações na dinâmica organizacional que têm sido estudadas mais recentemente e que ainda estão em curso. No sentido de evitar a armadilha da simplificação excessiva em relação a essas transformações, na parte final do capítulo discutimos como, apesar da crescente hegemonia das organizações em rede, os modelos convivem nos ambientes corporativos contemporâneos, e como as conciliações e conflitos entre eles influenciam as dinâmicas organizacionais.

7.2 A CONCEPÇÃO TRADICIONAL DE ORGANIZAÇÃO

A primeira concepção de organização foi dominante durante o período de constituição do capitalismo, a partir do século XVIII. Esse período foi marcado por um grau relativamente alto de influência de valores hegemônicos da sociedade feudal e em que a autonomização da esfera econômica em relação à esfera doméstica e outros espaços sociais ainda era relativamente baixa.[5] Esses valores influenciavam decisivamente as formas de organização predominantes pelo menos desde o século XVIII até as primeiras décadas do século XX, quando um conjunto de processos sociais fez com que elas fossem questionadas.

Nas subseções seguintes analisamos o surgimento e as características desse modelo, que ainda é influente nas dinâmicas organizacionais contemporâneas. Inicialmente, analisamos aspectos da cultura e da ordem social feudal relacionando-os com o que denominamos modelo de organização tradicional. Em seguida, direcionamos nossa análise aos arranjos organizacionais característicos das corporações de ofício e do que é conhecido como *putting-out system*, de forma a caracterizar o formato organizacional predominante até a ascensão das organizações industriais.

7.2.1 Cultura feudal e as organizações tradicionais

A constituição do que é conhecido como feudalismo decorreu da desagregação do Império Romano do Ocidente, que resultou em uma ordem social com algumas características que influenciaram decisivamente o modelo das organizações tradicionais. Tratava-se de uma sociedade fortemente descentralizada, na qual a dinâmica social local influenciava fortemente a vida dos diversos segmentos sociais. Isso porque o poder central permaneceu enfraquecido ao longo de diversos séculos, com a segurança e a estabilidade dos territórios sendo garantida por um complexo vínculo de relações de suserania e vassalagem entre senhores feudais e por relações de servidão entre senhores feudais e camponeses.

Tomando como referência as sociedades contemporâneas, marcadas pelo rápido desenvolvimento das tecnologias da informação e comunicação e das tecnologias de transporte, é relevante notar o baixo grau de contato das pessoas ao longo de vários séculos com o que era exterior ao feudo. As populações de determinadas comunidades, então, mantinham contatos e vivenciavam realidades muito similares, tendendo a gerar indivíduos com visões de mundo bastante homogêneas, o que dava base para a construção de formas de coesão e integração sociais que Durkheim[6] denominou mecânicas.

Outro traço fundamental da cultura dominante é a legitimidade de estruturas sociais hierárquicas e bastante rígidas. A sociedade é organizada com base em uma cadeia de dependência interpessoais em um universo regrado e arranjado. Em grande medida, o valor e a identidade das pessoas eram definidos pela posição que elas ocupavam em cadeias hierárquicas.[7] A própria noção de indivíduo era submetida a de um grupo e uma cadeia de pessoas ligadas por relações de dependência.[8] Os privilégios dos superiores nas hierarquias sociais eram sempre justificados pela sua responsabilidade em defender os seus subordinados, em relações que hoje são classificadas como "paternalistas".

A reprodução dessas hierarquias decorre da valorização das tradições e pelos costumes, estando associadas ao que Max Weber denominou como formas de autoridade tradicionais.[9] Os privilégios dos grupos sociais incumbentes eram transmitidos hereditariamente, estando associados a certas linhagens familiares, protegidas por meio de matrimônios arranjados e de outras barreiras que impediam a mistura com grupos membros dos estamentos sociais mais baixos. Havia, assim, uma baixíssima mobilidade social.

No topo hierarquia social encontrava-se sempre o que é divino, o que marca a forte religiosidade medieval. A religião era a principal referência cultural para a interpretação do mundo, envolvendo mecanismos de justificação das hierarquias sociais. Elas contribuíam, assim, para manutenção da ordem, com os grupos desafiantes acreditando que sua posição social decorria de uma determinação divina. O clero ocupava o topo da hierarquia social, possuindo o controle de muitas propriedades e terras e da produção cultural. Abaixo deles estavam os nobres, que guerreavam por territórios e comumente detinham seu controle político, delegado pela autoridade divina e pela tradição. Por fim, os servos, que não tinham controle da terra e trabalhavam, sobretudo, em atividades agrícolas. O trabalho era, portanto, uma atividade de baixo *status* social, sendo considerado uma atividade indigna.[10]

Essas convenções religiosas tinham importante influência nos mercados, uma vez que as esferas de ação econômica não possuíam autonomia em relação a outras esferas sociais. Como mostra Polanyi,[11] as práticas econômicas eram baseadas em uma lógica de tradição, reciprocidade e redistribuição e a lógica de maximização da utilidade era amplamente condenada. Convenções religiosas como a condenação da usura e o estabelecimento da prática do justo preço restringiam a influência dos mecanismos de coordenação do mercado, que tinham um papel muito restrito, sendo sequer capazes de fixar preços.

Essas características da cultura feudal são centrais para compreender os formatos organizacionais hegemônicos até o início do século XX. Ainda que valores modernos, como o da busca legítima do autointeresse por meio da ação nos mercados e a valorização do conhecimento técnico-científico em detrimento do religioso,[12] tenham ganhado cada vez mais força desde o que os historiadores chamam de Baixa Idade Média, sua tradução em novos formatos organizacionais demorou a ocorrer. Assim, somente na virada para o século XX é que o formato de empresa racionalizado, do qual tratamos adiante, se tornou hegemônico. As primeiras organizações capitalistas eram ordenadas, portanto, por valores característicos do período feudal.

A seção seguinte, trata de formatos que nos permitirão compreender melhor esse primeiro modelo organizacional.

7.2.2 As corporações de ofício, o *putting-out system* e as primeiras empresas capitalistas

A partir do século XI, diversas transformações das instituições feudais passam a ocorrer em um processo paulatino de modernização. A intensa fragmentação social que caracteriza a era medieval começa aos poucos a se atenuar, com a redução das invasões bárbaras e a intensificação do comércio com o Oriente, associada à ocorrência das Cruzadas. Os entrepostos de comércio denominados "burgos", que deram origem às primeiras cidades modernas, se tornaram cada vez mais numerosos e importantes. Com a intensificação do comércio, abrem-se novas oportunidades para a expansão e o desenvolvimento da produção artesanal, que passou a engajar um número cada vez maior de pessoas, atraídas pela possibilidade de viverem de certos ofícios e do comércio.

Com a intensificação das atividades produtivas e comerciais, ampliou-se a tendência para o estabelecimento de regras que ordenassem e controlasse as atividades competitivas. Devido à baixa capacidade do poder central de regular as atividades econômicas, no início desse período o estabelecimento de estruturas de governança foi fortemente realizado por articulações entre atores comerciais situados engajados em atividades similares. Esses processos deram origem a organizações comumente conhecidas como corporações ou guildas, nas quais concorrentes cooperavam entre si, definindo preços;

comprando e vendendo produtos conjuntamente, a fim de obter maior poder de negociação; estabelecendo padrões de qualidade para seus produtos e buscando manter ou melhorar sua reputação; amortecendo flutuações do mercado; e fornecendo empréstimos e outros serviços financeiros.[13] Por meio delas, os burgueses também se articulavam para defender seus interesses e lidar com tentativas de expropriações da nobreza. Tratavam-se de grupos bastante fechados, que possuíam códigos de conduta muito rígidos e envolviam juramentos de fidelidade. Seus membros se consideravam parte de uma irmandade. No modelo tradicional, os aliados são vistos como irmãos e os concorrentes são vistos como inimigos, havendo rivalidades com outras corporações e grupos.

As corporações reuniam atores em diferentes posições na cadeia produtiva, podendo ser divididas em associações de mercadores e de produtores (de ofício). As corporações de ofício eram normalmente organizadas em torno de certas atividades artesanais, sendo comum a existência de corporações de padeiros, ferreiros e de construtores, reunindo os mestres no ofício. Um dos propósitos fundamentais dessas associações era o de controlar os conhecimentos sobre a arte da produção e seus mistérios, mantidos sob o seu controle e que operavam, em muitos casos, como importantes barreiras à entrada.

Cada mestre trabalhava em sua própria oficina, na qual também moravam, não havendo separação entre o espaço da produção e o de moradia. Seguindo as regulamentações das corporações, a organização da produção artesanal geralmente envolvia trabalhadores conhecidos como aprendizes e jornaleiros, que moravam nas oficinas e trabalhavam sob a tutela do mestre e deviam manter-se fiéis a ele. O acesso ao trabalho nas oficinas era restringido por um sistema de aprendizagem na prática regulamentado pelas corporações, que se constituiu como uma alternativa para a educação eclesiástica realizada nos mosteiros. Os pais deixavam seus filhos sob a confiança dos mestres para que aprendessem um ofício, remunerando ao mestre pela formação que durava, tipicamente, entre sete e nove anos.[14]

Concluída a formação, os trabalhadores tornavam-se jornaleiros, passando a ter seu trabalho remunerado de acordo com sua jornada. A regulamentação das atividades também era feita pelas corporações e, em geral, havia uma restrição do acesso aos conhecimentos dos processos produtivos, não tendo acesso aos seus maiores segredos. Para que os jornaleiros se tornassem mestres, era comum que eles tivessem que produzir sua obra-prima, com sua aceitação como membro da corporação sendo condicionada a avaliação desse trabalho.

As relações entre mestres, jornaleiros e aprendizes eram fortemente hierárquicas, havendo uma forte dependência dos demais trabalhadores em relação aos mestres. As relações na organização eram marcadamente pessoais e bem diferente das relações profissionalizadas que caracterizam as organizações burocráticas. Elas caracterizavam-se por uma autoridade "paternalista", na qual a subordinação das pessoas em posição mais baixas da hierarquia em relação aos superiores era amplamente aceita. A ascensão dos trabalhadores dependia do tempo e da experiência, com as hierarquias estando associadas às diferentes gerações que conviviam na organização. As formas de coordenação nessas estruturas organizacionais estão associadas ao que Weber denominou como autoridade tradicional. Essa forma de autoridade é suportada em virtude da tradição e, de acordo com Weber, difere da autoridade carismática e da autoridade racional-legal.

As oficinas de produção artesanal eram relativamente pequenas e produziam sobretudo para o mercado local. Os produtos obtidos eram pouco padronizados e, no limite, eram únicos, sendo comparáveis ao que hoje classificamos como trabalho artístico. Havia uma forte identificação entre os produtos e os mestres que comandavam sua produção, que tendia a ser bastante integrada, envolvendo todos os trabalhadores em todas as etapas, desde a aquisição das matérias-primas até a comercialização dos produtos finais. O conhecimento sobre esses processos decorria da experiência prática e do conhecimento de métodos tradicionais de produção, não estando associados a conhecimentos técnico-científicos. As tecnologias utilizadas eram ferramentas relativamente simples e caracterizavam-se por sua flexibilidade, servindo para potencializar habilidades do trabalhador.

O modelo de organização econômica das corporações possibilitou uma forte ascensão social da burguesia, que acumulou força política para questionar instituições feudais que restringiam o desenvolvimento dos negócios. O baixo grau de integração social entre os territórios do feudalismo, decorrente da diversidade de regulamentações e da força relativa das esferas institucionais locais, fazia com que os comerciantes tivessem que lidar com uma enorme diversidade de línguas, moedas, sistemas de pesos e medidas, regimes de tributação. A falta de força dos governos centrais também resultava em uma infraestrutura de transporte precária e em falta de segurança, o que gerava grandes empecilhos para os comerciantes.

Como bem se sabe, essas limitações foram suprimidas por coalizões entre grupos da burguesia, organizada nas corporações, e das monarquias da Europa Ocidental, o que resultou na ascensão dos Regimes Absolutistas, a partir do século XVI. A operacionalização dessas alianças dependeu da influência local das corporações, que se tornaram unidades de cobrança de impostos pelo poder central, arcando em grande medida com os custos do seu fortalecimento. Com base nos recursos arrecadados, os governos foram capazes de organizar exércitos profissionais, que se armaram com as recém-inventadas armas de fogo e foram capazes de derrotar as cavalarias medievais, promovendo gradualmente a reunificação dos territórios nacionais.[15] Com isso, foi possível construir um conjunto de instituições unificados para as economias nacionais, que passaram a compartilhar regras, moedas, sistemas de pesos e medidas e sistemas de tributação comuns. O Estado também passou a ser responsável por garantir a segurança, passando gradualmente a centralizar do uso da violência legítima e garantir a existência de infraestrutura básica de transporte, possibilitando o desenvolvimento do comércio. Com o tempo, as Monarquias Absolutistas estreitaram seus laços com a alta burguesia desenvolvendo políticas econômicas mercantilistas e colonialistas que tendiam a beneficiá-la diretamente, possibilitando o que Marx chamou de acumulação primitiva de capital.

A partir do século XVIII, a coalizão entre os homens de negócios organizados nas corporações, denominados por muitos autores como membros da alta burguesia, que possuíam acesso privilegiado ao Estado e a Monarquia passou a ser desafiada por outros modelos de organização econômica emergentes. As corporações consistiam em formas muito fechadas de regulação da produção e do comércio, operando para manter o poder na mão de seus associados e dificultando a participação de novos empreendedores na atividade econômica das cidades. Com o desenrolar da Baixa Idade Média, houve um grande aumento populacional na Europa Ocidental e uma crescente dinamização do comércio, o que impulsionou o surgimento de novos modelos de organização econômica.

Destaca-se o surgimento do que ficou conhecido como cooperação simples ou *putting-out system*, o que ocorreu sobretudo em pequenos vilarejos em regiões rurais, localidades em que as regulamentações corporativas das cidades não tinham efeito. Muitos comerciantes passaram a investir nessas localidades em que tinham maior liberdade para empreender, desenvolvendo esse modelo de negócio no qual a produção era subcontratada de trabalhadores locais. Os comerciantes forneciam-lhes as matérias-primas e buscavam o produto acabado. Em alguns casos a produção ocorria na casa dos trabalhadores e os trabalhadores podiam lhes oferecer algumas ferramentas de trabalho. Em outros, os comerciantes estruturavam "manufaturas" cuja utilização era negociada com os trabalhadores, com os meios de produção passando a ser de propriedade dos comerciantes. Era comum que os trabalhadores dividissem seu tempo entre o trabalho no campo e o trabalho nas oficinas. Na Inglaterra, esse modelo de negócio acabou sendo favorecido pelas políticas de cercamento das terras, que resultaram na substituição da agricultura pela pecuária e a redução da demanda de trabalho no campo.

A Cooperação Simples é parte de um modelo organizacional intermediário, importante na transição para as formas modernas de organização. Nela, a propriedade dos meios de produção deixa de ser dos mestres e há uma redução da autonomia da produção em relação ao comércio. Entretanto, os métodos produtivos e a organização do trabalho permanecem muito similares aos existentes nas oficinas que compunham as corporações. Os trabalhadores continuam a definir os métodos produtivos e cuidam de todo o processo com base em formas tradicionais de organização. Os proprietários remuneram as oficinas pela sua produção e eventuais ganhos de produtividade decorrem apenas da reunião dos recursos produtivos em uma mesma localidade e de ganhos de escala.

Essa variação do que se denominou organização tradicional do trabalho possibilitou uma rápida ascensão econômica da baixa burguesia, possibilitando o paulatino acumulo de força política para que esses grupos pudessem questionar o modelo dominante das corporações, os regimes absolutistas e suas políticas econômicas mercantilistas, das quais estavam excluídos.[16] Esse questionamento se deu com base nas doutrinas do liberalismo econômico e político, o que possibilitou a ocorrência das revoluções burguesas do século XVIII e na difusão das instituições modernas dominantes pelo mundo, como detalhado a seguir.

As formas de organização tradicionais permaneceram dominantes na economia até as primeiras décadas do século XX, quando as organizações profissionalizadas se tornaram hegemônicas. Também é importante destacar que, ao contrário do que somos levados a pensar, elementos dessas formas de organização tradicionais ainda existem nos tecidos econômicos contemporâneos e influenciam as formas de organização. Essa concepção de organização é particularmente em organizações rurais; em pequenas empresas familiares; em segmentos da economia informal; e no trabalho doméstico. Apesar de sua maior influência em segmentos marginais das economias contemporâneas, elementos dessas formas de coordenação também estão bastante presentes em grandes empresas. No interior dessas, essa concepção doméstica pode ser identificada, por exemplo, em culturas organizacionais orientadas à tradição, na existência de relações hierárquicas informais entre várias gerações de pessoas que compõe a organização e na influência de relações pessoais, familiares e comunitária na operação interna. No nível interorganizacional, essas formas de coordenação doméstica estão presentes, por exemplo, em articulações entre empresas concorrentes de diversos segmentos por meios formais, como pela criação de associações empresariais, ou informais, por meio, por exemplo, de conluios e de cartéis.

7.3. AS ORGANIZAÇÕES PROFISSIONALIZADAS E A ADMINISTRAÇÃO COMO ATIVIDADE TÉCNICA

7.3.1 Surgimento e características das organizações racionalizadas

As concepções de organização que denominamos racionalizadas são fruto de amplos processos de transformação da cultura ocidental que fundamentaram os processos de modernização do Estado e da economia. Tratam-se de processos extremamente complexos, que até hoje ainda são debatidos por historiadores e cientistas sociais. Nesta parte do capítulo serão discutidos alguns de seus traços que propiciaram a difusão das formas de organização burocráticas e do que ficou conhecido como administração científica.

Um primeiro conjunto de transformações está diretamente ligado com a cultura econômica hegemônica. Como vimos, na Idade Média a ação econômica estava submetida e era restringida por um conjunto de condicionantes morais, estando fortemente imbricada na vida social.[17] A religião tinha um papel central na manutenção da coesão social e durante séculos a Igreja Católica condenou a busca estrita do autointeresse econômico por meio de dogmas como a proibição da usura e a prática do justo preço. Havia também a crença de que os homens honrados deveriam, antes de mais nada, cuidar das pessoas que deles dependiam, o que envolve uma cultura que valoriza o âmbito coletivo de uma forma que que hoje tendemos a ver como bastante paternalista e hierárquica (holista).

O processo de modernização é possibilitado pela criação de uma cultura mais individualista,[18] à que se associa um processo de autonomização da esfera econômica em relação às demais esferas sociais e a um processo de legitimação da busca pelo autointeresse e certas formas de racionalidade econômica voltadas a maximização da utilidade. Trabalhos de economistas pioneiros como Adam Smith foram centrais para o desenvolvimento dessas formas de comportamento. Em sua obra amplamente conhecida como A Riqueza das Nações, Smith[19] desenvolve uma filosofia moral que busca legitimar a perseguição do autointeresse atribuindo a ela a geração de ganhos coletivos, que são compartilhados por todos na sociedade. Esse processo está fortemente associado à divisão social do trabalho, que fazia com que a ação empreendedora e profissional atendesse aos interesses coletivos por meio de uma dinâmica econômica misteriosa, difícil de ser desvelada. Como mostrou Max Weber,[20] os movimentos cristãos reformistas da igreja europeia, liderados por Martinho Lutero, também foram fundamentais para criar uma cultura de valorização do trabalho e da riqueza e romper com restrições morais que dificultavam o desenvolvimento da economia de mercado.

Ao mesmo tempo em que essas novas representações religiosas sobre a vida econômica são consideradas chave nesse processo de transição, também é amplamente reconhecido pelos cientistas sociais que a transição para o período moderno foi acompanhada pela gradual perda de influência da religião para a ciência na conformação da cultura. A superioridade do conhecimento científico em relação aos conhecimentos teológicos e metafísicos (filosóficos) foi defendida por precursores das ciências sociais como Saint Simon e Auguste Comte, que consideravam que a implementação das instituições modernas demandava que o conhecimento positivo se tornasse a base para do progresso humano. Partia-se da visão dos homens como seres racionais, capazes de sistematizar o conhecimento da realidade, restringindo o alcance do encantamento e do misticismo religioso. Essa visão estava associada a uma ressignificação da dependência hierárquica entre a ordem humana e as práticas públicas e econômicas em relação ao divino operada pelas religiões protestantes e não implica o desaparecimento das formas de religiosidade, mas em suas transformações.[21]

O espírito racionalista, bem representado pelo movimento Iluminista francês, impulsionou o desenvolvimento de novos conhecimentos técnico-científicos que foram aos poucos instrumentalizados pelas formas de racionalidade econômica também ascendentes, culminando nas conhecidas Revoluções Industriais. Como decorrência da emergência da ciência e das profissões, os conhecimentos que antes eram de domínio dos trabalhadores começaram a ser comercializados nos mercados e incorporados em maquinas e em conhecimentos administrativos aplicados, dando origem a profissões como a do Engenheiro de Produção e do Administrador. Esses profissionais passam a concentrar o conhecimento e o controle sob os processos produtivos, retirando-os aos poucos do controle dos trabalhadores.

Ganha força, assim, uma nova concepção acerca das organizações denominadas por Max Weber como burocracias.[22] Weber mostra que essas formas organizacionais baseadas na autoridade racional-legal surgiram na estrutura administrativa estatal, sendo vistas como formas mais eficazes de organização para levantar impostos e exercer o domínio do poder central sobre certos territórios. Ao longo do século XX, elas se espalharam pelo tecido econômico, tornando-se dominantes. Nelas, a coordenação das atividades se dá com base em hierarquias prescritas, com funções bem definidas, e por formas de autoridade racionais-legais, regidas por regras e procedimentos definidos *a priori* e de forma impessoal, substituindo as formas de coordenação pessoais e agora consideradas arbitrárias e corporativistas da autoridade tradicional. Essas estruturas garantem que as ordens dos superiores sejam cumpridas por pessoas livres, que cooperam em troca do recebimento de um salário e carreira.

BOXE 7.1 CARACTERÍSTICAS DAS ORGANIZAÇÕES BUROCRÁTICAS

- Regras aplicadas igualmente a todos, de forma impessoal.
- Formalização e documentação escrita.
- Separação pessoa e cargo.
- Profissionalização e valorização da competência técnica.
- Funções e relações entre funções bem definidas.
- Recrutamento feito por regras previamente estabelecidas.
- Isonomia salarial.
- Avanço na carreira por critérios impessoais.

Nas organizações racionalizadas, a gestão é realizada por especialistas e deve ser realizada de forma prospectiva e estruturada. A formalização, a impessoalidade e a profissionalização são as bases de construção do modelo burocrático. A fim de definir a melhor forma de gerenciar as organizações, parte-se de um conjunto de pressupostos com base nos quais uma visão total sobre a melhor forma de combinar os fatores produtivos é edificada. Em geral, esses pressupostos estão fortemente associados a representações estritamente econômicas, bem representados pela ideia de *homo economicus*, assumindo-se plena racionalidade econômica, busca constante da maximização da utilidade e motivação sempre monetária. Com base nesses pressupostos, as formas de administração são prescritas, projetando-se as organizações como se elas fossem sistemas mecânicos fechados ou prescrevendo formas para que elas se adaptem funcionalmente às contingências do ambiente.[23] Como observa Zilbovicius,[24] na base desse modelo encontra-se, portanto, a dissociação de caráter metodológico entre a administração, sujeito desse processo, e os objetos, que incluem não só os fatores de produção, mas também os trabalhadores, que deveriam se restringir a seguir as prescrições.

É importante notar que o domínio de valores técnicos nas organizações depende na prática que os especialistas em gestão tenham certa autonomia em relação aos proprietários das organizações para gerenciá-la. Isso porque a busca de lucro e os interesses dos acionistas nem sempre são compatíveis com a busca de progresso técnico e a operação eficiente das organizações ao longo do tempo.[25] Nos Estados Unidos, alçados a grande potência industrial no início do século XX e grande centro de difusão dessa concepção de organização, essa autonomia foi favorecida pelo que alguns autores chamam de "Revolução dos Gerentes".[26] Em reação à crescente concentração de poder econômico e o controle da indústria nascente por um conjunto pequeno de banqueiros, gestores de grandes empresas, como a AT&T e a Hershey's, desenvolveram com sucesso estratégias de captação de recursos no mercado de capitais junto a pessoas físicas, criando estruturas acionárias dispersas, nas quais os acionistas eram incapazes de influenciar significativamente a gestão da empresa.[27] Essa estratégia acabou se tornando referência para outras empresas e foi impulsionada pela ascensão de legislações que impediam que investidores institucionais aplicassem seus recursos em ações de empresas,[28] moldando o formato das empresas desde o Pós-guerra até pelo menos os anos 1980.

Esse período é marcado por um amplo domínio das empresas industriais no campo econômico e pela presença de uma regulamentação econômica relativamente desenvolvida. De forma geral, suas estratégias são orientadas ao crescimento, conformando estruturas organizacionais gigantescas, sejam elas verticalizadas ou diversificadas. Como mostra Fligstein,[29] as práticas de integração vertical se tornaram uma forma importante de as empresas crescerem por meio da fusão e aquisição de fornecedores e compradores, o que estava relacionado com as restrições impostas pela legislação antitruste para o crescimento por meio da fusão e da aquisição de concorrentes. Já o modelo de crescimento com base na diversificação, se desenvolveu a partir da segunda metade do século XX, quando as leis antitruste nos EUA passaram também a restringir fusões e aquisições verticais como formas de crescimento.

Tratam-se ainda de organizações com atuação predominantemente nacional.[30] Até por conta de sua estratégia de captação de recursos, elas tendiam a manter vínculos com as comunidades nas quais estavam inseridas, configurando-se como verdadeiras instituições sociais. Em muitos países, a hegemonia dessa concepção de organização ocorreu de forma concomitante a um predomínio político da social democracia e de políticas macroeconômicas influenciadas pela obra de John Maynard Keynes. Havia ainda uma ampla aceitação das instituições sindicais como representantes legítimos dos trabalhadores e seu envolvimento na negociação das formas de regulação do trabalho.

É relevante subdividir esse momento em dois períodos, nos quais as orientações das técnicas de gestão utilizadas são diferentes. No primeiro, os modelos de gestão são orientados para dentro e as organizações são vistas predominantemente como sistemas fechados. Fligstein denomina esse período de concepção de controle da manufatura, uma vez que nesse período as áreas de operações e as teorias e técnicas a ela associadas tendiam a ser dominantes nas empresas e na administração. No segundo período, as organizações passam a ser vistas como sistemas abertos, havendo uma crescente orientação das técnicas de gestão para a ação no mercado e no ambiente organizacional. Difundem-se nesse período as técnicas de Marketing e abordagens racionalizadas de elaboração da estratégia organizacional, com as áreas de vendas tornando-se predominantes nas estruturas das empresas.

Nas próximas seções as características das concepções de empresa e das ferramentas hegemônicas nesses períodos são detalhadas.

7.3.2 Administração científica, produção em massa e estruturas organizacionais funcionais

Ao desenvolver suas obras, Taylor, Fayol e outros membros do movimento de racionalização industrial buscavam uma alternativa ao controle da produção por meio de mecanismos de "iniciativa e incentivo", típicos do sistema de subcontratação da produção que ainda era bastante influente no início do século XX. Como vimos, no *putting-out system* os responsáveis pela execução do trabalho tinham, em diferentes medidas, o domínio sobre o conhecimento da "arte" da produção, contando com certa autonomia em relação aos objetivos comerciais das organizações e aos proprietários dos fatores produtivos. Para estimular a ampliação da eficiência, os donos das fábricas limitavam-se a incentivar a iniciativa dos trabalhadores "de fora", geralmente por meio de incentivos financeiros.

A administração científica contrapôs essa abordagem, propondo que ganhos significativos de eficiência poderiam ser obtidos se gestores profissionais assumissem a responsabilidade acerca da organização produtiva e passassem a controlar seus processos. Esses profissionais seriam contratados com o propósito específico projetar e gerenciar os sistemas de produção, o que envolvia uma divisão entre a concepção e a gestão e a execução dos procedimentos administrativos e marca o surgimento da Engenharia de Produção e da Administração. Esses especialistas deveriam definir a melhor forma de realizar a gestão, projetando minuciosamente a estrutura e as rotinas organizacionais. Deveriam também planejar e controlar a execução, garantindo que elas fossem rigorosamente realizadas por trabalhadores localizados em posições mais submissas da hierarquia. As organizações deveriam ser projetadas de forma muito semelhante a que um engenheiro projeta uma máquina[31] e as atividades a serem realizadas pelos trabalhadores e os próprios trabalhadores tornavam-se objeto dos gestores profissionais.

As primeiras organizações racionalizadas estavam fortemente envolvidas na incorporação das tecnologias que emergiram com a Revolução Industrial aos seus processos produtivos e em viabilizar a implementação da produção em massa. Na prática, isso estava associado a uma visão compartilhada de grandes empresas em diversos setores de que a melhor forma de ampliar seus ganhos era produzir produtos padronizados em grande escala e de forma integrada a fim de reduzir os custos, o que Fligstein[32] denominou de concepção de controle da manufatura. Esse autor mostra que a ascensão dessa forma de interpretar a empresa e sua estratégia nos Estados Unidos não está somente relacionado com o desenvolvimento das forças produtivas, mas também a formas de regulamentação, derivadas da burocratização do ambiente organizacional, sobretudo pelo surgimento da legislação antitruste, que passou a restringir estratégias de controle direto da concorrência típicas das organizações tradicionais.

Em geral, o projeto das organizações pode ser feito partindo das operações para a estrutura organizacional (de baixo para cima) ou partindo da estrutura da organização até as operações (de cima para baixo). A primeira abordagem, preconizada por Taylor, é mais típica da Engenharia de Produção e tende a ser enfocada pela área de Organização do Trabalho. Parte-se da análise minuciosa do trabalho, que é decomposto em tarefas discretas, buscando-se formas de ampliar sua eficiência e, no limite, encontrar a única melhor forma de realizá-las (*one best way*). As técnicas de estudo de tempos e movimentos são aqui utilizadas para decompor o trabalho em tarefas discretas e uma prescrição de como o trabalho deve ser realizado é elaborada fixando o ritmo de trabalho e definindo um tempo padrão de execução.

O foco deste capítulo serão as abordagens que enfocam o projeto da estrutura organizacional, que são mais típicas da Administração e dos Estudos Organizacionais. Aqui, lida-se com princípios mais gerais das organizações, o que envolve não só as operações, mas também as relações entre pessoas ocupando funções diferenciadas que as compõem. Destacam-se as propostas elaboradas pelo engenheiro e executivo Francês Henri Fayol, elaboradas sobretudo em sua principal obra denominada Administração Industrial e Geral. Fayol (1960) via a organização como um "corpo social" que deveria ser projetado de acordo com um conjunto de princípios gerais que conduziriam a sua operação eficiente (Boxe 7.2). Os gestores profissionais deveriam ainda realizar processos técnicos de planejamento e controle da estrutura projetada.

BOXE 7.2 PRINCÍPIOS PARA O PROJETO DE ORGANIZAÇÕES DE HENRI FAYOL

- Divisão do trabalho: especialização de funções impulsiona a eficiência, podendo ser vertical ou horizontal.
- Disciplina: todos devem cumprir regras, comportamento deve ser o prescrito.
- Subordinação do interesse particular ao geral: interesses pessoais subordinados ao da empresa.
- Autoridade e responsabilidade: atores mais acima na hierarquia tem autoridade, mas também assumem responsabilidades.
- Unidade de comando e direção: cada ator deve responder à um único chefe e conjunto de operações com o mesmo objetivo deve contar com um só chefe e programa.
- Hierarquia: possibilita coordenação, estabelecendo canais de comunicação e tomada de decisão. Não deve conter níveis de autoridade desnecessários.
- Centralização: deve-se encontrar equilíbrio entre necessidade de centralização e descentralização.
- Equidade: funcionários devem ser tratados com benevolência e justiça, de forma impessoal.
- Estabilidade em função ou cargo: possibilita experiência e melhora desempenho.
- Iniciativa: chefes devem possibilitar que empregados exerça iniciativa algumas vezes.
- Remuneração: deve ser justa, compatível com a responsabilidade e a autoridade.
- Ordem: um lugar para cada pessoa/coisa e uma pessoa/coisa para cada lugar.
- União do pessoal: pessoal deve permanecer unido pela empresa.

Na de Fayol, as estruturas formais das organizações devem estabelecer padrões claros para a realização dos processos da organização, que devem ser rigorosamente seguidos por todas pessoas que integram a organização. Essas prescrições devem estar documentadas por escrito e devem envolver regras operadas de forma impessoal. As normas elaboradas em vários níveis, registadas em políticas gerais, regras gerais de comportamento, organogramas, descrição de cargos e funções, instruções de trabalho, entre outros documentos, devem estar coerentemente integradas. Elas devem estabelecer uma divisão clara e racional da forma como o trabalho será dividido entre as pessoas que compõem a organização. Elas definem ainda uma hierarquia entre as funções existentes, estabelecendo linhas de comando e comunicação, havendo, em geral, um nível elevado de centralização e não se prevendo formas de comunicação e coordenação horizontais. Os membros das posições superiores contam com autoridade racional-legal e também responsabilidades a serem cumpridas. O poder legítimo de um superior é restrito a uma certa amplitude de controle e as formas de coerção utilizadas devem seguir os regulamentos estabelecidos *a priori*, tratando-se de relações impessoais. A estrutura organizacional define cargos e posições de forma independente das pessoas que irão as ocupa-los. O que é determinado é o tipo de qualificação e o treinamento específico que essas pessoas deverão ter ou passar a fim que estejam habilitadas para executar certas funções.

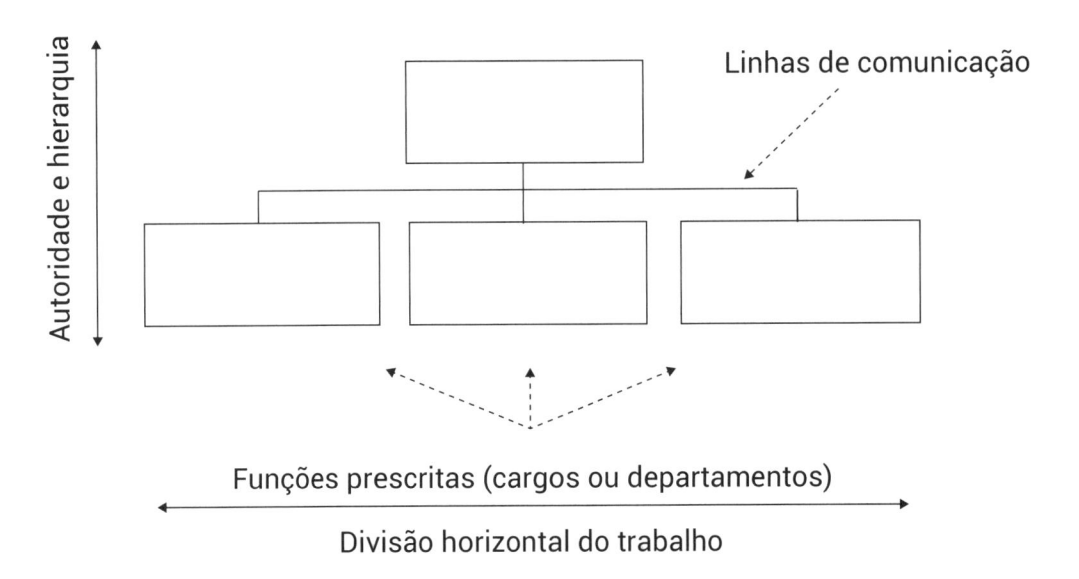

Figura 7.1 Elementos das estruturas organizacionais.

Para operacionalizar suas estratégias de produção em massa, é comum que as empresas se organizem com base em estruturas organizacionais funcionais altamente integradas e centralizadas. Nessas, utilizam-se critérios funcionais de departamentalização (como departamento de vendas, produção, finanças etc.) agrupando em unidades da organização tarefas especializadas, com características e bases de conhecimento similares e reunindo profissionais e trabalhadores que "falam a mesma língua".

Essas estruturas relativamente simples e segmentadas foram predominantes enquanto as organizações mantinham em seu portfólio um número pequeno de produtos e quando seu crescimento era orientado pelas operações, ocorrendo sobretudo por meio de estratégias de integração vertical. A seguir, analisa-se como os formatos dominantes das organizações racionalizadas se transformaram a medida em que a reprodução das principais organizações passou a depender mais fortemente da sua atenção ao ambiente organizacional.

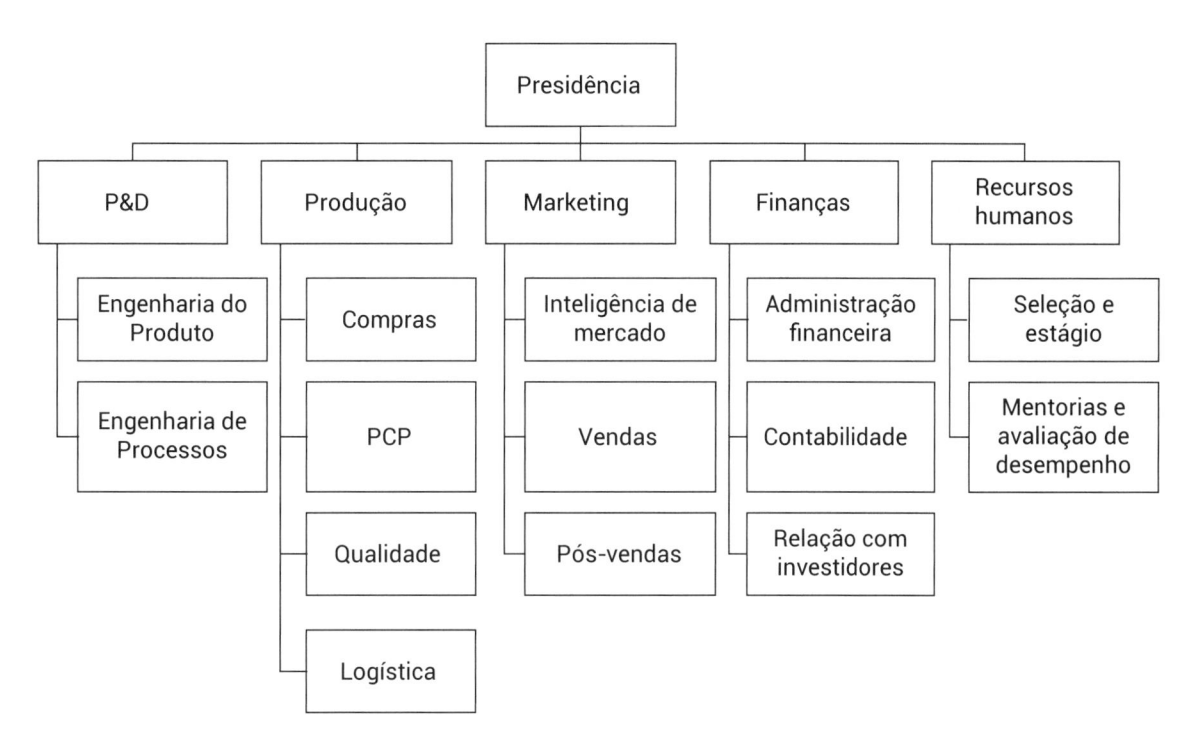

Figura 7.2 Estrutura organizacional funcional com áreas e subáreas da organização.

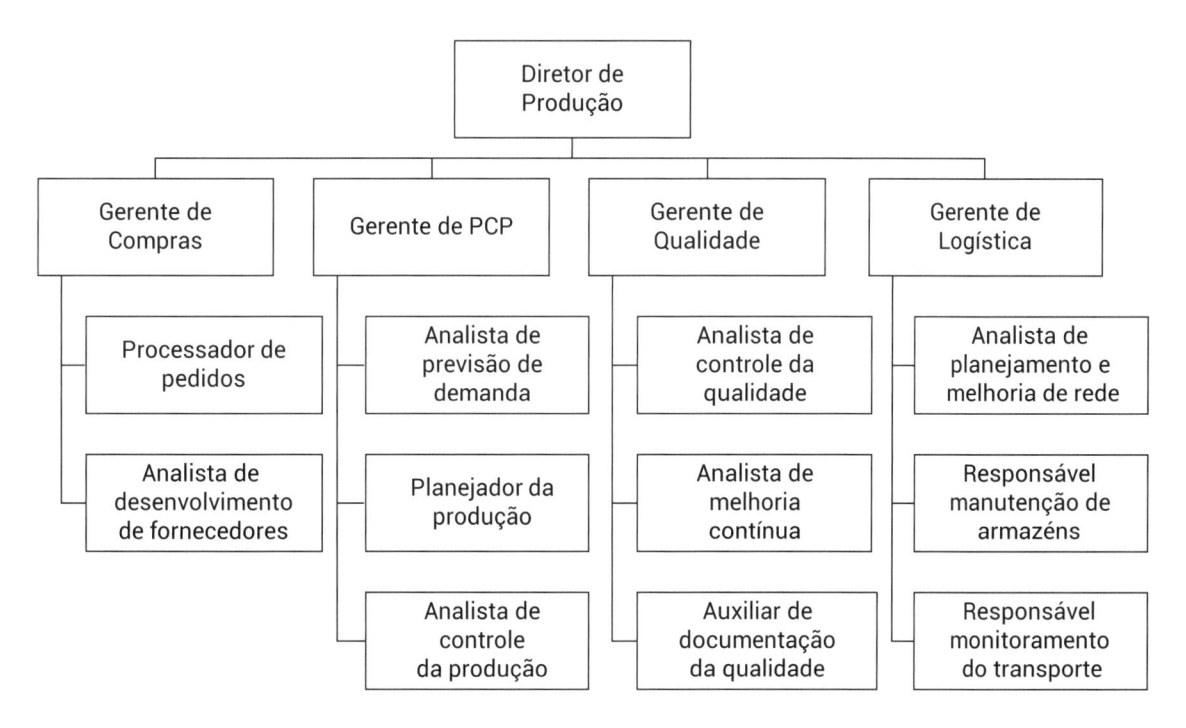

Figura 7.3 Organograma detalhando cargos da área funcional da produção.

As obras de Taylor e Fayol contribuíram significativamente para a reprodução e consolidação do modelo de controle da manufatura. Taylor com contribuições para a racionalização dos sistemas de produção e da manufatura por meio de seus preceitos da organização racional do trabalho. Já Fayol contribuiu com as diretrizes para coordenação das empresas por meio das estruturas organizacionais.

7.3.3 As organizações como sistemas abertos

A orientação interna da concepção de organização racionalizada e as estratégias a ela associadas começaram a enfrentar dificuldades nos Estados Unidos com a crise de 1929, quando organizações especializadas enfrentaram grandes dificuldades.[33] A dependência excessiva de um conjunto muito restrito de produtos fez com que grandes empresas ficassem em uma situação de grande vulnerabilidade perante a crise, dificultando sua recuperação econômica. Nas décadas subsequentes, gradualmente as empresas passaram a dar mais atenção ao ambiente organizacional aos quais estavam inseridas e a criar formas racionalizadas de interpretá-lo.

Essas transformações nas representações sobre as práticas empresariais aos poucos impulsionaram deslocamentos nas teorias administrativas dominantes. Gradualmente, as representações das organizações articuladas pelos teóricos da organização deixaram de interpretá-las como sistemas fechados passando a vê-las como sistemas abertos. Deixou-se de enxergar as organizações como máquinas e passou-se a vê-las como organismos vivos, dependentes do ambiente nos quais estavam inseridas.[34] Influenciados pela teoria dos sistemas abertos desenvolvida por Ludwig Von Bertalanffy, assumia-se aos poucos que sua sobrevivência e crescimento não dependia apenas da eficiência dos seus processos internos, mas da sua capacidade de interagir com os ambientes nos quais estão inseridas.

A seguir, três dos principais desdobramentos dessa flexibilização da administração científica são abordados. O primeiro trata das transformações internas ao espaço dos estudos organizacionais, com o surgimento da abordagem das contingências estratégicas e alguns de seus desdobramentos. Em seguida, essas transformações são associadas à ascensão de dois outros subcampos das teorias e práticas administrativas que lidam especificamente com as relações com o ambiente: o do marketing e o da estratégia.

7.3.3.1 As abordagens contingenciais e alguns de seus desdobramentos

A partir dos anos 1960, um conjunto de estudos empíricos buscaram analisar mais sistematicamente as relações entre os formatos organizacionais e o desempenho de certas empresas. Seus resultados possibilitaram questionar a noção de que havia uma única melhor forma de organizar os fatores da produção, independentemente do contexto em que eles estavam inseridos. Verificou-se que as formas organizacionais mais eficientes dependiam tanto do ambiente organizacional no qual as organizações estavam inseridas quanto do tipo de tecnologia que era utilizada. Não há aqui, portanto, um abandono da ideia de que é possível estabelecer *a priori* as melhores formas de organização. Considera-se apenas que a forma como isso deve ser feito depende de fatores que são externos à organização, que deve se adaptar aos fatores e contingências.

Em estudos empíricos sobre as estruturas organizacionais adotadas por empresas inglesas muito bem-sucedidas em diferentes ramos industriais, Burns e Stalker[35] concluíram que a melhor forma de delinear a estrutura das organizações dependia das características dos ambientes organizacionais nos quais estavam inseridas. As burocracias mecanizadas, consideradas na administração científica os formatos organizacionais mais eficientes, geravam bons resultados apenas em situações em que o ambiente organizacional era muito estável e previsível. Em ambientes mais instáveis e imprevisíveis, as empresas que adotavam estruturas denominadas orgânicas, caracterizadas pela sua flexibilidade, tinham melhor desempenho.

As pesquisas de Woodward[36] complementaram esses achados, abordando a relação entre as características das tecnologias de produção das empresas e suas estruturas organizacionais. A autora verificou que as empresas com melhor desempenho eram as que tinham estruturas organizacionais compatíveis com as características da sua tecnologia de produção, mais especificamente com a posição relativa das empresas no *continuum* volume-variedade. Organizações dedicadas a produção contínua ou a produção em massa, que produziam uma pequena variedade de produtos em grandes quantidades, eram mais eficientes quando adotavam estruturas organizacionais mecanizadas. Mas quando a as operações geravam um número maior de produtos em menor volume, estruturas mais flexíveis eram mais eficientes.

Por fim, os trabalhos de Lawrence e Lorsch[37] estenderam essas análises para a organização interna das empresas. Verificou-se que organizações que operam em ambientes turbulentos precisam de maior diferenciação interna. Apontou-se ainda que as estruturas organizacionais internas aos departamentos deveriam ser adequadas às contingências impostas pelas partes específicas do ambiente organizacional com as quais eles interagiam e pelas próprias características das suas operações. Assim, um departamento de pesquisa e desenvolvimento, por exemplo, deveria ser organizado de forma mais orgânica, enquanto uma área de contabilidade, submetida a rígidas rotinas e regulamentações, seria mais eficiente se organizada mecanicamente.

O desenvolvimento das abordagens contingenciais marcou um momento de inflexão no desenvolvimento das teorias organizacionais, desviando em certa medida a atenção de aspectos internos para o ambiente organizacional. Uma importante decorrência do seu desenvolvimento foi o desenvolvimento de teorias ambientais, dentre as quais destaca-se a teoria da dependência de recursos desenvolvida por Pffefer e Salancik.[38] Nessa abordagem, a organização é concebida como um organismo que depende de recursos do ambiente no qual está inserida para sobreviver. Em grande medida o trabalho dos gestores é voltado para gerenciar essas dependências, que incluem o acesso a capital, a matérias-primas, a trabalho qualificado, a informações e também a recursos amplamente imateriais, como, a legitimidade. No caso das empresas, assume-se ainda que os clientes são os recursos finais dos quais o negócio depende.

Gerenciando essas dependências, os gestores podem evitar que a organização fique em uma posição vulnerável em relação a outras organizações que compõe o ambiente. Deve-se ter especial atenção em relação aos recursos críticos, dos quais as organizações dependem para funcionar e que podem ter graus variáveis de escassez, o que afeta o seu valor. Para garantir o acesso a esses recursos, a organização pode adotar diferentes estratégias, desenvolvendo relações mais próximas e parcerias com fornecedores ou integrando suas operações vertical ou horizontalmente.

A abordagem da Dependência de Recursos também implica uma leitura específica das relações de poder no ambiente organizacional, que envolve uma concepção interacional e situacional das disputas de poder. Os recursos são uma base de poder e as redes de interdependência moldam disputas entre organizações distintas. O gerenciamento das dependências pelos gestores, portanto, depende de relações políticas entre organizações, sendo que um papel básico dos gestores é o de tentar cooptar o ambiente no qual as empresas estão inseridas.

Além da ascensão dessas abordagens ambientais nos estudos organizacionais, que como deve ter ficado claro, possuem focos e graus de normatividade bastante diversos, a flexibilização da concepção racionalizada de organização e sua atenção ao ambiente organizacional impulsionou transformações nas práticas dominantes de gestão da produção e a ascensão de outras áreas da administração.

Na gestão da produção, houve uma crescente flexibilização das práticas associadas à administração científica, que passaram a ser desafiadas pelo "modelo japonês". Zilbovicius[39] argumenta que esse modelo pode ser visto como produto de um processo de reconversão da própria administração científica ao ambiente organizacional japonês que se deu, sobretudo, por meio de altos gestores das empresas e de pessoal não técnico, com visão ampla do negócio. Isso fez com que elas fossem incorporadas de forma mais amplas e flexíveis, como um conjunto de ferramentas, e fossem também combinadas com repertórios próprios de comportamento. Um dos aspectos mais importantes do que ficou conhecido como Produção Enxuta é justamente a flexibilização da rígida orientação interna das técnicas da organização científica do trabalho. Reconhece-se ainda que as incertezas dos mercados não poderiam ser eliminadas e que o isolamento da produção por estoques consistia em uma estratégia custosa, optando-se por subordinar a lógica da produção à do mercado, tratando-se de um modelo de gestão da produção consistente com a concepção da organização racionalizada como um sistema aberto.

Essas transformações nas práticas dominantes de gestão da produção estão associadas à ascensão de técnicas de racionalização da ação do mercado, possibilitada com constituição da área profissional do marketing, como veremos a seguir.

7.3.3.2 A ascensão das áreas de marketing e vendas, a diversificação dos negócios das empresas e a racionalização da estratégia

Associado ao questionamento da ideia de que a busca de eficiência interna das organizações era, senão a única, a principal forma de garantir seu crescimento nos estudos organizacionais, verificou-se a configuração da área de marketing como um importante domínio profissional na administração de empresas. O marketing se desenvolveu sobretudo após a crise de 1929, que, como mencionado, afetou a efetividade das estratégias de produção em massa, que viam seus consumidores como homogêneos e apostavam na competição baseada em custo de produtos padronizados. O bom desempenho relativo de empresas que contavam com linhas de produtos diferenciadas, fez com que outras empresas passassem a imitá-las, o que gerou a ascensão de um novo modelo de gestão das grandes empresas. A ascensão da General Motors sob o comando de Alfred Sloan talvez seja um dos casos mais significativos dessa nova forma que encontrada pelas empresas de competir.

De forma geral, o marketing envolve uma racionalização das estratégias de comercialização dos produtos das empresas que parte da ideia de que os consumidores são heterogêneos. Propõe-se que as empresas devam buscar atender às demandas específicas dos diferentes segmentos de consumidores por meio de diferentes linhas de produtos, com diferentes preços, canais de comercialização e formas de divulgação. Por meio da composição desse marketing *mix*, a empresa deve definir um posicionamento nos diferentes mercados, buscando cativar grupos específicos de consumidores.

Por volta dos anos 1950, novas regulamentações antitruste foram aprovadas pelo governo Roosevelt.[40] Destacam-se as leis Celler-Kefauver, publicadas nos Estados Unidos, que restringiram ainda mais as aquisições e fusões horizontais e verticais, dificultando estratégias de crescimento por integração vertical comumente utilizadas por empresas em massa e também dificultando ainda mais fusões e aquisições entre concorrentes.

Perante as restrições impostas pelas novas regulamentações, as empresas passaram gradualmente a adotar um novo conjunto de estratégias centradas no crescimento por meio de investimentos em novos negócios não diretamente relacionados com a área de especialização da empresa, formando grandes conglomerados diversificados. As grandes empresas passam, assim, a se preocupar em compor um portfólio diversificado de negócios.

Para viabilizar a implementação racional dessas estratégias, um conjunto de conhecimentos e técnicas profissionais se desenvolveu e se difundiu. Destacam-se as ferramentas de gestão de portfólio, que passaram a ser implementadas massivamente por empresas de consultoria estratégica, como a matriz do *Boston Consulting Group* (BCG). Trata-se de uma técnica que ajuda as empresas a avaliar sistematicamente e alocar recursos entre as múltiplas unidades de negócio não relacionadas que elas passam a ter com a formação dos conglomerados. Busca-se a composição de um portfólio equilibrado de atividades com variados graus e risco e rentabilidade.

Isso é feito assumindo como pressuposto que somente a produção em escala dos produtos possibilita a conquista de elevada fatia de mercado, a redução de custos de produção e a ampliação das margens de ganho. Toma-se também como referência uma avaliação da posição ocupada pelos diferentes produtos em seus ciclos de vida, avaliando-se seu potencial de crescimento. De forma geral, a técnica recomenda altos investimentos em produtos e serviços nos quais as organizações contam com elevada participação no mercado. Entre esses, deve-se investir fortemente em produtos de mercados com elevados potenciais de crescimento (produtos "estrela") e rentabilizar os ganhos com produtos com menor potencial de crescimento e que têm forte contribuição para a manutenção do fluxo de caixa ("vacas leiteiras"). Entre os produtos em que a empresa conta com baixa participação relativa no mercado, verifica-se duas possibilidades. Quando o produto contar com alto potencial de crescimento, pode-se, caso haja condições financeiras favoráveis, investir pesado nele para conquistar espaço no mercado e para que ele se torne "estrela". Por outro lado, recomenda-se deixar de lado os produtos com baixo potencial de crescimento ("abacaxis").

		Participação relativa no mercado	
		Alta	Baixa
Crescimento do mercado	Alto	Estrela	?
	Baixo	Vaca leiteira	Abacaxi

Figura 7.4 Matriz BCG.

Até os anos 1960, o termo estratégia era pouco aplicado aos negócios, tendo seu uso limitado à política e à atividade militar.[41] Com o surgimento da orientação externa da organização racionalizada, o termo passou a ser intensamente utilizado no mundo dos negócios. Entre as diversas abordagens do pensamento estratégico contemporâneo,[42] verifica-se que as abordagens precursoras, que são as mais influentes nas práticas empresarias, estão fortemente associadas ao que chamamos de concepção externa da organização racionalizada. Destacam-se as chamadas de escola do Design, preconizada pela obra de Andrews,[43] a do Planejamento, inaugurada por Ansoff,[44] e a do Posicionamento, bem representada por Porter.[45]

Como se sabe, essas abordagens são fortemente complementares e operam de forma bastante articulada nas práticas administrativas. A escola do Design propõe que a estratégia seja concebida com base na conciliação de possibilidades externas e capacidades internas, utilizando-se da conhecida análise SWOT (*Strength, Weaknesses, Opportunities e Threats*). Concebe-se a criação da estratégia como um processo criativo e interacional que deve criar estratégias claras, simples e específicas, facilitando sua implementação. Na visão dessa escola, trata-se de um processo individual, de responsabilidade do executivo principal, e informal.

A escola do Planejamento propõe a formalização e documentação do processo de elaboração da estratégia, conduzida por planejadores com boa formação. Os autores dessa abordagem propõem uma racionalização dos processos e procedimentos de formulação da estratégia que, de forma geral, envolve a (i) discussão de premissas (valores e análise do ambiente organizacional); (ii) o estabelecimento de diretrizes estratégicas (missão, visão e objetivos estratégicos); (iii) a definição dos planos, objetivos e metas de longo, médio e curto prazos; (iv) a organização e definição de responsabilidades; e (v) o controle acerca da realização do planejado. Aqui, o planejamento estratégico é visto aqui como um processo hierárquico, realizado de cima para baixo e deve ser altamente documentado e burocratizado.

Enquanto as escolas do *Design* e do Planejamento limitam-se a detalhar a forma do processo de planejamento, a escola do Posicionamento detalha o seu conteúdo. Propõe-se que a definição da estratégia se dê levando em conta as diferentes estratégias genéricas possíveis e a forma como elas operam nas circunstâncias concretas de uma organização específica, que podem ser avaliadas usando o consagrado modelo das 5 forças, optando-se por estratégias de liderança em custo, diferenciação ou de foco. Dispensa-se assim a premissa da escola do Design de que as estratégias são únicas e também se tende a minimizar a importância do processo formal de planejamento.

Apesar das diferenças entre essas abordagens, todas assumem que a criação da estratégia é um processo relativamente racional e deliberado facilitada pela utilização de certas técnicas. Em geral, tratam-se de atividades restritas à alta administração, que é apoiada por conjunto especializado de analistas, havendo uma forte separação entre os que desenvolvem a estratégia e os que as executam. Assume-se ainda como pressuposto que os gestores são atores racionais plenamente capazes de analisar o ambiente no qual a empresa está inserida e propõe-se um conjunto de técnicas a partir das quais é possível desenvolver estratégias, o que faz com que sejam altamente consistentes com o modelo externo da organização racionalizada e explica sua rápida difusão a partir dos anos 1960.

7.3.3.3 A administração por objetivos, controle por padronização de resultados e as estruturas organizacionais multidivisionais

A ascensão do planejamento estratégico está ligada a novas formas de controle que emergem nas organizações associadas à busca de flexibilização das estruturas burocráticas. Essas propostas partem de uma crítica aos mecanismos de coordenação pela padronização dos processos defendidos pelos autores clássicos da administração. Tais propostas passaram a enfrentar a resistência de acadêmicos e das novas gerações de trabalhadores e gestores que chegavam ao mercado de trabalho.

Entre as críticas acadêmicas, destacam-se as elaboradas pelos autores da Escola das Relações Humanas, como Elton Mayo, e dos estudiosos da motivação da psicologia organizacional, como Maslow e Hezberg. Para esses autores, que como mostra Morgan elaboraram trabalhos consistentes com a concepção da organização como um sistema aberto, os métodos burocráticos tradicionais e do taylorismo-fordismo não levavam em conta que a operação eficiente dos aspectos formais da organização dependia da dinâmica informal no trabalho e dos anseios e necessidades pessoais dos trabalhadores. Na mesma linha, os autores das vertentes sociotécnicas, Fred Emery e Eric Trist, criticavam os métodos clássicos propondo que a transformação da eficiência potencial dos sistemas técnicos em eficiência real dependia da sua integração com os sistemas sociais da organização. A partir de outra perspectiva, Herbert Simon questionou o pressuposto clássico da racionalidade ilimitada, propondo que os técnicos eram incapazes de criar padrões de realização dos processos capazes de lidar com todas as contingências das situações reais de trabalho, o que fazia com que as técnicas clássicas acarretassem ineficiências.

Como mostram Bolstanski e Chiapello,[46] as propostas clássicas também desagradavam novas gerações de gestores e trabalhadores, que as consideravam excessivamente rígidas e autoritárias. Esses atores organizacionais demandavam mais autonomia para a realização dos seus trabalhos e defendiam uma flexibilização dos métodos clássicos.

A Administração por Objetivos (APO), proposta por Peter Drucker, constituiu em uma importante resposta para essas críticas. Nela, propõe-se a substituição dos mecanismos de coordenação pela padronização dos processos pela coordenação pela padronização dos resultados. Assim, em vez de os gestores controlarem a forma como o trabalho era realizado, eles deveriam se concentrar em avaliar se os objetivos organizacionais propostos estavam ou não sendo atingidos. Os gestores deveriam, assim, dar uma autonomia bem enquadrada para seus subordinados, atendendo aos seus anseios de mais liberdade e responsabilidade no trabalho e também as indicações dos teóricos organizacionais. A APO é fortemente articulada e consistente com as propostas emergentes das escolas da estratégia anteriormente destacadas, e o processo de planejamento estratégico é que deveria subsidiar a construção do conjunto de objetivos e metas organizacionais. Ela também é consistente com os achados de March e Simon[47] sobre os processos decisórios nas organizações. Esses autores indicam que a padronização de objetivos consiste em uma forma mais realista e efetiva de os gestores monitorarem o ambiente e controlarem a dinâmica interna da organização.

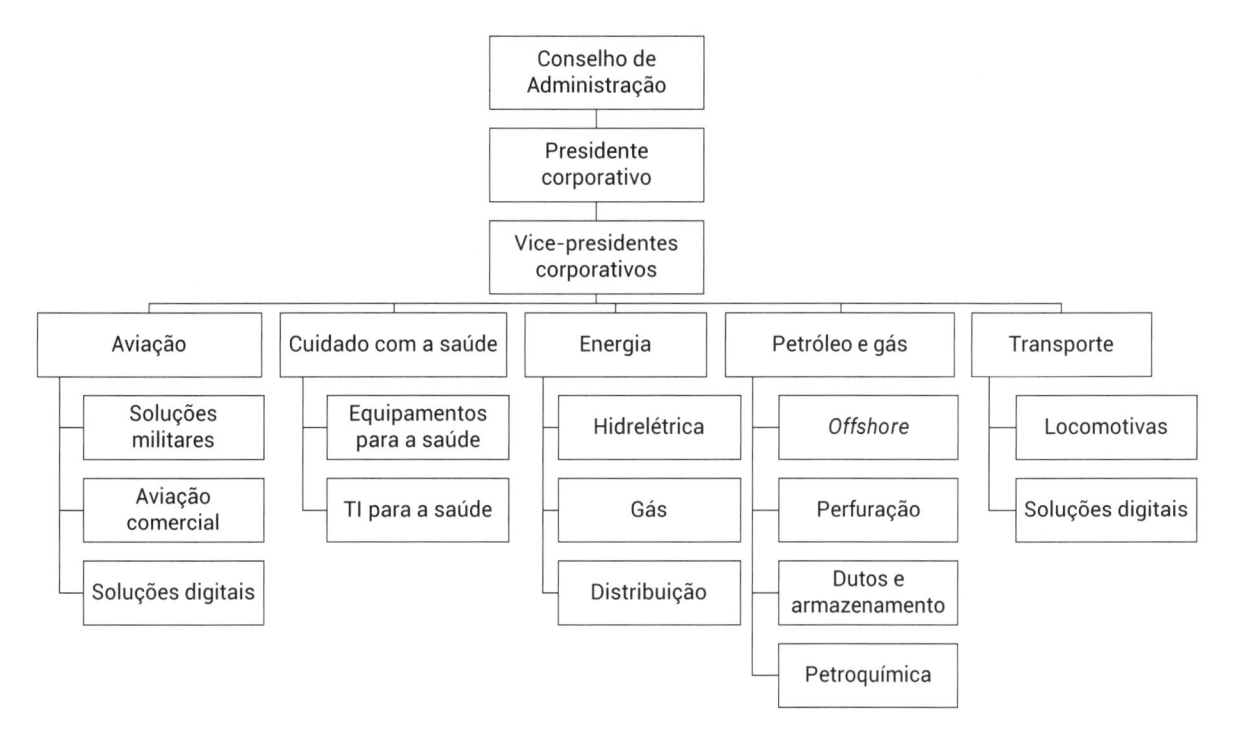

Figura 7.5 Estrutura organizacional multidivisional.

Como indica Mintzberg,[48] essas formas de controle são incorporadas nas estruturas organizacionais multidivisionais, que se tornam as estruturas predominantes das grandes empresas do período. Essas estruturas, adequadas às estratégias de negócio baseadas em diversificação que se tornam importantes, reorientam o topo das estruturas organizacionais burocráticas com base em formas de departamentalização baseadas nos resultados a serem obtidos (sejam elas por cliente, por território com base outros critérios de departamentalização que tomem os mercados finais como parâmetros) e não mais nos processos. Tratam-se de variações das estruturas funcionais tradicionais que a adequam à nova visão predominante, das organizações como um portfólio de negócios não relacionados. Esses negócios são integrados em uma estrutura única, constituindo uma estrutura burocrática por meio do qual esses conglomerados podem ser gerenciados de forma unificada. Nessas, portanto, as unidades específicas estão submetidas aos resultados mais gerais dos grupos empresariais, administrado de forma integrada.

A seguir, detalhamos como a ascensão desse modelo também influenciou transformações nas práticas dominantes de gestão da produção.

7.4 O MODELO DAS ORGANIZAÇÕES EM REDE E SEUS POSSÍVEIS DESENVOLVIMENTOS

Há um crescente grau de consenso entre os pesquisadores das organizações de que o modelo das organizações racionalizadas, apesar de ainda extremamente influente, começou a perder força a partir dos anos 1980. Nesse processo, as organizações fordistas e os conglomerados, gigantescos e burocratizados, que eram instituições sociais básicas da sociedade industrial, e vistas como sinônimos de eficiência, se tornaram "elefantes brancos", sendo considerados inchados, lentos e pouco flexíveis e rentáveis. Ao mesmo tempo, novas representações culturais dominantes acerca das organizações nas quais elas são crescentemente pensadas como redes ou, em certos casos, como nexos de contratos e projetos têm sido construídas.

Como decorrência dessas transformações, alguns autores, como Davis,[49] apontam que o próprio termo "organização", associado historicamente ao modelo racionalizado, não faria mais sentido e que essas importantes instituições deixariam cada vez mais de ser centrais em nossas sociedades. Apesar disso, nesta parte do capítulo, utiliza-se o termo organizações em rede, atribuindo-se à noção de organização um sentido mais abrangente, capaz de abarcar tanto mecanismos de coordenação hierárquicos quanto mecanismos de coordenação da ação coletiva que associamos à ideia de rede.

Inicialmente, serão analisados os processos históricos que conduziram ao surgimento desse modelo de organizações, abordando-se ainda algumas de suas características básicas. Em seguida, as formas de coordenação ditas interorganizacionais, que são o cerne do modelo e ganham enorme importância, são abordadas. Trata-se, então, de aspectos mais relacionados com a operação interna do modelo, ainda que essas estruturas tendam a ficar cada vez mais voláteis e as fronteiras entre o que o que está dentro e o que está fora das organizações torne-se crescentemente indistintas e até irrelevantes.

7.4.1 Surgimento e características das organizações em rede

A partir dos anos 1960, as condições políticas e culturais que davam base para a hegemonia das organizações racionalizadas começaram a sofrer importantes transformações. Em vários países, mas sobretudo nos Estados Unidos e na Inglaterra, houve uma forte remobilização e ascensão de ideologias e grupos políticos defensores do liberalismo econômico. Essa ascensão foi possibilitada pela ocorrência de crises econômicas associadas aos choques do petróleo, à instabilidade monetária e a situações de prolongada estagflação, que propiciaram a visão de que as sociais democracias e as políticas macroeconômicas keynesianas a elas associadas, amplamente dominantes desde o fim Segunda Guerra Mundial, estavam esgotadas. Defendia-se, de forma geral, a existência de um "excesso de democracia",[50] em um processo que culminou na eleição de Ronald Reagan nos Estados Unidos e Margareth Thatcher no Reino Unido.

A ascensão do que os críticos denominam "neoliberalismo" envolveu uma interpretação crítica acerca da concepção da empresa burocrática. Merecem destaque as críticas originárias da economia financeira, que questionavam a separação entre propriedade e controle decorrente da Revolução dos Gerentes, propondo-se uma concepção alternativa de empresa. Essas críticas são discutidas por Davis, que destaca as visões elaboradas por autores como Henry Manne[51] e Jensen e Meckling.[52] Para esses economistas, a ideia de que os administradores profissionais deveriam ter completa autonomia na gestão era intolerável, fazendo com que organizações relaxassem a busca pela maximização dos lucros, pagassem salários maiores do que o preço de equilíbrio do mercado de trabalho e cobrassem os empregados menos do que podiam. Em sua visão, a pouca ênfase dos executivos na maximização dos resultados para os acionistas gerava distorções na economia de mercado e tornava as empresas ineficientes. Em sua elaboração, Jensen e Meckling questionam ainda a visão da organização como uma instituição social, propondo que as firmas deveriam ser interpretadas como uma ficção legal, como um nexo de contratos.

A visão promovida por esses economistas estava alinhada com a dos executivos da área financeira das empresas, que haviam se tornado crescentemente importantes, assumindo o comando de um número significativo de organizações com a diversificação dos negócios e a implantação das estruturas organizacionais multidivisionais.[53] Isso porque a avaliação do desempenho dos diferentes negócios nos quais os conglomerados estavam inseridos demandava que esses profissionais as olhassem como um portfólio de projetos e investimentos.

Ao longo dos anos 1970 e 1980, uma série de mudanças nas regulamentações, destacando-se as promovidas pelo Governo Reagan nos Estados Unidos, foram influenciadas por essas ideias dos economistas financeiros, gerando alterações nas relações de poder entre o setor produtivo e o mercado de capitais. Mudanças nas leis possibilitaram que grandes atores financeiros, como os Fundos de Pensão e Empresas de Seguro, passassem a investir em ações. Já alterações nas leis antitruste possibilitaram ainda que esses e outros investidores institucionais pudessem realizar operações de fusão e aquisição que implicassem no controle acionário das empresas, o que abriu caminho para uma enorme onda de aquisições hostis, nas quais atores financeiros tomavam o controle de empresas, sobretudo as que julgavam ter um desempenho ruim, reunificando propriedade e controle. Para se ter noção do tamanho desse movimento, cerca de 1/3 das maiores empresas dos EUA tiveram seu controle tomado entre meados dos 1980 e meados dos 1990.[54]

Essas transformações convergentes alteraram as relações de poder existentes entre executivos e proprietários das empresas, possibilitando que estes passassem a controlá-las, na chamada "Revolução dos Acionistas". Com isso, o setor financeiro passa a ser capaz de impor mais fortemente seus fins, fazendo com que as empresas se tornem instrumentos para a obtenção de lucros financeiros. A dinâmica das empresas fica crescentemente submetida à dinâmica do campo financeiro, que se caracteriza por sua elevada mobilidade e flexibilidade, deslocando seus investimentos com o auxílio de tecnologias da informação com elevada velocidade e frequência entre diversos países, setores e tipos de investimento, de forma a aproveitar as melhores oportunidades e evitar qualquer ameaça, o que também está associado a uma tendência de desterritorialização e de mundialização da economia.[55]

O domínio financeiro submete as empresas não só a essa dinâmica de fluidez, mas também a uma concepção de organização e a ferramentas de gerenciamento específicas. Nesse modelo, não mais o crescimento, mas a rentabilidade e o valor gerado aos acionistas passam a ser a medida suprema do sucesso da empresa. Há uma tendência de reorientação e de redução do horizonte temporal das estratégias, evitando-se investimentos com prazos de retorno muito longos e priorizando a realização dos lucros em prazos mais curtos. Há também uma tendência de aumento da alavancagem financeira e valorização de uma gestão austera, com um controle estrito de custos. Aliás, como já mencionado, as estruturas gigantescas das organizações racionalizadas passam crescentemente a ser vistas como lentas e ineficientes pelos novos controladores, que tendem a adotar políticas agressivas de desverticalização ou *downsizing*.[56]

Uma questão fundamental na operação da concepção financeira de empresa é garantir que os gestores, presentes no dia a dia das organizações, não atuem em função dos seus próprios interesses, mas sim para realizar os interesses dos proprietários. Por conta disso, a abordagem da Teoria da Agência,[57] que se ocupa das formas de resolução do potencial desalinhamento dos interesses entre principais (acionistas) e agentes (executivos), torna-se uma referência importante na administração a partir dos anos 1980. Propõe-se que o alinhamento da ação entre esses agentes autointeressados pode ser obtido por meio de contratos e arranjos de governança específicos, que criem incentivos para ambas as partes e que possam ser monitorados. É com base nessa literatura que se legitimam e se difundem novas formas de remuneração dos CEOs, que passam a ser vinculadas ao valor da ação das empresas e a envolver a possibilidade de aquisição e controle acionário por meio da compra de ações. Com isso, cria-se um incentivo para que os principais gestores atuem sempre em favor dos proprietários, o que acaba gerando uma enorme ampliação da remuneração dos executivos e das desigualdades salariais nas organizações.[58]

A Teoria da Agência se torna ainda uma referência importante para a construção de ferramentas da governança corporativa, que passam a ser utilizadas para controlar a empresa de fora, isto é, pelos acionistas. Estabelece-se por meio delas um conjunto de contratos para regular a relação entre acionistas, conselheiros, diretores, órgãos de controle e demais partes interessadas. Esses arranjos envolvem definições acerca da estrutura de propriedade das empresas, da abertura para investimento estrangeiro, do relacionamento com credores e com investidores institucionais e da operação no mercado de capitais. Busca-se ainda evitar conflitos de interesses entre os membros dos conselhos e da diretoria (como pela formação de *interlockings*), além da definição das formas de remuneração dos CEOs, anteriormente mencionadas.

7.4.2 Desconstruindo as fronteiras com o ambiente: financeirização e a organização como um nexo de contratos e projetos

A ascensão da concepção das empresas em rede está associada à visão de que a empresa deve ter um foco de atuação especializado, focando no seu *core business*. Com isso, as várias divisões da grande hierarquia burocrática dos conglomerados diversificados, criticados por sua ineficiência na alocação de capital, são desintegradas em várias empresas menores focadas em negócios específicos. O advento do capitalismo dos acionistas envolveu uma ampla onda de aquisições forçadas (*hostile takeovers*), de grandes conglomerados diversificados que eram desmembradas em várias empresas menores, com algumas sendo posteriormente revendidas. Os conglomerados eram desvalorizados pelo mercado de capitais e considerava-se que suas partes separadas valiam muito mais do que o todo. Essas partes, em geral, eram vendidas para outras empresas em indústrias relacionadas, o que nos Estados Unidos passou a ser possível com as reformas liberalizantes realizadas pela gestão Reagan.

A decisão sobre os negócios em que as empresas deveriam se manter passou a ser feita cada vez mais com base na avaliação do potencial de retorno financeiro, havendo desinvestimentos nas empresas com menor potencial de retorno, que tendem a ser compradas por grupos menores ou com interesses específicos. Uma técnica comumente usada para a avaliação do desempenho financeiro de negócios específicos é o *Economic Value Added* (EVA), que, ao medir a relação entre lucro líquido e custo de oportunidade do capital, oferece a possibilidade de medir continua e sistematicamente lucratividade diferencial de cada unidade e subsidiar tomadas de decisões estratégicas.[59] Além do foco nos negócios com maior potencial de retorno, Davis[60] aponta uma recorrente preferência por ativos com maior liquidez, que podem ser negociados com maior velocidade. Isso fez com que ativos imateriais, por vezes associados a conhecimentos altamente sofisticados, como uma fórmula química ou uma marca, passassem a ser mais valorizados do que ativos mais concretos, como fábricas e unidades produtivas. Verifica-se também uma desvalorização das atividades manufatureiras e produtivas, que tendem a ser crescentemente subcontratadas e realizadas em países com mão de obra mais barata.

A nova concepção de empresa, baseada em uma lógica financeira, tende ainda a optar sempre que possível pela terceirização de suas atividades em detrimento da produção própria, o que está associado ao imperativo do foco no negócio chave. Assim, as organizações altamente integradas para a frente e para trás tornam-se cada vez mais raras, o que gera novos desafios do ponto de vista da coordenação das operações com atores a jusante e a montante nas cadeias produtivas. O abandono da coordenação das operações por meio de hierarquias, envolve a ascensão das formas de governança em rede. É nesse contexto que se recupera da obra de Alfred Marshall a ideia de Distritos Industriais, exaltando-se a formação de *clusters* de pequenas e médias empresas de forma a possibilitar a especialização flexível.[61]

Com essas transformações, o formato bem definido das fronteiras das organizações racionalizadas, que deixava claro o que estava dentro e o que estava fora das empresas, foi fortemente desconstruído.[62] A operação das empresas passa a depender de uma rede de organizações e indivíduos, coordenados por nexos de contratos formais e também informais que deixam de possuir vínculos trabalhistas com a organização e passam a ter vínculos comerciais. É comum que a operação das grandes empresas ocorra com base em um grande conjunto de pequenas e médias organizações contratadas para prestar serviços específicos. Não é raro que funcionários dessas empresas trabalhem dentro das grandes, atuando nas mesmas tarefas que antes eram realizadas por membros dos seus quadros de funcionários.

Essas práticas possibilitam maior flexibilidade em sua operação e eliminam custos fixos. Em geral, entretanto, essas empresas menores oferecem condições de trabalho muito menos favoráveis aos trabalhadores, que na prática perdem benefícios e garantias do modelo racionalizado.[63] Vale ressaltar que elas tendem a ocorrer em cascata, com as empresas mais periféricas da rede de suprimentos concentrando empregos mais precários. Há, ainda, uma transferência massiva de postos de trabalho e estoques dessas empresas maiores para outras empresas médias e pequenas, do setor de manufatura para o setor de serviços e de muitos países centrais do capitalismo para países periféricos e emergentes.

7.4.3 Liderança, trabalho em grupo e as estruturas organizacionais por projeto

Além da atenuação das fronteiras das organizações, analisada anteriormente, o fortalecimento da nova concepção de empresa gerou alterações significativas no interior delas. Como observa Grün,[64] a ideia predominante sob a hegemonia das organizações racionalizadas de que o ambiente de trabalho deve apresentar estabilidade, constituindo uma comunidade estável, na qual seja possível desenvolver uma carreira, deixa de ser axiomática. Isso, evidentemente, tem a ver com a própria desconstrução das fronteiras das organizações e a ampliação e aprofundamento das conexões externas. Entretanto, as mudanças afetam também os "privilegiados" que mantém seu vínculo trabalhista com as organizações, integrando seu quadro de funcionários.

De forma geral, mesmo nas situações em que se verifica a existência de contratos de trabalho, a dinâmica interna passa a ser mais próxima das relações de mercado, o que tem a ver com a imposição da visão dos investidores aos gerentes e outros que efetivamente vivenciam a organização. Os salários e as condições passam a ser cada vez mais negociados continua e individualmente prestando-se maior atenção à situação do mercado de trabalho e evitando-se pagar mais aos funcionários específicos do que o "preço de equilíbrio" de sua mão de obra. Funcionários ganhando mais do que salário de mercado são vistos como indevidamente favorecidos e tendem a ser eliminados, mesmo quando contam com longo histórico de trabalho na empresa. O ambiente de trabalho se torna mais instável e passa a não ser mais possível garantir aos trabalhadores sua permanência em suas posições, da mesma forma como os clientes não garantem que continuarão adquirindo os produtos da empresa. A presença dos trabalhadores terceirizados no ambiente de trabalho pode ainda representar uma ameaça constante para os funcionários do "núcleo" das empresas.

O esvaecimento das garantias que organizações racionalizadas forneciam a seus funcionários foi acompanhado da emergência de uma retórica estimulando os funcionários a cuidarem de suas próprias carreiras e de terem uma postura empreendedora. Diferentemente do que ocorria com o predomínio das organizações racionalizadas, nas quais o acordo era que os empresários deveriam assumir os riscos do negócio, promovendo o engajamento dos funcionários ao possibilitar-lhes estabilidade e garantias, na nova concepção de organização assume-se que todos devem assumir os riscos.[65] Passa também a ser responsabilidade dos próprios trabalhadores que eles se mantenham "empregáveis", investindo na sua própria formação. Apesar de em situações pontuais os riscos assumidos poderem ser recompensados com bonificações, evidentemente, a apropriação dos ganhos continua a ser dos proprietários das empresas.

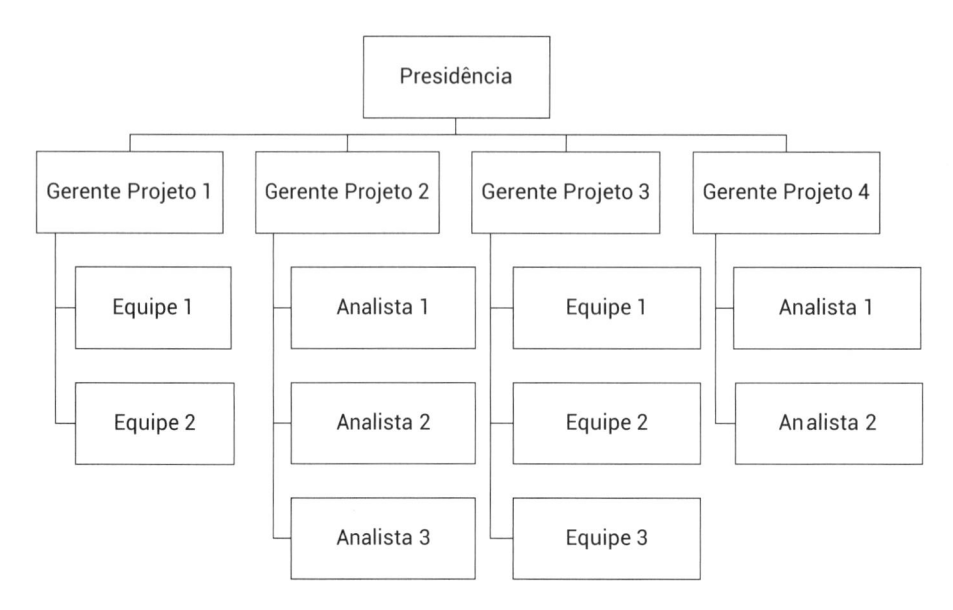

```
                        Presidência
        ┌───────────┬───────────┬───────────┐
  Gerente Projeto 1  Gerente Projeto 2  Gerente Projeto 3  Gerente Projeto 4
```

Figura 7.6 Estrutura organizacional por projetos.

A intensificação do ambiente de competição interna, decorrente da tendência de individualização da avaliação do desempenho, do aumento da competitividade e das maiores instabilidades dos novos formatos organizacionais, possibilita uma amenização das hierarquias formais e rígidas das organizações racionalizadas. Parte-se da ideia de que trabalhadores devem assumir responsabilidades por resultados e ter autonomia para a realização de suas tarefas. Evidentemente, essa maior liberdade é acompanhada por um aumento nas cobranças por resultados, que também passam a ser crescentemente individualizadas e de maior competição e influência da lógica do mercado na regulação do trabalho.

No que concerne às estruturas organizacionais, verifica-se um crescimento do uso de estruturas organizacionais por projetos, que por vezes convivem com estruturas funcionais típicas das organizações racionalizadas, ainda amplamente influentes, configurando estruturas matriciais. Os projetos são conjuntos de atividades encadeadas com uma duração predeterminada, para os quais funcionários com perfis específicos são contratados ou nos quais funcionários do quadro permanente são alocados. Como notam Boltanski e Chiapello,[66] os projetos são constituintes nas organizações em rede, uma vez que são pretextos para o estabelecimento de conexões na rede e operam como comunidades e espaços temporários de cálculo. A passagem por diversos projetos possibilita ainda que as pessoas acumulem vínculos e aprendizados que poderão ser ativados posteriormente durante suas carreiras autônomas.

No interior das equipes dos projetos prevalecem estruturas adhocráticas,[67] adotadas a fim de flexibilizar as grandes organizações burocráticas. Elas envolvem pouca prescrição das tarefas e um grau relativamente elevado de autonomia para os trabalhadores, sendo vistas como mais adequadas para atividades pouco repetitivas e em contextos muito dinâmicos. Prevalece a comunicação e o controle horizontal entre pessoas dos mesmos níveis hierárquicos, que não era prevista nas estruturas mais racionalizadas, havendo também espaço para diversidade e embates de justificações, no que Stark[68] denomina heterarquia. Os chefes tendem crescentemente a ser vistos como líderes, não se impondo por meio da coerção, mas por meio da sua capacidade de mobilização e de construção de sentido para o trabalho em equipe.[69] A capacidade de mobilização dos líderes pela criação de visões compartilhadas deve garantir que as pessoas se engajem no seu trabalho sem ninguém mandar. Líderes são intuitivos e adotam uma linguagem reticular, ao passo que os chefes são racionais e adotam uma linguagem hierárquica.

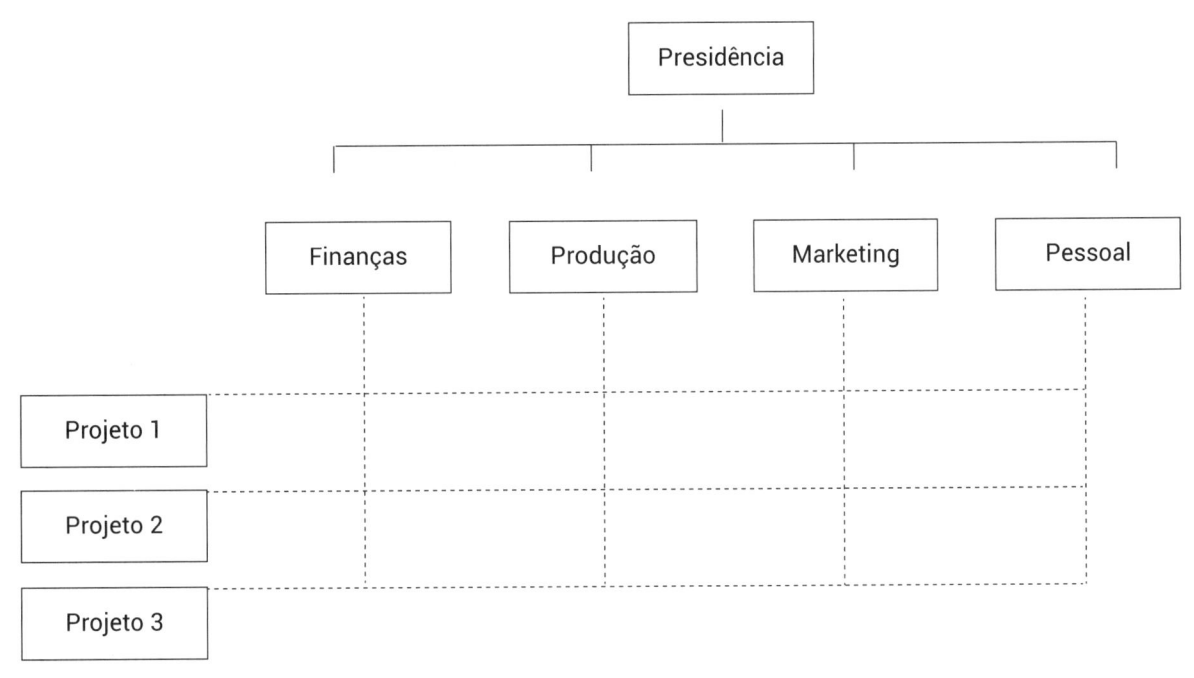

Figura 7.7 Estrutura organizacional matricial.

De forma geral, o declínio do controle coercitivo pode ser associado com tendências geradas com o desenvolvimento das civilizações ocidentais identificadas por Norbert Elias.[70] Para esse autor, o "processo civilizatório" é caracterizado por processo de gradual diferenciação das formas de comportamento de acordo com as situações cada vez mais diversas vivenciadas como decorrência do processo de divisão social do trabalho. Esse processo envolve um autocontrole das emoções de acordo com os constrangimentos sociais vigentes em espaços específicos de sociabilidade e está associado a monopolização do uso da violência pelo Estado. Assim, com a consolidação de certas esferas sociais, há uma tendência de que o controle passe a ser exercido cada vez mais a partir dos próprios indivíduos e não mais por meio de formas de ação coercitivas ou mesmo de regras externas. O próprio processo de consolidação das organizações ao longo do século XX teria, portanto, feito com que as formas esperadas de comportamento no seu interior se tornassem cada vez mais consensuais e difundidas, fazendo com que seja possível atenuar as hierarquias.

7.5 CONSIDERAÇÕES FINAIS

Um olhar mais superficial sobre as concepções organizacionais aqui analisadas e os processos históricos que possibilitaram seus predomínios pode sugerir que tratamos de visões e práticas estanques, que substituíram completamente umas às outras. Para prevenir essa interpretação equivocada é relevante considerar que a existência de hegemonias não implica totalidades e que essas visões convivem e moldam conjuntamente as práticas organizacionais. Os modelos operam, na verdade, como "tipos ideais"[71] e muito raramente existem em seu formato puro. Apesar de eles consistirem em sistemas de significação completos, que organizam a percepção dos atores sociais e reduzem a complexidade do mundo, dando base para a construção de lógicas das quais consequências podem ser deduzidas,[72] eles apenas orientam as práticas e não as determinam completamente.

Em linha do que propõem Boltanski e Thévenot,[73] é possível imaginar que na prática a convivência dessas visões de organização pode resultar em conciliações e em choques entre as lógicas que dão a base de sua operação. No primeiro caso, os conflitos decorrentes da sua irredutibilidade são apaziguados e configuram-se estruturas híbridas. Essas estruturas são inerentemente contraditórias e ambíguas e demandam um certo grau de boa fé e de negociação para serem mantidas, o que é consistente com a visão da organização como uma coalizão.[74] A conciliação entre o modelo tradicional e o racionalizado poderia ocorrer, por exemplo, em uma organização que tem uma cultura que ao mesmo tempo valoriza seus funcionários mais experientes e suas tradições, mas também conta com uma estrutura profissionalizada e com certo grau de impessoalidade. Também é totalmente plausível imaginar a existência de empresas que operam predominantemente com base na concepção em rede, mas que não abandonaram algumas de suas tradições e que valorizam o papel dos especialistas.

Por outro lado, é possível compreender muitos dos conflitos existentes nas organizações como choques entre elementos dos modelos em convívio. Os modelos implicam lógicas e valores distintos, que podem entrar em conflito, dando base para a elaboração de críticas legítimas entre os atores organizacionais. Com base no modelo racional é possível, por exemplo, criticar o comportamento "corporativo" de certos atores nas organizações e a concessão de privilégios e benefícios pessoais. Também é possível denunciar a partir dessa perspectiva o caos e a falta de controle e de previsibilidade das organizações em rede. De forma semelhante, com base no modelo em rede, seria possível condenar as hierarquias pessoais e as tendências coercitivas do modelo doméstico e também as hierarquias rígidas, frias e impessoais do modelo racionalizado.

Considerando a existência dessas nuances, espera-se que a apresentação mais extensiva dos modelos, dos processos que os originaram e das teorias organizacionais que a eles estão associados, contribuam para uma formação profissional e acadêmica consistente dos leitores. Este texto introdutório buscou oferecer fundamentos consistentes e realistas acerca dos fenômenos organizacionais e espera-se que eles os incitem para o aprofundamento e acumulação de senso crítico acerca de temas específicos por meio de pesquisas, estudos ou da reflexão sobre o dia a dia nas organizações.

EXERCÍCIOS

1. Explique os conceitos de autoridade tradicional e racional-legal e como se relacionam com o modelo tradicional e racional de organização.

2. Com base no capítulo, explique as origens da Teoria das Organizações e da profissionalização da gestão.

3. Explique como Taylor e Fayol buscaram controlar a produção, destacando as diferenças entre as abordagens desses clássicos.

4. O que são estruturas organizacionais multidivisionais? Por que essas estruturas foram alvo de críticas de investidores com a ascensão do modelo de organização em rede?

5. Empresas bem gerenciadas não precisam necessariamente ser grandes, mas sim rentáveis. Explique essa afirmação considerando a ascensão do modelo das organizações em rede.

6. Identifique as origens do modelo tradicional de organização?

7. Identifique a origem e aponte as principais características dos formatos organizacionais burocráticos.

8. Selecione uma organização e explique as características da burocracia com base nos conceitos anteriormente apresentados.

9. Explique a organização como sistemas abertos.

10. Explique a ascensão da governança corporativa no modelo das organizações em rede.

BIBLIOGRAFIA COMPLEMENTAR

CHANDLER, A. D. *The visible hand*. Harvard University Press, 1993.

MORGAN, G. *Imagens da organização*. São Paulo: Atlas, 1996.

VASCONCELOS, I. F. G.; MOTTA, F. P. *Teoria geral da administração*. São Paulo: Thomson, 2002.

NOTAS

1. REED, M. Organizational theorizing: A historically contested terrain. *In*: CLEGG, S. *The Sage handbook of organization studies*. Londres: Sage Publishing, 2006. p. 19-54.
2. MORGAN, G. *Imagens da organização*. São Paulo: Atlas, 1996.
3. CHANDLER, A. D. *The visible hand*. Cambridge: Harvard University Press, 1993.
   FLIGSTEIN, N. *The transformation of corporate control*. Cambridge: Harvard University Press, 1993.
   DAVIS, G. F. *Managed by the markets*: how finance re-shaped America. Oxford: Oxford University Press, 2009.
4. MEYER, J. W.; ROWAN, B. Institutionalized organizations: Formal structure as myth and ceremony. *American Journal of Sociology*, p. 340-363, 1977.
5. DUMONT, L. *Homo aequalis*: gênese e plenitude da ideologia econômica. Bauru: Edusc, 2000.
   POLANYI, K. *A grande transformação*. São Paulo: Leya, 2013.
6. DURKHEIM, E. *Da divisão social do trabalho*. São Paulo: Martins Fontes, 1999.
7. BOLTANSKI, L.; THÉVENOT, L. *On justification*: economies of worth. Princeton: Princeton University Press, 2006.
8. Dumont (2000).
9. WEBER, M. *Economia e sociedade*: fundamentos da sociologia compreensiva. Brasília: UnB, 1999, v. 1.
10. DECCA, E. de. *O nascimento das fábricas*. São Paulo: Brasiliense, 1982.
11. POLANYI, K. *A grande transformação*. São Paulo: Leya, 2013.
12. TAYLOR, C. *A secular age*. Cambridge: Harvard University Press, 2009.
13. BRAUDEL, F. *Civilização material, economia e capitalismo*: séculos XV-XVIII - os jogos das trocas. São Paulo: Martins Fontes, 1996.
14. HUBERMAN, L. *A história da riqueza do homem*. 21. ed. Rio de Janeiro: Zahar, 1981.
15. TILLY, C. *Coercion, capital, and European states, AD 990-1992*. Wiley-Blackwell, 1992.
16. HUBERMAN, L. *A história da riqueza do homem*. 21. ed. Rio de Janeiro: Zahar, 1981.
17. Dumont (2000). POLANYI, K. *A grande transformação*. São Paulo: Leya, 2013.
18. Dumont (2000).
19. SMITH, A. *A riqueza das nações*: investigação sobre a natureza e suas causas. São Paulo: Nova Cultural, 1988.
20. WEBER, M. *A ética protestante e o espírito do capitalismo*. São Paulo: Companhia das Letras, 2004.
21. Taylor (2009).
22. Weber (1999).
23. Morgan (1996).
24. ZILBOVICIUS, M. *Modelos para a produção, produção de modelos*: gênese, lógica e difusão do modelo japonês de organização da produção. São Paulo: Annablume, 1999.
25. Boltanski; Thévenot (2006).
26. GRÜN, R. *Decifra-me ou te devoro*: o Brasil e a dominação financeira. São Paulo: Alameda, 2016.
27. Davis (2009).
28. Fligstein (1993).
29. Fligstein (1993).
30. BOLTANSKI, L.; CHIAPELLO, È. *O novo espírito do capitalismo*. São Paulo: Martins Fontes, 2009.
31. Morgan (1996).
32. Fligstein (1993).
33. Fligstein (1993).
34. Morgan (1996).
35. BURNS, T.; STALKER, G. *The management of innovation*. Londres: Tavistock, 1961.
36. WOODWARD, J. *Industrial organization*: behaviour and control. Oxford: Oxford University Press, 1970.
37. LAWRENCE, P. R.; LORSCH, J. W. Differentiation and integration in complex organizations. *Administrative science quarterly*, p. 1-47, 1967.
38. PFEFFER, J.; SALANCIK, G. R. *The external control of organizations*: a resource dependence perspective. Stanford: Stanford University Press, 2003.
39. Zilbovicius (1999).
40. Fligstein (1993)
41. KIECHEL, W. *The lords of strategy*: the secret intellectual history of the new corporate world. Brighton: Harvard Business Press, 2010.
42. MINTZBERG, H.; AHLSTRAND, B.; LAMPEL, J. *Safári da estratégia*. Porto Alegre: Bookman, 2009.
43. ANDREWS, K. R. *The concept of corporate strategy*. Homewood, IL: Dow Jones Irwin, 1971.
44. ANSOFF, H. I. *Corporate strategy*: an analytic approach to business policy for growth and expansion. New York: McGraw-Hill, 1965

45 PORTER, Michael E. *Competitive strategy*: techniques for analyzing industries and competitors. New York: Simon & Schuster, 2008.

46 Boltanski; Chiapello (2009).

47 MARCH, J. G.; SIMON, H. *Teoria das organizações*. São Paulo: FGV, 1979.

48 MINTZBERG, H. *Criando organizações eficazes*. São Paulo: Atlas, 1995.

49 Davis (2009).

50 Essa remobilização é evidenciada pela formação de importantes *think tanks* para defender o liberalismo econômico, como a *Heritage Foundation*, a *Trilateral Comission*, a *Hoover Institution*, a *International Chamber of Commerce*, a *Milt Olin Foundation* e as *Boldeberg Meetings*, e de articulações entre elites econômicas e parlamentares como as realizadas no âmbito da *American Legislative Exchange Council* (ALEC).

51 MANNE, H. G. Mergers and the market for corporate control. *Journal of Political Economy*, n. 73, p. 110-120, 1965.

52 JENSEN, M. C.; MECKLING, W. H. Theory of the firm: managerial behavior, agency cost and ownership structure. *Journal of Financial Economics*, n. 3, p. 305-360, 1976.

53 Fligstein (1993)

54 USEEM, M. *Executive defense*: shareholder power and corporate reorganization. Cambridge: Harvard University Press, 1993

55 Boltanski; Chiapello (2009).

56 Davis (2009).

57 FAMA, E. Agency problems and the theory of the firm. *Journal of Political Economy*, n. 88, p. 288-307, 1980.

58 Davis (2009).

59 Grün (2016).

60 Davis (2009).

61 PIORE, M. J.; SABEL, C. F. *The second industrial divide*: possibilities for prosperity. New York: Basic Books, 1984.

62 DONADONE, J. C.; JARDIM, M. A. C. *As centralidades e as fronteiras das empresas do século 21*. Bauru: Edusc, 2011.

63 Boltanski; Chiapello (2009).

64 Grün (2016).

65 DIAS, A. V. C.; ZILBOVICIUS, M. Trabalho e criação de valor: financeirização da produção e novas formas de organização do trabalho. *In*: MONDADORE, A. P. et al. *Sociologia econômica e das finanças*: um projeto em construção. São Carlos: EdUFSCar, p. 119-132, 2009.

66 Boltanski; Chiapello (2009).

67 Mintzberg (1995).

68 STARK, D. *The sense of dissonance*: accounts of worth in economic life. Princeton: Princeton University Press, 2011.

69 Boltanski; Chiapello (2009).

70 ELIAS, N. *O processo civilizador*. São Paulo: Zahar, 1993, v. 2.

71 Weber (1999).

72 Grün (2016).

73 Boltanski; Thévenot (2006).

74 MARCH, J. G. The business firm as a political coalition. *The Journal of politics*, v. 24, n. 4, p. 662-678, 1962.

ENGENHARIA ECONÔMICA

8

*Edemilson Nogueira, Andrei Aparecido de Albuquerque
e Herick Fernando Moralles*

Neste capítulo são apresentados os principais conceitos e técnicas utilizados pela Engenharia Econômica para a realização de análises e comparações de alternativas de investimento.

Inicialmente, após uma breve introdução, descreve-se um conjunto de conceitos financeiros considerados básicos para os estudos de viabilidade econômica. Em seguida, utilizando a matemática financeira, desenvolvem-se algumas relações de equivalência de capitais para, na sequência, apresentar os principais métodos utilizados para análise de oportunidades de investimento. Também são apresentados o conceito de depreciação e o principal método utilizado no Brasil, no caso o método linear, para possibilitar, em seguida, realizar uma breve análise a respeito da influência do imposto de renda na comparação de oportunidades de investimento. Finalmente, encerra-se o capítulo com a descrição dos principais sistemas de amortização de empréstimos e financiamentos.

OBJETIVOS DE APRENDIZAGEM

Ao final do capítulo, o leitor deverá ser capaz de:
- Compreender os conceitos básicos utilizados na engenharia econômica.
- Saber desenvolver relações de equivalência de capitais.
- Saber utilizar os principais métodos utilizados para avaliação econômica de alternativas de investimento.
- Compreender como o imposto de renda pode influenciar a rentabilidade de uma oportunidade de investimento.
- Conhecer os principais sistemas de amortização de empréstimos e financiamentos.

8.1 INTRODUÇÃO

Os ativos físicos, habilidades humanas e competência tecnológica possuídos por uma empresa em um determinado momento são resultados de diversos investimentos realizados ao longo do tempo de vida da empresa.

As diversas funções existentes em uma empresa demandam continuamente da administração de recursos financeiros para investir em novos projetos. A área de Produção necessita adquirir novas máquinas e equipamentos, o setor de Pesquisa e Desenvolvimento precisa de recursos para ampliação dos laboratórios, o Marketing precisa de recursos para uma nova campanha publicitária etc. Entretanto, a quantidade de recursos disponível é limitada significando que, provavelmente, ela não terá recursos para atender todas as solicitações de capital para novos investimentos. Dessa forma, cabe a administração selecionar entre as oportunidades de investimento existentes aquelas que proporcionam melhores possibilidades de retorno, e que atendam às necessidades das diversas áreas da empresa para colaborar no sentido de mantê-la competitiva no ambiente em que atua.

Desse modo, as decisões de investimento devem ser tomadas de forma criteriosa, sendo sempre precedidas por um procedimento de análise que forneça um conjunto de informações aos administradores para que eles tomem a decisão correta.

Conforme destacado anteriormente, este capítulo apresenta os principais conceitos e técnicas que têm por objetivo a análise e a comparação de alternativas de investimento. Inicialmente, na próxima seção discutem-se alguns dos principais conceitos financeiros que sustentam os métodos utilizados pela engenharia econômica.

8.2 CONCEITOS BÁSICOS

Os estudos de viabilidade econômica, em geral, envolvem investimentos de capital realizados no presente que proporcionarão benefícios no futuro. Por exemplo, uma empresa manufatureira que deseja aumentar a eficiência de seu sistema de produção está estudando a viabilidade de aumentar a automatização de sua linha de montagem e, para isso, deverá investir uma quantidade de capital para adquirir diversos tipos de robôs. Para que a administração da empresa possa tomar uma decisão, favorável ou não, em relação ao investimento analisado é necessário equacionar a relação entre um desembolso realizado no momento atual e possíveis benefícios advindos do projeto nos períodos subsequentes. Nesse sentido, é necessário o conhecimento de diversos conceitos básicos que fundamentam o desenvolvimento da matemática financeira e que permitem a realização da avaliação envolvendo desembolsos e recebimentos em datas diferentes. A seguir descrevem-se os principais conceitos.

8.2.1 A diferença entre juros e taxa de juros

Os juros podem ser definidos como a remuneração do capital pelo seu uso alternativo. De outra maneira, os juros podem ser o valor recebido pelo empréstimo de uma determinada quantidade de capital, ou o valor pago por um empréstimo realizado.

Assim, em linhas gerais, o conceito de juro pode significar remuneração ou custo do capital, tal qual demonstrado na Figura 8.1.

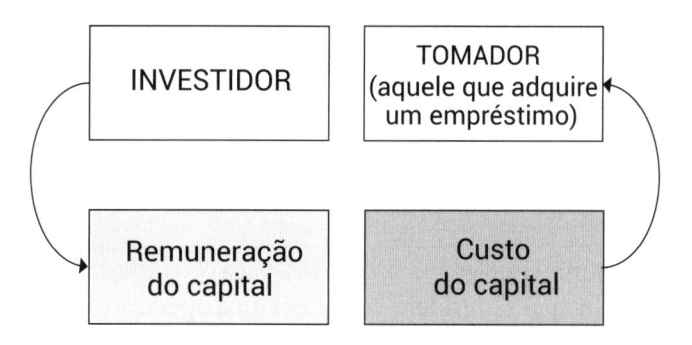

Figura 8.1 O conceito de juro.

O conceito de Taxa de Juros difere do conceito de Juros. De fato, os juros são expressos em termos de unidades monetárias, sendo simplesmente a diferença entre um valor no futuro (VF) e outro no presente (VP). Já a taxa de juros é a razão entre os juros pagos, ou recebidos, no final de um período de tempo e o capital emprestado, ou aplicado, no início do período. De maneira geral, é representado pela letra i e expresso na forma percentual.

$$i = \frac{Juro}{C_0} \times 100$$

i = taxa de juros na forma percentual

C_0 = capital na data zero

Portanto, a taxa de juros é o índice que determina a remuneração de um capital num determinado período (dias, meses, anos etc.). Especificamente, o dinheiro pode ser considerado como uma mercadoria, sendo possível considerar tal índice de remuneração como seu preço.

8.2.2 O valor do dinheiro no tempo e os regimes de capitalização

Tendo como referência os conceitos de juros e de taxa de juros, é possível remunerar certa quantidade de capital investindo em um projeto que se espera que seja rentável, emprestando a um terceiro e cobrando uma remuneração, ou mesmo aplicando em um ativo financeiro. A possibilidade de uma empresa, ou mesmo de um indivíduo, obter um ganho ao longo do tempo a partir do investimento do capital conduz ao conceito do valor do dinheiro no tempo.

Se o dinheiro possui valor no tempo, determinado volume de capital apresenta em datas diferentes valores também diferentes. Como exemplo, R$ 10.000,00 hoje não tem o mesmo valor que R$ 10.000,00 ao final de cinco ou dez anos.

O conceito de capitalização pode ser definido como o processo de acúmulo de capital por meio da adição de juros, ao longo do tempo, a uma certa quantidade inicial de capital. De outra maneira, um processo de capitalização reside na adição de juros a um capital (ou valor presente – VP), de modo a gerar um montante (ou valor futuro – VF). Desse modo:

$C_n = C_0 + J$

$VF = VP + J$

$J = VF - VP$

Assim, a diferença entre um valor futuro (VF) e um valor presente (VP) resulta nos juros que foram incorporados no período da operação. Existem basicamente dois tipos de processos de formação dos juros que são denominados regimes de capitalização. Eles podem ser: simples ou compostos.

8.2.3 Juros simples

No regime de capitalização a juros simples a taxa de juros, paga ou cobrada, deverá incidir única e exclusivamente sobre o valor do principal. Considera-se que em uma operação de empréstimo a juros simples existe apenas uma capitalização, ou seja, os juros são incorporados ao principal apenas uma vez. Dessa forma, o total a ser pago, ou recebido, em uma operação de empréstimo é proporcional ao tempo que o principal tenha sido emprestado.

Considere um banco que empreste R$ 10.000,00 a uma pessoa por um período de quatro anos cobrando uma taxa de 10% a.a. Como destacado anteriormente, para o cálculo dos juros a taxa de juros deverá incidir, a cada ano, apenas sobre o valor do principal, ou seja, sobre os R$ 10.000,00. Assim, os juros referentes a cada período serão:

$J_1 = 10.000 \times 0{,}10 = 1.000$

$J_2 = 10.000 \times 0{,}10 = 1.000$

$J_3 = 10.000 \times 0{,}10 = 1.000$

$J_4 = 10.000 \times 0{,}10 = 1.000$

No final do quarto ano o valor do empréstimo pode ser obtido somando-se os juros referentes a cada ano ao principal, como pode ser observado a seguir:

$C_4 = C_0 + J_t$

$C_4 = C_0 + J_1 + J_2 + J_3 + J_4$

$C_4 = C_0 + C_0 i + C_0 i + C_0 i + C_0 i$

$C_4 = C_0(1 + 4i)$

Considere a mesma operação por um prazo equivalente a n períodos. O valor do capital devido ao final da operação e os juros totais do período serão:

$C_n = C_0 (1 + ni)$

$J = n i C_0$

Tendo em vista a formulação apresentada, é possível observar que em uma operação a juros simples, a taxa de juros incide apenas sobre o capital inicial, de modo que o C_n (ou VF) apresenta um crescimento linear. A Tabela 8.1 ilustra um investimento de R$ 100.000,00 a uma taxa de juros de 26% a.a.

Tabela 8.1 Capitalização simples

Períodos (n)	Capital inicial (VP)	Juros	Montante (VF)
1	R$ 100.000,00	R$ 26.000,00	R$ 126.000,00
2	R$ 126.000,00	R$ 26.000,00	R$ 152.000,00
3	R$ 152.000,00	R$ 26.000,00	R$ 178.000,00
4	R$ 178.000,00	R$ 26.000,00	R$ 204.000,00
5	R$ 204.000,00	R$ 26.000,00	R$ 230.000,00

Exemplos:

a) Em uma operação de empréstimo de R$ 50.000, por um prazo de seis meses, qual deverá ser o valor dos juros pagos se a taxa cobrada é de 1,5% a.m.?

$J = niC_0$

$J = 6 \times 0,015 \times 50.000 = 4.500$

b) Se um empréstimo de R$ 50.000 for realizado por um período de seis meses a uma taxa de 14% a.a., qual valor deverá ser pago em termos de juros?

$J = \dfrac{6}{12} \times 0,14 \times 50.000 = 3.500$

c) Qual o valor total a ser pago pelo empréstimo de R$ 50.000,00 por três anos a uma taxa de juros igual a 6% a.a.?

$C_n = C_0(1+ni)$

$C_3 = 50.000(1+3 \times 0,06) = 59.000$

8.2.4 Juros compostos

Em um empréstimo de capital a juros compostos, durante o período da operação, ocorrem mais que uma capitalização. Assim, a taxa de juros incide a cada período sobre o principal mais os juros do período anterior. Isto é, os juros obtidos em cada período são incorporados ao capital, formando um novo montante, que passará a produzir juros para o período seguinte, e assim sucessivamente.

Na Tabela 8.2, o mesmo investimento é agora apresentado sob a lógica da capitalização composta.

Tabela 8.2 Capitalização composta

Períodos (n)	Capital inicial (VP)	Juros	Montante (VF)
1	R$ 100.000,00	R$ 26.000,00	R$ 126.000,00
2	R$ 126.000,00	R$ 32.760,00	R$ 158.760,00
3	R$ 158.760,00	R$ 41.277,60	R$ 200.037,60
4	R$ 200.037,60	R$ 52.009,78	R$ 252.047,38
5	R$ 252.047,38	R$ 65.532,32	R$ 317.579,69

Considere o empréstimo de um capital C_0 na data zero, a uma taxa de juros i, por um período de dois anos. Ao final do primeiro ano o valor devido será:

$C_1 = C_0 + iC_0$

No período seguinte a taxa de juros incidirá sobre o principal mais os juros do primeiro ano, ou seja, os juros deverão ser calculados tendo como referência o valor do capital na data um (C_1). Dessa forma, o cálculo do valor da dívida ao final do segundo ano será:

$C_2 = C_1 + iC_1$

Entretanto, C_1 pode se representado em função de C_0:

$$C_2 = C_0 + iC_0 + iC_0 + i^2C_0$$
$$C_2 = C_0 + 2iC_0 + i^2C_0$$
$$C_2 = C_0(1+i)^2$$

Generalizando, para um empréstimo por n períodos, teríamos a seguinte expressão:

$$C_n = C_0(1+i)^n$$

Diferentemente do processo de capitalização simples, no processo composto, o capital cresce de forma exponencial, caracterizando o popularmente conhecido efeito de juros sobre juros, tal qual é apresentado na Figura 8.2.

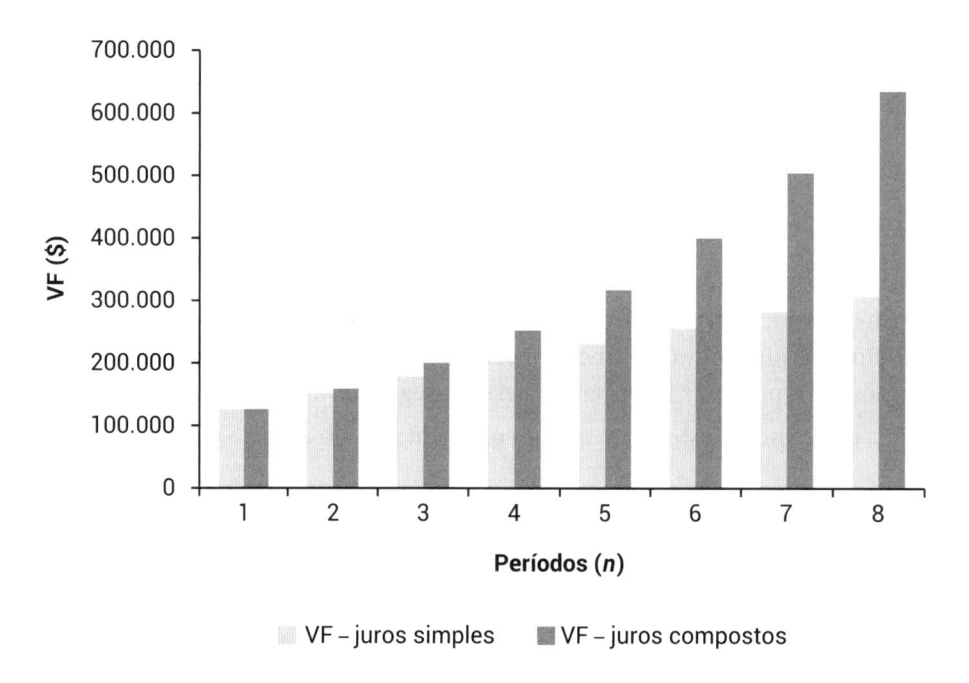

Figura 8.2 Comparação entre juros simples e compostos.[1]

Exemplos:

a) Calcule o valor necessário para saldar um empréstimo de R$ 40.000,00 a uma taxa de 10% a.a. por um período de cinco anos.

$$C_5 = C_0(1+i)^5$$
$$C_5 = 40.000(1+0,1)^5$$
$$C_5 = 64.420,40$$

b) Qual deverá ser o valor a saldar um empréstimo de R$ 50.000,00 por um período de seis meses a uma taxa de juros de 10% a.a.?

$$C_n = 50.000(1+0,1)^{\frac{6}{12}} = 52.440,44$$

c) Se o empréstimo de R$ 40.000,00 for saldado ao final de quatro anos pelo valor de R$ 54.419,56, qual a taxa de juros cobrada?

$$C_n = C_0(1+i)^n$$

$$i = \sqrt[n]{\frac{C_n}{C_0}} - 1$$

$$i = \sqrt[4]{\frac{54.419,56}{40.000}} - 1 = 0,08$$

$$i = 8,0\% \, a.a.$$

8.2.5 Taxas proporcionais, equivalentes, nominais e efetivas

Antes de explorar esses conceitos diferentes de taxas é necessário atentar ao fato que toda operação financeira considera dois prazos: o prazo correspondente à taxa de juros; e o prazo em que os juros ocorrem, ou seja, de capitalização.

Por exemplo, um empréstimo pode ser obtido por dois anos a uma taxa de 20% ao ano. Nesse caso, o prazo da taxa de juros é anual. Se os encargos (juros) incidirem sobre o principal apenas no final de cada ano, pode-se dizer que há coincidência entre esses dois prazos.

Entretanto, existem diversas operações em que esses prazos não são coincidentes. A título de exemplo, as cadernetas de poupança têm taxas de juros de 6% a.a., porém a incorporação dos juros ao principal (capitalização) ocorre mensalmente na forma proporcional de 0,5%. Nesse caso notam-se dois prazos, o da taxa (ano) e o da capitalização (mês).

Para operacionalização das fórmulas de matemática financeira se faz necessário a utilização desses prazos distintos em uma base de tempo igual. Assim, uma alternativa é transformar o prazo da taxa para o de capitalização e a outra é passar o período de capitalização para a mesma unidade de tempo da taxa de juros.

Como já exposto, os juros simples têm uma natureza de crescimento linear, assim nesse regime de capitalização essa transformação é realizada por meio da taxa proporcional. Tal taxa é alcançada pela divisão da taxa de juros da operação pela quantidade de vezes em que os juros vão ocorrer. Exemplificando, uma taxa de juros de 24% a.a., se tiver incidência de juros sobre o capital todo mês, tem como taxa proporcional a de 2% a.m. (24%/12).

No regime de capitalização a juros simples, duas taxas expressas em prazos distintos são proporcionais se, incidindo sobre um capital inicial por um mesmo período de tempo, produzirem um montante de valor igual (valor futuro).

Utilizando então o conceito de juros simples, a taxa de 48% a.a. é proporcional a taxa de 4% a.m.. Considerando um capital de R$ 2.000,00, o montante (C_n) em um prazo de 2 anos será o mesmo para essas duas taxas. Veja:

$C_n = C_0 \times (1 + i \times n)$

$C_n = 2.000 \times (1 + 0,48 \times 2)$

$C_n = 3.920$

ou

$C_n = 2.000 \times (1 + 0,04 \times 24)$

$C_n = 3.920$

Afirma-se que duas taxas de juros simples são equivalentes quando, se aplicadas a um mesmo capital em um período de tempo igual, produzirem um mesmo montante considerando a acumulação linear de juros. Assim, em operações a juros simples, os conceitos de taxas proporcionais e taxas equivalentes são a mesma coisa.

Na capitalização a juros compostos o conceito de taxa proporcional não se aplica, em função da natureza exponencial de acumulação de juros.

Contudo, o conceito de taxa equivalente continua existindo no contexto de capitalização composta. Ou seja, duas taxas referenciadas em prazos diferentes são consideradas equivalentes se produzirem em um capital inicial um mesmo montante (ou valor futuro) ao final de um período específico.

Portanto, duas taxas em períodos diferentes são equivalentes se aplicadas ao mesmo capital, dada uma relação K entre os períodos de cada taxa, resultarem no mesmo valor futuro. Dessa consideração de igualdade pode-se deduzir:

$$C(1+i) = C(1+i_e)^k$$
$$(1+i) = (1+i_e)^k$$
$$i_e = \sqrt[k]{1+i} - 1$$

Com essa expressão, a partir de uma taxa de juros inicial, pode-se obter a taxa equivalente (i_e) para cada período ou prazo desejado.

Considere uma taxa de juros anual é de 16%, qual é a taxa equivalente nos períodos mensal e semestral?

Mensal:

$$i_e = \sqrt[k]{1+i} - 1$$
$$i_e = \sqrt[12]{1+0{,}16} - 1$$
$$i_e = 1{,}0124 - 1 \cong 1{,}24\% \ a.m.$$

Semestral:

$$i_e = \sqrt[k]{1+i} - 1$$
$$i_e = \sqrt[2]{1+0{,}16} - 1$$
$$i_e = 1{,}0770 - 1 \cong 7{,}70\% \ a.s.$$

Por sua vez, o conceito de taxa de juros nominal (i_n), embora comumente utilizado em operações financeiras, não guarda a relação de equivalência com i_e. A relação entre ambas é linear e representada pela seguinte expressão:

$$i_N = \alpha \times i_e$$

em que, α é o número de capitalizações existentes no período da taxa nominal.

Considerando uma taxa efetiva i_e igual a 3% a.s., qual é o valor da taxa nominal no período anual?

Durante um ano existirão duas capitalizações. Isto significa que α é igual a 2, então:

$$i_N = 2 \times 0{,}03 = 0{,}06$$
$$i_N = 6{,}0\% \ a.a.$$

Assim, a taxa nominal é muito utilizada no mercado no momento da formalização dos negócios. Não é, porém, utilizada diretamente nos cálculos, por não corresponder, de fato, ao ganho ou custo financeiro do negócio. Assim, observa-se que a taxa efetiva será a métrica que refletirá o custo real da operação financeira.

Para a realização do cálculo da taxa efetiva, basta seguir o fluxograma da Figura 8.3.

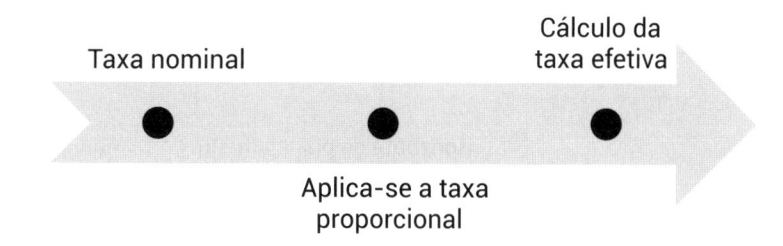

Figura 8.3 Cálculo da taxa efetiva.

Por exemplo, se aplicado uma quantidade de capital igual a R$ 1.000,00 na data zero, aplicado a uma taxa nominal (i_n) de 6% a.a. capitalizada semestralmente, resultará, ao final de um ano, em:

$$C_n = C_0(1+i)^n$$
$$C_2 = 1000(1+0,03)^2 = 1060,90$$

Assim, considerando a taxa efetiva de 3% a.s., outra taxa, também efetiva, no período anual, teria o seguinte valor:

$$(1+i_{aa}) = (1+i_{as})^k$$
$$(1+i_{aa}) = (1+0,03)^2$$
$$i_{aa} = (1+0,03)^2 - 1$$
$$i_{aa} = 0,0609$$
$$i_{aa} = 6,09\% \ aa$$

8.2.6 Diagrama de fluxo de caixa

Um diagrama de fluxo de caixa é a representação gráfica da movimentação financeira, permitindo visualizar o que ocorre com o capital em diferentes momentos do tempo.

O diagrama é constituído por uma escala de tempo, no sentido horizontal, e por vetores verticais representando entrada ou saída de dinheiro do caixa. Vetores verticais com orientação no sentido superior e acima da linha horizontal representam entrada de dinheiro. Por sua vez, vetores verticais no sentido inferior e abaixo da linha horizontal representam saída de dinheiro do caixa. Em termos algébricos, os pagamentos serão negativos e os recebimentos serão positivos.

Um exemplo de diagrama de fluxo de caixa pode ser visualizado na Figura 8.4. No diagrama o tempo zero representa o momento presente, ou a data atual, já o momento 1 representa o final do primeiro período, o momento 2 representa o final do segundo período, e assim sucessivamente até o n-nésimo período. Dessa forma, na data zero temos uma saída de caixa e nos períodos subsequentes entradas de dinheiro no caixa.

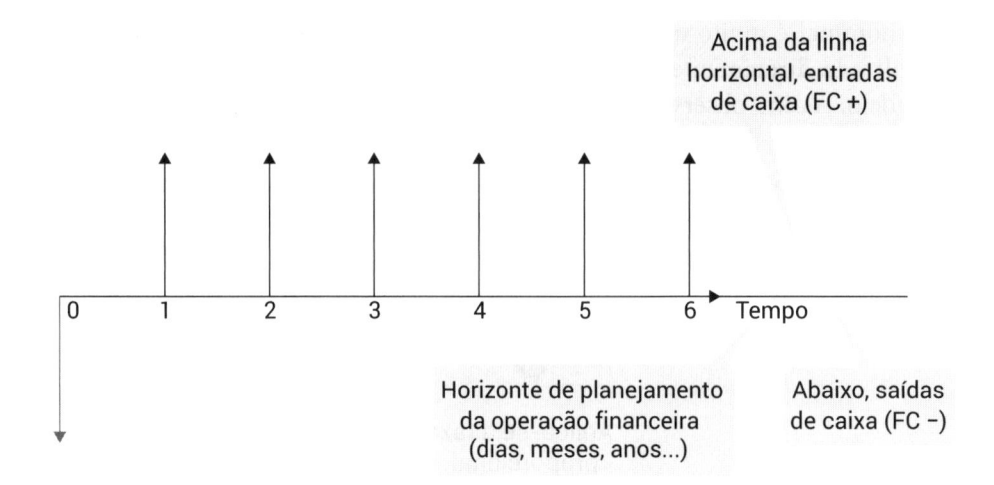

Figura 8.4 O diagrama de fluxo de caixa.

8.2.7 Inflação

A inflação representa a desvalorização ou a perda de poder de compra da moeda, isto é, o aumento da quantidade de dinheiro necessária para se obter a mesma quantidade de produto ou serviço que se obtinha antes do preço estar inflacionado.

Em uma situação na qual exista inflação, os preços dos contratos assim como dos produtos devem prever a correção do valor segundo a variação do poder de compra da moeda no período considerado.

Assim, na hipótese de se emprestar uma quantidade de capital (C) por um determinado período de tempo, ao final deste o capital (C) emprestado deverá ser corrigido pela inflação do período. Para tanto, utiliza-se a expressão de capitalização a juros compostos substituindo-se a taxa de juros i (remuneração real) pela taxa de inflação f.

$$C_n = C_0(1+f)^n$$

Exemplo:

Se a inflação no ano for de 9,0%, calcule o novo valor de um contrato de prestação de serviço que no início do ano era de R$ 20.000,00.

$$C_1 = 20.000(1+0,09)^1 = 21.800$$

Em uma situação de economia inflacionária espera-se que uma determinada quantidade de capital investida em um ativo financeiro, por exemplo, seja remunerada por um valor que represente não apenas a inflação do período, mas também por um percentual relativo aos juros reais do período. Para tanto, existe o conceito de taxa de juros aparente, que consiste na união de uma taxa de juros que reflete uma remuneração real do capital com a reposição de perda de poder aquisitivo. Vale lembrar que essa taxa segue a lógica de regime de capitalização dos juros compostos, ou seja, exponencial.

Assim, a taxa de juros aparente i_a será o produto entre a remuneração real i_r e a taxa de inflação no período f. Tal formulação é denominada Equação de Fisher.

$$(1+i_a) = (1+i_r)(1+f)$$

Exemplo:

Considere que uma empresa tomou dinheiro emprestado de um banco por um período de um mês. O Banco cobrou da empresa juros de 2,0% ao mês mais a inflação do período medida pelo IPCA (Índice de Preço ao Consumidor Amplo) no valor de 0,5% a.m. Nessa situação, qual a taxa de juros aparente mensal cobrada pela instituição financeira?

Temos que:

$$(1 + i_a) = (1 + i_r)(1 + f)$$
$$(1 + i_a) = (1 + 0,02)(1 + 0,005) = 1,0251$$
$$i_a = 2,51\% \text{ a.m.}$$

EXERCÍCIOS

1. Qual o valor obtido por um indivíduo que resgatar hoje um título no valor de R$ 25.000, cujo vencimento ocorrerá em um prazo de 90 dias a uma taxa de juros composta de 2,5% a.m.?

2. Qual o valor produzido ao final de um ano por doze depósitos mensais de R$ 3.000,00 aplicados a juros de 1,5% a.m.? Considere que o primeiro depósito será realizado no final do primeiro mês e o último no final do décimo segundo mês.

3. Calcule a inflação no ano de 2015 no Brasil, tendo como referência o IPCA, considerando os valores apurados mensalmente pelo IBGE conforme Tabela 8.3.

Tabela 8.3 Valores do IPCA em 2015

Mês	Jan	Fev	Mar	Abr	Maio	Jun	Jul	Ago	Set	Out	Nov	Dez
IPCA(%)	1,24	1,22	1,32	0,71	0,74	0,79	0,62	0,22	0,54	0,82	1,01	0,96

4. Suponha que a caderneta de poupança pague ao aplicador juros reais de 0,5% a.m. mais a inflação medida pelo IPCA, conforme valores mencionados no exercício anterior. Calcule o valor obtido ao final do ano por uma aplicação de R$ 10.000,00 realizada no início do mês de janeiro.

8.3 EQUIVALÊNCIA DE CAPITAIS

As relações de equivalência de capitais são baseadas nos conceitos de juros e de valor do dinheiro no tempo. Quantidades de capital em diferentes instantes possuem valores distintos. Isso significa que qualquer operação (soma, subtração etc.) só pode ser realizada com valores equivalentes na mesma data.

Assim, dado que o dinheiro tem valor no tempo, decisões que envolvem desembolsos e/ou recebimentos de capitais em diversas datas exigem que se adotem procedimentos utilizando a matemática financeira que permitam a análise e a tomada de decisão pelos profissionais envolvidos (ou responsáveis).

Diante desse contexto, imagine uma operação de financiamento na qual está previsto que o pagamento seja realizado em três parcelas programadas em datas distintas, ou seja, nos anos dois, quatro e cinco, tal qual o diagrama de fluxo de caixa da Figura 8.5.

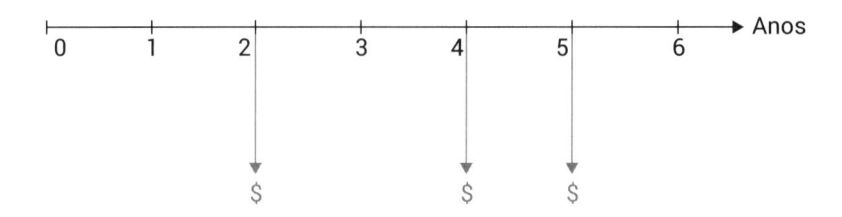

Figura 8.5 Diagrama de um plano de pagamentos.

Caso o devedor deseje reformular seu plano de pagamento de modo a pagar toda sua dívida em uma única prestação na data 2 ou na data 5, é necessário utilizar o conceito de equivalência de capitais. Para tanto, utiliza-se a expressão de juros compostos para equivalência entre dois valores (únicos) em datas diferentes. Assim, pode-se calcular o valor futuro ou o valor presente, ou seja, efetuar capitalização e/ou descapitalização, de modo a calcular valores equivalentes em diferentes datas.

$$VP = \frac{VF}{(1+i)^n} \qquad VF = VP(1+i)^n$$

Descapitalização · Capitalização

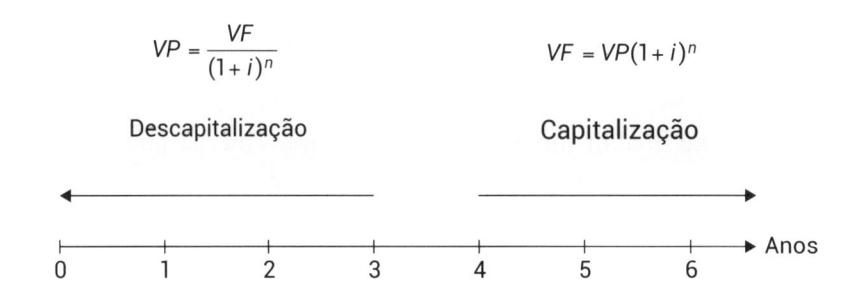

Figura 8.6 Cálculo de valores equivalentes no tempo.

Portanto, o que torna estas quantidades equivalentes é a incorporação de juros (capitalização) ou a retirada de juros (descapitalização), tal qual apresentado na Figura 8.6. Assim, para uma taxa de juros de 12,0% a.a., R$ 10.000,00 hoje é equivalente a R$ 17.623,42 (ou $10.000 \times 1,12^5$) ao final de cinco anos. Essa relação de equivalência é relativamente simples, uma vez que envolve um único valor na data zero e outro na data cinco.

Outras relações de equivalência, mais elaboradas, podem ser desenvolvidas. Considere que os mesmos R$ 10.000,00 possam ser emprestados para um indivíduo que pode saldar o empréstimo de duas outras maneiras. Na primeira possibilidade o indivíduo paga os juros periodicamente e o principal apenas no final (Plano A). Já no Plano B, anualmente, o indivíduo paga os juros do período e devolve parte do principal, como pode ser observado na Tabela 8.4.

Tabela 8.4 Planos equivalentes de pagamento

Final do Ano	Plano A	Plano B
1	1.200,00	2.774,10
2	1.200,00	2.774,10
3	1.200,00	2.774,10
4	1.200,00	2.774,10
5	11.200,00	2.774,10

Se o indivíduo tiver a opção de escolher a forma de pagamento, ou seja, pagar em uma única parcela ao final de cinco anos ou, conforme o proposto nos planos A e B, esta escolha deverá ser baseada nos juros utilizados para o cálculo dos valores devidos e nas necessidades de utilização dos recursos pelo indivíduo.

Para uma taxa de juros de 12% a.a., como considerado acima, as duas possibilidades de pagamento são equivalentes, isto é, possuem o mesmo valor equivalente em uma mesma data, o que significa que, nesse caso, a opção por uma das duas formas de pagamento depende apenas do uso que o indivíduo fará do recurso.

Portanto, o valor do Plano A na data 5 será:

$$V_{PlanoA}^{(5)} = 1.200(1,12)^4 + 1.200(1,12)^3 + 1.200(1,12)^2 + 1.200(1,12)^1 + 11.200(1,12)^0$$
$$V_{PlanoA}^{(5)} = 17.623,42$$

Igualmente, para o Plano B:

$$V_{PlanoB}^{(5)} = 2.774,10(1,12)^4 + 2.774,10(1,12)^3 + 2.774,10(1,12)^2 + 2.774,10(1,12)^1 + 2.774,10(1,1)^0$$
$$V_{PlanoB}^{(5)} = 17.623,42$$

Os estudos de engenharia econômica requerem o desenvolvimento de procedimentos de análise capazes de proporcionar ao administrador informações para a tomada de decisão. Nesse processo a correta manipulação do dinheiro no tempo e, portanto, o conhecimento de relações de equivalência de capitais é fundamental. Dessa forma, apresenta-se na sequência mais algumas relações de equivalência envolvendo o que se denomina série uniforme, fundamentais para o estudo dos métodos de avalição a serem apresentados nas próximas seções.

Uma série uniforme é constituída por pagamentos, ou recebimentos, de mesmo valor ocorrendo em períodos regulares de tempo. Assim, pode-se desenvolver relações de equivalência envolvendo uma série e valores únicos em uma data futura ou mesmo no presente, como será demonstrado na sequência. Considere, em primeiro lugar, a relação entre uma série uniforme de pagamentos e um único valor no futuro, como está representado na Figura 8.7.

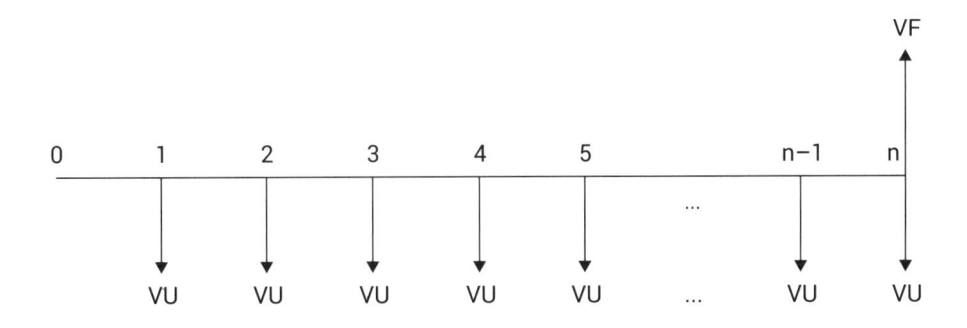

Figura 8.7 Valor futuro de uma série uniforme.

Como o dinheiro tem valor no tempo, para obter a relação de equivalência é necessário transportar os valores iguais a VU (Valor Uniforme), distribuídos ao longo do tempo, para a data **n** utilizando uma taxa de juros previamente selecionada, então:

$$VF = VU + VU(1+i)^1 + VU(1+i)^2 + VU(1+i)^3 + \ldots + VU(1+i)^{n-1}$$

Multiplicando-se os dois lados da equação por $(1 + i)$ resulta:

$$VF(1+i) = VU(1+i)^1 + VU(1+i)^2 + VU(1+i)^3 + \ldots + VU(1+i)^n$$

Subtraindo-se a primeira equação da segunda:

$$VF(1+i) - VF = VU(1+i)^n - VU$$

$$VF = VU \times \left[\frac{(1+i)^n - 1}{i} \right]$$

$\left[\dfrac{(1+i)^n - 1}{i} \right] \rightarrow$ fator de valor futuro de uma série uniforme

Exemplo:

Um indivíduo pretende comprar um apartamento de 70 m² cujo preço é estimado em R$ 140.000. Como parte de seu planejamento, visando conseguir comprar o imóvel ao final de cinco anos, depositará mensalmente um valor uniforme (VU) em uma aplicação financeira que rende 1,50% a.m., conforme ilustrado na Figura 8.8. Qual o valor de VU?

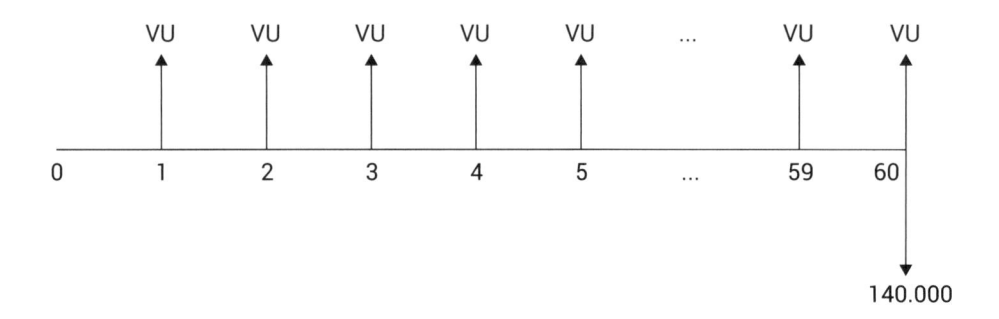

Figura 8.8 Fluxo de caixa para compra do apartamento.

Substituindo os valores apresentados acima na expressão de valor futuro de uma série uniforme temos:

$$140.000 = VU \times \left[\frac{(1+0,015)^{60} - 1}{0,015} \right]$$

$$VU = 1.455,08$$

Assim, para conseguir comprar o apartamento em cinco anos o indivíduo deverá depositar mensalmente em sua aplicação financeira R$ 1.455,08.

Outra relação de equivalência envolve uma série uniforme e um valor presente, como pode ser observado no fluxo de caixa ilustrado pela Figura 8.9. No fluxo de caixa, VU corresponde ao valor da série enquanto VP representa o valor presente equivalente à série uniforme.

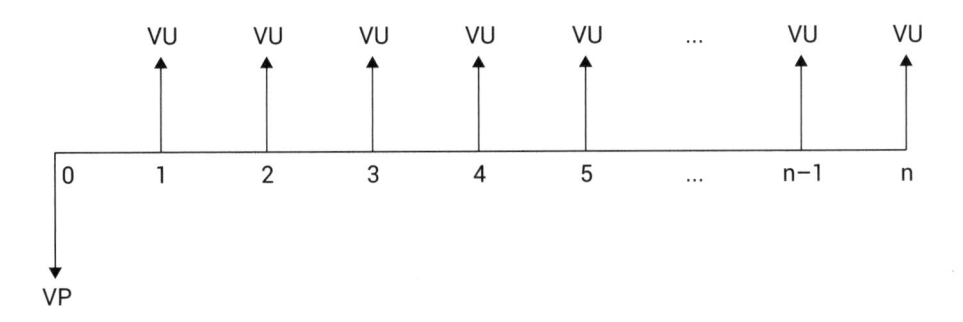

Figura 8.9 Valor presente de uma série uniforme.

Tendo como referência o conceito de valor do dinheiro no tempo a relação de equivalência entre VP e VU, deve ser desenvolvida em uma única data, ou seja, no caso a data zero. Assim, temos a seguinte expressão para o valor presente da série:

$$VP = \frac{VU}{(1+i)^1} + \frac{VU}{(1+i)^2} + \frac{VU}{(1+i)^3} + \ldots + \frac{VU}{(1+i)^n}$$

Multiplicando os dois lados da equação por (1+ i) temos:

$$VP(1+i) = VU + \frac{VU}{(1+i)} + \frac{VU}{(1+i)^2} + \ldots + \frac{VU}{(1+i)^{n-1}}$$

Na sequência, subtraindo-se a primeira equação da segunda teremos:

$$VP \times (1+i) - VP = VU - \frac{VU}{(1+i)^n}$$

$$VP = VU \times \left[\frac{(1+i)^n - 1}{(1+i)^n \times i} \right]$$

$\left[\dfrac{(1+i)^n - 1}{(1+i)^n \times i} \right] \rightarrow$ fator de valor presente de uma série uniforme

Exemplo:

A empresa fabricante de bebidas gaseificadas denominada "Refrigerantes Docinho Ltda." obteve junto ao Banco Pirâmide S.A. um empréstimo destinado a financiar o seu capital de giro. A operação envolveu um volume de R$ 120.000,00 para serem pagos em seis prestações mensais iguais, sendo a primeira parcela paga trinta dias após a liberação do dinheiro pelo banco na conta-corrente da empresa. Considerando que o banco cobra uma taxa de juros de 2,5% a.m., calcular o valor a ser pago mensalmente pela empresa. A Figura 8.10 ilustra a operação de empréstimo realizada.

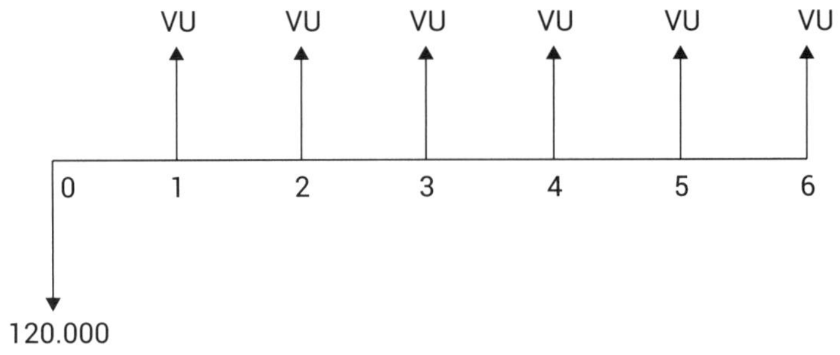

Figura 8.10 Fluxo de caixa do banco para o empréstimo.

$$VP = VU \times \left[\frac{(1+i)^n - 1}{(1+i)^n \times i}\right]$$

$$120.000 = VU \times \left[\frac{(1+0,025)^6 - 1}{(1+0,025)^6 \times 0,025}\right]$$

$$120.000 = VU \times \left[\frac{1,1597 - 1}{1,1597 \times 0,025}\right]$$

$$120.000 = VU \times \left[\frac{0,1597}{0,0290}\right]$$

$$120.000 = VU \times 5,5081$$

$$VU = 21.786,00$$

Dessa forma, a empresa deverá pagar ao banco seis parcelas mensais de R$ 21.786,00.

EXERCÍCIOS

1. Uma pessoa pretende depositar R$ 250,00 mensalmente em um fundo que rende uma taxa nominal de 12% a.a. Considerando que os juros são capitalizados mensalmente, quanto esta pessoa terá após 15 anos?

2. Um engenheiro brasileiro está estudando a possibilidade de fazer um curso de pós-graduação no exterior. Em pesquisa que realizou junto a universidade que pretende estudar e na cidade em que deverá residir, estimou que precisará desembolsar R$ 5.000,00, inicialmente para se instalar, R$ 2.500,00 por mês para sua manutenção (aluguel, alimentação, transporte etc.) e mais R$ 1.500,00, também mensalmente, para pagar seus estudos. Considerando que o curso deverá durar dois anos e que o dinheiro possuído pelo engenheiro poderá ficar aplicado a uma taxa de 0,5% a.m. em um ativo financeiro durante o período em que estiver estudando, quanto o engenheiro precisaria ter acumulado na data atual para viabilizar os seus planos de estudar no exterior?

3. Uma loja está fazendo uma promoção para venda de televisores. Uma TV de 48" custa à vista R$ 2.800,00. Considerando que a taxa de juros cobrada pela loja nas vendas financiadas é de 4% a.m., calcule o valor das prestações nas seguintes condições:

a) Venda a prazo em 6 prestações mensais iguais sendo a primeira paga após 30 dias.
b) Venda a prazo em 6 prestações mensais iguais sendo a primeira paga no ato.
c) Venda a prazo em 6 prestações mensais iguais sendo a primeira paga depois de 90 dias.

8.4 MÉTODOS DE AVALIAÇÃO DE OPORTUNIDADES DE INVESTIMENTOS

Nas seções anteriores foram apresentados alguns elementos fundamentais para o estudo dos métodos utilizados para a avaliação de oportunidades de investimentos. Entre os elementos apresentados destacam-se os conceitos de juros, valor do dinheiro no tempo e equivalência de capitais. A partir desses conhecimentos é possível se desenvolver procedimentos envolvendo a utilização de métodos, já bastante difundidos na literatura da engenharia econômica, que visam auxiliar os profissionais de empresas a realizarem avaliações de investimento em projetos.

Na prática das empresas as decisões de investimento são tomadas de maneira variada. Pode-se observar procedimentos decisórios concentrados em uma única pessoa que realiza uma avaliação meramente qualitativa da viabilidade do projeto, assim como decisões tomadas a partir de um processo envolvendo diversas pessoas na estrutura da empresa utilizando procedimentos de análises que combinam uma avaliação qualitativa com uma quantitativa utilizando sofisticados modelos matemáticos.

Entretanto, em qualquer situação, para se tomar uma boa decisão de investimento é fundamental que se utilize técnicas que tenham uma base conceitual sólida. Entre o conjunto de instrumentos auxiliadores na tomada de decisões, destacam-se três métodos para avaliação de investimento cujo rigor conceitual redunda em sólidas orientações. Estes são conhecidos como o método do Valor Presente Líquido (VPL), o método do Valor Anual Equivalente Uniforme (VAEU) e o método da Taxa Interna de Retorno (TIR). Notadamente, esses métodos contam como diferencial considerar o conceito de valor do dinheiro no tempo, percebido pela aplicação do regime de capitalização composto. Porém, existem outros métodos para avaliação de investimentos, e um dos mais utilizado é o *payback*.

Todo projeto de investimento pode ser apresentado em termos de um diagrama de fluxo de caixa, tal qual demonstrado na Figura 8.11.

A Figura 8.11 apresenta algumas características básicas de um projeto de investimentos. O primeiro é o horizonte de planejamento do investimento, isto é, o período em que o projeto se mantém operacional, compreendendo o tempo decorrido entre o investimento inicial e a última remuneração obtida.

O segundo fator é o valor residual, que corresponde a parcela do investimento inicial que é possível recuperar após o encerramento do negócio, com a venda de máquinas, equipamentos, instalações, ponto comercial etc.

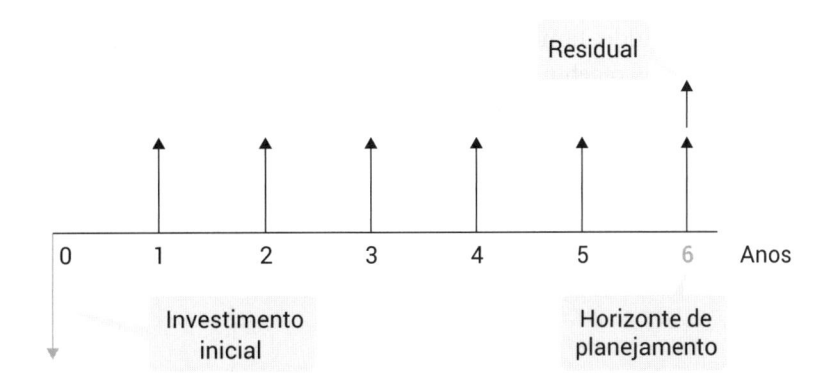

Figura 8.11 Estrutura básica de um projeto de investimentos.

Além do residual e o horizonte de planejamento, há o investimento inicial, que pode ser definido como aplicação de capital com o objetivo de obter um retorno futuro. Na Figura 8.11 também se observam retornos obtidos com o investimento (entradas de caixa), relativos à quantidade de dinheiro obtida com o investimento, dado o capital investido.

Por fim, todo projeto de investimento está inerentemente permeado por uma série de riscos que confere variabilidade ao resultado do projeto.

Contudo, antes de apresentar cada um dos métodos citados, é importante que seja discutido um ponto importante na análise de investimento que é a seleção da taxa de juros a ser utilizada como parâmetro para avaliação econômica.

8.4.1 A taxa mínima atrativa de retorno

A taxa de juros utilizada para avaliação da atratividade de propostas de investimento é denominada Taxa Mínima Atrativa de Retorno (TMAR) ou apenas Taxa Mínima Atrativa (TMA). Comumente, a TMAR também é denominada como Taxa de Retorno ou Taxa de Desconto.

A definição da TMAR deve fazer parte de uma política a ser formulada pela cúpula administrativa da empresa, pois será utilizada por engenheiros, projetistas e administradores pertencentes a diversos níveis da organização. O processo não é simples uma vez que depende de diversos fatores de mercado, como o custo dos recursos de terceiros, a taxa de juros paga no mercado por grandes bancos ou títulos governamentais, o volume de capital envolvido etc. Além disso, também existem aspectos específicos da empresa como os interesses estratégicos que o investimento possa oferecer à empresa e, também, características específicas do investimento analisado com o volume de dinheiro envolvido e o horizonte de planejamento do projeto etc.

Ainda que seja um processo difícil, o que se recomenda, de uma maneira geral, é utilizar como referência para a análise de investimento o custo do capital da empresa. De outra maneira, identifica-se o custo de capital da empresa como uma base para aceitação ou rejeição de propostas de investimento, ou a Taxa Mínima Atrativa de Retorno.

Definida a taxa mínima atrativa de retorno é possível utilizar os métodos de análise de viabilidade de oportunidade de investimento existentes na literatura visando auxiliar o profissional envolvido na análise a decidir favoravelmente ou contrário a aprovação do projeto. Assim, na sequência serão apresentados os métodos do Valor Presente Líquido, do Valor Anual Equivalente Uniforme, da Taxa Interna de Retorno e do *payback*.

8.4.2 Método do valor presente líquido

O método do Valor Presente Líquido, também conhecido como VPL, faz uma avaliação na data zero da relação entre os desembolsos e os recebimentos envolvidos no projeto. De outra maneira, o cálculo do VPL consiste em transferir para a data zero, ou atual, todas as variações de caixa esperadas, descontadas a uma determinada taxa de juros, e somá-las algebricamente.[2] A Figura 8.12 apresenta um fluxo de caixa genérico para um projeto, cujo cálculo do VPL é ilustrado na sequência. O valor presente do fluxo de caixa de um projeto é também conhecido como o fluxo de caixa descontado do projeto. Nesse sentido, a taxa de juros utilizada para o cálculo do fluxo descontado é denominada taxa de desconto.

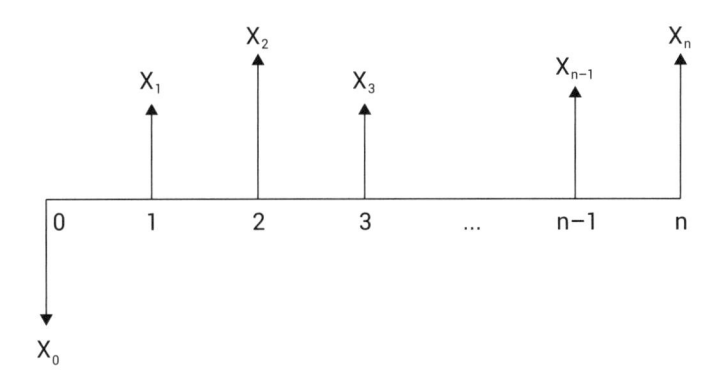

Figura 8.12 Fluxo de caixa genérico.

$$VPL = \left[\frac{X_1}{(1+TMAR)^1} + \frac{X_2}{(1+TMAR)^2} + \ldots + \frac{X_n}{(1+TMAR)^n} \right] - Investimento\ inicial$$

A avaliação do investimento utilizando este método consiste em verificar se na somatória a valor presente predominam os recebimentos proporcionados pelo projeto analisado ou os desembolsos. De outra maneira, consiste em verificar se o VPL possui um valor positivo ou negativo. Apresentando um valor positivo significa que, a uma dada TMAR, o valor presente dos recebimentos supera o valor presente dos desembolsos; sendo assim, o projeto é viável economicamente. Ao contrário, caso o VPL seja negativo, o valor dos desembolsos é maior que o dos recebimentos e, portanto, o retorno do investimento é inferior ao mínimo esperado devendo o projeto ser rejeitado. Na situação na qual o VPL é zero, o retorno do projeto é igual à TMAR, ou no caso ao custo de capital da empresa, o que não torna o projeto atrativo. Os exemplos a seguir ilustram a utilização do VPL para a análise e seleção de oportunidades de investimento.

Exemplos:

a) Uma empresa está estudando a possibilidade de instalar um novo equipamento visando melhorar a eficiência do processo de embalagem de seus produtos no final da linha de montagem. Estima que o investimento necessário para adquirir o equipamento seja de R$ 50.000, que os benefícios obtidos com a redução de custos atinjam a R$ 9.500,00 e que a vida útil para o equipamento seja de 10 anos com valor residual nulo, como ilustra a Figura 8.13. Considerando que a empresa utiliza uma TMAR de 10% a.a., verifique a viabilidade econômica do projeto.

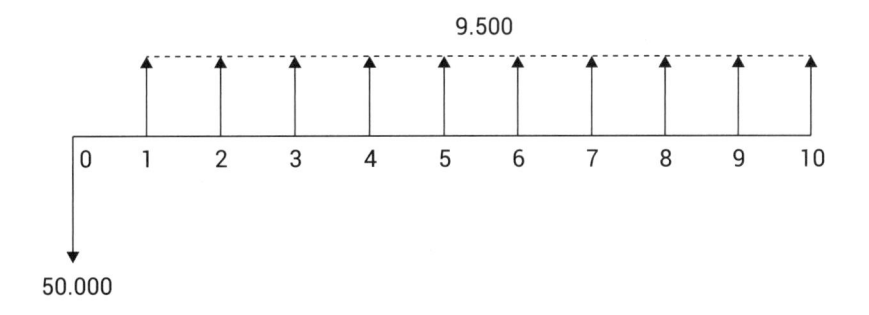

Figura 8.13 Fluxo de caixa para aquisição de equipamento para embalagem.

$$VPL = -50.000 + 9.500 \times \left[\frac{(1+0,1)^{10} - 1}{(1+0,1)^{10} \times 0,1}\right]$$

$$VPL = 8.373,39$$

Como o VPL é maior que zero, o investimento é viável economicamente. O valor de 8.373,39 representa o lucro líquido do investimento na data zero.

Considere agora, para o mesmo investimento, uma taxa mínima atrativa de retorno de 15% a.a. e verifique se o projeto é viável.

$$VPL = -50.000 + 9.500 \times \left[\frac{(1+0,15)^{10} - 1}{(1+0,15)^{10} \times 0,15}\right]$$

$$VPL = -2.321,70$$

O valor presente líquido para uma TMAR de 15% a.a. é negativo, portanto o projeto não é viável nessa nova condição. Para esta mesma TMAR podemos calcular qual a vida útil do equipamento necessária para tornar o projeto viável, conforme os cálculos apresentados a seguir.

$$VPL = -50.000 + 9.500 \times \left[\frac{(1+0,15)^{n} - 1}{(1+0,15)^{n} \times 0,15}\right]$$

$$0 = -50.000 + 9.500 \times \left[\frac{(1+0,15)^{n} - 1}{(1+0,15)^{n} \times 0,15}\right]$$

$$5,2632 = \left(\frac{1,15^{n} - 1}{1,15^{n} \times 0,15}\right)$$

$$0,7895 \times 1,15^{n} = 1,15^{n} - 1$$

$$1 = 0,2105 \times 1,15^{n}$$

$$4,75 = 1,15^{n}$$

$$Ln\,4,75 = Ln\,1,15^{n}$$

$$n = \frac{Ln\,4,75}{Ln\,1,15}$$

$$n = 11,15$$

Como pode ser observado o número calculado para "n" foi de 11,15, o que significa que o equipamento necessita ter uma vida útil superior a 11 anos para o investimento ser viável. Como o valor calculado de "n" resultou em um número não exato (11,15) devemos aproximá-lo de 12, ou seja, o tempo considerado necessário para tornar o investimento viável nas condições apresentadas pelo enunciado é de 12 anos.

Também é possível encontrar situações nas quais várias alternativas de investimento devem ser analisadas por meio do método do VPL. Nesses casos, deve-se optar pela alternativa que possuir maior VPL positivo. O exemplo a seguir ilustra esta possibilidade.

b) A equipe administrativa responsável pela área de Produção de uma empresa fabricante de produtos do segmento denominado linha branca está estudando a possibilidade de adquirir uma nova injetora para o setor de plásticos. A injetora deverá produzir componentes que deverão abastecer as linhas de montagem de fogões e de geladeiras. Três tipos de máquinas, de fabricantes diferentes, estão sendo considerados para aquisição. As três máquinas possuem vidas estimadas em 15 anos, mas têm custos iniciais, valores residuais e benefícios proporcionados diferentes, como pode ser observado na Tabela 8.5. Considere que a empresa utiliza uma TMAR de 12% a.a. e determine a máquina a ser adquirida utilizando o método do VPL.

Tabela 8.5 Informações das injetoras

Fabricante	Investimento inicial (R$)	Benefícios esperados (R$/ano)	Valor residual (R$)
A	300.000,00	59.000,00	15.000,00
B	250.000,00	45.000,00	12.000,00
C	350.000,00	65.000,00	17.000,00

$$VPL_A = -300.000 + 59.000 \times \left[\frac{(1+0,12)^{15} - 1}{(1+0,12)^{15} \times 0,12}\right] + \frac{15.000}{(1+0,12)^{15}}$$

$$VPL_A = 104.581,45$$

$VPL_A > 0$, portanto o investimento na compra da injetora da fabricante A é viável economicamente.

$$VPL_B = -250.000 + 45.000 \times \left[\frac{(1+0,12)^{15} - 1}{(1+0,12)^{15} \times 0,12}\right] + \frac{12.000}{(1+0,12)^{15}}$$

$$VPL_B = 58.681,26$$

$VPL_B > 0$, portanto o investimento na compra da injetora da fabricante B também é viável economicamente.

$$VPL_C = -350.000 + 65.000 \times \left[\frac{(1+0,12)^{15} - 1}{(1+0,12)^{15} \times 0,12}\right] + \frac{17.000}{(1+0,12)^{15}}$$

$$VPL_C = 95.812,03$$

$VPL_C > 0$, portanto o investimento na compra da injetora da fabricante C também é viável economicamente.

Assim, os investimentos nas injetoras dos três fabricantes são viáveis economicamente, entretanto, a melhor opção é adquirir do Fabricante A, pois $VPL_A > VPL_C > VPL_B$.

8.4.3 Método do valor anual equivalente uniforme

O método do Valor Anual Equivalente Uniforme (VAEU) também pode ser chamado de Benefício Anual Equivalente Uniforme (BAEU) ou de Custo Anual Equivalente Uniforme (CAEU), dependendo do tipo de análise que se está realizando. Em uma situação na qual a comparação das alternativas está sendo realizada apenas pelos custos envolvidos, pois é isso que as diferencia, utiliza-se o CAEU. Já em análises de projetos que envolvem investimentos e benefícios pode-se utilizar o BAEU ou o VAEU.

O método consiste em transformar o fluxo de caixa das alternativas de investimento em análise em fluxos de caixa uniformemente distribuídos, utilizando-se da taxa de juros que denominamos TMAR. A comparação deverá ser feita entre os valores anuais equivalentes de cada alternativa. Caso se esteja trabalhando com receitas, escolhe-se a alternativa cujo VAEU for mais positivo; se a análise estiver baseada nos custos de cada alternativa o menor valor absoluto corresponderá à melhor alternativa.

O método VAEU é um método de análise de investimentos muito importante, pois é o mais indicado para comparar alternativas de investimento com vidas diferentes.[3]

O exemplo a seguir ilustra a utilização do VAEU para a seleção de alternativas de investimento.

Exemplo

Uma empresa necessitando aumentar seu volume de produção deve selecionar um tipo de máquina que utilizará no processo de fabricação de peças usinadas. Está analisando três tipos de máquinas cujas informações para o fluxo de caixa estão sintetizadas na Tabela 8.6. A empresa utiliza uma TMAR de 10% a.a.

Tabela 8.6 Informações das máquinas de usinagem

Final do ano	Máquina 1	Máquina 2	Máquina 3
Investimento inicial (R$)	60.000	75.000	−71.000
Custo anual de operação (R$)	17.000	13.500	10.000
Economia anual (R$)	40.000	42.000	35.000
Valor residual (R$)	10.000	15.000	12.000
Vida útil (anos)	6	12	8

Para encontrar o VAEU da Máquina 1, inicialmente calcula-se o seu VPL e, na sequência, transforma-se este em uma série uniforme conforme pode ser observado a seguir:

$$VPL_{M1} = -60.000 + (40.000 - 17.000) \times \left[\frac{(1+0,10)^6 - 1}{(1+0,10)^6 \times 0,10}\right] + \frac{10.000}{(1+0,10)^6}$$

$$VPL_{M1} = 45.815,74$$

$$45.815,74 = VAEU_{M1} \times \left[\frac{(1+0,10)^6 - 1}{(1+0,10)^6 \times 0,10}\right]$$

$$VAEU_{M1} = 10.519,63$$

Como o $VAEU_{M1}$ é maior que zero o investimento na compra da máquina 1 é viável. Nesse caso, como o VAEU é positivo poderia ser chamado de $BAEU_{M1}$. Considere o mesmo procedimento para a Máquina 2.

$$VPL_{M2} = -75.000 + (42.000 - 13.500) \times \left[\frac{(1+0,10)^{12} - 1}{(1+0,10)^{12} \times 0,10}\right] + \frac{15.000}{(1+0,10)^{12}}$$

$$VPL_{M2} = 123.969,68$$

$$123.969,68 = VAEU_{M2} \times \left[\frac{(1+0,10)^{12} - 1}{(1+0,10)^{12} \times 0,10}\right]$$

$$VAEU_{M2} = 18.194,20$$

O VAEU$_{M2}$ é positivo indicando que a compra da Máquina 2 também é viável economicamente. Nesse caso, o VAEU também poderia ser chamado de BAEU$_{M2}$. Façamos essa mesma verificação para a Máquina 3.

$$VPL_{M3} = -71.000 + (35.000 - 10.000) \times \left[\frac{(1+0,10)^8 - 1}{(1+0,10)^8 \times 0,10} \right] + \frac{12.000}{(1+0,10)^8}$$

$$VPL_{M3} = 67.971,24$$

$$67.971,24 = VAEU_{M3} \times \left[\frac{(1+0,10)^8 - 1}{(1+0,10)^8 \times 0,10} \right]$$

$$VAEU_{M3} = 12.740,80$$

A compra da Máquina 3 também é viável uma vez que o $VAEU_{M3}$ é positivo. Assim, a compra das três Máquinas é viável, entretanto, a melhor alternativa é adquirir a Máquina 2, pois $VAEU_{M2} > VAEU_{M3} > VAEU_{M1}$ (ou $BAEU_{M2} > BAEU_{M3} > BAEU_{M1}$).

8.4.4 Método da taxa interna de retorno

A Taxa Interna de Retorno é um indicador de rentabilidade do investimento. Avalia, em termos percentuais, a relação entre os valores investidos e os retornos obtidos ao longo do tempo. De outra maneira, a Taxa Interna de Retorno (TIR), pode ser definida como a taxa de juros que torna uma série de recebimentos e desembolsos equivalentes na data presente, ou ainda, a taxa que torna o valor presente líquido igual a zero. A Figura 8.14, apresentada a seguir, traz um fluxo de caixa genérico e a equação do valor presente líquido que igualada a zero deverá ser utilizada para o cálculo da TIR.

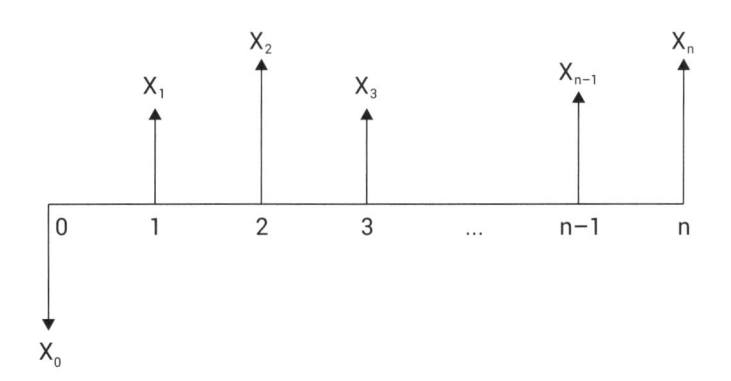

Figura 8.14 Fluxo de caixa genérico para exemplo da TIR.

$$VPL = \sum_{j=0}^{n} \frac{X_j}{(1+i)^j} = 0$$

O cálculo da taxa de retorno tem certa complexidade, pois a equação resultante, quando se iguala a expressão do valor presente líquido a zero, terá um determinado grau dependendo do horizonte de planejamento da alternativa de investimento em análise. Usualmente, para o cálculo exato da TIR, utiliza-se um método iterativo que envolve estimativas da taxa de juros, o cálculo do VPL e interpolações lineares sucessivas até se encontrar a taxa que torna o VPL igual a zero.

A Figura 8.15 ilustra, graficamente, o valor do VPL em função da taxa de juros utilizada para calculá-lo, para um fluxo de caixa genérico, no qual temos um investimento inicial que proporciona benefícios nos anos seguintes do projeto.

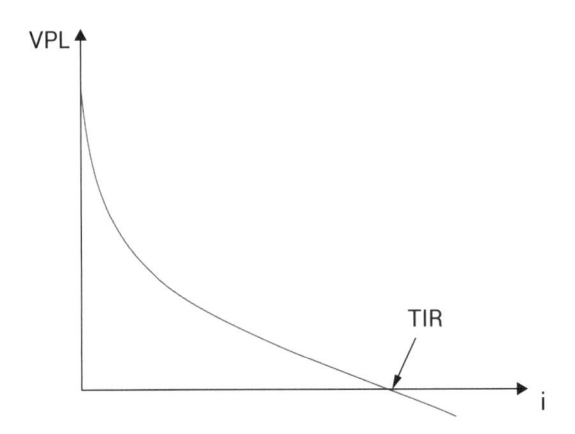

Figura 8.15 Valor presente líquido em função da taxa de juros.

Sendo a TIR uma medida de rentabilidade, a avaliação econômica de uma alternativa de investimento poderá ser realizada comparando sua TIR com a Taxa Mínima Atrativa de Retorno (TMAR) utilizada pela empresa. Evidentemente a alternativa de investimento deverá ser aprovada se sua TIR for maior que a TMAR, caso contrário, ou seja, quando a TIR for menor que a TMAR o investimento deverá ser descartado. O exemplo apresentado a seguir ilustra o cálculo da TIR bem como a avaliação do investimento por esse método.

Exemplos:

a) Uma empresa adquiriu uma máquina moderna visando melhorar a produtividade de seu setor de Produção. O investimento inicial necessário para a compra da máquina foi de R$ 80.000,00 e os benefícios esperados com sua utilização estão em torno de R$ 15.000,00 por ano, conforme ilustra a Figura 8.16. A máquina tem uma vida útil estimada de dez anos quando seu valor residual será nulo. Se a TMAR utilizada pela empresa é de 12% a.a., verifique se o investimento é viável utilizando o método da Taxa Interna de Retorno.

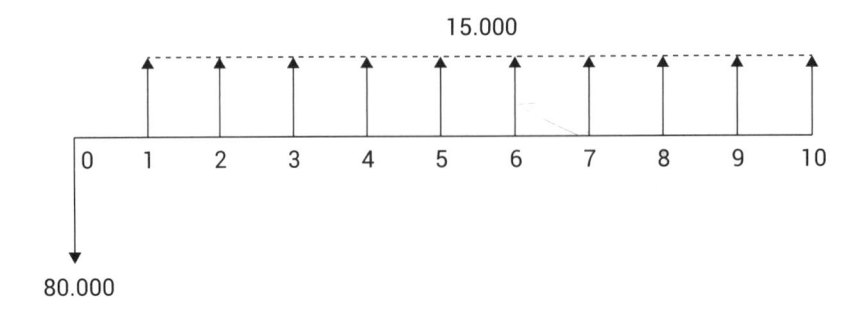

Figura 8.16 Fluxo de caixa para a máquina nova.

A expressão para o cálculo do VPL é a seguinte:

$$VPL = -80.000 + 15.000 \times \left[\frac{(1+i)^{10}-1}{(1+i)^{10} \times i}\right]$$

A taxa interna de retorno é a taxa que torna o VPL do investimento analisado igual a zero. Assim temos:

$$-80.000 + 15.000 \times \left[\frac{(1+i)^{10}-1}{(1+i)^{10} \times i}\right] = 0$$

Como destacado anteriormente, utiliza-se um processo iterativo para o cálculo da taxa de juros i como ilustrado a seguir.

Para i igual a 12% a.a.:

$$VPL = -80.000 + 15.000 \times \left[\frac{(1+0,12)^{10}-1}{(1+0,12)^{10} \times 0,12}\right]$$

$VPL = 4.753,35$

O valor obtido para o VPL, para uma taxa de 12% a.a., foi positivo o que significa que a taxa i que zera o VPL deve ser maior que 12% a.a. Assim, deve-se utilizar um valor maior de i para o novo cálculo do VPL.

Para i igual a 14% a.a.:

$$VPL = -80.000 + 15.000 \times \left[\frac{(1+0,14)^{10}-1}{(1+0,14)^{10} \times 0,14}\right]$$

$VPL = -1.758,27$

O VPL para i igual a 14% a.a. é negativo significando que a TIR é menor que 14% a.a. Portanto, a TIR está localizada entre 12% a.a. e 14% a.a. Para continuar o processo iterativo, visando encontrar o valor exato da TIR, recomenda-se realizar uma interpolação linear para acelerar o processo de cálculo como ilustrado na Figura 8.17.

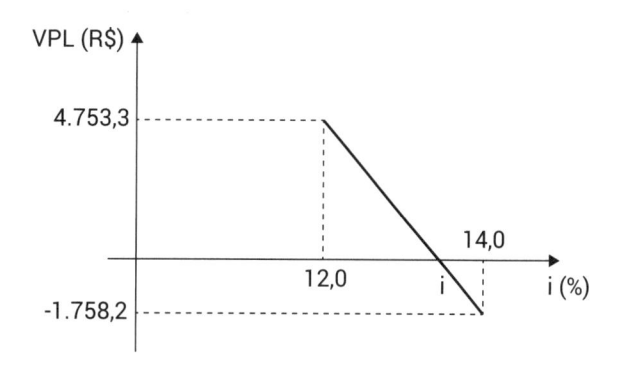

Figura 8.17 Representação gráfica da interpolação linear.

$$\frac{i-12}{4.753,35} = \frac{14-i}{1.758,27}$$

$1.758,27i - 21.099,18 = 66.546,90 - 4.753,35i$

$i = 13,46\%$ a.a.

O valor calculado de i (13,46% a.a.) deve ser substituído na expressão do VPL para se verificar o valor obtido:

$$VPL = -80.000 + 15.000 \times \left[\frac{(1+0,1346)^{10} - 1}{(1+0,1346)^{10} \times 0,1346} \right]$$

$VPL = -81,03$

O valor obtido não foi zero, como era de se esperar, uma vez que se utilizou uma interpolação linear quando a função do valor presente líquido não é linear. O valor negativo do VPL indica que a TIR é um pouco menor que 13,46% a.a. Para se chegar a um valor mais preciso outras interpolações deveriam ser realizadas. Nesse caso o valor exato para a TIR é 13,43% a.a.

Comparando o valor encontrado para a TIR do investimento analisado (13,43% a.a.) com a TMAR utilizada pela empresa (12,00% a.a.), verifica-se que a TIR é maior que a TMAR. Portanto, é possível concluir que o investimento analisado é viável economicamente.

O método da Taxa Interna de Retorno também pode ser utilizado para analisar e selecionar uma alternativa de investimento entre duas ou mais alternativas existentes. Nessas situações recomenda-se que se realize uma análise dos fluxos de caixa incrementais[4] cujo procedimento será demonstrado no exemplo a seguir.

b) O departamento financeiro de uma empresa industrial recebeu a solicitação de recursos para três projetos das áreas de Produção, Marketing e P&D. Entretanto, como a empresa não tem recursos suficientes para investir nos três projetos, solicitou a seus analistas um estudo de viabilidade dos projetos, utilizando o método a Taxa Interna de Retorno, visando selecionar apenas um deles. A empresa utiliza uma TMAR de 10% a.a. e as informações para elaboração dos fluxos de caixa são apresentados a seguir na Tabela 8.7.

Tabela 8.7 Informações para os fluxos de caixa dos projetos

	Projeto Produção	Projeto Marketing	Projeto P&D
Investimento inicial (R$)	200.000	160.000	120.000
Benefício anual (R$)	25.000	22.000	15.000
Valor residual (R$)	115.000	70.000	60.000
Vida útil (anos)	10	10	10

A utilização do método da TIR para a análise e seleção de duas ou mais alternativas de investimento, como já destacado anteriormente, requer a realização de um procedimento que se denomina análise incremental. Para tanto, é necessário seguir as seguintes etapas:

Primeira etapa: colocar as alternativas de investimento em ordem crescente tendo como referência os investimentos iniciais, conforme a Tabela 8.8.

Tabela 8.8 Projetos ordenados pelo investimento inicial

	Projeto P&D	**Projeto Marketing**	**Projeto Produção**
Investimento inicial (R$)	120.000	160.000	200.000
Benefício anual (R$)	15.000	22.000	25.000
Valor residual (R$)	60.000	70.000	115.000
Vida útil (anos)	10	10	10

Segunda etapa: analisar isoladamente a alternativa de menor investimento. Se a alternativa for viável economicamente selecioná-la para a realização da análise incremental. Caso não seja viável deve ser descartada.

Projeto P&D:

$$VPL_{P\&D} = -120.000 + 15.000 \times \left[\frac{(1+i)^{10}-1}{(1+i)^{10} \times i}\right] + \frac{60.000}{(1+i)^{10}}$$

Utilizando o processo iterativo é necessário estimar valores para i:

$i = 10\%$ a.a.

$$VPL_{P\&D} = -120.000 + 15.000 \times \left[\frac{(1+0,1)^{10}-1}{(1+0,1)^{10} \times 0,1}\right] + \frac{60.000}{(1+0,1)^{10}}$$

$VPL_{P\&D} = -4.698,90$

Como o valor presente é negativo é necessário reduzir o valor estimado de i:

$i = 9,0\%$ a.a.

$$VPL_{P\&D} = -120.000 + 15.000 \times \left[\frac{(1+0,09)^{10}-1}{(1+0,09)^{10} \times 0,09}\right] + \frac{60.000}{(1+0,09)^{10}}$$

$VPL_{P\&D} = 1.609,51$

O valor presente resultante é positivo, portanto a TIR é maior que 9,0% a.a. Assim, o valor da TIR está entre 9,0% a.a. e 10% a.a. Fazendo uma interpolação linear temos:

$$\frac{i-9}{1.609,51} = \frac{10-i}{4.698,90}$$

$4.698,90i - 42.290,10 = 16.095,10 - 1.609,51i$

$i = 9,25\%$ a.a.

Ou $TIR_{P\&D} = 9,25\%$ a.a.

A rentabilidade do projeto proposto pelo departamento de P&D, medida pela $TIR_{P\&D}$, é menor que a TMAR (10,0% a.a.). Assim, o projeto não é viável economicamente devendo ser descartado. Na sequência deve-se analisar o projeto da área de Marketing.

Projeto Marketing:

$$VPL_M = -160.000 + 22.000 \times \left[\frac{(1+i)^{10}-1}{(1+i)^{10} \times i}\right] + \frac{70.000}{(1+i)^{10}}$$

Utilizando o processo iterativo, semelhante ao realizado anteriormente, chega-se a uma TIR para o projeto da área de Marketing no valor de 10,27% a.a. Como a TIR_M é maior que a TMAR o projeto é viável economicamente. Sendo viável, deve ser utilizado como referência para se realizar a análise incremental necessária para a comparação com o projeto da área de Produção.

Para a continuidade do processo deve-se calcular o fluxo de caixa incremental entre os projetos das áreas de Marketing e Produção, como ilustrado na Tabela 8.9.

Tabela 8.9 Fluxo de caixa incremental

Final do ano	Fluxo de caixa projeto Marketing	Fluxo de caixa projeto Produção	Fluxo de caixa incremental (Produção − Marketing)
0	−160.000	−200.000	−40.000
1	22.000	25.000	3.000
2	22.000	25.000	3.000
3	22.000	25.000	3.000
4	22.000	25.000	3.000
5	22.000	25.000	3.000
6	22.000	25.000	3.000
7	22.000	25.000	3.000
8	22.000	25.000	3.000
9	22.000	25.000	3.000
10	92.000	140.000	48.000

Na sequência deve-se calcular a TIR do fluxo incremental utilizando-se da equação do VPL.

$$VPL_{P-M} = -40.000 + 3.000 \times \left[\frac{(1+i)^9-1}{(1+i)^9 \times i}\right] + \frac{48.000}{(1+i)^{10}}$$

Utilizando o processo iterativo chega-se a uma TIR de 8,35% a.a. Assim, a TIR do investimento incremental ou, de outra maneira, a rentabilidade do investimento incremental é de 8,35% a.a. e, portanto, menor que a TMAR (10% a.a.). Dessa forma, o investimento incremental não é viável, o que significa que o projeto da área de Marketing é melhor que o projeto da área de Produção.

Como conclusão os analistas devem recomendar ao departamento financeiro da empresa a aprovação do projeto da área de Marketing.

8.4.5 O método do *payback*

O método denominado *payback* utiliza o tempo de recuperação do capital investido em um determinado projeto como parâmetro para a avaliação de sua viabilidade. Consiste em se calcular o número de períodos necessários para recuperar o investimento inicial e, em seguida, compará-lo com o padrão de tempo estabelecido pela empresa.

A maneira de calcular o tempo de recuperação do capital é muito simples e, talvez por esse motivo, tornou o método muito difundido no meio empresarial.

Consideremos uma situação na qual uma grande empresa estabeleceu como política utilizar um tempo máximo de recuperação de capital para grandes projetos de cinco anos. Considere ainda, que essa empresa precisa decidir pela aquisição de uma máquina entre dois tipos existentes no mercado cujos fluxos de caixa são apresentados na Tabela 8.10.

Tabela 8.10 Fluxos de caixa estimados das máquinas 1 e 2

Final do ano	Máquina 1	Máquina 2
0	−90.000	−120.000
1	22.500	24.000
2	22.500	24.000
3	22.500	24.000
4	22.500	24.000
5	15.000	24.000
6	12.000	24.000
7	9.000	24.000
8	9.000	24.000
9	9.000	24.000
10	9.000	24.000

Para a análise de viabilidade de compra das máquinas é necessário identificar o tempo de recuperação dos investimentos necessários para adquirir cada uma das máquinas. Essa identificação, segundo o método do *payback*, é realizada por meio do cálculo do fluxo de caixa acumulado, para ambas as máquinas, verificando o momento em que seu valor zere ou se torne positivo. A Tabela 8.11 ilustra esse procedimento.

Tabela 8.11 Fluxos de caixa acumulados para as máquinas 1 e 2

Final do ano	Fluxo acumulado máquina 1	Fluxo acumulado máquina 2
0	−90.000	−120.000
1	−90.000 + 22.500 = −67.500	−120.000 + 24.000 = −96.000
2	−67.500 + 22.500 = −45.000	−96.000 + 24.000 = −72.000
3	−45.000 + 22.500 = −22.500	−72.000 + 24.000 = −48.000
4	−22.500 + 22.500 = 0	−48.000 + 24.000 = −24.000
5	15.000	−24.000 + 24.000 = 0
6	15.000 + 12.000 = 27.000	24.000
7	27.000 + 9.000 = 36.000	24.000 + 24.000 = 48.000
8	36.000 + 9.000 = 45.000	48.000 + 24.000 = 72.000
9	45.000 + 9000 = 54.000	72.000 + 24.000 = 96.000
10	54.000 + 9.000 = 63.000	96.000 + 24.000 = 120.000

Como pode ser observado na Tabela 8.11, o tempo de recuperação da compra da Máquina 1 é de quatro anos e o da Máquina 2 é de cinco anos. As duas máquinas possuem um tempo de recuperação dentro do limite estabelecido pela empresa. Assim, os dois investimentos podem ser considerados viáveis, e a compra da máquina 1 melhor, pois possui um *payback* menor.

Efetivamente o método é muito simples de ser aplicado e apresenta uma informação que parece ser relevante no que diz respeito à recuperação do capital investido no investimento analisado. Entretanto, é preciso fazer duas principais considerações em relação a algumas imperfeições conceituais apresentadas por esse método. Em primeiro lugar, o método não utiliza o conceito financeiro básico de valor do dinheiro no tempo. O fluxo de caixa acumulado é calculado somando valores em datas diferentes, procedimento que não é recomendado para avaliação econômica de projetos. Outro aspecto relevante é que o método não considera as variações de caixa dos projetos analisados após o período de recuperação do investimento.[5] No exemplo apresentado anteriormente a Máquina 1 tem um tempo de recuperação menor, mas a Máquina 2 tem um fluxo acumulado ao final de dez anos maior.

Em virtude das imperfeições apresentadas por esse método, não é aconselhável utilizá-lo como principal critério seletivo para aplicação de capital. Recomenda-se então, que o *payback* seja utilizado como um método auxiliar na tomada de decisão, ou como um recurso inicial para filtrar projetos.

Ademais, é importante destacar que o método aqui apresentado é também conhecido como *payback* simples, existe um modelo que considera o valor do dinheiro no tempo, trazendo todos os valores do fluxo de caixa para um mesmo período de tempo, ou seja, descontando os fluxos de caixa considerando a taxa de juros (TMAR) do projeto, esse método é chamado de *payback* descontado, o qual elimina a imperfeição mais grave deste método.

Considerando que a empresa em questão utilize uma TMAR de 12% a.a. vamos verificar como ficariam os cálculos do fluxo de caixa acumulado utilizando o *payback* descontado, como mostra a Tabela 8.12.

Como era de se esperar, utilizando o fluxo de caixa descontado, os dois projetos necessitam de mais tempo para zerar o fluxo de caixa acumulado. O investimento na Máquina 1 continua tendo um tempo de recuperação menor que o da Máquina 2, entretanto os dois investimentos excedem o limite estabelecido para o *payback* simples que é cinco anos.

Deve-se também destacar que considerando todo o fluxo de caixa, ou seja, os dez anos dos dois investimentos, o valor descontado acumulado para a Máquina 2 é maior que o da Máquina 1. Essas medidas nada mais são que o VPL para os investimentos das duas máquinas, ou seja, a uma TMAR de 12% a.a. o VPL da Máquina 1 é R$ 6.780,68 e o da Máquina 2 é R$ 15.605,35. Assim, como o VPL da Máquina 2 é maior que o da Máquina 1, o investimento recomendado deve ser o na Máquina 2 e não a Máquina 1 como inicialmente se concluiu utilizando apenas o *payback* na sua forma simples. Esses resultados reafirmam a recomendação de se utilizar o *payback* na sua forma simples ou descontada como um método auxiliar que complementa as informações apresentadas por um dos métodos conceitualmente completos, como o Valor Presente Líquido (VPL) ou a Taxa Interna de Retorno (TIR).

Tabela 8.12 Fluxos de caixa descontado acumulado para as máquinas 1 e 2

Final do ano	Fluxo de caixa descontado acumulado máquina 1	Fluxo de caixa descontado acumulado máquina 2
0	−90.000	−120.000
1	$-90.000 + 22.500/(1 + 0{,}12) = -69.910{,}71$	−98.571,43
2	$-69.910{,}71 + 22.500/(1 + 0{,}12)^2 = -51.973{,}85$	−79.438,78
3	$-51.973{,}85 + 22.500/(1 + 0{,}12)^3 = -35.958{,}79$	−62.356,05
4	$-35.958{,}79 + 22.500/(1 + 0{,}12)^4 = -21.659{,}64$	−47.103,62
5	$-21.659{,}64 + 15.000/(1 + 0{,}12)^5 = -13.148{,}23$	−33.485,37
6	$-13.148{,}23 + 12.000/(1 + 0{,}12)^6 = -7.068{,}66$	−21.326,22
7	$-7.068{,}66 + 9.000/(1 + 0{,}12)^7 = -2.997{,}52$	−10.469,84
8	$2.997{,}52 + 9.000/(1 + 0{,}12)^8 = 637{,}43$	−776,65
9	$637{,}43 + 9000/(1 + 0{,}12)^9 = 3.882{,}92$	7.878,00
10	$3.882{,}92 + 9.000/(1 + 0{,}12)^{10} = 6.780{,}68$	15.605,35

EXERCÍCIOS

1. Uma montadora de automóveis está estudando a possibilidade de adquirir robôs de nova geração utilizados no processo de soldas das carrocerias. Existem no mercado dois tipos de robôs. O robô da marca Delta exige um investimento inicial de R$ 250.000,00, tem custos anuais de operação e manutenção estimados em R$ 45.000, uma vida útil de cinco anos e um valor residual de R$ 35.000,00. Já o robô da fabricante Gama custa inicialmente R$ 290.000,00, tem custos de operação e manutenção de R$ 40.000,00, vida útil também de cinco anos e valor residual de R$ 45.000,00. Se a TMAR é de 12% a.a. recomende qual robô a empresa deve comprar utilizando:

   a) O método do Valor Presente Líquido.

   b) O método do Valor Anual Equivalente Uniforme.

2. Uma empresa deve selecionar um equipamento entre três possibilidades existentes no mercado. Os três equipamentos têm vida estimada em dez anos, apresentam investimentos iniciais diferentes e proporcionam benefícios também diferentes, como pode ser observado na Tabela 8.13.

   Tabela 8.13 Informações para os equipamentos A, B e C

	Equipamento A	Equipamento B	Equipamento C
Investimento inicial (R$)	90.000	165.000	150.000
Benefícios anuais (R$)	15.000	35.000	23.000
Valor residual (R$)	9.000	25.000	20.000

   Considerando que a empresa utiliza uma TMAR de 10% a.a., selecione o equipamento a ser adquirido utilizando o método da Taxa Interna de Retorno.

3. Uma empresa que atua no setor de vendas no atacado de alimentos está estudando realizar um investimento em seus armazéns estimado em R$ 128.000,000. Estima-se que o retorno obtido com o investimento seja de R$ 20.000, 00 ao ano por um prazo de 10 anos. A empresa estabeleceu um *payback* mínimo de 8 anos. Nessas condições:

a) Calcule o *payback* para o projeto e faça uma recomendação em relação a sua viabilidade.
b) Considere uma taxa de juros de 10% a.a., calcule o *payback* descontado e faça uma recomendação em relação a sua viabilidade.

BOXE 8.1 JUROS DE FINANCIAMENTO EM UMA EMPRESA DE VAREJO

Uma loja de varejo está fazendo uma grande promoção para venda de televisores de tela grande, uma vez que os fabricantes têm ofertado ao mercado uma importante variedade de novos produtos com essas características.

Em uma das ofertas, o varejista oferece uma Smart TV de LED de 65" ultra HD pelo preço à vista de R$ 8.350,00. O cliente ainda pode pagar parcelado em 12 prestações mensais no valor de R$ 864,09, sendo o primeiro pagamento realizado após 30 dias.

Considerando que o cliente tem o dinheiro para pagar à vista e que o valor está aplicado em um ativo financeiro que rende 0,8% a.m. de juros, ele precisa decidir se compra a TV pagando à vista ou parcelado.

Para tomar essa decisão, ele precisa calcular a taxa de juros que o varejista está cobrando na venda parcelada. Para tanto, monta-se o fluxo de caixa do ponto de vista do varejista, formula-se a equação do valor presente e calcula-se a taxa interna de retorno (TIR), conforme demonstrado na Seção 8.4.4. O fluxo de caixa e equação são os seguintes:

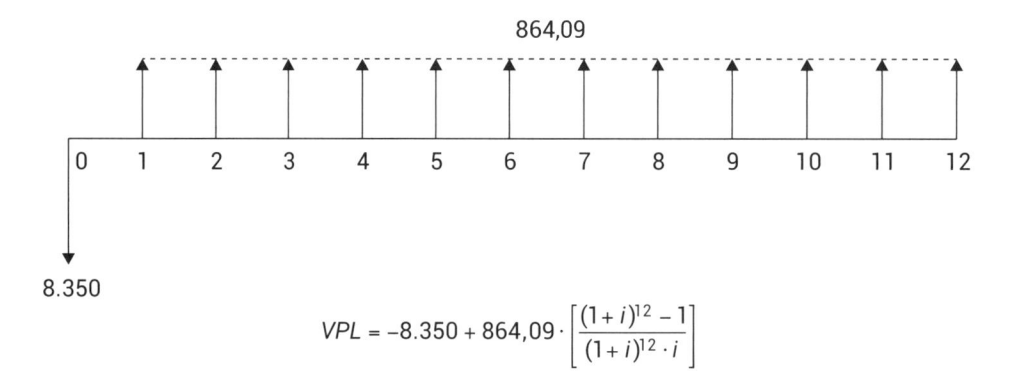

$$VPL = -8.350 + 864,09 \cdot \left[\frac{(1+i)^{12} - 1}{(1+i)^{12} \cdot i} \right]$$

Utilizando um processo iterativo, chega-se a uma TIR de 3,5% a.m. que representa os juros cobrados no financiamento. Dessa forma, para o cliente, a compra parcelada não é vantajosa, pois o seu dinheiro está aplicado a uma taxa de 0,8% a.m. e na operação de venda a prazo da TV os juros cobrados são de 3,5% a.m.

8.5 DEPRECIAÇÃO

A depreciação é um conceito importante a ser considerado no processo de análise e tomada de decisão de investimento, pois tem uma influência significativa no fluxo de caixa das alternativas de investimento envolvendo a aquisição de ativos fixos. Portanto, é necessário entender o conceito de depreciação e conhecer os principais métodos utilizados para depreciar um ativo fixo de uma empresa.

A depreciação de um bem físico pode ser definida como a perda de capacidade de geração de valor ou de geração de benefícios futuros desse bem, não recuperada pelo serviço de manutenção, no decorrer do tempo. Essa perda de capacidade de geração de valor ocorre devido a diversos fatores, mas, principalmente, devido ao desgaste físico e também a desatualização tecnológica do bem.

O desgaste físico de um bem, uma máquina, por exemplo, ocorre ao longo do tempo em virtude de sua utilização no processo produtivo de uma empresa. Esse desgaste tem como consequência a diminuição da eficiência do bem e o aumento de custos de operação e manutenção.

Já a desatualização tecnológica, por sua vez, pode tornar um bem que ainda está do ponto de vista físico em boas condições de uso, totalmente obsoleto em virtude do surgimento de outro bem que utiliza uma tecnologia recente e que apresenta resultados de desempenho muito superior. O desenvolvimento da microeletrônica e da informática, nos últimos quarenta anos, tem influenciado de forma significativa a desatualização tecnológica de diversos tipos de bens.

A depreciação também pode ser interpretada a partir dos pontos de vistas contábil e econômico. Contabilmente, a depreciação pode ser entendida como uma parcela do custo de produção devido ao desgaste do ativo. Por sua vez, economicamente, a depreciação é considerada como uma origem de recursos para a empresa, pois embora reduza o lucro tributável da empresa não representa um desembolso efetivo de caixa. Do ponto de vista legal a depreciação de bens no Brasil, regulamentada pela Secretaria da Receita Federal, determina que a taxa anual de depreciação deve ser fixada em função do prazo durante o qual se espera a utilização econômica do bem na produção de rendimentos.

As taxas de depreciação são variadas, entretanto, de maneira geral, para um turno de oito horas de trabalho as taxas máximas utilizadas são de 20% ao ano para veículos; 10% ao ano para máquinas e equipamentos e 4% ao ano para edifícios e construções.

A empresa poderá utilizar diferentes taxas de depreciação para seus bens desde que, por meio de parecer de um especialista, comprove tecnicamente a validade da decisão tomada.

Existem diferentes métodos de depreciação, como o método linear, o exponencial e o método da soma dos dígitos. No Brasil o método linear é o mais utilizado, pois, além de ser muito simples, é o método recomendado pela Receita Federal para ser utilizado pelas empresas para elaboração de seus relatórios financeiros.

No método linear a carga de depreciação do ativo é constante ao longo de sua vida útil. Isso faz com que o valor do bem depreciado reduza em cotas iguais a cada período. O cálculo da carga, ou quota, de depreciação (d) é realizado a partir do valor original do ativo (C_0), da vida útil estimada (n) e do valor residual apresentado pelo ativo (V_R) como pode ser observado na seguinte expressão:

$$d = \frac{C_0 - V_R}{n}$$

O exemplo apresentado a seguir, ilustra o cálculo da carga anual de depreciação e do valor contábil do ativo ao longo de sua vida útil.

Exemplo:

Uma máquina nova foi adquirida por um fabricante de equipamentos médicos e odontológicos pelo preço de R$ 220.000,00, para ser utilizada em seu processo de fabricação. A máquina tem uma vida útil estimada de dez anos e um valor residual, também estimado, ao final de sua vida de R$ 20.000,00. Deseja-se calcular a depreciação e o valor contábil da máquina em cada um dos dez anos da vida da máquina utilizando-se o método linear.

Temos que:

$C_0 = 220.000$

$V_R = 20.000$

$n = 10$

Então:

$$d = \frac{C_0 - V_R}{n}$$

$$d = \frac{220.000 - 20.000}{10} = 20.000$$

A carga anual de depreciação (d) é constante ao longo da vida útil do equipamento e o valor contábil (C_n) decresce linearmente ao longo dos dez anos. A Tabela 8.14 ilustra os valores da carga de depreciação e o valor contábil calculados para o exemplo.

Tabela 8.14 Ilustração da depreciação linear

Ano	d (R$) – carga de depreciação	C_n (R$) – valor contábil
1	20.000	200.000
2	20.000	180.000
3	20.000	160.000
4	20.000	140.000
5	20.000	120.000
6	20.000	100.000
7	20.000	80.000
8	20.000	60.000
9	20.000	40.000
10	20.000	20.000

EXERCÍCIO

1. Um caminhão novo pode ser adquirido ao preço de R$ 250.000,00 e vendido após cinco anos por R$ 80.000,00. Calcule a carga de depreciação e o valor contábil em cada um dos cinco anos utilizando o método linear.

8.6 O EFEITO DO IMPOSTO DE RENDA NA COMPARAÇÃO DE ALTERNATIVAS DE INVESTIMENTO

As empresas pagam imposto de renda (IR) tendo como referência os resultados apresentados em seus demonstrativos financeiros. Uma vez que a empresa apresente lucro no exercício contábil deverá pagar um percentual referente ao IR. Se a alternativa de investimento analisada apresentar lucros ela estará colaborando para aumentar o lucro tributável da empresa e, portanto, gerando um imposto a ser pago. Os estudos de viabilidade econômica devem apresentar os resultados previstos para os projetos analisados já livres de qualquer imposto gerado. Assim, um estudo completo de viabilidade deve estimar o imposto gerado pelo investimento e subtraí-lo do fluxo de caixa inicial do projeto de maneira a se calcular, por exemplo, a rentabilidade líquida do projeto, por meio da Taxa Interna de Retorno.

Um aspecto importante a ser considerado para o cálculo do lucro tributável, e por consequência do IR gerado pelo investimento analisado, é que a legislação tributária permite que as empresas deduzam de seu lucro anual a depreciação de seus ativos.[6] Como já se destacou na seção anterior, a legislação determina para a grande maioria das situações o uso do método linear para depreciar o ativo. Embora o método linear seja muito simples de ser utilizado, na prática são encontradas algumas dificuldades em razão do tempo estabelecido pela legislação para depreciar o ativo (vida contábil do ativo), em geral, diferir da vida econômica do ativo. O exemplo apresentado a seguir ilustra algumas das situações que podem ser encontradas pelas empresas.

Exemplo:

Uma fábrica comprou um equipamento para a linha de montagem final de seus produtos pagando à vista R$ 180.000,00. O equipamento tem uma vida econômica de seis anos e um valor residual estimado de R$ 60.000,00. O uso do equipamento possibilitará a empresa obter benefícios com melhoria de qualidade do produto e com a redução de custos de operação e manutenção que foram estimados em R$ 45.000,00 por ano. A legislação estabelece que esse tipo de equipamento pode ser depreciado totalmente em 5 anos pelo método linear. Considere que a empresa definiu como TMAR uma taxa de 10% a.a. e verifique a viabilidade do investimento após o desconto do IR. Utilize uma taxa de 34% para o IR.

Sabemos que a depreciação pode ser utilizada para abater o lucro tributável e que a legislação permite que o equipamento seja totalmente depreciado em cinco anos. Calculemos então a carga de depreciação considerando cinco anos de depreciação ($n = 5$) e valor residual zero ($V_R = 0$).

$$d = \frac{180.000 - 0}{5} = 36.000$$

Na sequência apresentamos uma tabela de fluxo de caixa no qual vamos calcular o imposto cobrado e o fluxo de caixa já livre dos impostos (conforme Tabela 8.15).

Pode-se observar na Tabela 8.15 que no sexto ano tributou-se o valor residual do equipamento. Isso ocorreu, pois nos cinco anos depreciou-se todo o valor do equipamento e, no entanto, vendeu-se o equipamento por R$ 60.000.

Calculando a TIR para o fluxo de caixa após o IR chega-se a 13,15% a.a. O valor da TIR é maior que a TMAR (10% a.a.), portanto o investimento é viável.

Suponhamos outra situação na qual a legislação estabeleça que o equipamento deva ser depreciado em seis anos. O equipamento será depreciado mais lentamente e no mesmo prazo que a vida econômica do investimento. Verifiquemos o que acontece com a rentabilidade do investimento (conforme Tabela 8.16).

Tabela 8.15 Cálculo do fluxo de caixa após o IR para vida contábil de 5 anos

Final do ano	Fluxo de caixa antes do IR (I)	Depreciação (II)	Lucro tributável (III = I + II)	IR (34%) (IV = III × 0,34)	Fluxo de caixa após o IR (V = I + IV)
0	−180.000	−	−	−	−180.000
1	45.000	−36.000	9.000	−3.060	41.940
3	45.000	−36.000	9.000	−3.060	41.940
3	45.000	−36.000	9.000	−3.060	41.940
4	45.000	−36.000	9.000	−3.060	41.940
5	45.000	−36.000	9.000	−3.060	41.940
6	45.000 + 60.000 = 105.000	−	105.000	−35.700	69.300

$$d = \frac{180.000 - 0}{6} = 30.000$$

Tabela 8.16 Cálculo do fluxo de caixa após o IR para vida contábil de 6 anos

Final do ano	Fluxo de caixa antes do IR (I)	Depreciação (II)	Lucro tributável (III = I + II)	IR (34%) (IV = III × 0,34)	Fluxo de caixa após o IR (V = I + IV)
0	-180.000	-	-	-	-180.000
1	45.000	-30.000	15.000	-5.100	39.900
3	45.000	-30.000	15.000	-5.100	39.900
3	45.000	-30.000	15.000	-5.100	39.900
4	45.000	-30.000	15.000	-5.100	39.900
5	45.000	-30.000	15.000	-5.100	39.900
6	45.000 + 60.000 = 105.000	-30.000	75.000	-25.500	79.500

Calculando-se a TIR chega-se a um valor de 12,73% a.a. A TIR teve seu valor reduzido, entretanto, ainda é maior que a TMAR e, portanto, o investimento nessas condições continua a ser viável economicamente.

Vamos supor, em uma nova situação, em que a legislação estabeleça que o equipamento deva ser depreciado em um período de dez anos. Nessa situação, como a vida econômica do ativo é menor que a contábil, deve-se verificar se no sexto ano do investimento a empresa incorreu em uma perda contábil. Essa perda pode ser utilizada para abatimento do lucro tributável e, por consequência, do imposto a ser pago. A Tabela 8.17 ilustra essa situação.

$$d = \frac{180.000 - 0}{10} = 18.000$$

Tabela 8.17 Cálculo do fluxo de caixa após o IR para vida contábil de 10 anos

Final do ano	Fluxo de caixa antes do IR (I)	Depreciação (II)	Perda contábil	Lucro tributável (III = I + II)	IR (34%) (IV = III × 0,34)	Fluxo de caixa após o IR (V = I + IV)
0	-180.000	-	-	-	-	-180.000
1	45.000	-18.000	-	27.000	-9.180	35.820
3	45.000	-18.000	-	27.000	-9.180	35.820
3	45.000	-18.000	-	27.000	-9.180	35.820
4	45.000	-18.000	-	27.000	-9.180	35.820
5	45.000	-18.000	-	27.000	-9.180	35.820
6	45.000 + 60.000 = 105.000	-18.000	-12.000	15.000*	-5.100	99.900

Perda contábil = -18.000 × 4 + 60.000 = -12.000

*Lucro tributável no sexto ano = 45.000 - 18.000 - 12.000 = 15.000

A TIR para o fluxo de caixa após o IR é de 11,96 % a.a. A TIR ainda supera a TMAR, portanto o investimento continua sendo viável economicamente. Entretanto, deve-se ressaltar que a medida que foi se alongando o prazo de depreciação a rentabilidade do investimento foi reduzindo.

BOXE 8.2 ANÁLISE DE INVESTIMENTO EM UMA EMPRESA DE AUTOPEÇAS

Uma empresa que atua no setor de autopeças fabricando componentes para automóveis e caminhões estava enfrentando algumas dificuldades no processo de fabricação de um de seus principais produtos. O processo, da forma como estava organizado, envolvia diversas operações, algumas realizadas manualmente e outras com a utilização de máquinas semiautomáticas. Os problemas encontrados concentravam-se na qualidade do produto e também na produtividade do processo produtivo.

Os engenheiros responsáveis pela produção, após extensos estudos, propuseram à empresa duas alternativas possíveis: em uma delas (Projeto 1), automatizar todo o processo em questão; em outra (Projeto 2), automatizar parte do processo e transferir algumas operações para a linha de montagem final.

As estimativas realizadas para o Projeto 1 mostram a necessidade de investimento da ordem de R$ 3.500.000 para aquisição de 6 equipamentos, e benefícios proporcionados com a redução de custo da mão de obra direta, melhoria da qualidade, maior velocidade de fluxo e redução de estoques de produto em processo.

Já para o Projeto 2, o investimento requerido é bem inferior, da ordem de R$ 500.000. Os benefícios também são menores em uma proporção de 60% dos valores obtidos no Projeto 1.

Para estudar a viabilidade econômica das duas alternativas, a empresa realizou os cálculos do VPL e do *payback* descontado. A empresa utilizou uma taxa mínima de retorno de 10% a.a. e uma alíquota de imposto de renda de 34%.

Os resultados obtidos da análise dos fluxos de caixa, já descontandos o IR, foram os seguintes:

- O Projeto 1 gerou um VPL negativo, de aproximadamente R$ −1.250.000, e um *payback* (descontado) de 8 anos, além do limite estabelecido pela empresa que é de 5 anos.
- O Projeto 2 apresentou um VPL positivo, da ordem de R$ 200.000,00 e um *payback* (descontado) de 4 anos.

Com base nos valores apresentandos acima, a empresa decidiu investir no Projeto 2, pois o projeto é viável economicamente, apresenta um valor presente positivo e tem um tempo de retorno do capital dentro dos limites estabelecidos pela empresa. Além disso, em comparação com o Projeto 1, o Projeto 2 apresenta aspectos importantes que favorecem a redução dos riscos para a empresa, como o menor investimento inicial e a maior familiaridade com a tecnologia envolvida.

EXERCÍCIOS

1. Uma fábrica dedicada à produção de peças usinadas adquiriu um torno de comando numérico pelo preço de R$ 150.000,00. O torno tem uma vida útil estimada em dez anos e valor residual, ao final dos dez anos, de R$ 20.000,00. Espera-se com a utilização da nova máquina a geração de lucros, antes de descontado o IR, no valor de R$ 40.000,00 por ano. Verifique a viabilidade do investimento, utilizando o método do VPL, se a TMAR é de 10% a.a., a alíquota do IR é de 34%. Considere que a legislação estabelece que o torno deve ser depreciado totalmente em dez anos pelo método linear.

2. Uma cerâmica fabricante de pisos e azulejos está estudando a viabilidade de adquirir novas prensas a serem utilizadas em seu processo de produção. O investimento total é estimado em R$ 80.000,00 e deverá proporcionar uma redução de custo estimada em R$ 25.000,00 por ano. Os equipamentos possuem uma vida econômica igual a contábil, estimada em oito anos, após os quais deverão ser sucateados sem apresentar valor residual. A depreciação é linear, a TMAR utilizada pela empresa é de 15% a.a. e a alíquota de IR é de 34%. Calcule a rentabilidade do investimento por meio da TIR e compare com a TMAR.

8.7 SISTEMAS DE AMORTIZAÇÃO DE EMPRÉSTIMOS E FINANCIAMENTOS

Sabe-se que, quando se faz um empréstimo ou um financiamento, o devedor tem um prazo para realizar a quitação deste, isto é, há um prazo para a devolução ou reembolso da dívida ou obrigação. Este procedimento é feito atendendo uma série de critérios e condições estabelecidas em contrato. Em linhas gerais, o devedor precisará, dentro de um prazo determinado, realizar o pagamento de prestações periódicas que incorporam parte do saldo devedor e dos juros estabelecidos no contrato da operação, e no final a dívida deverá ser totalmente quitada. Assim, a prestação incorpora a soma da amortização do valor principal da dívida e os juros do período.

Como os sistemas de amortização são utilizados para o pagamento (ou reembolso) de empréstimos e financiamentos, torna-se interessante diferenciar esses dois tipos de operação. O empréstimo se trata de um recurso financeiro que, em primeira instância, não precisa ter sua finalidade justificada. Assim, o uso de cheque especial, do crédito direto ao consumidor e do limite do cartão de crédito figuram como exemplos de empréstimos. Já o financiamento é um recurso financeiro que precisa ter sua finalidade justificada, assim a compra de um imóvel, de um veículo ou de um equipamento industrial são exemplos de financiamentos. Em síntese, no caso de financiamento sempre haverá um bem vinculado à operação.

Dessa forma, nesta seção serão tratados os principais sistemas de amortização utilizados. São eles: Sistema de Amortização Francês (SAF); Sistema de Amortização Constante (SAC); Sistema de Amortização Misto (SAM) e Sistema de Amortização Americano (SAA).[7]

Antes de tratar cada um desses sistemas, é válido definir os principais termos relativos a este processo:

a) Encargos (Despesas) Financeiros – representam os juros da operação, comumente também são chamados de juros compensatórios.

b) Amortização – refere-se exclusivamente à parcela do capital principal (valor emprestado) que está sendo paga.

c) Saldo Devedor – trata-se do valor nominal do empréstimo ou financiamento, em dado momento, após a dedução de valor já pago por amortização(ões) anterior(es).

d) Prestação – trata-se do pagamento efetuado a cada período, composto pela soma do valor de amortização mais os encargos financeiros (juros) do período. Com esses termos definidos, a seguir são tratados os sistemas de amortização.

8.7.1 Sistema de Amortização Francês (SAF)

O Sistema de Amortização Francês (SAF) também é popularmente conhecido como "Tabela Price". É um sistema utilizado amplamente em todos os segmentos financeiros, sendo considerado o mais utilizado pelas instituições financeiras no Brasil. Tal sistema é ainda conhecido como Sistema de Prestação Constante (SPC) e conforme essa denominação, o sistema se caracteriza por ter prestações iguais, periódicas e sucessivas.

No SAF, o financiamento (VP), é pago em parcelas (VU) idênticas, as quais são formadas pela amortização do principal mais os encargos financeiros (J), estes últimos sendo calculados a partir de uma taxa de juros (i).

Devido à sua característica de prestações constantes, no SAF os juros são decrescentes, pois incidem sobre o saldo devedor e as amortizações são crescentes.

Para ilustrar uma operação usando o SAF, vamos considerar a seguinte operação como exemplo:

Um banco empresta R$ 20.000,00 para serem pagos em quatro prestações mensais. A taxa de juros efetiva é de 5% ao mês e será utilizado o Sistema de Amortização Francês. Pede-se: construir uma tabela representando a amortização dessa operação.

Dados:

VP = R$ 20.000

n = 4 meses

i = 5% a.m.

VU = ?

i) Cálculo do valor da prestação (VU)

$$VU = VP \times \left[\frac{(1+i)^n \times i}{(1+i)^n - 1}\right]$$

$$VU = 20.000 \times \left[\frac{(1+0,05)^4 \times 0,05}{(1+0,05)^4 - 1}\right]$$

$$VU = 20.000 \times \left[\frac{(1,05)^4 \times 0,05}{(1,05)^4 - 1}\right]$$

$$VU = 20.000 \times \left[\frac{(1,2155) \times 0,05}{(1,2155) - 1}\right]$$

$$VU = 20.000 \times \left[\frac{0,0608}{0,2155}\right]$$

$$VU = 20.000 \times 0,2820 = R\$ 5.640,24$$

ii) Cálculo do valor dos encargos financeiros/juros (J)

$J = VP \times i \times n$

Juros do primeiro mês: J_1 = 20.000,00 × 0,05 × 1 = R$ 1.000,00

Juros do segundo mês: J_2 = 15.359,76 × 0,05 × 1 = R$ 767,99

Juros do terceiro mês: J_3 = 10.487,52 × 0,05 × 1 = R$ 524,38

Juros do quarto mês: J_4 = 5.371,66 × 0,05 × 1 = R$ 268,58

iii) Cálculo da amortização (A)

$A = VU - J$

Amortização do primeiro mês: A_1 = 5.640,24 − 1.000,00 = R$ 4.640,24

Amortização do segundo mês: A_2 = 5.640,24 − 767,99 = R$ 4.872,25

Amortização do terceiro mês: A_3 = 5.640,24 − 524,38 = R$ 5.115,86

Amortização do quarto mês: A_4 = 5.640,24 − 268,58 = R$ 5.371,66

iv) Cálculo do saldo devedor (SD)

$SD_n = SD_{n-1} - A$

Saldo devedor do primeiro mês: SD_1 = 20.000,00 − 4.640,24 = R$ 15.359,76

Saldo devedor do segundo mês: SD_2 = 15.359,76 − 4.872,25 = R$ 10.487,51

Saldo devedor do terceiro mês: $SD_3 = 10.487,51 - 5.115,86 = R\$ 5.371,65$

Saldo devedor do quarto mês: $SD_4 = 5.371,65 - 5.371,66 = -R\$ 0,01$

Obs.: o saldo devedor do quarto ano na verdade é nulo, essa diferença de R$0,01 decorre dos arredondamentos dos valores para ficarem em duas casas decimais.

Considerando os resultados, obtém-se a Tabela 8.18, que ilustra a amortização desta operação pelo SAF:

Tabela 8.18 Amortização segundo o Sistema Francês

Período (n)	Saldo devedor (SD)	Amortização (A)	Encargos fin. (J)	Prestação (VU)
0	20.000,00	0,00	0,00	0,00
1	15.359,76	4.640,24	1.000,00	5.640,24
2	10.487,51	4.872,25	767,99	5.640,24
3	5.371,65	5.115,86	524,38	5.640,24
4	0,00	5.371,65	268,58	5.640,24
Soma		**20.000,00**	**2.560,95**	**22.560,95**

8.7.2 Sistema de Amortização Constante (SAC)

O Sistema de Amortização Constante (SAC) foi desenvolvido a princípio para atender o Sistema Financeiro de Habitação (SFH), isto é, para ser utilizado nos financiamentos da casa própria. Ele se caracteriza por apresentar em cada período um mesmo valor de amortização, daí o seu nome.

Esse sistema diverge do SAF pelo fato de as prestações não serem constantes; no SAC as prestações são decrescentes. Isso ocorre pelo fato da prestação ser a soma da amortização do principal mais os encargos financeiros, como a amortização é constante, o saldo devedor é decrescente ao longo dos períodos fazendo o mesmo, consequentemente, com os encargos financeiros e as prestações.

Para exemplificar este sistema serão utilizados os mesmos dados do exemplo anterior, porém agora pede-se uma planilha de amortização da operação considerando que ela utilizará o SAC. Solução:

i) Cálculo da amortização (A)

$$A = \frac{VP \text{ (ou SD)}}{n}$$

$$A = \frac{20.000}{4} = R\$ 5.000,00$$

ii) Cálculo do valor dos encargos financeiros/juros (J)

$J = PV \times i \times n$

Juros do primeiro mês: $J_1 = 20.000,00 \times 0,05 \times 1 = R\$ 1.000,00$

Juros do segundo mês: $J_2 = 15.000,00 \times 0,05 \times 1 = R\$ 750,00$

Juros do terceiro mês: $J_3 = 10.000,00 \times 0,05 \times 1 = R\$ 500,00$

Juros do quarto mês: $J_4 = 5.000,00 \times 0,05 \times 1 = R\$ 250,00$

iii) **Cálculo do saldo devedor** (SD)

$SD_n = SD_{anterior} - A$

Saldo devedor do primeiro mês: A_1 = 20.000,00 − 5.000,00 = R$ 15.000,00

Saldo devedor do segundo mês: A_2 = 15.000,00 − 5.000,00 = R$ 10.000,00

Saldo devedor do terceiro mês: A_3 = 10.000,00 − 5.000,00 = R$ 5.000,00

Saldo devedor do quarto mês: A_4 = 5.000,00 − 5.000,00 = −R$ 0,00

iv) **Cálculo do valor da prestação** (VU)

$VU = A + J$

Prestação do primeiro mês: A_1 = 5.000,00 + 1.000,00 = R$ 6.000,00

Prestação do segundo mês: A_2 = 5.000,00 + 750,00 = R$ 5.750,00

Prestação do terceiro mês: A_3 = 5.000,00 + 500,00 = R$ 5.500,00

Prestação do quarto mês: A_4 = 5.000,00 + 250,00 = R$ 5.250,00

Desta forma, tem-se a Tabela 8.19 pelo SAC:

Tabela 8.19 Amortização segundo o Sistema SAC

Período (n)	Saldo devedor (SD)	Amortização (A)	Encargos fin. (J)	Prestação (VU)
0	20.000,00	0,00	0,00	0,00
1	15.000,00	5.000,00	1.000,00	6.000,00
2	10.000,00	5.000,00	750,00	5.750,00
3	5.000,00	5.000,00	500,00	5.500,00
4	0,00	5.000,00	250,00	5.250,00
Soma		**20.000,00**	**2.500,00**	**22.500,00**

8.7.3 Sistema de Amortização Misto (SAM)

O Sistema de Amortização Misto (SAM) também teve como objetivo original atender o Sistema Financeiro de Habitação (SFH). Este sistema se baseia no SAF e no SAC, pois sua prestação consiste na média aritmética calculada a partir das prestações desses dois outros sistemas.

Pelo SAM, o empréstimo ou financiamento é pago em prestações que decrescem de forma uniforme. Uma desvantagem deste sistema é o fato de suas prestações iniciais serem ligeiramente superiores à do SAF. Entretanto, após a metade do período, o mutuário tende a sentir queda significativa no comprometimento de sua renda com pagamento de prestações, lembrando que geralmente os financiamentos imobiliários do SFH são de prazos bastante longos.

Utilizando os dados do exemplo do Sistema de Amortização Francês, será elaborada uma planilha de amortização agora considerando o SAM. Lembrando que os valores deste método são obtidos via média aritmética dos valores de SAF e SAC, como demonstrado pelo cálculo do primeiro período de cada item a seguir.

i) Cálculo do valor da prestação (VU)

$$VU_n = \frac{VU_{SAF} + VU_{SAC}}{2}$$

$$VU_1 = \frac{5.640,24 + 6.000,00}{2} = R\$ 5.820,12$$

ii) Cálculo do valor dos encargos financeiros/juros (J)

$$J_n = \frac{J_{SAF} + J_{SAC}}{2}$$

$$J_1 = \frac{1.000,00 + 1.000,00}{2} = R\$1.000,00$$

iii) Cálculo da amortização (A)

$$A_n = \frac{A_{SAF} + A_{SAC}}{2}$$

$$A_1 = \frac{4.640,24 + 5.000,00}{2} = R\$4.820,12$$

iv) Cálculo do saldo devedor (SD)

$$SD_n = \frac{SD_{SAF} + SD_{SAC}}{2}$$

$$SD_1 = \frac{15.359,76 + 15.000,00}{2} = R\$15.179,88$$

Seguindo essa mesma lógica de cálculo para todos os períodos tem-se a Tabela 8.20 que ilustra a amortização pelo SAM:

Tabela 8.20 Amortização segundo o SAM

Período (n)	Saldo devedor (SD)	Amortização (A)	Encargos fin. (J)	Prestação (VU)
0	20.000,00	0,00	0,00	0,00
1	15.179,88	4.820,12	1.000,00	5.820,12
2	10.243,76	4.936,12	758,99	5.695,12
3	5.185,83	5.057,93	512,19	5.570,12
4	0,00	5.185,83	259,29	5.445,12
Soma		**20.000,00**	**2.530,47**	**22.530,47**

8.7.4 Sistema de Amortização Americano (SAA)

O Sistema de Amortização Americano (SAA) considera que o valor principal é restituído em uma única parcela no final da operação. Neste sistema os juros podem ser pagos periodicamente, o que ocorre mais usualmente, ou podem ser capitalizados e quitados juntamente com o capital no término do prazo acordado.

Como mencionado, o mais comum é haver o pagamento dos juros nos períodos intermediários, consistindo assim no valor das prestações. É importante dizer que o SAA praticamente não é utilizado no mercado brasileiro.

Utilizando mais uma vez os valores do exemplo do Sistema de Amortização Francês, na sequência será apurada a planilha de amortização caso na operação fosse utilizado o SAA.

i) Cálculo do valor dos encargos financeiros/juros (J)

$J = VP \times i \times n$

Juros do primeiro mês: $J_1 = 20.000,00 \times 0,05 \times 1 = R\$ 1.000,00$

Juros do segundo mês: $J_2 = 20.000,00 \times 0,05 \times 1 = R\$ 1.000,00$

Juros do terceiro mês: $J_3 = 20.000,00 \times 0,05 \times 1 = R\$ 1.000,00$

Juros do quarto mês: $J_4 = 20.000,00 \times 0,05 \times 1 = R\$ 1.000,00$

Os juros serão as prestações mensais e no quarto mês deverá ser adicionado o valor do principal na parcela. Dessa forma, tem-se a Tabela 8.21 com a amortização pelo SAA:

Tabela 8.21 Amortização segundo o Sistema SAA

Período (n)	Saldo devedor (SD)	Amortização (A)	Encargos fin. (J)	Prestação (VU)
0	20.000,00	0,00	0,00	0,00
1	20.000,00	0,00	1.000,00	1.000,00
2	20.000,00	0,00	1.000,00	1.000,00
3	20.000,00	0,00	1.000,00	1.000,00
4	0,00	20.000,00	1.000,00	21.000,00
Soma		**20.000,00**	**4.000,00**	**24.000,00**

EXERCÍCIO

1. Uma empresa metalúrgica está estudando realizar um financiamento de um equipamento industrial no valor de R$ 120.000,00, com a taxa de juros de 6% a.m., a ser pago em parcelas mensais ao longo dos próximos seis meses. Para ajudar na decisão sobre qual método de amortização a empresa deveria optar, pede-se calcular os valores das prestações para o SAF, SAC, SAM e SAA.

BIBLIOGRAFIA COMPLEMENTAR

ASSAF NETO, A. *Matemática financeira e suas aplicações*. 12. ed. São Paulo: Atlas, 2012.

BRANCO, A. C. C. *Matemática financeira aplicada*. 4. ed. São Paulo: Cengage Learning, 2016.

EHRLICH, P. J. *Engenharia econômica*: avaliação e seleção de oportunidades de investimento. São Paulo: Atlas, 2005.

GITMAN, L. J. *Princípios de administração financeira*. 12. ed. São Paulo: Pearson Education, 2010.

HIRSCHFELD, H. *Engenharia econômica e análise de custos*. 7. ed. São Paulo: Atlas, 2009.

NEWNAN, D. G.; LAVELLE, J. P. *Fundamentos de engenharia econômica*. Rio de Janeiro: LTC, 2000.

OLIVEIRA, J. A. N. *Engenharia econômica*: uma abordagem às decisões de investimento. São Paulo: McGraw-Hill, 1982.

REBELATTO, D. A. N. *Projeto de investimento*. Barueri: Manole, 2004.

SAMANEZ, C. P. *Engenharia econômica*. São Paulo: Pearson Prentice Hall, 2009.

NOTAS

1. Adaptado de: REBELATTO, D. A. N. *Projeto de investimento*. Barueri: Manole, 2004.
2. Para mais informações, consulte:
   NEWNAN, D. G.; LAVELLE, J. P. *Fundamentos de engenharia econômica*. Rio de Janeiro: LTC, 2000.
   SAMANEZ, C. P. *Engenharia econômica*. São Paulo: Pearson Prentice Hall, 2009.
3. Para mais informações, consulte: Newnan; Lavelle (2000).
4. Para mais informações, consulte:
   HIRSCHFELD, H. *Engenharia econômica e análise de custos*. 7. ed. São Paulo: Atlas, 2009.
   OLIVEIRA, J. A. N. *Engenharia econômica*: uma abordagem às decisões de investimento. São Paulo: McGraw-Hill, 1982.
5. Para mais informações, consulte: GITMAN, L. J. *Princípios de administração financeira*. 12. ed. São Paulo: Pearson Education, 2010.
6. Para mais informações, consulte:
   Oliveira (1982).
   EHRLICH, P. J. *Engenharia Econômica*: avaliação e seleção de oportunidades de investimento. São Paulo: Atlas, 2005.
7. Para mais informações, consulte:
   ASSAF NETO, A. *Matemática financeira e suas aplicações*. 12. ed. São Paulo: Atlas, 2012.
   BRANCO, A. C. C. *Matemática financeira aplicada*. 4. ed. São Paulo: Cengage Learning, 2016.

ANÁLISE E GESTÃO DE CUSTOS

9

Mário Otávio Batalha, Andrei Aparecido de Albuquerque, Rosane Chicarelli Alcantara e Fernando Cezar Leandro Scramim

No processo de gestão de uma organização faz-se necessário o apoio de um modelo sistematizado de informações que permita o acesso adequado e em linguagem compreensível pelos gestores. Instrumentos de análise e gestão de custos prestam esse papel ao fornecer informações monetárias úteis para tomada de decisão dos gestores. Em um ambiente em que o preço é dado pelo mercado, as empresas passam a ter uma preocupação mais intensa com a identificação e acumulação dos seus custos, fazendo com que a Gestão de Custos se torne atividade imprescindível na condução adequada dos negócios. Este capítulo desenvolve os principais aspectos pertinentes à Gestão de Custos das organizações, como as diferentes classificações dos custos, os diferentes métodos de custeio e o conceito de ponto de equilíbrio.

OBJETIVOS DE APRENDIZAGEM

Ao final deste capítulo, o leitor deverá ser capaz de:
- Identificar e realizar as diferentes classificações de custos de uma empresa.
- Conceber a aplicação dos métodos de custeio alternativo em situações práticas.
- Apurar elementos de gerenciamento de custos como margem de contribuição e ponto de equilíbrio, itens fundamentais para tomada de decisões corporativas.

A Contabilidade é considerada um sistema de informações que visa compilar de forma esquematizada todas as transações da empresa em uma representação monetária. Sendo assim, ela visa possibilitar a execução da gestão adequada de recursos e o auxílio na tomada de decisões da empresa. Entretanto, a gestão e, consequentemente, a tomada de decisão pode seguir diferentes enfoques e com isso a Contabilidade também apresenta enfoques distintos. Dessa forma, podem existir:

- **Contabilidade financeira:** também conhecida como contabilidade geral ou contabilidade societária, tem enfoque na apuração de resultado e de situação patrimonial ao final de cada período. Esta é a vertente focada nos princípios e determinações estabelecidos pela legislação. Quando existiam apenas empresas mercantis, isto é, que apenas comercializavam e não fabricavam produtos, se constituía como a única contabilidade, e tinha um funcionamento mais simples, uma vez que o "custo" dos produtos podia ser obtido apenas pela diferença entre os valores dos estoques iniciais mais compra de mercadorias e os valores dos estoques finais.

- **Contabilidade de custos:** modelo de contabilidade que tem por premissa a apuração adequada e identificação das melhores formas de acumulação dos custos de produção. Com o crescimento das demandas da sociedade, as empresas passaram a produzir/fabricar novos bens, e os esforços de fabricação desses bens passou a substituir o que nas empresas puramente comerciais se via como "compras". Tornou-se necessário então desenvolver técnicas que permitiriam apurar os custos de fabricação ou elaboração desses novos produtos.

- **Contabilidade gerencial:** modalidade focada no auxílio ao controle e a tomada de decisões. Em virtude da ampliação das empresas e mudança do cenário competitivo, as decisões gerenciais passam a necessitar de mecanismos mais rápidos e adequados a essa nova realidade. As barreiras estabelecidas pela legislação, que limitam a Contabilidade Financeira, acarretam a evolução de técnicas inicialmente desenvolvidas na Contabilidade de Custos e o surgimento de novas técnicas ainda mais adaptadas à realidade de gestão das organizações, resultando na Contabilidade Gerencial. Essa vertente está menos presa a ideia de identificação de posições patrimoniais (estoques) e apurações de resultados. É mais focada em ações que visem à gestão adequada da empresa, primando pelo crescimento, pela geração de valor e pela continuidade da organização.

9.1 TERMOS CLÁSSICOS EM CONTABILIDADE

Apesar de gerencialmente e em cada situação corporativa específica poderem ser escolhidos os termos que mais agradam aos gestores ou à empresa em questão, existe uma terminologia clássica (e exigida na legislação) utilizada em contabilidade para identificar os diferentes eventos que ocorrem nas transações normais da empresa. São eles:

- **Gasto:** sacrifício financeiro para a empresa, o qual representa entrega ou promessa de entrega de ativos (usualmente dinheiro) pela empresa. O gasto pode ser, por exemplo, a compra de um produto ou a contratação de um serviço.

- **Desembolso:** desencaixe, saída de dinheiro efetiva. Por exemplo, o pagamento pela compra de um produto, matéria-prima ou serviço.

- **Investimento:** gasto que se torna ativo em função de sua vida útil da atribuição de benefícios futuros à aquela aquisição. Por exemplo, a compra de um torno automático, com vida útil de dez anos, é um investimento.

- **Custo:** gasto que se refere a um bem ou serviço empregado na produção de outros bens ou serviços. Gastos com matéria-prima, mão de obra e/ou energia elétrica empregados na elaboração de um produto constituem exemplos de custos.

- **Despesa:** gasto realizado direta ou indiretamente com objetivo de geração de receita. Pela legislação societária, as despesas são classificadas em separado dos custos por não estarem associadas diretamente à produção de bens, assim os juros pagos a empréstimos (despesas financeiras), os gastos com publicidade (despesas de propaganda) e o desgaste de uma mesa do escritório administrativo (despesa de depreciação) são exemplos de despesas.
- **Perda:** consumo de um bem ou serviço de forma involuntária e anormal. A queima de estoques em um incêndio acidental se configura um exemplo de perda.

Vale dizer que o custo ocorre com a intenção de venda de um produto, ou seja, produzir receita para empresa. Como uma despesa é um esforço para geração de receita, a rigor, todos os custos também são despesas, constituindo assim essa terminologia mais uma separação clássica instituída pela estrutura da legislação societária do que uma premissa gerencial. Sendo assim, após essa exposição inicial, este capítulo não focará esforços nessa divisão, utilizando apenas a denominação "Custo" para todos os gastos.

9.2 CUSTO E OBJETO DE CUSTEIO

O custo em uma organização (empresa) significa o total de recursos financeiros, humanos e tecnológicos, medidos em termos monetários, utilizados (ou consumidos) para alcançar um objetivo específico (normalmente os produtos – bens físicos ou serviços – que a empresa produz e comercializa). A este objetivo específico denomina-se objeto de custeio.

Desse modo, o custo deve sempre fazer referência a algum objeto. E o custo de um único objeto pode fazer parte dos custos de vários outros objetos, simultaneamente. Por exemplo, o custo de transporte pode fazer parte do custo da atividade logística (distribuição de produtos acabados/produzidos) e do custo da matéria-prima (recepção de mercadorias para o processo produtivo). Mais especificamente considera-se que o custo dos objetos de custeio é formado por itens de custos, os quais podem ser recorrentes para diversos objetos de custeio. No exemplo acima, o custo de transporte é um item de custo do custo da atividade logística e da matéria-prima simultaneamente, entre outras.

Um objeto de custeio pode ser uma operação, uma atividade ou um conjunto de atividades ou de operações que consomem os recursos para produzir algum bem ou serviço que uma empresa comercialize. Como resultado final, o próprio bem ou serviço que a empresa produz terá seu custo final mensurado (medido).

Em termos gerais, o custo de qualquer objeto de custeio deve ter como propósito o planejamento, o controle ou avaliação,[1] sendo:

- **Planejamento:** processo que visa decidir que ação deverá ser tomada.
- **Controle:** processo que visa assegurar, tanto quanto possível, que a organização siga os planos e as políticas predeterminadas.
- **Avaliação:** metodologia que visa apurar ou medir em que grau os objetivos estabelecidos foram atingidos.

Para dirigir as decisões na empresa, um bom sistema de custeio deve conseguir utilizar as informações coletadas de forma apropriada a atender os seus propósitos.

9.3 CLASSIFICAÇÕES DE CUSTOS

9.3.1 Custos diretos e indiretos

Determina a relação entre os itens de custos e os objetos de custeio (produtos acabados ou em processo e/ou serviços prestados):

- **Custos diretos:** são aqueles que podem ser diretamente apropriados aos objetos de custeio, bastando uma medida de consumo, obedecido os princípios de materialidade (por exemplo, o quilo de material consumido, embalagens utilizadas, horas de mão de obra da produção e quantidade de energia consumida).
- **Custos indiretos:** são aqueles que não são diretamente associáveis aos produtos (ou objetos de custeio), devido à impossibilidade de medida direta de utilização são estimados por meio de bases de rateio (entre eles estão o aluguel, a supervisão de uma linha de produção, chefias etc.).

9.3.2 Custos fixos e variáveis

- **Custos fixos:** são aqueles que independem das variações ocorridas no volume de produção daquele período, por exemplo, o aluguel e a depreciação de equipamentos, bem como atividades de suporte como vigilância, limpeza e manutenção de sistemas e equipamentos. Estes custos estão ligados à manutenção da estrutura (ou a existência) da empresa. Os custos fixos não variam no curto prazo e variam "em patamares", de acordo com a atividade produtiva, no médio e longo prazo (quando da expansão ou redução de capacidade produtiva).
- **Custos variáveis:** são aqueles relacionados diretamente com o volume de produção. Estes custos estão ligados ao funcionamento da empresa e dependem do grau de utilização dos fatores de produção. Exemplos: materiais diretos, energia elétrica da produção, mão de obra direta.

A classificação dos custos em fixos ou variáveis leva em consideração a relação entre o valor total de um custo e o volume de atividade numa unidade de tempo. As Figuras 9.1 e 9.2 mostram, de modo genérico, o comportamento dos custos variáveis e fixos, unitários e totais em função do nível de atividade de uma empresa, respectivamente. Deve-se ressaltar que o custo unitário (tanto o fixo como o variável) provém da análise dos custos totais (de cada item de custo) frente às quantidades geradas de objetos de custeio no processo de produção (ou frente ao nível de atividade ou de produção) da empresa para um dado período (ano, trimestre ou mês).

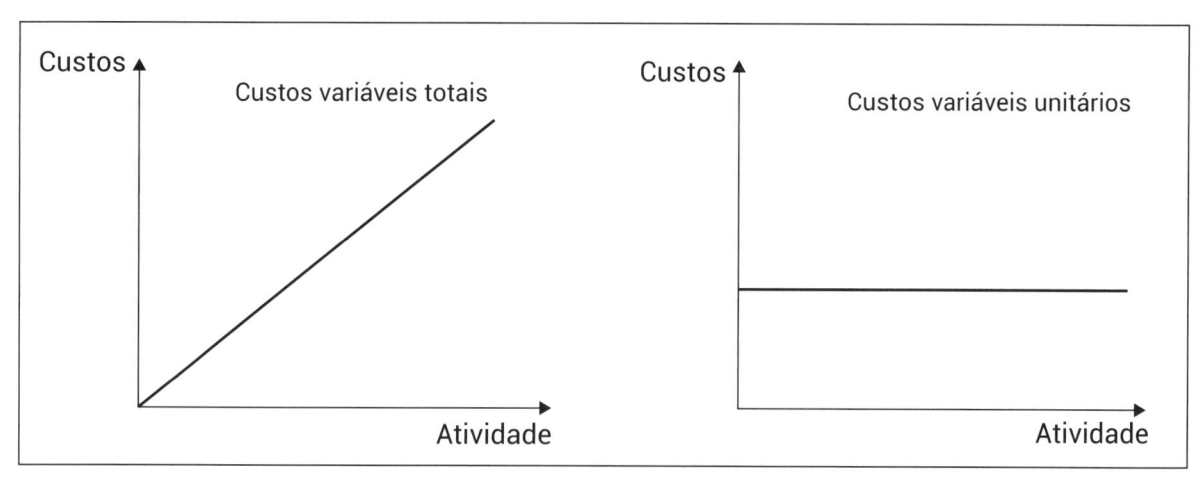

Figura 9.1 Análise dos custos variáveis totais e unitários.

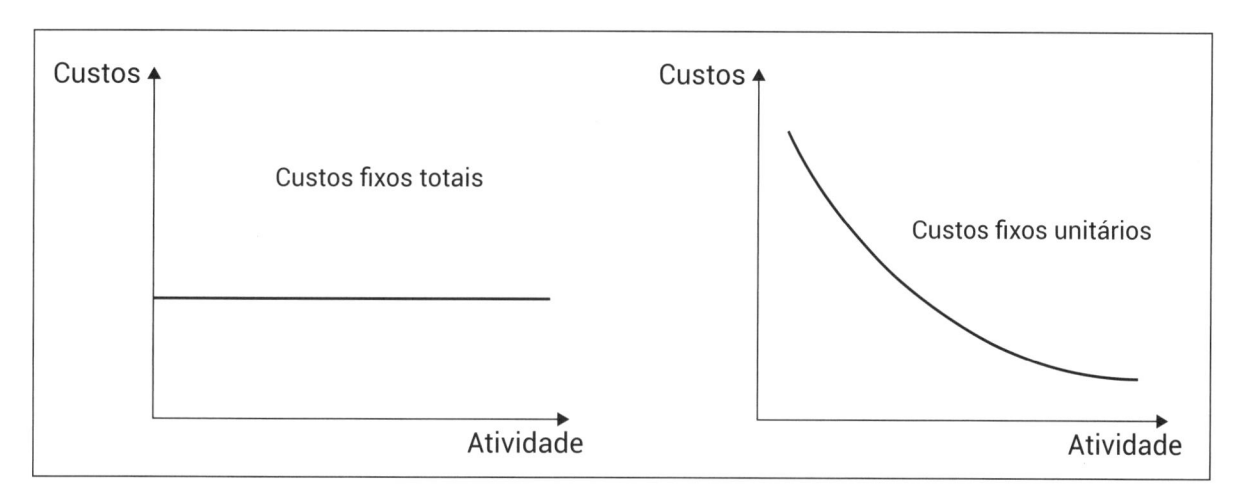

Figura 9.2 Análise dos custos fixos totais e unitários.

9.4 CUSTO DE MATERIAIS E DA MÃO DE OBRA DIRETA

Os custos com matérias-primas (e/ou insumos de produção) e mão de obra de produção (mão de obra direta) estão entre os custos mais relevantes de uma empresa clássica de transformação. É por esse motivo que estes dois custos serão vistos em mais detalhes nesta seção.

9.4.1 Custos de materiais diretos

Define-se por material direto uma matéria-prima utilizada na fabricação de um produto final ou um insumo de produção de um processo produtivo qualquer. Como exemplos pode-se citar a madeira bruta para uma fábrica de móveis de madeira, o aço para a fabricação de automóveis, os tecidos para uma confecção etc.

Se um material direto igual for adquirido especificamente para uso numa determinada ordem de produção, num determinado lote de produção ou numa encomenda específica em datas diferentes e por preços diferentes e forem intercambiáveis entre si, haverá necessidade de proceder-se à avaliação do preço a ser atribuído a este material direto considerado. Nesse sentido, alguns critérios são possíveis:

Preço Médio Ponderado Móvel, Preço Médio Ponderado Fixo, PEPS (primeiro a entrar, primeiro a sair) e UEPS (último a entrar, primeiro a sair).

Para apresentar as especificidades de cada critério analisaremos o exemplo a seguir.

FEVEREIRO/2016	COMPRAS		UTILIZAÇÃO
Dia do mês	Quantidade comprada (em toneladas)	Preço unitário (em R$ / tonelada)	Quantidade utilizada na produção (em toneladas)
Estoque inicial	150	400,00	
02	500	420,50	
05			400
09	1.500	410,50	
13			750
20	800	470,40	
22			1.000

Exemplo:

Seja uma indústria que utiliza um importante item de matéria-prima de base do processamento/fabricação da maioria dos produtos que comercializa (Matéria-prima Código MP100). A movimentação dessa matéria-prima no mês de fevereiro de 2016 foi a descrita abaixo.

O gerente industrial, utilizando em suas planilhas o método UEPS para avaliar o custo do material consumido, apurou um resultado de (–R$ 22.207,18) sobre as vendas (portanto, um prejuízo operacional). Os demais custos considerados para a produção do período (energia elétrica, combustível, mão de obra, depreciação de equipamentos, embalagens, matérias de limpeza etc.) somaram R$ 280.000,00.

Qual seria o resultado operacional dessa empresa se ela utilizasse (a) o método PEPS, (b) o método do Custo Médio Ponderado Móvel ou ainda (c) o método do Custo Médio Ponderado Fixo para avaliação do custo do material consumido? Na verdade, procura-se saber se e como o método de cálculo do valor dos estoques pode causar diferença no cálculo do resultado (diferença entre a receita gerada por aquela produção naquele mês e os custos envolvidos também para a mesma produção no mesmo período) da operação dessa empresa?

Solução

Para responder a essas indagações, primeiro deve-se calcular o custo da matéria-prima MP100 segundo o método do UEPS (Último a Entrar, Primeiro a Sair) ou LIFO (do inglês "Last In, First Out"), pois este foi o método utilizado pelo gerente para calcular o custo da MP100 no período analisado (mês de fevereiro de 2016).

Por esse método os custos mais recentes são apropriados aos produtos processados. Os custos são calculados para os dias de utilização da MP100 no processo produtivo.

Dia 5:

400 × 420,50 = R$ 168.200,00

Dia 13:

750 × 410,50 = R$ 307.875,00

Dia 22:

800 × 470,40 = R$ 376.320,00

200 × 410,50 = R$ 82.100,00

Total do dia 22 = R$ 458.420,00

Custo total MP100 = R$ 934.495,00

Com o custo da MP100 calculado pelo UEPS, pode-se calcular o faturamento obtido com a comercialização da produção em questão no mês de fevereiro de 2016, por meio da seguinte equação de um Demonstrativo de Resultado de Exercício (DRE):

Resultado = Faturamento − Custos de Materiais − Outros Custos Considerados no Processo de Produção (1)

ou,

Faturamento = Resultado + Custos de Materiais + Outros Custos Considerados no Processo de Produção (2)

Voltando ao exemplo na Equação (2),

Faturamento = − 22.207,18 + 934.495 + 280.000

Faturamento = R$ 1.192.287,82

Esse foi o faturamento obtido no mês de fevereiro pelo processamento e comercialização das 2.150 toneladas da MP100 pela empresa.

Assim, pode-se proceder ao cálculo do novo Resultado (lucro ou prejuízo) aplicando os demais métodos de avaliação do custo da matéria-prima MP100.

a) **Resultado pelo método do PEPS (Primeiro a Entrar, Primeiro a Sair) ou FIFO (do inglês "First In, First Out")**

Por esse método o material utilizado é custeado pelos preços mais antigos. Novamente, os custos são calculados para os dias de utilização da MP100 no processo produtivo.

Dia 5:

150 × 400,00 = R$ 60.000,00

250 × 420,50 = R$ 105.125,00

Total do dia 5 = R$ 165.125,00

Dia 13:

250 × 420,50 = R$ 105.125,00

500 × 410,50 = R$ 205.250,00

Total do dia 13 = R$ 310.375,00

Dia 22:

1000 × 410,50 = R$ 410.500,00

Custo Total MP100 = R$ 886.000,00

Com o custo da MP100 calculado agora pelo PEPS, com o faturamento já encontrado e com a somatória dos demais custos envolvidos, pode-se calcular o novo valor do resultado por meio da Equação (1):

Resultado = 1.192.287,82 − 886.000 − 280.000

Resultado = +26.287,12

Assim, se fosse utilizado o critério do PEPS para avaliar o custo da MP100, o resultado apurado seria um lucro operacional de R$ 26.287,12.

b) **Resultado pelo método do Preço Médio Ponderado Móvel**

Por esse método o material utilizado é custeado por meio de um controle constante dos estoques atualizando o preço médio após cada aquisição. Novamente, os custos são calculados para os dias de utilização da MP100 no processo produtivo.

Dia 5:

Preço Médio do Estoque = Valor do estoque + Valor das compras/Quantidade total

Preço Médio do Estoque = (150 × 400,00) + (500 × 420,50) / (150 + 500)

Preço Médio do Estoque = R$ 415,77 / tonelada

Custo da MP100 = Quantidade utilizada × Preço médio

Custo da MP100 = 400 × 415,77 = R$ 166.307,70

Dia 13:

Preço Médio do Estoque = (250 × 415,77) + (1.500 ´ × 410,50) / (250 + 1.500)

Preço Médio do Estoque = R$ 411,25 / tonelada

Custo da MP100 = Quantidade utilizada × Preço médio

Custo da MP100 = 750 × 411,25 = R$ 308.437,50

Dia 22:

Preço Médio do Estoque = (1.000 × 411,25) + (800 × 470,40) / (1.000 + 800)

Preço Médio do Estoque = R$ 437,54 / tonelada

Custo da MP100 = Quantidade utilizada × Preço médio

Custo da MP100 = 1.000 ´ × 437,54 = R$ 437.540,00

Custo Total MP100 = R$ 912.285,20

Com o custo da MP100 calculado agora pelo Preço Médio Ponderado Móvel, com o Faturamento já encontrado e com a somatória dos demais custos envolvidos, pode-se calcular o novo valor do resultado por meio da Equação (1):

Resultado = 1.192.287,82 – 912.285,20 – 280.000

Resultado = +R$ 2,60

Assim, se fosse utilizado o critério do Preço Médio Ponderado Móvel para avaliar o custo da MP100, o resultado apurado seria um lucro operacional de R$ 2,60 (resultado aproximadamente igual a zero).

c) **Resultado pelo método do Preço Médio Ponderado Fixo**

Por esse método o material utilizado é custeado apenas após o encerramento do período ou quando se decide apropriar a todos os produtos elaborados no exercício um único preço por unidade (a tonelada, neste exemplo). Novamente, os custos são calculados para os dias de utilização da MP100 no processo produtivo, mesmo tendo-se um único preço médio para o período (mês). Assim, deve-se primeiro calcular o preço médio do estoque após o encerramento do mês e depois calcular o custo da MP100 para os dias de utilização.

Cálculo do Preço Médio Ponderado Fixo:

Preço Médio Fixo do Estoque (Mês) = Valor total do estoque / Quantidade total

Preço Médio Fixo do Estoque (Mês) = (150 × 400 + 500 × 420,50 + 1.500 × 410,50 + 800 × 470,40) / (150 + 500 + 1.500 + 800)

Preço Médio Fixo do Estoque (Mês) = R$ 1.262.320,00 / 2950 = R$ 427,91 / tonelada

Dia 5:

Custo da MP100 = Quantidade utilizada × Preço médio

Custo da MP100 = 400 × 427,91 = R$ 171.164,00

Dia 13:

Custo da MP100 = Quantidade utilizada × Preço médio

Custo da MP100 = 750 × 427,91 = R$ 320.932,50

Dia 22:

Custo da MP100 = Quantidade utilizada × Preço médio

Custo da MP100 = 1.000 × 427,91 = R$ 427.910,00

Custo Total MP100 = R$ 920.006,50

Com o custo da MP100 calculado agora pelo Preço Médio Ponderado Fixo, com o faturamento já encontrado e com a somatória dos demais custos envolvidos, pode-se calcular o novo valor do resultado por meio da Equação (1):

Resultado = 1.192.287,82 − 912.285,20 − 280.000

Resultado = − R$ 7.718,72

Assim, se fosse utilizado o critério do Preço Médio Ponderado Fixo para avaliar o custo da MP100, o resultado apurado seria um prejuízo operacional de R$ 7.718,72.

No Quadro 9.1, pode-se ver um resumo dos diversos critérios aplicados ao exemplo, destacando o custo apropriado à matéria-prima MP100 no mês analisado segundo cada método de custeio de estoque apresentado:

Quadro 9.1 Comparação dos Resultados dos custos da MP100

Utilização do dia	Preço Médio Ponderado Móvel (R$)	Preço Médio Ponderado Fixo (R$)	PEPS (FIFO) (R$)	UEPS (LIFO) (R$)
5	166.307,70	171.164,00	165.125,00	168.200,00
13	308.437,50	320.932,50	310.375,00	307.875,00
22	437.540,00	427.910,00	410.500,00	458.420,00
Total	912.285,20	920.006,50	886.000,00	934.495,00

Finalizando o entendimento do exemplo acima, algumas considerações podem ser feitas. Em economias com inflação (preços aumentando no tempo, ainda que em baixos índices percentuais) o critério do PEPS apropria os menores custos aos materiais diretos. Ainda que neste exemplo houvesse se verificado uma redução do preço unitário para uma compra no dia 9 (comparada com a compra imediatamente anterior – dia 2), o custo do mês calculado para a MP100 pelo PEPS foi o menor, indicando um resultado operacional das vendas um valor (lucro) de R$ 26.287,12. Por sua vez, o critério do UEPS (utilizado pelo gerente da empresa do exemplo) apresenta os maiores custos apropriados aos materiais diretos (no exemplo, o maior custo apropriado à MP100 indicando um prejuízo de R$ 22.207,18). Os critérios do Preço Médio Ponderado Fixo e Preço Médio Ponderado Móvel apropriam custos em valores intermediários ao PEPS e UEPS.

A diferença de apropriação entre os critérios apresentados é compensada período após período, uma vez que todo o estoque de materiais tiver sido utilizado, a soma dos custos dos materiais utilizados pelos diversos períodos será igual. A explicação vem do fato de que quando se apropria um valor maior ao material utilizado, é porque o estoque remanescente ficou a um valor menor e, quando este for utilizado no processo de produção provocará um custo apropriado também menor.[2]

Destaca-se também atenção especial ao caso do Fisco no Brasil, no sentido de que, para efeito de imposto de renda, só são aceitos o PEPS e o Preço Médio Ponderado Móvel. O critério do Preço Médio Ponderado Fixo só pode ser usado se apenas as compras do prazo da última rotação do estoque forem consideradas.[3]

9.4.2 Custo da mão de obra direta de fabricação

O custo com mão de obra direta (MOD) refere-se aos valores monetários que uma empresa despende com o pessoal que trabalha diretamente no processo produtivo. Os principais exemplos de MOD são os operadores de máquinas da produção ou funcionários de linhas de montagem de processos manuais nas empresas. Por sua vez, a mão de obra indireta (MOI) refere-se aos profissionais de suporte ao processo produtivo, como os supervisores, encarregados de produção, pessoal da manutenção, almoxarifado, limpeza etc. Vale destacar que há um esforço de muitas empresas para reduzir a proporção (importância relativa) do custo tanto de MOD quanto de MOI. A primeira se dá pelos investimentos em mecanização e robotização dos processos reduzindo o número de pessoas envolvidas com a produção de bens e serviços. A segunda se dá pelo crescente processo de terceirização de atividades de suporte, reduzindo também o volume de pessoas nessas atividades e passando a tarefa para empresas terceiras que se proponham a fornecer o serviço a custos menores.

Para calcular o custo com MOD faz-se necessário a inclusão no cálculo dos encargos sociais decorrentes da legislação: os repousos semanais remunerados, férias, 13º salário etc. A questão principal e saber quanto tudo isso representa e não deixar de considerar tais custos no cálculo final. A maneira mais fácil de calcular esse valor é verificar o custo que cabe a empresa por ano e dividi-lo pelo número de horas que o empregado efetivamente está à disposição para o trabalho contratado.

9.5 MÉTODOS DE APURAÇÃO DE CUSTOS MAIS USUAIS

A seguir serão apresentados alguns dos principais sistemas de custeio utilizados atualmente.

9.5.1 Método do custeio por absorção

Este é o método ou sistema de custeio que é aceito pela legislação brasileira. Nele são alocados aos produtos o conjunto dos Custos Diretos e Indiretos. Dessa forma, os produtos absorvem todos os custos incorridos para a sustentação da empresa, por meio das Unidades de Distribuição dos Custos – UDC (ou também chamadas de bases de rateio, ou critério de rateio, ver Seção 9.5.1.5). Este sistema pode ser mais bem visualizado na representação da Figura 9.3.

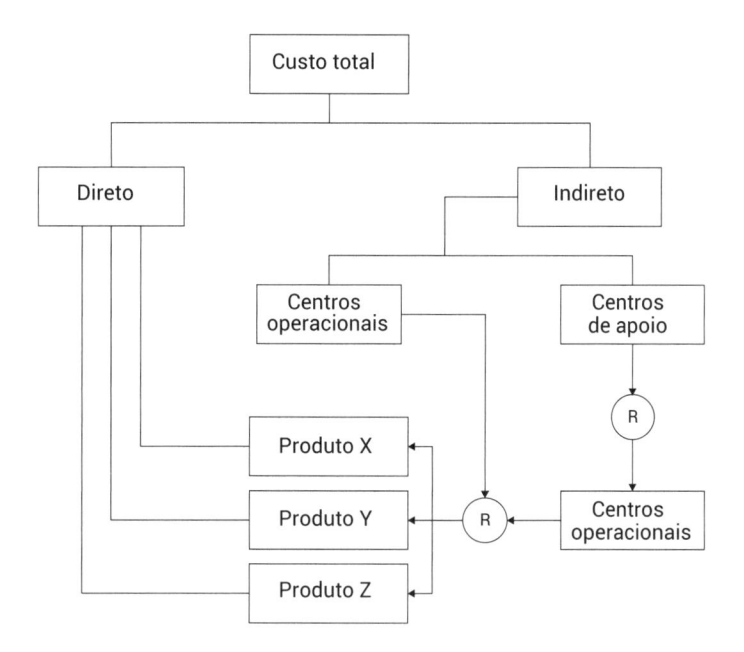

Figura 9.3 Esquema geral do sistema de custeio por absorção.

Fonte: adaptado de Martins (2010)[4]

9.5.1.1 Apropriação dos custos diretos

A apropriação dos custos diretos não apresenta grande dificuldade pois, como o próprio nome indica, o custo direto abrange todos os itens que podem ser associados ao objeto de custeio de forma direta e economicamente viável.

Quando o propósito do sistema de custeio é a obtenção do Custo de Fabricação de Produtos, em geral, os custos diretos mais importantes são os materiais diretos e mão de obra direta. Nos materiais diretos, em geral, estão todos os gastos incorridos para a colocação da matéria-prima à disposição da produção são incorporados ao custo da mesma.

9.5.1.2 Apropriação dos custos indiretos

Os custos indiretos estão relacionados com o objeto de custeio, porém não podem ser apropriados de forma direta e objetiva. Portanto, obriga-se a fazer uso de métodos subjetivos e muitas vezes arbitrários para fazer a sua alocação.

Os custos indiretos terão que ser alocados aos produtos por meio de critérios de rateio, os quais pressupõem que exista uma relação de proporcionalidade entre os custos indiretos e a variável segundo a qual será feita a distribuição. E o critério de rateio será tão correto quanto mais próximo do real for o pressuposto.

Existem sempre várias alternativas para se ratear esses custos, e é preciso fazer uso de alguns critérios para escolher a forma menos arbitrária para a alocação:[5]

- **Causa e efeito:** a melhor forma de rateio é a que melhor expressa a relação de proporcionalidade entre o parâmetro de distribuição e o volume de custos indiretos. No caso, seria necessário conhecer bem o processo de produção para escolher dentre os critérios de rateio o menos arbitrário. Na alocação de gastos com energia elétrica e depreciação das máquinas aos produtos, a quantidade de horas-máquina utilizada por produto pode ser um bom critério baseado nesta relação.

- **Benefício alcançado:** identifica os beneficiários e os respectivos benefícios obtidos pelos gastos a serem alocados. Os gastos a serem distribuídos são alocados entre os beneficiários na proporção dos benefícios recebidos por cada um. Suponha que a compra de um equipamento novo aumentará a produtividade de um departamento específico, mas também aumentará indiretamente a produtividade de outros departamentos. Esse departamento talvez deva arcar com a maior parte dos custos desse equipamento, porém os outros departamentos beneficiados deverão receber, segundo este critério, uma parcela deste custo de acordo com o aumento da produtividade de cada um.
- **Capacidade sequencial de sustentação:** este critério advoga a alocação de custos na proporção da capacidade potencial relativa que o objeto de custeio tem para sustentar uma determinada atividade da empresa. Um exemplo é a alocação de salários (pró-labore) dos executivos da alta administração baseada no faturamento das respectivas divisões operacionais. A hipótese subjacente a esse critério é que a divisão mais lucrativa deve ter uma maior capacidade para absorver os custos da alta administração da empresa.

Os critérios apresentados acima não são mutuamente excludentes. Isso implica que é possível projetar bases de rateio que possam satisfazer simultaneamente vários dentre eles.

9.5.1.3 Distribuição dos custos indiretos por departamentos (departamentalização)

Outra alternativa para distribuir os custos indiretos, é fazê-lo mediante a sua apropriação por departamentos, tendo-se uma análise detalhada do processo de produção. Os departamentos de uma empresa são unidades administrativas representadas por homens e máquinas desenvolvendo atividades homogêneas, e podem ser:

- os que promovem qualquer tipo de modificação sobre o produto diretamente;
- os que nem recebem o produto – prestam serviços a outros departamentos.

Um departamento é na maioria das vezes um centro de custos ou é composto por vários centros de custos (ou vice-versa!). Isso vai depender da forma de agregação que mais convém aos objetivos do sistema de custeio e aos interesses de acompanhamento e controle dos gestores da empresa.

Os centros de custos que atuam diretamente nos produtos (chamados de "centros de custos operacionais") terão seus custos indiretos alocados diretamente aos produtos, geralmente esses centros de custos estão vinculados aos "departamentos de produção". Por sua vez, os centros de custos que prestam serviços (centro de custos de apoio) vão ter seus custos indiretos primeiramente alocados aos centros de custos principais para depois serem alocados aos produtos, esses centros de custos usualmente referem-se aos "departamentos de apoio" ou "departamentos de serviço".

9.5.1.4 Alocando custos de um departamento a outro

Pode-se alocar os custos dos departamentos de apoio aos departamentos de produção por meio de 3 métodos:

- **Método de alocação direto:** aloca o custo total de cada departamento de apoio diretamente aos departamentos de produção.
- **Método de alocação sequencial:** permite o reconhecimento parcial de serviços prestados pelo departamento de apoio aos outros departamentos de apoio. Este método é mais complexo porque exige a escolha de uma sequência de alocação. Uma sequência adotada por muitas empresas é iniciar com o departamento que presta a mais alta percentagem do seu serviço total a outros departamentos de

apoio. A seguir, prossegue com o departamento que fornece a próxima mais alta percentagem de seus serviços a outros departamentos de apoio, e assim por diante.

- **Método de alocação recíproca:** os dois métodos abordados não são precisos quando departamentos de apoio prestam serviços entre si reciprocamente. O método direto desconsidera totalmente a reciprocidade e o método sequencial considera a relação departamental de modo parcial.

9.5.1.5 Distribuição dos custos aos produtos

Após a distribuição dos custos indiretos aos departamentos de produção deve-se fazer a apropriação desses custos aos produtos para achar o custo total destes. Esta alocação pode ser feita por meio de um índice que evidencie o consumo de recursos que cada produto absorveu dos departamentos. A esse índice dá-se o nome de Unidade de Distribuição de Custos (UDC), que pode ser vista como uma base de rateio. Por exemplo, com o total dos custos indiretos alocados a cada departamento e o número total de horas-máquina trabalhadas pelo departamento, calcula-se o custo da hora-máquina. Após isto, se multiplica o valor achado pela quantidade de horas-máquina utilizadas por cada produto, chegando-se então no valor de custos indiretos rateados aos produtos. Nesse caso, a UDC escolhida é o número de horas-máquina. Para obter os custos totais dos produtos bastaria somar os custos indiretos rateados por produto aos respectivos custos diretos.

Em síntese, este sistema tenta refletir a estrutura organizacional existente nas empresas na sua estrutura de custos. O princípio básico do Custeio por Absorção é de dividir a empresa em inúmeras áreas funcionais, os chamados departamentos ou centros de custo, apropriando os custos indiretos (fixos e variáveis) aos objetos de custeio.

9.6 MÉTODO DE CUSTEIO DIRETO OU VARIÁVEL

Neste sistema, os custos são divididos em fixos e variáveis, diretos e indiretos, e a análise considera a capacidade dos produtos de cobrir seus custos variáveis diretos e a contribuição destes para o pagamento dos custos fixos e variáveis indiretos (não relacionados com o volume de produção). Portanto, não se chega em um valor do custo do produto, mas na sua contribuição ao resultado da empresa.

Normalmente há limitações na utilidade, para fins gerenciais, do uso de um valor onde existam custos fixos apropriados. Três grandes problemas concorrem para isso:

- Custos fixos existem independentemente da fabricação e acabam presentes no mesmo montante, mesmo que oscilações ocorram no volume de produção.
- São quase sempre distribuídos por meio de critérios de rateio arbitrários, assim alterando-se estes critérios pode-se fazer de um produto rentável um não rentável e vice-versa.
- Custo fixo por unidade depende do volume produzido, pois aumentando este volume tem-se um menor custo fixo por unidade.

Se todas essas desvantagens e riscos existem em função da apropriação dos custos fixos aos produtos, uma empresa, para fins gerenciais, pode deixar de apropriá-los aos produtos, tratando-os separadamente após apuração do custo que realmente os produtos geraram (custo variável).

Da aplicação desse método de custeio surge o conceito de Margem de Contribuição por produto ou linha de produtos. A margem de contribuição é a diferença entre a receita e o custo variável direto de cada produto ou linha de produtos (custo que de fato o produto provocou), ou seja, a contribuição monetária que cada unidade traz à empresa para cobrir custos fixos.

O método busca, fundamentalmente, identificar a contribuição de um dado segmento (ou produto) ao resultado global da empresa, por meio das margens intermediárias. Além disso, o método utiliza o "cruzamento" das duas grandes "categorias" de custos: fixos/variáveis e diretos/indiretos.

Para o adequado funcionamento e utilização do método é essencial não realizar nenhuma apropriação de custos arbitrária para que os números sejam realistas. Nesse sentido, é imperativo que somente os custos diretos sejam alocados aos produtos ou seções, buscando, na medida do possível níveis de segmentação cada vez mais "refinados" (para encontrar as margens intermediárias).

Entre as principais vantagens do método do custeio direto pode-se citar a simplicidade e realismo dos cálculos, colocando em evidência os produtos que mais contribuem para a cobertura dos custos da estrutura da empresa. Além disso, destaca-se a facilidade para determinar o ponto de equilíbrio, uma vez que as informações para o cálculo estão todas preparadas no demonstrativo de resultados.

Exemplo:

Seja uma indústria com o seguinte plano operacional para o próximo mês de operação:

Categorias	Produção diária (unidades)	Preço unitário de venda (R$/peça)	Custos variáveis unitários (R$/peça)
Produto SD20 (Linha Pop 1)	170	90,00	50,00
Produto SD33 (Linha Alta 1)	120	120,00	70,00
Produto DD20 (Linha Pop 2)	130	110,00	60,00
Produto DD33 (Linha Alta 2)	70	180,00	85,00

A estrutura de custos fixos identificados por setor da empresa para o mês é a seguinte:

Pré-fabricação (mistura e formação do material para o processo)	R$ 170.000,00
Seção de processamento adicional do material para o processo	R$ 88.000,00
Unidades de corte	R$ 160.000,00
Acabamento e expedição	R$ 75.000,00

O processamento adicional do material em processo é realizado somente para os produtos da linha Alta. Os setores de pré-fabricação, de corte e de acabamento e expedição servem a todas as categorias de produtos fabricados. Apurou-se ainda um custo fixo administrativo orçado em R$ 90.000,00. Considera-se que todos os produtos fabricados no mês observado são vendidos. Considera-se também a produção para 22 dias úteis neste mês em análise. A empresa deseja fazer uma análise do resultado em Custeio Direto.

Questões:

a) Calcule a margem sobre o custo variável de cada categoria.
b) Calcule a margem de contribuição por família de categoria: linha Alta numa categoria e linha Pop em outra.
c) Calcule o resultado operacional da empresa para o mês em análise.

	Família de categoria Pop		Família de categoria Alta	
	Pop 1	Pop 2	Alta 1	Alta 2
Faturamento por categoria – F	(170*22*90)= R$ 336.600,00	(130*22*110)= R$ 314.600,00	(120*22*120)= R$ 316.800,00	(70*22*180)= R$ 277.200,00
(–) Custos variáveis por categoria – CV	(170*22*50)= R$ 187.000,00	(130*22*60)= R$171.600,00	(120*22*70)= R$184.800,00	(70*22*85)= R$ 130.900,00
= Margem sobre o custo variável por categoria – MCV (F – CV)	R$ 149.600,00	R$143.000,00	R$132.000,00	R$ 146.300,00
% de MCV por categoria (MCV / F)	44%	45%	42%	53%
MCV por família de categoria	R$ 292.600,00		R$ 278.300,00	
% de MCV por família de categoria	45%		47%	
Custos diretos por família de categoria – CD	–		R$ 88.000,00	
Margem de contribuição por família de categoria – MC	R$ 292.600,00		R$ 190.300,00	
Taxa de MC (por família de categoria)	45%		32%	
MC total	R$ 482.900,00			
Custos fixos totais (indiretos aos produtos)	(R$ 90.000,00 + R$ 170.000,00 + R$ 160.000,00 + R$ 75.000,00) = R$ 495.000,00			
Resultado (Lucro ou Prejuízo) – R	– R$ 12.100,00			
Resultado em % (R / F total)	– 1,0%			

Solução:

Para solucionar o problema em custeio direto basta preparar um demonstrativo de resultado como se segue, deixando as colunas separadas por famílias de categoria linhas Pop e Alta, uma vez que existem operações específicas (exclusivas) para a família de categoria linha Alta (ou ainda, existem custos diretos à família de categoria linha Alta).

Desse modo, os itens a, b e c estão expressos na tabela acima e a empresa estudada apresenta, para este mês de análise, um prejuízo operacional de 1,0% sobre as vendas. Destaca-se que a margem de contribuição da família de produtos de linha Alta não apresentou o mesmo desempenho que a margem apresentada pela família de produtos de linha Pop (32% *versus* 45%), comprometendo a margem de contribuição total para a cobertura dos custos fixos (indiretos) totais.

9.7 MÉTODO DO CUSTEIO POR ATIVIDADE OU ABC

O Sistema de Custeio Baseado em Atividade (ABC – do inglês *Activity Based Costing*) constitui-se de uma poderosa ferramenta gerencial, que possibilita a avaliação de tarefas e atividades que compõem os processos de negócios nas empresas e, consequentemente, torna possível o corte de desperdícios, melhoria de serviços e maior precisão nos cálculos dos custos dos produtos.

9.7.1 O surgimento do ABC

Nos anos 1920, no auge do sistema taylorista de produção, desenvolveram-se várias das práticas contábeis tradicionalmente aceitas até hoje, em grande parte utilizadas para o custeio dos produtos. Novas tecnologias e formas de produção surgidas após este período não foram capazes de produzir mudanças substanciais nessas práticas. A complexidade no rateio dos gastos indiretos (aluguéis, impostos, depreciações, mão de obra indireta, manutenção etc.) em épocas passadas era mitigada por um quadro de produtos pouco diversificados e demanda relativamente estável e previsível.

Atualmente, a situação é outra. A diversificação de produtos se faz crescente e necessária, para poder atender uma demanda cada vez mais incerta e imprevisível. Este quadro trouxe modificações importantes na estrutura de custos das empresas, notadamente com a substituição da mão de obra direta por custos indiretos, tais como:

- automatização (máquinas automáticas e processos informatizados); e
- emprego de novas técnicas de planejamento e controle da produção (MRP, *just in time*, Kanban, CAD/CAM etc.).

A partir daí, notou-se um aumento percentual de custos indiretos nas empresas, fato que passou a dificultar a mensuração dos custos reais dos produtos, bem como a sua gestão. Isso ocorreu porque os rateios recomendados pelos sistemas tradicionais implicavam sérias distorções nos cálculos. A partir dessas incorreções nos rateios, muitas vezes os produtos ficavam "subcusteados" ou "supercusteados".

Os sistemas tradicionais de custos medem com precisão os recursos que são consumidos proporcionalmente ao número de componentes produzidos dos produtos industriais. Esses recursos incluem a mão de obra direta, o material direto, as horas de máquina e energia. Contudo, existem na organização muitos outros recursos que ocorrem em atividades que não se relacionam diretamente com o volume físico das unidades produzidas. Em consequência disso, o sistema tradicional de custeio dos custos indiretos de fabricação (CIF ou custos de "overhead") apresenta distorções quando se aloca esses gastos aos produtos individuais utilizando algum critério de rateio.

Por outro lado, como no passado os CIFs representavam valores relativamente pequenos, a distorção apontada era aceitável em nome de uma maior simplicidade na distribuição dos custos indiretos aos produtos, como é feito pelos sistemas convencionais de custeio. Ao longo do tempo, tem ocorrido uma redução gradual na participação da mão de obra nos custos totais e consequentemente um acréscimo dos CIFs e este fato provoca maiores distorções nos cálculos e análises dos custos. Este acréscimo se deu principalmente em função dos novos processos de fabricação automatizados, crescentes custos de suporte associados à manutenção e operação de equipamentos automáticos, gastos com engenharia e processamento de dados, maiores esforços de marketing etc.

9.7.2 O que é o custeio ABC?

O custeio baseado em atividades é um processo de acumulação e rastreamento de custos e de performance de dados para as atividades de uma empresa. A abordagem do custeio ABC para o gerenciamento dos custos busca representar e avaliar a organização segundo as várias atividades que ela realiza.

Do ponto de vista gerencial, uma empresa pode ser vista como um conjunto de processos e de atividades que compõem estes processos. Por sua vez, a principal função de uma atividade é converter os recursos necessários a sua execução (humanos, materiais e tecnológicos) em bens e serviços úteis aos objetivos da organização. Assim, as operações de uma determinada organização demandam um certo número de atividades que por sua vez mobilizam recursos para serem executadas. Nessa lógica, parece bastante razoável que as atividades sirvam como *drivers* de alocação de custos a serviços e produtos.

A aplicação do sistema ABC independe das áreas em que as empresas atuam. Por exemplo, as organizações prestadoras de serviços como bancos, seguradoras etc. também podem distribuir os custos indiretos de seus diversos produtos (contas-correntes, poupanças, apólices de seguros etc.) segundo as atividades que executam.

Enquanto a sistemática convencional de cálculo de custos muitas vezes rateia os custos indiretos de forma proporcional às horas de mão de obra direta efetivamente gastas, o sistema ABC o faz segundo os denominados direcionadores de custo, que distribuem de forma mais adequada essas despesas, acumuladas previamente em centros de atividades que consomem recursos. Desse modo, assim como ocorre com as práticas tradicionais de custeio, o sistema ABC também é um sistema que processa a alocação de custos em estágios sucessivos (Figura 9.4).

Assim, o método ABC determina as atividades que consomem os recursos da companhia, agregando-as em centros de acumulação de custos por atividades. Em seguida, e para cada um desses centros de atividades, o sistema atribui custos aos produtos baseados em seu consumo de recursos.

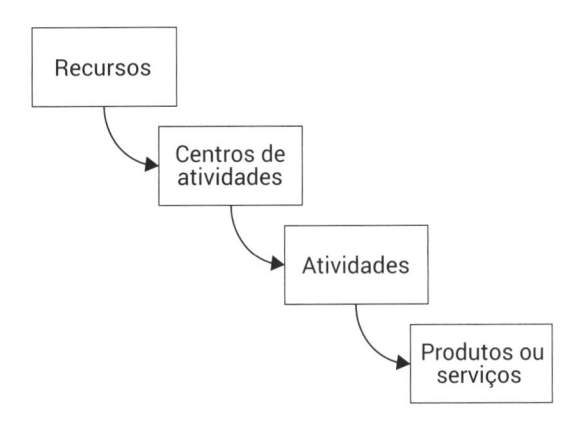

Figura 9.4 Sistema de custeio ABC.

A atribuição de custos no sistema ABC é feita em dois estágios principais: primeiramente os custos são alocados aos centros de atividades para, a partir desses centros, serem atribuídos aos propósitos de custos (produtos, linhas, seções etc.). Os custos indiretos são atribuídos aos centros de atividade pelos direcionadores de custos de primeiro estágio que representam o consumo de recursos de suporte pelos centros de atividade (kW/h, número de ordem de serviços, área física etc.).

Os direcionadores são todos os fatores cuja mudança também afeta o custo total do objeto de custeio ao qual está relacionado. Por exemplo, em uma fábrica, o custo total de material (matéria-prima) utilizado pode ser determinado não somente pelo volume de produção, mas também pela qualidade do material, pela habilidade dos trabalhadores e pelo estado de uso das máquinas utilizadas no processo de produção. Todos estes fatores citados são direcionadores de custos (do inglês *cost drivers*).

Os custos dos centros de atividade são atribuídos aos produtos pelos direcionadores de custo de segundo estágio. Eles representam medidas de atividade que ocorrem sempre que um consumo de recursos é acionado do centro de atividades. Os custos são atribuídos aos produtos segundo o número de unidades de direcionadores de custos que eles consomem (número de *set ups*, tempo de *set up*, horas-máquina, horas de MOD, inspeções, número de lotes, pedidos de compra etc.). A determinação correta dos direcionadores de custos de segundo estágio é de vital importância para o sistema ABC, pois se trata da grande diferença entre este e o sistema tradicional de custeio.

Em síntese, direcionador de custos é o fator que determina a ocorrência de uma atividade e retrata a verdadeira causa do custo. Os direcionadores de 1º estágio são aqueles direcionadores que relacionam como as atividades consomem os recursos. Por exemplo, pode evidenciar como as atividades da Engenharia de Processos "consomem" recursos humanos. Por sua vez, os direcionadores de 2º estágio são aqueles direcionadores que relacionam como os produtos consomem as atividades. Por exemplo, pode evidenciar como os produtos "consomem" as atividades da Engenharia de Processo.

Os direcionadores de segundo estágio nos sistemas tradicionais são, na maioria das vezes, as horas de mão de obra, volume de produção e horas-máquina (as UDCs). Para o sistema ABC podem ser, além desses mesmos, o número de *set ups*, o número de inspeções, o número de pedidos, entre outros.

A escolha desses direcionadores deve ser baseada em fatores como a disponibilidade de dados (dados recentes são mais confiáveis e os dados já disponíveis no banco de dados da empresa evitam gastos adicionais na obtenção de novas informações), a correlação com o consumo de recursos (por exemplo, o direcionador de número de pedidos deve ser proporcional aos recursos consumidos para atendê-los) e os efeitos comportamentais (os direcionadores de custo afetam o comportamento das pessoas quando são instrumentos de avaliação de desempenho, mesmo que eles não tenham sido gerados para tal finalidade).

9.7.3 Etapas da implantação do ABC

A implantação do sistema ABC deve seguir uma sequência de operacionalização dividida nas seguintes etapas:

- Análise dos processos empresariais e visualização (divisão) da empresa em atividades. Etapa de identificação de processos e atividades.
- Compreensão do comportamento dessas atividades (de sua lógica de agregação de valor) – etapa de identificação dos direcionadores de custo dos processos (direcionadores de primeiro estágio). Eles representam, portanto, o consumo de recursos pelas atividades. Exemplos desses direcionadores são: horas trabalhadas, m² (área), número de funcionários etc.
- Cálculo do custo das atividades que compõem os processos.
- Identificação das causas principais dos custos das atividades (bases de relação entre as atividades e os produtos). Etapa de identificação dos direcionadores de custo dos produtos (direcionadores de segundo estágio).
- Alocação dos custos aos produtos de forma proporcional ao grau de utilização das bases de relação.

9.7.4 Benefícios e restrições do ABC

Como qualquer sistema, o ABC tem vantagens e desvantagens. Mas usualmente, o sistema ABC apresentará resultados mais precisos sempre que o processo produtivo da empresa utilizar grande quantidade relativa de recursos indiretos e, consequentemente, de custos indiretos. Além disso, o ABC será mais eficaz quanto maior for a diversificação de produtos, processos e clientes.

No sistema tradicional, a ênfase na redução de custos concentra-se somente nos custos diretos, os desperdícios existentes nos custos indiretos ficam ocultos, dificultando as análises. Contudo, no ABC ocorre uma análise desses custos indiretos; facilitando ainda, a determinação dos custos relevantes.

O ABC em sua forma mais detalhada dificilmente pode ser aplicado na prática, em virtude de exigir uma quantidade excessiva de informações que podem inviabilizar sua aplicação. Deve-se, portanto, relevar somente aquelas informações cujo "custo-benefício" seja favorável à coleta.

As companhias que implantam o ABC usam três métodos para estimar os custos que ocorrem na execução das atividades.[6] O primeiro método, e o mais simples, agrega os gastos em todos os recursos destinados aquela atividade particular, tais como *set up* de máquinas ou emissão de ordens de compra, e divide esse dispêndio total pelo número de vezes que a atividade foi realizada.

Esse cálculo produz uma unidade de custo para a atividade (custo por *set up*, ou por ordem de compras), que é então alocado aos produtos baseado no número de vezes que a atividade foi realizada para esses produtos específicos. Essa aproximação é a mais simples e de implementação menos dispendiosa, requerendo apenas a medida da quantidade de vezes que a atividade foi realizada. Tal estimativa assume que cada ocorrência de atividade consome a mesma quantidade de recursos (ou seja, todos os *set ups* e ordens de compras, no caso, requerem a mesma quantidade de recursos). É menos preciso se comparado com os outros dois métodos, que são utilizados quando produtos diferentes requerem recursos substancialmente diferentes para a referida atividade.

O segundo método utiliza a duração dos direcionadores de custo, isto é, o tempo requerido para a realização de cada atividade na alocação dos custos indiretos aos produtos, como o tempo em horas ou minutos na execução do *set up*. É mais preciso que o anterior, porém também é mais dispendioso. Os benefícios de uma maior precisão na medição das atividades consumidas deverão ser balanceados com um custo mais elevado na coleta de dados.

O terceiro método, e mais preciso entre eles, consiste em medir diretamente os recursos consumidos em cada ocorrência da atividade. Pode-se, por exemplo, medir todos os recursos usados para uma determinada modificação de engenharia ou para um trabalho específico de manutenção. A duração dos direcionadores assume que as despesas são proporcionais ao tempo total que a atividade é executada. Direcionadores de carga direta medem os recursos usados cada vez que a atividade é executada. Um produto que seja particularmente difícil de ser fabricado pode exigir a presença de servidores especiais e pessoal de controle de qualidade quando as máquinas estão preparadas e as primeiras peças estão sendo produzidas. A alocação direta geralmente requer um sistema de ordens de produção nos quais materiais, recursos de informática e tempo de funcionários podem ser medidos cada vez que a atividade é realizada. Esse tipo de informação é mais dispendioso ainda na coleta, porém é muito mais preciso, especialmente em situações em que grandes quantidades de recursos são necessárias para a atividade, e produtos diferem consideravelmente nas demandas que colocam naquela atividade.

9.7.5 Exemplo de aplicação: um estudo de caso

O exemplo a seguir apresenta a aplicação do sistema ABC ao caso de um laticínio. São apresentados os passos da aplicação e os resultados encontrados. A seguir, também são descritas e discutidas as diferenças entre os resultados gerados pelo método do custeio por absorção e os resultados da aplicação do ABC. Os resultados são relativos ao processamento dos dados representativos de um mesmo mês de operação da respectiva empresa (dados de entrada iguais).

9.7.5.1 Divisão em atividades

A divisão da empresa em processos (macroatividades) foi realizada utilizando-se a estrutura organizacional atual da empresa, considerando os processos administrativos, comerciais, produtivos e de suporte ou apoio (Quadro 9.2).

Quadro 9.2 Divisão das macroatividades

Atividades de escritório geral
Atividades de diretoria e conselho
Atividades comerciais
Atividades de gerência de produção – usina
Atividades de suprimentos
Atividades de inspeção federal
Atividades de suporte energético
Atividades de recepção latões
Atividades de resfriamento
Atividades de acondicionamento
Atividades de fábrica de manteiga
Atividades de expedição de leite fluido
Atividades de laboratório
Atividades de fábrica de queijo

A partir dessa classificação dos processos da empresa realizou-se a divisão em atividades. Para tanto foram realizadas entrevistas com os supervisores envolvidos nos processos descritos no Quadro 9.2, utilizando-se um guia de entrevistas contendo questões sobre as atividades desenvolvidas naquele setor bem como os recursos (humanos, materiais e tecnológicos) envolvidos em cada atividade citada.

9.7.5.2 Compreensão do comportamento das atividades (direcionadores de primeiro estágio)

Do preenchimento desses formulários efetuou-se a agregação de recursos para as atividades. Entretanto, da comparação das atividades com os Centros de Custos disponíveis na contabilidade da empresa, concluiu-se que algumas atividades eram partes de um único Centro de Custos (caso 1) e outras coincidiram com um Centro de Custo ou a soma de alguns Centros de Custos, formando diretamente o custo da atividade (caso 2).

Para a alocação de recursos para as atividades do caso 1 citado acima, realizou-se um rastreamento dos recursos por meio de um direcionador de primeiro estágio. Por exemplo, para o caso das atividades do Centro de Custo Escritório Central, o direcionador definido foi o salário do pessoal envolvido nas diversas atividades do centro (no total de 13 atividades), por se tratarem de atividades intensivas em trabalho (recursos humanos). Os valores de salários foram utilizados de modo percentual. O rastreamento dos custos referentes às atividades do Centro de Custo em questão pode ser visto no Quadro 9.3.

Para atividades relacionadas diretamente com um Centro de Custos (caso 2 descrito acima), procedeu-se à alocação direta (sigla "AD" na atividade 2.1.14 do Quadro 9.3). Ou seja, algumas atividades tiveram seu custo imediatamente disponível devido à organização contábil da empresa, bem como pelos arranjos formados pelo Custeio por Absorção.

Outro exemplo de Centro de Custos submetido à divisão em atividades foi o Centro de Custos Laboratórios para análise de produtos. As atividades constituíram-se dos testes realizados aos produtos (todos as análises físico-químicas e microbiológicas), totalizando 14 testes (atividades) de diferentes consumos de recursos. O direcionador de recursos (1º estágio) utilizado foi o custo total de cada análise, o qual se formou pelo custo de mão de obra (tempo efetivo de preparação mais monitoramento das análises) somado ao custo dos reagentes (produtos químicos) utilizados nos testes. O resultado da aplicação do direcionador de recursos para as atividades de laboratórios pode ser visto no Quadro 9.4.

Quadro 9.3 Direcionadores de primeiro nível – atividades de escritório

2.0 Atividades administrativas		
2.1 Atividades de escritório, contabilidade e processamento de dados		
Custo total do esc. e cont.: R$ 38.650,50	CC 11200, 11066, 11077	
Descrição da atividade	**Direc. 1º nível**	**Custo (R$)**
2.1.1 Atender central de PABX	4,34%	1.677,61
2.1.2 Gerenciar pagamento de produtores	6,65%	2.569,38
2.1.3 Emitir cheques	3,08%	1.192,11
2.1.4 Efetuar escrita fiscal	6,65%	2.569,38
2.1.5 Gerenciar caixa e conta-corrente	4,06%	1.568,61
2.1.6 Recolher impostos	6,17%	2.384,50
2.1.7 Efetuar contabilidade geral	25,22%	9.747,17
2.1.8 Organizar serviços a cooperados	5,61%	2.168,91
2.1.9 Efetuar gestão de segurança do trabalho	2,42%	935,63
2.1.10 Efetuar contas a receber	6,65%	2.569,37
2.1.11 Auxiliar Diretoria Executiva	10,65%	4.117,49
2.1.12 Gerenciar custos industriais	9,25%	3.575,17
2.1.13 Gerenciar folha de pagamento	9,25%	3.575,17
2.1.14 Prover manutenção de dados e sistemas CC 11.101	AD	9.982,21

Após todas as alocações de primeiro nível (todos os recursos foram rastreados para as atividades), chega-se ao custo final de todas as atividades da firma. No gráfico da Figura 9.5 pode-se visualizar o percentual das macroatividades entre os custos totais da empresa. Deve-se ressaltar que essas macroatividades, num total de 15, foram fragmentadas em um total de 75 atividades para retratar o consumo dos recursos da organização.

Pode-se verificar o peso das atividades comerciais no custo total da empresa (27%). As atividades administrativas e de diretoria também representam parcela importante dos custos da empresa (cerca de 23%). Entre as atividades produtivas, a atividade de recebimento de latões e a atividade de acondicionamento representam, juntas, 14% do custo total da empresa.

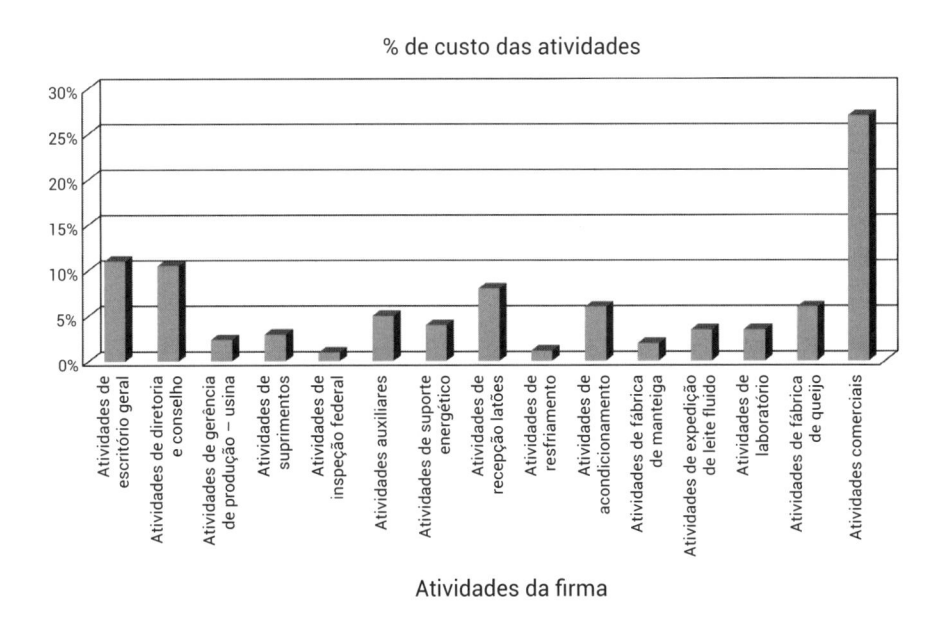

Figura 9.5 Percentual de Custos das Macroatividades no Custo Total.

9.7.5.3 Identificação dos direcionadores de custo (segundo estágio)

Esta etapa consistiu na identificação das causas principais dos custos das atividades, ou seja, as bases de relação (direcionadores de 2º estágio) entre as atividades e os produtos.

Para as atividades administrativas e seus respectivos custos apresentados no Quadro 9.3, o direcionador de custos (2º estágio) utilizado para as atividades de escritório relacionadas com processamento de notas fiscais e recolhimento de impostos, gerência financeira e de custos foi o faturamento obtido por linha de produtos (linha de pasteurizado C e B, leite resfriado C e B, manteiga e queijos). Por se tratar de vendas no varejo em pequenas quantidades, uma grande quantidade de notas e controle fiscais são exigidos da contabilidade geral da empresa. Ou seja, o produto de maior faturamento consome mais as atividades de escritório relacionadas com a gestão financeira da empresa.

No Quadro 9.4 pode-se visualizar, como exemplo, a alocação de custos de segundo nível das atividades administrativas para o leite pasteurizado e resfriado tipo C.

Para as atividades de laboratórios utilizou-se o direcionador de custos em duas etapas de alocação aos produtos. Em uma primeira etapa relacionou-se o custo das atividades com os produtos recebidos pela empresa (os objetos das análises), ou seja, o leite C e B cru, por meio da quantidade de amostras de cada tipo de produto utilizadas nas análises.

A alocação de segundo estágio seguinte (aos produtos para comercialização) deu-se por meio do direcionador de volume comercializado de cada tipo de produto. A utilização dos direcionadores de segundo estágio em duas etapas de alocação pode ser vista no Quadro 9.4, observando-se, como exemplo, as alocações aos produtos recebidos (leite B e C cru) e posterior alocação apenas ao produto leite pasteurizado C (Quadro 9.5).

Quadro 9.4 Alocação de segundo estágio – atividades de escritório, contabilidade e processamento de dados

2.0 Atividades administrativas						
2.1 Atividades de escritório, contabilidade e processamento de dados			L. past C		L. resf. C	
Custo total do esc. e cont.: R$ 38.650,50	CC 11200, 11066, 11077					
Descrição da atividade	Direc. 1º nível	Custo (R$)	C. total	C. unit.	C. total	C. unit.
2.1.1 Atender central de PABX	4,34%	1.677,61	672,20	0,001	134,46	0,000
2.1.2 Gerenciar pagamento de produtores	6,65%	2.569,38	1.029,52	0,001	205,94	0,001
2.1.3 Emitir cheques	3,08%	1.192,11	477,66	0,001	95,55	0,000
2.1.4 Efetuar escrita fiscal	6,65%	2.569,38	1.029,52	0,001	205,94	0,001
2.1.5 Gerenciar caixa e conta-corrente	4,06%	1.568,61	628,52	0,001	125,73	0,000
2.1.6 Recolher impostos	6,17%	2.384,50	955,44	0,001	191,12	0,001
2.1.7 Efetuar contabilidade geral	25,22%	9.747,17	3.905,58	0,004	781,25	0,003
2.1.8 Organizar serviços a cooperados	5,61%	2.168,91	869,06	0,001	173,84	0,001
2.1.9 Efetuar gestão de segurança do trabalho	2,42%	935,63	374,89	0,000	74,99	0,000
2.1.10 Efetuar contas a receber	6,65%	2.569,37	1.029,52	0,001	205,94	0,001
2.1.11 Auxiliar Diretoria Executiva	10,65%	4.117,49	1.649,83	0,002	330,02	0,001
2.1.12 Gerenciar custos industriais	9,25%	3.575,17	1.432,53	0,002	286,55	0,001
2.1.13 Gerenciar folha de pagamento	9,25%	3.575,17	1.432,53	0,002	286,55	0,001
2.1.14 Prover manutenção de dados e sistemas CC 11.101	AD	9.982,21	3.999,75	0,004	800,08	0,003
Total			19.486,55	0,022	3.897,96	0,014

Quadro 9.5 Alocação de custos das atividades de laboratório aos produtos – exemplo de alocação ao leite pasteurizado C

14.0 Atividades de laboratório								
			Vol. Rec. C (l)	Vol. Rec. B				
Centros de Custos CC 13301: R$ 10.053,17			1.016.541	547.070	Custo C cru	Custo B cru	L. past. C	
Descrição da atividade	Direc. 1º nível	Custo (R$)	Direc. 2º nível C	Direc. 2º nível B	Total	Total	C. total	C. unit.
14.1 Efetuar análise acidez	0,41%	41,56	47,312%	52,688%	R$ 19,66	R$ 21,90	14,92	0,00002
14.2 Efetuar análise prova de redutase	16,38%	1.646,45	44,181%	55,819%	R$ 727,42	R$ 919,03	551,90	0,00060
14.3 Efetuar análise teor de gordura	5,65%	567,64	73,669%	26,331%	R$ 418,18	R$ 149,46	317,28	0,00035
14.4 Efetuar análise de alizarol	21,78%	2.190,08	95,188%	4,812%	R$ 2.084,69	R$ 105,39	1581,67	0,00173
14.5 Efetuar análise de E.S.T.	1,54%	154,33	71,469%	28,531%	R$ 110,30	R$ 44,03	83,69	0,00009
14.6 Efetuar análise de E.S.D.	1,54%	154,33	71,469%	28,531%	R$ 110,30	R$ 44,03	83,69	0,00009
14.7 Efetuar análise de cloreto	0,12%	11,98	63,830%	36,170%	R$ 7,65	R$ 4,33	5,80	0,00001
14.8 Efetuar análise de cloro	0,36%	36,55	63,830%	36,170%	R$ 23,33	R$ 13,22	17,70	0,00002
14.9 Efetuar análise de densidade	1,54%	154,33	71,469%	28,531%	R$ 110,30	R$ 44,03	83,69	0,00009
14.10 Efetuar lactofiltração	1,31%	132,10	100,000%	0,000%	R$ 132,10	-	100,22	0,00011
14.11 Efetuar análise de crioscopia	1,95%	196,19	0,000%	100,000%	-	R$ 196,19	-	-
14.12 Efetuar análise de coliforme	12,49%	1.256,12	66,667%	33,333%	R$ 837,41	R$ 418,71	635,35	0,00069
14.13 Efetuar fosfotase	3,90%	392,06	61,538%	38,462%	R$ 241,27	R$ 150,79	183,05	0,00020
14.14 Efetuar peroxidase	9,15%	920,11	50,000%	50,000%	R$ 460,06	R$ 460,06	349,05	0,00038
14.15 Efetuar análise de antibiótico	7,80%	784,32	20,308%	79,692%	R$ 159,28	R$ 625,04	120,84	0,00013
14.16 Efetuar contagem global	14,08%	1.415,01	25,323%	74,677%	R$ 358,32	R$ 1.056,69	271,86	0,00030
	100,00%	10.053,16	Total da atividade		R$ 5.800,27	R$ 4.252,90	4400,71	0,00481

9.7.5.4 Formação do custo e rentabilidades dos produtos

Após todas as alocações de primeiro e segundo estágio chega-se ao custo dos produtos. A empresa foi separada em macroatividades, as quais foram separadas nas atividades propriamente ditas e estas formaram a planilha geral do sistema. Dessa planilha procedeu-se a alocação em primeiro estágio, quando necessária, direcionando o consumo de recursos pelas atividades e, posteriormente, em segundo estágio, direcionando o consumo de atividades pelos produtos. Como exemplo está apresentada no Quadro 9.6 a formação do custo do leite pasteurizado C e B e do leite resfriado tipo C.

Quadro 9.6 Formação do custo total de produtos

Composição dos custos dos produtos	Leite past. C		Leite resf. C		Leite past. B	
Custos fixos	C. total	C. unit.	C. total	C. unit.	C. total	C. unit.
Atividades de escritório geral	R$ 19.486,55	R$ 0,021	R$ 3.897,96	R$ 0,013	R$ 2.273,47	R$ 0,026
Atividades diretoria e conselho	R$ 18.899,27	R$ 0,021	R$ 3.815,09	R$ 0,019	R$ 2.225,14	R$ 0,025
Atividades de gerência de produção – usina	R$ 3.606,48	R$ 0,004	R$ 1.147,05	R$ 0,006	R$ 345,90	R$ 0,004
Atividades de suprimentos	R$ 5.880,11	R$ 0,006	R$ 1.392,68	R$ 0,007	R$ 555,78	R$ 0,008
Atividades de inspeção federal	R$ 1.077,89	R$ 0,001	R$ 404,21	R$ 0,002	R$ 134,74	R$ 0,002
Atividades auxiliares	R$ 9.769,05	R$ 0,011	R$ 2.009,67	R$ 0,010	R$ 1.172,13	R$ 0,013
Total de custos fixos	**R$ 58.719,35**	**R$ 0,064**	**R$ 12.666,66**	**R$ 0,057**	**R$ 6.707,16**	**R$ 0,078**
Custo variáveis						
Atividades de suporte energético	R$ 12.961,09	R$ 0,014	R$ 2.497,39	R$ 0,012	R$ 1.112,54	R$ 0,013
Atividades de recepção latões	R$ 22.637,91	R$ 0,025				
Atividades de resfriamento	R$ 2.209,89	R$ 0,002	R$ 242,71	R$ 0,001	R$ 486,55	R$ 0,006
Atividades de acondicionamento	R$ 17.157,02	R$ 0,019			R$ 1.649,19	R$ 0,019
Atividades de fábrica de manteiga	R$ -	-				
Atividades de expedição de leite fluido	R$ 9.182,31	R$ 0,010			R$ 882,64	R$ 0,010
Atividades de laboratório	R$ 4.400,71	R$ 0,005	R$ 1.399,56	R$ 0,005	R$ 1.558,41	R$ 0,018
Atividades de fábrica de queijo	R$ 9.935,45	R$ 0,011	R$ 3.490,83	R$ 0,017		
Custos variáveis s/ MP e s/ vendas	**R$ 78.484,38**	**R$ 0,086**	**R$ 7.630,49**	**R$ 0,035**	**R$ 5.689,33**	**R$ 0,065**
Custo de matéria-prima		**R$ 0,293**		**R$ 0,293**		**R$ 0,392**
Custo total s/ CV de vendas	**R$ 137.203,73**	**R$ 0,443**	**R$ 20.297,15**	**R$ 0,385**	**R$ 12.396,49**	**R$ 0,535**

Portanto, chegou-se ao custo de R$ 0,443 para o leite pasteurizado C, R$ 0,535 para o leite pasteurizado B e R$ 0,385 para o leite resfriado C. A partir desses resultados pode-se verificar a forte presença da matéria-prima no custo total dos produtos em análise. No gráfico da Figura 9.6 apresenta-se a participação do custo da matéria-prima e das atividades mais relevantes. As atividades administrativas e de acondicionamento (Envase) para os leites pasteurizados C e B e atividade de recepção de latões, atividade específica para as linhas de leite tipo C. Para o leite resfriado C, além do forte peso da matéria-prima verifica-se a presença de custos fixos das atividades administrativas para este produto.

Entretanto esses valores não incluem os custos variáveis de vendas respectivos a cada produto. Isso ocorre, pois os custos comerciais são alocados diretamente a cada região de venda (atividades específicas). Porém eles são considerados no demonstrativo de resultados de exercício, o qual pode ser visto no Quadro 9.7, utilizando como exemplo o resultado do exercício para as marcas M1 e M2 de leite pasteurizado C e B e para o leite resfriado C e B. As marcas M3 e M4 (pasteurizado C) não são comercializadas nesta região.

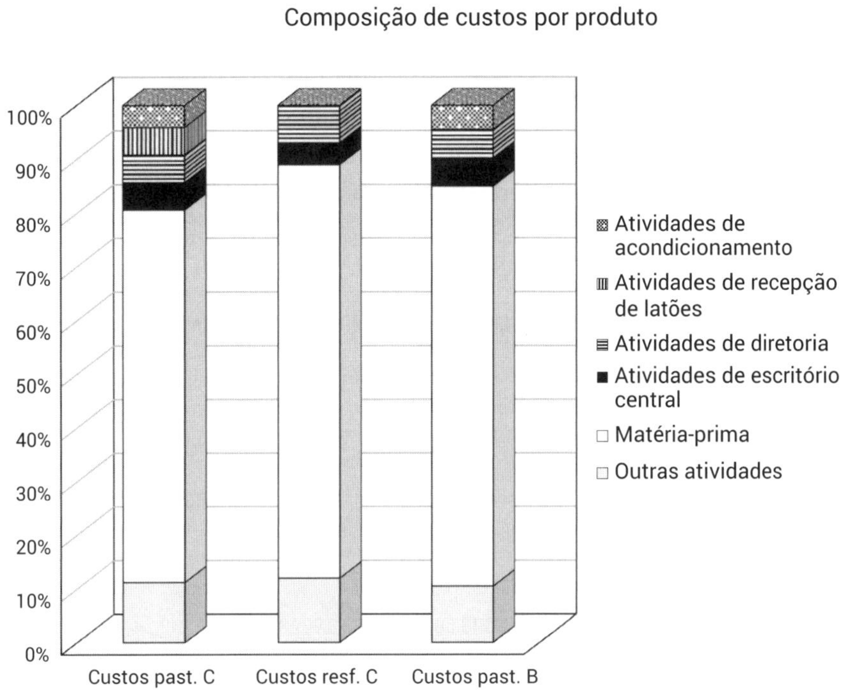

Composição de custos por produto

Figura 9.6 Composição dos custos – pasteurizados C e B e resfriado C.

Quadro 9.7 Parte do demonstrativo de resultado do exercício (unidade A)

Região Unidade A	Leite C M1	Leite C M2	Leite B M1	Leite B M2	Leite C resf.	Leite B resf.
Faturamento geral da marca/linha	R$ 218.345,71	R$ 84.951,91	R$ 31.333,21	R$ 324,90	R$ 105.238,77	R$ 73.352,58
Quantidade vendida (litros)	R$ 347.433,00	R$ 146.144,00	R$ 42.619,00	R$ 510,00	R$ 291.018,00	R$ 152.082,00
Preço médio da linha/produto	R$ 0,628	R$ 0,581	R$ 0,735	R$ 0,637	R$ 0,362	R$ 0,482
Custo variável da atividade comercial	R$ 0,040	R$ 0,040	R$ 0,048	R$ 0,048	R$ 0,026	R$ 0,026
Custo variável de vendas total	R$ 14.027,16	R$ 5.900,37	R$ 2.057,28	R$ 24,6184	R$ 7.456,88	R$ 3.968,91
(-) Custos variváveis totais	R$ 143.422,34	R$ 60.329,08	R$ 21.283,33	R$ 254,69	R$ 101.941,89	R$ 68.051,54
Custo variável unitário	R$ 0,413	R$ 0,413	R$ 0,499	R$ 0,499	R$ 0,35	R$ 0,447
Margem sobre custo variável	R$ 74.923,37	R$ 24.622,83	R$ 10.049,88	R$ 70,21	R$ 3.296,88	R$ 5.301,04
% de margem de contribuição	**34,31%**	**28,98%**	**32,07%**	**21,61%**	**3,13%**	**7,23%**
(-) Custos fixos	R$ 22.239,32	R$ 9.354,73	R$ 3.333,69	R$ 39,89	R$ 16.332,07	R$ 8.682,44
Custo fixo unitário	R$ 0,064	R$ 0,064	R$ 0,078	R$ 0,078	R$ 0,056	R$ 0,057
Resultado líquido	R$ 52.684,05	R$ 15.268,09	R$ 6.716,19	R$ 30,32	R$ (13.035,19)	R$ (3.381,40)
% de lucro ou prejuízo s/ IR	**24,13%**	**17,97%**	**21,43%**	**9,33%**	**-12,39%**	**-4,61%**

Da análise do Quadro 9.7 verifica-se a presença de resultado negativo para as operações de leite resfriado, sendo calculado um prejuízo de 12,39% para o resfriado C e de 4,61% para o resfriado B. Entretanto, para os demais produtos apresentados o resultado foi positivo, onde o produto marca M1 foi o que obteve melhor desempenho. Do balanço dos resultados operacionais por linha/marca de produtos, obtém-se o resultado final da empresa por região de comercialização. No Quadro 9.8 pode-se visualizar o resultado, por exemplo, da comercialização na região da Unidade C da empresa.

Quadro 9.8 Resultado operacional na região da Unidade C

Região Unidade C	Leite C M1	Leite C M2	Leite C M3	Leite C M4	Leite B M1	Leite B M2	Receita total
Faturamento geral da marca/linha	R$ 14.984,39	R$ 18.728,22	R$ 121.929,71	R$ 30.399,27	R$ 1.121,00	R$ 22.354,90	R$ 209.517,49
Quantidade vendida (litros)	31.025,00	39.836,00	225.044,00	65.241,00	3.055,00	32.681,00	
Preço médio da linha/produto	R$ 0,483	R$ 0,470	R$ 0,542	R$ 0,466	R$ 0,367	R$ 0,684	
Custo variável da atividade comercial	R$ 0,060	R$ 0,060	R$ 0,060	R$ 0,060	R$ 0,079	R$ 0,079	
Custo variável de vendas total	R$ 1.872,38	R$ 2.404,13	R$ 13.581,56	R$ 3.937,34	R$ 242,28	R$ 2.591,85	R$ 24.629,54
Custo variável unitário	R$ 0,439	R$ 0,439	R$ 0,439	R$ 0,439	R$ 0,408	R$ 0,408	
(–) Custos variáveis totais	R$ 13.624,45	R$ 17.493,75	R$ 98.826,79	R$ 28.650,21	R$ 1.245,19	R$ 13.320,52	R$ 173.160,91
Margem sobre custo variável	R$ 1.359,94	R$ 1.234,47	R$ 23.102,92	R$ 1.749,06	R$ (124,19)	R$ 9.034,38	R$ 36.356,58
% de margem de contribuição	9,08%	6,59%	18,95%	5,75%	-11,08%	40,41%	17,35%
(–) Custos fixos s/ Unid. C	R$ 1.990,87	R$ 2.556,27	R$ 14.441,01	R$ 4.186,50	R$ 239,56	R$ 2.562,67	R$ 25.976,88
Resultados sem Unid. C	R$ (630,93)	R$ (1.321,80)	R$ 8.661,91	R$ (2.437,44)	R$ (363,75)	R$ 6.471,70	R$ 10.379,69
% de resultado s/ RC	-4,21%	-7,06%	7,10%	-8,02%	-32,45%	R$ 28,95	4,95%
Custos fixos da adm. Unid. C	R$ 5.572,51	R$ 7.155,08	R$ 40.420,94	R$ 11.718,17	R$ 699,74	R$ 7.485,54	R$ 73.051,98
CF unitário total	R$ 0,244	R$ 0,244	R$ 0,244	R$ 0,244	R$ 0,307	R$ 0,307	
Resultado líquido	R$ (6.203,44)	R$ (8.476,88)	R$ (31.759,03)	R$ 14.155,61	R$ (1.063,50)	R$ (1.013,84)	R$ (62.672,30)
% de lucro ou prejuízo s/ IR	-41,40%	-45,26%	-26,05%	-46,57%	-94,87%	-4,54%	-29,91%

Como já explanado, foram mantidos nessa unidade desativada muitos custos, a qual estava funcionando apenas como entreposto comercial, acarretando em sérios prejuízos. Nota-se as margens de contribuição positivas, com exceção do leite B marca M1. Entretanto, além do fator custo nessa região, existe o fator preço também prejudicando os resultados. Os preços médios praticados nessa região são inferiores aos praticados nas demais regiões de venda, comprometendo ainda mais o resultado operacional.

9.7.5.5 Comparação entre métodos ABC e Absorção no estudo de caso e considerações gerais sobre os métodos

Quanto à complexidade de construção pode-se afirmar que o Sistema ABC tende a ser mais complexo quando comparado ao Sistema por Absorção. Necessita-se conhecer melhor as rotinas operacionais da empresa, exigindo um melhor entendimento da lógica de consumo de recursos humanos e materiais da organização. O fato do trabalho de proposição de modelos de custeio ter se iniciado com a construção do Sistema por Absorção,[7] devido à inexistência de um sistema de custos na empresa-piloto, facilitou a confecção do Sistema ABC, ainda que ele não tenha sido aplicado em todo o seu potencial quanto a geração de direcionadores de recursos e de custos. O entendimento profundo do funcionamento da organização, necessário para se projetar um Sistema de Custeio por Atividades, foi em parte adquirido durante o projeto de desenvolvimento do Sistema de Custeio por Absorção.

Outro fator importante foi que se buscou projetar um Sistema por Absorção que respondesse de maneira satisfatória, às principais necessidades da empresa quanto a informações de custos e margens de operação (definidas com antecedência pela equipe de trabalho). Desse modo, os critérios de rateio para alocação entre centros de custos e para os produtos, foram estudados e gerados dentro de princípios técnicos que retratassem da melhor maneira a realidade de consumo e alocação de recursos. Em suma, necessitava-se projetar um sistema confiável, dentro das limitações inerentes ao método de Centros de Custos, limitações amplamente discutidas nos meios acadêmicos e industriais.

Assim, pode-se concluir que os dois métodos, mesmo possuindo lógicas de funcionamento distintas, apresentam dificuldades de construção. O Sistema por Absorção, por seu lado, exige a geração de critérios de rateio entre centros de custos obedecendo a princípios de justiça e proporcionalidade de consumo de recursos, bem como critérios de alocação de custos aos produtos. Embora exista um grau de arbitrariedade nos critérios de rateio, o mesmo deve ser minimizado. Entretanto, em alguns casos pode-se chamar de rastreamento, e não rateio, quando o critério utilizado permitir maior confiabilidade de alocação. Como exemplo, pode-se citar o rastreamento das requisições de manutenção utilizadas neste trabalho para alocação de custos de manutenção aos demais Centros de Custos da empresa, contendo o tempo de manutenção bem como o seu custo. Nesse caso, o grau de arbitrariedade é minimizado, aumentando a confiabilidade do sistema.

O Sistema ABC, por outro lado, exige maior detalhamento na sua construção. Porém, não está alheio ao grau de arbitrariedade de alocação de custos. Em alguns casos, podem existir atividades "consumidoras" de recursos que não possuam nenhuma relação de causa e efeito com os produtos (ou seja, são atividades de suporte) para determinar-se o consumo das mesmas pelos produtos. Por exemplo, as denominadas atividades de serviços auxiliares (de vigilância geral da empresa e de limpeza de pátios) no modelo ABC proposto não possuem uma relação de causa e efeito em relação aos produtos. O critério de rateio (e não rastreamento) de segundo nível utilizado neste caso foi o faturamento geral das linhas em termos percentuais.

Advoga-se que não existe um sistema de custos ideal que atenda às necessidades de um grupo de empresas do mesmo setor industrial e muito menos para empresas de setores diferentes da indústria. Desse modo, um sistema de custo ideal é aquele desenvolvido especificamente para cada empresa, considerando suas especificidades, desde os mercados específicos em que atua, a qualificação de seus recursos humanos, sua tecnologia de informação e de produção, seus fornecedores etc.

Outro fator importante para determinar a complexidade de construção de Sistemas de Custeio relaciona-se com a estrutura do plano de contas da empresa. No caso da empresa deste estudo de caso, o plano de contas apresentava-se bastante detalhado. Isso foi um fato facilitador para a construção de ambos os modelos. Para o projeto do Sistema por Absorção, os centros de custos contábeis apresentavam-se disponíveis para, na maioria dos casos, proceder-se à agregação em Centros de Custos para fins de custeio e, em casos específicos (caso da usina de beneficiamento da Unidade A da empresa), proceder-se à fragmentação para o mesmo fim. No projeto do Sistema ABC, muitos centros de custos contábeis formaram de imediato o custo de atividades (maioria dos casos) e outros foram também fragmentados (por meio de rastreamento ou utilização de direcionadores de primeiro nível) para a formação dos custos das atividades da firma relacionadas com estes Centros de Custo.

Diante do exposto acima, não se esperava diferenças significativas nos resultados obtidos pelos dois modelos propostos. Entretanto, pelas lógicas distintas da aplicação dos dois métodos, algumas diferenças nos cálculos foram evidenciadas. Por exemplo, o cálculo dos custos de laboratório apresentou diferenças significativas entre os métodos. Pelo método por Absorção, os custos referentes a este Centro de Custos foram rateados pelo volume de produção, entre os leites fluidos (pasteurizado e resfriado). Entretanto, da aplicação do método por atividades, evidenciou-se que o consumo das atividades dos laboratórios não era proporcional ao volume produzido apenas. Da obtenção das 16 atividades (16 tipos de análises) e seus respectivos custos calculados pelo direcionador de recursos (custo das análises) e do número de amostras analisadas por tipo de leite, chegou-se ao consumo real das atividades pelos produtos leite cru tipo C e tipo B. A maior distorção causada pelo método por Absorção foi que ele desconsiderou que algumas análises eram exclusivas para o leite tipo B, outras exclusivas ao leite tipo C. Além disso, os custos das análises para leite B eram maiores, por conta do seu maior tempo de exposição aos testes para assegurar a qualidade exigida para o produto. Análises que consomem mais tempo e, consequentemente, mais recursos foram desconsideradas pelo rateio por volume de produção. Assim, superestimou os custos laboratoriais para os produtos da linha pasteurizado e resfriado tipo C, produtos de maior volume de produção. De fato, as atividades de laboratório estavam sendo "consumidas" mais pelas linhas de leite B, corrigindo assim as alocações de custo.

O Modelo de Sistema ABC proposto neste trabalho dividiu a empresa em 75 atividades, as quais foram estudadas e rastreadas buscando retratar os modos de consumo das mesmas pelos produtos por meio de seus direcionadores de segundo nível. Isso foi realizado sem a intermediação de alocação de custos dos 11 Centros de Custos de Apoio para os 14 Centros de Custos Produtivos e posterior alocação aos produtos, de acordo com o princípio de funcionamento do Método de Custeio por Absorção. A propagação de erros e/ou imperfeições é maior neste último método, causando maiores distorções nos custos dos produtos, pois são as atividades desenvolvidas dentro e entre os centros de custos é que de fato determinam o consumo de recursos da organização.

Outra fonte de diferenças entre os métodos refere-se ao centro de custos administrativos, responsável pela maior quantidade de custos indiretos da empresa. Pelo custeio por Absorção os custos referentes a este centro (cerca de 35% do total) foram rateados aos outros centros de custos (de apoio e produtivos) pelo critério do custo específico de cada um. Os centros de custos de recepção de latões (100% leite tipo C) e envase (90% leite tipo C) eram os que apresentavam mais custos específicos entre os centros produtivos. Desse modo, receberam pela aplicação do rateio uma grande quantidade de custos indiretos administrativos (15% juntos). Assim, conclui-se que o leite tipo C, pelo seu alto volume nos centros produtivos em questão, recebeu grande parte dos custos administrativos.

O custeio por Atividades, mesmo tendo este trabalho utilizado o faturamento das linhas de produção como direcionador de segundo nível para alocação dos custos das atividades administrativas aos produtos, parece ter trazido resultados mais precisos do que os alcançados pelo sistema por Absorção. Sabe-se que o consumo das atividades administrativas pelos produtos não é necessariamente proporcional aos faturamentos das linhas. Entretanto, por se tratar de comercialização no varejo, uma grande quantidade de notas fiscais e controles fiscais são exigidos pela contabilidade geral da empresa (as atividades de escritório representavam cerca de 12% do custo total da empresa pela separação das macroatividades). Assim, o produto de maior faturamento consome, de fato, mais as atividades de escritório relacionadas com a gestão financeira da empresa em relação a um produto de baixo faturamento.

O Quadro 9.9 apresenta uma comparação dos resultados de custos e rentabilidades obtidas pelos dois métodos. Pode-se verificar diferenças nos cálculos dos custos, principalmente entre os leites fluidos. No caso do leite pasteurizado C, o sistema ABC apontou um custo 8% inferior ao calculado pelo sistema Absorção, gerando diversos impactos nas rentabilidades das marcas em todas as regiões de comercialização da empresa. O impacto imediato de redução no custo calculado pelo ABC é o aumento da rentabilidade operacional das marcas. Nas Figuras 9.7 e 9.8 estão apresentadas de forma gráfica as diferenças dos resultados de custos e de rentabilidade dos dois modelos propostos.

Quadro 9.9 Custos e Rentabilidade das linhas – Unidade A

	Custos e rentabilidade das linhas na unidade A – matriz					
	Custo ABC	**Rentabilidade ABC**	**Custo absorção**	**Rentabilidade ABS**	**(–) Custo**	**(–) Rentab.**
Leite past. C	R$ 0,443	23,09%	R$ 0,478	17,32%	–8,01%	5,78%
Leite resf. C	R$ 0,385	–13,42%	R$ 0,338	–0,23%	12,03%	–13,19%
Leite past. B	R$ 0,535	20,60%	R$ 0,509	25,22%	5,03%	–4,63%
Leite resfr. B	R$ 0,481	–5,23%	R$ 0,419	8,21%	13,07%	–13,44%
Manteiga	R$ 0,288	50,17%	R$ 0,431	43,08%	–49,56%	7,08%

Fonte: autor.

Figura 9.7 Comparação dos resultados de custos: ABC × Absorção.

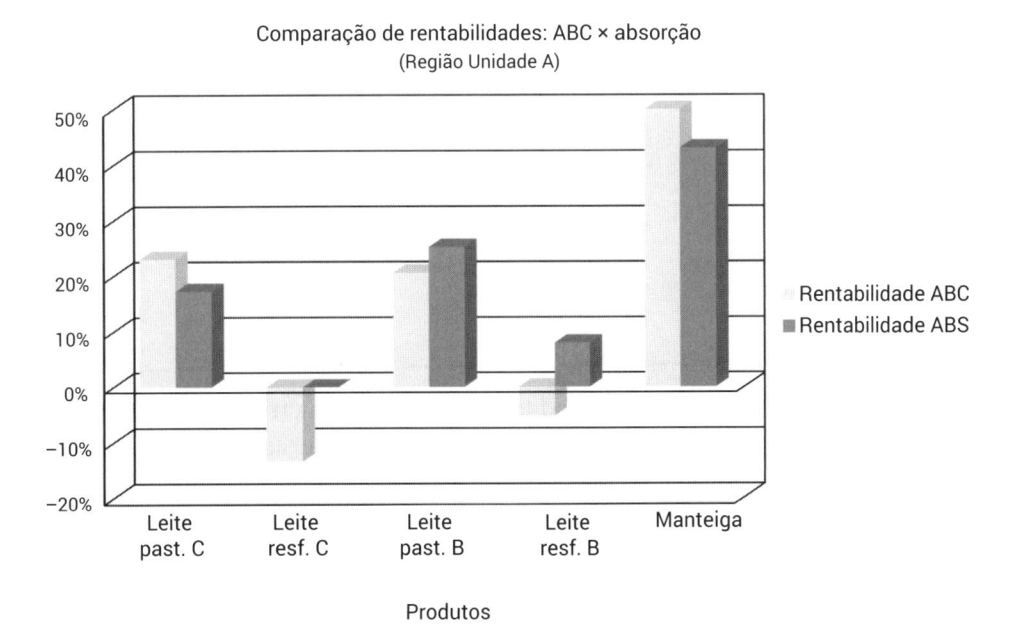

Figura 9.8 Comparação dos resultados de rentabilidade: ABC × Absorção.

Pode-se concluir que o sistema ABC apresentou, de maneira uniforme para todos os produtos, cálculos diferentes, apresentando uma tendência a promover alterações significativas nos cálculos para produtos de volumes distintos de produção e vendas. Esta tendência configurou-se para uma redução de custo em produtos de maior volume e consequentemente aumentos no custo de produtos de menor volume.

EXERCÍCIOS

1. Considere o seguinte movimento de um importante item (matéria-prima) utilizado no processo produtivo de uma empresa agroindustrial no mês de janeiro de 2005:

Dia do mês	Compras		Utilização
	Quantidade comprada (em unidades)	Preço unitário (em R$)	Quantidade utilizada na produção (em unidades)
2	400	10,05	
7	1.000	9,35	
11	1.400	9,20	
15			2.500
20	900	11,00	
28			1.000

   Calcule o custo total do item utilizado no referido mês e o valor do estoque residual pelos métodos do Custo Médio Ponderado Móvel, Custo Médio Ponderado Móvel, PEPS e UEPS.

2. Uma empresa está utilizando um processo de separação química que conduz a produção de três produtos conjuntos: A, B e C. Estes três produtos são vendidos respectivamente por R$ 90,00, R$ 54,00 e R$ 75,00 a tonelada. O resíduo que sobra no fim do processo (Produto D) pode ser vendido por R$ 4,00/tonelada.

   No fim do mês, 1.700 toneladas foram processadas e a soma dos custos do processo foi de R$ 82.800,00. O conjunto da produção pode ser considerado como vendido.

   Os produtos foram obtidos nos volumes abaixo:

   A → 250 t

   B → 750 t

   C → 400 t

   D → 300 t

   Total → 1.700 t

   a) O processo é globalmente interessante?
   b) Considere agora a possibilidade de o resíduo D passar por uma transformação que custa $ 6,00/tonelada e ser vendido por $ 12,00/tonelada. Essa transformação aumentaria ainda os custos conjuntos em $ 2.000. A operação é viável?

3. A Sociedade agroindustrial Meta Corp. S.A. fabrica dois produtos: o Produto X100 e o Produto XY101. O faturamento do produto X100 é de $ 400.000,00 e o do produto XY101 é de $ 420.000,00.

O departamento de custos forneceu os seguintes dados:

Custos diretos para janeiro 20xx (US$)	Produto X100	Produto XY101
Matérias-primas	$ 100.000	$ 210.000
MOD no depto. fabricação	500 h × $ 40/h = $ 20.000	500 h × $ 40/h = $ 20.000
MOD no depto. moldes	1.500 h × $ 40/h = $ 60.000	H × $ 40/h = $ 40.000
Outros custos diretos (fixos)	$ 70.000	$ 30.000

Durante esse mesmo período foram anotados os seguintes custos indiretos de fabricação pelos centros de custos da empresa:

Centros principais	($)
Custos do departamento de fabricação	35.000
Custos do departamento de moldes	45.000
Centros auxiliares	
Custos do departamento de manutenção	60.000
Custos do departamento de laboratório	30.000
Custos da administração geral	40.000

O Departamento de custos propõe também que os custos dos centros auxiliares sejam alocados aos centros principais, de acordo com os seguintes critérios:

	Fabricação	Moldes	Manutenção	Laboratório	Administração
Manutenção	60%	40%	−100%	0%	0%
Laboratório	30%	30%	40%	−100%	0%
Administração	30%	30%	20%	20%	−100%

Além disso, o Departamento de custos propõe as seguintes Unidades de Distribuição de Custos (UDC) para cada centro de custo principal (bases de alocação dos custos dos centros principais aos produtos):

Departamento de fabricação → 1 UDC = R$ de matérias-primas adquiridas.

Departamento de moldes → 1 UDC = Hora de mão de obra direta.

a) Construa o quadro de repartição dos custos indiretos.
b) Calcule a rentabilidade operacional de cada um dos dois produtos utilizando o método dos centros de custo ou custos por absorção.

4. A empresa Delta Agroindustrial Ltda. trabalha por pedido e, por consequência, calcula seus custos por pedido recebido. A repartição dos custos indiretos entre os centros de custos foi preparada como segue para o mês de março de 2005:

	Centros de apoio		Centros principais		
	Administração	Manutenção	Recepção	Fabricação	Distribuição
Repartição primária	R$ 5.250	R$ 3.425	R$ 12.365	R$ 33.320	R$ 19.478

Critérios de rateio para a repartição secundária
    Administração
    Manutenção
	-
	7%
		12%
		-
			28%
			25%
				50%
				58%
					10%
					10%

Unidade de distribuição de custo – UDC			kg de matéria-prima comprada	Horas-máquina	R$ de faturamento
Número de UDC			1.000	500	496.000

Existe um extrato da folha de imputação do mês de março de 2005 (tabela abaixo).

Pedidos	Matéria-prima	Mão de obra direta	Horas-máquina consumidas	Preço Faturado (R$)
Pedido nº 12	80 kg	R$ 7.000	90 h. máq.	75.250,00
Pedido nº 13	195 kg	R$ 11.500	140 h. máq.	150.000,00
Pedido nº 14	725 kg	R$ 47.000	270 h. máq.	270.750,00

O custo médio da matéria-prima foi calculado em R$ 90,00 por kg.

Questão: determine o custo de obtenção e a rentabilidade operacional dos pedidos nº 12, 13 e 14, trabalhados no mês em questão, no caso onde a empresa aplica o método dos centros de custos (custeio por absorção).

5. Determinada empresa dedica-se à fabricação de dois produtos, com as seguintes características de custos unitários (diretos):

Produto	A	B
Material direto	R$ 22,00	R$ 27,50
Mão de obra direta	R$ 12,00	R$ 7,20

O volume de produção de vendas é de 11.530 unidades do produto A e de 4.450 unidades do produto B, por período, e os preços de venda médios são de R$ 92,00 e R$ 115,00, respectivamente.

Os custos indiretos de fabricação (CIF) totalizam R$ 575.650 por período.

Por meio de entrevistas, análise de dados na contabilidade etc., verificou-se que os custos indiretos referiam-se às seguintes atividades, com as respectivas alocações de 1º estágio:

Atividade	R$
Inspecionar materiais	60.650
Armazenar materiais	52.000
Controlar estoques	42.000
Operar máquinas (incluindo depreciação)	190.000
Engenharia de processos	231.000

O levantamento dos dados físicos relativos às atividades revelou o seguinte quanto aos direcionadores de segundo estágio para serem utilizados na alocação dos custos aos produtos:

Direcionadores de 2º estágio	A	B
Número de lotes inspecionados	15	35
Quantidade de MP armazenada no mês	130 kg	240 kg
Entradas e saídas de lotes de MP no estoque	34	78
Número de horas-máquina	4.000	7.000
Dedicação do tempo dos engenheiros	25%	75%

Calcule o custo e a margem bruta de cada produto pelo sistema de custeio baseado em atividades (ABC).

9.8 MÉTODO DO CUSTO-PADRÃO

O método do custo-padrão tem como objetivo principal auxiliar no planejamento e controle dos custos, dado que possibilita a fixação de um custo planejado para o produto, antes da sua fabricação. De acordo com Bruni e Famá (2008, p. 129), os custos padrões podem ser utilizados para a medição do desempenho no uso dos recursos produtivos, para a elaboração de orçamentos, como base para o processo de precificação, entre outros usos, possibilitando a análise da eficiência dos processos da empresa.

O propósito do método é fornecer um padrão de comportamento dos custos que deveriam ser obtidos e, posteriormente ao final do período, comparar com os custos reais, analisando-se as diferenças e tomando ações corretivas quando necessárias. De forma simplificada este método possui 5 etapas: fixação de um padrão de custo para os itens que se deseja controlar, que será a referência para a análise comparativa; apuração do custo real; cálculo das variações existentes entre o real e o padrão; análise das variações objetivando encontrar as razões dessas diferenças e tomada de ações corretivas. Dessa forma, a comparação entre o consumo real dos recursos e o consumo padrão esperado possibilita aos gestores o controle dos custos, mantendo-os dentro dos limites de variações definidas como aceitáveis, para os processos produtivos da empresa.

De acordo com Martins (2010), para que este método apresente uma real contribuição à empresa, será necessário que ela possua registros reais do consumo dos fatores de produção em valores monetários (R$) e quantidades físicas. Além disso, a fixação do padrão deve ser feita de forma conjunta entre a engenharia da fábrica, que determinará as quantidades físicas (por exemplo, kW/h, kg/unidade de produto, hora de torno/unidade de produto) e a contabilidade de custos e compras que irão transformar os padrões físicos em unidades monetárias.

De acordo com Bornia (2002), a determinação do padrão pode ser feita com maior ou menor grau de rigidez, dependendo dos objetivos a que se propõe:

- **Padrão ideal:** rígido se presta a metas de longo prazo, podendo apresentar problemas de motivação da equipe dado que muito dificilmente será atingido.
- **Padrão corrente:** determinado com base nas deficiências subjacentes ao processo minimiza a desmotivação, pois, embora difícil, não é impossível de ser atingido.
- **Padrão estimado:** adota-se o custo "normal", que seria o custo historicamente alcançado pela empresa.

Bornia (2002) destaca ainda, que a sistemática do custo-padrão pode ser aplicada a todos os custos da empresa ou somente aos custos de matéria-prima, de mão de obra direta ou dos insumos julgados mais relevantes. É importante ressaltar que a existência de um sistema de custo-padrão não elimina a necessidade de se ter um sistema de apuração do custo real, inclusive porque o mesmo não pode ser utilizado para fins de apuração do resultado contábil.

De acordo com Bruni e Famá (2008), as análises das variações são normalmente divididas em variação de preço, variação de quantidade e variação mista (ou conjunta). Essa análise pode ser considerada favorável, quando o custo real é menor que o padrão, ou desfavorável, quando o custo real é maior que o padrão. A Figura 9.9 exemplifica essas variações.

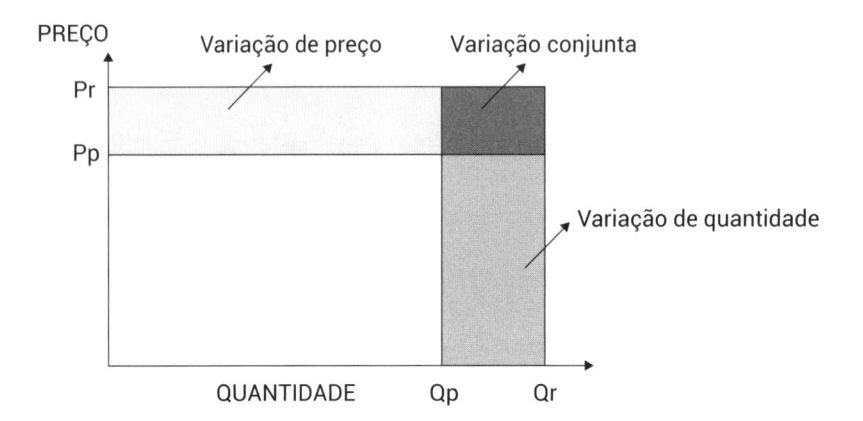

Figura 9.9 Efeitos de variações de preço e quantidade no custo do produto.

Assim, as variações de preço analisam apenas o efeito decorrente da diferença encontrada entre o preço estimado e o preço real, e pode ser calculada como:

Variação de preço = (Preço real − Preço padrão) × Quantidade padrão

As variações de quantidade analisam apenas o efeito decorrente da diferença encontrada entre a quantidade prevista e a quantidade real consumida, e pode ser calculada como:

Variação de quantidade = (Quantidade real − Quantidade padrão) × Preço padrão

Já a variação conjunta analisa os efeitos mistos das variações de preço e quantidades, e pode ser calculada como:

Variação conjunta = (Preço real − Preço padrão) × (Quantidade real − Quantidade padrão)

A variação conjunta, também chamada de variação mista pode, segundo Martins (2010), ser incorporada à variação de preço e, neste caso, a variação do preço passa a ser calculada como:

Variação de preço = (Preço real − Preço padrão) × Quantidade real

Para exemplificar a variação entre o custo real e o custo-padrão, suponha-se uma empresa que produza dois modelos de caixas (C1 e C2) e usa o método do custo-padrão para controlar seus custos de matéria-prima (MP). Na fabricação do produto C1, é usada 1 unidade de MP, enquanto na fabricação do produto C2 utilizam-se 2 unidades de MP. O custo-padrão da MP é $10/un. No mês de novembro, a empresa fabricou 300 produtos C1 e 400 produtos C2. Neste mês, foram compradas 1.200 unidades de MP, a um custo total de $ 13.200,00 e foram utilizadas 820 unidades de MP. Analise o consumo MP considerando a variação conjunta como parte da variação do preço e proponha ações a serem tomadas.

Itens	Matéria-prima (MP)
Preço padrão	10,0
Preço real	11,0
Quantidade padrão	1.100
Quantidade real	1.200
Custo-padrão	11.000
Custo real	13.200
Variação	−2.200
Preço	−1.200
Quantidade	−1.000

Considerando-se os desvios apresentados, pode-se inferir que a empresa apresenta problemas de desempenho da mão de obra, que está consumindo uma quantidade maior de matéria-prima que o esperado, cujas causas deverão ser objeto de análise no processo produtivo. Além disso, o desempenho da área de compras ficou abaixo do esperado no tocante ao valor pago pela matéria-prima, o que também deverá ser investigado.

9.9 ANÁLISE DO CUSTO/VOLUME/LUCRO OU PONTO DE EQUILÍBRIO

9.9.1 Ponto de equilíbrio

O ponto de equilíbrio (do inglês, *break-even point*) é, para um dado período de análise (por exemplo, mês), o nível de atividade, expresso em faturamento (receita) ou em volume (unidades de produção), que permite que a empresa analisada não tenha lucro ou prejuízo.

9.9.1.1 Apresentação geral do modelo

Para a apresentação geral do modelo de ponto de equilíbrio, considere o seguinte exemplo.

Seja um artesão com a seguinte estrutura de custos:

Custos fixos mensais = R$ 100,00

Preço artigo vendido = R$ 15,00

Custo variável unitário por artigo = R$ 10,00

Quanto ele deve fabricar e vender para cobrir seus custos?

Preço de venda / unidade	15,00
– Custo variável / unidade	10,00
= Margem sobre o custo variável (por unidade)	5,00

Q_0 = 100,00/5,00 = 20 artigos fabricados e vendidos (volume para atingir o equilíbrio)

Assim, gerando um faturamento de:

FAT = 15 × 20 = R$ 300,00 (de receita para atingir o ponto de equilíbrio).

Formalização do modelo

Sejam as seguintes variáveis do modelo:

PV	preço de venda unitário
CVu	custo variável/unidade
MCVu = PV – CVu	margem sobre o custo variável/unidade
CF	custos fixos totais
Q_0 = CF / MCVu	ponto de equilíbrio (em quantidade)
$FAT_0 = FAT_{total} \times CF / MCV_{total}$	(Ponto de equilíbrio em faturamento)

A representação gráfica do modelo pode ser vista nas Figuras 9.10 e 9.11 Na Figura 9.10 visualiza-se o ponto de equilíbrio em termos da cobertura dos custos fixos totais por meio do somatório do conjunto de margens sobre o custo variável unitário à medida que o volume de produção e de vendas aumenta. O ponto Q_0 significa que o ponto de equilíbrio foi atingido para o nível de custos fixos F, enquanto, mediante o aumento da capacidade instalada, o novo ponto de equilíbrio será o ponto Q_0' (custos fixos totais de F' relativos ao aumento do custo da estrutura).

Por sua vez, a Figura 9.11 representa a análise considerando os custos totais (custos fixos totais mais os custos variáveis unitários progressivos no volume de produção e vendas). Desse modo, visualiza-se o ponto de equilíbrio em termos da cobertura dos custos totais por meio do somatório do conjunto de receitas individuais a medida que o volume de produção e de vendas aumenta. O ponto Q_0 significa que o ponto de equilíbrio foi atingido para o nível de custos totais F mais os custos variáveis unitários, enquanto, mediante um aumento excessivo da capacidade instalada, o novo ponto de equilíbrio (o ponto Q_0') não foi encontrado (custos fixos totais de F' aumentando excessivamente do custo da estrutura para o nível de faturamento obtido). Nesse caso, apresenta-se uma situação (evidentemente indesejável) de investimentos em estrutura fixa acima do suportável pelos volumes de faturamento.

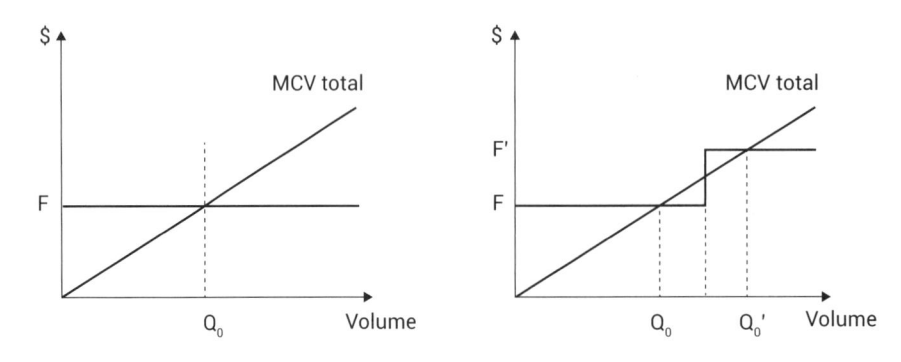

Figura 9.10 Gráficos baseados na cobertura dos custos fixos.

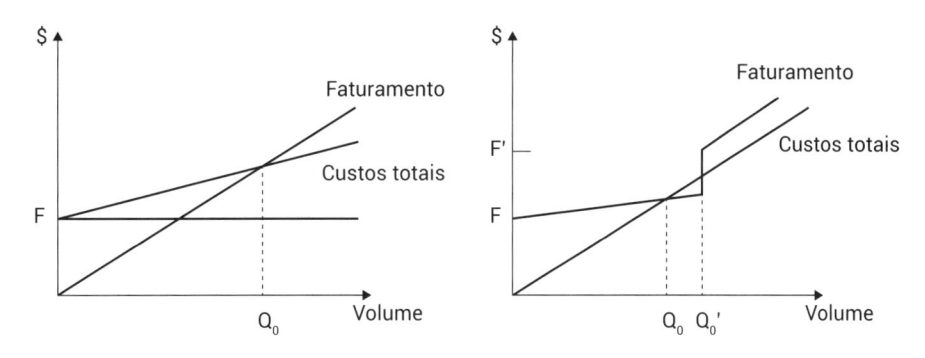

Figura 9.11 Gráficos baseados na cobertura dos custos totais.

A consideração de linearidade das variações apresenta-se como uma hipótese geral do modelo, na medida em que as variações tanto da curva de custos, como da curva de faturamento podem não se comportar, na prática, de maneira linear. Alguns custos podem ter seu custo unitário reduzido ou aumentado diante de oscilações no nível de produção (nível de atividade). Um custo unitário que pode ser reduzido com o aumento do volume de produção é a matéria-prima, mediante melhores barganhas com o fornecedor fruto do aumento da quantidade comprada. Um custo unitário que pode ser aumentado com o nível de produção é a energia elétrica, onde, com o aumento da quantidade demandada (ou acima da quantidade contratada com a fornecedora), o preço unitário normalmente sofre acréscimos.

Destaca-se ainda que a descrição simples do modelo se refere a um só produto, situação que não é muito frequente. No caso geral de vários produtos, a atividade deve ser medida pelo faturamento e o raciocínio continua válido.[8]

9.9.1.2 Margem de Segurança (MS)

Margem de segurança (MS) é quantia ou índice de vendas que excedem o ponto de equilíbrio, representando o quanto as vendas podem cair sem que a empresa entre no prejuízo. Pode ser expressa em quantidade, valor ou percentual.

MS quantidade = Vendas atuais − Vendas no ponto de equilíbrio

MS $ = MS quantidade × Preço de venda ($)

MS percentual = MS quantidade/Vendas atuais (quantidade)

9.10 ALAVANCAGEM OPERACIONAL

Segundo Padoveze,[9] o grau de alavancagem operacional existente numa empresa, a um nível de vendas específico, pode ser medido pela seguinte fórmula:

$$Grau\ de\ alavancagem\ operacional = \frac{Margem\ de\ contribuição}{Lucro\ líquido\ operacional}$$

Grau de alavancagem operacional é a capacidade que a empresa possui, de acordo com a sua estrutura de custos fixos, para implementar um aumento nas vendas e gerar um incremento ainda maior nos resultados, ou, para diminuir as vendas e produzir uma redução maior nos resultados. O grau de alavancagem operacional é determinado pelo montante de custos fixos existentes na estrutura de resultados dos vários departamentos operacionais da empresa.

O grau de alavancagem operacional permite aos gestores medir os efeitos provocados sobre o lucro operacional pelas variações nas vendas, ou seja, o grau de sensibilidade do lucro líquido a variações percentuais das vendas. Se o grau de alavancagem de uma empresa for igual a 5, isso significa dizer que o lucro crescerá cinco vezes mais rápido do que as suas vendas. Portanto, se as vendas crescerem 10%, pode-se esperar que o lucro líquido cresça cinco vezes isso, ou 50%.

BOXE 9.1 PONTO DE EQUILÍBRIO E MARGEM DE SEGURANÇA: UMA ILUSTRAÇÃO

À medida que o ambiente competitivo se torna mais intenso e imprevisível, os gestores tomam decisões diariamente, fazendo uso de informações oriundas dos seus sistemas de informações contábeis, responsáveis por gerar relatórios capazes de serem usados no planejamento, execução e controle das ações tomadas, buscando minimizar e reduzir desperdícios e riscos. A análise da relação custo-volume-lucro pode diagnosticar possíveis problemas no resultado de uma indústria por meio do levantamento dos dados sobre preço, quantidade de produção, receitas e despesas. Fazendo uso de informações dos relatórios gerenciais existentes é possível obter resultados referentes à Margem de Contribuição, Ponto de Equilíbrio, Margem de Segurança e Alavancagem Operacional. Com essas informações é possível analisar a rentabilidade dos produtos, identificar qual o produto que contribui para o alcance mais rápido do lucro, qual a variação negativa de venda, em número de unidades vendidas, que a empresa pode suportar sem ter prejuízo, entre outras.

Na empresa estudada, uma indústria alcooleira no estado da Paraíba, que produz álcool anidro, álcool hidratado, álcool para outros fins e outros produtos (bagaço, óleo fuzil, sucatas, insumos agrícolas), as receitas, custos e despesas foram apuradas com base nos relatórios fornecidos pela empresa do último trimestre do ano de 2015. De posse dessas informações, sintetizadas na Tabela 9.1, obteve-se a receita total e sua composição por produto: nos meses de outubro e dezembro, o álcool hidratado correspondeu a 63,77% e 72,4% respectivamente da composição da receita. Já no mês de novembro o álcool anidro se destacou com 47,43% da receita. Analisando no modo geral, o álcool para outros fins é que corresponde à menor participação na composição da receita, responsável pelo percentual de 2,91%. Outros produtos correspondem à 5,8% da receita, ficando a maior participação da receita no período estudado com o álcool hidratado 58,37%.

Depois, buscou-se o valor dos custos e despesas variáveis (matéria-prima, materiais aplicados, frete e impostos sobre vendas, comissões, entre outros) utilizados na fabricação do produto final e o montante dos custos e despesas fixas (os custos com a mão de obra, energia, depreciação, aluguéis, seguros, entre outros). Com base nessas informações os resultados dos períodos foram calculados, os meses de outubro e dezembro apresentaram prejuízo, assim como o resultado do trimestre.

Em uma análise voltada para a margem de contribuição, é possível observar que a empresa não estava gerando resultado suficiente, em termos de contribuição com os produtos vendidos, suficientes para cobrir seus custos fixos. Na Tabela 9.1, é possível verificar que o mês de outubro teve o pior desempenho do trimestre, com uma margem de contribuição de apenas 2,29% da receita, no mês de novembro de 19,26%, e em dezembro, de 5,23%. Essa oscilação no percentual da margem de contribuição geral, em termos percentuais, indica que uma análise mais aprofundada deve ser realizada visando identificar as variáveis responsáveis pelo desequilíbrio apresentado, ou seja, quais variáveis afetam de forma significativa o preço de venda, o volume vendido ou os custos e despesas variáveis dos produtos. Essa variação pode ser causada pela variação na contribuição mensal de cada produto na formação do lucro, trazendo indícios de que é preciso analisar a margem de contribuição de cada produto e suas variações, que pode estar na variação das vendas ou da formação dos custos.

Quando se visualiza o ponto de equilíbrio, apresentado na Tabela 9.1, vê-se que nos meses de outubro e dezembro a empresa está trabalhando bem abaixo do ponto, que é bem superior à receita total que a empresa obteve nesses meses estando, portanto, no prejuízo. Assim, quando se busca avaliar a capacidade da empresa em cobrir seus custos variáveis e fixos e ainda apresentar sobra (lucro) — o que se espera de qualquer empresa ativa no mercado — verificou-se que, em 2 dos 3 meses analisados, ela não foi capaz de fazer com que suas receitas superassem os gastos necessários para a manutenção da sua atividade. Esses resultados trazem a atenção para o fato de que a empresa parece não seguir um padrão de custo no decorrer dos meses, o que precisa ser investigado para definir se é uma característica específica dessa atividade ou um problema de distribuição.

Tabela 9.1 Dados da empresa do último trimestre de 2015 (em R$ mil)

Mês	Outubro	Novembro	Dezembro	Total
Receita por produto (R$)				
Álcool anidro	4.811	11.736	3.707	20.254
Álcool hidratado	11.257	10.693	15.975	35.925
Álcool outros fins	579	1.214	-	1.793
Outros produtos	1.006	944	1.620	3.570
Receita total (R$)	**17.653**	**24.858**	**19.302**	**61.542**
(Custo + Despesa) Var (R$)	17.249	19.852	18.292	55.392
Margem contribuição (R$)	404	4.736	1.000	6.150
(Custo + Despesa) Fixo (R$)	(2.164)	(2.198)	(2.314)	(6.675)
Resultado (R$)				
Mg Cont/Rec T	2,29%	19,26%	5,23%	
Ponto de equilíbrio (R$)	94.502	11.410	44.247	
Margem segurança (R$)	(76.849)	13.178	(24.945)	
Grau de alavancagem operacional	-0,23%	1,87	0,77	

O cálculo da margem de segurança, também apesentada na Tabela 9.1, mostra que essa empresa não apresenta uma situação propícia em termos das expectativas de continuidade no mercado, dado que opera com margem negativa em outubro e dezembro, indicando que é urgente examinar as variáveis que estão provocando essa situação.

Em relação ao grau de alavancagem operacional, presente na tabela, verifica-se que em novembro é de 1,87, ou seja, o seu lucro líquido cresceu 1,87 vez mais rápido do que suas vendas. Nos meses de outubro e dezembro, a empresa apresenta o grau de alavancagem operacional modesta, o que ocorre quando a empresa opera no prejuízo e seus custos fixos estão acima do dobro da margem de contribuição. Nesse caso, um aumento na receita bruta colabora para diminuir o prejuízo, mas em uma porcentagem menor.

Fonte: ARAÚJO, J. S.; Pessoa, L.G.S.B.; Santiago, J.S.; Soares, Y.M.A. A análise custo-volume-lucro como ferramenta gerencial para tomada de decisão: um estudo de caso em uma indústria alcooleira do estado da Paraíba. Anais... XXIII Congresso Brasileiro de Custos, Porto de Galinhas, PE, 16-18 nov., 2016. Disponível em: https://anaiscbc.emnuvens.com.br/anais/article/view/4151. Acesso em: 22 jun. 2017.

EXERCÍCIOS

1. Aponte as diferenças essenciais dos diferentes enfoques da Contabilidade com base nos termos "contabilidade financeira", "contabilidade de custos" e "contabilidade gerencial".

2. Os eventos elencados a seguir podem ser observados em uma indústria qualquer, conforme os termos clássicos em contabilidade, classifique-os como Investimento (I), Custo (C), Despesa (D) ou Perda (P):

   a) ( ) Depreciação de computadores da área administrativa.
   b) ( ) Aquisição de insumos básicos de produção.
   c) ( ) Gastos com mão de obra de pessoal da fábrica.
   d) ( ) Consumo de matéria-prima na produção.
   e) ( ) Gastos com pessoal da contabilidade (salários).
   f) ( ) Estrago de lote de matéria-prima em função de incêndio.
   g) ( ) Aquisição de equipamentos para fábrica.
   h) ( ) Deterioração por uso de máquinas da produção.
   i) ( ) Deterioração de equipamentos devido a enchente.
   j) ( ) Consumo de combustível no processo de fabricação.

3. Na Usina Pioneira, agroindústria que processa vários produtos como açúcar, álcool e energia, verifica-se a ocorrência dos seguintes eventos em determinado mês:

Eventos	R$
Honorários da equipe de administração da produção	650
Depreciação de equipamentos de processamento de dados da contabilidade de custos	470
Consumo de energia diretamente proporcional ao volume de produção	900
Matéria-prima convertida em produtos finais	750
Salários e encargos sociais com o pessoal da fábrica	420
Depreciação de máquinas de produção por uso na fabricação	530
Total	**3.720**

   Com base nessas informações, calcule os valores totais dos custos diretos, indiretos, fixos e variáveis no período.

4. A Pressura Ltda. fabrica dois modelos de pressurizadores: o modelo *standard* e o modelo luxo. Essa empresa a fim de reduzir gastos desnecessários com estoques, optou por não mais mantê-los passando a trabalhar somente com encomendas.

   Essa empresa recebeu duas propostas de produção para o mês atual:

   - 23.000 pressurizadores modelo *standard*.
   - 19.500 pressurizadores modelo luxo.

   Infelizmente, a empresa não tem capacidade instalada para atender as duas encomendas, sendo necessário optar por uma das delas.

   Sabe-se que as encomendas apresentam os seguintes dados financeiros:

Informações	Standard	Luxo
Preço de venda (por unidade)	35	50
Matéria-prima (por unidade)	12	21
Mão de obra direta (por unidade)	7	10
Consumo de energia (por unidade)	2	3
Aluguel de galpão	110.000	
Honorário de administração de produção	45.000	
Salários da administração geral	62.000	

Com base nessas informações, qual das duas encomendas é mais interessante para a empresa?

5. A Cia. Jota está pensando em iniciar a produção e comercialização do produto PROD1 e, para tanto, serão necessários desembolsos fixos de R$ 3.000 mensais, relativos aos custos e despesas fixos, para a instalação de uma fábrica com capacidade de produção de 1.000 unidades mensais. Além disso, o PROD1 provocará custos e despesas variáveis de R$ 7,50 por unidade. Nesse primeiro momento, a empresa deverá optar pelo lançamento em um único segmento de mercado. Considerando o preço praticado pela concorrência e a capacidade de mercado de cada segmento, qual deverá ser o segmento de mercado escolhido para que a empresa não tenha prejuízo?

Mercado	M1	M2	M3	M4
Capacidade de mercado (unidades)	250	500	750	1.000
Preço de venda da concorrência (R$/u)	18,00	13,00	12,00	11,00

6. A empresa Sonhos produz conjuntos de móveis para quarto de alto padrão e no mês passado vendeu 20 conjuntos a R$ 8.000 cada. Seus custos e despesas variáveis foram de R$ 4.800,00/u, sendo seus custos e despesas fixos iguais a R$ 32.000,00. Qual a margem de segurança atual da empresa? Em função da elevação da concorrência no mercado, a diretoria da empresa está pensando em reduzir o preço de venda em 20% para conseguir manter o mesmo volume de vendas. Qual seria a nova margem de segurança nessa nova situação? Caso não altere o preço de venda, a previsão é que terá uma queda de 20% no volume vendido, qual seria o impacto dessa variação no lucro (grau de alavancagem operacional)?

7. A empresa Extra calculou os custos-padrão de seu produto PROD1 com base na previsão da tabela a seguir, tendo colocado uma margem de 20% para chegar ao seu preço de venda previsto. No final do período de produção, ela apurou os gastos reais que foram: R$ 133.920,00 de matéria-prima, R$ 159.500,00 de salário de mão de obra direta e R$ 48.600,00 de custos indiretos variáveis. Outros dados reais estão na tabela abaixo. Calcule as variações de matéria-prima e de mão de obra, e comente seu impacto no preço de venda previsto.

Item	Dado padrão	Dado real
Produção (unidades)	7.000	7.000
Consumo de matéria-prima (kg)	21.000	21.600
Horas da mão de obra direta trabalhada	10.500	10.800
Custos da matéria-prima (R$/kg)	6,00	?
Custo da mão de obra direta (R$/h)	15,00	?
Custos indiretos fixos período (R$)	50.000	50.000

8. A Empresa industrial Meta S/A se dedica à fabricação de quatro produtos. O volume de produção e vendas no último mês foi de 1.300 unidades do produto AX, de 4.800 unidades do produto BM, 16.100 unidades do produto CV e de 18.350 unidades do produto DG, por período.

Nesse mesmo período, os custos indiretos de fabricação (CIF) foram obtidos por meio de entrevistas, análise de dados na contabilidade etc., e verificou-se que eles se referiam às seguintes atividades e foram assim divididos:

Atividades do processo de produção e de suporte operacional	R$
1. Inspecionar itens de MP	140.000,00
2. Movimentar estoques para o processo	260.000,00
3. Operação de fabricação - FT 001	600.000,00
4. Operação de fabricação e montagem - FRX 003	450.000,00

O levantamento dos dados físicos relativos às atividades revelou o seguinte:

Lista de direcionadores de custos – "cost drivers"	Produto – AXi	Produto – BMi	Produto – CVx	Produto – DGx
Quantidade total de MP inspecionada – número de peças no mês	20	135	2.000	3.500
Saídas de lotes de MP do estoque – número de lotes movimentados no mês	12	23	177	39
Número de horas máquina + tempos de *set up* em FT 001 no mês	45	345	50	30
Número de horas homem em FRX 003 no mês	234	123	456	789

9. A empresa Longitude Industrial Ltda. trabalha por linhas de produtos e calcula seus custos por quantidades processadas totais.

A repartição dos custos indiretos de fabricação (CIF), incluindo depreciações, entre os centros de custos foi preparada como se segue para o mês de maio de 2018.

Ref.: Maio / 2018 Quadro de repartição dos custos indiretos de fabricação (CIF)	Centros de apoio		Centros principais		
	Planejamento e pré-produção	Suporte técnico e dispositivos	Recepção e logística I	Corte e tratamento térmico	Embalagens e logística II
Repartição primária	R$ 17.250,00	R$ 13.425,00	R$ 19.365,00	R$ 163.320,00	R$ 39.478,00
(Critérios de rateio para a repartição secundária) • Planejamento de pré-produção • Suporte técnico e • dispositivos	- -	42% -	18% 10%	20% 76%	20% 14%
Unidade de distribuição de custo – UDC			Quantidade de matéria-prima comprada	Horas-máquinas consumidas	R$ de MOD consumidas

Os dados adicionais estão na tabela a seguir. Essas informações são necessárias para o cálculo do custo unitário das UDCs e para o cálculo do custo indireto por centro de custo e por linha de produtos processado no mês, além de conter custos específicos (diretos) às mesmas.

Pedidos	Consumo de matéria-prima (kg por linha de produto)	Custos de mão de obra direta (R$ de MOD)	Horas-máquina consumidas
Linha BN 89	80 kg	R$ 17.000	70 h
Linha FG 787	325 kg	R$ 135.000	270 h

O custo médio da matéria-prima foi calculado em R$ 16,40/kg, custo este utilizado para calcular o custo direto de matéria-prima consumida por linha de produtos.

Pede-se:

a) Preencher o quadro abaixo de repartição dos custos indiretos e do custo da UDC, por meio da alocação sequencial entre os centros de custos de apoio.

b) Determinar o resultado operacional individual (por linha) e o resultado global da companhia para o mês em análise.

10. A empresa F4.0 Engenharia Ltda. fabrica dois tipos de produtos (Produto Ajj e Produto Bwi) para os quais em 31/12/2017, ela dispunha das informações seguintes sobre o exercício (em milhares de reais – ano de 2017):

Dados para a Planilha em Custeio Direto - Produtos (Ano 2017)	Produto Ajj	Produto Bwi
Faturamento total (R$ *1.000)	6.670	4.500
Custos Variáveis (R$ * 1.000) Matérias-primas consumidas M.O.D (mão de obra direta) na produção Embalagens + Energia proporcional das linhas Acabamento e estética adicional	2.100 700 200 450	2.500 600 400 -
Outros custos individuais (diretos) de cada linha (R$ * 1.000) inclusive depreciações de equipamentos especialmente dedicados e custos específicos de distribuição / marketing	1.400	1.100
Custos fixos comuns aos produtos no ano de 2017 (R$*1.000)	1.500	

a) Calcule a margem sobre os custos variáveis (MCV) e a margem sobre os custos diretos (margem de contribuição por família de produtos) para os produtos da empresa no referido ano.

b) Calcule o resultado final da empresa do ano de 2017 e faça uma análise do desempenho da empresa no referido ano, destacando possíveis ações para o ano de 2018.

BIBLIOGRAFIA COMPLEMENTAR

BATALHA, M. O.; SCRAMIM, F. C. L. *Apostila/Notas de aula*.

BORNIA, A. C. *Análise gerencial de custos*. Porto Alegre: Bookman, 2002.

BRINSON, J. A. *Contabilidade por atividades*. São Paulo: Atlas, 1996.

BRUNI, A. L.; FAMÁ, R. *Gestão de custos e formação de preços*: com aplicações na calculadora HP 12C e Excel. 5. ed. São Paulo: Atlas, 2008.

COOPER, R.; KAPLAN, R. How cost accounting distorts product costs. *Management Accounting*, abr. 1988.

DI DOMENICO, G. B. *Implementação de um sistema de custos baseado em atividades em um ambiente industrial*. Dissertação de Mestrado. UNICAMP, Campinas, 1994.

MARTINS, E. *Contabilidade de custos*. 10. ed. São Paulo: Atlas, 2010.

PADOVEZE, C. L. *Contabilidade gerencial*: um enfoque no sistema de informação contábil. 4. ed. São Paulo: Atlas, 2004.

SCRAMIM, F. C. L. *Sistemas de análise e controle de custos para laticínios*: diagnóstico e proposição de metodologias. Dissertação de Mestrado, UFSCar, São Carlos, 1999.

SCRAMIM, F. C. L.; BATALHA, M. O. Sistemas de custeio para firmas agroalimentares: o caso dos laticínios e empresas processadoras de soja no Brasil. *Revista Gestão & Produção*, v. 5, n. 2. ago. 1998.

NOTAS

1 MARTINS, E. *Contabilidade de custos*. São Paulo: Atlas, 2010.
2 Martins (2010).
3 Martins (2010).
4 Martins (2010).
5 Martins (2010).
6 COOPER, R.; KAPLAN, R. *How cost accounting distorts product costs*. Management Accounting, abr. 1988.
7 O estudo de caso apresentado é resultado de uma aplicação real do método ABC. Na situação real, a aplicação do método ABC foi precedida pelo desenvolvimento de um sistema de custeio por absorção. Devido a limitações no espaço disponível para este capítulo, a aplicação do sistema por absorção não foi apresentada. No entanto, os detalhes dessas aplicações podem ser encontrados em: SCRAMIM, F. C. Sistemas de custeio para pequenas e médias empresas agroalimentares: o caso dos laticínios e empresas esmagadoras de soja no Brasil. 1999. Dissertação (Mestrado em Engenharia de Produção) – Universidade Federal de São Carlos.
8 BRUNI, A. L.; FAMÁ, R. Gestão de custos e formação de preços: com aplicações na calculadora HP 12C e Excel. 5. ed. São Paulo: Atlas, 2008.
9 PADOVEZE, C. L. Contabilidade gerencial: um enfoque no sistema de informação contábil. 4. ed. São Paulo: Atlas, 2004.

MÉTODOS ESTATÍSTICOS APLICADOS À GESTÃO DA PRODUÇÃO

10

*Manoel Fernando Martins, Pedro Carlos Oprime,
Roberto Antonio Martins*

Ao iniciar o módulo de Estatística surge sempre a questão: por que estudar estatística. Apesar de ser utilizada nas mais diversas áreas do conhecimento, a aplicação da estatística vem crescendo nos últimos anos em virtude do aumento do emprego da abordagem quantitativa na resolução de problemas e na tomada de decisão.

OBJETIVOS DE APRENDIZAGEM

Ao final deste capítulo, o aluno deverá ser capaz de:
- Apresentar e descrever dados.
- Determinar processos de amostragem.
- Estimar os parâmetros de uma população.
- Comprovar hipóteses.
- Verificar se duas médias são iguais.
- Estabelecer relações que permitam predizer uma variável em razão de outra.

10.1 INTRODUÇÃO

A primeira noção que se tem da estatística está associada a gráficos, tabelas, taxas e porcentagens que relacionam fatos e situações com dados que auxiliam a compreendê-los rapidamente. Essa primeira impressão diz respeito a um ramo da Estatística bastante difundido no dia a dia: a Estatística Descritiva. Entretanto, as técnicas estatísticas também são importantes para a análise e interpretação dos dados experimentais auxiliando nas tomadas de decisões.

Assim, são estabelecidas duas áreas distintas de aplicação das técnicas estatísticas a Estatística Descritiva, cujo objetivo é apresentar e descrever dados e a Estatística Indutiva, cujo objetivo é tirar conclusões sobre populações por meio de amostras extraídas dessa população, induzindo ou caracterizando uma população por meio de amostras. Como o processo de indução ou de inferência não é exato, a Estatística Indutiva fornece até que ponto está se cometendo o erro e com que probabilidade.

A Figura 10.1, elaborada por Kume,[1] sugere a sequência a ser seguida em um estudo estatístico:

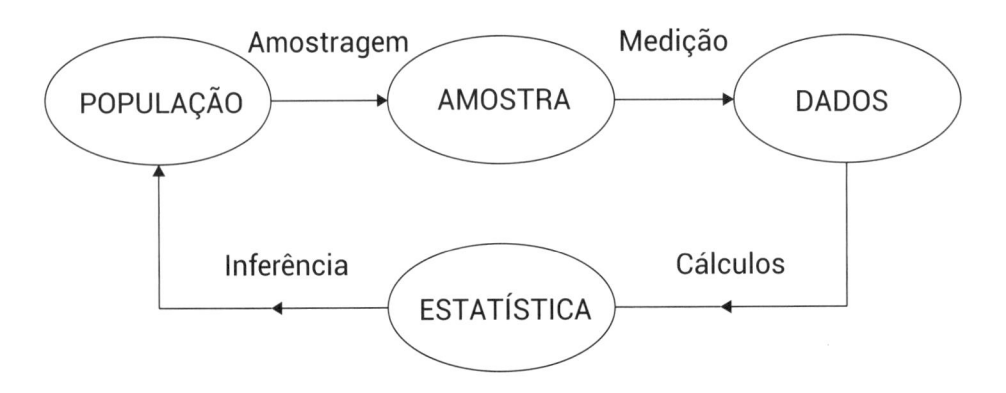

Figura 10.1 Passos para o estudo estatístico.

As técnicas estatísticas apresentadas neste texto, não serão exploradas profundamente. Contudo, seus conceitos básicos e alguns exemplos serão apresentados, de forma sucinta, para que o leitor tenha condições de aplicá-las conforme sua necessidade. Para casos complexos, porém, o leitor deverá buscar textos específicos.

10.2 ESTATÍSTICA DESCRITIVA

Como já observado, a Estatística Descritiva tem como objetivo organizar e descrever os dados amostrais. Este tópico, será centrado no tratamento preliminar dos dados experimentais, abordará: a definição das variáveis, que serão tratadas neste texto, a construção da folha de verificação, a construção de distribuição de frequências e a obtenção das características numéricas de um conjunto de dados.

10.2.1 Tipos de variáveis

Os dados ou valores observados em um estudo estatístico são obtidos de uma amostra e podem ser classificados em variáveis qualitativas, quando resultarem de uma classificação por atributo, ou em variáveis quantitativas, quando forem expressas em números.

As variáveis quantitativas ainda podem subdividir-se em variáveis discretas, quando assumem valores pertencentes a um conjunto enumerável, resultantes de um processo de contagem, e em variáveis contínuas, quando assumem qualquer valor em certo intervalo de variação, resultando, geralmente, de uma medição.

Quando se tem uma cesta de laranja de diversas variedades. Elas podem ser: pera, lima, baiana, rio, valenciana ou outros tipos. Nesse caso, a classificação é por atributo e a variável em questão é qualitativa.

Em outras situações, pode-se realizar estudos cujo objetivo é analisar o número de defeitos que o produto pode apresentar. Uma lata de molho de tomate, por exemplo, pode apresentar os seguintes defeitos:

- amassada;
- fora do prazo de validade;
- odor desagradável;
- coloração inadequada.

Conforme esta lista, uma lata de molho de tomate pode apresentar no mínimo zero defeito, quando a lata não apresentar nenhum dos defeitos listados, e, no máximo quatro defeitos, caso apresente todos os defeitos listados. Considerando uma amostra de duas latas de molho de tomate constatou-se que uma apresenta-se amassada e com odor desagradável e a outra, fora do prazo de validade e amassada. As duas apresentam dois defeitos. Este exemplo refere-se a uma variável quantitativa discreta, porque o valor observado é numérico e foi obtido mediante um processo de contagem, no caso, número de defeitos.

Quando alguma característica de um produto é avaliada mediante um processo de medição, a variável em questão é definida como variável quantitativa contínua. Por exemplo, o peso de um pacote de farinha de trigo, com balança de precisão em décimos, é 500,5 g. Com uma balança com precisão em centésimos o valor observado foi de 500,54 g. Esses valores são considerados contínuos, pois podem assumir qualquer valor dependendo, da precisão do instrumento.

10.2.2 Distribuição de frequências

Quando existe um número grande de valores observados para uma variável em estudo, é construída uma tabela que consiste na associação dos diferentes valores observados com sua respectiva frequência.

Frequência ou frequência absoluta (f) pode ser definida como o número de vezes que um determinado valor de uma variável foi observado. Também pode ser definida a frequência relativa como: frequência absoluta dividida pelo tamanho da amostra, n. A frequência relativa pode ser expressa em percentagem.

A Tabela 10.1 mostrada a seguir é chamada de distribuição de frequência.

Tabela 10.1 Distribuição de frequência

Tipo de defeito	Frequência (f)
Furado	13
Molhado	23
Descosturado	27
Peso fora de especificação	8
Outros	7
Total	78

Para os dois tipos de variáveis apresentados serão construídas distribuições de frequência e um gráfico correspondente, que também é outra forma de descrever dados.

Distribuição de frequências para variável qualitativa

No caso da variável qualitativa, em que os dados são classificados por atributos, existem vários gráficos associados à distribuição de frequência, como o de pizza e o de barras. Entre esses selecionou-se o Diagrama de Pareto, que é uma ferramenta que auxilia a identificar os atributos mais frequentes mediante uma ordem de prioridade.

Exemplo:

Após a análise de uma amostra de latas de óleo de algodão, 84 apresentaram algum tipo de problema. A distribuição de frequência desses problemas e o gráfico correspondente estão representados na Tabela 10.2, construída conforme os critérios do diagrama de Pareto, e no Gráfico 10.1 respectivamente.

Tabela 10.2 Distribuição de frequência para variável qualitativa

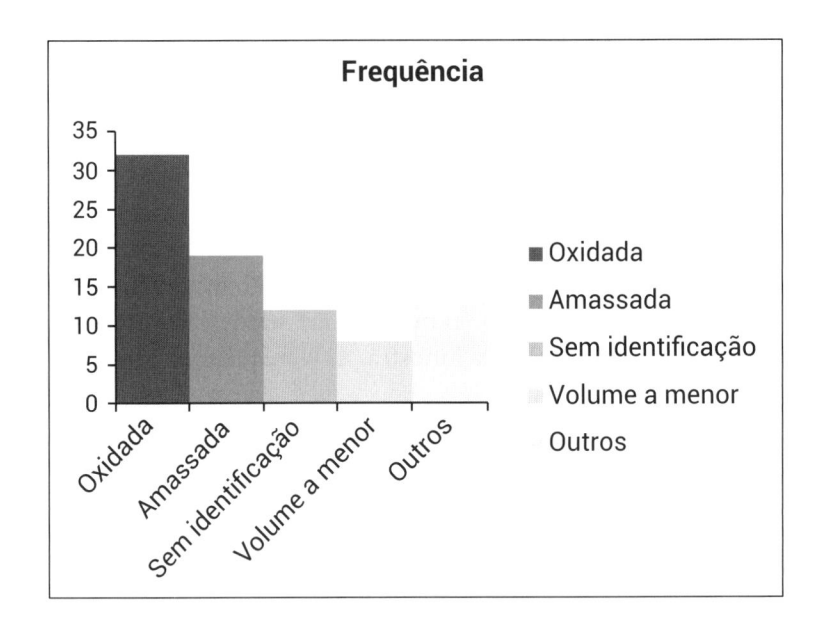

Tipo de problema	Frequência	Frequência relativa
Oxidada	32	0,380
Amassada	19	0,230
Sem identificação	12	0,140
Volume a menor	8	0,095
Outros	13	0,155
Total	84	1,00

Gráfico 10.1 Diagrama de Pareto.

A construção do Diagrama de Pareto, Gráfico 10.1, considera a ordem decrescente das frequências observadas. Ao se estabelecer uma ordem de prioridade, também podem ser estabelecidas quais são as ocorrências que devem ser tratadas em primeiro lugar. Não se pode deixar de observar que a construção do Diagrama de Pareto pode priorizar outras características, como o custo associado a cada tipo de problema observado. Ademais, o Diagrama de Pareto pode ser construído tanto para as causas de problemas como para os seus efeitos.

Distribuição de frequências para variável quantitativa discreta

Para o caso da variável quantitativa discreta considerou-se a quantidade de defeitos que surgiram em uma amostra de 80 sacos de alimentos estocados em um depósito.

Tabela 10.3 Distribuição de frequências para variável quantitativa discreta

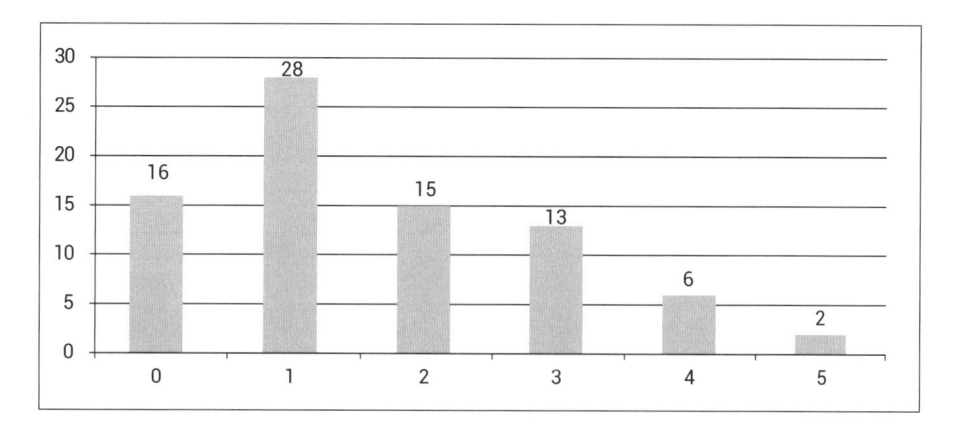

Número de problemas	Frequência	Frequência relativa	Frequência acumulada
0	16	0,2000	0,2000
1	28	0,3500	0,5500
2	15	0,1875	0,7375
3	13	0,1625	0,9000
4	6	0,0750	0,9750
5	2	0,0250	1,0000

Gráfico 10.2 Distribuição de frequência absoluta para o número de problemas nos sacos de alimentos.

A Tabela 10.2 aponta que entre os 80 sacos examinados, 16 não apresentaram nenhum tipo de problema, 28 apresentaram apenas um problema; 15 apresentaram dois; 13 apresentaram três e assim sucessivamente. Outra informação importante fornecida pela Tabela 10.2 diz respeito à frequência acumulada, por exemplo, 55% apresentaram no máximo 1 defeito. O Gráfico 10.2, associado à distribuição de frequência dos valores observados, apresenta a distribuição dos dados.

Distribuição de frequências para variável quantitativa contínua

Os valores da distribuição contínua são resultantes de um processo de medição, ou seja, são observados por um instrumento como: cronômetro, balança, paquímetro ou outros instrumentos de medição. O resultado observado depende da precisão do instrumento. Por isso, são considerados valores contínuos, pois se fosse utilizado um instrumento mais preciso, os valores observados apresentariam números de casa maior.

O gráfico para representar esta variável é o histograma, que pode ser construído considerando valores individuais ou classe dos valores. A Tabela 10.4 exemplifica uma distribuição de frequência para valores individuais. Nesse caso, observam-se 25 medidas de tempo, em minutos, para descarregar um caminhão de cana-de-açúcar.

Tabela 10.4 Distribuição de frequências para o tempo de descarregamento

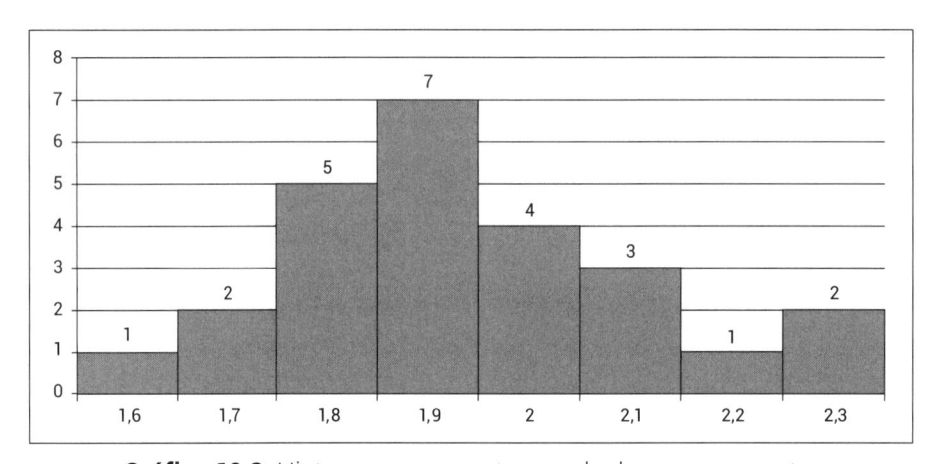

xi	fi	pi	Pi
1,6	1	0,04	0,04
1,7	2	0,08	0,12
1,8	5	0,20	0,32
1,9	7	0,28	0,60
2,0	4	0,16	0,76
2,1	3	0,12	0,88
2,2	1	0,04	0,92
2,3	2	0,08	1,00
Total	25	1,00	

Gráfico 10.3 Histograma para o tempo de descarregamento.

Nesse caso, não existe um número grande de valores observados facilitando a construção da distribuição de frequências. O tempo de descarregamento está no intervalo de 1,2 segundo até 21,9 segundos espaçados de 0,1 segundo.

Para um conjunto grande de valores são estabelecidas classes em que os valores observados são distribuídos dentro das classes, pois, se cada valor for tomado individualmente, a distribuição de frequência e o gráfico resultante não serão de grande utilidade. Os passos para construir um histograma com base nas classes são:

- organizar os dados em tabelas de distribuição de frequências;
- escolher o número de classes, geralmente, $\sqrt{n}$;
- calcular o intervalo das classes: $I = \dfrac{R}{K}$.

  em que:

  I = intervalo de classe

  R = amplitude $(x_{max} - x_{min})$

  k = número de classes

- construir uma tabela anotando as classes e suas frequências respectivas;

- traçar um sistema cartesiano;
- marcar no eixo horizontal intervalos de classe e no eixo vertical as frequências;
- desenhar retângulos com bases iguais aos intervalos de classe e alturas iguais às respectivas frequências.

Exemplo:

Os valores da Tabela 10.5 representam o peso de 60 balas de frutas.

Tabela 10.5 Peso das balas em gramas

7,5	11,8	6,2	4,6	6,3	11,1
6,0	10,5	10,8	9,0	7,4	6,5
8,9	4,7	9,3	3,9	6,3	11,0
5,2	9,6	7,4	5,0	4,1	5,1
5,6	2,6	8,4	6,5	11,0	10,2
9,8	6,9	2,5	8,3	7,8	6,4
14,9	11,0	9,3	5,8	8,9	1,8
9,1	8,7	11,7	5,6	14,2	4,2
4,8	6,3	10,6	9,1	10,7	8,3
7,9	9,7	8,9	9,3	5,7	6,8

Tratando esses valores estabelece-se os parâmetros para a construção da distribuição de frequência e do histograma:

- $n = 60$
- Amplitude $R = 14,9 - 1,8 = 13,1$
- $k = 8$
- Intervalo de classe $(I) = 13,1/8 \approx 1,64$

A distribuição de frequências está representada na Tabela 10.6 e no histograma correspondente no Gráfico 10.4. As classes são fechadas no limite inferior e abertas no limite superior. Isso significa que se existirem valores iguais aos limites de classes estes serão incluídos na classe cujo valor é igual ao limite inferior.

Tabela 10.6 Distribuição de frequências para variável contínua

Classes	Frequência	Frequência relativa
1,80 ⊢ 3,44	3	0,050
3,44 ⊢ 5,08	7	0,117
5,08 ⊢ 6,72	14	0,233
6,72 ⊢ 8,36	9	0,150
8,36 ⊢ 10,00	14	0,233
10,00 ⊢ 11,64	9	0,150
11,64 ⊢ 13,28	2	0,033
13,28 ⊢ 14,92	2	0,033
Total	60	1,000

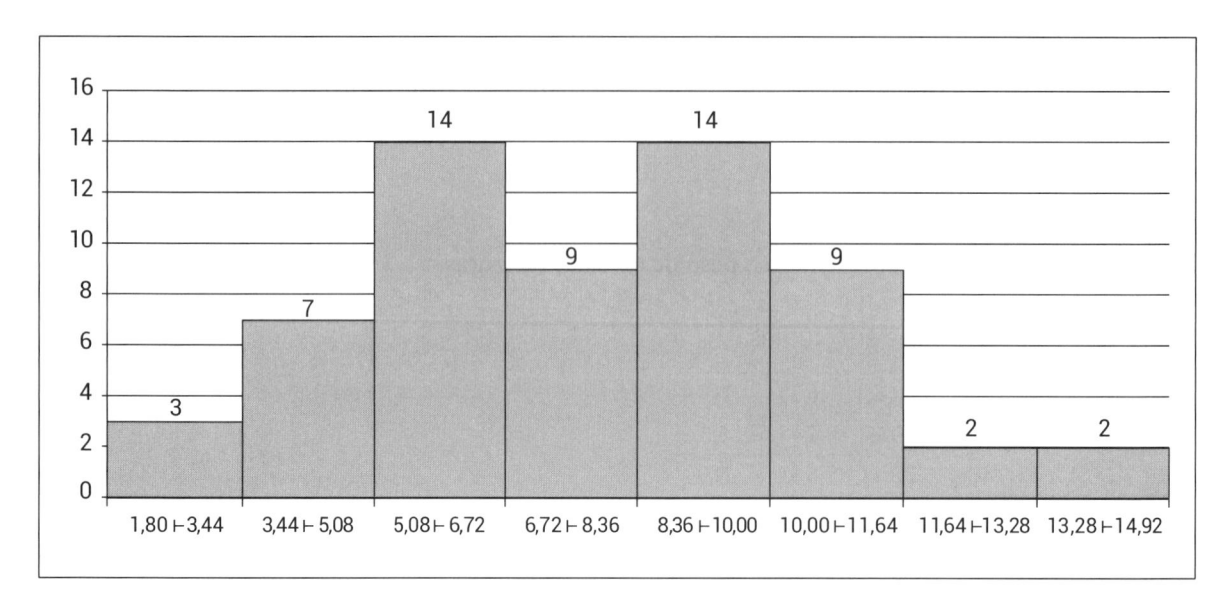

Gráfico 10.4 Histograma para o peso das balas.

10.2.3 Características numéricas de uma distribuição de frequências

As distribuições de frequências e os gráficos resultantes fornecem informações sobre tendências ou o tipo da distribuição dos dados observados. Entretanto, outras informações caracterizam o conjunto de dados: são as medidas de posição e as medidas de dispersão.

Os exemplos apresentados até agora dizem respeito a um conjunto de dados, que tanto podem representar todos os valores de uma população como podem ser os valores obtidos por meio de uma amostra. Para esses dois casos a construção de uma distribuição de frequência ou mesmo do seu gráfico correspondente é realizada da mesma forma.

No entanto, se o interesse está no cálculo de características numéricas de uma distribuição de frequências, torna-se necessário conhecer a origem dos valores, se são populacionais ou amostrais, Freund[2] faz essa distinção considerando: "Se um conjunto de dados consiste em todas as possíveis observações de um dado fenômeno, nós os chamamos de populacionais; se um conjunto de dados consiste em apenas uma parte dessas observações, nós os chamamos de amostrais".

Os valores das medidas de posição e de dispersão para este texto são amostrais, pois são obtidos para realizar o estudo estatístico. Todavia, as expressões para cálculo dessas medidas para valores populacionais também serão apresentadas.

10.2.3.1 Medidas de posição ou locação

As medidas de posição servem para localizar a distribuição de frequências sobre o eixo da variável em questão, indicando o centro da distribuição de frequências. As mais utilizadas são: a média aritmética e a mediana. Existe uma terceira medida de posição, a moda, que não é muito utilizada.

Média aritmética ($\bar{x}$): possui propriedades convenientes, é a mais importante de todas. Para valores amostrais pode ser obtida como:

$$\bar{x} = \frac{x1 + x2 + \ldots\ldots xn}{n}$$

em que:

x_i = cada valor individual (i = 1, 2, ..., n)

n = tamanho da amostra

Considerando as distribuições de frequências:

$$\bar{x} = \frac{\sum x_i \times f_i}{n}$$

A média da população ou média populacional (μ) é calculada da mesma forma:

$$\mu = \frac{x1 + x2 + \ldots + XN}{N}$$

em que: N = tamanho da população que deve ser finita

Mediana (md): para o cálculo da mediana deve-se, inicialmente, ordenar os valores das observações em ordem crescente. Se o número de observações for ímpar a mediana é o valor da observação central. Caso contrário, ou seja, o número de observações for par, o valor da mediana será a média aritmética das duas observações centrais.

Moda (mo): outra medida de posição é a moda que é o valor que ocorre com maior frequência.

A Tabela 10.7 faz uma comparação entre as três medidas de posição apresentadas:

Tabela 10.7 Comparação entre média, mediana e moda

	Vantagens	Limitações
Média	Reflete cada valor Possui propriedades matemáticas atraentes	É influenciada por valores extremos
Mediana	Menos sensível a valores extremos	Difícil de determinar para grande quantidade de dados
Moda	Valor típico: maior quantidade de valores concentrados neste ponto	Não se presta a análise matemática

10.2.3.2 Medidas de dispersão ou escala

As medidas de dispersão têm uma importância especial para a inferência estatística, pois consideram a variabilidade dos dados observados. Essa importância aumenta quando se considera que os valores amostrais já carregam consigo incertezas devido ao processo amostral a que foram submetidos. As principais medidas de dispersão são: a amplitude, a variância, o desvio-padrão e o coeficiente de variação.

Amplitude (R): por definição, amplitude é a diferença entre o menor valor e o maior valor do conjunto de dados, ou seja, considera os valores extremos. Assim, a amplitude é dada pela distância vertical entre os pontos extremos. Em algumas situações, quando o tamanho da amostra é pequeno, a amplitude é uma medida satisfatória da dispersão dos dados observados.

Variância e desvio-padrão: apesar de a amplitude ser bastante usada como medida de dispersão devido a sua praticidade (é fácil de calcular e interpretar), ela não é muito precisa, pois dois conjuntos de números podem apresentar a mesma amplitude e ter dispersões diferentes. Assim, torna-se necessário definir outra medida de dispersão que considere em seu cálculo todos os valores observados.

Como os dados distribuem-se em torno da média, pode-se estabelecer como medida de dispersão um valor baseado nos desvios em relação à média. Dessa forma pode-se verificar se os valores estão muito ou pouco afastados em relação à média.

A medida de dispersão que exerce essa função é a variância, ela é a média do quadrado das diferenças entre o valor observado e a média do conjunto de dados. Para valores amostrais a variância é calculada como:

$$s^2 = \frac{\sum_i (x_i - \bar{x})^2}{n-1}$$

em que: n = tamanho da amostra

x_i = valores observados

$\bar{x}$ = média dos valores observados

O denominador $(n - 1)$, para o cálculo da variância amostral deve-se ao fato de servir-se de uma estatística para calcular outra estatística. Pode-se mostrar, teoricamente, que toda vez que um conjunto de dados é utilizado junto com uma estatística, calculada por esse mesmo conjunto de dados, perde-se um grau de liberdade.

Para os valores dispostos em distribuição de frequência a variância amostral é calculada como:

$$s^2 = \frac{\sum_i (x_i - \bar{x})^2 \times f_i}{n-1}$$

Já a variância de uma população é expressa por:

$$s^2 = \frac{\sum_i (x_i - \mu)^2}{N}$$

em que: m = média da população

x_i = valores dos dados da população

N = tamanho da população

Como a variância da amostra é uma média dos desvios $(x_i - x)^2$, esta somatória apresenta unidades ao quadrado. Por exemplo, se os dados fossem em metros (m) a variância seria em metros quadrados (m^2). Por isso, em lugar da variância é mais utilizado o desvio-padrão, que é simplesmente a raiz quadrada positiva da variância.

Coeficiente de variação: o coeficiente de variação é definido como o quociente entre o desvio padrão e a média, podendo ser expresso em porcentagem. Sua função é caracterizar a dispersão dos dados em termos relativos a seu valor médio. Assim, uma pequena dispersão absoluta pode ser, na verdade, considerável quando comparada com a ordem de grandeza dos valores da variável e vice-versa. O coeficiente de variação evita enganos dessa natureza.

Para valores amostrais temos: $cv = \frac{s}{\bar{x}}$

Para valores populacionais: $cv = \frac{\sigma}{\mu}$

Exemplo:

Calcule as médias e as variâncias amostrais paras as distribuições de frequências das variáveis quantitativas apresentadas.

- Para os 80 sacos de alimentos verificados na Tabela 10.3 observa-se que cada saco tem, em média, 1,64 defeito e variância amostral igual a 1,73.
- O tempo médio para carregamento obtido da tabela 4 é igual a 1,94 s com variância igual a 0,0315 s^2.
- O cálculo da média e da variância para os valores, expressos em classes, da Tabela 10.6 considera o valor médio de cada classe. Para este caso, a média é igual a 7,78 g e a variância igual a 7,64 g^2.

10.3 AMOSTRAGEM E DISTRIBUIÇÕES AMOSTRAIS

O objetivo da inferência estatística é estudar, analisar ou investigar uma população mediante amostras retiradas dessa mesma população. Esse processo de retirada de amostra é, geralmente, chamado de Amostragem. Ele consiste em um processo de retirada de parte da população para a inferência estatística. Questões como custo, tempo e ensaios destrutivos levam o pesquisador a tomar amostras em vez de realizar uma análise 100% da população. É evidente que se espera que o processo amostral represente a população.

Este tópico trata das formas de amostragem existentes e das distribuições de probabilidades que os valores amostrais podem apresentar. Essas distribuições de probabilidades são chamadas de distribuições amostrais.

10.3.1 Amostragem aleatória

Durante o processo de retirada da amostra deve-se garantir que o processo utilizado seja adequado para que a amostra seja representativa da população. Os problemas que podem surgir dependem das populações e das variáveis que se deseja analisar. Em um ambiente industrial, os problemas tendem a serem mais simples do que em outras áreas, como pesquisas de mercado ou pesquisas sociais, pois a complexidade aumenta.

Entre os vários métodos para extrair uma amostra, o de amostragem aleatória é considerado o mais relevante. A amostragem aleatória simples implica um sorteio com regras bem definidas, cuja realização só será possível se a população for finita e acessível.

Entre dois tipos de populações, discretas e continuas, Stevenson[3] considera que:

> para populações discretas, uma amostra aleatória é aquela em que cada item da população tem a mesma chance de ser incluído na amostra. [...] Para populações contínuas, uma amostra aleatória é aquela em que a probabilidade de incluir na amostra qualquer intervalo de valores é igual à percentagem da população que está naquele intervalo.

A obtenção de uma amostra aleatória depende do tipo de população, infinita ou finita. Uma população infinita pode ser exemplificada considerando a produção futura de uma fábrica de biscoitos. Se a amostra for retirada considerando a ordem em que os biscoitos são fabricados e o processo permanecer estável durante o período em que as observações forem realizadas, pode-se considerar que o processo e a amostra resultante são aleatórios. Dessa maneira, caracteriza-se uma população infinita em que o fenômeno a ser observado se repete inúmeras vezes.

Para populações finitas, dois processos podem ser utilizados, dependendo de como a população se apresenta. Para retirada de uma amostra de caixas de latas de conservas pode-se numerar todas e sortear algumas que irão compor a amostra. Já para populações contínuas, como a massa de tomate antes de ser enlatada, deve-se garantir a homogeneidade da massa e definir regiões dentro da vasilha para a retirada da amostra. Por exemplo, a 20 cm da borda e a 120 cm de profundidade.

Existem outros tipos de planos de amostragem para coletar informações amostrais que podem ser divididos em amostragem probabilística e a amostragem não probabilística.

A amostragem probabilística considera que se conhece a probabilidade de todas as combinações amostrais possíveis possibilitando dessa forma determinar a variabilidade amostral e assim, o erro amostral. A amostragem aleatória simples é um caso de amostragem probabilística. Costa Neto[4] considera outros casos para a amostragem probabilística:

- **Amostragem sistemática:** quando os elementos da população se apresentam ordenados e a retirada dos elementos é feita periodicamente.
- **Amostragem por conglomerados:** quando a população é composta por subgrupos heterogêneos. O sorteio nesse caso é realizado em cima dos conglomerados e não mais dos elementos individuais da população. Como quarteirões, cidades, centros comercias e outros.
- **Amostragem estratificada:** quando a população se divide em estratos de tal forma que a variável de interesse apresente comportamento homogêneo dentro do estrato e heterogêneo entre os estratos.

A amostragem estratificada pode ser subdividida em: amostragem estratificada uniforme; no qual se sorteia igual número em cada estrato; amostragem estratificada proporcional, cujo número de elementos sorteados em cada estrato é proporcional ao número de elementos de cada estrato; e amostragem proporcional ótima, que, além de considerar a proporcionalidade, considera, também, a variação da variável de interesse no estrato medida pelo seu desvio-padrão.

A principal vantagem da amostragem probabilística apontada por Stevenson é que se pode determinar o grau de variabilidade amostral, o que é essencial na inferência estatística.

Finalmente, a amostragem não probabilística, que não segue propriamente as mesmas características de uma amostragem probabilística, mas são empregadas por simplicidade ou por impossibilidade de se obterem amostras probabilísticas. Elas não permitem a extrapolação dos resultados para a população.

10.3.2 Distribuições amostrais

A distribuição amostral é fundamental para a inferência estatística. Esta seção tratará, principalmente, da distribuição amostral da média. Serão realizadas, ainda, algumas considerações sobre a distribuição amostral da proporção. As distribuições amostrais de outras estatísticas serão apresentadas quando forem necessárias.

Vale destacar que o significado da palavra estatística: são valores calculados em função dos elementos da amostra. Elas são variáveis aleatórias, pois as amostras são constituídas de elementos que fazem parte de uma população e que foram retiradas mediante um processo amostral probabilístico.

Distribuição amostral da média

Considerando que a população é infinita ou que a amostragem é com reposição, é possível retirar um número expressivo de amostras que fornecerão estatísticas, por exemplo a média. Se cada amostra, de mesmo tamanho, apresenta um valor de média, é possível, também, construir a distribuição de frequência dessas médias amostrais e, consequentemente, avaliar o comportamento dessa distribuição. Essa distribuição é denominada distribuição amostral e é caracterizada pelas suas medidas de posição e de dispersão.

Definido, pois, o mecanismo para obter uma distribuição amostral da média, resta agora conhecer suas características principais:

- $\overline{X}$ distribui-se simetricamente em torno da média, tendendo a uma distribuição normal.
- A média da distribuição é igual a média da distribuição de origem (μ).
- A variância é a variância populacional dividida pelo tamanho da amostra (σ^2/n).
- Pelo Teorema Central do Limite, à medida que aumentamos o tamanho da amostra, a distribuição amostral tende a uma Distribuição Normal.

Por exemplo, considerando uma população infinita que segue uma distribuição normal com μ = 10 e σ² = 16 e que dessa população são retiradas amostras de 4 elementos e para cada amostra é calculada a média amostral. Se esse processo for repetido inúmeras vezes os valores da média amostral terão distribuição normal com: μ = 10 e σ² = 16/4 = 4.

Distribuição amostral da proporção (p')

Admitindo que a variável que se deseja analisar segue uma Distribuição Binomial. Como são retiradas amostras, os valores de proporção são valores amostrais que seguem, uma distribuição amostral com os seguintes parâmetros:

$$\mu(p') = p \quad \text{e} \quad \sigma^2(p') = \frac{p(1-p)}{n}$$

Se as amostras forem grandes, a distribuição amostral da proporção tende a uma Distribuição Normal. Uma amostra é considerada grande quando obedece as seguintes condições: $np > 5$ e $n(1 - p) > 5$.

Por exemplo, num processo de embalagem de sapatos sabe-se que a fração de embalagens defeituosas é igual a 0,05. Se for retirada uma amostra de tamanho 200, qual é a probabilidade de encontrar mais de 10% de embalagens danificadas?

$p = 0,05$

$n = 200; np = 10; n(1 - p) = 190$

Como as restrições impostas estão satisfeitas é utilizada a distribuição amostral de p' como uma distribuição normal com os seguintes parâmetros:

$\mu(p') = 0,05p$ e $\sigma^2(p') = (0,05 * 0,95)/200$

Com estes parâmetros e utilizando a distribuição normal reduzida observa-se que $P(p' > 0,10) = 0,0006$.

10.4 ESTATÍSTICA INDUTIVA

Com os conceitos apresentados é possível iniciar a segunda parte de aplicações das técnicas estatísticas, a Estatística Indutiva, que permitirá fazer induções a respeito da população. Como o processo indutivo não é exato permitirá, ainda, associar um valor de probabilidade às afirmações que serão feitas.

Este tópico abordará dois conceitos importantes sobre os parâmetros populacionais. O primeiro diz respeito à estimação desses parâmetros e o segundo refere-se às afirmações sobre valores que os parâmetros podem assumir.

O pressuposto inicial para o assunto que será tratado é que as amostras são aleatórias e, que salvo menção contrária, a distribuição de origem é normal.

10.4.1 Estimação de parâmetros

Ao se realizar um estudo estatístico calculam-se, basicamente, alguns valores que são considerados representativos da população. Média, variância e frequência relativa (proporção) são informações numéricas que representam algumas características da população.

A estimação é empregada quando os parâmetros populacionais são desconhecidos. Para o estudo da estimação de parâmetros, é necessário que algumas definições e propriedades sejam conhecidas:

- **Parâmetro:** é uma característica populacional que se deseja estimar.
- **Estimador:** variável aleatória que possui uma distribuição de probabilidade.
- **Estimativa:** valor particular assumido pelo estimador.

Assim, se o objetivo do estudo for estimar a média de uma população, μ, pode-se utilizar a média amostral, $\bar{x}$, e o valor da média amostral será a estimativa.

Um bom estimador dos parâmetros populacionais deve apresentar algumas características: não pode ser tendencioso, deve ter consistência e ser eficiente. Essas propriedades são devidamente apresentadas nos textos estatísticos de tal forma a garantir que os estimadores ora apresentados possuem todas essas características.

10.4.1.1 Estimação por pontos

Quando os valores populacionais são estimados via um único valor a estimação é considerada por ponto ou pontual e consiste em fornecer a melhor estimativa para o parâmetro que será estimado por meio de valor único.

Os parâmetros populacionais mais comuns e seus estimadores mais justos e consistentes estão na Tabela 10.8.

Tabela 10.8 Estimadores dos parâmetros populacionais

Parâmetro populacional	Estimador	Obs.
μ	$\bar{X}$, md	$\bar{X}$ é mais eficiente
σ^2	S^2	
p	p'	

As expressões para cálculo das estimativas já foram apresentadas no tópico Estatística Descritiva.

Estimação por pontos com base em diversas amostras

Geralmente, em processos de produção é comum observar várias amostras para o acompanhamento da produção diária. A estimação nesse caso deve considerar todas as amostras retiradas. A estimação dos parâmetros vale para amostras de mesma população ou de populações com parâmetros iguais.

Para a média e a proporção, todos os valores são reunidos em uma única amostra cujo tamanho é o número total de valores observados. Para a variância, utiliza-se uma média ponderada cujos pesos são os graus de liberdade conforme a expressão:

$$s_p^2 = \frac{(n_1 - 1)s_1^2 + (n_2 - 1)s_2^2 + (n_3 - 1)s_3^2 \ldots + (n_k - 1)s_k^2}{n_1 + n_2 + n_3 \ldots \ldots n_k - k}$$

Se as amostras tiverem o mesmo tamanho a expressão acima se resume a uma média aritmética das variâncias amostrais. A Tabela 10.9 apresenta cinco amostras de valores de umidade de bagaço de laranja e uma estimativa por ponto da média e da variância considerando as várias amostras.

Tabela 10.9 Estimação por ponto com base em diversas amostras

Amostra	x1	x2	x3	Média	Variância
1	11,5	13,2	14,1	12,93	1,32
2	11,6	12,4	10,5	11,5	0,954
3	12,3	10,4	11,6	11,43	0,96
4	12,6	11,4	12,7	12,23	0,723
5	13,1	10,6	10,3	11,33	1,54
Total				11,884	1,099

10.4.1.2 Estimação por intervalo

A estimação por ponto não é suficiente para a estimação do parâmetro populacional, pois o valor observado pontualmente não é igual ao parâmetro populacional e, também, não oferece uma ideia de quanto o valor amostral pode estar distante do valor populacional. Assim, são construídos intervalos com probabilidade conhecida por conter o parâmetro populacional.

Intervalo de confiança para a média da população

Para melhor compreensão dos termos utilizados e do mecanismo de construção de um intervalo de confiança será apresentado um exemplo. Durante uma pesquisa junto a um supermercado para verificar o peso de um determinado produto, que segue uma Distribuição Normal com variância populacional igual a 1 g^2, verificaram-se os seguintes valores em gramas: 198,56; 199,44; 201,25; 198,90; 197,75; 198,45; 199,25; 200,05; 199,65.

Os valores amostrais observados fornecem uma média amostral igual 199,255 g. Este valor é uma estimativa pontual do parâmetro populacional com chances reduzidas de ser exatamente igual ao parâmetro populacional.

A partir desse valor amostral será construído um intervalo que tem uma probabilidade conhecida de conter o parâmetro populacional. Esse valor de probabilidade é definido como de nível de confiança e é representado por $1 - \alpha$.

Para este primeiro caso será desenvolvido todos os passos para a construção do intervalo de confiança. Para os demais serão apresentados o intervalo e um exemplo.

Como a distribuição de origem é normal, a distribuição amostral de $\bar{x}$ também é normal com os seguintes parâmetros:

$\bar{x} \approx N\left(\mu; \dfrac{\sigma^2}{n}\right)$, para o exemplo a média amostral segue a seguinte distribuição $\bar{x} \approx N\left(\mu; \dfrac{1}{9}\right)$, μ não é conhecido e o objetivo da pesquisa é estimá-lo por intervalo.

Para auxiliar a demonstração, os passos a seguir devem ser observados:

- Supondo que a probabilidade de $\bar{x}$, obtido por uma amostra de tamanho n, estar entre $\bar{x}_1$ e $\bar{x}_2$ é igual a $1 - \alpha$ e, que os valores de $\bar{x}_1$ e $\bar{x}_2$ são simétricos em torno da média. Pode-se escrever a seguinte expressão: $P(\bar{x}_1 \leq \bar{X} \leq \bar{x}_2) = 1 - \alpha$.

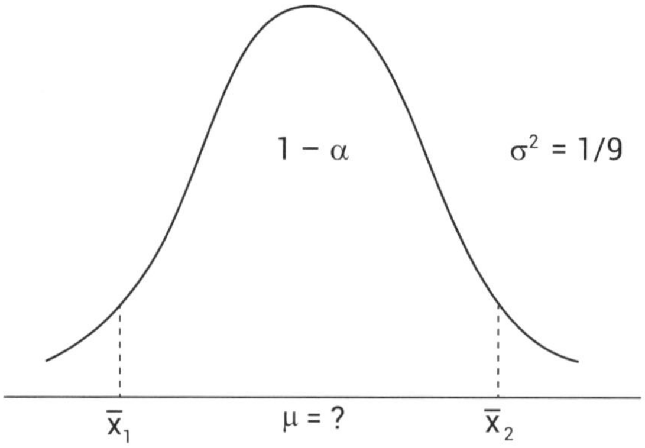

Gráfico 10.5 Intervalo de confiança para µ.

- A partir da expressão e do gráfico apresentado obtém-se o seguinte valor de probabilidade: $P(\overline{X} \leq \overline{x}_2) = 1 - \alpha/2$.

- Como a distribuição da média amostral segue uma distribuição normal com as seguintes características $\overline{x} \approx N\left(\mu; \dfrac{\sigma^2}{n}\right)$ e considerando distribuição a normal reduzida $Z_{\alpha/2} = \dfrac{\overline{x}_2 - \mu}{\sigma/\sqrt{n}}$, o valor de pode ser calculado como: $\overline{x}_2 = \mu + Z_{\alpha/2}\dfrac{\sigma}{\sqrt{n}}$.

- Da mesma forma é calculado o valor de $\overline{x}_1$, $\overline{x}_1 = \mu - Z_{\alpha/2}\dfrac{\sigma}{\sqrt{n}}$. Vale ressaltar que o intervalo é simétrico.

- A partir da primeira expressão para o cálculo de probabilidade e do conhecimento dos valores de $\overline{x}_1$ e $\overline{x}_2$, o intervalo de confiança para µ é estabelecido como:

$$P(\overline{x} - Z_{\alpha/2}\dfrac{\sigma}{\sqrt{n}} \leq \mu \leq \overline{x} + Z_{\alpha/2}\dfrac{\sigma}{\sqrt{n}}) = 1 - \alpha$$

Dando continuidade ao exemplo e definindo o nível de significância 1 − α = 95%, o que significa que α = 5% e que α/2 = 2,5%. Os valores para a construção do intervalo de confiança estão a seguir:

- $\overline{x} = 199{,}255$
- $n = 9$
- $\sigma^2 = 1$
- α/2 = 2,5%
- $Z_{\alpha/2} = 1{,}96$ conforme tabela da distribuição normal reduzida, Anexo 1

Para os valores acima o intervalo de confiança é igual a:

$$P\left(199{,}255 - 1{,}96 \cdot \dfrac{1}{\sqrt{9}} \leq \mu \leq 199{,}255 + 1{,}96 \cdot \dfrac{1}{\sqrt{9}}\right) = 95\% \text{ ou}$$
$$P(198{,}602 \leq \mu \leq 199{,}908) = 95\%$$

Mediante os valores calculados pode-se afirmar que, o intervalo de confiança obtido contém, com 95% de significância, o parâmetro populacional. Isso significa que se forem retiradas 100 amostras, de tamanho 9, dessa mesma população, serão construídos 100 intervalos de confiança. Espera-se que 95 deles contenha o parâmetro populacional.

Intervalo de confiança para a média da população com variância desconhecida

A suposição de que a variância populacional é conhecida (σ^2) nem sempre pode ser utilizada, pois, geralmente, não se conhece os parâmetros populacionais. Assim, o valor de σ^2 é estimado pela variância amostral (S^2). A principal implicação da utilização da variância amostral está em não se poder mais utilizar a distribuição normal reduzida, pois esta distribuição é definida em função da variância populacional.

Para essas situações, é definida outra distribuição amostral, a **Distribuição *t* de Student**, que guarda com a Distribuição Normal Reduzida algumas propriedades: é simétrica em relação à média; tem a forma de sino, mas apresenta maior dispersão.

A distribuição *t* de Student tem a mesma média que a população de origem e sua variância é a variância amostral. A tabela de *t* de Student no anexo 2 apresenta os valores dessa distribuição que é definida pelo grau de liberdade da variância amostral e pelo valor de *t* calculado pela expressão a seguir:

$$t_{n-1} = \frac{\bar{x} - \mu}{s/\sqrt{n}}$$

O intervalo de confiança para a média da população com variância desconhecida pode ser obtido conforme a expressão:

$$P(\bar{x} - t_{n-1,\alpha/2} \frac{s}{\sqrt{n}} \leq \mu \leq \bar{x} + t_{n-1,\alpha/2} \frac{s}{\sqrt{n}}) = 1 - \alpha$$

Por exemplo, uma empresa que fabrica papel deseja estimar o peso médio das folhas de papel. Para tanto, retirou uma amostra de 15 folhas e obteve os seguintes resultados: $\bar{x}$ = 122 mg e s^2 = 14 mg². Adotou-se como nível de significância 95%.

- $\bar{x} = 122$
- $n = 15$, grau de liberdade $(n - 1) = 14$
- $s^2 = 14$, $s = 3{,}74$
- $\alpha/2 = 2{,}5\%$
- $t_{\alpha/2,14} = 2{,}14$ conforme a tabela de *t* de Student do Anexo 2

$$P\left(122 - 2{,}14 \cdot \frac{3{,}74}{\sqrt{15}} \leq \mu \leq 122 + 2{,}14 \cdot \frac{3{,}74}{\sqrt{9}}\right) = 95\%$$
$$P(119{,}93 \leq \mu \leq 124{,}06) = 95\%$$

Se o tamanho da amostra empregada for igual ou maior do que 30 a distribuição *t* de Student pode ser aproximada pela distribuição normal. A partir da construção dos intervalos de confiança para a média pode ser definido o erro que se está cometendo. Para a variância conhecida o erro é igual: $e_0 = z_{\alpha/2} \frac{\sigma}{\sqrt{n}}$. Porém se a variância for desconhecida: $e_0 = t_{n-1,\alpha/2} \frac{s}{\sqrt{n}}$.

Intervalo de confiança para proporção

Para parâmetros que seguem uma Distribuição Binomial intervalo de confiança para **p** pode ser construído, considerando que a distribuição amostral da estimativa **p'** é Normal, caso obedeça às condições impostas no tópico distribuições amostrais, com parâmetros:

$$\mu(p') = p \text{ e } \sigma^2 = \frac{p(1-p)}{n}$$

Como o parâmetro populacional **p** é desconhecido, é utilizada sua estimativa **p'** para construir o intervalo de confiança. Seguindo o mesmo procedimento do intervalo de confiança para a média, obtém-se:

$$P(p' - z_{\alpha/2}\sqrt{\frac{p'-(1-p')}{n}} \leq p \leq p' + z_{\alpha/2}\sqrt{\frac{p'-(1-p')}{n}}) = 1-\alpha$$

Da mesma forma, o erro é definido como $e_0 = z_{\alpha/2}\sqrt{\frac{p'-(1-p')}{n}}$.

Por exemplo, foi coletada uma amostra de 240 sacos de feijão de 60 quilos e observou-se que 30 apresentavam algum tipo de problema: abaixo do peso, embalagem danificada, umidade e outros. Deseja-se estimar a proporção de sacos danificados com 95% de nível de significância.

- $p' = 0,125$
- np' e $n(1-p') > 5$
- $1 - \alpha = 95\%$; $\alpha = 5\%$; $\alpha/2 = 2,5\%$
- $z_{\alpha/2} = 1,96$ conforme tabela da distribuição normal reduzida

Considerando esses valores o intervalo de confiança para proporção é:

$$P(0,125 - 1,96\sqrt{\frac{0,125 \cdot 0,875}{240}} \leq p \leq 0,125 + 1,96\sqrt{\frac{0,125 \cdot 0,875}{240}}) = 95\%$$
$$P(0,083 \leq p \leq 0,167) = 95\%$$

Intervalo de confiança para variância

Como a variância populacional é outro parâmetro que se deseja estimar, também são construídos intervalos de confiança para a variância populacional com base na variância amostral. Para tanto, se faz necessário apresentar outra distribuição amostral, a Distribuição Quiquadrado: χ^2_μ

A distribuição quiquadrado é definida pela somatória dos valores z_i^2 com v graus de liberdade. Pode-se demonstrar que essa distribuição guarda uma relação com a variância amostral e a variância populacional conforme a expressão:

$$\chi^2_{n-1} = \frac{(n-1)s^2}{\sigma^2}$$

O formato dessa distribuição não é simétrico, é definida entre 0 e ∞ e à medida que se aumenta o tamanho da amostra a distribuição tende a uma normal. Os valores para a distribuição quiquadrado estão na tabela do Anexo 3 da distribuição de quiquadrado.

Para estabelecer o intervalo de confiança da variância é construído, a princípio, intervalo de confiança para χ^2_μ com $1 - \alpha$ nível de confiança:

$$P(\chi^2_{\mu;1-\alpha/2} \leq \chi^2_\mu \leq \chi^2_{\mu;\alpha/2}) = 1 - \alpha$$

Considerando a expressão acima e a igualdade $\chi^2_{n-1} = \dfrac{(n-1)s^2}{\sigma^2}$, o intervalo de confiança para a variância é igual a:

$$P\left(\dfrac{(n-1)s^2}{\chi^2_{n-1,\alpha/2}} \leq \sigma^2 \leq \dfrac{(n-1)s^2}{\chi^2_{n-1,1-\alpha/2}}\right) = 1 - \alpha$$

Por exemplo, para o exemplo apresentado para a média com variância desconhecida, adotando um nível de significância de 95% para calcular o intervalo de confiança para a variância e considerando os valores do problema:

- $n = 15$, grau de liberdade $(n - 1) = 14$
- $s^2 = 14$
- $\alpha/2 = 2,5\%$
- $\chi^2_{14;2,5\%} = 26,1$; $\chi^2_{14;97,5\%} = 5,63$

O intervalo de confiança para a variância é igual:

$$P\left(\dfrac{14 \cdot 14}{26,1} \leq \sigma^2 \leq \dfrac{14 \cdot 14}{5,63}\right) = 95\%$$

$$P(7,51 \leq \sigma^2 \leq 34,81) = 95\%$$

10.4.1.3 Tamanho das amostras

Uma questão importante para a realização de um estudo estatístico é a determinação do tamanho da amostra. Assim, são propostos alguns métodos para estabelecer tamanhos de amostras para variáveis quantitativas. O cálculo do tamanho da amostra pressupõe intervalos precisos e com pequena probabilidade de erro.

Para estimar a média da população o tamanho de amostra é definido a partir da expressão para cálculo do erro máximo:

$$e_0 = Z_{\alpha/2} \dfrac{\sigma}{\sqrt{n}} \Rightarrow n = \left(\dfrac{Z_{\alpha/2}\sigma}{e_0}\right)^2$$

Se não existir nenhuma informação a respeito da variância populacional, a expressão acima se modifica com a substituição da variância populacional pela variância amostral e usa-se a distribuição t de Student.

Todavia, para efeito do cálculo da variância amostral é necessário um tamanho de amostra inicial, que é um valor proposto. A partir dessa primeira amostra inicia-se um processo interativo onde o valor da variância amostral é empregado para o cálculo do tamanho da amostra. Se o tamanho da amostra calculado for menor ou igual ao tamanho da amostra proposto, pode-se considerar que a amostra inicial é suficiente. Entretanto, se for maior a amostra inicial deve ser completada com a diferença, esse processo continua até que a amostra seja suficiente.

Para a proporção pode-se utilizar:

$$n = \left(\frac{Z\alpha/2}{e_0}\right)^2 p'(1-p')$$

Se existe uma estimativa preliminar de **p'**, esse valor é utilizado para determinar o tamanho da amostra. Porém, se não existir nenhuma informação inicial o tamanho da amostra pode ser superdimensionado com a substituição do fator $p'(1-p')$ por 1/4.

Por exemplo, uma empresa de produtos alimentícios deseja estimar o tamanho da amostra para uma pesquisa sobre a aceitação de seus produtos. Em uma pesquisa anterior observou-se que 30% dos entrevistados consumiam seus produtos. Considerando um erro de 0,1% e um nível de significância de 95%:

$$n = \left(\frac{1,96}{0,1}\right)^2 0,3 \times 0,7 = 80,6 \cong 81$$

Porém, se a informação inicial for desprezada e o tamanho da amostra for superdimensionado:

$n = \left(\frac{1,96}{0,1}\right)^2 0,25 = 90,04 \cong 91$, este valor é o valor máximo para o tamanho da amostra considerando erro de 0,1% e 95% de significância.

10.4.2 Testes de hipóteses

A segunda parte da estatística indutiva trata da realização de teste sobre parâmetros populacionais que se deseja avaliar se certa propriedade suposta é compatível com valores observados em uma amostra.

10.4.2.1 Teste de hipótese para a média

Para melhor compreensão da aplicação de teste de hipóteses, também, será apresentado um exemplo. Em um processo de engarrafamento de óleo vegetal, em condições adequadas, o tempo de engarrafamento segue uma distribuição normal com média 20 s e desvio-padrão 0,5 s. Em alguns momentos, quando menos se espera, ocorre um desajuste produzindo um aumento ou uma diminuição no tempo de engarrafamento sem modificar a variabilidade.

Para verificar se o processo se mantém corretamente, o tempo de engarrafamento foi medido cinco vezes. Os valores observados, em segundos, foram os seguintes: 22,2; 21,0; 18,8; 21,5; 20,5. A pergunta que se faz é: mediante os valores amostrais pode-se concluir que o processo está desajustado?

Antes de responder a esta pergunta algumas questões devem ser consideradas:

- Se foi retirada amostra de uma população normalmente distribuída, a distribuição amostral de $\bar{x}$ também é normal e, para este exemplo, tem-se os seguintes parâmetros: $\bar{x} \cong N\left(\mu_{\bar{x}} = 20; \sigma_{\bar{x}}^2 = \frac{0,5^2}{5}\right)$.

- O processo será considerado desajustado se for verificado que a média amostral é maior ou menor que a média da distribuição de .

- O processo amostral está cercado de incertezas, de tal forma que o valor amostral, no caso $\bar{x} = 20,8$, dificilmente será igual ao parâmetro da distribuição. Entretanto, se o valor amostral for próximo ao parâmetro da distribuição pode-se afirmar que a diferença observada se deve ao processo amostral. Porém, se a diferença for grande, esta afirmação é falsa e a diferença se deve a um desajuste do processo de fabricação.

- Uma forma de verificar se as diferenças são grandes ou não seria especificar valores limites que $\bar{x}$ poderia assumir. Nesse caso, pode ser definido que se o valor de $\bar{x}$ estiver entre 19,5 e 20,5, o processo não está desajustado, porém se tal não ocorre o processo está desajustado.

Com essas considerações, o teste de hipótese pode ser formulado. Entende-se por hipótese estatística uma afirmação sobre um ou mais parâmetros da distribuição associado à população. É hipótese porque se refere a uma situação que pode ser verdadeira.

Conforme o exemplo, a hipótese estabelecida é que o processo não está desajustado, ou seja, a média é igual a 20, $H: \mu = 20$. Essa hipótese é denominada hipótese nula e refere-se a uma hipótese existente. Ela é sempre uma afirmação na forma de uma igualdade.

Também, existe a hipótese complementar, ou alternativa, aquela que levou a realizar o estudo, na realidade a hipótese que se deseja comprovar. Para o caso apresentado, a hipótese alternativa seria encontrar valores acima ou abaixo, ou seja, valores diferentes, de 20. A hipótese alternativa é denotada por H_1.

Para a média da população do exemplo apresentado são estabelecidas as seguintes hipóteses:

$H_0: \mu = 20$

$H_1: \mu \neq 20$

As conclusões podem ser: não rejeitar H_0 ou rejeitar H_0.

O valor obtido de $\bar{x} = 20{,}8$ está fora dos limites definidos de forma que se rejeita H_0 e atesta-se que o processo está desajustado. Como a hipótese alternativa H_1 é sobre a diferença, não se pode saber se a mudança da média foi para maior ou menor que 20 s.

Tal afirmativa, entretanto, pode estar equivocada, pois, como foi retirada uma amostra, existe a possibilidade de rejeitar H_0 indevidamente, ou seja, a média do processo se mantém igual a 20. Se tal situação acontecer pode-se afirmar que existe um erro e a probabilidade de ele ocorrer pode ser calculada. Este erro é chamado de Erro Tipo I e a probabilidade de cometer tal erro é definido como α.

Considerando que a distribuição não foi alterada, a distribuição da média amostral e que apresenta os seguintes parâmetros: $\bar{x} \cong N\left(\mu_{\bar{x}} = 20;\ \sigma^2 = \dfrac{0{,}5^2}{5}\right)$.

O cálculo da probabilidade de cometer o Erro Tipo I é realizado considerando a probabilidade de se observar valores fora do intervalo especificado, $P(\bar{x} > 20{,}5)$ e a $P(\bar{x} < 19{,}5)$, o Gráfico 10.6 resume essa situação:

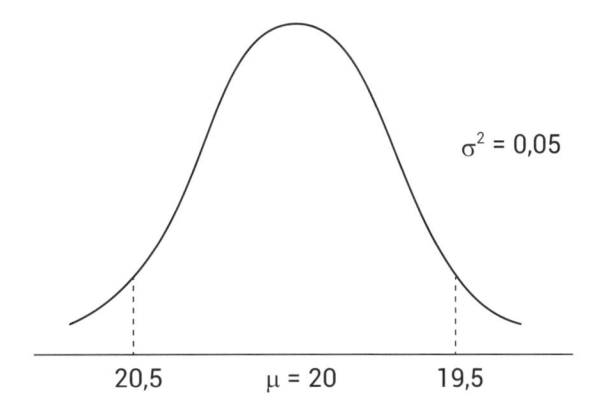

Gráfico 10.6 Limites para a rejeição de H_0.

Como os valores são simétricos em torno da média, apenas uma área é calculada e o resultado final é obtido multiplicando esse valor por dois.

$P(\overline{X} > 20,5) = 1 - P(\overline{X} < 20,5)$

Para $P(\overline{X} < 20,5)$ o número de desvios-padrão é igual a $z = \dfrac{20,5 - 20}{0,224} = 2,23$, consultando a tabela da normal reduzida $P(\overline{X} < 20,5) = 0,98713$ com este valor determina-se:

$P(\overline{X} > 20,5) = P(\overline{X} > 19,5) = 0,01287$

Finalmente, o valor da probabilidade de cometer o Erro Tipo I é igual a 0,026 ou 2,6%. O que é um valor pequeno; assim, a possibilidade de cometer enganos com os limites especificados é pequena. Portanto, pode-se ficar seguro com relação à decisão tomada, ou seja, rejeitar H_0 e concluir que o processo está desajustado.

Para a realização do teste de hipóteses dificilmente são estabelecidos limites de rejeição, *a priori*. Geralmente, estabelece-se a probabilidade de cometer o Erro Tipo I, a, que também pode ser tomado como nível de significância. Dessa maneira, as regiões de rejeição são estabelecidas em função da probabilidade do erro que se deseja cometer.

Considerando a distribuição normal reduzida, as regiões de rejeição serão delimitadas em função de $Z_{\alpha/2}$ e de $-Z_{\alpha/2}$. Caso o valor de z calculado, pelos valores amostrais, esteja fora desses limites, rejeita-se H_0 com a% de nível de significância e conclui-se que o processo está desajustado.

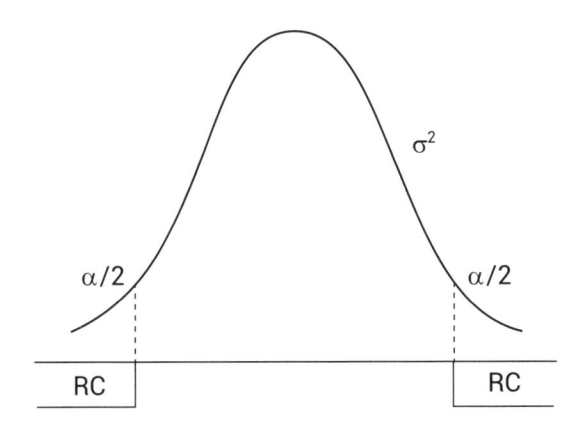

Para o exemplo em questão, considere-se como plausível a probabilidade de rejeitar H_0 indevidamente ser igual a 5%. Como o teste estabelece que H_0 seja rejeitado para valores maiores ou menores do que a média, então são construídas duas regiões de rejeição – também chamadas de regiões críticas – com probabilidade de erro de 2,5% para cada região.

Considerando o exemplo:

- $\alpha = 5\%$, $\alpha/2 = 2,5\%$
- limite superior $Z_{2,5\%} = 1,96$
- limite inferior $-Z_{2,5\%} = -1,96$
- Z calculado $z = \dfrac{\overline{x} - \mu_0}{\sigma/\sqrt{n}} = \dfrac{20,8 - 20}{0,5/\sqrt{5}} = 3,58$

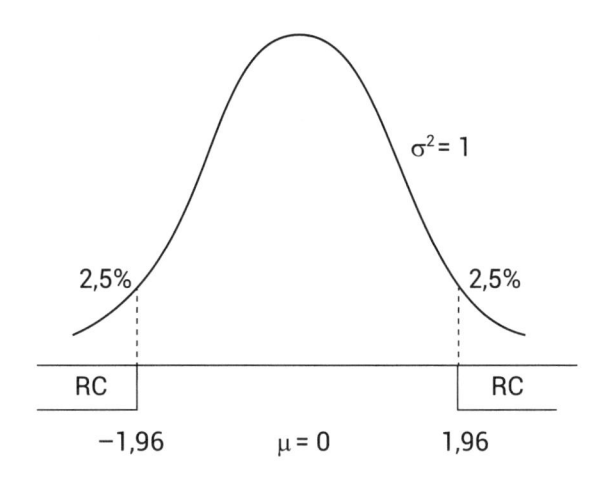

- Como o valor calculado é maior que o valor tabelado, rejeita-se H_0 e indica-se que há evidência estatística a um nível de 5% de significância que o processo está desajustado.

Além do Erro Tipo I, outro erro pode ser cometido em um teste de hipótese. Isso significa não rejeitar uma H_0 falsa, ou seja afirmar que H_0 é verdadeira quando na realidade ela é falsa. Este erro é chamado de Erro Tipo II e a probabilidade de cometer este erro é denotada por b.

De forma resumida:

Erro Tipo I: rejeitar H_0 e H_0 ser verdadeiro

Erro Tipo II: aceitar H_0 e H_0 ser falso

α = Prob. (Erro Tipo I), também denominado risco do produtor

β = Prob. (Erro Tipo II), também denominado risco do consumidor.

Para melhor percepção desses dois tipos de risco a seguinte situação deve ser considerada: um produtor envia um lote para o cliente e este realiza uma inspeção de recebimento mediante um processo amostral, existe apenas duas possibilidades para o cliente, aceitar ou rejeitar o lote. Duas situações podem ser consideradas:

- Quando o produtor envia um lote de boa qualidade e o cliente rejeita o lote, temos Erro Tipo I.
- Quando o produtor envia um lote de má qualidade e o cliente aceita o lote, temos Erro Tipo II.

A Tabela 10.10 a seguir associa os tipos de decisões que podem ser tomadas e a probabilidade de ocorrência de cada decisão tomada.

Tabela 10.10 Tipos de decisões e a probabilidade de erro

Decisão	H_0 verdadeira	H_0 verdadeira
Aceitar H_0	$1 - \alpha$ decisão correta	β
Rejeitar H_0	α	$1 - \beta$ decisão correta

Regiões críticas

A realização de Teste de Hipótese significa estabelecer um conjunto de valores de uma estatística que conduz à rejeição da hipótese H_0. A este conjunto de valores denomina-se Região Crítica, que é definida em função do nível de significância adotado e da hipótese alternativa. A construção de regiões críticas para a média da população pode ser feita tanto para variância populacional conhecida quanto para variância populacional desconhecida.

Para a variância populacional conhecida, o teste se resume na comparação do valor de z calculado com os valores de z tabelados em função do nível de significância adotado. As regiões críticas considerando todas as situações são:

H_0: $\mu = \mu_0$

	Regiões críticas/Regiões de rejeição
H_1: $\mu < \mu_0$	$-z < Z_\alpha$
H_1: $\mu > \mu_0$	$z > Z_\alpha$
H_1: $\mu \neq \mu_0$	$-z < Z_{\alpha/2}$ e $z > Z_{\alpha/2}$

Para a variância populacional desconhecida utiliza-se a distribuição t de Student. As regiões críticas passam a ser:

H_0: $\mu = \mu_0$

	Regiões críticas/Regiões de rejeição
H_1: $\mu < \mu_0$	$-t_{n-1} < -t_{n-1;\alpha}$
H_1: $\mu > \mu_0$	$t_{n-1} > t_{n-1;\alpha}$
H_1: $\mu \neq \mu_0$	$-t_{n-1} < t_{n-1;\alpha/2}$ e $t_{n-1} > t_{n-1;\alpha/2}$

A distribuição t de Student, $T_{n-1} = \dfrac{\overline{x} - \mu_0}{s/\sqrt{n}}$, apresenta $\nu = n - 1$ graus de liberdade e seus valores e probabilidade correspondentes estão no Anexo 2.

10.4.2.2 Teste de hipótese para proporção

Bastante similar ao teste de hipótese para a média, o teste de hipótese para a proporção é realizado com a distribuição Normal desde que as condições, já estabelecidas, sejam cumpridas. As regiões críticas para a proporção são:

H_0: $p = p_0$

	Regiões críticas/Regiões de rejeição
H_1: $p < p_0$	$-z < Z_\alpha$
H_1: $p > p_0$	$z > Z_\alpha$
H_1: $p \neq p_0$	$-z < Z_{\alpha/2}$ e $z > Z_{\alpha/2}$

10.4.2.3 Comparação de duas médias

A comparação de duas médias é aplicada quando se pretende comparar as médias de duas populações. O teste de hipótese é realizado seguindo a mesma sistemática, porém algumas ressalvas são necessárias sobre as distribuições que serão utilizadas.

A hipótese H_0 para este caso é expressa por:

$H_0: \mu_1 = \mu_2$

Esta hipótese pode ser vista como o valor real da diferença entre duas médias populacionais e pode ser enunciada por:

$H_0: \mu_1 - \mu_2 = 0$

Este é um caso particular, essa diferença poderia ser igual a um D, que pode assumir qualquer valor, nesse caso igual a 0.

Para a comparação de duas médias existem dois casos distintos. O primeiro é chamado de dados pareados ou emparelhados o segundo de dados não emparelhados.

Dados emparelhados

Duas amostras apresentam dados emparelhados dois a dois quando existe algo que influa igualmente sobre os valores de cada par. Por exemplo, um gerente de produção está interessado em observar o efeito de um novo método de tratamento térmico das peças. Selecionou 10 peças e passou a fazer o tratamento térmico com o novo método. Para esse caso existem duas amostras de dureza das peças, uma antes com o método antigo e outra após a aplicação do novo método de tratamento térmico. O objetivo da análise está em identificar se houve, em média, um de dureza das peças.

Essas amostras são apresentadas em pares, pois cada peça tem a sua dureza "antes" e "depois". Entre uma observação e outra as peças sofreram o tratamento térmico no novo método. Os valores, nesse caso, são caracterizados como dados pareados, e nessa situação trabalha-se com d_i, diferença do par i e a hipótese a ser testada é:

$H_0: \mu_d = \Delta$

em que: $\bar{d} = \dfrac{\sum d_i}{n}$ e a variância amostral $s_d = \sqrt{\dfrac{\sum (d_i - \bar{d})^2}{n-1}}$

Empregando as regiões críticas estabelecidas para teste da média com variância desconhecida e calculando valor de t de Student conforme a expressão: $t_{n-1} = \dfrac{\bar{d} - \Delta}{s_d / \sqrt{n}}$, o teste pode ser realizado.

Dando continuidade ao exemplo, o gerente observou as seguintes diferenças de dureza utilizando o novo método de tratamento térmico. Os valores obtidos se referem à diferença da dureza depois do novo método de tratamento menos a dureza antes:

5,3	4,3	6,2	3,9	4,8	5,3	5,2	4,9	5,4	5,1

Esse conjunto de valores apresenta média igual a 5,04 e variância amostral igual a 0,63. Era esperado que o novo método alterasse, em média, mais de 5 Brinell. Considerando esta afirmação o teste de hipótese pode ser formulado como:

$H_0: \mu = 5$

$H_1: \mu > 5$

Adotando um nível de significância de 5% e 9 graus de liberdade ($n - 1$) e consultando o Anexo 2 obtém-se o valor de t tabelado $t = 1,83$. Aplicando a expressão acima obtém-se o valor de t calculado $t = 0,2$. Como o valor de t calculado não está na região crítica não existem evidências para rejeitar H_0 e conclui-se que o novo método de tratamento térmico não tem diferença em relação ao anterior.

Dados não emparelhados

Dados não emparelhados são aqueles que não apresentam as características dos dados pareados, ou seja, os valores das duas amostras não apresentam nenhum fator de influência entre si.

O teste é construído como:

$H_0: \mu_1 - \mu_2 = 0$

Se as populações são normais, o estimador para essa diferença é a diferença das médias amostrais, $\bar{x}_1 - \bar{x}_2$, que, conforme as propriedades das médias e das variâncias, é uma variável aleatória com distribuição normal com os seguintes parâmetros:

$$\bar{x}_1 - \bar{x}_2 \approx N\left(\mu = \mu_1 - \mu_2; \sigma^2 = \frac{\sigma_1^2}{n_1} + \frac{\sigma_2^2}{n_2}\right)$$

Definido a distribuição amostral, a definição das regiões críticas segue a mesma lógica empregada no teste da média.

Para as variâncias conhecidas o valor de z calculado, para comparar com o valor de z tabelado, pode ser observado pela expressão:

$$Z = \frac{(\bar{X}_1 - \bar{X}_2) - \Delta}{\sqrt{\frac{\sigma_1^2}{n_1} + \frac{\sigma_2^2}{n_2}}}$$

Nesta situação as duas amostras podem ter tamanhos diferentes, mas desvios-padrão conhecidos.

Para variâncias desconhecidas, mas aparentemente iguais, é empregada a distribuição t de Student. O valor de t de Student calculado é obtido mediante a expressão

$$T_{n1+n2-2} = \frac{(\bar{X}_1 - \bar{X}_2) - \Delta}{S_P \sqrt{\frac{1}{n_1} + \frac{1}{n_2}}}$$

em que o valor de S_p é obtido pela expressão: $s_P^2 = \frac{(n_1 - 1) \cdot s_1^2 + (n_2 - 1) \cdot s_2^2}{n_1 + n_2 - 2}$

10.4.2.4 Comparação de duas variâncias

Também pode-se estudar o comportamento das variâncias verificando se elas são iguais ou não. A hipótese H_0 é $\sigma_1^2 = \sigma_2^2$, que pode ser escrita de outra forma:

$$H_0: \frac{\sigma_1^2}{\sigma_2^2} = 1$$

As hipóteses complementares são as mesmas dos testes anteriores.

Para este teste o estimador da razão entre as variâncias populacionais é a razão das variâncias populacionais: $\frac{s_1^2}{s_2^2}$. Esta variável segue uma distribuição amostral conhecida como distribuição F de Snedecor. Que será apresentada em seguida.

Distribuição F de Snedecor

Esta distribuição de probabilidades é caracterizada por relacionar variâncias amostrais. Se as variâncias são próximas a distribuição tende a ser igual a um. A distribuição é definida para os graus de liberdade das variâncias amostrais assim:

$$F_{n_1-1;n_2-1} = \frac{s_1^2}{s_2^2}$$

Também é de grande importância destacar a ordem que estão definidos os graus de liberdade. Primeiro é definido o número de graus de liberdade da variância que está no numerador e em seguida o que está no denominador. Essa distinção é importante, pois os valores de F são tabelados para cada nível de significância e as entradas são os graus de liberdade. O Anexo 4 apresenta uma tabela para os valores de F de Snedecor com 5% de significância.

Teste de hipótese para a comparação de duas variâncias

Como já observado, a realização de um teste de hipótese para comparar duas variâncias compreende a utilização da distribuição F de Snedecor. Contudo, o teste é direcionado utilizando sempre o maior valor de variância amostral no numerador. De maneira que a hipótese alternativa é igual:

$$H_1 : \frac{\sigma_1^2}{\sigma_2^2} > 1$$

Por exemplo, deseja-se verificar se o aparelho de cozinhar frutas tem apresentado um comportamento homogêneo ao longo de dois meses seguidos. Para tanto, foi retirada uma amostra ao longo do primeiro mês e outra ao longo do segundo mês. Os valores observados foram:

	Tamanho da amostra	Média (°C)	Variância
Primeiro mês	23	87	32
Segundo mês	19	84	48

Para verificar se o processo se mantém homogêneo as variâncias são comparadas adotando, para este caso, nível de significância de 5%. As hipóteses para a comparação das duas variâncias são:

$$H_0 : \frac{\sigma_1^2}{\sigma_2^2} = 1 \quad \text{e} \quad H_1 : \frac{\sigma_1^2}{\sigma_2^2} > 1$$

Considerando os graus de liberdade e que o maior valor de variância refere-se ao segundo mês o valor de F calculado é igual a: $F_{18;22} = \frac{48}{32} = 1,5$. Para verificar se este valor está muito distante de 1 deve ser comparado com o valor tabelado de F conforme o Anexo 4 que contém a tabela de F de Snedecor para 5% de significância $F_{18;22;5\%} = 2,0974$. Como o valor tabelado é maior que o valor calculado, não há evidências suficientes para se rejeitar H_0 e se conclui que não existe evidências para afirmar que o processo tenha se modificado a um nível de 5% de significância.

10.4.2.5 Comparação de duas proporções

O último tipo de teste de hipótese a ser tratado neste tópico refere-se à comparação de duas proporções que segue o mesmo raciocínio de comparação de duas médias. Para este caso, a hipótese nula é definida como:

$H_0: p_1 = p_2$, que pode ser transformada em $H_0: p_1 - p_2 = 0$

Os estimadores de $p_1 - p_2$ são $p'_1 - p'_2$ e seguem a distribuição normal desde que obedeçam aos critérios estabelecidos de aproximação da distribuição Binomial pela distribuição normal. Esses estimadores apresentam os seguintes parâmetros:

$$p'_1 - p'_2 \approx N\left(\mu = p_1 - p_2; \sigma^2 = \frac{p_1(1-p_1)}{n_1} + \frac{p_2(1-p_2)}{n_2}\right)$$

Os critérios para construir as regiões críticas já são conhecidos. Para efeito de cálculo, os valores de $p1$ e $p2$ são substituídos pelos valores amostrais.

BOXE 10.1 COMPARAÇÃO DE DUAS VARIÂNCIAS E DE DUAS MÉDIAS

Uma empresa de equipamentos eletrônicos está em fase de adquirir um componente a ser aplicado no seu produto final. Para tanto, iniciou o processo de seleção de um fornecedor que atenda, além das questões de preço e de prazo de entrega, uma característica importante do componente que é o consumo de energia. Para avaliar esta característica solicitou uma amostra de dois fornecedores para verificar se apresentam o mesmo comportamento. A tabela a seguir aponta a quantidade de componentes que cada fornecedor enviou bem como os valores observados após a realização dos ensaios com os componentes.

	Fornecedor 1 (F1)	Fornecedor 2 (F2)
Quantidade de componentes enviados (n)	8	10
Média	362 watts	360,4 watts
Variância	1,2 watt^2	0,8 watt^2

Inicialmente, será verificado se a variabilidade dos dois fornecedores é igual ou se a variabilidade do F1 é maior que a do F2. As hipóteses consideradas estão a seguir. Deve ser registrado que, para esta situação, é adotada a distribuição F de Snedecor, cujo valor também está a seguir.

$$H_0: \frac{\sigma_1^2}{\sigma_2^2} = 1 \text{ e } H_1: \frac{\sigma_1^2}{\sigma_2^2} > 1$$

$$F_{n_1-1;n_2-1} = \frac{S_1^2}{S_2^2} \qquad F_{7;9} = \frac{1,2}{0,8} = 1,5$$

Comparado com o valor tabelado de F conforme o Anexo 4, que contém a tabela de F de Snedecor para 5% de significância $F_{7;9;5\%}$=3,29. Como o valor tabelado é maior que o valor calculado, aceita-se H_0 e conclui-se que os componentes dos dois fornecedores apresentam a mesma variância.

Dando sequência ao estudo, será realizado a comparação de duas médias. Como foi comprovado que as variâncias têm o mesmo comportamento, pode-se estimar a variância por ponto dos dois fornecedores utilizando a fórmula:

$S_p^2 = \dfrac{(n_1-1) \times S_1^2 + (n_2-1) \times S_2^2}{n_1 + n_2 - 2}$ a partir dos valores observados s_p^2 = 0,975 este valor de variância tem 16 graus de liberdade.

Construindo o teste de hipótese para a comparação de duas médias:

H_0: $\mu_1 - \mu_2 = 0$; H_1: $\mu_1 - \mu_2 \neq 0$; a estatística para avaliar este teste é $t_{n1+n2-2} = \dfrac{(\overline{x}_1 - \overline{x}_2) - \Delta}{S_p\sqrt{\dfrac{1}{n_1} + \dfrac{1}{n_2}}}$,

considerando os valores observados: $t_{16} = \dfrac{(362 - 360,4) - 0}{0,975\sqrt{\dfrac{1}{8} + \dfrac{1}{10}}}$, assim t_{16} = 3,46.

Comparando com o valor tabelado, considerando um nível de significância de 5%, $t_{16;2,5\%}$ = 2,12. Observa-se que H_0 é rejeitado, pois o valor encontrado é maior que o tabelado, e conclui-se que os fornecedores não apresentam o mesmo comportamento quanto às médias.

10.5 CORRELAÇÃO

Existem vários estudos onde as variáveis de interesse estão relacionadas entre si de tal forma que seria mais interessante o estudo conjunto dessas variáveis do que tratar cada variável de forma isolada. Neste tópico, serão consideradas situações dessa natureza, porém, serão apresentados os casos em que as variáveis se relacionam de forma linear.

10.5.1 Correlação linear

O caso mais comum em um estudo de correlação, é a correlação linear que avalia a existência de uma relação linear entre os pares de valores de duas variáveis (x, y). A relação entre duas variáveis pode ser verificada graficamente com a construção de diagramas de dispersão que é o primeiro passo para a realização de um estudo de correlação. As figuras a seguir exemplificam alguns diagramas de dispersão:

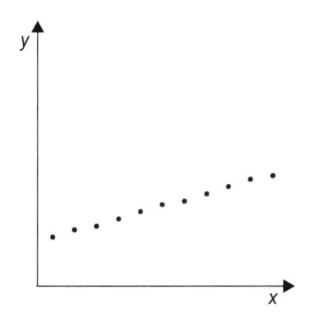

Figura 10.2 Diagrama de Dispersão a.

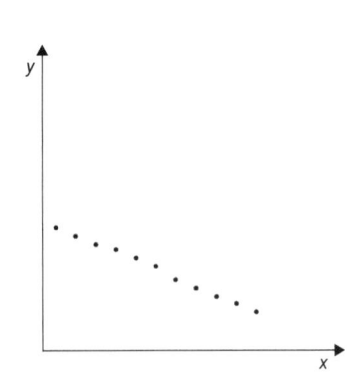

Figura 10.3 Diagrama de Dispersão b.

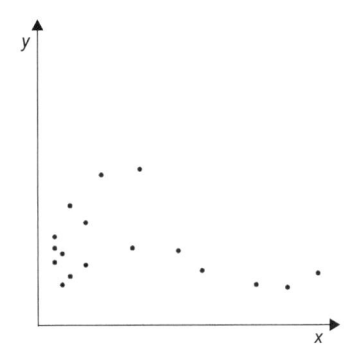

Figura 10.4 Diagrama de Dispersão c.

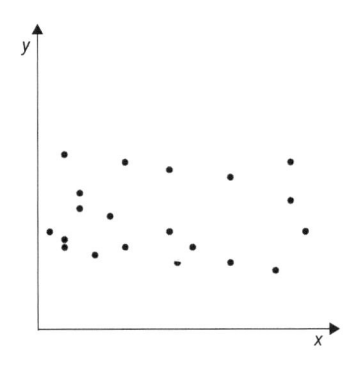

Figura 10.5 Diagrama de Dispersão d.

Os diagramas representam relações que podem existir entre pares de valores. Quando x e y variam conjuntamente de forma linear como os diagramas **a** e **b** pode-se afirmar que existe uma correlação linear entre as variáveis. Essa correlação pode ser avaliada pela covariância:

$$Cov(X;Y) = \frac{\sum (x - \bar{x})(y - \bar{y})}{n-1}$$

No caso da correlação linear observada no diagrama **a** e no diagrama **b**, a covariância tende a ser alta. Para o caso **a** o valor é positivo assinalando que tanto x quanto y crescem no mesmo sentido. Já no caso **b**, a covariância é negativa indicando que y decresce quando x aumenta. Nos demais casos, **c** e **d**, a covariância será pequena, próxima de zero, indicando que não existe correlação linear.

Coeficiente de correlação linear

A utilização da covariância como medida de associação entre duas variáveis apresenta um inconveniente, a covariância depende das unidades de medidas das variáveis. Consequentemente, deve ser construído uma medida adimensional que divida a covariância por termos com as mesmas unidades de medidas.

Assim, utiliza-se o coeficiente de correlação entre duas variáveis definido por Pearson como:

$$r = \frac{S_{xy}}{\sqrt{S_{xx} S_{yy}}}$$

em que: $S_{xy} = \sum (x - \bar{x})(y - \bar{y})$; $S_{xx} \sum (x - \bar{x})^2$ e $S_{yy} \sum (y - \bar{y})^2$

O coeficiente de correlação apresenta algumas características importantes:

- é adimensional;
- se a correlação é perfeita e positiva o coeficiente é igual a 1. Se for perfeita e negativa é igual a –1;
- se não existir correlação linear perfeita $-1 \leq r \leq 1$.

Deve ser ressaltado que a escolha das variáveis é fundamental para o estudo de correlação. É importante ficar atento em estudar variáveis que apresentam relacionamento lógico entre si e que possam, de forma conjunta, explicar algum tipo de fenômeno.

Também pode ser realizado estudos estatísticos sobre o coeficiente de correlação; entretanto, como o próximo tópico tratará de modelos matemáticos para expressar o relacionamento entre duas variáveis, os testes estatísticos serão aplicados para estes modelos.

Exemplo:

Os valores a seguir referem-se à quantidade de recursos, em R$, investido em propaganda e ao volume de itens vendidos mensalmente:

Tabela 10.11 Investimentos em propaganda versus volume de vendas

x (mil reais)	63	71	49	42	19	38	29	52
y (mil unidades)	76	81	58	46	24	45	52	74

O Gráfico 10.7 mostra o diagrama de dispersão dos valores da Tabela 10.11.

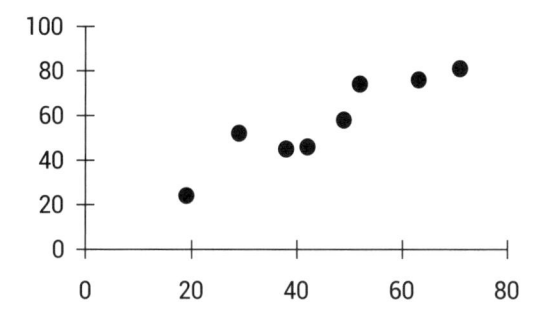

Gráfico 10.7 Diagrama de dispersão para investimentos em propaganda *versus* volume de vendas

O valor do coeficiente de correlação para os valores é $r = 0,9267$, indicando que a correlação é positiva e que os valores são altamente correlacionados.

10.6 ANÁLISE DE REGRESSÃO

Este tópico final tratará dos estudos estatísticos cujo objetivo principal é estabelecer relações que possibilite predizer uma ou mais variáveis em termos de outras. Este problema de previsão é chamado de regressão. Também será tratado apenas o modelo linear.

10.6.1 Regressão linear simples

Ao empregar dados para expressar uma equação matemática, a qual descreverá relações entre duas variáveis, três questões pertinentes são levantadas:

- Qual modelo utilizar?
- Dentre as diversas equações que podem justificar o modelo, qual delas é a melhor para os dados que estão sendo utilizados?
- A equação matemática adotada justifica os dados experimentais?

A primeira questão é usualmente resolvida construindo gráficos que relacionam os pares de valores. Neste tópico enfatizado os modelos de equação linear que apresentam a forma: $y = a + bx$, em que a é conhecido como coeficiente linear e b como coeficiente angular.

O modelo definido é importante não apenas porque várias relações apresentam esta forma, mas, também, porque proporciona aproximações para relações que apresentam dificuldades para serem descritas em termos matemáticos.

Na prática, os valores de a e b são estimados com base em pares de x e y, no qual y é a variável resultante, que se quer analisar e, x é a variável preditora. Define-se, portanto, duas classes de variáveis para a análise de regressão: **y** como variável dependente e **x** como variável independente.

10.6.2 Métodos dos Mínimos Quadrados

Uma vez decidido qual o modelo será utilizado existe a segunda questão para responder: qual a melhor curva?

Para definir a melhor curva, adota-se o critério dos Mínimos Quadrados que consiste em construir um modelo que minimize o erro. Para o caso da regressão, o erro é definido como a somatória da diferença, ao quadrado, entre os valores de y observados e os valores de y estimados pela equação $\sum (yi - \hat{y}i)^2$.

Em que valores são estimados pelo modelo: $= a + bx$. Considerando esta expressão a somatória do erro pode ser escrita como:

$$\sum (yi - \hat{y}i)^2 = \sum [yi - (a + bxi)]^2$$

Derivamos a equação em relação a **a** e em relação a **b** e igualando a zero obtém-se duas equações com duas incógnitas, **a** e **b**, resolvendo: $a = \bar{y} - b\bar{x}$ e $b = \dfrac{S_{xy}}{S_{xx}}$

em que: $S_{xx} = \sum s_i^2 - \dfrac{1}{n}(\sum x_i)^2$ e $S_{xy} = \sum x_i y_i - \dfrac{1}{n}(\sum x_i)(\sum y_i)$

Os valores de **a** e **b** calculados minimizam a somatória do erro $\sum (y - \hat{y})^2$.

10.6.3 Análise da regressão

Determinada a equação, ainda falta responder a última questão, que se resume nas seguintes perguntas sobre o modelo construído:

- Se **b** for próximo de zero existirá regressão?
- Até que ponto o modelo explica os dados observados?

Para responder a estas perguntas, deve-se abordar alguns aspectos sobre a construção do modelo de regressão. Quando o modelo foi construído admitiu-se que os valores de **x** são fixos. Se o experimento for repetido, considerando sempre os mesmos valores de **x**, observa-se um conjunto de valores para a variável dependente, **y**. Assim, cada valor fixo **x** observa-se um conjunto de valores de **y**. Cada um desses conjuntos apresenta certa variabilidade que conduz a uma distribuição de probabilidade.

Em uma análise de regressão normal assume-se que essas distribuições são todas normais com o mesmo desvio-padrão, σ.

Baseado nessas considerações, pode-se demonstrar que os coeficientes, **a** e **b**, obtidos pelo método dos mínimos quadrados, são variáveis aleatórias com distribuição normal, com os seguintes parâmetros para média e variância:

$$a \approx N\left(\alpha\,;\, \sigma^2\left(\frac{1}{n}+\frac{\overline{x}^2}{S_{xx}}\right)\right) \text{ e } b \approx N\left(\beta\,;\, \frac{\sigma^2}{S_{xx}}\right)$$

O estimador de σ é denominado erro padrão de estimação e pode ser denotado por S_e. Sua fórmula é:

$$S_e = \sqrt{\frac{\sum(y_i-\hat{y}_i)^2}{n-2}}$$

Teste de hipóteses para o coeficiente angular β

Com estas expressões são realizados testes de hipóteses para os parâmetros da equação. Um teste importante é verificar se **b** é igual a zero, se isso acontecer conclui-se que não existe regressão. As hipóteses para este teste são:

$H_0: \beta = 0$
$H_1: \beta \neq 0$

A distribuição utilizada para a realização deste teste é a distribuição t de Student com $n-2$ graus de liberdade. O valor de t de Student é calculado por:

$$t_{n-2} = \frac{b-0}{S_e/\sqrt{S_{xx}}}$$

Se o valor calculado for maior que o valor tabelado, rejeita-se H_0 e afirma-se que existe a regressão. Ou seja, a variável **y** depende da variável **x**.

Quanto ao coeficiente linear também pode-se verificar se **a** assume algum valor. Em particular, se **a** for igual a zero a reta passa pela origem.

10.6.4 Análise do coeficiente de determinação

Outro ponto importante na análise da regressão é avaliar o quanto o modelo estimado explica os dados experimentais. O Gráfico 10.8 auxilia nesta análise.

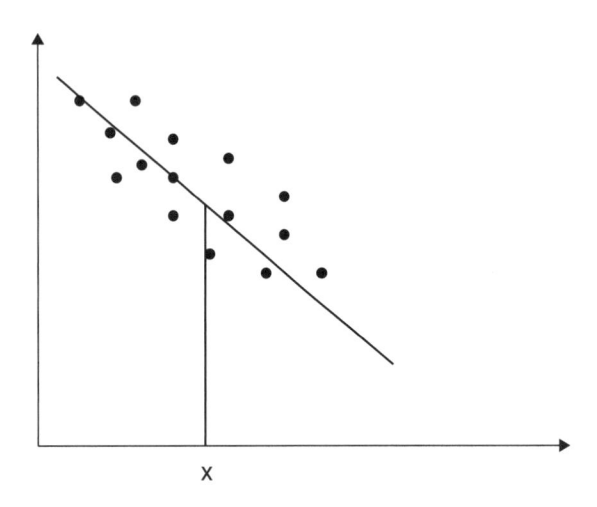

Gráfico 10.8 Regressão dos mínimos quadrados.

Por construção: $y - \bar{y} = (\hat{y} - \bar{y}) + (y - \hat{y})$ para qualquer valor observado de y. Se a expressão for elevada ao quadrado e todos os n valores de y forem somados, obtém-se, após algumas simplificações algébricas:

$$\sum(y_i - \bar{y})^2 = \sum(\hat{y}_i - \bar{y})^2 + \sum(y_i - \hat{y}_i)^2$$

A primeira soma dos quadrados, $\sum(y_i - \bar{y})^2$, é chamada de "soma total dos quadrados", essa somatória é a variância de y multiplicada por $n - 1$. A primeira das duas somas à direita, $\sum(\hat{y}_i - \bar{y})^2$, é chamada de "soma dos quadrados da regressão" e mede a parte total da regressão de y's que pode ser atribuída à relação entre duas variáveis x e y, se todos os pontos observados estão alinhados sobre a reta estimada pelo método dos mínimos quadrados então $y = \hat{y}$. Os pontos de desvios da regressão são avaliados por $\sum(y_i - \hat{y}_i)^2$ que é chamado de "soma dos quadrados residuais".

O coeficiente de determinação para a regressão é definido como a razão entre a soma dos quadrados da regressão e a soma total dos quadrados. Se este valor for igual 1, significa que a regressão explica 100% dos valores observados, ou seja, $y = \hat{y}$.

O coeficiente de determinação é igual a: $r^2 = \dfrac{\sum(\hat{y}_i - \bar{y})^2}{\sum(y_i - \bar{y})^2}$. Esta expressão, após algumas passagens algébricas, pode ser escrita da seguinte forma:

$$r^2 = \frac{s_{xy}^2}{s_{xx} \times s_{yy}},$$

em que: $s_{xx} = \sum s_i^2 - \dfrac{1}{n}\left(\sum x_i\right)^2$, $s_{yy} = \sum y_i^2 - \dfrac{1}{n}\left(y\right)^2$ e $s_{xy} = \sum x_i y_i - \dfrac{1}{n}\left(\sum x_i\right)\left(\sum y_i\right)$

Por exemplo, uma empresa fabricante de frutas em calda deseja avaliar o comportamento do teor de açúcares das frutas com o passar dos dias. Coletou os seguintes valores:

Tabela 10.12 Comportamento da concentração de açúcares ao longo do tempo

Quantidade de dias	1	2	5	8	12	16	20	24
Concentração de açúcares	17,5	19,8	26,9	31,2	37,4	44,6	52,4	56,7

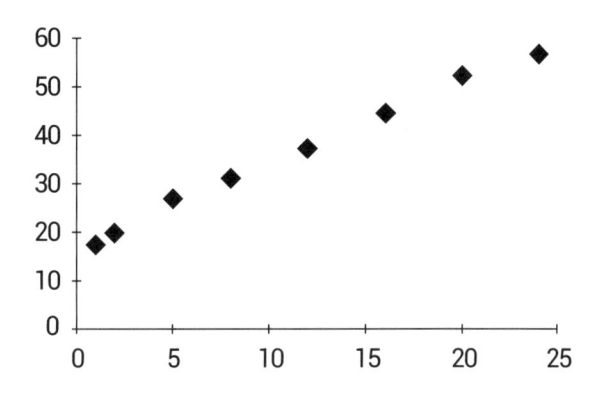

Gráfico 10.9 Diagrama de dispersão da concentração de açúcares ao longo do tempo.

Conforme o Gráfico 10.9, os dados estão correlacionados linearmente e de forma positiva. O modelo matemático a ser adotado é o linear e, aplicando as expressões definidas, podem-se calcular o coeficiente linear, a, e o coeficiente angular, b:

$a = 16,948$

$b = 1,715$

Teste de hipótese para b

Conhecendo-se o modelo e seus parâmetros resta saber se o modelo existe ou não; para tanto, verifica-se se o coeficiente angular é igual a zero. As hipóteses são:

$H_0: \beta = 0$

$H_1: \beta \neq 0$

O valor de t de Student, calculado com 6 graus de liberdade, para b é igual 34,987, extremamente superior a qualquer valor tabelado, portanto, rejeita-se H_0 e pode-se afirmar que existe a regressão linear para expressar o relacionamento entre as duas variáveis.

Cálculo do coeficiente de determinação

Conforme estabelecido, pode-se estimar o quanto o modelo explica os dados observados:

$r^2 = \dfrac{1.476,39}{1.483,63} = 0,99512$. Portanto, o modelo explica 99,512% dos dados experimentais.

O coeficiente de correlação, r, é positivo e igual a 0,99755, indicando que a correlação é quase perfeita e crescente (positiva), mostrando que à medida que os dias passam a concentração de açúcares aumenta.

Após estas análises e comprovações, nosso modelo de regressão para os valores observados é definido como: **y = 16,948 + 1,715x**, este modelo explica 99,51% dos dados observados.

EXERCÍCIOS

1. O gerente de uma unidade de envase de fluido de lubrificação de motores solicitou ao engenheiro da qualidade um estudo para verificar o comportamento do processo. As normas especificam como aceitáveis frascos envasados com 2% abaixo do volume especificado na embalagem. Para isso, o engenheiro mediu o volume de trinta frascos de 500 ml, trinta frascos com volume especificado em 250 ml e trinta frascos com volume de 1.000 ml. As amostras foram retiradas do lote produzido pelo período da manhã (7h–12h) de uma quarta-feira. Os resultados são apresentados a seguir.

500 ml	250 ml	1.000 ml	500 ml	250 ml	1.000 ml	500 ml	250 ml	1.000 ml
491,9	247,2	989,5	501,8	246,3	983,3	490,9	247,5	980,9
493,5	247,4	979,2	492,4	245,1	981,4	496,5	247,6	1001,4
494,2	249,5	996,0	496,1	247,6	990,8	497,9	243,6	981,7
495,2	252,3	988,2	499,8	246,1	985,8	493,6	246,5	989,9
495,5	244,3	988,3	491,6	245,8	997,7	493,5	249,2	979,8
493,3	249,0	985,9	499,9	244,2	980,3	495,2	243,1	979,9
493,4	249,1	985,6	496,1	247,3	992,1	495,9	251,8	993,8
492,9	248,8	992,2	491,4	248,9	981,0	495,8	253,3	989,8
494,3	246,8	980,9	496,1	254,4	981,2	493,6	247,0	999,4
492,4	250,1	962,8	493,3	248,1	1000,4	495,6	246,2	1027,4

a) Faça um histograma dos dados.

b) Calcule as medidas de posição central e de dispersão dos dados.

2. Para os dados do Exercício 1, elabore um relatório com as recomendações ao gerente da área sobre pontos de melhoria.

3. Para o mesmo Exercício 1, faça uma crítica ao procedimento de coleta de dados.

4. A área de suprimentos de uma indústria fabricante de máquinas operatrizes está desenvolvendo novos fornecedores de usinagem. Você, como engenheiro de produção, foi requisitado para acompanhar esse processo e dar um parecer sobre os fornecedores, classificando-os segundo a qualidade de conformação das peças. Três fornecedores foram pré-selecionados e amostras iniciais de um came (peça crítica para a qualidade das máquinas) foram enviadas pelos fornecedores. A característica medida foi o diâmetro dos eixos dessas peças. Os dados são apresentados a seguir (cada fornecedor apresentou amostras de 30 peças). A especificação da característica é 25+/–0,05 mm.

Forn. A	Forn. A	Forn. B	Forn. B	Forn. C	Forn. C
24,94	25,05	24,98	24,94	24,95	25,00
25,03	25,04	24,87	25,18	24,95	25,01
25,03	25,02	24,86	24,95	25,00	25,00
25,01	24,96	25,11	25,00	25,02	25,02
25,09	25,03	24,86	25,13	25,00	24,96
24,94	25,06	25,14	25,00	25,08	24,99
25,06	24,97	24,98	24,94	24,94	25,05

(continua)

(continuação)

Forn. A	Forn. A	Forn. B	Forn. B	Forn. C	Forn. C
24,99	25,03	25,03	25,10	25,09	24,98
25,04	24,98	25,08	24,99	25,09	25,04
25,06	24,98	24,88	25,12	24,98	25,01
24,95	24,97	24,93	25,19	25,03	25,05
25,00	25,03	25,10	24,93	25,01	24,96
24,95	25,04	25,06	24,88	24,93	25,01
25,01	24,97	25,04	24,96	24,97	25,05
25,05	24,98	24,90	25,03	25,02	24,95

a) Faça um histograma das medições dos três fornecedores.
b) Calcule as medidas de posição central e dispersão dos dados de cada fornecedor.
c) Para os mesmos dados, analise a distribuição de frequência dos dados desagregados.

Considerando os dados agregados, eles seguem uma distribuição aproximadamente normal? Justifique.

5. Para os mesmos dados do Exercício 4, qual fornecedor você recomendaria? Justifique a resposta.

6. A tabela a seguir apresenta amostras retiradas de um processo de fabricação de artefatos de borracha. Considerando as variáveis envolvidas no processo, proponha um procedimento de amostragem adequado para o controle do processo.

Tempo	Amostra	Lote	Cavidade	Linha	Diâmetro1	Diâmetro2	Tempo	Amostra	Lote	Cavidade	Linha	Diâmetro1
08:00	1	1	DIREITA	1	32,05	32,05	14:00	4	1	DIREITA	2	32,20
08:00	1	1	DIREITA	1	31,92	31,92	14:00	4	1	DIREITA	2	32,07
08:00	1	1	DIREITA	1	32,14	32,14	16:00	5	2	DIREITA	1	32,01
08:00	1	1	DIREITA	1	31,90	31,90	16:00	5	2	DIREITA	1	32,03
08:00	1	1	DIREITA	1	32,10	32,10	16:00	5	2	DIREITA	1	31,96
08:00	1	1	DIREITA	1	31,99	31,99	16:00	5	2	DIREITA	1	31,96
08:00	1	1	DIREITA	1	31,89	31,89	16:00	5	2	DIREITA	1	32,09
08:00	1	1	DIREITA	1	32,10	32,10	16:00	5	2	DIREITA	1	32,09
08:00	1	1	DIREITA	1	31,96	31,96	16:00	5	2	DIREITA	1	32,01
08:00	1	1	DIREITA	1	31,94	31,94	16:00	5	2	DIREITA	1	32,03
10:00	2	1	ESQUERDA	2	31,40	31,72	16:00	5	2	DIREITA	1	31,97
10:00	2	1	ESQUERDA	2	31,65	31,67	16:00	5	2	DIREITA	1	32,03
10:00	2	1	ESQUERDA	2	31,47	31,54	18:00	6	2	DIREITA	2	32,04
10:00	2	1	ESQUERDA	2	31,41	31,58	18:00	6	2	DIREITA	2	31,97
10:00	2	1	ESQUERDA	2	31,42	31,61	18:00	6	2	DIREITA	2	31,95
10:00	2	1	ESQUERDA	2	31,18	31,64	18:00	6	2	DIREITA	2	32,08
10:00	2	1	ESQUERDA	2	31,54	31,83	18:00	6	2	DIREITA	2	32,25
10:00	2	1	ESQUERDA	2	31,51	31,62	18:00	6	2	DIREITA	2	32,03
10:00	2	1	ESQUERDA	2	31,44	31,62	18:00	6	2	DIREITA	2	32,00
10:00	2	1	ESQUERDA	2	31,67	31,75	18:00	6	2	DIREITA	2	32,06
12:00	3	1	ESQUERDA	1	31,55	32,22	18:00	6	2	DIREITA	2	31,95
12:00	3	1	ESQUERDA	1	31,51	31,90	18:00	6	2	DIREITA	2	32,10

(continua)

(continuação)

Tempo	Amostra	Lote	Cavidade	Linha	Diâmetro1	Diâmetro2	Tempo	Amostra	Lote	Cavidade	Linha	Diâmetro1
12:00	3	1	ESQUERDA	1	31,46	32,35	20:00	7	2	ESQUERDA	2	31,38
12:00	3	1	ESQUERDA	1	31,64	32,15	20:00	7	2	ESQUERDA	2	31,33
12:00	3	1	ESQUERDA	1	31,48	32,00	20:00	7	2	ESQUERDA	2	31,52
12:00	3	1	ESQUERDA	1	31,47	32,18	20:00	7	2	ESQUERDA	2	31,54
12:00	3	1	ESQUERDA	1	31,38	32,09	20:00	7	2	ESQUERDA	2	31,54
12:00	3	1	ESQUERDA	1	31,43	32,07	20:00	7	2	ESQUERDA	2	31,53
12:00	3	1	ESQUERDA	1	31,63	32,16	20:00	7	2	ESQUERDA	2	31,53
12:00	3	1	ESQUERDA	1	31,68	31,95	20:00	7	2	ESQUERDA	2	31,56
14:00	4	1	DIREITA	2	32,15	32,13	20:00	7	2	ESQUERDA	2	31,31
14:00	4	1	DIREITA	2	32,11	32,25	20:00	7	2	ESQUERDA	2	31,47
14:00	4	1	DIREITA	2	31,99	32,18	22:00	8	2	ESQUERDA	1	31,68
14:00	4	1	DIREITA	2	31,98	32,15	22:00	8	2	ESQUERDA	1	31,50
14:00	4	1	DIREITA	2	31,94	32,13	22:00	8	2	ESQUERDA	1	31,44
14:00	4	1	DIREITA	2	32,11	32,15	22:00	8	2	ESQUERDA	1	31,68
14:00	4	1	DIREITA	2	31,89	32,28	22:00	8	2	ESQUERDA	1	31,53
14:00	4	1	DIREITA	2	31,97	32,06	22:00	8	2	ESQUERDA	1	31,39
							22:00	8	2	ESQUERDA	1	31,49
							22:00	8	2	ESQUERDA	1	31,58
							22:00	8	2	ESQUERDA	1	31,56
							22:00	8	2	ESQUERDA	1	31,46

7. A tabela mostrada a seguir registra a demanda por cirurgias cardíacas observada nos últimos cinco anos. Ajuste uma equação de reta aos dados e responda às questões indicadas.

Ano	1	2	3	4	5	6
Cirurgias	45	50	52	56	58	?

a) Determine a previsão de cirurgias para o ano 6.
b) Determine o grau de explicação do modelo (R^2).
c) Determine o coeficiente de correlação.

8. A tabela a seguir apresenta uma amostra de 10 tomadas de tempo de ciclo em minutos de uma linha de montagem de subsistemas automotivo (o tempo de ciclo é o intervalo de tempo entre dois subconjuntos montados; por exemplo, a cada 5 minutos sai um subconjunto pronto da linha). Faça uma estimativa do tempo de ciclo para um intervalo de confiança de 95% e 99%.

10	12	8	15	12
13	12	11	13	14

9. Uma amostra aleatória de 100 eleitores de certo bairro dá 55% favorável a um determinado candidato. Determine limites de confiança para a proporção global de eleitores favorável ao candidato: a) para 95% de confiança, b) 99% de confiança e c) 99,73% de confiança.

10. Dois tipos de material são testados na produção. A partir dos dados a seguir, determine se há diferença estatisticamente significativa entre os dois materiais para um nível de confiança de 5%. Assuma que os resultados seguem uma distribuição normal.

Material A	1,45	1,37	1,21	1,54	1,48	1,29
Material B	1,54	1,41	1,56	1,37	1,20	1,31

BIBLIOGRAFIA COMPLEMENTAR

BOX, G. E. P.; HUNTER, W. G.; HUNTER, J. S. *Statistics for experimenters*: an introduction to design, data analysis, and model building. New York : John Wiley, 1978.

COSTA NETO, P. L. O. *Estatística*. São Paulo: Edgard Blücher, 1977.

COSTA NETO, P. L. O.; CYMBALISTA, M. *Probabilidades*. São Paulo: Edgard Blücher, 1977.

FREUND, J. E. *Modern elementary statistics*. New Jersey: Prentice Hall International, 1988.

KUME, H. *Métodos estatísticos para a melhoria da qualidade*. São Paulo: Gente, 1993.

STEVENSON, W. J. *Estatística aplicada à administração*. São Paulo: Habras, 1986.

NOTAS

1 KUME, H. *Métodos estatísticos para a melhoria da qualidade*. São Paulo: Gente, 1993.

2 FREUND, J. E. *Modern elementary statistics*. New Jersey: Prentice Hall, 1988.

3 STEVENSON, W. J. *Estatística aplicada à administração*. São Paulo: Harper & Row, 1981.

4 COSTA NETO, P. L. O. *Estatística*. São Paulo: Edgard Blücher, 1977.

PLANEJAMENTO E GESTÃO DA QUALIDADE:
SISTEMA, MODELOS DE EXCELÊNCIA EM GESTÃO E MELHORIA CONTÍNUA

11

Fabiane Letícia Lizarelli e José Carlos de Toledo

Neste capítulo serão discutidos os conceitos de qualidade do produto, que engloba os diferentes enfoques da qualidade, etapas do ciclo produtivo que impactam a qualidade do produto e os parâmetros da qualidade que implicam as diferentes características que podem ser observadas para análise da qualidade do produto. Também são apresentados os conceitos de Gestão da Qualidade, vista como o conjunto de ações planejadas e executadas em todo o ciclo de produção, com a finalidade de garantir a qualidade requerida e planejada, assim como a visão dos principais gurus sobre a Gestão da Qualidade. Para esclarecer de que forma a Gestão da Qualidade pode ser implantada nas organizações, são apresentados o Sistema de Gestão da Qualidade ISO:9001 e Modelos de Excelência em Gestão (MEG). Atrelado ao conceito de Gestão da Qualidade está o conceito de Melhoria Contínua da Qualidade, que é apresentado ao final do capítulo e tem o intuito de mostrar os diferentes tipos de melhoria, os diferentes níveis de maturidade que uma empresa pode se encontrar em relação às práticas de melhoria e os programas que dão suporte à Melhoria Contínua nas empresas, como *Total Quality Management* (TQM), *Lean Manufacturing*, Seis Sigma e *Lean-Sigma*.

OBJETIVOS DE APRENDIZAGEM

Ao final deste capítulo, o leitor deverá ser capaz de:
- Elencar os enfoques, os parâmetros e as dimensões da qualidade do produto.
- Definir o conceito de Gestão da Qualidade e identificar e diferenciar o pensamento dos principais gurus da qualidade.
- Compreender o funcionamento do Sistema de Gestão da Qualidade ISO:9001, assim como dos Modelos de Excelência em Gestão.
- Explicitar os tipos de melhoria, suas práticas e programas de suporte.

11.1 INTRODUÇÃO

Se de um lado a *qualidade* é hoje uma das palavras-chave mais difundidas junto à sociedade e também nas empresas (ao lado de palavras como *produtividade, competitividade, sustentabilidade* e *integração*), por outro, existe pouco entendimento sobre o que é qualidade e, até mesmo, uma certa confusão no uso desta palavra. A confusão existe devido ao subjetivismo associado à qualidade e também ao uso genérico com que se emprega esta palavra para representar coisas bastante distintas. Qualidade pode ser entendida como a habilidade de um conjunto de características de um produto, serviço, processo ou sistema em atender aos requisitos dos clientes e outras partes interessadas. Serão apresentados os conceitos relacionados com a qualidade do produto.

A Gestão da Qualidade, por sua vez, pode ser compreendida como um conjunto de atividades direcionadas para gerir e controlar uma organização com relação à qualidade. O conjunto de atividades abrange ações específicas como o Planejamento da Qualidade, o Controle da Qualidade e a Melhoria da Qualidade. O Planejamento visa estabelecer os objetivos, processos e recursos e desenvolver produtos, processos e serviços para cumprir os objetivos da qualidade, já o Controle é a atividade que visa ao cumprimento dos objetivos e requisitos da qualidade, enquanto a Melhoria engloba ações para o aumento de eficácia e eficiência de todas as atividades envolvidas na Gestão da Qualidade.

Para a implantação da Gestão da Qualidade nas empresas, há sistemas normalizados para a garantia da qualidade: o mais difundido é a ISO:9001, que visa prover confiança que os requisitos da qualidade serão cumpridos. Os Modelos de Excelência em Gestão direcionam ações para a estimulação das organizações no desenvolvimento e na evolução de sua gestão para que se tornem sustentáveis.

11.2 CONCEITOS BÁSICOS DE QUALIDADE DO PRODUTO

A definição de qualidade de produto pode ser entendida como uma propriedade síntese de múltiplos atributos do produto que determinam o grau de satisfação do cliente. O produto é entendido aqui como envolvendo o produto físico e o produto ampliado. Ou seja, além do produto físico envolve também a embalagem, orientação para uso, imagem, serviços pós-venda e outras características associadas ao produto. Há pontos de vista distintos em relação à qualidade de produto. Nesse sentido, a seguir, abordaremos as possíveis visões ou enfoques para a qualidade.

11.2.1 Enfoques da qualidade

Na literatura e entre os profissionais da área, coexistem diversos conceitos sobre qualidade. Além disso, tradicionalmente, a qualidade tem sido estudada nas áreas de Economia, Marketing, Engenharia de Produção e Administração. Cada uma dessas áreas se volta para um aspecto específico da qualidade, o que também acaba implicando diferentes visões sobre o assunto, conforme será visto adiante.

Garvin[1] sistematizou os enfoques existentes para a qualidade, os quais são, de modo geral, originários das áreas de conhecimento acima. O autor identifica cinco enfoques principais para se definir qualidade:

- **Enfoque transcendental:** qualidade é sinônimo de "excelência inata". Ela é absoluta e universalmente reconhecível pela experiência.
- **Enfoque baseado no produto:** uma variável precisa, mensurável e dependente do conteúdo de uma ou mais características do produto. A qualidade é um atributo intrínseco ao produto e pode ser avaliada objetivamente.

- **Enfoque baseado no usuário:** a qualidade estaria associada a uma visão subjetiva, baseada em preferências pessoais. Produtos considerados de alta qualidade são aqueles que melhor satisfazem as necessidades da maioria dos consumidores.
- **Enfoque baseado na fabricação:** identifica qualidade como "conformidade com especificações". Qualquer desvio na especificação do produto significa redução na qualidade.
- **Enfoque baseado no valor:** define-se qualidade em termos de custos e preços. Um produto de qualidade é aquele que no mercado apresenta o desempenho esperado a um preço aceitável.

11.2.2 Etapas do ciclo de produção e a qualidade

O ciclo de produção desempenhado pelas empresas se dá em quatro etapas básicas: desenvolvimento do produto, desenvolvimento do processo, produção ou fabricação e atividades pós-venda. A qualidade final de um produto é resultante do conjunto de atividades que são desenvolvidas ao longo de todo o seu ciclo de produção.

O desenvolvimento do produto pode ser visto como compreendendo todas as atividades que traduzem o conhecimento das necessidades do mercado e as oportunidades tecnológicas em informações para produção. Nesta etapa são definidos os conceitos, o desempenho e as especificações esperadas do produto. As atividades principais no desenvolvimento de produto são: identificação das necessidades do mercado; geração e escolha do conceito do produto; planejamento do produto e engenharia do produto. Para cada uma dessas quatro atividades pode ser associada um tipo particular de qualidade. A primeira é a qualidade da pesquisa de mercado, que se refere ao nível em que a adequação ao uso identificada corresponde às reais necessidades do usuário. A segunda, a qualidade de concepção ou de conceito, que se refere ao nível com que as características pretendidas para o produto, atende a adequação identificada ao uso. A terceira se refere à qualidade do planejamento do produto e avalia o grau com que as metas estabelecidas para desempenho, custo e estilo correspondem ao conceito do produto. A quarta, a qualidade de especificação, se refere ao quanto as especificações estão de acordo com o planejamento do produto. Descreve a qualidade da tradução do conceito do produto em um conjunto detalhado de especificações que, se executadas, atenderão o que o consumidor deseja.

A segunda etapa consiste no desenvolvimento do processo. Ocorre quando especificações do projeto do produto são traduzidas em projeto do processo em vários níveis tais como fluxograma do processo, *layout*, projeto de ferramentas e equipamentos, projeto do trabalho etc. As informações do projeto do processo são transferidas para os recursos reais do processo produtivo, tais como as ferramentas, os equipamentos e a qualificação da mão de obra. A qualidade aqui é a de projeto do processo, a qual está estreitamente vinculada à capacitação tecnológica e de engenharia da empresa.

Após essa etapa, ocorre a produção propriamente dita, da qual resultam as unidades do produto. A produção engloba o suprimento de matérias-primas, a fabricação e o gerenciamento da produção (controle da qualidade, planejamento e controle da produção, manutenção etc.). Nessa etapa, busca-se atingir as especificações do projeto do produto e de produtividade do processo, definidas, respectivamente, nas etapas de desenvolvimento do produto e do processo.

Assim como o projeto do produto deve refletir as necessidades do consumidor, o produto deve estar de acordo com as especificações de projeto. A qualidade, nesta etapa, é a de conformação e tem como principais determinantes a qualidade do processo (definida durante o desenvolvimento do processo) e a capacidade gerencial e de utilização dos recursos de produção (qualidade de gestão da produção).

A etapa final é a de comercialização e das atividades pós-venda. Esta etapa envolve atividades de venda, marketing e, dependendo do tipo de produto, atividades tais como instalação do produto, orientação quanto ao uso e assistência técnica. Nesta etapa pode-se pensar em duas qualidades: a de comercialização e a de serviços pós-venda. A qualidade de comercialização não consiste num atributo do produto, mas sim da gestão da empresa. Já a qualidade de serviços pós-venda é um atributo associado ao produto e se refere ao nível dos serviços de instalação, de orientação de uso e de assistência técnica oferecidos aos clientes.

A qualidade do produto seria, portanto, resultante do desempenho em todas as etapas do ciclo de produção. Ou seja, resultante da qualidade de projeto do produto, da qualidade de projeto do processo, da qualidade de conformação e da qualidade dos serviços pós-venda. A Figura 11.1 representa a qualidade de produto como resultante dessas quatro categorias da qualidade.

Figura 11.1 Qualidade do produto.

É importante registrar que essas quatro etapas do ciclo de produção não são necessariamente estanques ou sequenciais. A forma de articulação entre elas é diferente conforme o tipo de sistema produtivo, ou seja, trata-se de uma produção em unidades por encomenda, ou produção em massa ou ainda um processo contínuo.

11.2.3 Parâmetros e dimensões da qualidade total do produto

De um modo genérico, característica de qualidade é definida como qualquer propriedade ou atributo de produtos, materiais ou processos, necessária para se conseguir a adequação ao uso. Adequação ao uso, de acordo com Juran[1] é uma definição de qualidade amplamente difundida, esta sugere que qualidade é o grau com que o produto atende satisfatoriamente às necessidades do usuário, durante o uso.

As características de qualidade consideradas aqui são as de produto, as quais estão presentes fisicamente no produto ou estão associadas a ele. A qualidade de um produto é representada pela característica, ou conjunto de características, que determinam a sua natureza. Dessa forma, um produto tem qualidades e não uma qualidade, uma vez que existe uma qualidade para cada característica do produto. E a qualidade global do produto pode ser vista como uma resultante de todas as qualidades parciais.

Se para cada característica de qualidade (Ci) do produto existe uma qualidade (Qi), a qualidade total do produto (QTP), seria resultante de uma função dessas qualidades Qi. Assim tem-se que:

$QTP = f(Q1, Q2,..., Qn; a1, a2,..., an)$

Em que: Qi é a qualidade de cada característica e os ai são os parâmetros da função.

Entretanto, as características de qualidade do produto são muitas e de diversos tipos. Para efeito de simplificação é conveniente agrupá-las em parâmetros da qualidade perceptíveis para o usuário.

Chamaremos de parâmetros da qualidade de produto as características específicas ou conjunto de características do produto que compõem um determinado aspecto da qualidade. E chamaremos de dimensão um agrupamento, ou composição, de parâmetros da qualidade, em função da similaridade de sua contribuição para a qualidade total do produto.

11.2.3.1 Dimensão: qualidade de características funcionais intrínsecas ao produto

O primeiro parâmetro é o desempenho. Todo produto é concebido tendo em vista uma missão ou conjunto de missões fundamentais, também chamadas de funções básicas ou primárias. A partir das missões fundamentais obtém-se a definição das funções para todos os subsistemas e componentes do produto.

O desempenho se refere à adequação do projeto às missões fundamentais, desde que o produto seja operado apropriadamente. É, portanto, concernente à capacidade inerente do produto para realizar sua missão quando em operação. O desempenho do produto é avaliado por meio de medidas que quantificam, para cada função básica, a extensão em que se atinge os requisitos operacionais associados às medidas. Essa avaliação deve ocorrer quando o produto está realizando sua missão em um ambiente para o qual foi projetado, ou outro ambiente satisfatoriamente simulado.

O parâmetro facilidade e conveniência de uso é referente às características funcionais secundárias que suplementam o funcionamento básico do produto. Estão associadas ao funcionamento básico, mas não representam diretamente a missão básica e passam a ser inúteis caso a função básica falhe.

A linha divisória entre as funções básicas e as funções secundárias muitas vezes é difícil de ser delimitada. Podemos pensar em três tipos de características funcionais secundárias: as características que contribuem para a realização da missão básica do produto; as características que elevam a conveniência e a facilidade de uso do produto e funções adicionais, ou funções adquiridas, que são incorporadas ao produto e que oferecem outros serviços ao usuário, além das funções básicas.

11.2.3.2 Dimensão: qualidade de características funcionais temporais

No caso de bens duráveis, parâmetros de qualidade funcionais associados ao tempo se tornam particularmente importantes.

Em relação ao parâmetro confiabilidade, esta é a característica de um bem expressa pela probabilidade de que ele realize uma função requerida, durante um certo intervalo de tempo e sob determinadas condições de uso para o qual foi concebido. Normalmente é representada com base em parâmetros médios de número de falhas ou do intervalo de tempo entre falhas. Procura representar, portanto, a confiança que se pode ter no desempenho dos produtos. A forma para conhecer a confiabilidade de um sistema é submetê-lo a desempenho sob condições específicas e medir seu tempo de funcionamento até que falhe.

A formalização quantitativa da confiabilidade pode se apresentar de diversas formas, por exemplo: tempo médio entre falhas (refere-se ao tempo médio entre sucessivas falhas de um sistema reparável), tempo médio até a falha (refere-se ao tempo médio até a falha de um sistema não reparável ou até a primeira falha de um sistema reparável) e taxa de falhas (refere-se à quantidade de falhas por unidade de tempo).

Em relação ao parâmetro mantenabilidade ou manutenibilidade, o conceito se desenvolveu tendo em vista que durante uma parcela considerável de tempo um equipamento pode estar indisponível, seja por estar num estado de manutenção ou por estar esperando uma atividade de manutenção. A mantenabilidade está intuitivamente associada à noção de "facilidade de executar a manutenção" de um equipamento ou sistema, e depende de fatores como: o projeto do sistema e sua acessibilidade para reparos; os recursos para diagnóstico das falhas; os recursos disponíveis para reparação; a disponibilidade e acesso a materiais de reposição; o índice de falhas etc.

A mantenabilidade pode ser vista então como a probabilidade de que um sistema será colocado em condições de operação satisfatória, ou será restaurado às condições de especificação, dentro de um certo período de tempo, desde que as ações de manutenção se realizem de acordo com procedimentos e recursos previstos. Esse valor é obtido a partir do Tempo Médio para Reparar. Outras medidas podem ser o tempo inativo médio, tempo médio durante o qual um sistema não está em condições de operar por qualquer razão, tempo médio de manutenção corretiva ativa ou preventiva ativa e tempo máximo de manutenção.

O parâmetro disponibilidade avalia a capacidade de que um bem esteja operando satisfatoriamente ou esteja pronto para ser colocado em operação quando solicitado. Pode ser definida como uma combinação de parâmetros de confiabilidade e de mantenabilidade: a capacidade de um bem realizar uma função requerida em um instante determinado ou durante um tempo específico.

O parâmetro durabilidade é uma medida da vida do produto e tem duas dimensões: uma econômica e outra técnica. Do ponto de vista técnico, a durabilidade pode ser definida como a quantidade de uso, em termos de tempo ou de desempenho, que se obtém de um produto antes que ele se deteriore fisicamente. Existem produtos que falham uma única vez e "morrem", não tendo mais possibilidade de realizar sua função básica. A durabilidade técnica depende basicamente da qualidade de projeto do produto, da qualidade dos materiais e componentes e das condições de uso do produto.

Quando é possível o reparo do produto a durabilidade adquire uma dimensão econômica, além da técnica, uma vez que nesse caso dependerá de mudanças no gosto do consumidor e nas condições econômicas do produto ao longo do tempo. A durabilidade passa a ser, portanto, a quantidade de uso que se obtém de um produto até o instante que ele falha e a substituição, por um novo, se torna economicamente mais vantajosa. Assim, a vida do produto é determinada mais por fatores como os custos de reparo, as inconveniências pessoais, os custos associados ao tempo de parada, as mudanças de moda e tecnológicas e os custos de substituição do produto, do que pela qualidade propriamente dita dos componentes e materiais.

11.2.3.3 Dimensão: qualidade de conformação

A qualidade de conformação pode ser vista para cada característica de qualidade do produto. Ou seja, cada característica do produto real pode estar conforme, ou não, à sua especificação. Assim, dada uma unidade de produto real ela pode estar conforme as especificações para uma (ou algumas) característica(s) e não conforme para outra(s) característica(s).

Um critério para se avaliar a qualidade de conformação de uma unidade de produto, de múltiplas características, é pela análise de quantas e quais características estão dentro e fora das especificações. Tendo-se um critério para avaliar a conformidade de cada característica e do conjunto de características, tem-se, portanto, um critério para avaliação de uma unidade de produto. Já a qualidade de conformação de um lote de produto seria avaliada pela porcentagem de unidades conforme as especificações.

11.2.3.4 Dimensão: qualidade dos serviços associados ao produto

Os parâmetros dessa dimensão são assistência técnica, instalação e orientação ao uso. O apoio oferecido ao usuário para instalação do produto, as orientações para uso bem como os serviços de assistência técnica constituem importante dimensão da qualidade associada a muitos tipos de produtos.

A qualidade dos serviços associados ao produto está relacionada com velocidade, cortesia e competência de atendimento dos serviços de instalação e de assistência técnica. Os usuários estão preocupados com o tempo gasto até que o produto seja restabelecido, a rapidez com que as solicitações de serviços são atendidas, a frequência com que os serviços são solicitados para um mesmo tipo de reparo e com a natureza do relacionamento com o pessoal de assistência técnica.

Muitos consumidores associam reparo mais rápido e tempo de parada reduzido com alta qualidade e, portanto, esses componentes da qualidade da assistência técnica são menos sujeitos a interpretações pessoais do que aqueles envolvendo avaliações de cortesia ou padrões de comportamento dos profissionais. Nos casos onde as solicitações de serviço dos clientes não são atendidas imediatamente, os procedimentos de atendimento da empresa provavelmente afetarão a avaliação que o cliente faz dessa dimensão da qualidade.

11.2.3.5 Dimensão: qualidade da interface do produto com o meio

Em relação ao parâmetro qualidade da interface do produto com o usuário podemos pensar em dois tipos de interface com o produto: uma primeira que se refere ao grau de facilidade de operação e manuseio do produto (que em parte se confunde com o parâmetro "facilidade e conveniência de uso") e uma segunda que diz respeito aos danos à saúde e aos riscos de acidente impostos pelo produto.

A primeira depende de fatores ergonômicos do produto. Estes envolvem a adequação entre as dimensões, forma e textura das partes do produto às características anatômicas do usuário tais como força dos músculos, dimensão dos membros inferiores e superiores etc. Envolve também a adequação entre os dispositivos de comunicação do produto e as características de percepção do ser humano, de tal forma que as informações necessárias para operação sejam claramente percebidas pelo órgão sensorial apropriado e interpretadas pela pessoa.

Em relação ao parâmetro qualidade da interface com o meio ambiente, podemos pensar em dois tipos de interface do produto. Primeiro: o próprio processo de produção do produto pode causar impactos negativos sobre o ambiente. Segundo: é o impacto que ocorre durante a etapa de consumo, por meio de risco de acidente, de subprodutos e rejeitos poluentes do produto e de seu descarte. O descarte é o ponto terminal da etapa de consumo do produto e se constitui em outro momento de impacto ambiental. Em relação ao descarte o produto pode ser mais ou menos difícil de ser descartado, seu descarte pode causar maior ou menor impacto no meio ambiente e, ainda, o produto pode ser possível de reaproveitamento e utilizar ou não recursos renováveis.

11.2.3.6 Dimensão: qualidade de características subjetivas associadas ao produto

O parâmetro estética refere-se à percepção e interpretação que se tem do produto formado por julgamentos e preferências pessoais, a partir dos cinco sentidos do ser humano. Está diretamente relacionada com a aparência do produto e é, assim, uma forma de expressão da sua qualidade. Sendo a aparência o primeiro contato que se tem com o produto, ela tem um efeito sobre o consumidor que se estende por um período de tempo. Os atributos de estética tais como desenho, forma, cor, textura, gosto ou cheiro podem adicionar atração ao produto aumentando, consequentemente, a sua preferência. São afetados pela moda, pela época e pelo local.

O parâmetro qualidade percebida e a imagem da marca referem-se à reputação do produto no mercado, portanto, dizem respeito à percepção que o usuário tem da qualidade do produto, a partir de seus sentidos próprios e da imagem já formada no mercado, seja através da publicidade ou da tradição associada à marca. Essa dimensão da qualidade do produto é relevante uma vez que nem sempre os consumidores possuem informação completa sobre as propriedades e atributos do produto e, portanto, necessitam de indicadores indiretos para avaliar a qualidade e escolher entre as marcas oferecidas.

Além da marca, o país de origem do produto também pode exercer importante influência como indicador da qualidade do produto. É importante ter claro que o uso da reputação como um indicador da qualidade tem como pressuposto que a qualidade das unidades ou lotes de produtos produzidos atualmente por uma empresa mantém a mesma qualidade que os produzidos anteriormente, ou que os novos produtos lançados pela empresa têm qualidade similar à dos produtos já consolidados. Como esse pressuposto implícito pode ser considerado válido para a maioria das pessoas, isso faz com que a reputação da marca tenha valor real como uma dimensão da qualidade.

11.2.3.7 Dimensão: custo do ciclo de vida do produto para o usuário

A análise da qualidade do produto se reveste de pouco sentido prático se não for acompanhada da correspondente análise econômica do ponto de vista do usuário. O usuário incorre em custos com o produto desde o instante em que ele é adquirido até o descarte. A soma de todos os custos de responsabilidade do usuário, durante a vida útil do produto, é chamada de custo do ciclo de vida do produto.

Com o desenvolvimento tecnológico e a ampliação das possibilidades de aplicação de bens duráveis, tornou-se relevante o conceito de custo total para o usuário durante a vida do produto. Envolvendo o custo de aquisição, os custos de operação, manutenção e reparo e de descarte.

Como conclusão pode-se dizer que a ausência de qualquer um desses parâmetros e dimensões pode prejudicar a qualidade do produto, mas a sua presença, isoladamente, não assegura que o produto seja competitivo. Tendo em vista que a satisfação do consumidor é com a qualidade total do produto, esse conceito é útil à medida que permite visualizar, de forma global, as dimensões da qualidade do produto. Do ponto de vista de um produtor, essa estrutura pode ser um ponto de partida que auxilia na realização de análises para posicionar o seu produto em relação à concorrência e na formulação de estratégias de concorrência e de mudança da qualidade do produto.

11.3 CONCEITOS DA GESTÃO DA QUALIDADE

11.3.1 Conceitos básicos de gestão da qualidade

A gestão da qualidade, ou seja, a visão sobre como fazer para se obter a qualidade pretendida para o produto, evoluiu ao longo do século XX passando por quatro estágios principais: controle do produto (ou inspeção), controle do processo, sistemas de garantia/gestão da qualidade e gestão da qualidade total.

A visão de controle do produto se limita a um enfoque meramente corretivo de inspeção do produto acabado, com o propósito de segregar as unidades não conformes. O controle do processo é um enfoque preventivo centrado no acompanhamento e controle das variáveis do processo que podem influir na qualidade final do produto.

Os sistemas de gestão da qualidade estão associados a um enfoque relativamente mais amplo e preventivo, que procura, por meio de um gerenciamento sistêmico em todos os processos da empresa (suprimentos, desenvolvimento de produto, manufatura, comercial, gestão de pessoas, serviços de pós--venda etc.) garantir a qualidade em todas as etapas do ciclo de obtenção do produto.

A gestão da qualidade total está associada a um estágio de incorporação da qualidade no âmbito estratégico das organizações, ampliação do escopo da gestão para toda a organização e à cadeia de produção/suprimentos, e representa uma visão de como gerenciar globalmente os negócios com uma orientação voltada para a satisfação total do cliente e demais partes interessadas (*stakeholders*). Trata--se de uma visão integrada segundo a qual se deve buscar a qualidade total (qualidade, prazo, serviços, lucro, atendimento de normas e legislação, enfim o atendimento dos requisitos de todos os clientes/

stakeholders envolvidos/influenciados pela empresa) em toda a empresa e nas suas relações com o ambiente. É composta por um conjunto integrado de princípios, ferramentas e métodos/metodologias.

Os princípios fundamentais da gestão da qualidade total são: orientação para a satisfação do cliente/mercado, supremacia/prioridade da qualidade, aperfeiçoamento contínuo e ampla participação da mão de obra nos processos de controle e melhoria da qualidade. A gerência da qualidade total também se apoia nas abordagens de desdobramento das diretrizes e de gerenciamento por processos.

Em termos de gestão da qualidade, a abordagem moderna e as melhores práticas empresariais apontam em direção aos conceitos de satisfação total do cliente e de gestão da qualidade total, incorporando a melhoria contínua da satisfação dos clientes.

A gestão da qualidade pode ser definida como o conjunto de ações planejadas e executadas em todo o ciclo de produção (da concepção do produto ao pós-venda), e que se estende à cadeia de produção (fornecedores e clientes), com a finalidade de garantir a qualidade requerida e planejada para o produto, ao menor custo possível.

Em cada área/setor da empresa são tomadas ações que têm implicações na qualidade do produto. Assim a gestão da qualidade deve ser compartilhada por todas as áreas funcionais da empresa. A área funcional específica da gestão da qualidade exerce uma função de coordenação da qualidade e de capacitação. Algumas atividades específicas são realizadas por essa função.

A gestão da qualidade abrange as seguintes fases do ciclo de produção: o desenvolvimento do produto, aquisição de matéria-prima e gestão de fornecedores, processo produtivo, distribuição e gestão do ponto de venda e serviços pós-produção. Em todas essas fases o intuito da gestão da qualidade é realizar as seguintes atividades básicas: realizar o controle da qualidade de produtos/serviços e processos, garantir a qualidade dos produtos/serviços e melhorar a qualidade dos produtos/serviços e dos processos que os operacionalizam.

11.3.2 Enfoques dos principais autores

Vários autores formalizaram conceitos e táticas diferentes para a operacionalização de um Sistema de Gestão da Qualidade. A diferença entre as táticas (abordagens, ferramentas etc.) depende basicamente da conceituação adotada para a qualidade e da ênfase que eventualmente é dada a um particular subsistema ou dimensão de gestão. Por exemplo, alguns dos autores focam mais sua atenção nas atividades da linha de produção e no controle do processo, enquanto outros focam mais as atitudes organizacionais e administrativas.

A seguir, apresenta-se uma síntese dos conceitos relativos à concepção de Sistemas de Gestão da Qualidade defendidos por alguns dos principais e mais clássicos autores da área. A intenção não é explorar totalmente a visão da qualidade de cada um desses autores, mas sim exemplificar alguns conceitos e abordagens utilizadas na elaboração de planos para a consolidação de Sistemas de Gestão da Qualidade. Esses autores, dentre os quais destacam-se Juran, Feigenbaum, Deming, Crosby e Ishikawa, de modo geral não possuem pontos de vista significativamente conflitantes. As diferenças estão mais na importância dada por eles a alguns aspectos da gestão da qualidade e na análise de tais aspectos sob pontos de vista não inteiramente coincidentes.

11.3.2.1 Controle total da qualidade segundo Feigenbaum

Feigenbaum definiu o conceito de "Controle Total da Qualidade" como um sistema efetivo de integração de esforços para o desenvolvimento, a manutenção e o aprimoramento da qualidade dos vários grupos em uma organização, para capacitar os departamentos responsáveis pela produção de um bem ou serviço a atenderem plenamente as necessidades dos clientes e da maneira mais econômica.

A partir dessa conceituação, Feigenbaum estabeleceu quatro tarefas básicas associadas ao controle da qualidade: controle de novos projetos, controle de recebimento de materiais, controle do produto e estudos especiais do processo de fabricação.

Segundo o autor, para a concepção e a operacionalização dessas tarefas, o Sistema de Controle Total da Qualidade deve conter os seguintes subsistemas: avaliação da qualidade na pré-produção; planejamento da qualidade do produto e do processo; avaliação e controle da qualidade dos materiais comprados; avaliação e controle da qualidade dos produtos e dos processos; sistema de informação da qualidade; mecânica da informação da qualidade; desenvolvimento do pessoal, motivação e treinamento para a qualidade; qualidade pós-vendas; administração da função controle da qualidade e estudos especiais da qualidade.

A ênfase apresentada é a da organização e da sistematização para alcançar objetivos da qualidade. A empresa deverá estar baseada numa forte infraestrutura técnica e administrativa com procedimentos de trabalho claramente estabelecidos, formalizados e integrados em toda a organização.

Feigenbaum afirma que a qualidade tem como origem uma estrutura organizacional bem definida, acompanhada de um conjunto de procedimentos operacionais fielmente seguidos. A empresa só alcançará altos níveis de qualidade quando for plenamente definida a divisão de responsabilidade a nível formal. Essa formalização deve ocorrer em todos os setores, administrativos ou produtivos, chegando ao nível de execução das tarefas.

A formalização exige documentação. Manuais indicativos, normas e procedimentos operacionais específicos devem dirigir as tarefas e os processos dentro da empresa. As não conformidades são vistas como ocorrências possíveis e como tal devem ser previstas e os procedimentos para a prevenção e correção devem ser formalizados. Feigenbaum, e seu conceito de Controle Total da Qualidade, é considerado o precursor dos sistemas de gestão da qualidade normalizados, como é o caso dos Sistemas de Gestão da Qualidade ISO 9000.

11.3.2.2 A trilogia da qualidade de Juran

No estabelecimento de um Sistema da Qualidade, Juran estipula três processos básicos que foram denominados "trilogia da qualidade": planejamento da qualidade, controle da qualidade e aprimoramento da qualidade.

O planejamento da qualidade é o ponto inicial, cuja finalidade é a de criar um produto e um processo capazes de atender as metas de qualidade estipuladas pela organização em condições normais de operação. Após definido o planejamento da qualidade do produto e do processo, as áreas operacionais da empresa devem buscar a máxima eficiência deles. Devido a deficiência no planejamento original, os processos podem operar em níveis altos de desperdício ou de perdas. Essas perdas crônicas, inerentes ao próprio projeto do processo, não são de responsabilidade do pessoal de operação que tem como objetivo básico o controle da qualidade, ou seja, não deixar que esses níveis de perdas sejam ultrapassados. Se em algum momento uma causa esporádica elevar o nível de perdas, deverão ser tomadas as ações que minimizem as perdas e investigadas e eliminadas as causas desta ocorrência.

O nível crônico das perdas também deve ser atacado. A redução desse nível será alcançada por ações dirigidas pela alta administração no sentido de atribuir a responsabilidade pelo processo de aprimoramento da qualidade aos gerentes da organização. Esse processo deve ser superposto ao processo de controle da qualidade, para sua complementação e não sua substituição.

Os subitens dos processos básicos da qualidade são planejamento da qualidade, controle da qualidade e melhoria da qualidade.

O planejamento da qualidade envolve: a identificação dos clientes, tanto internos como externos; determinação das necessidades dos clientes; desenvolvimento de produtos ou serviços que atendam essas necessidades; estabelecimento de especificações de qualidade para atender as necessidades dos consumidores, dentro das condições impostas pelos fornecedores obedecendo o critério de mínimo custo total; desenvolvimento de um processo que possa produzir os produtos desejados; análise de que o processo é capaz de atender as especificações de qualidade dentro de condições normais de trabalho.

O controle da qualidade engloba: definição do que deve ser controlado; escolha do tipo de medida que será utilizada; estabelecimento da mecânica de medição e dos padrões de desempenho; monitoramento do desempenho atual; interpretação das diferenças (nível atual contra o padrão); tomada de ações corretivas ante as diferenças.

O aprimoramento (melhoria) da qualidade envolve: identificação da necessidade do aprimoramento; identificação dos projetos específicos para o aprimoramento; estabelecimento dos objetivos do projeto; estabelecimento da organização necessária para poder executar diagnósticos (descobrir as causas); execução da mecânica necessária para construir os diagnósticos; estabelecimento dos rumos de ação com base nos diagnósticos; garantia de que as ações pretendidas são eficazes sob condições normais de trabalho; estabelecimento de um controle para perpetuar os aprimoramentos.

O sistema da qualidade preconizado por Juran dá ênfase ao controle dos custos relacionados com a qualidade. Tanto o nível da qualidade do produto quanto o nível de controle da empresa devem ser escolhidos em função do diferencial entre custos e benefícios. Os níveis ótimos são os que fornecem os maiores ganhos à empresa.

A Figura 11.2 a seguir ilustra a lógica dessa trilogia. No eixo horizontal tem-se o tempo e no vertical tem-se um índice de não conformidades do processo.

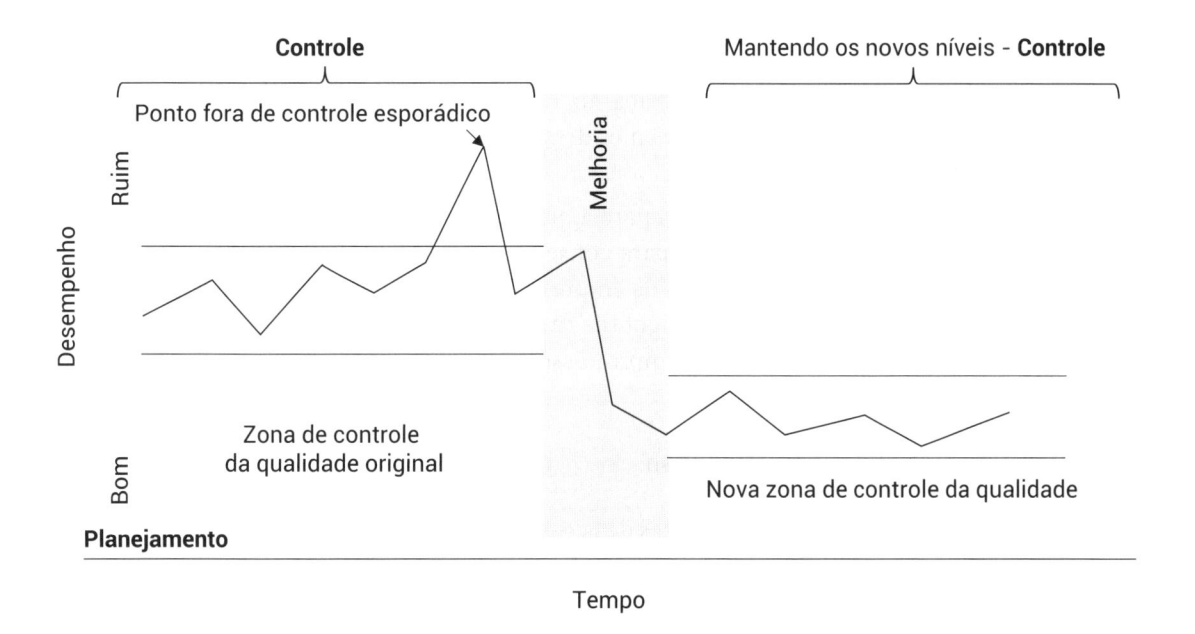

Figura 11.2 Trilogia da qualidade de Juran.

11.3.2.3 Crosby: qualidade na administração

Segundo Crosby, a qualidade de uma empresa não pode ser medida apenas pela qualidade de seus produtos finais. A qualidade é a soma das qualidades obtidas nas diversas atividades, uma das quais é a produção. As atividades que contribuem para a qualidade final têm pouco em comum, porém pode-se definir padrões de desempenho para cada uma delas. Se definirmos qualidade como conformidade aos padrões, todas as atividades estarão sujeitas ao mesmo tipo de controle.

Crosby define quatro princípios universais para a gestão da qualidade. O primeiro está relacionado com a definição da qualidade. Crosby afirma que se a qualidade for definida como conformidade a requisitos fica estabelecida uma base para um entendimento comum sobre qualidade em todos os processos da empresa. Assim, não existiria alta ou baixa qualidade, mas sim uma constatação se a qualidade está ou não presente em um produto, por meio da conformidade com os requisitos.

O segundo princípio está relacionado com o sistema preventivo da qualidade. Para que a qualidade possa ser alcançada, deve haver um sistema que a suporte. A maioria dos sistemas funcionam como controladores da qualidade dos produtos já elaborados, procurando e corrigindo defeitos depois de sua produção. Um sistema só será gerador da qualidade se for voltado à prevenção, ou seja, a eliminação dos erros antes de seu acontecimento. O terceiro princípio está relacionado com o padrão de desempenho. O padrão de desempenho buscado deve ser o zero defeito. Zero defeito quer dizer que se deve compreender e atingir as especificações na primeira vez que o produto ou serviço for produzido ou realizado, e que toda vez que este produto for produzido as especificações serão alcançadas. Zero defeito significa, na realidade, uma atitude positiva de prevenção de defeitos e de busca permanente da perfeição nas operações.

Medidas da qualidade é o quarto princípio, em diferentes setores industriais, diferentes tipos de medidas da qualidade são utilizadas. A qualidade deve ser medida calculando-se o custo de cometer erros, ou seja, os custos das não conformidades. Retrabalho, revisões, esperas, tempos mortos, serviços de assistência técnica para reparos etc. são componentes desse custo, ou seja, a qualidade deveria ser medida pelo custo de perdas com a falta de qualidade.

Crosby dá uma grande ênfase à motivação para a qualidade. Segundo sua visão, é obrigação da alta administração organizar programas e ações para conseguir uma boa receptividade para questões relacionadas com a qualidade, em todos os níveis da empresa. O tema principal sugerido pelo autor para os Programas de Gestão da Qualidade é "Do it right the first time!" (Faça certo na primeira vez!), por meio da busca de maiores níveis de motivação e compromisso das pessoas.

11.3.2.4 Deming: a qualidade no processo

Baseado nas diferenças constatadas das práticas de gestão e do desempenho entre a indústria americana e a indústria japonesa, Deming estruturou sua filosofia de gestão da qualidade sobre a importância estratégica da qualidade como fator de aumento da competitividade de uma empresa. As diferenças mais marcantes observadas pelo autor foram: falta de envolvimento da alta administração com os problemas da produção, a qualidade era encarada como tarefa e responsabilidade exclusivamente da produção, treinamento do pessoal completamente inadequado para tratar com os problemas relacionados com a qualidade, forte dependência da inspeção 100% para a garantia da qualidade.

Com base nessas diferenças, Deming estabeleceu um conjunto de 14 pontos (Quadro 11.1), que serviriam de base para o estabelecimento de um efetivo Programa de Gestão da Qualidade.

Quadro 11.1 14 pontos de Deming

1. Mantenha a constância de propósito no sentido de uma contínua melhoria de produtos e serviços, com um plano para se tornar mais competitivo e permanecer atuante no negócio.
2. Adote uma filosofia de trabalho moderna. Estamos em uma nova era econômica. Não aceite a convivência com atrasos, erros, materiais defeituosos e mão de obra inadequada, enfim, defeitos seus ou de terceiros, como se isso fosse inevitável.
3. Termine com a dependência da inspeção em massa. Garanta a qualidade no processo.
4. Considere prioritariamente a qualidade ao selecionar fornecedores de produtos e serviços.
5. Antecipe-se às consequências da falta da qualidade. Identifique problemas. Descubra suas causas e trate de eliminá-las preventivamente.
6. Institua métodos atualizados de treinamento no trabalho. O treinamento é um processo pelo qual cada supervisor deve ser o responsável e como tal deve ser tratado.
7. Introduza modernos métodos de supervisão. Crie condições para realização adequada do trabalho.
8. Afaste o medo no ambiente de trabalho. Crie um clima de confiança e respeito mútuo entre as pessoas da empresa.
9. Elimine as barreiras entre departamentos. Descubra e conheça seus clientes internos e externos. Identifique e atenda suas necessidades.
10. Elimine metas numéricas, cartazes e rótulos que apenas pedem maiores níveis de produtividade para os trabalhadores, sem indicar métodos ou ideias para atingi-los. Só estabeleça metas com a clara indicação do modo, ou seja, de como atingi-las.
11. Não imponha padrões de trabalho inconsistentes. Use os padrões numéricos apenas como instrumentos para que todos tenham consciência de sua situação e do resultado de seus esforços.
12. Institua um programa de educação e treinamento para todos os níveis da empresa, a fim de afastar o medo e as barreiras que impedem que as pessoas se sintam responsáveis pelo seu trabalho.
13. Mantenha sua equipe atualizada. Faça com que todos estejam em dia com mudanças de modelo, estilo, materiais, métodos e, quando necessário, novas máquinas.
14. Organize-se para garantir que esses princípios operacionais passem a orientar as decisões no dia a dia.

Deming acredita que uma vez atingido o autocontrole em cada ponto da organização, toda a organização estará sob controle (o autor pressupunha atingir um estado de controle estatístico de todos os processos técnicos e administrativos). O controle, como visto por Deming, tem uma atuação bastante prática, desde que entendidas as diferenças entre causas especiais (esporádicas) e causas comuns (crônicas) como origem dos problemas. Um princípio básico é que ninguém deve ser culpado ou penalizado por algo que não pode controlar/gerenciar. A violação desse princípio leva à insatisfação e à frustração no trabalho.

A responsabilidade básica de quem opera um processo é obter a sua estabilidade dos pontos de vista técnico e estatístico. Um processo estável permite previsões que tornam eficiente tanto a programação de recursos como a programação da mão de obra, possibilitando também a análise de possíveis melhorias. A gerência de um processo deve responder pelo seu desempenho em relação aos recursos disponíveis e necessidades dos clientes. Assim, a operação do processo é responsável pela detecção e correção das causas especiais, enquanto a gerência será responsável pelo aprimoramento deste processo, por meio da eliminação das causas comuns.

A sequência de atuação preconizada por Deming consiste em primeiramente tratar e eliminar as causas especiais, e depois as causas comuns. As causas especiais podem e devem ser tratadas em níveis mais operacionais da organização, além de normalmente não necessitarem de altos investimentos para a sua eliminação. As causas comuns são removidas pelo reprojeto do sistema ou processo e normalmente envolvem maiores investimentos. Deming enfatiza a criação de grupos de trabalho, com a finalidade de eliminar instabilidades na operação dos processos, com uso intenso de ferramentas estatísticas básicas, que devem ser compreendidas e utilizadas por todos para atingir o autocontrole dos processos.

11.3.2.5 Ishikawa: sistema japonês de gestão da qualidade

O nome de Kaoru Ishikawa e da Japanese Union of Scientists and Engineers (JUSE) estão diretamente associados ao sucesso em qualidade do Japão, pelo papel que desempenharam na difusão de atividades de melhoria da qualidade entre as empresas japonesas.

A inferioridade japonesa em qualidade (nos anos 1940 e 1950) foi publicamente reconhecida pelo país e, gradualmente, o governo, empresários e gerentes desenvolveram e aperfeiçoaram o mote central para a estratégia de qualidade do país no período pós-guerra: "a melhoria da qualidade poderia ser usada como um vetor para redução de custos e melhoria da produtividade, especialmente na indústria de produção em massa".

A chave para implementação dessa estratégia era que todos os empregados e todos os departamentos das empresas tinham que tomar responsabilidade pela melhoria da qualidade.

Ao contrário dos autores americanos, que priorizam os "custos da não qualidade" como motivadores fundamentais para a alta administração investir na melhoria da qualidade, Ishikawa dá maior importância ao papel do consumidor e sua satisfação, para a busca da melhoria da qualidade. De fato, este tema domina quase toda a discussão japonesa sobre melhoria da qualidade e da competitividade sustentada no longo prazo. A ênfase é no sentido de incorporar intimamente o consumidor na administração da empresa, desde as etapas de concepção e desenvolvimento do produto. Essa ênfase é uma extensão do slogan genérico: "faça do próximo processo (ou atividade) o seu cliente".

A mudança estrutural na gestão das empresas japonesas, preconizada por Ishikawa, pode ser resumida nos sete tópicos seguintes (Quadro 11.2).

Quadro 11.2 Sete pontos da abordagem de Ishikawa

1. Primazia pela qualidade: perseguir o lucro imediato implica um risco que, a longo prazo, significará perda de competitividade com consequente redução de ganhos. A qualidade deve ser uma prioridade.
2. Postura voltada para a satisfação do consumidor: tudo deve ser orientado e dirigido colocando-se na posição do usuário, não impondo o ponto de vista do produtor.
3. A etapa subsequente do processo é cliente da precedente: eliminar os seccionalismos existentes entre os setores da empresa.
4. Descrever, representar e analisar os fatos com base em dados reais: utilização das técnicas estatísticas.
5. Gerenciar a empresa com respeito às pessoas: administração participativa.
6. Gestão e controle por fatores de competitividade e por processos, e não por departamentos: ênfase no relacionamento horizontal e transversal entre os departamentos a partir de prioridades competitivas (qualidade, custo, prazos etc.). A forma organizacional vertical apenas define a hierarquia e comando, não proporciona a ligação horizontal das diversas funções e objetivos.
7. O controle da qualidade deve se dar por e em toda a empresa, com evolução permanente da tecnologia (produto, processo e gestão).

11.4 SISTEMA DE GESTÃO DA QUALIDADE - ISO:9000

ISO 9000 designa um grupo de normas técnicas com o intuito de estabelecer um Sistema de Gestão da Qualidade. Norma é um documento estabelecido por consenso e aprovado por um organismo reconhecido, no caso da ISO, esse organismo é o Organismo Internacional de Normalização (International Organization for Standardization – ISO). Com sede em Genebra, na Suíça, a ISO conta com a participação de mais de 160 países para desenvolver e publicar normas internacionais. As decisões são realizadas pelos membros, que são as principais organizações de normalização em cada país e há apenas um membro por país participante. A Associação Brasileira de Normas Técnicas (ABNT) representa a ISO no país e por essa razão as normas da família ISO 9000 também são Normas Brasileiras aprovadas pela ABNT (NBR).

O objetivo da ISO é possibilitar a coordenação internacional para a geração de normas técnicas para sistemas, processos e produtos, visando à igualdade de direito dos membros sobre as decisões de conteúdo de cada norma. As normas criadas são voluntárias, direcionadas ao mercado e facilitam acordos técnicos que servem de base para uma tecnologia compatível internacionalmente. A ISO publicou mais de 21 mil normas internacionais, cobrindo os mais diversos tipos de organizações. Existem mais de um milhão de empresas e organizações em mais de 170 países certificados pela ISO 9001.

A série ISO 9000 é o modelo de referência para sistemas de garantia da qualidade mais difundido e aceito pelas organizações. Pode ser aplicada em qualquer tipo de organização, indústria e serviço, desde pequenas até grandes empresas. A primeira versão da norma ISO 9000 foi instituída em 1987, baseada em uma norma britânica (ABS 5750) mas teve grande difusão com a revisão de 1994. Outras revisões foram conduzidas em 2000, 2008 e 2015.

Os padrões da norma ISO 9000 não têm o intuito de medir a qualidade dos produtos e serviços das empresas, ou mesmo de comparar resultados entre organizações, mas apresentam padrões para estabelecer a sistematização e formalização das atividades da empresa com o intuito de produzir serviços e produtos que satisfaçam as necessidades e demandas dos clientes.

A família ISO 9000 (Quadro 11.3) apresenta um guia para que as empresas possam assegurar que os produtos e serviços das organizações atendam aos requisitos dos clientes e que há um esforço contínuo na melhoria constante da qualidade.

Quadro 11.3 Normas e diretrizes

Normas e diretrizes	Propósitos
ISO 9000:2015 – Sistemas de gestão da qualidade – fundamentos e vocabulários	Apresenta os principais termos, definições e linguagem para a compreensão das normas da família ISO 9000. É importante para evitar interpretações errôneas da norma.
ISO 9001:2015 – Sistemas de gestão da qualidade - requisitos	Estabelece os requisitos de um sistema de gestão da qualidade. É a apresentação dos requisitos básicos que podem ou devem ser implantados na organização e são utilizados para avaliar a capacidade da organização em atingir os requisitos dos clientes quando da certificação.
ISO 9004:2010 – Gestão para o sucesso sustentável de uma organização – uma abordagem para sistema de gestão	O objetivo está relacionado a como tornar um sistema de gestão da qualidade mais eficiente e eficaz. Fornece orientação às organizações para atingir sucesso sustentado, provendo foco mais abrangente sobre a gestão da qualidade.
ISO 19011:2011 – Diretrizes para auditoria de sistemas de gestão da qualidade e/ou ambiental	Apresenta orientações para a realização de auditorias internas e externas dos sistemas de gestão da qualidade. Ela pode ser usada internamente, na auditoria de fornecedores ou na auditoria de terceira parte para sistema de gestão da qualidade e ambiental.

A norma ISO 9001:2015 estabelece os critérios para um sistema de gestão da qualidade e é a única norma da família em que a empresa pode ser certificada, embora isso não seja uma obrigatoriedade para fazer uso dos requisitos da norma: qualquer organização, independentemente do seu campo de atividade, pode se embasar na norma para a criação e manutenção do sistema de gestão da qualidade.

Um sistema de gestão da qualidade é a forma como as organizações podem atender aos requisitos de seus clientes ou das partes interessadas da organização.

A norma ISO 9000 está fundamentada em sete princípios de gestão da qualidade, um princípio de gestão da qualidade é uma regra ou crença fundamental que são utilizadas para guiar e operar uma organização. O intuito geral dos princípios é direcionar o sistema de gestão e as ações e melhorias ao longo do tempo. Os princípios são: foco no cliente; liderança; engajamento das pessoas; abordagem de processo; melhoria; tomada de decisão baseada em evidência e gestão de relacionamento.

O foco no cliente pode ser traduzido pela preocupação de que os atributos da qualidade associados e que agregam valor aos produtos e serviços sejam baseados nas necessidades dos clientes e devem ser direcionados para a satisfação deles. Além dos clientes finais também deve ser observado o atendimento às necessidades de outras partes interessadas da organização como atendimento aos aspectos legais e governamentais, necessidades dos acionistas, fornecedores, colaboradores e sociedade de forma geral. O comprometimento das pessoas com a satisfação dos clientes só pode ser realizado se houver apoio da liderança. É necessário que a liderança esteja envolvida e comprometida com a qualidade e auxilie na criação, manutenção e melhoria do Sistema de Gestão da Qualidade. O exemplo da liderança auxilia no comprometimento e engajamento das pessoas em prol da qualidade, o fator mais importante da organização são as pessoas e que elas estejam comprometidas com o sistema de gestão da qualidade e com os processos que o compõem.

A abordagem de processos possibilita uma visão de que os processos e atividades atravessam a estrutura funcional da organização horizontalmente, envolvendo pessoas de diferentes áreas funcionais, sendo necessária integração, padronização e formalização para alcançar os resultados desejados e entregar para o cliente produtos e serviços que satisfaçam suas necessidades. Para que sejam identificados problemas e melhorias nos processos da organização é importante que haja tomada de decisão baseada em evidências, ou seja, em fatos e dados confiáveis, para que não haja investimento de tempo e esforços em problemas que não são reais ou mesmo que se tenha falta de dimensionamento dos resultados de ações de melhoria. A gestão de relacionamentos visa gerenciar as relações entre diferentes partes interessadas da empresa, processos e pessoas, possibilitando melhor comunicação e resultados.

A Figura 11.3 mostra o esquema de um sistema de gestão da qualidade com base na norma ISO 9001:2015. O esquema é baseado no ciclo PDCA (*Plan, Do, Check, Act*). O Planejamento (*Plan*) tem o intuito de estabelecer os objetivos do sistema e processos e recursos necessários para atingir os objetivos do Sistema de Gestão da Qualidade. A etapa *Do* está relacionada com a implantação do que foi planejado. O *Check* monitora e mede processos e resultados do sistema. A última etapa, *Act*, visa melhorar desempenho. A norma ISO 9001 visa e é pautada no melhoramento contínuo. O ciclo PDCA pode ser aplicado para todos os processos e para o sistema de gestão da qualidade como um todo e, por isso, está representado no esquema.

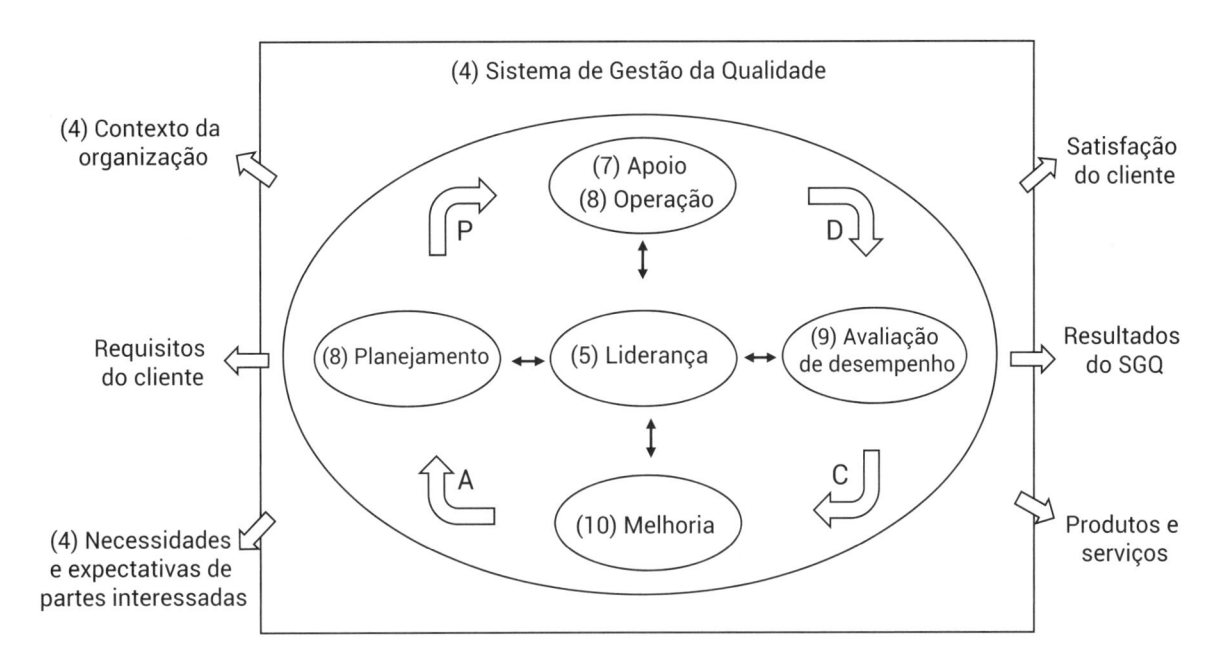

Figura 11.3 Sistema de gestão da qualidade com base na ISO 9001:2015.

A norma promove a adoção da abordagem por processos, em que a organização deve identificar e gerenciar processos e suas interações, com o objetivo de elevar a sua eficiência e eficácia e prevenir resultados não pretendidos.

Uma das novidades da norma ISO 9001:2015 é a apresentação explícita e mais presente da mentalidade de risco, a norma visa à implantação de ações com enfoque em riscos e oportunidades, apesar de em versões anteriores já ter apresentado a exigência de ações preventivas. A mentalidade de risco está associada a diversos requisitos, com o intuito de identificá-los e tomar as ações preventivas para que o risco não se torne real visando ao aumento da eficácia do sistema de gestão da qualidade, conseguir melhores resultados e minimizar efeitos indesejados.

A norma visa também à identificação de oportunidades, que podem surgir decorrentes da existência de situações favoráveis, como atrair novos clientes, desenvolver produtos ou melhorar a produtividade, processos e produtos.

11.4.1 Itens e requisitos da norma ISO 9001

A Figura 11.3 é constituída pelos itens da norma e suas relações. Os itens gerais são: Contexto da Organização (item 4), Liderança (item 5), Planejamento (item 6), Apoio (item 7), Operação (item 8), Avaliação e desempenho (item 9) e Melhoria (item 10).

A organização deve entender e analisar de forma crítica a organização e seu contexto, de forma que possa elencar questões externas e internas pertinentes para seus objetivos e estratégia, e que possam afetar os resultados do seu sistema de gestão da qualidade. O critério também envolve o entendimento das necessidades e expectativas das partes interessadas, a organização deve identificar e monitorar informações pertinentes para os *stakeholders* que impactem o sistema de gestão da qualidade. Nesse item também devem ser determinados os limites (escopo) do Sistema de Gestão da Qualidade e os processos necessários e suas interações.

11.4.1.1 Liderança

Deve ser demonstrado pela organização que há liderança e comprometimento com relação ao Sistema de Gestão da Qualidade, que há comprometimento da liderança com relação ao foco no cliente e em sua satisfação. Também é responsabilidade da alta direção o estabelecimento, implementação, manutenção e comunicação para toda a organização de uma política da qualidade que apoie o direcionamento estratégico da organização e auxilie no estabelecimento dos objetivos da qualidade. É papel da alta direção assegurar as responsabilidades e autoridades para o Sistema de Gestão e que sejam comunicadas e entendidas na organização.

11.4.1.2 Planejamento

O planejamento do Sistema de Gestão da Qualidade deve assegurar que riscos e oportunidades devem ser abordados para assegurar e aumentar os resultados desejados, evitar efeitos indesejáveis e alcançar melhoria. A organização deve estabelecer objetivos da qualidade alinhados às políticas da qualidade e direcionados para as funções, níveis e processos do sistema de gestão da qualidade e também deve planejar como alcançá-los. A organização também deve determinar a necessidade de mudanças e estas devem ser implementadas de forma planejada e sistemática.

11.4.1.3 Apoio

A organização deve identificar e prover os recursos para a criação, implantação, gestão e melhoria contínua do sistema de gestão da qualidade. Os recursos envolvem as pessoas, a infraestrutura, o ambiente para a realização adequada para a operação dos processos e para alcançar a conformidade de produtos e processos, os recursos necessários para o monitoramento e medição da conformidade de produtos e processos e o conhecimento necessário para que as operações e conformidades sejam alcançadas. A organização também deve assegurar a competência necessária para que as pessoas realizem seu trabalho da forma adequada. Deve ser assegurado que as pessoas estejam conscientes da política da qualidade, dos objetivos e da contribuição que podem prover ao sistema de gestão da qualidade e que haja boa comunicação. O último ponto do item é que a organização deve prover informação documentada requerida e necessária para a norma e esta deve ser criada, atualizada e controlada.

11.4.1.4 Operação

A organização deve planejar e controlar os processos necessários para atender aos requisitos de produtos e serviços. Os requisitos para produtos e serviços devem ser identificados realizando comunicação com o cliente, os requisitos devem ser identificados e deve ser feita análise crítica dos requisitos para verificar a capacidade da organização em atendê-los. Também relacionado com o item operação, a organização deve estabelecer, manter e gerir um processo de projeto e desenvolvimento adequado para garantir um bom planejamento, realização e controle do projeto de desenvolvimento. A organização deve assegurar que processos, produtos e serviços obtidos externamente estejam conformes com requisitos e, para isso, devem controlar esses itens. A organização também deve cuidar da propriedade pertencente a clientes quando estiver sob seu cuidado. Os requisitos para atividades pós-entrega também devem ser atendidos. A organização deve verificar se os produtos e serviços podem ser liberados para os clientes e, se houver saídas não conformes do processo, estas devem ser identificadas e controladas para evitar o uso ou entrega não pretendido.

11.4.1.5 Avaliação de desempenho

A organização deve determinar o que precisa ser monitorado, os métodos para monitoramento e medição e os resultados devem ser analisados e avaliados. A organização também deve monitorar e avaliar o desempenho do sistema de gestão da qualidade. Também deve criar meios para monitorar a percepção de clientes sobre o atendimento às suas necessidades e deve analisar criticamente essas informações. Como análise de desempenho, a organização deve realizar auditorias internas periódicas e a alta direção deve analisar criticamente as informações provenientes da avaliação de desempenho.

11.4.1.6 Melhoria

A organização deve identificar, selecionar e implementar oportunidades de melhoria para atender aos requisitos e aumentar a satisfação dos clientes. Se ocorrer uma não conformidade a organização deve reagir a não conformidades e tomar as ações adequadas para corrigi-las e lidar com as consequências. O sistema de gestão da qualidade também deve ser continuamente adequado e melhorado.

11.4.2 Certificação

Para a certificação, é indicado que após o processo de implantação da norma seja feita uma auditoria interna para verificação de possíveis pontos de não conformidade em relação aos requisitos da norma, podendo melhorá-los para a auditoria de certificação. Para a certificação é necessária a contratação de um organismo certificador (acreditado pelo INMETRO), para realização de uma auditoria oficial. A auditoria é realizada em duas etapas, uma primeira para verificação se a empresa atende aos requisitos, que pode ser feita por meio do envio de um relatório da empresa para a certificadora. Em uma segunda etapa é a realizada uma visita a empresa para verificar a consistência do cumprimento dos requisitos. Se a empresa obtiver a certificação, essa terá validade de 3 anos, após esse período a empresa passará por uma auditoria de recertificação.

11.5 PRÊMIOS DA QUALIDADE E MODELOS DE EXCELÊNCIA DE GESTÃO

A excelência em uma organização depende de sua capacidade de perseguir seus propósitos, observando os diversos *stakeholders* e o ambiente em que a empresa está inserida. Os prêmios da qualidade visam difundir práticas de gestão da qualidade e reconhecer empresas com desempenho organizacional de excelência. Os prêmios surgiram a partir de conceitos fundamentais da Gestão da Qualidade Total, com o intuito de incentivar as empresas a adotarem princípios de excelência, para obterem desenvolvimento organizacional e resultados. Há diversos prêmios da qualidade, os mais conhecidos são: o Malcolm Baldrige Quality National Award (Estados Unidos da América); o Deming Prize (Japão); o European Quality Award (Europa); no Brasil, há o Prêmio Nacional da Qualidade (PNQ) gerido pela Fundação Nacional da Qualidade (FNQ), uma organização não governamental sem fins lucrativos.

11.5.1 Prêmio Deming

O primeiro e um dos mais importantes prêmios até os dias atuais é o Deming Prize, instituído no Japão em decorrência dos conceitos e práticas da gestão da qualidade total divulgados por William Edwards Deming no período pós Segunda Guerra Mundial. Deming foi convidado pela JUSE para visitar o Japão em julho de 1950. Ele realizou seminários e palestras sobre o Controle da Qualidade Total (*Total Quality*

Control) e, nesse primeiro contato, ensinou as ferramentas estatísticas básicas para o controle da qualidade para executivos, gerentes, engenheiros e pesquisadores japoneses. Isso fez crescer o interesse em qualidade, fazendo com que os japoneses investissem esforços na aplicação do controle da qualidade total, que evoluiu e se tornou *Company Wide Quality Control* (CWQC), que seria depois reintroduzido nos Estados Unidos e se tornaria no ocidente o *Total Quality Management* (TQM) ou Gestão da Qualidade Total. As aulas do curso dado por Deming foram gravadas e os direitos foram doados por Deming para a JUSE, em consideração a esse ato, os diretores da JUSE decidiram criar o Deming Prize.

A primeira cerimônia de premiação do Deming Prize foi realizada em 1951 e o Comitê de premiação tinha como presidente honorário o próprio W. E. Deming e como primeiro presidente do Comitê do Prêmio Deming; Ichiro Ishikawa. Em 1951 havia premiação tanto para indivíduos, destinado a pessoas que contribuíram para o desenvolvimento e disseminação da GQT, como para aplicações, concedido às organizações que utilizavam os princípios, práticas, métodos e ferramentas do GQT e que obtiverem melhoria de resultados com a aplicação.

As atuais categorias do Deming Prize são:

- **Prêmio Deming para Indivíduos (Deming Prize for Individuals):** dado para indivíduos ou grupos que fizeram contribuições notáveis para o estudo ou disseminação da Gestão da Qualidade Total.
- **Prêmio Deming Estrangeiro de Serviços Distintos para Disseminação e Promoção (Deming Distinguished Service Award for Dissemination and Promotion - Overseas):** dado para indivíduos que fizeram contribuições substanciais para a promoção e disseminação da GQT e cujas atividades estejam fora do Japão, ou seja, contribuição de não japoneses para a GQT.
- **Prêmio Deming (Deming Prize), antigo Prêmio Deming de Aplicação (Deming Application Prize):** prêmio anual destinado a organizações como empresas, institutos, divisões, unidades operacionais, escritório, entre outros; que implantaram a GQT de forma adequada para a sua filosofia de gestão, escopo, tipo de negócios e ambiente de gestão.
- **Grande Prêmio Deming (Deming Grand Prize):** para organizações que mantiveram e melhoraram a GQT por mais de três anos após a conquista do Prêmio Deming.

Para a concessão do Prêmio Deming, há a observação de algumas questões importantes para as empresas solicitantes, como: os objetivos e estratégias de negócio são orientados para o cliente e de acordo com a filosofia de gestão, tipo de indústria, escala de negócios e ambiente de negócios; a GQT foi implementada adequadamente para atingir os objetivos e estratégias de negócios; os resultados gerados atendem aos objetivos propostos.

Para que a empresa possa se candidatar ao prêmio Deming há alguns passos, como um diagnóstico preliminar sobre a aplicação da gestão da qualidade total na empresa. Para que a empresa possa concorrer ao prêmio, há a necessidade de que ela se candidate para o diagnóstico da GQT, uma avaliação de terceira parte, realizada pelo Comitê de Exame do Prêmio de Deming (*Deming Prize Examination Committee*) a pedido da organização, objetivando diagnosticar o *status* da implementação da GQT e prover recomendações para que a organização possa promover a GQT de maneira mais eficiente.

De maneira simplificada, o processo também envolve a submissão de um relatório com as práticas da GQT, que passará por um exame conduzido pelo Comitê, as empresas que passarem nessa primeira avaliação de conteúdo prepararão uma reunião com o examinador líder, também há uma avaliação *in loco* da equipe avaliadora e após essas etapas é que há um anúncio público dos aprovados ao prêmio. As organizações vencedoras de prêmios são convidadas a comunicar as suas práticas de GQT em apresentações dos premiados.

O sistema de avaliação é composto por três critérios de avaliação: categorias básicas, atividades excepcionais ou únicas de GQT e papéis da alta administração. Cada critério contém "itens" e "pontos" que auxiliam na pontuação. No momento do exame, o Comitê pode alterar alocações da pontuação considerando o tipo de negócio da organização.

11.5.2 Prêmio Malcolm Baldrige

O Prêmio Malcolm Baldrige (*Malcolm Baldrige National Quality Award* – MBNQA) é dado anualmente para organizações que demonstram excelência de qualidade e desempenho. O prêmio foi estabelecido pelo Congresso dos Estados Unidos em 1987, o objetivo principal era aumentar a conscientização sobre a gestão da qualidade e reconhecer as empresas americanas que implementaram sistemas de gestão da qualidade bem-sucedidos. As empresas americanas precisavam se concentrar na qualidade para competir em um mercado global, cada vez mais exigente e o motivo da criação do prêmio pelo Congresso Americano foi aumentar a competitividade das organizações americanas.

O Prêmio é um programa federal pertencente ao Instituto Nacional de Padrões e Tecnologia do Departamento de Comércio dos EUA (*U.S. Commerce Department's National Institute of Standards and Technology* – NIST), que realiza a administração executiva, e a *American Society for Quality* (ASQ) que o administra. A Fundação Baldridge encarrega-se de angariar fundos para a manutenção e continuidade do prêmio. Até três prêmios podem ser dados a cada ano em cada uma de seis categorias: manufatura; serviços; pequenas empresas; educação; saúde e empresas sem fins lucrativos. O prêmio para as três primeiras categorias foi criado em 1987, as categorias de Educação e Saúde foram criadas em 1999 e sem fins lucrativos em 2007.

Um dos intuitos do prêmio é que os ganhadores devem compartilhar informações sobre suas práticas de excelência em desempenho com outras organizações em conferências. Além das ganhadoras, outras empresas podem ser reconhecidas pelas melhores práticas. O processo de candidatura envolve o envio de um relatório com as práticas relacionadas a cada um dos critérios do prêmio, o relatório é avaliado por uma equipe do corpo de avaliadores independentes, cada membro avalia o relatório individualmente e depois chegam a um consenso de pontuação. Depois da avaliação, são identificadas quais organizações receberão uma visita *in loco* da equipe avaliadora. Um painel de juízes identifica as organizações vencedoras do prêmio. Um relatório de *feedback* é enviado para a organização, realizado pela equipe de avaliadores, contendo apontamentos de forças e oportunidades de melhoria.

O prêmio é pautado nos critérios para a excelência no desempenho, para o relatório é solicitado um conjunto de questões que representam a vanguarda da liderança e da prática de gestão validadas. São sete critérios avaliados e resumidos no Quadro 11.4.

Quadro 11.4 Critérios para a excelência no desempenho

Critérios	Características
Liderança	Como a alta administração exerce sua liderança e como a organização cumpre suas responsabilidades éticas com a sociedade, comunidade e governo, com o objetivo de criar uma organização que seja bem-sucedida no presente e no futuro.
Planejamento estratégico	Como a organização estabelece, planeja e implanta os objetivos via planos de ação. Também deve ser apresentado como a organização mensura seus progressos com o objetivo de manter o sucesso no longo prazo.
Foco no cliente e no mercado	Como a organização constrói e mantém fortalecidas as relações com os clientes no longo prazo. A questão engloba como a organização escuta a voz do cliente, constrói a relação com o cliente e usa as informações para melhorar e identificar oportunidades para inovação.
Medição, Análise e Gestão do Conhecimento	Como a organização utiliza os dados para dar suporte à gestão dos processos chave e para auxiliar no alcance do desempenho. Questiona de que forma a organização gerencia informações sobre medição, análise e melhoria do desempenho e gerenciamento do conhecimento organizacional para impulsionar a melhoria, inovação e competitividade organizacional.
Foco nos recursos humanos	Como a organização envolve e desenvolve os recursos humanos, de forma que seja criado um ambiente de alto desempenho e permita que os recursos humanos e a organização se adaptem à mudança e ao sucesso.

(continua)

(continuação)

Critérios	Características
Gestão de processos (operação)	Como a organização projeta, gerencia, inova e melhora os processos chave. Também está relacionado a como garantir a eficiência operacional para alcançar o sucesso organizacional agora e no futuro.
Resultados de desempenho organizacional	Quais são os resultados da organização em termos de satisfação de clientes, liderança e de governança, recursos humanos, operações e responsabilidade social e como a organização se compara com seus competidores e seu desempenho financeiro e de mercado geral.

A Figura 11.4 apresenta o modelo conceitual do prêmio Malcolm Baldrige. O prêmio também trabalha com pontuação para cada um dos critérios.

Figura 11.4 Modelo conceitual do prêmio Malcolm Baldrige.

11.5.3 Prêmio nacional da qualidade

A Fundação para o Prêmio Nacional da Qualidade, atualmente Fundação Nacional da Qualidade (FNQ), foi fundada por representantes de 39 organizações privadas e públicas em 1991, entidade sem fins lucrativos foi criada para administrar o Prêmio Nacional da Qualidade (PNQ). Criada em decorrência da percepção dos empresários de que havia necessidade da adoção de padrões internacionais para buscar maior competitividade nas empresas brasileiras e também direcionar, avaliar e reconhecer a excelência em gestão, a FNQ é responsável por administrar as atividades do processo de premiação no Brasil. O PNQ é realizado anualmente e tem o objetivo de reconhecer empresas de classe mundial e a excelência da gestão em organizações brasileiras.

As categorias que as organizações podem se enquadrar para concorrer ao prêmio são: grandes empresas (mais de 500 funcionários); médias empresas (de 51 a 500 funcionários); pequenas e microempresas (até 50 funcionários); órgão da administração pública federal e organização de direito privado sem fins lucrativos.

O prêmio estimula o desenvolvimento da excelência em gestão por meio da disseminação dos Fundamentos e Critérios de Excelência compilados no Modelo de Excelência da Gestão (MEG). O MEG auxilia no estímulo e no desenvolvimento da gestão de empresas brasileiras para que se tornem sustentáveis e gerem valor para todos os *stakeholders*.

A visão de modelo de excelência de qualidade é uma nova forma de criar valor em uma economia que depende cada vez mais de informação e conhecimento. Os modelos se preocupam com a atuação da empresa e no relacionamento que ela tem com clientes, fornecedores, comunidade e sociedade, governo, colaboradores e acionistas. Os principais modelos foram pautados a partir de conceitos fundamentais da gestão da qualidade total, para a busca da excelência e reconhecimento do desempenho de excelência.

O MEG, de acordo com o FNQ,[2] possui oito fundamentos da excelência, que substituem os antigos critérios de excelência, que direcionaram o prêmio até 2015, os fundamentos desdobram-se em temas e posteriormente em processos e são apresentados no Quadro 11.5.

Quadro 11.5 Critérios para a excelência no desempenho

Fundamentos	Características
Pensamento sistêmico	As organizações precisam aprender a valorizar as relações de interdependência com clientes, parceiros e fornecedores, bem como as redes que emergem espontaneamente entre os colaboradores e destes com o ambiente externo.
Aprendizado organizacional e inovação	A organização deve buscar o conhecimento compartilhado e o aprendizado coletivo, o aprendizado está internalizado na cultura e o compartilhamento de conhecimentos e experiências deve direcionar a busca da eficácia e eficiência dos processos da organização e desenvolver competências.
Liderança transformadora	A atuação dos líderes deve ocorrer de forma inspiradora, como mentores; precisam ter visão sistêmica e abrangente e constância de propósito, ultrapassando as fronteiras da organização e interagindo com as partes interessadas; liderando pelo exemplo e estimulando as pessoas em torno de valores, princípios e objetivos da organização.
Compromisso com as partes interessadas	Estabelecimento de compromissos com as partes interessadas, como clientes, fornecedores, colaboradores e suas inter-relações com as estratégias e processos, em uma perspectiva de curto e longo prazos.
Adaptabilidade	Capacidade da organização em ser flexível e fazer mudanças de forma rápida, decorrentes de novas demandas das partes interessadas e alterações no contexto em que a empresa está inserida, considerando a velocidade de assimilação e o tempo de ciclo dos processos.
Desenvolvimento sustentável	Dever e responsabilidade da organização em responder pelos impactos de suas ações e atividades, na sociedade e no meio ambiente, e de contribuir para a melhoria das condições de vida, tanto atuais quanto para as gerações futuras, por meio de um comportamento ético e transparente.
Orientação por processos	Reconhecimento de que a organização é um conjunto de processos interconectados, e que o conjunto de atividades forma a cadeia de agregação de valor que precisa ser entendida e considerada na definição das estruturas: organizacional, de trabalho e de gestão. Os processos devem ser gerenciados e melhorados visando eficiência e eficácia nas atividades, de forma a agregar valor para a organização e para os *stakeholders*.
Geração de valor	Alcance de resultados econômicos, sociais e ambientais, bem como de resultados dos processos que os potencializam, de forma consistente e que atendam às necessidades e expectativas dos *stakeholders*.

O MEG é um modelo sistêmico inspirado no ciclo PDCL (*Plan, Do, Check, Learn*) e por esse motivo pode ser compreendido como um modelo de aprendizado, pois não é prescritivo. O ciclo PDCL tenta garantir a repetição e padronização dos processos, a verificação se o padrão está sendo cumprido e o aprendizado com a realização. O ciclo permite reflexões da organização sobre as práticas de gestão utilizadas e resultados alcançados, fazendo com que o modelo vise à melhoria contínua na implementação e adequação de práticas. O modelo pode ser aplicado a qualquer tipo de organização, já que não prescreve ferramentas e práticas de gestão específicas, permitindo que a organização tenha uma visão crítica sobre a sua gestão e verifique como pode adotar conceitos de empresas de classe mundial e se tornar mais competitiva.

O MEG proposto pelo PNQ está em constante alteração, para que reforce a busca pela excelência, ele foi similar ao modelo americano Malcolm Baldrige até o ano 2000, o modelo brasileiro surgiu em 2001 e vem sendo alterado a cada ano.

O Modelo de Excelência em Gestão proposto pelo PNQ pode ser visualizado na Figura 11.5. A figura foi inspirada no Tangram, que é um quebra-cabeça que pode formar outras formas ou figuras, esse conceito é transferido na forma que a organização possa adaptar o modelo para a gestão da empresa. No MEG a organização é vista como um sistema aberto que interage com o ambiente externo e também como um sistema adaptável, gerador de produtos e informações.

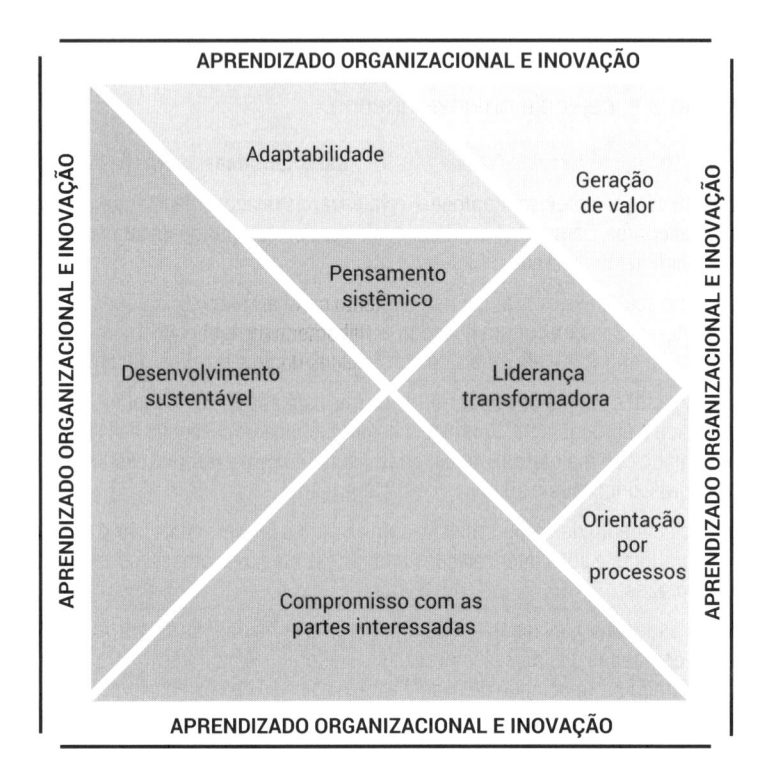

Figura 11.5 Modelo de Excelência da Gestão.

Fonte: FNQ.[3]

Os benefícios da aplicação do MEG envolvem a possibilidade de utilização de um referencial para a gestão competitiva e sustentável da organização ao longo do tempo visando compreender e atender aos anseios dos *stakeholders*. O modelo também visa possibilitar o aprendizado organizacional e a melhoria de processos, práticas e mensuração dos resultados. O modelo é a base do PNQ, que permite diagnóstico e mensuração do grau de maturidade da gestão.

O PNQ tem o intuito de reconhecer as organizações que são exemplos de excelência em gestão. O prêmio visa promover o compartilhamento das melhores práticas e o aumento da competitividade das organizações brasileiras. Para concorrer ao prêmio, a empresa deve enviar formulário com informações gerais da empresa, organograma e comprovante de realização do pré-diagnóstico da gestão ou documento que comprove a participação em prêmios regionais/setoriais, para determinação da elegibilidade.

Após a análise da elegibilidade, a empresa envia o Relato Organizacional (RO), contendo o perfil da organização e as práticas relacionadas com os fundamentos. O RO será avaliado pelos membros de um grupo de profissionais, indicado pela fundação, constituído por um coordenador, um tutor e até dez avaliadores. Esses membros são treinados pela FNQ para serem avaliadores e devem ser imparciais e não terem conflitos de interesse com a organização avaliada. Após a análise do RO, realiza-se uma visita na empresa, para verificação das práticas relatadas e atribuição de pontuação da empresa em cada um dos fundamentos e temas. As faixas de pontuação finais são apresentadas aos juízes para a decisão sobre a premiação. Ao final do processo é enviado à empresa um relatório de diagnóstico sobre pontos fortes e oportunidades de melhoria identificadas pela avaliação. Após a análise das empresas, são apresentadas as vencedoras e finalistas, que tiveram um bom desempenho na avaliação das práticas de gestão e empresas destaques em determinadas categorias.

11.6 MELHORIA CONTÍNUA DA QUALIDADE

Existem dois tipos principais de melhoria que apresentam pontos de vista diferentes, e de certa forma até mesmo opostos, sobre os objetivos e a realização da melhoria: melhoria revolucionária ou radical e melhoria contínua. A melhoria revolucionária é o melhoramento baseado em uma "inovação". Como o próprio nome indica, esse tipo de melhoria é realizado por meio de mudanças dramáticas na maneira pela qual a operação é realizada. Essa mudança geralmente se dá pela introdução de novas tecnologias de produto ou de processo. Outro exemplo seria a introdução de um novo sistema computacional ou o reprojeto do sistema de gerenciamento de uma empresa.

BOXE 11.1 MODELO DE EXCELÊNCIA EM GESTÃO

Os Modelos de Excelência em Gestão estão associados aos prêmios de qualidade, porém muito mais do que o reconhecimento público por meio da premiação, o prêmio e consequentemente os modelos visam criar uma mentalidade crítica da organização e de todos os seus colaboradores em busca da excelência. Por essa razão há o incentivo de autoavaliação das empresas baseada na estrutura proposta pelo modelo, no caso brasileiro, fundamentos, temas e processos detalhados em ferramentas e metodologias. A análise de como a empresa está implantando os fundamentos gera uma reflexão sobre seus processos e práticas, além disso gera uma observação se realmente está ocorrendo um esforço em relação a cada fundamento, portanto, o processo de reflexão colabora para análise e crescimento da organização.

Outro ponto de interesse é a própria difusão das ações para a excelência, ou seja, com a implantação do modelo, avaliações e premiações o intuito é que haja difusão dos processos, ferramentas, metodologias e da própria cultura da busca por excelência. Essa difusão busca tornar as empresas mais competitivas tanto localmente como globalmente.

O melhoramento contínuo ou incremental considera que um maior número de pequenas mudanças alcança um melhor nível de desempenho. Em vez de haver uma mudança abrupta com a aquisição ou o desenvolvimento de novos equipamentos para uma mudança no desempenho do processo, pequenas melhorias são realizadas na máquina existente, visando aperfeiçoar o seu desempenho. As mudanças podem ser inclusive relacionadas com desperdícios de tempos e movimentos, como a alteração de localização para que uma caixa de ferramentas fique mais próxima do operador ou mudanças de *layout* para minimizar transportes desnecessários.

As atividades de melhoria surgem como resposta a um contexto de grande dinamismo do mercado, onde há necessidade de adaptação contínua. O desempenho está relacionado com a capacidade de cada empresa gerir seus processos de negócio e suas operações. Resumidamente, Caffyn[4] conceitua melhoria contínua como um processo de inovação incremental, focada e contínua, abrangendo toda a empresa.

Em relação à melhoria contínua, existe a premissa de que a mudança não seja única, mas, sim, seguida por outros melhoramentos. Esse tipo de melhoramento é conhecido no Japão como *kaizen*, que significa melhoramento contínuo envolvendo todas as pessoas da empresa desde a alta administração até os operários. No melhoramento contínuo, em geral, os resultados não são vistos de imediato, são mais visíveis de modo acumulativo. Embora a melhoria incremental seja um fenômeno que ocorre naturalmente, tendo em vista que as pessoas vão sempre tentar fazer pequenas mudanças, o seu impacto raramente é sentido, a menos que esse padrão de mudança incremental ocorra de forma consistente ao longo de um período de tempo e esteja focado em uma meta particular. As empresas podem utilizar uma combinação desses dois enfoques para promover a melhoria.

11.6.1 Tipos de melhoria contínua

Há três tipos de atividades de *kaizen* de acordo com Imai,[5] cada um deles tendo diferentes níveis de complexidade, formas e focos no processo de melhoria. O primeiro é o *kaizen* orientado para a administração, que está voltado para questões estratégicas. Esse tipo de projeto é mais complexo e exige experiência em resolução de problemas e conhecimentos específicos. Muitos problemas abordados se estendem a outras áreas da empresa, tornando-se problemas e projetos multifuncionais.

O *kaizen* orientado para o grupo é realizado de maneira permanente por meio das atividades dos Círculos de Controle da Qualidade (CCQ) e outras em pequenos grupos, nas quais os funcionários focam na melhoria de métodos, rotinas e procedimentos de trabalho. Os grupos se reúnem durante um determinado período e estão focados na resolução de problemas específicos por meio da utilização de ferramentas estatísticas simples e de métodos de análise e solução de problemas.

O terceiro tipo é o *kaizen* orientado para o indivíduo, que se assemelha ao sistema de sugestões. O objetivo principal é realizar pequenas melhorias no próprio trabalho, em relação ao método de trabalho, rotinas e uso de recursos. Na maioria das vezes, as sugestões não geram retornos financeiros imediatos, mas fazem com que os operadores aumentem o interesse e motivação pelo *kaizen*.

Shiba, Grahan e Walden[6] propõem três tipos de melhoria relacionados com o TQM: controle de processo, melhoria reativa e melhoria proativa. Cada um dos tipos envolve o uso de ferramentas e um método para a resolução de problemas (Figura 11.6).

O controle de processo diz respeito à monitoração para garantir o funcionamento da forma pretendida e trazê-lo de volta ao padrão correto da operação se o processo sair de controle. Caso o processo produza resultados fora de seus limites de controle, o trabalhador executará a ação corretiva da forma pré-determinada e descrita nos procedimentos de retorno ao controle para corrigir o problema do processo. O método utilizado no controle de processo é o SDCA, em que há um padrão (S - *Standard*) que é utilizado para executar o processo (D - *Do*). Em seguida, os resultados do processo são verificados (C - *Check*) e a ação apropriada é efetuada (A - *Action*). Se os resultados começam a desviar ou sair realmente da especificação, são realizadas ações corretivas padrão. Essas ações são executadas pelos próprios operadores, que devem ser treinados no método e em ferramentas como o controle estatístico do processo.

Melhoria reativa trata da correção e da melhoria dos processos existentes, reagindo a falhas como defeitos, esperas e perdas. A essência da abordagem reativa é a padronização do processo de resolução de problemas utilizando-se o método PDCA. As ferramentas e técnicas empregadas são principalmente as sete ferramentas do controle da qualidade, como a lista de verificação, gráficos, diagrama de Pareto, histograma, diagrama de correlação, diagrama de causa-e-efeito e cartas de controle.

No último tipo, a melhoria proativa, não se parte de uma ideia clara. Existe apenas a noção geral de que há um problema e de que é necessário explorar amplamente a situação a fim de entender o que está acontecendo, para, então, formular uma possível solução.

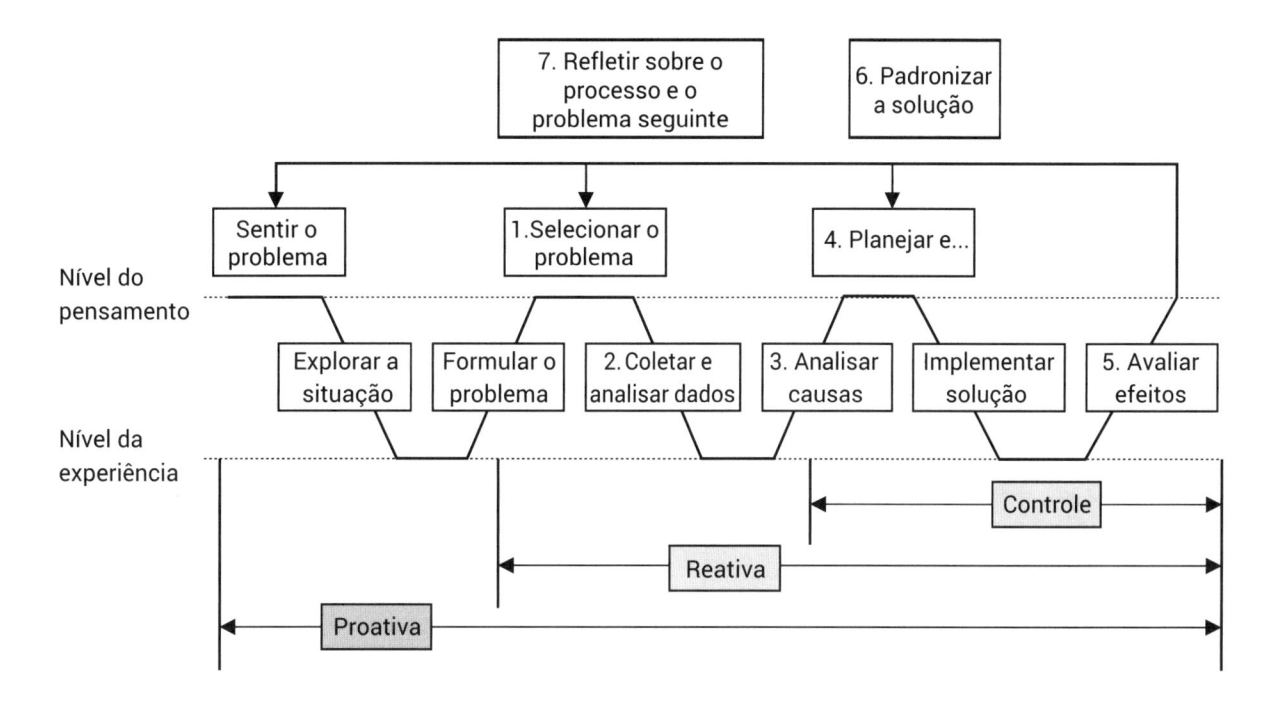

Figura 11.6 Três estruturas de melhorias.

11.6.2 Práticas e níveis de maturidade

A MC é um conceito simples, mas é muito difícil de ser implementada e mantida ao longo do tempo, por ser necessário aprendizado e adaptação constantes. Por isso, foram criados alguns modelos para análise da evolução da MC. Para interpretar as necessidades particulares dos clientes, prever a evolução tecnológica da indústria ou selecionar e priorizar projetos, existem rotinas básicas de empresas que descrevem "como fazemos as coisas por aqui" e que são, em geral, padrões inconscientes de comportamento.

Os comportamentos bem-sucedidos, que estão baseados em crenças e valores da organização, tornam-se rotinas e transformam-se na cultura da organização, refletindo-se na estrutura organizacional, políticas e procedimentos. Uma lista das nove habilidades e de alguns comportamentos relacionados com a MC pode ser observada no Quadro 11.6.

Quadro 11.6 Rotinas-chave e seus comportamentos

Habilidades	Comportamentos
"Entendendo a MC" – a capacidade de articular os valores básicos da MC	Pessoas de todos os níveis demonstram uma crença no valor dos pequenos passos da melhoria e todos contribuem, sendo ativamente envolvidos em realizar e reconhecer melhorias incrementais.
	Pessoas fazem uso de algum método formal para encontrar problemas e algum ciclo formal para resolvê-los.
	Quando alguma coisa errada acontece, a reação natural das pessoas de todos os níveis é procurar as razões do ocorrido em vez de culpar os indivíduos envolvidos.
"Adquirindo o hábito da MC" – a capacidade de gerar envolvimento sustentado em inovação incremental	Ideias e sugestões para melhoria são respondidas de forma clara e num tempo já determinado ou implementado.
	Pessoas usam técnicas e ferramentas apropriadas para suportar as suas atividades de melhoria.
	Pessoas usam medidas de desempenho para o processo de melhoria.

(continua)

(continuação)

Habilidades	Comportamentos
"Focando a MC" – a capacidade de interligar as atividades de MC e os objetivos estratégicos da empresa	Antes de começar uma investigação inicial e antes de implementar soluções, indivíduos e grupos avaliam as melhorias propostas em oposição a objetivos estratégicos, para assegurar consistência.
	Todos compreendem a estratégia da empresa ou de seu departamento, assim como suas metas e objetivos.
	Indivíduos e grupos monitoram/medem os resultados de suas atividades de melhoria e seus impactos na estratégia ou nos objetivos departamentais.
"Conduzindo o caminho" – a habilidade de liderar, dirigir e apoiar a criação e manutenção de comportamentos de MC	Gerentes conduzem, dando o exemplo, tornando-se envolvidos ativamente no planejamento e implementação de melhorias progressivas sistemáticas.
	Gerentes apoiam processos de melhoria, alocando tempo, dinheiro, espaço e recursos suficientes.
	Gerentes apoiam a experimentação, não punindo erros, mas encorajando, através de tais deslizes.
"Alinhando a MC" – a habilidade de gerenciar estrategicamente o desenvolvimento do sistema de melhoria contínua nas estruturas da organização.	Avaliações progressivas garantem que os processos, estruturas e sistemas organizacionais apoiam consistentemente e reforçam atividades de melhoria.
	Indivíduos responsáveis por processos específicos da empresa realizam revisões periódicas para garantir que eles continuem compatíveis com o sistema de MC.
	Quando uma grande mudança organizacional é planejada, seu impacto potencial no sistema de melhoria organizacional é avaliado, e ajustes são feitos no caso de necessidade.
"Compartilhamento de solução de problemas" – a habilidade de mover as atividades de MC para além das fronteiras organizacionais.	Indivíduos e grupos estão trabalhando efetivamente por meio das divisões internas (vertical e lateral) e externas em todos os níveis.
	Pessoas são orientadas em relação a clientes internos e externos nas suas atividades de melhoria.
	Atividades de melhoria relevantes envolvem representantes de diferentes níveis organizacionais.
"MC da melhoria contínua" – a capacidade de gerenciar estrategicamente o desenvolvimento da MC.	Atividades e resultados de melhorias são continuamente medidos e monitorados.
	Existe uma revisão periódica do sistema de MC em relação à organização, o que pode levar a uma maior reestruturação (*loop* duplo de aprendizado).
	Alta gerência disponibiliza recursos suficientes (tempo, dinheiro, pessoal) para apoiar o desenvolvimento contínuo do sistema de melhoria da empresa.
"A organização de aprendizagem" – a garantia de que a aprendizagem ocorra e seja capturada e compartilhada em todos os níveis.	Indivíduos e grupos de todos os níveis compartilham (tornam disponíveis) seus aprendizados por meio de todo tipo de trabalho e experiências de melhoria.
	Indivíduos procuram oportunidades de aprendizado/desenvolvimento pessoal (por exemplo, experimentação ativa), relacionados com os objetivos de aprendizado.
	A organização articula e consolida (captura e compartilha) o aprendizado de indivíduos e grupos.

A imitação das habilidades e rotinas é extremamente difícil: os comportamentos têm que ser desenvolvidos e estão relacionados com a aprendizagem e a criação de ativos intangíveis para a organização, aumentando a sua vantagem competitiva.

Longe de ser uma característica binária única (tem ou não tem), os comportamentos mostram que é possível identificar um padrão evolutivo de desenvolvimento da MC. As organizações podem desenvolver os conjuntos de comportamentos em diferentes níveis e fazer uso deles, sendo alguns mais críticos do que outros em diferentes estágios do desenvolvimento da MC é o que afirma Bessant, Caffyn e Gallagher.[7] Os comportamentos são genéricos, ou seja, eles se aplicam a todas as organizações e devem estar presentes em qualquer empresa que tenha o objetivo de ter a MC implantada.

Na década de 1990, Bessant dirigiu um projeto intitulado Continuous Improvement Research for Competitive Advantage (CIRCA), que, com o estudo dos comportamentos e habilidades da MC nas organizações, resultou em um modelo com diferentes níveis de maturidade da MC. A movimentação entre os níveis representa o processo de aprendizagem. O modelo pode ser observado no Quadro 11.7.

Quadro 11.7 Estágios de evolução da MC

Nível da melhoria contínua	Padrões de comportamento característicos
Nível 1 – Pré-melhoria contínua: o interesse no conceito já foi iniciado (por uma crise ou visita a outra organização etc.), mas a implementação é feita de forma *ad hoc*	Os problemas são resolvidos aleatoriamente; não existe nenhum esforço ou estrutura formal para melhorar a organização; as soluções visam a benefícios de curto prazo; não há nenhum impacto estratégico sobre os recursos humanos, financeiros ou outras metas mensuráveis; gerências e áreas de apoio não estão conscientes de a melhoria contínua ser um processo.
Nível 2 – Melhoria contínua estruturada: há um compromisso formal de construir um sistema que vai desenvolver a melhoria contínua por toda a organização	Ações de melhoria contínua são organizadas; as áreas de apoio usam processos estruturados de solução de problemas; as áreas de apoio participam das atividades de melhoria contínua e são treinadas nas ferramentas básicas de melhoria contínua; há um sistema estruturado de gerenciamento de ideias; há a introdução de um sistema de reconhecimento e recompensa; as atividades de melhoria contínua estão integradas às operações do dia a dia.
Nível 3 – Melhoria contínua orientada para metas: há o compromisso de relacionar melhoria contínua com os objetivos estratégicos mais abrangentes da organização	Os comportamentos do nível 2 mais: desdobramento formal dos objetivos estratégicos; monitoramento e medição da melhoria contínua em relação aos objetivos; o foco inclui a solução de problemas entre áreas da empresa (processos interorganizacionais) ou mesmo entre empresas.
Nível 4 – Melhoria contínua proativa: há uma tentativa de dar autonomia e poder aos indivíduos e grupos para gerenciar e seus processos e iniciativas de melhoria	Todos os comportamentos dos níveis 2 e 3 mais: melhoria contínua desenvolvida e focada na solução proativa de problemas; altos níveis de prática de experimentação e aprendizagem.
Nível 5 – Capacidade plena em melhoria contínua: aproxima-se do modelo das organizações de aprendizagem	Todos os comportamentos dos níveis 2, 3 e 4 mais: o aprendizado organizacional ocorre de modo largamente distribuído; são comuns a iniciativa de procura e solução sistemática de problemas e a aquisição e compartilhamento do conhecimento obtido; a experimentação ocorre de forma abrangente e autônoma.

Cada estágio é chamado, pelos autores, de nível de maturidade e varia do nível 0 (nenhuma atividade de MC) ao nível 5 (estágio de capacidade total em MC), gerando a "organização que aprende". Cada estágio prevê comportamentos e atitudes que o caracterizam. Os padrões de comportamento associados a cada nível de maturidade são também conhecidos como rotinas, que fazem parte da cultura organizacional e estão relacionados com as habilidades organizacionais da empresa.

Há uma relação entre os níveis de maturidade e as habilidades que deveriam ser desenvolvidas em cada fase (Quadro 11.8). A relação proposta considera que os comportamentos e habilidades desenvolvidos por empresas em um estágio anterior do modelo de maturidade continuam presentes nos próximos níveis. Os autores relacionam, ainda, cada nível de maturidade com fatores facilitadores.

Quadro 11.8 Facilitadores e habilidades em cada nível de maturidade

Nível de maturidade	Principais habilidades relacionadas	Principais facilitadores
Nível 1 – Pré-MC	Entendendo a MC; adquirindo o hábito da MC	Necessidade de medição; treinamento; estratégia; estruturas e hierarquias.
Nível 2 – MC estruturada	Focando a MC; adquirindo o hábito da MC; conduzindo o caminho	Envolvimento dos trabalhadores com incentivos materiais; minimização de resistência a mudanças; seleção de processos; liderança.
Nível 3 – MC orientada para metas	Focando a MC; conduzindo o caminho Compartilhamento de solução de problemas	Escolha das metas; gerente/líder de MC; envolvimento do trabalhador por reconhecimento; times multidepartamentais.
Nível 4 – MC proativa	Alinhando a MC; compartilhamento de solução de problemas; conduzindo o caminho; melhoria da melhoria contínua	Estrutura para a MC; método de trabalho; metas por grupos.
Nível 5 – Capacidade plena em MC	Melhoria da melhoria contínua; a organização de aprendizagem	Métodos de captura de conhecimento; ferramentas complexas para a MC.

Fonte: Garcia-Sabater, Marin-Garcia e Perello-Marin.[8]

11.6.3 Programas de apoio à melhoria contínua

Os programas de MC evoluíram a partir de sistemas que se concentravam na linha de produção para reduzir o desperdício e melhorar a qualidade do produto e transformaram-se em programas que podem atuar sobre todos os aspectos de uma organização, do processo ao produto.

Programas de apoio à MC (também chamados de metodologias, movimentos, filosofias, mecanismos, sistemas ou abordagens) têm como alvo uma ampla gama de aspectos na organização e oferecem diversos benefícios, como incentivos para o envolvimento de funcionários e campanhas de redução de desperdícios, entre outros. Algumas das iniciativas mais utilizadas pelas organizações são: o programa Seis Sigma, a filosofia do *Lean Manufacturing* nos aspectos que tangem a MC, a Gestão da Qualidade Total e o *Lean-Sigma*.

Embora as definições do TQM, Seis Sigma e *Lean* sejam diferentes, o objetivo geral da MC é similar: minimizar o desperdício e utilização de recursos por meio de melhorias, aumentando a satisfação do cliente e resultados financeiros.

O TQM é uma abordagem para a criação de mudança organizacional, enfatiza a criação de um ambiente favorável à inovação, à criatividade e à tomada de risco no atendimento às demandas dos clientes. Para isso, utiliza soluções participativas de problemas, que unem os gerentes, colaboradores e clientes. O TQM pode ser definido como um sistema estruturado para criar ampla participação e um processo de melhoramento contínuo de modo a exceder as expectativas do cliente. A base do TQM tem ênfase no controle estatístico do processo, que é fundamentado na análise de variâncias e comportamentos amostrais. As ferramentas que, geralmente, são mencionadas na literatura do TQM incluem as sete ferramentas do controle da qualidade, as sete ferramentas gerenciais, gestão à vista e o *benchmarking*. O TQM também utiliza princípios como liderança e satisfação do cliente e ferramentas estratégicas como desdobramento da função qualidade e o planejamento estratégico. Com o uso dos princípios e ferramentas o TQM cria uma interface entre o nível corporativo e o operacional.

A filosofia que envolve o sistema *Lean Manufacturing* visa proporcionar alto valor para o cliente, empregando práticas como 5S, *poka yoke*, mapa de fluxo de valor, manutenção preventiva, redução de tempo de *set up*, Kanban, entre outras, ou seja, é um sistema que vai além da MC, mas utiliza projetos de MC, como *kaizens*, para atingir seus objetivos globais. O *Lean Manufacturing* não requer recursos altamente especializados; com pouco treinamento, os princípios do Lean podem ser implantados na organização, proporcionando mudanças incrementais e redução de custos.

O pensamento enxuto é focado na redução do desperdício, com o objetivo de diminuir o esforço humano, estoque, tempo para o desenvolvimento de produtos, movimentação, tempo de espera, espaço e tornar-se mais flexível na resposta à demanda, além da busca pela perfeição.

O Seis Sigma ganhou popularidade nos Estados Unidos, no fim da década de 1980, quando a Motorola o introduziu como forma de controlar e melhorar a qualidade, usando, para isso, ferramentas estatísticas. É possível definir o Seis Sigma como uma estratégia gerencial disciplinada e altamente quantitativa, com o objetivo de aumentar drasticamente a lucratividade das empresas, por meio da melhoria de produtos e processos e do aumento da satisfação de clientes e consumidores.

A minimização de defeitos a praticamente zero é o princípio central da metodologia. Para alcançar esse objetivo, o programa utiliza-se do método DMAIC (*Define* – definição de oportunidades; *Measure* – medição do desempenho; *Analize* – análise das oportunidades; *Improve* – melhoria do desempenho; *Control* – controle do desempenho). O Seis Sigma é um programa de melhoria focado na redução de variação não apenas nos processos de manufatura, mas também nas áreas administrativas, podendo realizar melhorias incrementais, além de radicais, pois pode estar mais focado na melhoria ou no redesenho de um processo.

Combinando a filosofia e ferramentas do *Lean Manufacturing* com o Seis Sigma, surgiu a metodologia do *Lean-Sigma*. Nessa metodologia, o desperdício pode ser removido de forma rápida, o que permite que as variações sejam facilmente notadas, além disso, a metodologia busca fornecer valor ao cliente. A fusão ajuda as organizações a maximizarem o seu potencial de melhoria. O Quadro 11.9 traz um breve resumo das características dos diferentes programas, filosofias, ou movimentos que apoiam e difundem a MC, chamados aqui de mecanismos de apoio da MC.

Quadro 11.9 Resumo dos principais programas de suporte

Programas	Início	Objetivos	Princípios	Métodos e ferramentas
TQM	1950	Melhorar e uniformizar o processo	Fazer com que todos estejam comprometidos com a qualidade e foco no cliente	PDCA, ferramentas estatísticas, ferramentas gerenciais
Lean Manufacturing	1960	Fornecer alto valor para o cliente e reduzir desperdícios	Usar as melhores práticas e processos para melhorar a eficiência, eliminar desperdícios, foco no cliente, redução de custos e aceleração e flexibilização dos processos	Mapa de fluxo de valor, 5S, poka yoke, redução de set up, JIT, Kanban, padronização do trabalho, entre outras
Seis Sigma	1980	Melhoria de produtos e processos, minimização da variação	Diminuição da variabilidade e erros do processo	DMAIC, controle estatístico do processo, ferramentas estatísticas (ANOVA, teste de hipótese, entre outras)
Lean-Sigma	2000	Reduzir variação, acelerar a produção e reduzir o desperdício	Usar as melhores práticas do Lean e do Seis Sigma para aumentar satisfação do cliente e diminuição de erros	Ferramentas usadas no Lean Manufacturing e no Seis Sigma

BOXE 11.2 MELHORIA CONTÍNUA EM EMPRESAS BRASILEIRAS

A Melhoria Contínua apesar de ser um conceito de fácil assimilação demanda esforços de implantação e, principalmente, de sustentação no longo prazo. A implantação da melhoria contínua demanda comprometimento constante da alta administração, sendo este comprometimento um dos fatores críticos de sucesso da sustentação da melhoria contínua. A alta administração deve estar engajada, provendo recursos humanos e financeiros para as ações de melhoria, assim como auxiliando na difusão dos princípios da melhoria e apoiando projetos e treinamentos. Muitos programas de apoio à melhoria contínua são descontinuados nas empresas porque espera-se retorno no curto prazo dos investimentos realizados para as ações de melhoria, porém a melhoria está associada a uma mudança de cultura que pode levar tempo para ser absorvida pela empresa.

Uma das dificuldades na implantação da cultura da melhoria é que os erros devem ser vistos como oportunidades de melhoria, portanto, quando alguma coisa dá errado, a reação natural das pessoas de todos os níveis deveria ser identificar as causas do erro e não culpar os indivíduos. A incorporação da cultura de melhoria também envolve treinamento dos colaboradores em métodos para a análise e solução de problemas e ferramentas para análise de dados, para que estes consigam ter um papel efetivo nas ações de melhoria.

Em relação aos objetivos de implantação, as empresas buscam a melhoria contínua objetivando a redução de custos e aumento de satisfação dos clientes, mas há outras razões para a implantação como aumento da satisfação dos colaboradores com o trabalho, já que associado à melhoria está a possibilidade de *empowerment* e engajamento em projetos, o que pode possibilitar recompensas associadas aos resultados de projetos.

EXERCÍCIOS

1. Correlacione os enfoques da qualidade (transcendental, produto, processo, usuário e valor) e as dimensões da qualidade (características funcionais, características funcionais temporais, qualidade de conformação, qualidade dos serviços associados ao produto, qualidade da interface do produto com o meio, qualidade de características subjetivas associadas ao produto e custo do ciclo de vida do produto para o usuário).

2. Escolha um determinado produto e exemplifique para cada parâmetro da qualidade as características associadas.

3. Identifique similaridades entre os princípios e pensamentos dos gurus da qualidade.

4. Visualizando a estrutura da ISO:9001 de que forma a implantação do Sistema de Gestão da Qualidade está relacionada com o ciclo PDCA (observe os itens da norma)?

5. De que forma a ISO garante a lógica de Juran e da Gestão da Qualidade de Planejamento, Controle e Melhoria?

6. Quais são os fundamentos do Modelo de Excelência da Gestão? Quais são os princípios da ISO 9001? Compare os fundamentos e princípios.

7. Quais são os principais benefícios de implantação do MEG? E qual a relação do MEG e do Prêmio Nacional da Qualidade?

8. Faça uma comparação sobre os objetivos de implantação da ISO 9001 e de concorrer ao PNQ para uma organização e compare o sistema para certificação ou premiação, respectivamente.

9. De que forma as práticas e os níveis de maturidade podem auxiliar uma organização na implantação da melhoria contínua.

10. Cite alguns programas de melhoria contínua, seus objetivos, métodos e ferramentas. Por que a implantação de programas de melhoria contínua é importante para as organizações?

BIBLIOGRAFIA COMPLEMENTAR

ANDERSSON, R.; ERIKSSON, H.; TORSTENSSON, H. Similarities and differences between TQM, six sigma and lean. *The TQM magazine*, v. 18, n. 3, p. 282-296, 2006.

ASSOCIAÇÃO BRASILEIRA DE NORMAS TÉCNICAS (ABNT). NBR ISO 9000 – *Sistemas de gestão da qualidade* – Fundamentos e vocabulário. Rio de Janeiro: ABNT, 2015.

ASSOCIAÇÃO BRASILEIRA DE NORMAS TÉCNICAS (ABNT). NBR ISO 9001 – *Sistemas de gestão da qualidade* – Requisitos. Rio de Janeiro: ABNT, 2015.

ASSOCIAÇÃO BRASILEIRA DE NORMAS TÉCNICAS (ABNT). NBR ISO 9004 – *Sistemas de gestão da qualidade* – Diretrizes para melhorias de desempenho. Rio de Janeiro: ABNT, 2000.

BESSANT, J.; CAFFYN, S. High-involvement innovation through continuous improvement. *International Journal of Technology Management*, v. 14, n. 1, p. 7-28, 1997.

BHUIYAN, N.; BAGHEL, A. An overview of continuous improvement: from the past to the present. *Management decision*, v. 43, n. 5, p. 761-771, 2005.

BHUIYAN, N.; BAGHEL, A.; WILSON, J. A sustainable continuous improvement methodology at an aerospace company. *International Journal of Productivity and Performance Management*, v. 55, n. 8, p. 671-687, 2006.

CAFFYN, S. Development of a continuous improvement self-assessment tool. *International Journal of Operations & Production Management*, v. 19, n. 11, p. 1138-1153, 1999.

GARVIN, D. A. *Gerenciando a qualidade*: a visão estratégica e competitiva. Rio de Janeiro: Qualitymark, 1997.

JURAN, J. M. *A qualidade desde o projeto*. São Paulo: Pioneira, 1992.

MERLI, G. *EuroChallenge*: the TQM approach to capturing global markets. London: IFS, 1993.

OAKLAND, J. *Gerenciamento da qualidade total*. São Paulo: Nobel, 1994

NOTAS

1. JURAN, J. M. *Quality control handbook*. New York: McGraw-Hill, 1974.
2. Fundação Nacional da Qualidade (FNQ). Critérios de excelência: avaliação e diagnóstico da gestão organizacional. São Paulo: FNQ, 2016.
3. Fundação Nacional da Qualidade (2016).
4. CAFFYN, S. Development of a continuous improvement self-assessment tool. International Journal of Operations & Production Management, v. 19, n. 11, p. 1138-1153, 1999.
5. IMAI, M. Kaizen: a estratégia para o sucesso competitivo. São Paulo: IMAM, 1992.
6. SHIBA, S.; GRAHAM, A.; WALDEN, D. TQM: quatro revoluções na gestão da qualidade. Porto Alegre: Bookman, 1997.
7. BESSANT, J.; CAFFYN, S.; GALLAGHER, M. An evolutionary model of continuous improvement behaviour. Technovation, v. 21, n. 2, p. 67-77, 2001.
8. GARCIA-SABATER, J. J.; MARIN-GARCIA, J. A.; PERELLO-MARIN, M. R. Is implementation of continuous improvement possible? An evolutionary model of enablers and inhibitors. Human Factors and Ergonomics in Manufacturing & Service Industries, v. 22, n. 2, p. 99-112, 2012.

CONTROLE DE QUALIDADE 12

*Roberto Antonio Martins, Pedro Carlos Oprime
e Manoel Fernando Martins*

Este capítulo apresenta os principais métodos e técnicas para o controle da qualidade, cuja base conceitual e metodológica se apoia nos trabalhos de Shewhart, de 1930, e Dodge-Romig, em 1940. Desde então, houve avanços significativos nesse campo, especialmente nas últimas duas décadas, em especial, sobre gráficos de controle estatístico, planos de amostragem de aceitação, planejamento de experimentos e nas análises dos sistemas de medição, o que demonstra a importância e a atualidade da temática, que se tem disseminado para outros setores, não se restringido somente a manufatura. Os tópicos apresentados neste capítulo limitam-se aos assuntos centrais do controle estatístico de processo, são eles: os planos de amostragem de aceitação lote a lote, abordado na Seção 12.1, o controle estatístico de processo, abordado na Seção 12.2, e aos estudos de capabilidade de processos, discutido na Seção 12.3.

OBJETIVOS DE APRENDIZAGEM

Ao final deste capítulo, o leitor deverá ser capaz de:
- Compreender o papel dos planos de amostragem de aceitação no contexto do controle da qualidade.
- Aplicar os procedimentos de planos de amostragem de aceitação, com amostra única e dupla.
- Compreender o que é uma inspeção retificadora e ser capaz de avaliar de determinar a qualidade resultante do processo.
- Reconhecer o que é um esquema de amostragem de aceitação.
- Diferenciar as causas especiais das causas comuns no contexto dos gráficos de controle.
- Compreender os diferentes tipos de gráficos de controle e saber selecionar o gráfico de controle estatístico adequado para diferentes processos e objetivos.
- Implementar gráficos de controle estatístico de processo.
- Calcular os índices de capabilidade de processo, e como utiliza-los na análise e melhoria de processos.

12.1 INSPEÇÃO POR AMOSTRAGEM PARA ACEITAÇÃO DE ATRIBUTOS

12.1.1 Conceitos e definições

A aceitação por amostragem é definida no *The Handbook Applied Acceptance Sampling* (2001) como o ato, processo ou técnica de selecionar uma parte representativa de uma quantidade de produtos, itens ou componentes para inspecioná-los e analisá-los para decidir se essa quantidade está em condições apropriada ou normal para uso. Na prática, isso representa tomar decisões se aceita ou não um grupo de produtos, materiais, componentes ou serviços baseados no resultado de uma amostragem selecionada de um lote. Portanto, a aceitação ou rejeição diz respeito a um lote individual.

O procedimento para a realização de uma amostragem de aceitação é referenciado nas indústrias como plano de amostragem de aceitação. Esse plano especifica o tamanho da amostra a ser usado associado com um critério de aceitação ou rejeição do lote. Esse plano é também rotulado na literatura da área como esquema de inspeção ou sistema de inspeção.

Atualmente, pode parecer algo ultrapassado fazer inspeção para avaliar a qualidade de um produto ou peça. Com o advento do Controle Estatístico de Processo (CEP), que surgiu na mesma época da Inspeção por Amostragem, aparentemente é desatualizado utilizar inspeção para avaliar um lote de produtos ou peças. Todavia, existem situações em que, pelos mais variados motivos, não é possível se ter garantia da qualidade de um subconjunto ou produto. Em outras situações, a avaliação de uma característica da qualidade do produto é feita por um teste destrutivo. Nesses casos, a inspeção ainda se faz necessária por ser a única alternativa viável economicamente.

Portanto, nesta seção, serão apresentados os principais conceitos envolvidos na inspeção por amostragem com a finalidade de o leitor poder rapidamente estabelecer um plano de amostragem para inspeção de um produto ou item.

The Handbook Applied Acceptance Sampling define o termo inspeção como atividades de medir, testar, examinar uma ou mais características de qualidade de um produto ou serviço, comparando-as com os requisitos de conformidade. O ato de inspecionar a qualidade de uma unidade do produto está representado na Figura 12.1. Nela, está ilustrado o resultado dessa ação que é julgar se a unidade do produto está de acordo com os requisitos de qualidade definidos no projeto.

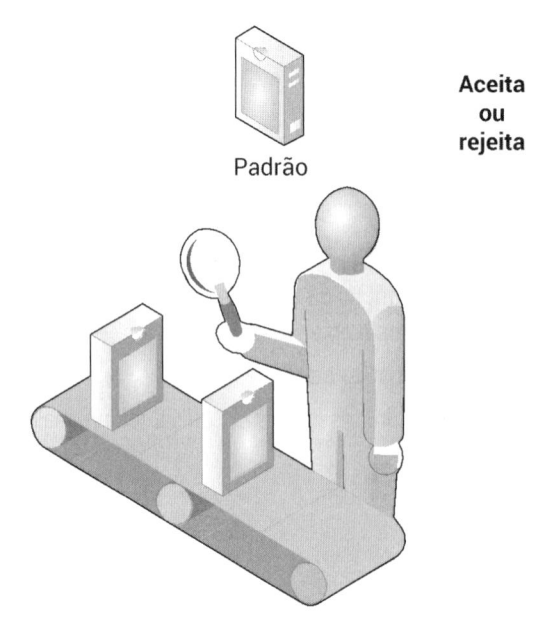

Figura 12.1 Esquema geral de inspeção da qualidade.

A inspeção da qualidade pode ser feita tanto para aceitar ou não o lote de um produto acabado imediatamente após eles serem fabricados e antes de serem enviados aos clientes. A inspeção pode ainda ser realizada no recebimento de um lote do fornecedor e antes do consumo. Por fim, pode ser utilizada também em lotes fabricados e consumidos dentro da fábrica.

A ampliação da ação de inspecionar, ilustrada na Figura 12.1, para a totalidade dos produtos ou peças produzidas por uma empresa, respectivamente, é denominada inspeção 100%. Geralmente, ela é adotada para itens ou produtos cuja falha não é tolerada por diversas razões. Por exemplo, uma peça ou mesmo a unidade do freio de um automóvel é inspecionada 100% para assegurar a qualidade por colocar em risco a vida dos consumidores.

Aparentemente a inspeção 100% de um produto ou item pode assegurar a conformidade dele. Entretanto, é sabido que uma pessoa que inspecione visualmente um produto ou item pode por fadiga, por exemplo, falhar e deixar passar um produto não conforme. Então, a inspeção 100% de um produto ou item realizada por um ser humano pode não resultar em garantia da qualidade. Isso, em menor escala, pode acontecer também com uma máquina que executa essa atividade.

A Figura 12.2 ilustra esquematicamente a inspeção por amostragem para aceitação. Vale observar que a ação de inspecionar a qualidade do produto é sobre uma amostra das unidades e a decisão é relativa ao lote das unidades.

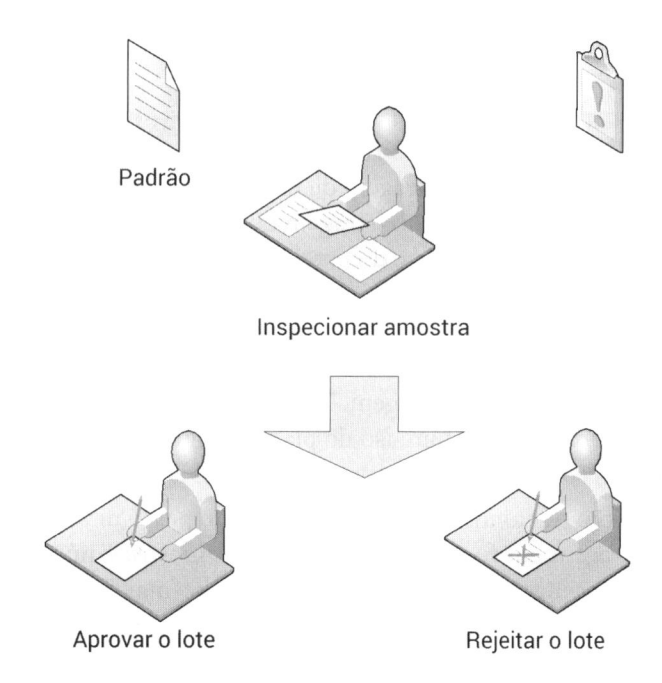

Figura 12.2 Esquema de inspeção por amostragem para aceitação.

Para sumarizar, existem três formas de inspeção da qualidade: inspeção 100%; inspeção por amostragem sem critérios estatísticos e inspeção por amostragem com critérios estatísticos.

A característica de qualidade avaliada por um inspetor em qualquer dos três tipos de inspeção da qualidade pode ser um atributo ou uma variável. Um *atributo* é uma classificação que uma unidade do produto inspecionada recebe resultando em produto conforme, apto para o consumo pelo cliente, ou não conforme, inapto para o consumo. Por exemplo, uma peça com rachadura é classificada como não conforme. Já uma *variável* é uma característica passível de mensuração. Geralmente, a medição é feita com auxílio de um instrumento de medição e numa escala de medida. Por exemplo, o peso de uma peça em gramas de açúcar é medido com o uso de uma balança e com uma escala (gramas).

A inspeção por amostragem é preferível nas seguintes situações:

- o teste para avaliar uma característica da qualidade é destrutivo;
- o custo da inspeção 100% é extremamente alto;
- a inspeção 100% não é tecnicamente executável ou requer muito tempo para ser feita; e
- existem muitos itens ou produtos a serem inspecionados e a fadiga humana ou variação da máquina podem incorrer em erros.

Quando comparada à inspeção 100%, a inspeção por amostragem para aceitação apresenta algumas vantagens. São elas:

- geralmente incorre em custos menores;
- exige manipulação de uma quantidade menor de produtos ou itens, o que reduz a ocorrência de danos;
- menor necessidade de inspetores;
- permite a utilização de testes destrutivos;
- reduz os erros de inspeção por fadiga; e
- rejeição de lotes inteiros em vez de unidades rejeitadas, o que incentiva ou pressiona o fornecedor a melhorar a qualidade.

12.1.2 Riscos e desempenho do plano de amostragem

Existe a possibilidade na inspeção por amostragem de um lote "bom" ser rejeitado e de um lote "ruim" ser aceito. Quando se utiliza a inspeção por amostragem existem riscos tanto para o produtor (fornecedor) quanto para o comprador (cliente). O **risco do produtor** (α) é a probabilidade de que um lote "bom" venha a ser rejeitado pelo uso do plano de amostragem. Tal risco é estabelecido em conjunto com o valor máximo de qualidade (porcentagem de defeitos) que possa passar pelo plano, denominado nível de qualidade aceitável (NQA). O **risco do consumidor** (β) é a probabilidade de que um lote "ruim" venha a ser aceito com o uso de um plano de amostragem. Tal risco é estabelecido em conjunto com o valor de qualidade insatisfatória que possa passar com uso do plano, denominado nível de qualidade inaceitável (NQI) ou também conhecido como fração defeituosa tolerável (FDT).

O desempenho da inspeção por amostragem é caracterizado pela Curva Característica de Operação (CCO) do plano de amostragem em função do tamanho da amostra e número de aceitação. A CCO relaciona a probabilidade de aceitação (P_a) de um lote com a porcentagem de itens defeituosos (p) desse mesmo lote. Ela exprime o poder discriminatório do plano de amostragem em aceitar ou rejeitar lotes a serem inspecionados. A Figura 12.3 ilustra o desempenho de um plano de amostragem ideal, sem riscos tanto para o consumidor quanto para o produtor. Uma vez estabelecido no plano de amostragem um valor de p máximo tolerável, por exemplo, 0,015, como ilustra a Figura 12.3, todos os lotes com porcentagem de defeitos menores ou iguais a esse valor seriam aceitos e todos os outros seriam rejeitados.

Percebe-se que um plano de amostragem com CCO ideal não apresenta riscos nem para o consumidor nem para o produtor. Entretanto, não existe um plano que possa fazer essa discriminação de forma tão perfeita. Ele acontece apenas na inspeção 100%, desde que não haja erros de avaliação. O risco é inerente à amostragem devido à probabilidade de a amostra não representar perfeitamente a população devido a erros amostrais.

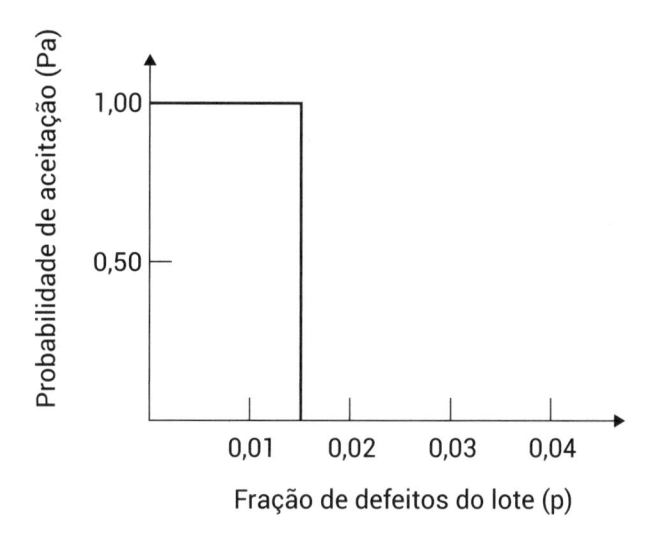

Figura 12.3 Curva CCO ideal.

A construção da CCO de um plano de amostragem para aceitação é de suma importância para entender o desempenho do plano e também identificar as probabilidades dos riscos do consumidor e do produtor. Ela também pode ser utilizada para fazer simulações se houver mudanças na taxa de defeitos do lote ou do processo e prever os custos de rejeição.

A Figura 12.4 ilustra a CCO de um plano de amostragem cujo número de aceitação (*a*) é 2 e o tamanho da amostra (*n*) é 89 itens. Tal curva é construída por uma distribuição apropriada, sendo mais utilizadas as distribuições Binomial ou de Poisson.

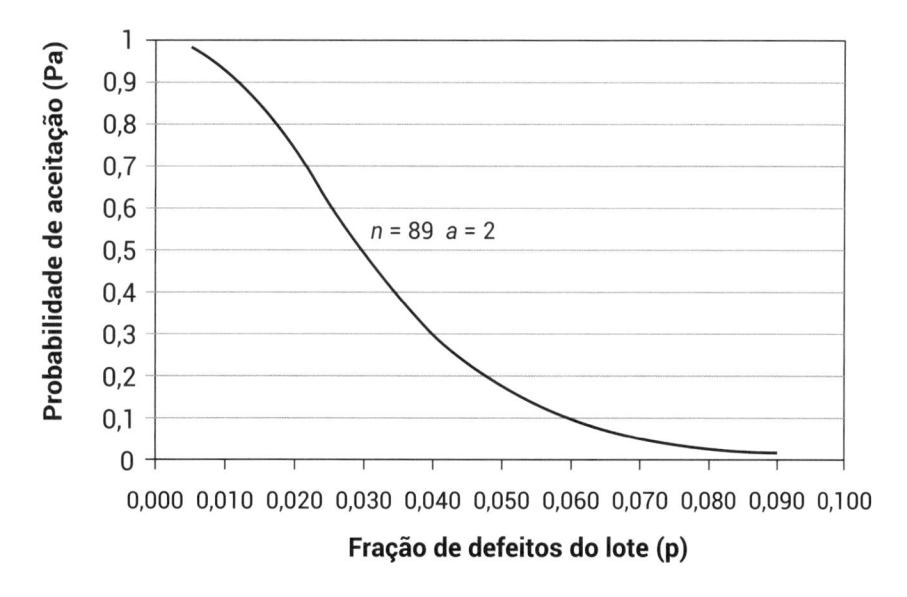

Figura 12.4 Exemplo de CCO para plano de amostragem com *a* = 2 e *n* = 89.

Com uso da distribuição Binomial, a probabilidade de aceitação (P_a) pode ser calculada utilizando a seguinte fórmula:

$$P_a = P(d \le a) = \sum_{d=0}^{a} \frac{n!}{d! \times (n-d)!} \times p^d \times (1-p)^{n-d} \quad ,$$

em que:

p é a taxa de defeitos do lote a ser avaliado;

n é o tamanho da amostra;

d é o número de não conformidades na amostra;

a é o número de aceitação do plano de amostragem.

Ao se variar o valor de p a CCO pode ser construída.

Isso pode ser feito com o uso da função estatística em uma planilha eletrônica para calcular a probabilidade de uma distribuição Binomial. Por exemplo, por meio da CCO desse plano é possível saber de antemão que um lote com uma taxa de defeitos de 2% (0,02) tem a probabilidade de aceitação de aproximadamente 74% (0,74). Para saber isso apenas entre com o valor de 0,02 no eixo "x" do gráfico da Figura 12.4 e obtenha o valor correspondente de P_a no eixo "y". De posse dessa informação, é possível prever que a cada 100 lotes produzidos ou entregues, com taxa de defeitos de 2%, 74 deles serão aceitos e 26 serão rejeitados desde que a taxa de defeitos fique estável e esse plano de amostragem seja utilizado.

Caso se deseje saber qual deve ser a taxa de defeitos do processo de produção para que um lote tenha 95% de chances de ser aceito, basta entrar na CCO do plano de amostragem com o valor de P_a igual a 0,95 no eixo y e obter o valor correspondente de p no eixo x. Nesse caso, o valor aproximado de p é 0,0092, ou seja, a taxa de defeitos do processo precisará ser igual a 0,92% (92 defeitos a cada 10.000 peças produzidas) para que 95 em cada 100 lotes sejam aceitos.

A CCO de um plano de amostragem pode mudar seu poder de discriminação em função dos parâmetros n e a estabelecidos. A Figura 12.5 mostra o efeito da mudança do tamanho da amostra (n) sobre a CCO. O aumento somente do tamanho da amostra faz com que para uma mesma fração de defeituosos do lote diminua a probabilidade de aceitação (P_a). Já quando o tamanho da amostra diminui, aumenta a probabilidade de aceitação do lote.

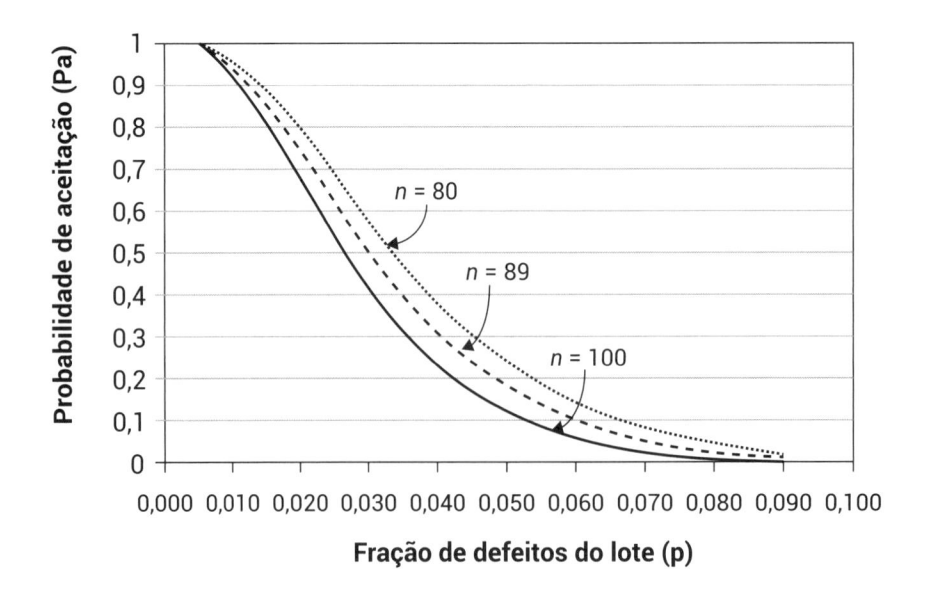

Figura 12.5 Efeitos da variação do tamanho da amostra na CCO.

A Figura 12.6 ilustra o efeito somente do aumento ou diminuição do número de aceitação *a* do plano de amostragem. O aumento somente do número de aceitação acarreta numa discriminação menor o que faz com que a probabilidade de aceitação aumente. Isso pode aumentar o risco do consumidor. O inverso pode ser observado quando o número de aceitação diminui. Especificamente quando *a* é igual a zero a CCO toma o formato de uma curva exponencial. Vale observar que isso não implica que não serão aceitos lotes com proporção de defeitos maior que zero.

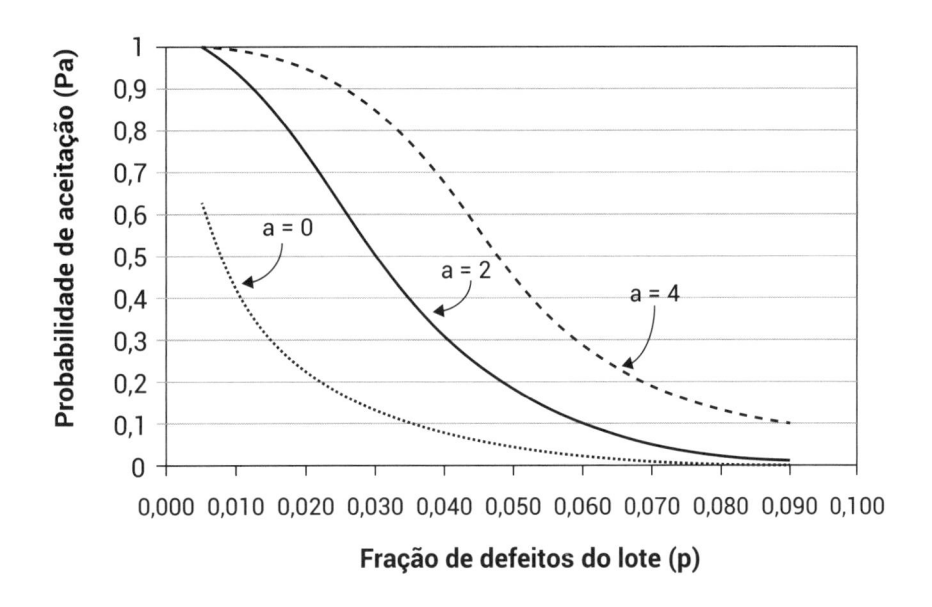

Figura 12.6 Efeitos da variação do número de aceitação na CCO.

12.1.3 Tipos de amostragem

Existem vários tipos de inspeção por amostragem. Os tipos mais comuns são: amostragem simples, amostragem dupla e amostragem múltipla.

O funcionamento da amostragem simples é bem simples e de fácil assimilação. O fluxograma da Figura 12.7 ilustra esse tipo de amostragem. A decisão de aceitar ou rejeitar um lote de itens ou produtos é tomada após a avaliação de uma amostra aleatória retirada do lote. A regra de decisão é se o número de defeitos *d* da amostra não supera *a*, o número máximo de defeitos tolerados na amostra.

A amostragem simples permite de forma bem rápida um julgamento sobre a qualidade do lote de itens a serem inspecionados. Geralmente, esse procedimento requer um número de amostras maior que as de outros tipos de amostragem. Em compensação, a quantidade de informação é maior e o custo de implantação e administração do plano é menor.

Já na amostragem dupla, a decisão de aceitar ou rejeitar um lote não é tomada logo após a análise da primeira amostra, como se pode observar no fluxograma da Figura 12.8. Caso o número de defeitos (d_1) da primeira amostra (n_1) seja maior que o número de aceitação para essa etapa (a_1), uma nova amostra (n_2) é retirada do lote e uma segunda avaliação é realizada com a contagem dos números de defeitos encontrados na segunda etapa (d_2). Então, a decisão de aceitar ou rejeitar um lote é tomada comparando-se o número total de defeitos das amostras ($d_1 + d_2$) com o número máximo tolerável de defeitos (a_2).

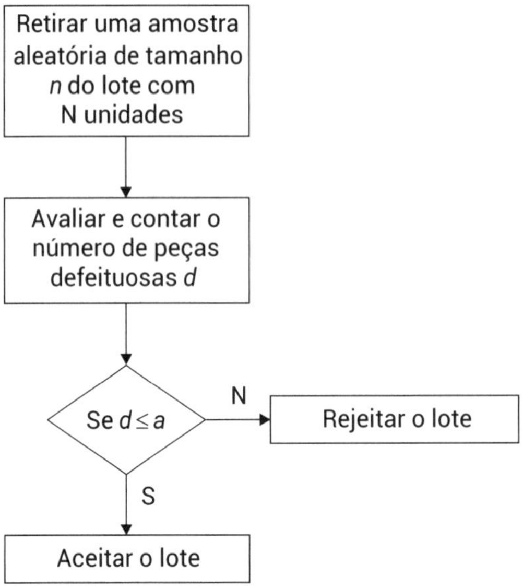

```
┌─────────────────┐
│ Retirar uma amostra │
│ aleatória de tamanho │
│   n do lote com  │
│     N unidades   │
└────────┬────────┘
         │
         ▼
┌─────────────────┐
│  Avaliar e contar o │
│   número de peças   │
│    defeituosas d    │
└────────┬────────┘
         │
         ▼
       ╱─────╲      N
      ╱ Se d≤a ╲─────────▶ Rejeitar o lote
       ╲─────╱
         │ S
         ▼
   Aceitar o lote
```

Figura 12.7 Esquema geral de amostragem simples.

Caso o produtor (fornecedor) tenha uma taxa de defeitos baixa, existe uma grande probabilidade de o lote dele ser aceito na retirada da primeira amostra (n_1). Isso faz com que o número de itens inspecionados seja menor e, consequentemente, o custo seja menor e a atividade seja mais rápida. Contudo, a quantidade de informação é menor em relação à amostragem simples. Por outro lado, se o produtor não tiver uma taxa de defeitos pequena, os lotes provavelmente serão rejeitados após a retirada da segunda amostra (n_2). Isso pode encarecer a inspeção por conta do número maior de itens inspecionados ($n_1 + n_2$), mas pode dar mais garantias ao consumidor (cliente) ante os produtores de qualidade sofrível.

A amostragem múltipla é uma extensão da amostragem dupla. Nela mais de duas amostras podem ser retiradas de um lote para se chegar a um julgamento sobre aceitá-lo ou rejeitá-lo. O plano de inspeção por amostragem múltipla também é constituído de três parâmetros: número de aceitação (a), número de retificação (r) e número de rejeição (d).

O Quadro 12.1 ilustra o progresso desse tipo de amostragem caso o número no estágio não supere o número de rejeição (d), ou seja, se ele for maior que o número de aceitação (a). Nesse caso, a retirada de amostras pode chegar a 100% do lote quando a taxa de defeitos é alta.

A vantagem da amostragem múltipla é que as amostras de tamanho n_k, necessárias em cada etapa do processo de amostragem, são menores que nas amostragens simples e duplas. Logo, pode haver uma redução de custos de operação da inspeção, principalmente se o processo ou fornecedor tiver uma taxa de defeitos pequena. Contudo, tal procedimento é mais difícil e caro de administrar, e o conteúdo de informação pode vir a ser menor que as duas formas anteriores de amostragens.

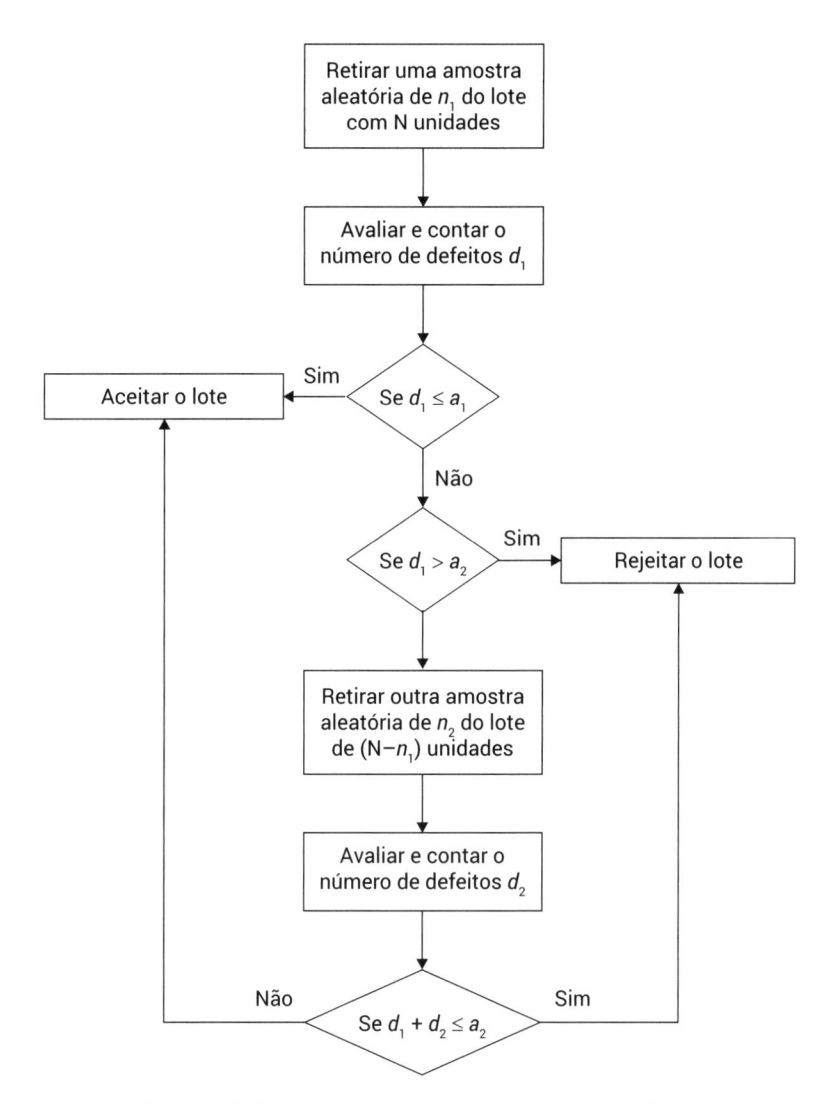

Figura 12.8 Esquema geral de amostragem dupla.

Quadro 12.1 Etapas genéricas de uma amostragem múltipla

Etapa	Tamanho da amostra acumulativo (n_i)	Número de aceitação de cada etapa (a_i)	Número de retificação (r_i)
1	n_1	a_1	r_1
2	n_2	a_2	r_2
k-ésima	N	a_k	r_k

12.1.4 Planos de amostragem para aceitação por atributos

Um plano de amostragem para aceitação por atributos é constituído por um tamanho de amostra (*n*) a ser retirado do lote e pelos critérios de aceitação (*a*) e rejeição (*r*) desse lote. Um esquema de amostragem é definido como um conjunto de procedimentos de planos de amostragem. Por fim, um sistema de inspeção é a coleção de um ou mais esquemas de amostragem.

O Quadro 12.2 apresenta os vários planos de amostragem por atributos existentes em termos do objetivo de cada um deles.

Quadro 12.2 Procedimentos de amostragem de aceitação por atributos

Objetivo	Planos de amostragem
Assegurar níveis de qualidade para o consumidor/produtor	Selecionar o plano para uma CCO específica
Manter a qualidade num determinado nível (*target*)	Sistema NQA (NBR 5426)
Assegurar nível de qualidade média resultante	Planos Dodge-Romig
Reduzir inspeção (amostras pequenas com bom histórico de qualidade)	Amostragem da cadeia
Reduzir a inspeção após bom histórico de qualidade	*Skip-lot* ou amostragem dupla
Assegurar que haverá a deterioração da qualidade	Plano FDTL Planos Dodge-Romig

Nesta seção, somente será abordado o plano de NQA (NBR 5426) devido à grande difusão dele nas empresas da indústria brasileira.

Plano de NQA

O plano de Nível de Qualidade Aceitável (NQA) para inspeção para aceitação de atributos foi desenvolvido durante a Segunda Guerra Mundial e foi publicado pela primeira vez nos Estados Unidos, em 1950, como uma norma militar MIL-STD-105A. Desde, então, ele sofreu algumas revisões. Apesar de ser um plano normalizado por uma norma militar, existe uma versão civil denominada ANSI/ASQC Z1.4. É amplamente adotado no mundo, tornando-se quase que um padrão de inspeção por amostragem por atributos. No Brasil, essa norma foi traduzida pela Associação Brasileira de Normas Técnicas (ABNT), sendo denominada NBR-5426.

O plano de NQA é na realidade um sistema de amostragem por aceitação porque ele tem uma coleção de esquemas de inspeção por amostragem. A norma estabelece três tipos de amostragens com base no Nível de Qualidade Aceitável: amostragem simples, amostragem dupla e amostragem múltipla. Esses tipos de amostragem já foram apresentados e explicados anteriormente. Para cada um desses tipos de amostragem, existem três níveis de severidade de operação do plano: normal, severa e atenuada.

Quando se inicia o uso de um plano de amostragem NQA, o nível de severidade adotado é normal. Dependendo do histórico de qualidade do fornecedor ou processo, o nível pode ser mudado para severa (quando há uma deterioração no histórico de qualidade) ou atenuada (quando o histórico de qualidade vem sendo excepcionalmente bom). Existem critérios para julgar o histórico de qualidade para trocar o nível. A Figura 12.9 ilustra essas regras e em que situações a passagem de nível de inspeção acontece. Quando mais de 10 lotes consecutivos ficam no regime de inspeção severa, deve-se parar de utilizar inspeção por amostragem com base na norma de NQA e fazer uma análise do processo visando uma melhoria do nível de qualidade dele ou, então, passar a utilizar inspeção 100% caso seja possível.

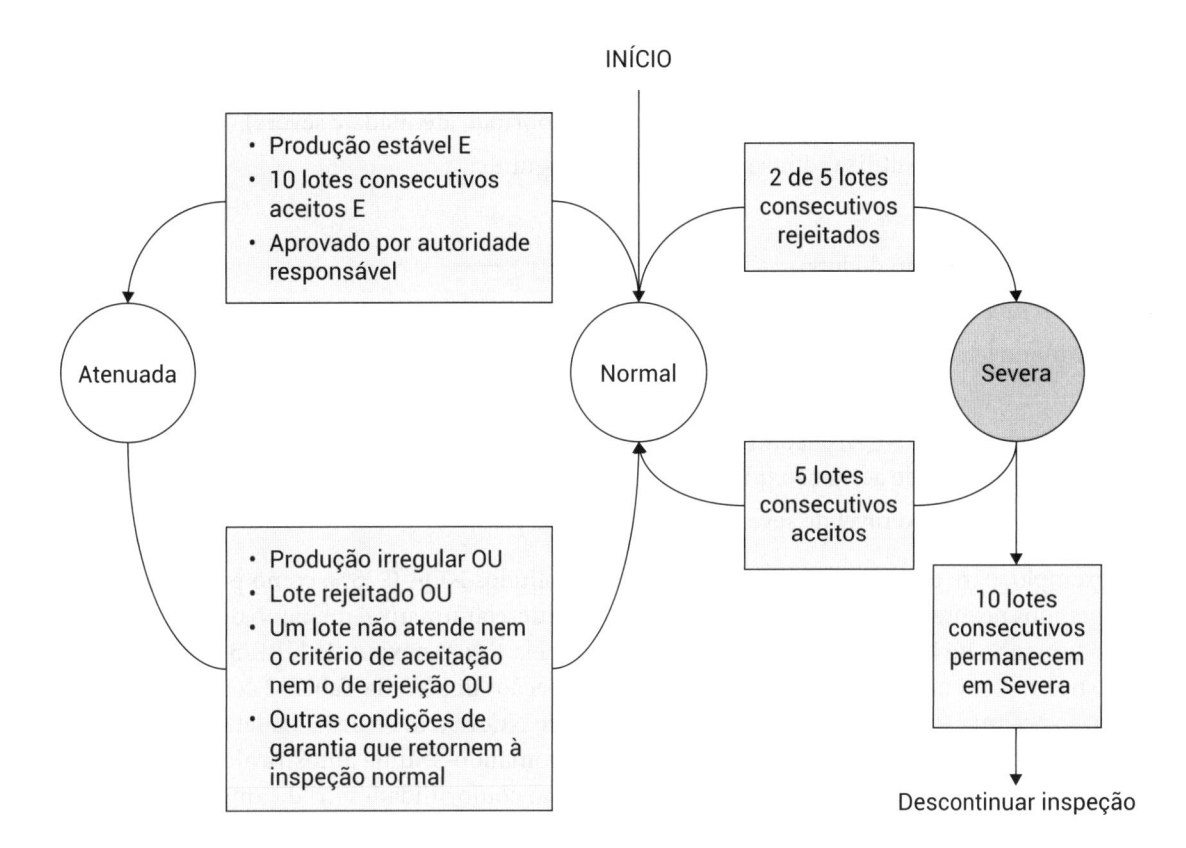

Figura 12.9 Critérios e esquema de passagem de níveis de severidade do plano de NQA.

O parâmetro mais importante da NBR-5426 é o Nível de Qualidade Aceitável. A norma é indexada em relação uma série de valores de NQA. Vale observar que o valor de NQA pode ser designado em contrato e podem ser adotados diferentes níveis dependendo das características da qualidade avaliadas. Todavia, isso pode elevar os custos de administração dos planos. O NQA pode representar a porcentagem de defeitos esperada no lote, no processo de produção ou no número máximo de defeitos tolerados. Na Tabela, os valores de NQA estão ilustrados diretamente nas porcentagens de defeitos até valor de 10%. Depois desse valor, os valores de NQA estão expressos pela quantidade de itens não conformes tolerados no lote e não mais na porcentagem.

O tamanho da amostra (n) é função do tamanho do lote (N) a ser inspecionado e do nível geral de inspeção. Existem três níveis gerais de inspeção: o nível II é designado como padrão; o nível I requer a metade da quantidade de inspeção do nível II e é utilizado quando se deseja menos discriminação; e o nível III requer duas vezes mais inspeção que o Nível II e, portanto, deve ser utilizado quando se requer maior discriminação possível. Além disso, existem outros quatro níveis especiais, denominados S_1, S_2, S_3 e S_4. Os níveis especiais devem ser utilizados somente quando as amostras forem pequenas e altos riscos puderem ser tolerados, isto é, são itens que não põe em risco a segurança e satisfação dos clientes.

Os níveis gerais de inspeção não devem ser confundidos com os níveis de severidade de operação do plano (atenuada, normal e severa). Os primeiros são utilizados no desenvolvimento do plano de amostragem e os últimos são utilizados na operação do plano de amostragem escolhido. Dessa forma, uma vez escolhido um nível II, ele não será alterado a menos que isso seja estabelecido por uma pessoa com autorização para tanto. Já os níveis (normal, atenuada e severa) são independentes dos níveis I, II, III, S_1, S_2, S_3 e S_4 estabelecidos *a priori*.

Com o valor de NQA e o tamanho da amostra, os parâmetros *a* e *r* do plano de amostragem simples são determinados com uso da tabela do tipo de amostragem. As tabelas de NQA são para amostragem simples, dupla e múltipla e para os níveis de severidade (normal, atenuada e severa).

O procedimento para utilizar a norma de NQA é o seguinte:

1. Estabelecer o NQA.
2. Determinar o tamanho do lote.
3. Escolher o nível geral de inspeção (I ou II ou III ou especial).
4. Determinar a letra na Tabela 1 da NBR-5426.
5. Determinar o tipo de inspeção e o nível de severidade para escolher a tabela correspondente a eles.
6. De posse da letra e do NQA, encontrar, na respectiva tabela da NBR-5426, o tamanho da amostra (*n*) e depois os números de aceitação (*a*) e rejeição (*r*).
7. Caso haja mudança no nível de severidade, retornar ao passo 5.

Por exemplo, para um lote de 10.000 itens foram escolhidos NQA 0,25%, como porcentagem de defeitos esperados no lote, e nível geral de inspeção II por se desejar um nível mediano de discriminação. A partir do tamanho do lote, a letra correspondente na Tabela 1 do Anexo A da NBR-5426 é L. Adotando inspeção normal, já que o início de operação plano e inspeção simples, na Tabela 2 com a letra L o tamanho da amostra (*n*) é 200 itens. No encontro da coluna de NQA 0,25% e linha da letra L, encontram-se os valores de *a*, igual a 1 item, e *r*, igual a 2 itens, ou seja, tomando-se uma amostra aleatória de 200 itens de um lote de 10.000, o lote será aceito se o número de não conformidades (*d*) da amostra for menor ou igual a 1 item.

Caso seja necessário passar para inspeção atenuada, utilize a Tabela 4 e com a letra L o tamanho da amostra passa a ser 80 itens, *a* é 0 e *r* é 2. Quando for encontrado no local dos valores de *a* e *r* uma seta, adote os valores de *a* e *r* indicados ao final da seta.

12.1.5 Inspeção retificadora

A inspeção retificadora é utilizada em situações em que o consumidor deseja uma proteção maior contra fornecedores que, cientes dos riscos do consumidor e do produtor, tendem a reapresentar um lote rejeitado na tentativa de ele ser aprovado numa segunda ou terceira tentativa.

Para ilustrar, veja qual é a probabilidade de aceitação de um lote com uma proporção de defeitos *p* igual a 0,01 utilizando o plano de inspeção cuja CCO está ilustrada na Figura 12.4. Subindo uma reta a partir do valor 0,01 no eixo "x" do gráfico da Figura 12.4, obtém-se um valor aproximado de 0,92, ou seja, a chance de um lote com essa proporção de defeitos ser aceito é de 92%. Isto implica que a chance de ser rejeitado é de 0,08 ou 8%. A chance de um lote ser rejeitado duas vezes seguidas é 0,08 (chance da primeira rejeição) multiplicado por 0,08 (chance da segunda rejeição), *i.e.*, a probabilidade é de ser rejeitado a primeira vez e a segunda vez. Logo, a probabilidade é $0,08^2$ que é igual a 0,0064 (0,64%). Se *p* for maior, por exemplo, 0,02, a probabilidade de dois lotes serem rejeitados seguidamente é $0,30^2$ que é igual a 0,09, ou seja 9%. Isso pode ser um incentivo à reapresentação de um lote rejeitado caso ele seja devolvido para o fornecedor.

Diante desse quadro, na inspeção retificadora, todo lote rejeitado não é devolvido ao fornecedor. Ele é segregado pelo cliente e o fornecedor é convocado para inspecionar 100% com substituição de todas as unidades não conforme encontradas no lote rejeitado anteriormente. O resultado é um lote com 100% de peças conforme. Daí o nome de inspeção retificadora, porque os itens não conformes do lote rejeitado foram retificados (corrigidos).

A inspeção retificadora está esquematizada na Figura 12.10.

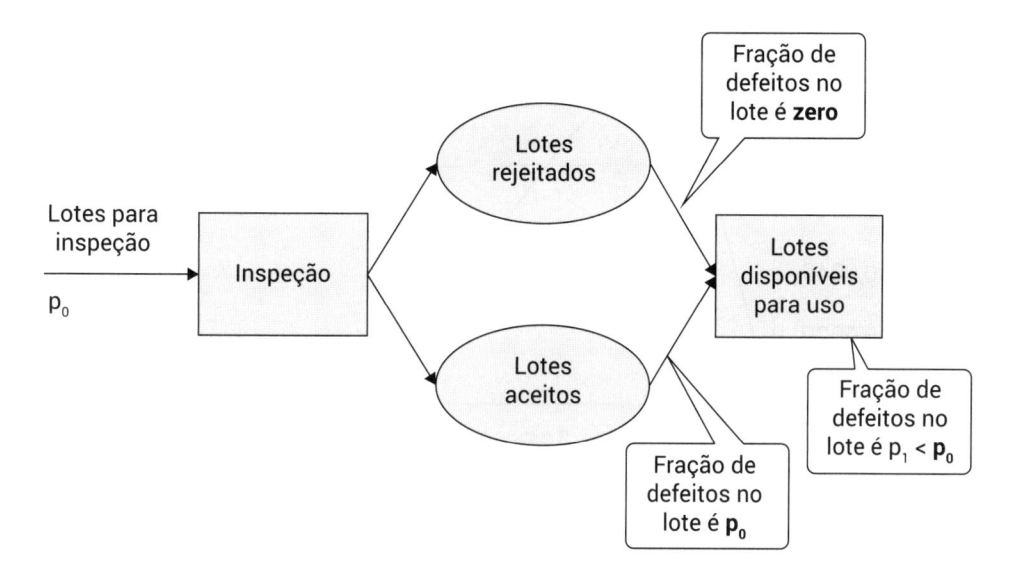

Figura 12.10 Esquema da inspeção retificadora.

Lotes com proporção de defeitos p_0 são inspecionados de acordo com um esquema e um plano de amostragem e são rejeitados ou aceitos. Aqueles aceitos não têm suas proporções de defeitos alteradas, mas os rejeitados passam a apresentar proporção zero, devido ao esquema de retificação. Dessa maneira, os lotes disponibilizados para o consumo passam a ter uma proporção menor p_1 que os originais, que eram p_0. Isso é vantajoso para o consumidor. Entretanto, pode ser danoso para o fornecedor dependendo do plano adotado ou da piora da proporção de defeitos do processo devidos aos altos custos de retificação. O custo de retificação inclui o custo de deslocamento para retificar o lote no cliente, além dos custos de inspeção de cada item e reposição dos itens não conforme. O consumidor também pode enfrentar um aumento de preço pelo produtor para fazer frente a esses custos.

A proporção média de defeitos dos lotes disponíveis para o consumo também é denominada Qualidade Média Resultante (QMR). Ela pode ser calculada a partir da fórmula:

$$QMR = \frac{P_a \times p \times (N-n)}{N},$$

em que:

P_a é a probabilidade de aceitação do lote para um determinado p, obtida na CCO ou calculada com base na distribuição Binomial;

p é proporção de defeitos do lote;

N é o tamanho do lote julgado;

n é o tamanho da amostra a ser inspecionada.

Para diferentes valores de taxa de defeitos no lote ou processo de produção p, pode-se obter no gráfico o QMR para um determinado plano de inspeção em regime de inspeção retificadora. A Figura 12.11 ilustra a QMR de um plano cujo número de aceitação (a) é igual a 2 e o tamanho da amostra (n) é 125.

Qualidade Média Resultante

Figura 12.11 Exemplo de gráfico de QMR.

Vale destacar que um processo pode apresentar variação na sua proporção de defeitos e com o gráfico de QMR é possível verificar os efeitos. Por exemplo, caso haja um aumento de 1,0% para 2,0% praticamente será atingida a Qualidade Média Resultante Limite (QMRL), em que a partir dela a QMR melhorará, mas ao custo do aumento de mais inspeções retificadoras. Isso significa que os custos da qualidade do fornecedor aumentarão com o aumento das inspeções 100% e as substituições dos itens não conforme.

O uso combinado dos gráficos de CCO e QMR permite uma análise do desempenho de um plano de inspeção e os custos incorridos com o funcionamento dele em função da qualidade do lote ou processo de produção em termos de taxa de defeitos. Além disso, é possível prever os efeitos no desempenho e nos custos quando a proporção de defeitos, p, do lote ou do processo se altera. Isso permite uma gestão melhor das atividades de inspeção no controle de qualidade.

12.2 CONTROLE ESTATÍSTICO DE PROCESSO (CEP)

Qualquer processo é composto por entradas, atividades de processamento e saídas. A Figura 12.12 ilustra esquematicamente essa visão de um processo como um fluxo de transformação de informações e/ou materiais. O *feedback* proporciona a retroalimentação do processo com base nas suas saídas. Dependendo da necessidade, o processo pode ser detalhado nas várias etapas que o constituem por meio de um fluxograma.

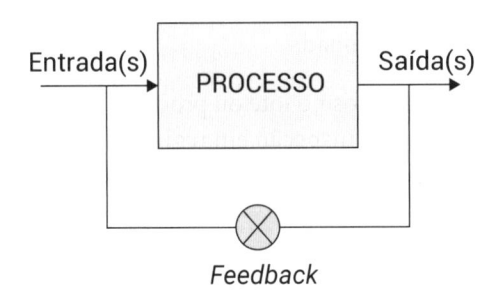

Figura 12.12 Visão de processo como um fluxo.

Outra forma de representação é o diagrama de espinha de peixe, também conhecido como diagrama de Ishikawa (homenagem ao seu criador, Kaoru Ishikawa), ou diagrama de causa e efeito. A ênfase desta forma é na separação entre o conjunto de recursos (causas) e a saída do processo (efeito). As causas de alguma forma influenciam no efeito. A Figura 12.13 ilustra um diagrama de espinha de peixe genérico.

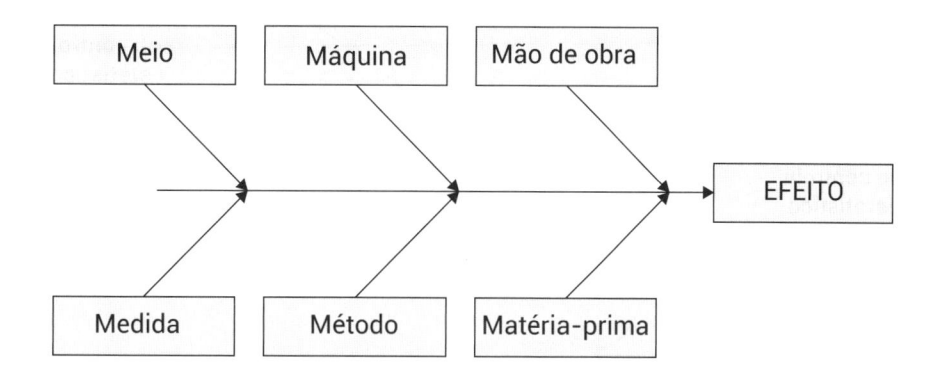

Figura 12.13 Diagrama de espinha de peixe.

A variação das saídas de um processo é a soma das variações de suas causas isolada ou combinadamente. Tomar isso como ponto de partida para estabelecer o controle de qualidade não é econômica e tecnicamente viável. O mais importante é um processo apresentar uma variação total estável das saídas ao longo do tempo de forma a atender às especificações das características de qualidade, ou seja, as saídas estão dentro do limite inferior de especificação (LIE) e limite superior de especificação (LSE). Essa foi a premissa básica da proposta por Walter A. Shewhart quando propôs o Controle Estatístico de Processos (CEP) na década de 1920.

A variação inerente ao processo, fruto da variação de suas causas comuns, se estável, é um padrão de variação, por assim se dizer, que fornece um padrão para a detecção de variação anormal e não comum ao processo. Com o conhecimento da variação natural de um processo (fruto de causas comuns) é possível detectar se uma causa especial altera a variação esperada, por exemplo, uma matéria-prima fora de especificação ou uma desregulagem na máquina.

Quando o processo está operando normalmente, diz-se que ele está sob controle estatístico, *i.e.*, com a variação esperada de causas comuns. Quando algumas variações não esperadas ocorrem, denomina-se que o processo está fora de controle estatístico ou tenderá a fazê-lo em breve. Nesta situação, é necessário parar o processo ou desviar sua saída para identificar a causa especial e bloqueá-la ou eliminá-la para o processo retornar ao comportamento esperado. A Figura 12.14 ilustra como a remoção de causas especiais de um processo pode contribuir para a redução de sua variação não esperada e consequente estabilização do processo.

Uma causa especial é facilmente identificável pela magnitude da influência dela. As causas especiais são esporádicas, senão seriam comuns ao processo, e produzem grandes perturbações. Por isso, são fáceis de identificar e, geralmente, são de fácil remoção não havendo a necessidade de mudar o projeto ou a forma de operação do processo.

O Quadro 12.3 apresenta as principais características das causas comuns e as causas especiais de um processo.

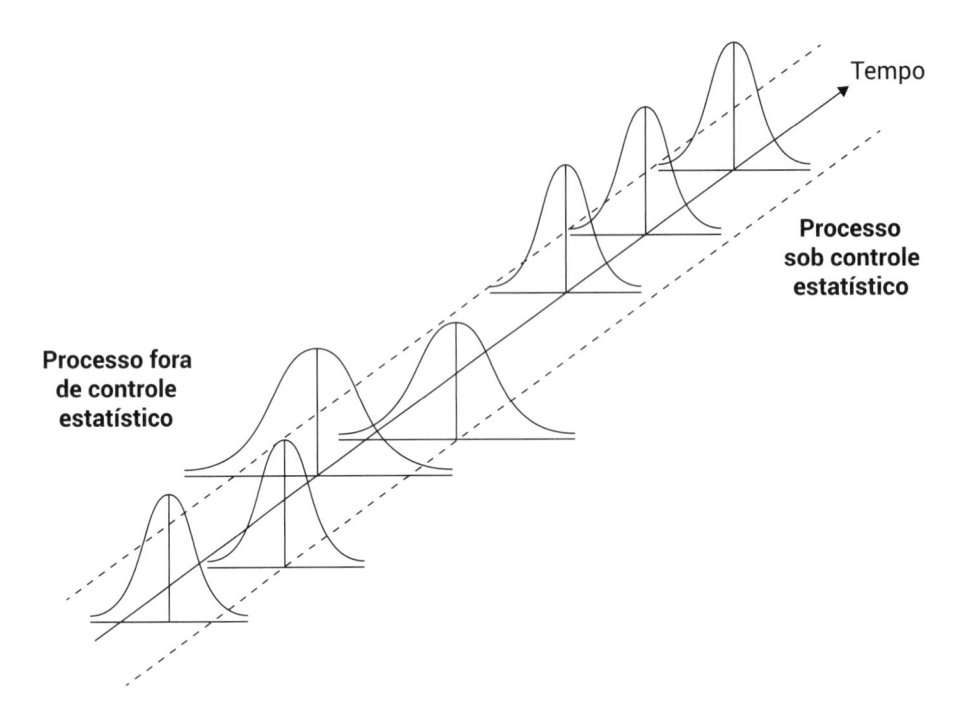

Figura 12.14 Remoção de causas especiais de um processo.

Quadro 12.3 Caracterização das causas comuns e causas especiais de um processo

Causas comuns	Causas especiais
São inerentes ao processo e estão sempre presentes	São desvios do comportamento esperado do processo e atuam esporadicamente
Muitas pequenas causas produzem individualmente pouca influência	Uma ou poucas causas produzem grandes variações no processo
Sua correção exige uma grande mudança no processo	Sua correção é, em geral, justificável e pode ser feita no próprio local de produção
A melhoria da qualidade do produto, quando somente flutuações comuns estão presentes. Ela precisa de decisões da alta gerência que envolve investimentos significativos	A melhoria da qualidade pode, em grande parte, ser atingida por meio de ações locais, que não envolvem investimentos significativos

Os gráficos de controle são uma ferramenta fundamental para controlar a variação de uma característica da qualidade de um processo e devem ser utilizados para tal controle. Vale destacar que uma característica da qualidade está sempre associada ao efeito do processo e nunca às causas. Antes de detalhar os gráficos de controle, é importante tratar dos subgrupos racionais ou amostras retiradas para controlar a qualidade do processo.

12.2.1 Subgrupos racionais

O controle de qualidade do processo é exercido a partir de medidas parciais de uma ou mais peças ou unidades de produto retiradas do processo durante sua fabricação. Isso é mais eficiente do que somente avaliar o resultado final do processo – por exemplo, um lote de peças. Para tanto, são analisadas pequenas amostras, denominadas subgrupos racionais, que devem ser aleatoriamente independentes para permitir avaliar se um processo está ou não sob controle estatístico.

A aleatoriedade na retirada da amostra ou subgrupo vai garantir que a avaliação da variação seja a mais próxima possível da realidade a menos dos erros existente do processo de retirada da amostra e de avaliação da característica da qualidade. Uma amostra tendenciosa poderá levar a tomada de decisão errada sobre a variação esperada e não esperada do processo. A independência é importante para que não haja correlação entre as amostras com consequente rompimento da aleatoriedade.

Duas premissas básicas são importantes para a retirada de um subgrupo racional: (1) a chance de diferença entre os subgrupos deve ser maximizada; e (2) a chance de diferença dentro do subgrupo deve ser minimizada. A primeira característica trata da heterogeneidade entre os subgrupos e a segunda da homogeneidade dentro do subgrupo. Isso facilita a identificação da variação não esperada (fora do padrão) fruto da presença de causas especiais.

Para a retirada do subgrupo racional é fundamental considerar: o tamanho da amostra; e a frequência da retirada. A amostra ideal é aquela de menor tamanho possível que fornece a maior quantidade de informação. Todavia, a amostra de tamanho unitário que representa bem a população é aquela retirada de um meio homogêneo. Afora tal situação, é necessário coletar mais de uma unidade de produto e isso depende do tamanho do lote e a velocidade com ele é produzido. Estas duas últimas características também influenciam na frequência de retirada dos subgrupos. Outro fator que influencia é a variação que se deseja detectar, *i.e.*, variação entre turnos, troca de matéria-prima, de temperatura e pressão do ambiente, desgaste da ferramenta ou máquina etc. Neste ponto, é importante o conhecimento do processo que diferentes áreas e trabalhadores têm do processo para se determinar a frequência de coleta dos subgrupos. O tamanho dos grupos depende da característica de qualidade do gráfico de controle escolhido para controlar a variação dela.

12.2.2 Gráficos de controle

Os gráficos de controle são o meio pelo qual a variação de um processo é controlada. Eles expressam a variação natural esperada de um processo, fruto somente de causas comuns. Assim, é possível verificar pelo comportamento dos subgrupos racionais retirados do processo ao longo do tempo se o padrão de variação, resultado da totalidade de variação das causas comuns somente, está se mantendo no tempo. A Figura 12.15 ilustra um gráfico de controle genérico.

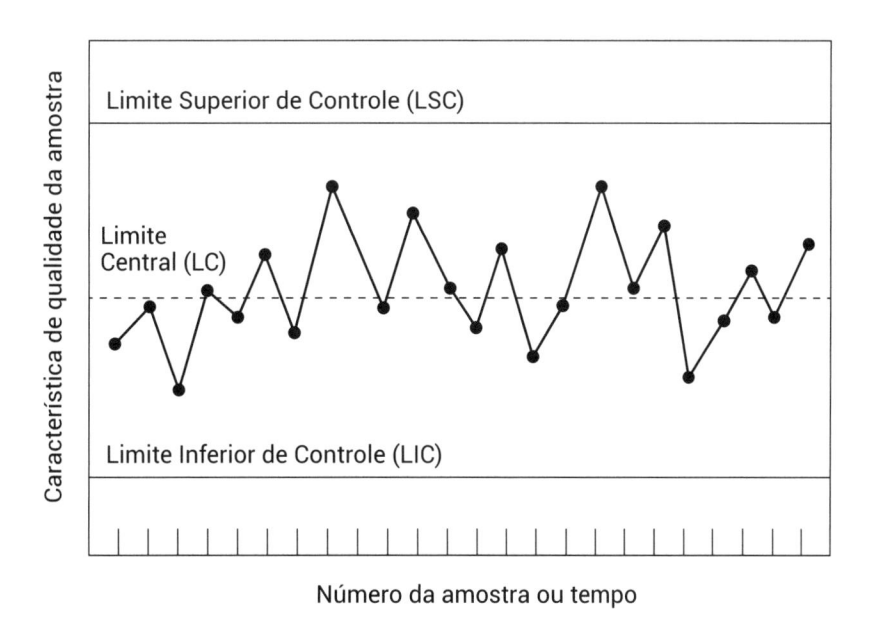

Figura 12.15 Gráfico de controle genérico.

O gráfico de controle, da Figura 12.15, apresenta uma zona de controle delimitada pelos limites naturais do processo, denominados limite superior de controle (LSC) e um limite inferior de controle (LIC). Essa zona representa os limites de variação natural e esperada do processo quando o processo estiver sob controle estatístico. Os limites são separados por uma linha central (LC).

Tanto a linha central quanto os limites de controle são calculados para uma estatística (média, mediana, fração de não conformidades etc.) correlata a uma característica da qualidade de interesse. Por exemplo, pode ser estabelecido um gráfico de controle de média para controlar a espessura média de um filme plástico ou um gráfico da proporção de defeitos para controlar a taxa de defeitos de um processo.

A linha central é a média amostral da estatística da característica de qualidade que está sendo controlada. O LSC e o LIC são, respectivamente, k mais vezes e k menos vezes o desvio-padrão dessa mesma estatística. Geralmente, o valor utilizado de k é três.

O LSC, a linha central e o LIC do gráfico de controle são características do processo. Eles são os **limites naturais do processo** que permitem identificar a variação do processo. Erroneamente, alguns profissionais colocam no gráfico de controle os limites de especificação do produto estabelecidos pela Engenharia de Produto. Isso geralmente é uma meta a ser atingida para cada unidade de produto. No gráfico de controle são plotados estatísticas amostrais que podem estar dentro desses limites de especificação, mas não significa que o processo está produzindo peças ou unidades conforme.

Quando o processo está sob controle estatístico, ou seja, somente sobre efeito de causas comuns, as estatísticas se distribuem aleatoriamente (sem seguir uma regra específica) entre LSC e LIC. Já quando uma causa especial ocorre, ela poderá ser prontamente identificada pela análise de uma estatística de uma amostra fora da zona de controle ou de um conjunto de estatísticas de várias amostras que tendem a sair da zona de controle. Logo, pela análise pontual ou da sequência de pontos (série) de um gráfico de controle é possível avaliar se um processo está sob controle estatístico ou não.

Para fazer essa avaliação, primeiro é necessário calcular LC, LIC e LSC por meio de parâmetros do processo (média, desvio-padrão, fração de não conformes etc.) correlatos à estatística amostral a ser controlada relacionada com a característica de qualidade. Por exemplo, o peso de uma peça está relacionado com o peso médio das amostras. Quando não se dispõe dos parâmetros do processo, então, uma amostragem representativa do processo precisa ser feita para estimar os parâmetros de acordo com o tipo de gráfico de controle a ser utilizado. A formação e retirada dos subgrupos racionais (tamanho e frequência de coleta) são definidos *a priori*.

Após o cálculo dos limites naturais do processo, será possível verificar se o processo está sob controle estatístico (somente sob influência de variação de causas comuns). O gráfico de controle **somente** poderá ser utilizado para controlar o processo quando o processo estiver sob controle estatístico. Somente nessa condição os limites de controle e linha central realmente representam o comportamento previsível do processo, como ilustra a Figura 12.16.

Pode-se observar, na Figura 12.16, que quando o processo está sob controle a distribuição amostral da estatística correlata à característica de qualidade da amostra mantém uma relação com a distribuição da população dessa mesma característica. Assim, é possível estabelecer uma relação entre a variação na amostra (subgrupo racional) e a variação da característica na população (processo). Por exemplo, a amostra de peças cujo diâmetro terá uma distribuição amostral que tem uma relação com a distribuição dos diâmetros de todas as peças que o processo produziu e pode produzir. Para cada subgrupo coletado, o valor da sua estatística é calculado, o valor é marcado no gráfico de controle e interpretado para avaliar se existe ou não a presença de causa especial.

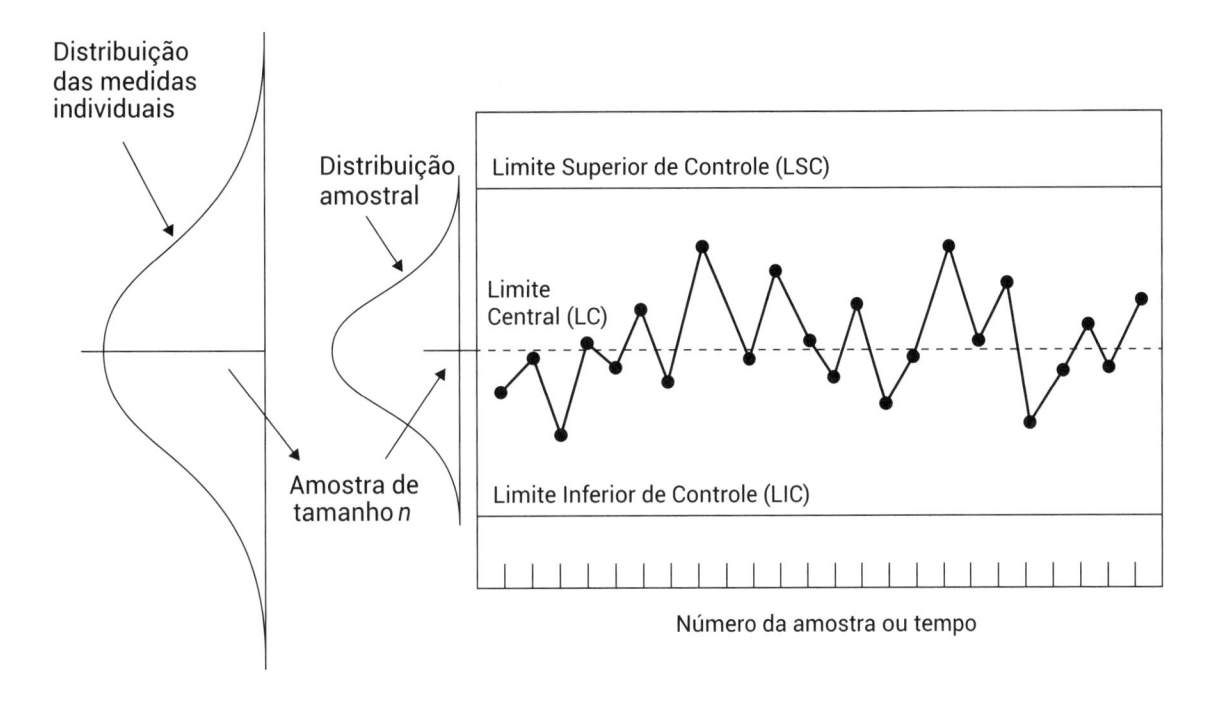

Figura 12.16 Funcionamento de um gráfico de controle.

12.2.2.1 Interpretação de gráficos de controle

Quando um processo está sob controle estatístico, as estatísticas amostrais, correlatas a uma característica de qualidade, seguem uma determinada distribuição de probabilidades. No caso da Figura 12.16, a estatística amostral segue a distribuição Normal. Além disso, é esperada uma distribuição aleatória dos valores das estatísticas amostrais ao longo do tempo com maior concentração em torno da LC.

O Quadro 12.4 ilustra os testes de não aleatoriedade e os critérios para a interpretação de gráficos de controle bem como um exemplo de gráfico de cada situação. Para cada um dos nove critérios é importante associar a partir do conhecimento tácito e explícito do processo por parte dos operadores, supervisores e engenheiros uma causa especial provável para a investigação imediata e a possível remoção no caso de confirmação. Isto pode agilizar a retomada da produção após a identificação de causa especial e parada do processo para execução de ação corretiva. Por exemplo, no caso de presença de ciclos ou tendências pode-se associar desgaste de ferramenta e umidade, respectivamente, como prováveis causas do aparecimento de uma tendência de decréscimo ou aumento da estatística amostral ou da variação cíclica presente no processo.

Quadro 12.4 Regras para interpretação de gráficos de controle

Teste	Critério	Exemplo
Ponto fora dos limites de controle	Um único ponto acima do LSC ou abaixo do LIC	

(continua)

(continuação)

Teste	Critério	Exemplo
Presença de ciclos ou tendências	Seis pontos consecutivos aumentando ou diminuindo	
	Pontos oscilando para cima e para baixo, formando ciclos	
Estratificação ou falta de variabilidade	Quinze pontos consecutivos no intervalo LC ± 1.σ	
	Quatorze pontos consecutivos se alternando para cima e para baixo	
Sequência de pontos próximos dos limites de controle	Oito pontos consecutivos fora do intervalo LC ± 1.σ, de qualquer lado	
	Dois pontos, de três consecutivos, situados do mesmo lado em relação à linha central e fora do intervalo LC ± 2.σ	
	Quatro pontos, de cinco consecutivos, situados do mesmo lado em relação à linha central e fora do intervalo LC ± 1.σ	

(continua)

(continuação)

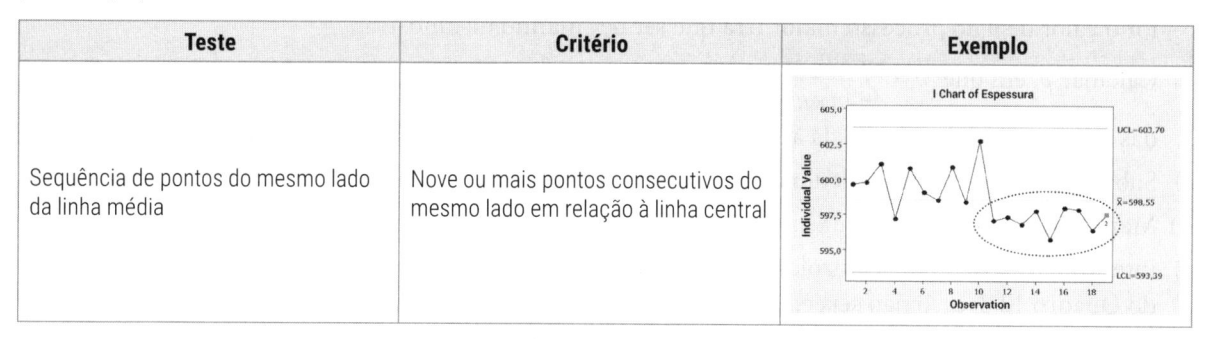

Teste	Critério	Exemplo
Sequência de pontos do mesmo lado da linha média	Nove ou mais pontos consecutivos do mesmo lado em relação à linha central	I Chart of Espessura

12.2.2.2 Tipos de gráficos de controle

As características de qualidade a serem controladas se dividem em dois grupos: atributos e variáveis. Isso foi explicado na seção anterior sobre Inspeção por Amostragem.

Os gráficos de controle mais comuns para o controle de atributos são: gráfico de p (fração de unidades com defeitos ou de não conformes); gráfico de np (número de unidades com defeito ou não conformes); gráfico de c (número de não conformidades numa unidade de produto ou espaço amostral); e gráfico de u (número de não conformidades numa amostra de tamanho maior que um).

Os gráficos de controle para atributos podem ser divididos em dois grupos conforme o interesse no controle de qualidade: interesse nas unidades com defeito ou não conforme (gráficos de p ou np); e interesse na quantidade de não conformidades diferentes (gráficos de c ou u).

Os gráficos de controle mais comuns para o controle de variáveis são: gráficos de $Xbarra$ (média aritmética do subgrupo racional); gráfico de X (valor da medida da característica de qualidade); gráfico de R (amplitude do subgrupo racional); gráfico de S (desvio-padrão amostral do subgrupo racional); e gráfico de MR (amplitude móvel da característica de qualidade).

Os gráficos de controle para variáveis podem ser divididos em dois grupos que devem ser utilizados em conjunto: gráficos de controle para medidas de posição (gráficos de $Xbarra$ e X) e para medidas de dispersão (gráficos de R, S ou MR). Uma característica de qualidade do tipo variável deve ser controlada com uso de um gráfico de posição e outro de dispersão.

A seguir os gráficos de controles para atributos e variáveis serão detalhados.

Gráfico p

Esse gráfico é utilizado para controlar a fração de unidades com defeito ou de unidades não conformes de um processo. Esse tipo de avaliação, conforme ou não conforme, é bem representada por uma distribuição Binomial, em que:

$\mu = p$ (fração de unidades com defeito); e $\sigma^2 = \dfrac{p \times (1-p)}{n}$

Logo, os limites de controle para o gráfico de p podem ser calculados por: $LSC = p + 3 \times \sqrt{\dfrac{p \times (1-p)}{n}}$, $LC = p$ e $LIC = p - 3 \times \sqrt{\dfrac{p \times (1-p)}{n}}$.

Após o cálculo devem ser retirados subgrupos racionais do processo de modo a verificar se ele apresenta um estado de controle estatístico ou não.

Quando a fração de unidades com defeito p for desconhecida, então é necessário fazer uma amostragem inicial grande para estimá-la. Para tanto, os seguintes passos devem ser seguidos:

a) Tomar pelo menos m amostras (20 a 25) de tamanho n, porém tenha em mente que quanto menor for o valor de p do processo maior terá que ser o tamanho da amostra.

b) Calcular $\bar{p}$, em que $\bar{p} = \sum \dfrac{d}{m \times n}$, i.e, é igual ao quociente do número total de unidades com defeito das amostras pelo tamanho da amostra vezes o número de amostras retiradas do processo.

c) Substituir p por $\bar{p}$ para o cálculo de LSC, LC e LIC.

d) Marcar o valor de p para cada amostra no gráfico de controle.

e) interpretar o gráfico de controle para verificar a ocorrência de causa especial, seguindo os critérios do Quadro 12.3; caso não seja encontrada nenhuma causa especial, os limites são aqueles calculados no passo (c); caso seja encontrada uma ou mais causas especiais, verificar o que aconteceu naquela amostra e eliminá-la somente se ela for identificável; recalcular novamente os limites de controle e repetir os passos de (d) e (e); no caso de eliminar muitos pontos no gráfico, refazer o processo de amostragem.

Quando o valor da fração de unidades com defeito (p) for muito pequeno para detectar uma mudança será necessário aumentar o tamanho (n) da amostra, o que pode ser inviável economicamente. Caso contrário, uma única peça não conforme poderá indicar processo fora de controle. Alguns autores desenvolveram métodos específicos para o cálculo de n. O mais simples deles é garantir que o LIC será maior que zero, o que implica que: $p - k \times \sqrt{\dfrac{p \times (1-p)}{n}} > 0 \rightarrow n > \dfrac{k^2 \times (1-p)}{p}$. Supondo que p seja igual a 0,05 e o k adotado seja igual a 3, tem-se:

$$n > \dfrac{3^2 \times (1 - 0,05)}{0,05} = \dfrac{9 \times 0,95}{0,95} = 171$$

portanto, $n \geq 172$.

Suponha que se deseje controlar a fração unidades não conforme de uma linha de produção de substrato cerâmico. Como o valor verdadeiro da fração de unidades não conforme é desconhecido, foram tomadas 20 amostras de tamanho 100 cada. O número de não conformidades em cada amostra está na Tabela 12.1. As amostras estão enumeradas na sequência em que foram retiradas da produção sempre no mesmo intervalo de tempo.

Tabela 12.1 Números de não conformes em amostras de 100 substratos cerâmicos

Amostra	Número de defeitos	Amostra	Número de defeitos
1	44	11	36
2	48	12	52
3	32	13	35
4	50	14	41
5	29	15	42
6	31	16	30
7	46	17	46
8	52	18	38
9	44	19	26
10	48	20	30

Uma estimativa da fração de defeitos do processo foi feita com o cálculo da média das frações de não conformes de cada amostra:

$$p \cong \bar{p} = \frac{\sum_{i=1}^{20} p_i}{20} = \frac{8}{20} = 0,40,$$

em que:

$$p_i = \frac{d_i}{n} = \frac{d}{100}$$

d é o número de unidades não conforme em cada amostra de 100 unidades.

Aproximando o valor de p por 0,40, pode-se então calcular os limites de controle do gráfico de p:

$$LSC = \bar{p} + 3 \times \sqrt{\frac{\bar{p} \times (1-\bar{p})}{n}} = 0,40 + 3 \times \sqrt{\frac{0,40 \times (1-0,40)}{100}} = 0,5470$$

$$LC = \bar{p} = 0,4000$$

$$LIC = \bar{p} - 3 \times \sqrt{\frac{\bar{p} \times (1-\bar{p})}{n}} = 0,40 - 3 \times \sqrt{\frac{0,40 \times (1-0,40)}{100}} = 0,2530$$

Então, marca-se o valor de cada p de cada amostra, na sequência da Tabela 12.1, no gráfico de controle e o resultado está ilustrado na Figura 12.17. Pode-se observar que o processo está sob controle estatístico visto que nenhuma das regras apresentadas no Quadro 12.4 ocorrem. Logo, o gráfico de controle de p pode ser utilizado para controlar a fração de unidades com defeito do processo em questão.

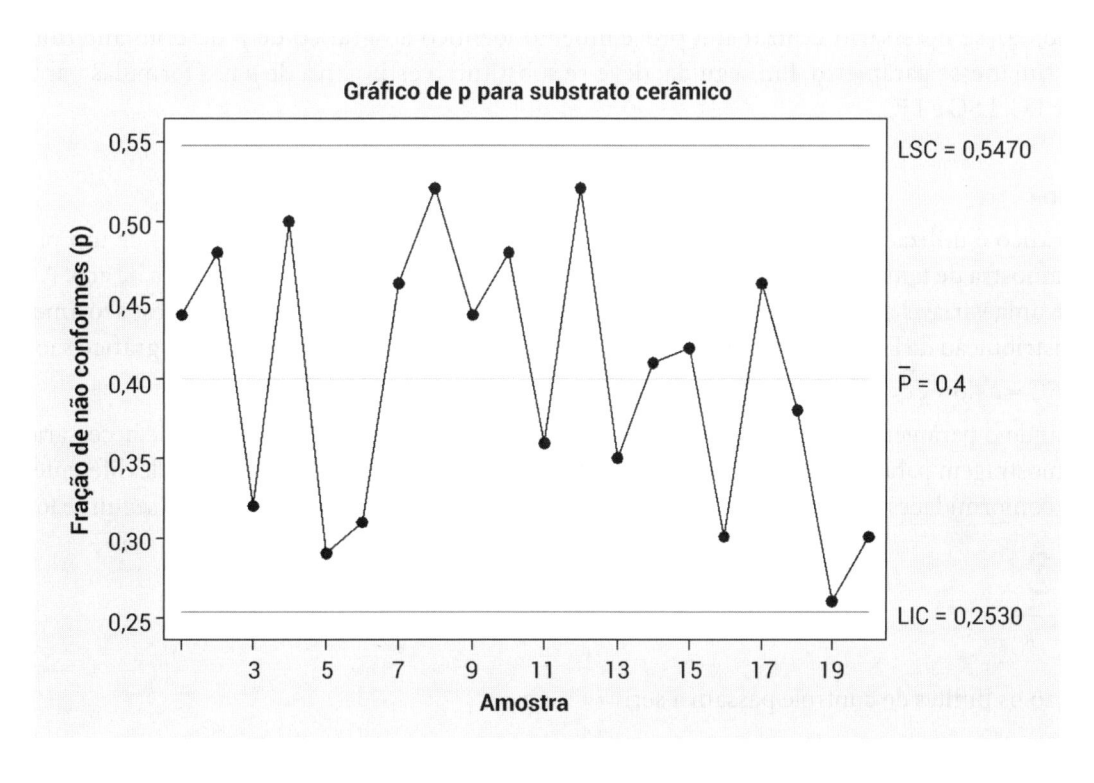

Figura 12.17 Gráfico de controle p para o substrato cerâmico.

Tabela 12.2 Números de defeitos em m² de tecido

Amostra	Número de defeitos	Amostra	Número de defeitos
1	6	11	9
2	4	12	11
3	8	13	8
4	10	14	10
5	9	15	8
6	12	16	2
7	9	17	7
8	2	18	1
9	3	19	7
10	10	20	13

O que foi aqui apresentado para o gráfico de controle de p vale também para o gráfico de np, apresentado a seguir com exceção das fórmulas de cálculo dos limites de controle.

Gráfico np

Esse gráfico é utilizado para controlar o número de unidades com defeito ou não conforme (np) de um processo. Ele é mais fácil de utilizar, pois basta contar, segundo um critério de avaliação, o número de unidades com defeito na amostra e marcá-lo no gráfico de controle np. Os limites de controle são calculados pelas fórmulas: $LSC = n \times p + 3 \times \sqrt{n \times p \times (1-p)}$, $LC = n.p$ e $LIC = n \times p - 3 \times \sqrt{n \times p \times (1-p)}$.

Quando o valor de p (fração de unidades com defeitos ou de não conforme) do processo for desconhecido, faz-se necessário utilizar um procedimento idêntico ao gráfico de p descrito anteriormente para estimar esse parâmetro. Em seguida, deve-se substituir a estimativa de p nas fórmulas para o cálculo de LC, LSC e LIC.

Gráfico c

Esse gráfico é utilizado para controlar o número de diferentes não conformidades (c) de um processo numa amostra de tamanho unitário ou num espaço amostral, por exemplo, uma chapa de aço. A contagem de uma variável aleatória (defeitos) numa amostra de tamanho unitário ou num espaço amostral é uma distribuição de Poisson cuja média e variância são iguais à c. Então, os limites do gráfico são dados por: $LSC = c + 3 \times \sqrt{c}$, $LC = c$ e $LIC = c - 3 \times \sqrt{c}$.

Quando o parâmetro c (número médio de defeitos da população) for desconhecido, é necessário fazer uma amostragem para estimá-lo. Deve-se, então, tomar k amostras e contar o número de diferentes tipos de não conformidades (d) para cada amostra e calcular a média de defeitos utilizando a seguinte fórmula:

$$\bar{c} = \frac{\sum_{i=1}^{k} d_i}{k}$$

Então os limites de controle passam a ser:

$$LSC = \bar{c} + 3 \times \sqrt{\bar{c}}$$

$$LC = \bar{c}$$

$$LIC = \bar{c} - 3 \times \sqrt{\bar{c}}$$

Esse tipo de gráfico contém mais informações sobre as não conformidades que os gráficos de p e np uma vez que todos os tipos de defeitos são considerados.

Os dados da Tabela 12.2 são referentes ao número de defeitos encontrados em 20 amostras de 1 m² de tecido. As amostras estão enumeradas na sequência em que foram retiradas da produção sempre no mesmo intervalo de tempo.

Como o parâmetro c é desconhecido, ele é estimado a partir das amostras. Isso é feito calculando-se o valor médio de defeitos nas 20 amostras:

$$\bar{c} = \frac{\sum_{i=1}^{k} d_i}{k} = \frac{\sum_{i=1}^{20} d_i}{20} = \frac{6 + 4 + \ldots + 13}{20} = 7,45 \cong \bar{c}$$

A partir desse valor, é possível calcular os limites de controle do gráfico de c:

$$LSC = \bar{c} + 3 \times \sqrt{\bar{c}} = 7,45 + 3 \times \sqrt{7,45} = 15,64$$

$$LC = \bar{c} = 7,45$$

$$LIC = \bar{c} - 3 \times \sqrt{\bar{c}} = 7,45 - 3 \times \sqrt{7,45} < 0 \cong 0$$

Vale observar que o valor do LIC é menor que zero e como não existe valor de defeitos menor que zero foi feita uma aproximação. Para verificar se o processo está sob controle estatístico, marca-se no gráfico cada valor de c de cada amostra na sequência que elas foram coletadas, como ilustra a Figura 12.18.

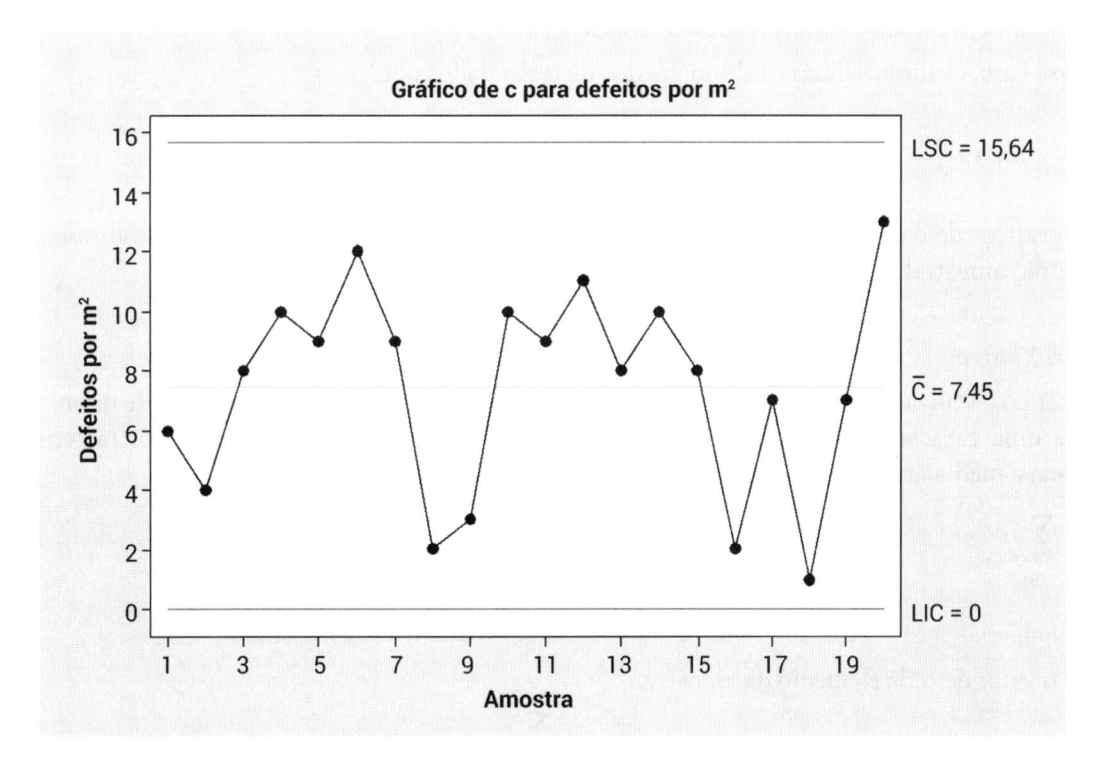

Figura 12.18 Gráfico de controle c para número de defeitos para m² de tecido.

Observa-se que não há ocorrência de causas especiais, conforme o Quadro 12.4. Sendo assim, o processo encontra-se sob controle estatístico e o gráfico de controle com os limites calculados pode ser usado para controlar o processo.

O mesmo procedimento com a aplicação das fórmulas corretas pode ser feito para um gráfico de u. Esse tipo de gráfico de controle será apresentado a seguir.

Gráfico u

Este gráfico também pode ser utilizado para controlar o número de diferentes não conformidades de um processo. A diferença para o gráfico c é que neste caso o tamanho das amostras pode:

- Ser um múltiplo da amostra do gráfico de c, denominada unidade de inspeção, ou seja, se amostra do gráfico c é 100 unidades ($n = 1$), tomando-se 50 unidades tem-se que $n = 0{,}5$. Dessa forma, os limites de controle do gráfico de u são dados por:

$$LSC = n \times \bar{c} + 3 \times \sqrt{n \times \bar{c}}$$

$$LC = n \times \bar{c}$$

$$LIC = \bar{c} \times n \times -3 \times \sqrt{n \times \bar{c}}$$

- Variar, ou seja, o n pode ser diferente a cada amostra tomada. Nesse caso, é preciso estabelecer um tamanho de amostra como padrão e calcular cada amostra como um múltiplo dele. Vamos supor que irá se tomar como padrão número de defeitos por 5 m² de tecido, ao se inspecionar uma amostra de 10 m², o $n = 2$. Em seguida, deve ser calculada a estatística u para cada amostra por:

$$u = \frac{x}{n},$$

em que:

x é o número de não conformidades da amostra.

Nesse caso, os limites de controle do gráfico de u são dados por:

$$LSC = \bar{u} + 3 \times \sqrt{\frac{\bar{u}}{n}}, \quad LC = \bar{u} \quad \text{e} \quad LIC = \bar{u} - 3 \times \sqrt{\frac{\bar{u}}{n}}$$

Os gráficos de controle mais comuns para variáveis são: média amostral, amplitude amostral, desvio-padrão amostral, indivíduos e amplitude móvel. Eles serão detalhados a seguir.

Gráfico Xbarra

Este gráfico é utilizado para controlar a média amostral de uma determinada variável de interesse correlata a uma característica de qualidade produzida por um processo. Para cada amostra retirada, é calculada a média aritmética:

$$\bar{x} = \frac{\sum \bar{x}_i}{n},$$

em que:

x_i é o valor de cada elemento da amostra.

Da distribuição amostral de $\bar{x}$, sabe-se que: $\mu_i = \frac{\sum \bar{x}_i}{N} = \mu$ e $\sigma \bar{x} = \frac{\sigma}{\sqrt{n}}$.

Logo, os limites naturais do processo são calculados pelas fórmulas:

$$LSC = \mu + 3 \times \sigma_{\bar{x}} = \mu + 3 \times \frac{\sigma}{\sqrt{n}}, \quad LC = \mu \quad e \quad LIC = \mu - 3 \times \sigma_{\bar{x}} = \mu - 3 \times \frac{\sigma}{\sqrt{n}}$$

Entretanto, na maioria das vezes, a média do processo (μ) é desconhecida. Nessas situações, é preciso estimar a média por meio de uma amostragem representativa do processo. Devem-se seguir os seguintes passos:

a) Tomar k (20 a 25) amostras de tamanho n elementos.
b) Calcular a média aritmética de cada amostra de tamanho n.
c) Calcular a estimativa da média do processo, aproximando-a por $u = \bar{\bar{x}} = \frac{\sum \bar{x}_i}{k} = LC$.
d) Estimar o desvio-padrão (σ) do processo por umas das duas formas: pelo desvio-padrão das amostras, quando o tamanho da amostra (n) é maior que nove; ou pela amplitude das amostras, quando o tamanho da amostra (n) é menor que nove e maior que quatro.
e) Calcular os limites LSC, LIC e LC do gráfico de $\bar{x}$.
f) Calcular os limites de um gráfico de s ou R, para controlar a dispersão dos dados da amostra (as fórmulas se encontram a seguir).
g) Marcar o valor de média amostral e sua medida de dispersão (s ou R) nos gráficos de controle.
h) Interpretar os gráficos de controle para verificar a ocorrência de causa especial.
i) Caso não sejam encontradas quaisquer ocorrências de causa especial (seguindo as regras do Quadro 12.4), os limites são aqueles calculados no passo (e); caso seja encontrada uma ou mais causas especiais, verificar o que aconteceu naquela amostra e eliminá-la, caso haja certeza de que foi mesmo uma causa especial, refazer os cálculos a partir do passo (b); caso sejam eliminados muitos pontos, refazer o processo de amostragem.

Para estimar o desvio-padrão utilizando o desvio-padrão das amostras, faz-se necessário primeiro calcular o desvio-padrão médio das amostras usando a fórmula:

$$\bar{s} = \frac{\sum s_i}{k}$$

Depois, uma estimativa de μ deve ser calculada pela fórmula: $\hat{\sigma} = \frac{\bar{s}}{c_4}$, em que c_4 é um fator de correção tabelado que depende do tamanho da amostra n. Os valores de c_2 se encontram na tabela no Anexo A.

Dessa forma, os limites do gráfico de $\bar{x}$ serão dados por: $LSC = \mu + 3 \times \frac{\sigma}{\sqrt{n}} = \bar{\bar{x}} + 3 \times \frac{\bar{S}}{C_4 \times \sqrt{n}} = \bar{\bar{x}} + A_1 \times \bar{S}$; $LIC = \mu - 3 \times \frac{\sigma}{\sqrt{n}} = \bar{\bar{x}} - 3 \times \frac{\bar{S}}{C_4 \times \sqrt{n}} = \bar{\bar{x}} - A_1 \times \bar{S}$,

em que:

A_1 também é um valor tabelado cuja tabela está no Anexo A.

Já para estimar o desvio-padrão utilizando a amplitude da amostra, primeiro deve-se calcular a amplitude média das amostras utilizando a fórmula:

$$\bar{R} = \frac{\sum R_i}{k}$$

Depois, deve-se estimar μ pela fórmula: $\hat{\sigma} = \dfrac{\bar{S}}{C_4}$, em que, d_2 é um fator de correção tabelado que também depende do tamanho da amostra n. Os valores de d_2 se encontram na tabela no Anexo A.

Assim, os limites do gráfico de $\bar{x}$ serão dados por: $LSC = \mu + 3 \times \dfrac{\sigma}{\sqrt{n}} = \bar{\bar{x}} + 3 \times \dfrac{\bar{R}}{d_2 x \sqrt{n}} = \bar{\bar{x}} + A_2 \times \bar{R}$ e $LIC = \mu - 3 \times \dfrac{\sigma}{\sqrt{n}} = \bar{\bar{x}} - 3 \times \dfrac{\bar{R}}{d_2 x \sqrt{n}} = \bar{\bar{x}} - A_2 \times \bar{R}$,

em que:

A_2 cujos valores tabelados se encontram na tabela do Anexo A.

A frequência de amostragem e o tamanho da amostra devem ser função do custo de se detectar causas especiais e a velocidade do processo. Geralmente, para detectar grandes mudanças no processo são utilizados tamanhos de amostra $n = 4$, 5 ou 6. Para detectar pequenas mudanças no processo, utilizam-se $n = 15$ a 25.

Gráfico s

Conforme foi destacado anteriormente, o gráfico de controle de $\bar{x}$ não permite avaliar a dispersão de um processo. Assim, é necessário utilizar outro gráfico de controle para controlar a dispersão do processo. Uma alternativa é o gráfico s.

Os limites do gráfico de controle de s serão dados por:

$LSC = B_2 \times \sigma$; $LC = c_2 \times \sigma$ e $LIC = B_1 \times \sigma$,

em que:

B_1, B_2 e c_2 cujos valores tabelados encontram-se na tabela no Anexo A.

Quando o desvio-padrão s da população for desconhecido, o que é muito comum, deve-se fazer uma estimativa a partir dos desvios-padrão das amostras por meio da fórmula:

$$\hat{\sigma} = \dfrac{\bar{S}}{C_4},$$

em que:

$\bar{s} = \dfrac{\sum s_i}{k}$ e c_2 é um valor tabelado em função do tamanho do subgrupo.

Substituindo σ por $\hat{\sigma}$, calculam-se os limites de controle: $LSC = B_4 \times \hat{\sigma}$; $LC = \hat{\sigma}$ e $LIC = B_3$.

Os valores de B_3 e B_4 são tabelados. Deve-se fazer a interpretação dos valores marcados no gráfico de controle, seguindo as regras do Quadro 12.4, para verificar se o processo está sob controle estatístico ou não. Vale observar que isso deve ser feito conjuntamente com um gráfico de controle de .

Gráfico R

Este gráfico de controle também permite controlar a dispersão de um processo. Ele é mais utilizado que o gráfico s porque a estatística amostral R é mais simples e rápida de se calcular do que o desvio-padrão (s). Entretanto, o conteúdo da informação é mais pobre uma vez que não é possível saber a distribuição dos valores dentro do intervalo representado pela amplitude, pois o cálculo de R envolve o menor e o maior valor do subgrupo.

Os limites do gráfico de controle de R serão dados por: $LSC = \mu_R + 3 \times \sigma_R = d_2 \times \sigma + 3 \times d_3 \times \sigma = D_2 \times \sigma$; $LC = \mu_R$; e $LIC = \mu_R - 3 \times \sigma_R = d_2 \times \sigma - 3 \times d_3 \times \sigma = D_1 \times \sigma$,

em que:

D_1 e D_2, cujos valores tabelados encontram-se na tabela no Anexo A.

Quando a amplitude da população é desconhecida, o que é muito comum, deve-se estimar o valor de $\overline{R}$ por meio de uma amostragem representativa utilizando as fórmulas a seguir:

$$\overline{R} = \frac{\sum R_i}{k}, \quad \hat{\sigma} = \frac{\overline{R}}{d_2} \quad \text{e} \quad \sigma_R = d_3 x \sigma = \left(\frac{d_3}{d_2}\right) \times \overline{R}$$

Os limites de controle do processo são dados por: $LSC = \overline{R} + 3 \times \left(\frac{d_3}{d_2}\right) \times \overline{R} = D_4 \times \overline{R}$, $LC = \overline{R}$, e $LIC = \overline{R} - 3 \times \left(\frac{d_3}{d_2}\right) \times \overline{R} = D_3 \times \overline{R}$

em que:

D_3 e D_4 cujos valores tabelados são encontrados no Anexo A.

Deve-se fazer a interpretação dos valores marcados no gráfico de controle, seguindo as regras do Quadro 12.4, para verificar se o processo está sob controle estatístico ou não. Não se esqueça que isso deve ser feito conjuntamente com um gráfico de controle de $\bar{x}$, que controla a posição dos valores, gráfico de s ou de R.

Uma peça componente de um motor de avião a jato é fabricada por um processo de fundição. A abertura do rotor é um parâmetro importante para a qualidade do produto. Deseja-se saber se o processo de fundição está sob controle estatístico. Para tanto, foram retiradas regularmente 20 amostras de 5 peças do processo de fundição. Os dados estão na Tabela 12.3. Os valores na tabela estão codificados pelo uso dos três últimos dígitos da dimensão, *i.e.*, o valor 31,6 corresponde a 0,50316 polegada.

Tabela 12.3 Medidas da abertura do rotor

Amostra	x1	x2	x3	x4	x5	Média	Amplitude
1	33	29	31	32	33	31,60	4
2	33	31	35	37	31	33,40	6
3	35	37	33	34	36	35,00	4
4	30	31	33	34	33	32,20	4
5	33	34	35	33	34	33,80	2
6	38	37	39	40	38	38,40	3
7	30	31	32	34	31	31,60	4
8	29	39	38	39	39	36,80	10
9	28	33	35	36	43	35,00	15
10	38	33	32	35	32	34,00	6
11	28	30	28	32	31	29,80	4
12	31	35	35	35	34	34,00	4
13	27	32	34	35	37	33,00	10
14	33	33	35	37	36	34,80	4
15	35	37	32	35	39	35,60	7

(continua)

(continuação)

Amostra	x1	x2	x3	x4	x5	Média	Amplitude
16	33	33	27	31	30	30,80	6
17	35	34	34	30	32	33,00	5
18	32	33	30	30	33	31,60	3
19	25	27	34	27	28	28,20	9
20	35	35	36	33	30	33,80	6

Como o tamanho da amostra (n) é 5, será utilizado o gráfico de $\bar{x} - R$. Como o valor da média populacional é desconhecido ele será aproximado pela média das medidas amostrais:

$$\mu = \bar{\bar{x}} = \frac{\sum_{i=1}^{k} \bar{x}_i}{k} = \frac{\sum_{i=1}^{20} \bar{x}_i}{20} = \frac{31,6 + 33,4 + \ldots + 33,8}{20} = 33,32 = LC$$

Esse valor será a LC do gráfico de $\bar{x}$. Os outros limites do gráfico são calculados pelas fórmulas:

$$LSC = \mu + 3 \times \frac{\sigma}{\sqrt{n}} = \bar{\bar{x}} + 3 \times \frac{\bar{R}}{d_2 \times \sqrt{n}} = \bar{\bar{x}} + A_2 \times \bar{R} \quad \text{e} \quad LIC = \mu - 3 \times \frac{\sigma}{\sqrt{n}} = \bar{\bar{x}} - 3 \times \frac{\bar{R}}{d_2 \times \sqrt{n}} = \bar{\bar{x}} - A_2 \times \bar{R}$$

O valor de A_2 é obtido na tabela do Anexo A em função do tamanho da amostra (n). Neste exemplo, com $n = 5$, obtém-se o valor 0,577. Já $\bar{R}$ é calculado pela fórmula:

$$\bar{R} = \frac{\sum_{i=1}^{k} R_i}{k} = \frac{\sum_{i=1}^{20} R_i}{20} = \frac{4 + 6 + \ldots + 6}{20} = 5,8$$

Logo, os limites do gráfico de *Xbarra* são: $LSC = \bar{\bar{x}} + A_2 \times \bar{R} = 33,32 + 0,577 \times 5,8 = 36,67$ e $LIC = \bar{\bar{x}} - A_2 \times \bar{R} = 33,32 - 0,577 \times 5,8 = 29,97$.

Os limites para o gráfico de $\bar{R}$ são:

$$LSC = D_4 \times \bar{R} = 2,115 \times 5,8 = 12,27,$$

em que:

D_4 é valor tabelado.

O mesmo vale para o D_3 para cálculo do LIC, como se segue: $LSC = D_3 \times \bar{R} = 0 \times 5,8 = 0$.

Assim, é possível marcar os pontos *Xbarra-R* de cada amostra nos respectivos gráficos, como está ilustrado na Figura 12.19. Analisado os gráficos de *Xbarra-R* conjuntamente, observa-se que existem várias ocorrências de pontos fora da zona de controle nos dois gráficos. Isto é indício de que o processo está fora de controle estatístico. No momento da retirada das amostras, causas especiais estavam atuando no processo mudando bruscamente os valores da média e a amplitude do processo.

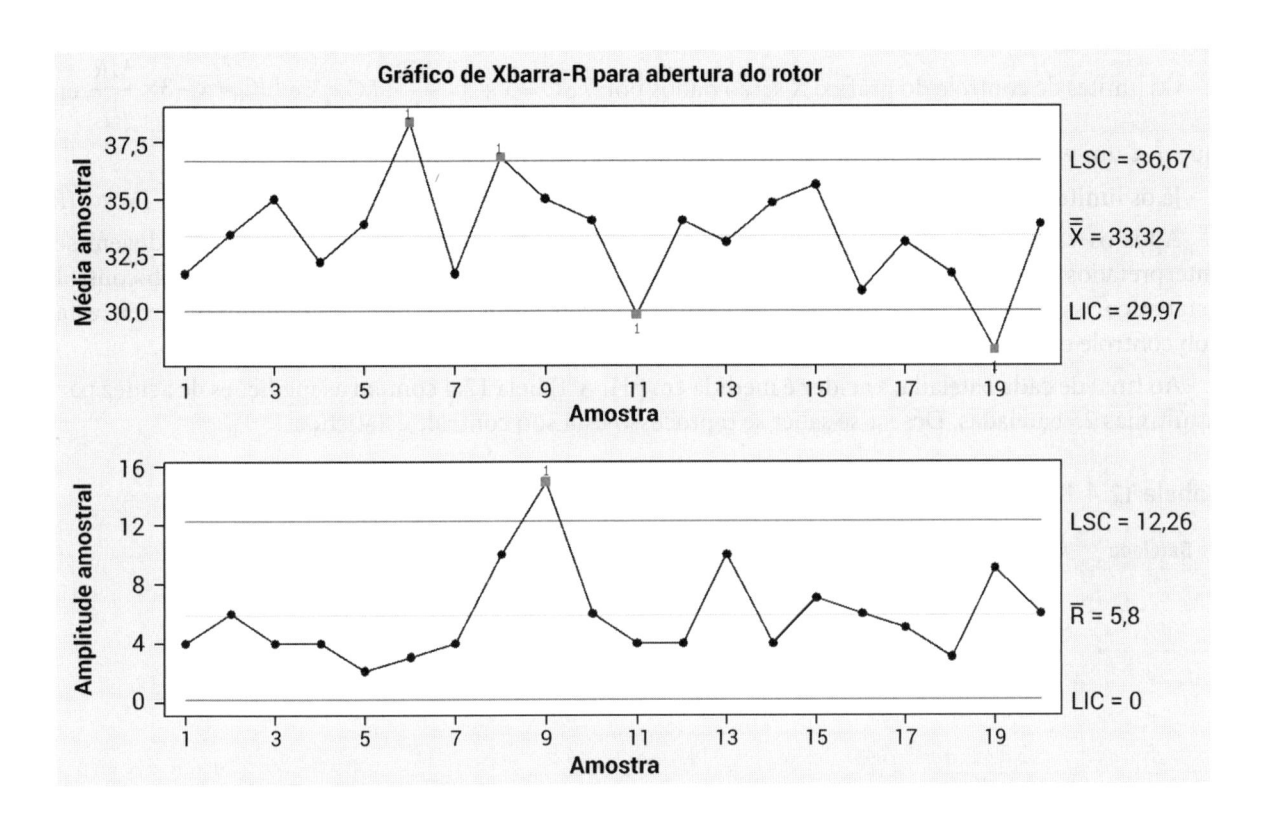

Figura 12.19 Gráfico de controle *Xbarra-R* para abertura do rotor.

Logo, é preciso investigar que causas especiais, tomando como base os 6M's, mudaram o comportamento esperado do processo em termos de variação da média e da amplitude amostrais. Caso elas sejam identificadas e foram eliminadas, pode-se descartar essas amostras e recalcular os limites dos gráficos de controle. Caso contrário, é preciso estabilizar o processo, acompanhá-lo e fazer novamente uma amostragem para verificar se as causas especiais não voltaram a acontecer.

Gráfico X

Quando os dados são obtidos num intervalo longo de tempo, dificultando a formação de um subgrupo num tempo hábil para tomada de decisão, ou, então, a formação de subgrupos racionais não é eficiente porque, por exemplo o meio é homogêneo, a solução é controlar os valores individuais da variável de interesse.

Como não é possível calcular a amplitude (R) do subgrupo uma vez que n é igual a 1, ela é substituída pela amplitude móvel (MR), que é calculada a cada par de medidas pela seguinte fórmula: $MR_i = |x_i - x_{i-1}|$.

Para estimar a amplitude móvel do processo uma amostragem significativa do processo precisa ser feita. Depois de calculadas as parcelas MR_i, deve-se calcular a amplitude móvel média pela fórmula:

$$\overline{MR} = \frac{\sum_{i=1}^{k-1} MR_i}{k-1},$$

em que k é o número de amostras feitas no estudo.

Os limites de controle do gráfico X serão dados por: $LSC = \bar{x} + 3 \times \dfrac{\overline{MR}}{d_2}$, $LC = \bar{x}$ e $LIC = \bar{x} - 3 \times \dfrac{\overline{MR}}{d_2}$, em que d_2 é um valor tabelado em função do tamanho da amostra cujo valor é 1,128.

Já os limites de controle do gráfico MR serão dados por: $LSC = D_4 \times \overline{MR}$, $LC = \overline{MR}$ e $LIC = D_3 \times \overline{MR}$.

Após os valores de x_i e MR_i serem marcados nos respectivos gráficos de controle, eles devem ser interpretados seguindo as regras do Quadro 12.4 para verificar se o processo está ou não sob controle estatístico. Isso deve ser feito conjuntamente para o gráfico X-MR. Vale destacar que ambos devem estar sob controle estatístico para que se possa declarar que o processo está sob controle estatístico.

Ao final de cada batelada, a acidez é medida em pH. A Tabela 12.4 contém as medições de acidez para as últimas 25 bateladas. Deseja-se saber se o processo está sob controle estatístico.

Tabela 12.4 Medidas de acidez por batelada

Batelada	Acidez (pH)	MR	Batelada	Acidez (pH)	MR
1	4,9		14	3,3	0,9
2	3,0	1,9	15	4,3	1,0
3	4,2	1,2	16	4,3	0,0
4	4,4	0,2	17	3,3	1,1
5	3,0	1,4	18	4,8	1,6
6	3,3	0,3	19	5,4	0,6
7	5,1	1,8	20	4,7	0,8
8	3,0	2,0	21	1,9	2,8
9	2,9	0,1	22	4,4	2,5
10	4,3	1,4	23	3,0	1,4
11	3,9	0,4	24	2,5	0,5
12	3,4	0,5	25	2,9	0,4
13	2,4	1,1	Média	3,7	1,1

A linha central do gráfico X é o valor médio do pH da amostra, ou seja, LC para o gráfico X é 3,7. Já os limites inferior e superior são calculados pelas fórmulas:

$$LSC = \bar{x} + 3 \times \dfrac{\overline{MR}}{d_2} = 3,7 + 3 \times \dfrac{1,1}{1,128} = 6,6$$

$$LIC = \bar{x} - 3 \times \dfrac{\overline{MR}}{d_2} = 3,7 - 3 \times \dfrac{1,1}{1,128} = 0,8$$

A linha central do gráfico de MR é o valor médio da amplitude móvel dos valores de pH da amostra, ou seja, LC para o gráfico de MR é 1,1. Já os limites inferior e superior são calculados pelas fórmulas: $LSC = D_4 \times \overline{MR} = 3,267 + 1,1 = 3,5$ em que o valor de D_4 para $n = 2$ é igual 3,267 e $LIC = D_3 \times \overline{MR} = 0 \times 1,1 = 0$, em que o valor de D_3 para $n = 2$ é igual a zero.

Desta forma, é possível marcar os pontos X-MR de cada amostra nos gráficos X e MR, como ilustrado na Figura 12.20.

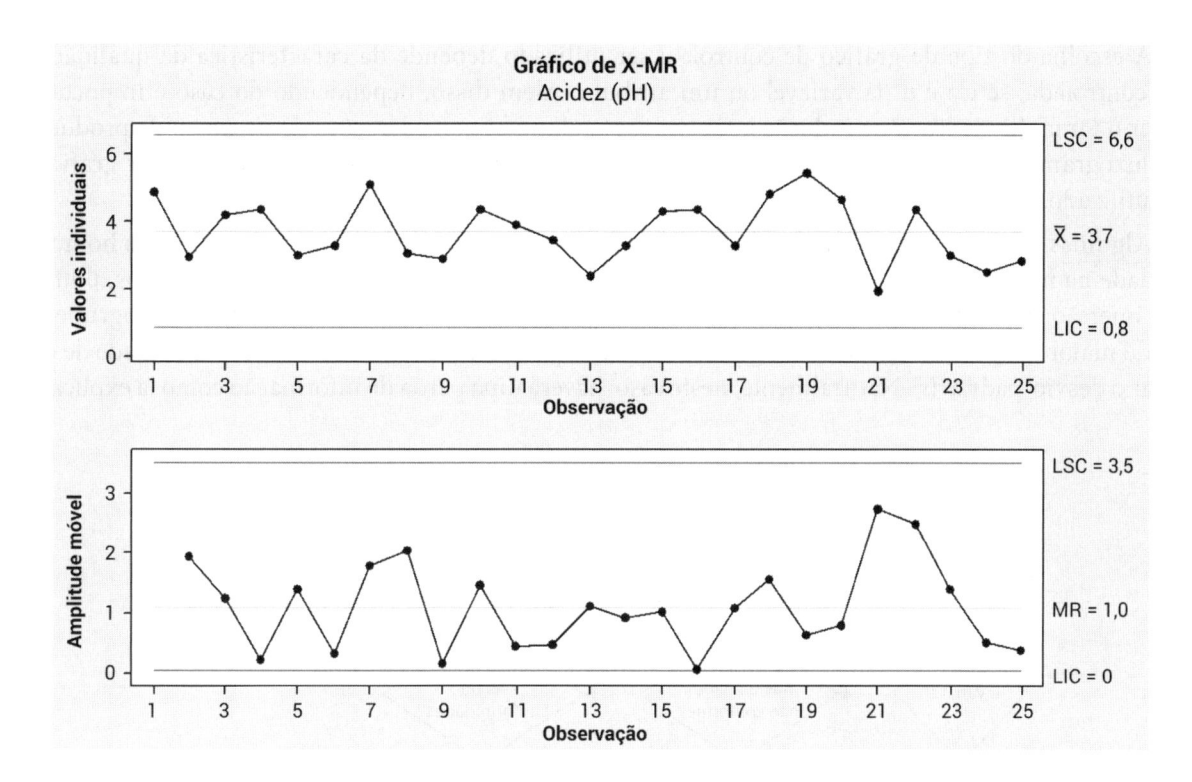

Figura 12.20 Gráfico de controle X-MR para acidez.

Pelo gráfico X-MR da Figura 12.20, pode-se observar que o processo se encontra sob controle estatístico uma vez que nenhuma das condições do Quadro 12.4 estão presentes. Portanto, pode-se usar o gráfico para controlar o processo.

Construção de gráficos de controle

As principais etapas na construção de um gráfico de controle são:

a) **Preparação:** escolha da(s) característica(s) da qualidade a ser(em) controlada(s), determinação de forma de retirada, tamanho e frequência do subgrupo, e escolha do gráfico a ser utilizado.

b) **Coleta de dados:** registro dos dados e das possíveis ocorrências de causas especiais, cálculos das estatísticas necessárias e construção dos gráficos.

c) **Determinação dos limites de controle experimentais:** cálculos da linha central e dos limites superior e inferior de controle.

d) **Análise e interpretação:** verificação se o processo está sob controle, eliminação de possíveis causas especiais (caso haja certeza) e recálculo dos limites de controle e linha central.

e) **Cálculo da capabilidade do processo:** estimar o desvio-padrão; calcular C_p e C_{pk} e interpretar o valor.

f) **Utilizar os gráficos de controle para controlar o processo.**

Todas as decisões necessárias nessas etapas devem ser tomadas levando-se em consideração os custos envolvidos, a infraestrutura necessária, as exigências do cliente e a tecnologia do processo da empresa.

Os limites de controle devem ser escolhidos de acordo com a qualidade exigida. O tamanho da amostra deve ser determinado de modo que a formação de subgrupos racionais seja executável economicamente. A frequência da amostragem deve ser determinada levando-se em consideração também o tamanho do lote a ser fabricado, o tamanho da amostra e as prováveis causas especiais a serem detectadas.

A escolha do tipo de gráfico de controle a ser utilizado depende da característica da qualidade a ser controlada, se ela é uma variável ou um atributo. Além disso, dependendo do caso é importante saber o tamanho do lote de produção e ter em conta algumas considerações do processo de produção. O fluxograma da Figura 12.21 ilustra um esquema de orientação para a escolha do melhor gráfico a ser utilizado.

Algumas observações são importantes sobre o fluxograma da Figura 12.21. Por exemplo, a homogeneidade na natureza do processo acontece em processos tais como pintura, banhos químicos, pintura por imersão etc. Outro aspecto que vale destacar é que mesmo o tamanho da amostra ou subgrupo (n) sendo maior ou igual a 9 elementos, o gráfico *Xbarra-R* pode ser utilizado em face da dificuldade de calcular o desvio-padrão (s). Naturalmente, neste caso, haverá uma perda de informação como já explicado.

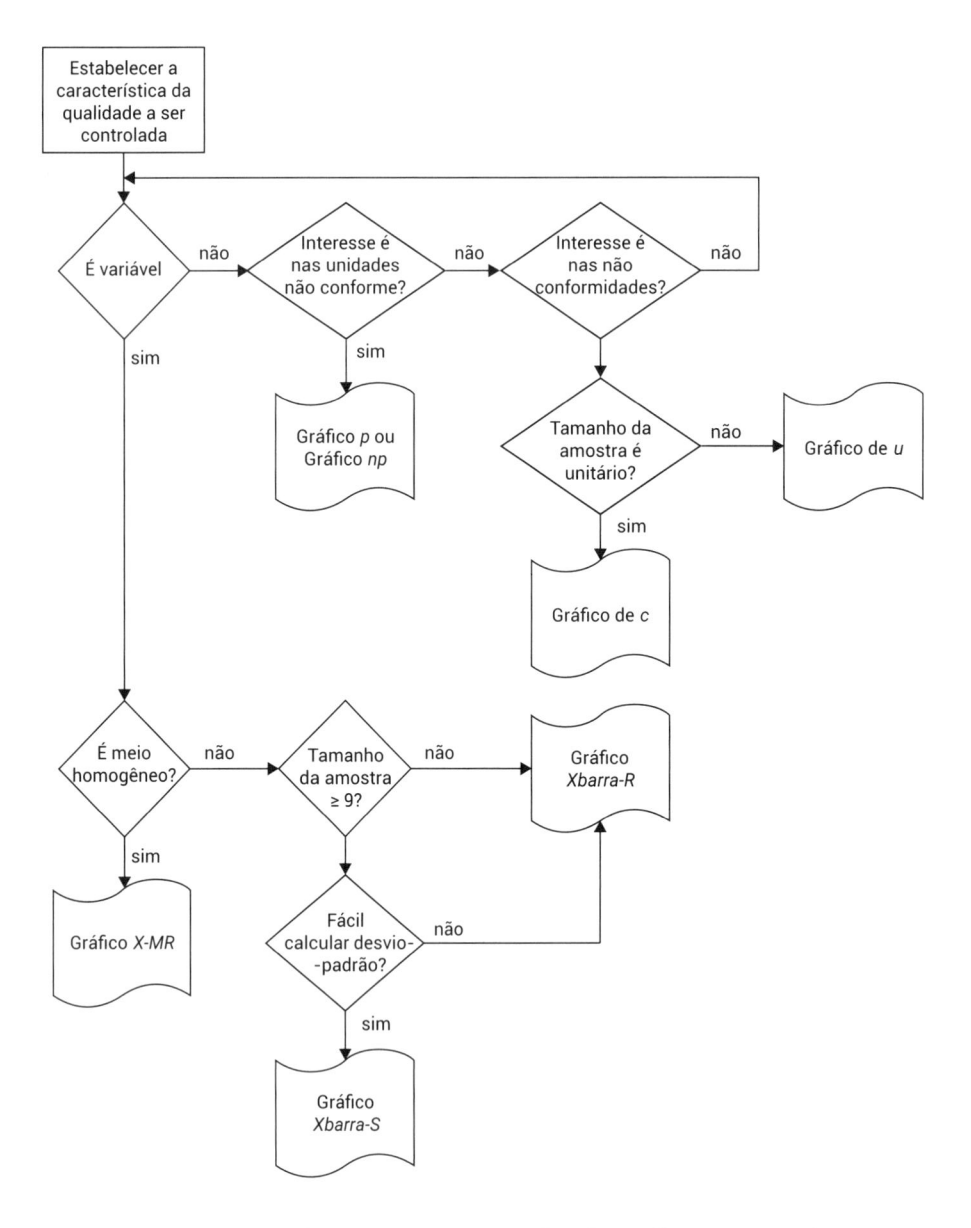

Figura 12.21 Fluxograma para escolha do gráfico de controle.

Os limites de controle dos processos precisam ser revisados sempre que são identificadas mudanças técnicas no estado do processo, ou seja, no conjunto de causas. Essas mudanças podem ser melhorias no padrão de operação do processo, mudança de especificação de matéria-prima, reforma do processo etc.

12.3 CAPABILIDADE DE PROCESSOS

Após verificar se um processo está sob controle estatístico ou não, é possível executar a análise de capabilidade do processo. Contudo, vale destacar que ela somente poderá ser conduzida se o processo estiver sob controle estatístico. Essa é uma condição *sine qua non*, pois somente assim os parâmetros estimados para o processo são confiáveis uma vez que não existe variação de causas especiais que alterem o comportamento esperado do processo.

A capabilidade de um processo demonstra, por meio de índices numéricos, quanto um processo é capaz de produzir um produto atendendo a dada especificação (valor nominal ± tolerância). De posse do índice de capabilidade de um processo, é possível prever se o processo irá satisfazer ou não as especificações de uma característica da qualidade.

A análise de capabilidade é feita comparando-se a "voz do cliente", expressa pelas especificações do produto, e a "voz do processo", expressa pelas estimativas do parâmetro do processo quando sob controle estatístico. A especificação da característica da qualidade é feita por: um valor nominal (VN) esperado; um limite superior de especificação (LSE) que é igual ao VN mais tolerância; e um limite inferior de especificação (LIE) que é igual ao VN menos tolerância.

O índice de capabilidade de um processo é calculado pela fórmula:

$$C_p = \frac{(LSE - LIE)}{6 \times \sigma}$$

em que σ é o desvio-padrão do processo.

Caso o desvio-padrão seja desconhecido, o que é muito comum, faz-se necessário estimar esse parâmetro por meio de uma amostragem significativa. Então, é calculado o desvio-padrão amostral médio ($\bar{s}$) ou a amplitude amostral média ($\bar{R}$) e, em seguida, estimado o desvio-padrão do processo por:

$\hat{\sigma} = \frac{\bar{s}}{C_4} = \frac{\bar{R}}{d_2}$, em que c_4 e d_2 são valores tabelados cujos valores se encontram na tabela do Anexo A.

Essa maneira de calcular o índice de capabilidade de um processo é mais apropriada quando a média do processo (μ) está muito próxima ou coincide com o valor nominal e as tolerâncias são iguais e simétricas ao VN. Quando a tolerância da especificação do produto não é simétrica em relação ao valor nominal ou o valor da média do processo está distante do valor nominal, deve-se calcular o índice de capabilidade para os valores superiores e inferiores à média do processo, o índice C_{pk}.

O C_{pk} leva em consideração a média (posição) do processo. Veja que na fórmula do C_p a média do processo não é considerada. O C_{pk} será o menor valor entre C_{pks} e C_{pki} que são calculados pelas fórmulas:

$$C_{pks} = \frac{LSE - \mu}{3 \times \sigma} \quad \text{ou} \quad C_{pks} = \frac{LSE - \bar{\bar{x}}}{3 \times \hat{\sigma}}$$

$$C_{pki} = \frac{\mu - LIE}{3 \times \sigma} \quad \text{ou} \quad C_{pki} = \frac{\bar{\bar{x}} - LIE}{3 \times \hat{\sigma}}$$

O C_{pk} contém mais informação sobre a habilidade do processo em atender às especificações porque considera no cálculo a média (posição) e o desvio-padrão (dispersão) do processo.

O Quadro 12.5 contém os critérios para classificar a capabilidade de um processo após os cálculos dos índices C_p e C_{pk}.

Quadro 12.5 Interpretação do índice de capabilidade do processo

C_p ou C_{pk}	Nível do processo	Conceito do processo
$\geq 2{,}0$	A	*Excelente* – confiável, os operadores do processo exercem completo controle sobre ele, pode-se utilizar o gráfico pré-controle.
1,33 até 1,99	B	*Capaz* – relativamente confiável, os operadores do processo exercem controle sobre as operações, mas o controle da qualidade monitora e fornece informações para evitar a deterioração do processo.
1,00 até 1,32	C	*Relativamente incapaz* – pouco confiável, requer controle contínuo das operações, tanto pela fabricação quanto pelo controle da qualidade, visando evitar constantes descontroles e perdas devido a refugos, retrabalhos, paralisações, etc.
< 1,00	D	*Totalmente incapaz* – o processo não tem condições de manter as especificações ou padrões, por isso, é requerido o controle, revisão e seleção de 100% das peças, produtos ou resultados.

A capabilidade de um processo pode ser ilustrada graficamente pela sobreposição do histograma de uma amostragem representativa do processo contra os limites de tolerância especificados (Figura 12.22). Entretanto, esse procedimento não é aconselhável porque a estimativa do desvio-padrão do processo é mais confiável que somente a dispersão representada pelo histograma. A forma gráfica pode ser utilizada em complementaridade aos cálculos dos índices C_p e C_{pk}.

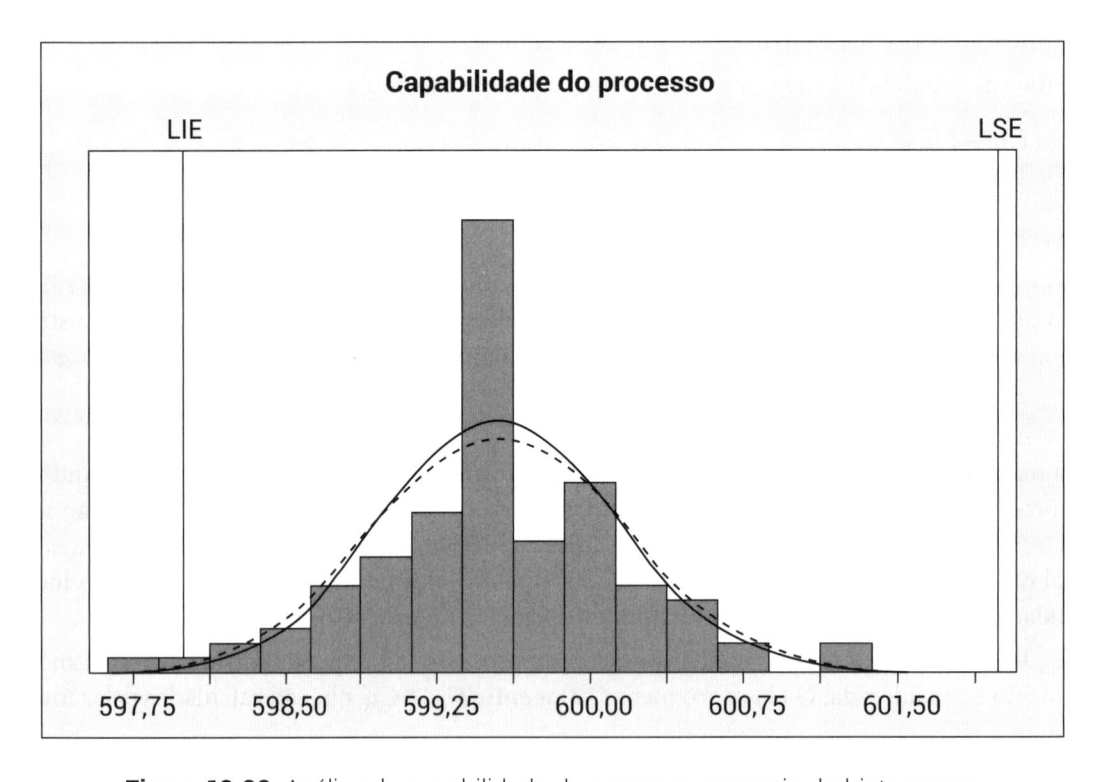

Figura 12.22 Análise da capabilidade do processo por meio do histograma.

Dessa forma, é possível por meio de um índice rapidamente saber se um processo está apto (e quão apto uma vez que os níveis A e B produzem níveis de qualidade diferentes) a produzir ou prestar um serviço.

Naturalmente que é bom lembrar que esse índice somente terá valor se o processo estiver sob controle estatístico. A Figura 12.23 ilustra a relação entre capabilidade e controle de um processo. Vale destacar que um processo pode estar sob controle estatístico, porém pode não ser capaz de atender às especificações estabelecidas, o que requer uma melhoria de processo no sentido de diminuir a variação oriunda de determinadas causas comuns ao processo.

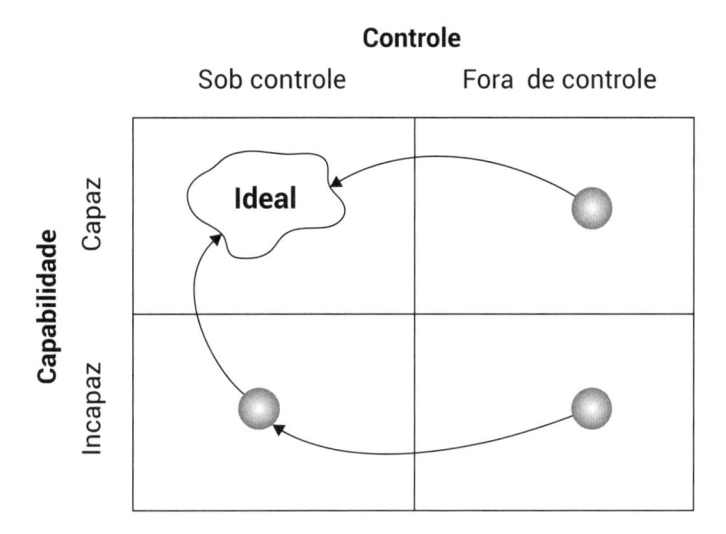

Figura 12.23 Relação entre capabilidade e controle do processo.

A análise de capabilidade de processo é parte fundamental do processo de melhoria da qualidade uma vez que ele pode direcionar os esforços de melhoria. Além disso, a análise de capabilidade pode ser utilizada para: (a) predizer quão bem um processo pode atender às exigências do cliente; (b) auxiliar ou mesmo guiar engenheiros a escolherem de um processo de produção; (c) auxiliar no estabelecimento da frequência de amostragem do processo; (d) especificar as necessidades de desempenho de um equipamento; (e) auxiliar na seleção de fornecedores; (f) auxiliar no projeto de tolerâncias e (g) guiar o processo de redução da variação dos processos.

Uma vez que o processo tem um índice de capabilidade que atende às exigências naquele momento, então, os gráficos de controle poderão ser utilizados como uma ferramenta no auxílio ao controle da qualidade dos processos.

EXERCÍCIOS

1. Qual é o objetivo da inspeção por amostragem para aceitação? Em que situações a inspeção por amostragem é preferível? Dê exemplos.

2. O que é risco do consumidor e do produtor? Eles podem ser zerados numa amostragem para aceitação?

3. Construa a CCO de um plano de amostragem simples cujo tamanho da amostra é $n = 200$ e o número de aceitação é 3 para um lote de 4.000 itens. Para um produtor cuja taxa histórica de não conformidades é 1,5%, qual é a probabilidade de aceitação de um lote? Caso o cliente não queira aceitar lotes com mais de 3,0% de defeitos, qual é a garantia de que isto não acontecerá? Qual é o efeito no risco do produtor se o número de aceitação for zero?

4. Elabore um plano de amostragem de NQA para aceitação de atributos cujo lote de recebimento é de 4.500 itens, com nível geral de inspeção com discriminação mediana e NQA 1,0%. Considere inspeção simples normal, severa e atenuada.

5. O que são causas comuns e causas especiais de um processo? Dê exemplos. O que significa afirmar que um processo está sob controle estatístico? Qual deve ser o comportamento do operador? Qual tipo de variação está presente quando um processo está sob controle estatístico? E quando está fora de controle estatístico?

6. A rugosidade é uma característica crítica da qualidade de um cilindro. (1) Um técnico do controle da qualidade escolheu um gráfico de *Xbarra* com subgrupos racionais de tamanho 5 para controlar o processo. (2) Ele construiu o gráfico de controle plotando os limites de especificação do produto (LIE, VN e LSE). (3) Logo após, ele tomou peças do estoque para verificar se o processo está sob controle. Comente o procedimento apontando erros e acertos. Em casos de erros, aponte o que é correto fazer.

7. O interesse em controlar um processo são as unidades não conformes. Para tanto, são retiradas amostras de 200 peças todo turno. Analise se o processo está sob controle. Justifique sua resposta.

| 13 | 8 | 10 | 15 | 12 | 9 | 6 | 4 | 7 | 11 | 14 | 10 | 7 |
| 9 | 12 | 11 | 8 | 13 | 9 | 10 | 7 | 8 | 5 | 8 | 10 | |

8. Um hospital fez um levantamento das ocorrências/dia em que ocorreram falta de diferentes medicamentos nos últimos 20 dias. Os dados coletados seguem na tabela a seguir. Pode-se afirmar que as ocorrências estão sob controle estatístico?

Dia	1	2	3	4	5	6	7	8	9	10
Ocorrências	2	1	1	1	0	2	0	1	1	1
Dia	11	12	13	14	15	16	17	18	19	20
Ocorrências	1	2	1	2	3	2	1	3	2	3

9. Uma peça é usinada e o seu comprimento é uma dimensão crítica para o desempenho em qualidade. A especificação é 150,00±6 mm. Uma amostra de cinco peças ($n = 5$) foi tomada a cada uma hora durante 25 horas seguidas. Os valores estão listados abaixo. A fábrica opera com apenas um turno. O que se pode dizer acerca da capabilidade do processo?

Amostra	1	2	3	4	5	6	7	8	9	10	11	12	13
X1	148,28	151,13	148,55	150,70	151,52	150,46	149,74	146,40	149,79	150,35	150,09	149,50	149,93
X2	149,84	150,97	149,05	147,73	149,26	149,21	147,71	154,30	150,76	150,80	148,76	150,86	147,83
X3	147,49	152,12	149,95	146,42	151,05	150,79	150,66	152,48	146,03	148,61	146,00	150,74	152,30
X4	149,82	151,70	150,07	149,32	148,82	149,29	150,06	150,69	150,76	151,25	152,88	150,30	151,36
X5	151,69	147,19	150,59	150,39	148,93	153,39	151,85	149,67	149,98	148,02	149,31	152,04	149,42

Amostra	14	15	16	17	18	19	20	21	22	23	24	25
X1	151,64	151,04	152,00	152,28	150,85	150,17	150,17	150,06	149,79	150,29	148,88	150,35
X2	150,21	150,18	151,31	150,44	150,97	152,14	147,98	153,10	151,28	151,37	150,81	148,27
X3	149,45	149,07	153,46	148,63	150,20	150,38	150,15	152,78	150,36	151,07	151,31	150,75
X4	149,84	150,55	153,63	149,95	150,47	148,58	148,35	150,07	147,02	151,09	150,13	149,92
X5	150,68	152,06	150,70	150,04	150,05	151,30	148,76	150,87	150,03	148,31	151,29	149,99

10. Um processo injeta dez peças por ciclo. Uma amostra é retirada a cada uma hora de produção e são calculados a média e o respectivo desvio-padrão. Os dados abaixo são referentes às últimas 20 horas de produção. O processo está sob controle?

Amostra	1	2	3	4	5	6	7	8	9	10
Xbarra	201,62	201,00	200,59	198,98	201,35	198,05	201,47	203,55	199,18	200,05
S	5,60	3,36	4,82	4,78	2,85	2,53	4,84	6,42	6,18	4,89
Amostra	11	12	13	14	15	16	17	18	19	20
Xbarra	198,35	200,26	201,95	201,98	198,03	200,56	198,35	198,91	199,05	202,98
S	7,89	7,37	6,12	4,81	6,26	6,86	3,72	4,31	3,37	4,29

11. O tempo de espera na fila para atendimento é uma característica importante. A cada 2 horas um cliente é selecionado ao chegar na fila e o tempo de espera (em minutos) dele é cronometrado. Quais são as suas conclusões sobre o tempo de espera?

11,8	7,0	6,5	9,0	11,0	7,7	7,2	7,0	9,2	6,5	6,7	7,6
4,6	7,2	10,7	5,2	6,3	5,4	8,7	11,7	7,5	11,8	10,1	9,2

12. Uma característica da qualidade tem especificação 100±10 mm. Um estudo constatou que o processo está sob controle estatístico utilizando um gráfico de Xbarra-R com $n = 5$. Foi encontrada a média das médias amostrais igual a 104,00 mm e amplitude média de 9,30 mm. O que se pode dizer da capabilidade do processo?

BIBLIOGRAFIA COMPLEMENTAR

COSTA, A. F. B. *Controle estatístico de qualidade*. 2. ed. São Paulo: Atlas, 2005.

JURAN, J. M. *Juran na liderança pela qualidade*. 2. ed. São Paulo: Pioneira, 1993.

JURAN, J. M.; GODFREY, A. B. *Quality control handbook*. 5. ed. New York : McGraw-Hill, 1999.

JURAN, J. M.; GRYNA, F. M. *Controle da qualidade*: handbook. São Paulo: Makron Books, 1991, v. 6.

KUME, H. *Métodos estatísticos para a melhoria da qualidade*. 5. ed. São Paulo: Gente, 1993.

MONTGOMERY, D. C. *Introdução ao controle estatístico da qualidade*. 4. ed. Rio de Janeiro: LTC, 2004.

RAMOS, A. B. *CEP para processos contínuos e bateladas*. São Paulo: Edgard Blücher, 2000.

SHEWHART, W. A. *Economic control of quality of manufactured product*. New York, ASQC Press, 1980.

WHEELER, D. J. *Entendendo a variação*: a chave para administrar o caos. Rio de Janeiro, QualityMark, 2001.

ANEXO A

Valores das constantes para o cálculo dos limites de controle

n	A	A2	A3	B3	B4	B5	B6	D1	D2	D3	D4	c4	1/c4	d2	1/d2
2	2,121	1,88	2,659	0	3,267	0	2,606	0	3,686	0	3,267	0,7979	1,2533	1,128	0,8865
3	1,732	1,023	1,954	0	2,568	0	2,276	0	4,358	0	2,574	0,8862	1,1284	1,693	0,5907
4	1,5	0,729	1,628	0	2,266	0	2,088	0	4,698	0	2,282	0,9213	1,0854	2,059	0,4857
5	1,342	0,577	1,427	0	2,089	0	1,964	0	4,918	0	2,114	0,94	1,0638	2,326	0,4299
6	1,225	0,483	1,287	0,03	1,97	0,029	1,874	0	5,078	0	2,004	0,9515	1,051	2,534	0,3946
7	1,134	0,419	1,182	0,118	1,882	0,113	1,806	0,204	5,204	0,076	1,924	0,9594	1,0423	2,704	0,3698
8	1,061	0,373	1,099	0,185	1,815	0,179	1,751	0,388	5,306	0,136	1,864	0,965	1,0363	2,847	0,3512
9	1	0,337	1,032	0,239	1,761	0,232	1,707	0,547	5,393	0,184	1,816	0,9693	1,0317	2,97	0,3367
10	0,949	0,308	0,975	0,284	1,716	0,276	1,669	0,687	5,469	0,223	1,777	0,9727	1,0281	3,078	0,3249
11	0,905	0,285	0,927	0,321	1,679	0,313	1,637	0,811	5,535	0,256	1,744	0,9754	1,0252	3,173	0,3152
12	0,866	0,266	0,886	0,354	1,646	0,346	1,61	0,922	5,594	0,283	1,717	0,9776	1,0229	3,258	0,3069
13	0,832	0,249	0,85	0,382	1,618	0,374	1,585	1,025	5,647	0,307	1,693	0,9794	1,021	3,336	0,2998
14	0,802	0,235	0,817	0,406	1,594	0,399	1,563	1,118	5,696	0,328	1,672	0,981	1,0194	3,407	0,2935
15	0,775	0,223	0,789	0,428	1,572	0,421	1,544	1,203	5,741	0,347	1,653	0,9823	1,018	3,472	0,288
16	0,75	0,212	0,763	0,448	1,552	0,44	1,526	1,282	5,782	0,363	1,637	0,9835	1,0168	3,532	0,2831
17	0,728	0,203	0,739	0,466	1,534	0,458	1,511	1,356	5,82	0,378	1,622	0,9845	1,0157	3,588	0,2787
18	0,707	0,194	0,718	0,482	1,518	0,475	1,496	1,424	5,856	0,391	1,608	0,9854	1,0148	3,64	0,2747
19	0,688	0,187	0,698	0,497	1,503	0,49	1,483	1,487	5,891	0,403	1,597	0,9862	1,014	3,689	0,2711
20	0,671	0,18	0,68	0,51	1,49	0,504	1,47	1,549	5,921	0,415	1,585	0,9869	1,0133	3,735	0,2677
21	0,655	0,173	0,663	0,523	1,477	0,516	1,459	1,605	5,951	0,425	1,575	0,9876	1,0126	3,778	0,2647
22	0,64	0,167	0,647	0,534	1,466	0,528	1,448	1,659	5,979	0,434	1,566	0,9882	1,0119	3,819	0,2618
23	0,626	0,162	0,633	0,545	1,455	0,539	1,438	1,71	6,006	0,443	1,557	0,9887	1,0114	3,858	0,2592
24	0,612	0,157	0,619	0,555	1,445	0,549	1,429	1,759	6,031	0,451	1,548	0,9892	1,0109	3,895	0,2567
25	0,6	0,153	0,606	0,565	1,435	0,559	1,42	1,806	6,056	0,459	1,541	0,9896	1,0105	3,931	0,2544

MÉTODOS PARA ANÁLISE E MELHORIA DA QUALIDADE

13

José Carlos de Toledo

Neste capítulo, serão discutidos os principais métodos de suporte à análise e melhoria da qualidade de produtos e processos. O capítulo apresenta uma introdução com visão geral sobre esses métodos, tanto estatísticos quanto organizacionais, e discute recomendações para aplicação efetiva e bem-sucedida. Apresenta mais detalhadamente os seguintes métodos de melhoria: Gerenciamento de Processos, Método de Análise e Solução de Problemas (MASP), Análise de Modos e Efeitos de Falhas (FMEA), *Benchmarking* e o Diagrama de Causa e Efeito com Adição de Cartões (CEDAC).

OBJETIVOS DE APRENDIZAGEM

Ao final deste capítulo, o leitor deverá ser capaz de:
- Ter uma visão geral dos principais métodos de suporte a análise e melhoria da qualidade de produtos e processos.
- Compreender fatores considerados chave para aplicação efetiva e bem-sucedida desses métodos.
- Conhecer os fundamentos e as etapas, ou passos, para aplicação dos métodos: Gerenciamento de Processos, MASP, FMEA, *Benchmarking* e CEDAC.

13.1 INTRODUÇÃO

A gestão da qualidade, ou seja, a visão de como fazer para se obter a qualidade para o produto, evoluiu ao longo deste século em quatro principais estágios: controle do produto (ou inspeção), controle do processo, sistemas de garantia da qualidade e gestão da qualidade total. A visão de controle do produto se limita a um enfoque meramente corretivo de inspeção do produto acabado, com o propósito de segregar as unidades não conformes. O controle do processo é um enfoque preventivo centrado no acompanhamento e controle das variáveis do processo que podem influir na qualidade final do produto. Os sistemas de garantia da qualidade estão associados a um enfoque relativamente mais amplo e preventivo, que procura por meio de um gerenciamento sistêmico garantir a qualidade em todas as etapas do ciclo de obtenção do produto. A gestão da qualidade total está associada a um estágio de incorporação da qualidade no âmbito estratégico das organizações, e representa uma visão de como gerenciar globalmente os negócios com uma orientação voltada para a satisfação total do cliente. Trata-se de uma visão integrada segundo a qual deve-se buscar a qualidade total em toda a empresa e nas suas relações com o ambiente. É composta por um conjunto integrado de princípios, ferramentas, metodologias e veículos promocionais (meios facilitadores). Os princípios fundamentais da gestão da qualidade total são: orientação para a satisfação do cliente/mercado, supremacia/prioridade da qualidade, aperfeiçoamento contínuo e participação da mão de obra nos processos de controle e melhoria da qualidade. A gerência da qualidade total também se apoia nas abordagens de desdobramento das diretrizes e de gerenciamento por processos.

Pode-se dizer que, em termos de gestão da qualidade, a abordagem moderna e as melhores práticas empresariais apontam em direção aos conceitos de satisfação total do cliente e de gestão da qualidade total.

Este capítulo aborda alguns métodos da Gerência da Qualidade Total orientadas para análise (ou diagnóstico) e melhoria da qualidade.

Os métodos pertinentes à gestão da qualidade total podem ser agrupados em dois blocos, conforme a sua orientação.

- métodos orientados para a melhoria da qualidade de processos;
- métodos orientados para a melhoria da qualidade de produtos.

Os métodos também podem ser classificados em:

- métodos estatísticos;
- métodos organizacionais.

Essa classificação é em função do tipo de dado que usa e da abordagem empregada pelo método. Assim, por exemplo, os métodos estatísticos trabalham com dados numéricos, expressos em números, enquanto os métodos organizacionais trabalham com dados de linguagem, expressos em palavras. Além disso, os métodos organizacionais são abordagens no sentido de orientar as pessoas, normalmente reunidas em grupos multidisciplinares (por exemplo: times da qualidade, grupos de melhoria etc.), para formularem um determinado problema de características organizacionais (e que é difícil ou impossível de ser formulado matematicamente) para, em seguida, desenvolverem e implantarem uma solução. Obviamente ao longo da aplicação de um método organizacional pode-se fazer uso de métodos e ferramentas estatísticas.

É importante explicitar o que se entende por método e por ferramenta. Método se refere a uma abordagem, normalmente estruturada numa sequência lógica de passos ou etapas, empregada por um grupo de pessoas para resolver um determinado problema, desde a sua identificação até a implantação de uma solução e acompanhamento dos resultados obtidos. Ferramenta (ou técnica) se refere a uma técnica específica de auxílio no tratamento (descrição, análise etc.) de um conjunto de dados, seja numérico ou de linguagem. As ferramentas podem ser aplicadas ao longo das atividades dos passos de um método. Assim, por exemplo, o Método para Análise e Solução de Problemas (MASP) é um método que utiliza, ao longo de sua aplicação, ferramentas (técnicas) tais como o diagrama de Pareto, gráfico sequencial, diagrama de causa e efeito, *brainstorming* etc.

13.1.1 Os principais métodos orientados para a melhoria da qualidade de processos

Os principais métodos estatísticos são:

- **As 7 ferramentas da estatística para a qualidade:** conjunto de ferramentas básicas da Estatística, aplicáveis à descrição, análise e correlação de dados da produção. Essas ferramentas são: folha de verificação, estratificação, diagrama de Pareto, histograma, gráfico sequencial, diagrama de causa e efeito, gráfico de controle e diagrama de correlação. Mais detalhes podem ser obtidos em Kume.[1]
- **Controle Estatístico do Processo (CEP):** hoje, mais do que uma ferramenta estatística, o CEP é entendido como uma abordagem de gerenciamento (princípios de gerenciamento) de processos e um conjunto de técnicas, originárias da Estatística e da Engenharia de Produção, que visam garantir a estabilidade e a melhoria contínua de um processo. Em resumo, visa o controle e a melhoria do processo. Mais detalhes poderão ser obtidos em Kume.[2]
- **Análise de Modos de Falhas e de Efeitos (FMEA):** método para análise de falhas em produtos e processos em uso ou ainda na fase de projeto. Objetiva prever os problemas associados a um produto ou um processo e permitir a adoção de medidas preventivas, antes que tais problemas aconteçam. Para mais detalhes *vide* Helman & Andery.[3] O FMEA, particularmente adaptado à indústria alimentar, é conhecido como Análise de Perigos e Pontos Críticos de Controle (APPCC), conforme SBCTA e PROFIQUA.[4]

Os principais métodos organizacionais são:

- **Método para Análise e Solução de Problemas (MASP):** é uma sequência lógica de procedimentos, baseado em fatos e dados, que objetiva identificar a causa fundamental de problemas específicos de um processo, desenvolver e implementar ações de melhoria e consolidar as melhorias obtidas. Mais detalhes poderão ser obtidos em Campos[5] e Kume.[6]
- **As 7 ferramentas da administração para qualidade:** conjunto de ferramentas que permite a estruturação, análise e identificação de inter-relações de dados de linguagem (dados não numéricos), pertinentes a uma determinada situação prática ou problema. Essas ferramentas são: diagrama de relações, diagrama de afinidades, diagrama em árvore, matriz de priorização, matriz de relações, diagrama PDPC e diagrama de atividades. Mais detalhes podem ser obtidos em Moura.[7]
- **Diagrama de Causa e Efeito com Adição de Cartões (CEDAC):** método simplificado, participativo e dinâmico de melhoria e padronização de processos que combina diagrama de causa e efeito, sugestão de melhorias e medida de desempenho. Trata-se de uma ferramenta de gestão visual. *Vide* Fukuda.[8]
- **Desdobramento das diretrizes:** método sistemático que permite identificar e desdobrar as diretrizes da organização ao longo dos seus processos e níveis hierárquicos. Por diretriz entende-se a definição das metas a serem atingidas, dos métodos para se atingi-las e das métricas para se acompanhar o grau de atingimento. Para mais informações *vide* Akao[9] e Shiba.[10]
- **Gerenciamento de processos:** o enfoque em processos representa uma mudança na forma de entender e estruturar uma organização. Esse conceito envolve alguns elementos como: clientes do processo, proprietário do processo, medição, estrutura e melhoria do processo. Os processos, produtivos e

empresariais, devem ser gerenciados tendo em vista a satisfação dos clientes internos e externos. Para mais detalhes *vide* Davenport,[11] Harrington[12] e Almeida.[13]

13.1.2 Os principais métodos orientados para a melhoria da qualidade do produto

Os principais métodos estatísticos são:

- **Confiabilidade:** a teoria da confiabilidade tem por objetivo quantificar, avaliar e propor melhorias no grau de confiança de que um produto cumpra a sua missão especificada, durante determinado intervalo de tempo e sob determinadas condições de uso. Para mais detalhes *vide* Kauffman *et al.*[14]
- **Análise de modos de falha e de efeitos (FMEA):** já comentado anteriormente.
- **Planejamento de experimentos e método Taguchi:** auxilia no planejamento de experimentos visando identificar a configuração (parâmetros e tolerâncias) mais adequada para um produto, que maximize seu desempenho ou torne a sua qualidade robusta. Mais informações poderão ser obtidas em Taguchi.[15]

Os principais métodos organizacionais são:

- **Desdobramento da Função Qualidade (QFD):** método sistemático e integrado, para identificar as necessidades do cliente e traduzi-las em parâmetros do produto, dos seus componentes, dos processos e dos métodos de controle da produção e da qualidade. Mais detalhes podem ser encontrados em Akao.[16]
- **DFM/DFA – Projeto para manufatura e montagem:** conjunto estruturado de regras de projeto do produto que visa assegurar, desde a sua concepção, a manufaturabilidade (facilidade de produzir e de montar) e a qualidade do produto. Para mais detalhes *vide* SME.[17]
- **Engenharia simultânea:** a engenharia simultânea, também chamada de engenharia paralela ou concorrente, pode ser conceituada como uma abordagem estruturada de desenvolvimento simultâneo do projeto e do processo de um produto, por meio de equipes multifuncionais (times de projeto). Para mais detalhes *vide* Hartley.[18]
- **Análise e engenharia de valor:** consiste numa abordagem específica para reduzir custos de produção de bens e serviços, sem detrimento da qualidade e, portanto, elevando o seu valor. Consiste basicamente em identificar as funções de determinado produto, avaliá-las e propor uma forma alternativa de desempenhá-las a um custo menor que o da maneira conhecida. Para mais detalhes *vide* Csillag.[19]
- *Benchmarking* **de produtos:** de modo genérico *benchmarking* é um processo contínuo de medição de produtos, serviços e práticas de gestão em relação aos mais fortes concorrentes, ou às empresas reconhecidas como líderes em suas indústrias ou setores. Por meio do *benchmarking* identificam-se as melhores práticas e também como atingi-las e adapta-las à realidade da empresa. Para mais detalhes *vide* Camp.[20]

13.1.3 Observações importantes sobre o uso dos métodos

1. Existe um número significativamente grande de métodos de apoio à gestão da produção. As listas existentes variam de 200 a 400 métodos. Especificamente em relação à Gestão da Qualidade existem catalogadas cerca de 50. Assim é importante que se conheça suficientemente bem os métodos e ferramentas existentes e sua finalidade e que os mesmos sejam aplicados conforme a necessidade (problemas a serem resolvidos) e não por modismo.

2. Para o êxito de uma aplicação é fundamental que:
    - Se conheça e se crie previamente as condições necessárias para a aplicação do método. Essas condições podem ser: físicas, materiais, capacitação de pessoal, cultura organizacional, motivação etc. Por exemplo: um processo que não se encontra minimamente definido, padronizado, documentado, estabilizado e com uma mão de obra com um nível suficiente de educação e escolaridade, não está preparado para a implantação de Controle Estatístico de Processo (CEP).
    - Se realize experiência ou projeto piloto antes da implementação ampla, que sirva como experiência de aprendizagem sobre o método, que mostre resultados (que sirva como "efeito espelho") e que sirva como exemplo (espelho) para a expansão da aplicação para outras áreas da empresa. Também se deve procurar aprender com outras empresas que já tenham experiência com a implantação do método em questão.
3. É importante planejar muito bem a implantação, treinar adequadamente, motivar as pessoas envolvidas e ser perseverante.
4. Quando se pensa em métodos da Qualidade Total uma característica bastante marcante é a seguinte. Historicamente, na visão americana e europeia enfatiza-se o uso de métodos de grande complexidade (C) e que são usados por um número pequeno (n) de pessoas, normalmente especialistas mais graduados. Já na visão japonesa enfatiza-se o uso de métodos de menor complexidade (c) mas que são compreendidos e aplicados por um número grande (N) de pessoas da empresa. A prática tem demonstrado que a segunda visão leva a melhores resultados (R) do ponto de vista global.

Estratégia americana e europeia: $C \times n \rightarrow R1$
Estratégia japonesa: $c \times N \rightarrow R2$

Normalmente o resultado R2 é, ao longo do tempo, significativamente maior que R1. Isso não quer dizer que a estratégia japonesa não considera e não se utiliza de ferramentas de maior complexidade, a diferença está na ênfase que é dada na gestão de melhorias. A ênfase é em intensas atividades de melhoria, com ampla participação, por meio de conceitos e ferramentas mais simples, mas que são compreendidos e praticados por "todas" as pessoas da organização e no dia a dia. Atualmente essas duas estratégias são combinadas e equilibradas, tanto nas empresas ocidentais como nas empresas japonesas.

O Programa Seis Sigma, por exemplo, é tipicamente americano e, em sua essência e origem, é focado em poucas pessoas, com maior qualificação, e com conteúdo de métodos e ferramentas de maior complexidade. Já o Kaizen usa a estratégia oposta.

13.2 GERÊNCIA POR E DE PROCESSOS

13.2.1 Introdução

O modelo tradicional de gerenciamento das empresas com base na estrutura "funcional ou departamentalizada" tem sido adotado por décadas. Considera-se que essa estrutura apresenta as seguintes vantagens:

- é fácil atribuir, localizar e cobrar responsabilidades, pois a divisão de tarefas é mais nítida;
- cada função tem tarefas bem definidas;
- favorece a especialização e a competência nos conhecimentos e nas técnicas específicas da área funcional;
- as decisões são hierarquizadas e centralizadas.

Por outro lado, esse modo de estrutura organizacional tem se mostrado cada vez mais limitado, por apresentar desvantagens tais como:

- tende a favorecer a otimização de partes da empresa (departamentos, funções), em detrimento da otimização do todo ou do sistema;
- favorece a criação de barreiras departamentais (os departamentos acabam funcionando como a figura de um silo: é profundo, escuro, quem está de fora não sabe o que ocorre lá dentro etc.);
- não favorece a aprendizagem do todo, os problemas de interface são mal percebidos e resolvidos;
- não é orientada para o cliente externo.

Cada vez mais cresce a consciência de que é fundamental a busca incessante da satisfação dos clientes e que, pensando-se principalmente em clientes externos, os *outputs* da empresa (produtos, serviços, atendimento de pedidos, atendimento de reclamações, relatórios etc.) resultam de processos multifuncionais e não de departamentos ou funções específicas. Esses processos atravessam os mais diversos departamentos da empresa e em diferentes níveis hierárquicos.

Normalmente existem responsáveis pelos departamentos/funções, mas não existem responsáveis pelos processos, sua gestão e desempenho. E a satisfação dos clientes está diretamente atrelada ao desempenho dos processos. Assim a tendência é que as atividades empresariais sejam vistas e organizadas não em termos de funções, departamentos ou produtos, mas em termos de processos-chave do negócio (Figura 13.1).

As necessidades e desejos dos clientes devem ser básicos na orientação que as empresas dão aos seus negócios. Os processos devem ser criados e gerenciados com orientação para a satisfação dessas necessidades e desejos.

O método para a contínua avaliação, análise e melhoria do desempenho dos processos-chave de negócio é chamado de gerenciamento de processos. Supõe-se que a empresa passa a ser vista, estruturada e gerenciada como um complexo de processos e não de departamentos (gerenciamento por processos). Nessa visão os processos são delineados com base em:

- Necessidades (requisitos) e indicadores de desempenho para clientes internos e externos claramente definidos e contratados.
- Procedimentos simplificados e burocracia reduzida.
- Altos níveis de desempenho no fornecimento (entradas) de serviços e produtos que alimentam o processo.
- Estabelecimento de consenso na visão, direcionamento e prioridades dos processos.
- Rompimento de barreiras e melhor regularidade no fluxo das informações.
- Descrição mais clara das atividades.
- Melhor desenvolvimento de habilidades.
- Aumento da autoridade e autonomia individual (*empowerment*).

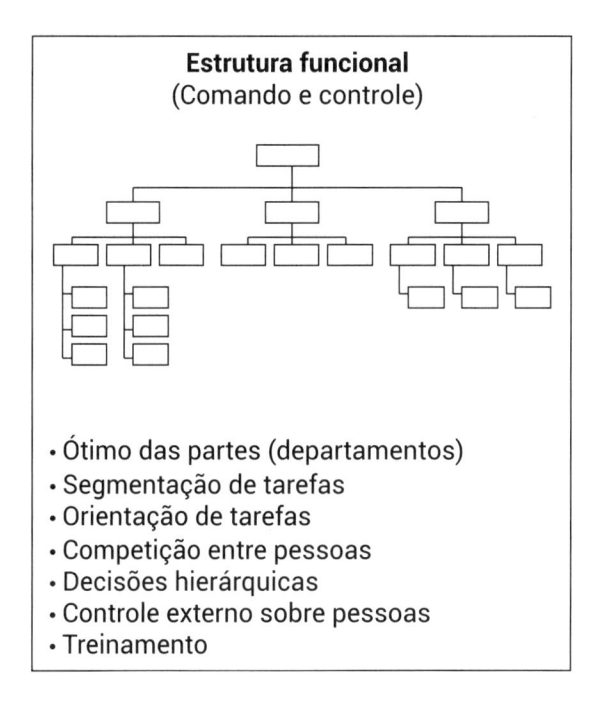

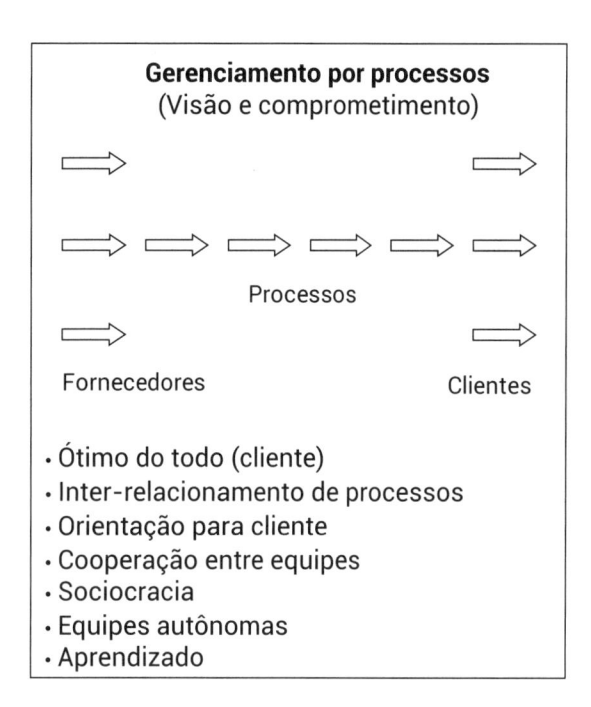

Estrutura funcional	**Gerenciamento por processos**
(Comando e controle)	(Visão e comprometimento)
	Fornecedores → Processos → Clientes
• Ótimo das partes (departamentos) • Segmentação de tarefas • Orientação de tarefas • Competição entre pessoas • Decisões hierárquicas • Controle externo sobre pessoas • Treinamento	• Ótimo do todo (cliente) • Inter-relacionamento de processos • Orientação para cliente • Cooperação entre equipes • Sociocracia • Equipes autônomas • Aprendizado

Figura 13.1 Estrutura funcional e por processos.

Um processo pode ser visto como uma cadeia cliente-fornecedor na qual cada um dos elos contribui para se atingir o fim (objetivo) comum, ou seja, a satisfação do cliente externo.

Um processo pode ser considerado de qualidade quando satisfaz os seguintes requisitos:

- **Eficácia:** o processo está em condições de satisfazer às necessidades dos clientes.
- **Eficiência:** o processo tem condições de ser eficaz utilizando o mínimo dos recursos disponíveis.
- **Adaptabilidade/flexibilidade:** o processo tem condições para se autorregular no sentido de satisfazer novos requisitos (mudanças nos requisitos).

13.2.2 Método operacional para gerenciamento de processos

As etapas deste método são:

1. Seleção do processo

   Selecionam-se os processos prioritários, por meio de uma equipe multifuncional constituída exclusivamente para esse fim, conforme as seguintes fases:

   - seleção dos objetivos estratégicos de referência da empresa;
   - seleção dos fatores-chave/críticos de desempenho (que permitem à organização perseguir os objetivos do negócio);
   - seleção dos processos relacionados com os fatores-chave;
   - seleção dos processos prioritários.

   Esses processos são relacionados com seu impacto sobre os negócios (N) e com seu desempenho em Qualidade (Q).

Qualidade

	A	B	C	D	E
1	Proc. i				
2		Proc. j		Proc. k	
3					
4					
5					Proc. n

Impacto nos Negócios (N)

Legenda:
Desempenho (Qualidade): A – Ótimo, B – Bom, C – Regular, D – Suficiente, E – Insuficiente
Impacto nos negócios (N): 5 – Fundamental, 4 – Elevado, 3 – Médio, 2 – Modesto, 1 – Fraco

Nesse caso o processo n seria prioritário, pois tem um impacto fundamental no êxito dos negócios e tem um desempenho insuficiente.

Na escolha dos processos, os fatores que podem ser considerados são:

- potencial para obtenção de benefícios: financeiros, mercadológicos;
- potencial de melhoria na satisfação de: clientes, funcionários, fornecedores;
- grau de integração com os objetivos ou com o direcionamento estratégico da organização;
- impacto em: segurança física do pessoal e do patrimônio, segurança das informações da empresa, proteção do meio ambiente, imagem global da empresa na comunidade;
- "gerenciabilidade" do processo;
- abrangência na organização.

Essa lista apresenta algumas sugestões e deve ser adaptada a cada caso específico.

2. Definição do responsável pelo processo (gerente ou dono do processo que conduzirá sua implantação) e da equipe de implantação e melhoria.

3. Definição da finalidade (propósito) do processo e de suas fronteiras (ou seja: do início, fim e das interfaces do processo).

    Nesta etapa são identificados:

- A razão (missão, objetivos) pela qual o processo existe.
- Os fornecedores: materiais, informações, serviços etc.
- Os clientes: produtos e serviços são gerados para quem?

4. Mapeamento do processo (desenho do fluxograma do processo, subprocessos e atividades).

5. Identificar (e/ou refinar) as necessidades dos clientes e definir os indicadores tradicionais de desempenho.

6. Medição do desempenho atual do processo (conforme os indicadores de desempenho tradicionais).

7. Consolidação do envolvimento e compromisso dos fornecedores e dos membros do processo e definição dos objetivos de melhoria.

8. Análise dos subprocessos e das atividades, identificar a necessidade de melhorias e realizá-las.

9. Estabelecer os itens de controle (indicadores de desempenho quantitativo para controle do desempenho dos resultados do processo, em conjunto com os clientes do processo) e os itens de verificação (para verificação/acompanhamento do desempenho nas entradas (*inputs*) e nas atividades/subprocessos internos do processo).

10. Comprovar as melhorias por meio do desempenho dos itens de controle, padronizar (normatizar) e indicar novas prioridades de melhoria. Retornar a etapas anteriores do método para melhoria contínua (por exemplo, retornar a etapa 7 para consolidação do envolvimento e compromisso dos fornecedores e dos membros do processo e definição de novos objetivos de melhoria).

Os itens de controle referem-se ao efeito, à saída ou produto do processo. São índices numéricos estabelecidos sobre os efeitos do processo. Um conjunto de características mensuráveis para se garantir as exigências dos clientes (explícitas) e as exigências que estão implícitas. Os itens de controle de um processo fornecedor devem ser definidos em conjunto com o cliente (a partir de suas necessidades).

Os itens de verificação referem-se às causas ou condições, isto é, às entradas e ao processamento interno ao processo, ou seja, às atividades internas do processo. São índices numéricos estabelecidos sobre as principais causas que afetam determinado item de controle. Os itens de controle são garantidos pelo acompanhamento dos itens de verificação.

Não se deve estabelecer um item de controle sobre algo que não se possa exercer controle, ou seja, a cada item de controle devem-se ter itens de verificação associados. Os Itens de Controle (IC) são função, ou seja, são dependentes e devem estar correlacionados, com os Itens de Verificação (IV) de tal forma que: IC = Função (IVentradas; IVprocessos).

As etapas gerais para estabelecer os Itens de Controle são:

1. definir qual o produto do processo;
2. definir qual(is) o(s) cliente(s) do processo;
3. definir os itens de controle relativos a qualidade intrínseca do produto do processo;
4. definir os itens de controle de custo do processo;
5. definir os itens de controle de entrega (condições de entrega);
6. definir os itens de controle de segurança (dos clientes e do pessoal interno);
7. definir os itens de controle relativos a motivação/moral do pessoal envolvido no processo.

BOXE 13.1 UM EXEMPLO SOBRE ITENS DE CONTROLE PARA GESTÃO DE UM PROCESSO

Itens de Controle se referem a indicadores de desempenho, quantitativos, dos resultados de um processo. Por isso, também podem ser chamados de Indicadores de Desempenho de Resultado ou *Key Performance Indicator* (KPI) de Resultados. São informações importantes para o gerenciamento de qualquer processo. Por exemplo, no caso do processo de compras de uma empresa industrial esse processo presta serviços aos demais setores/departamentos/processos da empresa que são autorizados a solicitarem pedidos (ou ordens) de compras. Esses setores da empresa seriam os clientes (no caso: internos) do processo de compras. A missão desse processo é, por exemplo, comprar o que o cliente necessita, dentro dos padrões de qualidade requeridos ou especificados, na quantidade requerida, no prazo requerido/acordado e pagando o menor preço possível ao que está sendo adquirido, respeitados os demais requisitos desse processo. O que flui por esse processo são pedidos de compra, iniciando no cliente interno que solicita a compra e terminando (a depender do limite do processo numa determinada empresa) com o pedido de compra devidamente aprovado e com a compra efetivada. Para o gestor desse processo é importante o uso de itens de controle:

- Sobre a qualidade desse processo, que pode ser medida, como: porcentagem de pedidos de compras que atendem todos os requisitos (anteriormente mencionados) e/ou porcentagem de pedidos de compra que não atendem a um determinado requisito do cliente interno. Dependendo das diretrizes da empresa também pode ser usado complementarmente a porcentagem de pedidos de compra, ou do valor total comprado, de fornecedores com qualidade assegurada.
- Sobre o custo desse processo, ou custo para comprar. Por exemplo, medido pelo custo médio por pedido de compra, que pode ser devidamente desdobrado por criticidade do item comprado, ou seja, o custo médio por pedido de compra em função da categoria de produto (por exemplo, classe A, B ou C) e devidamente corrigido pela sazonalidade, uma vez que grande parte do custo para comprar é fixo e a quantidade de pedidos de compra processados pode variar muito de um período para o outro.
- Sobre o atendimento do serviço percebido pelos clientes internos. Por exemplo, medido pelo índice de satisfação dos clientes com as orientações, *feedbacks* e demais serviços prestados pelo processo.
- Adicionalmente, o gerente do processo deve estar atento para acompanhar itens de controle sobre a motivação e satisfação de sua equipe (de compradores), uma vez que, em princípio, o desempenho nos itens de controle acima mencionados (qualidade, custo e atendimento) depende em grande medida de uma equipe capacitada, motivada e satisfeita.

13.3 MASP – MÉTODO PARA ANÁLISE E SOLUÇÃO DE PROBLEMAS

13.3.1 Introdução

Muitos dos problemas existentes nas empresas não são estruturados o suficiente para serem resolvidos por meio de uma ferramenta quantitativa específica ou de um software. Assim, problemas tais como a combinação ótima dos ingredientes de uma ração ou a programação da produção de um *mix* de produtos, são estruturáveis de tal forma que podem ser resolvidos por meio de uma técnica específica, e de um software, de programação linear. Por outro lado, problemas tais como: peças defeituosas resultantes de um processo, notas fiscais emitidas erroneamente e produtos entregues em clientes errados não são estruturados o suficiente, e para eles não existe uma técnica específica. Esse tipo de problema, do ponto de vista quantitativo, representa a maior parte dos problemas de uma organização.

Esses tipos de problemas são frequentemente atacados, mas normalmente acabam não sendo de fato resolvidos (com o passar do tempo o problema volta a aparecer). Isso ocorre por não se utilizar um método sistemático para a resolução do problema. Nesses casos, o máximo que se pode utilizar em termos de abordagem de trabalho é um método científico para a resolução do problema. É o caso do MASP, pois ele basicamente é uma adaptação para o ambiente da produção, do método científico de raciocínio (método cartesiano) para se resolver problemas genéricos e que é (ou pode ser) aplicado por qualquer profissional: um dentista, um médico, um detetive etc.

A adoção de um método para solucionar problemas genéricos pode ser muito benéfica para a empresa, pois possibilita que as decisões tomadas sejam baseadas em fatos e dados e não apenas no sentimento pessoal do tomador de decisão. Além disso, ao adotar um método há uma padronização a esse respeito na empresa, ou seja, todos devem seguir o mesmo método para, por exemplo, tomar ações corretivas.

O MASP pode ser aplicado tanto durante a busca do estado de rotina de um processo, quando o problema é detectado por meio de alguma ferramenta de monitoramento, quanto no estágio de melhoria do processo, em busca de novas metas e patamares de desempenho.

Assim, o ataque aos problemas deve ser planejado e implementado de modo a impedir o reaparecimento dos seus fatores causadores.

O método aqui apresentado foi desenvolvido no Japão pela JUSE, e é um dos mais difundidos no mundo. Esse método, por exemplo, é obrigatório nas atividades de ações corretivas e preventivas previstas nas normas TS 16949, TL 9000 etc. Ele também é conhecido como: Método de Solução de Problemas, Diagnóstico e Solução de Problemas, *QC Story*, Método PDCA de Melhoria, 8 Passos, 8 Disciplinas e A3, ainda que conduzido com dinâmicas diferentes.

De acordo com esse método, problema é definido como "o resultado indesejável de um processo". Ou seja, um problema se refere a resultados de um processo fora dos padrões especificados, o que permite a aplicação do método aos mais diversos tipos de processo.

13.3.2 Etapas ou passos do MASP

De acordo com o MASP um problema deve ser resolvido por meio dos seguintes passos:

1. **Identificação do problema:** defina claramente o problema e mostre que o problema em questão é relevante ou de importância maior do que outros problemas pertinentes. Assim, é preciso estabelecer critérios para a seleção de problemas. Por exemplo, prejuízo causado, risco, insatisfação do cliente, prioridade competitiva da empresa etc.
2. **Observação:** investigue as características específicas do problema a partir de uma ampla gama de diferentes pontos de vista, quantitativo (dados) e qualitativo. Vá ao local físico onde ocorre o problema, observe e colete informações necessárias que eventualmente não podem ser representadas na forma de dados. Tenha um entendimento completo das características e especificidades do problema.
3. **Análise:** levante, discuta e descubra as causas fundamentais (causas básicas, causa raiz) do problema.
4. **Plano de a**ção: elabore um plano de ação a fim de bloquear (eliminar, aprisionar) as causas fundamentais identificadas no passo anterior. Nesta etapa pode-se usar a ferramenta 5W2H para definir o plano de ação, ou seja, defina: o quê, quando, quem, onde, porque será feito, como será feito e os recursos necessários. Defina as metas a serem atingidas e os controles para acompanhamento dos resultados obtidos.
5. **Ação:** atue para eliminar as causas fundamentais. Nesta etapa é muito importante que exista cooperação/participação de todo o pessoal envolvido, para isso é preciso que as pessoas estejam devidamente treinadas e de acordo com as medidas/ações (soluções) que estão sendo propostas.
6. **Verificação:** verifique se o bloqueio da causa fundamental do problema foi efetivo, até estar certo que o problema e seus efeitos não ocorrerão novamente. Em caso de resposta negativa, deve-se retornar ao passo 2, ou seja, deve-se observar mais para conhecer melhor o problema.
7. **Padronização:** elimine definitivamente a causa do problema para que ele não ocorra outra vez. Identifique e realize as alterações necessárias nos procedimentos de trabalho associados ao processo, para impedir a recorrência do problema. Treine e motive os envolvidos no novo procedimento, implemente-o e o acompanhe.
8. **Conclusão:** reflita sobre a experiência de aplicação do método, verifique onde houve dificuldades e discuta o que deve ser aperfeiçoado, no método e nos comportamentos e atitudes, para as próximas aplicações. Ou seja, aprenda sobre o Método com a aplicação realizada. Também verifique os problemas remanescentes associados, e que foram percebidos ao longo da aplicação do método sobre o problema inicial. Enfim, discuta o que pode ser melhorado no método aplicado e planeje o próximo problema a ser estudado para assegurar a continuidade das melhorias e o aperfeiçoamento na aplicação do método.

Se esses passos forem claramente entendidos e implementados nessa sequência, as atividades de melhoria dos processos serão consistentes do ponto de vista lógico e cumulativas ao longo do tempo. Esse método pode parecer uma maneira simplista de se resolver um problema, mas ao longo do tempo ele demonstra ser a rota mais segura e curta para se resolver de forma mais definitiva o problema.

A Tabela 13.1 apresenta uma síntese das fases e respectivos objetivos do MASP, seguindo uma lógica de ciclo PDCA.

Tabela 13.1 Fases ou etapas, e respectivos objetivos, do MASP

PDCA	Fluxo	Fase	Objetivo
P	1	Identificação do problema	Definir claramente o problema e reconhecer sua importância
P	2	Observação	Investigar as características específicas do problema com uma visão ampla e sob vários pontos de vista
P	3	Análise	Descobrir as causas fundamentais (básicas, raiz)
P	4	Plano de ação	Conceber um plano de ação para controlar/eliminar as causas fundamentais
D	5	Ação	Bloquear as causas fundamentais
C	6	Verificação	Verificar se o bloqueio foi efetivo
C	?	(O bloqueio foi efetivo?)	
A	7	Padronização	Planejar/prevenir contra o reaparecimento do problema
A	8	Conclusão	Refletir sobre o processo de solução do problema, registrar lições aprendidas e planejar novas abordagens ao problema e a remanescentes.

13.4 FMEA

13.4.1 Introdução

O método de Análise do Modo e Efeito de Falha, conhecido como FMEA (do inglês *Failure Mode and Effect Analysis*), é um método que busca, em princípio, evitar, por meio da análise das falhas potenciais e de propostas de ações de melhoria, que ocorram falhas no produto decorrentes do projeto do produto ou do processo.

Este é o objetivo básico do FMEA e, portanto, pode-se dizer que se está, com sua utilização, diminuindo as chances do produto ou processo falhar durante sua operação, ou seja, estamos buscando aumentar a confiabilidade, que é a probabilidade de falha (ou seu complementar: de funcionamento) do produto/processo.

Esta dimensão da qualidade, a confiabilidade, tem se tornado cada vez mais importante para os consumidores, pois, a falha de um produto, mesmo que prontamente reparada pelo serviço de assistência técnica e totalmente coberta por termos de garantia, causa, no mínimo, uma insatisfação ao consumidor ao privá-lo do uso do produto por determinado tempo. Além disso, cada vez mais são lançados novos produtos em que determinados tipos de falhas podem ter consequências drásticas para o consumidor, tais como aviões, equipamentos hospitalares, implantes no corpo humano etc. nos quais o mau funcionamento pode significar até mesmo um risco de vida ao usuário.

Apesar de ter sido desenvolvida com um enfoque no projeto de novos produtos e processos, o FMEA, pela sua grande utilidade, passou a ser aplicada de diversas maneiras. Assim, ela atualmente é utilizada para reduzir as falhas de produtos e processos existentes e para diminuir a probabilidade de falha em processos administrativos. Tem sido empregada também em aplicações específicas tais como análises de fontes de risco em engenharia de segurança e de contaminação na indústria de alimentos (Análise de Perigos e Pontos Críticos de Controle – APPCC).

Definição: FMEA (*Failure Mode and Effect Analysis*) é um método que objetiva avaliar e minimizar riscos por meio da análise das possíveis falhas (determinação da causa, efeito e risco de cada tipo de falha) e implantação de ações de melhoria para aumentar a confiabilidade.

13.4.2 Tipos de FMEA

Este método pode ser aplicado tanto no desenvolvimento do projeto do produto como do processo. As etapas e a maneira de realização da análise são as mesmas, ambas diferenciando-se somente quanto ao objetivo. Assim as FMEA's são classificadas em dois tipos:

- **FMEA de produto (ou de projeto):** na qual são consideradas as falhas que poderão ocorrer com o produto dentro das especificações do projeto. O objetivo dessa análise é evitar falhas no produto ou no processo decorrentes do projeto do produto. Também é comumente denominada FMEA de projeto.
- **FMEA de processo:** são consideradas as falhas no produto decorrentes do planejamento e execução do processo, ou seja, o objetivo dessa análise é evitar falhas do processo, tendo como base as não conformidades do produto com as especificações do projeto.

Há ainda outros tipos como o FMEA de procedimentos administrativos e de serviços. Nele analisam-se as falhas potenciais de cada etapa do processo com o mesmo objetivo que as análises anteriores, ou seja, diminuir os riscos de falhas, por exemplo, num processo de serviços.

13.4.3 Aplicação do FMEA

Pode-se aplicar a análise FMEA nas seguintes situações:

- para diminuir a probabilidade da ocorrência de falhas em projetos de novos produtos ou processos;
- para diminuir a probabilidade de falhas potenciais (ou seja, que ainda não tenham ocorrido) em produtos/processos já em operação;
- para aumentar a confiabilidade de produtos ou processos já em operação por meio da análise das falhas que já ocorreram;
- para diminuir os riscos de erros e aumentar a qualidade em procedimentos administrativos.

13.4.4 Formulário FMEA

A base para a aplicação desse método é o formulário FMEA (ver Figura 13.2). As definições de cada termo são apresentadas na Figura 13.3.

13.4.5 Funcionamento básico

O princípio do método é o mesmo independentemente do tipo de FMEA e da aplicação, ou seja, se é FMEA de produto, processo ou procedimento e se é aplicado para produtos/processos novos ou já em operação. A análise consiste basicamente na formação de um grupo de pessoas que identificam para o produto/processo em questão suas funções, os tipos de falhas que podem ocorrer, os efeitos e as possíveis causas dessa falha. Em seguida são avaliados os riscos de cada causa de falha por meio de índices e, com base nessa avaliação, são tomadas as ações necessárias para diminuir esses riscos, aumentando a confiabilidade do produto/processo.

A Figura 13.3 ilustra o funcionamento da análise FMEA. Ela consiste em um formulário FMEA onde se pode observar a definição de cada coluna e, abaixo, um fluxograma que mostra a ordem de preenchimento do formulário baseada em perguntas que devem ser feitas pelo grupo em cada etapa. A discussão realizada pelo grupo segue a ordem do fluxograma, ou seja, o grupo segue respondendo cada uma dessas perguntas e preenche as colunas do formulário com as respostas encontradas por meio de consenso. Deve-se ter em mente que a análise FMEA é muito mais do que apenas preencher um formulário, o seu verdadeiro valor está na discussão, reflexão e aprendizagem dos membros do grupo sobre as falhas potenciais do produto/processo e nas ações de melhoria propostas pelo grupo.

Para aplicar-se a análise FMEA em um determinado produto/processo, portanto, forma-se um grupo de trabalho que definirá a função ou característica daquele produto/processo, irá relacionar todos os tipos de falhas que possam ocorrer, descrever, para cada tipo de falha, suas possíveis causas e efeitos, relacionar as medidas de detecção e prevenção de falhas que estão sendo, ou já foram tomadas, e, para cada causa de falha, atribuir índices para avaliar os riscos e, por meio desses riscos, discutir prioridades e ações de melhoria.

13.4.6 Importância

O FMEA é importante porque pode proporcionar para a empresa:

- uma forma sistemática de se catalogar informações sobre as falhas dos produtos/processos;
- melhor conhecimento dos problemas nos produtos/processos;
- ações de melhoria no projeto do produto/processo, baseado em dados e devidamente monitoradas (melhoria contínua);
- diminuição de custos por meio da prevenção de ocorrência de falhas;
- o benefício de incorporar dentro da organização a atitude de prevenção de falhas, a atitude de cooperação e trabalho em equipe e a preocupação e foco na satisfação dos clientes.

13.4.7 Etapas para a aplicação

13.4.7.1 Planejamento

Esta fase é realizada pelo responsável pela aplicação do método e compreende:

- **Descrição dos objetivos e abrangência da análise:** em que se identifica qual(ais) produto(s)/processo(s) será(ão) analisado(s).
- **Formação dos grupos de trabalho:** em que se definem os integrantes do grupo, que deve ser preferencialmente pequeno (entre 4 e 6 pessoas) e multidisciplinar (contando com pessoas de diversas áreas como qualidade, desenvolvimento e produção).
- **Planejamento das reuniões:** as reuniões devem ser agendadas com antecedência e com o consentimento de todos os participantes para evitar paralisações.
- **Preparação da documentação** (ver na Tabela 13.2 a documentação necessária).

13.4.7.2. Análise de falhas em potencial

Esta fase é realizada pelo grupo de trabalho que discute e preenche o formulário FMEA, definindo:

- função(ões) e característica(s) do produto/processo (coluna 1 na Figura 13.3);
- tipo(s) de falha(s) potencial(is) para cada função (coluna 2);
- efeito(s) do tipo de falha (coluna 3);
- causa(s) possível(eis) da falha (coluna 4);
- controles atuais (coluna 5).

13.4.7.3 Avaliação dos riscos

Nesta fase são definidos pelo grupo os índices de Severidade (S, ou Gravidade), Ocorrência (O) e Detecção (D) para cada causa de falha, de acordo com critérios previamente definidos (um exemplo de critérios que podem ser utilizados é apresentado na Tabela 13.3, mas o ideal é que a empresa tenha os seus próprios critérios adaptados à sua realidade específica). Em seguida são calculados os coeficientes de prioridade de risco (R ou NPR – Número de Prioridade de Risco), por meio da multiplicação dos outros três índices.

Observações importantes na atribuição de notas aos índices:

- Quando o grupo estiver avaliando um índice, os demais não podem ser levados em conta, ou seja, a avaliação de cada índice é independente. Por exemplo, se estamos avaliando o índice de severidade de uma determinada causa cujo efeito é significativo, não podemos alocar um valor mais baixo para esse índice somente porque se percebe que a probabilidade de detecção seja alta.
- No caso de FMEA de processo pode-se utilizar os índices de capacidade da máquina/processo, (C_{pk}) para se determinar o índice de ocorrência.

13.4.7.4 Melhoria

Nesta fase o grupo, utilizando seus conhecimentos, criatividade e até mesmo outras técnicas como *brainstorming*, lista todas as ações que podem ser realizadas para diminuir os riscos. Essas medidas podem ser:

- medidas de prevenção total ao tipo de falha;
- medidas de prevenção total de uma causa de falha;
- medidas que dificultam a ocorrência de falhas;
- medidas que limitam o efeito do tipo de falha;
- medidas que aumentam a probabilidade de detecção do tipo ou da causa de falha.

Essas medidas são analisadas quanto a sua viabilidade, sendo então definidas as que serão implantadas. Uma forma de se fazer o controle do resultado dessas medidas é pelo próprio formulário FMEA por meio de colunas onde ficam registradas as medidas/ações recomendadas pelo grupo, nome do responsável e prazo, ações que foram realmente tomadas e a nova avaliação dos índices e riscos.

13.4.7.5 Continuidade do uso

O formulário FMEA deve ser visto como um documento "vivo", ou seja, uma vez realizada uma análise para um produto/processo qualquer, esta deve ser revisada sempre que ocorrerem alterações nesse produto/processo específico. Além disso, mesmo que não haja alterações deve-se regularmente revisar a análise confrontando as falhas potenciais imaginadas pelo grupo com as que realmente vêm ocorrendo no dia a dia do processo e uso do produto, de forma a permitir a incorporação de falhas não previstas, bem como a reavaliação, com base em dados objetivos, das falhas já previstas pelo grupo.

Tabela 13.2 Documentos de suporte às atividades de FMEA

FMEA de produto	FMEA de processo
• Lista de componentes	• Lista de componentes
• Desenhos e especificações	• FMEA de produto da peça/componente
• Resultados de testes e ensaios	• Desenhos de fabricação
• FMEA's de produtos similares	• Planos de inspeção
• FMEA's já realizadas para o produto	• Estatísticas de falhas do produto
	• Estatísticas de falhas do processo
	• Estudos de capacidade de máquina

Análise do tipo e efeito de falha

Cód. peça:
Nome da peça:
Data:
Folha nº _______ de _______

☐ FMEA de Processo
☐ FMEA de Produto

Descrição do Produto/ Processo	Função(ões) do produto	Tipo de falha potencial	Efeito de falha potencial	Causa da falha em potencial	Controles atuais (detecção e prevenção)	Índices				Ações de melhoria						
						S	O	D	R	Ações recomendadas	Responsável/ prazo	Ações implantadas	Índices atuais			
													S	O	D	R

Figura 13.2 Formulário FMEA básico
(**S** = Severidade ou Gravidade, **O** = Ocorrência, **D** = Detecção, **R** = Risco).

Figura 13.3 Formulário FMEA
(**S** = Severidade ou Gravidade, **O** = Ocorrência, **D** = Detecção, **R** = Risco), com definições.

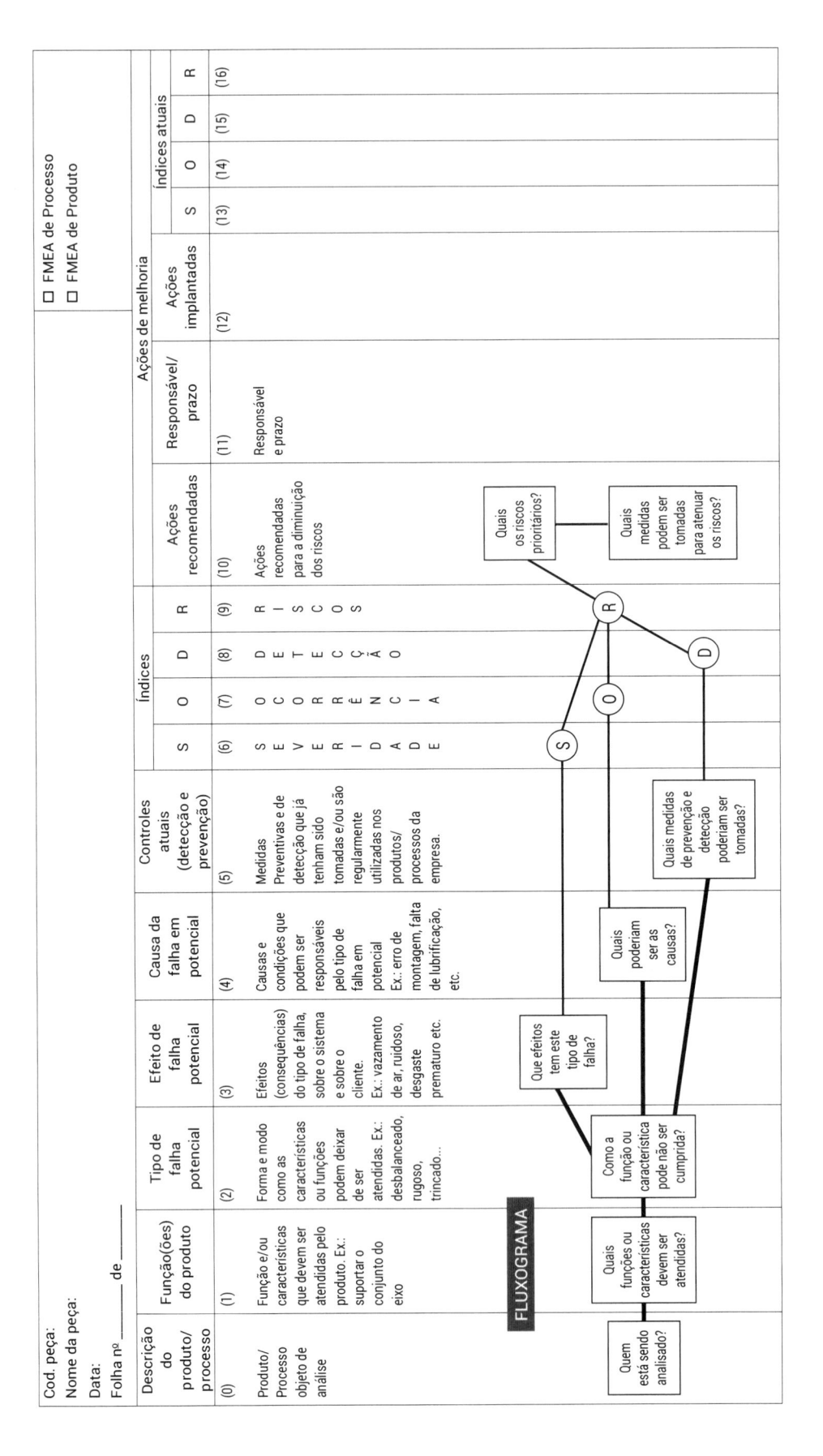

Tabela 13.3 Tabela genérica para atribuição dos índices S, O e D

		SEVERIDADE
Índice	Severidade	Critério
1	Mínima	O cliente mal percebe que a falha ocorreu
2 3	Pequena	Ligeira deterioração no desempenho com leve descontentamento do cliente
4 5 6	Moderada	Deterioração significativa no desempenho de um sistema com descontentamento do cliente
7 8	Alta	Sistema deixa de funcionar e é grande o descontentamento do cliente
9 10	Muito alta	Idem ao anterior, porém afeta a segurança

		OCORRÊNCIA	
Índice	Ocorrência	Proporção de ocorrência	Cpk (índice da capacidade)
1	Remota	1:1.000.000	Cpk > 3,00
2 3	Pequena	1:20.000 1:4.000	Cpk > 1,00
4 5 6	Moderada	1:1.000 1:400 1:80	Cpk < 1,00
7 8	Alta	1:40 1:20	
9 10	Muito alta	1:8 1:2	

		DETECÇÃO
Índice	Detecção	Critério
1 2	Muito grande	Certamente será detectado
3 4	Grande	Grande probabilidade de ser detectado
5 6	Moderada	Provavelmente será detectado
7 8	Pequena	Provavelmente não será detectado
9 10	Muito pequena	Certamente não será detectado

> **BOXE 13.2** IMPACTOS POTENCIAIS DE APLICAÇÃO DO FMEA
>
> O aparelho de ar condicionado tem como uma de suas principais características de qualidade a confiabilidade, uma vez que uma falha que implique o não funcionamento do produto gera muita insatisfação no usuário. Um fabricante (montador) brasileiro desse produto identificou, por meio do uso de ferramentas como FMEA e Análise da Árvore de Falhas, as principais deficiências e oportunidades para melhorar a confiabilidade e, consequentemente, a competitividade de seu produto. Foram identificados os subsistemas (por exemplo, de refrigeração) e componentes (por exemplo, o compressor) que seriam objetos de ações de melhoria, reduzindo as taxas de falhas. Foram elaborados programas de capacitação e projetos de melhoria junto aos fornecedores desses componentes, por meio do uso de FMEA, monitorado e acompanhado em conjunto pelo montador e pelos fornecedores. Essa ação, devidamente planejada e acompanhada, resultou em melhorias significativas na confiabilidade do produto final, além de gerar no médio prazo aprendizagem e capacitação sobre o produto, seu projeto e processo de manufatura para esses agentes envolvidos no projeto de melhoria.
>
> Um modelo de carro de passeio de médio/grande porte, de luxo, foi lançado no Brasil e já no primeiro ano no mercado requereu uma ação de *recall* devido a falhas que se manifestaram no sistema de direção. Analisando-se as falhas e suas causas constatou-se que se houvesse sido realizado efetivamente as análises de FMEA que estavam documentadas dificilmente teriam ocorrido tais falhas e consequente plano de *recall*. Provavelmente faltou capacitação na condução efetiva do estudo de FMEA do novo item fornecido à montadora ou a condução da atividade de análise foi prejudicada por conta de outras prioridades, como o cumprimento apertado de prazos e de custos.
>
> Um grande fabricante multinacional de componentes automotivos, que fornecia um item praticamente considerado uma *commodity* para diversos modelos de sistemas de cinto de segurança, usado em diversos modelos de carro no mercado mundial, foi à falência devido a uma grande responsabilização mundial por falhas no componente fornecido. O volume do item fornecido era muito grande e foi fornecido mundialmente. Essa falha foi causa de diversas ações de *recall* em âmbito mundial, cuja responsabilização financeira recaiu sobre esse fornecedor, vinda de diversos sistemistas e montadoras do veículo final. E as falhas identificadas e causadoras do alto custo de *recall* eram falhas consideradas já conhecidas e previsíveis e que poderiam ter sido evitadas por meio de análises efetivas de FMEA.

13.5 *BENCHMARKING*

13.5.1 Introdução

Benchmarking é a busca das melhores práticas empresariais que conduzem a um resultado superior. A ideia básica é buscar identificar – não na teoria, em livros, empresas de consultoria etc. – as melhores práticas adotadas por empresas líderes, conhecê-las, adaptá-las e implantá-las. Assim, parte-se de um caminho que já foi percorrido por outras empresas e que a prática já está mostrando que traz os melhores resultados. Esse é o conceito econômico de *best practice* (melhor prática).

A definição formal é: "*benchmarking* é um processo contínuo de comparação de produtos, serviços e práticas empresariais com concorrentes ou companhias reconhecidas como líderes de mercado".

13.5.2 Os quatro tipos de *benchmarking*

1. **Benchmarking de produto:** a ideia básica é conhecer e comparar com os conceitos e projeto do produto concorrente; estimar custo dos concorrentes; entender novas e diferentes formas de responder às necessidades dos clientes; de projetar produtos etc.

2. ***Benchmarking* funcional ou de processo:** a ideia básica é a comparação com processos e funções dos concorrentes ou de outras empresas.
3. ***Benchmarking* das melhores práticas gerenciais:** nesse caso o foco está em conhecer e comparar com as práticas gerenciais e com os elementos dos processos funcionais de outras empresas que os gerentes supervisionam.
4. ***Benchmarking* estratégico:** busca-se conhecer e comparar com as intenções e com as práticas estratégicas da "empresa parâmetro": estratégia de manufatura; estratégia de mercado; estratégica tecnológica etc. Obviamente, busca-se, antes de tudo, conhecer mais para se atingir os objetivos estratégicos da própria empresa. É importante conhecer o processo de formulação das estratégias e como elas são efetivamente implementadas.

13.5.3 Fundamentos básicos

1. Conheça suas operações e avalie seus pontos fortes e fracos, por meio de mapeamento dos processos e de medidas de desempenho críticas.
2. Conheça os pontos fortes e fracos dos líderes e concorrentes de sua empresa. São eles que geralmente se utilizam das melhores práticas.
3. Incorpore o que há de melhor. Não hesite em copiar ou adaptar as melhores práticas em suas operações. Supere os pontos fortes dos concorrentes, praticando e medindo sempre (revisão constante). O *benchmarking* deve ser contínuo para ser efetivo, devido às constantes mudanças no ambiente empresarial e concorrencial. Uma frase tradicional na área é: "Se você conhece a si mesmo e conhece o seu inimigo, não precisa temer o resultado de cem batalhas (Sun Tzu, general chinês)".

13.5.4 Com quem comparar?

- ***Benchmarking* interno:** comparar práticas entre operações e processos semelhantes dentro da própria empresa.
- ***Benchmarking* competitivo:** comparar com concorrentes que tenham produtos que competem entre si e com empresas líderes internacionalmente.
- ***Benchmarking* funcional:** comparar funções, mesmo entre empresas não semelhantes, mas com práticas de resultados superiores.

13.5.5 Passos ou processo de *benchmarking*

O livro de Camp[21] apresenta e detalha os seguintes passos:

1. Identificar o que deve ser submetido ao processo de *benchmarking*.
2. Identificar empresas comparativas.
3. Determinar métodos de levantamento e coleta de dados.
4. Determinar níveis de desempenho atuais.
5. Projetar níveis de desempenho atuais.
6. Comunicar descobertas do *benchmarking*.
7. Estabelecer metas funcionais.
8. Desenvolver plano de ação.
9. Implementar ações específicas e monitorar processos.
10. Atualizar e aperfeiçoar o *benchmarking*.

Esses 10 passos, por sua vez, podem ser agrupados nos seguintes 5 passos:

1. Planejamento das atividades de *benchmarking* (passos 1 e 2).
2. Análise detalhada dos processos próprios e do concorrente (3 e 4).
3. Integração, planejando para incorporar as novas técnicas derivadas da troca de informações (5, 6 e 7).
4. Ação, implantação participativa das novas técnicas nos processos (8, 9 e 10).
5. Maturidade, alcançada quando as melhores práticas forem incorporadas e monitoradas no tempo.

Observações importantes sobre *benchmarking*:

- Uma ferramenta de aprendizagem a partir de outras experiências já comprovadas.
- Atualmente é necessário um *benchmarking* de ciclo rápido (realizado num tempo curto, pois a melhor prática também muda rapidamente!).
- Esteja seguro do que você precisa implantar. Será que tudo que é bom devemos copiar?
- Faça *benchmarking* com empresas em situação relativamente semelhante à sua (em termos de tecnologia, porte, cultura organizacional etc.).
- Concentre-se em todo o sistema estudado (procure identificar o que está por trás e não é tão aparente) e não apenas em partes que são mais evidentes.
- Não copie apenas, faça adaptações as suas necessidades.

13.6 INTRODUÇÃO À GESTÃO À VISTA OU GESTÃO VISUAL

É uma forma de comunicação que pode ser observada por qualquer um que trabalhe numa determinada área, qualquer um que esteja de passagem por essa área e para qualquer um onde a informação esteja visível. Ou seja, é aquela comunicação que está disponível a uma linguagem acessível para todos aqueles que possam vê-la, trazendo uma nova vida ao local de trabalho, por meio do compartilhamento das informações.

Para Hall[22] a comunicação visual pode ser definida como uma comunicação sem palavras, sem voz, não apenas das condições do chão de fábrica para os trabalhadores, sendo um verdadeiro mapa das condições da empresa para todos aqueles que podem ler sinais físicos. Para o autor, a proposta da visibilidade que a gestão à vista oferece é o efetivo e imediato *feedback*.

O local onde estarão dispostas as mensagens visuais é importante para o sucesso do emprego da gestão à vista, e é chamado de território visual. O território visual deve ser uma área capaz de proporcionar uma interação intensiva, isso porque as mensagens visuais devem ser sempre direcionadas para a comunicação interna e externa do território.

Isso significa que as mensagens (gráficos, painéis, murais, faixas etc.) dispostas em um dado local, têm que ser importantes para o funcionário daquela área de trabalho e para o restante da empresa.

O território visual é, acima de tudo, um local de encontro que assume a condição de ser uma área de comunicação. A criação dessa área de comunicação busca atender a dois objetivos:

1. Facilitar o trabalho da equipe, uma vez que todas as mensagens pertencentes ao grupo encontram-se num mesmo lugar.
2. Reforçar as novas responsabilidades das equipes para o controle e melhoria.

A informação deve estar na forma mais visual possível, para chamar atenção da equipe de trabalho e dos funcionários de outras partes da empresa que estão de passagem por aquela área.

A documentação visual desempenha um importante papel dentro de um programa de gestão à vista, que é o de transformar o local de trabalho em um campo de conhecimento, tornando público o conhecimento que anteriormente era pessoal (apenas da gerência) ou centralizado (das gerências para a supervisão).

Algumas formas de se aplicar a gestão à vista normalmente sugeridas são: murais com programações de montagem, sinalizadores luminosos para indicar o mal funcionamento de máquinas, painéis mostrando metas a serem atingidas, demarcação de células ou linhas de fabricação por meio de marcas pintadas no chão, demarcação de áreas de não conformidades, carrinhos específicos para colocação de produtos defeituosos, luzes de advertência, painéis de controle da produção (para comparar visualmente as atividades atuais da produção em relação à programação da produção), cartões de Kanban, gráficos do farol em forma de dispositivo físico etc.

Um sistema de gestão à vista deve envolver as seguintes etapas:

1. **Visibilidade das anomalias:** para que a interpretação do campo visual permita o reconhecimento rápido das anomalias que podem demandar respostas, permitindo que todos possam adotar o papel de observador.
2. **Desenvolvimento do sistema de resposta:** esse sistema deve transmitir um pronto *feedback*, dispondo mensagens próximas à mão e assegurar o compartilhamento das informações dentro do grupo de trabalho. Assim pode-se prevenir que um problema persista em ocorrer, pelo fato de que, com as mensagens à mão, diminui-se o tempo entre a ocorrência do problema e a sua análise.
3. **Registro das anomalias:** deve-se criar uma forma de registrar anomalias, para que elas sejam analisadas posteriormente e suas causas principais possam ser identificadas para a tomada de ações corretivas.

Muitos métodos têm sido utilizados nas empresas para a pesquisa, análise e solução de problemas. O Diagrama CEDAC trata-se de um método multifuncional que promove a criatividade, fornecendo meios de supervisionar projetos de melhoria por meio da gestão à vista.

13.7 CEDAC (*CAUSE AND EFFECT DIAGRAM WITH ADDITION OF CARDS*) – DIAGRAMA DE CAUSA E EFEITO COM ADIÇÃO DE CARTÕES

13.7.1 Definição

O Diagrama de Causa e Efeito com Adição de Cartões (*Cause and Effect Diagram with Addition of Cards* – CEDAC) é uma modificação do diagrama de causa e efeito tradicional. Foi inicialmente desenvolvido e aplicado no Japão por Fukuda.[23]

Nas espinhas do diagrama são colocados todos os fatores com chances de serem causas de um dado efeito. As causas são colocadas nas espinhas por meio de cartões, para facilitar a coleta e o manuseio de ideias. Nos cartões são escritas sentenças para expressar mais completamente o que é conhecido sobre a causa. Isso dá ao funcionário a liberdade de contribuir com ideias na hora em que surgirem em sua mente.

À direita do diagrama é colocado um indicador de desempenho do processo em estudo, para se avaliar o desempenho no tempo e o efeito das ações de melhoria. Esse indicador é representado, por exemplo, num gráfico sequencial.

O CEDAC permite que o grupo trabalhe com uma grande quantidade de informação qualitativa disponível e que ainda não é quantificável. A ideia fundamental é realizar e administrar as melhorias *in loco*, ou seja, onde o problema acontece. Assim, o grupo não espera uma reunião para discutir e propor melhorias. As atividades de análise e melhoria ocorrem de forma dinâmica, no próprio local de trabalho, durante o trabalho e com a máxima participação e certa autonomia.

13.7.2 Características do CEDAC

O CEDAC foi criado para lidar com situações em que um método de trabalho confiável para evitar a ocorrência de não conformidades ainda não foi estabelecido. O uso do CEDAC auxiliará no estabelecimento de padrões confiáveis para eliminar as não conformidades causadas pela inconsistência do "padrão" utilizado. A Figura 13.4 apresenta a estrutura básica e a sequência numérica de informações de um diagrama CEDAC.

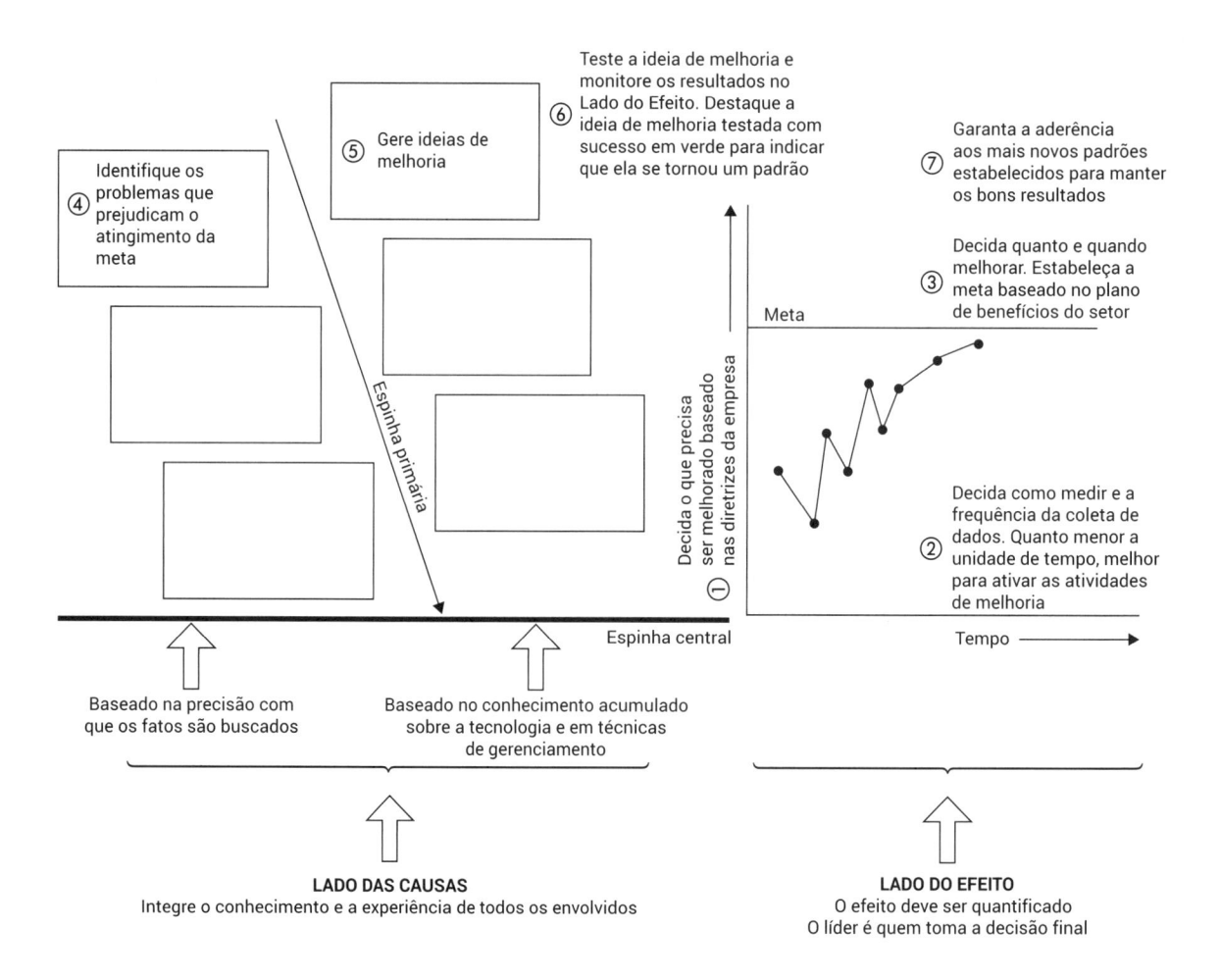

Figura 13.4 Os sete princípios do CEDAC.

O lado do efeito do diagrama consiste na estruturação de cinco questões:

- O que precisa ser melhorado?
- Como os resultados deveriam ser medidos?
- Qual o intervalo de tempo para a coleta de dados sobre o resultado?
- Qual a meta de melhoria?
- Uma vez atingida a meta, qual o benefício que se pode esperar?

A resposta a essas questões cabe ao líder do projeto CEDAC e às demais pessoas envolvidas. As metas de melhoria devem estar atreladas às prioridades competitivas da empresa.

O lado das causas do diagrama é conduzido de forma mais participativa (gerentes, engenheiros, técnicos, supervisores, operadores).

Os obstáculos que dificultam o alcance da meta são descritos em cartões, denominados cartões de causas e são colocados no diagrama CEDAC.

Esses cartões são classificados nas seguintes categorias: nenhum indício, interessante, em preparação ou em teste. São colocados do lado esquerdo das espinhas do diagrama de causa e efeito.

Todos participam sugerindo ideias de melhorias, que também são colocadas em cartões. Esses cartões são chamados cartões de sugestão de melhoria. O líder e o grupo, por consenso, escolhem os cartões de sugestão.

Esses cartões também são classificados nas seguintes categorias: nenhum indício, interessante, em preparação ou em teste.

Em teste refere-se à execução de um teste piloto da ideia de melhoria. Enquanto a ideia é implementada, os resultados são cuidadosamente monitorados para descobrir se ocorre alguma mudança no lado do efeito.

As ideias colocadas em prática e que conseguem bons resultados no lado dos efeitos são destacadas (por exemplo, com marca-texto verde) e podem se tornar padrão. O cartão agora é chamado de cartão padrão. Finalmente deve-se definir e aderir aos padrões estabelecidos para manter os bons resultados. Por meio do estabelecimento dos padrões é que o CEDAC se torna um procedimento prático para se alcançar melhorias contínuas.

O CEDAC possui duas características básicas:

- o lado do efeito segue a orientação das diretrizes estratégicas e operacionais da empresa;
- o lado das causas permite que todos possam participar das melhorias de forma autônoma, colaborativa e dinâmica.

Assim o CEDAC pode ser visto como uma versão simplificada e dinâmica do MASP convencional. Aplica-se a lógica de análise de causa/efeito e busca-se a causa raiz dos problemas, para solucioná-los e implantar um novo padrão. Isso é feito de forma participativa e mais acelerada.

13.7.3 Como construir e usar o diagrama CEDAC?

1. **Desenhar o diagrama:** desenhe um diagrama de causa e efeito em uma folha de papel branco, por exemplo, de no mínimo 2 × 1 metro, com tamanho suficiente para ficar à vista de todos.
2. **Definir o foco:** o foco para melhoria deve ser aquele que mais contribui para as metas de desempenho da empresa e da área de trabalho.
3. **Escolher o líder do projeto CEDAC:** deve exercer a liderança para fazer com que todos participem de todas as etapas do projeto.
4. **Medição dos resultados:** estabelecer uma forma de medir os resultados no lado do efeito. É importante medir e plotar os resultados no menor intervalo de tempo possível (de hora em hora, diariamente etc.). Isso é necessário para se entender o relacionamento entre o teste da ideia e os seus resultados tão logo seja possível.
5. **Estabelecer a meta:** é de responsabilidade do líder e deve ser definida de forma participativa. Todos os envolvidos devem entender os detalhes da meta e as datas limites.
6. **Formatar o lado do efeito:** o lado do efeito do diagrama deve consistir em uma disposição visual dos resultados da melhoria quantificada e da meta. É ilustrado por meio do gráfico sequencial, de barras, de controle etc.
7. **Coletar os cartões de causa:** são colocados do lado esquerdo das espinhas do lado das causas, conforme Figura 13.5. Os problemas que necessitam ser resolvidos, para que a meta de melhoria seja atingida, devem ser escritos nos cartões. Apesar de concisos, eles devem cobrir os detalhes necessários. A pessoa

que submete o cartão deve colocar seu nome no canto inferior esquerdo do cartão, para que qualquer um saiba por quem procurar para saber mais detalhes. Esses cartões podem ser usados por todos que estão envolvidos no projeto. Os cartões são adicionados continuamente até que a meta seja atingida.

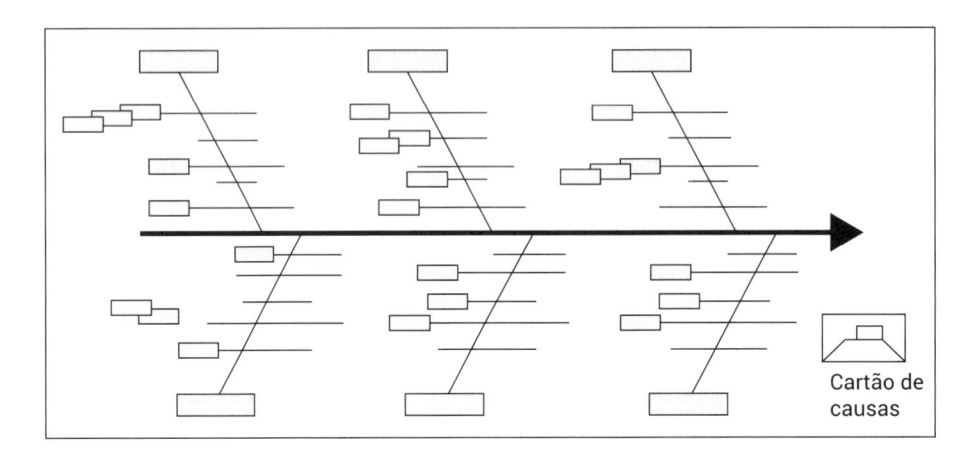

Figura 13.5 Lado das causas do CEDAC.

8. **Gerar cartões de sugestão de melhoria:** os cartões de sugestão de melhoria são coletados e colocados no lado direito das espinhas do lado das causas (Figura 13.6). São escritos em frases curtas, mas com detalhes suficientes para expressar bem a ideia de melhoria. Os cartões de sugestão de melhoria representam uma coleção de toda a experiência acumulada, bem como do conhecimento técnico e administrativo dos envolvidos. Há estímulo para continuar a adicionar sugestões de melhoria até que a meta seja atingida.

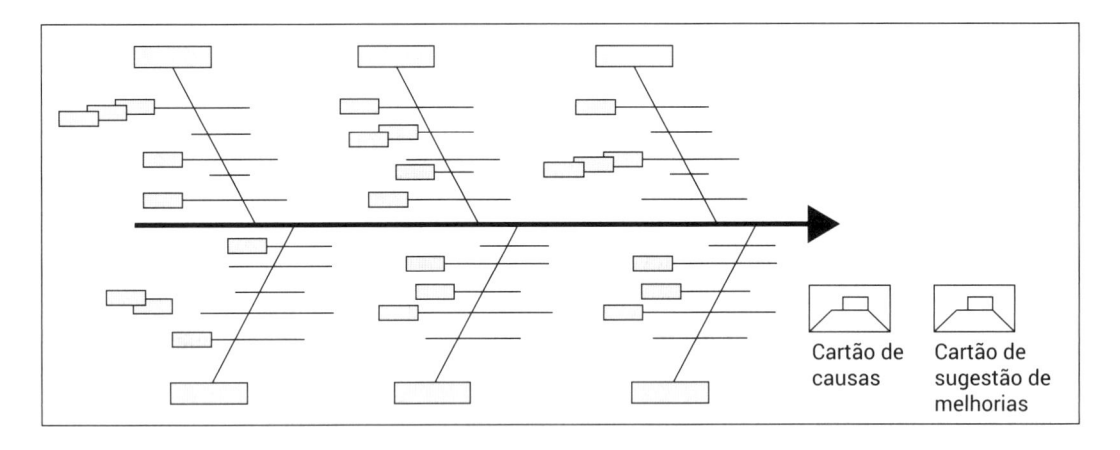

Figura 13.6 Cartões de sugestão de melhorias.

9. **Testar as ideias de melhoria e monitorar resultados:** os cartões de sugestão de melhoria são avaliados e as sugestões de melhoria são colocadas em prática, e os resultados do teste são monitorados no lado do efeito. O conteúdo de cada cartão de sugestão de melhoria pode ser identificado (marcado) para identificar que ele foi selecionado para tentativa de aplicação. Como uma regra, a seleção é feita em uma reunião, de acordo com o seguinte critério:

    a) **Nenhum indício:** inadequado como uma ideia de melhoria, ineficaz na solução do problema.

    b) **Interessante:** pode se tratar de uma ideia de melhoria eficaz. Entretanto, entre todas as outras, pode não ser possível de ser implementada imediatamente.

c) **Em preparação:** essa ideia de melhoria será usada. As preparações (planejamento) para o teste já começaram.

d) **Em teste:** essa ideia de melhoria está sendo testada e o resultado está sendo monitorado no lado do efeito, conforme Figura 13.7.

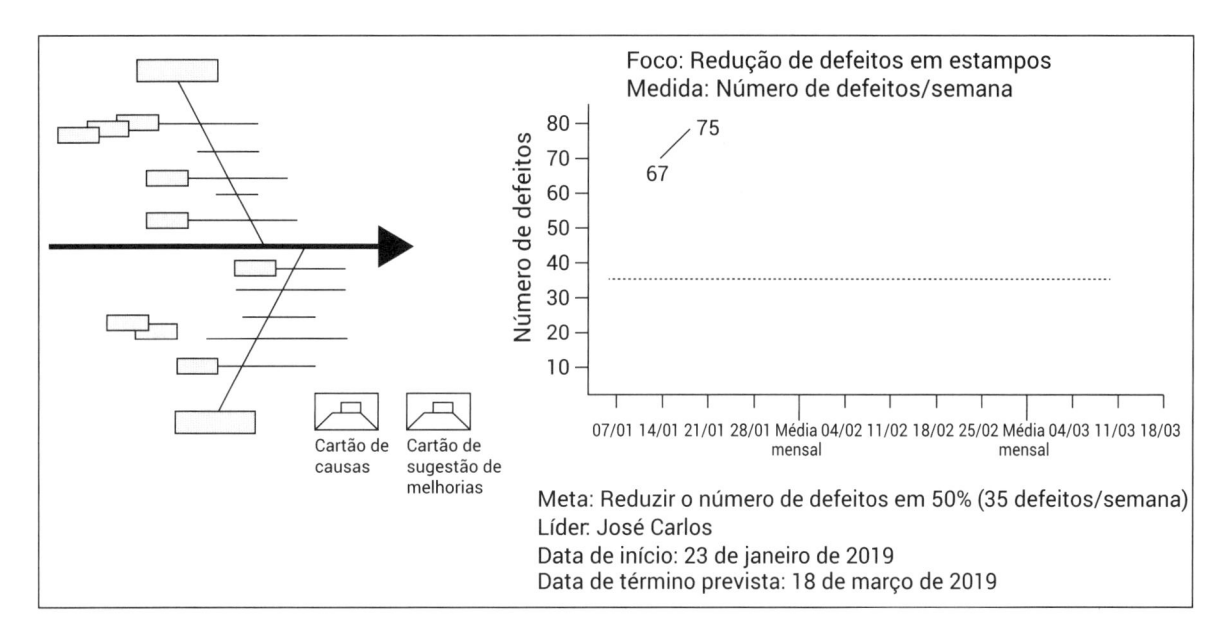

Figura 13.7 Monitoramento do lado do efeito.

10. **Escolher os cartões padrão:** os cartões padrão se originam dos cartões de sugestão de melhoria com bons resultados obtidos do lado do efeito. Se houver mais de uma ideia de melhoria para um mesmo problema, deve-se testar cada uma delas separadamente. O líder torna este padrão oficial colocando sua assinatura no cartão.

    O cartão padrão pode ser removido do lado da causa e ser colocado em um local específico no lado direito do diagrama CEDAC. O padrão é definido de forma participativa e não deve ser considerado estático. Uma vez implementado, pode sempre ser alterado e melhorado.

11. **Seguir os padrões:** após seguir os passos anteriores até que o padrão seja finalmente implementado, a informação sobre o novo padrão deve ser disseminada para todos os envolvidos por meio do diagrama CEDAC. Nesse caso, o diagrama se torna um sistema de controle visual. Os membros conhecem a evolução do processo de padronização. Além disso, também sabem qual o impacto que o padrão tem no lado do efeito.

EXERCÍCIOS

1. Quais os principais aspectos a serem considerados, como observações importantes para os usuários ou gestores, para aplicação bem-sucedida de métodos para análise e melhoria da qualidade?

2. Quais as vantagens de aplicação do gerenciamento por/de processos em relação ao gerenciamento funcional?

3. Quais as etapas do MASP e as principais ferramentas que podem ser usadas como suporte à realização das atividades de cada etapa?

4. Explique os conceitos de severidade (ou gravidade), ocorrência e detecção na análise FMEA. Como é estimado o valor do risco (ou NPR) de uma falha?

5. Quais as etapas para se construir e usar um diagrama CEDAC?

BIBLIOGRAFIA COMPLEMENTAR

CONTI, T. *Building total quality*: a guide for management. Londres: Chapman & Hall, 1993.

FEIGENBAUM, A. V. *Controle da qualidade total*. São Paulo: Makron Books, 1994, volumes 1 a 4.

JURAN, J. M. et al. *Controle da qualidade*: handbook. São Paulo: Makron Books, 1991, volumes 1 a 10.

MERLI, G. *The TQM approach to capturing global markets*. Londres: IFS, 1993.

MONTGOMERY, D. C. *Introdução ao controle estatístico da qualidade*. Rio de Janeiro: LTC, 2004.

TOLEDO, J. C., BORRÁS, M. A. A., MERGULHÃO, R. C., MENDES, G. H. S. *Qualidade*: gestão e métodos. Rio de Janeiro: LTC, 2014.

NOTAS

1 KUME, H. *Métodos estatísticos para melhoria da qualidade*. São Paulo: Gente, 1992.

2 Kume (1992).

3 HELMAN, H.; ANDERY, P. R. P. *Análise de falhas*: aplicação dos métodos de FMEA-FTA. Belo Horizonte: QFCO, 1995.

4 SBCTA & PROFIQUA. *Manual de análise de riscos e controle de pontos críticos*. São Paulo, 1993.

5 CAMPOS, V.F. TQC: controle da qualidade total (no estilo japonês). 8. ed. Belo Horizonte: Editora de Desenvolvimento Gerencial, 1999.

6 Kume (1992).

7 MOURA, E. C. *As sete ferramentas gerenciais da qualidade*. Rio de Janeiro: Qualitymark, 1993.

8 FUKUDA, R. *Managerial Engineering*: techniques for improving quality and productivity in the workplace. New York: Productivity Press, 1983.

9 AKAO, Y. *Hoshin kabri*. Cambridge: Productivity Press, 1991.

10 SHIBA, J. et al. *A new American TQM*. Cambridge: Productivity Press, 1993.

11 DAVENPORT, T. H. *Reengenharia de processos*. São Paulo: Makron Books, 1993

12 HARRINGTON, H. J. *Aperfeiçoando processos empresariais*. São Paulo: Makron Books, 1993.

13 ALMEIDA, L. G. *Gerência de processos*. Rio de Janeiro: Qualitymark, 1993.

14 KAUFFMAN, A. et al. *Mathematical models for the study of the reliability of systems*. New York: Academic Press, 1997.

15 TAGUCHI, G. *Introduction to quality engineering*. Tokyo: Asian Productivity Organization, 1986.

16 AKAO, Y. *Quality function deployment*: integrating customer requirements into product design. Cambridge: Productivity Press, 1991.

17 SME. Design for manufacture. *Manufacture management handbook*. New York: SME, 1991.

18 HARTLEY, J. R. *Concurrent Engineering*. Cambridge: Productivity Press, 1992.

19 CSILLAG, J. M. *Análise do valor*: metodologia do valor. São Paulo: Atlas, 1985.

20 CAMP, R. C. *Benchmarking*: o caminho da qualidade. São Paulo: Pioneira, 1993.

21 Camp (1993).

22 HALL, R. W. *Attaining manufacturing excellence*: just in time, total quality, total people involvement. Homewood, Illinois: Dow Jones-Irwin, 1987.

23 FUKUDA, R. *CEDAC*: a tool for continuous systematic improvement. Cambridge: Productivity Press, 1989.

MARKETING: UMA ABORDAGEM PARA ENGENHARIA DE PRODUÇÃO

Rosane Chicarelli Alcantara e Andrea Lago da Silva

Neste capítulo, serão apresentados os conceitos fundamentais de marketing e ambiente concorrencial. Posteriormente, elementos de marketing como segmentação de mercados e comportamento dos consumidores finais e empresariais serão introduzidos. A seguir, aspectos referentes ao gerenciamento e planejamento de marketing como os elementos do composto mercadológico, estratégias de mercado, plano de marketing e pesquisa de mercado são apresentados. Ao final, discutem-se os principais desafios do marketing nos dias atuais que estão levando funções tradicionais das empresas, e marketing é uma delas, a serem mais interativas e colaborativas, resultando em estruturas empresariais mais dinâmicas. Encerra-se o capítulo com a proposição de questões para serem discutidas.

> **OBJETIVOS DE APRENDIZAGEM**
>
> Ao final deste capítulo, o leitor deverá ser capaz de:
> - Utilizar os principais conceitos de marketing na gestão de organizações de diferentes setores da economia.
> - Compreender o papel do marketing e sua função, *vis-à-vis* as demais áreas da engenharia de produção.

14.1 INTRODUÇÃO AO MARKETING

14.1.1 Marketing: principais tarefas e papel nas organizações

Nas últimas décadas, mudanças na tecnologia de comunicação e nas formas de organização social trouxeram desafios diversos para o marketing. A tarefa básica do marketing que era produzir o ajuste entre oferta e demanda, e sob a responsabilidade de apenas uma área ou departamento nas empresas, tornou-se muito mais complexa. Quando considerado como um "processo empresarial e social", o marketing consiste em um conjunto de atividades pelas quais as empresas procuram criar valor e construir e manter relacionamentos mais efetivos e duradouros com os clientes. Esse processo baseia-se no esforço da identificação de necessidades, desejos e valores de mercados-alvo, com o intuito de promover sua satisfação, de maneira mais eficaz que os concorrentes.

A essência do processo empresarial e social do marketing engloba os aspectos de troca, concorrência e relacionamento. No mercado ocorre o intercâmbio entre as necessidades e desejos do vendedor e do comprador, das empresas e dos clientes. A dinamicidade de um mercado pode ser avaliada, entre outros aspectos, pelo número de agentes que participam dos seus processos de troca. Dessa forma, a condição de concorrência entre os agentes de mercado condiciona e promove o desenvolvimento das atividades de marketing, o que exige das empresas esforços de concepção, desenvolvimento e gerenciamento do processo de marketing.

A *American Marketing Association*[1] define marketing como a atividade, conjunto de instituições e processos para criar, comunicar, entregar e realizar troca de ofertas quem tenham valor para consumidores, clientes, parceiros e sociedade como um todo. Nessa definição, estabelece-se que o marketing se posiciona não só como uma atividade gerencial, ligado ao dia a dia das empresas dos mais variados tipos, mas que também exerce impactos nos agentes com os quais as empresas se relacionam e na sociedade de forma mais ampla.

O marketing passou por várias fases quando se analisa as relações entre empresas e consumidores. Nos seus primórdios, e ainda hoje em alguns mercados menos desenvolvidos onde a grande preocupação dos clientes é obter produtos facilmente e com preço acessível, as empresas são orientadas para produção, buscando a eficiência produtiva por meio de produtos padronizados, custos baixos e distribuição em massa. Em mercado onde se pressupõe que clientes potenciais não buscarão espontaneamente produtos e serviços, a empresa adotará uma orientação para as vendas, traduzida em uma postura agressiva em vendas. Em mercados onde os consumidores buscam produtos com alta qualidade, desempenho e características inovadoras, a empresa terá orientação para produto e seu foco será no desenvolvimento do produto. Já a orientação para marketing busca analisar com cuidado o que o consumidor deseja, para estabelecer a proposta de valor da empresa. Nos dias atuais, a orientação para Marketing Holístico tem sido buscada, uma vez que procura "... o desenvolvimento, o projeto e a implementação de programas, processos e atividades de marketing, com o reconhecimento da amplitude e das interdependências de seus efeitos".[2] Destaca-se aqui que, embora existam diferentes tipos de orientação de mercado, uma empresa pode adotar uma ou várias, dependendo do mercado onde atua e do tipo de produto que oferece. Outra atividade importante relacionada com marketing é o endomarketing, que é a atividade de marketing direcionada ao público interno, na qual se procura disseminar valores e assegurar que todos os colaboradores da empresa busquem oferecer um serviço de valor aos consumidores.[3]

Além disso, em marketing, a relevância das relações com os clientes ganha destaque com o desenvolvimento do marketing de relacionamento, cuja função é atrair, manter e aumentar a relação com os clientes, obtendo ganhos financeiros. O conceito de Marketing de Relacionamento enfatiza, principalmente, a necessidade de um relacionamento de longo prazo em detrimento das práticas de transações com objetivos de curto prazo. Busca-se a fidelização dos clientes, sejam eles consumidores finais ou os consumidores intermediários (como distribuidores atacadistas ou varejistas). Servir e vender aos clientes existentes tem tanta importância para o sucesso no longo prazo quanto obter clientes novos.[4]

Para Gronroos,[5] marketing de relacionamento busca estabelecer, manter e aumentar as relações com os clientes e outros sócios, com lucro, de forma que os objetivos das partes envolvidas sejam conhecidos antecipadamente. Apesar da importância que vem adquirindo nos últimos anos, o relacionamento entre duas empresas não surge espontaneamente, sendo um processo que emerge de negociações informais, que inicialmente necessitam de pouca confiança e envolvem baixos riscos, podendo evoluir para relacionamentos mais próximos e complexos.

14.1.2 Ambiente, concorrência e mercado

Um dos maiores equívocos dos gestores das empresas é a resposta à seguinte pergunta: qual é o meu negócio? Sem uma resposta clara a essa questão não é possível identificar os fatores-chave de sucesso para um empreendimento. Em diversas situações, as informações buscadas pelo gestor sobre o mercado se restringem ao seu tamanho, tipos de clientes e seus possíveis hábitos de compra, informações essas insuficientes para orientar a criação de uma estratégia de marketing adequada. Na maioria das vezes as informações sobre a concorrência são ignoradas e não existe sequer um plano estruturado de como levar o produto ao mercado. Ao administrar a empresa, os seus executivos devem ter consciência de todos os agentes que participam desse processo, e que compõem o chamado microambiente de marketing da empresa.

Um sistema de marketing pode ser entendido como um conjunto de instituições e fluxos, de bens, serviços, dinheiro e informações, que ligam as organizações a seus mercados (Figura 14.1). Somando-se a isso, têm-se os fornecedores e concorrentes da empresa e demais agentes do ambiente, representados por: tecnológico, político-legal, físico, econômico, sociodemográfico-cultural e públicos. O sistema de marketing (ambiente) compreende também os agentes e forças externas que afetam a habilidade da empresa em desenvolver e manter transações e relacionamentos bem-sucedidos com o mercado-alvo. A análise ambiental é sugerida com o intuito de identificar oportunidades, ameaças e questões estratégicas que afetarão os fatores-chave de sucesso da empresa ou terão influência estratégica. Porém, a tarefa mais difícil não é identificar e classificar as diversas dimensões ou agentes, mas determinar a extensão em que eles afetam a organização.

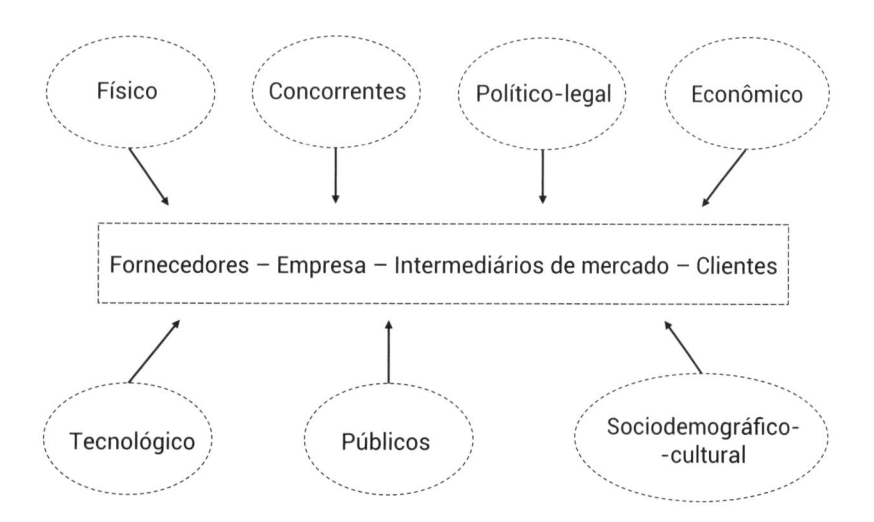

Figura 14.1 Sistema de marketing.

Dentro desse contexto, a administração de marketing é responsável pela execução das funções de: delinear o mercado (determinar quem são os clientes potenciais e as características que os identificam); motivar a compra (avaliar os fatores que direta e/ou indiretamente influenciam o comportamento de compra do consumidor); ajustar o produto (adequar o produto ao mercado a que ele se destina); distribuição física (garantir que o produto esteja disponível para compra e/ou consumo na hora, local e condições desejadas pelo consumidor); comunicação (informar o mercado consumidor sobre a existência e características do produto); transação (desenvolver qualquer outra atividade que possibilite ao consumidor a realização da compra); pós-transação (desenvolver atividades que possibilitem ao consumidor a satisfação com o produto após a compra).

Portanto as atividades da área de marketing estão centradas basicamente na identificação e na prestação de serviços a diferentes mercados por meio da:

1. localização e mensuração da demanda de um ou mais grupos de consumidores;
2. tradução dessa demanda em requisitos de um produto ou linha de produtos;
3. elaboração e implementação de um plano de marketing que informe e disponibilize esse produto para seus consumidores potenciais.

Cabe lembrar que as atividades de marketing não existem isoladamente e sim fazem parte de um sistema maior chamado empresa, devendo a sua interface com as demais atividades desse sistema (Comercial/Vendas, Produção, Logística, Recursos Humanos e Finanças) ser devidamente analisada e considerada. Além disso, se o executivo busca satisfazer uma necessidade do consumidor, ele precisa aprender a enxergar o seu negócio de acordo com a visão desse consumidor potencial. Isso evita que a orientação do negócio acabe por satisfazer o desejo da empresa, e do seu gestor, e resulte em um fracasso comercial. A definição do negócio não é sinônimo da definição do produto a ser oferecido, por exemplo, em uma agência de viagens o negócio não é vender passagens aéreas ou pacotes turísticos, e sim lazer o que é muito mais amplo. Ou seja, os objetivos da empresa devem ser definidos em função da satisfação de alguma necessidade do ambiente externo e não na forma de um produto. Ao buscar definir seu negócio a empresa deverá responder corretamente a quatro perguntas essenciais acerca do produto a ser oferecido: Qual será o meu cliente? Quais necessidades quero satisfazer? De que modo buscarei satisfazê-las? Em que serei melhor que meus concorrentes? Ao responder a primeira pergunta se definirá qual o mercado que pretende atuar e quais os tipos de clientes a quem venderá o seu produto e com as respostas as demais, se definirá como isso será feito (ver Boxe 14.1).

Uma vez que o executivo de marketing tenha respondido a essas quatro questões para a definição do negócio, deverá proceder a uma análise do mercado em que pretende atuar. O primeiro ponto a ser analisado é a dimensão, o tamanho atual desse mercado e o seu potencial de crescimento. O mercado potencial é definido como o conjunto de pessoas ou instituições que possam ser os possíveis compradores do produto a ser oferecido. Dentro desses mercados potenciais, existem consumidores que podem ser definidos como "consumidores reais", ou seja, aqueles que já conhecem e se sentem motivados a utilizar o produto, e os "consumidores a serem motivados", ou seja, aqueles que não conhecem ou não foram sensibilizados pelo produto e, portanto, não o utilizam. Após a definição do mercado potencial será necessário quantificá-lo, pois não necessariamente todas as pessoas passíveis de consumir o produto irão fazê-lo, sejam por questões econômicas, culturais e/ou geográficas. Além disso, a dispersão geográfica do mercado e/ou a concentração deste em regiões específicas são fatores que restringem o mercado a ser atendido. Destacam-se as especificidades do mercado em relação à sazonalidade de vendas ou algum tipo de regulamentação legal.

De posse dessas informações, o administrador avaliará o número de produtos que pretende vender e quanto isso representará em valores monetários em um período específico, um ano ou um semestre, por exemplo. Isso, porém não significa que essas informações não devam ser buscadas, uma vez que o executivo não precisa de um número exato, e sim uma estimativa aproximada do potencial do mercado. Além disso, o administrador deverá visualizar como será esse mercado no futuro, em função das mudanças econômicas, políticas, sociais e tecnológicas que ocorrerão e como elas alterarão o perfil desse mercado. Embora o conhecimento do mercado seja essencial, essas informações sozinhas não são suficientes, é necessário que se conheça a estrutura de oferta do setor, ou seja, a concorrência do setor onde se irá atuar. Conhecer o conjunto de empresas que oferece o mesmo tipo de produto que o seu, e as relações entre essas empresas, permitirá entender as pressões competitivas as quais estará sendo submetida.

BOXE 14.1 BANCOS 100% DIGITAL: A NOVA APOSTA DO SETOR

O Bradesco, 4º maior banco brasileiro na lista do banco Central com ativos de R$ 1,081 bilhão, faz sua aposta no setor com o lançamento em junho/2017 do Next, um novo banco 100% digital, com aplicativos disponíveis na *AppStore* e Google Play. Seu objetivo foi se posicionar estrategicamente para enfrentar um ambiente de mercado cada vez mais dinâmico, onde se destacam a entrada de *startups* da área financeira (*fintechs*), como a Nubank (focada em cartão de crédito) e corretoras independentes, tendo como destaque a XP (comprada pelo Itaú em maio/2017).

Para garantir que o Next atendesse corretamente o perfil do cliente-alvo, público jovem, conectado e que exige um atendimento de alto nível, seu projeto foi desenvolvido por uma equipe que contou com antropólogos, cientistas sociais e matemáticos, além de profissionais da área de negócios. A tarefa desse time foi entender o comportamento desse cliente, partindo do princípio que não era suficiente adicionar elementos digitais no novo negócio e sim buscar elementos para se inserir de forma recorrente na vida do cliente. Como colocado por Minas, vice-presidente executivo do Bradesco: "A medida do sucesso, no mundo da tecnologia móvel, é estarmos na primeira tela do celular das pessoas" (p. B3).

Para tanto, a proposta do Next é oferecer uma gama completa de serviços bancários com um formato diferente, por exemplo, cheque especial será "grana de emergência", sem que o cliente tenha que ir fisicamente a uma agencia ou assinar um documento. Além disso, o aplicativo Next deverá oferecer ao usuário opções de cálculo da poupança necessária para um projeto de longo prazo, uma ferramenta de acompanhamento dos seus gastos e também funções ligadas ao dia a dia como uma "vaquinha" entre amigos. Tudo isso em um formato que busca reproduzir as conversas nas redes sociais, estabelecendo um diálogo com esse público jovem. Além disso, oferecerá descontos a clientes que acessem parceiros específicos, com parcerias já firmadas com Uber, iFood e Cinemark por meio do aplicativo Next.

Para garantir uma navegação agradável, o Bradesco buscou fornecedores com experiência mundial reconhecida no mundo digital, seja na identidade visual, seja na integração de diferentes plataformas às existentes no banco. Além disso, fará uso de equipe de atendimento, mas também de um sistema de inteligência artificial que buscará aprender e responder automaticamente boa parte das perguntas.

Bom, se com tudo isso o Bradesco estará se canibalizando ou não ainda é muito cedo para saber e, para Waengertner, presidente da aceleradora de *startups* Ace, "se toda empresa tiver medo de fazer isso, a inovação não vai acontecer nunca".

Fontes: SCHELLER, F. Após dois anos de desenvolvimento, Bradesco lança o banco digital Next. *O Estado de S. Paulo*, E&N, p. B1, 05/06/2017. SCHELLER, F. Banco quer seguir modelo de gigantes da internet. *O Estado de S. Paulo*, E&N, p. B3, 05/06/2017.

Para realizar essa análise, pode-se utilizar o Modelo das Cinco Forças Competitivas de Porter. Esse modelo (Figura 14.2) procura entender a estrutura competitiva do setor que irá atuar, analisando o grau de rivalidade entre os competidores atuais, o poder de negociação dos clientes, o poder de negociação dos fornecedores, a ameaça dos produtos substitutos e a ameaça dos potenciais entrantes.

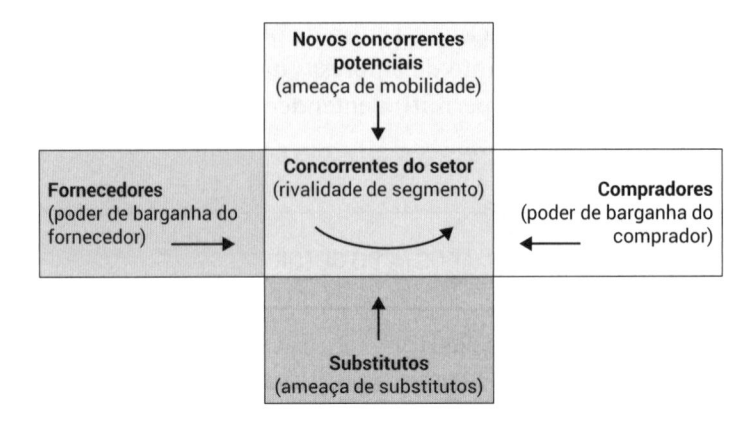

Figura 14.2 Esquema das 5 forças.

Fonte: Adaptado de Porter[6]

Os desafios de marketing na criação de valor e satisfação de clientes, quando olhado sob a ótica da gestão da produção (ou da Engenharia de Produção) são ainda mais complexos. As empresas precisam cada vez mais alinhar demandas e ofertas tendo por base não apenas operações e mercados em um mesmo país, mas uma rede ampla de empresas e mercados, imersos em diferentes culturas e realidades econômicas. De acordo com Arons, Driest e Weed,[7] empresas com melhor desempenho perceberam que precisam exercitar suas habilidades em captar *insights* com clientes, comunicar seu propósito, entregar uma experiência rica ao cliente, demonstrar superioridade em integração funcional, desenvolver foco estratégico e trabalhar muito bem aspectos como agilidade organizacional e treinamento. O surgimento do *big data*, a despeito das imensas possibilidades, exige das empresas habilidade para tratar esse expressivo volume de informações disponíveis, e tornando-as úteis para a gestão do seu negócio, compreendendo não só o que o cliente faz, mas também porque faz.

Outro desafio apontado é o posicionamento com propósito, ou seja, as marcas devem agregar benefícios funcionais (uma lanchonete com *drive-thru*) e benefícios emocionais ou benefícios sociais (preocupação com sustentabilidade). Aliado a isso, Arons, Driest e Weed[8] destacam ainda a importância de oferecer o conceito de "experiência total". Experiência total significa adicionar pontos de contato, mudando a métrica de parcela dos seus gastos, ou do seu gosto, para parcela da sua experiência.

14.2 ENTENDENDO OS ELEMENTOS DE MERCADO

14.2.1 A segmentação de mercado

A segmentação de mercado é o processo pelo qual se busca identificar e selecionar grupos de consumidores com diferentes necessidades, desejos, comportamentos de compra e respostas às ações de marketing. Cada segmento resultante será um grupo homogêneo e poderá ser uma oportunidade de mercado diferente a ser buscada, com a utilização de ações de marketing específicas. Na medida em que o mercado de produtos de massa passou a dar lugar a um mercado de produtos diferenciados, e os recursos financeiros necessários ao atendimento de todo o mercado tornaram essa opção proibitiva, as empresas estão buscando a diferenciação dos seus produtos e a escolha de segmentos de mercados específicos para a sua atuação. Com isso a empresa adéqua melhor suas ações de marketing às exigências dos seus consumidores, sendo esta a grande vantagem da segmentação.

A segmentação de mercado é um pré-requisito ao desenvolvimento do posicionamento e da definição das estratégias de marketing, pois fornece informações que possibilitam à empresa: aplicar quantidades corretas de atenção e verbas promocionais aos segmentos potencialmente mais rentáveis; criar uma linha de produtos que atenda de fato as exigências do mercado e seus múltiplos segmentos; perceber rapidamente sinais de mudanças e novas tendências de mercado, conseguindo as vantagens decorrentes; escolher os apelos promocionais mais eficazes aos seus mercados e/ou segmentos, utilizando-os nos momentos corretos em termos de ambiente econômico; escolher a mídia mais adequada a ser utilizada, otimizando os recursos necessários; compreender e utilizar eficazmente as informações do mercado.

Para se efetivar a segmentação de mercado é necessário que a empresa selecione os seus mercados-alvo, e essa seleção deve levar em conta as preferências dos consumidores, em função dos atributos escolhidos por eles para avaliá-la, como:

- Homogêneas: todos os consumidores potenciais possuem as mesmas preferências em relação aos atributos pesquisados, não existindo, portanto, base para a segmentação.
- Difusas: as preferências dos consumidores são dispersas, indicando que estes variam grandemente em termos de preferências, e podem ser utilizadas como base para a segmentação.
- Conglomeradas: existem conglomerados de preferências distintas, denominados segmentos naturais de mercado.

Ao se decidir entrar num mercado uma empresa deve ainda:

- Determinar os atributos por meio dos quais identificará a possível existência de segmentos específicos.
- Determinar o tamanho e o valor dos vários segmentos.
- Verificar como as marcas existentes se posicionam no mercado.
- Procurar as oportunidades em segmentos que não estão sendo servidos ou são servidos de maneira inadequada.
- Determinar as características comuns de segmentos atraentes.

Para que esse processo seja eficaz é preciso que o mercado a ser segmentado possua as seguintes características: ser passível de ser especificamente identificado e medido; evidenciar um potencial adequado ao investimento necessário; mostrar-se economicamente acessível e viável; reagir aos esforços de marketing e ser estável; e seus processos de mudanças identificáveis com antecedência. Uma série de parâmetros podem ser utilizados para a segmentação de mercado, bem como uma combinação deles. As principais variáveis de segmentação para mercados consumidores individuais e industriais são mostradas no Quadro 14.1.

Em um processo de segmentação eficaz, o mercado-alvo deve ser dividido por uma sucessão de variáveis, exemplificando, o mercado-alvo: roupa esportiva (primeira variável: estilo de vida), para adolescente (segunda variável: idade), forte apelo da marca (terceira variável: *status* do usuário). Embora o processo de segmentação seja fundamental na elaboração da estratégia de marketing, não são todos os mercados que são passíveis de segmentação. Em relação às atitudes dos consumidores os mercados podem ser classificados em: mercado homogêneo (as atitudes dos consumidores são muito semelhantes em relação à compra do produto) ou mercado heterogêneo (as atitudes dos consumidores são muito diferentes em relação à compra do produto).

Quadro 14.1 Variáveis de segmentação de mercado

	Consumidor individual	Consumidor industrial
Geográficas	Região, clima, cidade, zona.	Região: Norte, Nordeste, Sul, Leste, Centro-Oeste. Clima: quente, frio, úmido, seco. Cidade: pequena, média, grande. Zona: urbana, rural.
Variáveis demográficas	Idade: menos de 15, 15 a 21, 22 a 31, 32 a 45, mais de 45. Tamanho da família: 1-2, 3-4, 5 ou mais. Renda: menos de 1 salário mínimo (SM), de 1 a 5 SMs, de 6 a 10 SMs, mais de 10 SMs. Sexo: feminino, masculino. Nacionalidade: brasileira, estrangeira. Escolaridade: Ensino Fundamental, Ensino Médio, Ensino Superior.	Tempo de existência: 1ª geração, 2ª geração. Número de empregados: >200, 200-500, <500. Setor: mecânico, metalúrgico, cimento, construção civil, agronegócio. Tipo de administração: familiar, profissional. Nacionalidade do executivo-chefe: brasileiro, estrangeiro.
Variáveis psicográficas	Personalidade: agressividade, autoritarismo, dependência. Estilo de vida: esportivo, utilitarista, consumista, hedonista e trabalhador.	Personalidade do líder: autoritarismo, agressividade, inovatividade, propensão a aceitar riscos. Estilo de gestão: participativa, centralizadora, humanista, carismática.
Variáveis do comportamento de compra	Frequência de uso: usuário, não usuário, ex--usuário, usuário frequente, usuário infrequente. Ordem de uso: primeiros usuários, usuários tardios. Sensibilidade a fatores de marketing: sensível a preço, promoções, cupons, propaganda e canais.	Frequência de uso: usuário, não usuário, ex--usuário, usuário frequente, usuário infrequente. Ordem de uso: primeiros usuários, usuários tardios. Sensibilidade a fatores de marketing: sensível a preço, tecnologia, serviços pós-venda, garantia, prazo.
Variáveis de benefícios	Benefícios racionais: custo, conveniência e rapidez. Benefícios psicológicos: *status*, prestígio, segurança.	Benefícios racionais: eficiência, eficácia. Benefícios psicológicos: *status*, prestígio, segurança.
Variáveis de produto	Experiência com produto: sim ou não. Grau de customização: customizados, padronizados. Grau de uso: novos ou usados, originais ou de reposição.	Experiência com produto: sim ou não. Grau de customização: customizados, padronizados. Grau de uso: novos ou usados, originais ou de reposição.

Fonte: Rocha e Christensen.[9]

Nos mercados heterogêneos, que são passíveis de segmentação, a empresa pode adotar 3 opções básicas para suas ações de marketing:

- Marketing não diferenciado: a empresa não reconhece os diferentes segmentos que compõem o mercado, considerando-o como um agregado e enfocando o que é comum nas necessidades das pessoas. Dessa maneira busca desenvolver um único produto e um programa de marketing que atenda a um maior número de consumidores por meio de canais de massa e temas universais, e esperar que a maioria dos consumidores o deseje e compre, como a Coca-Cola que durante muito tempo teve um único sabor e tipo de garrafa. Isso proporciona economia de custo à empresa, pois ao reduzir a linha de produtos é possível minimizar os custos de produção, de estocagem, de transporte e administração do produto, além de, devido à ausência de pesquisas de segmentação, reduzir os custos com pesquisa de mercado.

- Marketing diferenciado: a empresa decide atuar em vários segmentos, desenvolvendo para cada um diversas versões do produto e/ou programas de marketing, por exemplo, iogurte tradicional, com polpa de frutas, diet, líquido e garrafa grande. Essa opção acarreta custos maiores à empresa.
- Marketing concentrado: ao utilizar uma das duas opções anteriores a empresa busca atingir o mercado como um todo. No caso do marketing concentrado, ao escolher um segmento específico e atuar com um "produto ideal", por exemplo, relógios Rolex, a empresa busca uma grande participação em um ou poucos segmentos. Agindo dessa forma, a empresa pode conseguir uma forte posição no segmento em que atua devido ao seu maior conhecimento do segmento e da reputação especial que pode vir a conseguir. Além disso, pode obter economias operacionais na produção, distribuição e propaganda advindas da especialização.

Após a segmentação do mercado, as empresas precisam definir o seu posicionamento e de seus produtos no mercado ou segmentos de mercados em que irão atuar. O posicionamento é a ação de projetar o produto e a imagem da empresa para ocupar um lugar diferenciado na mente do cliente-alvo.

14.2.2 Comportamento do consumidor

É de fundamental importância que a empresa conheça a fundo o seu consumidor e seus hábitos de compra, pois só assim conseguirá atender as suas necessidades. Para Chias,[10] qualquer que seja o mercado da empresa, as seguintes perguntas sobre os consumidores deverão ser respondidas: 1. Quem compra? Quais são as características dos consumidores potenciais? 2. Por que eles compram? Por que motivos irão comprar o meu produto? 3. Quais os produtos que compram? Quais as marcas? 4. Como compram? Procuram os produtos que querem ou compram os que são oferecidos? 5. Quanto compram? São usuários ocasionais ou consomem de forma intensiva? 6. Quando compram? Em que ocasiões compram? Quando consomem/utilizam? 7. Aonde compram? Em que tipo de locais preferem comprar? Em que situação? A que distância? 8. Como se informam sobre o produto? O processo de respostas a essas questões deve sempre buscar entender as razões de compra do consumidor.

Essa análise deve ser feita para cada um dos segmentos de mercado que a empresa tenha interesse, pois se a segmentação foi bem feita cada segmento dará respostas diferentes a essas questões. Caso isso não ocorra, significa que as variáveis utilizadas no processo de segmentação não foram bem escolhidas e, portanto, devem ser revistas.

Como o comportamento de compra é função do produto a ser adquirido, é necessário usar uma classificação para os diferentes tipos de produtos de consumo agrupando-os de acordo com determinadas características específicas. O comportamento de compra do consumidor durante o processo de decisão de compra pode sofrer impacto de vários fatores, em função do tipo de produto/serviço a ser adquirido, é influenciado por vários fatores, conforme descrito a seguir.

Produto/preço/comunicação/distribuição

Estes aspectos serão apresentados na Seção 14.3.1 sobre o composto de marketing.

Psicológicos

O comportamento do consumidor pode ser influenciado por fatores psicológicos como motivação, percepção, aprendizado e crenças e atitudes. A motivação é definida como o estímulo que move o indivíduo em direção à ação. O entendimento dos fatores que levam os indivíduos a preferir um produto a outro (motivação de compra) é importante, pois a empresa pode colocar certas características do produto em destaque, escolher a mensagem publicitária correta, saber quais os argumentos utilizar na hora de vender o produto e decidir qual o ponto de venda mais adequado para sua comercialização. A percepção corresponde à maneira pela qual o sujeito capta e interpreta as informações que recebe do ambiente. As pessoas, em geral, tendem a perceber mais os estímulos/informações relacionados com as suas necessidades atuais, interpretam-nas de acordo com suas crenças e preconceitos e esquecem mais do que aprendem. O aprendizado é definido como as mudanças que acontecem no comportamento do indivíduo a partir da sua experiência. Ele pode ocorrer por meio de estímulos, impulsos, sugestões, respostas e reforços que podem ser utilizados pelos profissionais de marketing para saber como associar seus produtos a estes. As crenças são as imagens que as pessoas formam acerca de fatos e produtos e a atitude descreve um comportamento favorável ou desfavorável em relação a um fato ou produto. As crenças e atitudes são importantes para o marketing principalmente no que se refere ao conceito que os consumidores potenciais têm de um produto, de uma marca e de uma empresa.

Ainda nos fatores psicológicos, tem-se os aspectos racionais e irracionais. Os fatores racionais são os relacionados com o valor de uso do produto, no caso de produtos agroalimentares, por exemplo, pode-se citar o valor nutricional, preço, disponibilidade e comodidade de emprego. A decisão pelo tipo de produto a ser consumido dependerá do objetivo do consumidor, como menor gasto, maior qualidade ou menor tempo de preparo. Os fatores irracionais estão ligados ao valor simbólico que o produto representa para o indivíduo que o consome (porque é nutritivo, por lembrar uma região onde passou a infância e pelo gosto).

Sociais/pessoais/culturais

Dentro dos fatores sociais, Kotler e Keller[11] reúnem grupos de referência, família, papéis e *status*. Os profissionais de marketing devem ter o cuidado de identificar quem são os grupos de referência dos seus consumidores-alvo. Em geral, os grupos de referência influenciam os consumidores em termos de novos comportamentos e estilos de vida, atitudes pessoais e de autoestima que as pessoas desejam "imitar" e criam pressões para o conformismo, por exemplo, que podem afetar o comportamento de compra de um produto ou uma determinada marca. A família pode ser considerada um grupo de influência primário, onde algumas decisões são autônomas (bens de menor valor) e outras são tomadas em conjunto. Nesse contexto, os pais têm um papel significativo na formação dos hábitos alimentares dos indivíduos, por exemplo. Os papéis e posições sociais dos consumidores também afetam seu comportamento de compra, uma vez que diferentes posições têm *status* associados.

Fatores pessoais compreendem, segundo Kotler e Keller,[12] a idade, o estágio no ciclo de vida, ocupação, as circunstâncias econômicas, a personalidade, a autoimagem, o estilo de vida e os valores. Esses fatores têm impacto direto nas preferências e escolhas das pessoas e se alteram ao longo do tempo, como no caso da idade e do ciclo de vida, que incluem inclusive episódios e transições importantes, como casamento, nascimento de filhos, aposentadoria. Renda disponível e ocupação também impactam nas preferências e exigências em termos de produtos e serviços, gerando resultados em termos de posicionamento e segmentação de mercado. A personalidade, a autoimagem e o estilo de vida/valores impactam nas preferências, levando as pessoas a buscarem produtos/serviços com características mais próximas da forma como elas enxergam a si mesmas e percebem o mundo.

As necessidades e o comportamento das pessoas são fortemente moldados/influenciados pelo grupo e pelas forças sociais, ou seja, pela sua cultura, subcultura, classes sociais e grupos de referências, cujo grau de influência de cada fator deve ser determinado pelos especialistas de marketing. A cultura representa o conjunto de crenças ou significados partilhados pelo indivíduo com o grupo do qual faz parte. Uma cultura normalmente é formada por subculturas, como grupos religiosos, grupos raciais, de nacionalidades diferentes, ou áreas geográficas que têm preferências diferentes em termos de produtos. Os grupos de referência são todos os grupos que têm uma influência direta ou indireta sobre as atitudes ou comportamento de uma pessoa.

Ocasião de compra/macroambiente/experiência

A ocasião de compra pode afetar o comportamento de compra, pois o consumidor vai adotar critérios diferentes quando o produto for para consumo rotineiro, para datas festivas ou ocasiões especiais. Isso é particularmente importante em alimentos seja para consumo no lar ou fora dele, por exemplo. O macroambiente, definido aqui como variáveis econômicas, sociodemográfico-culturais, naturais e tecnológicas, pode influenciar a mudança na forma como as pessoas se comportam, as causas que defendem, a presença ou ausência de restrições financeiras. O surgimento dos canais de distribuição eletrônicos vem revolucionando o comércio de variados produtos, desde alimentos, até eletrônicos, automóveis e outros bens/serviços. O fato de o consumidor ou algum dos seus grupos de referências terem experiência prévia com produto ou marca podem gerar uma afinidade ou preferência, assim como rejeição. Existem 3 situações de compra básicas para o consumidor:

- Rotineira: ocorre na compra de artigos de aquisição frequente e não excessivamente caros. O comprador conhece bem os atributos do seu produto preferencial, dos concorrentes e tem uma escala de preferências bem definida. Não adquire sempre a mesma marca sendo a sua decisão influenciada por liquidações e promoções, e no caso da não presença do produto preferido no momento da compra escolherá outro.
- Problemas limitados: casos em que o consumidor está consciente sobre as qualidades desejadas no produto, porém não conhece todos os atributos das outras marcas. É o caso da compra de uma raquete de tênis onde o vendedor oferece uma marca nova com mais qualidade que a pretendida, sendo o consumidor levado a se questionar sobre sua real necessidade e sobre a real qualidade do novo produto.
- Problemas amplos: ocorre quando o consumidor se depara com uma classe de produtos desconhecidos e não conhece os critérios de utilização. A compra de um microcomputador é hoje, ainda para a maioria das pessoas, um exemplo desse tipo de situação.

De qualquer modo a decisão de compra é um conjunto de decisões relativas à classe do produto, forma do produto, marca, local de compra, quantidade, época do ano e forma de pagamento. Outro ponto importante é entender a unidade de decisão de compra, pois cada compra efetuada possui uma pessoa, ou grupo de pessoas, que determinam a sua realização. Em uma família a decisão de compra dependerá do tipo de produto em questão. A localização da autoridade de decisão da família entre o marido, a esposa e os filhos, e o estágio da família, recém-casados, sem filhos, com filhos ou idosos, são informações fundamentais para a compreensão do processo de compra de cada um desses segmentos de mercado, em função do qual os especialistas em marketing estabelecerão a forma de motivação mais adequada. Ao determinar quem decide a compra, é possível identificar ainda 5 diferentes papéis que um indivíduo pode assumir nesse processo: iniciador, influenciador, decisor, comprador e usuário.

14.2.3 Comportamento de compra organizacional

Compra organizacional é o processo de tomada de decisão por meio do qual as organizações estabelecem a necessidade da compra de produtos e serviços, além de identificar, avaliar e escolher, entre as marcas e os fornecedores disponíveis, qual a melhor opção.[13] O mercado organizacional é composto por todas as organizações que compram produtos e serviços para uso na produção de outros produtos e serviços visando gerar lucro e minimizar custos e que são vendidos, alugados ou fornecidos a terceiros, ou para revenda direta. Fazem parte desse mercado empresas de manufatura, agrícolas, de mineração, de serviços públicos, serviços bancários, varejistas, serviços de telefonia e telecomunicação, transporte, educação, saúde, governamentais, entre outras.[14,15]

Pela sua imensa diversidade e volume de vendas, este mercado possui características que o diferenciam do mercado consumidor. Diferentemente do mercado consumidor, a compra organizacional é caracterizada por poucos compradores, grandes volumes de compra, compras centralizadas e profissionais, relacionamento mais estreito entre fornecedor e cliente, demanda derivada (das compras dos consumidores pessoais), demanda praticamente inelástica em função de variações no preço, diversas influências de compra, vários contatos de venda, concentração geográfica dos compradores e compra direta.[16]

O processo de compra organizacional é influenciado por diversos fatores. Quando as ofertas dos fornecedores são parecidas, em termos de qualidade, preço e serviço agregado, as exigências do setor de compras são facilmente atendidas e compradores podem dar maior valor ao tratamento pessoal que recebem. Já no caso de existir uma grande variação na oferta, os compradores serão os maiores responsáveis pela compra e, em função disso, darão maior atenção aos fatores técnicos e econômicos.[17] Os fatores que influenciam na compra organizacional são os ambientais (influências econômicas e influências tecnológicas), os organizacionais (prioridades estratégicas, papel estratégico das compras e posicionamento organizacional de compras), os interpessoais ou grupais (interesses, autoridade, *status*, empatia, poder de persuasão, política e estrutura de compras) e os individuais (motivos racionais, motivos emocionais, idade, renda, instrução, cargo, personalidade, atitudes quanto a risco, cultura).[18,19] O tipo de compra também interfere no processo. O Quadro 14.2 apresenta esses diferentes tipos.

Quadro 14.2 Tipos de compras organizacionais

Tipo de compra	Tarefas
Recompra simples – comprador adquire sistematicamente o produto.	É uma tarefa rotineira e a experiência de compras passadas tem grande peso no processo; tendência a usar os fornecedores tradicionais da empresa que oferecem produtos adequados à necessidade do comprador; possibilidade de fornecedores novos oferecerem melhorias no produto.
Recompra modificada – comprador altera especificações técnicas, preço, prazo de entrega ou outra especificação do produto.	É uma tarefa que exige a participação de mais pessoas de ambos os lados; fornecedores atuais e novos fornecedores são contatados; maior busca de informação.
Tarefa nova – comprador irá adquirir o produto pela primeira vez.	É a mais complexa em função do risco percebido ser mais elevado, exigindo, portanto, maior número de pessoas no processo e quantidade de informação, o que aumenta o tempo e o gasto necessário para tomada de decisão.

Fonte: adaptado de Robinson, Faris e Wind.[20]

Além disso, diferentes pessoas da empresa atuam no processo e possuem diferentes papéis: iniciador (solicita a compra), usuário (utilizará o item comprado no produto ou serviço), influenciador (equipe técnica), decisor (pessoas que definem as exigências que o produto ou serviço atenderá), aprovador (responsável pela autorização da compra), comprador (seleciona os fornecedores e estabelece os termos de compra) e barreiras internas (agentes que interferem no processo impedindo que vendedores contatem os compradores).[21] De acordo com Kotler,[22] os compradores influenciam as situações de compra simples e compra modificada, já funcionários de outras áreas atuam mais em situações de compras novas.

Dentro do mercado organizacional faz-se necessário destacar o mercado institucional, composto por escolas, creches, hospitais, prisões e outras instituições governamentais que oferecem serviços à população sem objetivo de gerar lucro ou minimizar custo, e sim de cumprir uma obrigação legal para uma clientela cativa. Nesse mercado, as empresas compradoras possuem recursos limitados, e de origem pública, o que torna o processo de compra muito mais burocrático, normalmente por meio da colocação de propostas com roteiro padronizado, onde o preço mais baixo é normalmente considerado o fator determinante. Além disso, esse mercado comprador tende a favorecer produtores locais e a não aceitar empresas que não estejam em dia com o pagamento de seus tributos e obrigações sociais. Em contrapartida, os compradores institucionais representam um mercado bastante significativo em termos de volume de vendas, o suficiente para que os fornecedores busquem adaptar seus procedimentos de venda a esse mercado.

14.3 GERENCIAMENTO E PLANEJAMENTO DE MARKETING

14.3.1 O composto de marketing e aplicações

O Composto de Marketing é o conjunto de variáveis que a empresa pode controlar para tentar influenciar a resposta dos consumidores. São quatro as variáveis básicas, denominadas os 4P's: produto, preço, praça (distribuição) e promoção.

14.3.1.1 Decisões de produto e marca

Segundo Kotler,[23] um produto é qualquer coisa que pode ser oferecida a um mercado para aquisição ou consumo, como objetos físicos, serviços, personalidades, lugares e ideias. Antes de se falar em estratégias de produto é necessário distinguir 3 conceitos básicos de produto. O produto tangível, que é o objeto físico ou serviço que é oferecido e que poderá ser reconhecido pela sua qualidade, aspecto, estilo, marca e embalagem. O produto genérico que é a utilidade ou o benefício essencial que está sendo oferecido ao consumidor. O produto tangível é apenas a embalagem, e o especialista em marketing deve vender benefícios reais e não aparências. Ao decidir-se pela compra de um batom, a mulher está buscando não apenas o produto físico, mas, principalmente, a beleza que é o benefício esperado. O produto ampliado, que é a totalidade de benefícios que o consumidor recebe na compra de um produto, é tudo aquilo que as empresas adicionam ao produto tangível na forma de embalagem, serviços, propaganda, aconselhamento ao cliente, assistência técnica, financiamento, entrega e outras coisas que acrescentam valor ao produto. Atualmente, o conceito de produto ampliado é cada vez mais utilizado pelas empresas na disputa pela manutenção e/ou ampliação da sua participação no mercado, sendo o centro das suas ações estratégicas.

Existem 3 diferentes níveis de agregação de produtos em uma empresa, e as decisões sobre a política de produto são tomadas em relação a cada um destes níveis:

- Item de produto: uma versão específica de um produto (xampu cabelos secos).
- Linha de produto: um grupo de produtos intimamente relacionados (xampu de vários tipos, condicionadores e cremes nutritivos para os cabelos).
- Composto de produto: a composição de produto oferecida por uma empresa (produtos para cabelos, produtos para tratamento de pele, cosméticos). O composto de produto tem atributos em relação à sua amplitude, ou seja, à quantidade de linhas de produtos diferentes que a empresa trabalha; à sua profundidade, ou seja, o número de itens de cada linha, e a consistência, ou seja, o grau de interdependência entre as várias linhas em relação ao uso do produto, aos requisitos de produção e distribuição.

Assim, a política de produto em relação a um item envolve decisões sobre modificar, acrescentar ou abandonar alguns desses itens. No caso da linha de produto envolve decisões sobre ampliar, manter ou cortar alguma linha existente, e para o composto de produto a questão é decidir em que mercado atuar. Nesse caso a empresa pode adotar as seguintes estratégias: linha completa em todos os mercados, especialista em mercado, especialista em linha de produto, especialista em linha de produto limitado, especialista em produto específico e especialista em situações especiais.

Para a tomada de decisão referente à política de produto, outra ferramenta interessante de análise é o conceito de Ciclo de Vida do Produto. A posição de vendas e a lucratividade de um produto mudam através do tempo, e o conceito de ciclo de vida de um produto é uma tentativa de se reconhecer essa evolução. Pela identificação do estágio em que o produto se encontra, ou para qual está se encaminhando, pode-se formular melhores planos de marketing. A Figura 14.3 representa a curva do ciclo de vida e seus estágios.

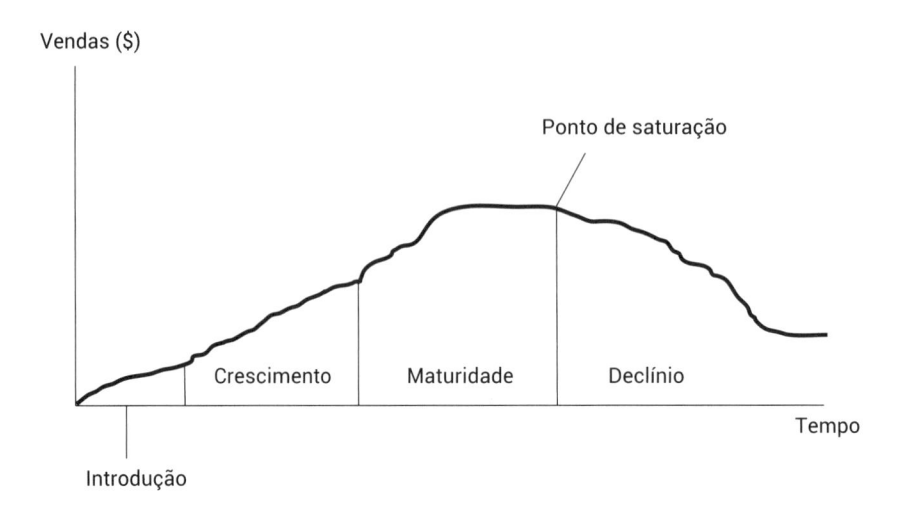

Figura 14.3 Ciclo de vida do produto.

- **Introdução:** o produto é introduzido no mercado e o lucro é praticamente inexistente.
- **Crescimento:** o produto começa a ser aceito pelo mercado, o crescimento das vendas é grande e a lucratividade aumenta.
- **Maturidade:** o crescimento das vendas se torna mais lento porque o produto já alcançou a maioria dos seus consumidores potenciais e o lucro atinge seu ponto máximo.
- **Declínio:** produtos concorrentes ou substitutos ganham força, as vendas declinam rapidamente e o lucro também.

Nas diferentes etapas do ciclo de vida de um produto a empresa deve fazer alterações em seu composto de marketing (produto, preço, promoção e distribuição) para se adaptar às condições do mercado. Para produtos no estágio de introdução, onde o crescimento de vendas é lento, a propaganda se concentra em conscientizar os consumidores de que o produto existe. Problemas na distribuição e demora da expansão da capacidade de produção, somados a decisão do nível de preço são as causas mais frequentes do baixo crescimento das vendas.

Se o novo produto atender o mercado suas vendas começarão a subir, fase de crescimento, produtos concorrentes surgirão e a promoção de vendas aumentará o conhecimento do produto e o mercado se amplia ainda mais. A empresa começará a diferenciar o seu produto buscando novos segmentos de mercado e novos canais de distribuição, a propaganda passa a salientar as vantagens do produto em relação à concorrência, o preço tenderá a se manter estável pela grande concorrência ou a diminuir caso a empresa decida atingir os consumidores mais sensíveis a preço.

Durante a fase de maturidade dois estágios distintos podem ocorrer: maturidade com crescimento e saturação. O crescimento adicional pode ser conseguido pelas modificações no mercado de atuação, buscando novos segmentos que ainda não experimentaram o produto (o náilon, produto usado originalmente em paraquedas, passou a ser utilizado em linha, meias femininas, roupas, tapetes), estimulando o aumento da demanda (o uso do leite condensado em bebidas e receitas de novas sobremesas na embalagem), reposicionando a marca (a Avon busca tirar o apelo popular da marca). Outra forma de se buscar um crescimento adicional são as modificações nas características do produto como aumento da qualidade, melhoria no design, no estilo, maior praticidade de uso.

Finalmente, quando o mercado para de crescer (vendas só de reposição) e mais concorrentes entram, o produto atinge seu ponto de saturação. Após esse ponto as vendas passarão a declinar, fase de declínio, e a velocidade desse declínio dependerá do posicionamento do produto da empresa ante a concorrência.

O conceito de ciclo de vida pode ser bastante útil para que a empresa consiga entender melhor a dinâmica do seu produto no mercado, tentando planejar quais são as estratégias mais adequadas a cada fase da sua vida. Como ferramenta de controle, o conceito serve para a empresa comparar o desempenho do produto à similares no passado, podendo ser inclusive instrumento de previsão com base no histórico de vendas. As principais críticas a esse conceito referem-se ao fato de alguns produtos não seguirem o ciclo completo e que a duração dos ciclos é variável, dependendo não só de variáveis internas à empresa, como também de variáveis externas relacionadas com os concorrentes e/ou as inovações tecnológicas. Importante destacar que o ciclo de vida pode ser utilizado para analisar uma categoria de produto (laticínios), uma forma de produto (iogurte) ou uma marca (Batavo), tendo cada uma delas uma ênfase diferente. As categorias de produto possuem, em geral, ciclos mais longos e com estágio de maturidade de duração indefinida, uma vez que abrangem uma gama variada de produtos.

Outra forma de verificar a situação do composto/carteira de produto da empresa é analisá-lo em relação ao seu crescimento de vendas e a sua participação no mercado. Há alguns anos o *Boston Consulting Group* desenvolveu uma matriz, chamada de Matriz BCG (Figura 14.4), a qual classifica o portfólio (carteira) de produtos da empresa de acordo com a geração de caixa deles, tendo como base a participação relativa de mercado dos seus produtos (a razão entre a participação de mercado do produto da empresa pela participação do seu maior concorrente) e as taxas de crescimento do mercado.

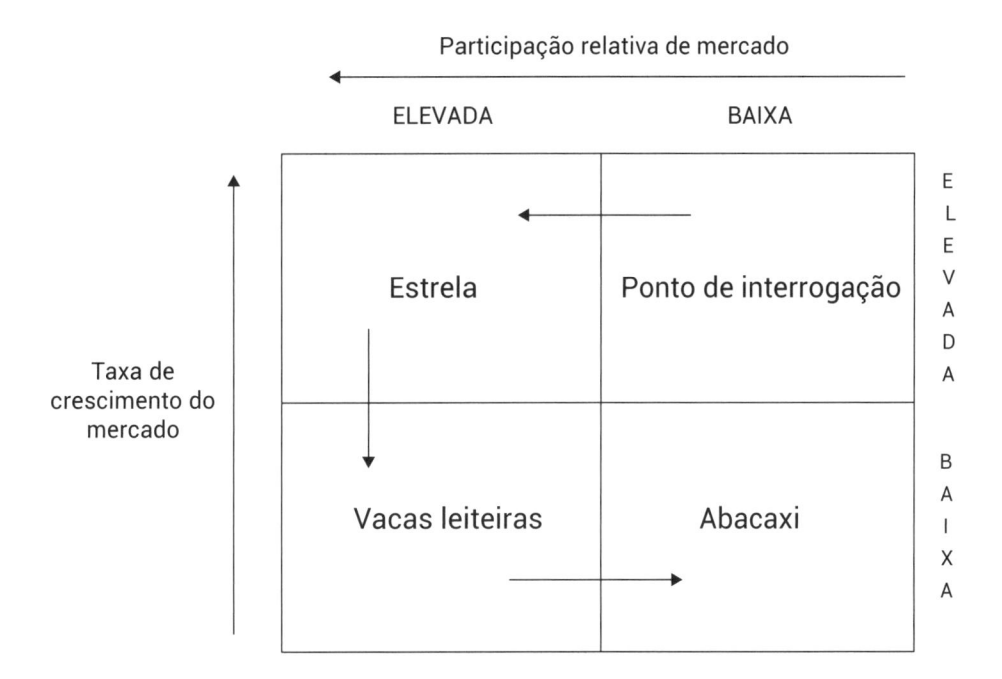

Figura 14.4 Matriz BCG.

Os produtos **pontos de interrogação** podem ser produtos recém-lançados que ainda não deslancharam, ou produtos em queda, que precisam de uma análise mais criteriosa em relação à sua viabilidade a longo prazo. Já os produtos considerados **estrelas** são os que apresentam elevado crescimento, mas com baixa participação de mercado e serão os grandes ganhadores de dinheiro da empresa. Devem receber atenção para manter sua alta participação no mercado, com elevados investimentos em pesquisa e desenvolvimento. Os produtos denominados **vacas leiteiras** são os produtos considerados maduros que possuem alta participação no mercado, mas com um crescimento baixo. Geram elevados lucros e devem receber atenção para permanecerem na posição, porém o gasto com pesquisa e desenvolvimento é praticamente nulo. Já os que são definidos como **abacaxis** são produtos pouco ou não rentáveis, sendo os candidatos naturais a eliminação.

Para qualquer empresa, a sequência ideal de desenvolvimento do produto é transformar pontos de interrogação em estrelas e estes em vacas leiteiras, que juntamente com os produtos malsucedidos serão os futuros abacaxis. A análise do portfólio do produto tem reflexos diretos nos objetivos relativos desses produtos no plano de marketing. Uma alternativa a esse conceito é utilizar a matriz para avaliar os clientes ou segmentos de mercado para se determinar as melhores áreas de atuação. Para tanto na parte de cima da matriz se encontram as potencialidades de empresa/negócio e na parte lateral o nível de atratividade dos clientes-chave ou dos segmentos de mercados-alvo.

Outra decisão importante a ser tomada é em relação à adoção ou não de uma marca pela empresa. A marca pode ser definida como um nome, termo, sinal, símbolo ou desenho, ou uma combinação deles, que pretende identificar um produto, ou uma empresa, e diferenciá-los dos concorrentes (o nome é a marca e o logotipo é o símbolo). Existem 3 decisões básicas a serem tomadas quando a empresa está fazendo a opção pela adoção, ou não, de uma Estratégia de Marca. Ao adotar uma marca a empresa está buscando uma identificação do seu produto que facilite o trabalho de busca do consumidor. Ao associar à marca as características e vantagens diferenciais dos seus produtos a empresa também espera proteger os seus consumidores de imitações. O uso de uma marca específica para cada produto ou linha de produtos requer também um gasto expressivo por parte da empresa na consolidação da marca. Alguns casos de consolidação de marcas levado ao extremo são os exemplos do Bombril (esponja de aço) e da Xerox (fotocópia), onde as marcas passaram a ser sinônimos do nome do produto.

O uso de marcas próprias requer, por parte da empresa, gasto com propaganda e promoção de seus produtos, a fim de manter uma forte preferência de marca por parte do consumidor. Tal decisão pode causar um aumento no preço do produto, além do aumento da disputa, com outras marcas, por um espaço maior na prateleira do varejista. Em alguns casos, o uso da marca do distribuidor (ou própria) pode significar uma grande economia por parte da indústria que fica apenas com a função de produção, repassando os gastos de propaganda e promoção ao distribuidor.

Quanto maior o número de marcas a serem administradas, maiores serão os gastos com a sua consolidação. O caso mais indicado para a adoção de marcas diferenciadas são os seus usos em produtos chamados de segunda linha, ou em caso de lançamentos de produtos muito dissociado das linhas tradicionais da empresa. O uso de marcas diferentes também pode aumentar o espaço dos produtos da empresa nas prateleiras dos varejistas e atingir um maior número de segmentos de mercado.

14.3.1.2 Decisões de preço

A fixação de preço é um fator fundamental na estratégia de marketing e sua definição precisa ser tomada em função do portfólio de produtos, do ciclo de vida, dos objetivos de venda e da participação de mercado. Se, contabilmente vender um produto com prejuízo não tem sentido, para o marketing pode ser uma estratégia para ganhar participação no mercado até atingir o volume de vendas necessário para o alcance da economia de escala, passando então o produto a ser lucrativo. Caso o produto seja classificado como vaca leiteira não faz sentido tentar diminuir o preço para tentar aumentar a participação em um mercado já praticamente saturado. A seguir discutem-se algumas políticas de fixação de preço, lembrando que a empresa pode usar políticas diferentes ou um conjunto delas, em função dos mercados e do produto. Diversas são as estratégias possíveis em termos de preços:

- Obtenção de altos ganhos em mercado seletivo: envolve a decisão de entrar no mercado com preço elevado e lucrar o máximo possível antes que a concorrência, animada pelos elevados ganhos, entre nesse mercado e puxe o preço para patamares mais baixos. A chance de sucesso dessa política se restringe a produtos que realmente detenham uma evolução tecnológica no seu mercado-alvo.

- Penetração: agindo opostamente a decisão anterior, a empresa fixa o preço propositalmente baixo na tentativa de ganhar participação no mercado, aumentar o giro de produtos e beneficiar-se mais rapidamente com os ganhos da economia de escala. Aliado a isso, o preço baixo representa pequenas margens de ganho unitário o que afasta os concorrentes.

- Preços *premium*: alguns produtos são vendidos a preços mais elevados que os seus concorrentes em função do que representam e da fama do seu fabricante, como é o caso dos relógios Rolex ou dos carros Rolls Royce.
- Estabelecimento de preços para múltiplos mercados: de acordo com essa tática a estratégia de preço do produto dependerá das características dos mercados-alvo e dos objetivos da empresa em cada um desses mercados.
- Liderança de preços: a empresa fixa o seu preço em função do líder de mercado alterando-o para mais ou menos de acordo com a movimentação deste; já o líder de mercado fixará seu preço em função dos seus objetivos de marketing e dos seus custos.
- Determinação de preços orientada para os custos: empresa determina seus preços baseando-se em todos os seus custos e despesas; em função disso o preço pode ser determinado somando-se uma porcentagem fixa a esse custo unitário (*markup*); essa prática é muito comum no comércio varejista, onde se acrescentam margens fixas pré-determinadas, mas diferentes, aos diversos produtos disponíveis para a venda; outra forma é a fixação de preços por meta, que consiste na tentativa da empresa de determinar o preço que lhe proporcionaria uma taxa de retorno alvo a um certo volume padrão.
- Determinação de preços orientada para a demanda: observam a intensidade da demanda e, normalmente, um preço elevado é cobrado quando a demanda é intensa, e um preço baixo é cobrado quando a demanda é fraca, embora os custos unitários possam ser os mesmos.
- Determinação de preços orientada para a concorrência: não procura manter uma relação rígida entre preços e custos ou demanda, baseando-se apenas nos preços da concorrência; uma prática comum dentro desse enfoque é a fixação do preço num nível médio cobrado pelo setor.

A determinação do preço de um produto pode se tornar problemática nas situações em que: a empresa deve fixar o preço pela primeira vez; as circunstâncias levam a empresa a duvidar que o preço adotado é correto em relação a demanda e aos seus custos; a concorrência muda o seu preço; a empresa produz diversos produtos com demandas e preços relacionados. Tão importante quanto à fixação de preços é a concessão de descontos. Os descontos podem ser concedidos para estimular pedidos individuais maiores, para estimular o cliente a comprar só produto da sua empresa e não dos concorrentes, ou ser baseado no volume total de negócios realizados em um determinado período, entre outros.

14.3.1.3 Decisões de canais de distribuição

Canais de Distribuição são as alternativas que uma empresa possui para entrar em contato com seus consumidores potenciais. Os canais de distribuição são os responsáveis pela disponibilização do produto no local e no momento desejado pelo consumidor e sendo compostos por agentes externos à empresa, são de difícil controle, solicitando uma atenção especial por parte do administrador. O uso do canal de distribuição é influenciado pelo produto e pela sua natureza, pelo mercado a que se destina e pelos intermediários, e a escolha do canal depende da intensidade da distribuição necessária. Cada fabricante ajusta seus objetivos específicos de canal a partir das restrições existentes nos seus produtos, clientes, intermediários, concorrentes, nas políticas da empresa e do ambiente. A escolha do canal correto se dará em função do produto que a empresa vende. Produtos de alto valor agregado podem ser comercializados diretamente entre o fabricante e o consumidor (bens industriais), e produtos de consumo podem utilizar vários intermediários até chegar ao consumidor final (alimentos). Outro ponto que a administração do canal não deve esquecer, é que os fatores que o determinam são dinâmicos e, portanto, o canal deve ser revisto periodicamente. Atualmente existe uma enorme variedade de canais disponíveis sendo os mais típicos: telemarketing, mala direta, vendas diretas e distribuidores.

O telemarketing utiliza contatos telefônicos na venda e comercialização dos produtos. Esse método de vendas não substitui totalmente os outros métodos, mas pode ser usado em regiões onde as distâncias clientes/fabricantes são grandes e o número de telefones instalados é alto. Algumas vantagens desse método são: custo menor que o de uma equipe de vendas, maior disponibilidade de tempo à equipe de vendas libertando-as das visitas rotineiras e aumento da frequência de contato com os clientes.

A mala direta envolve a venda de produtos pelo correio e a utilização de campanhas através do envio de material impresso ou mensagem eletrônica, via *e-mail*, SMS ou redes sociais, com informações sobre produtos específicos à consumidores potenciais (*mailing list*). O retorno desse meio costumava ser baixo, entretanto, com o advento da internet e das mudanças de hábitos provocadas pelas redes sociais, mudanças positivas têm sido percebidas. Destaca-se, porém que a qualidade do cadastro de clientes atuais e potenciais é muito importante para garantir o retorno esperado. O uso do *telemarketing* e da mala direta se apoia no chamado *database* marketing. Por meio da utilização de um sistema de banco de dados, que possui vários tipos de informações sobre os clientes, entre elas, hábitos de compra, frequência, quantidade, número de empregados, datas de aniversário, interesses de lazer, a empresa busca tornar esses canais de venda menos impessoais. Além disso, a equipe direta de vendas também pode se utilizar dessas informações para dar um tratamento mais personalizado a cada cliente.

As vendas diretas acontecem quando a empresa utiliza uma equipe própria de vendedores o que torna, em tese, a comunicação cliente-empresa mais eficaz proporcionando um melhor atendimento ao cliente. A venda direta é mais utilizada em produtos industriais onde o valor em questão é alto e as razões de compra são mais objetivas.

Ao pensar na adoção do marketing direto a empresa deve considerar: a natureza do produto (produtos da moda, de alta perecibilidade, de altos valores unitários ou fabricados sob especificação, se incluem entre os que merecem este tratamento); a natureza do fabricante (produto deve ter condições financeiras de suportar os custos); a natureza do mercado (o mercado deve ser mais concentrado); a natureza dos serviços e garantias (em função da especialização técnica do produto muitas vezes não é possível delegar os serviços de instalação e manutenção); e a natureza dos canais (que podem ou não existir ou serem inadequados).

A opção pela venda direta apresenta as seguintes vantagens: o consumidor é alcançado mais rapidamente, existe uma maior especialização e interesse nas vendas, o fabricante mantém o controle nos preços e pode evitar as distorções que podem ocorrer ao se utilizar intermediários, melhor controle na prestação de serviços e dos consumidores. As desvantagens apresentadas são: maior investimento em armazenagem e estocagem, maior custo da força de vendas.

Nas indústrias de bens de consumo os distribuidores podem ser atacadistas, varejistas ou empresas que vendem para atacadistas. Algumas das vantagens dos arranjos atacado/varejo para a empresa é a transferência da preocupação com o estoque para os distribuidores, o atendimento de um número de pedidos menores, com maior volume e entregas menos frequentes. Existe também a figura da pessoa física ou jurídica que negocia vendas e/ou compras para assumir a posse legal dos produtos, recebendo sua remuneração em forma de honorários ou comissão.

O consumidor de hoje é multicanal, ou seja, compra em diversos canais e pode cruzar compras em ambientes físicos e virtuais. A experiência do consumidor é através de diversos canais disponíveis de compras, ou seja, dispositivos móveis pela internet, televisão, rádio, mala direta, catálogos, entre outros. Varejistas estão atendendo à essa nova demanda dos clientes pela implementação de *softwares* e mudando sua estratégia de comunicação. Em decorrência disso, uma das grandes tendências no mercado varejista é o chamado *omini-channel*, onde não existem mais diferenças entre lojas físicas ou lojas *on-line*. O cliente pode tomar contato com o produto na loja virtual e efetuar a compra na loja física, ou vice-versa. O consumidor *omni-channel* usa todos os canais simultaneamente, e as empresas que utilizarem essa abordagem irão acompanhar os clientes em todos os canais, e não apenas em um ou dois. Essa mudança no cenário e no comportamento das pessoas resulta em um consumidor mais experiente, por isso os funcionários da loja precisam ser mais bem informados sobre mercadoria e os processos de produção.

14.3.1.4 Decisões de promoção

Ter um bom produto, com preço adequado e disponível para a compra não são ações suficientes para o bom desempenho da empresa. O consumidor precisa ser informado e estimulado a procurar e adquirir o produto em questão, e tais informações precisam estar em consonância com as demais variáveis do composto de marketing e reforçar a imagem da empresa. Por meio da promoção, a empresa busca estimular as vendas direcionando comunicações persuasivas aos seus consumidores potenciais. Para tanto se utiliza dos seguintes instrumentos: propaganda, venda pessoal, publicidade e promoção de vendas. De modo geral, as empresas se utilizam de um *mix* desses instrumentos, dando origem ao seu composto promocional.

Propaganda

O propósito da propaganda é conseguir que a mensagem chegue ao cliente. Ela os orienta sobre os benefícios do produto, ressaltando os motivos pelos quais o cliente deve adquiri-lo em vez dos produtos concorrentes, cria o desejo de adquirir um determinado produto e reforça as atitudes positivas já existentes nos consumidores atuais. Para atingir esse objetivo a propaganda opera em 3 níveis: informar, convencer e reforçar. A propaganda envolve mídias, que são meios de comunicação variados, como espaço em revistas e jornais, rádios e televisão, *outdoors*, luminosos, catálogos, páginas amarelas, internet. A mídia a ser utilizada é escolhida em função de 3 critérios básicos:

- Hábitos de mídia do público-alvo: utilizar o meio mais adequado ao sucesso da propaganda. Produtos para crianças até 5 anos são, normalmente, veiculados na televisão, não em jornais, nos horários matutino e vespertino.
- Produto: a escolha da mídia adequada deve levar em conta as características do produto que se desejam ressaltar. Produtos que precisam de destaque em cores e movimentos devem utilizar, preferencialmente, a televisão e não o rádio, e produtos industriais devem se utilizar publicações específicas e não do horário nobre da televisão.
- Custo: cada mídia possui um custo associado, a televisão é uma mídia muito mais cara que o jornal, porém é vista por muito mais pessoas. Produtos de consumo, serviços bancários e de seguros normalmente utilizam mídias de grande alcance, pois possuem um grande volume de vendas e um mercado alvo com grande amplitude, diluindo, portanto, o alto custo do meio utilizado.

Venda pessoal

Pode ser feita por meio de visitas de vendas por um vendedor, auxílio do balconista, convite para palestras e finais de semana gratuitos. Seu objetivo pode ser criar consciência sobre o produto, despertar o interesse, desenvolver preferência e/ou realizar um reforço pós-venda. As vantagens desse tipo de promoção são um relacionamento imediato e interativo entre consumidor e vendedor/empresa, que pode resultar em uma relação de amizade, além disso, a venda pessoal obriga o cliente a uma resposta imediata o que não ocorre com a propaganda.

Relações públicas/publicidade

Relações públicas refere-se à criação de um bom relacionamento com os vários públicos da empresa, por meio da obtenção de publicidade favorável à construção de uma "boa" imagem corporativa de empresa e do controle ou afastamento eventos desfavoráveis. A publicidade é um tipo de promoção gratuita, ou seja, não paga pela empresa. Embora essas experiências/informações sobre a empresa sejam continuamente repassadas aos meios de comunicação pela própria empresa, e não raro razoável soma de recursos é dispendida nessa atividade. Artigos e reportagens de jornais e revistas, pesquisados pela própria mídia, são uma ótima forma de publicidade para a empresa. A eficácia da publicidade está na veracidade e imparcialidade do veículo que a transmite, e na disponibilidade do consumidor, avesso a propaganda, em ser atingido por essa forma de notícias.

Promoção de vendas

Promoção de vendas engloba tudo aquilo que é feito para dar ao consumidor um estímulo significativo para a compra. Esses instrumentos podem ser: promoção ao consumidor (amostras, descontos, prêmios, concursos, demonstrações, vale compra), promoção comercial ao distribuidor (abatimento na compra, concursos de vendas para revendedores e propaganda cooperativa) e promoção de força de vendas (sorteio de prêmios e concursos entre vendedores). Toda promoção deve possuir os seguintes elementos: ser uma oferta com destaque especial, diferente das condições comuns de venda; oferecer ao cliente uma vantagem real; objetivar um crescimento de vendas em um período determinado; conter, normalmente, uma das palavras, grátis, economize ou ganhe. A promoção de vendas pode ter como objetivo o aumento: do volume de vendas, do giro dos estoques, da fidelidade do consumidor via o aumento da repetição de compra, da penetração em novos mercados; ou ainda, desfazer-se de produtos antigos.

Além das formas de promoção discutidas acima, a empresa pode utilizar o *merchandising* na promoção dos seus produtos. O *merchandising* pode ser definido em três abordagens diferentes: como um conjunto de operações táticas de ponto de venda, como uma propaganda inserida em atividades de lazer, ou como o planejamento promocional do produto antes de ser lançado no mercado. Algumas formas muito comuns de *merchandising* são: utilização por atores, durante cenas de novela e filmes, de determinados produtos; trabalho de comunicação e arranjo de *layout*, para facilitar a visualização e divulgação de produto no ponto de venda; patrocínio de equipes esportivas; aproveitamento de espaço comum em praças esportivas para a colocação de placas ou cartazes; utilização de símbolo da empresa em material de brinde. Um caso interessante sobre aplicação dos conceitos de 4P's pode ser visto no Boxe 14.2.

BOXE 14.2 COMO CRESCER EM TEMPOS DE CRISE?

Em tempos de crise, boa parte das empresas busca a sobrevivência, e oportunidades de crescimento acelerado existem em poucos segmentos. A trajetória da Dental Cremer no varejo de produtos odontológicos mostra como é possível ter sucesso nessa situação. Com faturamento de 530 milhões de reais em 2016, a companhia tem uma escala bem menor em relação à das outras empresas do mercado. Entretanto, nos últimos cinco anos, as vendas da Dental Cremer cresceram 20 vezes, o número de clientes subiu de 15.000 para 84.000, o portfólio aumentou de 1.800 para 38.000 itens – de folhas de ofício e cartucho para impressora a pacotes de viagens para congressos, além de suprimentos e equipamentos especializados. Hoje, ela detém uma participação de mercado de 30% entre mais de 1.000 concorrentes. "Nenhuma outra empresa do setor vende tanta coisa para tantos clientes como nós", diz Paulo Batista, sócio e presidente da Dental Cremer, com sede em Blumenau (SC). Até 2011, a distribuidora era uma divisão da fabricante de produtos médicos Cremer. O faturamento de 28 milhões de reais representava apenas 6% das receitas totais da companhia, que vende produtos como esparadrapos e luvas cirúrgicas a redes de farmácias e hospitais.

O negócio vinha dando prejuízo e os vendedores se desdobravam em segmentos muito diferentes. Levou dois anos para que a gestora de recursos Tarpon, desde 2009 no comando da empresa, decidisse vendê-la. Mas, antes, seria preciso torná-la mais atraente. Como resultado dessa mudança, em janeiro de 2017, a americana Henry Schein – maior distribuidora de produtos médicos, odontológicos e veterinários do mundo – adquiriu mais de 90% de participação da Dental Cremer, por um múltiplo equivalente a 15 vezes o lucro operacional. O interesse se explica: o Brasil tem a maior população de dentistas do mundo, com 289.597 profissionais habilitados – 47% maior do que a americana, por exemplo. "Procuramos por décadas uma empresa que pudesse nos ajudar a ter uma participação relevante num mercado com alto potencial como o brasileiro", diz o presidente da Henry Schein. Para crescer, a Dental Cremer empregou na companhia parte da fórmula de sua atual controladora, que era centrada na lógica de fidelizar clientes. Nessa direção, uma das medidas responsáveis pelo sucesso da Dental Cremer foi investir no desenvolvimento de um software capaz de ajudar os dentistas na gestão financeira, no controle de estoque e na agenda de consultas. Porém, no caso da empresa brasileira, uma compra de qualquer valor dá acesso a esse software, mas para usá-lo, é preciso continuar comprando pelo menos uma vez por mês.

Com a intenção de acelerar o crescimento, a companhia brasileira passou a fazer também algo diferente – ampliou o portfólio além dos produtos especializados, passando a vender qualquer coisa que o dentista precise em seu consultório. Para isso, estabeleceu-se a seguinte regra: a cada três dentistas que telefonassem para a central de vendas em busca de um produto, o item entraria imediatamente para a lista de compras e passaria a fazer parte do catálogo. Em paralelo, a empresa atraiu pacientes às clínicas, distribuindo panfletos com 100 reais de desconto em consultas. O mesmo valor podia ser trocado pelos dentistas por produtos. "Muitas dessas ideias foram sugestões dos próprios vendedores", diz o executivo. O treinamento deles se tornou mais técnico e, em função do portfólio maior, aumentou de 2 para 12 semanas e as comissões sobre vendas passaram a representar 60% dos salários (antes era 5%). Na outra ponta, foram negociados descontos com 90 dos principais fornecedores e a exclusividade na distribuição em cinco deles. Hoje, a cesta de compras na Dental Cremer está de 10% a 25% mais barata do que a oferecida pelas rivais. Não demorou para a concorrência sofrer. Recentemente, a Dental Cremer passou a prestar consultoria para construir ou reformar clínicas odontológicas e essa divisão já representa 6% das vendas da empresa.

Fonte: SCHERER, A. Esta varejista cresceu 20 vezes em cinco anos – como? Como a varejista de produtos odontológicos Dental Cremer deixou de ser uma divisão de negócios deficitária para se tornar independente e crescer muito. Disponível em: http://exame.abril.com.br/revista-exame/20-vezes-maior-em-cinco-anos/. 30 mar 2017. Acesso em: 06 abr. 2017.

14.3.2 O planejamento e as estratégias de marketing

O **Planejamento de Marketing** descreve os métodos de aplicação dos recursos de marketing para se atingir os objetivos de marketing, e é usado para segmentar e identificar a posição do mercado, prever o tamanho do mercado e planejar uma participação viável dentro de cada segmento de mercado. O processo de planejamento de marketing envolve: estabelecer os objetivos corporativos; realizar pesquisas de marketing interna e externa; verificar as potencialidades e fragilidades da empresa; fazer suposições e previsões; estabelecer objetivos de marketing e estimular os resultados; desenvolver estratégias e planos de ação; definir programas de promoção; elaborar orçamento; escrever o plano de marketing; divulgar o plano; controlar, rever e atualizar os objetivos, estratégias e planos.

Um dos resultados do planejamento de marketing é a elaboração de um plano de marketing para servir de guia a sua execução. Um plano de marketing básico contém as seguintes etapas:

- A introdução deve conter um cenário para o plano e as razões para a sua preparação, seu propósito e utilidade.
- A síntese deve conter as suposições básicas do plano, seus objetivos e o seu cronograma temporal.
- A análise da situação deve apresentar um resumo dos resultados das pesquisas de marketing e da análise das potencialidades e fragilidades da empresa. As suposições fundamentais sobre as quais o plano se baseia, suas razões e cenários possíveis devem estar claramente colocados. As vendas devem conter as vendas históricas faturadas minimamente nos últimos 3 anos, a projeção detalhada de vendas para o próximo ano e previsões para os próximos anos. Informações históricas e previsões

de venda dos mercados-estratégicos (setores industriais), mostrando a percentagem das vendas da empresa em cada mercado e a análise da matriz do portfólio de produtos da empresa, devem estar nesta seção. Além disso, é necessário acrescentar uma lista dos produtos-chave e detalhar os fatores comerciais e tecnológicos relacionados a eles e a seus concorrentes. Nas áreas-chave de vendas devem aparecer as informações sobre as áreas geográficas de venda.

- A seção de objetivos de marketing deve conter a lista de objetivos a serem atingidos, quantificados em número de pedidos, movimento de vendas, participação no mercado e lucro.
- Na seção estratégia de marketing aparecerão as estratégias a serem adotadas (defensivas, de desenvolvimento, de ataque ou uma combinação delas). Tais estratégias serão agrupadas em função dos quatro principais elementos do composto de marketing: estratégias de produto, estratégias de preço, estratégias de promoção e estratégias de distribuição.
- Os prazos de cada ação do plano de marketing devem estar claramente colocados.
- Na seção de promoção de vendas deve estar detalhado o plano de propaganda e promoção de vendas a serem adotados, os canais de distribuição a serem utilizados e a estrutura da equipe de vendas (por produto, por linha de produto e por região).

É preciso estabelecer um processo de atualização claro para que o plano seja revisto, em função de suas metas, objetivos e mercados-alvo em um período de tempo pré-estabelecido. Após a sua elaboração, o plano de marketing deverá ser comunicado a todas as pessoas envolvidas na sua execução e que, se possível, devem ter estado envolvidas no seu planejamento. Não há necessidade de que todo o plano seja divulgado a todos na empresa, mesmo porque ele poderá conter informações confidenciais, bastando apenas divulgar uma parte do plano (subplanos) às pessoas pertinentes ao seu desenvolvimento.

O objetivo de toda ação de controle não deve ser punitivo e sim corretivo, visando melhorar a eficácia global do marketing da empresa. Os agentes de controle devem ter o cuidado de deixar claros esses objetivos aos outros participantes do plano de marketing, para que não ocorram conflitos que possam prejudicar o seu sucesso.

Estratégias de marketing

Piato et al.[24] afirmam que na prática, a estratégia de marketing compreende um conjunto de decisões inerentes à responsabilidade estratégica da administração de marketing, como: as decisões sobre a análise de segmentação de mercado, escolha do mercado-alvo, definição do posicionamento e do diferencial competitivo, assim como as decisões sobre o composto de marketing – quais produtos e serviços oferecer (estratégia de produtos e serviços), a que preço (estratégia de preço), por quais canais (estratégia de distribuição) e meios de comunicação (estratégia de comunicação e promoção) – são decisões sobre estratégia de marketing. Todas as decisões devem estar direcionadas aos objetivos de marketing da empresa e, consequentemente, alinhadas à estratégia central de competição e ao propósito do negócio. A seguir, a Figura 14.5 apresenta o processo de estratégia de marketing proposto por Hooley, Saunders e Piercy.[25]

De acordo com Piato et al.[26] os elementos que uma empresa necessita trabalhar para elaborar e gerenciar estratégias de marketing são encontrados: na análise do ambiente interno e externo; na identificação das necessidades dos clientes e oportunidades no mercado; na segmentação do mercado de atuação; na escolha do mercado-alvo; no posicionamento da empresa e do produto/marca no mercado; na diferenciação da oferta de valor (vantagem competitiva da empresa); no gerenciamento adequado do composto (mix) de marketing (4P's); na atenção dada ao desenvolvimento de novos produtos; na comunicação eficaz; na realização de ações de marketing em comum com outras empresas; na habilidade de saber em que momento (timing) adicionar, alterar ou remover uma estratégia de marketing.

```
                    ┌─────────────────────┐
                    │ Propósito do negócio │
                    └──────────┬──────────┘
                               ▼
┌──────────────┐      ┌──────────────────┐      ┌──────────────────┐
│Análise do setor│───▶│ Estratégia central │◀───│ Análise da empresa│
└──────────────┘      └──────────┬───────┘      └──────────────────┘
       ▲                         ▼                        ▲
┌──────────────┐      ┌──────────────────┐      ┌──────────────────┐
│ Mercado-alvo │      │  Posicionamento  │◀───│ Vantagem competitiva│
│              │      │    competitivo   │      │                  │
└──────────────┘      └──────────┬───────┘      └──────────────────┘
                                 ▼
┌──────────────┐      ┌──────────────────┐      ┌──────────────────┐
│   Controle   │◀────│   Implementação   │───▶│    Organização    │
└──────────────┘      └──────────┬───────┘      └──────────────────┘
       ▲                         ▼
                      ┌──────────────────┐
                      │    Composto de   │
                      │     marketing    │
                      └──────────────────┘
```

Figura 14.5 O processo de estratégia de marketing.

Fonte: Hooley; Saunders; Piercy.[27]

As estratégias de marketing podem ser classificadas de diferentes maneiras. Uma das formas é a mostrada no Quadro 14.3, no qual se considera objetivo e ação requerida, sugerindo-se três tipos de estratégia: defensiva, desenvolvimento e ataque.

Quadro 14.3 Tipos de estratégias de marketing

Tipo de estratégia	Objetivo	Ação
Defensiva	Evitar a perda de clientes existentes	Superar as deficiências atuais
Desenvolvimento	Oferecer aos clientes produtos diferenciados	Modificar produtos e/ou lançar novos
Ataque	Desenvolver novos clientes	Buscar novos segmentos de mercado

Outra possibilidade de classificar as estratégias de marketing é considerar caminhos diferentes de atingir diferentes objetivos mercadológicos da empresa. Nesse sentido, apresentam-se doze estratégias possíveis de marketing: de oportunidade (venda de modismos); de desinvestimento (para saída de um negócio, ou produto); de intento (definir caminhos de longo prazo – 5 anos para cima); de adaptação (mudar com o ambiente); de diferenciação no produto, ou no serviço; de diferenciação no modo funcional da empresa (produção, entrega); de inovação (novos produtos, novas tecnologias, sempre na frente); de evolução (copiar os inovadores e tornar-se melhor que eles); de reação (agir em função das ações do concorrente); de cooperação (desenvolver parceiros no ambiente); de agressão (ataque direto aos concorrentes); de autoproteção (buscar refúgio em leis e proteções).

Observa-se que as doze estratégias não são excludentes, podem ser utilizadas mais de uma concomitantemente. A escolha de uma ou mais estratégias deverá ser decidida em função do risco envolvido para a empresa, medido com base em suas características organizacionais. É importante destacar que as estratégias de marketing escolhidas devem buscar integração e consistência entre si e devem ser consistentes com a estratégia corporativa.

14.3.3 A pesquisa de mercado

Como foi discutido até agora, uma boa estratégia de marketing é resultado de uma ampla discussão de 3 perguntas básicas: Em que negócio estou? Como é esse mercado? Como vender nesse mercado? Porém, tal discussão não pode basear-se apenas na opinião do executivo, pois este, por estar extremamente envolvido com o projeto, pode ter uma opinião que não corresponde à realidade. O melhor caminho a seguir é a utilização de técnicas de pesquisa de mercado, fato esse visto muitas vezes pelo administrador como algo complexo e caro, e aliar seus resultados a opinião objetiva deste. E, embora a pesquisa de mercado possa de fato ser um gasto significante dentro do orçamento do negócio, a falta de informações confiáveis pode ser uma das principais causas do fracasso da empresa.

A pesquisa de mercado é definida como a coleta, análise e comunicação ordenada de dados e informações relevantes para uma questão específica de marketing da empresa. Trata-se de uma das principais fontes que alimentam o sistema de informações de marketing da empresa, visando reduzir a incerteza na tomada de decisões de marketing. Entre os objetivos da pesquisa de mercado estão: a pesquisa de oportunidade de venda (de produto, de mercado, de consumidor, de análise de vendas); a pesquisa de esforço de vendas (da organização de vendas, das vias de distribuição, pesquisa de propaganda e de mídia); a redução de riscos de investimentos; a minimização de erros no plano de marketing; o enfrentamento da concorrência; a manutenção ou aumento da participação no mercado; a redução de incertezas na tomada de decisão.

Normalmente se realiza uma pesquisa de mercado antes da definição do produto, para definir maneiras mais baratas de produzi-lo, e no pós-venda, para saber da aceitação. De modo geral, a pesquisa mercadológica é realizada por empresas industriais, veículos de propaganda, universidades e fundações, agências de propaganda, firmas de pesquisa independentes, varejistas e atacadistas, associações comerciais e industriais. Pode ser feita informal ou formalmente (envolve planejamento, técnicas científicas e custos).

Tipos de pesquisas de mercado

- Estudos exploratórios: é utilizado para elaborar explicações prováveis, definir o problema, em situações onde nada ou muito pouco se conhece do problema. Caracteriza-se pela flexibilidade e normalmente é executada por meio de estudo de dados secundários, investigação de indivíduos informados ou análise de casos selecionados.

- Estudos descritivos: a partir de um estudo exploratório procuram descrever algum tema. É mais formal que o exploratório, para evitar coleta de dados desnecessários. Entre os estudos descritivos encontramos o método do caso (tenta descobrir relações entre diferentes situações) e o método estatístico (análise dos dados por métodos estatísticos).

- Estudos experimentais: procuram coletar os dados em situação real. É utilizado em teste de embalagem, painel de consumidores, mercado teste. Introduz-se uma variável experimental e verifica-se se há ou não mudança no fenômeno em estudo. Um exemplo de estudo experimental é o Painel de Consumidores, realizados por supermercados brasileiros para investigar as necessidades de seus clientes.

Tipos de dados

Os dados a serem pesquisados podem ser:

- Secundários: são aqueles que já foram coletados e analisados por outra pessoa, que não o indivíduo que está realizando a pesquisa, e estão disponíveis aos interessados em publicações gerais, em bancos de dados do governo e em bancos de dados de instituições não governamentais. Podem ser dados de recenseamento e registro (IBGE, por exemplo), dados de referência (bibliotecas), relatórios de projetos individuais de circulação pública e informação comercial. Embora de obtenção mais fácil, o

grande inconveniente dessas informações é que na sua maioria elas não se ajustam corretamente à necessidade da pesquisa, seja porque foram coletadas com outros objetivos, seja pela época em que foi realizada, ou pela dificuldade de avaliar sua confiabilidade e precisão. Apesar disso, se adéquam muito bem a um estudo exploratório do setor e de suas principais características competitivas, podendo fornecer ao executivo uma boa visão do ambiente de negócio em que irá atuar.
- Primários: são aqueles que não foram coletados antes, são obtidos diretamente do mercado por meio de pesquisa de campo, com o propósito de atender às necessidades específicas daquele estudo.

Coleta de dados

- Questionário: é formado por uma lista de perguntas ou questões. Podem ser perguntas abertas, fechadas (do tipo sim, não, não sei) ou fechadas de escolha múltipla. Dependendo do tipo de informação desejada, decide-se pelo tipo de pergunta e o tipo de questionário a ser usado. O tipo de abordagem ou comunicação a ser utilizado também influenciará nessa escolha. O questionário é um método versátil (serve para resolver a maior parte dos problemas de pesquisa de mercado), rápido e os custos não são muito altos. No entanto podem existir problemas quanto à falta de vontade do indivíduo em responder as informações desejadas, à sua incapacidade em fornecer as respostas desejadas (não saber, não lembrar) ou ainda a própria indiferença em relação ao questionário, o que pode levar o indivíduo a *fabricar* uma resposta que lhe pareça mais adequada.
- Observação: a observação pode ser feita instalando-se câmeras de vídeo ou observadores em locais estratégicos, como pontos de venda de produtos (observação em situação natural) ou quando se monta uma situação para analisar o comportamento dos indivíduos (observação em situação artificial, como degustação de produtos no ponto de venda, por exemplo). Trata-se de um método vantajoso, pois permite que se analise o comportamento os indivíduos sem que saibam, eliminando assim a chance de que alterem suas atitudes por estarem sendo indagados a respeito de alguma coisa. Porém, é relativamente mais caro do que a aplicação de questionários.

Método de comunicação utilizado

O método de comunicação seria o tipo de abordagem que se fará aos indivíduos que se supõe terem as informações desejadas. A abordagem pode ser por: entrevista pessoal/contato direto, telefone, correio, internet.

Tipos de amostragem

Dado que na maioria das vezes o mercado potencial é grande o que inviabiliza ouvir a todos, o administrador deverá selecionar uma amostra representativa deste para realizar a entrevista. A definição da amostra, entre pessoas ou instituições que possuem as informações desejadas, dependerá do assunto pesquisado e podem ser selecionadas de forma:

- Não probabilística: pode ser acidental, ou seja, o conjunto da população que foi possível contatar; intencional, onde busca-se obter os sujeitos específicos da população e, neste caso, pode-se dividir a amostra em estratos que contenham indivíduos com caraterísticas semelhantes (estratificada).
- Probabilística/aleatória: seleção é feita ao acaso.

Etapas para realização da pesquisa mercadológica

Um bom planejamento é essencial para evitar o desperdício de recursos e responder as questões que levaram a realização da pesquisa.

- O primeiro passo é formular o problema, apresentando uma definição, as justificativas e os objetivos gerais e específicos da pesquisa.
- A seguir, determinam-se as fontes de informação (dados secundários e coleta de dados primários) necessárias.
- Sabendo-se o que se quer pesquisar e como, passa-se a definição do universo e da amostra, ou seja, quem vai ser pesquisado.
- A seguir, elabora-se o instrumento de coleta de dados e realização de pré-teste. O pré-teste é essencial, pois se aplica a pesquisa em um sujeito típico da amostra a ser pesquisada e observam-se quais as dificuldades que ele terá em preenchê-lo, podendo tornar o instrumento de coleta mais simples e objetivo.
- O quinto passo é a realização da coleta de dados em campo, ou seja, a pesquisa propriamente dita.
- Após a realização da pesquisa passa-se a tabular os dados, interpretá-los e analisá-los.
- Tendo a análise pronta, vem a fase da preparação do relatório da pesquisa. O relatório de pesquisa é o documento que vai ser apresentado ao grupo ou empresa interessado em utilizá-la como uma ferramenta de apoio à decisão de marketing. Ele deve ser objetivo, claro e preciso acerca das informações que fornecerá.

Apresentação dos resultados

Esse é um ponto importante e que vale a pena ser ressaltado, a pesquisa mercadológica tem como objetivo principal fornecer informações não só aos executivos de marketing, mas a todos os envolvidos na tomada de decisões em uma empresa. Como esses indivíduos, em geral, têm pouco tempo disponível, os resultados devem ser apresentados de forma clara, precisa e objetiva. Ou seja, devem mostrar as conclusões da pesquisa, acompanhadas da sua relevância e impacto para o desempenho da empresa no mercado.

Alguns cuidados na realização da pesquisa mercadológica

As técnicas ou métodos científicos buscam tornar o investigador o mais objetivo possível, elaborar medidas precisas e garantir que a investigação seja contínua, sistemática e exaustiva. Para tanto, alguns cuidados são essenciais: classificação cuidadosa e precisa dos fatos e observação de sua correlação e sequência; objetividade do investigador; precisão de medida, pela elaboração de escalas de preferência, uma vez que se está tentando medir opiniões e gostos de seres humanos; compreensão da complexidade do assunto (ser humano) a ser pesquisado; reconhecimento de que o processo de medida pode influenciar os resultados e tentar não direcionar as respostas.

14.4 DESAFIOS DO MARKETING NOS DIAS ATUAIS

14.4.1 Novas realidades para excelência em marketing

A abordagem de marketing tradicionalmente ensinada no meio acadêmico e difundida no dia a dia das empresas refere-se ao marketing *mix*, conhecido como 4P's (produto, preço, ponto de distribuição e promoção), que é delimitado pela visão do vendedor (e tidos como controláveis pelas empresas). Na verdade, como argumenta Kotler,[28] os quatro P's deveriam ser visualizados sob a ótica do cliente e se transformariam nos quatro C's: valor ao Cliente, menor Custo, Conveniência e Comunicação.

No momento em que se muda de abordagem, toda a cadeia produtiva deve pensar de forma integrada em como oferecer maior valor ao cliente, ao menor custo (aquisição, uso e descarte), oferecendo conveniência na obtenção do valor e mostrando todos esses atributos no momento de comunicar produtos e serviços aos clientes. Nesse momento, as metodologias convencionais de marketing não deixam de ser úteis, porém, devem-se agregar outras para difundir esta nova abordagem por toda a cadeia produtiva.

Handfield e Nichols[29] destacam que três grandes tendências têm despertado a atenção dos administradores: a revolução da informação (sua obtenção, análise e difusão), a diversidade das demandas dos clientes em termos de produtos e serviços (custos, qualidade, ciclo de compra e tecnologia) e o aparecimento de novas formas de relacionamentos interorganizacionais. A revolução da informação impacta de duas maneiras o marketing. A informação não pode mais ser tratada de forma compartimentalizada pelos diferentes elos da cadeia. No caso de mudanças em uma determinada tecnologia de embalagem de alimentos, por exemplo, ela precisará ser avaliada não só do ponto de vista da indústria, mas também sob a ótica de seus possíveis fornecedores, dos atacadistas e dos varejistas que irão manipular essa mercadoria até o momento de compra pelo consumidor final. Isso envolverá questões de Logística, Produção, Compras/Suprimentos, Marketing, P&D e Relações Públicas.

Outro modo que a informação impacta é na forma como as empresas irão obtê-la e disponibilizá-la para seus clientes e fornecedores. A diversidade de demandas dos clientes leva a cadeia produtiva a buscar, cada vez mais, diferentes formas de satisfazê-las. Nesse sentido, a utilização de ferramentas associadas à gestão de banco de dados, atreladas a táticas de fidelização de clientes, podem ser bastante úteis, assim como informações coletadas nos pontos de venda e a adoção de iniciativas como a Resposta Eficiente ao Consumidor (*Efficient Consumer Response* – ECR), por exemplo. A ideia básica da ECR é aumentar vendas e oferecer maior valor ao consumidor final por meio de: sortimento eficiente; reposição eficiente; promoção eficiente e introdução eficiente de novos produtos.

O aparecimento de novas formas de relacionamento interorganizacionais pode ser observado no surgimento de alianças estratégicas, e de relacionamento mais cooperativos entre diferentes agentes dentro de uma cadeia produtiva. Assim, as atividades de marketing necessitam ser distribuídas não por critérios tradicionais, mas por estarem em sintonia com o que cada agente é capaz de fazer melhor dentro da cadeia. A proposta de valor ao cliente tem de ser planejada conjuntamente entre as empresas e cada uma deve participar com suas competências específicas. Essa redistribuição de tarefas, passa pela adoção de novas tecnologias de informação para comércio eletrônico e pela adoção do conceito de gestão da cadeia de suprimentos (*Supply Chain Management* – SCM).

De acordo com Silva,[30] a utilização de novas tecnologias de informação exige das empresas envolvidas no redesenho de processos intraorganização e interorganizações dentro da cadeia produtiva. Nesse redesenho de processos, as empresas têm percebido claramente que as áreas de interface com clientes têm que ser estruturadas de acordo com as necessidades destes, exigindo de todos os agentes da cadeia produtiva, uma abordagem de marketing diferenciada. Observa-se que atualmente, o marketing tem não só de pensar que os produtos a serem comercializados deixaram de ser um complexo de atributos meramente tangíveis no entender dos potenciais consumidores mas passaram a ser um conjunto de atributos de valor, que variam de cliente para cliente e, para isso, o que se precisa trabalhar é uma nova forma de relacionamento entre empresas dentro da cadeia.

14.4.2 Construindo capacidades além do marketing

Nos dias atuais, de acordo com Joshi e Gimenez,[31] o marketing tem cada vez estado mais misturado com outras funções, como venda, tecnologia da informação, finanças e as empresas têm buscado se tornarem menos divididas em silos, mais interativas e mais colaborativas. Para que isso aconteça, Arons, Driest e Weed[32] sugerem que as empresas tenham estruturas mais dinâmicas. Isso pode ser feito, enfatizando a utilização de time interfuncionais, tornando isso rotina dentro das empresas e na relação com parceiros no canal de distribuição, como já preconizavam as iniciativas de ECR (*Efficient Consumer Response*, ou Resposta Eficiente ao Consumidor) e CFPR (*Collaborative Planning, Forecasting, and Replenishment*, ou Previsão, Reabastecimento e Planejamento Colaborativo). Melhorar a comunicação interna e a externa da empresa é essencial.

Outra necessidade percebida é construir uma linguagem única dentro da empresa no que diz respeito ao marketing,[33] buscando aproximar e trocar informação direto com clientes. Empresas como a Coca-Cola já caminham nessa direção. Em grandes organizações multinacionais, outro caminho encontrado é a criação de centros de excelência que guiam melhores práticas para diferentes regiões. Essas tendências mostram que marketing, como citado por um alto executivo da HP, é uma atividade muito relevante para ser deixada a cargo de um departamento. Trata-se de um conjunto de conhecimentos que devem estar internalizados nas empresas e alinhados com seus objetivos estratégicos. Nesse sentido, as sugestões feitas por Tate *et al.*[34] podem ser úteis para empresas que buscam alinhar oferta e demanda no sentido de criar valor para si mesmas e para seus clientes/consumidores:

- Integrar conhecimento que guie e integre decisões sobre demanda e oferta. Isso exige colaboração interna e externa buscando compartilhar conhecimentos com seus parceiros acerca de valor para o cliente, capacidades e restrições em termos de cadeia de suprimentos. Além disso, estrutura e processos devem ser organizados para facilitar fluxos de informação e visibilidade.
- Excelência não é suficiente. Portanto a busca pela coordenação entre funções relacionadas com demanda (como marketing, por exemplo) e a oferta (produção, por exemplo) é necessária para gerar lucro e retorno para as empresas, e não apenas vendas. Nesse sentido, flexibilidade, fluidez e os incentivos devem direcionar o alinhamento entre atividades operacionais.
- Escolhas são necessárias. Portanto as empresas devem reconhecer que não podem ser simultaneamente tudo para todos, que os *trade-offs* são inerentes à alocação de recursos escassos e à criação de valor para o segmento de clientes escolhidos.

EXERCÍCIOS

Ao apostar na integração entre lojas e vendas *on-line*, a varejista Magazine Luiza cresceu mais do que os concorrentes.

A FÓRMULA DO MAGAZINE LUIZA PARA SOBREVIVER NA CRISE

Os 19.000 funcionários da rede de varejo Magazine Luiza assistiram, em março de 2016 a um vídeo sobre focas. O filme descrevia o *habitat* desses bichos e mostrava como o aquecimento global estava tornando a vida deles mais difícil. Para sobreviver, dizia o narrador, as focas tinham de "se adaptar" e "conquistar novos territórios". Na pouco sutil metáfora que escolheu, a cúpula do Magazine Luiza tentava passar um recado aos funcionários: em meio à pior recessão da história brasileira, cada um tinha de se virar para sobreviver. O que estava em jogo, a rigor, era o destino da empresa. O Magazine Luiza sofria com a queda nas vendas, tinha prejuízo e suas ações vinham de uma baixa de 70% em 2015.

A virada obtida nos primeiros meses de 2016 foi de impressionar os mais otimistas. Depois de um prejuízo de 66 milhões de reais em 2015, o Magazine Luiza teve lucro de 16 milhões de reais no primeiro semestre deste ano. Num período em que as receitas do varejo de móveis e eletroeletrônicos diminuíram 15%, as vendas da empresa cresceram 3,6%, para 5,3 bilhões de reais, puxadas especialmente pelo aumento de 31% das vendas online (que hoje respondem por 22,5% das vendas totais).

A margem da geração de caixa quase dobrou: passou de 4%, em dezembro, para 7,6%, em junho. Os resultados ficaram tão acima do esperado que as ações da varejista já subiram 410% neste ano. De longe, a maior alta da Bovespa. As ações de suas principais concorrentes, a Viavarejo e a B2W, valorizaram 165% e 6%, respectivamente. Hoje, o Magazine Luiza vale 2 bilhões de reais na bolsa, quase o triplo de seu patrimônio. Vale lembrar que até o fim do ano passado a empresa valia menos do que o patrimônio.

Como é comum em histórias de virada empresarial, uma combinação de fatores explica o bom desempenho da companhia neste ano. Um deles tem a ver com a recessão. "A estratégia de muitos concorrentes do Magazine Luiza nos anos de expansão do varejo foi fazer promoções agressivas, para crescer a qualquer custo, especialmente no comércio eletrônico. Muitos queimaram caixa por anos para financiar sua operação online. Com a crise, isso deixou de fazer sentido", diz Marcos Gouvêa de Souza, diretor-geral da consultoria de varejo GS&MD.

A B2W dá prejuízo desde 2011. Neste ano, suas vendas caíram 12,8%. As vendas da Cnova, que reúne a operação online da Viavarejo, diminuíram 42,9%. Com os concorrentes retraídos, o Magazine Luiza aproveitou para ganhar espaço.

Para crescer em meio à crise, a empresa decidiu investir no que tem de diferente de seus principais concorrentes: a forte integração entre as lojas de tijolo e as vendas online. "Estamos mudando a empresa para que ela seja verdadeiramente digital", diz Frederico Trajano, filho de Luiza Trajano (presidente do conselho de administração da rede) e presidente do Magazine Luiza.

Assim que assumiu o cargo, Trajano colocou 25 projetos em andamento. Os vendedores das lojas estão recebendo celulares para ajudar nas vendas. O plano é que, até o fim de 2017, os clientes não precisem mais ir a um caixa para pagar: os próprios vendedores receberão o pagamento pelo celular (como acontece, por exemplo, nas lojas da Apple). Hoje, os vendedores têm acesso ao perfil dos clientes que compram pelo site, que pode ser acessado com o CPF do consumidor.

Com o perfil na tela, conseguem ver quais produtos foram pesquisados e o que foi comprado recentemente. Assim, têm mais chance de ser assertivo. Com a maior automação das lojas, o tempo médio para processar uma venda caiu de 45 para 4 minutos. "O Magazine Luiza é a única empresa em que as operações física e digital são integradas de fato, e isso é percebido pelo consumidor", afirmam os analistas do banco BTG Pactual num relatório.

Outra vantagem é a redução de custos, já que as áreas de logística, marketing e tecnologia são as mesmas. "A margem de lucro do varejo é baixa. Não podemos nos dar ao luxo de replicar estruturas", diz Trajano.

Na década de ouro do varejo brasileiro, de 2004 a 2014, essa integração era vista quase como um ponto fraco do Magazine Luiza. Seus principais concorrentes estavam separando a operação física do comércio eletrônico, com a justificativa de que isso mostrava melhor o valor de cada subsidiária. Foi o que fez o Grupo Pão de Açúcar, controlado pelo grupo francês Casino. Uma das empresas do grupo, a Viavarejo, que é dona das marcas Casas Bahia e Ponto Frio, abriu o capital na Bovespa em 2013 e passou a valer 10 bilhões de reais.

Mas cabia à outra empresa, hoje chamada de Cnova, tocar as lojas online de Ponto Frio e Casas Bahia. A Cnova, que também era controlada pelo Casino, foi listada na Nasdaq em 2014, com valor de mercado de 2,3 bilhões de euros. O problema é que com isso Cnova e Viavarejo passaram a ser concorrentes. O conflito deu tanta dor de cabeça que, em agosto, Viavarejo e Cnova anunciaram que vão combinar as operações brasileiras. As empresas estimam que isso vá gerar uma economia de 245 milhões de reais por ano.

Fundado em 1957, em Franca, no interior de São Paulo, o Magazine Luiza sempre foi mais "digital" do que a concorrência, mas o fazia no improviso. Em vez de ter grandes lojas, lotadas de produtos, abria "lojas virtuais", que são, na realidade, mostruários de produtos, onde os vendedores ajudam os clientes a comprar pelo site da companhia. Como não têm estoque, as lojas virtuais podem ser menores e, assim, mais baratas.

A estratégia funcionou bem até 2011, quando o Magazine Luiza abriu o capital e decidiu usar os recursos captados (quase 1 bilhão de reais) para crescer em diferentes regiões do país. Já havia comprado a Lojas Maia, uma das principais redes de varejo de eletroeletrônicos do Nordeste, e em 2011 comprou o Baú daFelicidade, do Grupo Silvio Santos. Também passou a abrir lojas na cidade de São Paulo. Até então, operava em mercados menos competitivos no interior do estado.

Integrar as novas empresas e ganhar dinheiro em São Paulo se mostrou mais difícil do que o esperado, e o os resultados começaram a ratear. "Em 2014, fechamos o ciclo de crescimento acelerado e decidimos iniciar outro, de criar uma companhia digital", diz Marcelo Silva, vice-presidente do conselho de administração do Magazine Luiza e ex-presidente da empresa.

Daqui para frente, a vida deve voltar a ficar difícil. Quando estiver integrada de fato, a "nova" Viavarejo pode ser uma ameaça, porque é duas vezes maior do que o Magazine Luiza (sem incluir a Cnova na conta), o que dá a ela maior poder de barganha com fornecedores, e terá uma vantagem competitiva. A B2W aprovou um aumento de capital em 823 milhões de reais neste ano e deverá ganhar fôlego.

O Walmart, que fez campanhas de congelamento de preços neste ano para atrair consumidores, conseguiu aumentar suas vendas de janeiro a junho. "Crescemos sozinhos até agora, mas isso deve mudar." A luta pela sobrevivência não acaba nunca.

Fonte: VALLE, P. A fórmula do Magazine Luiza para sobreviver na crise. *Exame*. Disponível em: http://exame.abril.com.br/revista-exame/a-nova-cara-da-luiza/. Acesso em: 27 out. 2016.

Com base na matéria citada e no capítulo lido, responda às seguintes questões:

1. Qual seria o objetivo das ações de marketing: maximizar a satisfação do cliente ou maximizar a lucratividade da empresa a longo prazo? Responda considerando as ações da empresa varejista em questão.

2. Considerando o conceito de micro e macroambiente de marketing discutido neste capítulo, quais foram os elementos considerados pelas empresas para desenvolver as ações realizadas? Use a teoria e dê exemplos do texto.

3. Quais foram as variáveis de segmentação que esta rede varejista utilizou para segmentar o seu mercado de atuação?

4. Quais elementos do marketing *mix* são mencionados no caso acima. Use a teoria para detalhá-los, definindo os elementos que estão sendo destacados e use o texto para exemplificar.

5. Nem sempre alterações no mercado devem ser encaradas com ameaças ao sucesso competitivo de uma empresa. Como a empresa em questão lidou com o surgimento de novos formatos de venda no setor onde atua?

6. O setor varejista de eletroeletrônico é considerado como uma área de grandes oportunidades. Discuta algumas oportunidades e tendências futuras nessa área.

7. Considere a afirmação a seguir e discuta como isso se coloca para a empresa em análise: "Uma pessoa tende a comprar um produto cuja imagem seja mais próxima/semelhante a sua própria imagem".

8. Utilize as 5 forças de Porter e faça uma análise da concorrência sob a ótica do Magazine Luiza.

9. Quais benefícios, além de custos, a junção das áreas de logística, marketing e tecnologia podem trazer para a empresa como um todo?

10. Quais desafios mercadológicos você percebe para o curto e médio prazos da empresa citada?

BIBLIOGRAFIA COMPLEMENTAR

AAKER, D. A.; KUMAR, V.; DAY, G. S. *Pesquisa de marketing*. São Paulo: Atlas, 2001.

BAKER, M. J. (org.). *Administração de marketing*. Rio de Janeiro: Elsevier/Campus, 2005.

BERMAN, B. *Marketing channels*. New York: John Wiley, 1996.

BOYD JR., H. W.; WESTFALL, R. *Pesquisa mercadológica*: textos e casos. Rio de Janeiro: FGV, 1987.

McCARTHY, E. J.; PERREAULT JR., W. D. *Marketing essencial*: uma abordagem gerencial e global. São Paulo: Atlas, 1997.

ROSENBLOOM, B. *Marketing channels*: a management view. 7. ed. Canadá: Thomson South-Western, 2004.

SEYBOLD, P. B.; MARSHAK, R. T. *Clientes.com*: como criar uma estratégia empresarial para internet que proporcione lucros reais. São Paulo: Makron Books, 2000.

WESTWOOD, J. *O plano de marketing*. São Paulo: Makron Books, 1991.

NOTAS

1. American Marketing Association (AMA). 2016. Disponível em: https://www.ama.org/AboutAMA/Pages/Definition-of-Marketing.aspx.
2. KOTLER, P.; KELLER, K. *Administração de marketing*. 14. ed. São Paulo: Pearson, 2013.
3. MINADEO, R. *Gestão de marketing*. São Paulo: Atlas, 2008.
4. LINDGREEN, A. A framework for studying relationship marketing dyads. *Qualitative Market Research: An International Journal*, v. 4, n. 2, p. 75-88, 2001.
5. GRONROOS, C. *Marketing*: gerenciamento e serviços. Rio de Janeiro: Campus, 1995.
6. PORTER, M. E. *Estratégia competitiva*: técnicas para análise de indústrias e da concorrência. Rio de Janeiro: Campus, 1986.
7. ARONS, M. S.; DRIEST, F. V. D.; WEED, K. The ultimate marketing machine. *Harvard Business Review*, jul./aug., p. 55-67, 2014.
8. Arons; Driest; Weed (2014).
9. ROCHA, A.; CHRISTENSEN, C. *Marketing*: teoria e prática. São Paulo: Atlas, 1999. p. 38.
10. CHIAS, J. *El mercado son personas*: el marketing en las empresas de servicios. Madri: MacGraw-Hill, 1991.
11. Kotler; Keller (2013).
12. Kotler; Keller (2013).
13. KOTLER, P. *Administração de marketing*: a edição do novo milênio. São Paulo: Pearson Prentice Hall, 2000.
14. CZINKOTA, M. R. M. et al. *Marketing*: as melhores práticas. Porto Alegre: Bookman, 2001.
15. Kotler (2000).
16. Kotler; Keller (2013).
17. KOTLER, P. *Administração de marketing*: análise, planejamento, implementação e controle. 5. ed. São Paulo: Atlas, 1998.
18. Czinkota (2001).
19. Kotler (1998).
20. ROBINSON, P. J.; FARRIS, C. W.; WIND, Y. *Industrial buying and creative marketing*. Boston: Allyn & Bacon, 1967.
21. Kotler (2000).
22. Kotler (2000).
23. KOTLER, P. *Marketing*: edição compacta. São Paulo: Atlas, 1988.
24. PIATO, É. L.; PAULA, V. A. F. de; SILVA, A. L. da; BATALHA, M. O. Marketing: uma abordagem ampla. In: PIATO, É. L.; PAULA, V. A. F. de; SILVA, A. L. da. (orgs.). *Gestão de marcas próprias*: novas dimensões para indústria, atacado e varejo. São Paulo: Atlas, 2011, v. 1, p. 1-41.
25. HOOLEY, G. J.; SAUNDERS, J. A.; PIERCY, N. F. *Estratégia de marketing e posicionamento competitivo*. São Paulo: Pearson Prentice Hall, 2005.
26. Piato; Paula; Silva; Batalha (2011).
27. Hooley; Saunders; Piercy (2005).
28. Kotler (1988).
29. HANDFIELD, R. B.; NICHOLS JR., E. L. *Introduction to supply chain management*. New Jersey: Prentice Hall, 1999.
30. SILVA, A. L. *A adoção de tecnologia de informação em canais de distribuição*: um estudo multicaso na utilização de EDI entre varejo e indústria agroalimentar. Tese (doutorado) – apresentada à FEA/USP, São Paulo, 1999.
31. JOSHI, A.; GIMENEZ, E. Decision-driven marketing. *Harvard Business Review*, jul./aug., p. 65-71, 2014.
32. Arons; Driest; Weed (2014).
33. Arons; Driest; Weed (2014).
34. TATE, W. L., MOLLENKOPF, D., STANK, T., SILVA, A. L. Integrating supply and demand. *MIT Sloan Management Review*, v. 56, p. 16-18, 2015.

METODOLOGIA CIENTÍFICA EM ENGENHARIA DE PRODUÇÃO E GESTÃO DE OPERAÇÕES

15

Gilberto Miller Devós Ganga e Roberto Antonio Martins

Este capítulo tem por objetivo prover ao leitor o conteúdo mínimo sobre metodologia científica em Engenharia de Produção e Gestão de Operações e, assim, orientar a elaboração de um projeto de pesquisa para o desenvolvimento da pesquisa a ser relatada numa monografia.

Para tanto, inicialmente apresenta-se o que é um projeto de pesquisa e seu conteúdo indo além da mera descrição e com destaque para qual é o papel de cada elemento do projeto e a relação entre eles. Também são fornecidas dicas importantes para o leitor evitar erros típicos que os autores se depararam durante sua carreira tanto como professores quanto como pesquisadores.

Em seguida, os métodos de pesquisa mais típicos da Engenharia de Produção e Gestão de Operações são apresentados. Dessa maneira, o leitor poderá, dadas as especificidades de seu projeto de pesquisa, proceder a escolha de qual método de pesquisa é mais adequado para desenvolver o seu projeto de pesquisa.

OBJETIVOS DE APRENDIZAGEM

Ao final deste capítulo, o leitor deverá ser capaz de:
- Compreender a estrutura de um projeto de pesquisa.
- Escolher o método de pesquisa de acordo com as características de sua pesquisa.
- Executar as etapas de condução do método a ser utilizado na pesquisa.

15.1 PROJETO DE PESQUISA

A solução de qualquer problema passa pela busca e teste da resposta proposta. Dependendo do tipo de problema e solução requerida pode ser necessária a elaboração de um projeto que tenha a finalidade de explicitar a solução e conferir foco para aqueles que enveredarão na solução. Não é diferente no caso da pesquisa científica. Geralmente tal esforço de pesquisa é relatado num relatório de iniciação científica, trabalho de conclusão de curso, monografia de especialização, dissertação de mestrado ou tese de doutorado. Outra forma de relato é o artigo científico.

Um projeto é a "descrição da estrutura de um empreendimento a ser realizado". Mais especificamente, o "projeto de pesquisa compreende uma das fases da pesquisa. É a descrição da sua estrutura".[1] Logo, o projeto de pesquisa é um dos elementos fundamentais a ser desenvolvido no início de qualquer esforço de pesquisa científica. Ele descreve a estrutura da busca da solução com a devida justificativa e descrição do problema de pesquisa a ser solucionado.

O foco na busca da solução de um problema é fundamental em qualquer atividade e também para qualquer tipo de problema. Sem foco qualquer caminho pode aparentemente levar à solução com desperdício de tempo e recursos preciosos e, pior, sem chegar ao objetivo estabelecido. Por outro lado, a existência de foco é necessária, mas não suficiente uma vez que é possível se concentrar na solução errada ou inadequada para o problema em questão. A elaboração do projeto de pesquisa obriga desde o início a busca constante do foco.

Um projeto de pesquisa deve conter os seguintes tópicos:[2] tema; formulação do problema de pesquisa; referencial teórico; objetivos; descrição do objeto de estudo; justificativa; indicação das variáveis de pesquisa e hipóteses; método de pesquisa e técnicas de coleta e análise de dados; resultados esperados; cronograma e referências.

A norma brasileira ABNT NBR 15287, "Informação e documentação – Projeto de pesquisa – Apresentação"[1], especifica os princípios gerais para a elaboração de projetos de pesquisa citando os elementos textuais. Todavia, ela não detalha esses elementos e nem os papéis exercidos por eles. Isso será feito sucintamente a seguir.

Uma das primeiras decisões a ser tomada na elaboração em um projeto de pesquisa é a escolha e delimitação do tema. É um passo fundamental para a obtenção do foco. O tema está relacionado com o problema de pesquisa do qual trata o projeto. Não se deve confundir tema com temática. Esta última é mais ampla, englobando o tema.

Nesse sentido, a delimitação ganha importância crucial. Ela deve ser adequada ao tempo para execução das atividades do projeto bem como ao orçamento disponível para as atividades. Contudo, não se pode deixar de lado fatores motivacionais tais como: o interesse particular ou profissional do pesquisador, e o interesse do orientador ou de outros pesquisadores participantes do projeto.

O uso de adjetivos explicativos ou restritivos ajudam a especificar limites de extensão para o tema de pesquisa.[3] Por exemplo: gestão estratégica da qualidade. Pode-se ainda utilizar complementos nominais, por exemplo, logística reversa no setor de eletroeletrônicos, ou então determinar as circunstâncias da investigação, por exemplo, gestão estratégica da qualidade nos últimos 10 anos.

"O que não é problemático, não é pensado".[4] Logo, o ponto de partida de um projeto de pesquisa é um problema que precisa ser bem formulado para melhorar o foco. Uma das formas de criar foco é formular uma pergunta de pesquisa.[5] Ela deve ser iniciada por um "como", "por que", "quais", "quantos", "quem", "onde" para expressar o problema a ser pesquisado.[6] Vale destacar que a pergunta de pesquisa deve ser formulada no início da pesquisa e não no seu final.

O tema da pesquisa delimitado e o problema de pesquisa bem definido fornecem as bases para a busca do material bibliográfico (artigos, livros, teses, dissertações etc.) para desenvolvimento do referencial teórico. O objetivo é ter um estado da arte do qual o pesquisador pode extrair definições, conceitos e variáveis da pesquisa. É fundamental evitar colagem de citações. Deve-se colocar as ideias dos autores numa perspectiva de debate com busca de antagonismos e complementariedades. "[...] Não basta apenas repassar autores, para dizer o que foi visto em cada qual, mas é fundamental construir base teórica de caráter explicativo. A teoria é necessária para oferecer condições explicativas do fenômeno, trabalhando razões de ser assim, e não de outra maneira [...]".[7] Para tanto, é fundamental executar uma busca em bases de dados apropriadas e em periódicos de qualidade além de considerar os clássicos que muitas vezes estão em livros. Artigos de congressos, teses e dissertações também devem ser considerados.

O objetivo de qualquer projeto de pesquisa é buscar a resposta para a questão de pesquisa que resume bem a problemática ou fenômeno estudado. Pode parecer simples, mas é aconselhável fazer a verificação da coerência entre a questão e o objetivo estabelecido. O objetivo deve ser expresso por um verbo no infinitivo, que indica a principal ação a ser executada, e um objeto, que será o objeto de estudo. Em muitas situações, os pesquisadores podem estabelecer o objetivo principal e os secundários.

Uma pesquisa é realizada para preencher uma lacuna existente no conhecimento. No caso da pesquisa científica, trata-se de uma lacuna no conhecimento científico e não no conhecimento do pesquisador. É vital deixar claro qual é a lacuna e como os resultados esperados contribuirão para isso. Nesse sentido, a questão de pesquisa estabelecida e o referencial teórico construído têm um papel muito importante na elaboração da justificativa.

Sempre que possível é aconselhável indicar as variáveis de pesquisa e estabelecer hipóteses. As variáveis de pesquisa podem ser classificadas como: independentes, dependentes e moderadoras. As primeiras são aquelas que transferem variação para a segunda exercendo uma influência sobre elas. Já as moderadoras moderam o processo de transferência de variação. As hipóteses são suposições que indicam como é a solução do problema de pesquisa e são elaboradas a partir do referencial teórico que também fornece base para a escolha das variáveis de pesquisa.

A natureza do problema de pesquisa e o estado da arte do conhecimento sobre o assunto determinam em muito a escolha das variáveis de pesquisa e consequentemente o tipo e a precisão das hipóteses formuladas. Uma vez formuladas as hipóteses, é necessário testá-las, ou seja, verificar se elas realmente encaminham a solução do problema. Para tanto, faz-se necessário *observar* o comportamento das variáveis de pesquisa ou *experimentá-las* para testar se as hipóteses são verdadeiras. Assim, o passo natural é coletar dados para testar as hipóteses, porém isso deve ser de forma sistemática e seguindo métodos aceitos para garantir a validade externa da pesquisa.

A coleta e a análise de dados devem ser guiados por métodos de pesquisa apropriados e aceitos na área de conhecimento em que o pesquisador desenvolverá o projeto de pesquisa. Os métodos de pesquisa da área de Engenharia de Produção e Gestão de Operações serão detalhados mais à frente neste capítulo. Vale observar que o método de pesquisa é necessário, mas não suficiente para se atingir o objetivo estabelecido porque o pesquisador pode ter elaborado hipóteses que estão equivocadas e não levam à solução do problema. As hipóteses dependem muito mais da criatividade do pesquisador que propriamente do método que ele segue. Desse modo, a escolha do método de pesquisa coerente com as técnicas de coleta e análise de dados é de suma importância no desenvolvimento do projeto de pesquisa. Dado os tipos de variáveis que o pesquisador tratará ele já pode estabelecer as fontes de dados, que podem ser primárias ou secundárias, os tipos de dados (quantitativos ou qualitativos) bem como fazer a escolha das técnicas de análise de dados.

Mesmo ainda no estágio de projeto, o pesquisador deve vislumbrar a ordem invisível (resultados esperados) que estabelecerá na ordem visível (resolução do problema de pesquisa). A ordem invisível aqui é manifestada pela contribuição esperada que acontecerá quando o projeto se encerrar.

Todas as atividades para o desenvolvimento do projeto de pesquisa têm uma duração medida em dias, semanas ou meses que devem ser dispostas no tempo na forma de um cronograma do projeto. O nível de detalhamento das atividades é escolha do proponente. Algumas atividades podem ser agrupadas. Um exemplo de agrupamento é a construção do referencial teórico cujas atividades são a coleta de referências, leitura, fichamento e redação do referencial teórico. Deve-se procurar um equilíbrio entre a quantidade de tarefas e o agrupamento de forma a ser possível vislumbrar as atividades, seu tempo e a duração do projeto.

Todas as referências citadas no projeto devem ser referidas na seção de Referências. Tanto as citações quanto as referências devem seguir os padrões estabelecidos, respectivamente, pelas normas ABNT NBR 10520[8] e 6023.[9]

15.2 ESCOLHA DO MÉTODO DE PESQUISA

Antes de serem apresentados os métodos de pesquisa e instrumentos para coleta de dados utilizados em pesquisas em Engenharia de Produção e Gestão de Operações, é importante estabelecer critérios com base nos requisitos ou características dos métodos e do projeto de pesquisa para suportar a escolha.

Uma das características marcantes da Engenharia de Produção e Gestão de Operações é sua interdisciplinaridade e também sua proximidade das ciências humanas, mais especificamente as áreas da administração de empresas e economia.[10] A Engenharia de Produção situa-se entre as áreas mais tradicionais da engenharia (engenharia civil, engenharia elétrica, engenharia mecânica etc.) e as áreas da administração de empresas e economia.[11] De acordo com Associação Brasileira de Engenharia de Produção (ABEPRO), as grandes áreas da engenharia de produção no Brasil são[12]: engenharia de operações e processos da produção; logística; pesquisa operacional; engenharia da qualidade; engenharia de produto; engenharia organizacional; engenharia econômica; engenharia do trabalho; engenharia da sustentabilidade e educação em engenharia de produção. Detalhes no *site* da ABEPRO[13] ou na referência citada.

A Figura 15.1 ilustra como a Engenharia de Produção situa-se entre a Gestão do Negócio e os Sistemas Técnicos. O conteúdo da referida figura não exaure as áreas e temas da Engenharia de Produção. Quanto mais à esquerda, na Figura 15.1, mais próximo das Ciências Humanas, e quanto mais à direita mais próximo das Ciências Exatas. É sabido que existem abordagens e métodos de pesquisa típicos em cada uma dessas grandes áreas (exatas e humanas). Isso abre um leque de possibilidades de rotas metodológicas em função do tema de pesquisa e outras características do projeto de pesquisa.

Os métodos de pesquisa em Engenharia de Produção e Gestão de Operações podem ser divididos em dois grupos associados a duas abordagens de pesquisa: quantitativa e qualitativa. A principal distinção entre as abordagens não é como costumeiramente se pensa ser a presença ou ausência de quantificação de variáveis ou mesmo uma associação entre a abordagem de pesquisa e o tipo de dados a ser coletado. A distinção ocorre pela presunção de existência na abordagem quantitativa de que o pesquisador é a principal fonte de conhecimento, cabendo a ele *a priori* a escolha das variáveis de pesquisa e o estabelecimento do relacionamento entre elas. Na abordagem qualitativa, a presunção é de que os envolvidos na problemática estudada também têm uma perspectiva própria que pode se somar à do pesquisador e influenciar nas escolhas das variáveis de pesquisa e do relacionamento entre elas.[14] Os métodos de pesquisa de estudo de caso e pesquisa-ação são os mais adequados à abordagem qualitativa enquanto os métodos de pesquisa *survey* e modelagem/simulação são os mais adequados à abordagem quantitativa.[15]

Além dessas considerações, o Quadro 15.1 oferece um conjunto de requisitos e características que ajudam o pesquisador a escolher e justificar qual é o método de pesquisa mais adequado para coletar os dados para a sua pesquisa.

GESTÃO DO NEGÓCIO

- Comportamento do consumidor
- Organização do trabalho
- Processo de negócio
- Estratégia empresarial
- Organização empresarial

GESTÃO DA PRODUÇÃO

- Otimização da produção
- Logística da produção
- Gestão da qualidade

SISTEMAS TÉCNICOS

- Controle da qualidade
- Concepção dos sistemas técnicos
- Processos de fabricação dos sistemas técnicos
- Apropriação de custos
- Manutenção dos sistemas técnicos

Cursos de Engenharia de Produção – plena

Cursos de Engenharia de Produção – com habilitação

Cursos de Ciências da Administração de Empresas

Cursos dos ramos clássicos da Engenharia

Figura 15.1 Áreas de concentração dos cursos de Administração de Empresas, Engenharias e outros.[16]

Quadro 15.1 Métodos, requisitos e características principais[17]

Requisitos/ características	Survey	Estudo de caso	Pesquisa-ação	Modelagem & simulação	
				Axiomática	Empírica
Presença do pesquisador na coleta de dados	Não usual ou difícil	Usual	Usual	Não usual	Usual
Tamanho pequeno da amostra	Não usual	Usual	Usual	Possível	Possível
Variáveis difíceis de quantificar	Possível	Possível	Possível	Possível	Possível
Mensurações perceptivas	Possível	Possível	Possível	Possível	Possível
Os constructos não são predefinidos	Difícil	Adequado	Possível	Não usual	Não usual
A causalidade é central na análise	Possível	Adequado	Possível	Adequado	Adequado
Necessita construir teoria: responder a questões do tipo "como"	Difícil	Adequado	Possível	Possível	Possível
Necessita de entendimento profundo do processo de decisão	Difícil	Adequado	Possível	Usual	Usual (+)
Participação não ativa do pesquisador	Possível	Possível	Impossível	Usual (−)	Usual (+)

(continua)

(continuação)

Requisitos/ características	Survey	Estudo de caso	Pesquisa-ação	Modelagem & simulação	
				Axiomática	Empírica
Falta de controle sobre as variáveis	Possível	Possível	Possível	Difícil	Difícil
Forma da questão da pesquisa	Quem? O quê? (exploratório) Onde? Quantos?	Como? Por quê?	Qual ação aplicar? Como? Por quê? Quais os resultados da ação?	Minimizar ou maximizar	Minimizar ou maximizar

Vale observar que as pesquisas em Engenharia de Produção e Gestão de Operações podem ser desenvolvidas tanto em laboratório quanto em campo. Nessa situação, uma característica distintiva é o poder do pesquisador em controlar ou não as variáveis de pesquisa. Outra característica marcante é se a pesquisa causará ou não mudanças e qual é o papel do pesquisador nessa mudança que a pesquisa causará. Outros fatores que influenciam são o estado da arte do conhecimento sobre o tema de pesquisa. Em estágios mais exploratórios, é mais difícil para o pesquisador escolher as variáveis e mesmo quando se encontra em estágio descritivos não se sabe sobre o relacionamento entre as variáveis.

Dessa maneira, o pesquisador precisa elencar as características de sua pesquisa e a partir delas escolher o método de pesquisa mais apropriado para desenvolvimento da pesquisa. A seguir, os quatro métodos citados serão detalhados.

15.3 ESTUDO DE CASO

O objetivo do estudo de caso é investigar um fenômeno contemporâneo (problema de pesquisa) em seu ambiente natural considerando as perspectivas dos envolvidos e sem clareza dos limites entre o fenômeno e o contexto. Para tanto, o estudo de caso envolve uma coleta sistemática de dados de múltiplas fontes de evidência de forma a capturar as características fundamentais e gerais de eventos da vida real de forma profunda.[18] Vale observar que existe uma grande coerência entre este método de pesquisa e a abordagem de pesquisa qualitativa.[19] Apesar de alguns autores tentarem estabelecer uma hierarquia entre os métodos de pesquisa em relação aos tipos de pesquisa (exploratória, descritiva e explicativa), é um equívoco considerar o estudo de caso apropriado somente para pesquisas exploratórias. Qualquer método de pesquisa, incluindo o estudo de caso, pode ser aplicado para qualquer tipo de pesquisa.[20]

O método de estudo de caso deve ser utilizado quando uma problemática estudada apresenta as três condições: (1) o tipo de questão de pesquisa é "como" ou "por que"; (2) o pesquisador não tem controle sobre o objeto de estudo; e (3) o foco é eventos contemporâneos em vez de eventos históricos.[21] Muitas justificativas para o uso do método de estudo de caso concentram-se apenas na forma da questão de pesquisa, mas outra condição é igualmente importante: o acesso às organizações onde acontecem os fenômenos estudados. Ainda que não seja necessário ter controle sobre os eventos, isso pode ser uma dificuldade para aplicação do método. Dependendo do caráter sigiloso do tema, a organização pode declinar o acesso ao pesquisador.

Existem cinco aplicações ou propósitos de uso: explorar situações cuja teoria não é muito clara; descrever situações para entender quais são as variáveis; ilustrar com detalhes determinadas situações; explicar os supostos vínculos causais dos acontecimentos e analisar as avaliações das situações estudadas anteriormente.[22,23]

Dentro de uma visão epistemológica indutivista tradicional, uma crítica muito comum ao método de estudo de caso é que os resultados atingidos não são passíveis de generalização devido ao espaço amostral restrito. Isso significa que a validade externa é fraca ou inexistente. Contudo, Robert Yin argumenta que

> [...] estudo de casos, assim como experimentos, são generalizáveis em termos de proposições teóricas e não para populações ou universos. Nesse sentido, o estudo de caso, [...] não representa uma 'amostra' e o objetivo do investigador é expandir e generalizar teorias (generalização analítica) e não enumerar frequências (generalização estatística).[24]

A Figura 15.2 oferece uma visão geral da aplicação do método de estudo de caso com a divisão das atividades em três grupos: definição e planejamento; preparação, coleta e análise; e análise e conclusão.

15.3.1 Definição e planejamento do estudo de caso

De acordo com a Figura 15.2, a definição e o planejamento para aplicação do método de estudo de caso compreendem as atividades de: desenvolver o referencial teórico; selecionar os casos e projetar o protocolo de pesquisa. Essas atividades devem ser executadas para maximizar: validade do constructo; validade interna (apenas para estudos explicativos ou causais); validade externa; e confiabilidade.[25]

Apesar das críticas acerca da falta de rigor do método de pesquisa de estudo de caso, o desenvolvimento de um referencial teórico é o primeiro passo na aplicação desse método. Este é um requisito presente em todos os outros métodos de pesquisa. O desenvolvimento do referencial teórico guiará o desenvolvimento dos instrumentos para a coleta de dados no campo. Uma boa teoria estabelece as variáveis de interesse e o comportamento dos sistemas compostos por essas variáveis. O pesquisador utiliza a teoria para dar sentido aos dados. Caso contrário, ele pode ficar perdido envolto numa grande quantidade de dados. No caso do método de estudo de caso, a teoria também pode fornecer subsídios para o estabelecimento dos critérios de seleção dos casos e das fontes de informação dentro do caso, que serão objeto das outras atividades da etapa de definição e planejamento do método de estudo de caso apresentadas a seguir.

A primeira escolha a ser feita para a seleção dos casos a serem estudados é se o estudo de caso será único ou múltiplo. Depois, a escolha deve recair se ele será holístico ou incorporado. A Figura 15.3 apresenta esses quatro tipos de estudo de caso.

Antes de explicar a diferença entre estudo de caso único holístico ou incorporado, é interessante entender a razão por que se optar por um estudo de caso único em vez de um múltiplo. A escolha pelo estudo de caso único pode ser dar por um dos cinco motivos a seguir: (1) ele é o caso decisivo para proposição, teste ou refinamento de teoria; (2) ele é o caso raro ou extremo a ser observado ou descrito; (3) ele é o estudo representativo ou típico e representa bem uma situação ou um grupo; (4) ele é o caso revelador e que oferece ao pesquisador observar ou descrever um fenômeno previamente inacessível; ou (5) ele é longitudinal em que o pesquisador estudará o fenômeno em tempos diferentes para observar e entender a evolução.[26] O caso único sempre apresenta mais riscos que o múltiplo visto que a situação pode não ser aquilo que se imaginava ou ainda ter problema de acesso aos dados.

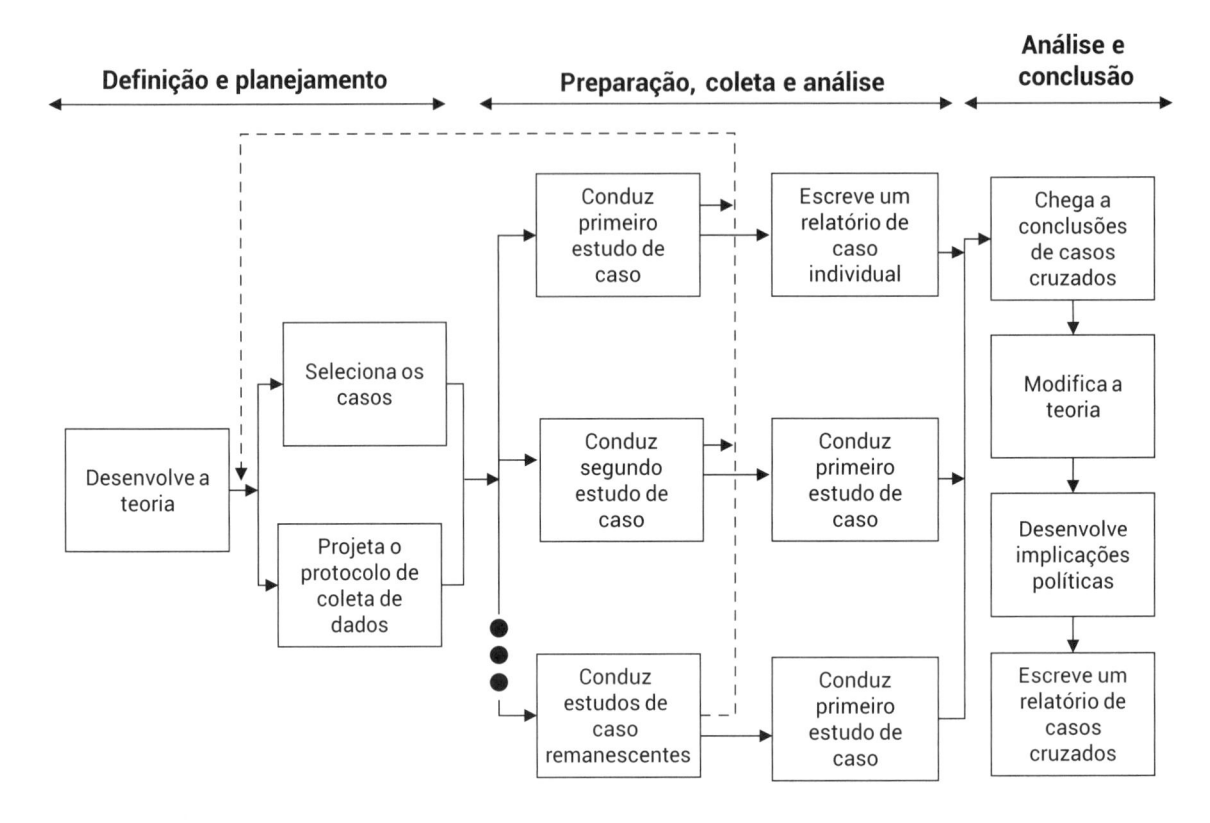

Figura 15.2 Etapas para a aplicação do método de estudo de caso.[27]

A diferença entre o caso único holístico e o incorporado é que no segundo tipo subunidades são o objeto de estudo dentro do caso único. Por exemplo, se a unidade de informação num estudo de caso único incorporado for as equipes de melhoria, várias podem estudadas, se elas existirem na organização. Por outro lado, as equipes de melhoria podem ser tratadas de uma forma holística como se fosse a atividade de melhoria contínua na organização. Como não há, no caso holístico, um direcionamento, mudanças de rumo podem ocorrer sem que o pesquisador consiga administrar isso. Todavia, no caso incorporado, o pesquisador pode perder a visão do todo ao se restringir as unidades de informação.[28]

Outro tipo de estudo de caso é o estudo de caso múltiplo quando existe a possibilidade de se superar as situações de caso único. Contudo, não se pode cair na falácia do indutivismo com sua busca da amostra representativa e acreditar que o estudo de caso múltiplo seja apenas a replicação do estudo de caso único e que se atingirá a validade externa com um número significativo de casos.[29]

A escolha de cada caso, no estudo de caso múltiplo, deve atender a um propósito do escopo maior da pesquisa. A lógica da replicação de experimentos pode ser aplicada no estudo de caso múltiplo em que cada caso pode ser considerado como um experimento. A seleção dos casos pode ser a partir de uma replicação literal (situações que ofereçam resultados similares) ou replicação teórica (situações que ofereçam resultados contraditórios). A base para previsão dos resultados das replicações é o referencial teórico. Quando a variação entre as replicações literais é praticamente nula, não se faz mais necessário continuar o estudo.[30] Dessa maneira, não existe uma fórmula para calcular a quantidade de casos a serem estudados num estudo de caso múltiplo. O mais importante é a contribuição de cada caso no tipo de replicação escolhido.

No estudo de caso múltiplo holístico, cada caso é tratado holisticamente como se fosse um estudo de caso único holístico. Já no estudo de caso múltiplo incorporado, cada caso segue o padrão do estudo de caso único incorporado. A diferença que se observa acontece na análise dos casos que, diferentemente do estudo de caso único, é realizada também a análise entre os casos, como está ilustrado na Figura 15.2. O estudo de caso múltiplo requer mais tempo e recursos para ser desenvolvido que o caso único.

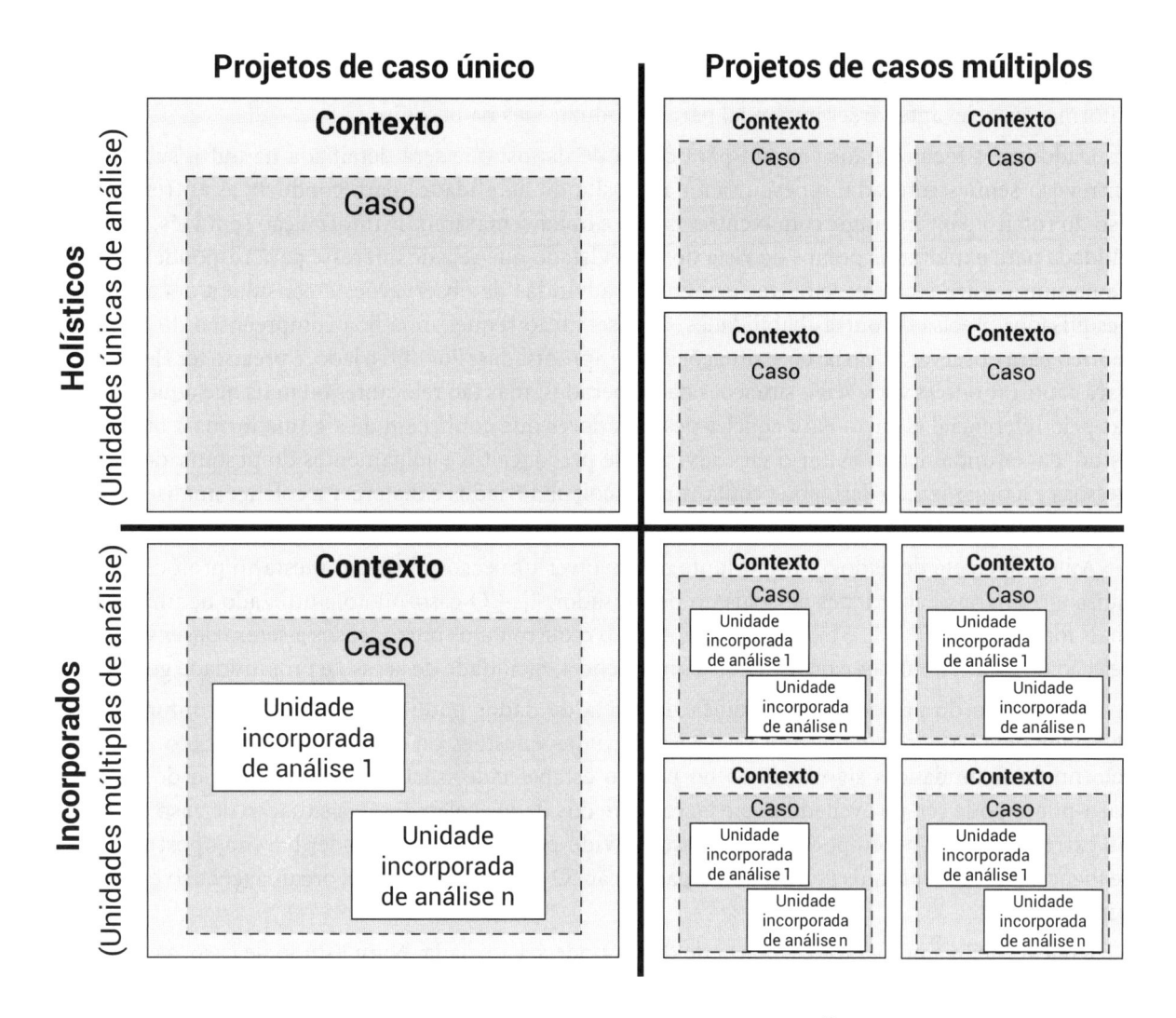

Figura 15.3 Tipos básicos de estudo de caso.[31]

Para manter a confiabilidade no uso do método de estudo de caso, é importante desenvolver o protocolo de pesquisa para guiar a coleta e a análise de dados. O protocolo de pesquisa torna os passos da pesquisa operacionais e padronizados, o que aumenta a confiabilidade da pesquisa. Em estudos de caso múltiplo, o protocolo é essencial.[32] O protocolo de pesquisa não só contém os instrumentos para a coleta de dados (roteiro de entrevista, check-list para observações e relação de documentos a serem consultados) e instruções de como utilizá-los durante o estudo de caso, mas também contém informações sobre os critérios para seleção dos casos e dos entrevistados bem como as técnicas a serem utilizadas na análise de dados. Ele também deve conter instruções sobre como proceder nas organizações durante a coleta de dados e como manter o sigilo das fontes de informação, quando isto se aplica.[33] Detalhes em Yin.[34]

15.3.2 Preparação, coleta e análise

Todo método de pesquisa requer um perfil de pesquisador com habilidades pessoais específicas. O método de estudo de caso, seja ele único ou múltiplo, holístico ou incorporado, exige muita interação entre o pesquisador e os pesquisados dentro do território destes últimos. Para a aplicação do método de estudo de caso, algumas habilidades são desejadas dos pesquisadores: habilidade de fazer boas perguntas e interpretar sem viés as respostas; ser um bom ouvinte e não filtrar com seus preconceitos as respostas;

ser flexível para se adaptar perante situações inesperadas e retirar dela o máximo de informações; dominar o referencial teórico que fundamenta o desenvolvido do estudo de caso para manter o foco e obter informações relevantes; e ser imparcial para introduzir viés na pesquisa.[35]

Dado que a técnica mais comum para coleta de dados, que será detalhada na outra subseção, é a entrevista semiestruturada, o pesquisador necessita de habilidades para conduzir as entrevistas com uso do roteiro para interagir com o entrevistado e obter o máximo de informação sem viés, com flexibilidade para explorar os pontos de vista do entrevistado que seja de interesse para responder à questão de pesquisa. Para a coleta de outras evidências, advindas de observações e consulta a documentos, o pesquisador precisa de outras habilidades. A observação requer uma boa compreensão do referencial teórico para observar as variáveis e situações mais apropriadas. Por outro lado, é preciso ter flexibilidade para capturar outras variáveis e situações não esperadas, mas tão relevantes ou mais que aquelas previstas pelo referencial teórico. Para aqueles pesquisadores que conhecem de alguma forma a organização estudada, é fundamental evitar o viés advindo de preconceitos e julgamentos do pesquisador sobre as pessoas e a organização. Isso pode contaminar a coleta de dados e distorcer a coleta e análise de dados. Deve-se evitar o "efeito crachá".[36]

Antes da coleta de dados, é importante desenvolver um caso-piloto para testar o protocolo de pesquisa e refinar as habilidades pessoais do pesquisador. "[...] O caso-piloto é utilizado de uma maneira mais formativa [...]".[37] Ele é tão importante quanto o outro ou os outros casos a serem desenvolvidos. A seleção do caso-piloto pode ocorrer pela conveniência, facilidade de acesso e proximidade geográfica.

A aplicação do protocolo de pesquisa na coleta de dados pode sofrer alterações conforme o pesquisador notar a necessidade com revisão *in loco* das questões ou adaptações delas. Se o caso-piloto não implicar mudanças significativas no projeto estabelecido inicialmente, o relatório do estudo de caso-piloto pode ser aproveitado e este fazer parte dos dados coletados. Na situação de caso único raro ou extremo, o caso-piloto pode não ser desenvolvido por conta de não poder haver a oportunidade de realizar o piloto e a pesquisa na mesma organização. O acesso em algumas organizações só é permitido uma única vez.

Uma vez feita a preparação, a coleta de dados pode ser iniciada. Num estudo de caso, as evidências podem ser coletadas de seis fontes: documentação, registros em arquivos, entrevistas, observação direta, observação participante e os artefatos físicos. O Quadro 15.2 detalha essas seis fontes de evidência. A coleta é guiada por três princípios: utilização de múltiplas fontes de evidência; criação de um banco de dados para o caso e manutenção do encadeamento de evidências.[38]

Com a triangulação dos dados, a quantidade de evidências coletadas pode ser grande e requer que elas sejam organizadas em um banco de dados. Os componentes desse banco são: notas do estudo de caso, documentos coletados, tabelas e quadros com redução das entrevistas e também com dados do caso e as narrativas. As notas são tanto as anotações feitas durante as entrevistas quanto as gravações das entrevistas, quando permitidas.[39] Raramente os pesquisadores que não são membros das organizações estudadas conseguem cópias dos documentos nas pesquisas de Engenharia de Produção e Gestão de Operações. Todavia, quando isso ocorre é necessário organizar toda essa documentação.

Os dados provenientes das múltiplas fontes de evidências devem conectar de forma coerente o relatório do estudo de caso e as questões constantes no protocolo de pesquisa que refletem, por sua vez, o problema de pesquisa e o referencial teórico. As evidências precisam ser encadeadas de forma a sustentar os achados do estudo de caso e demonstrar que a coleta de dados seguiu os passos estabelecidos no protocolo de pesquisa.[40]

A última atividade nesta etapa é elaboração do relatório do estudo de caso. Vários autores concordam sobre a dificuldade e a falta de técnicas para estruturar a execução dessa atividade.[41] Para superar essas dificuldades, quatro estratégias podem ser utilizadas: seguir as proposições estratégicas; desenvolver descrição do caso; utilizar dados quantitativos e qualitativos e examinar explicações rivais.[42] Comumente, as duas primeiras são as mais utilizadas. Todavia, há um crescimento da análise de conteúdo com uso de *software* de *Qualitative Data Analysis* (QDA) que permite uma análise de dados qualitativos e quantitativos, principalmente de arquivos em texto das entrevistas.

Quadro 15.2 Seis fontes de evidências de estudos de caso[43]

Fonte de evidência	Características	Tipos/exemplos	Pontos fortes	Pontos fracos
Documentação	É provável que as informações documentais sejam relevantes a todos os tópicos do estudo de caso. Pode assumir muitas formas e deve ser o objeto de planos explícitos da coleta de dados. Seu uso mais importante é corroborar e valorizar as evidências oriundas de outras fontes. Eles são úteis para se verificar a grafia correta e os cargos ou nomes de organizações mencionados na entrevista. É possível fazer inferências a partir dos documentos. Por isso, buscas sistemáticas por documentos relevantes são importantes em qualquer planejamento para a coleta. Deve-se solicitar permissão para examinar os arquivos de qualquer organização que está sendo estudada.	Cartas, memorando e outros tipos de correspondências; agendas, atas de reuniões e outros relatórios escritos de eventos em geral; documentos administrativos; estudos e avaliações formais do mesmo local em estudo; *folder* e outros artigos publicados na mídia.	• Pode ser revisada inúmeras vezes • Não foi criada como resultado do estudo de caso • Contém nomes, referências e detalhes exatos de um evento • Cobre amplo espaço de tempo, muitos eventos e muitos ambientes distintos	• Capacidade de recuperação pode ser baixa • Seletividade tendenciosa, se a coleta não estiver completa • Relato de visões tendenciosas, pois reflete ideias preconcebidas (desconhecidas) do autor • Acesso pode ser deliberadamente negado
Registros em arquivos	Os registros em arquivo, mesmo na forma digital, também podem ser muito importantes para a pesquisa. Quando se julga que os registros são importantes, deve-se averiguar sob quais condições os mesmos foram produzidos e qual o seu grau de precisão.	Registros de serviços, organizacionais, mapas, tabelas, listas de nomes e produtos, pesquisas etc.	• Os mesmos mencionados para a documentação • Precisos e quantitativos	• Os mesmos mencionados para a documentação • Acessibilidade aos locais graças a razões particulares
Entrevistas	É uma das fontes mais importantes. Podem ser estruturadas, semiestruturadas ou não estruturadas. Informantes-chave são sempre fundamentais para o sucesso de um estudo de caso. As entrevistas podem utilizar gravadores, sendo esta uma escolha pessoal do pesquisados. Porém, este não deve ser utilizado quando o entrevistador não permite o seu uso ou quando se sente desconfortável na presença do gravador.	Estruturadas, semiestruturadas, não estruturadas.	• Enfocam diretamente o tópico do estudo de caso • Fornecem inferências causais percebidas	• Visão tendenciosa devido a questões mal elaboradas • Respostas tendenciosas • Ocorrem imprecisões devido à memória fraca do entrevistado • Reflexiva, pois o entrevistado dá ao entrevistador aquilo que ele quer ouvir

(continua)

(continuação)

Fonte de evidência	Características	Tipos/exemplos	Pontos fortes	Pontos fracos
Observações diretas	Podem variar de atividades formais a atividades informais. Quando formais, podem-se desenvolver protocolos de observação como parte dos protocolos do estudo de caso e incluem observações de reuniões, visita aos setores da empresa, acompanhamento de atividades operacionais etc. Quando informais, podem-se realizar observações diretas ao longo da visita de campo, incluindo aquelas ocasiões durante as quais estão sendo coletadas outras evidências, como as evidências provenientes de entrevistas. Podem-se tirar fotografias dos locais.	Observações de reuniões, visita aos setores da empresa, acompanhamento de atividades operacionais etc. Fotografia dos locais visitados.	• Tratam de acontecimentos em tempo real • Tratam do contexto do evento	• Consomem muito tempo • Seletiva, salvo ampla cobertura • Reflexiva, pois o fato pode acontecer de forma diferenciada porque está sendo observado • Custo das horas necessárias pelos observadores
Observação participante	Nesse caso, o pesquisador não é um observador passivo, podendo assumir uma variedade de funções dentro de um estudo de casos, participando dos eventos que estão sendo estudados. Tem-se a oportunidade de perceber a realidade do ponto de vista de alguém de "dentro" da pesquisa. Contudo, podem-se produzir pontos de vista tendenciosos.	Ser a pessoa que toma as decisões-chave na organização estudada, trabalhar como membro da equipe de organização etc.	• Os mesmos mencionados para a observação direta • Perceptiva em relação a comportamentos e razões interpessoais	• Os mesmos mencionados para a observação direta • Visão tendenciosa, devido à manipulação dos eventos por parte do pesquisador
Artefatos físicos	Podem-se coletar ou observar esses artefatos como parte de uma visita de campo. Eles têm uma importância potencialmente menor na maioria dos exemplos típicos de estudo de caso.	Um aparelho de alta tecnologia, uma ferramenta ou instrumento, um produto, uma obra de arte etc.	• Capacidade de percepção em relação a aspectos culturais • Capacidade de percepção em relação a operações técnicas	• Seletividade • Disponibilidade

Essas estratégias fundamentam quatro técnicas analíticas: adequação ao padrão; construção da explanação; e análise de séries temporais; modelos lógicos. Essas técnicas não são simples de utilizar e requerem tempo e aprendizado para atingir uma eficácia.[44] O Quadro 15.3 apresenta uma síntese dessas técnicas analíticas. Quando o estudo de caso é múltiplo, o pesquisador deve conduzir duas análises: dentro do caso e casos cruzados,[45] ambas com aplicação das técnicas analíticas. A busca sistemática pelos padrões na análise cruzada dos casos é essencial na pesquisa por estudos de casos. Também é essencial para aumentar o poder de generalização das conclusões extraídas dos casos.[46]

Quadro 15.3 Técnicas analíticas para análise de estudo de caso[47]

Método	Significado	Tipo de estudo de caso aplicável	Tópicos
Adequação ao padrão	Compara um padrão fundamentalmente empírico com outros de base prognóstica. Se os padrões coincidirem, os resultados podem ajudar o estudo de caso a reforçar sua validade interna.	• Explanatório • Descritivo	**Variáveis dependentes não equivalentes tidas como padrão**: um experimento ou uma pesquisa quase experimental pode possuir inúmeras variáveis dependentes, ou seja, uma variedade de resultados. Se os valores inicialmente previstos para cada resultado forem encontrados e, ao mesmo tempo, não se encontrarem padrões alternativos de valores previstos, pode-se fazer inferências causais. **Explanações concorrentes como padrão**: essa análise requer o desenvolvimento de proposições teóricas concorrentes, articuladas em termos operacionais. A principal característica dessas explanações concorrentes é que cada uma envolve um padrão de variáveis independente que é mutuamente excludente: se uma explanação for válida, as outras não podem ser.
Construção da explanação	O objetivo é analisar os dados do estudo de caso construindo uma explanação sobre o caso.	• Explanatório	**Elementos da explanação**: explicar um fenômeno significa estipular um conjunto de elos causais em relação a ele. Esses elos são similares a variáveis independentes no uso previamente descrito de explanações concorrentes. Os melhores estudos de caso são aqueles em que as explanações refletem algumas proposições teoricamente significativas. **Natureza iterativa da construção de explanações**: a elaboração gradual de uma explanação assemelha-se ao processo de aprimorar um conjunto de ideias, nas quais um aspecto importante é levar em consideração outras explanações plausíveis ou concorrentes. **Problemas em potencial na construção da explanação**: o pesquisador pode acabar se desviando lentamente do tópico original de interesse. Referências constantes ao objetivo original da investigação e a possíveis explanações alternativas podem ajudar a diminuir esse problema.
Análise de séries temporais	É análoga à análise de séries temporais realizada em experimentos e em pesquisas quase experimentais. Quanto mais complicado e preciso for o padrão, mais a análise de séries temporais estabelecerá uma base firme para as conclusões do estudo de caso.	• Descritivo	**Séries temporais simples**: nas séries temporais pode haver uma única variável dependente ou independente. Nessas circunstâncias, quando um grande número de dados pode ser relevante e viável, podem-se utilizar até mesmo testes estatísticos para analisar os dados. **Séries temporais complexas**: embora uma série temporal mais complexa crie problemas maiores para a coleta de dados, ela também leva a uma tendência mais elaborada, tornando a análise mais definitiva. **Cronologia**: a disposição dos eventos em uma linha cronológica permite que o pesquisador determine os eventos ao longo do tempo, uma vez que a sequência básica de uma causa e seu efeito não pode ser temporalmente invertida.

(continua)

(continuação)

Método	Significado	Tipo de estudo de caso aplicável	Tópicos
Modelos lógicos de programa	Trata-se de uma combinação das técnicas de adequação ao padrão e de análise de séries temporais. O padrão que está sendo buscado é o de causa-efeito entre variáveis independentes e dependentes.	• Explanatórios • Exploratórios	Essa estratégia pode ser usada em uma série de circunstâncias. O ingrediente-chave é a suposta existência de sequências repetidas de eventos na ordem causa-efeito, todas encadeadas. Quanto mais complexa for a ligação entre elas, mais definitiva será a análise dos dados do estudo de caso, a fim de determinar se a adequação ao padrão foi realizada com esses eventos ao longo do tempo.

Após a análise de dados, a atividade seguinte é a elaboração do relatório do caso, no estudo de caso único, e dos relatórios de cada caso e dos casos cruzados, no caso do estudo de caso múltiplo. O primeiro passo é identificar o público-alvo do relatório. Muitas vezes são os membros da academia, mas pode-se desejar compartilhar o relatório com os membros da organização estudada.

Para escrever um relatório existem quatro tipos de estruturas que podem ser utilizadas. O estudo de caso único clássico é a primeira e utiliza uma narrativa simples para descrever e analisar o caso. As informações da narrativa podem ser realçadas com tabelas, gráficos ou imagens. Uma versão de casos múltiplos desse mesmo caso único clássico é o segundo tipo que contém várias narrativas sobre cada um dos casos individuais. Um terceiro tipo é aquele que trata tanto de um estudo de caso único quanto de casos múltiplos, mas que não apresenta a narrativa tradicional em sua estrutura. Em vez disso, a elaboração de cada caso segue uma série de perguntas e respostas, baseada nas perguntas e respostas constantes no banco de dados para o estudo de caso. O quarto e último tipo de relatório escrito é aplicável apenas aos estudos de caso múltiplos. Esse relatório inteiro consiste em uma análise cruzada dos casos.[48] O Quadro 15.4 apresenta um resumo de seis estruturas alternativas para compor os relatórios de estudo de caso.

Quadro 15.4 Estruturas ilustrativas para composição do relatório de estudo de caso[49]

Tipo de estrutura	Propósito do estudo de caso (único ou múltiplos)			Finalidade
	Explanatório	Descritivo	Exploratório	
Analítica linear	X	X	X	É a abordagem padrão dos estudos de caso. Sua estrutura consiste no tema ou problema da pesquisa, uma revisão da literatura importante já existente, os métodos utilizados, as descobertas feitas a partir dos dados coletados e analisados e as conclusões e implicações feitas a partir das descobertas. É a mais vantajosa quando o público é composto por outros pesquisadores ou bancas de mestrado e doutorado.
Comparativa	X	X	X	Ela repete o mesmo estudo de caso duas ou mais vezes, comparando as descrições ou explanações alternativas do mesmo caso. O propósito da repetição é mostrar até que ponto os fatos adaptam-se a cada modelo, e as repetições, na verdade, ilustram a técnica de adequação ao padrão em atividade.

(continua)

(continuação)

Tipo de estrutura	Propósito do estudo de caso (único ou múltiplos)			Finalidade
	Explanatório	Descritivo	Exploratório	
Cronológica	X	X	X	Apresenta as evidências para o estudo de caso em ordem cronológica. Essa tática pode servir a um objetivo muito importante ao realizar estudos de caso explanatórios, já que podem ocorrer sequências causais linearmente ao longo do tempo de pesquisa.
Construção da teoria	X		X	A sequência dos capítulos ou das seções segue alguma lógica de construção da teoria. A lógica dependerá do tópico ou da teoria específica, mas cada capítulo ou seção deve desenredar uma nova parte do argumento teórico que está sendo feito. Os casos explanatórios examinarão as várias facetas de um argumento causal e os casos exploratórios debaterão o valor de se investigar com mais detalhes as várias hipóteses ou proposições.
Incerteza	X			Ela inverte a abordagem analítica. A resposta ou resultado direto de um estudo de caso é, paradoxalmente, apresentado no capítulo ou na seção inicial. O restante do estudo de caso e suas partes mais incertas dedicam-se, então, ao desenvolvimento de uma explanação a este resultado, com explanações alternativas discutidas nos capítulos ou nas seções subsequentes.
Não sequencial		X		É aquela em que a ordem de seções ou capítulos não possui importância em especial.

15.3.3 Análise e conclusão

Após a redação e análise do caso (estudo de caso único) ou casos (estudo de caso múltiplo), a última etapa é a análise e conclusão do estudo de caso. A comparação dos resultados alcançados com o objetivo de partida e o posicionamento deles perante o referencial teórico é a principal atividade.

Um estudo de caso exemplar apresenta cinco características: significativa, completa, considera perspectivas alternativas, apresenta evidências suficientes e atrai a atenção. Um estudo de caso é **significativo** quando: (i) o caso ou os casos individuais são diferenciados e de interesse público; (ii) as questões subjacentes são de importância nacional, tanto em termos teóricos quanto em termos políticos ou práticos; (iii) ou as duas condições anteriores. Um estudo de caso é **completo** se: (i) seus limites recebem uma atenção explícita; (ii) demonstra, de maneira convincente, que o pesquisador coletou evidências relevantes; e (iii) o pesquisador conseguiu terminar as atividades dentro do planejado e não houve interrupção ou simplificação. Um estudo de caso **considera perspectivas alternativas** quando, em estudos de caso explanatórios, examina as proposições concorrentes e analisa as evidências com base nessas proposições. Já em estudos exploratório ou descritivo, considera as evidências a partir de perspectivas diferentes. Um estudo de caso **apresenta evidências suficientes** quando as evidências permitem ao leitor fazer um julgamento independente em relação ao mérito da análise. Para tanto, as evidências devem ser apresentadas de forma neutra, tanto com dados de sustentação quanto com dados de contestação. Um estudo de caso **atrai a atenção** quando ele é redigido num estilo claro e que incite o leitor a continuar lendo. Para tanto, o pesquisador precisa ser entusiástico em relação à investigação e deseje transmitir amplamente os resultados obtidos.

Apesar de o método de estudo de caso receber muitas críticas na academia por não ser rigoroso e, logo, não ter cientificidade, ele é um método de pesquisa robusto quando atende aos requisitos apresentados nesta seção e utilizado adequadamente para determinados problemas de pesquisa de Engenharia de Produção e Gestão de Operações. Cabe aqui salientar que ele não se aplica em todos os problemas de pesquisa da área.

O Boxe 15.1 ilustra a utilização do estudo de caso em uma pesquisa na área de sistemas de medição de desempenho e gestão da cadeia de suprimentos.

BOXE 15.1 ILUSTRAÇÃO DE UMA PESQUISA QUE USOU O ESTUDO DE CASO COMO MÉTODO[50]

As cadeias de suprimentos são cada vez mais importantes para a sobrevivência das empresas no mercado competitivo atual. Teorias e métodos que contribuam para a melhoria de sua gestão são elementos importantes para a pesquisa e o desenvolvimento na área da Engenharia de Produção. Considerando os sistemas de medição de desempenho como um desses elementos e a lacuna existente na literatura, propor um modelo para alinhamento entre as maturidades dos sistemas de medição de desempenho e da gestão da cadeia de suprimentos é relevante e inovador.

Um modelo teórico foi desenvolvido a partir da revisão da literatura. A figura a seguir ilustra o modelo. Para investigar a aderência do modelo com a prática das empresas, foram realizados estudos de caso com empresas nos três níveis de maturidade do modelo – inicial, intermediário e avançado.

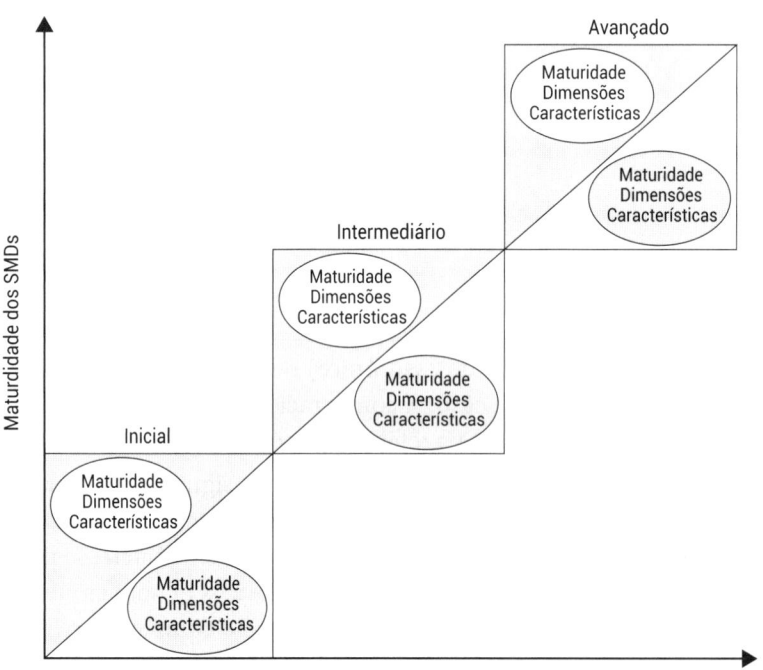

Em cada empresa, foram entrevistados profissionais responsáveis pela gestão da cadeia de suprimentos e pelos sistemas de medição de desempenho. Também foram estudadas as práticas de gestão da cadeia de suprimentos das empresas estudadas bem como seus sistemas de medição de desempenho.

Como principais resultados, na maioria dos casos, foi identificada a existência de uma relação entre as maturidades do sistema de medição de desempenho e da gestão da cadeia de suprimentos, embora nem sempre todas as dimensões da maturidade dos dois elementos encontrem-se em um mesmo nível de desenvolvimento. Isso pode prejudicar a gestão da cadeia de suprimentos. Como contribuição, o modelo apresentou uma abordagem inédita para a teoria dos sistemas de medição de desempenho no âmbito da gestão da cadeia de suprimentos, como também, proporcionou aos praticantes o alinhamento correto entre a maturidade da gestão da cadeia de suprimentos e a maturidade dos sistemas de medição de desempenho.

15.4 PESQUISA-AÇÃO

A origem do método de pesquisa da pesquisa-ação surgiu na área de Ciências Sociais na década de 1940 na Europa e nos Estados Unidos. O termo pesquisa-ação foi introduzido por Kurt Lewin em 1946 para tratar uma abordagem de pesquisa que combinava a geração de teoria simultaneamente com a mudança do próprio sistema social pela ação do pesquisador nesse sistema em conjunto com os pesquisados.[51]

No contexto da Engenharia de Produção e Gestão de Operações, a utilização da pesquisa-ação é importante para a produção de novos conhecimentos a partir da resolução de problemas dinâmicos e complexos, particulares de cada ambiente de trabalho.[52,53]

> [...] Pesquisa-ação é uma abordagem aplicada na pesquisa social, onde o pesquisador e um cliente colaboram no desenvolvimento de um diagnóstico e solução científica de um problema, garantindo que isso irá contribuir para estoque de conhecimento num domínio empírico particular [...].[54]

> Pesquisa-ação é um tipo de pesquisa social com base empírica que é concebida e realizada em estreita associação com uma ação ou com a resolução de um problema coletivo e no qual os pesquisadores e os participantes representativos da situação ou problema estão envolvidos de modo cooperativo ou participativo.[55]

Durante a realização da pesquisa-ação, o pesquisador se envolve com a organização estudada, passando a ser virtualmente um membro dela. Entretanto, ele deve ter uma postura de prover os membros da equipe com informações teóricas e absorver as perspectivas deles de forma a possibilitar uma harmonia entre teoria e prática.

A pesquisa-ação é apropriada para perguntas de pesquisa do tipo "como" mais que as do tipo "por que". O que diferencia o método de pesquisa-ação do de estudo de caso é o relacionamento desenvolvido entre o pesquisador e os membros da organização, que participam do projeto de pesquisa. Outra diferença é que o pesquisador na pesquisa-ação é membro da equipe que busca a solução do problema enquanto no estudo de caso ele assume um passivo e não participa de mudanças organizacionais. Por fim, a pesquisa-ação produz conhecimento e mudança na organização estudada. Já o estudo de caso produz apenas conhecimento.

As principais características do método de pesquisa-ação são: (i) a pesquisa com ação e não pesquisa sobre a ação; (ii) participação dos envolvidos; (iii) simultaneidade com a ação; (iv) foco no processo de resolução do problema; (v) objetivo duplo, contribuir para ciência e para a organização; (vi) cooperação entre o pesquisador e os pesquisados; (vii) visão holística para abordar o problema de pesquisa de maneira ampla; e (viii) foco na mudança; aplicação de diversas técnicas; e diagnóstico para poder planejar a ação.[56]

Existem muitas versões na literatura sobre o processo de desenvolvimento da pesquisa-ação. Na Figura 15.4, é apresentado um ciclo da pesquisa-ação composto por uma pré-etapa, que compreende o contexto e o propósito da ação e quatro etapas principais: diagnóstico, planejamento da ação, implementação da ação e avaliação da ação.[57]

15.4.1 Pré-etapa: compreensão do contexto e do propósito

Os dois eixos principais da pesquisa-ação (pesquisa e ação) guiam a proposição de duas questões principais que devem ser analisadas nesta etapa:

a) Qual é a justificativa para a ação?

b) O ciclo da pesquisa-ação desenvolve-se em tempo real e necessita de uma justificativa clara para a ação. É necessário estabelecer, com clareza, um número de iniciativas propostas pelos membros da organização. A primeira iniciativa é desenvolver uma compreensão do contexto do projeto para a ação, destacando particularmente a necessidade e o desejo do projeto. A segunda iniciativa é identificar forças econômicas, políticas, sociais e técnicas que direcionem a necessidade da ação e analisar a origem, a potencialidade e a natureza das demandas dessas forças sobre o sistema. A iniciativa final desta etapa é estabelecer um comprometimento entre a equipe da empresa que vai participar do projeto e o próprio pesquisador que conduzirá o processo.

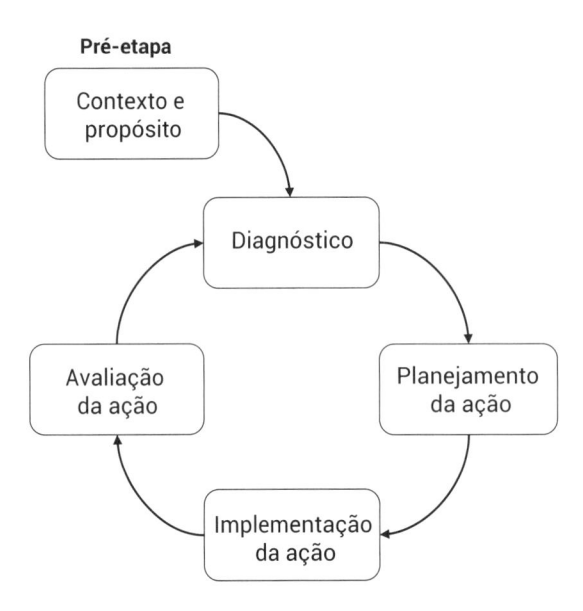

Figura 15.4 Ciclo de pesquisa-ação.

c) Qual é a justificativa para a pesquisa?

O foco desta questão é questionar a execução da pesquisa-ação como um projeto de pesquisa que gere conhecimento relevante na área de conhecimento da problemática estudada. Aqui é fundamental o conhecimento do estado da arte do conhecimento na área.

Esse tipo de método de pesquisa pode ter grande validade interna, à medida que o pesquisador pode estabelecer e controlar variáveis de pesquisa de forma a estudar as relações de causas entre elas. Já na validade externa, não é possível a generalização em termos de generalização estatística numa perspectiva indutivista visto que não existe uma amostra representativa – é uma situação única. É possível uma generalização analítica, assim como foi proposto no uso do método de estudo de caso.

15.4.2 Etapas principais

a) Diagnóstico

Envolve inicialmente, e de maneira provisória, levantar quais os problemas principais em que ações poderiam ser empreendidas. À medida que o diagnóstico é realizado, mudanças nos objetivos da ação podem ocorrer. Novos objetivos e ações podem ser replanejadas em função do detalhamento e aprofundamento do diagnóstico. O processo de desenvolvimento da pesquisa-ação como um todo caracteriza-se como uma espiral, repleta de reviravoltas e redefinições ao longo dela, em contrapartida a uma visão linear de acontecimentos.

Para tanto, o problema de pesquisa numa pesquisa-ação não é definido *a priori*. Ele deve ser formulado com base nos dados coletados para o diagnóstico e na discussão do tema com os membros da organização envolvidos.[58]

O projeto de pesquisa-ação precisa ser articulado dentro de uma problemática com um quadro de referência teórico adaptado aos diferentes setores.[59] O papel da teoria consiste em gerar ideias, hipóteses ou diretrizes para orientar a pesquisa e as interpretações. Os pesquisadores devem ficar atentos para que a discussão teórica não desestimule e não afete os participantes que não dispõem de uma formação teórica. Certos elementos teóricos deverão ser adaptados ou traduzidos em linguagem comum para permitir certo nível de compreensão.

A partir do momento em que os pesquisadores e os interessados nos resultados da pesquisa estão de acordo sobre o tema, sua delimitação, o problema a ser examinado e os objetivos a serem alcançados, começa a constituição dos grupos que conduzirão a investigação.[60]

Desse momento em diante, o facilitador (pesquisador) e os grupos participantes trabalham no levantamento de dados do problema identificado: como, quando e onde ele ocorre, com que frequência, consequências para o processo analisado. Ou seja, extrai-se um retrato fiel da situação atual que será utilizado posteriormente ao final dos ciclos de aplicação da pesquisa-ação.[61]

Desse modo, é importante que todas as fases da pesquisa-ação sejam desenvolvidas de forma colaborativa com os membros da organização envolvidos na ação futura. Isso garante comprometimento das ações e decisões efetuadas durante a intervenção. Muitas vezes, os "clientes" do projeto serão os responsáveis por validar os dados e priorizar uma determinada ação em função das prioridades daquela ação pela organização e o possível impacto no curto, médio e longo prazos.

Assim como no estudo de caso, a coleta de evidências que levem à ação deve ser efetuada a partir de inúmeros instrumentos de coleta de dados, tais como entrevistas, observação, análise documental e artefatos físicos. É comum numa pesquisa-ação valer-se também de análises quantitativas que apoiem o processo de diagnóstico.[62]

b) Planejamento da ação

Antes do planejamento da ação, ocorre a análise de dados. Os recursos de análise de dados utilizados num estudo de caso podem ser aplicados no contexto da pesquisa-ação. Para tanto, o vínculo com um modelo teórico-conceitual é fundamental. Os dados obtidos por meio de entrevistas e observações devem ser tabulados e codificados para uma análise mais coerente. A análise dos dados coletados deve ser realizada e validada tanto pelo pesquisador como pela equipe organizacional envolvida no projeto. Essa abordagem colaborativa baseia-se no aspecto participativo da pesquisa-ação, constituindo uma importante maneira de utilizar os conhecimentos dos membros da organização na melhoria do desempenho organizacional. Desse processo colaborativo, surgirão propostas de ações que deverão ser implantadas.[63]

Dados quantitativos e qualitativos devem ser analisados sempre que possível, porém o pesquisador também pode utilizar entrevistas estruturadas ou semiestruturadas, documentos e observações para coletar dados sobre a perspectivas das pessoas e do ambiente em que acontecerá a mudança. A coleta de dados ocorrerá em diversos momentos durante o desenvolvimento da pesquisa.[64]

O resultado desta etapa é um plano que define as ações necessárias para a solução do problema e os responsáveis pela implantação de cada ação bem como o prazo para conclusão. As recomendações devem ser elaboradas e registradas pelo pesquisador em conjunto com os participantes da empresa. Algumas questões-chave necessitam ser respondidas para elaborar o plano de ação:[65] (i) O que precisa mudar?; (ii) Em que atividades ou processos da organização?; (iii) Quais são os tipos de mudanças necessárias?; (iv) Qual é o tipo de apoio necessário?; (v) Como é o compromisso a ser formado?; (vi) Qual é a resistência a ser gerenciada? As respostas devem ser formuladas pelo grupo de trabalho que envolve o pesquisador e os membros da organização em que a mudança ocorrerá.

c) Implantação da ação

Nesta fase, o pesquisador e os membros da organização devem implementar a ação planejada. Normalmente, os membros da organização ficam responsáveis pela implantação das ações pela necessidade de maior dedicação de tempo, conhecimento da organização etc. O pesquisador atua como um facilitador, principalmente dos aspectos técnicos da solução. Esta é uma etapa demorada e de maior risco. Naturalmente, que os riscos podem ser minimizados com a boa execução das etapas anteriores.

d) Avaliação da ação

Esta etapa envolve a reflexão sobre os resultados da ação, tanto os previstos quanto os imprevistos. O objetivo da avaliação é que o próximo ciclo de planejamento e a ação possam beneficiar-se da experiência do ciclo executado anteriormente. A avaliação é um importante aspecto para a aprendizagem no processo de pesquisa-ação.

Ação sem avaliação pode conduzir tanto ao sucesso, o objetivo do projeto, quanto ao seu fracasso. Erros cometidos nas fases ou ciclos anteriores podem gerar falhas e frustrações nas etapas e ciclos futuros. O monitoramento constante de cada etapa da pesquisa permite um realinhamento de objetivos e recursos necessários ao sucesso do projeto de pesquisa-ação. Após cada etapa cumprida no ciclo devem ser feitos momentos de reflexão (marcos de avaliação) na forma de *workshops* dos quais devem ser extraídas lições de aprendizado tanto para o conhecimento científico quanto para a prática da organização.[66]

A avaliação é a chave para o aprendizado nesse processo de pesquisa por meio da pesquisa-ação. Sem ela as ações são implantadas ao acaso, independentemente de sucesso ou fracasso, e os erros se proliferam, gerando um aumento da ineficácia e da frustração. Um dos maiores benefícios da pesquisa-ação, além da mudança, é o aprendizado que pesquisador e pesquisados podem ter.[67]

A Figura 15.5 ilustra como o processo da pesquisa-ação é cíclico, movendo-se de ciclo em ciclo, numa perspectiva de meta-aprendizado organizacional.

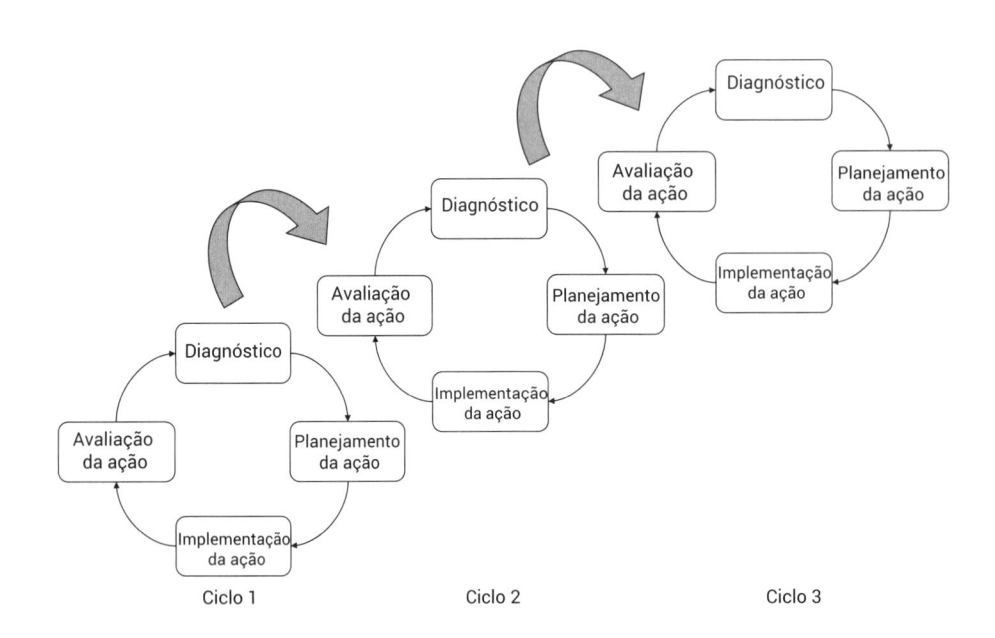

Figura 15.5 Continuidade dos ciclos da pesquisa-ação.[68]

Entre um ciclo e outro da pesquisa-ação, ilustrado na Figura 15.5, é importante a avaliação e reflexão sobre os resultados atingidos (mudanças) e o conhecimento gerado (pesquisa científica) para retroalimentar o próximo bem como redirecionar os esforços da equipe.

Apresentação dos resultados

Devido à grande quantidade de dados gerados durante o desenvolvimento da pesquisa-ação, a apresentação dos resultados é um desafio para o pesquisador. Tal dificuldade se acentua quando a apresentação é para a comunidade acadêmica. Por isso, o pesquisador deve lançar mão de algumas estratégias vistas na seção anterior sobre o método de estudo de caso.

Uma das estratégias é a redução de dados. A partir de um diário com as anotações sobre as ações implantadas e as mudanças alcançadas durante todo o processo de mudança, é possível reduzir os dados em narrativas e com apresentação de resultados expressos por indicadores de desempenho. Recomenda-se fazer análises comparativas desses indicadores de desempenho antes e depois das mudanças. O uso de testes de hipóteses de parâmetros para a mesma população é recomendável. Há que se ter cuidado com as relações causais estabelecidas na demonstração dos ganhos, pois porventura os indicadores podem melhorar muito mais por mudanças estruturais dentro e fora da organização.

A construção de uma narrativa dos fatos para descrever o processo de mudança é outra estratégia recomendável. Um dos resultados mais ricos da aplicação do método de pesquisa-ação é a descrição e a explicação de como se procedeu o processo de mudança naquela organização. Ainda que existam críticas à generalização desses resultados para outras organizações, dentro de uma ótica indutivista da ciência tradicional, a busca de um padrão é importante para compartilhar os resultados com outras organizações e enriquecer o conhecimento existente sobre o assunto. Numa perspectiva de Imre Lakatos, pode-se pensar a pesquisa-ação como um caso extremo em que se expande o programa de pesquisa de programa de pesquisa.[69] A narrativa do processo de mudança pode ser apresentada em quadro-resumo com base nas etapas descritas da pesquisa-ação descritas neste texto.

As dificuldades para utilização do método da pesquisa-ação são: encontrar um parceiro que demande a mudança no tempo em que a pesquisa será desenvolvida; tempo necessário para a mudança ocorrer que depende do tipo de mudança e do problema de pesquisa; condução dos seminários de avaliação; pesquisador manter a postura de pesquisador e não de consultor da organização; e conciliar a busca da solução e contribuição para o conhecimento.

Superadas essas dificuldades, a utilização do método de pesquisa-ação pode render bons resultados tanto para organização quanto para a conhecimento científico. Isso pode acontecer porque é um método de pesquisa empírico com mudanças reais no ambiente estudado com a participação dos pesquisados. Apenas os métodos de pesquisa-ação e experimentação de campo ou quasi-experimento produzem mudanças nas organizações. Os demais, o pesquisador apenas tenta captar as mudanças em curso ou já ocorridas.

15.5 PESQUISA DE LEVANTAMENTO OU *SURVEY*

A *survey* também conhecida como pesquisa de avaliação ou levantamento, é classificada, em pesquisas na área de Engenharia de Produção e Gestão de Operações, como um método de pesquisa da abordagem quantitativa.[70]

Um *levantamento* pode ser descrito como a obtenção de dados ou informações sobre características, ações ou opiniões de determinado grupo de pessoas, indicado como representante de uma população-alvo, por meio de um instrumento de pesquisa, normalmente um questionário.[71]

Ela é apropriada quando: (a) deseja-se responder a questões de pesquisa do tipo "o quê?", "por quê?", "como?" e "quanto?", ou seja, quando o interesse é sobre "o que está acontecendo" ou "como e por quê isso está acontecendo"; (b) não se tem interesse ou não é possível controlar as variáveis dependentes e independentes; (c) o ambiente natural é a melhor situação para estudar o fenômeno de interesse; e (d) o objeto de interesse ocorre no presente ou passado recente.[72]

Quanto ao número de momentos em que os dados são coletados, uma *survey* pode ser:[73] **longitudinal** em que a coleta de dados ocorre ao longo do tempo, em períodos ou pontos especificados, buscando estudar a evolução ou as mudanças de determinadas variáveis ou, ainda, as relações entre elas; ou **corte transversal** (*cross-sectional*) em que a coleta dos dados ocorre em um só momento, pretendendo descrever e analisar o estado de uma ou várias variáveis em um dado momento.

Quanto aos propósitos, uma *survey* pode ser classificada como:[74,75] (a) **Exploratória ou Investigativa** cujo objetivo é obter uma percepção preliminar a respeito de um tópico, fornecendo a base para um levantamento mais detalhado. Tal abordagem pode auxiliar na determinação de conceitos a serem mensurados em relação ao fenômeno de interesse, qual a melhor forma de medi-los e como compreender novas perspectivas do fenômeno sob estudo. (b) **Explicativa ou Confirmatória** que é utilizada quando o conhecimento de um fenômeno foi articulado de forma teórica, utilizando conceitos, modelos e proposições bem definidos. Nesse caso, a coleta de dados é realizada com a finalidade específica de testar a adequação dos conceitos desenvolvidos em relação ao fenômeno, das ligações hipotéticas entre os conceitos e da fronteira da validade dos modelos. Os estudos longitudinais são mais úteis para esse tipo de *survey*. (c) **Descritiva** que é realizada para compreender a importância de certo fenômeno e descrever a distribuição deste em uma população. O objetivo principal não é o desenvolvimento teórico-conceitual, embora por meio dos fatos descritos ela possa fornecer sugestões úteis para a construção e o refinamento de teorias.

O processo de pesquisa *survey*

Uma *survey* pode ser conduzida conforme o esquema ilustrado na Figura 15.6.

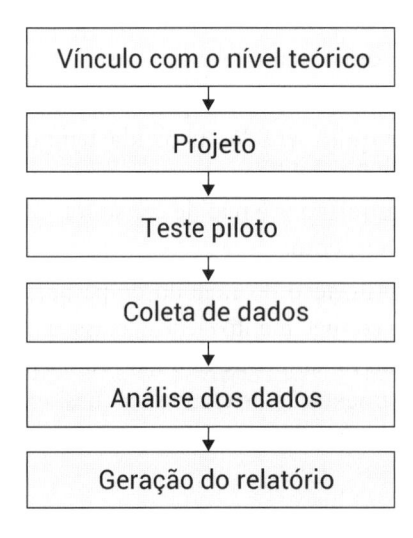

Figura 15.6 Etapas de execução de um levantamento do tipo *survey*.[76]

15.5.1 Vínculo com o nível teórico

Nesse tipo de pesquisa pressupõe-se que um modelo teórico-conceitual seja estabelecido para verificar, empiricamente, se ele se confirma na prática ou o contexto real em que fora submetido à pesquisa.[77, 78]

A definição do modelo teórico-conceitual requer uma profunda e criteriosa revisão da literatura a fim de mapear um conjunto de constructos que expliquem ou retratem, de certa forma, o fenômeno estudado.[79] Um constructo pode ser entendido como um conceito complexo, que dificilmente poderá ser medido diretamente no ambiente de estudo. Uma maneira de tornar o entendimento de um constructo mais tangível é associá-lo a um conjunto de variáveis passíveis mensuração por indicadores ou uso de escalas de avaliação.[18] Um ponto importante a ser destacado é que dependendo do propósito da *survey*, haverá um maior ou menor rigor na sistematização dos constructos que compõem o modelo teórico conceitual.[80]

Em um *levantamento* com propósito exploratório ou descritivo o modelo teórico conceitual é definido de forma mais simples, menos estruturada. Nesse caso, os constructos são compostos por variáveis (itens) que descrevam ou explorem o fenômeno em estudo. Por exemplo, na pesquisa *Um estudo sobre a certificação ISO 9001 no Brasil: mapeamento de motivações, benefícios e dificuldades*[81] foram estabelecidos três constructos que exploram ou descrevem a certificação ISO 9000 em empresas brasileiras: (a) motivações; (b) benefícios, e (c) dificuldades. Tais constructos foram definidos após extenso esforço de mapeamento da literatura. O Quadro 15.5 contém detalhes sobre as variáveis que compõem cada um dos constructos citados.

Quadro 15.5 Constructos e variáveis constituintes*

Constructo	Variáveis
Motivação	• Pressão dos competidores • Pressão dos concorrentes • Tornar a empresa mais atrativa para investidores • Influencia positivamente a imagem da empresa perante a mídia e a sociedade • Maior eficiência produtiva [...]
Benefícios	• Melhoria da qualidade nos processos • Maior conscientização dos empregados em relação à qualidade • Melhoria da cultura organizacional • Melhoria na imagem da empresa • Maior visibilidade da empresa junto a clientes e fornecedores • Aumento da satisfação do cliente [...]
Barreiras/Dificuldades	• Resistência dos funcionários • Pouco apoio da alta administração • Altos custos de implantação [...]

* Os itens que compunham cada constructo foram mensurados por uma escala Likert, que representava, respectivamente: discordo totalmente; discordo; indiferente; concordo; e concordo plenamente.

A análise estatística em *surveys* com esse propósito envolve basicamente a utilização de estatísticas descritivas, como frequências e porcentagens, medidas de posição e dispersão, entre outras. Há a possibilidade ainda do estabelecimento de hipóteses de pesquisa, utilizando dessa forma técnicas de estatística inferencial, como os testes de hipóteses não paramétricos, recomendados quando as variáveis de pesquisa são qualitativas e não há evidência de normalidade na sua distribuição.[82]

A hipótese pode ser entendida como uma afirmação positiva, negativa ou condicional (ainda não testada) sobre determinado problema ou fenômeno. São respostas possíveis e provisórias em relação às questões de pesquisa que se tornam também instrumentos importantes como guias na tarefa de investigação.[83]

Uma hipótese ilustrativa da pesquisa citada anteriormente seria: *H1: As empresas com mais de uma certificação apresentam mais benefícios que empresas que possuem apenas uma certificação.*

Por outro lado, uma *survey* com propósito explicativo, requererá um procedimento mais rigoroso no dimensionamento e caracterização dos constructos e suas relações (que podem ser causais ou não).[84] Decisões importantes deverão ser tomadas em relação à quantidade de itens por constructo, que dependerá diretamente do tamanho da amostra final. Para ilustrar os conceitos citados, tome-se a pesquisa *"O impacto da integração na cadeia de suprimentos sobre o desempenho"*.[85] O modelo teórico conceitual da pesquisa é ilustrado pela Figura 15.7.

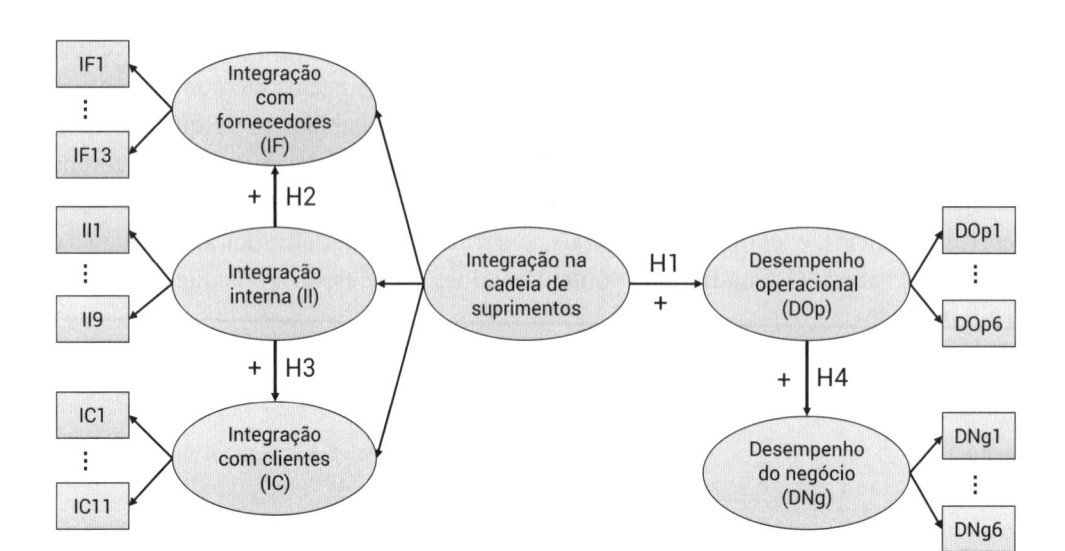

Figura 15.7 Modelo teórico-conceitual da pesquisa.[86]

A hipótese central do estudo foi: *H1: O nível de integração da empresa na cadeia de suprimentos afeta positivamente o desempenho operacional.*

É importante ressaltar que o constructo Integração na cadeia de suprimentos é extremamente complexo. A decisão tomada foi desdobrá-lo nos constructos, integração interna na empresa, integração da empresa com seus fornecedores e integração da empresa com seus clientes. A literatura preconiza ainda que a integração interna afeta os níveis de integração com clientes e fornecedores. Para tanto, foram formuladas mais duas hipóteses a serem testadas:

H2: O nível de integração interna da empresa afeta positivamente o nível de integração com seus fornecedores.

H3: O nível de integração interna da empresa afeta positivamente o nível de integração com seus clientes.

A literatura trata também da influência do desempenho operacional no desempenho do negócio como um todo. Para tanto, outra hipótese foi formulada, tratando dessa relação seria: *H4: O desempenho operacional afeta positivamente o desempenho da empresa como um todo.*

Para que o modelo estatístico que irá testar as hipóteses tenha um índice de ajustamento aceitável é necessário um tamanho de amostra mínimo.[87] Nesse sentido é necessário balancear o número de itens em cada constructo. A literatura recomenda um número mínimo de três itens por constructo.[88] Caso o constructo seja formado por uma quantidade maior destes itens, a amostra deverá aumentar proporcionalmente. Por exemplo, no modelo ilustrado na Figura 15.7, há em média 9 itens por constructo, perfazendo um total de 45 itens. Um bom índice para dimensionar o tamanho da amostra é multiplicar por 5 o número de itens totais do modelo teórico conceitual.[89] Nesse caso, o tamanho da amostra deveria ser de no mínimo 225 unidades da análise.

A unidade de análise refere-se ao nível de agregação dos dados. As unidades de análise em gestão de operações podem ser indivíduos, grupos, plantas, divisões, empresas, projetos, sistemas etc.[90] Ela deve ser determinada durante a formulação das questões de pesquisa.

A análise estatística em *surveys* com propósito explicativo ou causal utiliza geralmente modelos estatísticos multivariados do tipo dependentes, em que há uma ou mais variáveis resposta em função de um conjunto de variáveis independentes. A técnica estatística em si, dependerá da natureza (quantitativa ou qualitativa) das variáveis, tanto as de resposta quanto as independentes. Como exemplos dessas técnicas podem ser citadas a regressão linear múltipla, a regressão logística, a análise da função discriminante e a modelagem de equações estruturais.[91,92]

15.5.2 O projeto

O projeto de uma *survey* inclui todas as atividades que precedem a coleta de dados. Nesta etapa, o pesquisador deveria considerar aspectos como procedimentos de amostragem e elaboração dos questionários.

O dimensionamento da amostra é uma atividade crítica em uma *survey*, devido ao rigor metodológico necessário para a obtenção de uma amostra representativa da população estudada. Além disso o processo de amostragem impacta diretamente no tempo e no custo da pesquisa.

Surveys por amostragem podem permitir estimativas muito precisas sobre as populações que retratam.[93] Muitos pesquisadores criticam as *surveys* por amostragem pelo aspecto de generalização dos resultados para toda a população. Para minimizar tal problemática o planejamento da amostra deve ser criterioso, considerando principalmente questões relativas à aleatoriedade e ao tamanho da amostra.[94]

Para tratar da questão da aleatoriedade, pode-se distinguir dois grandes tipos de métodos de amostragem: amostragem probabilística e amostragem não probabilística. Este capítulo aborda somente a amostragem probabilística, por ser o método mais útil e respeitado atualmente[95] e por assegurar a representatividade da amostra quando o pesquisador está interessado na generalização dos resultados.[96]

Uma amostra probabilística ou aleatória é constituída de "n" unidades retiradas ao acaso da população. Para obter uma amostra aleatória, é necessário que a população seja conhecida, e cada unidade esteja identificada por nome ou número. Os elementos que constituirão a amostra são escolhidos por sorteio. Dessa maneira, toda unidade da população tem probabilidade conhecida de pertencer à amostra.[97]

A amostra probabilística pode ser classificada em simples ou estratificada. A amostragem aleatória simples é obtida por sorteio de uma população por unidades homogêneas para a variável que se deseja estudar. Já a amostragem aleatória estratificada é utilizada quando a população é composta por unidades heterogêneas para a variável estudada. Nesse caso, as unidades da população devem ser identificadas e reunidas em subgrupos denominados "estratos". Posteriormente, o sorteio é feito em cada estrato.[98]

Apesar de ser a técnica "mais perfeita" para se obter uma amostra representativa da população, é impraticável quando a população é muito grande, pois não possibilita a aplicação da tabela de números aleatórios para a escolha das unidades de pesquisa.[99]

A amostragem aleatoriamente estratificada é um tipo muito útil de amostragem, pois fornece mais informação para um dado tamanho de amostra. Esse procedimento assegura alta homogeneidade dentro de cada estrato e heterogeneidade entre os estratos. Ela permite a comparação dos subgrupos da população e também o controle de fatores, tais como tipo ou tamanho da indústria, que frequentemente afetam os resultados.[100]

Há dois fatores inter-relacionados que o pesquisador deve considerar no processo de seleção e tamanho da amostra: o nível de confiança e o intervalo de confiança. O nível de confiança é o risco do erro que o pesquisador assume ao aceitar os resultados do estudo. Geralmente, o pesquisador escolhe um nível de confiança de 95%, o que indica que os resultados da pesquisa têm chance de erro de 5%. Por outro lado, o intervalo de confiança determina o nível da acuracidade da amostragem que o pesquisador obtém, ou seja, o tamanho da amostra está diretamente relacionado com a acuracidade da média da amostra como uma estimativa da verdadeira média populacional.[101]

Existem várias fórmulas para se calcular o tamanho da amostra. Tais equacionamentos levam em consideração, por exemplo, o tamanho da população (infinita ou finita), a representação de variáveis, em termos de proporção ou escala da variável (intervalar, por exemplo).[102] O objetivo deste texto não é esgotar o assunto, mas apenas ilustrar o conceito de cálculo do tamanho da amostra.

A Equação 15.1 ilustra o cálculo do tamanho da amostra para uma população finita e pequena.[103]

$$n = \frac{Z_\alpha^2 \left[p(1-p)\right] N}{Z_\alpha^2 \left[p(1-p)\right] + (N-1) C_p^2} \tag{15.1}$$

em que:

Z_α: valor de z para vários níveis de confiança (α);

C_p: intervalo de confiança em termos de proporções;

p: proporção relativa à variável estudada;

N: tamanho da população;

n: tamanho da amostra.

Para proceder ao cálculo do tamanho da amostra (n), os valores de p devem ser estabelecidos. O valor de Z_α para um intervalo de confiança de 95% (costumeiramente o mais usado) é 1,96. Para um intervalo de confiança de 99% o valor de Z_α é 2,575. O intervalo de confiança é tipicamente ajustado para não exceder 10%, e mais frequentemente utilizado num *continuum* de 3% a 5%. A verdadeira proporção (p) é sempre desconhecida. Dessa maneira, uma postura conservadora seria adotar um valor de p que convirja para o maior valor do tamanho da população. Isso ocorre quando se utiliza $p = 0,5$ ou 50%.

Para ilustrar o cálculo do tamanho da amostra para uma população finita e pequena, tome-se o exemplo de uma empresa que comercializa um *software* estatístico voltado à pesquisa, e que deseja fazer um levantamento para saber a aceitação do *software* no meio acadêmico. Qual o número de pesquisadores que devem ser entrevistados com 3% de erro (intervalo de confiança) e 95% de confiança (nível de confiança)?

Nesse caso, será adotado um valor de $p = 0,5$, assumindo nesse sentido que 50% dos pesquisadores têm uma aceitação positiva do *software*.

No exemplo ilustrado, a população, finita, é composta por 2.500 pesquisadores da área de engenharia de produção no Brasil, e a empresa quer investigar o nível de aceitação do pacote estatístico segundo a visão dos docentes.

Aplicando a Equação 15.1, tem-se que:

$$n = \frac{Z_\alpha^2 \left[p(1-p)\right] N}{Z_\alpha^2 \left[p(1-p)\right] + (N-1) C_p^2} = \frac{1,96^2 \left[0,5(1-0,5)\right] 2500}{1,96^2 \left[0,5(1-0,5)\right] + (2500-1) 0,03^2} = 748 \text{ pesquisadores} \tag{15.2}$$

A Equação 15.2 retorna um tamanho da amostra de 748 pesquisadores a serem selecionados aleatoriamente para a composição da amostra.

A Tabela 15.1 ilustra tamanhos mínimos de amostras para variáveis expressas como proporções e pequenas populações, em função do intervalo de confiança e do nível de confiança. Nos casos em que a população se caracteriza como muito pequena, recomenda-se que a amostra seja formada por 50% da população.[104]

Tabela 15.1 Tamanhos de amostras para pequenas populações selecionadas[105]

Tamanho da população (N)	Tamanho das amostras					
	95% nível de confiança			99% nível de confiança		
	±3%	±5%	±10%	±3%	±5%	±10%
500	250[a]	218	81	250[a]	250[a]	125
1.000	500[a]	278	88	500[a]	399	143
1.500	624	306	91	750[a]	460	150
2.000	696	323	92	959	498	154

(continua)

(continuação)

Tamanho da população (N)	Tamanho das amostras					
	95% nível de confiança			99% nível de confiança		
	±3%	±5%	±10%	±3%	±5%	±10%
3.000	788	341	94	1.141	544	158
5.000	880	357	95	1.347	586	161
10.000	965	370	96	1.556	622	164
20.000	1.014	377	96	1.687	642	165
50.000	1.045	382	96	1.777	655	166
100.000	1.058	383	96	1.809	659	166

Nota: A escolha de ±3%, ±5%, ±10% para os intervalos de confiança é baseada na tendência de pesquisadores em usar esses intervalos como valores similares no projeto de suas *surveys*.

O instrumento de coleta de dados mais utilizado nas *surveys* é o questionário, tendo como estratégia de aplicação a entrevista pessoal, entrevista por telefone, o envio pelo correio ou e-mail etc. A escolha da estratégia de aplicação deve atentar para questões relativas a custo, tempo e, também, a forma que venha garantir uma taxa de resposta aceitável para o estudo. O Quadro 15.6 fornece comparações sobre algumas estratégias de aplicação. O "1" indica que a estratégia de aplicação tem máxima força, e o "3", o menor desempenho.

Uma ferramenta muito útil para projetar e administrar questionários via *e-mail* e internet é o *Google Forms*. Com uso dessa ferramenta, é possível: criar formulários HTML; escolher entre mais de 60 temas e sete tipos de formatos de questões; visualizar as entradas por meio de uma planilha eletrônica; inserir respostas automaticamente em uma planilha eletrônica associada à pesquisa; visualizar facilmente as informações coletadas com geração automática de gráficos sofisticados.

A organização das seções do questionário é uma tarefa importante. Um questionário mal estruturado, pode confundir os entrevistados, enviesar as respostas e colocar em risco a qualidade de toda a pesquisa.[106]

A organização do questionário começa pela carta de apresentação da pesquisa ao respondente-alvo. Essa carta fornecerá informações como: (a) instituição promotora da pesquisa; (b) objetivo da pesquisa; (c) importância da pesquisa e da participação do entrevistado no preenchimento do questionário; (d) professor ou membro da equipe responsável e seus contatos (e-mail, telefone etc.); (e) confidencialidade e sigilo dos dados; (f) possibilidade de retorno com os resultados gerais da pesquisa; (g) tempo de preenchimento do questionário; e (h) agradecimento.

Quadro 15.6 Comparação das estratégias de aplicação do questionário[107,108]

Fatores	e-mail	Entrevista pessoal (face a face)	Entrevista pessoal por telefone
Baixo custo relativo	1	3	2
Alta taxa de resposta	3	1	2
Maior cobertura da amostra	3	1	3
Alta capacidade de o instrumento de medida captar a percepção do respondente, incluindo materiais sensitivos	2	1	3
Confiabilidade e validade geral	2	1	3
Baixo tempo para coletar dados	3	2	1

(continua)

(continuação)

Fatores	e-mail	Entrevista pessoal (face a face)	Entrevista pessoal por telefone
Anonimato	1	3	2
Alta conveniência: o questionário pode ser completado de acordo com a disponibilidade do respondente	1	3	3
Maior influência do entrevistador	3	1	2
Flexibilidade no sequenciamento das questões, detalhes e explicações	3	1	2
Alta capacidade de contatar populações de difícil acesso	3	1	2
Falta de questões abertas	1	3	2
Alta garantia de que as instruções de preenchimento serão seguidas	3	1	1
Flexibilidade: o entrevistador pode fornecer mais detalhes, explicar as questões e usar mecanismos visuais de explicação	2	1	2
Grande estresse do respondente	3	1	2

Após a carta de apresentação, deve ser inserido o bloco de questões relativo à caracterização da amostra, contendo questões relacionadas tanto com o respondente (sexo, idade, posição hierárquica, tempo de empresa) quanto com a unidade de análise (setor, por exemplo). Geralmente são utilizadas questões abertas e qualitativas nominais. Quando algumas das questões desta seção tratarem de questões delicadas, como a renda do respondente, recomenda-se que essas perguntas sejam colocadas no final do questionário. O respondente, quando inibido em questões "introdutórias", para de responder ao questionário. Mesmo que ele não responda às últimas perguntas, poderão ser aproveitados os dados das primeiras respostas, quando for o caso.[109]

A sequência do questionário pode mudar de acordo com a modalidade de coleta dos dados. Questionários autoaplicáveis pelos próprios respondentes não possuem muita flexibilidade, e, nesse caso, um sequenciamento ruim pode incorrer no abandono de preenchimento por parte do respondente. Nos casos em que a coleta é realizada por meio de uma entrevista presencial, o entrevistador pode perceber que um determinado tipo ou sequência de questões está inibindo o entrevistado, e ele pode "colocar para o final" as perguntas mais "delicadas".[110,111]

O principal bloco de questões do questionário conterá questões acerca dos constructos que compõem o modelo teórico-conceitual da pesquisa. Conforme ressaltado anteriormente, os constructos são compostos por variáveis manifestas ou itens. Cada item é formado por uma assertiva que é mensurada, na maior parte dos casos, por meio de uma escala qualitativa categórica ordinal.[112] O Quadro 15.7 ilustra o constructo *Integração da empresa com fornecedores*, e as respectivas assertivas e escalas de mensuração.

Quadro 15.7 Assertivas e escala de mensuração da Integração com fornecedores[113]

n.	Assertivas	Escala*
1	A troca de informação com nossos fornecedores-chave é alta	(1) (2) (3) (4) (5)
2	O nível de parceria estratégica com nossos principais fornecedores é intenso	(1) (2) (3) (4) (5)
3	A participação no desenvolvimento de produtos com nossos fornecedores-chave é baixa	(1) (2) (3) (4) (5)
4	Nossos fornecedores-chave compartilham a programação da produção deles com nossa empresa	(1) (2) (3) (4) (5)
5	Nossos fornecedores-chave não compartilham a capacidade de produção com nossa empresa	(1) (2) (3) (4) (5)
6	Nossos fornecedores-chave disponibilizam estoque consignado para nossa empresa	(1) (2) (3) (4) (5)
7	Nossa empresa não compartilha os planos de produção com os fornecedores-chave	(1) (2) (3) (4) (5)

(continua)

(continuação)

n.	Assertivas	Escala*
8	Nossa empresa compartilha a previsão de demanda com os fornecedores-chave	(1) (2) (3) (4) (5)
9	Nossa empresa compartilha os níveis de estoque com os fornecedores-chave	(1) (2) (3) (4) (5)
10	Nossa empresa auxilia os fornecedores-chave a melhorarem seus processos, visando alinhar com nossas necessidades	(1) (2) (3) (4) (5)

* Em que: (1) Discordo totalmente; (2) Discordo; (3) Não concordo nem discordo; (4) Concordo; (5) Concordo totalmente.

Para evitar respostas automáticas e padronizadas dos respondentes é conveniente inverter o sentido das assertivas. Visualizando o Quadro 15.7 percebe-se que as assertivas 1, 2, 4, 6, 8, 9 e 10 são positivas enquanto as assertivas 3, 5 e 7 são negativas. Essa descontinuidade proposital força a atenção do respondente no preenchimento do instrumento. O único cuidado a ser tomado é que antes da análise dos dados a ordem da escala deverá ser invertida a fim de que os itens que compõem o constructo tenham a mesma coerência na interpretação dos resultados do modelo gerado. Outra solução para evitar viés na coleta de dados é embaralhar as assertivas dos diferentes constructos (integração interna, integração com fornecedores e integração com clientes).

A escala ilustrada no Quadro 15.7 é uma escala Likert de cinco pontos. Pesquisas mais recentes na área de gestão da produção e operações têm utilizado cada vez mais escalas do tipo diferencial semântico, de sete pontos, por promover uma melhor distribuição das respostas dos respondentes. A desvantagem está na limitação dos termos linguísticos apenas para os extremos da escala. Caso a escala ilustrada anteriormente fosse revertida para uma escala de diferencial semântico de sete pontos, ficaria assim: "Discordo Totalmente (1) (2) (3) (4) (5) (6) (7) Concordo Totalmente". Uma boa referência para tipos de escalas são os livros de pesquisa de marketing.[114, 115]

15.5.3 Teste-piloto

Antes de realizar a coleta de dados, seja via internet, telefone, ou presencialmente, é necessário verificar se o questionário apresenta alguma inconsistência ou erro. Essa etapa é conhecida como pré-teste do questionário.[116]

Como inconsistências ou erros, deve-se prestar atenção a questões como:[117]

- A linguagem das questões está condizente com o público-alvo da pesquisa?
- Existem muitas questões no questionário, tal fato resulta em tempo de preenchimento excessivo?
- As instruções de preenchimento estão claras?
- A formatação (cor da folha de papel ou do *site*); tipo e tamanho da fonte; espaçamento do texto etc.) do questionário está adequada?
- Os recursos de internet (servidores, por exemplo) foram bem dimensionados para suportar um preenchimento maciço e em curto espaço de tempo por parte dos respondentes?
- A sequência de questões está correta e bem ajustada?
- As questões estão livres de erros ortográficos, gírias, expressões muito técnicas, ambiguidade etc.?
- Há mecanismos de controle que apontam para o respondente uma questão em branco, não preenchida?

Outra recomendação é que o pré-teste (final) do questionário deve ser submetido a três tipos de pessoas: colegas, especialistas da organização estudada e respondentes-alvo.[118] Os colegas ou outros pesquisadores poderiam testar se o questionário consegue atingir os objetivos do estudo. O especialista da organização em estudo poderia prevenir a inclusão de questões óbvias que podem revelar um despreparo do pesquisador ante a realidade da empresa. Os respondentes da pesquisa poderiam fornecer retorno de todos os aspectos que podem afetar as respostas das questões.

Um instrumento interessante para avaliar a confiabilidade do questionário é o alfa de *cronbach*. Essa medida permite avaliar a validade do instrumento, ou seja, sua capacidade de medir o que é suposto medir no contexto em que é aplicado.[119]

O alfa de *cronbach* varia de 0 a 1,0. Quanto maior o índice, melhor é a confiabilidade da escala para avaliar o julgamento dos indivíduos. Caso o contrário ocorra, há grande subjetividade no item avaliado. A literatura recomenda que o valor do alfa de *cronbach* deva situar-se próximo de 0,80.[120]

15.5.4 Coleta de dados

A coleta de dados é uma etapa fundamental para obtenção de uma amostra representativa. Uma das tarefas relevantes nesta etapa é a definição de procedimentos para lidar com dados faltantes e não respondentes.[121]

Em quase toda *survey*, alguns respondentes da amostra selecionada não respondem ou não retornam o questionário da pesquisa. Trata-se dos "não respondentes". Outros respondem apenas algumas perguntas ou escolhem a opção "não sei". Estes constituem os "dados faltantes".[122] Existem algumas estratégias para lidar com ambas as situações.

A existência dos *não respondentes* pode conduzir a uma amostra não representativa da população em estudo, o que limitaria a questão de generalização dos resultados. Essa problemática pode ser tratada de duas maneiras:[123] (a) aumentando a taxa de retorno dos questionários; (b) identificando os *não respondentes* para controlar se eles são diferentes dos respondentes.

A taxa de retorno pode ser melhorada consideravelmente quando um programa de acompanhamento subsequente é aplicado. Um bom exemplo é enviar um "*e-mail* lembrete" para toda a amostra, destacando a importância da resposta. Decorrido certo tempo (três semanas, por exemplo), e ainda com baixa taxa de retorno, envie um *e-mail* com o questionário e carta de apresentação apenas aos não respondentes. Caso a taxa de retorno esteja ainda muito baixa, migre para uma estratégia mais direta e utilize, por exemplo, ligações telefônicas para entrevistar os não respondentes existentes. Em algumas situações, você pode, por exemplo, na primeira rodada de envio do questionário, incentivar a resposta da pesquisa por meio de algum incentivo, como um livro na área da pesquisa, um curso de capacitação gerencial etc.[124,125]

Lidar com os dados faltantes deveria ser uma preocupação-chave durante a coleta de dados. A melhor abordagem é prevenir a presença deles, aumentando o envolvimento do respondente. É fundamental fornecer instruções claras, um questionário bem elaborado, apoio e contatá-lo periodicamente para assegurar o preenchimento do questionário.[126,127]

Atualmente, com o uso cada vez mais frequente de *surveys* pela internet, a ocorrência de dados faltantes ou erros de preenchimento vêm diminuindo, pois a ferramenta da *web* geralmente acusa e não permite que o questionário seja finalizado sem antes o respondente corrigir os erros.[128]

15.5.5 Análise dos dados

Muitas pesquisas utilizam-se de questionários impressos, que depois são digitados em planilhas eletrônicas para análise estatística dos dados. Uma tarefa preliminar à análise dos dados é a limpeza do banco de dados.

Pode ocorrer de o responsável pela digitação anotar uma categoria de resposta que não foi a escolhida pelo respondente. Em outras situações, pode ocorrer de digitar um nome errado, ou até mesmo uma categoria de resposta que não existe. Tais erros afetarão as análises estatísticas quando os dados forem tratados. Uma simples troca de ponto por vírgula pode incorrer em um erro não detectado pelo pacote estatístico. Dedique um tempo razoável na limpeza e no aumento da confiabilidade do banco de dados ou planilhas eletrônicas.

Após a verificação da qualidade dos dados da planilha eletrônica, adote estratégias para lidar com dados faltantes. Os pacotes estatísticos, como o SPSS®, possuem muitas funcionalidades para tal fim. Você pode substituir, por exemplo, em um caso de dado faltante do *score* de alguma variável, pela média, mediana ou moda da variável da distribuição que se tem acesso completo. Analise se esta decisão não causará um viés na sua amostra. Em outros casos, você pode excluir esse caso de sua análise. Esse tipo de decisão não é trivial, e desse modo recomenda-se que consulte seu orientador sobre o procedimento ideal para o tratamento e dados faltantes.[129,130]

Um aspecto fundamental a ser considerado é que a análise estatística dos dados dependerá da natureza das variáveis envolvidas na pesquisa. Os levantamentos realizados na área de Gestão da Produção e Operações, utilizam, geralmente, além de dados numéricos, variáveis qualitativas nominais ou categóricas na descrição do comportamento da população ou amostra envolvida.[131]

Assim, é necessário que sejam utilizadas estatísticas e métodos de representação gráficos específicos para cada tipo de variável. O objetivo deste capítulo não é promover um detalhamento de técnicas estatísticas para tratamento de dados quantitativos e qualitativos, porém o Quadro 15.8 fornece um indicativo inicial de métodos para a análise de dados de uma *survey*. Para um maior detalhamento sobre Métodos Estatísticos consulte o Capítulo 13.

15.5.6 Geração do relatório

O relatório pode ser entendido também como o Capítulo "Apresentação e Discussão dos Resultados" de sua monografia. Na primeira seção desse capítulo proceda a caracterização ou descrição da amostra e de seus possíveis estratos, a taxa de retorno da pesquisa, o índice de confiabilidade do questionário, entre outros aspectos. Como passo seguinte, efetue uma análise exploratória dos dados, utilizando-se principalmente de estatísticas descritivas e de representações gráficas das variáveis estudadas. Posteriormente, podem ser empregadas técnicas estatísticas mais elaboradas, baseadas em inferência estatística ou métodos multivariados a fim de se aceitar ou rejeitar as hipóteses declaradas. O capítulo pode ser estruturado sequencialmente pela ordem de formulação das hipóteses de pesquisa. É comum encontrar também relatórios estruturados conforme os blocos do próprio questionário de pesquisa, geralmente baseado no constructo teórico-conceitual da pesquisa.[132]

Quadro 15.8 Técnicas estatísticas para análise de dados qualitativos e/ou quantitativos[133]

Técnicas estatísticas de tratamento dos dados	Tipo de variáveis	
	Qualitativas	Quantitativas
Distribuição de frequências	• Tabela: frequências absolutas e relativas (porcentagens) • Tabelas de contingência (no caso de modelos multivariados) • Representações gráficas: gráficos de barras, colunas ou setores	• Representações gráficas: histograma e ramos e folhas
Estatísticas	• Variáveis ordinais: mediana, quartis, decis e percentis, amplitude • Variáveis nominais: moda	• Medidas descritivas: média, desvio-padrão, moda, mediana, quartis etc.
Métodos de inferência estatística (testes de hipóteses)	• Testes não paramétricos (Qui-Quadrado; Mann-Whitney; Kruskal-Wallis etc.), entre outros	• Testes paramétricos (teste t; teste F, ANOVA)

(continua)

(continuação)

Técnicas estatísticas de tratamento dos dados	Tipo de variáveis	
	Qualitativas	Quantitativas
Correlação entre variáveis	• Coeficiente de correlação de Spearman	• Coeficiente de correlação de Pearson; diagrama de dispersão; regressão simples e múltipla
Técnicas estatísticas multivariadas*	• Análise de Correspondência, Análise de Cluster, Análise Fatorial, Modelagem de Equações Estruturais, Regressão Logística	• Análise de componentes principais, análise de Cluster, análise fatorial, modelagem de equações estruturais, regressão linear múltipla, análise da função discriminante

*Algumas técnicas usam de forma combinada variáveis qualitativas e quantitativas.

Em relação à discussão dos resultados da pesquisa, alguns pesquisadores julgam necessário desenvolver um capítulo sequencial à apresentação dos resultados, visando maior clareza na análise dos dados obtidos.[134]

Por outro lado, muitas pesquisas em Engenharia de Produção e Gestão de Operações apresentam os resultados da pesquisa e, ao mesmo tempo, desenvolvem a análise, interpretação e discussão dos resultados, embasados, sempre que possível, pela literatura. O uso da perspectiva teórica na análise empírica pode enriquecer muito a pesquisa, conferindo-lhe robustez e consistência, contribuindo dessa forma, ainda que modestamente, para o contínuo e fundamental diálogo entre teoria e prática.[135] O Boxe 15.2 ilustra a utilização da *survey* como método de pesquisa na área.

BOXE 15.2 ILUSTRAÇÃO DE UM ESTUDO QUE USOU A *SURVEY* COMO MÉTODO DE PESQUISA[136]

Ao longo das últimas décadas, as empresas têm focado suas atenções na redução do impacto ambiental de suas operações ao longo da cadeia de suprimentos. Tal temática, definida na literatura como *Green Supply Chain Management* (GSCM), é composta de práticas de gestão ambiental, tanto internas quanto a jusante ou a montante de sua posição na cadeia de suprimentos. Inúmeras pesquisas têm sido realizadas nos países desenvolvidos para mensurar o efeito da adoção dessas práticas de GSCM sobre o desempenho (ambiental, econômico e operacional) das empresas. Por outro lado, a literatura evidencia que são necessárias mais pesquisas desse teor em países em desenvolvimento. Tal pesquisa preenche essa lacuna ao realizar um estudo do efeito da adoção de práticas de GSCM sobre o desempenho dos fornecedores da cadeia automotiva brasileira, o que traz uma contribuição relevante para a literatura. A hipótese central do estudo (H1) foi definida como: *A adoção de práticas de GSCM (pelos de fornecedores da cadeia automotiva brasileira) afeta positivamente o seu desempenho econômico, ambiental e operacional*. O método utilizado foi a *survey* com propósito explicativo. Os dados foram coletados por meio de entrevistas presenciais com gestores e executivos das empresas usando um questionário estruturado. Foi proposto um modelo estrutural hierárquico, de ordem superior, composto de variáveis latentes de primeira e segunda ordem, conforme ilustrado na figura a seguir.

Este procedimento foi adotado em função da complexidade dos modelos teóricos conceituais que embasam a gestão da cadeia de suprimentos verde (GSCM). A validação da hipótese foi realizada usando a modelagem de equações estruturais de mínimos quadrados parciais (PLS-SEM) por meio do *software* SmartPLS. Os resultados mostraram que o desempenho econômico e ambiental da cadeia de suprimentos estudada está positivamente relacionado com a adoção de práticas GSCM. Não houve evidência estatística forte para afirmar que as práticas de gestão da cadeia de suprimentos verdes afetam positivamente o desempenho operacional das empresas estudadas. Os resultados desse estudo fornecem abordagens gerenciais e teóricas para diferentes indústrias no Brasil para focar na consciência ambiental por meio da adoção de práticas GSCM.

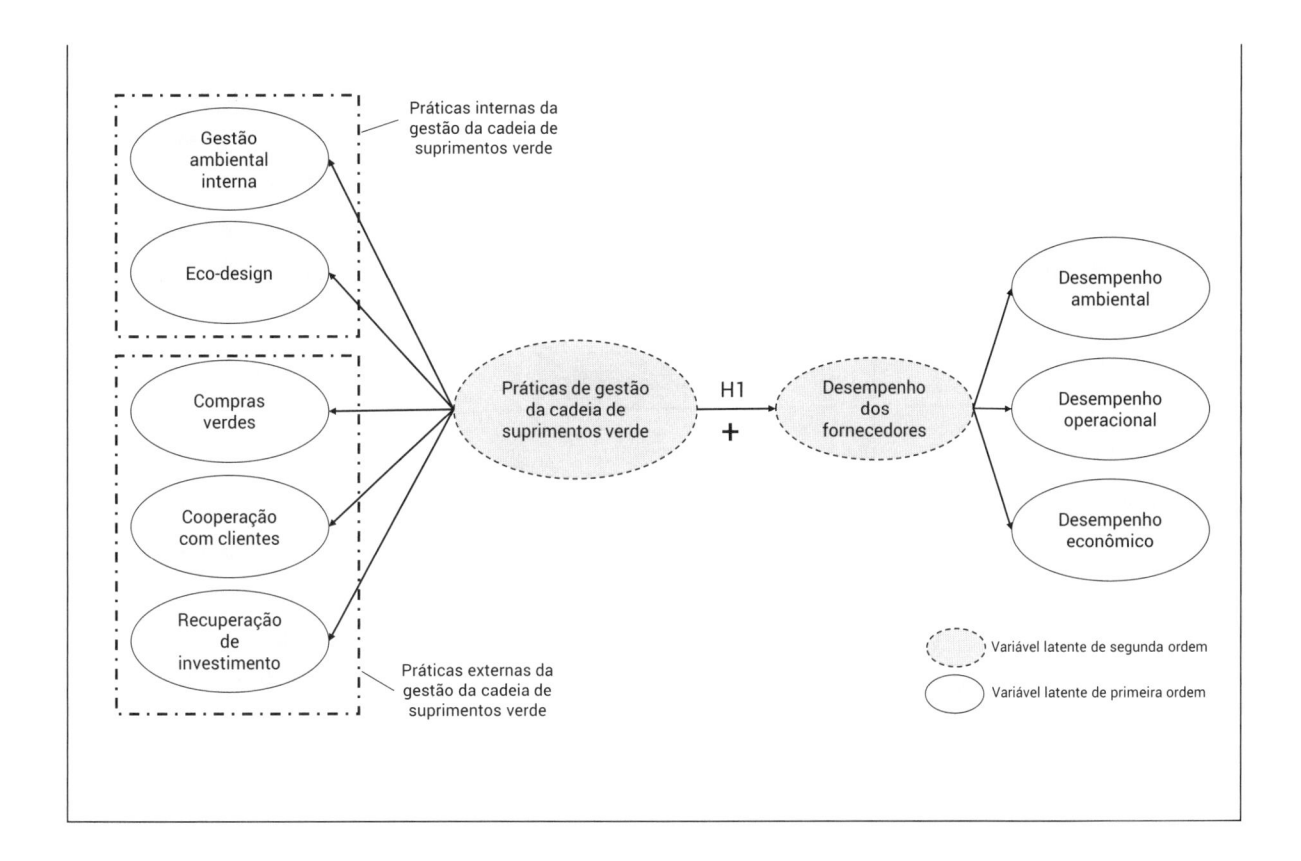

15.6 MODELAGEM E SIMULAÇÃO

A modelagem e a simulação são métodos de pesquisa quantitativos geralmente utilizados em Pesquisa Operacional ou Engenharia da Qualidade ou Engenharia Econômica. Esse campo do conhecimento foca a resolução de problemas reais envolvendo situações de tomada de decisão, por meio de modelos matemáticos habitualmente processados computacionalmente. Ela busca aplicar conceitos e métodos de outras disciplinas científicas na concepção, planejamento ou operação de sistemas para atingir seus objetivos. Assim, procura-se introduzir elementos de objetividade e racionalidade nos processos de tomada de decisão, sem descuidar dos elementos subjetivos e de enquadramento organizacional que caracterizam os problemas.[137]

Um modelo pode ser definido como uma representação da realidade, uma idealização ou abstração de um sistema real. A representação de um sistema por meio de um modelo torna-se essencial para o processo de tomada de decisão, pois proporciona uma descrição simplificada das complexidades e incertezas do problema por meio de uma estrutura lógica.[138]

A modelagem matemática objetiva criar uma representação do problema, reunindo dados, como restrições e variáveis, a fim de processar essas informações de modo a fornecer ao usuário uma solução otimizada para o cenário desejado.[139] O processo de modelagem pode ser ilustrado por meio da Figura 15.8.

Ele é iniciado por uma dúvida ou problema que deve ser resolvido pelo tomador de decisão. Posteriormente, são apuradas características relevantes ao problema real a fim de gerar uma representação simbólica da situação. A partir dessa primeira representação, o modelo é desenvolvido, por meio de dados coletados da situação-problema. Finalmente, são gerados resultados que são analisados pelos gerentes para as devidas ações.[140]

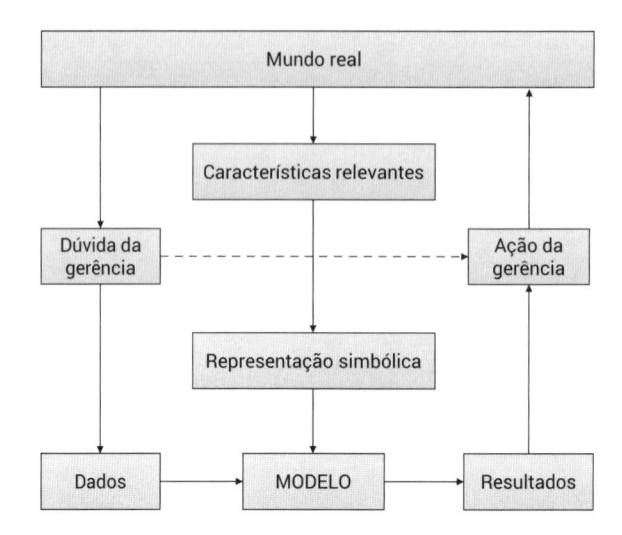

Figura 15.8 Processo de modelagem.[141]

Para efeito didático, o processo de modelagem matemática foi desdobrado em dois subprocessos. O primeiro detalha as etapas da modelagem matemática à luz da Pesquisa Operacional e o segundo foca a perspectiva da Simulação. O processo de modelagem matemática, segundo a visão da Pesquisa Operacional,[142] é composto por cinco etapas, conforme ilustrado na Figura 15.9.

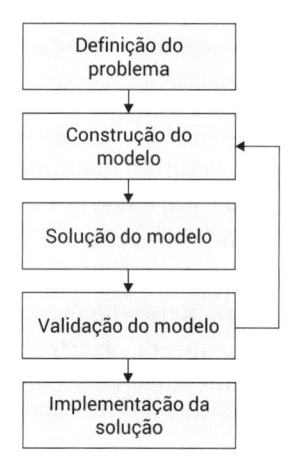

Figura 15.9 Processo de modelagem matemática usada em PO.[143]

Na *definição do problema*, deve ser definido o escopo do problema que será analisado. Devem-se identificar alguns elementos principais, como as alternativas de decisão, o objetivo do estudo e as limitações do modelo. A *construção do modelo* é a tentativa de traduzir a situação analisada em relações matemáticas. Na *solução do modelo*, são utilizados algoritmos que processam as equações criadas na etapa anterior para se chegar a uma solução ótima ou próxima disso. Na *validação do modelo*, ocorre uma verificação a fim de avaliar a capacidade do modelo em reproduzir ou não o comportamento da situação analisada. Caso isso não ocorra, deve-se voltar à etapa de construção do modelo para alteração de alguma relação matemática. A *implementação da solução* consiste em transformar os resultados obtidos na solução do modelo em ações práticas.

A modelagem assemelha-se muito à pesquisa experimental, quando da tentativa de quantificar os relacionamentos de causa e efeito entre uma variável resposta (dependente) e as variáveis que influenciam no comportamento desta, no caso as variáveis independentes. Dada essa natureza, muitos modelos são desenvolvidos com um propósito preditivo, ou seja, de explorar ou prever o comportamento da variável resposta, em função da combinação dos valores assumidos pelas variáveis independentes. Esse caráter preditivo dos modelos, muitas vezes, é realizado por análises de cenários, denominadas *What if*.[144]

Os métodos de modelagem quantitativa podem ser classificados em: (a) modelagem quantitativa axiomática; e (b) modelagem quantitativa empírica.[145]

A modelagem axiomática baseia-se na resolução de problemas idealizados. Sua preocupação é obter soluções para o modelo a ser desenvolvido, de modo a esclarecer a estrutura do problema de pesquisa descrito no modelo. Ela gera conhecimento sobre o comportamento de certas variáveis do modelo e sobre como manipulá-las.[146] Pesquisas nesta linha de modelagem geralmente estão relacionadas com a teoria de tomada de decisão, programação dinâmica, otimização matemática, teoria de filas etc. A modelagem axiomática geralmente é classificada como prescritiva por buscar encontrar uma solução ótima (melhoria) para um problema de pesquisa ou comparar várias estratégias na solução de um problema específico. Quando classificada como descritiva, a modelagem axiomática está interessada em analisar o modelo, que conduz à compreensão e à explicação das suas características. As pesquisas mais comuns na área de modelagem em gestão de operações são modelos axiomáticos prescritivos. A modelagem empírica está relacionada com descobertas e medidas empíricas. Nessa classe de pesquisa, o objetivo principal do pesquisador é assegurar que exista uma coerência ou ajustamento entre as observações e ações da realidade, e o modelo proposto para aquela realidade. Os modelos empíricos podem ser descritivos e prescritivos. Modelos empíricos descritivos estão interessados na criação de um modelo que descreva adequadamente os relacionamentos causais que possam existir na realidade e conduza a melhor compreensão do processo em si. Modelos empíricos prescritivos, também denominados normativos[147] estão interessados no desenvolvimento de diretrizes, estratégias e ações que melhorem a situação atual. No entanto, essa classe de pesquisa em gestão de operações é muito pequena.[148] O Quadro 15.9 ilustra alguns exemplos de modelagens e suas classificações.

Quadro 15.9 Exemplos de pesquisas que envolvam modelagem[149]

Classificações	Modelagem	
	Axiomática	Empírica
Prescritiva ou Normativa	• Problemas de dimensionamento de lotes de produção • Problemas de roteamento de veículos	• Problemas de corte
Descritiva	• Teoria dos jogos	• Teoria de filas • Modelos de simulação • Métodos de previsão de demanda por séries temporais • Dinâmica industrial (efeito *Forrester*)

A simulação refere-se ao método de estudo de uma ampla variedade de modelos do mundo real por meio de avaliação numérica, e uso de um *software* projetado para emular as características ou operações dos sistemas. De um ponto de vista prático, simulação é o processo de projetar e criar um modelo computacional, a partir de um sistema real, com o propósito de conduzir um experimento numérico que forneça uma boa compreensão do comportamento de tal sistema para certas condições de operação. Embora possa ser aplicado em situações simples, o maior apelo de tal ferramenta é a aplicação em problemas que envolvam situações complexas.[150, 151]

A simulação é o processo de modelagem de um sistema real e a sua experimentação. Os resultados das experimentações, após as análises, apresentam uma visão futura do sistema. As informações geradas auxiliam no processo de tomada de decisão, necessárias no momento presente, e contribuem para melhor compreensão do sistema estudado.[152] O processo de desenvolvimento de um modelo de simulação pode ser ilustrado pela Figura 15.10.

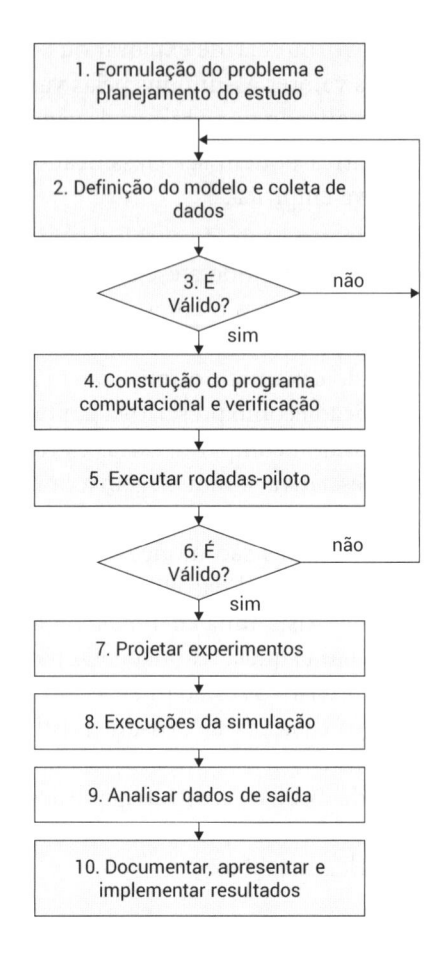

```
┌─────────────────────────────┐
│ 1. Formulação do problema e │
│    planejamento do estudo   │
└─────────────────────────────┘
              ↓
┌─────────────────────────────┐
│ 2. Definição do modelo e    │
│    coleta de dados          │
└─────────────────────────────┘
              ↓
         ╱ 3. É  ╲  não
         ╲ Válido? ╲──────→
              │ sim
              ↓
┌─────────────────────────────┐
│ 4. Construção do programa   │
│    computacional e verificação│
└─────────────────────────────┘
              ↓
┌─────────────────────────────┐
│ 5. Executar rodadas-piloto  │
└─────────────────────────────┘
              ↓
         ╱ 6. É  ╲  não
         ╲ Válido? ╲──────→
              │ sim
              ↓
┌─────────────────────────────┐
│ 7. Projetar experimentos    │
└─────────────────────────────┘
              ↓
┌─────────────────────────────┐
│ 8. Execuções da simulação   │
└─────────────────────────────┘
              ↓
┌─────────────────────────────┐
│ 9. Analisar dados de saída  │
└─────────────────────────────┘
              ↓
┌─────────────────────────────┐
│ 10. Documentar, apresentar e│
│     implementar resultados  │
└─────────────────────────────┘
```

Figura 15.10 Passos em um estudo de simulação.[153]

Na *Formulação do problema e planejamento do estudo*, deve-se garantir que o problema esteja claramente declarado, definindo os objetivos e questões a serem respondidas pelo modelo. Projetos de sistemas alternativos (ou partes deles) devem ser considerados nessa etapa, bem como os critérios de avaliação da eficácia dessas alternativas. O planejamento deve abordar aspectos como número de pessoas envolvidas, custo do estudo e tempo requerido para completar cada fase do trabalho, assim como os resultados esperados de cada fase.

Na fase, *Coleta de dados e definição do modelo conceitual*, o sistema real sob investigação deve ser representado por meio de um modelo conceitual. Para tanto, informações e dados devem ser coletados e utilizados para especificar os procedimentos operacionais e as distribuições de probabilidade das variáveis aleatórias usadas no modelo. Uma dica é definir, no início, um modelo conceitual não muito detalhado e avançar à medida que o projeto necessite. Para os autores, um modelo deveria conter somente a essência de um sistema para o qual ele fora planejado. Do contrário, um modelo detalhado pode tornar-se caro e redundar em grande esforço computacional.

Muitos autores que pesquisam simulação denominam *validação* como a fase em que o modelo é testado quanto à capacidade de representação do sistema real. Para tanto, rodadas-piloto são efetuadas para se testar a sensibilidade dos resultados gerados pelo modelo ante pequenas alterações nos dados de entrada. Se a saída mudar radicalmente, uma melhor estimativa do parâmetro de entrada deve ser obtida. No caso da existência de um modelo similar já validado, os dados de saída do novo modelo são comparados às saídas desse modelo preexistente. Dentre os testes aplicados na validação de modelos, podem ser citados testes de degeneração (para altas taxas de chegada), validação da aparência, comparação da saída com dados históricos e a análise de sensibilidade.[154] No entanto, a validação pode ser efetuada na fase inicial do projeto (Etapa 3). Na construção do modelo, é imperativo que os modeladores envolvam no estudo todas as pessoas que trabalham no sistema a ser modelado. É também aconselhável interagir com o tomador de decisão geral do projeto ou o usuário que se utilizará do modelo. Essas atitudes aumentarão a chance de sucesso do modelo em desenvolvimento.

Na *Construção do programa computacional e verificação*, deve-se decidir se o modelo será criado a partir de uma linguagem de programação geral, uma linguagem específica para simulação ou em simulador (Arena, Automod, Promodel, FlexSim etc.) A escolha adequada da linguagem de programação ou do simulador pode reduzir consideravelmente o tempo de desenvolvimento do modelo. Outra questão interessante é a qualidade da geração de números aleatórios de cada linguagem.

A *Execução de rodadas-piloto* significa "rodar" o modelo para validá-lo ou não. No *Projeto de experimentos* devem ser definidos o período de inicialização (*warm up*), a duração do tamanho das simulações e o número de replicações da simulação. Na *Execuções de simulação*, inúmeras simulações e execuções são realizadas para que os resultados e medidas de desempenho sejam empregados na análise dos resultados do modelo (Etapa 9).

A *Análise de resultados* envolve a utilização de técnicas estatísticas para analisar os resultados gerados pelo modelo. Medidas típicas são construir um intervalo de confiança para a medida de desempenho ou decidir que sistema simulado teve o melhor desempenho em relação a algumas medidas de desempenho específicas. Na *Documentação e Apresentação* são descritas e documentadas as proposições que foram utilizadas no estágio de desenvolvimento. Finalmente, após desenvolver todas as etapas de desenvolvimento do modelo e alcançados resultados satisfatórios, *implemente* as ações que levarão aos ganhos sugeridos pelo modelo.

Existem muitas classificações sobre modelos de simulação, mas geralmente estas envolvem as seguintes dimensões:[155] tempo (estática ou dinâmica); mudança das variáveis no tempo (contínua ou discreta); e estado das variáveis (determinística ou estocástica). Os modelos podem ser classificados ainda segundo os métodos de solução.[156] Nesse sentido, um modelo pode ser classificado como ótimo, quando gera a melhor solução possível. No caso de o problema de pesquisa apresentar uma complexidade alta e ocorrer grande esforço para utilizar-se de métodos ótimos, recomenda-se a resolução por métodos heurísticos ou aproximados, que não conduzem a solução ideal, mas algo próximo a ela, com um esforço de modelagem geralmente menor.

EXERCÍCIOS

1. Desenvolver um TCC sobre um problema real de uma organização é uma oportunidade ímpar na formação de um profissional envolvido na gestão de operações. Nesse sentido, elabore um texto sucinto acerca de uma situação problemática de uma empresa (pode ser aquela em você trabalha ou teve uma experiência profissional) ou de um tema que você queira aprender.

2. Dando continuidade à questão anterior, elabore uma questão de pesquisa para resumir o seu problema de pesquisa e proponha um objetivo de pesquisa.

3. Proponha as palavras-chave relacionadas com o tema de pesquisa das questões anteriores. Também liste as bases de dados em que realizará a pesquisa com as palavras-chave.

4. Quais são os requisitos/características de sua pesquisa? Para responder esta questão, oriente-se pela primeira coluna do Quadro 15.1.

5. Com base na resposta da questão anterior, qual é o método de pesquisa mais adequado para coleta de dados para buscar a solução para o problema de sua pesquisa?

6. Qual será o principal instrumento para coleta de dados em sua pesquisa? Justifique sua escolha.

7. Elabore um projeto de pesquisa em Engenharia de Produção com o máximo de 8 páginas seguindo a estrutura sugerida neste capítulo.

8. O que é um projeto de pesquisa? Qual é a sua importância?

9. Quais são as abordagens de pesquisa? Explique-as sucintamente.

10. Qual é o objetivo do método de pesquisa estudo de caso? Quais são as principais evidências a serem coletadas pelo(a) pesquisador(a) num estudo de caso?

11. Qual é o objetivo do método de pesquisa pesquisa-ação? Quais são os instrumentos mais adequados para a coleta de dados numa pesquisa-ação?

12. Qual é o objetivo do método de pesquisa *survey* ou pesquisa de levantamento? Qual é o instrumento mais adequado para a coleta de dados numa pesquisa de levantamento?

13. Qual é o objetivo do método de pesquisa modelagem e simulação? Qual é a fonte de dados de dados na modelagem ou simulação?

NOTAS

1. ASSOCIAÇÃO BRASILEIRA DE NORMAS TÉCNICAS (ABNT). NBR 15287:2011. Informação e documentação – *Projeto de pesquisa*: Apresentação. Rio de Janeiro: ABNT, 2011.
2. MARTINS, R. A.; MELLO, C. H. P.; TURRIONI, J. B. *Guia para elaboração de monografia e TCC em engenharia de produção*. São Paulo: Atlas, 2014.
3. LAKATOS, E. M.; MARCONI, M. A. *Metodologia científica*. 4. ed. São Paulo: Atlas, 2006
4. ALVES, R. *Filosofia da ciência*: introdução ao jogo e suas regras. São Paulo: Brasiliense, 1981, p. 17.
5. EISENHARDT, K. M. Building theories from case study research. *Academy of Management Review*, v. 14, n. 4, p. 532-550, 1989.
6. YIN, R. K. *Estudo de caso*: planejamento e métodos. 3. ed. Porto Alegre: Bookman, 2005.
7. DEMO, P. *Metodologia do conhecimento científico*. São Paulo: Atlas, 2000, p.164.
8. ASSOCIAÇÃO BRASILEIRA DE NORMAS TÉCNICAS (ABNT). NBR 10520. Informação e documentação – *Citações em documentos*: apresentação. Rio de Janeiro: ABNT, 2002.
9. ASSOCIAÇÃO BRASILEIRA DE NORMAS TÉCNICAS (ABNT). Informação e documentação – *Referências*: Elaboração. Rio de Janeiro: ABNT, 2002.
10. Martins; Mello; Turrioni (2014).
11. CUNHA, G. D. *Um panorama atual da engenharia de produção*. Porto Alegre: ABEPRO, 2002.
12. Áreas e Subáreas de Engenharia de Produção. Associação Brasileira de Engenharia de Produção (ABEPRO). Disponível em: http://www.abepro.org.br/interna.asp?p=399&m=424&ss=1&c=362. Acesso em: 5 jan. 2017.
13. http://www.abepro.org.br
14. MARTINS, R. A. Abordagens quantitativa e qualitativa. In: CAUCHICK, P. M. (coord.). *Metodologia de pesquisa em engenharia de produção e gestão de operações*. Rio de Janeiro: Elsevier, 2011.
15. Martins (2011).
16. Adaptado de Cunha (2002).
17. GANGA, G. M. D. *Trabalho de conclusão de curso (TCC) na engenharia de produção*: um guia prático de conteúdo e forma. São Paulo: Atlas, 2012.
18. Yin (2005).
19. BRYMAN, A. *Research methods and organization studies*. Londres: Unwin Hyman, 1989.
20. Yin (2005).
21. Yin (2005).
22. Yin (2005).
23. VOSS, C.; TSIKRIKTSIS, N.; FROHLICH, M. Case research in operations management. *International Journal of Operations & Production Management*, v. 22, n. 2, 2002, p. 195-219.
24. Yin (2005).
25. Yin (2005).
26. Yin (2005).
27. Yin (2005, p. 72).
28. Yin (2005).
29. Yin (2005).
30. Yin (2005).
31. Yin (2005, p. 61).
32. Baseado em Yin (2005) e Voss; Tsikriktsis; Frohlich (2002).
33. Baseado em Yin (2005) e Voss; Tsikriktsis; Frohlich (2002).
34. Yin (2005).
35. Baseado em Yin (2005) e Voss; Tsikriktsis; Frohlich (2002).
36. Martins (2011).
37. Yin (2005).

38 Yin (2005).
39 Yin (2005).
40 Yin (2005).
41 Baseado em Eisenhardt (1989), Yin (2005) e Voss; Tsikriktsis; Frohlich (2002).
42 Yin (2005).
43 Yin (2005, p. 104).
44 Yin (2005).
45 Eisenhardt (1989).
46 Voss; Tsikriktsis; Frohlich (2002).
47 Martins; Mello; Turrioni (2014).
48 YIN, R. K. (2005).
49 Martins; Mello; Turrioni (2014).
50 FREDERICO, G. F.; MARTINS, R. A. Modelo para alinhamento entre a maturidade dos sistemas de medição de desempenho e a maturidade da gestão da cadeia de suprimentos. *Gest. Prod.*, São Carlos, v. 19, n. 4, p. 857-871, dez. 2012.
51 Martins; Mello; Turrioni (2014).
52 WESTBROOK, R. Action research: a new paradigm for research in production and operations management. *International Journal of Operations & Production Management*, v. 15, n. 12, p. 6-20, 1995.
53 GUMMESON, E. *Qualitative methods in management research*. 2. ed. Thousand Oaks, Califórnia: Sage, 2000.
54 Bryman (1989).
55 THIOLLENT, M. *Metodologia da pesquisa-ação*. São Paulo: Cortez, 1986, p.14.
56 Martins; Mello; Turrioni (2014).
57 COUGHLAN, D.; BRANNICK, T. *Doing action research in your own organization*. 2. ed. Londres: Sage, 2005. Apud COUGHLAN, P.; COGHLAN, D. Action research. In: KARLSSON, C. (ed.). *Researching operations management*. New York: Routledge, 2009.
58 VERGARA S. C. *Métodos de pesquisa em administração*. 3. ed. São Paulo: Atlas, 2008.
59 THIOLLENT, M. *Pesquisa-ação nas organizações*. 2. ed. São Paulo: Atlas, 2009.
60 Martins; Mello; Turrioni (2014).
61 Martins; Mello; Turrioni (2014).
62 Ganga (2012).
63 Ganga (2012).
64 Martins; Mello; Turrioni (2014).
65 Coughlan; Coghlan (2009).
66 Thiollent (2009).
67 Thiollent (2009).
68 Coughlan; Coghlan (2009).
69 Martins (2011).
70 Martins; Mello; Turrioni (2014).
71 PINSONNEAULT, A.; KRAEMER, K. L. Survey research in management information systems: an assessment. *Journal of MIS*, v. 10, n. 2, p. 75-105, 1993.
72 FREITAS, H. et al. O método de pesquisa survey. *Revista de Administração*, v. 35, n. 3, p. 105-112, jul./set., 2000.
73 Freitas et al. (2000).
74 Pinsonneault; Kraemer (1993).
75 FILIPPINI, R. Operations management research: some reflections on evolution, models and empirical studies in OM. *International Journal of Operations & Production Management*, v. 17, n. 7, p. 655-670, 1997.
76 FORZA, C. Surveys. In: KARLSSON, C. (ed.). *Researching operations management*. New York: Routledge, 2009.
77 Forza (2009).
78 CROOM, S. *Topic issues and methodological concerns for operations management research*. Eden Doctoral Seminar on Research Methodology in Operations Management. Bruxelas, 2005.
79 KERLINGER, F. N. *Foundations of behavioral research*. New York: Holt, Rineahart & Winston, 1991.
80 Ganga (2012).
81 MAEKAWA, R.; CARVALHO, M. M. de; OLIVEIRA, O. J. de. Um estudo sobre a certificação ISO 9001 no Brasil: mapeamento de motivações, benefícios e dificuldades. *Gest. Prod.*, São Carlos, v. 20, n. 4, p. 763-779, 2013.
82 Ganga (2012).
83 MARCONI, M. de A.; LAKATOS, E. M. *Fundamentos de metodologia científica*. 6. ed. São Paulo: Atlas, 2006.
84 Ganga (2012).
85 FLYNN, B. B.; HUO, B.; ZHAO, X. The impact of supply chain integration on performance: a contingency and configuration approach. *Journal of Operations Management*, v. 28, p. 58-71, 2010.
86 Flynn; Huo; Zhao (2010).
87 HAIR JR., J. F.; ANDERSON, R. E.; TATHAN, R. L.; BLACK, W. C. *Multivariate data analysis*. New Jersey: Prentice Hall, 1998.
88 SHAH, R.; GOLDSTEIN, S. M. Use of structural equation modeling in operations management research: looking back and forward. *Journal of Operations Management*, v. 24, p. 148-169, 2006.
89 Hair; Anderson; Tathan; Black (1998).
90 FLYNN, B. B.; SAKAKIBARA, S.; SCHROEDER, R. G.; BATES K. A.; FLYNN, E. J. Empirical research methods in operations management. *Journal of Operations Management*, v. 9, n. 2, p. 250-284, 1990.
91 Ganga (2012).
92 Hair; Anderson; Tathan; Black (1998).
93 BABBIE, E. *Métodos de pesquisas de survey*. Belo Horizonte: Editora da UFMG, 2001.
94 Forza (2009).
95 Babbie (2001).
96 Forza (2009).
97 VIEIRA, S. *Como elaborar questionários*. São Paulo: Atlas, 2009.
98 Vieira (2009).
99 SAMARA, B. S.; BARROS, J. C. de. *Pesquisa de marketing: conceitos e metodologia*. 3. ed. São Paulo: Prentice-Hall do Brasil, 2002.
100 Forza (2009).
101 REA, L. M.; PARKER, R. A. *Designing and conducting survey research: a comprehensive guide*. 2. ed. New York: John Wiley, 1997.
102 Rea; Parker (1997).
103 Rea; Parker (1997).

104 YAMANE, T. *Statistics*: an introductory analysis. 2. ed. New York: HarperCollins, 1967.

105 Rea; Parker (1997).

106 Rea; Parker (1997).

107 Rea; Parker (1997).

108 MILLER, D. C. *Handbook of reserarch design and social measurement*. Londres: Sage Publications, 1991. Apud Forza (2009).

109 Ganga (2012).

110 Ganga (2012).

111 Forza (2009).

112 Ganga (2012).

113 Flynn; Huo; Zhao (2010).

114 MALHOTRA, N. K. *Pesquisa de marketing: uma orientação aplicada*. 3. ed. Porto Alegre: Bookman, 2001.

115 COOPER, D. R.; SCHINDLER, P. S. *Métodos de pesquisa em administração*. 7. ed. Porto Alegre: Bookman, 2003.

116 Ganga (2012).

117 Ganga (2012).

118 Forza (2009).

119 CORRENTE, J. C. R. *Análise de dados qualitativos: estratégias metodológicas para as ciências da saúde, humanas e sociais*. São Paulo: EDUSP, 2009.

120 NUNNALY, J. C.; BERNSTEIN, I. C. H. *Psycometric theory*. New York: McGraw-Hill, 1994.

121 Ganga (2012).

122 Babbie (2001).

123 Forza (2009).

124 Ganga (2012).

125 Forza (2009).

126 Forza (2009).

127 Babbie (2001).

128 Ganga (2012).

129 Ganga (2012).

130 Hair; Anderson; Tathan; Black (1998).

131 Ganga (2012).

132 Ganga (2012).

133 Ganga (2012).

134 Cooper; Schindler (2003)

135 PATTON, M. Q. *Qualitative evaluation and research methods*. Londres: Sage Publications, 1990.

136 VANALLE, R. M.; GANGA, G. M. D.; GODINHO FILHO, M.; LUCATO, W. C. Green supply chain management: an investigation of pressures, practices, and performance within the Brazilian automotive supply chain. *Journal of Cleaner Production*, v. 151, p. 250-259, 2017.

137 Áreas e Subáreas de Engenharia de Produção. Associação Brasileira de Engenharia de Produção (ABEPRO). Disponível em: http://www.abepro.org.br.

138 ARSHAM, H. *Deterministic modeling: linear optimization with applications*. Disponível em: http://home.ubalt.edu. Acesso em: 6 jun. 2010.

139 SHAPIRO, J. F. *Modeling the supply chain*. 2. ed. Belmont: South-Western, 2006.

140 Sussams (1992).

141 SUSSAMS, J. E. *Logistics modelling*. Londres: Pitman Publishing, 1992.

142 TAHA, H. A. *Pesquisa operacional*. 8. ed. São Paulo: Pearson Prentice Hall, 2008.

143 Taha (2008).

144 Ganga (2012).

145 BERTRAND, J. W. M.; FRANSOO, J. *Modelling and simulation*. In: KARLSSON, C. (ed.). Researching operations management. New York: Routledge, 2009.

146 MEREDITH, J. R. et al. Alternative research paradigms in operations. *Journal of Operations Management*, v. 8, p. 297-326, 1989. Apud Bertrand e Fransoo (2009).

147 REINER, G. Supply chain management research methodology using quantitative models based on empirical data. In: KOTZAB, H.; SEURING, S.; MÜLLER, M.; REINER, G. (ed.). *Research methodologies in supply chain management*. Heidelberg: Physica - Verlag, 2005.

148 Bertrand; Fransoo (2009).

149 MORÁBITO, R.; PUREZA, V. Modelagem e simulação. *In*: MIGUEL, P. A. C. (coord.). *Metodologia de pesquisa em engenharia de produção e gestão de operações*. Rio de Janeiro: Campus Elsevier, 2010. (Capítulo 8, p. 165-192) (Coleção Abepro)

150 KELTON, W. D.; SADOWSKI, R. P.; SADOWSKI, D. A. *Simulation with arena*. USA: WCB MacGraw-Hill, 1998. (MacGraw-Hill Series in Industrial Engineering and Management Science)

151 LAW, A. M.; KELTON, W. D. *Simulation modeling and analysis*. 3. ed. Boston: McGraw-Hill, 2000.

152 COSTA, M. A. B. da. *Um modelo baseado em conhecimento para simular rebanhos de bovinos de corte*. Campinas, 2004. Tese (Doutorado em Engenharia Elétrica) – Faculdade de Engenharia Elétrica e de Computação, UNICAMP, Campinas, 2004.

153 Law; Kelton (2000).

154 BANKS, J. *Handbook of simulation*: principles, methodology, advances, applications, and practice. New York: John Wiley, 1998. Apud Law e Kelton (2000)

155 Kelton; Sadowski; Sadowski (1998).

156 ARENALES, M. et al. *Pesquisa operacional*: para cursos de engenharia. Rio de Janeiro: Elsevier, 2007.